金融学译丛
FINANCE

风险管理与保险原理（第十二版）

Principles of Risk Management and Insurance (Twelfth Edition)

乔治·E·瑞达（George E. Rejda）
迈克尔·J·麦克纳马拉（Michael J. McNamara） ／著
刘春江 ／译

中国人民大学出版社
·北京·

出版说明

作为世界经济的重要组成部分，金融在经济发展中扮演着越来越重要的角色。为了加速中国金融市场与国际金融市场的顺利接轨，帮助中国金融界相关人士更好、更快地了解西方金融学的最新动态，寻求建立并完善中国金融体系的新思路，促进具有中国特色的现代金融体系的建立，中国人民大学出版社精心策划了这套"金融学译丛"，该套译丛旨在把西方，尤其是美国等金融体系相对完善的国家最权威、最具代表性的金融学著作，被实践证明最有效的金融理论和实用操作方法介绍给中国的广大读者。

该套丛书主要包括以下三个方面：

（1）理论方法。重在介绍金融学的基础知识和基本理论，帮助读者更好地认识和了解金融业，奠定从事深层次学习、研究等的基础。

（2）实务案例。突出金融理论在实践中的应用，重在通过实务案例以及案例讲解等，帮助广大读者将金融学理论的学习与金融学方法的应用结合起来，更加全面地掌握现代金融知识，学会在实际决策中应用具体理论，培养宏观分析和进行实务操作的能力。

（3）学术前沿。重在反映金融学科的最新发展方向，便于广大金融领域的研究人员在系统掌握金融学基础理论的同时，了解金融学科的学术前沿问题和发展现状，帮助中国金融学界更好地认清世界金融的发展趋势和发展前景。

我们衷心地希望这套译丛的推出能够如我们所愿，为中国的金融体系建设和改革贡献一份力量。

中国人民大学出版社

2004 年 8 月

前 言

这是一本关于风险以及如何应对风险的书。自《风险管理与保险原理》上一版面世以来，几起极为罕见的事件让我们清楚地认识到，在我们的社会生活中，风险所具有的巨大破坏性。2010年，深受贫困困扰的海地发生了一次近代历史上最为严重的地震。这次地震造成了大量人口受灾，大约31.6万人死亡，上百万人无家可归，无数财产被毁。2011年，日本发生的一次大地震引发了海啸，造成了核泄漏，超过1.8万人因此死亡，成千上万人失踪，财产损失估计超过三千亿美元。在这一时期，奥巴马政府积极推动医疗卫生体系改革立法。尽管受到共和党的极力反对，在经过激烈的辩论后，国会在2010年3月最终通过了《平价医疗法案》（Affordable Care Act）。新法案将健康保险的覆盖面拓展至成百上千万无保障群体，为他们购买保险提供补贴，并禁止保险公司的某些违法行为。

2012年，在美国科罗拉多州奥罗拉镇的一个电影院里，一个精神病患者持枪滥射，杀死了12人，打伤至少58人。这一悲剧性事件再次提醒我们，无所顾忌的杀人事件并不是孤立的，死亡和受伤的风险是大量存在的。

让我们将镜头快进到当今社会。美国宏观经济和房地产市场正在从历史上第二严重的经济危机中缓慢复苏。尽管失业率有所下降，但仍然处于历史较高水平。功能失调的国会仍然由于其成员的极度理想主义而难以看到破解困局的希望。《平价医疗法案》仍然处于争论之中，国会中的共和党人决定废除它。白宫已经启动了废除《平价医疗法案》的法律程序。也就是说，我们生活在一个风险和危机被高度低估的世界之中。

《风险管理与保险原理》的第十二版讨论了以上这些问题以及其他相关的保险问题。与以前的版本一样，这本书面向的主要读者群体是那些对事先掌握相关知识没有特殊要求的风险管理与保险专业的本科生。第十二版对主要的风险管理和保险问题进行了深入探讨，主要包括以下内容：风险和保险的基本概念，风险管理中浅层次和深层次的问题，保险公司的功能和财务运作，法律原理，寿险和健康险，财产和责任保险，员工福利和社会保险。此外，本书对新出台的《平价医疗法案》也进行了深入讨论。第十二版再次着重强调了对消费者的保护，并将基本的风险管理和保险原理与消费者的切身利益结合起来。本书非常便于使用，学生们可以立刻将其中的基本概念应用于自己的风险管理和保险实践中去。

第十二版在内容方面的主要变化

经过全面更新，第十二版对当前行业中的很多问题和实务操作进行了深入分析，读者将在本书中找到他们希望了解的问题。第十二版在内容方面的主要变化包括如下几个方面：

● 医疗改革。第15章对美国医疗服务体系改革进行了深入的探讨。这次改革直接导致了《平价医疗法案》。

●《平价医疗法案》的制定。第15章和第16章讨论了新的《平价医疗法案》中的主要条款内容，以及它对个人和团体健康保险保障的影响。本书主要关注那些对个人、家庭和雇主具有重要财务影响的条款。

● 新的屋主保险保单。保险服务处（Insurance Services Office，ISO）已经制定了屋主保险保单的2011版本。这一版本目前在美国得到了广泛应用。第20章和第21章讨论了屋主保险的重要变化，特别是屋主保险3的变化。

● 更新了对人寿保险市场营销的讨论。关于人寿保险市场营销和销售体系的内容进行了全面更新，基本上是重新撰写。第5章讨论了寿险公司现有的销售体系和营销实践。

● 雇主发起的健康保险计划的新进展。雇主们始终面临着团体健康保险保费的迅速增长，并不断努力去寻找新的手段以降低成本。第16章讨论了团体健康保险方面的一些关于如何控制医疗保健支出和保费增长的新进展。

●《平价医疗法案》对联邦老年健康保险（Medicare）的影响。第18章讨论了在《平价医疗法案》中，对联邦老年健康保险计划具有直接影响的重要条款。这些条款的用途是控制成本，并使联邦老年健康保险在保护老年人以应对健康状况较差的风险方面更有效率。

● 新专栏。第十二版包括了很多新的专栏。这些专栏都是有价值的学习工具，为书中讨论的概念或原理提供了现实世界中的应用案例。

● 使用方法的准确性。与前面几版一样，很多专家对使用方法的准确性进行了评论，特别是在迅速发生变化的领域。第十二版提供了正确方法的最新材料。

附　录

第十二版保留了一些附录。这些附录会帮助忙碌的教师们节省时间并更有效率地进行教学。大家可以在pearsonhighered.com/irc网站的教师资源中心找到提供给使用者的以下附录。*

公司网站。第十二版在pearsonhighered.com/rejda找到一个网站。该网站允许学生做一些试题，并在学习完一章的知识后进行自我评估。同学们可以使用互联网来学习书中讨论的风险和保险概念在现实世界中的应用。

可以打印的教师手册和测试资料。为了降低开课成本，减少准备时间，教师手册编写得较为详尽，涵盖了教学注释、大纲以及每一章末尾的评论、应用题和案例等所有问题的答案。华盛顿州立大学的迈克尔·J·麦克纳马拉教授准备的试题库使教师可以迅速简便地进行客观题考试。

电子版试题库。除了出版的试题库，相同的试题还有Word、PDF以及TestGen版本的。

---

* 英文原书的附录资源读者可填写书后的教学支持服务表申请获取。——编者注

其中，TestGen软件非常便于使用，是一个很有价值的测试准备工具。该工具将为繁忙的教授们阅览、编辑和增加问题提供方便。

PPT资料。佛罗里达州立大学（Florida State University）的帕特里夏·博恩教授所准备的这些资料包括了新版的备注，还包括了本书中的全新的图表。基于个人兴趣，教师们可以从成百上千张PPT中选择适合于课堂应用的资料。

学习指南。这一部分也是由迈克尔·J·麦克纳马拉教授准备的。它帮助学生们对课堂上学习的知识进行分析并牢记于心。每一章都有概述、学习目标、提纲和自我测试题及其答案。自我测试部分包括简答、多项选择、判断对错和案例应用题。应用题主要考查学生对第十二版中知识的运用情况。

最后，第十二版的基本目标与前面几版是一致的。我致力于撰写一本能够激发读者思考，看上去很有趣，且易教易学的教科书。

乔治·E·瑞达博士，特许寿险核保人
内布拉斯加—林肯大学
企业管理学院
金融学部

目 录

第一部分 风险管理与保险中的基本概念 1

第1章 风险及其应对 3
  风险的定义 4
  损失机会 5
  风险事故和风险因素 6
  风险的分类 7
  主要的个人风险和商业风险 9
  风险对社会造成的负担 15
  风险管理技术 16

第2章 保险和风险 23
  保险的定义 24
  保险的基本特征 24
  理论可保风险的特点 26
  两个应用：火灾和失业风险 29
  逆向选择和保险 30
  保险与赌博的比较 30
  保险与对冲的比较 31
  保险的类型 31
  保险的社会福利 36
  保险的社会成本 37
  附录 统计学基本知识和大数法则 43

第3章 风险管理导论 47
  风险管理的含义 48
  风险管理的目标 48

	风险管理过程的步骤	49
	实施和监控风险管理计划	59
	风险管理的优点	60
	个人风险管理	61
第4章	风险管理前沿问题	67
	风险管理范围的变化	68
	保险市场动态	73
	损失预测	80
	风险管理决策中的财务分析	82
	其他风险管理工具	85

第二部分 商业保险行业 · 91

第5章	保险公司和营销体制的类型	93
	金融服务业中的商业保险概况	94
	商业保险公司的类型	95
	代理人和经纪人	101
	营销制度的类型	103
	团体保险营销	106
第6章	保险公司业务	110
	保险公司的业务	111
	定价和费率厘定	111
	核保	112
	营销	115
	理赔	116
	再保险	119
	传统再保险的替代方法	123
	投资	124
	保险公司其他职能	126
第7章	保险公司的财务运作	131
	财产和意外保险公司	132
	人寿保险公司	138
	财产和意外保险的费率厘定	139
	人寿保险的费率厘定	144
第8章	政府对保险业的监管	149
	监管的原因	150
	保险监管的发展历程	151
	监管保险公司的方法	153
	哪些领域受到监管？	154
	州监管与联邦监管	160
	保险监管的现代化	164
	保险公司破产	166
	保险信用评分	167

第三部分　风险和保险的法律原理 ······ 175

第9章　基本法律原理 ······ 177
- 损失赔偿原则 ······ 178
- 可保利益原则 ······ 181
- 代位求偿原则 ······ 183
- 最大诚信原则 ······ 184
- 保险合同的要求 ······ 187
- 保险合同的法律特点 ······ 189
- 保险代理人法律 ······ 191

第10章　保险合同分析 ······ 197
- 保险合同的基本组成部分 ······ 198
- "被保险人"的定义 ······ 201
- 批单与附加条款 ······ 203
- 免赔额 ······ 203
- 共同保险 ······ 205
- 健康保险中的共同保险 ······ 207
- 其他保险条款 ······ 207

第四部分　人寿和健康风险 ······ 213

第11章　人寿保险 ······ 215
- 过早死亡 ······ 216
- 过早死亡对不同类型家庭的影响 ······ 217
- 购买保险的数量 ······ 218
- 人寿保险的类型 ······ 226
- 终身人寿保险的变形 ······ 232
- 其他人寿保险类型 ······ 241

第12章　人寿保险合同条款 ······ 249
- 人寿保险合同条款 ······ 250
- 红利选择权 ······ 256
- 不丧失价值任选条款 ······ 259
- 给付方式选择权 ······ 261
- 人寿保险的附加条款 ······ 265

第13章　购买人寿保险 ······ 275
- 确定人寿保险的成本 ······ 276
- 储蓄部分的收益率 ······ 280
- 人寿保险的税收问题 ······ 282
- 购买人寿保险 ······ 284
- 附录　人寿保险保费的计算 ······ 290

第14章　年金和个人退休账户 ······ 297
- 个人年金 ······ 298
- 年金的类型 ······ 298
- 长寿保险 ······ 304

个人年金的课税·················· 305
　　个人退休账户·················· 307
　　个人退休账户资金的充足性·············· 311

第15章　医疗保健改革：个人健康保险保障　317
　　美国的医疗保健问题················ 318
　　医疗保健改革·················· 325
　　《平价医疗法案》基本条款·············· 326
　　个人医疗费用保险················· 332
　　个人医疗费用保险和管理式医疗计划·········· 335
　　健康储蓄账户·················· 335
　　长期护理保险·················· 337
　　残疾收入保险·················· 340
　　个人医疗费用的合同条款·············· 344

第16章　员工福利：团体人寿和健康保险　351
　　员工福利的含义·················· 352
　　团体保险的基础要素················ 352
　　团体人寿保险计划················· 354
　　团体医疗费用保险················· 356
　　传统补偿计划·················· 358
　　管理式医疗计划················· 359
　　团体医疗费用保险的主要特点············ 361
　　《平价医疗法案》要求和团体医疗费用保险········ 362
　　消费者自助健康计划················ 365
　　企业发起的健康计划的最新进展············ 366
　　团体医疗费用合同条款··············· 368
　　团体牙科保险·················· 370
　　团体残疾收入保险················· 371
　　自助计划···················· 372

第17章　员工福利：养老金计划　379
　　商业养老金计划概论················ 380
　　合格养老金计划的类型··············· 384
　　给付确定计划·················· 384
　　定额缴费计划·················· 387
　　401(k) 计划··················· 387
　　利润分享计划·················· 391
　　自由职业者基欧计划················ 391
　　简易员工退休金计划················ 392
　　储蓄激励匹配养老金计划·············· 393
　　基金代理机构和基金累积合同············ 393
　　税收递延养老金计划的问题············· 394

第18章 社会保险 ... 401
社会保险 ... 402
老年、遗属和残疾保险 ... 404
给付的类型 ... 405
联邦老年健康保险 ... 414
《平价医疗法案》对联邦老年健康保险的影响 ... 420
存在的问题 ... 421
失业保险 ... 423
工人补偿保险 ... 426

第五部分 个人财产与责任风险 ... 437

第19章 责任风险 ... 439
法律责任基础 ... 440
过失原则 ... 441
过失归咎 ... 444
事实自证原则 ... 444
过失法律的特殊应用 ... 445
现存的侵权责任问题 ... 447

第20章 屋主保险，第Ⅰ部分 ... 461
屋主保险 ... 462
HO—3（特殊险）的分析 ... 465
第Ⅰ部分的保险责任 ... 466
第Ⅰ部分的承保风险事故 ... 472
第Ⅰ部分的除外责任 ... 475
第Ⅰ部分的条件 ... 477
第Ⅰ部分和第Ⅱ部分的共同条款 ... 483

第21章 屋主保险，第Ⅱ部分 ... 489
个人责任保险 ... 490
第Ⅱ部分除外责任 ... 493
第Ⅱ部分附加保障 ... 496
第Ⅱ部分条件 ... 498
屋主保险的批单 ... 499
屋主保险的成本 ... 503

第22章 汽车保险 ... 514
个人汽车保险概况 ... 515
A部分：责任保障 ... 516
B部分：医疗赔付保障 ... 521
C部分：未投保机动车驾驶员保障 ... 523
D部分：汽车损失保障 ... 527
E部分：事故或损失后责任 ... 536
F部分：一般条款 ... 537
摩托车和其他车辆保险 ... 538

第23章　汽车保险与社会 ... 544
- 补偿车祸受害人的方法 ... 545
- 高风险司机的汽车保险 ... 556
- 汽车保险的成本 ... 558
- 选购汽车保险 ... 563

第24章　其他财产和责任保险 ... 572
- 保险服务处的住宅计划 ... 573
- 移动房屋保险 ... 575
- 内陆运输保险 ... 576
- 船只保险 ... 577
- 政府财产保险计划 ... 579
- 产权保险 ... 585
- 个人伞式保险 ... 588

第六部分　企业财产和责任风险 ... 595

第25章　企业财产保险 ... 597
- 企业一揽子保险 ... 598
- 建筑物和个人财产保险 ... 600
- 保险责任类型 ... 602
- 价值报告条款 ... 604
- 业务收入保险 ... 605
- 其他企业财产保险 ... 607
- 运输保险 ... 612
- 企业主保险 ... 617

第26章　企业责任保险 ... 624
- 一般责任损失风险 ... 625
- 企业一般责任保险 ... 627
- 雇佣相关行为责任保险 ... 633
- 工人补偿保险 ... 634
- 商用汽车保险 ... 637
- 航空保险 ... 640
- 企业伞式保险 ... 642
- 企业主保单 ... 644
- 职业责任保险 ... 645
- 董事和管理人员责任保险 ... 647

第27章　犯罪保险和履约保证 ... 653
- 保险服务处的商业犯罪保险计划 ... 654
- 商业犯罪保险条款（期内索赔制）... 655
- 金融机构保证保险 ... 661
- 履约保证 ... 662

术语表 ... 669

第一部分
风险管理与保险中的基本概念

第 1 章

风险及其应对

"我们冒险的时候，就是在对我们做出的决定将带来的结果进行赌博，尽管我们并不确定结果是什么。"

——彼得·L·伯恩斯坦
摘自《背离上帝——一个著名的冒险故事》

学习目标

学习完本章，你应当能够：

- 解释风险的历史定义。
- 解释损失风险的含义。
- 理解以下几种类型的风险：
  纯粹风险
  投机风险
  可分散风险
  企业风险
- 识别与财务风险有关的重大纯粹风险。
- 说明风险如何构成社会负担。
- 解释风险管理的主要手段。

香农今年28岁，是一名银行出纳员。她在内布拉斯加州奥马哈的一家商业银行工作。香农是有两个学龄前儿童的单亲妈妈。一个星期六的早上，银行开门后不久，两个手持枪械的男子进入银行，来到香农的窗口前，让她交出钱。当一名银行保安进来的时候，一个持枪男子受到惊吓，开枪击中了她的胸部。香农在被送往当地医院的途中死去。

香农最终死亡的悲剧表明，我们生活在一个充满了风险和危机的世界。新闻媒体报道的类似的悲剧清楚地说明，风险在我们的社会中无处不在。这样的例子还有很多，比如龙卷风摧毁小镇；持枪歹徒进入当地大学的教室里杀死7名学生；醉酒的司机开货车撞上高速路上载满乘客的汽车，导致4人死亡；河流发大水，大量庄稼蒙受损失。除此之外，人们所经历的个人悲剧和财务问题会带来巨大的经济问题——家庭成员的意外死亡；巨额的医疗费用造成家庭的破产；或者在经济衰退期失去一份收入很好的工作。

本章，我们将讨论社会上所存在的风险的本质和应对措施。所讨论的主题包括风险的含义、威胁我们财务安全的主要风险类型、风险给经济造成的负担以及管理风险的基本方法。

风险的定义

风险没有唯一的定义。经济学家、行为学家、风险理论家、统计学家和保险精算师，每一个人都有他们自己对风险的定义。但是，风险在传统上被定义为不确定性。根据这一概念，**风险（risk）**在这里被定义为损失发生的不确定性。例如，因为存在不确定性，在汽车事故中存在死亡的风险。因为存在不确定性，吸烟的人患上肺癌的风险是存在的。因为存在不确定性，学校课程不及格的风险也是存在的。

保险业从业人员经常为风险赋予不同的含义以区别财产和人身所面临的、需要获得保障的风险。例如，在保险行业中，经常可以听到这样的说法"那名司机的风险低"或者"那栋建筑具有不可保风险。"

最后，在经济学和财务文献中，作者们通常会对风险和不确定性作出区分。"风险"经常被用于出现某种结果的概率具有一定准确性的情况，而"不确定性"则被用于无法计算概率的情况。① 许多作者都给风险赋予了他们自己的定义，在专业文献中，风险的定义种类繁多。②

由于风险这个词的含义很模糊而且有不同的含义，许多学者和公司的风险管理师使用"损失风险"一词来定义潜在损失。**损失风险（loss exposure）**是指任何可能发生损失的情况或环境，而不论损失是否发生。损失风险的例子包括制造厂可能在地震或洪水中损毁，劣质产品可能导致对公司的诉讼，公司财产可能因为安保措施不到位而失窃，雇员在工作中受到人身伤害。

最后，当对风险的定义中包括了不确定性的概念，一些学者经常会认真区分客观风险和主观风险之间的差别。

客观风险

客观风险（objective risk）（也被称为风险度，degree of risk）被定义为实际损失与预期损失之间的相对差额。例如，假设财产险公司在长期内为10 000栋房屋承保，平均每年有1%或100栋房屋被烧毁。但是，很少有在一年中恰好100栋房屋被烧毁的情况发生。在一些年份中，可能少于90栋房屋被烧毁，而在其他年份可能有110栋房屋被烧毁。那么，与预期的100栋房屋相比，就有10栋房屋或者10%的差额。实际损失与预期损失之间的相对差额被称为客观风险。

---

① American Academy of Actuaries, Risk Classification Work Group. *On Risk Classification*, A Public Policy Monograph (Washington, DC: American Academy of Actuaries, 2011), note 2, p. 1.

② 风险也被定义为：(1) 未来结果的可能性；(2) 损失的可能性；(3) 从预期或希望的结果反向偏离的可能性；(4) 给定情景下可能结果的多样性；(5) 有感知力的实体可能发生损失的概率。

客观风险随着暴露于风险中的风险单位的数量的增加而下降。更准确的表述是：客观风险与作为观察对象的案例的数量的平方根成反比。在前面的案例中，投保的 10 000 栋房屋的客观风险是 10/100，或者 10%。现在假设投保的是 100 万栋房屋，那么现在预期烧毁的房屋是 10 000 栋，但是实际损失与预期损失的差额仅仅是 100 栋。客观风险现在是 100/10 000 或者 1%。那么，随着第一个例子中房屋数量的平方根 100 增加到第二个例子中的 1 000（10 倍），客观风险下降到之前水平的十分之一。

客观风险可以利用一些离差测度方法进行统计学计算，例如标准差或者协方差。由于客观风险是可测的，所以它对于保险公司或公司的风险管理师是一个非常有用的概念。随着暴露于风险中的风险单位数量的增加，保险人能够依据**大数法则**（law of large numbers）更加准确地预测其未来的损失。大数法则表明，随着面临风险的个体数量的增加，实际损失与预期损失会越来越接近。例如，房屋数量越多，预测将会烧毁的房屋所占百分比的准确度越高。大数法则将在第 2 章中进行更为详细的讨论。

主观风险

主观风险（subjective risk）被定义为个人的心理状态或精神状态导致的不确定性。例如，假设一个有多次醉驾犯罪记录的司机在附近的酒吧里喝得烂醉，但他还愚蠢地要开车回家。这名驾驶员面临着是否能够安全到家而不被警察逮捕的不确定性，这种心理上的不确定性被称为主观风险。

主观风险的影响因人而异。相同情况下的两个人对风险的看法可能是不一样的，他们的行为也会因此而不同。如果损失情况对一个人在心理上有很大的不确定性，这个人的行为可能就会发生改变。主观风险高经常会使人更加保守和谨慎，而主观风险低的人的行为可能不那么保守。例如，之前因为醉酒驾车被捕的驾驶员清楚，他已经喝了太多的酒。驾驶员为了避免心理不确定性，就会让其他人开车回家或者乘出租车回家。另一个驾驶员在相同的条件下可能认为被捕的风险很小。第二个驾驶员可能驾驶的时候更大意和不计后果，而主观风险偏低就会导致冒险的驾驶行为。

损失机会

损失机会与风险的概念紧密相连。**损失机会**（chance of loss）被定义为事件发生的概率。与风险类似，"概率"也有主观和客观两个概念。

客观概率

客观概率（objective probability）是指基于观察对象数量无穷多和潜在条件不变两个假设前提，在较长的时间内，事件发生的相对频率。客观概率可以通过两种方式确定。第一，演绎推理。这些概率被称为先验概率。例如，掷硬币得到的正面向上的完全均衡概率是 1/2，因为硬币有两面，只有一面是正面。与此类似，掷骰子获得 6 点的概率是 1/6，因为有六个面，仅有一面是 6 点。

第二，客观概率可以通过归纳推理，而不是演绎推理法确定。例如，21 岁的年轻人在 26

岁前死亡是无法通过逻辑推理得到的。然而，经过对过去的死亡情况的认真分析，人寿保险公司能够计算出其死亡的概率，在他21岁时向其销售5年期的人寿保险。

主观概率

主观概率（subjective probability）是个人对损失概率的估计。主观概率不需要与客观概率保持一致。例如，用其生日购买彩票的人可能相信这是他们的幸运号码，从而高估其获利的可能性。很多因素可能会影响主观概率，包括一个人的年龄、性别、智商、教育和喝酒或吸毒的情况。

此外，个人对损失概率的估计可能与客观概率不同，因为人们对概率的认识可能是模糊的。例如，假设娱乐场中的老虎机需要出现3个柠檬才能获胜。人们玩这个游戏的时候可能认为获胜的概率很高，但是如果每次旋转时有10个标志，其中只有一个是柠檬，那么赢得3个柠檬的客观概率就非常小。假设每一组图片的旋转与其他各组都是独立的，那么同时出现三个柠檬的概率就是每组概率的乘积（1/10×1/10×1/10＝1/1 000）。这点对于老虎机的所有者是有利的，他们知道大多数赌博的人没有接受过统计学的训练，所以可能高估赢钱的客观概率。

损失机会和客观风险

损失机会会因为客观风险的不同而存在差异。损失机会是导致事件发生的原因出现的概率。客观风险是实际损失与预期损失的相对差额。损失机会对于两个不同的组合可能是相同的，但是客观风险却存在很大差异。例如，假设财产险公司在洛杉矶为10 000栋房屋提供保障，在费城也是10 000栋房屋，每个城市发生火灾的概率都是1%。平均来说，每一个城市中每一年有100栋房屋失火。然而，如果费城年损失的离差为75～125栋，但是洛杉矶的离差为90～110栋。那么，即使两个城市的损失机会可能相同，但是费城的客观风险更大。

风险事故和风险因素

要注意，不能将风险事故（peril）和风险因素（hazard）这两个词与前面讨论的风险概念混淆。

风险事故

风险事故（peril）被定义为损失发生的原因。如果你的房子因为火灾而烧毁，风险事故，或者损失的原因，是火。如果你的汽车在与其他汽车碰撞中损毁，风险事故，或者损失的原因，是碰撞。导致财产发生损失的普通风险事故包括火、闪电、风暴、冰雹、龙卷风、地震、洪水、抢劫和盗窃。

风险因素

风险因素（hazard）是形成或提高损失发生的频率或严重性的因素。有四个主要类型的风险因素：
- 物质风险因素
- 道德风险因素
- 态度风险因素（心理风险因素）
- 法律风险因素

物质风险因素　物质风险因素（physical hazard）是提高损失发生的频率或严重性的物理条件。物质风险因素的例子包括结冰路面增加汽车事故的可能，建筑物中的走电不合理增加火灾的可能性，没有锁好门会增加失窃的可能性，等等。

道德风险因素　道德风险因素（moral hazard）是由于个人的不诚实或者居心不良而增加损失的频率或严重程度。这里列举几个道德风险因素的例子，如假造事故从保险公司处骗保、欺诈索赔、虚报索赔额度、故意烧毁投保的未出售商品。另一个重大的风险案例是通过谋杀被保险人非法取得人寿保险赔偿金。

在所有保险业务中都存在道德风险，这种风险很难控制。不诚实的人常用"保险公司有得是钱"的说法来掩饰他们的行为。这种观点是不正确的，因为保险公司只能用向其他投保人收取的保费支付索赔。由于道德风险的存在，对于每个人而言，保费都更高了。

保险公司尝试通过对保险申请人的认真核保和一系列保险条款，如免赔额、等待期、除外责任和批单，来控制道德风险。这些条款将在第 10 章进行讨论。

态度风险因素（心理风险因素）　态度风险因素（attitudinal hazard）（心理风险因素）是指由于粗心或对损失的冷漠态度，造成了损失的频率或严重程度的增加。态度风险的例子包括将汽车钥匙留在没有锁门的车上，这增加了失窃的可能性；不关房门方便了窃贼入室盗窃；在拥挤的州际公路上突然改变车道而不作出示意。诸如此类的粗心大意的行为增加了损失概率。

心理风险因素与态度风险因素的含义相同。心理风险因素一词在本书之前的版本中经常使用，是指因人们的粗心或冷漠造成的损失。但是，今天，态度风险因素一词得到了更为广泛的应用，它不容易给学生造成困扰，且能够更清楚地表述我们所讨论的概念。

法律风险因素　法律风险因素（legal hazard）是指法律体系或规章制度中增加损失频率或严重程度的因素。例如陪审团的不利判决或者在责任诉讼案中的大额损害赔偿，要求保险公司为健康保险计划中的某些特定情况承保的法令，例如为酒精中毒承保。州保险部门的监管行为限制保险公司撤出经营不善的州。

风险的分类

风险可以分为几个不同的种类。最重要的几类是：
- 纯粹风险和投机风险
- 可分散风险和不可分散风险
- 企业风险

纯粹风险和投机风险

纯粹风险（pure risk）是指仅仅存在损失或没有损失两种可能的情况。唯一可能的结果是负面的（损失）和中性的（无损失）。纯粹风险的例子包括过早死亡、工作相关事故、巨额医疗费用和火、闪电、洪水或地震引起的财产损毁。

投机风险（speculative risk）是指受益或受损均有可能的情况。例如，你购买了100股普通股，如果股票价格上涨，那么你将获益，如果下跌，你就会遭受损失。其他投机风险的例子还有赌马、房地产投资和自己从事的商业活动。在这些情况下，盈利和亏损都可能发生。

由于以下三个原因，区分纯粹风险和投机风险是很重要的。第一，商业保险公司通常专注于承保某些纯粹风险。除了某些特殊情况，商业保险公司一般不保投机风险。但是也有例外。有些保险公司会为机构的投资组合以及市政债券面临的潜在损失承保。企业风险管理（后文将进行讨论）是另一种例外情况，有些特定的投机风险可以投保。

第二，大数法则应用于纯粹风险的难度低于投机风险。由于大数法则有助于保险公司预测未来损失的情况，因此很重要。相反，大数法则很难用于预测投机风险的未来损失情况。赌博是一种除外情况，赌场的庄家能够最有效率地运用大数法则。

最后一个原因，即使发生损失，社会也可能从投机风险中获利，但是如果存在纯粹风险，那就是有害的，而且会产生损失。例如，企业可能开发一种生产便宜计算机的新技术。这种行为的一个结果是，竞争者可能被逼到破产的境地。尽管存在破产，社会却因为计算机生产成本的降低而获益。然而，纯粹风险所导致的损失一般不会给社会带来收益，例如洪水或地震等会带来破坏整个地区的灾难。

可分散风险和不可分散风险

可分散风险（diversifiable risk）是仅影响个体或小群体的风险，不会影响总体经济情况。这种风险可以通过分散的方式降低或消除。例如，一个包括股票、债券和定期存单的分散的投资组合比完全投资于股票的投资组合的风险要低。一种投资的损失，假设股票发生了损失，会由债券或定期存单的收益抵消。与此类似，财产保险公司承保不同类型标的所面临的风险要比仅对单一类型标的的承保所面临的风险小得多。一种类型投保标的的损失会因为其他类型标的的承保收益所抵消。因为可分散风险只会影响特定的个体或小群体。这种风险也被称作非系统性风险或特定风险。这种例子包括汽车失窃、银行抢劫和住宅失火等。只有承受这些损失的个人和公司才会受到影响，而不是整个经济或大部分人群受影响。

相反，**不可分散风险**（nondiversifiable risk）是影响整个经济或经济体中的大多数人或群体的风险。这种风险无法通过分散而消除或减少。这样的例子包括快速的通货膨胀、周期性失业、战争、台风、洪水和地震。在这些例子中很多人或群体都受到了影响。因为不可分散风险会影响整体经济或经济体中的大多数人，因此也被称作系统性风险或基础风险。

可分散风险和不可分散（基础）风险之间的区别非常重要，因为对于不可分散风险，政府支持可能是必要的。社会保险和政府保险计划以及政府担保或补贴，对于美国的某些不可分散风险的承保是必要的。例如，大量的失业和洪水风险很难通过商业保险承保，因为理论上的可保风险（第2章中进行讨论）条件并不容易达到。因此，州失业补偿计划并不一定会每周为那些非自愿失业的工人提供收入。与此类似，联邦洪水保险计划会为洪区的人们和企业提供财产保险。

企业风险

企业风险（enterprise risk）这个术语包括了商业企业面临的所有重大风险。这种风险包括纯粹风险、投机风险、战略风险、经营风险和财务风险。我们已经解释了纯粹风险和投机风险的含义。战略风险是指企业财务目标的不确定性。例如，如果企业开发一些新业务，而这些业务可能是不盈利的。经营风险来自企业的经营行为。例如如果"黑客"侵入银行电脑，银行的在线银行服务可能蒙受损失。

企业风险也包括财务风险，后者在商业风险管理领域变得越来越重要。**财务风险**（financial risk）是指由于商品价格、利率、汇率和货币价值的逆向变化导致的损失的不确定性。例如，当一家食品公司同意在6个月内以固定价格向超市提供谷类食品，如果此时谷物价格上涨，那么食品公司就会蒙受损失。如果利率上升，持有大量美国国债的银行就会蒙受损失。类似地，一家在日本做生意的美国公司在日元兑美元汇率变化时也可能遭受损失。

企业风险在商业风险管理领域正变得越来越重要。在这个过程中，各类组织不断区分和应对主要风险和次要风险。在商业风险管理发展的过程中，一些风险管理师正在考虑如何用一个计划将所有风险囊括其中。**企业风险管理**（enterprise risk management）是运用单一计划统一应对企业面临的所有重大风险。与前面相同，这些风险包括纯粹风险、投机风险、战略风险、经营风险和财务风险。通过将这些风险集合到一个计划中，企业能够用一种风险冲抵另一种风险，最终实现整体风险的减少。只要这些风险不是完全相关的，风险组合就可以减少企业的整体风险。特别是当某些风险负相关时，总体风险才可以显著降低。第4章将更为详细地讨论企业风险管理。

应对财务风险一般需要使用复杂的对冲技术，如金融衍生品、期货合约、期权和其他金融工具。一些企业任命首席风险官（chief risk officer, CRO），例如财务师，管理企业的财务风险。第4章将更为详细地讨论财务风险管理。

主要的个人风险和商业风险

前面说明了对风险进行分类的几种方式。不过，在这一部分，我们主要强调纯粹风险的识别和应对。有些纯粹风险与个人和家庭所面临的巨大的经济不安全有关，对于商业企业也是如此。这一部分将讨论：（1）影响个人和家庭的重要的个人风险；（2）影响企业的主要商业风险。

个人风险

个人风险（personal risks）是直接影响个人或家庭的风险。这种风险包括收入、额外费用和金融资产遭受损失或减少的可能性。会导致严重经济不安全的主要个人风险包括以下四类：[①]

- 早逝风险
- 退休后收入不足的风险
- 健康状况变差的风险
- 失业风险

早逝风险 早逝（premature death）是指尚未完成财务义务的家庭主要人员的死亡。这些

---

① George E. Rejda, *Social Insurance and Economic Security*, 7th ed. (M. E. Sharpe, Inc.; Armonk, New York, 2012), 5-14.

义务包括提供经济支撑、偿还贷款、儿童教育、支付信用卡或者偿还分期偿还的借款。如果幸存的家庭成员没有足够多的替代收入来源或者过去的储蓄来抵消损失的收入，他们就会面临显著的经济不安全。

只有死者负担家庭开支或者还没有履行完财务责任时，早逝才会导致财务问题。在经济学意义上，七岁儿童的死亡不属于"早逝"。

家庭主要成员的早逝至少产生了四种成本。第一，家庭主要成员的生命价值永久丧失。**生命价值**（human life value）是指因家庭中负责家计的人的死亡，而减少的未来收入的现值。损失可能非常巨大。大多数大学毕业生的实际或潜在生命价值很容易超过500 000美元。第二，丧葬费用、未投保医疗费用、遗嘱和资产处置等产生的成本，此外，大额遗产的不动产和遗产税可能产生附加费用。第三，由于缺乏足够的收入，一些家庭可能面临入不敷出或者无法还债的困境。第四，还会产生一些非经济成本，包括悲痛的心情、缺少了一个行为榜样以及对孩子们的教诲和引导等。

退休后收入不足的风险 退休后所面临的主要风险是收入不足问题。美国大量的工人在65岁之前退休。当他们退休的时候，就没有了收入来源。除非他们有足够的金融资产或其他来源获得退休收入，例如社会保障或者私人养老金、401（k）计划，或者个人退休账户（IRA），否则他们在退休时就会面临经济无保障的问题。

大多数工人在退休的时候，其货币收入都会显著减少，这会导致生活水平的下降。例如，根据《2012年人口普查》的数据，美国2011年所有家庭的收入中间值是50 054美元，而2010年65岁及以上人口收入的中间值仅为33 118美元，比前者低34%。[①] 一般来说，这些钱对于有大量额外支出（例如很高的未投保医药支出、医护机构的长期护理费用，或者高额的财产税）的退休工人而言是不够的。

此外，大多数工人并没有存下足够的钱以享受舒适的退休生活。在今后的15年中，成百上千万的美国工人将会退休。但是，非常多的人在经济方面并没有做好准备。根据雇员福利研究所（Employee Benefit Research Institute）2012年的调查，大多数人退休前的储蓄相对较少。调查发现，55%接受调查的工人的存款和投资总额低于25 000美元，这些不包括他们的主要居所或者特定的福利计划。仅有15%的工人为退休储蓄了不低于250 000美元的钱（见图表1—1）。总体来看，这一数额相对偏低，不足以提供舒适的退休生活。

图表1—1 接受调查者中退休人员的总储蓄和投资情况
（不包括主要住所或给付确定计划的价值）（%）

	2002	2007	2008	2009	2010	2011	2012
低于1 000美元	} 45%	} 32%	} 51%	23%	27%	28%	28%
1 000~9 999美元				17	15	14	19
10 000~24 999美元		13	9	16	14	12	8
25 000~49 999美元	7	10	9	13	11	6	9
50 000~99 999美元	14	11	6	9	6	11	8
100 000~249 999美元	19	20	13	10	15	12	12
250 000美元以上	15	14	12	12	12	17	15

资料来源：Employee Benefit Research Institute and Mathew Greenwald & Associates, Inc. 2002—2012. Retirement Confidence Surveys.

---

① U. S. Census Bureau, *Income, Poverty, and Health Insurance Coverage in the United States*: 2011 (Washington, DC: US Government Printing Office, September 2012), Table 1.

最后，许多退休人员生活在贫困之中，经济没有保障。新的贫困数据显示，老年人中的贫困现象比官方统计的要严重得多。2011年，统计局发布的官方贫困率数据显示，65岁以上的老年人中仅有8.7%被计入贫困人口。但是，官方数据并没有考虑食品券、薪资税、所得税抵免、工作相关支出、医疗费用、育儿支出以及地区差异。统计局已经另外开发了一个考虑了这些因素的补充测度方式，结果显示，老年人的贫困率远高于我们通常认为的数值。新的测度方式表明，65岁以上老年人的贫困率是15.1%，比官方数据高74%。①

健康状况变差的风险　健康状况变差是另一种重要的个人风险。健康状况变差的风险既包括支付巨额的医疗费用，也包括收入的减少。大型手术的成本在最近几年大幅度上升。例如，心脏直视手术的成本超过300 000美元，肾脏或心脏移植手术的成本可能超过500 000美元，治疗瘸腿需要做多次大型手术，还需要进行整形和恢复治理，费用可能超过600 000美元。此外，疗养院长期护理费用每年可能高达100 000美元以上。除非你购买了足够的健康保险，有足够的储蓄和金融资产，或者有其他收入来源来支付这些费用，否则你就会面临严重的经济危机。现在，成百上千万的美国人没有投保，而且无法支付医疗服务费用，或者推迟必要的医疗服务，或者因为巨额的医疗账单而面临严重的财务问题，甚至不得不宣布破产。因为比较差的健康状况和未投保问题所导致的经济无保障将在第15章进行更为详细的讨论。

如果工作能力受损很严重，那么收入损失是另一种导致经济危机的原因。在长期残疾的情况下，会存在大量的收入损失，产生医药费用，雇员福利可能会损失或减少，储蓄通常会耗尽。因为那些丧失劳动能力的人不得不待在家里，还会产生为他们提供服务的额外成本。

大多数工人很少去考虑长期丧失工作能力所带来的经济后果。65岁之前丧失工作能力的可能性远高于我们（特别是年轻人）所认为的。根据社会保障管理局（Social Security Administration）的研究，20岁的工人在达到完全退休年龄之前有30%可能失去劳动能力。② 尽管单个人丧失工作能力的可能性无法预测，但是完全残疾对储蓄、资产和收入的影响非常大。特别是，长期丧失工作能力时的收入损失可能是灾难性的（见专栏1.1）。

专栏1.1 ☞

最新研究表明，残疾人遭遇的财务困境可能是非常严重的

非营利组织人寿与健康保险教育基金会（LIFE Foundation）和美国健康保险计划（AHIP）最新发布的一项研究成果表明，如果没有投保残疾人保险，失去劳动能力对个人的财务影响可能达到个人年薪的20倍。这项研究由全球性的咨询公司Milliman负责，名称为"残疾的影响"，是比较少的关于残疾人的一份报告。这份报告关注了那些因身体残疾不能工作的人所面临的问题，以及不同类型的残疾收入保障计划能够在多大程度上降低丧失劳动能力所带来的财务影响。研究结果表明，无论失去劳动能力是短期的还是长期的，在未投保的情况下，为了支付与失去劳动能力相关的成本，大多数美国人的财务状况都会十分窘迫，甚至生活方式也会因此发生巨大变化。

单身人士、低收入者和长期残疾人士等群体受残疾的影响最大

在考察了四种具有代表性的新近残疾人员的情况后，研究发现，一位患有长期残疾的40

---

① U. S. Census Bureau, *Income, Poverty, and Health Insurance Coverage in the United States*: 2011 (Washington, DC, September 2012). The supplemental poverty measure is discussed in U. S. Census Bureau, "The Research Supplemental Poverty Measure: 2011," Current Population Reports, P60-244, November 2012. See Table 1.

② *Disability Benefits*, SSA Publication No. 05-10029, July 2011.

岁单身男性，假设他每年收入50 000美元，到65岁时残疾给他造成的财务影响（等于收入损失加开支）接近100万美元，差不多是他残疾前收入的20倍。这些研究也表明，与短期残疾相关的成本可能十分巨大，在某些情况下，对于一个残疾仅两年的人来说差不多接近两倍。

Milliman的研究发现，受残疾影响最大的群体包括以下几类：一是单身群体，他们没有可以依赖的第二收入来源；二是低收入群体，因为残疾增加的支出远高于损失的收入；三是长期残疾人员，因为收入和支出都会因为通货膨胀而增加，长期的残疾成本也会上升。

这些发现所凸显出的现实经济状况进一步说明，这是经济衰退的一个结果。许多美国人的储蓄和投资都比较少，一旦他们残疾后无法工作就失去了收入来源。根据人寿与健康保险教育基金会最近的一次全国范围内的调查，超过四分之一（27%）的美国人承认，一旦发生残疾，他们"立刻"就会陷入财务困难，无法维持自己的财务状况，而大约一半（49%）在一个月之内也会出现这种情况。

"我们的试验告诉我们，如果你身患残疾的时候没有残疾人保险，你就会十分困窘。这项研究将残疾的影响进行了量化。这样，有工作的美国人就可以更好地理解，如果他们没有购买合适的保险，将会面临怎样的财务困境。"马文·费尔德曼说，"如果一个人突然因为疾病或伤害失去工作，残疾保险将提供财务安全网保障，以弥补因此带来的收入损失。"马文·费尔德曼拥有特许寿险核保人（CLU）、特许财务顾问（ChFC）、注册财务顾问（RFC）资格，并且是人寿与健康保险教育基金会总裁兼首席执行官。

残疾收入保障的价值及其获取渠道

研究还显示，不同残疾保险提供的有价值的收入替代方式有助于应对残疾产生的高成本，而且可以让那些因为疾病或伤害致残的人们在无法工作的情况下保持正常的生活水平。

实际上，商业残疾保险计划，例如雇主发起的（主要是团体）保障或者个人保障，可以减少70%~80%的致残成本。个人残疾保障，与雇主或政府发起的保险计划相结合，可以将财物损失降低80%~95%。

研究也使如下情况更为明显：尽管许多有工作的美国人都可以拥有政府发起的保险计划，但是无论是通过工人补偿保险，还是社会保障，都很难确保获得充足的保障。工人补偿保险仅限于因公残疾的情况，但是绝大多数（90%）的残疾发生在工作地点以外，并因此而无法获得工人补偿保险的保障。近年来仅有大约45%的社会保障首次申请获得通过，而且平均每个月1 062美元的保险金几乎等同于贫困线标准。

"残疾人社会保障计划（Social Security Disability Program，SSDI）是很多美国人残疾后获取收入的来源之一，但是对于残疾人而言，并不一定都有资格申请残疾人社会保障计划。"美国医疗保险计划联盟主席兼首席执行官凯伦·罗娜尼说，"有工作的美国人和他们的家庭可以通过购买商业残疾收入保险提供的保险金获得保障。"

残疾的非财务影响

该项目也考察了与残疾有关的非财务影响。尽管很难模拟和量化，这些影响与个人的总体幸福感和自我价值的认知紧密相连。残疾人失去足够的收入却面临着大量支出，这种紧张的财务状况可能会进一步扩大这种影响。在残疾期间，从政府保险计划和商业保险获得保险金也可以减少非财务成本。

"残疾并不仅仅会对个人和家庭的财务状况产生影响，而且还会在感情和心理方面对他们产生影响。"罗娜尼说，"商业残疾保险不仅仅有助于缓解财务状况，而且也可以让残疾人更加专注于康复。"

资料来源：Life and Health Foundation for Education（LIFE），Press Release，"Financial Impact on Disabled Individuals Can Be Staggering Says New Study," May 15, 2009.

失业风险　失业风险是威胁财物安全的又一个重要因素。失业可能由于经济周期的衰退，经济的技术和结构调整期，季节因素，以及劳动力市场的不完善。

在本书写作的时候，美国正在从其历史上最为严重的危机之一中缓慢地复苏。或许只有20世纪30年代的大萧条比它更为严重。2012年6月，美国的失业率达到8.2%，有1 270万工人失业。成百上千万的失业工人也因此而经历了严重的经济缺乏保障的时期。失业至少在以下三个方面导致人们的经济安全没有保障。首先，工人丧失了收入来源和工厂提供的健康保险。除非有足够的替代收入或者可以提取的储蓄存款，否则失业工人就会面临经济不安全。其次，由于经济不景气，工作时间可能被压缩，工人可能只能找到兼职工作，降低后的收入可能无法满足工人的需要。最后，如果失业持续的时间过长，过去的储蓄和失业保险金可能会被耗尽。

财产风险

人们拥有的财产面临的是**财产风险**（property risks）——无论何种原因造成的财产损毁或损失的风险。不动产和个人财产可能因为火、闪电、龙卷风、风暴和其他原因而损毁。有两种主要的损失类型与财产的损毁或失窃有关：直接损失和间接或继起性损失。

直接损失　**直接损失**（direct loss）是由财产的物质损害、损毁或失窃引起的财物损失。例如，如果一个人拥有的餐馆被火灾烧毁，餐馆的物质损失就被认定为直接损失。

间接或继起性损失　**间接损失**（indirect loss）是指直接的物质损毁或失窃损失间接引起的财物损失。例如，由于你的房屋失火，你可能需要支付额外的生活费用以保持自己正常的生活水平。在房屋维修期间，你可能不得不租一间汽车旅馆或者公寓。你可能要在当地的餐厅里吃几餐或者一直在那里吃饭。如果损毁的屋子中有被出租出去的，而遭遇火灾后，房屋可能无法居住，那么你就会损失租金收入。这些因为火灾造成的额外费用被称作**继起性损失**（consequential loss）。

责任风险

责任风险（liability risks）是另一种大多数人都面临的重要的纯粹风险。在我们的法律体系中，如果你做了某些事情对其他人产生了人身伤害或财产损失，那么你就要承担法律责任。法庭会要求你向你所伤害的人支付巨额损失赔偿。

美国是一个喜欢用诉讼解决问题的社会，经常发生诉讼案件。驾驶员对其粗心的驾驶行为负有法律责任。开船的人和湖区的所有者为船只使用者、游泳的人和滑水的人蒙受的人身伤害负有法律责任。企业要为劣质产品对消费者造成的损害或人身伤害负法律责任。医生、律师、会计师、工程师和其他专业人员会因为不负责任的判断而遭到病人和顾客的起诉。

责任风险由于以下几个原因而非常重要。第一，损失的数额没有最高上限。你可能受到任何数额的起诉。相反，如果是你拥有的财产，损失就存在最高限额。例如，如果你的汽车的实际现金价值是20 000美元，则最高损失为20 000美元。但是，如果你的粗心大意导致的事故对其他驾驶员造成严重的人身伤害，你可能以任何金额——50 000美元、500 000美元或者100万美元，甚至更高——被你所伤害的人起诉。

第二，可能对你的收入和金融资产进行扣押以满足法律判决的要求。例如，假如你对某个人造成了人身伤害，法庭要求你向受害方支付赔偿。如果你不能支付这笔赔款，就可能扣押你的收入和金融资产，以满足判决的需要。如果你通过宣布破产来回避这种判决，那么你的信用等级就会降低。

最后，法庭辩护费用可能是巨大的。如果你没有购买责任保险，仅聘请律师为你辩护的费用可能就令你不堪重负。如果起诉变成审判，律师费用和其他法律费用可能非常巨大。

商业风险

商业企业也面临各种各样的纯粹风险，一旦发生损失，这些风险会导致企业的财务紧张或破产。这些风险包括（1）财产风险，（2）责任风险，（3）企业收入损失的风险，以及（4）其他风险。

财产风险　企业所拥有的有价值的商业财产可能因为各种风险要素而被损坏甚至损毁，包括火灾、风暴、龙卷风、飓风、地震和其他风险。企业财产包括厂房和其他建筑，家具、办公设备及其附属设备，计算机及计算机软件和数据，原材料和成品等库存，公司汽车、船只和飞机，机械和移动设备。企业还会有一些应收账款记录和其他有价值的商务凭证，这些材料一旦损坏或损毁，重新建立的成本很高。

责任风险　今天的商业企业处在一个高度竞争的市场环境中，关于人身伤害和财产损毁的诉讼案件非常常见。诉讼案件的范围从一些琐事到涉及数百万美元的案件都有。企业被起诉的原因五花八门，例如有缺陷的产品伤人、污染环境、给他人财产造成损坏、伤害消费者、员工歧视和性骚扰、侵犯产权和知识产权以及其他各种原因。此外，董事会和管理层可能因为财物损失和公司管理不善而被股东和其他相关方起诉。

企业收入损失的风险　另一种重要的风险是，投保的财产发生物理损毁，企业收入可能会蒙受潜在损失。企业的财产可能会因为火灾、龙卷风、飓风、地震或其他风险要素而蒙受物理损毁损失，不得不停业几个月。在停业期间，企业会失去收入，这部分收入包括利润损失，租金损失（如果企业财产会租赁给其他人），以及在当地市场的损失。

此外，在停业期间，有些费用仍然要继续支付，例如租金、公用事业费、租约、利息、税收、部分人的薪酬、保费以及其他间接成本。

最后，在恢复营业期间，企业可能会发生额外费用。这些额外费用在不发生损失时也不会产生。例如，在另一个地方临时选址办公的成本，即所增加的场所租用产生的租金，以及替代设备的租金。

其他风险　商业企业还必须应对大量额外的其他风险，现概括如下：

● 犯罪风险。这些风险包括抢劫和入室盗窃，商店行窃，员工偷盗和不诚实，欺诈和侵吞公款，计算机犯罪和互联网相关犯罪，知识产权的盗版和偷窃。

● 人力资源风险。此类风险包括与工作相关的人身伤害和患病，关键人员的死亡或丧失劳动能力，团体人寿和退休计划风险，违反联邦和州的相关法律和监管规定。

● 国外损失风险。此类风险包括恐怖主义行为，政治风险，重要人员的绑架，国外厂房和财产的损毁，以及外国货币风险。

● 无形资产损失。此类风险包括对市场信誉和公司公共形象的伤害，商誉的损伤，知识产权的损失。对于许多公司来说，无形资产的价值高于有形资产的价值。

● 政府风险。联邦和州政府的法律和监管规定可能对公司产生重大的财务影响。例如，提高安全标准的法令，要求降低企业排放和减少污染的法令，以及会增加企业经营成本的环境保护新法令。

风险对社会造成的负担

风险的存在会产生一些我们不希望发生的社会和经济效应。风险对社会造成的负担主要体现在三个方面：
- 必须提高应急基金的规模
- 占用社会一定的商品和服务
- 存在焦虑和恐惧

更大规模的应急基金

出于谨慎，需要为紧急事件预留资金。然而，在缺乏保险的时候，个人和企业不得不增加应急基金的规模，以应付无法预期的损失。例如，假如你已经购买了价值 300 000 美元的房屋，如果房屋因为火灾、冰雹、风暴或其他风险事故损毁，那么你还会想要积累一笔维修基金。没有保险，你每年至少要储蓄 50 000 美元，以在相对较短的时期内建立足够的基金。即使那个时候，损失也可能会提前发生，你的应急基金可能无法完全弥补损失。如果你是一个中等收入的人，你会发现储蓄很困难。在任何情况下，如果要储蓄更多的钱，当前的消费就必须减少得更多，而这会导致较低的生活水平。

商品和服务的损失

风险造成的第二种负担是占用了一定数量的商品和服务。例如，由于责任诉讼风险，许多公司无法继续生产产品。我们还可以给出无数的案例。世界上曾经有大约 250 家公司生产儿童疾病疫苗，但是今天只有少数企业仍然生产疫苗。这部分是由于责任诉讼的威胁。其他类型的企业也因为害怕承担法律责任，停止生产某些产品，包括石棉产品、橄榄球头盔、硅凝胶乳房假体和一些计生产品。

除此之外，作为 2001 年"9·11"恐怖袭击事件的一个结果，国会担心，研制反恐技术（例如航空安全设备）的公司会因为担心技术失败而被起诉而不愿再生产产品。为了应对这一风险，国会在《2002 年国家安全法案》中纳入了如下条款，该条款限制了生产反恐科技产品公司所承担的法律责任。没有这一条款，许多反恐技术都不会产生，因为责任风险过于巨大。

焦虑和恐惧

风险的最后一类负担是存在焦虑和恐惧。大量的例子用以说明风险导致的精神紧张和恐惧。如果十几岁的儿子或女儿在一个狂风暴雪的天气里去滑雪，父母可能因为担心他们在结冰的路面遇险而忧心忡忡。如果乘客在乘坐商业客机时，飞机遇上严重的漩涡气流，乘客们会变得非常焦虑和害怕。一个需要在某门课程得到 C 才能够毕业的大学生会带着一种忧惧和害怕的心情进入考场。

风险管理技术

风险管理技术可以被宽泛地分为两类，分别是风险控制和风险融资。风险控制是指降低损失发生的频率或严重程度的技术。风险融资是指为发生的损失进行融资的技术。风险管理者通常会综合运用这些技术来处理每一个面临的风险。

风险控制

正如前面所说，风险控制是一个专业术语，主要用于描述降低损失的频率和严重程度的技术。主要的风险控制工具包括：

- 规避
- 损失预防
- 损失降低

规避 规避是处理风险的一种手段。例如，你可以通过不到犯罪率较高的区域的办法来规避这种风险，可以通过不结婚来避免离婚的风险，企业可以通过不生产某种产品来避免因产品缺陷而遭到起诉。

然而，并不是所有风险都需要规避。例如，为了避免因为飞机坠毁而面临死亡或残疾的风险，你可以拒绝乘坐飞机。但是这可行或者现实吗？备选的方案常常也存在风险，例如开车或乘坐公交车或火车。尽管飞机坠毁的风险是存在的，但是航空公司的安全飞行记录非常好，乘坐飞机是完全可以接受的。

损失预防 损失预防的目的在于降低损失的概率，从而降低发生损失的频率。下面列举几个个人损失预防的例子。如果驾驶员上了安全驾驶课程，而且能够谨慎驾驶，那么汽车事故就会减少。如果人们能够控制体重，停止吸烟，吃健康食品，那么心脏病的患病率将会降低。

损失预防对于企业而言也是重要的。例如，机场和飞机上严密的安检措施能够减少恐怖主义行为。安全工程师定期检查锅炉可以避免锅炉爆炸；通过消除不安全的工作条件和严格执行安全规则可以减少工作事故；通过禁止工人在使用了高度可燃物质的房间内抽烟可以预防火灾。短期来看，损失预防的目标是阻止损失的发生。

损失降低 严格的损失预防手段能够降低损失的频率，然而有些损失是无法避免的。所以，损失控制的第二个目标就是在损失发生后，尽可能降低其严重程度。例如，一家百货公司可以建立灭火系统从而尽快灭火，进而降低损失；工厂可以建造防火设施来最小化火灾的损失；防火门和防火墙可以阻止火势的蔓延；社区报警系统可以减少龙卷风带来的死亡。

从社会的角度来看，损失控制由于如下两个原因而非常重要。首先，损失的间接成本会很高，在某些情况下甚至超过直接成本。例如，工人可能受工伤。除了要支付工人的医药费用和一定百分比的工资（直接成本），企业可能还会产生大量的间接成本：机器可能损毁或者必须进行维修；生产线必须关闭；还要因为培训新的工人以替代受伤工人支付费用；由于无法准时交货而不得不毁约。通过阻止损失的发生，间接成本和直接成本都降低了。

其次，损失的社会成本下降。例如，假设前面例子中的工人因为事故死亡，这个工人本来可以生产的产品和提供的服务就从社会上永久消失。工人的家庭也损失了其本来可以带来的收入，并且会沉浸在巨大的伤痛中，而且经济也可能没有保障。工人本人在死之前也会经历巨大的痛苦。短期来看，这些社会成本可以通过有效的损失控制降低。

风险融资

正如前面所述，风险融资是指在损失发生后，为支付这些成本所提供的融资手段。主要的风险融资技术包括：
- 风险自留
- 非保险转移
- 保险

风险自留　风险自留（retention）是风险管理的一种重要方法。风险自留意味着个人或企业保留所有或部分风险。风险自留可以是主动的，也可以是被动的。

- **主动自留**　主动自留意味着，人们非常清楚地认识到风险并且经过精心策划保留所有或部分风险。例如，乘客可能希望通过购买一份500美元或免赔额更高的汽车保险保留一些小额碰撞损失风险。屋主可能通过购买有较高免赔额的屋主保险自留一小部分房屋损毁的风险。企业可能愿意自留由雇员的小偷小摸或者损坏易腐商品等行为造成的风险。在这种情况下，部分或者全部自留风险就是一种经过深思熟虑的行为。

使用主动风险自留主要有两个原因。第一，可以节省支出。可能根本就不必购买保险，或者购买有免赔额的保险。这样常常可以大幅降低保险成本。第二，由于商业保险可能难以获得或难以负担，人们对风险自留会很谨慎。

- **被动自留**　风险也可以是被动地被保留下来。一些风险可能是由于疏忽、大意或者懒惰的原因而被保留下来。如果被保留下来的风险对财务状况有着潜在影响，那么这将是非常危险的。例如，很多有收入的劳动者没有对完全或永久性残疾投保。但是，完全或永久性残疾的经济后果通常比永久性死亡所带来的后果更为严重。所以，那些没有为这种风险投保的人们是以最危险的、不正确的态度使用风险自留方法。

自保　如果没有对自保的讨论，那么我们对风险自留的讨论就是不完整的。自保（self-insurance）是一种特殊形式的风险自留，通过自保，企业保留了部分或全部特定的损失风险。自保的另一个名称是自融资，这更清楚地揭示了为损失融资和企业进行赔付这一理念。例如，一家大企业可能就部分或所有支付给员工的团体健康保险金采取自保或自融资的方式。

自保在工人补偿计划中被广泛使用，用以降低损失成本和费用。自保还有其他的一些优点。关于自保将在第3章进行更详细的讨论。

总的来说，风险自留是一种重要的风险管理方式，特别是在现代公司风险管理计划中。第3章、第4章将对此进行更详细的讨论。总之，风险自留对潜在损失相对较小的、发生频率较高的、严重性较低的风险是一种恰当的应对方式。但是在一些例外的情况下，风险自留不能用于应对高频率、低风险事件，例如巨额医疗费用风险、长期丧失劳动能力风险，或者法律责任风险。

非保险转移　非保险转移（noninsurance transfers）是处理风险的另一种技术。风险被转移给另一方当事人而不是保险公司。可以通过以下几种方式进行风险转移：
- 合同风险转移
- 对冲价格风险
- 企业法人化

合同风险转移　可以通过合同来转移不期望发生的损失。例如，可以通过签订服务合同，将电视机或者音响出问题的风险转移给零售商。这使零售商对保证期结束之后的所有问题负责。租金增加的风险可以通过签署长期租约转移给地主。建设费用中价格增加的风险可以通过契约规定的约定价格转移给建筑商。

最后，风险还可以通过签订**免责条款**（hold-harmless clause）进行转移。例如，如果脚手架生产厂商与经销商的合同里加入了免责条款，那么在脚手架倒塌并伤害到他人的时候，经销商需要保证制造商的利益不会受到损失。

对冲价格风险　对冲价格风险是风险转移的另一个例子。**对冲**（hedging）是投机者通过在组织化的交易所（例如芝加哥商品交易所和纽约证券交易所）中购买或销售期货合约转移价格波动风险的一种技术。

例如，养老金基金经理可能持有大量美国长期国库券。如果利率上升，国库券的价值将会下降。为了对冲这种风险，基金经理可以销售国库券期货。假设利率上升，国库券价值下降了，期货合约的价值也将会下降，这样基金经理就能够以较低的价格对冲其购买行为。抛售期货所获得的利润可以部分或全部抵消国库券市场价值的下降。当然，利率并不会总是按照预期的情况变化，所以对冲操作也不是完美的，交易费用也会发生。但是，通过对冲，基金经理降低了利率上升所造成的债券价格的潜在损失。

企业法人化　**法人化**（incorporation）是风险转移的另一个例子。如果企业归个人所有，那么所有者的个人资产可以用来偿还债务。如果公司实行了法人化，个人资产就不能用于偿还企业债务。实际上，通过法人化，股东责任是有限的，企业将没有足够资产以偿付企业债务的风险转移给了债权人。

保险　对于大多数人来说保险是处理风险最实用的手段。尽管商业保险有很多特点，但是在这里只强调三个主要特点。第一，使用风险转移是因为纯粹风险被转移给了保险公司。第二，分摊方法用于将少数人的损失在整个群体中分摊，以平均损失代替实际损失。最后，通过运用大数法则降低风险，通过该法则，保险公司能够非常准确地预期未来的损失。所有这些特点将在第 2 章进行更为详细的讨论。

案例应用

麦克尔是一名大学高年级的学生，主修市场营销。他拥有一辆高里程的 2003 年的福特汽车，这辆汽车当前的市场价值是 2 500 美元。他在租用的公寓里的衣服、电视机、音响、移动电话和其他个人财产的当前重置价值为 10 000 美元。他戴着一副价值 200 美元的可供六个月使用的即弃隐形眼镜。在他的公寓里还有一个一直在漏水的水床。麦克尔是一个狂热的跑步爱好者，他每天在附近的公园里跑 5 公里。这个公园的名声极差，里面有卖毒品的，有大量的斗殴和人身袭击事件发生，还有开车射击的行为。麦克尔的父母都在工作来为他支付学费。

对于下面的这些风险和损失，确定适当的风险管理技术来处理这些问题。对你的答案做出解释。

a. 与另一个司机碰撞导致的 2003 年的福特车的物理损伤；
b. 驾驶不当导致了对麦克尔的责任诉讼；
c. 他租住的公寓厨房里的油燃烧所导致的衣服、电视机、音响和个人财产的总损失；
d. 一副隐形眼镜丢失；
e. 水床漏水导致公寓中的财产发生损失；
f. 在麦克尔跑步的公园里卖毒品的人对他进行人身攻击；

g. 为麦克尔提供学费支持的父亲在汽车事故中被醉酒司机撞死所带来的损失。

本章小结

- 风险没有唯一的定义。通常风险被定义为损失发生的不确定性。
- 损失风险（loss exposure）是指任何可能发生损失的情况或环境，而不论损失是否发生。
- 客观风险被定义为实际损失与预期损失的相对差额。主观风险被定义为个人的思想状态或精神状态导致的不确定性。
- 损失机会的定义是事件发生的概率。它与风险不一样。
- 风险事故被定义为损失的原因。风险因素是产生或增加损失可能性的所有条件。
- 有四个主要类型的风险因素。物质风险因素是增加损失可能性的物质条件。道德风险因素是由于个人的不诚实或者居心不良而增加损失的机会。态度风险因素（心理风险因素）是指由于粗心大意或者漠视风险而增加损失的频率或严重程度。法律风险是指由于法律体系或规章制度的特点增加损失的频率或严重程度。
- 纯粹风险是指仅仅存在损失或没有损失两种可能的情况。投机风险是指受益或受损均有可能发生的情况。
- 可分散风险是仅影响个体或小群体的风险，不会影响总体经济情况。这种风险可以通过分散的方式降低或消除。相反，不可分散风险是影响整个经济或经济体中的大多数人或群体的风险，例如通货膨胀、战争或经济萧条等。这种风险无法通过分散而消除或减少。
- 企业风险这个术语包括了商业企业面临的所有重大风险。企业风险管理是运用单一计划统一应对企业所面临的所有重要风险。这种风险包括纯粹风险、投机风险、战略风险、经营风险和财务风险。
- 财务风险是指由于商品价格、利率、汇率和货币价值的逆向变化导致的损失的不确定性。
- 下面三种类型的纯粹风险会威胁个人的财务安全：
  - 个人风险
  - 财产风险
  - 责任风险
- 个人风险是直接影响个人的风险。主要的个人风险包括：
  - 早逝风险
  - 退休后收入不足的风险
  - 健康状况变差的风险
  - 失业风险
- 直接损失是由财产的物质损害、损毁或失窃引起的财务损失。
- 间接或继起性损失是指直接实体损毁或失窃损失间接引起的财务损失。间接损失的例子包括使用财产的损失、利润的损失、租金的损失和额外费用。
- 责任风险是极为重要的一种风险，因为其损失没有最高限额。可能对你的收入和金融资产保留留置权以满足法律判决的要求。可能会产生巨大的开庭成本和律师费用。
- 企业面临着多种多样的重大风险，如果损失发生，这些风险会让企业面临财务崩溃或者破产。这些风险包括财产风险、责任风险、企业收入损失的风险，以及其他风险。
- 风险给社会带来三种主要负担：
  - 必须提高应急基金的规模
  - 占用社会一定的商品和服务
  - 存在焦虑和恐惧
- 风险控制是指降低损失的频率和严重程度的技术。主要的风险控制工具包括规避、损失预防以及损失降低。
- 风险融资是指在损失发生后，为支付这些成本所提供的融资手段。主要的风险融资技术包括风险自留、非保险转移和保险。

重要概念和术语

态度风险因素（心理风险因素）	间接或继起性损失	物质风险因素
规避	大数法则	早逝
损失机会	法律风险因素	财产风险
直接损失	责任风险	纯粹风险
可分散风险	损失风险	风险自留
企业风险	损失预防	风险
企业风险管理	道德风险因素	风险控制
财务风险	不可分散风险	风险融资
风险因素	非保险转移	自保
对冲	客观概率	投机风险
免责条款	风险事故	主观概率
生命价值	个人风险	主观风险
法人化		

复习题

1. a. 解释风险概念的含义变化。
   b. 什么是损失风险？
   c. 如何区分客观风险和主观风险？
2. a. 定义损失机会。
   b. 客观概率和主观概率的区别是什么？
3. a. 风险事故和风险因素之间的区别是什么？
   b. 定义物质风险因素、道德风险因素、态度风险因素和法律风险因素。
4. a. 解释纯粹风险和投机风险之间的区别。
   b. 如何区分基础风险和特殊风险？
5. a. 解释企业风险的含义。
   b. 什么是财务风险？
6. a. 什么是企业风险管理？
   b. 怎样区分企业风险管理和传统风险管理？
7. 列举与较大财务不安全有关的纯粹风险的主要类型。
8. 描述风险对社会构成的主要的社会和经济负担。
9. 解释直接损失和间接或继起性损失之间的差别。
10. 指出商业企业面临的主要风险。
11. a. 简要介绍下面风险管理的风险控制技术：
    （1）规避
    （2）损失预防
    （3）损失降低
    b. 简要介绍下面风险管理的风险融资技术：
    （1）风险自留
    （2）非保险转移
    （3）保险

应用题

1. 假设两辆不同的卡车遭受损失的可能性均为3％。请解释在损失可能性相同的情况下，两辆卡车的客观风险可能会有哪些不同。
2. 在美国经济中存在几种类型的风险？对于

下面的每一种风险，请指出存在的风险类型，并对你的答案做出解释。

　　a. 美国国家安全部警告国家可能遭到恐怖主义袭击。

　　b. 房屋可能在火灾中严重受损。

　　c. 一家的户主在工厂爆炸中完全丧失劳动能力。

　　d. 投资者购买了100股微软的股票。

　　e. 一条河流定期发洪水导致成千上万个家庭的财产在洪涝中严重受损。

　　f. 如果美联储将在下次会议中提高利率，家庭购买者将面临较高的抵押支付。

　　g. 一个度假的工人在赌场玩老虎机。

　　3. 有几种方法可以进行风险管理？在下面几种风险中，请找出适当的应对方法或方法组合，以便很好地应对该风险。

　　a. 一家的户主可能因为心脏病而早逝。

　　b. 房屋在飓风中完全损毁。

　　c. 一辆新车在一次汽车事故中严重受损。

　　d. 大意的驾驶员可能被要求向其在汽车事故中造成严重伤害的人支付大量赔款。

　　e. 医生因为医疗事故而受到起诉。

　　4. 安德鲁在犯罪率很高的地区拥有一家枪械商店。在商店中没有安装电子监控系统，高额的抢劫和盗窃保险费用大幅度降低了他的利润。一位风险管理咨询师提出几种方法来应对抢劫和盗窃风险，但没有用保险。指出两种可以用于应对抢劫和盗窃风险的非保险方法，并解释为什么采用这种方法。

　　5. 风险经理采用了一些方法应对风险。对于下面这些风险，应该采用什么方法来应对？请解释你的选择。

　　a. 决定不为企业的主要制造设备购买地震保险。

　　b. 在旅馆中安装自动灭火设备。

　　c. 决定不生产可能导致责任诉讼的产品。

　　d. 要求销售企业产品的零售商签署协议，取消在产品造成人身伤害时企业的责任。

网络资源

　　1. 美国风险和保险协会（American Risk and Insurance Association，ARIA）是风险管理和保险教育家和专业人员中最重要的协会。美国风险和保险协会出版《风险和保险杂志》（The Journal of Risk and Insurance）和《风险管理和保险评论》（Risk Management and Insurance Review）两本杂志。该协会的网站提供了研究、教学和其他风险和保险网站的链接。网址为 aria.org

　　2. 风险理论学会（Risk Theory Society）是美国风险和保险协会的下属组织，责任在于促进风险理论和风险管理等方面的研究。论文会预先发给会员并在学会年会上进行认真讨论。网址为 aria.org/rts

　　3. 赫伯纳基金（Huebner Foundation）和日内瓦协会（Geneva Association）是保险经济学和风险管理研究者和教育家的国际交流中心。宾夕法尼亚大学的赫伯纳基金为在风险管理和保险教育领域有前途的学者提供奖学金。日内瓦协会是一个研究全球保险问题的国际组织。在本书写作的时候，赫伯纳基金宣布将迁移至佐治亚州立大学。网址为 huebnergeneva.org

　　4. 保险信息协会（Insurance Information Institute）是一个商业组织，为客户提供与财产和意外保险以及热点问题的信息。网址为 www.iii.org

　　5. 风险分析学会（Society for Risk Analysis，SRA）为所有对风险分析（包括风险评估、风险管理和风险相关政策）有兴趣的人提供开放式论坛。风险分析学会考虑来自物理、化学和生物试剂以及一系列人类行为和自然事件造成的威胁。风险分析学会是跨学科的国际性组织。网址为 sra.org

参考文献

Bernstein, Peter L. *Against the Gods: The Remarkable Story of Risk*. New York: Wiley, 1996.

Employee Benefit Research Institute. "EBRI's 2012 Retirement Confidence Survey: Job Insecurity, Debt, Weigh on Retirement Confidence, Savings," *EBRI Issue Brief*, No. 369, March 13, 2012.

The Insurance Fact Book 2012, New York: Insurance Information Institute.

Rejda, George E. "Causes of Economic Insecurity." In *Social Insurance and Economic Security*, 7th ed. M. E. Sharpe, Inc., Armonk New York, 2012, pp. 5–14.

Wiening, Eric A. *Foundations of Risk Management and Insurance*. Boston, MA: Pearson Custom Publishing, 2005.

第 2 章

保险和风险

"保险：一种关于可能性的设计精巧的现代游戏。在游戏中，玩家享受着这样的信念：他正在打败庄家。"

——安布罗斯·比尔斯

学习目标

学习完本章，你应当能够：

- 解释保险的基本特征。
- 解释大数法则。
- 从保险公司的角度说明可保风险的条件。
- 了解社会中主要的可保风险和不可保风险。
- 描述保险的主要类型。
- 解释保险带来的社会福利和社会成本。

迈克尔和阿什利毕业于南方的一所大学，已婚，居住在佛罗里达州的迈阿密。和许多已婚的夫妻一样，他们想要存钱支付一栋别墅的首付款。就在他们租了一间公寓后不久，一个窃贼闯进房间，偷了一台宽屏电视、一台便携式计算机、一台相机、一些珠宝和梳妆台抽屉里的现金。这次损失超过 15 000 美元。这对夫妻没有购买保险。结果，他们存首付款的目标被严重拖后了。夫妻两人犯了大家常犯的错误，没有在他们的财务规划中对风险和保险给予足够的关注。

在第 1 章中，我们指出了可能导致财务不安全的风险。对于大多数人来说，商业保险是进行风险管理的最重要的手段。因此，人们要了解保险的运作机理。本章，我们将分析保险的基本特点、理论可保风险的特点、保险的主要类型，以及保险的社会福利及成本。

保险的定义

保险没有唯一的定义。可以从不同学科的角度对保险进行定义，包括法律、经济学、历史、精算学、风险理论和社会学。但是我们这里不会考察每一个可能的定义。相反，我们会考虑那些体现在各种保险中的共性因素。在开始之前，我们必须在这里为保险给出一个指导性的定义，而这个定义必须抓住保险计划的本质特征。

在认真研究之后，美国风险和保险协会的保险专业术语委员会将保险定义如下[①]：**保险**（insurance）就是通过将风险转移给保险人，从而把偶然的损失进行分摊，保险人同意为被保险人赔偿这些损失，在损失发生时提供其他金钱方面的援助，或者提供处理风险的服务。尽管这么长的一个定义无法为所有保险学者所接受，但是它对于分析实际保险计划的一般要素是很有帮助的。

保险的基本特征

基于前面的定义，一份保险计划或保险协议一般包括以下特征：
- 损失分摊
- 偶然损失的偿付
- 风险转移
- 赔偿

损失分摊

损失分摊是保险的核心。**分摊**（pooling）是指将少数人的损失在整个群体中进行分散，所以，在这个过程中，平均损失替代了实际损失。此外，分摊包括大量风险单位的集聚，从而能够运用大数法则对未来损失做出非常准确的预测。理想状态下，需要聚集大量由相同风险事故引起的相似但不必相同的风险单位。因此，分摊意味着：（1）在整个群体中进行损失分散；（2）基于大数法则对未来损失进行准确预测。

分摊或者分担损失的主要目的是降低可能产生的结果的不确定性，从而降低风险。这种不确定性由标准差或其他测算离散程度的指标来计量。例如，假设有两个企业家，两人均拥有一个相同的价值 50 000 美元的存储仓库。假设每一栋建筑都有 10% 的概率因为某一风险因素损毁，而任何一栋建筑遭受损失都是独立事件。如下所示，每一个所有人每年的预期损失都是 5 000 美元：

预期损失 = 0.90 × 0 美元 + 0.10 × 50 000 美元 = 5 000 美元

风险的一般测度指标是标准差，标准差为方差的平方根。如下所示损失的预期价值的标准差（SD）是 15 000 美元：

[①] *Bulletin of the Commission on Insurance Terminology of the American Risk and Insurance Association*, (October 1965).

$$SD=\sqrt{0.90\times(0\text{ 美元}-5\,000\text{ 美元})^2+0.10\times(50\,000\text{ 美元}-5\,000\text{ 美元})^2}=15\,000\text{ 美元}$$

假设，两位所有人决定分摊（混合）他们的损失风险，而不是各人承担自己的风险。一旦损失发生，两人都同意承担相同份额的损失。在这种情景下，有四种可能的结果：

可能的结果	概率
两栋建筑都没损毁	$0.90\times0.90=0.81$
第一栋损毁，第二栋无损坏	$0.10\times0.90=0.09$
第一栋无损坏，第二栋损毁	$0.90\times0.10=0.09$
两栋建筑均损毁	$0.10\times0.10=0.01$

如果两栋建筑都没有损毁，每个所有人的损失是 0 美元。如果一栋建筑损毁，每个所有人支付 25 000 美元。如果两栋建筑损毁，每个所有人都必须支付 50 000 美元。每个人的预期损失仍然是 5 000 美元，计算过程如下：

$$预期损失=0.81\times0\text{ 美元}+0.09\times25\,000\text{ 美元}+0.09\times25\,000\text{ 美元}$$
$$+0.01\times50\,000\text{ 美元}=5\,000\text{ 美元}$$

注意，虽然预期损失是相同的，但是极端事件发生的概率，即支付 0 美元和 50 000 美元的概率下降了。极端事件发生概率的下降反映在较低的标准差上，计算过程如下：

$$SD=\sqrt{\begin{array}{l}0.81\times(0\text{ 美元}-5\,000\text{ 美元})^2+0.09\times(25\,000\text{ 美元}-5\,000\text{ 美元})^2\\+0.09\times(25\,000\text{ 美元}-5\,000\text{ 美元})^2+0.01\times(50\,000\text{ 美元}-5\,000\text{ 美元})^2\end{array}}$$

$$SD=10\,607\text{ 美元}$$

这样，随着越来越多的人参与到损失分摊中来，标准差会持续下降，而损失的预期价值保持不变。例如，在 100 个被保险人间进行分摊，标准差是 1 500 美元；在 1 000 个被保险人间分摊，标准差是 474 美元；在 10 000 个被保险人间分摊，标准差只有 150 美元。

此外，通过分摊或混合大量风险单位的损失，保险人能够更加准确地预测未来损失。从保险人的角度来看，如果未来损失是可以预测的，客观风险就能够减少。因此，许多保险产品中经常能够发现的另一个特点就是基于大数法则使风险降低。

大数法则（law of large numbers）是指随着损失风险单位数量的增加，实际结果就越趋近于在无穷多风险单位情况下的结果。[①] 例如，如果你将一枚均匀的硬币抛向空中，得到带头像的一面的先验概率为 0.5。如果这枚硬币只被抛了 10 次，也许你得到带头像的那一面的次数为 8 次。虽然此时观察到的出现头像的概率是 0.8，但实际概率却是 0.5。如果投掷 100 万次硬币，得到头像一面的次数大概就有 50 万次。因此，随着随机抛硬币次数的增加，实际结果越来越接近实际概率。

大数法则的一个实际应用是国家安全委员会（National Safety Council）对节假日和周末因驾驶机动车辆而死亡的人数的预测。由于公路上来往的车辆非常多，国家安全委员会能够比较准确地预测 7 月 4 日那个周末的司机死亡数量。例如，假设有 500~700 名司机预期会在 7 月 4 日这个周末死亡。虽然不能确定是哪些司机会死亡，但是司机群体作为一个整体，其实际死亡数量可以比较准确地预测。

然而，对于大多数保险产品来说，精算师很少能够知道实际概率和损失的严重程度。所以，估计平均概率和损失的平均严重程度必须基于以前的损失情况。如果有很多风险单位，以往真实的损失数据与资料将会十分接近未来的损失。正如我们在前面所指出的，客观风险与观

[①] Robert Ⅰ. Mehr and Sandra G. Gustavson, *Life Insurance: Theory and Practice*, 4th ed. (Plano, TX: Business Publications, 1987), p. 31.

察对象数量的平方根负向相关,即随着风险单位的增加,实际损失与预期损失的相对差值将会缩小。因此,当风险单位的数量增加的时候,保险人能够更加准确地预测未来损失。这个概念之所以重要是因为保险人必须收取足够偿付保单有效期内发生的所有损失和费用的保费。客观风险越低,保险人对实际收取的保险费在支付所有的索赔和费用后还留有利润就越有信心。

在本章末尾的附录中,还会对大数法则进行更为细致的阐述。

偶然损失的偿付

商业保险的第二个特征是对偶然损失的偿付。**偶然损失**(fortuitous loss)是作为一种可能性发生的不可预见和预期的损失。换句话说,损失必须是意外发生的。大数法则基于损失是意外的、偶然发生的假设基础之上。例如,一个人可能在结冰的人行道上滑倒,摔断一条腿,这个损失就是偶然的。

风险转移

风险转移是保险的另一个重要特征。除了自保外,实际保险计划通常包含风险转移。**风险转移**(risk transfer)意味着纯粹风险从被保险人转移给保险人,后者通常在偿付损失方面比被保险人有更强的经济实力。从个人的角度来看,向保险人转移的纯粹风险一般包括早逝、健康状况变差、残疾、财产损毁或被盗,以及责任诉讼等风险。

赔偿

保险的最后一个特征是对发生损失的赔偿。**赔偿**(indemnification)是指被保险人可以大体恢复到损失发生以前的财务状况。因此,如果房屋在火灾中烧毁,屋主保险保单将会赔偿你,或者帮助你恢复到损失发生之前的状态。如果你因为疏忽驾驶汽车而遭到起诉,你的汽车责任保险保单将会替你支付法律责任所需支付的那些费用。类似地,如果你严重残疾,残疾收入保单将会至少支付你失去的薪水的一部分。

理论可保风险的特点

商业保险公司在正常情况下仅承保纯粹风险。但是,并不是所有纯粹风险都是可保风险。纯粹风险在进行商业承保之前,通常必须满足一些条件。从保险人的角度来看,可保风险(insurable risk)需要满足六个方面的条件:
- 必须有大量的风险单位。
- 损失必须是意外的和非故意的。
- 损失必须是确定的、可测度的。
- 损失不是灾难性的。
- 损失的概率必须可以预测。
- 保险费必须在经济上是可行的。

大量的风险单位

可保风险的第一个条件是有大量的风险单位。理想情况下,应当存在面临相同风险事故或风险事故集合的大量基本类似但不必完全相同的风险单位。例如,可以根据为房屋提供财产保险的目的,将城市中大量的框架式房屋整合为一个整体。

第一个条件的目的是让保险公司能够基于大数法则估算损失。损失数据能够随着时间的推移而累积起来,因此,可以比较准确地预测这一群体作为整体所遭受的损失。损失成本也就可以在承保范围内的所有被保险人之间进行分摊。

意外的和非故意的损失

第二个条件是损失必须是意外发生和非故意造成的。理想状态下,损失应当是偶然的,在被保险人控制之外的。所以,如果被保险人制造了损失,他就不会得到损失相应的赔偿。

损失必须是偶然的,这是因为大数法则的基础是事故是随机发生的。故意行为导致的损失并不是随机事件,因为被保险人知道损失将在什么时候发生。所以,如果故意造成的损失或非随机损失大量发生,未来损失情况的预测就会非常不准确。

确定的、可测度的损失

第三个条件是,损失必须既是确定的,也是可测度的。这意味着损失的原因、时间、地点和数量应当是确定的。人寿保险在大多数情况下满足这一条件。死亡的原因和时间在大多数情况下可以很容易确定。如果一个人买了人寿保险,那么人寿保单的保额就是保险人对被保险人支付的数额。

然而,有一些损失很难确定和测度。例如,在残疾收入保单中,保险公司承诺,如果满足保单中声明的关于残疾的条件,就会每月向残疾人士支付保费,那么一些不诚实的被保险人可能故意假装生病或受伤而向保险公司索赔。即使索赔要求是合法的,保险公司仍然必须确定,被保险人是否满足保单注明的对残疾的定义。疾病和残疾是非常主观的概念,相同的事件对两个人的影响可能完全不同。例如,两个投保了独立的残疾收入保险的会计可能在一次汽车事故中受伤,两个人都被确定为完全残疾。但是,一个会计可能有着顽强的意志,更希望能够回到工作中去。如果这个会计身体康复后回到工作岗位,残疾收入补贴就要终止。与此同时,根据保单条款,另一个会计仍然可以继续领取残疾收入补贴。简而言之,很难确定一个人是否真的残疾了。不过,所有损失在理论上都应该是确定的和可测度的。

这一条件的基本目的是让保险公司能够确定,如果损失在保单保障范围内,并且确实包括在内,那么应当赔付多少。例如,假设香农在一份屋主保险保单中为她的一件昂贵的毛皮大衣投了保。如果窃贼进入房屋偷走了这件大衣,或者大衣丢失是因为她的丈夫把大衣放在干洗店里而忘记告诉她,这对于保险人而言差异很大。第一种情形中的损失有保障,而第二种没有。

非灾难性损失

第四个条件是,理想状态下,损失必须不是灾难性的。这意味着大部分风险单位不能同时发生损失。正如我们前面所说的，分摊是保险的本质。如果某种风险的大多数或者所有风险单位同时发生损失，那么分摊方法就会崩溃而无法发挥作用。保费必须增加到无人问津的水平，保险也不再是一种可行的，能够将少数人的损失在整个群体中分摊的协议。

保险人总是希望规避所有灾难性损失。但是在现实中，这是不可能的，因为灾难性损失总是因为洪水、飓风、风暴、地震、森林火灾和其他自然灾害而周期性爆发。灾难性损失也会因为恐怖主义行为而产生。

有几种方法可以应对灾难性风险的问题。第一，可以利用再保险。通过这种方法，保险公司可以得到再保险公司对灾难性损失的赔偿。**再保险**（reinsurance）是最初签订保险的原保险人将该保险潜在损失的部分或全部转移给另一个保险人（称为再保险人）的协议。再保险人继而对他所承担的损失的份额负有偿还义务。第6章将更为详细地讨论再保险。

第二，保险人可以通过在一个较大的地理区域内分散覆盖面来避免风险集中。一个频繁遭受洪水、地震、飓风或其他自然灾害的地区的风险集中会导致周期性的灾难性损失。如果损失风险在地理区域上得以分散，灾难性损失发生的可能性将会降低。

最后，现在已经有了应对巨灾风险的金融工具。巨灾债券就是一种用于赔付巨灾损失的金融工具。巨灾债券将在第4章和第6章讨论。

可计算的损失概率

第五个条件是损失的概率应当可以计算。保险人必须能够在一定的准确性上预测未来损失的平均概率和平均的严重程度。这个条件必须满足，从而可以收取足以偿付所有索赔和费用，并在保单有效期内获得一定收益的保费。

但是一些损失很难提供保障，因为这些损失的概率无法准确计算，存在灾难性损失的潜在可能性。例如，发生洪水、战争和周期性失业的规律性难以把握，因此对损失发生的平均概率和严重性的估计很难。如果没有政府的援助，这些损失对于商业保险公司而言是难以承受的。

经济可行的保费

最后一个条件是，保费应当是经济可行的，投保人必须能够支付保费。而且，保险要能够吸引人购买，支付的保费必须远低于保单的面值或数额。

如果要求保费经济可行，损失的概率必须相对较低。一种观点是，如果损失的概率超过40%，保单的成本将会超过在这份契约下保险人必须支付的金额。[1] 例如，保险人可能对一位99岁的老人签出一份1 000美元的人寿保险保单，但是纯粹保费大概是980美元，再加上必需的额外费用，总保费就会超过保单面值。

根据前面提到的那些条件，大多数个人风险、财产风险和责任风险都是可保的，因为这些风险一般都满足可保风险的条件。相反，大多数市场风险、金融风险、生产风险和政治风险很难由商业保险公司提供保障。[2] 这些风险是投机性的，很难满足前面讨论的可保风险的条件。

---

[1] Robert I. Mehr, *Fundamentals of Insurance*, 2nd ed. (Homewood, IL: Richard D. Irwin, 1986), p. 43.

[2] 市场风险包括原材料价格的变化、整体价格水平变化（通胀）、消费者品味的变化、新技术和来自竞争对手越来越大的竞争压力等风险。财务风险包括证券价格反向变动、利率反向变动以及无法以较好的条件借贷等风险。产品风险包括原材料短缺、自然资源消耗、产品的技术问题等风险。政治风险包括战争、恐怖主义行为、政府暴政、反对政府管制以及敌对政府对国外厂房的国有化等风险。

另外，每一种风险都存在产生灾难性风险的潜在可能性，政治风险尤其如此，战争风险也是这样。最后，由于损失概率无法准确计算，所以很难正确计算保费。例如，通常没有保险为零售商因为消费者偏好（例如风格的变化）而遭受的损失提供保障。没有准确的损失数据，也就没有办法计算保费。收取的保费可能足以支付，也可能不足以支付所有损失和费用。由于保险公司需要盈利，一些风险由于存在巨大损失的可能性而很难投保。

两个应用：火灾和失业风险

如果把这些条件在特定风险中应用一下，你就能够更清楚地了解可保风险的这些条件。例如，考虑私人住宅的火灾风险。这种风险是可保的，因为通常可保风险的这几个条件都得到了满足（见图表 2—1）。

图表 2—1　　　　　　　　　　火灾风险是一种可保风险

条件	火灾风险满足这些条件吗？
1. 大量风险单位	满足。存在大量的风险单位。
2. 意外的、非故意的损失	满足。除了故意纵火之外，大多数火灾损失是意外的、非故意的。
3. 确定的、可测度的损失	满足。如果没有就支付数额达成一致，财产保险保单还有争议解决条款。
4. 非灾难性损失	满足。尽管也曾有灾难性的火灾，但并非所有风险单位在同一时间燃烧。
5. 可计算的损失概率	满足。发生火灾的概率可以预测，火灾损失的平均严重程度可以预先估算。
6. 经济可行的保费	满足。火灾保险每单 100 美元的费率相对较低。

考虑失业风险。这种风险目前还不具有商业可保性。失业风险符合可保风险条件的情况怎么样呢？从图表 2—2 来看，失业风险并不完全满足这些条件。

图表 2—2　　　　　　　　　　失业风险是一种不可保风险

条件	失业风险满足这些条件吗？
1. 大量风险单位	不完全满足。尽管有大量的雇员，但是由于失业种类和劳动力的分类的不同还是很难预测失业。
2. 意外的、非故意的损失	不常满足。失业群体中有一部分是自愿辞去工作的人。
3. 确定的、可测度的损失	不完全满足。失业水平可以确定，但是损失的测度很困难。有些失业是非自愿的，但也有一些是自愿的。大多数失业人员是非自愿的，例如因为停工或者工人已经完成临时性的工作。但是，也有些失业是自愿的。工人们可能为了更高的工资、职业生涯的转换、家庭责任、搬家到其他州或其他原因而自愿调整工作。
4. 非灾难性损失	不满足。严重的全国经济不景气或萧条的地方商业状况会导致灾难性的损失。
5. 可计算的损失概率	不完全满足。不同类型的失业通常太不规则，很难准确地预测损失概率。
6. 经济可行的保费	不完全满足。逆向选择、道德风险、保单设计和灾难性损失潜在的可能性可能使保险变得过于昂贵而不值得购买。但是，也有些保险计划在某些情况下会支付失业保险金。例如，失业是非自愿的，损失支付额相对较小。

首先，很难预测失业情况，因为有很多不同的失业种类和劳动力的分类。有专业工人、高

级技工、半熟练工、生手、蓝领工人和白领工人。而且，失业率也随着职业、年龄、性别、教育、婚姻状态、所在城市、所在州以及许多其他因素（包括政府计划和经常改变的经济政策）的不同而存在很大差异。大型企业将部分工作外包给其他国家。这也是美国面临的另一个重要问题。它使得失业风险更加难以测度，商业保险公司承保的难度也因此加大。而且，不同群体的失业持续时间也有很大差别。由于大量的工人可能在同一时间失业，因此也存在潜在的灾难性损失风险。由于有些类型的失业没有规律可循，很难准确计算损失发生的概率。由于这些原因，大范围发生的失业很难由商业保险公司承保。但是，这种失业可以由社会保险计划承保。社会保险计划将在本章的后面部分进行讨论。

逆向选择和保险

当销售保险的时候，保险公司必须应对逆向选择问题。**逆向选择**（adverse selection）是指个人的一种倾向，即高于平均损失概率的人企图以标准（平均）费率投保，而如果不能在核保阶段对此进行控制，就会导致高于预期的损失水平。例如，逆向选择会导致高风险驾驶员以标准费率投保汽车保险，有严重健康问题的人以标准费率投保人寿或健康保险，经常遭到抢劫或盗窃的企业以标准费率投保犯罪保险。如果具有高于平均损失概率的申请人以标准费率成功获得保障，我们说保险公司是"逆向选择的受害者"。如果不通过核保进行控制，逆向选择会导致高于预期水平的损失。

逆向选择可以通过严格的核保程序进行控制。**核保**（underwriting）是指选择保险人并对投保人进行分类的过程。符合核保标准的投保人可以以标准费率购买保险。如果不满足核保标准，投保者就会被拒绝或者支付额外的保险费，或者提供的保障受到很多限制。保险公司也会向发生损失的概率高于平均水平的投保人销售保险，但是投保人必须支付较高的保险费。当损失概率高于平均水平的投保人以标准或平均费率成功获得保障，那么就存在逆向选择问题。

保单中也经常包含控制逆向选择的条款。例如人寿保险中的自杀条款和在《平价医疗法案》（也被称为"奥巴马医保法案"）生效之前适用的个人医疗费用保单中的既存状况条款。这些保单条款将在后面分析保险合同的时候进行深入讨论。

保险与赌博的比较

保险经常被错误地与赌博相混淆。在它们之间有两种重要的差异。首先，赌博创造了一种新的投机风险，而保险是应对已经存在的纯粹风险的一种方法。如果你在赛马比赛中下500美元的注，就会产生新的投机风险，但是在你向保险公司购买500美元的对火灾提供保障的屋主保险时，火灾风险已经存在，通过这一交易并没有产生新的风险。

保险和赌博的第二个差异是，赌博没有产生社会价值，因为赢家的收益是以输家的损失为代价的。相反，保险具有社会价值，因为无论保险公司还是被保险人作为获益方都没有以输家的损失为代价。保险人和被保险人双方在预防损失方面具有共同利益。如果损失没有发生，那么就可以实现双方的共赢。而且，持续的赌博一般不会使输家恢复到以前的财务状况。相反，保险合同在损失发生时全部或部分地恢复了被保险人的财务状况。

保险与对冲的比较

在第 1 章中，我们讨论了对冲概念。通过购买期货合约，风险被转移到投机者那里。但是保险合同与对冲并不是一回事。尽管两种技术在通过合约转移风险方面很类似，都没有产生新的风险，但是在它们之间存在一些重要的区别。第一，保险交易包括可保风险的转移，因为通常要满足可保风险的条件。但是，对冲作为一种应对风险的方法一般是不可保的，例如为农产品和原材料价格下跌提供保障。

保险和对冲的第二个区别是，保险可以因为大量投保人的存在而减少保险人的客观风险。随着风险单位的增加，保险人对未来损失的预测得到完善，因为实际损失和预期损失之间的相对差额将会减少。所以，许多保险交易将会减少客观风险。相反，对冲通常仅包括风险转移，而不会减少风险。负向价格波动的风险被转移到那些自认为对市场情况非常了解的投机者那里。此时，风险被转移，而不是减少，损失的预测通常并不是建立在大数法则基础之上。

保险的类型

保险可以被划分为商业保险和政府保险。商业保险包括人寿保险和健康保险以及财产和责任保险。政府保险包括社会保险计划和所有其他政府保险计划。

商业保险

人寿保险 在 2010 年年末，美国有 917 家人寿保险公司，较 1988 年最高的 2 343 家有了较大幅度下降。这一下降是由于，为了降低运营成本和一般管理费用以及提高效率，发生了大量的并购交易。[1]

当被保险人死亡时，投保的**人寿保险**（life insurance）将会向受益人支付死亡保险金。这些保险金将用于支付丧葬费用、未投保医疗费用、房地产遗产税和其他费用。死亡保险也可以为死者的受益人定期提供收入。寿险公司还销售年金、个人退休保险（IRA）计划、401(k)计划和个人及团体退休计划。有些寿险公司还销售(1)个人和团体健康保险，为因疾病或受伤所产生的医疗费用承保；(2)残疾收入计划，在被保险人失去劳动能力期间提供替代收入的保险；(3)长期医护保险，为在医疗服务机构发生的医护费用承保。

健康保险 尽管前面所说的许多寿险公司也销售某些类型的个人或团体健康保险，健康保险公司总体而言是高度专业化的，而且由数量相对较少的保险公司控制。今天，只有大约 35 家健康保险公司承保了大部分个人和团体健康保险。这些公司包括蓝十字和蓝盾协会、安泰保险公司、联合健康集团以及维朋公司。医疗费用保险计划支付以下费用：住院和外科手术费用、内科诊治费用、处方药费用，以及很多其他医疗费用。健康保险计划将在第 15 章和第 16 章进行更为详尽的讨论。

---

[1] American Council of Life Insurers, *Life Insurers Fact Book* 2011, Washington, D.C., 2011, Table 1.7. Available at acli.com.

财产和责任保险 2010年，美国有2 689家财产和责任保险公司。[①] **财产保险**（property insurance）在财产所有人的不动产或个人财产由于火灾、闪电、风暴或龙卷风等不同风险事故发生损失或损毁时，为其提供赔付。**责任保险**（liability insurance）为被保险人对其他人造成财产损毁或身体伤害而承担的法律责任提供保障，还支付法律辩护费用。

财产和责任保险也被称为财产和意外保险。在实际运用中，非人寿保险公司一般使用**财产和意外保险**（property and casualty insurance）这一词汇（而不是财产和责任保险）来描述不同的保障范围和经营结果。**意外保险**（casualty insurance）是一种范围广泛的保险，为火灾、海洋和人寿保险覆盖范围之外的风险提供保障；意外保险产品包括汽车、责任、抢劫和盗窃、劳工补偿和健康保险。

图表2—3列出了目前销售的主要财产和意外保险产品的覆盖范围。尽管有些重合，但不同的保障范围可以被划分为两类——个人保险产品和商业保险产品。

图表2—3　　　　　　　　　财产和意外保险承保范围

1. 个人保险
   - 私人乘客汽车保险
   - 屋主保险
   - 个人伞式责任保险
   - 地震保险
   - 洪水保险
2. 商业保险
   - 火灾保险和相关保险
   - 商业多重风险保险
   - 一般责任保险
   - 产品责任保险
   - 劳工保险
   - 商业汽车保险
   - 意外和健康保险
   - 内陆运输保险和海洋运输保险
   - 职业责任保险
   - 高管责任保险
   - 锅炉和机器保险（也被称为机器损坏、设备损坏或者系统损坏保险）
   - 诚实保险和履约保证
   - 犯罪保险
   - 其他保险

1. 个人保险。**个人保险**（personal lines）是指为人们的不动产和个人财产提供保障或为其承担的法律责任提供保障。主要的个人保险包括：

● **私人乘客汽车保险**（private passenger auto insurance）为导致其他人财产损失或人身伤害的汽车事故中产生的法律责任提供保障。汽车保险也包括对因碰撞、盗窃或其他风险事故而使投保汽车遭受到物理损害的保险。

● **屋主保险**（homeowners insurance）是一种一揽子保单，在一份保单中提供财产保险和个人责任保险。有很多屋主保险为房屋、其他建筑物和个人财产因为一系列风险事故（包括火

[①] *The Insurance Fact Book* 2012，New York：Insurance Information Institute，p. v.

灾、闪电、风暴或龙卷风等）而发生的损失或损毁提供保障。保单中也包括失窃和个人责任保险。屋主保险保单是一种**复合型保单**（multiple-line policy）。这种保单是指州立法允许保险公司在一张保单中为财产和意外保险承保。

● **个人伞式责任保险**（personal umbrella liability insurance）为情节特别严重的诉讼或审判提供保障。在所有基本保险无法提供保障的情况下，为超出部分提供保险。保单通常限制在100万~1 000万美元之间。

● **地震保险**（earthquake insurance）为因为建筑物的摇晃和开裂所造成的损失以及地震中对个人财产造成的损失提供保障。屋主保险和商业保险保单不为地震造成的损失提供保障。但是，这些保障可以通过为保单提供背书或者通过独立保单获得。

● **联邦洪水保险**（federal flood insurance）是一种联邦保险计划，为易发洪水地区的屋主和商业企业蒙受的洪水损失提供保障。洪灾损失被标准屋主保险和承租人保险排除在外。洪水保险通常由经营财产和意外保险的保险公司销售。

2. 商业保险。**商业保险**（commercial lines）是指为企业、非营利组织和政府机构提供的财产和意外保险。主要的商业保险包括：

● **火灾保险**（fire insurance）的承保范围包括因火灾和闪电导致的损失，通常作为一揽子保单的一部分销售，例如商业多重风险保险保单。**相关保险**（allied lines）是指通常和火灾保险一起购买的保险产品，为风暴、冰雹和恶意破坏等造成的损害提供保障。此外，它还为间接损失提供保障，包括企业收入、租金和额外费用等的损失。

● **商业多重风险保险**（commercial multiple-peril insurance）是一种一揽子保单，包括财产保险、一般责任保险、业务收入保险、设备故障保险和犯罪保险。

● **一般责任保险**（general liability insurance）为企业和其他组织因对其他人造成财产损失或身体伤害而承担的法律责任提供保障。法律责任可能来自于企业财产的所有权、产品的销售或处理，以及制造或签订合约等业务。然而，一般责任保险不包括产品责任保险。后者是一个独立的产品种类。

● **产品责任保险**（products liability insurance）为制造商、批发商和零售商所提供的有缺陷的产品给消费者造成的人身伤害或发生的财产损失所产生的法律责任提供保障。

● **劳工保险**（workers compensation insurance）为工人提供与工作相关的事故或疾病的保障。该保险支付医药费用、残疾收入保险金、康复保险金，以及向因工作导致其死亡的雇员遗属提供死亡保险金。

● **商业汽车保险**（commercial auto insurance）为企业因其拥有的汽车的所有权或驾驶而承担的法律责任提供保障。这种保险也包括对企业所有的汽车因碰撞、失窃或其他事故所遭受的物理损毁或损失的保险。

● **意外和健康保险**（accident and health insurance）也可以由财产和意外保险公司销售。这类保险类似于人寿和健康保险公司销售的健康保险。

● **内陆运输保险**（inland marine insurance）包括在内陆运输的货物，包括进口、出口、国内运输和运输的通道（例如，桥梁、隧道和管道）。内陆运输保险也为个人财产（例如美术品、珠宝和皮毛制品）提供保障。

● **海洋运输保险**（ocean marine insurance）为由海洋上的风险事故导致的航行中的船只及其装载的货物遭受的损失提供保障。这些合同也为船主和所有人提供法律责任保障。

● **职业责任保险**（professional liability insurance）为失职诉讼案件和因为重大的错误或疏忽导致的诉讼提供保障。职业责任保险包括为职业行为或内科医生、外科医生、律师、会计和其他专业人员的疏忽提供保障。例如，**医疗事故保险**（medical malpractice insurance）为医生和其他医疗服务供应商因给病人造成的伤害而受到的诉讼提供保障。

- **高管责任保险**（directors and officers liability insurance）在高管因为公司管理过程中的失误而被起诉时，为高管和公司提供财务保障。
- **锅炉和机器保险（也被称为机器损坏、设备损坏或者系统损坏保险）**（boiler and machinery insurance）是一种对象非常明确的保险，为投保设备的意外损坏导致的损失提供保险。这种设备包括蒸汽锅炉、空调和冷却设备，以及发电设备。
- **诚实保险**（fidelity bonds）对雇员的不诚实或欺诈行为提供保障，例如挪用和盗窃资金。**履约保证**（surety bonds）对做出保证采取某些行为的人一旦没有做出相应的行为而提供货币赔偿，例如建筑合同签订了，签约者却没有及时履行建造起一座建筑的承诺。
- **犯罪保险**（crime insurance）对入室盗窃、抢劫、偷盗和其他犯罪行为导致的财产、金钱和证券方面的损失提供保险。
- 其他保险包括航空保险、信用保险、财务保证保险和抵押权保险。**航空保险**（aircraft insurance）为投保飞机和因对飞机的所有权或驾驶而负有的法律责任提供的实体损害保险。**信用保险**（credit insurance）为制造商和批发商因为收到数量不正确的货物而遭受的损失提供保障。**财务保证保险**（financial guaranty insurance）保证向投保人支付发行的债务工具的利息和本金。**抵押权保险**（private mortgage insurance，PMI）在借款人无法偿还抵押贷款的情况下，为贷款人丧失抵押品赎回权遭受的某一最高额度损失提供保障。

政府保险

目前已经有很多政府保险。政府保险可以被分为社会保险计划和其他政府保险计划。

社会保险计划 社会保险（social insurance）是一种政府保险计划，它的一些特点使其能与其他政府保险计划相区分。这些计划的融资全部或很大部分来自于雇主、雇员，或者两者的强制分担，主要不是来自政府的财政收入。这些资金常常被指定作为特殊的信托基金，收益则由这些基金支付。此外，获取收益的权利正常情况下来自于接受者过去的投入或该计划的保障范围。收益和投入根据受益人以前的收入而有所不同，但是收益中相当高的比重被用于帮助低收入群体。此外，大多数保险计划是强制性的。保障范围内的工人和员工按照法律规定必须缴纳保险费并参加该计划。最后，资格认定条件和受益权通常由法规规定，在分享利益方面，管理者可随意掌控的部分很少。[①]

在美国主要包括如下社会保险计划：
- 老年、遗属和残疾保险（社会保障）
- 联邦老年健康保险
- 失业保险
- 工人补偿
- 强制性临时残疾保险
- 《铁路退休法》
- 《铁路失业保险法》

---

① George E. Rejda, *Social Insurance and Economic Security*, 7th ed. (Armonk, New York M. E. Sharpe, Inc., 2012), pp. 15-17.

老年、遗属和残疾保险，一般认为属于社会保障范畴，是一个为符合条件的个人和家庭提供退休、遗属和残疾保险金的大规模收入维持计划。

联邦老年健康保险是整个社会保障计划的一部分，为65岁及以上的老人和一些年龄低于65岁的残疾人的医疗费用提供保障。

失业保险计划为符合资格要求的遭遇短期非自愿失业的工人按周提供现金补偿。在某些资格条件得到满足之后，正式的州失业保险金通常只能领取26周。近年来，临时的应急失业保险计划也被用于为那些在经济严重衰退期间已经用完正常保险金的受益人提供额外数周的保险金。此外，在失业水平比较高的州，那些已经用完保险金的失业工人也可以延长失业保险金的领取时间。失业保险将在第18章进行讨论。

如前所述，工人补偿保险为因与工作有关的事故或疾病对工人造成的损失提供保障。尽管工人补偿保险是商业保险公司销售的一种意外保险，它也是社会保险的一种重要形式。工人补偿保险的社会保险特征将在第18章中讨论。

此外，在五个州、波多黎各以及铁路行业都有强制性临时残疾保险，它为由于暂时性的非职业残疾而失去的收入提供部分补偿。①

《铁路退休法》给那些具有资格的铁路工人提供退休金、遗属金和残疾收入补贴。

最后，《铁路失业保险法》为失业和患病的铁路员工提供保险金。

其他政府保险计划　在联邦和州的层面上还有其他政府保险计划，但是这些计划并不具有社会保险的显著特征。比较重要的联邦保险计划包括：

- 联邦雇员退休制度为1983年后工作的联邦雇员提供退休、生存和残疾保险金。
- 行政事业单位退休制度为1984年前受雇的联邦雇员提供退休、生存和残疾保险金。
- 联邦存款保险公司为商业银行、信贷机构和储贷协会的经常账户和储蓄账户提供保险。
- 全国洪水保险计划为易发洪水区域的屋主和商业企业提供财产保险（通常会在某一限额之下）。
- 其他联邦计划包括为退伍军人提供的各种寿险、联邦农业保险、战争风险保障以及大量附加保险计划。

各州也存在各种政府保险计划，包括：

- 前面曾经提到的，州立工人补偿计划在工人因为与工作相关的意外事件或疾病而受伤或死亡时，为工人提供医疗、残疾、康复和生存保险金。
- 州立儿童健康保险计划是各州政府和联邦政府联合发起的保险计划，为低收入家庭和儿童提供低成本的健康保障。
- 大多数州都有高风险分摊计划，为那些不可保或健康标准不达标的人提供健康保险。
- 剩余市场计划（也被称作分享市场或非自愿市场计划）在有些州存在。该计划为某些州的高风险投保人提供保障。这些人在标准市场中难以购买基础保险。这些计划包括（1）FAIR（公平保险需求计划，Fair Access to Insurance），为高风险投保人提供基本的财产保险；（2）沙滩和风暴计划，为亚特兰大和墨西哥湾海岸沿线的财产所有人提供风暴和飓风保障；（3）居民财产保险公司（Citizens Property Insurance Company）为佛罗里达的财产所有人提供关于风暴、飓风和其他某些风险因素的保障；（4）居民财产保险公社（Citizens Property Insurance Corporation）为路易斯安那州的投保人提供保障。
- 其他州立保险计划包括加利福尼亚地震局（California Earthquake Authority）、佛罗里达

---

① 这五个州分别是加利福尼亚州、夏威夷州、新泽西州、纽约州和罗得岛州。

飓风灾害基金（Florida Hurricane Catastrophe Fund）、马里兰州汽车保险基金（Maryland Automobile Insurance Fund）和威斯康星州生命基金（the State Life Insurance Fund in Wisconsin）。

保险的社会福利

保险主要的社会和经济福利包括：
- 损失赔偿
- 担心和恐惧的减少
- 投资基金的来源
- 损失预防
- 信用提升

损失赔偿

损失赔偿帮助个人和家庭在损失发生后恢复到损失发生前的经济状况，最终使他们能够获得财务保障。由于被保险人能够在损失发生后部分或全部恢复其经济状况，他们很少申请公共援助或福利，或向亲友寻求财务援助。

对企业的损失赔偿使企业能够维持经营，让雇员保有他们的工作。供应商能够继续得到订单，消费者仍然能够得到他们需要的货物和服务。由于税收基数没有减少，社区也会受益。简而言之，保险的损失赔偿功能对家庭和经济的稳定做出了极大贡献，也因此成为保险最重要的社会和经济效益之一。

担心和恐惧的减少

保险的第二项好处是，担心和恐惧得以减少。在损失发生之前和之后都是如此。例如，如果家庭的户主购买了充足的人寿保险，他们就不太会担心户主一旦早逝给家庭带来的经济问题；投保长期残疾保险的人也不必担心一旦患了严重疾病或发生意外事故而导致收入方面的损失；财产所有人作为被保险人会保持精神上的平静，因为他们知道一旦损失发生，他们是受到保护的。担心和恐惧也会在损失发生后有所减少，因为被保险人知道他们的保险将支付这些损失。

投资基金的来源

保险行业是资本投资和积累的一个重要资金来源。在损失发生之前就已经缴纳保险费，而这笔资金不需要支付即时损失，因此可以为企业提供贷款。这些资金一般投资于购物中心、医院、工厂、房地产开发和新的机器、设备。这些投资增加了社会的资本存量，促进了经济增长和充分就业。保险人也会把资金投入到社会投资，例如住房、护理院以及经济发展项目。另外，可借出的资金供给总量由于保险费的预支而增加，企业借款的资本成本低于没有保险时的情况。

损失预防

保险公司积极参与许多损失预防项目,并雇用了大量不同领域的从事损失预防工作的人员,包括安全工程师和火灾预防、职业安全和健康、产品责任等方面的专家。下面是财产和责任保险公司大力支持的一些重要的损失预防措施:

- 高速公路安全和交通事故死亡人数减少
- 火灾预防
- 工作相关伤害和疾病的减少
- 汽车失窃的预防
- 对纵火犯造成的损失的预防和监测
- 对劣质产品造成用户身体伤害的预防
- 锅炉爆炸的预防
- 关于损失预防的教育计划

损失预防措施减少了直接和间接(或继起性)损失。由于这两种类型损失减少了,社会因此而受益。

信用提升

保险的最后一项好处是提高个人信用。保险赋予借款人更高的信用,因为它保证了借款人的间接价值或者对偿还贷款提供了更高的保证。例如,当购买房屋时,贷款机构在给予抵押贷款之前一般要求为房屋购买财产保险。在财产损坏或损毁的情况下,财产保险保证贷款人的贷款利益。类似地,企业为购买圣诞或季节性商品寻求临时贷款时,可能会被要求在借款前购买存货保险。在利用银行贷款购买新车或办理其他贷款的情况下,贷款人可能会被要求在借款前为汽车购买物理伤害保险。因此,保险具有增强个人和社会信用的功能。

保险的社会成本

尽管保险行业为社会提供了无数的社会和经济福利,我们也要认识到保险的社会成本。保险的主要社会成本包括下面几种:

- 经营成本
- 欺诈性索赔
- 夸大索赔

经营成本

一种重要的成本是经营成本。保险人在向社会提供保险的时候也在消费稀有的经济资源——土地、劳动力、资本和商业企业。在金融学用语中,保险公司必须为纯粹保费添加附加保险费,从而使其日常经营产生的费用获得保障。**附加保险费**(expense loading)是需要支付的所有费用的数额,包括佣金、一般性行政费用、州保险税、收购费用,以及应对意外事件的储备和利润。2010 年，销售和管理费用、税款、执照和手续费等费用占了财产保险公司每 1 美元保险费中的 28 美分。2010 年，寿险公司产生的成本为各种支出（运营费用、税收和投资费用等）的 17%。[①] 其结果是社会总成本的上升。例如，假设一个没有财产保险的小国家每年平均会发生 1 亿美元的火灾损失。另外，假设后来可以购买财产保险了，费用为损失的 30%。那么这个小国家的总成本增加到 1.3 亿美元。

但是，这些附加成本由于下面几个原因而必须客观看待。首先，从被保险人的角度来看，由于保险的存在，支付投保损失的不确定性下降。其次，经营成本并不一定是一种浪费，因为保险人从事着各种各样的预防工作。最后，保险行业为美国数百万的人员提供了工作。但是，由于在向社会提供保险的时候占用了经济资源，因此，确实产生了经济成本。

欺诈性索赔

保险的第二个成本来自于欺诈性索赔。欺诈性索赔的例子包括：
- 假造或故意制造汽车事故来获取保险费。
- 不诚实的索赔者假造滑倒的事故。
- 向保险人假报入室行窃、盗窃或蓄意破坏等行为。
- 为了获得保险赔偿，提交假的健康保险索赔申请。
- 不诚实的保单持有人骗取后来被证实已经死亡的被保险人的人寿保单。

这种欺诈性索赔的支付造成了所有被保险人较高的保费支出。保险的存在也促使一些被保险人故意制造损失，从而能够从保险上获利。这些社会成本直接附加给社会。

一些类型的保险欺诈特别恶劣。美国反保险欺诈联盟为特别巨大的、无耻的、不道德的，有时甚至是愚蠢的保险诈骗建立了一个"耻辱库"（见专栏 2.1）。

专栏 2.1

保险欺诈的耻辱——令人震惊的保险欺诈案例

美国反保险欺诈联盟（Coalition Against Insurance Fraud）每年都会整理出版一些保险欺诈案例。这些欺诈案例特别让人震惊，特别无耻，以至于让人无法忍受。下面对几起令人震惊的案例进行了概括。

- **危险的长者。** 两个老妇人海伦·戈利和奥尔佳·鲁特斯密特与洛杉矶两个无家可归的男子成为朋友，并为他们购买了 300 万美元的人寿保险，并将自己作为受益人。后来她们为获得保险费开车撞死了这两个男子。这两个老妇人被判终身监禁且不得保释。
- **为人寿保险杀死街头混混。** 理查德·詹姆斯是一家圭亚那—美国合资寿险公司的代理人。他在纽约杀圭亚那籍街头混混以骗取人寿保险。他杀了这些人来换取巨额收入。在他策划的一系列案件中有四人被杀，净收入超过 100 万美元。詹姆斯及其好友被判终身监禁。
- **奸诈的警察向自己开枪。** 一个路人发现洛杉矶地区警察杰夫·斯特恩卢斯躺在自己家门口附近的地面上。他声称自己被一个梳着马尾，身穿黑色皮夹克的乘车劫匪击中。但是这个枪击案是一个骗局。斯特恩卢斯开枪打在自己的防弹背心上，然后提出了工人补偿索赔申请。

---

① *The Insurance Fact Book 2012*, New York: Insurance Information Institute, p.38; *Life Insurers Fact Book 2011*, Table 5.1.

- **烧毁房屋并把孩子烧死**。蒂莫西·尼科尔斯为了支付因为吸食冰毒而产生的日益增长的债务,烧毁了自己的房屋以换取保险金。三个孩子窒息死亡。尼科尔斯被判终身监禁。
- **玩火自焚**。维克托和奥尔佳·巴里尔为了获得保险金,想要烧毁他们破败的房屋。夫妻两人承担着315 000美元的抵押贷款和一栋无人购买的破败房子。他们雇了一个杂工托马斯·特鲁斯,让他烧了房子来换取保险金。这个计划破产了。杂工非常业余,放火的时候把自己也给烧了,还危及到了邻居的房子。
- **疗养院的腐败**。罗伯特·沃特在密苏里州开了三家疗养院。居住者被拒绝提供水、食物和医疗设备。他向医疗保险和医疗补助机构申请了大量的相同服务。有些居住者因为疏于照顾而死亡,沃特因此被判18个月联邦监狱监禁,并罚款75万美元。

资料来源:Adaptation of selected cases from *Hall of Shame's No-Class of 2011 Dishonored*;*Amazing Disgrace:2008 Shamers Dishonored*;and Newsroom,*Top Swindlers of 2007*,Coalition Against Insurance Fraud,at insurance-fraud. org.

夸大索赔

保险的另一种成本是夸大或"虚报"索赔所增加的成本。尽管这种损失并不是由被保险人主观行为导致的,但是索赔的金额可能超过实际的财物损失。下面是一些夸大索赔的例子:
- 原告律师请求超过受害人实际经济损失的高额责任判决。
- 被保险人夸大汽车碰撞的损失金额进行索赔,使保险赔付超过了碰撞的免赔额。
- 丧失劳动能力的人为了延长获取残疾收入保费的时间常常装病。
- 被保险人夸大家庭或企业失窃财产价值的金额。

必须认识到夸大索赔是保险给社会带来的一种重要成本。为了支付这些额外损失必须增加保费。其结果是可支配收入和其他产品和服务的消费的减少。

欺诈和夸大索赔的社会成本

根据保险信息协会的资料,保险行业发生的诈骗额度大约为财产保险每年发生的损失和损失矫正费用的10%。根据这一估计,在2006年到2010年间,财产和意外保险欺诈每年的额度超过300亿美元。此外,联邦调查局(FBI)的资料显示,每年医疗欺诈涉及费用大约为医疗服务支出总额的3%到10%。这包括了私人和公共保险服务中的欺诈行为。根据医疗保障和医疗救助服务中心的估计,医疗卫生欺诈在2010年的数额在770亿美元到2 590亿美元之间。[①]

有些人因为贪婪,有些人因为各种各样的原因需要大量现金,他们将保险公司视为易于达成目标的一种途径,并因此而进行保险欺诈。其他一些人希望在损失发生时减少其不必要的费用支出,例如覆盖他们的免赔额,或者希望从保险公司那边"捞回"损失(保险公司会认为这是不公平的)。最终的结果是所有投保人的保费都变得更高。

大多数美国人认为只有职业诈骗犯和大的犯罪团伙才会进行保险欺诈,例如汽车盗窃团伙、汽车分解厂,以及不诚实的医生和律师。这种关于保险欺诈的观点是错误的。许多认为自

---

① Insurance Information Institute,"Insurance Fraud," March 2012. This article is periodically updated.

己基本诚实的美国人所做出的行为很明显属于保险欺诈的范畴（见专栏2.2）。

尽管欺诈和夸大索赔不得不被认为是保险的一种社会成本，但是保险的经济价值通常超过这些成本。保险会降低焦虑和恐惧；补偿功能有助于强化社会和经济的稳定；个人和企业的财务安全得到保障；通过对保险公司的关注，经济中的客观风险得到降低。保险的社会成本可以被看作是社会为了获得这些好处所必须付出的成本。

专栏 2.2

不要认为只有惯犯才进行保险欺诈

你是否认为只有惯犯和大的犯罪集团才进行保险欺诈呢？

实际上，许多正常的老实人也会进行欺诈，比如你信仰虔诚的叔叔、街对面不错的邻居以及乡下便利店的老板。

当人们申请投保或索赔的时候，有时候"只是有点逃避责任"或者讲一些"无恶意的小谎言"。

他们甚至不会去想这是一个真实的保险欺诈。"嘿，就几美元，"或者"没有人会因此受到伤害，"或者"我每年都支付保费，现在该我拿钱了。"

我们尝试下面的测试。如果你对任何问题选择"是"，你可能就会进行保险欺诈。

是/否	你是否曾经有意去做过这些事：
□ □	当申请汽车保险时，你所说的驾驶里程低于实际里程吗？
□ □	当申请汽车保险时，你是否说过你从没有将自己的车用于工作，但实际上你这样做过？
□ □	当申请汽车保险时，尽管你把汽车停在街道上，你是否仍然说你把车停在了停车场？
□ □	当申请汽车保险时，你是否会说你住在其他地方，而不是实际居住地？
□ □	当进行汽车索赔时，你有没有让汽车修理厂填高你的维修费用来补偿免赔额？
□ □	当进行索赔时，你有没有夸大家里或汽车中失窃财物的价值？
□ □	当进行索赔时，你有没有夸大珠宝或其他货物的价值？
□ □	是否曾要求维修人员虚报房屋损毁的费用来补偿免赔额？
□ □	当申请工人补偿保险时，你上报的企业雇员数量是否低于实际数量？
□ □	当申请工人补偿保险时，你所说的雇员工作安全性是否高于实际情况？
□ □	你是否捏造了你的医疗历史记录，以使你在投保人寿保险时能够看起来更健康？
□ □	当申请人寿保险时，你是否说过你不抽烟，而实际上你抽烟呢？
□ □	尽管你在家里或者运动的时候身体受到伤害，你是否为了获得劳工保险而说你是因工作而受伤的？
□ □	你的病已经好了，但是你是否为了获得劳工保险补偿而待在家里？

资料来源：Reprinted with permission of the Coalition Against Insurance Fraud, insurancefraud.org.

案例应用

对保险有无数的定义。根据本书对保险的定义，请指出下面这些事项是否可以被视为保险。

a. 制造商对售出的电视机给予90天的保证期。

b. 制造商承诺新的子午线轮胎能够在公路上安全行驶50 000英里。

c. 新房屋的制造商对房屋的结构问题做出10年保障的承诺。

d. 票据的联合担保人同意在原债务人无法偿付贷款时进行偿付。

e. 一群房屋所有人同意支付一年内因火灾导致的房屋损失。

本章小结

- 保险没有唯一的定义。不过一份典型的保险计划包括四个因素：
  损失分摊
  偶然损失的偿付
  风险转移
  赔偿
- 分摊是指将少数人的损失在整个群体中进行分散，平均损失替代了实际损失。偶然损失是一种可能发生的不可预见和预期的损失。风险转移包括纯粹风险从被保险人转移给保险人。赔偿是指通过保险人的赔偿、维修或重置，受害人的损失可以全部或部分得到补偿。
- 大数法则是指随着风险单位数量的增加，实际结果就趋近于在无穷多风险单位情况下的结果。大数法则使保险人能够比较准确地估计未来损失。
- 从商业保险公司的角度来看，可保风险理论上应该具有某些特点：
  必须有大量的风险单位。
  损失必须是意外的和非故意的。
  损失必须是确定的、可测度的。
  损失不是灾难性的。
  损失的概率必须可以预测。
  保险费必须在经济上是可行的。
- 大多数个人风险、财产风险和责任风险都是可保的，因为这些风险一般都满足可保风险的要求。相反，大多数市场风险、金融风险、生产风险和政治风险很难由商业保险公司提供保障。

- 逆向选择是指个人的一种倾向，即高于平均损失概率的人企图以标准（平均）费率投保，而如果不能在核保阶段对此进行控制，就会导致高于预期的损失水平。
- 保险和赌博不一样。赌博创造了一种新的投机风险，而保险是应对已经存在的纯粹风险的一种方法。而且，赌博没有产生社会价值，因为赢家的收益是以输家的损失为代价的。保险具有社会价值，因为无论保险公司还是被保险人作为获益方都没有以输家的损失为代价。
- 保险和对冲也不一样。保险包括可保风险的转移，而对冲包括了投机风险的转移。而且，由于大数法则，保险能够减少客观风险。对冲一般仅包括风险转移，而不会降低风险。
- 保险可以分为商业保险和政府保险。商业保险包括人寿保险和健康保险以及财产和意外保险。政府保险包括社会保障计划和所有其他政府保险计划。
- 保险对社会的主要好处包括：
  损失赔偿
  担心和恐惧的减少
  投资基金的来源
  损失预防
  信用提升
- 保险也给社会带来了一些成本，包括：
  经营成本
  欺诈性索赔
  夸大索赔

重要概念和术语

逆向选择	保险	财产保险
意外保险	大数法则	再保险
商业保险	责任保险	可保风险的条件
附加保险费	人寿保险	风险转移
诚实保险	海洋运输保险	社会保险
偶然损失	个人保险	履约保证
赔偿	分摊	核保
内陆运输保险		

复习题

1. 下面是一般保险计划的几个特征，请对它们做出解释。
    a. 损失分摊
    b. 偶然损失的支付
    c. 风险转移
    d. 赔偿
2. 解释大数法则。
3. 纯粹风险如果要成为商业可保风险，理论上需要满足一些条件。请解释可保风险的六项条件。
4. 请指出保险公司应对灾害性损失问题的方法。
5. 为什么大多数市场风险、金融风险、产品风险和政治风险都被认为对于商业保险公司是难以承保的？
6. a. 逆向选择的含义是什么？
    b. 列举保险公司用于控制逆向选择的一些方法。
7. 保险和赌博之间的两个主要区别是什么？
8. 保险和对冲之间的两个主要区别是什么？
9. a. 列举商业保险的主要领域。
    b. 列举财产和意外保险的覆盖领域。
10. a. 解释社会保险的基本特征。
    b. 列举美国主要的社会保险计划。

应用题

1. 结合满足可保风险条件的程度，比较（i）火灾风险和（ii）战争风险。
2. a. 商业保险公司为社会带来了社会和经济福利。解释保险对社会带来的下列福利。
    （1）损失赔偿
    （2）信用提升
    （3）资本投资和资本集聚的资金来源
    b. 解释保险在美国经济中的主要社会和经济成本。
3. 商业保险公司很难为洪水范围内的建筑投保，因为很难满足可保风险的条件。
    a. 列举可保风险的条件。
    b. 洪灾不满足可保风险的哪些条件？
4. 商业保险公司提供了大量的保障以应对特定的损失情况。针对下面的每一种情况，请指出商业保险所提供的保障。
    a. 埃米莉今年28岁，是两个孩子的单身母亲。她希望确保在最小的孩子完成大学学业之前即使自己死亡，也能够有一笔资金保证她的孩子完成学业。
    b. 16岁的丹妮尔最近取得了驾驶执照。她的父母希望在她驾驶家里的汽车不小心撞伤了另一个驾驶员的时候能够获得保障。
    c. 30岁的雅各布结婚的时候有两位要赡养的人。他希望如果他完全丧失工作能力，还能够继续获得收入。
    d. 泰勒今年35岁。最近他在一个经常刮龙卷风的地方买了一栋价值200 000美元的房子。他希望确保一旦房子在龙卷风中受损或被毁，他能够获得补偿。
    e. 40岁的内森开了一间高档家具店。他希望在下述情况下能获得保护，即当客人在购买商品时受伤，并因此而起诉他。

网络资源

● 美国保险学会（American Insurance Association，AIA）是超过400家保险公司的重要的商业服务组织。它的网站上有一些出版物、关于财产和意外保险方面重要问题的论文、发布的新闻、

保险相关链接和各州保险专员的姓名。网址为 aiadc.org/aiapub/

- 美国反保险欺诈联盟（Coalition Against Insurance Fraud）是消费者、执法人员和保险行业组织组成的联盟，期望通过公共教育和行动减少保险欺诈。在其网站上列出了大量保险欺诈的案例。网址为 insurancefraud.org/

- 保险信息协会（Insurance Information Institute）有一个非常好的网站，可以从上面获取关于财产和意外保险的信息。保险信息协会及时提供汽车、屋主、商业企业、索赔申请和灾后重建以及省钱的方法等消费者关心的信息。网站上有新的媒体（包括电视、报纸和电台）需要的背景资料和信息。网址为 iii.org

- Insure.com 提供了关于汽车保险、屋主保险、人寿和健康保险、残疾保险和其他类型保险的即时信息。网站在线提供主要保险产品的报价。该网站为消费者提供了大多数类型保险的有价值的信息。网址为 insure.com

- Insurance Journal 是财产和意外保险行业即时信息的权威来源。可以从该网站获取免费在线时事通讯，提供了财产和意外保险领域重要发展的最新信息。网址为 insurancejournal.com

- 保险研究委员会（Insurance Research Council，IRC）是保险研究协会的分支机构。IRC是一个由行业领先的财产和意外保险公司和协会提供支持的独立的非营利研究组织。保险研究委员会基于搜集的大量数据和分析以及影响保险人、消费者和一般公众的重大公共政策的研究，提供及时可靠的信息。保险研究委员会致力于研究和研究成果的交流。网址为 insurance-research.org/

- InsWeb 是一个在线保险交易市场，消费者可以通过该网对无数保险产品，包括汽车、屋主和租户保险，定期寿险，以及个人健康保险进行询价。总的来说，它是消费者获取信息的很好的来源。网址为 insweb.com

- 国际风险管理协会（IRMI）致力于建成在风险管理和保险方面提供专业建议和操作策略的最权威的网站。IRMI 有一个大型的在线图书馆，提供了风险管理和保险专题的大量信息。网址为 irmi.com

- 全美互助保险公司协会（National Association of Mutual Insurance Companies）是一个商业组织，代表了包括财产和意外保险领域的户主保险公司。网址为 namic.org

参考文献

The Financial Services Fact Book 2012, New York: Insurance Information Institute, 2012.

The Insurance Fact Book 2012, New York: Insurance Information Institute, 2012.

Life Insurers Fact Book 2011, Washington, DC: American Council of Life Insurers, 2011.

Risk Management and Insurance, 2nd ed., Compiled from publications by Charles M. Nyce and George E. Rejda, Boston, MA: Pearson Custom Publishing, 2008.

附录 统计学基本知识和大数法则

在保险行业中，概率和统计学的应用非常重要。保险精算师在确定向承保对象收取的保费时，总是面临如何获得平衡的问题：保费必须足够高，从而能够平衡预期损失和支出，但是还要足够低，从而在与其他保险公司的保费竞争中保持竞争优势。精算师运用统计分析来确定预期损失的水平以及与这些损失水平的预期离差。通过运用大数法则，保险公司降低了相反结果出现所带来的风险。

在这个附录中，我们将温习一些对保险公司非常重要的统计学概念，包括概率、集中趋势和离差。接着，我们考察大数法则以及保险公司如何利用它来降低风险。

概率和统计

为了确定预期损失,保险精算师对已有的损失情况进行概率和统计分析。一个事件发生的概率是在给定条件下进行无数次试验得出的事件在长期中发生的频率。有些事件的概率不需要经过试验就可以确定。例如,如果一枚质量均匀的硬币抛到空中,硬币正面向上的概率是50%,背面向上的概率也是50%。其他的概率,例如特定年份死亡的概率或卷入汽车意外事故的概率,可以利用过去损失的数据进行估计。

概括事件发生概率的一个简便方法是利用概率分布。概率分布列出了可能发生的事件以及每一事件相应的发生概率。概率分布可能是离散的,即只有特定的结果,也可能是连续的,即在一定范围内的任何结果都可能存在。①

概率分布的特征可以由两个重要指标来确定:集中趋势和离差。尽管集中趋势的计算有好几种方式,但最常用的还是分布的均值(μ)或期望值(EV)。② 每一个结果乘以发生概率得到均值或期望值,然后对其乘积求和。

$$\mu \text{ 或 } EV = \sum X_i P_i$$

例如,假设精算师对某一种风险带来的不同损失的概率估算如下:

损失金额(X_i)		损失概率(P_i)		$X_i P_i$
0 美元	×	0.30	=	0 美元
360 美元	×	0.50	=	180 美元
600 美元	×	0.20	=	120 美元
		$\sum X_i P_i$	=	300 美元

那么,我们就说给定概率分布下的损失的均值或期望值为 300 美元。

尽管均值显示了集中趋势,但却没有告诉我们任何关于分布的风险大小或离差的情况。考虑第二个损失概率分布:

损失金额(X_i)		损失概率(P_i)		$X_i P_i$
225 美元	×	0.40	=	90 美元
350 美元	×	0.60	=	210 美元
		$\sum X_i P_i$	=	300 美元

这个分布的平均损失也是 300 美元。但是,第一个分布风险更大,因为可能结果的范围是从 0 美元到 600 美元。而第二个分布中,可能结果出现的范围仅为 125 美元(350 美元 - 225 美元),所以我们认为第二个分布的结果更为确定。

有两种测度离差的标准,用它们可以描述出均值的变动或离散特征。这两种标准是方差(σ^2)和标准差(σ)。概率分布的方差是可能出现的结果和期望值的差的平方乘以该结果发生的概率的和:

$$\sigma^2 = \sum P_i (X_i - EV)^2$$

---

① 棒球比赛中跑动得分的数量是不连续的,因为有些跑动是不能得分的。速度和温度可以进行连续性测度,因为在一个区间值内的所有值都会出现。

② 其他集中趋势的测度指标还包括中值(是指概率分布的中间观测值)、众数(出现最频繁的观测值)。

方差是可能的结果和均值之间的标准差的平方。由于方差是"平方值",为了使其与集中趋势和离差保持相同单位,必须用方差的平方根。方差的平方根也就是标准差。第一个分布的方差和标准差分别是:

$$\sigma^2 = 0.30 \times (0-300)^2 + 0.50 \times (360-300)^2 + 0.20 \times (600-300)^2$$
$$= 27\,000 + 1\,800 + 18\,000$$
$$= 46\,800$$
$$\sigma = \sqrt{46\,800} = 216.33$$

第二个分布的方差和标准差是:

$$\sigma^2 = 0.40 \times (225-300)^2 + 0.60 \times (350-300)^2$$
$$= 2\,250 + 1\,500$$
$$= 3\,750$$
$$\sigma = \sqrt{3\,750} = 61.24$$

我们看到,尽管二者的均值相同,但是标准差却有很大差异。较高的标准差,相对于均值而言,与更大的损失不确定相关,所以风险也较高。较低的标准差,相对于均值而言,与更小的损失不确定相关,因此风险较小。

在讨论集中趋势和离差中所使用的概率分布过于简单,因为仅有 2~3 个可能的结果。此外,特定损失水平的概率也是给定的。在实际操作中,准确估算频率和损失的严重程度很难。保险公司在计算损失的时候必须要有实际损失和理论概率分布数据。[①]

大数法则

尽管整体上具有一些确定的特征,但是保险人也不会为总体提供保险,而是从总体中抽取一个样本,为其提供保险。显然,总体参数和抽样的特征数据(均值和标准差)存在联系,而这种联系对保险人很重要,尽管实际情况可能与总体参数存在很大不同。抽样分布的特征有助于解释大数法则,这一法则是保险的数学基础。

根据中心极限定理,n 个风险单位的随机抽样的平均损失遵循正态分布。

中心极限定理:

如果从均值为 μ_x、标准差是 σ_x 的任意群体中随机抽取 n 个样本,且 n 足够大,样本分布服从正态分布,样本分布的均值等于总体的均值 $\mu_{\bar{x}} = \mu_x$,样本均值的标准误 ($\sigma_{\bar{x}}$) 等于总体的标准差除以 n 的平方根 ($\sigma_{\bar{x}} = \sigma_x / \sqrt{n}$)。随着样本数量 ($n$) 的增加,分布也将越来越接近正态分布。

中心极限定理对保险人有两个重要用途。首先,很显然,如果 n 足够大,抽样的均值不会随着总体分布的变化而变化。换句话说,不管整体分布是什么样(二项分布、单峰分布、平均分布、右偏密度分布还是左偏密度分布等等),随着样本数量增加,抽样的分布将趋近于正态分布。这可以从图表 A2—1 中看出。

正态分布是对称的钟形曲线,它由分布的均值和标准差决定。大约 68% 的概率分布在均值左右一个标准差的范围内;大约 95% 的分布在两个标准差的范围里。正态曲线在统计学中应用广泛(假设检验、置信区间等方面),而且很容易使用。

---

① 介绍统计学知识的教材一般讨论几种常见的理论分布,例如二项分布、泊松分布。这些分布都可以用来估计损失。另一个常用的分布——正态分布将在后面"大数法则"中进行讨论。

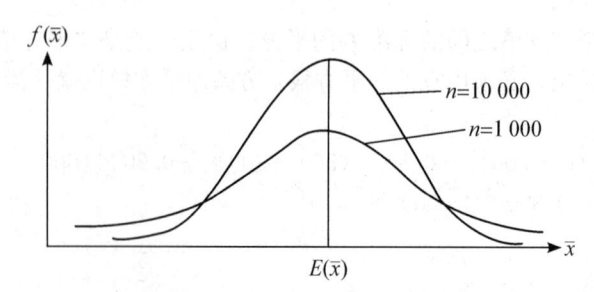

图表 A2—1　样本分布与样本规模

中心极限定理对于保险人的第二个重要应用是，抽样的标准误差随着样本容量的增加而减少。回顾标准误的定义：

$$\sigma_{\bar{x}} = \sigma_x / \sqrt{n}$$

换句话说，总体样本的平均损失的标准误等于总体的标准差（σ_x）除以样本数量 n 的平方根（$\sqrt{n}$）。因为总体标准差独立于样本规模，样本分布的标准误（$\sigma_{\bar{x}}$），随着样本量的增加而减少。

这个结果对保险公司而言有重要意义。例如，假设保险人从总体中抽取的样本的平均损失是 500 美元，标准差是 350 美元。随着保险人增加被保险人的数量（n），抽样分布的标准误（$\sigma_{\bar{x}}$）将会下降。不同样本数量的标准误列举如下：

n	$\sigma_{\bar{x}}$
10	110.68
100	35.00
1 000	11.07
10 000	3.50
100 000	1.11

可以看出随着样本数量的增加，实际结果和预期结果的差异在减小。这个结果在图表 A2—2 中得以展示。

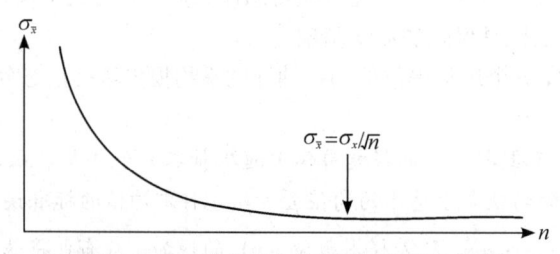

图表 A2—2　样本分布的标准误与样本规模

显然，当保险公司增加被保险人数量的时候，由于更多的被保险人可能导致更多的损失，核保风险（被保险人最大损失）会增加。保险人的核保风险等于被保险人的数量乘以平均损失分布的标准误 $\sigma_{\bar{x}}$。前面提到 $\sigma_{\bar{x}} = \sigma_x / \sqrt{n}$，我们可以重新表述核保风险：

$$n \times \sigma_{\bar{x}} = n \times \sigma_x / \sqrt{n} = \sqrt{n} \times \sigma_x$$

可以看出，即使核保风险随着样本数量的增加而增加，但是它们之间并不存在比例关系，而是核保风险随着样本数量的平方根的增加而增加。

保险公司本身是经营损失的行业，它们也希望损失发生。它们主要关心的是实际损失和预期损失之间的差值。通过对大量样本的承保，保险公司减少了它们的客观风险，这对于保险公司来说还是比较安全的。

第 3 章

风险管理导论

"风险管理的本质在于，它让我们能够控制结果的领域最大化，从而使我们绝对没有办法控制结果的领域最小化……"

——彼得·L·伯恩斯坦

摘自《以上帝为对手：风险传奇》

学习目标

学习完本章，你应当能够：

◆ 对风险管理进行定义并解释风险管理的目标。

◆ 说明风险管理过程的步骤。

◆ 解释主要的风险控制方法，包括：
规避
损失预防
损失减少

◆ 解释主要的风险融资方法，包括：
风险自留
非保险转移
保险

◆ 将风险管理原理运用于个人风险管理计划。

德尔伯特·威廉姆斯是德尔餐厅的所有者和经营者。这个普通的餐厅位于芝加哥乡下。上个月，德尔餐厅的肉类供应商因担心产品含有大肠杆菌而召回了一些牛肉。德尔伯特聘请的一位厨师最近因为厨房失火受伤，一名服务员则抱怨因为端托盘肘部疼痛。德尔伯特两星期前注意到收银处丢了60美元，这星期又丢了80美元。德尔餐厅的外卖业务很好，餐厅正考虑使用自己的一辆机动车为一定区域内的客人送外卖。德尔餐厅的会计建议，德尔伯特应该建立一个风险管理计划，以解决餐厅经营中可能面临的诸多风险。风险管理是确认、分析损失风险的过程，然后使用不同的技术手段（包括保险）以应对这些损失风险。

> 德尔伯特希望通过风险管理计划，在损失发生时，降低损失额，推动业务更好发展。
>
> 上面这个例子表明了一个企业设立风险管理计划后可以在哪些方面获益。今天，风险管理计划已经被公司、小企业主、非营利组织以及州和地方政府广泛运用。家庭和学生也可以受益于个体风险管理计划。
>
> 本章是关于风险管理两个章节中的第一章，我们将讨论传统风险管理的原理。下一章将讨论迅速出现的风险管理的新形式，包括企业风险管理和财务风险管理。在这一章，我们会讨论风险管理的含义、风险管理的目标、风险管理的步骤以及应对损失风险的不同手段。这一章的结尾会讨论个人风险管理。

风险管理的含义

风险管理（risk management）是识别机构面临的损失风险，并选择最适宜的方法来化解这些风险的过程。由于"风险"是一个模糊的、有着不同含义的概念，所以许多风险管理师使用"损失风险"来指代潜在损失。正如第1章所述，**损失风险**（loss exposure）是指任何可能发生损失的情况或环境，而不论损失是否发生。过去，风险管理师一般只考虑企业面临的纯粹风险损失。然而，新型风险管理考虑了企业所面临的纯粹风险和投机损失风险。这一章只讨论纯粹损失风险的传统解决方法。新型风险管理（例如企业风险管理）将在第4章中讨论。

风险管理的目标

风险管理有一些重要的目标。这些目标可以分成如下两类：[1]
- 损前目标
- 损后目标

损前目标

损失发生之前的重要目标包括经济上可行、减少忧虑和履行法律责任。

第一个目标意味着企业应该采用最经济的方法为潜在损失做好准备。这一准备包括对安全计划的成本、支付的保费和应对损失所采用的不同方法带来的相关成本的分析。

第二个目标是减少忧虑。有些风险损失会给风险管理师和主要管理人员带来担心和恐惧。例如，劣质产品导致的灾难性诉讼的威胁会比小火灾导致的小额损失带来更大的焦虑。

第三个目标是履行法律义务。例如，政府监管可能要求企业建立安全设施来保护工人不受伤害、正确处理危险的废弃物质、给消费产品贴上正确的标签。风险管理师必须确保公司已经

---

[1] Robert I. Mehr and Bob A. Hedges, *Risk Management: Concepts and Applications* (Homewood, IL: Richard D. Irwin, 1974), chs. 1-2; see also Eric A. Wiening, *Foundations of Risk Management and Insurance* (Malvern, PA: American Society for Chartered Casualty Property Underwriters/Insurance Institute of America, 2002), ch. 3, and George L. Head and Stephen Horn II, *Essentials of Risk Management*, 3rd ed., vol. 1 (Malvern, PA: Insurance Institute of America, 1997), pp. 70-79.

履行了这些法律义务。

损后目标

在损失发生后,风险管理仍然有一些目标。这些目标包括企业生存、继续经营、稳定的收入、持续成长和社会责任。

最重要的损后目标是企业生存。生存意味着损失发生后,企业至少可以在一定的时期内部分恢复运营。

第二个损后目标是继续经营。对于许多企业来说,损失发生后继续经营的能力极其重要。例如,公用事业企业必须继续提供服务。银行、面包店、牛奶场和其他竞争性企业必须在损失发生后继续经营。否则,它们的业务就会流失到竞争者那里。

第三个损后目标是稳定的收入。如果企业继续运营,那么每股收益能够保持。然而,一个企业可能会为了实现这一目标而产生大量的额外费用(例如在另一个地点运营),收入的完全稳定可能难以达到。

第四个损后目标是企业的持续成长。公司可能因为开发新产品、开辟新市场或者并购其他公司而获得成长,风险管理师因此必须考虑损失将对企业成长能力产生的影响。

最后,社会责任目标是指最小化损失对其他个人和社会带来的影响。例如,一次导致小镇上的工厂长期停产的严重损失可能使得小镇产生严重的经济萧条。

风险管理过程的步骤

风险管理过程中有四个步骤(见图表3—1):
- 确认损失风险
- 测度和分析损失风险
- 选择应对损失风险的适宜方法
- 实施和监控风险管理计划

```
确认损失风险
    ↓
测度和分析损失风险
    ↓
选择应对损失风险的适宜方法
  1. 风险控制
     ● 规避
     ● 损失预防
     ● 损失减少
  2. 风险融资
     ● 风险自留
     ● 非保险转移
     ● 保险
    ↓
实施和监控风险管理计划
```

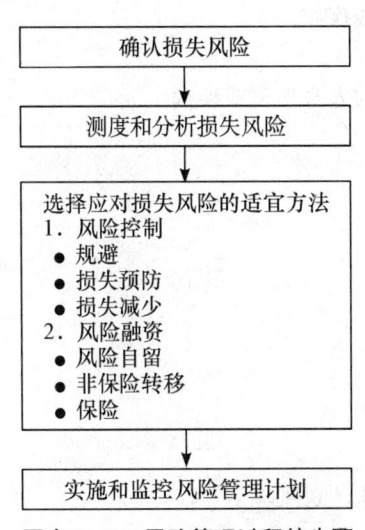

图表3—1 风险管理过程的步骤

在下面内容中将详细讨论这几个步骤。

确认损失风险

风险管理过程的第一步是确认所有最大的和最小的损失风险。这一步包括对所有潜在损失的认真分析评估。重要的损失风险与下面这些内容相关：

1. 财产损失风险
- 楼房、厂房、其他建筑
- 家具、设备、补给
- 电脑、电脑软件和数据
- 存货
- 应收账款、有价值的文件或记录
- 公司交通工具、飞机、船舶、移动设备

2. 责任损失风险
- 劣质产品
- 环境污染（土地、水、空气和噪音）
- 职员的性骚扰、雇员的歧视、不当终止合同以及成长受限
- 营业场所和一般责任损失风险
- 公司机动车辆产生的责任
- 互联网和电子邮件的错误使用
- 董事和管理人员的责任诉讼

3. 经营收入损失风险
- 承保损失导致的收入损失
- 损失发生后的延续费用
- 额外费用
- 偶然经营收入损失

4. 人力资源损失风险
- 关键管理人员的死亡或残疾
- 退休或失业
- 工人遭受的与工作相关的人身伤害或疾病

5. 犯罪损失风险
- 绑架、抢劫、入室盗窃
- 雇员盗窃或不诚实行为
- 欺诈和挪用
- 网络和电脑犯罪
- 知识产权盗用

6. 员工福利损失风险
- 未遵守政府监管要求
- 违背信用责任
- 团体人寿和健康以及退休计划风险
- 无法兑现承诺收益

7. 国外损失风险
- 恐怖主义活动
- 厂房、企业财产、存货
- 外币和汇率风险
- 重要人员被绑架
- 政治风险

8. 公司的市场信誉和公众形象
- 公司公共形象的破坏
- 商誉和市场信誉损失
- 知识产权损失或破坏

9. 未能遵守政府规章制度

风险管理师拥有多种信息来源以确认之前发生的损失风险。这些来源包括：

- 风险分析调查表和清单。调查表和清单需要风险管理师回答大量的问题，以确认主要和次要风险损失。
- 现场检查。对公司设备和运营情况的现场检查能够确认主要的损失风险。
- 流程图。流程图显示生产和运输流程及其中存在的瓶颈。通过该图可以找出生产中存在的瓶颈，同时，还会显示出在哪些领域可能给企业带来严重的财物损失。
- 财务状况。分析财务状况能够确认必须提供保障的重要资产、收入损失风险以及重要的消费者和供应商。
- 历史损失数据。历史损失数据和部门长期以来的损失数据在确认重要损失风险方面具有极大价值。

此外，风险管理师必须与行业趋势和市场变化保持同步，因为后者可能带来新的损失风险。主要的风险管理问题包括：工人补偿成本的提高、保险公司和经纪公司的并购效应、诉讼成本的增加、通过资本市场融资的风险、电脑和隐私风险、供应链安全、重复伤害索赔以及气候变化风险等。保护公司资产和个人免受恐怖主义活动损害是另一个重要问题。

测度和分析损失风险

风险管理的第二步是测度和分析损失风险。测度并量化损失风险对于正确管理它们很重要。这一步包括了对损失的频率和严重性的估计。**损失频率**（loss frequency）是指在给定时间内损失可能发生的次数。**损失程度**（loss severity）是指可能发生损失的大小。

一旦风险管理师计算出每一种风险损失的频率和程度，不同风险损失就可以根据其相对重要性进行分类。例如，导致企业破产的潜在损失风险在风险管理中的重要性高于潜在损失较小的风险损失。

另外，必须要计算出每一个风险损失的相对频率和程度，风险管理师才能够选择出最合适的措施或组合措施来应对每一个风险。例如，如果一些损失正常发生并且是可预期的，人们就可以在企业收入中留出预算，作为正常的经营费用。如果某些种类的损失风险每年的波动幅度很大，那么就需要一种完全不同的应对方法。

尽管风险管理师必须同时考虑损失频率和程度，但程度更重要，因为一个灾难性的损失可能就会把企业彻底摧毁。所以，风险管理师也必须考虑一个事件可能带来的所有损失，最大可能损失和最大预期损失都必须进行计算。**最大可能损失**（maximum possible loss）是在企业存续期内可能发生的最严重的损失。**最大预期损失**（maximum probable loss）是可能发生的最大损失。例如，如果厂房在洪水中完全损毁，风险管理师估计重置成本、残留物清理、拆毁成本和其他成本总计2 500万美元，那么最大可能损失是2 500万美元。风险管理师还会估计洪水导致厂房损失超过2 000万美元不太会发生，这种洪水在100年中甚至不会发生一次。风险管理师可能选择忽视这种如此低的发生概率的事件。那么，对于风险管理师来说，最大预期损失是2 000万美元。

灾难性损失由于发生的频率很小，所以很难预测。但是，它们对企业的影响必须给予高度的关注。相反，一些损失，例如对汽车、卡车的物理损毁发生频率很高，通常损失也相对较小，则能够比较准确地进行预测。

选择应对损失风险的适宜方法

风险管理的第三步是选择最适合的措施或组合措施来应对损失风险。这些方法广义上可以分为风险控制或风险融资。[①] **风险控制**（risk control）是指减少损失频率、降低损失严重性的方法。**风险融资**（risk financing）是指为损失提供资金的方法。许多风险管理师在应对每一种损失风险时都会综合运用多种方法。

风险控制　正如前面所提到的，风险控制是一个特殊术语，用于描述减少损失频率、降低损失严重性的方法。主要的风险控制技术包括：

- 规避
- 损失预防
- 损失减少

规避　**规避**（avoidance）是指从不接触某些损失风险，放弃已有的损失风险。例如，洪水损失可以通过不在洪水冲击范围内建设新厂房予以避免。一家制药企业可以将可能有危险的副作用的药品撤出市场，来避免可能的法律责任。

规避的主要好处是，如果从不接触损失风险行为，那么就可以将损失概率降低为零。另外，如果放弃已有损失风险行为，损失的可能性会减少或消除，因为可能产生损失的行为或产品被放弃了。不过，放弃可能让企业仍然承担以前销售的产品的损失风险。

规避有两种主要的问题。第一，企业可能无法规避所有损失。例如，公司可能不能规避关键人员的过早死亡。第二，规避损失风险可能是不可行的或不具有可操作性的。例如，一家油漆厂可以规避油漆生产带来的损失，但是不生产产品，企业就无法运营。

损失预防　**损失预防**（loss prevention）是指用于减少特定损失而采取的措施。例如，减少卡车事故的措施包括对司机的监测、对酒精或毒品的严格禁止、对安全规则的严格执行。减少伪劣产品引发诉讼的措施包括构建危险产品生产的安全装置，在危险产品上贴上警告标签，加强质量控制检查等措施。

损失减少　**损失减少**（loss reduction）是指在损失发生后降低损失严重程度的方法。例如安装自动灭火系统以便于迅速扑灭火灾；分离风险单位以使一个风险不会损毁所有风险单位，例如在货舱的不同位置设置防火墙；让因公受伤的工人去疗养；限制住所内存放的现金数额。

[①] This section is Based on Head and Horn, pp. 36-44, and C. Arthur Williams, Jr., et al., *Principles of Risk Management and Insurance*, 2nd ed., vol. 1 (Malvern, PA: American Institute for Property and Liability Underwriters, 1981), chs. 2-3.

风险融资 正如前面所说，风险融资是指在损失发生后，为损失提供资金支持的技术。主要的风险融资技术包括：
- 风险自留
- 非保险转移
- 商业保险

风险自留 风险自留（retention）意味着企业保留特定损失导致的部分或全部损失。风险自留可以是主动的，也可以是被动的。主动的风险自留是指，企业认识到风险损失，并计划保留全部或部分损失，例如公司汽车碰撞造成的损失。消极的风险自留则是指，无法确认风险损失，没有或忘记采取措施。例如，风险管理师可能没有办法预测所有公司资产会在一次地震中全部损毁的风险。

风险自留在以下情况中可以在风险管理中有效运用：①
- 没有其他应对方法。保险公司不愿承保某些类型的风险，或者承保的代价过于高昂。而且，非保险转移也不存在。另外，尽管损失预防措施能够降低损失的频率，但却不能消除所有损失。在这些情况下，风险自留是剩下的唯一办法。如果无法投保或转移风险，那么必须自留。
- 可能发生的最大的损失并不大。例如，在企业拥有的大量汽车中有一部分遭到物理损失，但由于它们之间的距离较远，且不可能同时损毁，那么也就不会导致企业的破产。
- 损失是高度可预期的。对工人补偿索赔、汽车物理损毁的损失和商店失窃损失等可以有效运用风险自留技术。基于以往的经验，风险管理师能够估计实际损失频率和严重程度的可能区间。如果大多数损失位于该范围之内，他们能够从企业收入中预拨出一部分资金来应对。

➢ **确定风险自留水平** 如果使用风险自留方法，风险管理师必须确定企业的**风险自留水平**（retention level），即企业将要保留的损失的数额。经济实力雄厚的企业能够保持高于财务实力较弱的企业的风险自留水平。

尽管有不少方法可以用于确定风险自留水平，但这里只介绍两种。第一种，公司可以确定最大未投保损失，并可以提取部分资金予以应对，而不会影响公司利润。一个刚性原则是，在当前的营业状况下，最大风险自留水平为企业每年税前收入的 5%。

第二种，公司可以将最大风险自留额设定为公司净营运资本的一定百分比——例如在 1% 到 5% 之间。净营运资本是公司流动资产和流动负债之间的差额。尽管这种方法不反映公司消化损失的总体情况，但确实能够衡量企业为损失融资的能力。

➢ **损失偿付** 如果运用了风险自留，风险管理师必须有办法偿付损失。下面是几个经常使用的方法：②
- 当期净收益。企业可以从当期净收益中支付损失，并将其作为当年的费用支出。但是如果存在巨额损失，那么就可能超过当期收益，因此其他资产必须具有流动性从而能够偿付损失。
- 未提存准备金。未提存准备金是一个用于支付由一定风险引起的实际或者预期损失的会计账户。
- 已提存准备金。已提存准备金是为赔偿损失而建立的流动基金。自我保险计划将在后面讨论。它是提存准备金的一个例子。但是，如果不需要这样做，许多企业就不会使用已提存准

---

① Williams et al., pp. 125 – 126.
② Head and Horn, pp. 40 – 42.

备金,因为把这笔资金用于经营可能会带来更高的收益。另外,留出的风险准备金也不享受所得税优惠,而损失费用却是可以税前列支的。

- 信贷限额。信贷限额可以由银行设定,借贷资金在损失发生后可以用于赔偿损失。但是必须支付贷款利息,而且偿还贷款可能会加剧企业现金流中已经存在的问题。

➢ **专业自保公司**　也可以通过专业自保公司偿付损失。**专业自保公司**(captive insurer)是母公司拥有的,为了给母公司面临的损失风险提供保障而成立的保险公司。目前有一些不同类型的专业自保公司。**单一母公司专业自保公司**(single parent captive)(**纯粹自保公司**(pure captive))是仅由一家母公司(例如一家公司)所有的保险公司。**协会或团体专业自保公司**(association or group captive)是由几家母公司共同所有的保险公司。例如属于一个商业协会的几家公司可能拥有一个专业自保公司。

从全球来看,2010 年有大约 6 000 家专业自保公司。许多自保公司因为加勒比地区监管环境宽松、资本要求相对较低、税负低等原因而在那里注册。在美国,超过 25 个州已经颁布了专业自保公司条例。佛蒙特州拥有数量最多的在美国注册的专业自保公司,2012 年大约有 600 家。这些公司中包括财富 100 强企业中的 42 家,30 家道琼斯指数企业中的 18 家。其他自保公司经常选择的注册地包括犹他州、肯塔基州、蒙大拿州和特拉华州。在 2010 年到 2011 年间,每个州的业务都实现了两位数增长。①

专业自保公司的形成主要出于如下一些原因:

- 投保困难。母公司难以从商业保险公司获得某些类型的保险,所以只好建立专业自保公司来获得保障。这种模式尤其适用于全球性跨国企业,因为它们无法以合理的费率从商业保险公司那里购买特定的保障。

- 宽松的监管环境。有些专业自保公司选择在海外设立,从而能够享受宽松的监管环境,避免不希望受到的财务偿付能力监管。但是,专业自保公司会受到所在地保险法规的管制,而且对于专业自保公司的管制通常非常严格。特别是在百慕大和佛蒙特地区,对专业自保公司的管制被认为是极为苛刻的。②

- 成本较低。建立专业自保公司可能减少保险的成本,因为这样的经营费用较低,不必支付代理人或经纪人佣金,自留了商业保险收取的投资费用和准备金的利息收入,而且商业保险保费大幅度波动的问题也能够得以避免。

- 易于获取再保险。专业自保公司更容易获得再保险,因为再保险公司一般只和保险公司交易,而不和被保险人交易。母公司可以通过专业自保公司获得保障,专业自保公司可以将风险转嫁给再保险公司。

- 形成新的利润来源。专业自保公司如果也为其他公司和母公司及其子公司承保,那么这项业务也就变成了一个利润来源。需要注意的是,在开办专业自保公司的过程中是会产生成本的,对于许多企业来说这并不具有操作性。在企业通过自己的专业自保公司投保时也将自己的资本置于风险之中。

➢ **专业自保公司的税收**　美国国内税务局(Internal Revenue Service,IRS)在较早的时候规定,支付给单一母公司专业自保公司(纯粹自保公司)的保费不享受所得税减免优惠。国内税务局认为,这种保费的支付类似于自保准备金,不存在从一个经济体向保险公司大量转移风

---

① 本段出现的统计数据来自于网站 vermontcaptive.com, captiveexperts.com, captive.com, and propertycasualty360.com。

② Towers Perrin, Tillinghast, Captives 101: Managing Cost and Risk, October 2003.

险，而自保准备金是不享受所得税减免的。

不过，在经历了大量复杂的法庭审判和美国国内税务局的管理实践后，支付给专业自保公司的保费在特定条件下可以享受所得税减免。当然对这些规则的详细讨论超过了本书的范围，这里不进行深入讨论。然而，根据（一家精算咨询公司）韬睿惠悦（以前的韬睿通能咨询公司）的观点，向专业自保公司支付的保费不能享受所得税减免，除非下面这些因素中的部分或全部得到满足：[①]

- 该交易是一笔真实的交易，专业自保公司在一个预防性的商业计划中确实分担了一些风险。
- 专业自保公司的所有人将其组建为子公司，而不是母公司，其他子公司要向属于"兄弟—姊妹"公司关系的专业自保公司支付保费。"兄弟—姊妹"这个词是指同一家母公司拥有的独立子公司，例如一家专业自保公司和一家运营子公司。
- 专业自保公司的大量业务是非关联性业务。（如果一家专业自保公司30％及以上的保费来自于无关联的第三方当事人，许多税收专家认为就满足了条件。）此外，如果员工保险金结构合理，那么一些员工保险金就可以被认为是"非关联业务"。
- 调整专业自保公司的所有权结构，将被保险人与股东区分开。

最后，向团体自保公司支付的保费通常享受所得税减免，因为大量的被保险人构成了保险的一个要素，即在大量人口中分摊损失风险。

➤ **自保** 自保在风险管理计划中得到广泛使用。正如第1章中所定义的，自保是一种特殊形式的风险自留，通过自保，企业保留了部分或全部特定的损失风险。自保的一个名称是自融资。

自保在工人补偿计划中被广泛使用。自保也被雇主用于向雇员提供团体健康、牙齿、视力和处方药的保险金。企业经常对其团体健康保险进行自保，因为通过这种方式可以节约资金并控制保健成本。自保还有一些其他好处（见专栏3.1）。

最后，自保计划通常受到一些止损限额的保护，后者在损失超过特定限额后锁定了雇主的现金支付成本。例如，对100万美元以下的工人补偿保险理赔，企业家可以采用自保模式，而对于超过100万美元的部分购买超额保险。

专栏3.1 ☞

自保的好处

自筹资金的员工福利计划相对于更为传统的保险计划具有一系列的优势。这些优势包括：

- 自筹资金的计划可以进行调整以适应集团的需要。
- 自筹资金计划的固定成本比完全依靠商业保险低。大多数费用会随着实际理赔的情况发生变化。
- 采用自筹资金计划的雇主会使用独立的医疗管理手段，例如优先提供者组织、事前授权和适用性评审，以最大程度地节省资金，而不是简单地依靠那些职业供应商。
- 理赔账户中的剩余资金可能被储存起来应对未来可能发生的赔付。
- 理赔账户的利息收入会被认为是一个不合格保险计划的收入。一个合格的保险计划会将利息用于未来的保险金赔付。

[①] Towers Perrin, Tillinghast, Captives 101: Managing Cost and Risk, October 2003.

- 通过参与第三方管理者管理的福利计划能够得到合理的而且具有竞争力的定价。在这种情况下,需要雇主做的事情并不多,例如提供资格证明、打印员工通讯资料和递送理赔支票。
- 有止损目标的自筹资金计划在预算方面会更为简化,因为雇主通常知道自己在团体健康保障方面的最大支出能力。
- 管理服务,例如理赔处理常常简单快捷,而且建立在更为个人和专业化的基础之上。官僚化的繁文缛节都被消除。

资料来源:TPA of Georgia.

➢ **风险自留团体** 联邦法律允许雇主、商业团体、政府机构和其他当事方共同组建风险自留团体。**风险自留团体**(risk retention group)是一种团体自保公司,可以承保除了雇主责任、工人补偿和个人保险产品之外的任何形式的责任保险。例如,一个医生团体可能会发现医生误诊责任保险很难获得或者过于昂贵。医生们可以自己组建一个风险自留团体,为他们的医疗误诊损失风险承保。

风险自留团体被免除了很多其他类型保险公司需要遵守的州保险法规。不过,每一个风险自留团体至少要在一个州获得责任保险承保人的经营执照。

➢ **风险自留的优缺点** 风险自留技术在风险管理计划中既有优点也有缺点。[①] 主要的优点是:

- 降低损失成本。如果实际损失少于商业保险公司保费构成的损失,那么长期来看企业可以因此而获益。
- 降低费用。保险公司提供的服务可以由企业以较低的成本完成。有些费用可能降低,包括损失调整费用、一般行政费用、代理和经纪费用、风险控制费用、税收和其他费用,以及保险公司的利润。
- 鼓励预防损失。由于风险被保留下来,从而为预防损失提供了较大的激励。
- 增加现金流。由于企业使用本来在保单有效期开始之时应当支付给保险公司的资金,所以企业现金流得以增加。

不过,风险自留技术也有一些不足:

- 可能产生较高的损失。企业自留的损失可能高于不购买保险所节省下来的保费所承保的损失。而且,短期内,企业损失可能有较大的波动幅度。
- 可能产生较高的费用。费用实际上可能比较高。必须雇用外部的专家,例如安全工程师。而保险公司可以以较低的费用提供损失控制和索赔服务。
- 税收可能较高。所得税也可能比较高。支付给保险公司的保费可以立即享受所得税减免。但是,如果运用风险自留,则只有用于支付损失的部分可以享受减免,这些减免只有到损失实际发生的时候才能够执行。提取的风险自留准备金不享受所得税减免。

非保险转移 非保险转移是另一种风险融资技术。**非保险转移**(noninsurance transfers)是非保险方法,通过该方法,纯粹风险和潜在的经济后果被转移给其他当事人。非保险转移的例子包括合同、租约和止损协议。例如,公司与建筑公司签订的修建新厂房的合同,合同注明建筑企业在修建厂房过程中对厂房发生的任何损失负责。企业购买计算机的合同中可以明确规定,计算机的保养、维修和任何物理损毁的损失均由计算机公司负责。企业可以在合同中插入止损条款,通过该条款,一方当事人为了另一方的利益而承担法律责任。一个出版公司可以在

[①] Williams et al., pp. 126-133.

合同中插入止损条款，以指明，如果出版商因为剽窃而受到起诉，那么，由作者，而非出版商，承担法律责任。

在一个风险管理计划中，非保险转移有以下优点：①
- 风险管理师可以将一些商业上不可保的潜在损失转移。
- 非保险转移的成本通常低于保险。
- 潜在损失可能转移给能够更好控制损失的人。

然而，非保险转移也有一些不足：
- 转移潜在损失可能因为合同用语的模糊而无法实现。而且，也不存在为特定情况提供专门解释的法律程序。
- 如果转移出去的损失是承担者无法支付的损失，企业仍然要为索赔负责。
- 保险公司可能不为风险转出方提供贷款，保险成本因此也并非总是能够降低。

商业保险　商业保险也可以应用于风险管理计划。保险适用于损失概率较低、损失程度较高的损失风险。

如果风险管理师运用保险来应对损失风险，那么必须要强调下面五个关键因素：②
- 保险责任范围的选择
- 保险人的选择
- 条款的协商
- 通报保险责任范围的信息
- 对计划的定期检查

第一，风险管理师必须选择需要的保险责任范围。第一步，选择的保险责任范围必须适合于为主要损失风险提供保障。为了确定保险范围，风险管理师必须掌握商业财产和责任保险合同的专业知识。第25章到第27章将会讨论企业保险。

风险管理师必须确认是否需要免赔额以及所需要的免赔额的额度。**免赔额**（deductible）是从支付给被保险人的损失赔偿中扣除的特定金额。免赔额用于消除小额索赔以及这些索赔产生的行政费用，这样就可以节省大量的保费。本质上，免赔额是风险自留的一种形式。

大多数风险管理计划将前面讨论的风险自留技术和企业保险结合起来。在决定免赔额的额度时，企业可能决定仅仅保留最大可能损失的一小部分。保险公司一般会调整一些条款，仅偿付超出免赔额部分的损失。

另一种方法是购买**超额保险**（excess insurance）。在这种计划中，保险公司不对损失提供保障，除非实际损失超过企业决定保留的损失额。企业财务实力强就可能希望保留最大可能损失中相对较高的比例。风险自留限额可能设定在可能最大损失（而不是最大可能损失）。例如，价值2 500万美元的厂房发生一次火灾损失的风险自留限额可以定为100万美元，100万美元可以被视为最大可能损失。在不太可能发生的完全损失事件中，企业承担最初100万美元的损失，商业保险公司承担剩余2 400万美元的损失。

第二，风险管理师必须选择一家或多家保险公司。这里有几个重要因素发挥作用，包括保险公司的财务实力，保险公司提供的风险管理服务，以及保障的成本和条款。保险公司的财务实力由保单持有人的盈余多少、核保和投资结果、未偿债务准备金的充足率、承保险种和管理质量来决定。最重要的评级机构是贝斯特（A. M. Best）公司，它根据保险公司的相对财务实

---

① Williams et al., pp. 103-104.
② Ibid., pp. 107-123, 146-151.

力对其进行评级。

　　风险管理师在选择保险公司的时候也必须考虑可以获得的风险管理服务。保险代理人或经纪人能够从不同的保险人那里得到并提供必需的关于风险管理服务的信息。这些服务包括损失控制服务、确认损失风险的支持和索赔评估服务。

　　保险保障的成本和条款也必须考虑。所有其他因素相同的情况下，风险管理师偏好于购买价格最低的保险。许多风险管理师特别希望通过几家保险人的保费竞标，以最具成本效应的价格得到最宽泛的保障。

　　第三，在选择了保险人或几家保险人之后，必须对保险合同的条款进行谈判。如果要出保单、批单和表格，风险管理师和保险人必须就构成合同基础的文件达成一致。如果专门制作了**手稿保单**（manuscript policy）[①]，合同条款的用语和含义对于当事人双方都必须是清楚的。在任何情况下，保险人提供的不同风险管理服务都将必须在合同中明确说明。最后，企业和保险公司之间应就保费进行协商。在许多情况下，代理人或经纪人也将参与谈判。

　　此外，必须让企业中的其他人了解关于投保的信息。企业的雇员和管理人员必须了解保险内容，各种相关记录必须妥善保存，了解保险人所提供的风险管理服务。那些负责理赔的人也必须被告知理赔的程序和正确的合同内容。企业必须遵守关于如何进行索赔和怎样提供必要的损失证据的保单条款。

　　最后，保险计划必须定期检查。特别是在企业业务运营发生变化或者并购了另一家企业的时候，检查非常重要。检查包括对代理人和经纪人关系、需要的保障范围、提供的损失控制服务的质量、索赔是否迅速处理以及其他许多因素的分析，甚至基本的决策——是否购买保险或自留风险——也必须定期检查。

　　➢ **保险的优点**　风险管理计划中使用商业保险有如下优点：[②]
- 企业将在损失发生后得到赔偿。企业可以继续经营，收入波动也得以最小化。
- 不确定性被降低，这有利于企业扩大保障的范围。管理者和雇员的忧虑和恐惧的降低将会改进绩效，提高生产率。
- 保险人能够提供有价值的风险管理服务，例如损失控制服务、损失风险分析和索赔评估。
- 保费可以作为经营费用享受所得税减免。

　　➢ **保险的不足**　使用保险也存在一些不足和成本：
- 支付的保费是主要的成本，因为保费由赔偿的损失、保险公司费用以及利润补贴和应付突发事件的开支共同构成。此外，还存在一种机会成本。在前面所讨论的风险自留技术中，保费可以用于投资或者经营，直到需要支付索赔。如果使用保险，保费必须预先支付，使用资金的机会则因此丧失。
- 在协商保险责任范围的时候必须花费大量的时间和精力。企业必须选择一家保险公司或几家保险公司，保单条款和保费必须进行协商，而且必须配合保险人的风险控制行为。
- 风险管理师遵守风险控制计划的动力可能很小，因为如果发生损失，保险人将支付索赔。这种对损失控制的懈怠可能也会增加未投保损失的数量。

　　应该使用哪种方法？　在为应对损失确定适当方法的时候，可以使用矩阵法。该方法根据损失的频率和严重性对损失风险进行分类。这个矩阵在确定适用何种风险管理方法的时候很有用（见图表3—2）。

---

① 手稿保单是专门为企业设计的，以满足其特定需求和条件。
② Williams et al., pp. 108-116.

图表 3—2　　　　　　　　　　　风险管理矩阵

损失类型	损失频率	损失严重性	适宜的风险管理技术
1	低	低	风险自留
2	高	低	损失预防和风险自留
3	低	高	转移
4	高	高	规避

　　第一种风险损失的特点是较低的频率和较低的损失的严重程度。这种类型风险的一个例子是潜在的办公室失窃。这种类型的风险可以通过风险自留来解决，因为损失很少发生，当它确实发生的时候，也很少造成大的经济损失。

　　第二种风险损失更严重一些。损失经常发生，但是损失的严重程度相对较低。这种风险的例子包括汽车的物理损毁、工人补偿的索赔、商店失窃和食物损坏。这里应当采取损失预防措施降低损失的次数。此外，由于损失的发生有规律可循，而且是可预测的，因此也可以使用风险自留技术。然而，由于在一年的时间中，一次次小额损失累积起来可能形成规模较大的损失，一旦超过一定规模，就需要购买保险。

　　第三种风险可以通过转移的方式（包括保险）来应对。正如前面所说，保险最适合于低频率的较大损失。损失严重意味着存在潜在的灾难性损失，而损失的低概率表明购买保险是经济可行的。这种类型的风险包括火灾、爆炸、自然灾害和责任诉讼。风险管理师也可以组合使用风险自留和保险方法来应对这些风险。

　　第四种风险，也是最严重的风险，其特点是频率高、严重程度大。这种类型风险最好的应对方法是规避。例如，一家制药公司可能会考虑它们新开发药物的不良反应。来自于这种药物的责任风险在药物没有生产或销售的情况下可以被规避。

　　市场调节和风险管理技术的选择　　图表 3—2 所列出的风险管理技术是一个总体原则，风险管理师可以根据保险市场的市场调节对其进行修改。在财产保险领域存在承保周期。这个术语用于描述承保标准、收取保费数额和行业利润水平的周期性变化。通常，"严峻的"或者"宽松的"市场条件会影响应对损失风险时所采取的风险管理技术。在市场条件严峻的时期，利润率会下降，或者行业面临承保损失。其结果是，承保标准更为严格、保费增加，保险变得昂贵且更难以获得。由于严峻的市场环境，风险管理师可能会决定保留更多的特定损失风险，并且降低购买保险的数额。

　　相反，在宽松的市场环境下，利润率提升、承保条件宽松、保费下降，且保险更容易购买。保险可能相对来说不那么贵。由于宽松的市场条件，风险管理师可能会决定减少自留的损失风险，增加购买保险。第 4 章会更加详细地讨论承保周期。

实施和监控风险管理计划

　　到目前为止，我们已经讨论了风险管理过程四个步骤中的三个。第四步是实施和监控风险管理计划。这一步以政策说明作为开始。

风险管理政策说明

　　风险管理政策说明（risk management policy statement）对于有效的风险管理计划是必需

的。这项声明列出了企业风险管理的目标和公司应对损失风险的政策。声明在风险管理程序方面给高管们提供了一个接受教育的机会，赋予风险管理师在企业中更高的权威，为判断风险管理师的业绩提供了标准。

此外，**风险管理手册**（risk management manual）也将被开发出来并应用于该计划。这种手册详细说明了企业风险管理计划的细节，是训练参与到计划中来的新员工的非常有用的培训工具。填写手册也强制要求风险管理师详细说明其责任、目标和可运用的方法，及其对其他当事方应承担的责任。一本风险管理手册经常包括保险政策、代理人和经纪人的联系信息（以便在损失发生时可以及时联系）、紧急联系电话和其他相关信息。

与其他部门的合作

风险管理师并不是单独开展工作的。企业内部的其他职能部门在识别损失风险、应对风险的方法以及管理风险管理计划的方式等方面具有极为重要的作用。这些部门可以通过如下方式在风险管理过程中提供合作：

- 会计部门。内部会计控制能够减少雇员欺诈和现金失窃。会计部门还可以就风险融资替代方案的税收政策提供一些信息。
- 财务部门。财务信息能够显示出损失对企业资产负债表和损益表的影响。
- 市场营销部门。合格的包装和准确的产品信息可以预防责任诉讼的发生。安全的运输程序能够减少意外事故。
- 生产部门。质量控制能够预防劣质产品的生产和责任诉讼。有效的车间安全计划能够减少伤亡和意外事故。
- 人力资源部门。该部门负责雇员福利计划、退休计划、安全计划和公司员工的招聘、提升和解雇等工作。

以上内容显示了风险管理计划如何贯穿于整个企业之中。实际上，没有其他部门的积极配合，风险管理计划注定会失败。风险管理部门和企业的其他职能部门之间进行开诚布公的交流对于风险管理极为重要。

定期检查和评估

为了更有效地进行风险管理，必须定期检查和评估风险管理计划，以确定目标是否达到或者确定是否需要进行调整。特别是，风险管理成本、安全计划、损失预防计划必须专门进行监督。损失记录也必须检查，从而发现风险发生的频率和严重性方面的变化。如果要正确使用风险自留和风险转移等技术，在做出决策之前也必须进行评估。最后，风险管理师必须判断，企业的整个风险管理政策是否得到执行，风险管理师是否得到来自其他部门的合作。

风险管理的优点

前面的讨论说明，风险管理程序包括了复杂而详尽的分析。然而，抛开其复杂性不谈，一个有效的风险管理计划能够为企业或组织带来巨大的收益。主要收益包括：

- 一份规范的风险管理计划可以帮助企业更容易实现事前和事后风险管理目标。

- 风险成本降低，而这会增加公司的利润。**风险成本**（cost of risk）是一种风险管理工具，用于测度风险的成本。这些成本包括支付的保费、自留的损失、损失控制费用、外部风险管理服务、财务安全、内部行政管理成本、税费，以及其他各种支出。
- 由于纯粹损失风险负面的财务影响得以减少，企业能够执行公司风险管理计划，来应对纯粹风险和投机损失风险。
- 由于直接和间接（继起性）损失的减少，社会也将从中获益，痛苦和伤痛也因此而减少。

显然，在今天的经济体系中，风险管理师对于企业的财务成功是极其重要的。鉴于他们的重要性，风险管理师也理应获得较高的薪金。最近的一项调查发现，2011年，风险管理师的总平均收入（薪酬加奖金）为138 100美元。调查发现，不同行业间的收入水平是有波动的，而且在风险管理师收入和企业规模之间存在正相关关系。[①] 财务危机和巨额损失事件（例如"9·11"恐怖袭击和卡特里娜飓风）有助于引起人们对风险管理重要性的关注。

个人风险管理

公司风险管理的基本原理同样适用于个人风险管理计划。**个人风险管理**（personal risk management）是指确认个人或家庭所面临的纯粹风险，选择最合适的方法来应对这些风险。个人风险管理在应对风险时，除保险之外也考虑其他方法。

个人风险管理的步骤

个人风险管理计划包括四步：(1)确认损失风险；(2)测度和分析损失风险；(3)选择应对损失风险的适宜方法；(4)实施并定期检查该计划。

确认损失风险 第一步是确认可能引发严重财务问题的所有损失风险。下面几个方面可能导致严重的经济损失：

1. 个人损失风险
- 家庭主要成员的早逝可能造成家庭收入的减少
- 退休期间的收入不足和金融资产的缺乏
- 丧失劳动能力期间，巨额的医药费用和收入的损失
- 失业后失去收入来源
- 身份失窃

2. 财产损失风险
- 由于火灾、闪电、风暴、洪水、地震或其他原因导致的房屋和个人财产的直接物理损毁
- 由直接物理损毁损失导致的间接损失，包括额外费用、房屋重建期间搬到另一间公寓或房屋的费用、租金损失和无法使用建筑物或财产造成的损失
- 有价值的个人财产的失窃，包括现金和证券、珠宝和皮毛制品、书画和艺术品、照相机、计算机、收藏的硬币和邮票，以及古董等
- 汽车、摩托车和其他交通工具因为碰撞和非碰撞遭受的直接物理损失

[①] "Risk Manager Compensation Survey," *National Underwriter Property and Casualty*, May 2, 2011.

- 汽车、摩托车或其他交通工具的丢失

3. 责任损失风险
- 造成他人人身伤害或财产损失的个人行为应承担的法律责任
- 侮辱、丑化、诽谤他人人格所承担的法律责任，以及其他类似风险
- 粗心驾驶汽车、摩托车、船只或者改造车辆产生的法律责任
- 经商或职业行为产生的法律责任
- 律师费和其他法律辩护费用的支付

分析损失风险 第二步是分析损失风险。应当估计潜在损失的频率和严重程度，从而能够选择最适合的方法来应对风险。例如，你的房子被火灾、龙卷风或飓风完全损毁的可能性相对较小，但是损失可能非常严重，这些损失由于其潜在的灾难性而应当投保。另一方面，如果损失频率高，但是损失严重程度较低，这种损失则不必投保（例如汽车玻璃被划伤）。其他技术，例如风险自留更适合于处理这些类型的小额损失。例如，汽车可能受到很小的车身损失，那么可以通过购买有免赔额的碰撞保险实现风险自留。

选择应对损失风险的适当方法 第三步是选择最合适的方法来应对损失风险。主要的方法包括规避、风险控制、风险自留、非保险转移和保险。

1. 规避。规避是应对损失风险的一种方法。例如，你可以通过搬出高犯罪率的地区来避免被抢劫。你可以通过租赁而不是购买房屋来避免房地产市场上房屋销售价格的下降。

2. 风险控制。风险控制是指为减少损失频率和严重程度而采取的措施。例如，可以通过在限速以下驾驶汽车，参加安全驾驶课程和谨慎驾驶来降低汽车事故的发生频率。通过锁住车门、从点火器上拔掉钥匙和安装防盗系统来预防汽车失窃。

风险控制也可降低损失严重程度。例如，戴上安全头盔来减少摩托车事故中对头部的伤害。系上安全带来降低汽车事故中对人身的伤害。在房屋内装上灭火器来减少火灾的毁损程度。

3. 风险自留。风险自留意味着，在发生损失时，保留部分或全部损失。正如前面所提到的，风险自留可以是积极的，也可以是消极的。例如，可以通过购买一份有免赔额的碰撞保险自留汽车的小额碰撞损失。类似地，可以通过购买有免赔额屋主保险，自留房屋或个人财产的部分损失。

由于忽视、漠视或懒惰也可以消极地实现风险自留，如果自留风险会导致灾难性损失，那么这种行为可能会很危险。例如，许多工人没有为长期丧失劳动能力风险而投保，即使永久性丧失劳动能力的后果通常比过早死亡所带来的后果更为严重。没有为这种风险投保的工人以最危险、最不适宜的态度选择了风险自留。

4. 非保险转移。非保险转移是以保险之外的其他方法，向其他当事人而不是保险公司转移风险。例如，租赁财产损坏的风险可以通过向租户收取损失保证金和在租约中插入由租户承担损坏责任的条款转移给租户。类似地，有问题的电视机的风险可以通过购买延期合同（零售商负责保证期结束后的劳动力和维修费用）转移给零售商。

5. 保险。在个人风险管理计划中，大多数人将保险作为应对风险的主要手段。在个人风险管理计划中使用保险的问题将在后面分析特定保险合同的时候进行更为详细的分析。

实施并定期检查该计划 最后一步是实施并定期检查个人风险管理计划。至少每两年或三年应当确认一下是否所有主要的风险被完全覆盖。你也应当在你生命中的重要时刻检查一下你的风险管理计划，例如离婚、孩子的降生、购买房屋、工作变更或配偶或家庭成员死亡。

案例应用

城市公交公司为兰卡斯特郡的私立和公立学校提供公交运输服务。城市公交公司在该郡的三个不同城市中拥有 50 辆公共汽车。该公司面临着在当地运营的另外两家更大的公交公司的竞争。尽管公立学校和私立学校一般把业务交给出价最低的公司，但是还是会考虑服务水平和整体绩效。

a. 简单描述一下城市公交公司在风险管理过程中应当采取的步骤。
b. 确认城市公交公司面临的主要风险。
c. 对（b）中所确认的每一种风险，指出可以用于应对它们的风险管理方法或方法的组合。
d. 如果在风险管理计划中采用风险自留方式，那么请指出其支付损失的几个资金来源。
e. 指出城市公交公司的哪些部门也应当参与风险管理计划。

本章小结

- 风险管理是识别组织或个人面临的损失风险，并选择最适宜的方法化解这些风险的过程。
- 风险管理有一些重要的目标。损前目标包括经济性、减少忧虑和履行法律义务。损后目标包括企业生存、继续经营、收入的稳定、持续增长和社会责任等。
- 风险管理过程中有四个步骤：确认损失风险、测度和分析损失风险、选择应对损失风险的适宜方法、实施和监控风险管理计划。
- 风险控制是指减少损失频率，降低损失严重程度的方法。主要的风险控制方法包括规避、损失预防和损失减少。
- 风险融资是指在损失发生后为其提供融资支持的方法。主要的风险融资方法包括风险自留、非保险转移和商业保险。
- 规避是指从不接触某些损失风险，放弃已有的损失风险。损失预防是指为减少特定损失而采取的措施。损失减少是指在损失发生后降低损失严重程度的方法。
- 风险自留意味着，企业保留特定风险导致的部分或全部损失。在没有其他可利用的应对手段的时候使用这一方法，其要求是最大可能损失并不十分严重，且损失是高度可预期的。损失可以用企业的当期净收益来支付；可以建立提存或未提存准备金来支付发生的损失；银行信贷产品可以提供偿付损失的资金，或者企业可以通过建立自保公司来应对。
- 风险自留的优点是可以节省投资于保费的资金、产生较低的费用、对预防损失有更大的激励作用和增加现金流。其主要缺点是可能产生比节省下来的保费更高的损失，聘请一个人专门从事风险控制，应对诉讼所发生的费用可能更高以及可能产生更高的税负。
- 专业自保公司是由母公司所有并组建，其目的是为母公司损失风险提供保障。专业自保公司通常是由于母公司难以获得保险保障而成立的。它们也可以提供较低的成本、更方便地进行再保险，并形成一个新的利润中心。
- 自保或自融资是企业自留部分或全部特定风险损失的一种风险自留计划的特殊形式。
- 非保险转移是除保险以外的方法，通过该方法纯粹风险和潜在财务后果被转移给其他当事人。
- 非保险转移有如下几个优点：风险管理师可以将一些商业上不可保的潜在损失进行转移；非保险转移的成本通常低于保险；潜在损失可能转移给能够更好进行损失控制的人。
- 非保险转移也存在几点不足：风险转移的潜在损失因为合同用语的模糊不清而失效；如果转移出去的损失是接受者支付不起的损失，企业仍然要为损失负责；保险公司可能不为风险转出方提供足够的资金。
- 在风险管理计划中也会使用商业保险。保险的使用包括保险责任范围的选择、保险人的选择、就保险条款与保险公司协商、通报保险责任范围的信息、对计划的定期检查。

● 保险的主要优点包括：企业将在损失发生后得到赔偿，不确定性的降低，可以获得有价值的风险管理服务，保费可以享受所得税减免。主要的不足包括：保险的成本，为保险进行协商所付出的时间和精力，以及由于保险的存在而可能产生对风险控制的懈怠态度。

● 风险管理计划必须被正确地执行和管理。这种努力包括准备风险管理政策说明、与其他人和部门的密切合作，以及对整个风险管理计划的定期检查。

● 公司风险管理的基本原理也可以被用于个人风险管理计划。

重要概念和术语

协会或团体专业自保公司　　损失减少　　　　　风险控制
规避　　　　　　　　　　　损失程度　　　　　风险融资
专业自保公司　　　　　　　手稿保单　　　　　风险管理
风险成本　　　　　　　　　最大可能损失　　　风险管理手册
免赔额　　　　　　　　　　非保险转移　　　　风险管理政策说明
超额保障　　　　　　　　　个人风险管理　　　风险自留团体
损失风险　　　　　　　　　最大预期损失　　　自我保险
损失频率　　　　　　　　　风险自留　　　　　单一母公司专业自保公司
损失预防　　　　　　　　　自留水平　　　　　（纯粹自保公司）

复习题

1. 风险管理的含义是什么？
2. 请解释损失发生前和发生后的风险管理目标。
3. 阐述风险管理过程的步骤。
4. a. 指出风险管理师可以用于识别损失风险的信息来源。

　　b. 最大可能损失和最大预期损失之间的区别是什么？

5. a. 解释风险控制的含义。

　　b. 解释下面的风险控制方法：

　　　（1）规避

　　　（2）损失预防

　　　（3）损失减少

6. a. 解释风险融资的含义。

　　b. 解释下面的风险融资技术：

　　　（1）风险自留

　　　（2）非保险转移

　　　（3）保险

7. 风险管理计划中，采用风险自留技术应当满足什么条件？

8. a. 什么是专业自保公司？

　　b. 解释在风险管理计划中专业自保公司的优点。

9. a. 什么是自保？

　　b. 什么是风险自留团体？

10. a. 解释在风险管理计划中使用保险的优点。

　　b. 解释在风险管理计划中使用保险存在的不足。

应用题

1. 脚手架设备公司制造并销售建筑公司使用的脚手架和梯子，这些产品直接销售给美国的独立零售商。公司的风险管理师知道，如果脚手架或梯子出了问题，就会有人受伤，公司也会因此而受到起诉。由于产品责任保险的成本增加，风险管理师在考虑其他应对公司风险损失的方法。

　　a. 描述这一风险管理过程的步骤。

　　b. 针对下面的每一种风险管理技术，请分别列出它们所对应的公司产品责任风险。

　　　（1）规避

　　　（2）损失预防

　　　（3）损失减少

　　　（4）非保险转移

　　2. 斯韦福特公司在美国有 5 000 多名销售代表和雇员，他们都驾驶着公司的汽车。公司的风险管理师向公司的管理层建议，公司应当为公司汽车的碰撞损失实施部分风险自留计划。

　　a. 解释斯韦福特公司的部分风险自留计划的优点和不足。

　　b. 指出斯韦福特在为公司汽车碰撞损失实施部分风险自留计划时应当考虑的因素。

　　c. 如果采用了部分风险自留计划，斯韦福特公司可以用于支付公司汽车碰撞损失的方法有哪些？

　　d. 指出公司为碰撞损失实施风险自留时可以采用的两个风险控制方法。

　　3. 规避是在风险管理计划中可以有效使用的风险控制技术。

　　a. 在风险管理计划中，使用规避技术的主要优点是什么？

　　b. 企业有可能规避所有潜在风险吗？解释你的答案。

　　4. 风险管理计划必须得到有效的执行和定期检查。这一步要求准备风险管理政策说明和风险管理手册，其他部门也需要提供合作。

　　a. 企业能够从准备充足的风险管理政策说明中获得什么收益？

　　b. 指出公司的哪些部门在风险管理计划中特别重要。

　　5. 克里斯和卡伦结婚并在一个大的中西部城市拥有一套有三间卧室的房屋。他们的儿子克里斯蒂安离家上大学，住在联谊会会堂。他们的女儿凯莉，正在读高中。克里斯是当地一家会计公司的会计。卡伦是市场分析师，经常在某些时候离开家几天。凯莉为别人照顾孩子来赚取额外收入。

　　家里的房子里有家具、个人财产、一台克里斯周末使用的用于准备营业税纳税申报单的电脑、一台卡伦旅行时使用的笔记本电脑。他们家还有 3 辆汽车。克里斯蒂安开一辆 2004 年的福特车；克里斯开一辆 2009 年庞蒂亚克汽车，用来做生意和私人使用；卡伦开一辆 2011 年丰田汽车，在旅行的时候还租了一辆车。尽管克里斯拥有他们的房屋已经好几年了，但是由于他们周围的暴力犯罪最近增加了，他们正考虑搬家。

　　a. 简要描述个人风险管理的步骤。

　　b. 找出克里斯和卡伦在下面情况下所面临的主要的纯粹风险或纯粹损失风险。

　　　（1）个人损失风险

　　　（2）财产损失风险

　　　（3）责任损失风险

　　c. 对于上面的每一种损失风险，指出可以用于应对这些风险的个人风险管理技术。

网络资源

● captive.com 提供大量关于专业自保公司的信息。这个网站提供了经常被问到的关于自保公司的问题的答案，并且还有专家负责回答关于自保公司或者其他自保技术的问题。网址为 captive.com

● 协会（the Institutes）在提供教育资料和责任保险设计计划方面处于领先地位。除了是美国特许财产与意外险核保人协会指定的网站外，协会还提供几个联合会的计划，包括风险管理联合会（ARM）的保险计划。网址为：aicpcu.org

● 国际金融风险协会（IFRI）为资深风险管理人士提供金融风险管理的机会，特别是主要财务机构的首席风险官，并开设了一个论坛，就财务风险管理的基本原理和实践问题进行讨论和交换意见。网址为 riskinstitute.ch

● 国际风险管理协会（IRMI）致力于成为为风险管理、保险和法律行业提供专业化建议和实战策略的权威。国际风险管理协会有一个大型在

线图书馆,提供了关于财产性和风险管理的大量信息。网址为 irmi.com

● 非营利风险管理中心(Nonprofit Risk Management Center)为非营利组织提供援助和服务。该组织出版报纸、普及性读物以及与风险管理和保险有关的常见问题的简明信息。该组织提供咨询服务和风险审计服务。网址为 nonprofitrisk.org

● 公共风险管理协会(Public Risk Management Association)代表了州和地方政府机构的风险管理师。该组织对公共部门的风险管理师进行实务培训和教育,并出版一本杂志、一份时事通讯和内容详尽的专题出版物。网址为 primacentral.org

● 风险管理协会(Risk Management Society, RIMS)是美国风险管理师和保险购买者最重要的一个专业协会。风险管理协会关注普遍性的风险管理问题,为损失预防提供支持,让保险公司了解其成员的保险需求。风险管理协会在主要城市都设有分会,还出版《风险管理》(Risk Management)杂志。网址为 rims.org

● 美国自保协会(Self-Insurance Institute of America)是一个全国性的协会组织,致力于推动用自保来预防可能发生的财务损失。该组织出版自保方面的学术论文,召开教育会议,在联邦和州的层次上代表自保行业的立法和监管利益。网址为 siia.org

参考文献

Baranoff, Etti G., Scott E. Harrington, and Gregory R. Niehaus. *Risk Assessment*, 1st ed. Malvern, PA: American Institute for Chartered Property Casualty Underwriters/Insurance Institute of America, 2005.

Elliott, Michael W. *Fundamentals of Risk Financing*, 1st ed. Malvern, PA: American Institute for Chartered Property Casualty Underwriters/Insurance Institute of America, 2002.

Elliott, Michael W. (editor), *Risk Management Principles and Practices*, Malvern, PA: American Institute for Chartered Property Casualty Underwriters, 2012.

Harrington, Scott. E., and Gregory R. Niehaus. *Risk Management and Insurance*, 2nd ed. Boston, MA: Irwin/McGraw-Hill, 2004.

Risk and Insurance Management Society. *The 2008 Financial Crisis, A Wakeup Call for Enterprise Risk Management*, 2008.

Wade, Jared, "The Risks of 2012," *Risk Management*, January/February 2012, pp. 36-42.

Wiening, Eric A. *Foundations of Risk Management and Insurance*. Malvern, PA: American Institute for Chartered Property Casualty Underwriters/Insurance Institute of America, 2002.

Wiening, Eric A., and George E. Rejda. *Risk Management and Insurance*. Boston, MA: Pearson Custom Publishing, 2005.

第 4 章

风险管理前沿问题

"风险管理领域正在经历着伟大的变革。风险管理师必须洞悉金融市场并能够在其风险管理计划中将定量分析和技术分析有效地结合起来。"

——米利森特·沃克曼，特许财险与意外险核保人，
国际风险管理协会（IRMI）研究分析师，《风险管理实践》杂志社主编

学习目标

学习完本章，你应当能够：

◆ 解释财务风险管理和企业风险管理的含义。

◆ 描述恐怖主义和气候变化风险如何影响风险管理。

◆ 指出核保周期和保险业中的并购对风险管理实务的影响。

◆ 解释资本市场风险融资工具，包括通过巨灾债券和天气期权实现风险证券化。

◆ 解释风险管理师预测损失的方法。

◆ 说明如何将财务分析应用于风险管理决策。

◆ 描述其他对风险管理师起到辅助作用的风险管理工具。

"那么，在多元企业（DE）中有什么是新的？"瓦莱丽·威廉姆斯问琼·布林森。威廉姆斯四年前从 DE 风险管理师的职位上退休。布林森是风险管理部门的二把手，后被提名为其继任者。DE 是一家在美国开办的全球性公司，由一家区域性航空公司、一家银行和抵押贷款公司、一家安保产品公司、一家农产品公司和一家酒店/度假村组成。

"差不多所有东西都是新的，"布林森回答，"你离开一年以后，我的职务就改成首席风险官，我担负的责任也发生了很大变化。新任 CEO 认为，企业风险管理对于公司非常重要。他是正确的。我被要求考虑之前从未考虑过的风险问题，比如，汽油价格、恐怖主义、

公司信誉、供应链、利率、现金汇率和气候变化等。这只是其中的一部分。除了保险计划和损失控制之外，我还关注航空部门的飞机用燃油的对冲计划，并且我们正在使用天气期权来管理酒店和农业产品部门的风险。"

"喔！"威廉姆斯答道，"这些天，保险市场怎么样？"

"我们被恶劣的市场环境给折腾坏了。市场形势严峻，价格攀升。还记得你在任时，我们的那个保险代理公司吗？我确实很喜欢它提供的服务，而且它在会计方面的首席经纪人马克·爱德华也是我的执行人。不过，那个经纪公司去年被收购了，马克被辞退了。我的职位很有挑战性，至少不会感到百无聊赖！"

本章建立在第3章对风险管理的讨论的基础之上，涉及了风险管理领域的一些前沿问题。讨论的主题包括：风险管理范围的变化，保险市场动态，损失预测，风险管理决策中的财务分析以及一些风险管理工具的应用。基于本章一些数据材料的习题集可以在培生公司网站上找到。网站地址是：pearsonhighered.com/rejda。

风险管理范围的变化

风险管理在传统上一直局限于纯粹损失风险领域，包括财产风险、责任风险和个人风险。不过，在20世纪90年代出现了一种有趣的现象，很多企业开始将风险管理的范围扩展到包括投机性财务风险。最近，一些企业又作了进一步的发展，它们将其风险管理计划延伸至组织面临的所有风险和风险的战略性应用方面。

财务风险管理

商业企业面临着大量的投机性财务风险。**财务风险管理**（financial risk management）是指对投机性财务风险的识别、分析和应对。这些风险包括：

- 商品价格风险
- 利率风险
- 货币汇率风险

商品价格风险　商品价格风险（commodity price risk）是指商品价格发生变化带来的损失资金的风险。商品的生产商和使用者都面临着商品价格风险。例如，考虑收获了成千上万蒲式耳谷物的农业企业经营的情况。在收获的季节，商品的价格根据谷物的供需情况，可能上升或下降。由于农作物的存储量非常少，这些农作物必须以当前市场价格销售，即使价格很低。同样，商品的使用者和批发商也面临着商品价格风险。如果一家谷类食品公司已经承诺按照协议价格在6个月里提供500 000箱谷类食品。同时，谷物（用于生产谷类食品的原料）的价格可能上升或下跌，这会改变这笔交易的利润率。图表4—1的第一部分显示，期货合约可以用于对冲商品价格风险。

图表 4—1　　　　　　　　　　　　管理财务风险——两个案例

1. 利用期货合约对冲商品价格风险
   一位玉米种植商在5月份估计他的总产量将达到20 000蒲式耳，而其产量要到12月份才能知道。查了期货合约价格后，他注意到，12月份玉米的价格是每蒲式耳4.90美元。他想通过合理运用期货合约，对玉米价格在收获时可能降低的风险进行对冲。由于玉米期货合约以 5 000 蒲式耳为单位进行交易，他需要于 5 月份在期货市场上销售 4 份——共 20 000 蒲式耳——的合约。12 月，他需要购回 4 份合约来冲销其期货头寸。下面的内容表明，无论玉米价格在 12 月份上升还是下降都不再重要。通过使用期货合约（忽略交易成本），他的总收入锁定在 98 000 美元。

如果在 12 月份玉米的市场价格下降到每蒲式耳 4.50 美元：	
玉米销售收入	20 000×4.50 美元＝90 000 美元
5 月份以 4.90 美元的价格销售 4 份合约	98 000
12 月份以 4.50 美元的价格购回 4 份合约	90 000
期货交易的收益	8 000
总收入	98 000 美元
如果到 12 月份玉米的市场价格上升到每蒲式耳 5.00 美元：	
玉米销售收入	20 000×5.00 美元＝100 000 美元
5 月份以 4.90 美元的价格销售 4 份合约	98 000
12 月份以 5.00 美元购回 4 份合约	100 000
期货交易的收益	(2 000)
总收入	98 000 美元

2. 通过期权来避免股票价格的逆向变动

股票期权可以被用于规避股票价格的反向波动。看涨期权赋予持有人在特定时期以特定的价格购买 100 股股票的权利。看跌期权赋予持有人在特定时期以特定的价格卖出 100 股股票的权利。尽管有很多可用于降低风险的期权策略，在这里只讨论一个简单的例子：购买看跌期权规避所拥有的股票的价格下跌风险。

假设某个人以每股 43 美元的价格持有 100 股股票，持有人可能担心股票的价格会下跌。但是同时，持有人可能不愿意卖掉股票，因为这会使其被征收资本利得税。此外，持有人也可能相信股票价格最终会上升。股东可能会购买一份看跌期权来抵消价格的下降所带来的损失。

假如在履约（执行）价格为 40 美元的时候有一份看跌期权，股票持有人就可以购买该期权。如果股票价格上升，股票持有人虽然失去了期权的购买价格（称为溢价），不过股票价格已经上升了。但是如果股票价格下跌到每股 33 美元会怎样呢？在缺少看跌期权时，股票持有人每股账面损失为 10 美元（43 美元－33 美元）。然而，作为看跌期权的持有人，股票所有人有权以每股 40 美元的价格销售 100 股股票。那么，忽略权利金（option premium）后，期权的"现金价值"是每股 7 美元（40 美元－33 美元）。可以卖出看跌期权来抵消账面损失。以这种方式使用看跌期权避免了股票价格下跌导致的现金损失。

利率风险　金融机构特别容易受到利率风险的影响。**利率风险**（interest rate risk）是利率反向变动产生的损失风险。例如，银行以固定利率向家庭借款人提供了 15 年和 30 年抵押贷款。如果利率增加，银行必须为存款支付更高的利率，而抵押贷款则锁定在较低的水平上。类似地，公司可能在利率很高的时候发行债券。这些债券在发行时按照面值销售，息票利率必须等于投资者要求的回报率。如果利率后来下降了，公司仍然必须对这些债券支付较高的息票利率。

汇率风险　汇率是一国货币可以转化为另一国货币的价值。例如，1 加拿大元可能在价值上等于 2/3 美元。以这一汇率水平，1 美元可以交换 1.5 加拿大元。

从事国际业务的美国公司（例如，西北石油制品在加拿大的业务）容易面对货币汇率风险。**汇率风险**（currency exchange rate risk）是指，一国货币可以转换成其他国家货币的比率发生变化时所产生的价值损失风险。例如，一家美国公司同意在未来的某个时间接受一定数量的外币，以此作为其销售的商品或所做工作的报酬。在这种情况下，这家公司就面临着货币汇率风险。类似地，有着大量国外业务的美国公司也因为汇率波动，而面临收入风险。当美国公司在国外盈利的时候，收益必须兑换为美元。当美元坚挺的时候（也就是它相对于外币具有较高价值），外币只能兑换较少的美元，公司的收益也因此而降低。弱势的美元（也就是它相对于外币具有较低价值）意味着，来自国外的利润可以换取更多的美元，其结果是公司收益更高。

管理财务风险 传统上对纯粹风险和投机风险的分离意味着，不同的商业部门各自解决这些风险。风险管理师通过风险自留、风险转移和损失控制等手段应对纯粹风险。财务部门通过合同条款和资本市场工具应对投机风险。用于应对财务风险的合同条款的例子包括债券的可提前赎回条款，这使息票利率较高的债券能够提前偿还；抵押贷款的可调整利率条款则使利率能够随着整个经济的利率进行变化。还有大量的资本市场工具可以使用，包括期权合约、远期合约、期货合约和利率互换等。[1] 图表4—1的第二部分显示了期权如何帮助投资者管理普通股票价格下跌的风险。

在20世纪90年代，一些企业开始对组织面临的纯粹风险和投机风险有了更为全面的认识，希望能够得到既节省成本又能更好应对风险、同时覆盖两种类型风险的解决方案。在1997年，霍尼韦尔（Honeywell）通过与美国国际集团（American International Group，AIG）合作成为第一家采用"整合风险计划"的公司。[2] **整合风险计划**（integrated risk program）是一种风险管理技术，在同一份合同中覆盖了纯粹风险和投机风险。此时，霍尼韦尔的国外利润占到其利润总额的三分之一以上。它的整合风险计划包括传统的财险和意外险，以及汇率风险。

当一些机构认识到它们是在共同应对这些风险的时候，它们设置了一个新职位。首席风险官（chief risk officer，CRO）负责应对组织所面临的纯粹风险和投机风险。[3] 承担某一领域的多项职责使其能够统一应对风险，这常常是一种节省的方法。例如，风险管理师可能关心一笔大额的自保财产索赔，财务管理师可能关心汇率价格的逆向波动。如果公司资产负债表的情况非常好，那么损失本身可能对其不会造成伤害，但是两种损失同时发生就可能给企业带来巨大伤害，可以通过设计包括双重启动选择权的整体风险管理计划来应对这两种可能性。双重启动选择权（double-trigger option）是一项规定只有两个特定风险发生的时候才会进行支付的条款。这样，只有当大额财产索赔和较大的汇率损失产生的时候才进行赔付。这种保障的成本低于分别应对每一种风险的成本。

企业风险管理

背景和应用 受到财务风险管理成功的激励，一些比较大的企业迈出了符合逻辑的一步。**企业风险管理**（enterprise risk management，ERM）是一项综合风险管理计划，应对企业的纯粹风险、投机风险、战略风险和经营风险等。前面曾经对纯粹风险和投机风险进行了定义。战略风险是指组织的目标、组织的优点、不足、机会和威胁等方面的不确定性。经营风险是企业经营中产生的风险，包括制造的产品和向顾客提供的服务。公司将所有这些风险纳入一个计划中，从而实现风险的相互抵消，并在这个过程中减少整体风险。只要计划中的这些风险不是完

---

[1] 关于资本市场工具的详细介绍可以参考投资类教材。
[2] As reported in "Who Needs Derivatives?" by Caroyln T. Geer, *Forbes Magazine*, April 21, 1997.
[3] 更多关于CRO的职位介绍、角色描述以及工作内容的信息，参见 "The Chief Risk Officer: What Does It Look Like and How Do You Get There?" *Risk Management*, September 2005, pp. 34-38; "Implementing Enterprise Risk Management: The Emerging Role of the Chief Risk Officer," International Risk Management Institute (IRMI), Inc., Web site January 2002; also visit the International Financial Risk Institute Web site.

全正相关的，那么这些风险的组合就会减少总体风险。实际上，如果其中某些风险负相关，风险就能够显著降低。

有许多此类风险组合的例子可以列举。考虑一种简单情况，一家石油公司拥有并经营着炼油厂和加油站等业务。假设这家公司还向企业和当地居民销售取暖油。夏天的时候，公司可能会同意在秋天到来的时候以一定的价格向消费者销售取暖油。在夏天和提供取暖油之间的这段时间内，取暖油的价格可能会上涨。假设这种风险是独立的而且该公司缺少足够的储备，那么公司可能会使用取暖油期权合约对冲公司的价格风险。但是，公司还有加油站业务，这可以起到自然对冲的作用。如果汽油价格在夏天上升，公司可以通过加油站业务赚钱，但是会因为承诺提供取暖油发生损失。类似地，如果取暖油和汽油价格在夏秋之际下跌，公司会因为提供取暖油的价格高于市场价格而受益，此时加油站可能是不赚钱的。

企业风险管理在多大程度上能够被大型企业采用？风险管理协会（RIMS）和世界最大的保险经纪公司达信（Marsh）每年都会出版《风险管理精粹》。这份报告提供了关于风险管理行业的调查结果，内容涵盖了当前的一些热点和实务。调查发现，在2010年，80%的受访者已经或者正处于开发企业风险管理计划过程之中。17%的受访者说，他们的ERM计划是完全一体化的，解决了企业内部的所有风险。[1] 企业采用ERM的理由主要有以下几个：建立企业面临风险的一体化应对措施、具有竞争优势、对收入有积极影响、降低收入的波动性、符合公司治理原则。

RIMS和达信早期调查显示，不采用ERM的原因包括：非优先考虑事项、风险在经营或职能部门层面得到管控、看不到加强管理的必要性、缺少个人资源以及缺少可验证的价值。[2] ERM的价值主张很有意思。对小企业来说，如果企业面临的财务风险很低，ERM计划没有太大意义。最近保险公司对ERM采用情况的研究发现，采用ERM可以提升企业价值，大概可以额外增加20%。[3] 最近的《风险管理精粹》报告比较了首席级（首席执行官、首席财务官等）受访者的观点与风险管理师的观点。[4] 研究结果很有意思，研究发现他们的认识之间存在一定差异。当被问及风险管理能力建设方面重点关注领域时，首席级受访者强调了战略思维的重要性，而不是强化企业风险管理能力。如果之前报道的这些大型企业的ERM采用率是准确的，那么就表明首席级受访者在某种程度上将ERM视为应有的。相反，风险管理师受访者的关注点较为集中，强调了风险管理和经营的一体化，更关注短期行为，而不是从更广的战略视角出发。

ERM计划的存在并不必然保证企业的经营会成功。在金融危机前，一份对316家金融服务机构总裁的调查显示，18%的受访者已经很好地规划并完全执行了ERM计划，71%已经有了ERM战略并正处于执行阶段。[5] 即使拥有企业风险管理计划和一位首席风险官，保险公司

---

[1] 统计数据来源于 the 2011 RIMS Benchmark Survey of risk managers as quoted in "The ERM Tipping Point—ERM has Reached Critical Mass—Time to Get on Board," by Carol A. Fox, *Risk Management*, Nov. 2011, pp. 22 - 24. This same issue of *Risk Management* has stories on how Caterpillar, a federal home loan bank, and a state government department utilize ERM.

[2] "Viewing Risk Management Strategically," Excellence in Risk Management v—An Annual Survey of Risk Management Issues and Practices, The Risk and Insurance Management Society (RIMS) and Marsh, Inc., 2008, p. 8.

[3] "The Value of Enterprise Risk Management," by Robert E. Hoyt and Andre P. Liebenberg, *Journal of Risk and Insurance*, Vol. 78, No. 4 (2011), pp. 795 - 822.

[4] "Excellence in Risk Management IX—Bridging the Gap: Be Visible, Be Valuable, Be Strategic," Marsh and The Risk Management Society, 2012.

[5] 研究结果来自于 "The Bigger Picture—Enterprise Risk Management in Financial Services Organizations," a report from *The Economist* Intelligence Unit, September, 2008, p. 4.

美国国际集团（AIG）仍然需要联邦政府提供帮助，以避免公司走向破产。AIG这次的濒死之旅是由于其金融产品部发行的贷款保障产品（称作信用违约掉期）导致的。

新出现的风险　正如所提到的，ERM计划用于应对企业所面临的所有风险。两种新出现的风险需要另外再进行讨论，分别是恐怖主义风险和气候变化风险。

恐怖主义风险　尽管"9·11"恐怖袭击事件让世人震惊，但恐怖主义风险并非新生事物。世贸大厦之前（1993年）就曾遭到袭击，俄克拉何马城的摩拉联邦大厦在1995年曾被袭击。国际、国内的恐怖主义分子直接利用炸弹和其他爆炸物袭击人们的财产，他们还通过网络攻击，窃取企业的敏感信息（例如，银行记录、信用卡号码、社保号码）或者往计算机系统植入病毒。来自于恐怖主义的另一种风险是"CRBN"（使用化学试剂、放射性物质、生物武器和核武器）袭击。化学武器袭击的一个例子是释放致命毒气，比如沙林。放射性武器袭击是在袭击中释放放射性物质。恐怖主义分子在生物武器袭击中会释放传染病病毒或者炭疽病病菌。核物质也会被恐怖分子使用。这些手段在袭击中通常会与爆炸物一起使用。例如，脏弹会将爆炸物和放射性物质混合在一起。这种袭击的结果往往是毁灭性的。[①]

恐怖主义风险可以通过风险控制和保险进行应对。有很多风险控制手段可以被采用。例如，可以修建实体障碍物防止自杀式爆炸物携带者驾驶机动车抵达建筑物；筛查设备可以检测出金属物质（武器），而且还可以测试空气样本以查看是否存在易爆物；计算机网络可以受到防火墙的严密防护以避免网络袭击；公司重要人物可以学习如何降低被恐怖分子绑架的概率的课程。

在"9·11"恐怖袭击之前，恐怖主义除外条款在商业保单中并不常见。"9·11"事件之后，保险公司开始将恐怖主义行为导致的损失排除在外。国会2002年通过了《恐怖主义风险保险法案》（TRIA），这为恐怖主义行为理赔在联邦层面提供了支持。这一法令一直延续到2005年，2007年又一次通过了《恐怖主义风险保险计划再授权法案》（TRIPRA）。恐怖主义保险保障可以通过标准保险保单或者独立的附加保障条款获得。面临风险最大的企业（例如，城市办公大楼、国防设施、港口等）经常为恐怖主义带来的损失购买保障。保险保单也已经将恐怖主义风险考虑进来。例如，工人补偿保险承保商会考虑员工是否集聚在一个地方或者分散在各地。

气候变化风险　近年来，自然灾害导致的损失显著增加。[②] 这些自然灾害包括地震、飓风、海啸、台风、干旱、洪水和龙卷风等。许多损失是由于气候变化引起的，这可能又会归因于碳排放。这几年，天气模式呈现巨大的波动性——温度区间更大，干旱、洪水以及风暴的频率和严重程度也有所增加。当风暴发生时，日益增加的损失额度和人口因素有关。例如，美国面临更多飓风风险的地区的人口的增长（如佛罗里达海岸线、得克萨斯州和南卡罗来纳州）。

政府、保险公司和企业都要对日益增长的风险负责。政府已经通过限制企业二氧化碳排放量的方式降低碳排放。低于其排放限额的公司可以在已经建立的几个碳指标交易市场上将指标卖给高于标准的公司。其他应对气候变化的政府措施还包括，对于位于风险较大地区的建筑，设定更为严格的分区制度和建筑标准。保险公司也采取了一些应对措施，如对节能（绿色）建筑给予折扣，为损失控制极好的建筑提供保费贷款。企业必须高度关注建筑选址、风险控制手

---

① 参见"A Risk and Economic Analysis of Dirty Bomb Attacks on the Ports of Los Angeles and Long Beach," by H. Rosoff and D. von Winderfeldt, *Risk Analysis*, Vol. 27, No. 2（2007），pp. 533–546.

② 参见 Chapter 1 of *At War with the Weather—Managing Large-Scale Risks in a New Era of Catastrophes* by Howard C. Kunreuther and Erwann O. Michel-Kerjan,（MIT Press, 2009）.

段，以及随着风险积累适当增加保障。企业还可能需要采用天气衍生品（后面章节会进行讨论）来应对气候变化风险。

保险市场动态

第 3 章讨论了应对风险的不同方法。当财产和责任损失风险并没有通过风险规避得以消除的时候，发生的损失必须以其他方法予以弥补。风险管理师必须在下面两种方法中选择一个来进行应对：风险自留和风险转移。自留损失可以用当期收益、损失准备金、借款或者专业自保公司进行支付。风险转移将赔偿损失的压力转嫁给其他当事人，最常见的是财产和责任保险公司。采用风险自留还是风险转移要受保险市场情况的影响。保险市场的三个重要影响因素如下：
- 核保周期
- 保险业中的并购
- 资本市场风险融资工具

核保周期

很多年来，对大量核保结果和对财产和责任保险市场盈利能力的观察显示出核保具有周期性。核保严格程度、保费水平和盈利能力的周期模式被称为**核保周期**（underwriting cycle）。财产和责任保险市场在严格核保标准和较高保费的"**严峻的保险市场**"（hard insurance market）与具有宽松的核保标准和较低保费的"**宽松的保险市场**"（soft insurance market）之间波动。

可以用很多方法来确定核保周期的状态。图表 4—2 显示了财产和责任保险行业长期以来的综合比率。**综合比率**（combined ratio）是指损失赔偿和损失评估费用加上承保费用之和与保费的比率。如果综合比率大于 1（或 100%），承保这项业务无利可图。例如，2002 年综合比率为 107%，这表明保险公司每收取 1.00 美元保费，在索赔和费用方面支出 1.07 美元。如果综合比率小于 1（或 100%），保险公司可以通过承保盈利。2006 年综合比率为 92.5%，表明每 1 美元保费中的承保利润为 7.5 美分。

风险管理师在做出自留或转移的决策时必须考虑当前的费率水平和核保标准。当市场"宽松的"时候，可以以适宜的条款购买保险（例如较低的保费、更大的覆盖面、取消免除条款）。在"严峻的"市场中更多采用风险自留方法，因为有些保险的保障范围受到限制或无法承保。例如，在延续到 20 世纪 90 年代后期的宽松的市场中，一些风险管理师为了锁定有利的保险条款，购买了多年期保险。

是什么导致了财产和责任保险市场的价格波动？尽管已经有很多不同的解释[1]，但是有两个明显的因素影响了财产和责任保险定价和承保决策：
- 保险行业承保能力
- 投资收益

保险行业承保能力 在保险行业中，承保能力是指盈余的相对水平。**盈余**（surplus）是保

---

[1] 有关核保周期的文章参见 Mary A. Weiss, "Underwriting Cycles: A Synthesis and Further Directions," *Journal of Insurance Issues*, 2007, Vol. 30, No. 1, pp. 31-45.

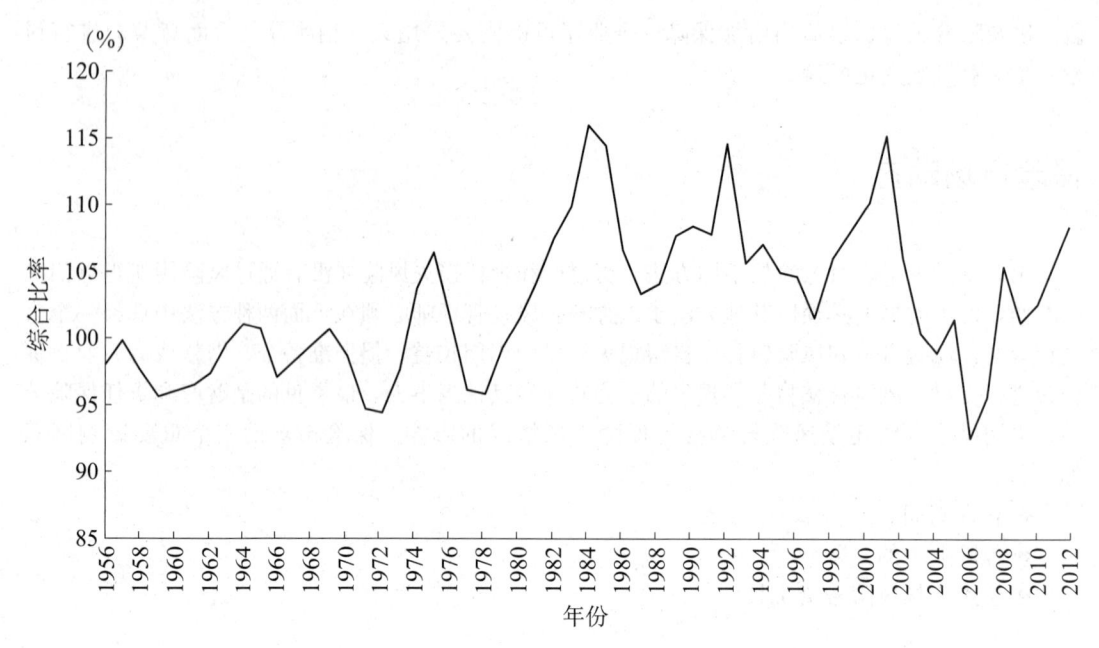

图表4—2 所有财产和责任保险产品的综合比率，1956—2011年

注：1998—2011年数据包括州基金。

资料来源：*Best's Aggregates & Averages—Property/Casualty*, 2012, page 368, © A. M. Best Company—used by permission.

险公司资产和负债之间的差额。当财产和责任保险行业处于盈余较多的状态时，保险公司可以降低保费并放松核保标准，因为如果承保结果不好，它们还有后路可退。考虑到金融资产的多样性和保险行业的竞争性，如果一家保险公司采取了某些措施，其他保险公司也会紧随其后。随着竞争的日益激烈，保费进一步降低，核保标准进一步放松。因为收取保费不足，保险公司的承保损失开始累积。承保损失降低了保险公司盈余，在某一时刻，保费必须提高，核保标准必须严格，从而能够积累起即将耗尽的盈余。这些措施将会带来能够盈利的承保业务，并有助于增加盈余。当累积了足够的盈余时，保险公司又一次能够降低保费并放松核保标准，从而又开始一轮新的循环。

外部因素（例如地震、飓风和大额责任赔付等）也可能提高索赔额，减少盈余。2001年"9·11"事件发生后，保险市场环境变差。世贸大厦和其他建筑被恐怖主义袭击损毁所造成的承保损失大约为325亿美元（按照2010年币值计算为400亿美元）。[①]

"9·11"恐怖袭击造成的损失在保险业被称为"巨灾性损失"。**巨灾性损失**（clash loss）发生于几种导致大额损失的保险事件同时发生之时。恐怖袭击给人寿保险公司、健康保险公司和财产险公司带来了巨大的损失。最近发生的对保险行业产生的第二次巨大冲击是2005年卡特里娜飓风带来的理赔。按照2010年币值计算，卡特里娜飓风的承保损失总计450亿美元。[②]

2001年，美国财产险业的税前经营损失超过130亿美元，当年保险盈余下降了8.5%。2001年的综合比率为115.7%，2002年为107.2%。这强迫保险公司严格承保标准，提高保费，从而实现盈余的增加。即使因为卡特里娜飓风和其他飓风产生了巨额赔付，保险行业仍然

[①] Insurance Information Institute, "9/11: The Tenth Anniversary."
[②] Ibid.

实现盈利，2005年盈余增长8.8%。2006年保险的价格总体上开始下降。2006年、2007年保险公司承保利润创出新高。2006年综合比率为92.4%，创造的承保利润为311亿美元。2007年综合比率为95.5%，承保利润为190亿美元。这些良好的承保结果与较高的投资收益共同创造了行业盈利的记录。2006年盈利增长15%，2007年增长6.8%，并在2007年底达到5 370亿美元。而从2007年到2011年的承保收益就不那么好了。持续的市场条件不佳和高额损失将综合比率推至2008年度的105.2%和2011年度的108.2%。虽然投资收益抵消了承保损失，但是由于市场开始变差，净收入和盈利在2011年下降。[1]

投资收益 如果对于你所获得的每1美元保费，你将在损失方面支出78美分，在费用方面支出30美分，你会卖掉保险单吗？这种支付比率意味着你每获得1美元保费将亏损8美分。财产和意外保险公司也经常会考虑未来的预期损失情况来销售保单，并希望用投资收益来弥补承保损失。在现实中，保险公司从事两项业务：承保风险和用保费进行投资。如果保险公司预期获得的投资收益是良好的，它们可以以较低的费率销售其保险产品，并寄希望于用投资收益补偿承保损失。这种操作被称为现金流承保（cash flow underwriting）。

从1980年到今天，每年的综合比率很少低于100%。保险公司的承保业务基本都是亏损的，主要依赖投资收益抵消承保损失。在投资资产收益率于2002年下降到2.2%之后，2003年收益率增加到8.3%，接下来四年的收益率处于5.2%到6.7%之间。随着承保利润增长带来的可投资资金的增加，2005年净投资收益为501亿美元，2006年为531亿美元，2007年为581亿美元。在接下来的四年中，净投资收益较低，2010年下降至499亿美元，2011年为514亿美元。[2] 近来的低利率环境使得保险公司在固定收益证券方面获得较好收益面临很大难度。

保险业中的并购

伴随着保险产品市场的变化，从事这一行业的企业也在发生变化。在金融服务业中，并购趋势一直在延续。**并购**（consolidation）意味着通过合并实现企业组织的融合。一些并购趋势改变了风险管理师面对的保险市场：

- 保险公司并购
- 保险经纪公司并购
- 跨行业并购

保险公司并购 在财产和责任保险行业的市场结构（大量的公司，金融资本的灵活性导致了相对较低的市场门槛以及较多的同质产品）中，保险公司的并购对风险管理师并没有太大的影响。但是风险管理师可能注意到了，由于公司之间的并购使得市场中的公司数量减少，并出现了更大型的独立的保险公司。两个成功案例分别是旅行者财产灾害保险公司和圣保罗集团公司2004年合并为圣保罗旅行者，以及2008年利宝相互保险集团对圣菲可公司的收购。2010年，发生了60起财产险公司并购，价值64.2亿美元。[3]

---

[1] Statistics reported in this paragraph were taken from various tables in Chapter 4 of the Insurance Information Institute's *The Insurance Fact Book* 2012, and various editions of A. M. Best Company's publication *Best's Aggregates & Averages—Property Casualty*. The most recent data are from 2012 *Best's Aggregates & Averages—Property/Casualty*, pages 80，81，and 368.

[2] Ibid.

[3] U. S. Insurance-Related Mergers and Acquisitions，2001—2010，Insurance Information Institute's，*The Insurance Fact Book* 2012，p. 21.

保险经纪公司并购　与保险公司之间的并购不同，保险经纪公司之间的并购会对风险管理师产生一定影响。**保险经纪公司**（insurance brokers）代表了保险购买者的利益。保险经纪公司为它们的客户提供一系列服务，包括向客户推荐保险公司。显然，风险管理师希望以最有利的财务条款获得保险保障和相关服务。风险管理师定期接洽一些保险代理人和保险经纪人以获得具有竞争力的保险保障竞标。由于并购，大型的全国性保险经纪公司的数量最近几年一直在减少。例如，在并购以前，风险管理师可以从塞奇威克集团公司（Sedgwick Group）、约翰逊与希金斯公司（Johnson & Higgins）、威达信公司（Marsh & McLennan）找到合适的保险保障报价。今天，这些过去的独立企业都成为了威达信集团的一部分。2008年，第三大经纪商威利斯集团（Willis Group）控股有限公司收购了第18位的经纪商席尔博·罗格尔 & 霍布斯公司（Hilb Rogal & Hobbs Company）。2010年，第二大经纪商怡安集团（Aon）收购了翰威特咨询公司（Hewitt Associates, Inc）。

跨行业并购　金融服务领域的并购并不仅限于保险公司或保险经纪公司之间。大萧条时期的立法对储蓄功能机构、风险承保机构和担保公司进行了严格界定。银行、保险公司和证券公司的区别在20世纪90年代开始变得模糊。美国国会正式通过了《1999年金融服务现代化法案》（Financial Services Modernization Act of 1999）（也被按照其发起人的姓名，命名为《格拉姆-利奇-布利利法案》（Gramm-Leach-Bliley Act）），从而扫清了跨行业并购的障碍。以下是几个成功案例：西北相互人寿保险公司对互助基金公司法兰克·拉塞尔的收购；州立农业保险公司和奥马哈相互公司联合发起银行业务；富国银行通过收购ACO经纪公司（阿科第尔的母公司）突然涉足保险经纪业务。

资本市场风险融资工具

保险公司和风险管理师越来越多地关注发挥资本市场的作用来应对风险。目前有两种资本市场风险融资协议，分别是风险证券化和保险期权。[①]

风险证券化　保险和风险管理的一个重要进展是风险证券化得到越来越多的应用。**风险证券化**（securitization of risk）是指通过金融工具的创造，将可保风险转移到资本市场，例如巨灾债券、期货合约、期权合约以及其他金融工具。风险证券化对保险市场的影响是，使保险公司和再保险公司的承保能力即刻得到提升。风险证券化不仅仅依赖于保险公司的承保能力，它还可以利用许多投资者的资本。

保险公司是尝试证券化最早的企业之一。USAA保险公司通过一个子公司于1997年发行了巨灾债券以应对巨灾性的飓风损失。**巨灾债券**（catastrophe bonds）是一种公司债券，如果发生巨灾性损失，就允许保险公司取消或延期既定赔付。USAA债券的条款规定，如果在特定时期飓风损失没有超过一定的水平，投资人就会得到本金和利息。但是，如果飓风索赔超过了触发点（trigger point），就会失去本金和利息。

图表4—3列出了发行巨灾债券的数量和在1997年到2011年间这些债券产生的风险资本规模。

保险期权　前文的图表4—1介绍了关于普通股的传统期权即看涨期权和看跌期权如何应

[①] 有关资本市场风险融资工具，例如风险证券化和保险期权的相关讨论，参见 *Risk Financing*, by Richard G. Berthelsen, Michael W. Elliot, and Connor M. Harrison, 4th ed. (2006), American Institute for CPCU—Insurance Institute of America.

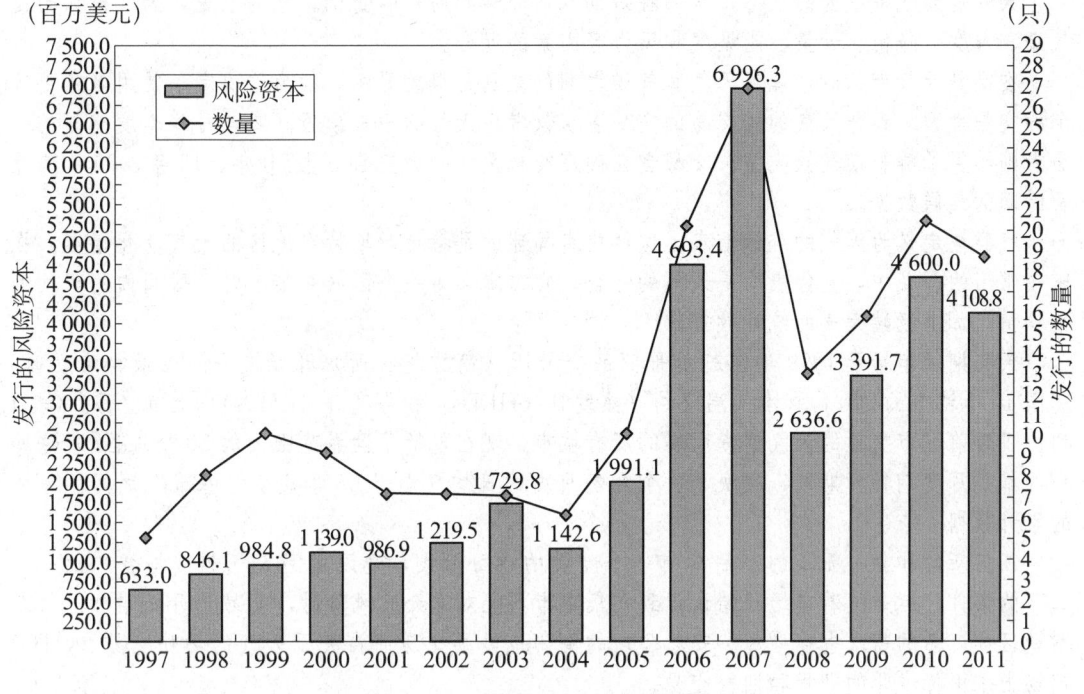

图表 4—3　巨灾债券：年交易数量和发行规模

注：所有金额单位均为百万美元。

资料来源：Adapted and updated from "Catastrophe Bond Update: First Quarter 2012," Guy Carpenter, May 2012. GC Securities Proprietary Data Base, March 31, 2012. Used with permission from Guy Carpenter & Company, LLC.

用于财务风险管理。另一类期权，保险期权也可以用于风险管理。保险期权是指从特定承保损失或从价值指数获取行权价的期权。许多企业的利润在很大程度上取决于天气因素，例如公共事业公司、农场、滑雪场，以及其他面临天气相关风险和不确定性的行业。越来越多的企业开始借助天气期权管理风险。天气期权在特定天气事件（例如，气温高于某一特定水平或者降雨低于某一水平）发生时进行兑付。要了解更多关于天气衍生品市场（主要以芝加哥商品交易所为基础）的情况，请参阅专栏4.1。①

专栏 4.1

芝加哥商品交易所集团的天气衍生品：简要历史

1897年8月24日，在《哈特福德日报》社论中，马克·吐温这样写道："每一个人都在谈论天气，但没有一个人去做点什么！"如果吐温先生能够长命百岁，那么他就会改变他的名言了。

这一著名语录问世后的102年中，人们基本没有什么机会就天气去做些什么，而只能谈谈罢了。这一基础商业驱动因素最终推动了载入史册的天气产品创新。该产品由芝加哥商品交易所（CME）集团提供。

天气和气候之间有什么不同？

---

① 参见 "Taming Mother Nature——How Weather Risk Management has Helped Offset the Elements," *Risk Management*, June 2009, pp. 33-36.

天气是大气每一天的状态，是一种短期（从分钟到周）的变化。总的来说，天气被认为是气温、湿度、降雨、云量、能见度和风力等因素的混合。

在交易天气产品时，理解天气和气候之间的差别是很重要的，因为这决定了使用者想要确定的交易类型。参与天气的周交易的交易者仅仅考虑天气的短期预报。参与月和季度交易的交易者则希望了解长期气候类型。交易者在确定交易头寸时会查看过去10年、15年、30年或更长时间的气候数据。

气候被定义为天气的统计信息，这些信息描述的是特定时期特定地区的天气变化情况。在比较常用的含义中，它代表的是天气的综合；官方定义为一个区域在某个时间区间内的天气的平均情况加上极端天气的统计数据。

天气期货市场于1999年在芝加哥商品交易所（简称芝交所）开始交易。在最初启动时，美国10个城市的200份标准气温合约（热度日（HDDs）和冷度日（CDDs））上市交易。（表1列出了目前上市交易的天气期货所属的所有城市，现在包括了世界范围内的50个地区。）这些合约都是月度期货和期权，反映了一个自然月内的日均气温与65华氏度"基准"之间的差额的累计数据。

任何新的和独一无二的产品都有一个陡峭的学习曲线，毫无疑问天气非常符合"独一无二"的条件。但是随着市场开始认识到在集中市场上对冲天气风险时，交易量开始增加，对新增地区和产品的需求也在增加。安然公司的倒闭也鼓励交易商在关于天气的场外交易（OTC）市场上采用标准化的期货和期权交易。

到2003年，芝交所集团天气市场除了包括最初的10个地区外，还吸引了美国其他5个地区的市场需求。此外，市场还引入了季节条形契约。这种契约允许市场参与者对冲天气季节变化风险，并且具有一定弹性，只要有最少2个月或最高7个月的连续月份，就可以将任意月份组合捆绑在一起交易。市场参与者还发现，单个自然月"条形"期权无法取得与完整的条形期权相同的对冲效果。下面这点具有参考价值：热的季节是从11月到3月，冷的季节是从5月到9月，还有不冷不热的月份是10月和4月。

还是在2003年，芝交所的天气产品开始走向世界，欧洲6个地区的月和季度热度日产品和累积平均气温合约（CAT）登陆芝交所。此外，2个环太平洋地区的产品也在排队上市。

芝交所天气产品的另一个里程碑式的事件发生在2005年，那一年它们引入了阿姆斯特丹的严寒合约。这种合约的开发是为了应对荷兰建筑工人合同条款。在那里，建筑工人会因为严寒而停止工作，也正因如此，荷兰的建筑公司面临着一种特殊形式的天气风险。芝交所场内交易产品的形成源自于以前年份中大量的场外交易。

市场参与者被吸引而来，对不同类型天气合约的需求也在不断增长。芝交所在2005年也基于美国降雪情况开启了第一笔降水合约。此外，越来越多的地方开始加入以温度为基础的产品交易，美国共有18个地区，欧洲有9个地区。在接下来的一年中，芝交所将其业务推广至加拿大，加拿大有6个地区参与了热度日、冷度日和累积平均气温合约（CAT）交易。冷度日合约也被纳入欧洲交易的范围，季度条形合约也被应用于美国降雪交易。

2007年创新依旧在继续，周平均气温合约在18个美国城市推出。这些合约的设计目的是捕捉一周的工作日内（周一到周五）的短期温度变化。

澳大利亚气温合约2008年加入芝交所产品大家庭，与此同时，美国和欧洲的更多地区也加入交易。尤其在2009年、2010年和2011年，更多的创新和新的参与者的加入都在发生，包括针对美国降雪量的双向合约，该合约在降雪量达到一定数值时提供固定金额的赔付，美国降雨合约在春季、夏季和秋季提供降水风险管理。新的创新型的天气产品仍然在不断研究中并与市场参与者们进行讨论。这些创新可参见表2。有些产品还处于热烈的讨论之中,包括太阳辐射、风和极端气温等。芝交所也在研究世界其他地方的尚未纳入现有产品体系的新地区。

天气市场仍然十分年轻,但是尽管最初的基本的热度日和冷度日合约仅仅出现在10年前,这些创新作为为天气变化提供财务保障的驱动因素,放在100年前,还只是停留在空谈的层面上。

表1	目前参与交易的城市	
24个美国城市	6个加拿大城市	3个澳大利亚城市
Atlanta	Calgary	Bankstown, Sydney
Chicago	Edmonton	Brisbane Aero
Cincinnati	Montreal	Melbourne Regional
New York	Toronto	
Dallas	Vancouver	
Philadelphia	Winnipeg	
Portland		
Tucson		
Des Moines		
Las Vegas		
Detroit		
Minneapolis	11个欧洲城市	3个日本城市
Houston	London	Tokyo
Sacramento	Paris	Osaka
Salt Lake City	Amsterdam	Hiroshima
Baltimore	Berlin	
Boston	Essen	
Colorado Springs	Stockholm	
Jacksonville	Barcelona	
Little Rock	Rome	
Los Angeles	Madrid	
Raleigh	Oslo-Blindern	
Durham	Prague	
Washington D. C		

表2	潜在天气风险的例子
经济部门	可对冲天气风险
能源	需求降低和/或超额
对冲基金	在波动的市场上赚取利润
农业	农业收成、收割、储存、害虫
海外	风暴的频率/力度
保险	赔案增加、保费降低
娱乐业	延期、观众减少

续前表

经济部门	可对冲天气风险
零售	对天气敏感的产品的需求减少
建筑业	延期，激励/约束条款
运输	超出预算，延期
制造业	需求降低，原材料成本上升
政府	超出预算

资料来源：Courtesy of CME Group；http://www.cmegroup.com/

损失预测

风险管理师也必须确认企业面临的风险，然后分析这些损失风险的潜在频率和严重程度。尽管损失的历史记录提供了很多有价值的信息，但是却无法保证未来的损失情况会遵循之前的规律。风险管理师在预测损失水平的时候可以运用一些技术作为辅助手段，包括：

- 概率分析
- 回归分析
- 基于损失分布的预测

概率分析

损失发生的可能性就是一个负面事件发生的概率。这种事件的概率（P）等于可能发生的事件的数量（X）除以风险单位数量（N）。如果一家货车公司有 500 辆货车，每年平均有 100 辆会遭受物理损毁，在给定的年份中，该公司货车损毁的概率就是：

$$P(物理损毁)=100/500=0.20 \text{ 或 } 20\%$$

有些事件发生的概率可以很简单地推算出来（例如，一枚均质的硬币"正面"或"反面"向上的概率）。其他一些事件的概率（例如，一位 50 岁的女性在活到 60 岁之前死亡的概率）可以从以前的损失数据中估计。

风险管理师也必须考虑所分析事件的特点。有些事件是**独立事件**（independent events），其发生并不影响另一事件的发生。例如，假设一家公司在路易斯安那和弗吉尼亚都拥有生产设备，路易斯安那的厂房发生火灾的概率是 5%，弗吉尼亚厂房发生火灾的概率是 4%。显然，这些事件中的任何一个的发生都不会影响另一个事件的发生。如果事件是独立的，它们同时发生的概率是各自概率的乘积。也就是说，两处生产设备同时因火灾损毁的概率是：

$$P(路易斯安那厂房火灾) \times P(弗吉尼亚厂房火灾) = P(两处厂房同时发生火灾)$$
$$= 0.04 \times 0.05 = 0.002 \text{ 或 } 0.2\%$$

其他事件可以被归入**相关事件**（dependent events）——一个事件的发生影响另一个事件的发生。如果两个建筑物相距很近，那么一个建筑物着火，另一个建筑物着火的概率就会增加。例如，假设每一座建筑物发生火灾的个体概率是 3%。如果第一座建筑物着火后，第二座建筑物着火的概率可能是 40%，那么两座建筑物都着火的概率是多少呢？这个概率是一个条件概率，等于第一座建筑物着火的概率乘以在第一座建筑物着火情况下第二座建筑物着火的概率：

P(一座建筑物着火)×P(如果第一座建筑物着火,第二座建筑物也会着火)
=P(两座建筑物都着火)=0.03×0.40=0.012 或 1.20%

事件也可能是相互排斥的。如果一个事件的发生排斥了另一事件的发生,那么这两个事件**相互排斥**(mutually exclusive)。例如,如果一栋房子被火灾烧毁,就不可能再被洪水冲毁。互斥事件的概率是可加的。如果一栋房屋被火灾损毁的概率是2%,被洪水损毁的概率是1%,那么这栋房屋被火灾或洪水损毁的概率是:

P(火灾损毁)+P(洪水损毁)=P(火灾或洪水损毁)=0.02+0.01=0.03 或 3%

如果独立事件不是相互排斥的,那么就可能有多个事件同时发生。当至少一个事件发生的时候,必须注意不要"重复计算"。例如,如果单独发生火灾的概率是4%,单独发生洪灾的概率是3%,那么至少一个事件发生的概率是:

P(单独火灾)+P(单独洪灾)−P(火灾和洪灾都发生)
=P(至少一个事件发生)=0.04+0.03−0.04×0.03
=0.068 8 或 6.88%

计算独立和相关事件的概率并对这些概率进行分析可以帮助风险管理师制定风险应对计划。

回归分析

回归分析是预测损失的另一种方法。**回归分析**(regression analysis)是一种研究两个或更多变量之间关系,然后利用发现的这种关系对一个变量进行预测的方法。假设一个变量(因变量)是一个或多个自变量的函数,其中不难看出风险管理师感兴趣的关系,即一个变量取决于另一个变量。以工人补偿保险为例。假设工人补偿保险索赔案件数量与代表就业的一些变量(例如,员工的数量、薪水、工作时间等)正相关是符合逻辑的。正如我们可以认为一队货车遭受物理损毁的索赔额随着车队规模的增加或每年行驶里程的增加而增加一样。

图表4—4的左边部分以千美元为单位列出了一家公司每年支付的薪酬以及当年相应的工人补偿保险索赔案件数量。图表4—4的右边部分绘出了索赔案件数量和薪酬的回归图。回归分析提供了最适合图表中各点的拟合曲线。① 这条线使得曲线外的点到该曲线的距离的方差之和最小。

我们假设的关系如下:

工人补偿保险索赔案件数量 $Y = B_0 + B_1 ×$ 薪酬

这里 B_0 是一个常数,B_1 是自变量的系数。

图表4—4底部给出了使用电子数据表(spreadsheet)软件得到的回归结果。决定系数(R^2)在0和1之间,它反映了模型的拟合度。R^2值接近1表明模型能够很好地预测 Y 的值。通过将下一年的预测薪酬(以千美元为单位)代入模型,风险管理师估计下一年会有509件工人补偿保险索赔案件。

基于损失分布的预测

风险管理师可以使用的另一个有用的工具是基于损失分布的损失预测。**损失分布**(loss

---

① 这条曲线很好地描述了这些数据,最小化了从曲线外的点到该曲线的距离的方差的和。统计学和计量经济学教材对回归分析提供了更为详细的讨论。

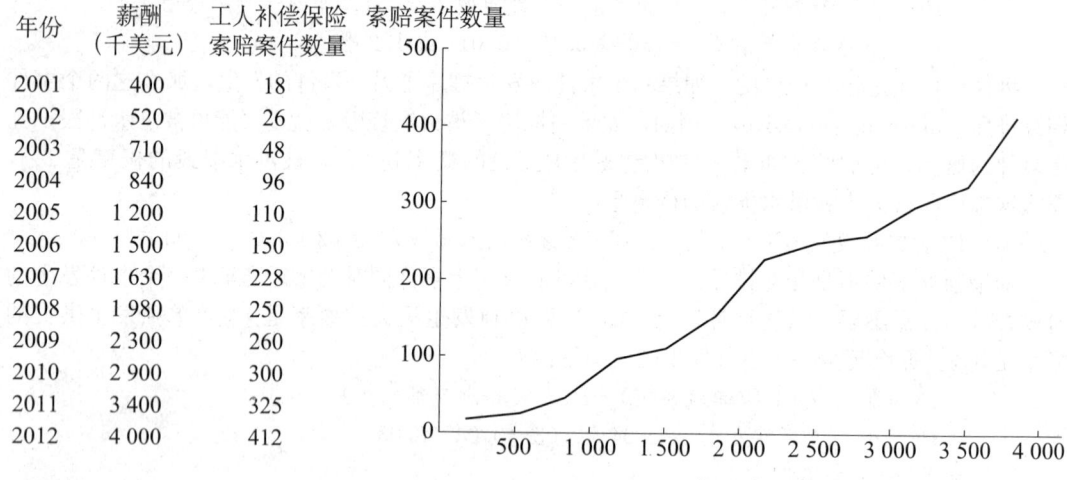

年份	薪酬（千美元）	工人补偿保险索赔案件数量
2001	400	18
2002	520	26
2003	710	48
2004	840	96
2005	1 200	110
2006	1 500	150
2007	1 630	228
2008	1 980	250
2009	2 300	260
2010	2 900	300
2011	3 400	325
2012	4 000	412

回归结果：$Y=-6.141\,3+0.107\,4X$，$R^2=0.951\,9$
如果薪酬为480万美元，下一年度预期索赔案件数量：
$Y=-6.141\,3+(0.107\,4\times 4\,800)$
$Y=509.38$

图表 4—4　薪酬与工人补偿索赔案件数量之间的关系

distribution）是可能发生的损失的概率分布。如果损失趋势符合特定的分布并且样本数量足够大，那么利用损失分布进行预测将非常有效。掌握了损失分布的参变量（例如，均值、标准差、事件发生的频率），风险管理师就能够估计事件的数量、严重程度和置信区间。根据损失类型的不同，有很多损失分布供选择。本章开始曾经提到，关于本章的问题集可在培生公司网站（pearsonhighered.com/rejda）查阅。该问题集的第一部分讨论了基于正态分布——一种广泛使用的分布——的损失预测。

风险管理决策中的财务分析

风险管理必须做出一系列重要的决策，包括确定是自留风险还是转移风险，确定哪家公司的保险最好，以及是否在损失控制项目上投资。风险管理师的决策建立在经济学的基本方法上——考量一项活动的成本和收益，看该项活动对于公司和股东是否有利可图。在风险管理决策制定过程中可以辅之以财务分析。在做出包括不同时期现金流的决策时，风险管理师必须运用货币的时间价值分析。

货币的时间价值

由于风险管理决策可能包括不同时期的现金流，所以必须考虑货币的时间价值。**货币的时间价值**（time value of money）是指，在计算不同时期的现金流时，必须考虑货币赚取利息的能力。今天收到的1美元比一年后得到的1美元具有更高的价值，因为今天的1美元可以立刻进行投资用于赚取利息。所以，在衡量不同时期的现金流时，调整其价值来反映未来的利息收入就很重要。

本书将不再对货币的时间价值进行更多的讨论。① 相反，我们的讨论仅限于单期现金流。

假设你今天开立了一个银行账户并存入 100 美元。账户今天的价值（现值）是 100 美元。进一步假设银行为你的账户支付 4% 的利息，每年按复利计算，1 年后账户余额是多少？到那个时候，你除了最初的 100 美元，还将拥有 100 美元的 4%，即 4 美元的利息：

100 美元 + 100 美元 × 0.04 = 104 美元

提取公因数，你将得到

100 美元 × (1+0.04) = 104 美元

所以，如果你将初始金额（现值 PV）乘以 1 加上利率（i）的和，就得到 1 年后你将得到的货币金额（终值 FV）：

$$PV \times (1+i) = FV$$

如果你想知道 2 年后的账户余额，只需要简单地将第一年末的金额乘以 1 加上利率的和。按照这一方法，你将得到计算当前现金价值的终值的一个简单公式：

$$PV(1+i)^n = FV$$

这里 "n" 是时期的数量。

第二年，你不仅能够赚取最初存款的利息，而且也将赚取第一年赚取的 4 美元所带来的利息。因为你正在用利息赚取利息（复利），从现值计算出终值的方法被称为复合。

复合也可以反过来使用。假设你知道未来现金流的价值，但是你想知道调整了货币的时间价值之后，这一现金流今天的价值，那么，用 $(1+i)^n$ 除以复合公式两边将得到：

$$PV = FV/(1+i)^n$$

那么，如果你想知道未来现金流的现值，可以用未来现金流的价值除以 1 加利率的和，并增加时期的数量。这种终值折算为现值的方法被称为**折现**（discounting）。

财务分析的运用

在许多情况下，货币的时间价值将用于风险管理决策的制定。我们这里讨论两个应用：
- 分析保险单的报价
- 风险控制投资决策

分析保险单的报价　假设一位风险管理师将为一栋房屋购买财产保险。她分析了两种保险保单的报价。这些报价来自于两家相互竞争的保险公司，而且保障范围相同，只有保费和免赔额不同。保险公司 A 的产品的年保费为 90 000 美元，每笔索赔的免赔额为 5 000 美元。保险公司 B 的产品的年保费为 35 000 美元，每笔索赔的免赔额为 10 000 美元。风险管理师想知道，用多出来的 55 000 美元保费来换取更低的免赔额是否值得。利用前面所提到的一些损失预测方法，风险管理师得到了下面的结果：

预期损失次数	预期损失规模
12	5 000 美元
6	10 000 美元
2	超过 10 000 美元
n=20	

---

① 金融学入门教材更为详细地讨论了货币的时间价值。这里对货币的时间价值的计算也使用了金融领域的专业计算器。由于货币的时间价值函数的预置程序，这种计算器简化了财务测算过程。

从预期的索赔案件数量和这些案件的金额来看，她应当选择哪种报价的保险呢？为简便起见，假设保费在年初支付，损失和免赔额在年末支付，适用的利率（折现率）为5%。

根据保险公司 A 的报价，风险管理师一年中预期现金流出将为免赔额为 5 000 美元的 20 次损失（每次损失额不低于 5 000 美元），总免赔额为 100 000 美元。这些支付的现值为

$$PV=\frac{100\ 000}{(1+0.05)^1}=95\ 238(美元)$$

预期支付总额的现值（年初 90 000 美元的保费加上免赔额的现值）为 185 238 美元。

根据保险公司 B 的报价，风险管理师年末的免赔额预期现金流出为

$$5\ 000×12+10\ 000×6+10\ 000×2=140\ 000(美元)$$

这些免赔额的现值是

$$PV=\frac{14\ 000}{(1+0.05)^1}=133\ 333(美元)$$

预期支付总额的现值（年初的 35 000 美元保费加上免赔额的现值）是 168 333 美元。因为计算出的现值就是现金流出的现值，风险管理师应当选择 B 公司的报价，因为其报价的现金流出的现值最小。

风险控制投资决策 风险控制投资的目的是为了降低损失的频率和损失的严重程度。这种投资可以运用货币的时间价值，从资本预算的角度进行分析。**资本预算**（capital budgeting）是用于确定公司应当采取哪种资本投资项目的方法。只有那些能够使公司在财务方面受益的项目才会被接受。如果没有足够的资本执行所有可以接受的项目，那么资本预算可以帮助风险管理师确定最优的项目组合。

有很多资本预算方法可以使用。[①] 应当采用考虑了货币的时间价值的方法，例如净现值法、内部收益率法。一个项目的**净现值**（net present value，NPV）是未来现金流的现值之和减去项目成本。[②] 一个项目的内部收益率（internal rate of return，IRR）是指投资于该项目所带来的平均年收益率。通过增加收入，降低支出可以创造现金流。为了计算内部收益率，现金流必须按照考虑了公司资本供给者要求的回报率和项目风险的利率进行折现。正净现值代表了企业价值的增加；如果进行了投资，负净现值将会减少企业价值。

例如，一家拥有加油站业务的石油公司的风险管理师可能会注意到营业场所的责任索赔日益严重。顾客们声称他们在加油站内受伤（例如，在汽油泵附近或者在加油站内滑倒受伤），他们因此而起诉石油公司。风险管理师决定在几个"有问题"的加油站安装录像监控系统，每套系统价值 85 000 美元。该风险管理师希望每一套监控系统在三年内，每年能够带来 40 000 美元的税后净现金流。按照适用利率（我们假设为 8%）对三年中每年 40 000 美元的现值进行折现得到 103 084 美元，那么这个项目的净现值（NPV）就是

$$NPV=未来现金流的\ PV-项目成本$$
$$=103\ 084-85\ 000=18\ 084(美元)$$

由于项目的净现值为正，所以这项投资是可以接受的。

该项目的内部收益率可以确定并与公司要求的投资收益率进行比较。内部收益率是令净现值为零时的利率。换句话说，当运用内部收益率法将未来现金流折现为零期的现值时，折现的

[①] 这里讨论净现值和内部收益率。其他方法还有回收期法、贴现回收期法和会计收益率法。许多人都使用净现值法，因为它考虑了货币的时间价值，使用了适当的现金流贴现方法，并给出了容易说明的以美元为单位的答案。

[②] 有关的现金流测度方法要能够体现出收入增加和支出下降。贬值问题没有单独进行讨论，因为它是一种非现金支出。但是在考虑纳税问题时，就要考虑贬值问题。

现金流之和是项目的成本。对于这个项目，内部收益率是 19.44%。由于 19.44%大于要求的收益率（8%），所以该项目是可以接受的。

尽管项目的成本通常可以在一定程度上确切地知道，但是未来现金流仅仅是对投资该项目可能获得的收益的估计。这些收益可能以收入的增加、支出的降低，或者两者的组合形式出现。虽然与项目有关的一些收入和支出很容易量化，但是其他变量——例如雇员的道德水平、痛苦的减少程度、公众对公司的认知和雇用新工人替代受伤的经验丰富的工人时所损失的生产力——则难以衡量。

其他风险管理工具

如果没有对其他风险管理工具的简要讨论，我们对风险管理前沿问题的讨论是不完整的。这里我们仍将讨论分为 5 个部分：
- 风险管理信息系统（RMIS）
- 风险管理内联网
- 风险图
- 风险价值分析
- 巨灾模型化

风险管理信息系统

风险管理师重点关注的一个问题是可以获得准确的风险管理数据。**风险管理信息系统**（risk management information system，RMIS）是一个计算机化的数据库，该数据库允许风险管理师储存并分析风险管理数据，以及使用这些数据预测和尝试控制未来损失水平。风险管理信息系统在决策制定方面对风险管理有很大帮助。这种系统由一些零售商推向市场，或者可能由企业内部自行开发。[1]

风险管理信息系统有多种用途。在财产风险方面，数据库可以记录公司财产名录和这些财产的特点（构造、占有情况、保护情况和面临的风险）、财产保险保单、保单条款、损失记录、货车队日志（包括购买日期、索赔历史记录和维修记录）以及其他数据。在责任风险领域，数据库记录了索赔案名录、每起索赔的状态（未决、报审、诉讼、宣判或结案）、既往索赔、风险基础（薪酬、货车数量、雇员数量及诸如此类的指标）以及责任保险保单和保单条款。

雇员数量较多的企业常常会发现，风险管理信息系统在跟踪了解雇员，特别是工人补偿保险方面会发挥很好的辅助作用。例如，一家在不同国家拥有生产设备的企业可能会对工人补偿计划实施自保，但它会雇用第三方管理该计划。除了处理索赔案，第三方管理者可能还要向公司提供详细的索赔记录，而这将成为数据库的一部分。运用这些数据，风险管理师可以进行一系列的分析，例如区分地区、区分受伤类型或身体部位（例如，割伤或背部低位受伤）、区分工作类型、区分雇员身份证号码，考察伤亡的数量。这种分析可能表明，例如，西南地区的伤亡率较高，或者少数雇员的索赔数量过高。反过来，风险管理师可以用这些结果来测度风险控

---

[1] 国际风险管理协会的 *RMIS Review* 提供了可供比较的供应商信息以及选择风险管理信息系统的过程。

制投资的效益以及追加风险控制投入的数量。精确的工人补偿记录也很重要，如果企业决定购买商业保险，那么公司过往的投保情况必须记录在案，这样才能获得保险公司较低的保费。

风险管理内联网

一些风险管理部门已经建立了它们自己的网站，包括回答常见问题和一些其他信息。此外，有些企业已经将传统的风险管理网站延伸至风险管理内联网。**内联网**（intranet）是一个为受限制的内部访问者设计的具有搜索能力的网站。例如，每年都要组织很多贸易展览会的软件公司可能需要使用风险管理内联网，以使公司内部有关当事人获取信息。通过内联网，雇员可以获得需要遵循的工作程序列表（由风险管理部门制定）以及在事务被处理之前必须签字和归档的一系列文件（例如，确保无损害协议）。

风险图

一些企业已经开发或正在开发复杂的"风险图"。**风险图**（risk map）是详细描述机构面临的风险的潜在频率和严重程度的网格图。制作这些图需要风险管理师在将风险绘制到图上之前，认真分析每一个风险。从简单地图示风险到运用模拟分析来估计可能出现的损失状况，风险图都能够发挥作用。除了财产、责任和人身风险之外，"企业风险"之下的财务风险和其他风险也包括在风险图之中。[①]

风险价值（VAR）分析

财务风险管理领域常用的一种风险评估技术是风险价值分析。**风险价值**（value at risk，VAR）是在特定时期内，正常市场条件下，一定置信区间内的最大可能损失。风险价值分析经常应用于资产组合，例如互助基金或养老基金，类似于前文讨论过的传统财产和责任风险管理中的"最大预期损失"概念。[②] 例如，互助基金可能具有风险价值的特征：在任何一个交易日，资产组合价值下降 50 000 美元的概率为 5%。在这个案例中，最大可能损失是 50 000 美元，时间是一个交易日，置信水平为 95%。基于风险价值估计，根据风险容忍度的不同，风险水平可能增加或降低。风险价值也可以用于考察保险公司破产的风险。风险价值可以通过一些方法予以确定，包括使用历史数据和运用计算机模拟。随着风险价值在财务风险管理中的运用，越来越多的企业正在更广泛的风险管理领域内考虑财务风险。

巨灾模型化

美国 2005 年发生了创纪录的巨灾损失。投保的巨灾损失估计达到了 623 亿美元（按照

[①] 更多有关风险图的内容参见 "Where do you go from risk mapping?" Strategy@Risk.com/October 19, 2010.

[②] 风险价值分析被很多人讨论过，最有代表性的讨论可参见 Chapter 2 of *Making Enterprise Risk Management Pay Off*, Thomas L. Barton, William G. Shenkir, and Paul L. Walker, Prentice Hall, 2002; and "Value at Risk (VAR): The New Benchmark for Managing Market Risk," Giuseppe Tardivo, *Journal of Financial Management and Analysis*, January 2002, pp. 16-26. 一些有关风险价值决定因素的讨论参见 Chapters 6 and 7 of *Plight of the Fortune Tellers—Why We Need to Manage Financial Risk Differently* by Riccardo Rebonato, 2007.

2010 年价值计算为 689 亿美元）。[①] 这些损失中很大的部分是由于卡特里娜飓风和当年发生的其他飓风引起的。巨灾损失可能会由地震、恐怖袭击、飓风和其他风暴等引起。2011 年，密苏里州乔普林市因为龙卷风造成的承保损失预期达到 28 亿美元，使得这次龙卷风成为 1950 年以来代价最为高昂的龙卷风。[②] 巨灾损失发生的可能性和这种损失对保险公司和其他企业的损失使人们关注巨灾模型化。

这些损失以及 2004 年末印度洋地震所引发的大海啸使更多的人注意到了巨灾和巨灾损失。

巨灾模型化（catastrophe modeling）是使用计算机对巨灾事件损失进行估计的辅助计算方法。输入的变量包括地震数据、气象数据、历史损失和损失价值（例如建筑、人数和商业收入等）。计算机分析的输出值是巨灾事件（例如 5 级飓风或里氏 7.8 级地震）导致的可能结果。

保险公司、经纪公司、评级机构和面临巨灾损失的大型公司可以采用巨灾模型评估巨灾损失。一些面临东海岸或墨西哥湾的飓风风险或加利福尼亚地震风险的保险公司可能运用巨灾模型计算巨灾可能带来的总损失。作为向其客户提供的一项服务，保险经纪公司可能提供巨灾模型化服务。评估保险公司财务波动的企业，例如贝斯特公司（A. M. Best），使用巨灾模型确定损失风险的潜在规模和准备金的充足性。一些私人公司也在它们的风险管理计划中应用巨灾模型。

大量企业提供巨灾模型化服务，包括风险管理方案公司（risk management solutions，RMS）、应用保险资源公司（applied insurance resources，AIR，保险服务处的附属机构）、EQECAT 公司（ABSG 集团的附属机构），以及影响预测公司（Impact Forecasting，美国怡安集团的子公司）。除了飓风和地震带来的巨灾损失，RMS 还提供恐怖主义损失和传染病损失的模型化服务。

案例应用

GWS 是在美国西部运营的一家铁路公司。胡安妮塔·萨拉泽是 GWS 公司的风险管理师。在公司首席执行官的指导下，她将探索最经济的方法处理公司的风险。首席执行官强调，胡安妮塔不仅要考虑纯粹风险，也要考虑财务风险。胡安妮塔发现，企业面临的一个重大财务风险是商品价格风险——机车燃油价格大幅上升的风险。公司发布的收入和支出表明，过去一年的支出中有 28% 的支出与燃油价格有关。

胡安妮塔还被要求核算在总部大楼上安装新的灭火喷洒系统是否合适，该项目的成本为 40 000 美元。她估计三年中该项目每年能够带来税后净现金流 25 000 美元，第一笔现金将在该项目投资一年后收回。

GWS 正在考虑将其铁路线延伸到科罗拉多、新墨西哥、得克萨斯和俄克拉何马等州。公司担心可能发生的列车出轨事件的数量。胡安妮塔将"GWS 机车运行里程（千公里）"作为自变量，"出轨次数"作为因变量进行了回归分析。回归分析的结果为

$$Y = 2.31 + 0.22X$$

随着企业成长，GWS 的列车预计明年将行驶 640 000 公里。

a. 关于燃油价格风险：
(1) 讨论胡安妮塔怎样利用期货合约对冲价格风险。

[①] "Insured Losses, U. S. Catastrophes, 2001—2010," *The Insurance Fact Book* 2012, Insurance Information Institute: New York: Insurance Information Institute (iii. org), p. 128.

[②] "Records: Joplin Twister was Costliest Since 1950," *Advisen FPN*, May 19, 2012.

(2) 讨论如何采用双重启动选择权和综合风险管理计划。

b. 假设GWS的投资者要求的回报率为10%，那么灭火喷洒系统项目的净现值是多少？

c. 假设回归分析的结果是可靠的，并且GWS继续执行扩张计划，胡安妮塔预测下一年将会发生多少次列车出轨事件？（提示：在考虑自变量时要注意规模要素。）

本章小结

● 财务风险管理是指确认、分析和应对投机性财务风险。这类风险包括商品价格风险、利率风险和汇率风险。

● 整合风险计划是一种风险管理技术，在同一份合同中覆盖了纯粹风险和投机风险。

● 企业风险管理是一项综合风险管理计划，解决企业的纯粹风险、投机风险、战略风险和经营风险。

● 在企业风险管理计划中新出现的两种重要风险是恐怖主义风险和气候变化风险。

● 财产和责任保险行业的核保严格程度、保费水平和盈利能力的周期模式被称为核保周期。"严峻的"保险市场具有严格的核保标准和较高保费。"宽松的"保险市场中核保标准宽松、保费较低。

● 有两个影响财产和责任保险公司定价和承保决策的重要因素，分别是保险行业的承保能力和投资收益。

● 保险行业正在经历着并购浪潮，包括保险公司之间的并购、保险经纪公司之间的并购和跨行业并购。

● 保险公司、再保险公司和其他类型的公司正在运用资本市场风险融资工具。这些工具包括通过发行巨灾债券和保险期权进行风险证券化。

● 风险管理师运用了一些技术来预测损失。这些技术包括概率分析、回归分析和基于损失分布的预测。

● 在分析事件的时候，必须考虑事件的性质。事件可能是独立的、相关的，或者相互排斥的。

● 回归分析是找出两个或更多变量之间的联系，并利用这些联系进行预测的一种方法。

● 在分析不同时期的现金流时，必须考虑货币的时间价值。

● 将现值转化为终值的方法称为复合；确定未来现金的当前价值的方法被称为折现。

● 风险管理师可以在很多情况下应用货币的时间价值分析，包括保险保单报价分析和风险控制投资分析。

● 风险管理信息系统是一个计算机化的数据库，该数据库允许风险管理师储存并分析风险管理数据，以及使用这些数据预测未来损失。

● 风险管理师在他们的风险管理计划中会使用、风险管理内联网、风险图、风险价值分析以及巨灾模型化等工具。

重要概念和术语

承保能力	并购	保险经纪人
资本预算	汇率风险	保险期权
巨灾债券	相关事件	整合风险计划
巨灾模型化	折现	利率风险
首席风险官（CRO）	双重启动选择权	内部收益率（IRR）
碰撞损失	企业风险管理	风险管理内联网
综合比率	财务风险管理	损失分布
商品价格风险	"严峻的"保险市场	互斥事件
复合	独立事件	净现值（NPV）

回归分析　　　　　　　　　"宽松的"保险市场　　　　　核保周期
风险管理信息系统（RMIS）　盈余　　　　　　　　　　　风险价值（VAR）分析
风险图　　　　　　　　　　货币的时间价值　　　　　　气候期权
风险证券化

复习题

1. 指出风险管理师可能考虑的三个投机性金融风险的名称。
2. 企业风险管理和传统风险管理有哪些不同？
3. 什么是核保周期？"严峻的"和"宽松的"保险市场之间的差异是什么？
4. 保险业中的并购意味着什么？
5. 风险证券化如何提高财产和责任保险行业的承保能力？
6. a. 为什么在做出关于是保留还是转移风险的决策时，必须进行损失预测？
b. 风险管理师用于预测未来损失的技术有哪些？
7. 简单用过去的损失计算未来损失会有怎样的危险？
8. 为什么要在风险管理决策制定过程中要运用货币的时间价值分析？
9. 当分析风险控制项目投资时，哪些变量难以量化？
10. a. 什么是风险管理信息系统（RMIS）？
b. 什么是风险管理内联网？

应用题

1. 整合风险管理计划对于许多风险管理师和提供此类计划的保险公司而言都是新事物。除了对财产和责任保险的了解之外，保险公司为了提供综合保险管理产品还必须具备什么专业技术？
2. 风险管理师为财产风险进行一年的自保。接下来的一年，即使没有发生损失，风险管理师也必须购买财产保险来解决风险问题。在没有损失的情况下，风险处理方式上的这种变化的最好解释是什么？
3. 为什么保险经纪公司之间的并购对公司风险管理师的影响超过了财产和责任保险公司并购带来的影响？
4. a. 制定风险管理决策时，如果忽视货币的时间价值将会有什么影响？
b. 风险控制投资的净现值对企业的所有者究竟代表了什么？
5. 在"严峻的"保险市场中，一家制造公司决定对工人补偿损失风险采用自保的方法，该公司雇用了第三方来管理工人补偿保险。即使风险进行了自保，风险管理师仍然坚持第三方管理者认真保留记录。当被问到为什么必须要有这么详细的记录时，风险管理师说："为了明年给保险公司更好地讲故事。"风险管理师的真正意思是什么？

网络资源

● 国际风险管理协会（IRMI）致力于成为为风险管理、保险和法律行业提供专业化建议和实战策略的权威。国际风险管理协会有一个大型在线图书馆，提供了关于财产险和风险管理的大量信息。网站地址为 irmi.com

● 非营利风险管理中心（Nonprofit Risk Management Center）为非营利组织提供援助和服务。该组织出版报纸、普及性读物以及与风险管理和保险有关的常见问题的简明信息。组织和提供咨询服务和风险审计。网站地址为 nonprofitrisk. org

● 公共风险管理协会（Public Risk Management Association）代表了州和地方政府单位的风险管理师。该组织为公共部门的风险管理师提供实务训练和教育；出版一本杂志、一份时事通讯以及详尽的专题出版物；提供最新的联邦监管制度和法规。网址为：primacentral. org

● 风险管理协会（Risk Management Society, RIMS）是为美国风险管理师和保险的企业购买者服务的最为专业的协会。该协会为讨论一般风险管理问题、损失预防支持召开论坛。风险管理协会在大型城市都开设了分会，并出版《风险管理杂志》。网址为：rims. org

● 美国自保协会（Self-Insurance Institute of America）是促进为损失融资的自保业发展的全国性协会。该组织出版自保方面的专业论文，召开教育会议，在联邦和州的层次上促进自保的立法和监管。网址为 siia. org

● 产险精算师协会（Casualty Actuarial Society, CAS）促进了精算技术在财产、意外和类似责任损失方面的应用。登录网站可以了解更多关于产险精算师协会的情况、研究成果和出版物。网址为 casact. org

● 保险信息协会（Insurance Information Institute, III）是一个非常好的信息来源。保险信息协会提供了大量关于财产和责任保险业的信息以及即时报告。保险信息协会还提供金融服务行业的信息。网址为：iii. org

● 有两个行业教育组织提供风险管理的专业计划设计。美国财产保险核保师资格认证协会（American Institute for CPCU）颁发"风险管理师"证书。美国保险和教育联盟（National Alliance for Insurance Education and Research）颁发"风险管理师（CRM）"证书。它们的网站提供这些职业资格证书的信息。网址为 aicpcu. org 和 scic. com

参考文献

Berthelsen, Richard G. , Michael W. Elliot, and Connor M. Harrison, *Risk Financing*, 4th ed. (American Institute for CPCU—Insurance Institute of America, 2006).

"The Bigger Picture—Enterprise Risk Management in Financial Services Organizations," a report from *The economist* Intelligence Unit, September 2008.

"Excellence in Risk Management IX—Bridging the Gap: Be Visible, Be Valuable, Be Strategic," Marsh and The Risk Management Society, 2012.

Harrington, Scott E. , and Gregory R. Niehaus, *Risk Management and Insurance*, 2nd ed. McGraw Hill/Irwin, 2004.

Kunreuther, Howard C. and Erwann O. Michel-Kerjan, *At War with the Weather—Managing Large-Scale Risks in a New Era of Catastrophes*, MIT Press, 2009.

Ross, Stephen A. , Randolph W. Westerfield, and Bradford Jordan, *Fundamentals of Corporate Finance*, 9th ed. McGraw-Hill/Irwin 2010.

"Spotlight on ERM," *Risk Management* magazine, 2007. This issue includes nine articles on enterprise risk management.

"2011 RIMS Benchmark Survey," Risk and Insurance Management Society, 2011.

Woodhouse, Antony, and Amber Mills, "Sea Change vs. Hot Air: What You Need to Know about Climate Change," *Risk Management*, March 2009, pp. 32 – 36.

第二部分
商业保险行业

第 5 章

保险公司和营销体制的类型

"保险公司正在越来越多地运用多渠道来销售它们的产品。"

——保险信息协会

学习目标

学习完本章，你应当能够：

- 说明商业保险公司的主要类型，包括：
  股份保险公司、相互保险公司
  交换保险公司、伦敦劳合社
  蓝十字和蓝盾计划、保健组织
- 解释为什么一些寿险公司要进行非互助化或组建控股公司。
- 列举寿险的主要销售体制。
- 描述财产和意外保险中的主要销售体制，包括：
  独立代理人制度、专属代理人制度
  直接承保人、直销制度
  混合销售制度

克里斯汀今年32岁，去世的丈夫给她留下两个儿子，分别是3岁和1岁。她的丈夫最近死于胰腺癌，但是其寿险保险金的数额不足以支付丧葬费用和其他不在保险保障范围内的医疗费用。在评估了自己的状况后，克里斯汀认为她应该再购买一些人寿保险。一个朋友建议她从相互保险公司购买人寿保险，因为保单持有人可以获得分红。克里斯汀并不知道相互保险公司是什么以及相互保险公司与其他保险公司有什么不同。其实并不是她一个人感到迷惑。许多消费者并不知道各种保险公司之间的区别。

今天有大量的人寿和健康以及财产和意外保险公司在美国开展业务。作为金融服务业的一部分，商业保险公司对美国经济有着深远的影响。商业保险公司销售金融和保险产品，帮助个人、家庭和企业获得较高水平的保障和经济安全。保险行业为人们提供了大量的工作机会，也是企业的一个重要的资本来源。赔偿损失是保险公司最重要的功能之一，被保险人可以完全或部分地恢复其之前的财务状况，从而保障其经济安全。

本章将讨论商业保险公司在金融业中的地位。讨论的内容包括金融服务业中的商业保险概况，商业保险公司的主要类型，销售保险的主要营销方法，以及代理人和经纪人在销售过程中的角色。

金融服务业中的商业保险概况

金融服务业由向公众提供金融产品和服务的大量金融机构构成。金融机构包括商业银行、储蓄和贷款机构、信贷机构、人寿和健康保险公司、财产和意外保险公司、共同基金、证券经纪人和交易商、私人和州养老基金、各种政府相关金融机构、财务公司和其他金融企业。

有很多方法可以测度商业保险在金融服务业中的重要性。一个常用的方法是计算每一个金融部门持有的资产占行业总资产的百分比。图表5—1显示了不同金融机构2010年年底持有的资产数量。金融服务业的总资产共计60.8万亿美元。银行持有总资产的27%，证券业占总资产的21%；保险业持有总资产的11%。不过，这一数字在某种程度上对于认识保险业在金融行业中的重要性具有误导性，并且被低估，因为商业保险还持有大量私人养老基金资产（在图表5—1中单独列出）。

金融服务业正经历着快速的变迁。在这一过程中有两种趋势非常明显——合并和金融产品与服务的集中化。合并意味着，随着时间的变化，金融服务业中的公司数量由于兼并而在不断减少。由于竞争，商业银行、证券交易商和经纪公司、人寿和健康保险公司、财产和意外保险公司的数量随着时间大幅度减少。

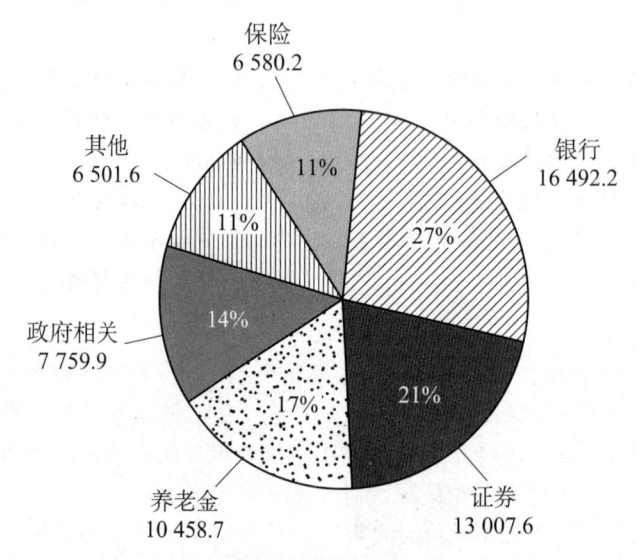

图表5—1 2010年金融服务部门资产分布情况（单位：十亿美元）

保险 6 580.2 — 11%
银行 16 492.2 — 27%
证券 13 007.6 — 21%
养老金 10 458.7 — 17%
政府相关 7 759.9 — 14%
其他 6 501.6 — 11%

注：数据来自the Board of Governors of the Federal Reserve System.
资料来源：Insurance Information Institute, *Financial Services Fact Book*, 2012, p. v.

混业（convergence）意味着金融机构现在可以销售以前不属于其核心业务领域的金融产品。由于《1999年金融服务现代化法案》，金融机构（包括保险公司）现在可以参与除核心业务之外的其他金融市场的竞争。例如，许多人寿保险公司通过银行销售大量的人寿保险和年金。一些保险公司经过在储蓄机构监理局（Office of Thrift Supervision，OTS）注册建立了银行和储蓄机构。其他保险公司也建立了金融控股公司，使它们能够开展银行业务。

商业保险公司的类型

现在在美国有很多商业保险公司。2010年有1 061家人寿和健康保险公司在美国开展业务。[①] 这些保险公司销售各种人寿和健康保险产品、年金、共同基金、养老金计划以及相关金融产品。图表5—2根据2010年收入和资产情况排名，列出了美国前17位的人寿和健康保险集团公司。

图表5—2　　2010年收入最高的美国人寿和健康保险集团公司*　　单位：百万美元

排名	集团	收入	资产
1	MetLife	52 717	730 906
2	Prudential Financial	38 414	539 854
3	New York Life Insurance	34 947	199 646
4	TIAA-CREF	32 225	417 332
5	Massachusetts Mutual Life Insurance	25 647	188 449
6	Northwestern Mutual	23 384	180 038
7	Aflac	20 732	101 039
8	Lincoln National	10 411	193 824
9	Unum Group	10 193	57 308
10	Genworth Financial	10 089	112 395
11	Guardian Life Insurance Co. of America	10 051	46 122
12	Principal Financial	9 159	145 631
13	Reinsurance Group of America	8 262	29 082
14	Thrivent Financial for Lutherans	7 471	62 760
15	Mutual of Omaha Insurance	5 724	24 986
16	Pacific Life	5 603	115 992
17	Western & Southern Financial Group	4 921	36 465

* 保险公司的收入包括保费和年金收益、投资收入和资本得利或损失，但是存款不包含在内。该统计建立在财富500强的公司和分类的基础之上。即使一家公司的业务范围涵盖多个行业也仅被分入其中一类。

资料来源：Fortune；Insurance Information Institute，*Financial Services Fact Book*，2012，p. 105.

2010年，有2 689家财产和意外保险公司在美国开展业务。[②] 这些保险公司销售财产和意外保险以及相关产品，包括内陆水运保险、诚实保险和履约保证保险。图表5—3显示了2010年根据收入和资产排名的美国前19位的财产和意外保险公司。

[①] Insurance Information Institute，*The Insurance Fact Book* 2012，(New York：Insurance Information Institute，2012)，p. v.

[②] Ibid.

图表 5—3　　　　2010 年收入最高的美国财产和意外保险公司　　　　单位：百万美元

排名	集团	收入	资产
1	Berkshire Hathaway	136 185	372 229
2	American International Group	104 417	683 443
3	State Farm Insurance Cos.	63 177	192 794
4	Liberty Mutual Insurance Group	33 193	112 350
5	Allstate	31 400	130 874
6	Travelers Cos.	25 112	105 181
7	Hartford Financial Services	22 383	318 346
8	Nationwide	20 265	148 702
9	United Services Automobile Association（USAA）	17 946	94 262
10	Progressive	14 963	21 150
11	Lowes（CNA）	14 621	76 277
12	Chubb	13 319	50 249
13	Assurant	8 528	26 397
14	American Family Insurance Group	6 492	16 788
15	Fidelity National Financial	5 740	7 888
16	Auto-Owners Insurance	5 396	15 316
17	Erie Insurance Group	4 890	14 344
18	W. R. Berkley	4 724	17 529
19	American Financial Group	4 497	32 454

资料来源：Fortune；Insurance Information Institute，*Financial Services Fact Book*，2012，p. 89.

有很多指标可以作为保险公司的分类标准。从法定所有权和结构的角度，商业保险公司主要可以分为以下几类：

- 股份保险公司
- 相互保险公司
- 伦敦劳合社
- 交换保险公司
- 蓝十字和蓝盾计划
- 保健组织（HMOs）
- 其他类型的商业保险公司

股份保险公司

股份保险公司（stock insurer）是由股东所有的公司。经营目标是为股东赚取利润。股东选举董事会，后者任命执行官来管理公司。董事会为公司的经营情况负有最终责任。如果业务是盈利的，就会公布盈利情况，并向股东分配红利，股票价值也会增加。相反，如果业务不盈利，股票价值就会下降。

相互保险公司

相互保险公司（mutual insurer）是由保单持有人所有的公司。该类公司没有股东。保单持有人投票选举董事会，后者任命执行官来管理公司。由于只有较少的保单持有人愿意投票，所以董事会具有对公司的实际控制权。

相互保险公司可能向保单持有人支付红利或者预先给予费率减免。在寿险行业，如果死亡率、投资和业务情况良好，就可以从多余的保费中提取很大一部分作为红利进行支付。但是，由于死亡率和投资情况无法保证，红利也就没有了法定保障。

有几种类型的相互保险公司，包括：
- 预付保费相互保险公司
- 可评估相互保险公司
- 互助保险公司

预付保费相互保险公司　大多数相互保险公司都是预付保费的。**预付保费相互保险公司**（advance premium mutual）由保单持有人所有，没有股东，而且保险公司不能发行补缴保费保单。一旦保险公司的盈余（资产和负债的差额）超过一定数额，各州不允许相互保险公司销售补缴保费保单。其收取的保费预期足以支付所有索赔和费用。由于经营情况较差所产生的额外费用通过公司盈余支付。

在寿险行业，相互保险公司一般每年会向保单持有人支付红利。在财产和意外保险行业，保单持有人的红利不会按照一般模式进行支付，相反，这类保险公司会收取较低的原保费或续保保费，这些保费接近于索赔和费用所需的实际数额。

可评估相互保险公司　**可评估相互保险公司**（assessment mutual）在公司财务状况不好的情况下，有权利向保单持有人追加保费。今天，可评估相互保险公司的数量已经很少，部分原因在于追加收费的问题。那些仍然销售补缴保费保单的保险公司规模较小，例如在州或郡范围内经营的保险公司，而且提供的保障范围也很有限。

互助保险公司　**互助保险公司**（fraternal insurer）是一种相互保险公司，为社会或宗教组织成员提供人寿和健康保险，这种类型的保险公司也被称为"互助福利社团"。为了获取州保险法律下的互助福利社团资格，保险公司必须是现存的社会或宗教组织，此外，还必须是非营利性机构，且不能发行股票，其经营只能是为其成员提供服务，必须履行政府规定的程序。互助保险公司的例子有哥伦布骑士（Knights of Columbus）、世界人寿保险伍德曼社团（Woodmen of the World Life）和教友财务服务公司（Thrivent Financial）。

互助保险公司仅向其成员销售人寿和健康保险，最初使用的理赔原则是支付死亡索赔。今天，大多数互助保险公司基于商业寿险公司使用的平准保费方法和法定准备金制度开展业务。互助保险公司也销售定期人寿保险。由于互助保险公司是非营利组织或慈善组织，因此享受税收优惠。

结构处于变动之中的相互保险公司　相互保险公司（特别是人寿保险公司）的公司结构正在迅速发生变化。有三种趋势非常明显：

1. 公司并购增加。我们近来注意到，营业的人寿保险公司的数量最近几年大幅度下降，大多数下降是由于公司的并购。兼并意味着一家保险公司被另一家公司吸收或两家以上的保险公司组合成为一家新公司。兼并的发生是由于保险公司希望降低经营成本和总成本。它们也会因为某些保险公司希望销售新保险产品，进入新的业务领域，或者提升企业规模从而获得规模经济。

2. 非互助化。**非互助化**（demutualization）意味着相互保险公司转变为股份保险公司。一些相互保险公司会因为如下原因重组为股份制公司：①

- 融资能力增加。
- 股份公司在通过收购新公司或多元化经营进行扩张方面具有更大的灵活性。
- 股票期权可以用于吸引和保留重要的执行官和员工。
- 转化为股份保险公司可能带来税收上的优惠。

3. 相互控股公司。非互助化是一件费力、昂贵而又缓慢的工作，而且还需要获得监管当局的同意。作为一种替代方案，许多州制定了相关法律，允许相互保险公司组建控股公司。**控股公司**（holding company）是由授权保险公司直接或间接控制的公司。相互保险公司重组为控股公司，由后者持有或收购能够发行普通股的股份制公司（见图表5—4）。如果子公司将来能够发行普通股，相互控股公司至少拥有该子公司51%的股份。

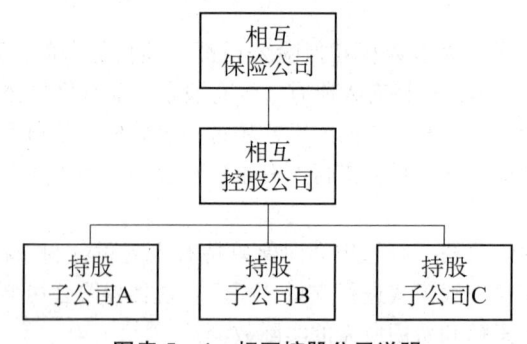

图表5—4 相互控股公司说明

相互控股公司既有优势也有不足。支持者指出了这种方法的优点：

- 保险公司更容易以较低的成本融资，从而实现扩张或保持竞争力。
- 保险公司可以更容易进入新的业务领域，例如人寿保险公司收购一家财产和责任保险公司。
- 股票期权可以用于吸引和保留重要的执行官和员工。

但是，相互控股公司的批评者提出了下面相反的观点：

- 保单持有人会因为这种变化而蒙受损失；相互控股公司的结构会导致向保单持有人支付的红利和其他财务收益减少。
- 批评者还认为，高管和保单持有人之间会出现利益冲突。例如，通过向高管分配公司股票或股票期权，鼓励他们赚取更高的利润，这将导致保单持有人的红利降低或保费增加。

伦敦劳合社

伦敦劳合社（Lloyd's of London）不是保险公司，而是为其成员从事专业保险服务提供服务和硬件设施的世界领先的保险协会。它是劳合社会员聚集在一起汇集和分摊风险的市场。劳合社成员包括在伦敦股票交易所上市的全球主要的保险集团和公司、个人会员（叫做名誉会

---

① Edward E. Graves, ed., *McGill's Life Insurance*. 8th ed. (Bryn Mawr, PA: The American College, 2011), pp. 22.9 - 22.11.

员）和有限责任合伙企业会员。

劳合社另一个享有盛名的地方是，它提供一些非常规风险保障服务，例如，在高尔夫巡回赛上为一杆进洞提供奖金，或者为肯塔基赛马会上赛马冠军受的伤承保。但是，这些非常规风险保障服务只占其总业务的很小部分。

伦敦劳合社有一些重要的特点。① 第一，劳合社不是一家保险公司，而是会员（公司和个人）式社团，以辛迪加组织的形式为会员提供保险服务。劳合社自身并不提供保险服务，保险服务实际上由属于劳合社的辛迪加组织提供。从这方面来看，劳合社类似于纽约证券交易所，后者不购买或销售证券，但为购买和销售证券的会员提供市场和其他服务。

第二，前面也曾提到，保险业务由属于劳合社的辛迪加组织提供。在2010年末，有85家辛迪加组织在劳合社注册。每一个辛迪加组织都由一位代理人代表会员对辛迪加组织进行管理。会员按照其在辛迪加组织中所占的份额分享利润或承担损失。辛迪加组织可能从事专业领域包括海洋、航空、巨灾、职业补偿和汽车保险保障服务。劳合社还是再保险市场的主要参与者。正如前面所说，令劳合社出名的非常规风险保障服务只占其总业务的一小部分。类似地，人寿保险在总业务中所占比例也非常小，而且主要是短险业务。

第三，属于不同辛迪加组织的新的个人会员或名誉会员现在只承担有限的法律责任。早期的个人名誉会员承担完全法律责任，并以他们的个人财产承担承保业务的协议份额。但是，由于20世纪90年代早期石棉肺病导致的巨灾损失，许多名誉会员无法支付其应支付的损失，并宣布破产。后来，没有新的负有无限法律责任的名誉会员加入。

负有有限法律责任的有限责任合伙企业也可以成为伦敦劳合社的会员。允许公司和合伙人加入劳合社是为了吸引新的资本。融入的新资本将会显著增强劳合社拓展新业务的能力。

会员也必须达到严格的财务条件。个人会员是资产净值很高的个人。每一个会员，无论是个人或者是公司，都必须提供资本以支持其在劳合社的业务。所有保费均进入信托基金，只有在索赔和发生费用的时候才允许使用。如果保费无法支付索赔，会员必须投入额外资金，其风险就是蒙受损失。如果会员因为承保而破产，从而无法履行其义务，也可以使用中央保障基金支付索赔。

最后，劳合社只在美国的少数州获得了经营执照。在其他州，劳合社必须作为未经许可的保险公司经营。这意味着，超额承保的经纪人或代理人可以与劳合社合作，但只有在其无法在该州经许可保险公司获得保险的时候才能这样去做。尽管没有获得经营执照，劳合社在美国的业务量仍然很大。特别是，伦敦劳合社为大量的美国保险公司提供再保险服务，是美国重要的专业再保险人。

交换保险公司

交换保险公司（reciprocal exchange）是商业保险公司的另一种形式。**交换保险公司**（也称为**相互保险公司**）可以被定义为非一体化组织，企业在其成员（称作签约企业）间交易保险产品。在其基本形式中，保险在成员之间进行交换；每一个会员为其他会员交互提供保险，反过来也接受其他人的保险。所以，这是保险承诺之间的交换，被称为交换保险。

此外，交换保险由实际代理人管理。实际代理人通常是一家公司，它得到签约企业的授

---

① 这部分参见 *Lloyd's Quick Guide* 2011, Lloyd's of London at lloyds.com and *Lloyd's of London*, Wikipedia, the free encyclopedia.

权，可以招募新会员、赔偿损失、收取保费、处理保险合同、投资基金，履行其他管理义务。但是，实际代理人本身没有支付索赔的责任，而且它也不是保险公司。只有交换保险公司是保险公司。

大多数交换保险公司的规模较小，其保费在所有财产和责任保险保费中只占很小一部分。此外，大多数交换保险公司只提供有限数量的保险产品。不过，有一些销售多种产品的交换保险公司的规模较大。

蓝十字和蓝盾计划

蓝十字和蓝盾计划是另一种保险组织类型。在大多数州，蓝十字计划都是非营利的，以社区为导向的支付计划。该计划主要为医院服务费用提供保障。蓝盾计划一般也是非营利的预付保费计划，支付内科医生和外科医生的收费和其他医疗服务费用。最近几年，大量蓝十字和蓝盾计划合并组建为单一实体。但是，还有一些独立的蓝十字和蓝盾计划仍然在运作。

尽管大多数会员通过团体保险计划获得保障，但也可以获得个人和家庭的保障。蓝十字和蓝盾计划也是保健组织（HMOs）和优先提供者组织（PPOs）的发起人。

在大多数州，蓝十字和蓝盾计划是非营利组织，享受税收优惠，并受到专门法律的监管。但是，为了融资和提高竞争力，一些蓝十字和蓝盾计划已经转制为营利组织，拥有了股东和董事会。此外，许多非营利蓝十字和蓝盾组织正计划建立营利性的附属机构。

保健组织

保健组织（HMOs）是组织化的卫生保健计划，为其会员提供完善的卫生保健服务。保健组织以固定的预付费用向特定团体提供广泛的卫生保健服务，强调对损失的控制，卫生保健服务商的选择有限制，经常提供成本较低的治疗手段。保健组织的特点将在第16章更为详细地讨论。

其他商业保险公司

除了前面介绍的一些类型的商业保险公司之外，还需要简要介绍一些其他类型的商业保险公司，包括专业自保公司和储蓄银行人寿保险。

专业自保公司 第3章曾经提到，专业自保公司是由母公司为其损失风险提供保障所建立的一种保险公司。目前有如下几种类型的专业自保公司。单一母公司专业自保公司（也称为纯粹自保公司）是仅由一家母公司（例如一家公司）所有的保险公司。联合专业自保公司是由几家母公司共同所有的保险公司。例如，属于一个商业联盟的企业可能拥有一家专业自保公司。

专业自保公司在商业财产和意外保险行业正变得越来越重要，今天在美国有成千上万家专业自保公司。第3章提到，专业自保公司的形成是因为：（1）母公司在获得保险保障方面存在困难；（2）一些自保公司采用离岸设立的方式，以利用宽松的监管环境；（3）母公司的保险成本可以降低；（4）专业自保公司使得接触再保险公司更容易；（5）如果其他当事人向其投保，则专业自保公司可以成为母公司的一个利润来源；（6）在某些情况下，对母公司在所得税方面有好处。专业自保公司的特点在第3章已经讨论过，这里就不需要重复了。

储蓄银行人寿保险 储蓄银行人寿保险（Savings Bank Life Insurance，SBLI）是指由互助储蓄银行最初在马萨诸塞州、纽约州和康涅狄格州三个州销售的人寿保险。今天，储蓄银行人寿保险还可以通过电话或网站向在这些州的消费者，以及住在缅因州、新罕布什尔州、新泽西州、宾夕法尼亚州和罗得岛州的居民消费者销售。储蓄银行人寿保险的目的是通过降低经营成本和向代理人支付高额销售佣金，向会员提供低成本的人寿保险。储蓄银行人寿保险将在第11章更为详细地讨论。

代理人和经纪人

强大的销售力量是金融服务行业获得成功的关键。今天销售的大多数保单都是由代理人和经纪人完成的。

代理人

当你购买保险的时候，你可能会从代理人那里购买。**代理人**（agent）在法律上代表委托人，并有权利代表委托人的利益采取行动。代理人的委托人是保险公司。

保险代理人根据明示授权、默示授权和表见授权可以代表保险公司。明示授权是指代理人从保险公司那里获得的特定权利。默示授权意味着代理人享有明确授予的权利，可以采取所有行使该权利所必要的措施。表见授权是公众认为代理人基于委托人行为所采取的行动具有合理性。[1] 只要代理人的行为属于明示、默示和表见授权范围内，委托人就要对代理人的所有行为承担法律责任。这也包括错误的和欺诈性的行为，疏忽和歪曲事实，只要代理人的行为在委托人承认或默许的权利范围之内。[2]

财产和意外保险代理人和寿险代理人之间存在重要区别。财产与意外保险代理人有权就某种类型的保险保障立刻代表保险公司签订暂时合同。这种关系可以通过暂保单建立。**暂保单**（binder）是一种临时保险合同，直到保单实际签订。暂保单可以是口头上的或是书面的。例如，如果你打电话给代理人，要求对你的摩托车投保，代理人可以立刻使保险生效。相反，人寿保险代理人一般来说没有这种权利。人寿保险代理人只是一名营销代理，负责引导人们申请人寿保险。人寿保险申请必须在保险生效之前经保险公司同意。

最后，许多大学生对将保险销售作为一个职业很感兴趣。专栏5.1讨论了2010年保险代理人的收入。

专栏5.1 ☞

让我看到钱——保险销售代理人赚多少钱？

2010年5月，保险销售代理人年收入的中值为46 770美元。工资的中值是指有一半人的工资收入高于它，而另一半人的工资低于它的工资水平。工资最低的10%的工人的收入低于25 940美元，最高10%的工人赚的钱超过了115 340美元。

许多独立代理人只有佣金收入，而代理人或保险公司雇用的销售人员则可以通过下面三种

---

[1] Edward E. Graves, and Burke A. Christensen, *McGill's Legal Aspects of Life Insurance*, 7th ed. (Bryn Mawr, PA: The American College, 2010), pp. 6.3 - 6.5.
[2] Ibid., p. 6.7.

方式获得收入：只有工资、工资加佣金或工资加奖金。

总的来说，佣金是最常见的收入方式，特别是对于资深代理人更是如此。佣金的数量取决于销售保险的类型和数量，以及卖出的是新单还是续保单。奖金通常在代理人达到其销售目标或代理人达到其利润目标的时候才能发放。一些参与理财规划的代理人根据其提供的服务收费，而不是佣金。

保险销售代理人为了方便顾客，通常自主确定工作时间，并将晚上和周末作为拜访客户的时间。有些销售代理人在工作时间会见客人，然后在晚上做文本工作并为会见预期客户准备介绍材料。大多数代理人做全职工作，每周的工作时间甚至超过40小时。

保险销售代理人
年工资中值，2010年5月

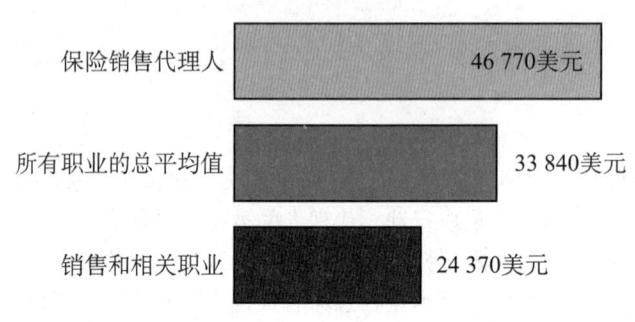

保险销售代理人	46 770美元
所有职业的总平均值	33 840美元
销售和相关职业	24 370美元

注：所有职业包括美国所有的职业。
资料来源：U. S. Bureau of Labor Statistics, Occupational Employment Statistics.

资料来源：Excerpted from Bureau of Labor Statistics, U. S. Department of Labor, Occupational Outlook Handbook, 2012—2013 Edition, Insurance Sales Agents, on the Internet at http：//www.bls.gov/ooh/sales/insurance-sales-agents.htm（visited March 30, 2012）.

经纪人

与代理人代表保险公司不同，**经纪人**（broker）是法律上代表被保险人的人。经纪人在法律上没有权利与保险公司签订合同。相反，他或她可以提出或接受保险申请，然后尝试为该保险保障找到合适的保险公司。但是直到保险公司接受该业务之前，保险不会生效。

如前所述，经纪人从承接业务的保险公司那里获得佣金。许多经纪人也获得了代理人的资格，这使他们能够有权利作为代理人代表他们的公司签订合同。

经纪人在商业财产和意外保险领域极其重要。大的经纪公司对高度专业化的保险市场非常了解，提供风险管理和损失控制服务，并处理大公司保险购买者的业务。

经纪人在产品市场上也很重要。非常规产品是指在州保险市场上无法获得的保险类型，此类保障必须交付未经许可的保险公司。**未经许可的保险公司**（nonadmitted insurer）是没有获得该州经营执照的保险公司。**非常规产品经纪人**（surplus lines broker）是一种特殊类型的经纪人，具有与未经许可保险公司开展业务的资格。一个保险标的可能因为损失风险太大，或需要的保险数额过大，而无法从获得许可的保险公司那里得到保障。非常规产品经纪人有权利在无法从州内经许可公司得到保障的情况下，求助于非常规保险公司。

最后，经纪人在雇员福利（特别是对于员工数量较多的雇主）领域非常重要。大雇主经常通过经纪人寻找团体人寿和医疗费用保障。正如前面指出的，从全国范围来看，经纪人在财产和意外保险营销方面也扮演了重要角色。

营销制度的类型

营销制度是指销售和推销保险产品的不同方法。这些销售方法也被称为分销体系（distribution systems）。保险公司雇用精算师、理赔员、核保人和其他办公人员，但是除非保险保单的销售有利可图，否则保险公司的生存也是不可能的。所以，有效率的营销制度对于保险公司的生存非常重要。

人寿保险营销体制

寿险销售的营销体制已经经历了很大的变化。销售寿险的传统方法已经有较大改变，新的一些模式已经出现。详细讨论所有营销方法超出了本书的范围，但是现在使用的主要寿险营销体制可以分为下面几种：[①]

- 个人销售体制
- 金融机构分销体制
- 直销体制
- 其他营销体制

个人销售体制 今天，大多数寿险保单和年金都是由**个人销售体制**（personal selling systems）卖出的。在这种营销体制下，佣金代理人寻找并向预期客户销售人寿保险产品。人寿保险和年金是很复杂的产品，知识丰富的代理人需要解释并销售不同的产品。个人销售体制包括以下几种：

- 职业代理人。职业代理人是全职代理人，他们一般只代表一家保险公司，并根据业务量获取佣金。这些代理人也被称为附属代理人（affiliated agents），因为他们主要销售唯一一家保险公司的人寿保险产品。在这种体制下，保险公司招募新的代理人，并提供财务支持、培训、监督和办公设施。销售人寿保险的佣金通常为首年保费的40%～90%。有效保单续保佣金要低很多，例如2%～5%，而且只支付有限几年。除了能力测试之外，新寿险代理人的贡献度要求也很高。许多保险公司的5年留存率通常低于15%。
- 多产品独家代理体制。在这种体制下，主要销售财产险的代理人也销售个人人寿和健康保险产品。这些代理人被称作专属代理人（captive agents）。在这种体系下，代理人仅代表一家保险公司或财务上是相互关联的或者具有共同所有权的几家公司。例如，一个代理人会向一位客户销售汽车或屋主保险。根据客户的需求和可以销售的保险产品，代理人也会销售人寿保险、健康保险、年金、互助基金、个人退休账户以及其他产品。州立农业相互保险和全国保险是这种体制的典型案例。
- 个人业务总代理（PPGA）。有些代理人做了一家保险公司的大量业务，并与其签署了特殊的财务协议。**个人业务总代理**（personal-producing general agent，PPGA）是指接受特殊

[①] 这部分基于 LOMA (Life Office Management Association). *Insurance Company Operations*, 3rd ed. (Atlanta, GA: LL Global, Inc. 2012). Ch. 11; and Graves, McGill's Life Insurance, Ch. 23.

财务条件并达到最低销售额的独立代理人。个人业务总代理具有招募和培训下属代理人的权利。在这种情况下,个人业务总代理会因为下属代理人销售的保险获得额外佣金。①

● 经纪人。经纪人也销售人寿保险和年金。经纪人是独立的代理人,他们不会与任何一家保险公司签署排他协议,也没有义务仅销售一家保险公司的保险产品。尽管经纪人会销售某家保险公司的大量产品,但他们没有义务为其销售一定数量的保险产品。② 经纪人通常与每一家保险公司分别签署协议,并销售其产品。

金融机构分销体制 今天,许多保险公司都通过商业银行和其他金融机构的分销体系销售人寿保险和年金产品。商业银行在销售固定年金和可变年金方面(寿险产品销售略少)正在变得越来越重要。

此外,其他金融机构和投资公司,例如嘉信(Charles Schwab)、富达投资(Fidelity Investment)和先锋投资集团(Vanguard Group),也都向其客户销售寿险产品和年金。

直销体制 直销体制(direct response system)是另一种营销体制,人寿和健康保险公司在该体制下直接向客户销售产品,而不需要经过代理人。它们主要通过电视、广播、邮件、报纸和其他媒体寻找潜在客户。一些保险公司使用电话营销销售它们的产品。许多保险公司开设网站,以便能够直接向客户销售人寿和健康保险。

直销体制对于保险公司而言,有以下几个优点:使保险公司能够进入大市场,降低产品获取成本,能够有效销售简易产品,例如定期保险。不过它也有一个缺点,因为不需要代理人的服务,所以常常很难销售复杂产品。

其他营销体制 寿险公司还会用到其他一些营销体制销售它们的产品。这些体制包括:

● 工作地营销。在这种体制下,个人销售人员在获得管理层同意后进入企业内部,并就地与有兴趣购买寿险产品或年金的员工面谈并进行销售。这对于企业而言几乎没有直接成本或费用,而且这种方法特别适合于低收入和中等收入市场。

● 股票经纪人。许多股票经纪人也获得了销售寿险产品和固定年金及可变年金的资格。所以,股票经纪人能够更好地满足客户的投资和寿险购买需求。

● 理财师。理财师向客户提供关于投资、资产计划、税收、财富管理和保险的建议。有些理财师有销售寿险产品的资格,许多职业寿险代理人也是理财师,在分析客户需求的基础上提供理财计划服务。

财产保险营销体制

财产保险的主要分销体制包括以下几种:
● 独立代理人体制
● 专属代理人体制
● 直接承保人
● 直销体制
● 多渠道分销体制

独立代理人体制 独立代理人体制(independent agency system),有时候被称为美国代理人制度。这种制度有几个基本特点:第一,独立代理人是代表几家无关联的保险公司的企业。

---

① LOMA, *Insurance Company Operations*, 3rd ed., p. 11.8.
② Ibid., p. 11.8.

代理人经授权为这些保险公司销售保险,并根据所做的业务量收取佣金。

第二,代理人拥有业务终止和续保权。在保单到了续保的时候,代理人可以选择将这笔业务转给另一家公司。同样,如果代理人与一家保险公司签订的合同到期,那么代理人也可以将其业务转交给其所代表的其他保险公司。

第三,独立代理人通过销售不同保险产品获得佣金收入。续保保单的佣金比率一般和新单业务相同。如果支付的续保佣金较低,保险公司就可能会失去这笔业务,因为由于经济上的激励,代理人极有可能将该业务在续保时转给其他保险公司。

除了销售,独立代理人还具有其他作用,独立代理人经常被授权进行小额理赔。大型代理公司也可能为它们的被保险人提供损失控制服务,例如意外事故预防和损失控制工程师服务。对于某些产品,代理人也可以与保单持有人签约并收取保费。但是,大多数保险公司仍然选择直接签约,通过这种方式,保单持有人可以直接和保险公司签约。在个人保险产品销售中主要采用这种方式,例如汽车和屋主保险。

专属代理人体制 在**专属代理人体制**(exclusive agency system)中,代理人只代表一家保险公司或者具有共同所有权的几家保险公司。代理人被禁止与其他保险公司签约。在财产保险行业,使用这种体制的保险公司也被称为"直接承保人(direct writer)"。但是,正如后面将会讨论的,专属代理人体制和直接承保人在技术层面有些区别。

专属代理人体制下的代理人通常不拥有保单的终止和续保权。但是,也有一些例外情况。一些保险公司不赋予其代理人任何满期保单的所有权。其他一些保险公司在代理合同有效期内赋予代理人满期保单的有限所有权,但是当代理合同结束后这一利益关系也随之结束。[①] 相反,在独立代理人体制中,代理人拥有保单终止的完全权利。

另一个不同是佣金的支付。专属代理保险公司对续保业务支付的佣金低于对新单业务支付的佣金。这种方法为代理人签新单提供了很强的激励,也是专属代理保险公司快速发展的一个重要因素。相反,前面也曾提到,使用独立代理人体制的保险公司对新单和续保业务支付相同的佣金比率。

专属代理保险公司为新代理人提供强有力的支持。新代理人通常作为雇员接受一段时间的培训以了解业务。在培训结束之后,代理人成为获取佣金的独立签约人。

直接承保人 正如前面所讲,使用专属代理人体制的保险公司也被商业杂志和财产险公司称为直接承保人,但是,二者之间在技术层面有差异。从技术层面来看,**直接承保人**(direct writer)是保险公司,在该公司中,销售人员是其雇员,而不是独立签约人。保险公司支付所有销售费用,包括雇员的工资。与专属代理人类似,直接承保人的雇员通常只代表一家保险公司。

直接承保人的雇员通常以"工资加其他"的模式获得收入。一些公司支付基本工资和与销售保险直接相关的佣金。其他公司支付工资和代表雇员的销售和服务情况的奖金。相反,专属代理保险公司的代理人,例如州立农业相互保险和全国保险,一般来说,不是有薪资关系的员工,而是独立签约的代理人。他们按照销售额获取佣金。

直销体制 财产和意外保险公司也采用直销体制销售保险。直销保险公司通过电视、电话、邮件、报纸和其他媒体直接向公众销售保险。许多财产险公司也建立网站,为客户提供信息和保费报价。

[①] Constance M. Luthardt and Eric A. Wiening, *Property and Liability Insurance Principles*, 4th ed., 5th printing (Malvern, PA: American Institute for Chartered Property Casualty Underwriters/Insurance Institute of America), 2005, p. 4.11.

直销体制主要用于销售个人保险产品，例如汽车和屋主保险。在商业财产和责任保险方面，这种方法并不是很好用，因为其合同和定价往往很复杂。

多渠道分销体制 传统营销体制之间的差别随着保险公司不断开发销售保险的新方法而消失。为了增加利润，许多财产和意外保险公司使用多个分销渠道销售保险，这些体制就是**多渠道分销体制**（multiple distribution systems）。例如，一些有使用独立代理人制度传统的保险公司现在可能通过网络、电视以及邮递广告等方式销售保险。其他一些过去只使用专属代理人（也称为专业自保代理人）的保险公司，现在也在使用独立代理人。还有一些保险公司正在通过银行对财产和意外保险开展营销，通过雇员和专业及商业协会向消费者群体进行营销。传统营销制度之间的边界在未来会随着保险公司开发新的保险销售体制而逐渐模糊。

团体保险营销

除了前面的内容之外，许多保险公司运用团体营销方法，向团体会员销售个人保险保单。这些团体包括雇主、工会、贸易协会和其他团体。特别地，大量新的个人人寿保险、年金、长期医疗保险和其他金融产品向雇主—雇员团体中的雇员销售。雇员的保费直接从工资中扣除。工人即使不再受雇用也能通过直接向保险公司支付保费而使保险继续有效。

人寿保险通常通过团体销售代表销售团体寿险产品并提供服务。团体销售代表作为员工根据团体销售额、持续率和业务利润获得薪酬和奖金。

一些财产和意外保险公司使用大额销售策略推销其产品。大额销售是一种向团体成员销售个人财产和责任保险的计划。在这些计划中经常使用的是汽车保险和屋主保险。如前所述，要分别核保，而且申请人必须满足保险公司的核保标准。由于代理人佣金较少，管理费用得以节约，这类计划通常有费率折扣。此外，雇员一般从薪酬中扣除缴纳的保费。最后，雇主一般不向该计划交费，任何雇主交费都构成雇员的应税所得。

案例应用

商业保险公司是一家大的股份制财产和意外保险公司，专业从事商业保险。其董事会任命一个委员会，由其确定组建只销售个人保险产品、屋主保险和汽车保险的新的子公司的可行性。新的保险公司应当实现一些管理目标。董事会的一位成员认为，新保险公司应当组建为相互保险公司。假设你是为该委员会提供服务的一位保险顾问，如果组建相互财产和意外保险公司，下面这些董事会的目标在多大程度上能够实现？分别分析每一个目标。

a. 商业保险必须合法拥有新保险公司。
b. 为了融资和进入新市场，新保险公司应该能够定期销售普通股。
c. 销售的保单应当向保单持有人支付红利。
d. 新保险公司应该获得在所有州开展业务的资格。

本章小结

- 有几种基本类型的保险公司：　　　　　　　股份制保险公司

相互保险公司
　　伦敦劳合社
　　交换保险公司
　　蓝十字和蓝盾计划
　　保健组织（HMOs）
　　专业自保公司
　　储蓄银行人寿保险
● 代理人在法律上代表保险人，并有权利代表保险人的利益采取行动。相反，经纪人在法律上代表被保险人的利益。
● 非常规产品是指在州保险市场上无法获得保障的保险类型，此类保障必须交付未经许可的保险公司。未经许可的保险公司是没有获得该州经营执照的保险公司。非常规产品经纪人是一种特殊类型的经纪人，获得与未经许可保险公司开展业务的资格。

● 在寿险市场营销中使用的营销体制包括：
　　个人销售体制
　　金融机构分销体制
　　直销体制
　　其他营销体制
● 在财产和意外保险市场营销中使用的分销体制包括：
　　独立代理人体制
　　专属代理人体制
　　直接承保人
　　直销体制
　　多渠道分销体制
● 许多保险公司运用团体营销方法，向一个团体的成员销售个人保险保单。保费直接从员工工资中扣除。工人即使不再受雇用也能通过直接向保险公司支付保费而使保险继续有效。

重要概念和术语

预付保费相互保险公司　　专属代理人体制　　相互保险公司
代理人　　　　　　　　　互助保险公司　　　未经许可保险公司
可评估相互保险公司　　　控股公司　　　　　个人业务总代理
经纪人　　　　　　　　　独立代理人体制　　个人销售体制
专属代理人　　　　　　　伦敦劳合社　　　　交换保险公司
专业自保公司　　　　　　大额销售　　　　　储蓄银行人寿保险
非互助化　　　　　　　　多渠道分销体制　　股份保险公司
直销体制　　　　　　　　多产品独家代理体制　非常规产品经纪人
直接承保人

复习题

1. 描述股份制保险公司的基本特征。
2. a. 描述相互保险公司的基本特征。
   b. 指出相互保险公司的主要类型。
3. 相互保险公司的公司结构处于变动之中。简单描述对相互保险公司公司结构有影响的三个主要趋势。
4. 解释伦敦劳合社的基本特点。
5. 描述交换保险公司的基本特点。
6. 解释代理人和经纪人在法律上的差异。
7. 简单描述人寿和健康保险中的下列营销体制的基本特点：
　　a. 个人销售制度
　　b. 金融机构分销体系
　　c. 直销体制
　　d. 其他营销体制
8. 简单描述财产和意外保险中的下列营销体制的基本特点：
　　a. 独立代理人体制
　　b. 专属代理人体制
　　c. 直接承保人

  d. 直销体制
  e. 多渠道分销体制
 9. 在独立代理人体制下，谁拥有保单终止或续保的权利？
 10. 财产和责任保险中的大额销售计划是怎样的？

应用题

 1. 一组投资人正在讨论关于一家新财产和意外保险公司的信息。被提及的公司将推出一款融合了传统屋主保险和保单持有人非自愿失业的失业保险的保单。每一个投资者需交出至少100 000美元，并可以从公司获得一定比例的利息。此外，公司通过向其他投资者销售所有权进行融资。管理层希望避免为销售新保单而聘请或培训代理人的费用，而希望通过选择在个人金融杂志上做广告，直接向公众销售保险。
  a. 找出最适合上面情况的保险公司的类型。
  b. 指出管理层可考虑采用的营销体制。
 2. 结合下面几点，对股份制公司和相互保险公司进行比较：
  a. 指出在法律上拥有公司的当事人
  b. 向保单持有人追加保费的权利
  c. 保单持有人选举董事会的权利
 3. 午餐会发言人说："由于公司并购、保险公司的非互助化，以及相互控股公司的建立，在过去十年中，人寿保险公司的数量大幅度减少。"
  a. 为什么保险公司之间的并购随着时间而增加？
  b. 非互助化的含义是什么？
  c. 简要解释非互助化对相互人寿保险公司的好处。
  d. 什么是相互控股公司？
  e. 相互控股公司对保险公司有什么好处？
 4. 报纸记者写道："伦敦劳合社是一个联盟，为会员提供销售保险的基础设施和服务。保险业务由属于劳合社的不同辛迪加组织承接。"结合下面几点描述一下伦敦劳合社：
  a. 个人会员和公司会员的义务
  b. 承接保险的类型
  c. 保障被保险人的财务安全
 5. 财产和意外保险可以以不同的营销体制进行市场营销。结合下面几点，对独立代理人体制和专属代理人体制进行比较：
  a. 代理人所代表保险公司的数量
  b. 满期保单所有权
  c. 支付佣金的差别

网络资源

 ● 美国学院是一家具有资质的非营利教育机构，主要以远程教育的方式，向金融服务领域的人们提供研究生和大学教育。该组织可以授予特许寿险核保人（CLU）、注册财务顾问（ChFC）和其他职业资格。网址为：theamericancollege.edu
 ● 美国人寿保险协会（ACLI）在法律和监管问题上代表人寿保险行业。美国人寿保险协会还以年鉴的形式出版人寿保险行业统计资料。网址为：acli.com
 ● 美国互助联盟（American Fraternal Alliance）是互助福利体系中公认的领导者。互助联盟反映了互助福利社会在法律和监管问题方面的呼声。网址为：fraternalalliance.org
 ● 美国保险协会（AIA）是一个重要的商业协会，代表财产和意外保险公司。该网站列出了出版物以及关于财产和意外保险领域重要问题的论文，该网站还发布新闻，提供保险信息相关链接，以及州保险专员的姓名。网址为：aiadc.org
 ● 保险信息协会（III）有一个获取财产和意外保险行业信息的非常好的网站。该网站及时提供汽车保险、屋主保险、业务保险及其他类型财产和意外保险消费者的即时信息。网址为：iii.org
 ● 保险信息协会（III）还出版金融服务业的年鉴。这些出版物提供关于保险公司在金融服务

行业中的角色的详细信息。网址为：iii. org/financial

- 协会（也被称为美国特许财险与意外险核保人协会（CPCU））是独立的非营利组织，向从事财产和意外保险业务的所有部门中的人们提供教育计划和职业证书。该组织授予特许财险与意外险核保人证书和其他资格证书。网址为：aicpcu. org

- 保险杂志（Insurance Journal）是财产/灾害保险即时信息的权威在线资源。人们可以在其网站上看到免费的财产和意外保险领域重要发展的最新信息的在线时事通讯。网址为：insurance-journal. com

- Insure. com 提供大量保险行业的最新信息。新闻报道以保险消费者为导向。消费者可以获得人寿、健康、汽车和屋主保险的保费报价。网址为：insure. com

- InsWeb 提供来自美国最有实力的保险公司的报价。你可以获得汽车和屋主保险、定期人寿保险、个人健康保险和其他产品的报价。网址为 insweb. com

- 美国国际寿险营销与调研协会（LIMRA）是寿险行业中行业销售和市场统计数据的主要来源。该网站提供关于美国国际寿险营销与调研协会以及金融服务领域等方面的新闻和信息，并提供该领域广泛的出版物。网址为：limra. com

- 伦敦劳合社（Lloyd's of London）提供了大量关于其历史和大事记、全球保险经营、财务结果和大事件的信息。伦敦劳合社的网站还提供信息给新媒体。网站为：lloyds. com

- 全美互助保险公司协会（National Association of Mutual Insurance Companies）是代表相互财产和意外保险公司的商业联盟。网址为：namic. org

- 韬睿惠悦（Towers Watson）是世界上最大的精算和管理咨询公司之一。韬睿惠悦提供关于保险行业的大量信息，并为其他组织提供关于风险融资和自保的建议。网址为：towerswatson. com

参考文献

Black, Kenneth, Jr., and Harold D. Skipper, Jr. *Life Insurance*, 13th ed. Upper Saddle River, NJ: Prentice-Hall, 2000, chs. 23 - 24.

The Financial Services Fact Book 2012, New York: Insurance Information Institute, 2012.

Graves, Edward E., ed. *McGill's Life Insurance*, 8th ed. Bryn Mawr, PA: The American College, 2011; chs. 22 - 23.

The Insurance Fact Book 2012, New York: Insurance Information Institute, 2012.

Life Insurers Fact Book, 2011, Washington, DC: American Council of Life Insurers, 2011.

LOMA (Life Office Management Association), *Insurance Company Operations*, 3rd ed., Atlanta, GA: LL Global, Inc. 2012, Ch. 11.

Viswanathan, Krupa S., and J. David Cummins, "Ownership Structure Changes in the Insurance Industry: An Analysis of Demutualization," *Journal of Risk and Insurance*, Vol. 70, No. 3 (September 2003), pp. 401 - 437.

第 6 章

保险公司业务

"保险公司员工所做的事情远远超过销售保险的范畴。"

——保险信息协会

学习目标

学习完本章，你应当能够：

- ◆ 对保险公司的费率厘定做出解释。
- ◆ 解释核保的步骤。
- ◆ 阐述保险公司的销售和市场营销活动。
- ◆ 阐述理赔的步骤。
- ◆ 解释为什么需要再保险以及不同类型的再保险合同。
- ◆ 解释保险公司投资的重要性，并区分保险公司投资的不同类型。

米歇尔今年26岁，在伊利诺伊州的一所大学里主修政治学。当地每年都会组织一次招聘会，来自不同企业的招聘人员会对学生进行面试，确定可能录用的人员。米歇尔申请参加一家财产险公司的面试，想了解一下工作机会。招聘者解释说，由于工作性质开放，涉及多个领域，公司希望聘用的员工能够有丰富的教育背景。米歇尔吃惊地了解到，保险业的就业机会如此广泛，这些工作包括费率厘定、核保、销售、索赔、财务、信息技术、会计、法律和大量其他领域的工作。

为了使公众能够接触到保险，保险公司必须具有各种各样的职能并开展多种业务。这一章将讨论保险公司的主要业务类型，包括费率厘定、承保、产品、理赔、再保险和投资。保险公司的财务运作将在第7章讨论。

保险公司的业务

保险公司最重要的业务包括：
- 费率厘定
- 核保
- 营销
- 理赔
- 再保险
- 投资

保险公司也从事其他业务，例如会计、法律服务、损失控制以及电子数据处理等。

下面这一部分将在一定程度上详细讨论每一种业务。

定价和费率厘定

费率厘定（ratemaking）是指保险的定价以及保险保费的计算。投保人支付的保费是乘以一个由精算师确定的费率计算得出的。该费率由风险单位的数量决定，然后根据不同的评级计划进行调整（这个过程称为定价）。费率是每一单位保险的价格。风险单位是在保险定价中使用的测度单位，并因保险产品的不同而有差异。例如，当你为汽车购买汽油时，每一加仑的费率乘以购买的加仑数就等于支付的金额。类似地，在财产和意外险方面，费率乘以风险单位的数量可以计算得出保费支付额。我们将在第 7 章更为详细地讨论这一概念和费率厘定的情况。

保险定价与其他产品的定价有明显不同。其他产品销售的时候，公司一般能够预知生产这些产品的成本，所以其价格的确定可以以包括所有成本以及保留一定利润空间为标准。但是，保险公司却不能预知其实际成本为多少。某些产品收取的总保费可能不足以支付保单期间内产生的所有索赔和费用。只有在保险期间结束之后，保险公司才能够计算出自己的实际成本和费用。当然，保险公司希望收取的保费加上投资收益足以支付所有的索赔和费用并产生一定的利润。

精算师（actuary）的职责是确定费率和保费。精算师是掌握复杂技术的数学家，他们将参与保险公司经营的所有环节，包括规划、定价和研究。在人寿保险行业，精算师将研究所有重要的统计数据，包括出生、死亡、结婚、疾病、就业、退休和意外事故等。根据这些数据，精算师能够计算出人寿和健康保险的保费。其目的是，计算出的保费能够使该业务有利可图，使公司能够有效地和其他保险公司进行竞争，使其在损失或费用发生的时候能够进行赔付。人寿保险精算师还必须确定公司未来履行义务所需的法定准备金。①

获得人寿保险精算师的职业资格需要通过由精算师协会（Society of Actuaries）主办的一系列考试，通过这些考试就可以成为精算师协会的会员。

在财产和意外保险中，精算师还要确定不同保险产品的费率。费率的确定基于公司既往的

---

① 法定准备金属于公司资产负债表的负债项目，测度保险公司对保单持有人负有的义务。州法律要求公司的保单准备金达到在保单到期的时候足以承担所有保单义务的水平。

损失情况和行业统计数据。飓风、龙卷风、火灾、疾病、犯罪率、交通事故以及生活成本等统计数据都要仔细分析。许多公司使用它们自己的损失数据确定费率。其他公司则从咨询机构获得损失数据，例如保险服务处。这些机构计算出既往或预期损失的成本，而保险公司可以使用这些数据计算自己的费率。

财产和意外保险的精算师也要确定损失准备金的重组情况[①]，分配费用，以及为公司管理层和州监管官员提供汇编数据。

要具有财产和意外保险的精算师资格，精算师专业的学生必须通过产险精算师协会（Casualty Actuarial Society）的一系列考试。成功通过这些考试将使他们能够成为产险精算师协会的会员。

核保

核保（underwriting）是指选择、分类和为保险申请定价的过程。核保人负责决定接受还是拒绝投保人的申请。

核保政策的说明

核保开始于对核保政策的明确说明。保险公司必须出台与公司目标相一致的核保政策，该目标可以是大量低利润业务或少量较高利润的业务。三类业务必须明确说明：可接受的、边界的、禁止接受的。可接受的和边界业务等可以承保的保险业务数量也必须确定。

保险公司的核保政策由主管核保的高管层来决定。核保政策在核保指引中明确了可以承保的业务种类，承保的边界，使用的表格和费率，可接受的、边界的和拒接的业务，承接保险业务的数量，需要高级核保人批准的业务，以及其他核保的细节问题。

基本核保原则

核保必须遵守一些基本原则。这里列出了三个重要原则：
- 达到一定的核保利润
- 根据公司的核保标准选择预期投保人
- 保单持有人之间的公平

核保的首要目标是获得一定的核保利润。该目标是为了赢取业务的利润空间。核保通常是为了选择出某些特定类型的申请者而拒绝其他类型的申请者，从而能够实现保险业务的利润组合。

第二个基本原则是根据公司核保标准选择预期投保人。这意味着核保人员要选择那些实际损失记录不会超过定价费率中假设的损失记录的投保人。例如，财产保险公司可能会希望仅为评级高的工厂承保，并且期望其实际损失低于平均水平。核保标准是相对于合格的工厂制订

---

① 在财产和意外险领域，损失准备金记入负债项目，代表已经提出索赔但尚未赔付的数额、理赔过程中发生的索赔，以及已经发生索赔但尚未报告的损失。

的，费率也是基于比较低的损失比率确定的。① 假设预期损失比率设定为70％（损失加损失调整费用与满期保费的比率），费率也据此设定。核保人理性来说应当只为那些符合严格的核保要求的工厂承保，从而保证这一群体的实际损失比率不会超过70％。

核保的目的是为了减少针对保险公司的逆向选择。在核保领域有一句老话："选择或被选择。"逆向选择是损失概率高于平均水平的人倾向于以标准（平均）水平的费率投保，而一旦没有经过核保控制，就会导致高于预期水平的损失。

最后一个核保原则是保单持有人之间的公平。这意味着应当支付公平的费率，每一组保单持有人应该根据发生的损失和费用支付自己的费用。准确地来说，一组保单持有人不应过多补贴另一组保单持有人。例如，一组20岁的年轻人和一组80岁的老年人不应该为个人人寿保险支付相同的费率。如果两组人支付的费率相同，那么年轻人就会补贴老年人，而这是不公平的。一旦年轻人了解他们被过度收费，他们就会向其他分类制度更公平的保险公司投保。在第一家保险公司中投保的老年人就会过多，承保业务没有利润。所以，由于竞争，保单持有人之间的费率必须公平。

核保步骤

在保险公司制订核保政策之后，必须将其传达给销售队伍。最初的核保开始于该领域的代理人。

代理人是第一核保人　这一步通常称为入门核保。代理人被告知可接受、边界或拒保申请人的类型。例如，在汽车保险中，代理人会被告知，曾经因醉酒驾车的罪犯，21岁以下单独驾驶汽车的人，或者拥有高速跑车的年轻驾驶员等不能承保。在财产保险中，一些风险（例如保龄球道和餐厅中可能发生的风险）必须经公司核保人同意才能够承保。

在财产和意外保险中，代理人一般有权代表公司直接签合同，尽管公司核保人可能不同意或取消该申请。那么，在有人申请保险的时候，代理人遵守公司政策就非常重要。为了鼓励签订可盈利的业务，可以根据代理人的保费规模和业务优劣情况支付或有佣金或利润分享佣金。

在人寿保险中，代理人必须根据公司的核保政策选择申请人。代理人可能被告知不能接受吸毒、酗酒或从事危险职业的人的申请。

核保信息来源　核保人在确定接受还是拒绝保险申请的时候需要某些类型的信息。主要的信息来源包括以下几个方面：

- **申请材料**。需要的信息类型取决于要购买的保险的类型。在财产保险中，申请人要提供建筑的物理特性，包括建筑的类型、建筑的用途、防火设备的质量、受周边建筑波及的风险以及其他控制措施。

在人寿保险方面，申请材料包括年龄、性别、体重、职业、个人和家庭的健康史、有风险的爱好（例如跳伞）以及购买保险的额度。

- **代理人报告**。许多保险公司要求代理人或经纪人为预期被保险人出具一份报告。在财产保险中，代理人或经纪人所提交的申请未必完全符合保险公司的核保标准。在某些情况下，代理人对申请人的评估非常重要。

在人寿保险中，代理人会被问及认识申请人多长时间，申请人的年收入和资产净值大概是

---

① 损失比率是发生的损失加损失调整费用与满期保费的比率。例如，如果损失和损失调整费用是70美元，满期保费是100美元，则损失比率是0.70，或70％。

多少，判断申请人计划延续还是放弃现有的人寿保险，确定其申请是否是代理人自己提出的。

- **检查报告**。在财产保险方面，保险公司会要求外部代理人出具一份检查报告，特别是在核保人被怀疑具有道德风险的时候。外部公司为保险公司调查申请人，并向公司提供一份详细的报告。

在人寿保险中，报告会提供包括申请人目前的财务状况、婚姻情况、外部债务或拖欠债务情况、重罪情况、酗酒或吸食毒品问题、申请人是否曾经宣布破产以及其他附件信息。

- **现场检查**。核保人在批准财产和责任保险申请之前可能要先进行现场检查。例如，在工人补偿保险中，检查可能显示工作条件不安全（例如危险的机器设备），违反安全规则（例如在使用绞碎机时不戴护目镜），过于肮脏或有毒的车间。

- **体检**。在人寿保险中，需要进行身体检查，确定申请人是否超重，是否有高血压，或者确定申请人的心脏、呼吸系统、泌尿系统或身体的其他部分是否异常。还需要查看医生的报告，该报告由曾经给申请人治病的医生提供。

作为体检的一部分，寿险公司可能需要来自医疗信息局集团的报告（医疗信息局报告）。属于该商业协会的公司会报告所有疾病种类，这些疾病会被记录下来提供给所有会员公司。例如，如果一个患有高血压的人申请人寿保险，这一信息就会记入医疗信息局报告。这一信息就会被编码，但不会显示提交该信息的公司所做出的核保决定。

核保决定　在核保人对信息进行评估后，就必须做出核保决定。针对一份保险申请，有三个基本核保决定。

- 接受申请
- 接受满足某些限制条件或经改良后的申请
- 拒绝申请

第一类选择，核保人接受申请并推荐销售的保单。第二类选择是接受满足某些限制条件或经改良后的申请。有一些例子可以说明第二种类型的决策。在购买犯罪保险保单之前，申请人可能被要求在窗户上面装铁栅栏或安装先进的报警系统；申请人可能无法购买屋主保单，只允许购买限制条件更多的住宅财产保险；较高的免赔额条款可能被插入财产保险保单，或者如果申请人的健康状况处于标准水平之下，则被执行较高的寿险费率。如果申请人同意限制条件或改良，保单就可以签订。

第三类决策是拒绝申请。但是，过多或不公正地拒绝申请会导致保险公司收入减少，并疏远提供业务的代理人。如果申请被拒绝，拒绝的根据必须建立在投保人非常明确地达不到保险公司的核保标准的基础上。

许多保险公司现在使用计算机来对那些可以标准化的个人保险产品进行核保，例如汽车和屋主保险。其结果是核保决定的速度加快。

其他核保因素　核保还要考虑其他因素，这些因素包括：

- **费率充足性和核保**。当费率足以支撑一类产品的时候，财产和意外保险公司更愿意承接新的业务。但是，如果费率不充足，在承接新单业务的时候就要采取更为保守的方法。如果道德风险过高，无论费率为多少，一般都不会承保。

此外，在商业财产和意外保险中，核保人对产品价格有很大影响。核保人和代理人之间会签订大量关于价格的协议，对商业风险进行正确的定价。

最后，费率充足和核保利润或损失之间的严格关系导致某些保险产品的核保出现周期性变化，例如商业一般责任保险和商业多重保障保险。费率充足，承保利润越高的时候，核保就越宽松。相反，费率不充足，发生承保损失的时候，核保就变得更为严格。

- 再保险和核保。再保险也会使核保更宽松。但是,如果再保险无法获得有利的条款,核保也可能更严格。再保险将在本章后面部分进行详细讨论。
- 续保核保。在人寿保险中,保单是无法撤销的。在财产和意外保险中,大多数保险可以撤销或不接受续保。如果损失过多,保险公司可以取消或者不接受续保。大多数州对保险公司撤销保单的权利进行了严格限制。

营销

营销(production)是指保险公司的销售和市场推广活动。销售保险的代理人通常被称为**销售人员**(producers)。之所以用这个词,是因为保险公司可以注册经营,可以雇用工作人员,可以印刷保单,但是在保单销售出去之前,它们并未生产出产品。保险公司经营取得成功的关键在于建立一支高效的销售队伍。

代理部门

人寿保险公司拥有一个代理或销售部门。该部门负责招募和培训新代理人,以及负责对总代理、分支机构经理和地方代理人的监督。

财产和意外保险公司也建立了市场推广部门。为了辅助该领域的代理人,还必须任命专业代理人。专业代理人是高度专业化的技术人员,为地方代理人提供技术支持并帮助他们处理营销中出现的问题。例如,专业代理人会向代理人解释新保单或专门的费率计划。

除了建立高效的销售队伍之外,保险公司还要开展多样的市场推广活动。这些活动包括建立营销哲学和对公司在市场中地位的认识,明确短期和长期业务目标,研究营销策略,开发新产品以满足消费者和企业不断变化的需求,开发新的营销策略,制作公司产品的广告。

销售专业化

近年来,保险的市场推广有一个职业化发展的明显趋势。这意味着现代代理人应当是有能力的专业人士,在特定保险领域具有专业知识,并把客户需求放在个人利益之前。专业代理人要识别潜在被保险人,分析其保险需求,为满足其需求向他们推荐保险产品。在销售之后,代理人还要负责提供个人服务,使他们的保险计划不断更新。最后专业代理人还要遵守职业道德。

一些组织为代理人和保险业其他从业人员设立了职业认证计划。在人寿和健康保险中,美国学院设立了**职业特许寿险核保人**(Chartered Life Underwriter,CLU)计划。人们必须通过多门专业考试才能获得特许寿险核保人资格。

美国学院也为在金融服务行业工作的人们授予**注册财务顾问**(Chartered Financial Consultant,ChFC)资格。要取得注册财务顾问资格,学生们还要通过一系列专业考试。

财产和意外保险领域也有类似的职业资格认证。美国**特许财险与意外险核保人协会**(CPCU)建立了特许财险与意外险核保人(Chartered Property Casualty Underwriter,CPCU)计划。特许财险与意外险核保人计划也要求从业人员通过专业考试。

其他职业在保险行业也很重要,许多财务规划师也具有保险代理人资格。**注册财务规划师**(Certified Financial Planner,CFP)资格由注册财务规划师标准委员会授予。许多财产和责任保险代理人已经获得了由国家保险教育研究联合会授予的**注册保险顾问**（Certified Insurance Counselor，CIC）资格。

理赔

每一个保险公司都设立了理赔部门来应对索赔。这一部分内容将考察理赔的基本目标、理赔人员的不同类型以及理赔过程的不同阶段。

理赔基本目标

从保险公司的角度来看，理赔有如下几个基本目标。①
- 查证已发生的承保损失
- 公平快速支付索赔
- 为被保险人提供个性化援助

理赔的第一个目标是查证已发生的承保损失。这一步包括确定特定的人或财产是否是保单保障对象以及保障范围。这一目标将在后面详细讨论。

第二个目标是公平快速支付索赔。如果有效索赔被拒绝，保障被保险人的社会功能和契约目标就失效了，保险公司的声誉也会受损，新保单的销售就会受到负面影响。公平支付意味着，保险公司应当避免超额理赔，拒绝支付欺诈索赔，因为它们将导致较高的保费支出。

各州都通过了禁止不公平索赔的法令。这些法令模仿了《美国保险监督官协会的现代法案》（National Association of Insurance Commissioners' Model Act）。被这些法令禁止的不公平理赔行为包括：②
- 在没有进行合理性调查之前拒绝支付索赔。
- 在责任明确的情况下，没有表现出足够的诚意，提供快速、公平、公正的理赔。
- 强迫被保险人或受益人提起诉讼，使其通过诉讼获得的赔付远低于保单规定的赔偿额。

第三个目标是在被保障损失发生后为被保险人提供个性化援助。除了合同责任之外，损失发生后，保险公司还应当提供个性化援助。例如，理赔人应当在火灾发生后帮助受灾家庭找到临时住所。

理赔员类型

负责理赔的人员被称为**理赔员**（claims adjustor）。理赔员的主要类型包括：
- 保险代理人
- 公司理赔员
- 独立理赔员

---

① 有关理赔的更多信息参见 Bernard L. Webb, et al., *Insurance Operations and Regulation*, 1st ed. (American Institute for Chartered Property Casualty Underwriters/Insurance Institute of America, 2002), chs. 13-15.

② Webb, et al., pp. 13.48-13.49.

- 公估人

保险代理人（insurance agent）有权利在一定限额以下处理小额单方索赔（first-party claims）。单方索赔是指由被保险人向保险公司提请的索赔。被保险人直接向代理人提出索赔，代理人有权支付一定额度的索赔。这种理赔方法有几个优点：速度快，降低协调成本，并维持保单持有人对公司的良好印象。

公司理赔员（company adjustor）可以进行理赔。理赔员通常是只代表一家公司的带薪雇员。在接到损失通知之后，公司理赔员将调查索赔，确定损失数额，安排支付。

独立理赔员（independent adjustor）也可以进行理赔。独立理赔员是一个组织或个人，他们提供理赔服务并收取一定费用。理赔员都是训练有素的。他们全职从事理赔工作。在某一个区域发生巨灾损失时，例如飓风，财产险公司通常会聘请大量的独立理赔员。在同一时间，如果索赔太多，它们也会采用这一方式。

此外，公司在一些索赔数额较低的区域使用独立理赔员，因为其业务规模不足以支付建立雇用全职理赔员的分支机构的费用，此时也会聘请独立理赔员。

公估人（public adjustor）也参与理赔。但是公估人代表被保险人而不是保险公司的利益，并根据理赔数量收取费用。如果损失情况复杂，需要技术支持，被保险人就需要聘请公估人。在被保险人和保险公司无法解决索赔争端的时候也会聘请公估人。

理赔的步骤

在理赔的过程中有几个重要的步骤：
- 必须出具损失通知。
- 对索赔进行调查。
- 要求提供损失证明。
- 做出关于赔付的决定。

损失通知 第一步是通知保险公司发生了损失。在保单中一般都有关于通知的条款。典型的条款要求被保险人在损失发生后立刻或尽可能早地通知保险公司。例如，屋主保单要求被保险人立刻通知保险公司，医疗费用保单要求被保险人在损失发生的 30 天内，或损失发生后尽可能早的时间内通知保险公司，个人汽车保险保单要求保险公司必须迅速被告知发生意外或损失的时间、地点和情形。通知还必须包括所有受伤人员以及证人的姓名和住址。

索赔调查 在接到通知后，下一步就是对索赔进行调查。理赔员必须确定投保损失已经发生，还必须确定损失的数额。在同意理赔之前必须问一系列的问题。最主要的问题是：[1]
- 损失发生的时候保单是否有效？
- 保单是否对导致损失的风险事故提供保障？
- 保单是否为损失中的财产损毁提供保障？
- 索赔者是否有权索赔？
- 损失是否发生在被保障地点？
- 发生损失的类型是否享受保障？
- 是否是欺诈索赔？

---

[1] Robert I. Mehr, Emerson Cammack, and Terry Rose, *Principles of Insurance*, 8th ed. (Homewood, IL: Richard D. Irwin, 1985), pp. 616–617.

最后一个关于欺诈的问题非常重要。保险欺诈广泛存在，特别是在汽车和健康保险领域。不诚实的人常常为从未发生的身体伤害提起索赔。

填写损失证明 在支付索赔之前，理赔员要求索赔人提供损失证明。损失证明是被保险人经过宣誓证实损失已经发生。例如，在屋主保单中，被保险人被要求填写损失证明。损失证明中包括损失发生的时间和原因，被保险人和其他人在损坏的财产中保有的利益，其他保险可能保障的损失，以及保单期间内财产所有权和占有权发生的任何变化。

赔付决定 在索赔调查之后，理赔员必须做出关于赔付的决定。共有三种可能的决定：第一种是索赔可以支付。在大多数情况下，索赔会根据保单条款迅速支付。第二种是索赔被拒绝。理赔员可能认为保单并没有为该损失承保或者索赔具有欺诈性。最后，索赔可能有效，但在支付数额上被保险人和保险公司有争议。关于争议，保单条款中会注明如何解决争议。例如，如果在屋主保单中出现关于财产损失或损毁价值的争议，被保险人和保险公司都要选择有资格的评估师，然后由两个评估师进行仲裁。如果评估师无法达成一致的仲裁结果，法庭会作出判决。三方中的任意两方签订的协议适用于所有各方。

在理赔意见不一致的时候，消费者会向州保险部门提起诉讼。美国保险监督官协会（NAIC）设有一个网站，该网站允许消费者查询保险公司受指控的记录（见专栏 6.1）。

专栏 6.1

明明白白消费——在购买之前查看一下保险公司的理赔记录

消费者在寻找某家公司准确的和及时的诉讼信息时总是不那么顺利。有些州的保险部门提供关于受指控的详细信息，并基于受指控指数对在该州经营的保险公司进行评级。但是，并不是所有州都向公众提供很容易获得的诉讼数据。

美国保险监督官协会的一个网站向消费者提供了对特定保险公司指控的大量信息。美国保险监督官协会的消费者信息资源网址为 http://eapps.naic.org/cis/。该网站按照公司名称、所在州和业务种类进行分类。在确定了公司之后，点击封闭式诉讼报告。请注意该网址在美国保险监督官协会改变网站内容的时候也会发生变化。

信息的提供基于封闭式消费者指控报告。在这里可以获得四种类型的指控数据：

● 按州计算的指控数量。该类资料显示特定保险公司在各州遭受指控的总数。例如，一个在电视上做广告的全国性保险公司在 2011 年可能受到 1 172 次指控。

● 按照不同项目计算的指控数量。该类资料会列出按不同保障范围、提出指控的原因、指控最终判决等分类统计的受指控的总数。

● 指控率报告。该类资料很有价值，因为它用单一的指数将一家保险公司与国内所有保险公司进行比较。该资料将保险公司受指控数量占市场指控总量的比例与其特定保单的保费市场份额进行比较。例如，2011 年全国私人载客汽车保险中的中等指控率为 1.00。前述保险公司的得分为 0.35，这一数值低于全国中等水平。

● 诉讼数量趋势报告。该资料显示对保险公司的诉讼是增加还是减少。数据库中的信息反映了连续多年中，年与年之间指控数量变化的百分比情况。例如，所有人对前述保险公司的指控数量从 2010 年的 1 114 次上升为 2011 年的 1 172 次，增加了 5%。

诉讼数量的信息对于一些人很有价值，例如一些投保人在购买汽车、屋主或健康保险时，希望规避那些在支付索赔或向保单持有人提供其他服务上声誉不佳的保险公司。

再保险

再保险是另一个重要的保险业务。这一部分讨论再保险的含义、再保险的原因，以及不同再保险合同之间的区别。

定义

再保险（reinsurance）是最初承接保险业务的原保险公司为将该保险有关的部分或全部潜在损失转移给另一家保险公司（称为再保险公司）签订的协议。最初签订保险业务的原保险公司被称为**分保公司**（ceding company）。从分保公司接受部分或全部保险的公司称为**再保险公司**（reinsurer）。分保公司留在自己账户上的保险的数额被称为**自留限额**（retention limit）或**净自留额**（net retention）。向再保险公司分出的保险数额称为**分保额**（cession）。最后，再保险公司接着将部分或全部风险向另一家保险公司投保，这一过程被称为**转保再保险**（retrocession）。在这里，第二家再保险公司被称为**转分保接受人**（retrocessionaire）。

再保险的原因

使用再保险有很多原因。最重要的几个原因包括：
- 提高承保能力
- 稳定利润
- 减少未到期保险准备金
- 为巨灾损失提供保障

再保险也使保险公司能够从现有业务领域退出，并从再保险公司那里得到承保建议。

提高承保能力 再保险可以提高保险公司承接新业务的承保能力。公司可能被要求承担超过自留限额的损失责任。如果没有再保险，代理人不得不将大额保险业务交给几家公司或者选择不接受这一风险。这是一种困境，可能对保单持有人的利益造成损害。再保险允许原保险公司超出其全部保险自留限额销售单一保单。

稳定利润 再保险可以用于稳定利润。保险公司可能希望每年的财务不要出现大的波动。由于社会和经济环境、自然灾害和偶然事件，保险公司的损失可能会出现大幅度波动。再保险可以用于平复严重损失带来的影响。例如，再保险可以用于应对较大的风险。如果大的非预期损失发生，再保险公司将支付超过一定限额的损失。另一项合约可以让再保险公司偿付特定年度中分保公司超过特定损失比率的损失。例如，保险公司希望其损失率稳定在70%。再保险公司同意偿付分保公司超过70%并在最高限额之下的部分或全部损失。

减少未到期保险准备金 再保险可以用于减少未到期保险准备金。对于一些保险公司，特别是新成立的小型保险公司，承接大额新保单的能力将会受到未到期保险准备金的限制。**未到期保险准备金**（unearned premium reserve）是保险公司资产负债表的负债项目，代表价值评估时所有已售出保单尚未赚取的保费。实际上，未到期保险准备金反映的是预先支付的保费，但是保障期限还没有结束。随着时间的流逝，部分保费可以赚取，而其他保费则没有得到。只有在保障期限到期之后，保费才能够完全赚取。

前面曾经提到，保险公司的成长能力受到未到期保险准备金要求的限制。这是因为在签订新单的时候，所有保费必须放入未到期保险准备金账户。保险公司要以佣金、州保险费税收、承包费用、新单销售费用和其他费用的形式承担相对较重的首期获取费用。在确定未到期保险准备金的规模时，不会有对首期获取费用的补贴，保险公司必须用其盈余进行支付。保单持有人的盈余是资产与负债之间的差额。[①]

例如，1月1日签订一份保费为1 200美元的一年期财产保险保单。1 200美元保费全部放入未到期保险准备金账户。在每个月月末，赚取保费的十二分之一，即100美元，其余为未赚取保费。12月31日，所有保费完全赚取。但是，如果首年获取费用是总保费的30%，即360美元，这一金额需要从保险公司盈余中预提出来。因此业务越多，短期内提取的盈余越多。处于快速成长期的保险公司承接新业务的能力被削弱。获取费用必须提前支付，但是随着时间的推移，被冲抵掉的收入会实现。

再保险降低了法律要求的未到期保险准备金，并临时增加了保险公司盈余头寸。其结果是，保单持有者的盈余与净保费的比率得到优化。这使保险公司的业务不断增长。

为巨灾损失提供保障　再保险也为巨灾损失提供财务保障。保险公司常常因为飓风和其他自然灾害、工厂爆炸、空难以及类似事故而遇到灾难性损失。再保险可以为面临灾难损失的分保公司提供大量保障。再保险公司支付超过分保公司自留限额并在最大限额之下的部分或全部损失。

2001年9月11日的恐怖主义袭击清楚地表明再保险对保险行业的重要作用。恐怖袭击造成的世贸中心和其他建筑的损毁损失合计达到316亿美元（以2008年美元计价为395亿美元）。[②]

再保险公司支付了其中的大部分损失。国会通过2002年《恐怖主义保险法案》（Terrorism Risk Insurance Act，TRIA）提供后援支持，在未来发生恐怖主义损失超过一定水平的时候，可以向财产和意外保险公司提供联邦再保险。2007年12月，《恐怖主义保险法案》被延续7年，计划于2014年末到期。该项法规被称作《2007年恐怖主义风险保险计划再授权》（TRIPRA）。

2005年的卡特里娜飓风是另一个体现再保险重要性的例子。被保险财产损失总计411亿美元（以2010年美元计价为415亿美元）。[③] 再保险公司支付了相当大部分的损失，大幅度降低了主要承保保险公司的损失。

再保险的其他原因　保险公司也使用再保险从某些业务或特定保险产品或领域退出。再保险允许保险公司将现有保险责任转移给其他保险公司，这样保单持有人的保障仍然有效。

最后，再保险使保险公司能够获得来自再保险公司的承保建议和援助。保险公司也希望承接新的保险业务，但是却可能对承接此类保险没有什么经验。再保险公司常常会就费率、自留限额、保单保障范围和其他承保细节提供有价值的帮助。

再保险的类型

再保险有两种主要的形式：（1）临时再保险和（2）合约再保险。

临时再保险　临时再保险（facultative reinsurance）是在分保公司接到的保险申请超过自

---

① 对于股份制保险公司而言，保单持有人的盈余理论上等于资本金（原始股东投资）、盈余（股票溢价）与所有自留收益之和。而相互保险人没有资本金账户。保单持有人的盈余就是资产超过负债的部分。

② Insurance Information Institute, "Terrorism Risk and Insurance," *Issues Updates*, August 2011. 这个资源会定期更新。

③ Insurance Information Institute, *The Insurance Fact Book* 2012, p.133.

留限额时可选择的就事论事的再保险方法。再保险并非自动产生的。原保险公司与一家再保险公司为其每一个希望进行再保险的损失风险分别签订合同。但是原保险公司没有义务分出保险，而再保险公司也没有义务承接保险。但是如果找到了有意愿的再保险公司，原保险公司和再保险公司可以签订一份有效合同。

临时再保险在承接大额保险时经常使用。在接受保险申请之前，原保险公司需要确认是否可以获得再保险保障。如果可以获得且满足核保标准，就可以签订该保单。

临时再保险具有灵活性的特点，因为可以签订适合需要的再保险合同。临时再保险能够增加保险公司签订大额保单的能力。再保险通过将大额损失转嫁给再保险公司来稳定保险公司的业务。

不过，临时再保险也存在一些不足。分保公司不能预知再保险公司是否接受其部分保险。另一个不足是时滞性，因为只有在获得再保险的时候才能销售保单。最后，在出现重大损失的时候，再保险市场会趋紧，临时再保险的成本会更高，也更难获得。

合约再保险 合约再保险（treaty reinsurance）意味着原保险公司同意向再保险公司投保，再保险公司同意接受这项业务。所有属于合约范围之内的业务根据合约条款自动进行再保险。

合约再保险对于原保险公司有几个好处：自动生效、没有不确定性或时滞性。这种再保险也很经济，因为在保单签订之前不需要寻找再保险。

合约再保险对于再保险公司而言可能是无利可图的。再保险公司通常不了解每个保险申请人，必须依赖于原保险公司的承保判断。原保险公司可能接受不好的业务，然后进行再保险。再保险公司收取的保费也不充足。所以，如果原保险公司选择的风险较大或收取的费率不充足，再保险公司就会蒙受损失。但是，如果原保险公司不断向再保险公司分出无利可图的业务，分保公司会发现很难开展业务，因为再保险公司不会再承接其业务。

分担损失的方法

有两种分担损失的基本方法。（1）按比例分担；（2）超额损失分担。在按比例分担方法中，分出保险公司和再保险公司同意分担损失，保费按照一定比例计算。在超额损失分担方法中，再保险只有在承保损失超过一定水平后才支付。

以下几种分担损失的再保险方法是两种方法的例子：
- 成数分保合约
- 溢额再保险合约
- 超额损失再保险
- 再保险团体

成数分保合约 在**成数分保合约**（quota-share treaty）中，分保公司和再保险公司同意根据一定的比例分享保费和损失。分保公司的自留限额以百分比而不是美元数额的形式表现。例如，假设顶点火灾保险公司（Apex Fire Insurance）和日内瓦再保险公司（Geneva Re）签订一份成数分保合约，双方各分担保费和损失的 50%。那么，如果发生 100 000 美元的损失，顶点火灾保险公司向被保险人支付 100 000 美元，但日内瓦再保险公司为其提供 50 000 美元的再保险。

保费也按照相同的比例分享。但是再保险公司向原保险公司支付**分保佣金**（ceding commission），作为签订业务时发生费用的补偿。所以，在前面的例子中，日内瓦再保险公司收到的费用为，50% 的保费减去支付给顶点火灾保险公司的分保佣金之后的余额。

成数分保合约的主要优点是，原保险公司的未到期保费准备金得以降低。对于小型保险公司和其他希望降低占用盈余的公司来说，成数分保合约非常有效。主要的不足是，大量具有潜在收益的业务分保给再保险公司。

溢额再保险合约 在**溢额再保险合约**（surplus-share treaty）中，再保险公司同意承接超过分保公司自留限额并在一定最高限额之下的保险。自留限额是指用美元金额表示的限额。如果保单保障数额超过自留限额，超出限额并在一定最高限额之下的部分将分保给再保险公司。原保险公司和再保险公司根据各方承担的占全部保险额度的份额分配保费和损失。每一方当事人支付其应承担的损失，而不论其规模大小。

例如，假设顶点火灾保险一份保单的自留限额是200 000美元（称为界限），限额的4倍，即800 000美元，分保给日内瓦再保险公司。顶点火灾保险公司对任何单一风险的承保能力是100万美元。假设销售了一份500 000美元的财产保险。顶点火灾保险公司得到第一个200 000美元（即五分之二）的保费，日内瓦再保险公司得到剩下300 000美元（即五分之三）的保费。这一比例决定了各方当事人承担的损失份额。如果发生5 000美元的损失，顶点火灾保险公司支付2 000美元（五分之二），日内瓦再保险公司支付剩下的3 000美元（五分之三）。这份协议可以概括为：

顶点火灾保险公司	200 000美元（1份）
日内瓦再保险公司	800 000美元（4份）
总承保能力	1 000 000美元
售出500 000美元保单	
顶点火灾保险公司	200 000美元（2/5）
日内瓦再保险公司	300 000美元（3/5）
发生5 000美元损失	
顶点火灾保险公司	2 000美元（2/5）
日内瓦再保险公司	3 000美元（3/5）

在溢额再保险合约中，根据每一方自留的所有保险份额分配保费。但是，再保险公司向原保险公司支付分保佣金，弥补其获取费用。

溢额再保险合约的主要优点是，原保险公司新单承保能力得到提升。主要的不足是增加了管理费用。溢额再保险合约更为复杂，要求保持较好的记录。

超额损失再保险 **超额损失再保险**（excess-of-loss reinsurance）主要是为大额巨灾保障设计的。如果损失额超过分出保险公司的自留限额，那么由再保险公司支付部分或全部损失。超额损失再保险可以为以下内容提供保障：(1) 单一风险，(2) 单一意外事故，例如龙卷风导致的巨灾损失，或 (3) 在某一时期（例如一年）内，原保险公司积累的损失超过一定限额的超额损失。例如，假设顶点火灾保险公司想为所有超过100万美元的风暴损失提供保障。再假设，该公司与富兰克林再保险公司（Franklin Re）签订了一份超额赔款合约，为特定时间内发生的一次性事故提供保障。富兰克林再保险公司同意赔偿所有高于100万美元低于1 000万美元的损失。如果发生500万美元的飓风损失，富兰克林再保险公司支付400万美元。

再保险团体 再保险也可能由一个再保险团体提供。**再保险团体**（reinsurance pool）是联合承保的一个保险公司的组织。再保险团体的产生是因为一个公司不具备独自为大额保险提供保障的实力，但可以由多家保险公司共同承担。它们将经济能力汇总起来，从而获得必要的承保能力。例如，如果一架大型喷气式飞机坠毁，机体损失和责任风险可能超过5亿美元。这么高的额度通常超过了一家保险公司的承保能力。但是，一个航空保险再保险团体可以提供必要的承保能力。再保险团体也可以为核能源风险保险、石油开发保险、海洋保险、外国的保险和大量其他类型的风险提供保障。

分担损失和分配保费的方法取决于再保险团体的类型。团体以两种方式发挥作用。① 第一种，每一个团体成员同意为每一次损失支付一定的百分比。例如，如果一家保险公司的保单持有人发生了500 000美元的损失，在团体中有50家成员保险公司，每一家保险公司根据合约支付损失的2%（即10 000美元）。

第二种方式中的协议类似于超额损失再保险合约。每一个团体成员负责低于一定数额的自己蒙受的那部分损失。超过该数额的损失由所有团体成员共同分担。

传统再保险的替代方法

许多保险公司和再保险公司正在用资本市场替代传统再保险。财产和意外保险行业对飓风、地震和其他自然灾害带来的巨灾损失的承保能力有限。一些保险公司和再保险公司利用资本市场获得机构投资者的资本，而不是仅仅依靠保险行业有限的财务能力应对巨灾索赔。进入资本市场显著提高了支付巨灾损失的融资能力。

风险证券化

越来越多的风险证券化手段在赔偿巨灾损失时得到使用。**风险证券化**（securitization of risk）是指可保风险通过金融工具的创新转移到资本市场，例如巨灾债券、期货合约、期权合约或其他金融工具。这些工具也被称为风险关联证券，可以将保险相关风险转移到资本市场。保险公司是利用风险证券化的第一批金融机构。

巨灾债券

巨灾债券是风险证券化最好的一个例子。**巨灾债券**（catastrophe bonds）是一种公司债券，它允许债券发行人在发生巨灾损失的时候，忽略或减少利息支付。债券是保险公司和再保险公司发行的一种复杂的金融工具，为巨额自然灾害损失提供融资。此类债券支付的利率相对较高，能够帮助机构投资者实现资产多样化，因为自然灾害的发生是随机的，且与股票市场或其他经济因素没有关系。

资本市场中的机构投资者通过巨灾债券发行机构（special purpose reinsurance vehicle, SPRV）获得巨灾债券。该机构正是为了这一目的而成立的。保险公司从巨灾债券发行机构购买再保险，并向巨灾债券发行机构支付再保险保费。巨灾债券发行机构发行巨灾债券，获得从保险公司得到的保费，信托机构销售债券的收益，将投资于美国国债或其他高质量的资产。这类债券支付相对较高的利率。但是，如果巨灾损失发生，投资者可能损失掉利息，甚至损失掉本金，这取决于债券的结构。

巨灾债券一般由那些投资于高收益定息证券的机构投资者购买，个人投资者无法直接购买

---

① *Sharing the Risk*, 3rd ed. (New York：Insurance Information Institute, 1989), pp. 119-120.

这类债券。今天的保险公司只将其巨灾损失风险的很小一部分转移到资本市场上。但是，巨灾债券的重要性在逐渐增加，现在被许多人认为是传统再保险的必要补充。

投资

投资功能在保险公司经营中非常重要。因为保费预先支付，因此这笔钱可以用于投资，直到需要支付索赔或产生费用的时候。

人寿保险投资

长期以来，人寿保险公司持有的资产大幅度增加。在2010年，美国的人寿保险公司持有的资产大约为5.3万亿美元（见图表6—1）。可用于投资的资产主要来自于保费收入、投资收益和必须再投资的到期投资项目。

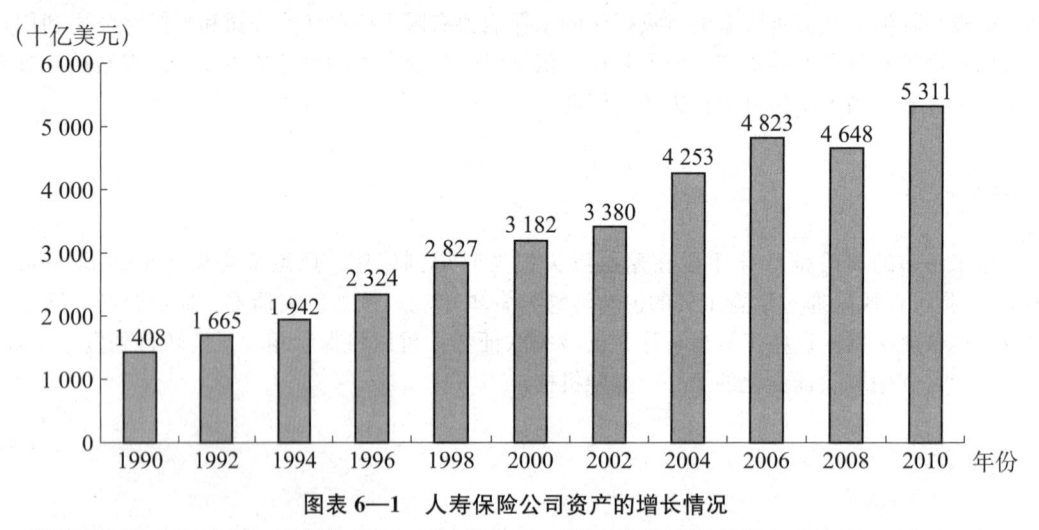

（十亿美元）

年份	资产
1990	1 408
1992	1 665
1994	1 942
1996	2 324
1998	2 827
2000	3 182
2002	3 380
2004	4 253
2006	4 823
2008	4 648
2010	5 311

图表6—1 人寿保险公司资产的增长情况

资料来源：American Council of Life Insurers，*Life Insurers Fact Book* 2011，Figure 2.1.

人寿保险将其资产分为两个账户。一般账户中的资产为保证定额给付的合同责任提供支持，例如人寿保险的死亡给付。独立账户中的资产为投资风险产品提供支持，例如变额年金、变额寿险、商业养老金等。

州法令对一般账户中资产的类型给予了一定限制。由于人寿保险产品的长期性特点，大部分资金投资于债券、抵押贷款和房地产，只有一小部分投资于股票。相反，州法令对独立账户资产投资的限制较少。所以，2010年大约有80%独立账户资产投资于股票（见图表6—2）。

由于下面几个原因，人寿保险对国家具有重要的经济和社会影响。第一，人寿保险合同是长期的，保险公司的责任延续很长时间，例如50年或60年。因此，本金的安全是寿险考虑的重要因素。所以，一般账户的投资主要在债券上。

第二，投资收益在降低保单持有人的保险成本方面极为重要，因为保费可以用于投资并赚取利息。投资的盈利反映在对保单持有人支付的红利上面，这降低了人寿保险的成本。

最后，人寿保险保费也是经济发展的一个重要的资本来源。这些资本可以投资于商贸中心、房地产开发、写字楼、医院、新厂房以及其他经济和社会投资项目。

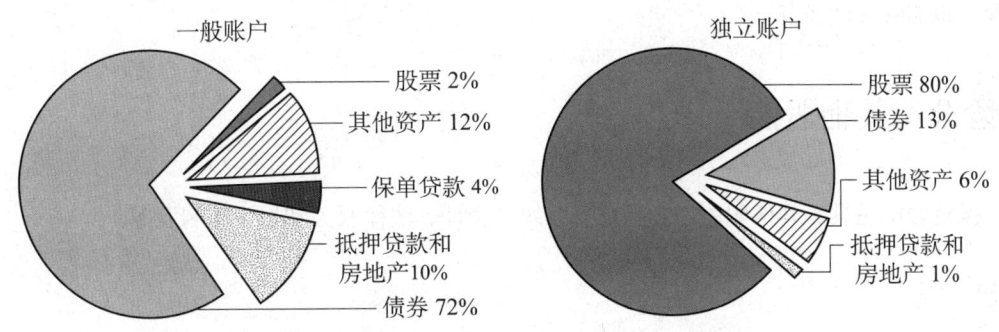

图表 6—2　2010 年人寿保险公司资产分配情况

资料来源：American Council of Life Insurers, *Life Insurers Fact Book* 2011, Figure 2.2.

财产和意外保险投资

在 2010 年，财产和意外保险公司的投资总计达到 1.32 万亿美元。[①] 大多数资产投资于证券市场，以保证在大的灾难性损失发生的时候，能够迅速销售获得收入从而对索赔进行支付。这些资产主要是质量较高的股票和债券，而不是房地产（见图表 6—3）。

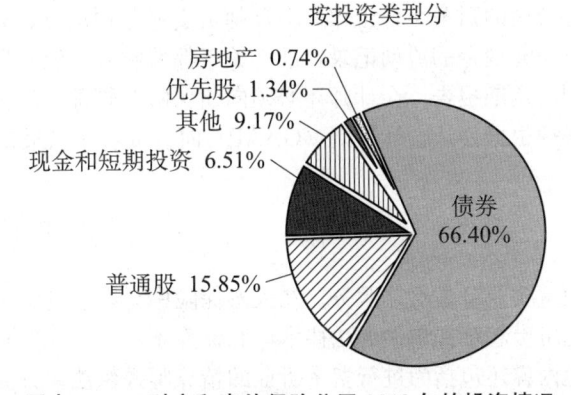

图表 6—3　财产和意外保险公司 2010 年的投资情况

资料来源：National Association of Insurance Commissioners（NAIC）Annual Statement Database, via Highline Data, LLC. Copyrighted Information. No portion of this work may be copied or reproduced without the express written permission of Highline Data, LLC. Excerpted from Insurance Information Institute, *The Insurance Fast Book* 2012, p.45.

在分析财产和意外保险公司的时候，有两点必须强调。第一，与人寿保险相反，财产保险合同本质上一般属于短期合同。大多数保单期限是一年以内的时间，财产保险理赔速度一般比较快。而且，与人寿保险索赔（数额一般是固定的）相反，财产索赔支付额度取决于巨灾损失、通货膨胀、医疗成本、建筑成本、汽车修理费用、经济状况以及社会价值判断变化等情况，其变动幅度很大。由于如上原因，投资的流动性非常重要。

第二，投资收益对于抵消不良承保业务的负面效果极为重要。资本和盈余的投资（与提取出来的损失准备金和未到期保险准备金一起）产生的收益，让保险公司在即使存在承保赤字的

---

① *The Insurance Fact Book* 2012, (New York: Insurance Information Institute), p.44.

情况下也能够继续经营。

保险公司其他职能

保险公司还具有其他职能，包括信息系统、会计、法律服务和损失控制服务。

信息系统

信息系统（information systems）在保险公司日常运作中极为重要。这些系统高度依赖于计算机和新技术。计算机为保险行业带来了一场革命，它的出现提高了处理和储存信息的速度，减少了许多日常工作。计算机广泛应用于会计、保单处理、保费通知、信息恢复、远程通讯、仿生学研究、市场分析、培训和教育、销售以及投保人服务。可以迅速获得关于保费规模、索赔、损失比率、投资和承保结果的信息。

会计

会计部门负责保险公司的财务会计工作。会计师负责财务预决算、分析公司的财务运作情况，并保留每年数百万美元现金的流动记录，准备关于保费收入、经营费用、索赔、投资收益和向投保人支付的红利的定期报告。会计师还必须向州保险监管部门填报年度经营报告。如果公司上市，会计师还必须根据公认会计准则（GAAP）向投资者提供报告。

法律服务

保险公司的另一项重要业务是法律服务。在人寿保险中，在大额保单核保和遗产规划等方面都需要律师。律师也负责起草保单中的法律术语和保险条款，并在所有新保单向公众销售之前对其进行论证。其他内容还包括为进行费率听证的精算师提供法律方面的支持，对广告和其他出版物进行评估，提供关于税收、市场营销、投资和保险法律方面的一般性法律建议，游说立法部门制定对保险行业有利的法律。

律师还必须与影响公司及其投保人的州和联邦法律所发生的变化保持同步。这些法律包括《消费者权益保护法》、《成本公开法》、《赞助性行动计划》、《真实广告法》以及类似的立法。最后，律师必须不断跟踪最新的法庭案件和判例。

损失控制

损失控制（loss control）是风险管理的一个重要组成部分，典型的财产和意外保险公司提供大量的损失控制服务。这些服务包括对警报系统、自动灭火系统、火灾预防、职业安全和健康、锅炉爆炸的预防以及为其他损失预防措施提供建议。此外，损失控制专家可以为建造新的建筑物或厂房提供有价值的建议，使其更安全、更能抵抗会导致大量费用的损失事件。损失控制专家还可以为核保员提供帮助。

案例应用

保险公司可以使用再保险解决很多问题。假设你是一位保险咨询师，需要为再保险计划或合约提供建议。请指出，在下面的每一种情况中，分保公司使用的再保险计划或合约的类型，请解释你的答案。

a. 公司 A 是一家保险公司，主要业务是为一次性意外事故导致的巨灾损失提供保障。

b. 公司 B 是一家处于快速成长期的新公司，希望通过一份再保险计划减少其承接新的大额保险业务时占用的盈余。

c. 公司 C 收到一份 5 000 万美元的人寿保险保单。该保单的保障对象是一家大公司首席执行官的生命。在保单签署之前，核保员需要确定是否能够得到充足的再保险。

d. 公司 D 希望增加承接新业务的承保能力。

本章小结

- 费率厘定是指保险定价。保险费率由精算师制定。
- 核保是指选择、分类和为保险申请定价的过程。有几个重要的核保原则，包括：
  达到一定的核保利润
  根据公司的核保标准选择预期投保人
  保单持有人之间的公平
- 在确定是接受还是拒绝保险申请的时候，核保人有几个信息来源。重要的来源包括申请材料、代理人报告、检查报告、现场检查，以及人寿保险中的体检。
- 营销是指保险公司的销售和市场推广活动。销售保险的代理人通常被称为销售人员。
- 从保险公司的角度来看，理赔有如下几个基本目标：
  查证已发生的承保损失
  公平快速支付索赔
  为被保险人提供个性化援助
- 负责理赔的人员被称为理赔员。理赔员的主要类型包括：
  保险代理人
  公司理赔员
  独立理赔员
  公估人
- 理赔要经过下面几个步骤：
  必须出具损失通知
  对索赔进行调查
  要求提供损失证明
  做出关于赔付的决定
- 由于如下几个原因需要使用再保险：
  提高承保能力
  稳定利润
  减少未到期保险准备金
  为巨灾损失提供保障
- 临时再保险是一种就事论事的操作方法。原保险公司与一家再保险公司为其每一个希望进行再保险的损失风险分别签订合同。再保险并非自动产生的。原保险公司没有义务分出保险，而再保险公司也没有义务承接保险。相反，在协议再保险中，如果业务属于协议范围之内，原保险公司必须向再保险公司分保，再保险公司必须接受分出的保险。
- 几种分担损失的再保险方法：
  成数分保合约
  溢额再保险合约
  超额损失再保险
  再保险团体
- 保险公司其他重要的业务包括信息系统服务、会计、法律服务、损失控制服务等。

重要概念和术语

精算师	超额损失再保险	再保险
巨灾债券	临时再保险	再保险团体
分保佣金	独立理赔员	再保险公司
分保公司	信息系统	自留限额（净自留额）
注册财务规划师（CFP）	保险代理人	转保再保险
注册保险顾问（CIC）	损失控制	转分保接受人
分保额	医疗信息局报告	风险证券化
注册财务顾问（ChFC）	销售人员	溢额再保险合约
特许寿险核保人（CLU）	营销	合约再保险
特许财险与意外险核保人（CPCU）	公估人	核保
理赔员	成数分保合约	未到期保险准备金
	费率厘定	

复习题

1. 费率厘定或保险定价，与其他产品定价的差异有哪些？
2. a. 对核保进行定义。
   b. 简要解释核保的基本原则。
   c. 指出核保人的主要信息来源。
3. 简要描述保险公司的销售和市场推广活动。
4. 解释理赔的基本目标。
5. 描述理赔的步骤。
6. 简要描述下面类型的理赔员。
   a. 保险代理人
   b. 公司理赔员
   c. 独立理赔员
   d. 公估人
7. a. 再保险的含义是什么？
   b. 简要解释再保险的原因。
   c. 解释"风险证券化"的含义。
8. 区分临时再保险和合约再保险。
9. 简要解释下面几种再保险合约：
   a. 成数分保合约
   b. 溢额再保险合约
   c. 超额损失再保险
   d. 再保险团体
10. 简要描述下列保险公司业务：
    a. 信息系统
    b. 会计
    c. 法律服务
    d. 损失控制

应用题

1. 德耳塔保险是一家财产保险公司。它与永安再保险公司签订了溢额再保险合约。德耳塔对任何一栋建筑的保险的自留限额为 20 万美元，以最高 9 倍限额的保障分保给永安再保险。一栋价值为 160 万美元的建筑物在德耳塔投保。保单销售出去不久，一场巨大的风暴导致该建筑物发生了 80 万美元的损失。
   a. 德耳塔支付的损失是多少？
   b. 永安再保险支付的损失是多少？
   c. 德耳塔可以为一栋建筑承保的最高限额是

多少？解释你的答案。

2. 责任保险公司承保了大量商业责任保险。一家大的建筑公司要购买1亿美元的责任保险，为其业务提供保障。责任保险与百慕大再保险（Bermuda Re）签订了再保险合同，从而使其能够立刻承接业务。在合同条款中，责任保险支付25%的损失并保留25%的保费。百慕大支付75%的损失，保留75%的保费，并扣除向责任保险支付的分保佣金。根据前面的内容，回答下面问题：

a. 什么类型的再保险合同能够最好地描述责任保险与百慕大再保险签订的再保险合同。

b. 如果发生5 000万美元的损失，百慕大再保险将支付多少？解释你的答案。

c. 为什么百慕大再保险向责任保险支付分保佣金。

3. 财产保险公司是一家新成立的财产险公司。该公司由于一种新保单而迅速成长。这种新保单将传统的屋主保险与另一种（在被保险人死亡或完全丧失劳动能力的时候，由保险支付抵押贷款）保险相结合。该公司的保费收入大幅度增加，雇用了新的代理人，并正在考虑将业务发展到周边各州。但是，法定会计准则阻碍了它的发展。该准则要求，保险公司立刻支付首年获取费用，但是不允许其将所有保费作为保费收入，直到保单满期。请说明，在这一案例中，一般情况下，再保险如何帮助财产保险公司的业务保持持续增长。

4. 费利克斯是一家大型财产险公司理赔员。珍妮是一位保单持有人，她最近通知公司，家里的房顶因为最近的一次冰雹受到了严重损伤。珍妮是房屋所有人，购买了一份没有特殊附加条款的标准屋主保险。费利克斯在公司同意支付索赔之前应该问些什么问题？

网络资源

- 美国人寿保险协会（ACLI）在法律和监管问题上代表人寿保险行业。美国人寿保险协会还以年鉴的形式出版人寿保险行业统计资料。网址为：acli.com

  美国学院是一家具有资质的非营利教育机构，主要以远程教育的方式向金融服务领域的人们提供研究生和大学教育。该组织可以授予特许寿险核保人（CLU）、注册财务顾问（ChFC）和其他职业资格。网址为：theamericancollege.edu

- 美国保险协会（AIA）是一个重要的商业协会，代表财产和意外保险公司。该网站列出了出版物以及关于财产和意外保险领域重要问题的论文。该网站还发布新闻，提供保险相关链接以及州保险专员的姓名。网址为：aiadc.org

- 美国特许财险与意外险核保人协会（CPCU）是独立的非营利组织，向从事财产和意外保险业务的所有部门中的人们提供教育计划和职业证书。该组织授予特许财险与意外险核保人证书和其他资格证书。网址为：aicpcu.org

- 保险信息协会（III）的网站是一个获取财产和意外保险行业信息的非常好的网站。该网站及时提供汽车保险、屋主保险、业务保险和其他类型财产和意外保险的信息。网址为：iii.org

- 国际寿险管理协会（LOMA）为人寿保险公司和金融服务机构提供关于管理和经营的大量信息。网址为：loma.org

- 美国国际寿险营销与调研协会（LIMRA）是寿险行业中行业销售和市场统计数据的主要来源。该网站提供关于美国国际寿险营销与调研协会以及金融服务领域等方面的新闻和信息，并提供领域广泛的出版物。网址为：limra.com

- 美国保险监督官协会（NAIC）提供针对特定保险公司受指控情况的大量信息。到美国保险监督官协会网站上可以找到消费者信息资源、公司名称、所在州以及业务类型。在找到公司之后，点击"封闭式诉讼报告"。网址为：https://eapps.naic.org/cis/

- 全美互助保险公司协会（National Association of Mutual Insurance Companies）是代表相互财产和意外保险公司的商业联盟。网址为：namic.org

- 韬睿惠悦（Towers Watson）是世界上最大的精算和管理咨询公司之一。韬睿惠悦提供关于保险行业的大量信息，并为其他组织提供关于风险融资和自保的建议。网址为：towerswatson.com

参考文献

Black, Kenneth, Jr., and Harold D. Skipper, Jr. *Life Insurance*, 13th ed. Upper Saddle River, NJ: Prentice-Hall, 2000, chs. 25–26.

Bouriaux, Sylvie and Richard MacMinn. "Securitization of Catastrophe Risk: New Developments in Insurance-Linked Securities and Derivatives." *The Journal of Insurance Issues*, Vol. 32, No. 1 (Spring 2009), pp. 1–34.

"Catastrophes: Insurance Issues," *Issues Updates*, Insurance Information Institute, April 2012. This source is periodically updated.

Cummins, J. David. "Reinsurance for Natural and Man-Made Catastrophes in the United States: Current State of the Market and Regulatory Reforms," *Risk Management & Insurance Review*, Vol. 10, No. 2 (Fall 2007), pp. 179–220.

Graves, Edward E., ed. *McGill's Life Insurance*, 8th ed. Bryn Mawr, PA: The American College 2011, chs. 17–18, 22–23.

第 7 章

保险公司的财务运作

"要成功经营一家保险企业,你就必须了解每一个投资组合的风险特性。而且,你还必须明白不可预期风险对资产负债表、损益表和现金流的影响。"

——麦克·凯斯
俄勒冈相互保险公司,总裁兼首席执行官

学习目标

学习完本章,你应当能够:

◆ 理解财产和意外保险公司资产负债表的三个主要部分:资产、负债和保单持有人盈余。

◆ 识别财产和意外保险公司的主要收入来源和费用类型。

◆ 解释如何测度财产和意外保险行业的盈利能力。

◆ 理解人寿保险公司的资产负债表和损益表,并解释如何测度人寿保险行业的盈利能力。

◆ 解释财产和意外保险行业费率厘定的目标,并讨论基本的费率厘定方法,包括调整费率、分类费率和增减法。

"那么 XYZ 保险公司是怎样陷入困境的?"董事会成员莱西·阿姆斯特朗问到。

"它在一个条件不适合的区域销售了太多财产保险,而且也没有购买再保险。去年夏天的那些狂风冰雹确实给它的保单持有人和财务报表造成了不小的打击。"ABC 保险公司总裁布莱恩·佛伦回答。

这次对话发生在 ABC 保险公司的季度董事会上。总裁佛伦提请董事会考虑收购 XYZ 保险公司。一个主要评级机构因为 XYZ 保险公司上年因为风暴蒙受的巨额损失,刚刚降低了对它的评级。XYZ 保险公司在一个州限制了对屋主保险和小企业保险的承保。ABC 保险

> 公司的大多数保险位于地震风险很显著的区域。而XYZ在那里几乎没有为地震风险承保。
> "请好好看看XYZ的财务报表,"佛伦向董事会提议,"它的投资资产组合的资产质量非常好。我们的盈利可以很容易消化掉它去年夏天的损失。一旦我们收购了这家公司,我们的代理人就将能够向XYZ的保单持有人进行跨界销售,包括提供汽车保险、伞式保险和其他XYZ没有提供的保障内容。我们将能够在承接更多保险业务的同时降低我们的地震风险。这个收购有百利而无一害的!"
> 本章讨论保险公司的财务运作方式。主要讨论的内容包括保险公司资产负债表、损益表、盈利指标和费率厘定方法。

第2章讨论了商业保险行业的两个方面:财产和意外保险以及人寿和健康保险。对保险公司财务运作的讨论也将以相同的方式展开。首先,我们考虑财产和意外保险公司以及人寿保险公司的财务报表。然后,我们讨论财产和意外保险以及人寿保险中的费率厘定。

财产和意外保险公司

要理解保险公司的财务运作就必须考察保险公司的财务报表。两个重要的财务报表分别是资产负债表和损益表。[①]

资产负债表

资产负债表(balance sheet)概括了公司拥有的(资产)、欠债(负债),以及总资产和总负债之间的差额(所有者权益)。资产负债表显示了前述各项在某一时点的值。这种财务报表被称为资产负债表是因为报表两边必须取得平衡:

总资产=总负债+所有者权益

图表7—1是ABC保险公司2012年末的资产负债表。注意公司的总资产等于公司总负债加上所有者权益(保单持有人盈余)。

图表7—1　　　　　　　　　　　　ABC保险公司

ABC保险公司资产负债表(单位:美元)
2012年12月31日

资产:		负债:	
债券	250 000 000	损失准备金	120 000 000
普通股	80 000 000	未到期保险准备金	101 000 000
房地产	20 000 000	损失调整费用	14 000 000
现金和短期投资	12 000 000	支付佣金	9 000 000
抵押担保证券	30 000 000	其他负债	11 000 000
总投资资产	392 000 000	总负债	255 000 000

---

① 本章所用的财务报表是经过简化的。在实务中,财务报表更加复杂。保险公司在为监管者提供财务报表的时候需要遵守法定会计准则。财务报表也要遵循公认会计准则(GAAP)。法定会计准则比较保守,强调的是保险公司的偿付能力。

收取保费	29 600 000	盈余和资本	
数据处理设备	400 000	缴入盈余	16 000 000
其他资产	18 000 000	任意盈余	169 000 000
总资产	440 000 000	总负债和盈余	440 000 000

资产 保险公司的主要资产是金融资产。保险公司将保费进行投资，留存金融资产收益。投资也为保险公司提供了一个重要的收入来源。与大多数保险公司一样，ABC 公司主要投资于债券，其他投资于普通股和优先股、房地产、抵押担保证券、有价证券、现金/现金等价物。上述该公司资产共计 44 000 万美元。

负债 与保险公司资产项目的相对直观相比，负债则更为复杂。根据法律要求，保险公司需要在其资产负债表上保留一定的准备金。由于保费预先支付，而保障期限延伸到未来，所以保险公司必须预先设立准备金确保收取的保费能够支付未来可能发生的重大损失。财产和意外保险公司要保留两种主要的准备金：

1. 损失准备金 损失准备金是财产和意外保险公司资产负债表中一个较大的负债项目。**损失准备金**（loss reserve）是估计的理赔成本。这些成本已经发生，但是直到估值日才支付。更准确地说，损失准备金是（1）提出索赔并进行了调整，但尚未支付，（2）提出索赔并已报备，但尚未调整，（3）索赔发生了但还没有向公司报告的估计将要发生的金额。损失准备金对于灾害保险公司特别重要，因为身体伤害和财产损毁责任索赔可能需要花费较长时间才能进行理赔，特别是在发生诉讼的时候。相反，财产保险索赔（例如撞车和其他物理损毁索赔以及屋主保险索赔）的处理更快，这样财产保险公司的损失准备金相对较少。ABC 保险公司的损失准备金为 12 000 万美元。

财产和意外保险的损失准备金可以分为案例准备金、基于损失率方法的准备金、已发生未报告准备金。

案例准备金（case reserve）是指在索赔报告时，为每一件索赔提取的损失准备金。确定案例准备金的主要方法包括下面几种：判定法、均值法和表值法。[①]

● 在判定方法中，为每一起索赔设立索赔准备金。损失准备金的数额根据理赔人员的判断或计算机计算的结果确定。许多保险公司运用按照某种规则编制的计算机程序计算损失准备金的规模。输入索赔的详细信息，计算机就能够计算出需要的损失准备金。

● 使用均值法的时候，每一件索赔价值都被赋予均值。这种方法在索赔数量很大，但平均索赔数额相对较少的时候使用。汽车物理损毁索赔经常根据这种方法提取损失准备金。

● 在表值法中，索赔的损失准备金由支付数额决定。支付数额基于生命预期、丧失劳动能力持续时间、受益人再婚和类似因素确定。该方法常用于为包括永久丧失劳动能力、部分永久丧失劳动能力、遗属抚恤金以及类似索赔设立准备金。这种损失准备金之所以称为表值法准备金，是因为权益期持续时间基于死亡率、发病率和再婚率表格中的数据确定。

刚才讨论的案例准备金是为单个索赔案件设立的准备金。相反，**损失率方法**（loss ratio method）则是为特定保险产品设立总损失准备金的方法。在损失率方法中，一个基于预期损失率的公式可用于评估损失准备金。预期损失率乘以一段时期内已赚保费得到预期最终损失。将

[①] 关于损失准备金的详细讨论，请参考 Bernard L. Webb, et al., *Insurance Operations and Regulation*, 1st ed. (Malvern, PA: American Institute for Chartered Property Casualty Underwriters/Insurance Institute of America, 2002), ch. 12.

当期支付的损失和损失调整费用，从预期最终损失中扣除，得到当期损失准备金。损失率方法可以应用于某些保险产品，例如工人补偿保险，这种产品的预期损失率在已赚保费的65%~75%之间。

有些损失发生在会计期间末，但是直到下一个会计年度才报告。**已发生未报告准备金**（incurred-but-not-reported，IBNR）是必须为已经发生但还没有向保险公司报告的索赔提取的准备金。例如，一些意外事故可能会在会计期间的最后一天发生。这些损失的准备金是必需的，但这些损失直到下一个会计年度才会报告。

2. 未到期保险准备金　**未到期保险准备金**（unearned premium reserve）指的是，进行估值时的所有未决保单总保费中未到期部分保费的负债项目。法律要求保险公司在保单首次签署时，将所有保费记入未到期保险准备金项目，续期保费也放入相同的准备金账户。ABC保险公司的未到期保险准备金是10 100万美元。

未到期保险准备金的目的是用于赔偿整个保单期限内发生的损失。保费预先支付，但是保障期限延伸至未来。为了确保支付保单所有人的未来损失，必须提取未到期保险准备金。

为了在保障撤销的时候向保单持有人返还保费，也需要设立未到期保险准备金。如果保险公司撤销保单，那么必须将未到期的保费按照比例返还给保单持有人，那么未到期保险准备金必须充足，从而保证在撤销保单的时候，能够返还保费。

最后，如果一笔业务进行再保险，未到期保险准备金是计算向再保险公司支付资金的依据，向再保险公司支付的保费是在合同期内为保单提供再保险所必需的资金。但是在实践中，向再保险公司支付的数额可能远低于未到期保险准备金，因为再保险公司不必支付获取保单时的首期获取费用。

有几种方法可用于计算未到期保险准备金，这里只介绍一种。在**年比例分配法**（annual pro rata method）中，假设保单均在一年中签订。为了确定未到期保险准备金，假设所有保单都在7月1日（平均销售日期）签订的。那么，在12月31日，所有一年期保单的未到期保险准备金是这些保单保费的一半。两年期的未到期保险准备金是保费收入的四分之三，三年期保单的未到期保险准备金是保费收入的六分之五。

其他负债项目也应当提一下，包括与支付未偿索赔相关的成本。ABC保险公司估计支付未偿索赔的**损失调整费用**（loss-adjustment expenses）为1 400万美元。其他重要的负债项目包括向代理人支付的销售ABC产品的佣金和向政府支付的税收。

保单持有人盈余　**保单持有人盈余**（policyholder's surplus）是保险公司资产和负债的差额。这一数字不是直接计算出来的，是资产负债表的平衡项目。如果保险公司从其资产中支付所有负债，剩余的部分就是保单持有人盈余。ABC保险公司的实收资本和盈余合计18 500万美元，是公司总资产的42%。

盈余可以被认为是在负债超过预期时可以依赖的用于缓冲的资金。前面提到，损失准备金是对未来损失的估计，但是实际损失很有可能超过估计的数值。显然，保险公司盈余头寸越高，对其保单持有人越安全。盈余代表投资者的实收资本加上保险经营和投资产生的留存收益。盈余的水平也是保险公司可承接新业务数额的一个重要决定因素。[①]

[①] 在法定会计准则中，费用即时产生，而保费要经过一段时间才能赚取。因为获取费用必须立刻收取，所以对于任何保单而言，保险公司都立刻处于负头寸。也可以从杠杆视角来考虑盈余。显然，每1美元盈余承保的份额越多，保单所有人的杠杆作用越大。

损益表

损益表（income and expense statement）概括了特定时期内获取的收入和支付的费用。图表7—2是ABC保险公司2012年的损益表。

图表7—2　　　　　　　　　　　ABC保险公司

ABC保险公司损益表（单位：美元）
2012年1月1日—2012年12月31日

项目	金额	小计	合计
收入：			
承保保费*	206 000 000		
已赚保费		205 000 000	
投资收益：			
利息	14 000 000		
红利	2 400 000		
租金收益	600 000		
证券销售收益	1 000 000		
总投资收益		18 000 000	
总收入			223 000 000
费用：			
净损失发生额	133 600 000		
损失调整费用	14 000 000		
总损失和损失调整费用		147 600 000	
佣金	18 000 000		
保费税	5 050 000		
总保费费用	41 590 000		
总承保费用		64 640 000	
总费用			212 240 000
税前净收入			10 760 000
联邦所得税			3 260 000
净收益			7 500 000

＊承保保费反映了会计期间内生效的保险保障。

收入　收入是公司可以视为所得的现金流入。保险公司两个主要的收入来源是保费和投资收益。在讨论未到期保险准备金的时候曾经提到，直到保费支付期结束，保费都不能作为收益。损益表中的承保保费反映了当年记入报表的保险保障所收取的保费。**已赚保费**（earned premiums）代表已经提供了保险保障的那部分保费。保费是为在特定时期获得保险而预先支付的，随着时间的变化，保险公司"赚取"保费，根据保险会计规则能够将其作为收入。

第二个主要收入来源是投资收益。给定ABC的债券资产组合规模，利息收入就是其投资收益的主要来源。公司还获得持有股票的红利收入，及其拥有的房地产的租金收入。公司也会以高于最初购买价格销售一些证券，实现资本收益。公司2012年的总收入是22 300万美元。

费用　公司的费用部分冲抵了部分收入。费用是企业的现金流出。ABC保险公司的主要费用是损失调整费用和发生的承保损失。2012年，公司支付13 360万美元损失和1 400万美元损失调整费用，总计14 760万美元。

承保费用是另一种主要的费用。这些费用由佣金（ABC保险公司向销售该公司产品的代理人支付的费用）、保险费税和一般性保险费用构成。2012年，这些项目合计6 464万美元。ABC保险公司2012年的总费用是21 224万美元。

公司的应税所得（总收入扣除总费用）为1 076万美元。公司支付联邦所得税326万美元。公司税后净收入为750万美元。这些钱可以以红利的方式返还给股东，也可以用于增加投资。如果用于投资，公司的总资产相对于总负债就会增加，保单持有人的盈余将会上升。

利润或损失的测度

测度保险公司绩效的一种方法是考察公司核心业务做得怎么样，承保风险控制得如何。[①] 可以使用保险公司损失率作为测度的一个简单方法。损失率（loss ratio）是发生的损失加损失调整费用与已赚保费的比率。计算公式和ABC保险公司的损失率的计算在下面列出：

$$损失率 = \frac{发生损失 + 损失调整费用}{已赚保费}$$

$$= \frac{147\ 600\ 000}{205\ 000\ 000}$$

$$= 0.720$$

单个保险产品的损失率以及公司的总损失率可以确定。损失率经常在65%～75%的范围内，但是保险公司在保险保障期开始时并不知道最终的损失率是多少。

第二个重要的绩效测度指标是费用率。**费用率**（expense ratio）等于公司承保费用除以承保保费。ABC保险公司的费用率是：

$$费用率 = \frac{承保费用}{承保保费}$$

$$= \frac{64\ 640\ 000}{206\ 000\ 000}$$

$$= 0.314$$

与损失率一样，单个保险产品和公司的总费用率可以确定。承保费用包括获取成本（佣金）、一般性支出和承保成本。一些项目，例如个人保险产品，承保的费用较低，大的商业承保业务的承保费用较高。显然，保险公司希望费用率低一些。费用率一般为25%～40%。

要对承保绩效进行全面测度就需要计算综合比率。**综合比率**（combined ratio）等于损失率和费用率之和。[②] ABC保险公司的综合比率是1.034：

$$综合比率 = 损失率 + 费用率$$

$$综合比率 = 0.720 + 0.314 = 1.034$$

综合比率是测度承保盈利能力最常用的指标。如果综合比率超过1（或100%），表示存在

[①] 这一部分可参考 Eric A. Wiening, *Foundations of Risk Management and Insurance*, 1st ed., Malvern, PA: American Institute for Chartered Property Casualty Underwriters/Insurance Institute of America, 2002. 在准备这一部分的时候，作者大量引用了该书第5章，特别是第5.21节到第5.26节的内容。

[②] 观察敏锐的读者可能注意到损失率和费用率中的分母不同，损失率的分母是已赚保费，而费用率的分母是承保保费。这个版本的综合比率被称为"以交易为基础"的综合比率。第二个版本是"法定"综合比率，分母使用的都是已赚保费。尽管法定综合比率在数学上是正确的，但是以交易为基础的综合比率更适合测度损益。

承保损失。如果综合比率小于 1（或 100%），表示存在承保利润。就 ABC 保险公司的情况来说，公司每收取 100 美元保费，就要在索赔和费用方面支出 103.40 美元。

现在回忆一下保险公司持有的资产。保险公司在债券、股票、房地产和其他投资项目中的投资会带来投资收益。财产和意外保险公司可以在承保业务上亏损，但是如果投资收益能够抵消承保损失，仍然会有正的净收益。**投资收益率**（investment income ratio）是净投资收益与已赚保费之比。计算公式和 ABC 保险公司的投资收益率为：

$$投资收益率 = \frac{净投资收益}{已赚保费} = \frac{18\,000\,000}{205\,000\,000} = 0.088$$

要确定公司的整体绩效（承保业务和投资）就要计算总体经营比率。**总体经营比率**（overall operating ratio）等于综合比率减去投资收益率。ABC 公司的总体经营比率如下：

$$总体经营比率 = 综合比率 - 投资收益率 = 1.034 - 0.088 = 0.946 \text{ 或 } 94.6\%$$

乍看之下，扣除投资收益率是不正确的。但是，综合比率超过 100% 表明存在承保损失，而投资收益将会减少或完全抵消承保损失。ABC 保险公司的综合比率是 103.4%。公司的投资收益是 8.8%，计算总体经营比率得到 94.6%。由于总体经营比率低于 100%，所以该公司总体上是盈利的。如果总体经营比率超过 100%，就意味着投资收益不足以抵消承保损失。

最近的承保收益

第 4 章提到过，在 1980—2011 年间，财产和意外保险行业的综合比率低于 100% 的只有三年。在 2006 年和 2007 年，综合比率分别为 92.4% 和 95.6%，创造了承保利润的新纪录。但是 2008 年综合比率重新上升到超过 100%，达到 105.2%，2011 年为 108.2%。2011 年的综合比率是 2001 年以来的最高值。承保亏损产生于被保险人损失和上升的损失调整费用。尽管从 2010 年到 2011 年净投资收益是上升的，但保单持有人的收益是下降的。[①]

财产和意外保险行业一直以来的利润都不高。在大多数时间里，该行业的盈利情况都低于不同产业集团的基准值。在过去十年中，总体盈利状况最好的两年分别是 2006 年和 2007 年，当时财产和意外保险行业产生了具有竞争力的回报。[②] 专栏 7.1 讨论了长期以来，财产和意外保险相对于一些领先行业的利润情况。

专栏 7.1

财产和意外保险行业的利润怎么样？

财产和意外保险行业在盈利方面落后于其他大多数行业。根据 GAAP 会计准则，在 2001 年到 2010 年间，只有三年时间，财产和意外保险行业的收益率高于人寿保险行业。与其他几个行业在 2001 年到 2010 年间连续多年收益率达到两位数的情况相比，按照法定会计准则计算，财产和意外保险行业仅 2005 年到 2007 年的收益率达到两位数，而按照 GAAP 会计准则核算则仅在 2006 年、2007 年达到两位数。即使银行系统在经历了金融危机的情况下，2009 年也只是财产和意外保险公司在 2001 年到 2010 年间唯一一次在 GAAP 核算基础上的收益率超过商业银行的收益

[①] Combined ratios were provided by 2012 *Best's Aggregates and Averages—Property and Casualty*, p. 368. The investment income increase and surplus decline are from pages 80 and 81 of the same publication.

[②] As shown in the table on page 39 of *The Insurance Fact Book* 2012 (New York：Insurance Information Institute).

率。财产和意外保险行业在2010年和2011年经历了法定承保损失,综合比率超过了100%。

资料来源:*The Insurance Fact Book* 2012,New York:Insurance Information Institute,p. 39. and *Best's Aggregates and Averages—Property/Casualty*,2012,p. 368,A. M. Best Company.

人寿保险公司

资产负债表

人寿保险公司资产负债表类似于财产和意外保险公司。下面的讨论着重于它们的主要区别。

资产 与前面对财产和意外保险公司的讨论类似,人寿保险公司资产主要是金融资产。但是,财产和意外保险公司资产和人寿保险公司资产有三个主要区别。第一个主要区别是投资的平均持续时间。配比原则(matching principle)是指,企业资金来源的到期时间应当与资金的使用相匹配。大多数财产和意外保险合同时间相对较短,常常是一年或六个月。但是,终身寿险合同可能有效40年或50年。正如配比原则所指出的,人寿保险公司的投资平均来说,应当长于财产和意外保险公司投资的持续时间。注意,人寿保险公司与财产和意外保险公司相比,更多投资于债券、抵押贷款和房地产。财产和意外保险公司更多强调流动性,所以持有的现金和有价证券更多。

第二个主要区别是现金价值人寿保险中所包含的储蓄元素。随着时间的变化,终身寿险保单将具有储蓄的性质,这称为现金价值。而保单持有人可以将这笔资金借出。如果保单持有人借出现金价值,人寿保险公司必须放弃这笔资金带来的投资收益。人寿保险公司对保单贷款收取利息,这笔带息资产在人寿保险公司资产负债表上被称为"合同贷款"或"保单贷款"。从保单所有人的角度来看,它可以被看作是应收账款。

财产和意外保险公司与人寿保险公司在资产方面的第三个主要区别是,人寿保险公司有独立账户资产。为了保障保单所有人的利益,州法令对人寿保险公司的总投资给予了限制。独立账户投资不受这些限制的约束。人寿保险公司为支持利率敏感型产品设立独立账户,例如变额年金、变额人寿保险和变额万能人寿保险。

负债 保单准备金是寿险公司主要的负债项目。在采取平准保费方法的现金价值人寿保险中,早期几年中支付的保费高于最终的死亡给付,从而后期的保费不足以支付死亡给付。合同早期超额收取的保费需要用于未来向保单所有人的受益人支付死亡保险金。早期支付的超额保费产生了保单准备金。保单准备金是资产负债表中的负债项目,必须用等额资产冲抵。保单准备金之所以被认为是负债项目,是因为它们承担保险公司支付未来发生的保险金的责任。在遇到与计算准备金的保险精算假设一致的情况时,保险公司持有的保单准备金加保费和未来的利息收入使保险公司能够支付未来发生的保险金支出。保单准备金常被称为法定准备金,因为州保险法令明确规定了计算准备金的最低标准。人寿保险准备金将在第13章的附录中更为详尽地讨论。

讨论一下另外两种人寿保险公司准备金将是有益的:以存款形式持有的准备金和资产估价准备金(asset valuation reserve,AVR)。[①] **以存款形式持有的准备金**(reserve for amounts held

---

[①] 参见 Kenneth R. Black,Jr. and Harold D. Skipper,Jr.,*Life Insurance*,13th ed.(Upper Saddle River,NJ:Prentice Hall,2000),pp. 914-915 for a discussion of these and other life insurer policy reserves.

on deposit）是一项负债，代表欠保单持有人和受益人的资金。由于人寿保险业务的性质，保险公司以现金作为持有资金的形式很常见，这种方式方便后期向保单持有人和受益人支付。例如，受益人可能对人寿保险保单选择定期或定额理赔，保单持有人也可能选择累积红利。

前面曾经提到，法定会计准则强调保险公司的偿付能力。正因为如此，人寿保险公司的盈余头寸很严格。但是，盈余在很大程度上由保险公司持有的资产价值决定。如果资产主要是金融资产，它们的价值就存在很大的波动性。**资产估价准备金**（asset valuation reserve）是设计用于消除由利率变化导致的资产价值的波动的法定账户。这种准备金的作用是平滑公司长期的报告盈余。

保单持有人盈余 与财产和意外保险公司一样，保单持有人盈余是寿险公司的总资产和总负债之间的差额。由于人寿保险行业的长期性、保守的长期投资和寿险行业中巨灾损失风险较低等特点，人寿保险行业的保单持有人盈余比财产和意外保险行业更稳定。

损益表

人寿保险公司的损益表类似于财产和意外保险公司的损益表。人寿保险公司的主要收入来源是各种产品销售的保费收入（例如，普通人寿保险、团体人寿保险、年金和健康保险等）和投资收益。与财产和意外保险公司一样，投资收益可以以定期现金流（利息、红利和租金）和已实现的资本利得或损失的形式出现。

与财产和意外保险公司类似，保险金赔付是人寿保险公司的主要支出。保险金赔付包括支付给受益人的死亡保险金，支付给年金领取人的年金，支付给保单持有人的到期养老保险金，以及健康保单规定支付的保险金（医疗保险金和残疾收入支付）。向那些选择终止其现金价值人寿保险保障的保单所有人支付的生存保险金，这是寿险公司的另一种支出。另外还有增加的准备金，一般保险费用，代理人佣金，保险费税以及主要支出之外的费用。

人寿保险公司在支付红利和税收之前的经营净收益等于保险公司的总收入减去保险公司的总支出。人寿保险公司的**净经营收益**（net gain from operations）（也称为净收入）等于总收入减去总支出、保单所有人红利和联邦所得税。

财务绩效的测度

有很多标准可以用于测度人寿保险公司的财务绩效。例如，可以将税前或税后净收入与总资产对比。另一种测度方法为保单持有人盈余的回报率。这一指标与股本收益率（ROE）类似。使用这一测度指标，寿险行业与财产和意外保险行业相比，在过去波动较小的十年中，有七年的回报率都是较高的。[①]

财产和意外保险的费率厘定

由于保险行业的竞争，保险公司如何制定费率很重要。在考察财产和意外保险费率厘定的

---

① As shown in the table on page 39 of *The Insurance Fact Book* 2012，New York：Insurance Information Institute.

方法之前，需要讨论费率厘定的目标。

费率厘定的目标

费率厘定，或保险定价，有几个基本目标。因为保险费率，主要是指财产和意外保险费率，受到州政府的监管，必须符合一些法令和监管的要求。同时，为了实现利润率目标，一些业务目标必须予以强调。所以，费率厘定的目标可以分为两类：监管目标和业务目标。

监管目标 保险的监管目标是为了保障公众的利益。州政府制定了费率法规，要求保险费率符合一定的标准。通常，保险公司执行的费率必须充足，不能超额定价，不能歧视性定价。

第一个监管要求是费率必须充足。这意味着保险公司收取的费率必须足够高，以支付所有损失和费用。如果费率不充足，保险公司可能会破产而无法支付索赔。其结果是保单所有人、受益人和第三方利益相关人的利益受损。但是判断费率是否充足很复杂，因为保单在销售的时候，保险公司不知道实际成本怎样。保费预先支付，但无法确定在保险期间内，这些保费是否足以支付所有索赔和费用，只有在保障期结束之后，保险公司才能确定实际损失。

第二个监管要求是费率不能超额定价。也就是说，费率不能太高，不能高到被保险人支付的比受到保障的财产的实际价值还高。超额定价的保险是不会受到大众欢迎的。

第三个监管要求是费率不能歧视性定价。也就是说，损失和费用类似的承保风险所适用的费率不应该有很大区别。[①] 例如，考虑两个30岁的男子，他们有相同的邻居，每个人都拥有一辆新型轿车，驾驶记录都很好。如果他们从同一家保险公司购买相同保险产品，他们支付的保费应该是相同的。但是，如果损失风险存在显著差别，那么执行不同的费率就是公平的。考虑另外两个购买汽车保险的人。第一个是45岁，驾驶记录很好，驾驶一辆开了4年的轿车。第二个人20岁，驾驶一辆新的跑车，因超速驾驶和闯红灯曾被拘捕两次。在这种情况下，第二个人购买保险时，适用较高的保费是比较公平的，因为他发生损失的概率更高。

业务目标 保险公司在制定费率的时候也要考虑业务目标。费率制度应该实现下面所有目标：简单、敏感、稳定，并鼓励损失控制。[②]

费率制度应当很容易理解，从而让销售人员可以用最少的时间和支出成本进行报价。这在个人保险产品市场中非常重要，因为较低的保费无法抵消为准备保费报价而支出的大量精力和费用。此外，商业保险购买人要知道他们支出的保费是如何决定的，从而使他们能够采取行动减少他们的保险成本。

费率在短期内应该保持稳定，以保证消费者的满意度。如果费率迅速改变，保险消费者就会变得愤怒和不满意，他们就会要求政府控制费率并执行政府保险计划。

费率应当对变化的损失风险和经济状况敏感。为了实现费率充足的目标，费率在损失风险增加的时候也应当提高。例如，在城市发展的时候，汽车保险费率应当提高，以应对越来越严重的交通问题和不断增加的汽车事故。类似地，费率应该反映经济状况的变化。也就是说，如果通货膨胀导致责任风险增加，责任保险费率应当提高以反映这一趋势。

最后，费率系统应该鼓励损失控制行为。损失控制是为了降低损失发生的频率和严重程

[①] Robert J. Gibbons, George E. Rejda, and Michael W. Elliott, *Insurance Perspectives* (Malvern, PA: American Institute for Chartered Property Casualty Underwriters, 1992), p. 119.

[②] Bernard L. Webb, Connor M. Harrison, and James J. Markham, *Insurance Operations*, 2nd ed., Vol. 2 (Malvern, PA: American Institute for Chartered Property Casualty Underwriters, 1997), pp. 89-90.

度。这点很重要，因为损失控制能够保持保险承保能力，利润也可以稳定下来。读者在后面会看到，一些费率制度为被保险人的损失控制提供了很有效的财务激励。

费率厘定的基本定义

读者应当对费率厘定中广泛使用的一些术语很熟悉。**费率**（rate）是每单位保险的价格。**风险单位**（exposure unit）是保险定价中使用的测度单位。它随着保险产品的不同而不同。例如，在火灾保险中，一个风险单位是100美元的保障，在产品责任保险中是1 000美元的销售保障，在汽车碰撞保险中是1车年（1 car-year）保障，即为1辆投保汽车提供1年的保障。

纯粹保费（pure premium）是指支付损失和损失调整费用那部分保费。**附加保费**（loading）是附加于纯粹保费之上的，必须追加的用于支付费用、利润以及意外事件的保费。**毛费率**（gross premium）由纯粹保费和附加保费组成。最后，由被保险人支付的毛保费由毛费率乘以风险单位得到。也就是如果财产保险的毛费率是每100美元10美分，价值500 000美元的建筑的毛保费就是500美元。

费率厘定方法

在财产和意外保险领域有三种基本的费率厘定方法：判断、分类和增减法。增减法依次可以分解为表定费率、经验费率、追溯费率。所以，基本费率厘定方法可以很方便地分为如下几类：[①]

判断费率法
分类费率法
增减费率法
　　表定费率
　　经验费率
　　追溯费率

判断费率法　判断费率法（judgment rating）是指每一个风险单独评估，费率主要依靠核保人的判断来确定。在损失风险种类很多以至于无法计算分类费率的时候，或者无法得到可靠的损失统计数据的时候，经常使用这种方法。

判断费率法在一些海洋运输保险和内陆水运保险中得到广泛应用。因为航海船只、港口、货船和水上交通工具种类很多，所以一些海洋运输保险费率主要出于核保人的判断。

分类费率法　财产和意外保险费率厘定的第二种类型是分类费率法。今天使用的大多数费率是分类费率。**分类费率法**（class rating）是指具有类似特征的风险被放置于同一类别中，每一个都执行相同的费率。使用的分类反映了每一类风险平均损失情况。分类费率法的根据是，假设被保险人未来发生的损失主要由相同的因素引起。例如，屋主保险的主要分类因素包括建筑材料、房屋使用时间、保障设施（例如，烟雾探测器和灭火器）。新建造的具有保障设施的砖石结构房屋不会和老式的缺乏保障设施的木质房屋处于相同的承保类别中。

---

① 有关基本费率厘定的讨论参见 Webb et al., Chs. 10 and 11. 还可参见 Bernard L. Webb, J. J. Launie, Willis Park Rokes, and Norman A. Baglini, *Insurance Company Operations*, 3rd ed., Vol. 2 (Malvern, PA: American Institute for Property and Liability Underwriters, 1984), chs. 9 and 10.

分类费率法的主要优点是应用简便。而且，它可以迅速找到保费报价。正因如此，这种方法对于个人保险产品市场非常理想。

分类费率法也称为手册费率法。分类费率法在屋主保险、私人汽车乘客保险、工人补偿保险以及人寿和健康保险中应用广泛。

有两种确定分类费率的基本方法：**纯粹保费方法**（pure premium method）和**损失率方法**（loss ratio method）。

1. **纯粹保费方法**。前面提到，纯粹保费是毛费率中用于支付损失和损失调整费用的部分。纯粹保费的计算可以通过用投保损失和损失调整费用的美元价值除以风险单位数量得到。发生的损失包括会计期间内支付的所有损失，加上为了支付未来发生的损失（在相同时间内已经发生的损失）而提取的准备金的数额。投保损失包括所有发生在会计期间内的损失，而不论在期末是否支付。损失调整费用是同一会计期间内公司用于调整损失而发生的支出。

为了说明纯粹保费如何计算，我们假设在汽车碰撞保险中，500 000 辆属于同一承保类别的汽车在一年的时间中，发生的投保损失和损失调整费用为 3 300 万美元，纯粹保费是 66 美元。这可以以下面方式予以说明：

$$纯粹保费 = \frac{发生损失和损失调整费用}{风险单位数量} = \frac{33\,000\,000}{500\,000} = 66(美元)$$

最后一步是为费用、核保利润和意外事件追加费用。追加费用通常表现为毛费率的一定百分比，称为费用率。最终的毛费率等于纯粹保费除以 1 减去费用率之差。例如，如果费用是毛费率的 40%，最终毛费率是 110 美元。这可以表示为：[1]

$$毛费率 = \frac{纯粹保费}{1-费用率} = \frac{66}{1-0.40} = 110(美元)$$

2. **损失率方法**。在损失率方法中，实际损失率与预期损失率进行比较，并对后者进行相应的调整。实际损失率是投保损失和损失调整费用与已赚保费的比率。[2] 预期损失率是保费中预期用于支付损失的一定百分比。例如，假设保险产品的投保损失和损失调整费用是 800 000 美元，已赚保费是 100 万美元，实际损失率是 0.80 或 80%。如果预期损失率为 0.70 或 70%，那么这一费率必须提高 14.3%。这可以表示为：

$$费率变化 = \frac{A-E}{E}$$

这里 $A=$ 实际损失率，$E=$ 预期损失率，则

$$费率变化 = \frac{0.80-0.70}{0.70} = 0.143 或 14.3\%$$

增减费率法 财产和意外保险的第三个主要的费率厘定方法是增减费率法。**增减费率法**（merit rating）是基于个别损失情况向上或向下调整分类费率（手册费率）的一种费率厘定计划。增减费率法基于如下假设，特定被保险人的损失情况与其他保险人的损失情况存在很大差异。因此，分类费率就要根据个体损失情况进行向上或向下的调整。有三种类型的增减费率计

---

[1] 计算最终费率的另一种达到同样效果的方法是将纯粹保费除以估计预期损失率。估计预期损失率与预期损失率相等。如果费用率是 0.40，估计预期损失率是 1－0.40，或 0.60。那么，用 66 美元的纯粹保费除以估计预期损失率（0.60），最终的毛费率也是 110 美元。

$$毛费率 = \frac{纯粹保费}{估计预期损失率} = \frac{66}{0.60} = 110(美元)$$

[2] 本章前面部分对已赚保费进行了讨论。它是保险公司在会计期间内实际赚取的保费，而不是这段时期的承保保费。

划：表定费率、经验费率和追溯费率。

1. 表定费率。在**表定费率**（schedule rating）计划中，每一种风险分别进行费率厘定。每一种风险设定基准费率，然后根据合意或不合意的物理属性对其进行调整。表定费率基于如下假设，被保险风险的物理特性将会影响被保险人未来的损失。投保风险的物理特性在表定费率法中极其重要。

表定费率法应用于商业财产保险中的大型、结构复杂的保障对象，例如工厂厂房。每一栋建筑都根据几个因素分别制订费率，包括构造、用途、保障措施、风险和维护情况等。

● 构造是指建筑物的物理属性。建筑物可能是木质结构、砖石结构、防火的或由防火材料建筑的。框架结构房屋的收费高于砖石建筑或耐火建筑。高层建筑和具有开阔空间的建筑的保费也会有一定的增加，因为此类建筑为灭火和控制火势蔓延增加了难度。

● 用途是指建筑物的使用情况。发生火灾的概率受到建筑物用途的很大影响。例如，火把的明火和火花以及焊接设备都会很容易引发火灾。而且，如果在建筑物中存放着高度可燃物或化学物品，则很难控制火灾。

● 保障措施是指城市的水源供应和消防部门的质量，也包括投保建筑物安装的保障性设备。火灾报警系统、安全保卫、防火墙、自动喷洒系统、灭火器和类似保障设施都可以令费率降低。

● 风险是指投保建筑会因为发端于毗邻建筑物的风险事故，例如大火的蔓延，而遭受损毁的概率。周边建筑的风险越大，适用费率越高。

● 维护情况是指建筑物的日常维护和整体维修情况。日常维护和维修情况不佳的建筑物的费率会提高。热源附近的涂满油污的破布或工厂地面上随意丢弃的垃圾都会导致费率的提高。

2. 经验费率。在**经验费率**（experience rating）计划中，分类或手册费率根据过去的损失情况向上或向下调整。经验费率法最独特的特点是，将被保险人过去的损失情况用于确定下一个保单期间的保费。过去三年的损失情况经常用于确定下一个保单年度的保费。如果被保险人的损失情况好于该类损失风险的平均水平，分类费率就会降低。如果损失情况比该类风险的平均水平更差，那么费率就会提高。在确定费率调整幅度的时候，实际损失情况根据损失大小通过**可信度因素**（credibility factor）进行调整。①

例如，假设一家零售企业有一份采用经验费率的一般责任保险保单。年保费是 30 000 美元，预期损失率为 30%。如果这些年的实际损失率为 20%，可信度因素（C）是 0.29，企业将会获得 9.7% 的保费减免。这一减免可以阐述如下：

$$保费变化 = \frac{A-E}{E} \times C = \frac{0.20 - 0.30}{0.30} \times 0.29 = -9.7\%$$

那么下一个保单期间的保费是 27 090 美元。显然，经验费率为降低损失提供了财务激励，原因在于保费可以因为较低的损失情况而降低。

经验费率的使用仅限于大型保险公司。这些公司可以产生足够大的保费规模，更好的损失情况。较小的公司一般不能使用经验费率法。这一费率厘定方法经常应用于一般责任保险、工人补偿保险、商业汽车责任保险和团体健康保险。

3. 追溯费率。在**追溯费率**（retrospective rating）计划中，当期保险期间内的被保险人的

---

① 可信度因素（C）是指统计数据的可信度，它在 0 和 1 之间，并随着索赔数量的增加而增加。如果精算师认为该数据非常可靠，可以准确预测未来的损失，可信度因素可以认为是 1。但是，如果数据作为未来损失的指标并不可靠，可信度因素就小于 1。

损失情况决定了该期支付的实际保费。在这种费率计划中，临时保费在保险期间开始的时候支付。在期末，最终保费根据该保险期限内发生的实际损失进行计算。必须支付的保费存在最大值和最小值。在实践中，支付的实际保费常常处于最大值和最小值之间，这取决于被保险人当期的损失情况。

追溯费率在大的保险公司广泛应用于工人补偿保险、一般责任保险、汽车责任和物理损毁保险，以及盗窃和玻璃保险中。

人寿保险的费率厘定

前面仅限于对财产和意外保险费率厘定的讨论。对于人寿保险公司而言，费率厘定也很重要，特别是要考虑到许多人寿保险合同的长期性特性。

人寿保险精算师使用死亡表或单个保险公司经历的情况来确定每一个年龄段的人的死亡概率。死亡概率乘以死亡发生时保险公司支付的数额，得到每一个保单年度内预期的死亡给付金额。然后将这些年度预期值折算为保单生效日的价值，以得到趸缴纯保费（net single premium，NSP）。趸缴纯保费是未来死亡给付的现值。由于大多数被保险人以分期付款方式支付人寿保险保费，趸缴纯保费必须转化为一系列平准保费来确定净平准保费。这一过程通过第 13 章附录中讨论的数学方法计算得到。在计算出净平准保费之后，将额外支出也考虑在内，从而确定毛保费。第 13 章的附录详细讨论了这些步骤。

案例应用

卡罗林是石固保险公司的资深财务副总裁和首席精算师。罗尼在州立大学主修金融和数学。罗尼申请了石固保险公司的实习生，他在夏天新学期开始之前到该公司实习。卡罗林很想知道罗尼对保险公司的财务报表和费率厘定了解多少，她在罗尼参加工作的第一天准备了一个测验。看一下你是否能够帮助罗尼回答下面问题。

1. 在上年年末，石固的总负债是 64 000 万美元，总资产是 90 000 万美元。公司保单持有人的盈余是多少？

2. 解释石固保险公司去年的承保保费是否可能为 50 000 万美元，并且去年的满期保费是 50 500 万美元。

3. 石固保险公司去年的净承保损失是 540 000 美元。解释石固为何被要求支付所得税。

4. 石固保险公司在一个州内承保了 50 000 栋木质结构房屋。该公司预期为这 50 000 栋房屋投保财产的当期损毁和损失调整费支付 1 000 万美元。基于这一信息，纯粹保费费率是多少？

5. 一个预期的购买人团体的每单位个人财产保险的纯粹保费是 300 美元。如果石固保险公司允许这个保险产品产生 40% 的费用率，每单位保障收取的毛费率应该是多少？

本章小结

● 资产负债表概括了公司拥有的（资产）、欠债（负债），以及总资产和总负债之间的差额（所有者权益）。
- 对于保险公司而言，主要资产是金融资产。这些金融资产投资于债券、股票、房地产、抵押担保证券和有价证券以及现金。
- 保险公司的负债称为准备金。损失准备金是估算的理赔成本。财产和意外保险的损失准备金可以分为案例准备金、基于损失率方法的准备金以及已发生未报告准备金。
- 另一种重要的财产和意外保险公司准备金是未到期保险准备金。未到期保险准备金是代表估值时所有未到期保单总保费中未到期部分保费的负债项目。
- 保单持有人盈余是保险公司总资产和总负债的差额。保单持有人的盈余等于股份制公司的实收资本，加保险业务和投资自留利润。盈余代表保单持有人有保障的利润。
- 保险公司的主要收入来源是保费和投资收益。主要支出是损失偿付、损失调整费用以及其他支出，包括佣金、保费税和保险公司一般性支出。
- 为了确定保险公司的净收入，总支出要从总收益中扣除。保单持有人的红利在计算应税收入的时候扣除，联邦所得税对应税收入征税。
- 损失率是财产和意外保险公司的投保损失和损失调整费用与满期保费的比率。费用率等于公司承保费用除以承保保费。
- 综合比率等于损失率和费用率之和。如果综合比率超过1（或100%），表示存在承保损失。如果综合比率小于1（或100%），表示存在承保利润。
- 尽管保险公司的承保业务可能亏损，但是由于投资收益能够抵消承保损失，所以它们仍然可以盈利。
- 人寿保险公司的资产的存续时间长于财产和意外保险公司的资产。当保单所有人借出现金价值时，人寿保险保费贷款是人寿保险公司的一项资产。人寿保险公司为利率敏感型资产设置了独立账户，例如变额年金。
- 人寿保险公司的主要负债项目是保单准备金。另外两种主要的准备金是以存款形式持有的准备金和资产估价准备金。

- 人寿保险公司的净收益等于总收入减去总支出、保单所有人红利和联邦所得税。
- 对保险费率的监管，是为了确保费率是充足的而不是超额的，并且不存在明显歧视。费率厘定制度的业务目标包括简单、敏感、稳定，并鼓励损失控制。
- 费率是每单位保险的价格，风险单位是使用的测度基础。纯粹保费是毛费率中用于支付损失和损失调整费用的部分。附加保费是附加于纯粹保费的，必须追加的用于费用、利润和意外事件的保费数额。毛费率由纯粹保费和附加保费组成。
- 在财产和意外保险中使用的三个主要费率厘定方法是：判断、分类和增减法。
- 判断费率法是指每一个风险单独评估，费率主要依靠核保人的判断来确定。
- 分类费率法是指具有类似特征的风险被放置于同一类别中，每一个都执行相同的费率。分类反映了每一类风险平均损失情况。大多数个人保险产品属于分类费率。
- 增减费率法是基于个别损失情况向上或向下调整分类费率（手册费率）的一种费率厘定计划。增减费率法基于如下假设，特定被保险人的损失情况与其他保险人的损失情况存在很大差异。
- 三种类型的增减费率计划分别是：
  表定费率
  经验费率
  追溯费率
- 在表定费率计划中，每一种风险分别进行费率厘定。每一种风险设定基准费率，然后根据合意或不合意的物理属性对其进行调整。经验费率法是指，被保险人过去的损失情况被用于确定下一个保单期间的保费。追溯费率计划意味着当期保单期限的被保险人的损失情况决定了该期支付的实际保费。
- 人寿保险费率制定人确定一个年度内发生损失支付的概率，根据这个概率确定损失支付的预期价值。这些未来的预期支付折算到保障期开始的时候，用来确定净保费。附加费用也被纳入其中，用来计算毛保费。

重要概念和术语

年比例分配法	损失比率	毛费率
资产估价准备金	损失比率方法（确定损失准备金）	业务净收入
资产负债表		总体经营率
案例准备金	损失比率方法（费率厘定）	保单持有人盈余
分类费率（手册费率）	损失准备金	纯粹保费
综合比率	增减费率法	纯粹保费方法
损益表	满期保费	费率
已发生未报告准备金	费用率	以存款形式持有准备金
投资收益率	经验费率	追溯费率
判断费率法	风险单位	表定费率
附加保费	毛保费	未到期保费准备金
损失调整费用		

复习题

1. a. 资产负债表三个主要组成部分是什么？
   b. 资产负债表的等式是什么？
2. a. 保险公司资产负债表中有哪几种类型的资产？
   b. 为什么财产和意外保险公司的负债很难测度？
3. a. 财产和意外保险公司的两个主要收入来源是什么？
   b. 财产和意外保险公司的主要支出有哪些？
4. a. 保险公司的综合比率怎样计算？综合比率用于测度什么？
   b. 如果综合比率超过1（或100%），财产和意外保险公司怎样才能盈利？
5. 人寿保险公司资产区别于财产和意外保险公司资产的三个方面是什么？
6. 人寿保险公司资产负债表中的准备金代表什么？
7. 人寿保险公司支出的主要种类有哪些？
8. a. 保险费率制订过程中必须满足的主要监管目标有哪些？
   b. 主要的业务目标有哪些？
9. 从费率厘定的角度解释下面词汇的含义：
   a. 费率
   b. 风险单位
   c. 纯粹保费
   d. 毛保费
10. 简要描述下面确定分类费率的方法：
    a. 纯粹保费方法
    b. 损失率方法
11. 解释下面增减费率的方法：
    a. 表定费率
    b. 经验费率
    c. 追溯费率

应用题

1. 根据下面给出的信息，计算XYZ保险公司的保单持有人盈余：（单位：美元）

总投资资产	50 000 000
损失准备金	40 000 000

总负债	70 000 000
债券	35 000 000
未到期保费准备金	25 000 000
总资产	90 000 000

2. 根据下面的信息，计算支付所得税和保单所有人红利之前的相互人寿保险公司的经营收益：（单位：美元）

总保费收入	20 000 000
执照、税收和收费	580 000
死亡保险金给付	6 000 000
净投资收益	3 000 000
佣金支付	5 900 000
一般保险支出	2 500 000
生存保险金给付	800 000
年金给付	1 600 000

3. 一个大型责任保险公司签署了一笔大额私人汽车乘客保险。精算师分析了最近的一个保单年度内，特定类别司机的索赔数据。索赔数据显示，一年中，保险公司为每100 000辆投保汽车支付的投保损失和损失调整费用为3 000万美元。请根据纯粹保费方法计算纯粹保费。

4. 上一个自然年度，一家财产保险公司某一种保险产品的财务信息如下：（单位：美元）

承保保费	25 000 000
当期费用	5 000 000
发生损失和损失调整费用	14 000 000
满期保费	20 000 000

a. 保险公司这种保险产品的损失率是多少？
b. 这种保险产品的费用率是多少？
c. 这种保险产品的综合比率是多少？

5. a. 为什么财产和保险公司被要求提取损失准备金？
b. 简要解释下面确定损失准备金的方法：
（1）判断方法
（2）均值方法
（3）表值法
c. 什么是已发生未报告准备金？

网络资源

- 美国精算师协会是代表所有业务领域的精算师的公共政策和交流组织。其网站提供对重要保险问题和主题的最新研究。网址为：actuary.org

- 美国人寿保险协会（ACLI）是一家位于华盛顿的商业协会，代表了其会员公司的利益。该协会每年出版《保险年鉴》，并且这份非常好的资料可以在线获取。网址为：acli.com

- 美国养老金专家精算师协会是为了向养老金精算师、咨询师和员工福利领域其他专业人士提供教育培训的组织。网址为：asppa.org

- 意外保险精算学会是一个专业组织，致力于推动精算科学方面的教育，并提供财产和意外保险方面的统计资料。网址为：casact.org

- 咨询精算师会议组织是一个由各学科咨询精算师组成的组织。网址为：ccactuaries.org

- 保险信息协会的网站是获取信息、统计数据、财产和意外保险领域专题分析报告的一个非常好的网站。网址为：iii.org

- 保险杂志《全国财产和意外保险杂志》是一个可以免费获得的在线杂志，提供关于财产和意外保险行业的地方和全国信息，每天向订购者发送最新的信息和当前的进展情况。网址为：insurancejournal.com

- 保险服务处（ISO）提供财产和意外保险市场中的统计信息、精算分析和咨询、保单用语以及参与者的相关信息。网址为：iso.com

- 北美精算师协会是一个专业组织，为要成为精算师的个人提供教育和资格认证，提供持续的教育计划，执行管理代码。只有完全通过一系列严格的考试才能够取得该组织的会员资格。网址：soa.org

- 韬睿惠悦（Towers Watson）是世界上最大的精算和管理咨询公司之一。韬睿惠悦提供关于保险行业的大量信息，并为其他组织提供关于风险融资和自保的建议。网址为：towerswatson.com

参考文献

Black, Kenneth, Jr., and Harold D. Skipper, Jr. *Life Insurance*, 13th ed., Upper Saddle River, NJ: Prentice Hall, 2000, chs. 27–30.

Graves, Edward E., ed. *McGill's Life Insurance*, 8th ed., Bryn Mawr, PA: The American College, 2011.

The Insurance Fact Book 2012, New York: Insurance Information Institute, 2012.

The Life Insurers Fact Book 2011, Washington, DC: American Council of Life Insurers, 2011.

Myhr, Ann E. and James J. Markham. *Insurance Operations, Regulation, and Statutory Accounting*, 1st ed., Malvern PA: American Institute for Chartered Property Casualty Underwriters/Insurance Institute of America, 2003.

Webb, Bernard L., et al., *Insurance Operations and Regulations*, 1st ed., Malvern, PA: American Institute for Chartered Property Casualty Underwriters/Insurance Institute of America, 2002.

Wiening, Eric A. *Foundations of Risk Management and Insurance*, 1st ed., Malvern, PA: American Institute for Chartered Property Casualty Underwriters/Insurance Institute of America, 2002.

第 8 章

政府对保险业的监管

"在保护保险消费者利益方面，各州的法律和监管措施存在严重的不足。"

——美国审计总署

学习目标

学习完本章，你应当能够：

- ◆ 解释对保险公司进行监管的主要原因。
- ◆ 列举对保险监管产生重要影响的案例和法规。
- ◆ 列举监管的主要领域。
- ◆ 解释费率监管的目的，并列举不同类型的费率法律。
- ◆ 阐述赞成和反对州保险监管的主要观点。
- ◆ 列出保险监管现代化的一些途径。

布兰特现年 23 岁。他在一起交通事故中负主责。他的车遭受严重损毁，已无法修复。尽管布兰特购买了碰撞保险，但是保险公司以违背保单条款为由当场拒绝碰撞索赔支付。一个朋友建议他向州保险服务局寻求帮助。在调查了这起意外事件后，州保险服务局代表得出结论，该项理赔应得到赔付。索赔案后来得到了令布兰特感到满意的解决。

州保险服务局的一个重要职能是保护消费者的利益。在上面的例子中，州保险服务局帮助布兰特解决了他和保险公司之间理赔纠纷。为了保护消费者，州政府会对保险公司的市场行为进行管制。一些联邦法律也适用于保险公司。

本章讨论保险监管的基本问题。所涉及的主题包括为什么对保险公司进行监管，监管保险公司的不同方法，监管的领域，以及州政府和联邦政府关于保险监管的持续争论。本章以对当前保险监管问题的讨论和保险监管现代化的建议为结束。

监管的原因

州政府对保险公司进行监管有多方面原因，包括：
- 保证保险公司的偿付能力
- 弥补消费者知识存在的不足
- 确保费率合理
- 使保险具有可获得性

保证保险公司的偿付能力

对于保证保险公司的偿付能力，保险监管是十分必要的。有几个原因可以说明偿付能力的重要性。第一，保费预先支付，但保障期限却延伸到未来一段时期。如果保险公司破产，将无法支付未来的保险赔偿，那么预先支付的保费就毫无意义。所以，为了保证能够支付保险赔偿，必须对保险公司的财务能力进行严格监督。

强调偿付能力的第二个原因是，一旦保险公司破产，将无法支付保险赔偿，被保险人就会面临巨大的财务风险。例如，如果被保险人的房屋被一场飓风完全摧毁，而损失得不到赔偿，那么被保险人可能因此而处于财务危机之中。为了防止被保险人、受益人和第三方利益相关人的利益受损，必须加强对保险公司偿付能力的监管。

最后，当保险公司偿付能力不足的时候，就会引发一些社会和经济成本。例如，保险公司的雇员失去工作，向州政府支付的保险费税会减少，以及人寿保险保单现金价值被"冻结"，保单持有人无法收回等。如果能够避免偿付能力不足，这些成本就可以降到最低。

保险公司的偿付能力是一个重要的问题，我们将在本章后面部分进行更详细的讨论。

弥补消费者知识存在的不足

弥补消费者知识存在的不足，也是监管之所以必要的原因之一。保险合同是包含着复杂条款和规定的技术性法律文件。如果不对其进行监管，肆无忌惮的保险公司就会设计出限制性很强、教条化的合同，而这样的合同毫无价值。

此外，大多数消费者都没有足够的信息来比较和确定不同保险合同的货币价值。由于难以得到必要的保险报价和保单信息，很难对保费不同的不相似的保单进行比较。例如，不同健康保险保单会在成本、保障范围和保险利益等方面存在很大差异。一般消费者会发现很难仅仅根据保费来判断保单的好坏。

如果没有充分的信息，消费者无法选出最好的保险产品，这会削弱消费者对保险市场的影响，也会弱化保险公司提高产品质量、降低价格的竞争动力。因此，监管所产生的效果必须与一个掌握充分信息的消费者在竞争充分的市场上购买产品的情况相同。

最后，由于一些代理人缺乏职业道德，而州政府颁发营业执照的门槛很低，因此，必须通过监管保护消费者，使其免受不道德的代理人的侵害。

所有州都开设网站为消费者提供关于各种保险相关主题的信息。但是，各州提供的信息质量有很大的差别。美国消费者联盟的研究显示，各州之间差别巨大，特别是关于汽车和屋主保险的信息（见专栏8.1）。

专栏 8.1
州保险服务局为消费者提供的关于汽车和屋主保险的信息的质量千差万别

美国消费者联盟（CFA）的研究显示，为消费者提供的信息的质量，特别是关于汽车和屋主保险的信息的质量，有巨大差别。[a]美国消费者联盟将 50 个州从出色到不充分进行了评级。只有 6 个州得到了最高评级"出色"。研究的结果概况如下：

- 出色（6 个州）：加利福尼亚州、佐治亚州、堪萨斯州、俄克拉何马州、得克萨斯州、犹他州。
- 好（12 个州）：阿拉斯加州、亚利桑那州、阿肯色州、科罗拉多州、特拉华州、佛罗里达州、缅因州、密苏里州、新泽西州、俄亥俄州、俄勒冈州和威斯康星州。
- 一般（15 个州和地区）：哥伦比亚地区、伊利诺伊州、肯塔基州、路易斯安那州、马里兰州、密歇根州、蒙大拿州、新罕布什尔州、纽约州、北卡罗来纳州、北达科他州、宾夕法尼亚州、南卡罗来纳、弗吉尼亚州和华盛顿州。
- 不充分（18 个州）：亚拉巴马州、康涅狄格、夏威夷、爱达荷州、印第安纳、艾奥瓦州、马萨诸塞州、明尼苏达州、密西西比州、内布拉斯加州、内华达州、新墨西哥州、罗得岛州、南达科他州、田纳西州、佛蒙特州、西弗吉尼亚州以及怀俄明州。

美国消费者联盟得出结论，购买汽车或屋主保险的消费者如果通过最好的网站获取信息，每年可能节省上千美元，并且在索赔方面可避免遇到严峻的问题。

[a]Consumer Federation of America, News Release, *Study Finds Significant Differences in Auto and Home Insurance Information Provided by States to Consumers*, November 10, 2008.

确保费率合理

监管对于确保费率的合理性也很必要。费率不应过高，以免消费者支付过高的价格；也不能过低，以免危及保险公司的偿付能力。在大多数保险市场中，保险公司之间的竞争能够保证费率不会过高。不过，事情并不常常如此。在一些保险公司数量较少的保险市场中（例如，信贷和产权保险市场），需要通过费率监管保证消费者不会受到超额费率的侵害。一些保险公司在发生自然灾害之后，就会试图将费率提高到一个不合理的水平，从而弥补其承保损失。监管也要在这种情况下保护消费者的利益。

使保险具有可获得性

监管的另一个目标是让所有需要保险的人能够获得保险保障。由于存在承保损失、费率不充分、逆向选择和其他一系列的因素，保险公司往往不愿意为某类保险产品的所有申请人提供保险保障。但是，公众利益要求监管者采取措施以扩展商业保险市场，从而使保险具有更好的可获得性。如果商业保险公司无法或者不愿意提供必要的保障，那么就需要政府保险计划作补充。

保险监管的发展历程

在这一部分，我们将简要回顾各州保险监管的发展历程。特别要注意的是那些对保险监管产生深远影响的、具有里程碑意义的法律决议和法案。

早期的监管

保险监管的最初产生源自于州立法机构向新保险公司颁发执照，批准它们的组织架构和经营活动。最初，新成立的保险公司需要遵守的监管要求很少，仅限于保险公司定期提交报告，并公开有关财务状况的信息。

州保险委员会的成立是保险监管发展的第二步。1851 年，新罕布什尔州成为第一个建立独立保险委员会对保险公司进行监管的州，其他各州也紧随其后。1859 年，纽约创立了一家独立的管理机构，该机构的主管被赋予了很大的权利，可以颁发执照并进行调查。可以说，最初的保险监管是在州政府的管辖和监督下形成的。

保罗诉弗吉尼亚案

1868 年的**保罗诉弗吉尼亚案**（Paul v. Virginia）是一个里程碑式的案例，确定了州政府对保险的监管权。[1] 塞缪尔·保罗（Samuel Paul）是几家纽约保险公司在弗吉尼亚的代理人，保罗因为未经许可就在弗吉尼亚销售火灾保险而被罚款。保罗以弗吉尼亚州的法律违反宪法为由提起上诉。他说，由于保险是跨州的商业行为，只有联邦政府有权根据美国宪法的商业条款对保险进行监管。最高法院不同意这一说法，并裁定签发保单不属于跨州商业行为。因此，保险业不受宪法商业条款的约束。由此可见，保罗诉弗吉尼亚案的法律意义在于，该案件肯定了保险并非跨州商业行为，并且是州政府，而非联邦政府，具有对保险的监管权。

东南保险承保人协会案

保罗诉弗吉尼亚案认为保险不是跨州商业活动的判决，于 1944 年被最高法院推翻。东南保险承保人协会（South-Eastern Underwriters Association，SEUA）是一家具有合作性质的费率厘定组织，它因限定价格和其他违反《谢尔曼反托拉斯法案》（Sherman Antitrust Act）的行为而被判有罪。在美国政府起诉的东南保险承保人协会这一里程碑式的案件中，最高法院裁定，保险一旦超出州界就是跨州商业行为，应当受到联邦政府的监管。[2] 最高法院的这一判决在保险界和州监管者当中引起了较大反响，导致了人们对商业费率厘定组织的合法性、州监管权利和对保险业征税的合法性的质疑。

《麦卡伦-福古森法案》

为了消除东南保险承保人协会案后存在的困惑和疑虑，国会于 1945 年通过了《麦卡伦-福古森法案》（McCarran-Ferguson Act）（第 15 号公法）。《麦卡伦-福古森法案》声明，由州政府对保险业继续进行监管和征税符合公众利益。它还声明，联邦反托拉斯法对保险的适用范围仅限于州法律没有予以监管的保险业。因此，只要州政府监管有效，联邦反托拉斯法就不适用。

---

[1] 8 Wall 168, 183 (1869).
[2] 322 U.S. 533 (1944).

但是，这种免除并非绝对的。例如，《谢尔曼法》禁止任何形式的联合抵制、限制、胁迫的行为或法令。在这些领域中，保险公司需要遵守联邦法律。

目前，州政府仍然肩负对保险业进行监管的主要责任。但是，国会可以废除《麦卡伦-福古森法案》，使联邦政府具有保险业监管的最高权威。尽管面临着来自一些政治家和消费者组织要求废除《麦卡伦-福古森法案》的强大压力，但国会至今仍然没有采取措施。这一重要问题将在本章后面部分进行讨论。

《1999年金融服务现代化法案》

最近，《1999年金融服务现代化法案》（Financial Modernization Act of 1999）（也被称为《格拉姆-利奇-布利利法案》（Gramm-Leach-Bliley Act））对保险监管产生了重大影响。该法案使联邦法律发生了一些改变。早些时候，联邦法律阻止银行、保险公司和投资公司完全参与其核心业务领域之外的其他金融市场的竞争。该法案的结果是，保险公司现在可以收购银行，银行可以承保和销售证券，经纪公司可以销售保险，想要通过一个实体同时开展保险、银行和投资业务的公司可以据此组建新的控股公司。

该法案提供了对多个领域的监管，这导致监管过于复杂，监管过程中存在重合以及监管漏洞。其结果是，州保险服务局继续监管保险业，州和联邦银行监管机构监管银行和储蓄机构，证券交易委员会监管证券销售，美联储对银行参与高风险业务（例如承保和房地产开发）的附属机构具有广泛的监督权。结果，因为在州和联邦政府不同层面上的监管以及其间的监管职能交叉，对保险业的监管已经变得日益复杂。

监管保险公司的方法

对保险公司的监管主要有三种方法：立法监管、法院监管和州保险服务局的监管。

立法监管

各州都有相关的保险法令对保险公司业务进行监管。这些法令监管内容包括：(1) 保险公司的组织形式；(2) 核发代理人和经纪人的经营执照；(3) 保证偿付能力的财务要求；(4) 保险费率；(5) 销售和索赔；(6) 纳税；(7) 保险公司停业整顿和清算。此外，还有保护消费者权益的法律，例如限制保险公司终止保险合同的权利以及提高保险可获得性的法律等。

保险公司也要受到一些联邦机构和法律的监管，这里只介绍几个。联邦贸易委员会有权监管邮政保险公司在那些尚未获得批准开展业务的州的活动，证券交易委员会还制定了变额年金和变额寿险销售方面的监管规定，并有权决定保险公司证券向公众发售的事宜。《1974年雇员退休收入保障法案》（Employee Retirement Income Security Act of 1974，ERISA）也适用于保险公司的商业退休金计划。

法院监管

州和联邦法院定期宣布一些关于州保险法率是否违宪、保单条款和规定的解释以及州保险服务局采取的管理行为合法性等方面的决定。这样,各种法院的决议会在很大程度上影响保险公司的市场行为和经营情况。

州保险服务局的监管

包括哥伦比亚特区在内,美国所有州和领土内都设有独立的保险部门或监管局。保险监督官可以通过选举或州长任命产生,他们负责执行州保险法律。通过行政规定,州保险监督官对在该州内经营的保险公司有很大的影响力。保险监督官有权利举行听证会、发布停业命令,以及撤销或暂停保险公司的营业资格。

各州的保险监督官隶属于一个重要的组织——**美国保险监督官协会**(NAIC)。美国保险监督官协会成立于1871年,该协会定期召开会议,讨论行业中需要立法或监管的问题。美国保险监督官协会已经起草了很多领域的法律范本,并建议州立法机构采纳这些提议。尽管美国保险监督官协会没有法定权利来强制各州采纳其建议,但绝大多数州还是部分或全部地接受了这些建议。

哪些领域受到监管?

保险公司受到许多法律和规章的约束,管制的主要领域包括:
- 保险公司的组织形式和经营资格
- 偿付能力监管
- 费率监管
- 保单格式监管
- 展业和消费者保护
- 保险公司课税

保险公司的组织形式和经营资格

所有州都对保险公司的组织形式和经营资格提出了一些要求。新设保险公司一般采用公司的组织形式。保险公司需要经州政府对其组织形式和存在合法性的认可之后,才能获得公司营业执照或证书。

在公司设立之后,保险公司必须得到营业执照后才能从事保险业务。保险公司获取经营执照的要求要比其他新设公司严格得多。如果保险公司公开上市,必须满足最小资本金和盈余要求,而这些要求也根据所在州和保险公司从事的业务种类的不同而不同。新设立的相互保险公司必须符合最低盈利的要求(而不是资本金和盈余的要求,因为它没有股东)和其他条件。

营业执照可以颁发给本州的保险公司,也可以颁发给其他州或国外的保险公司。州内保险公司是指公司位于本州,其在本州和其他开展业务的州都必须持有营业执照。州外保险公司是不属于本州的获得其他州颁发的营业执照的保险公司,此类保险公司必须获得在本州开展业务的执照。外国保险公司是在国外开设并注册的保险公司,也必须在领取营业执照之后才能够在该州开展业务。例如,奥马哈相互保险公司是一家位于内布拉斯加州的当地保险公司。在艾奥瓦州的奥马哈相互保险公司被认为是州外保险公司。伦敦劳合社在内布拉斯加州经营时就被认为是一家外国保险公司。

偿付能力监管

除了要满足最低资本金和盈余要求之外，保险公司还必须满足其他旨在保证偿付能力的财务监管要求。

法定资本 按照法律要求，保险公司在年度报告中要向监管机构提供一些财务报表。年度报告基于法定会计准则（SAP）。该准则有别于一般公认会计准则（GAAP）。

保险公司必须有足够的资产冲抵其负债。根据法定会计准则，只有法定资本才能体现在保险公司的资产负债表中。**法定资本**（admitted assets）是指出现在法定资产负债表中的决定其财务状况的资产。其他资产均为非法定资本。

大多数资产都属于法定资本。这些资产包括现金、债券、普通股和优先股股票、抵押贷款、房地产和其他合法投资。非法定资本包括逾期 90 天或更长时间的保费、办公设备和办公用品，以及一些超出法定限额的特定证券的投资额或持有量。非法定资本被排除在外，是因为其流动性存在不确定性。

准备金 准备金（reserves）是保险公司资产负债表中的负债项目，反映其未来需要偿付的债务。各州都对准备金的计算进行监管。第 7 章已经对准备金的计算方法进行了讨论。

盈余 盈余头寸也需要谨慎监管。**保单持有人盈余**（policyholders' surplus）是保险公司资产和负债的差额。它在法定会计准则下的资产负债表中代表保险公司的净值。

在财产和意外保险中，保单持有人盈余非常重要，原因在于：第一，保险公司可以承接新业务的数量受到保单持有人盈余数额的限制。一种比较保守的规则是，对于每 1 美元的保单持有人盈余，财产保险公司只能安全地承保 1 美元的新单净保费。第二，保单持有人盈余对于弥补潜在的承保或投资损失十分必要。最后，保单持有人盈余还可以用于弥补随时可能出现的未决赔款准备金。

在人寿保险中，保单持有人盈余不那么重要，原因包括计算保费和红利时有大量有保障的利润，计算法定准备金时采用比较保守的利率假设，对投资的估值也很保守，长期的稳健经营，以及较低的巨灾损失的概率。

风险资本 为了降低偿付能力风险，人寿和健康保险公司必须达到美国保险监督官协会制定的法律范本所要求的风险资本标准。美国保险监督官协会已经为财产和意外保险公司制定了类似的法律范本。这里只讨论人寿保险公司的标准。

风险资本（risk-based capital，RBC）意味着保险公司必须持有一定的资本，这取决于它们的投资和保险业务。保险公司监管者根据它们持有的资本与风险资本要求的相对数量对保险公司进行监管。例如，保险公司要投资低于投资级公司债券（"垃圾债券"）就要比投资于国库券提留更多的资本。

人寿保险公司的风险资本要求基于对下面四种风险的考虑：

● 资产风险。资产风险是资产关联投资失败的风险，母公司必须持有相同数量的风险资本为关联投资的财务损失提供保障。资产风险也代表了债券和其他债务资产投资失败以及权益（普通股）资产市场价值的损失。

● 保险风险。保险风险就是承保风险，反映了由于未来索赔数量的随机波动和不准确的定价（死亡情况发生波动的风险）而导致的需要用于支付超额索赔的盈余数量。

● 利率风险。利率风险反映了利率的变化可能导致的损失。一些保险产品的合约条款保证投保人在利率发生变化的时候可以从保险人那里撤回资金,所以利率变化对这种类型的保险产品的影响最大。例如,利率上升导致的资产支持债券的市场价值的下降,以及利率变化使保单持有人撤出资金所引发的流动性问题。

● 商业风险。商业风险代表了人寿保险公司面对的一般商业风险,比如保证金评估和管理不善导致的破产。

美国保险监督官协会要求对公司调整后的总资本和所需要的风险资本进行比较。调整后的总资本本质上是经过调整后的净值(资本减负债)。

如果保险公司调整后的总资本低于风险资本水平,则监管者和公司必须采取一些行动进行调控。寿险公司的矫正措施可概括如下:

RBC(风险资本)占比(%)	区间	要求采取的措施
125%以上	充分	无
100%~124%	警戒区	保险公司必须进行趋势测试
75%~99%	公司行为	保险公司向监管机构提交计划,明确矫正措施
50%~74%	监管行为	监管机构必须检查保险公司并强制采取矫正措施
35%~49%	审批控制	监管机构可能在必要时控制保险公司
低于35%	强制控制	监管机构必须控制保险公司

资料来源:"Insurance Companies' Risk-Based Capital Ratios," *The Insurance Forum*, Vol. 39, No. 8 (August 2012), p. 73. © 2012.

风险资本要求的作用是对许多保险公司提出一个最低资本额,降低濒临破产的保险公司在被监管者查到之前就耗尽其全部资本的可能性。因此,总体目的就是限制保险公司的财务风险,减少会导致破产的承保行为。实际上,绝大多数保险公司调整后的总资本会超过它们的风险资本要求。

投资 保险公司的投资类型、投资质量,以及可用于不同投资项目的总资产或盈余的百分比都将受到监管。监管的基本目的是为了防止保险公司进行可能威胁公司偿付能力和损及保单持有人利益的不合理投资。

人寿保险公司一般投资于普通股和优先股股票、债券、抵押贷款、房地产和保单贷款。法律一般根据资产或盈余的一定百分比对每一种投资设定最高限额。

财产和意外保险公司通常投资于普通股和优先股股票、免税市政债券和特种财政债券、政府债券和公司债券、现金,以及其他短期投资项目。投资于房地产的资产占总资产的比例相对较低(2010年低于1%)。大多数资产投资于流动性较高的证券(例如,高质量的股票和债券,而非房地产),这些资产可以在发生巨灾损失的时候迅速销售,以偿付索赔。

分红政策 在人寿保险中,每年的经营利润可以以红利的形式向保单持有人发放,或者被累积到保险公司的盈余当中,以应付当前和未来的需要。许多州都限定了人寿保险公司允许累积的盈余的数量。这种限制旨在防止保险公司以牺牲保单持有人的利益为代价而积累大量的盈余。

报告和检查 报告和检查可以用于保证保险公司的偿付能力。每一个保险公司都必须向其开展业务的州的保险服务局提交年报。该报告向监管官员提供了关于资产、负债、准备金、投资、索赔支付、风险资本等方面详细的财务信息。

保险公司也定期接受州保险服务局的检查。根据各州的情况,州保险服务局一般每3~5年会对保险公司进行一次或多次检查。但是,州监管部门有权在任何认为必要的时候进行检查。获得许可的州外保险公司也需要定期接受检查。

保险公司清算　如果保险公司的财务状况恶化，那么州保险服务局就接管该保险公司。经过适当整顿之后，保险公司可能成功地恢复营业。如果保险公司无法恢复营业，那么就可以根据州保险法律对其进行清算。

大多数州采纳了保险监督官协会 1977 年起草的《保险公司监管、整顿和清算的法律范本》（Insurers Supervision，Rehabilitation，and Liquidation Model Act）或其他类似的法律。该法律范本的制定是为了促进各州州内在破产保险公司和索赔偿付方面的清算的统一性，同时为整顿和清算提供了一套完备的制度。

如果保险公司破产，那么可能有一些索赔仍未偿付。所有州都设有**保证金**（guaranty funds），用以偿付破产财产和意外保险公司的未偿付索赔。在人寿保险中，各州都颁布了担保法律，并成立担保协会来支付破产的人寿和健康保险公司的保单持有人的索赔。

评估法（assessment method）是筹集必要的资金以赔付未偿付索赔的主要方法。保险公司一般在发生资不抵债的时候都要接受评估。纽约是例外，因为它拥有一个永久的预评估基金，在财产和意外保险公司出现资不抵债情况之前对其进行评估。还有一些州设有工人补偿预评估基金。保险公司可以通过特别的州保险费税的减免、州保证金的返还和更高的保费来部分或全部弥补其被评估的金额。结果是纳税人和一般的公众间接支付破产保险公司应赔付的索赔。

保证金限制了保单持有人在保险公司破产时可以得到赔偿的最高限额。例如，在人寿保险中，保证金对现金价值可能设置 100 000 美元的限额，对年金合约设置 100 000 美元的限额，对所有保单的综合收益设置 300 000 美元的限额。在一些州，当一家在该州注册的保险公司破产的时候，基金不保护州外的居民。

费率监管

费率监管是一个重要的监管领域。第 7 章曾经提到，财产和意外保险费率必须充足，不能超额，也不能存在不公正的歧视行为。但是费率监管标准非常不统一。一些州根据保险的不同类型制定了超过一种的费率厘定规则。费率厘定规则的主要类型包括：①

- 预先核准法
- 修订的预先核准法
- 报备使用法
- 使用报备法
- 弹性费率法
- 州定费率
- 公开竞争法

预先核准法　在**预先核准法**（prior-approval law）中，费率应用之前必须先向州保险服务局报备并获得核准。在大多数州，如果费率在一定时期内（例如 30 天或 60 天）没有被驳回，就认为是核准通过了。②

保险公司经常因为下面几个原因批评预先核准法。由于州保险服务局经常缺人手，往往会造成提高费率的申请一再迟延。费率的增加可能不充分，而且费率的增加可能因为政治原因被

---

① "Regulation Modernization," *Issues Updates*, Insurance Information Institute, August 2012. This source is periodically updated.
② Ibid.

否定。此外，州保险服务局所要求的用来支持提高费率的统计数字可能不易获得。

修订的预先核准法　在**修订的预先核准法**（modified prior-approval law）中，如果费率改变仅仅根据损失情况，保险公司必须向州保险服务局提交法律报告，费率可以立刻使用（即报备使用法）。但是，如果费率变化根据费率分类或支出关系变化，那么就有必要预先对费率进行核准（即预先核准）。如果报备的费率不符合法规，州保险服务局在任何时候都可以否定这一费率。

报备使用法　在**报备使用法**（file-and-use law）中，保险公司只需要向州保险服务局报备使用的费率，且这一费率可以立刻使用。监管当局有权力在后来报备费率违背州法律时否定该费率。这种法律克服了预先核准法中的时滞问题。

使用报备法　**使用报备法**（use-and-file law）是报备使用法的变形。在该方法中，保险公司可以立刻让费率的变更生效，但是使用费率必须在第一次使用后的一段时期（例如15～60天）内向监管机构报备。

弹性费率法　在**弹性费率法**（flex-rating law）中，只有费率上升或下降的幅度超过一定范围之后，才需要进行费率的预先核准。不需要预先核准的费率变化范围一般在5%到10%之间。弹性费率法的目的是让保险公司能够对变化的市场更快地做出反应，快速改变费率。

州定费率　少数州对特定的保险产品实行州定费率。

之前，马萨诸塞州制定了私人乘客汽车保险费率。但是，在2008年，马萨诸塞州法律变成了"有管理的竞争"，保险公司可以自由确定自己的费率。但是，如果它们的费率被认为过高，就可能被否决。一家独立的精算公司会对保险公司填报的费率进行评估，来确定费率是否符合法律。

此外，还有一些州，包括佛罗里达州和得克萨斯州，明确了州内产权保险公司为产权保险制定的费率。

公开竞争法　在这一体制下，保险公司不需要向州保险服务局报备它们的费率，但是要向州保险官员提供费率表和支持数据。公开竞争的基本假设是，市场决定价格和可以购买的保险产品，而不是由监管官员的判断决定。

解除商业产品管制　许多州已经通过立法，不需要向州保险服务局报备核准其费率和大额商业账户的保单格式。在大多数州，这一立法适用于商业汽车保险、一般责任保险和商业财产保险等。解除商业保险产品管制的支持者认为，保险公司可以更快地设计新的产品以满足公司特殊的保险需求；保险公司可以节省资金，因为在几个州都不需要向政府报备商业账户的费率和保单格式；风险管理师可以更快获得某些类型的保障。

人寿保险费率监管　州保险服务局不直接对人寿保险费率进行监管。人寿保险费率充足性通过间接监管获得保证，监管对法定准备金提出了最低要求。最低法定准备金会间接影响为保证死亡给付和支出所确定的费率。

保单格式监管

保单格式监管是保险监管的另一个重要领域。因为保险合同的技术性很强、很复杂，州保险监督官有权力在合同向公众销售之前批准或否决其保单格式。其目的是为了防止误导、欺诈和存在不公正的条款。

展业和消费者保护

保险公司的展业受到下面两种规定的监管。一是代理人和经理人的资格授予，另一个是禁止诱导转保、折扣和不公平展业。

代理人和经纪人资格 所有州都要求代理人和经纪人获得营业资格。根据销售保险类型的不同，申请人必须通过一门或多门笔试。其目的是为了确保代理人具备关于州保险法规和他们将要销售的合同的知识。如果代理人不合格或者不诚实，州保险监督官有权力暂停或吊销其执照。

所有州都立法规定代理人需要接受继续教育。继续教育的要求是为了更新代理人的知识和技能。

不公平展业 保险法规禁止了大量"不公平展业"活动，包括误导、诱导转保、折扣、欺诈或虚假广告、不公平的理赔以及歧视等。州保险监督官有权制止保险公司的不公平展业活动以及欺诈性广告。保险公司会被罚款，收到禁令，严重的情况下，保险公司的执照会被暂停或吊销。

诱导转保 所有州都禁止诱导转保。**诱导转保**（twisting）是诱导保单持有人放弃现有保单，并用一个只能带来很少或没有任何经济利益的新保单作为替代。诱导转保法规主要应用于人寿保险保单，目的是为了保护保单持有人免受因用另一份保单取代原有人寿保险保单而带来的财务损害。

所有州都对诱导转保行为进行了监管，以帮助保单持有人在人寿保险保单置换方面做出明智的决策。这些规定的前提是，现有保单的置换并不符合保单持有人的最大利益。例如，必须预先支付新的佣金和费用，必须满足新的不可抗辩条款和自杀条款，由于保单持有人购买时年龄较高而不得不支付较高的保费。但是，在一些情况下，置换保单在财务上是公平的。不过，一些保险公司的某些代理人的欺诈性展业行为已经导致人寿保险保单置换对保单持有人造成财务损害。

折扣 大部分州都禁止折扣。**折扣**（rebating）是给个人提供保费降低或其他在保单中未声明的优惠，诱使投保人购买该保单。一个很明显的例子就是把代理人的佣金部分地退还给保单持有人。反折扣法的基本目的是，通过防止一个被保险人接受与另一个人相比并不公平的价格优惠，确保所有保单持有人享受公平的对待。

但是，消费者群体认为反折扣法对消费者构成伤害。批评者认为（1）折扣会加剧价格竞争，并降低保险费率；（2）现有的反折扣法保障了代理人的收入而不是消费者的利益；（3）保险购买者没有权利与保险代理人就价格进行协商。

投诉部门 州保险服务局一般会设立一个投诉部门或者专门处理消费者投诉的机构。该部门将会对投诉做出调查，并尽量要求被投诉的保险公司或代理人做出回应。大多数消费者的投诉都包括索赔问题。保险公司可能拒绝支付索赔，或者对支付数额有争议。尽管州保险服务局对投诉做出了回应，但是它们一般没有直接的权力命令保险公司支付有争议的索赔。不过，如果当消费者觉得自己受到保险公司或代理人的不公正待遇，还是应该向州保险服务局打电话或者写信。在汽车保险争议方面尤其应当如此，因为这一领域比其他领域的投诉率高得多。

出版物和资料 州保险监管机构一般会向消费者提供各种出版物和资料，这些出版物在保险监管机构的网站上也可以看到。出版物提供了关于人寿、健康、汽车、屋主和长期医疗保险，以及其他保险产品的大量信息。许多州也在网上公布关于汽车和屋主保险的费率信息，使消费者能够进行成本比较。

保险公司课税

　　保险公司需要支付地方、州和联邦的税收。两个重要的税种是联邦所得税和州保险费税。保险公司基于复杂的公式和联邦立法机构与国内税务局建立的规则支付联邦所得税。州政府也要求保险公司就其从投保人那里收取的总保费征收保险费税，例如支付保费的2%。

　　保险费税的主要目的是为州带来收入，而不是为保险监管提供资金。许多州保险服务局的经费不足，只能分得征收保险费税的一小部分。州监管的批评者认为，如果让州监管变得更有效率，必须向保险监管工作提供更多的资金。

　　大多数州也通过了影响保费税收和其他税收的**报复性税收法规**（retaliatory tax laws）。例如，假设内布拉斯加州保费税是2%，艾奥瓦州是3%。如果在内布拉斯加州注册的保险公司需要就其在艾奥瓦州的业务支付3%的保费税，而在内布拉斯加州经营的注册于艾奥瓦州的保险公司也必须为其在内布拉斯加州的业务支付3%的税，即使内布拉斯加州的税率是2%。报复性税收法规的目的是保护本州的保险公司免受其开展业务的州所课征的超额税收。

州监管与联邦监管

　　在过去超过50年的时间里，关于州政府和联邦政府的监管问题已经在专业文献中被广泛讨论，保险监管者和公共政策专家均参与其中。但是，州政府一直是监管主体。不过，在2007年至2009年美国经历的经济严重下滑期间，金融服务业，特别是商业银行，所发生的严重问题使批评者认为，联邦政府必须对现行体制进行严格监管。

联邦监管的优势

　　批评者认为，现有的监管体系不仅有漏洞、非常复杂，成本较高，而且还存在大量的重叠和双重监管。支持强化联邦在保险监管中的作用的主要观点包括：

● 各州法律和监管的统一。联邦监管可以促进各州法律和监管的统一。这有助于降低成本，并促进新产品更快得到推广。在现有体制下，保险公司如果在全国范围内开展业务必须符合51个独立司法体系的法律和监管规定，而这会造成大量的时间和成本的浪费。

● 在国际保险协议商洽方面更有效率。另一个观点是，在保险监管领域国际保险协议的商洽方面，联邦监管将更有效。2010年，美国国会颁布《多德-弗兰克华尔街改革与消费者保护法案》以纠正金融服务业存在的问题。该法案推动了联邦保险办公室（Federal Insurance Office）的成立。联邦保险办公室有权代表美国与其他国家讨论和商洽包括保险监管在内的问题。联邦监管官员可以设计外国保险公司进入美国经营所须遵守的标准和规则，同时也可以作为美国监管机构的唯一代表参与国际保险协议的商洽。

● 应对系统性风险更有效率。支持者相信，在识别和应对系统性风险方面，联邦监管比各州监管更有效率。系统性风险是指整个体系或整个市场的崩溃，即单一实体或实体中的一个部分的经营失败导致整个金融体系的崩溃。2007年至2009年间的经济衰退是美国历史上第二严重的衰退，仅次于20世纪30年代的大萧条。此次衰退很大程度上归因于系统性风险。在那段时间，美国经济经历了极为严重的金融崩溃和股票市场的疯狂下跌。许多美国人的毕生积蓄被洗劫一空或者大幅减少；失业率达到历史高点；经济和货币体系几近彻底毁灭的边缘；超过100家商业银行和金融机构倒闭或者被其他公司兼并，并导致信用紧缩和信贷市场的低迷；商业银行和部分保险公司销售了成百上千亿美元的未被监管到的复杂金融衍生品，从而导致全球投资者蒙受巨额损失；州和联邦政府对金融服务行业（包括保险公司）的分散监管被证明是不充分的和失败的。支持者认为，联邦监管者可以更有效地识别和应对金融服务部门的系统性风险，包括保险行业新出现的系统性风险。

● 提高保险公司经营效率。另一种观点认为，联邦监管会使保险公司经营更有效率。全国性的保险公司只需要与唯一的联邦政府打交道，而不是大量的各州保险监管部门。同时，联邦监管机构将不太容易屈服于行业的压力，特别是对于那些反映地方保险公司观点的问题。

州监管的优势

州监管的支持者也提出了一些由州政府对保险进行持续监管的令人信服的观点。州监管的主要优势包括：

● 对地方保险问题做出更快的反应。州监管的支持者认为，保险问题因地域差异而有较大不同，州监管机构可以比联邦监管机构更快地解决这些问题。州保险机构可以迅速采取措施解决投保人存在的不满，州监管机构能够迅速纠正保险公司违背州立法律的不当行为。相反，批评者认为，联邦监管者没有做好准备以迅速应对这些地方层面出现的问题。

● 双重监管导致成本上升。批评者认为，联邦监管会导致双重保险监管，而这会显著提升监管成本。每个州都将有两个独立的监管体系，即现有体系和新的联邦监管体系。其结果是，保险公司和联邦政府都将在向新体制转型过程中产生高额的交易成本。投保人和纳税人不得不为额外的联邦监管层支付更多的成本。

● 联邦监管效率偏低。批评者认为，联邦政府过去的监管效果并不好，如果不考虑州监管的缺点的话，州监管更好一些。批评者指出，联邦政府在对银行的监管方面做得并不好，从而导致了在2007年至2009年的经济衰退中有超过100家银行和其他金融机构破产或被兼并。此外，批评者还指出，联邦政府对铁路、航空和货运业的监管破坏了竞争。联邦监管阻碍了某些行业的进入，强化了大企业的市场控制力，在监管者和被监管者之间建立了过于亲密的关系。

● 通过美国保险监督官协会促进法律的统一。州监管的拥护者认为，法律的统一可以通过法律范本和保险监督官协会的推动来实现。通过采用法律范本的方式，不同州的法律可以实现适度统一。但是，很多政策研究者相信，不考虑保险监督官协会的法律范本，各州法律和监管仍然存在大量的差异，并将继续使得合规和管理成本高昂、效率低下。

● 更多创新的机会。支持者认为，州监管为保险监管创新提供了很多的机会。一个州可以单独进行创新尝试，如果创新失败，也只有这一个州受到影响。相反，联邦监管如果出现问题会影响所有州。

● 联邦监管的不确定性。州监管的支持者认为，州监管已经存在，其优势和不足都已经很好地显现。而联邦监管对消费者和保险业的金融和经济影响还未能很好地掌握。同时，修改或撤销一个有问题的联邦法律或监管规定需要通过国会，因此会产生大量成本且浪费时间。游说反对监管变革的集团和特殊利益集团，在所提变革措施最终得以实行之前往往需要数月甚至数年的时间。

州监管的不足

然而，多个国会委员会、美国审计总署（GAO）和消费者专家对州保险监管的效果进行了评估，发现其存在如下明显的缺点：

- 对消费者保护不够。批评者认为，州保险服务局在判断消费者是否在保险给付、费率厘定和不公平歧视保障等方面受到不公正对待上没有建立制度化的程序。此外，根据美国消费者协会保险部负责人罗伯特·亨特的观点，保险产品及其定价机制的复杂性使得消费者难以进行比较购买（见专栏8.2）。

专栏8.2 ☞

较大的费率差异说明保险业竞争不充分

在费城，对于同一位35岁的没有出险记录的已婚男士而言，不同的保险公司之间的汽车保险报价有着巨大的差异。[a] Allstate公司对该类保障的报价是12 493美元，而Erie Insurance Exchange公司（其服务记录优于Allstate公司）的报价为2 500美元。[b]

有些人可能会说，这么大的价格差异说明市场竞争很充分。实际上不是。完全相同的人报价能够差出5倍。这么大的差异恰恰说明了市场竞争不充分。在一个真正的竞争性市场，价格应该在供需曲线均衡点的市场出清价格附近很窄的范围内波动。

有很多理由来解释为什么保险业的竞争性不足。这里列举几个消费者易于理解的例子：

1. 复杂的法律条款。大多数产品是能够被直观地看到、尝试或者演示的。而保险产品则很难为消费者所阅读和理解，其复杂程度甚至超过其他大多数金融产品。例如，消费者常常以为他们在购买保险产品，结果发现他们购买的是一堆除外条款。

2. 很难进行比较购买。消费者在比较价格时必须首先明白保单里有什么。

3. 时间上的滞后性。消费者花了大量的钱购买了一张记录了一些承诺的纸，而这些承诺针对的事情是遥远的未来可能发生的事情。只有在几十年后理赔发生时，才能看出保险是否有用。

4. 难以确定服务质量。消费者必须在购买的时候确定服务的质量，但是保险公司的服务究竟如何在购买时往往是不知道的。有些州提供了投诉率数据来帮助消费者做购买决策，保险监督官协会也提供了全国性的数据库，但是服务仍然不是一个易于评估的因素。

5. 很难获知财务状况。消费者必须确定保险公司的财务流动性。他们可以通过A. M. Best公司以及其他评级机构了解相关信息，但是这些信息也很复杂，以至于难以获得和解读。

6. 定价机制复杂得让人气馁。有些保险公司为相同的消费者设定了很多层次的价格，有些甚至达到25层。消费者还要面对一系列的分类，这样就产生了成百上千的价格。在线辅助系统可以在一定程度上帮助消费者理解其中的某些区别，但是最终价格只有在消费者实际运用并投保后才能够确定。从这一点上来看，消费者报价得出的费率可能与其期望的费率相距甚远。经常发生的情况是，即使在接受了代理人的报价后，消费者的费率仍然较高。

7. 拒保。尽管如此，消费者在承保时仍可能会被拒绝。

8. 强制性购买。政府或者借贷机构经常要求人们购买保险。那些必须购买保险的消费者所处的不是"自由市场"，而是一个定价非常随意的垄断保险市场，因为需求是刚性的。

9. 销售者佣金未知。尽管许多人对购买保险殚精竭虑，但是他们通常要通过保险公司或代理人购买,并在购买决策过程中依赖他们。隐藏的佣金协议可能会诱使代理人让投保人向定价高的保险公司投保。偶发性的佣金也可能会扭曲代理人或经纪人决策的过程。

10. 对肆无忌惮的逆向选择的激励。通过拒绝为某些类型的企业(如处于警戒线的企业)承保或者对其收取较高的价格,保险公司利润可以最大化。对某些产品如产权保险和信贷保险收取回扣也会增加利润。

11. 反垄断免责。根据《麦卡伦-福古森法案》有关条款,保险在很大程度上被排除在关于垄断的法律之外。

将保险与豌豆进行一下比较。在购买豌豆时,你可以看到产品,衡量每一单位产品的价格。所有选择都摆在你面前的货架上。在收银台,没有人会问你住在哪里,然后否定你购买的权利。你可以一到家就品尝商品的味道,如果豌豆公司破产或提供的服务不好都没有关系。如果你根本就不喜欢豌豆,你根本不必购买。相反,保险产品和定价结构的复杂性使得消费者很难进行比较购买。和豌豆不同,保险是一种歧视性的产品,无论是由于强制性的保险法律,或获得抵押贷款的条件,或者仅仅为了保护他们的房屋、家庭和健康,消费者都绝对需要购买保险产品。

[a] Attorney General Spitzer 对反竞争行为进行了全面的论述,具体请参考 Statement of J. Robert Hunter before the Senate Committee on Governmental Affairs on November 16, 2004 in the hearing entitled, "Oversight Hearing on Insurance Brokerage Practices. Including Potential Conflicts of Interest and the Adequacy of the Current Regulatory Framework."

[b] Buyers Guide for Auto Insurance. Downloaded from the Pennsylvania Insurance Department website on May 12. 2006.

资料来源:Excerpted from "Testimony of J. Robert Hunter, Director of Insurance, Consumer Federation of America before the Committee on the Judiciary of the United States Senate regarding the McCarran-Ferguson Act:Implications of Repealing the Insurer's Antitrust Exemption," Consumer Federation of America, June 20, 2006.

- 处理投诉方面有待改进。尽管各州提供了每家公司的投诉率(投诉与保费的比率)数据,但这些信息无法很好地与公众分享。许多消费者并不知道保险监督官协会的网站提供了关于保险公司投诉率的信息。
- 对市场行为的检查不充分。市场行为检查是指保险服务局对索赔处理、核保、投诉、广告和诸如此类的商业行为的检查。人们会发现许多市场调查报告中存在严重的问题。
- 保险可获得性。许多州目前都没有对州内的财产和意外保险的可获得性是否是一个严重问题进行研究。
- 监管者可能对保险行业反应过度。州监管广为人知的另一个缺点是,许多州的监管当局在政策决策中可能对保险业反应过度。许多人在成为各州监管官员之前都曾经从事保险行业。在大多数州,州保险官员在监管机构工作几年离职后,会受雇或重新受雇于保险公司,并担任高级管理人员。批评者认为,州保险官员在位时就与保险行业保持了密切联系,而且经常不顾消费者的利益制定有利于保险公司的政策。关于州保险官员能否在关乎保险消费者和保险行业利益的法令和监管规则方面保持公正、客观是存在争论的。如此密切的联系往往会让他们将保险行业利益置于消费者利益之上。

对于如何确保州保险官员能够更多地追求客观和公正,消费者们提出了大量的建议。这些建议包括:[1]

---

[1] Warren S. Hersch, "Consumer Watchdog:Most NAIC Commissioners Have Industry Ties," *The National Underwriter*, *Life & Health*, March 22, 2011.

- 在施行任命制的各州，政府应该避免任命保险行业人员担任州保险官员。
- 在施行选举制的各州，州政府应当禁止保险公司为保险监督官员候选人提供资助。
- 保险监督官协会应当禁止有监管机构工作经历的保险行业从业人员游说其以前的同事。
- 保险监督官协会应当禁止有监管机构工作经历的人员在离职一年内接受保险机构的聘请。

由于保险监督官协会在新的《平价医疗法案（奥巴马医保法案）》有关条款执行中扮演了重要角色，消费者们关于保险监督官协会的这些建议显得尤为重要。该法案致力于改革美国医疗健康体系和修正现有医疗健康服务体系的错误。

《麦卡伦-福古森法案》的废除

前面曾经提到，《麦卡伦-福古森法案》赋予州保险服务局监管保险业的主要责任，同时也提供了有限的对联邦反托拉斯法的豁免。由于州监管的不足，大量的公众和政治力量支持废除《麦卡伦-福古森法案》。

州监管的批评者提出了废除这一法案的一些论点，它们包括：

- 保险业不再需要广泛的联邦反托拉斯法的豁免。批评者认为，州行为条例已经得到了充分发展，并得到最高法院的认可。州行为条例对一些联邦反托拉斯法豁免的行为已经以州法律的形式对其进行了规定。由于允许保险公司采取的行动已经明确，联邦反托拉斯法的豁免已不再需要。此外，其他行业并没有享受联邦反托拉斯法的豁免，保险行业也不应例外。
- 由于州监管存在不足，所以需要联邦监管。批评者认为需要联邦制定最低标准以保证保险定价中不存在歧视，并确保重要的财产和意外保险保障具有充分的可获得性，以及消除对被保险人收取的不公平的或过高的差别费率。

但是，许多保险公司和保险集团认为废除《麦卡伦-福古森法案》会对保险业和公众产生损害，它们提出了支持其观点的例证：

- 保险业已经充满了竞争。现在有超过2 600家财产和意外保险公司以及900家人寿保险公司开业经营。
- 小保险公司将受到伤害。由于小保险公司无法根据其有限的损失和费用情况制定准确的费率，从而无法参与竞争。这样，小型保险公司可能退出市场或被大型保险公司兼并。最终，一小部分大型保险公司会最终控制这些业务，而这正好与废除《麦卡伦-福古森法案》的初衷背道而驰。
- 保险公司可能被禁止开发相同承保范围的保单。这个问题可能导致保险购买者所需要的保障得不到充分的满足，还会导致保单持有人和保险公司之间的诉讼不断增加。而且，如果使用非标准保单，被保险人也很难知道哪些属于保障范围、哪些属于免责范围。

保险监管的现代化

保险行业是整个金融服务业的一部分，而不能在讨论监管时将其割裂出来。批评者认为，保险行业监管必须实现现代化，而且尽快提上日程。

现代化的必要性

批评观点认为,对金融服务业的管制被破坏了,州和联邦政府监管者只看到了极为复杂的监管体系的一部分。监管者对由他们监管的行业总是很宽松,现行体制下对保险公司的监管有严重的监管漏洞和不足。批评者认为有必要彻底清查和重构现有的金融服务监管体系,也包括保险行业。

前面曾经提及,在2007年至2009年间,美国经历了仅次于20世纪30年代大萧条的史上第二严重的经济衰退。这次衰退产生的原因是多重的。房地产市场崩溃,放弃抵押品赎回的情况大幅增加;由于许多购买房屋的人按照其信贷状况临界值购买了自己负担不起的房子或者使用了他们并不理解的可调整利率抵押,从而导致了房地产次级贷款市场的崩溃;金融机构的借贷标准过于宽松,并且常常提供冒进的、未登记的抵押贷款。许多房屋所有人高度依赖房屋净值贷款,过量使用信用卡,最终无法偿还其抵押贷款。银行和有些保险公司在未受监管的市场上销售了复杂的信用违约掉期(CDS)和其他衍生品,导致了数万亿美元的损失。由于杠杆率过高、资本充足率偏低,许多商业银行破产或不得不与其他银行合并,贷款变得难以申请。尽管保险业总体上平稳度过了此次危机,但是有些保险公司仍然受到较大影响。此外,批评者相信,州和联邦层面宽松的监管是导致此次金融危机的其中一个原因。

另外,美国国际集团(AIG)作为业务遍及全球的大型保险控股公司,通过一家子公司销售了数十亿美元复杂的信用违约掉期。这不仅给AIG造成了巨额损失,也使全球国际投资者饱受其害。[①] 结果,AIG损失巨大,不得不宣布破产倒闭。联邦政府以联邦贷款和股权的形式将大量纳税人的钱注入该公司,将AIG拉出泥潭。这次救助颇具争议。联邦政府官员争辩,对AIG的救助是正确的,因为AIG破产将对全球经济造成不良影响,全球经济衰退的影响将无法估量。

《多德-弗兰克法案》和保险监管

为了纠正金融服务业存在的问题,国会2010年颁布《多德-弗兰克华尔街改革与消费者保护法案》(简称《多德-弗兰克法案》)。该法案内容涵盖广泛,包括大量关于改革金融服务业的条款,处理商业银行、投资公司、抵押贷款公司和信用评级机构问题业务的条款,并为消费者提供保障。该法案催生了金融稳定监管局(Financial Stability Oversight Council,FSOC),以应对系统性风险并确认包括保险公司在内的可能增加经济系统性风险的非银行金融机构。

联邦保险办公室

《多德-弗兰克法案》还推动了联邦保险办公室的设立。后者将对保险监管产生重要影响。联邦保险办公室主要职责如下:(1)监控保险业的各个领域;(2)查找保险监管漏洞和可能导致系统性风险的问题;(3)协助金融稳定监管局识别可能造成系统性风险的保险公司;(4)代

---

① 信用违约掉期是应对债务工具可能违约而创造的一种金融工具。信用违约掉期是购买者为了在债务工具违约的情况下,免受债务违约的影响并一次获得赔付而支付的保险费。信用违约掉期的销售者每个月从购买者那里获得保费,如果债务违约,销售者必须向购买者支付约定额度的保费。

表联邦政府参与保险监管国际性讨论；(5) 就保险监管相关的国际协议与其他国家进行磋商。但是，联邦保险办公室不是保险监管者，各州仍然是监管主体。但是，当在各州法律与协商通过的国际协议产生冲突的领域，或者对外国保险公司与美国保险公司差别待遇时，联邦保险办公室的权力优先于各州监管机构。

《多德-弗兰克法案》要求联邦保险办公室研究并上报该法案颁布后18个月内的保险监管情况（2012年1月23日）。在本书写作时，该报告尚未结项，也未对外发布。

选择性联邦特许制

保险监管的另一个方法是采取选择性联邦特许制（optional federal charter）。美国寿险协会和美国保险协会建议以选择性联邦特许制取代现行的州监管体制。[①] 根据美国寿险协会的建议，寿险公司有权选择接受联邦或州政府特许权。规模较小的地方性保险公司可能选择州政府特许权，而全国性保险公司可能倾向于选择联邦特许权。支持联邦特许权的主要观点是，全国性保险公司在现行监管体制下处于弱势。许多新的寿险产品属于投资产品。当全国性保险公司在全国范围内与银行和股票经纪公司进行竞争时处于劣势地位。由于各州法律的差异和不连贯性，新产品需要两年之久才能够获批。联邦特许权将有助于大型保险公司加速发展，提高新产品的报批速度，并使其在全国范围内更具竞争力。

但是，大多数行业协会、产业集团和消费者强烈反对联邦特许权，并提供了以下相反的观点。

如前所述，这种制度将导致双重保险监管体系。这将显著提升保险监管成本。两套体系间将产生交叉重叠。

新的联邦监管机构将有权凌驾于各州法律之上。联邦监管机构可能会发布与现有各州法律相抵触的监管规定。这会导致保险公司和投保人在究竟适用于哪个州的法律方面产生不确定和迷惑。

有些消费者群体相信，有必要对州一级的现金价值产品进行监管以保护消费者。他们认为，联邦特许权可能会导致产生"底线竞争"，如果保险公司获得联邦层面的特许权，消费者保护标准会进一步降低。

保险公司破产

保险公司破产是保险监管的另一个重要问题。来自美国保险保障基金委员会的数据显示，自从保证金体制于1968年成立，有超过550家财产和意外保险公司破产。[②] 过去一段时间中，由于采取保守的财务管理政策，寿险公司破产比较少。更近的一段时间内，只有2家人寿和健康保险公司在2011年破产，是该行业最近50年的最低点。[③]

[①] American Council of Life Insurers, *Modernizing Insurance Regulation*, January 2009.
[②] National Conference of Insurance Guaranty Funds. *Insolvency Trends*, 2012, winter issue.
[③] "Insolvency/Guaranty Funds," *Issues Updates*, Insurance Information Institute, July 2012. This source is periodically updated.

偿付能力不足的原因

保险公司破产有很多原因。主要原因包括理赔的准备金不足、费率不充分、过快的增长和盈余不足、管理失败和欺诈、投资失败、子公司出现问题、虚报资产、巨额损失以及再保险公司无力赔付。

当保险公司出现偿付能力不足或者财务问题的时候，各州监管机构必须采取相应的措施。正确的管理方式是让保险公司恢复健康状态。如果无法恢复，保险公司可能被强制清算或者被健康的保险公司收购。其他可能采取的监管措施包括撤销执照、下达停止及制止令以及其他限制保险公司自由开展业务的措施。

如果保险公司破产，而你的保单未支付理赔会怎么样呢？你的保单可能会被卖给另一家保险公司，未支付的理赔会由州保障基金赔付。但是，大型保险公司破产后，所有理赔都完成可能要好几年的时间，而且并不会全额赔付。

确保偿付能力的方法

确保保险公司偿付能力达标的主要方法包括：
- 财务条件约束。保险公司必须达到的财务条件在各州之间都有差异，例如最低资本金、盈余要求、对投资的限制，以及对损失准备金的评估。
- 风险资本标准。前文提及，保险公司必须达到保险监督官协会根据法定模型计算出的风险资本标准。递增的资本要求有助于防止偿付能力不足。
- 年度财务报告。有些年度财务报告必须按照既定格式提交各州保险监管部门，并提供关于签约保费、支出、损失、投资和其他信息。保险监管官员会对财务报告进行评估。
- 现场检查。州立法律要求保险公司必须定期接受检查，如每三到五年。保险监督官协会负责协调对在多个州开展业务的保险公司的检查。
- 预警系统。保险监督官协会管理的预警系统被称作保险监管信息系统（IRIS）。财务比率和其他报告均被用来形成该系统的年度报告信息。基于对这些信息的评估，监管机构可以迅速地对保险公司进行评价，或找到需要关注的目标。但是这个系统并不十分完美。财务比率并不能识别出所有有问题的保险公司。该系统也筛选出越来越多的保险公司，其中有一些不需要立刻给予监管关注。
- FAST系统。保险监督官协会采用了财务分析及清偿能力追踪系统（FAST），对需要进一步分析的保险公司进行排序。不同的点用于表示不同财务比率区间内的结果，然后将这些加总起来得到每家保险公司的FAST得分。根据它们的FAST分值，一些保险公司会被优先给予监管关注。

保险信用评分

保险信用评分是另一个重要的监管问题。越来越多的汽车和屋主保险公司正在以核保和费率厘定为目标使用保险信用评分。保险分值从申请人的信用历史推导得出，并与其他因素相结合。根据保险分值，申请人可能被拒绝投保或适用较高的费率分类。

根据申请人的信用记录进行保险评分存在争议。拥护者认为：

● 申请人的信用记录和未来索赔情况之间有很强的关联性。研究显示，信用记录不好的申请人会比那些信用记录较好的申请人提交更多的汽车或屋主保险索赔。保险评分提高了保险公司准确预测未来索赔情况的能力。

● 保险评分将使消费者受益。保险公司认为承保和费率厘定可以更加准确和客观。联邦贸易委员会的研究得出结论，保险评分让保险公司可以更加精确地评估风险，使其更愿意为那些高风险的消费者承保，否则这些消费者将无法投保。作为其中的一个结果，高风险投保人支付较高的保费，低风险投保人支付较低的保费。①

● 大多数消费者的信用记录良好并能够从信用评分获益。信用记录良好的消费者可以享受较低的费率或者获得那些难以获得的保障。保险公司认为超过50%的保单持有人会因为良好的信用而支付较低的保费。②

但是对保险评分的批评者则提出了下面相反的观点：

● 核保或费率厘定中对信用数据的使用会造成对特定群体的歧视。批评者指出，非裔美国人和移民在信用评分最低的人群中占了绝大多数，并因此支付了较高的保费。他们还指出，保险信用评分会伤害某些群体。这些群体包括难以获得信用的低收入人群；无法支付其账单的失业人群；因病或丧失劳动能力而较晚支付每个月的信用卡账单的人群；有孩子的女性户主家庭，这些女性没有得到子女抚养费用，或者支付发生拖延；以及不使用信贷而使用现金购买保险的申请人。

但是保险公司否认保险信用评分对那些群体有歧视，因为保险公司在核保过程中不考虑收入、种族或民族背景等因素。得克萨斯保险服务局研究发现信用评分和索赔之间存在很强的关联性，但却没有证据表明因为核保中的收入、种族或民族背景等问题对少数人或社会经济群体产生任何不同或不公平的影响。正因如此，在个人保险产品核保中允许使用信用数据的费率厘定计划中，所有处境相同的个人，不管其收入、种族或民族背景等方面的差异如何，投保汽车或屋主保险所收取的保费完全相同。③

此外，一份来自FTC的报告得出结论，信用得分并不能简单地与种族和民族相联系。④ 类似地，美联储对信用的研究认为，信用得分并不能代表种族、民族或性别。⑤ 其他关于类似问题的研究会进一步澄清这些问题。

● 保险信用评分方法在经济衰退期间会不公平地惩罚消费者。在本书创作的时候，美国正在缓慢地从2007年到2009年的严重衰退中逐步复苏。在经济衰退期间有成百上千万的工人失业；许多屋主无法偿付其抵押贷款；数百万屋主失去了他们的房屋；破产数量猛增；许多失业工人发生了巨额信用卡债务，或者以较高的利率从非传统贷款人那里获得资金。所有这些因素都对保险评分产生了负面影响。批评者认为，消费者已经受到经济衰退的巨大影响，而因为保

---

① Federal Trade Commission，*Credit-Based Insurance Scores*：*Impacts on Consumers of Automobile Insurance*，*A Report to Congress by the Federal Trade Commission*，July 2007.

② "Credit Scoring," *Issues Updates*，Insurance Information Institute，February 2010. This source is periodically updated.

③ Robert P. Hartwig，*No Evidence of Disparate Impact in Texas Due to Use of Credit Information by Personal Lines Insurers*，Insurance Information Institute，January 2005.

④ Federal Trade Commission，*Credit-Based Insurance Scores*：*Impacts on Consumers of Automobile Insurance*，*A Report to Congress by the Federal Trade Commission*，July 2007.

⑤ Board of Governors of the Federal Reserve System. *Report to the Congress on Credit Scoring and Its Effects on the Availability and Affordability of Credit*，August 2007.

险评分的原因使他们支付更高的保费,从而蒙受第二次惩罚显然是残酷的和有失公平的。[1]

为了保护消费者的利益,大多数州已经制定了法律,来限制保险信用评分的使用。一般的法律要求保险公司报备承保所采用的模型,包括州保险服务局的保险评分,限制用于计算保险分值的变量的数量,禁止保险公司处罚那些不使用信贷或没有信用记录的消费者,禁止保险公司仅仅使用保险分值作为核保和费率厘定中的唯一决定要素,保险公司在核保或费率厘定过程中对信用信息的使用必须告知消费者。[2]

案例应用

埃斯利是一位精算师,受雇于内布拉斯加州保险服务局。她的职责包括监督在内布拉斯加州开展业务的保险公司的财务情况。根据对保险公司提交的年度财务报表的分析,她发现,相互人寿保险公司的风险资本率是75%。根据这一信息回答如下问题。

a. 要求保险公司满足风险资本要求的目标是什么?

b. 内布拉斯加州保险服务局应该对相互人寿保险公司采取怎样的监管措施?

c. 如果相互人寿保险公司的风险资本率下降为30%,请你回答(b)中的问题?并对你的答案做出解释。

d. 相互人寿保险公司将其资产的25%投资于普通股。假设股票被销售,接着投资于美国政府债券。如果有影响,那么这种投资的改变会对相互人寿保险公司的风险资本产生怎样的影响?解释你的答案。

本章小结

- 对保险公司进行监管的原因包括:
  保证保险公司的偿付能力
  弥补消费者知识存在的不足
  确保费率合理
  使保险具有可获得性
- 保险行业主要由州监管机构进行监管。《麦卡伦-福古森法案》声明,由州政府对保险业继续进行监管和征税符合公众利益。
- 用于监管保险业的三个主要方法是:
  立法监管
  法院监管
  州保险服务局的监管
- 监管的主要领域包括:
  保险公司的组织形式和经营资格
  偿付能力监管

  费率监管
  保单格式监管
  展业和消费者保护
  保险公司课税
- 财产和意外保险费率必须充分、合理(不能过高),也不能存在不公平的歧视行为。费率厘定法规的主要类型包括:
  预先核准法
  修订的预先核准法
  报备使用法
  使用报备法
  弹性费率法
  州定费率
  公开竞争法
- 保险公司必须基于毛保费支付州保险费税。

---

[1] Birny Birnbaum, "Regulators Should Impose Credit Scoring Moratorium," *National Underwriter*, Property & Casualty Ed., September 1, 2008, pp. 41-42.

[2] "Credit Scoring," *Issues Updates*, Insurance Information Institute, February 2010. This source is periodically updated.

主要目的是增加州政府的收入，而不是为了给保险监管提供基金。
- 由州监管还是联邦进行监管是一个充满争议的问题。得到认可的联邦监管的主要优点包括：
  各州法律和监管的统一
  在国际保险协议商洽方面更有效率
  应对系统性风险更有效率
  提高保险公司经营效率
- 州监管的优势包括：
  对地方保险问题做出更快的反应
  双重监管导致成本上升
  联邦监管效率偏低
  通过美国保险监督官协会促进法律的统一
  更多创新的机会
  联邦监管的不确定性
- 批评者认为州监管有一些严重的缺陷，包括：
  对消费者保护不够
  处理投诉方面有待改进
  对市场行为的检查不充分
  关于保险可获得性的研究只在部分州开展
  监管者可能对保险行业反应过度
- 废除《麦卡伦-福古森法案》的观点包括：
  保险业不再需要广泛的联邦反托拉斯法的豁免
  由于州监管存在不足，所以需要联邦监管
- 支持《麦卡伦-福古森法案》的观点包括：
  保险业已经充满了竞争
  小保险公司将受到伤害
  保险公司可能被禁止开发相同承保范围的保单
- 保险监管当前存在的几个问题包括：
  保险监管的现代化
  保险公司偿付能力问题
  保险信用评分

重要概念和术语

法定资本
外国保险公司
评估法
保险信用评分
州内保险公司
报备使用法
弹性费率法
《1999年金融服务现代化法案》
州外保险公司

保障基金
《麦卡伦-福古森法案》
修订的预先核准法
美国保险监督官协会（NAIC）
公开竞争法
保罗诉弗吉尼亚案
保单持有人盈余
预先核准法

折扣
准备金
报复性税收法规
风险资本
东南保险承保人协会（SEUA）
系统性风险
诱导转保
使用报备法

复习题

1. 解释为什么要对保险业进行监管？
2. 简要解释下面法律案件和立法对保险公司监管的意义：
   a. 保罗诉弗吉尼亚案
   b. 东南保险承保人协会案
   c. 《麦卡伦-福古森法案》
   d. 《1999年金融服务现代化法案》
3. 解释对保险公司进行监管的主要方法。
4. 指出由州保险服务局实施监管的保险公司的主要经营领域。
5. 简要描述费率厘定法律的主要类型。
6. 解释州法律禁止的下面代理人行为：
   a. 诱导转保
   b. 折扣
7. a. 解释支持联邦对保险行业监管的主要观点。

b. 解释支持州政府对保险行业进行监管的主要观点。

c. 阐述州监管的缺点。

8. a. 解释支持撤销《麦卡伦-福古森法案》的主要观点。

b. 解释反对撤销《麦卡伦-福古森法案》的主要观点。

9. 指出监管者用于监督保险公司偿付能力的主要方法。

10. 阐述保险公司必须满足的风险资本标准的要求。

应用题

1. 金融服务公司是一家向退休人群销售年金产品的大型人寿保险公司。公司精算师设计了一种信贷年金合同，该合同将终生年金收益与良好的长期家庭医疗服务相结合。金融服务公司想在50个州将其产品推向市场，该公司面临着一家全国性商业银行的竞争。后者正在努力向社会保障受益人销售类似的产品。金融服务公司的首席执行官相信，如果公司获得联邦的许可，新的年金产品将会更有效率地推向市场，但是董事会的几个成员认为难以获得联邦授权。

a. 在当前的州监管体制下，金融服务公司在将新的年金产品推向市场的时候将面临哪些监管障碍？

b. 假设金融服务公司能够获得联邦特许。解释它在将新的年金产品推向市场的时候，联邦特许将给金融服务公司带来怎样的优势。

c. 解释反对联邦特许的主要观点。

2. 奥珀尔今年75岁，她持有一份现金价值为35 000美元的100 000美元普通人寿保险保单。奥珀尔想知道疗养院长期医疗的成本。一家全国性人寿保险公司的新的代理人劝她将35 000美元转为递延年金。代理人告诉奥珀尔，该年金终身支付收益，而且也允许她在进入疗养院的时候取出35 000美元而不需要支付罚金。在保单出单后，奥珀尔有10天的时间改变主意。在犹豫的时候，奥珀尔的一个朋友看了这份保单。通过分析这份保单，她的朋友发现，每年取出现金价值的10%是不收取罚金的，任何超出的部分都要被收取7%的费用。此外，收入支付开始于10年之后，也就是从奥珀尔85岁开始。奥珀尔向州保险服务局投诉了这个代理人。调查显示，这个代理人也类似地误导了其他消费者。

a. 根据上面的事实，指出该代理人的违法行为。

b. 州保险服务局将对这个不诚实的代理人采取什么措施？

c. 州保险服务局将对人寿保险公司采取什么措施？

3. 尽管汽车保险公司在内布拉斯加州注册，但是被授予了在10个州销售汽车保险的资格。每个州适用的税率都不相同。有5个州执行预先核准法，有2个州执行报备使用法，剩下的3个州使用弹性费率法。汽车保险公司承保状况不佳，需要提高其费率。

a. 解释上面的每一种费率法怎样运用于汽车保险公司。

b. 指出汽车保险公司在采用预先核准法的州提高费率可能遇到的问题。

4. 珍妮特今年35岁，已经离婚并带着两个学龄前儿童。珍妮特的收入只达到联邦最低工资水平，经济状况很紧张。她的前夫在过去的3个月里没有支付孩子的抚养费，原因是他因为公司合并失去了工作。其结果是，珍妮特自己支付这些费用，与此同时她收到了几封来自收费单位的威胁性信件。珍妮特相信，如果她更换了汽车保险公司就可以把钱节省下来。一家汽车保险公司的报价远高于她现在支付的费率。一位公司代表解释说，珍妮特因为其不太好的信用记录而不得不被提高费率。珍妮特觉得很奇怪，因为她的驾驶记录很好，而且在过去的5年里没有发生一起交通事故。

a. 解释由于不良的信用记录而收取珍妮特较高汽车保险费的基本原理。

b. 解释反对使用保险信用评分体系作为汽车保险中进行费率厘定或核保要素的观点。

网络资源

- 保险监管监察员协会（Insurance Regulatory Examiners Society）是一个非营利的职业和教育协会，为那些保险公司监察员和其他专门从事保险监管的人员提供服务。网址为：go-ires.org

- 美国保险监督官协会（NAIC）是州保险监督官的组织，负责推动各州保险法律的统一，并向州立法机构提出立法建议。每个州保险服务局的网站都可以通过美国保险监督官协会的网站链接过去。网址为：naic.org

- 美国保险监督官协会（NAIC）提供针对特定保险公司受指控情况的大量信息。到美国保险监督官协会网站上可以找到消费者信息资源、公司名称、所在州以及业务类型等信息。在找到公司之后，点击"Closed Complaints"。网址为：https://eapps.naic.org/cis

- 全美保险立法机构联合会（National Conference of Insurance Legislators）是州立法机构组成的组织。该组织关注的主要公共政策领域是保险监管和立法。网址为：ncoil.org

- 寿险和健康保险保障协会全国组织（NOLHGA）是全国50个州、哥伦比亚行政区和波多黎各人寿和健康保险保障协会自愿组成的协会。该协会成立于1983年。当时，人寿和健康保险公司偿付能力不足问题影响了许多州的人们，各州保障协会需要建立一个协调一致的组织共同保护投保人的利益。网址为：http://www.nolhga.com/

参考文献

American Council of Life Insurers. News Release, *Modernizing Insurance Regulation*, January 2009.

Birnbaum, Birny. "Regulators Should Impose Credit Scoring Moratorium," *National Underwriter*, Property & Casualty Ed., September 1, 2008, pp. 41-42.

Board of Governors of the Federal Reserve System, *Report to the Congress on Credit Scoring and Its Effects on the Availability and Affordability of Credit*, August 2007.

Derrig, Richard A. and Sharon Tennyson, "The Impact of Rate Regulation on Claims: Evidence from Massachusetts Automobile Insurance." *Risk Management and Insurance Review*, Vol. 14, No. 2, 2011, pp. 173-199.

Federal Trade Commission, *Credit-Based Insurance Scores: Impacts on Consumers of Automobile Insurance, A Report to Congress by the Federal Trade Commission*, July 2007.

The Financial Crisis Inquiry Report: Final Report of the National Commission on the Causes of the Financial and Economic Crisis in the United States. Washington, DC: U.S. Government Printing Office, January 2011.

Grace, Martin F. and Robert W. Klein, *Alternative Frameworks for Insurance Regulation in the U.S.*, Center for Risk Management and Insurance, Georgia State University, October 7, 2008.

Harrington, Scott E. "Insurance Regulation and the Dodd-Frank Act," *Neworks Financial Institute*, Indiana State University, 2011, PB-01, March 2011.

Hartwig, Robert P. *No Evidence of Disparate Impact in Texas Due to Use of Credit Information by Personal Lines Insurers*. New York: Insurance Information Institute, January 2005.

Insurance Information Institute, "Credit Scoring," *Issues Updates*. New York: Insurance Information Institute, February 2012. This source is periodically updated.

Insurance Information Institute. "Insolvencies/Guaranty Funds," *Issues Updates*. New York: Insurance Information Institute, July 2012. This source is periodically updated.

Insurance Information Institute, "Regulation Modernization," *Issues Updates*. New York: Insurance Information Institute, August 2012. This source is periodically updated.

Leverty, J. Tyler. "The Cost of Duplicative Regulation: Evidence from Risk Retention Groups." *The Journal of Risk and Insurance*, Vol. 79. No. 1, March 2012, pp. 105 – 127.

Schwartzman, Joy and Gail Ross, "The Dodd-Frank Act and the Insurance Industry: Strategic Considerations of U.S. Financial Reform," *Milliman Insight*, September 27, 2010.

Schwartzman, Joy and Michael Schmitz, "Shifting the Regulatory Burden?", *Milliman Insight*, April 21, 2008.

第三部分
风险和保险的法律原理

第 9 章

基本法律原理

"完全相信有关律师的说法是没有必要的,因为有些可能不是真实的。"

——杰拉尔德·F·利伯曼

学习目标

学习完本章,你应当能够:

- ◆ 解释保险合同反映的基本法律原理,包括:
  - 损失赔偿原则
  - 可保利益原则
  - 代位求偿原则
  - 最大诚信原则
- ◆ 解释告知、隐瞒与保证这些法律概念怎样体现最大诚信原则。
- ◆ 阐述形成一份有效保险合同所需的基本条件。
- ◆ 说明保险合同与其他合同的区别。
- ◆ 解释代理法律以及它如何影响保险代理人的行为。

凯今年23岁,有酗酒和吸毒等不良嗜好。他有三次醉驾的记录,并且曾经因为粗野驾驶、逃离肇事现场和无照驾驶而被捕。最近,他因为拿着已吊销的执照驾车而在郡监狱服刑6个月。凯搬到其他州后,为了获得驾照必须提供保险证明。在申请的时候,他没有说明以前的事故记录和酒后驾车犯罪情况。他说自己只有一次因为在不允许停车的地方停车而被传唤。保险公司签发了保单。凯在当地一个小酒馆喝酒后几小时,在回家的路上又卷入了一起车祸。另一名司机严重受伤,几乎死亡。受伤的司机因为其遭受的身体伤害起诉了凯。凯的保险公司因为凯隐瞒了酒后驾车犯罪记录及其在提出申请时所做出的几个关键事项的误导而拒绝支付索赔。凯为对保险相关法律的认识不足付出了高昂代价,切身体会了不懂法的痛苦。

> 正如凯的经历所揭示的，保险法律的作用只有在人们蒙受损失之后才会显现出巨大的效果。当购买保险的时候，人们希望在蒙受损失时获得赔偿。保险法律和合同条款决定了人们是否获得保障以及怎样获得赔偿。保险合同是复杂的法律文本，同时反映了一般法和保险法的特点。因此，人们应该对构成保险合同基础的基本法律原理有清晰的认识。
>
> 这一章，我们将讨论作为保险合同基础的基本法律原理、有效保险合同的法律条件以及保险合同区别于其他合同的法律特征。本章最后对代理法律及其在保险代理人中的应用进行了总结。

损失赔偿原则

在保险领域，损失赔偿原则是最重要的法律原理之一。**损失赔偿原则**（principle of indemnity）指保险人的赔偿金额不得超过被保险人的实际损失价值。换言之，被保险人不应当从损失中获利。大多数财产和意外保险合同都遵循这一原则。当保险责任范围内的损失发生时，保险人的赔偿不应该超过实际损失的价值。然而，损失赔偿原则也并不意味着一切保险责任范围内的损失都会得到全额赔偿。由于免赔额、最大赔偿金额及其他合同条款的限制，赔偿额可能会低于实际损失。

损失赔偿原则有两个基本目的。第一个目的是阻止被保险人通过索取赔偿而额外获利。例如，克里斯汀为她的房屋购买了价值200 000美元的保险，结果发生了50 000美元的部分损失，如果赔偿200 000美元给她，那就违反了损失赔偿原则，她将从保险赔偿中获利。

第二个目的是减少道德风险。如果能够从赔偿中获利，那么不诚实的保单持有人会为了获得保险金而故意制造损失。如果赔偿额不超过实际的损失，那么不诚实的可能性将会降低。

实际现金价值

实际现金价值的概念隐含于损失赔偿原则中。在财产保险中，确定赔偿金额的基本方法是确定损毁财产在受损时的实际现金价值。法院确定实际现金价值的方法包括以下三种：

- 重置成本减去折旧
- 公平市场价值
- 广泛证据原则

重置成本减去折旧 根据这条原则，**实际现金价值**（actual cash value）定义为重置成本减去折旧。这条原则通常被用来确定财产保险中财产的实际现金价值。它既考虑了通货膨胀的影响，又考虑了随时间变化财产的折旧。重置成本是指在当前情况下，用相同种类和质量的新材料修复损毁财产所需的成本。折旧是对资产随时间而产生的物理损耗以及经济价值的减少所作的扣除。

例如，撒拉喜欢的沙发在一场大火中被烧毁了。假设她5年前买了这个沙发，折旧了50%，相同的沙发现在需要花费1 000美元。按照实际现金价值原则，撒拉将会获得500美元的赔偿额。因为重置成本为1 000美元，折旧为500美元或50%。显然，如果保险公司按照完全重置价值赔偿撒拉1 000美元，就违反了损失赔偿原则，因为她将获得一张新沙发而不是用了5年的旧沙发。简而言之，500美元是对使用了5年的沙发的损失的赔偿额。具体的计算公式如下：

  重置成本＝1 000 美元

  折旧＝500 美元（沙发折旧了 50%）

  实际现金价值＝重置成本－折旧

  500 美元＝1 000 美元－500 美元

公平市场价值 一些法院规定使用公平市场价值来确定某项损失的实际现金价值。**公平市场价值**（fair market value）是指在自由市场中，买卖双方在自愿的基础上达成的令双方满意的价格。

一幢房屋的公平市场价值也许低于按重置成本减去折旧的方法计算得到的实际现金价值。导致这种差异的原因包括房屋的地理位置偏僻、周围环境糟糕或缺乏经济价值。例如，在都市中，老居民区的大房屋的市价远远低于重置成本减去折旧。如果一项损失发生了，公平市场价值能够更准确地反映损失的价值。有这样一个案例，按照实际现金价值原则，一幢价值为 170 000 美元的房屋在损失发生时的市场价值仅为 65 000 美元。法院规定依据公平市场价值原则，房屋的实际现金价值为 65 000 美元，而不是 170 000 美元。[①]

广泛证据原则 许多州现在运用广泛证据原则来确定一项损失的实际现金价值。**广泛证据原则**（broad evidence rule）是指确定实际现金价值时，应该将专家用于确定财产价值的一切相关因素考虑进去。这些相关因素包括重置成本减去折旧、公平市场价值、财产预期收入的现值、类似财产的销售、评估师的意见以及许多其他因素。

财产保险采用实际现金价值原则，其他保险则适用另外的原则。在责任保险中，保险人所支付的赔偿额不得超过被保险人因为给他人造成身体伤害或财产损失而负有法律责任所需要付出的赔偿额；在企业收入保险（business income insurance）中，当企业因保险责任范围内的事故而破产时，保险人的赔偿额通常等于利润的损失加上后续相关费用；在人寿保险中，被保险人死亡后，赔偿额为保单的面值。

损失赔偿原则的特例

损失赔偿原则的特例包括以下几种情形：
- 定值保单
- 定值保单法
- 重置成本保险
- 人寿保险

定值保单 **定值保单**（valued policy）是指当完全损失发生后，保险人按保险单的面额支付保险金的保单。定值保单多用于承保古董、珍贵艺术品、稀有画作以及家传珍宝。由于在损失发生时很难确定这些物品的实际价值，在保险单第一次签发时，需要保险人与被保险人共同确定标的物的价值。例如，你从曾祖母那里继承了一只珍贵的古董钟表。这只钟表可能价值 10 000 美元，你为其投保了 10 000 美元。如果这只钟表在一场大火中完全损坏，你将获得 10 000 美元的赔偿，但这 10 000 美元不是损失发生时的实际现金价值。

[①] *Jefferson Insurance Company of New York v. Superior Court of Alameda County*，475 P. 2d 880 (1970)。

定值保单法 损失赔偿原则的另一个例外是定值保单法。① **定值保单法**（valued policy law）存在于部分州中，它规定：如果该法中的特定风险造成不动产发生全部损失，被保险人将获得相当于保单面额的赔偿额。定值保单法中所规定的特定风险因州而异。在一些州只包括火灾，另外一些州则包括火灾、闪电、风暴、龙卷风，也有一些州包括一切保险责任中的灾害形式。另外，定值保单法基本上只适用于不动产，而且必须是完全损失。例如，保险金额为200 000美元的一栋建筑物实际现金价值为175 000美元。如果一场火灾导致了建筑物的完全损失，赔偿额应为200 000美元。在这种情况下，因为被保险人获得的赔偿大于实际现金价值，所以违背了损失赔偿原则。

定值保单法的最初目的是防止因代理人故意超额投保以获得更高佣金而导致被保险人与保险人发生争执，保护被保险人的利益。如果建筑物被超额投保，发生完全损失后，如果按照实际现金价值进行赔偿，保险人支付给保单持有人的赔偿额可能会少于其所缴纳的保险费。不过，定值保单法的重要性正逐渐下降，因为通货膨胀对财产价值的影响已经使超额投保不再成为一个问题。相反，现在保额不足成为了更大的一个问题，因为它不仅导致保险人的保险费不足，而且导致对被保险人的保护也不足。

尽管其重要性有所下降，定值保单法依然有一定的适用范围。另一方面，这一规则的运用会导致超额投保和道德风险的增加。大部分建筑物在投保之前没有被仔细检查过，如果保险人没有带着评估的目的对建筑物进行考察，就可能出现超额投保与道德风险。被保险人可能不太关心防灾减损工作，甚至故意造成损失来获得保险收益。虽然定值保单法为保险人在怀疑欺诈行为存在时提供了保护，但是举证的责任却落在保险人的身上。例如，有这样一个流传已久的案例，投保人为一栋准备以1 800美元价格出售的房屋投保了火灾保险，保险金额为10 000美元。6个月后，一场大火完全烧毁了这栋房屋。保险人因为被保险人不正确的告知和欺诈而拒绝承担赔偿责任。最后法院裁定保险人按保单的面额进行赔偿，因为在保单签订时没有任何外来因素阻碍保险公司对财产进行考察以确定其价值。被保险人对房屋价值的说明只是他个人意见的表达，并不是对事实的证明，所以不构成欺诈。②

重置成本保险 重置成本保险是损失赔偿原则的第三种例外。**重置成本保险**（replacement cost insurance）在决定损失赔偿额时不扣除折旧。例如，假设你家的屋顶已经建成5年，有效使用期为20年。一场龙卷风毁坏了屋顶，当前的重置成本为10 000美元。根据实际现金价值原则，你只会得到7 500美元的赔偿（10 000美元－2 500美元＝7 500美元）。在重置成本保险的情况下，你将会得到10 000美元的全额赔偿（减去适当扣除项）。由于你获得的是一个全新的而不是使用了5年的屋顶，所以违背了损失赔偿原则。

重置成本保险是建立在按实际现金价值赔偿仍然会导致被保险人蒙受实质损失的基础上，因为很少有人会为折旧编制预算。在上面的例子中，由于屋顶有1/4的折旧，你将不得不自己花费2 500美元来将其修复。为了解决这些问题，我们可以购买重置成本保险来保障我们的房屋、建筑物、企业和私人财产。

---

① 实行定值保单法的有阿肯色州、佛罗里达州、佐治亚州、堪萨斯州、路易斯安那州、明尼苏达州、密西西比州、密苏里州、蒙大拿州、内布拉斯加州、新罕布什尔州、北达科他州、俄亥俄州、南卡罗来纳州、南达科他州、田纳西州、得克萨斯州、西弗吉尼亚州、威斯康星州。加利福尼亚州也有相关法律，只要被保险人向保险公司支付检查和财产评估的费用，即可获得定值保单。艾奥瓦州的法律认定，房屋保险单中注明的保险数额就是保单日该财产可保价值的明显证据。尽管艾奥瓦州的法律并不是真正的定值保单法，但是，在处理赔付要求时，它将房屋价值的取证责任从被保险人转移到了保险人身上。

② Gamel v. Continental Ins. Co., 463 S. W. 2d 590 (1971).

人寿保险 损失赔偿原则的另一种特例是人寿保险。人寿保险合同不是关于损失赔偿的合同，而是一种如果被保险人死亡，保险人按事先规定的数额赔偿给受益人的定值保单。很显然，损失赔偿原则很难运用到人寿保险中。因为在衡量人类生命的价值时，实际现金价值原则（重置成本减去折旧）是毫无意义的。而且，为了达到个人或公司的目的，比如要每月向死者的赡养对象支付一笔钱，那么死者必须在死亡前购买过一定数量的人寿保险。因为以上原因，人寿保险单是损失赔偿原则的另一种特例。

可保利益原则

可保利益原则是另外一个重要的法律原理。**可保利益原则**（principle of insurable interest）是指如果一项责任范围内的损失发生，被保险人必须是经济利益受损的一方。例如，你对自己的汽车具有可保利益，这是因为如果汽车被损坏或被盗，你的经济利益将受到损害。你对自己的个人财产，比如电视或电脑，都具有可保利益，这是因为如果这些财产遭到损坏，你的经济利益将受到损害。

可保利益原则的目的

所有的保险合同要具有法律效力，就必须要有可保利益的支持。保险合同必须得到可保利益支持的原因如下：[1]
- 防止赌博
- 减少道德风险
- 确定财产保险中的损失额

首先，可保利益原则对于防止赌博行为来说是必要的。如果没有可保利益的要求，这个合同将具有赌博性质，危害公众利益。例如，你能对其他人的财产投保，并期望那些财产蒙受损失而从中获利。同样，你可以对其他人的生命投保，期望他们尽早死亡并从中获利。这类合同明显是赌博合同，并将危害公众利益。

其次，可保利益原则可以减少道德风险。如果没有可保利益的要求，不诚实的人将能够为他人的财产购买保险，然后故意制造损失以获益。但是，如果被保险人自己要承担经济损失，那么制造损失将不能获得任何收益。因此，道德风险将会减少。在人寿保险中，对可保利益的要求减少了为获取保险金而谋杀被保险人的动机。

最后，在财产保险中，可保利益原则可以用来确定被保险人的损失额。大多数财产保险合同遵循损失赔偿原则，确定赔偿额的方法之一就是被保险人的可保利益。如果赔偿额不超过被保险人的可保利益，则意味着遵循了损失赔偿原则。

可保利益的示例

这部分将讨论几种可保利益的情形。不过，现在就将财产与责任保险中的可保利益与人寿

---

[1] Edwin W. Patterson, *Essentials of Insurance Law*, 2nd ed. (New York: McGraw-Hill, 1957), pp. 109-111, 154-159.

保险中的可保利益区分开来是有益的。

财产与责任保险　财产所有权可以产生可保利益。因为财产遭到破坏或被摧毁，财产所有人的经济利益将受到损害。

潜在的法律责任也可以产生可保利益。例如，干洗店对顾客的财产具有可保利益。干洗店对因自己的疏忽造成的顾客商品的损坏负有法律责任。

担保债权人（secured creditor）对抵押的财产同样具有可保利益。提供房屋贷款的商业银行或抵押放款公司（mortgage company）对房屋具有可保利益。房屋充当贷款的抵押品，如果房屋遭到损坏，贷款的抵押品价值就会减少。向企业提供存货贷款的银行对商品存货具有可保利益，因为这些货物是贷款的担保物。不过，法院已经规定无担保或一般债权人通常对债务人的财产不具有可保利益。[①]

最后，契约权（contractual right）也可以产生可保利益。一家企业签约从国外购买货物，前提条件是货物安全运抵美国。这家企业对这批货物具有可保利益，因为如果货物没有送达，公司将损失利润。

人寿保险　当你为自己购买人寿保险时，不存在可保利益的问题。法律认为，无论什么时候，只要一个人自愿为自己购买人寿保险，就可以达到可保利益的要求。因此，在服从保险人关于单个人最高保额的核保原则下，只要你能支付保险费，就可以购买足够多的人寿保险。而且，当你为自己投保人寿保险时，你可以指定任何人作为受益人。受益人不需要对你具有可保利益。[②]

然而，如果你想为他人购买人寿保险，你必须对那个人的生命具有可保利益。亲密的家庭或婚姻关系可以满足人寿保险中的可保利益要求。例如，丈夫可以为妻子购买人寿保险，并被指定为受益人。同样，妻子也可以为丈夫购买人寿保险，并被指定为受益人。祖父、祖母可以为孙子、孙女购买人寿保险。不过，远房亲戚关系不产生可保利益。例如，堂兄弟姐妹之间不能互相购买人寿保险，除非存在金钱关系。

如果存在**金钱（经济）利益**（pecuniary (financial) interest），则可以满足人寿保险中的可保利益要求。即使没有血缘或婚姻关系，一个人也可能因为他人的死亡而蒙受经济损失。例如，一家公司可以为一位杰出的销售人员购买人寿保险，因为如果这位销售人员死亡，公司的利润可能会下降。生意的一方合伙人可以为另一方投保，如果他或她死亡，则可以用人寿保险收入来补偿因丧失合伙人而带来的损失。

什么时候必须存在可保利益？

在财产保险中，损失发生时可保利益必须存在。有这个要求是由于以下两个理由。第一，大部分财产保险合同都是损失赔偿合同。如果在损失发生时不存在可保利益，被保险人就不会产生任何经济损失。因此，如果进行赔偿，就违背了损失赔偿原则。例如，如果马克将他的房子卖给苏珊，在房屋保险取消前，一场火灾发生了，马克将不能获得保险赔偿，因为他不再对房屋具有可保利益。苏珊也不能获得保险赔偿，因为在这个保险单上，她未被指定为被保险人。

第二，在合同最初签订时，你对财产可能没有可保利益，但是，在未来可能的损失发生时

---

① Patterson, p. 114.

② Edward E. Graves, and Burke A. Christensen, eds., *McGill's Legal Aspects of Life Insurance*, 7th ed. (Bryn Mawr, PA: The American College, 2010), p. 413.

你具有可保利益。例如，海洋运输保险中，在轮船出发之前通过合同对货物进行保险是很常见的。不过，直到货物作为被保险人的财产装上轮船后，保单才会生效。尽管最初签订合同时并不存在可保利益，如果损失发生时你对这些货物具有可保利益，就可以获得赔偿。

相反，在人寿保险中，可保利益的要求必须而且只能在保单开始时得到满足，而不是被保险人死亡时满足。人寿保险不是损失赔偿性合同，而是一种定值保单，在被保险人死亡时按照事先规定的数目进行支付。因为受益人对保单收入具有法律上的认领权，所以受益人不需要证明因被保险人的死亡所导致的经济损失。例如，米歇尔持有一份她丈夫的人寿保单，后来他们离婚了，如果她有效地保存了这份保险合同，她就有权因为前夫的死亡而得到保险收益。在这种情况下，可保利益的要求必须在合同开始时满足（见专栏 9.1）。

专栏 9.1

在被保险人死亡时没有可保利益：公司仍能获得人寿保险收益

法律事实

一家公司为一位持股 20% 的管理人员购买了价值 100 万美元的人寿保险。不久，这位管理人员卖掉了股票，并辞了职。两年后，他去世了。保险公司将该保单的死亡收益支付给这家公司。死亡被保险人遗产的个人代表声称，这家公司的可保利益只是暂时的，可保利益必须持续到被保险人死亡之时。在被保险人死亡时，这家公司已经没有可保利益。那么，这家公司是否有权利获得该笔保单收益呢？

法院裁决

法院驳回了可保利益必须持续到被保险人死亡之时的观点。[a] 法院的裁决反映了这样一个原则：若保单在一开始时有效，那么在保单到期前可保利益的终止并不影响保单持有人的收益获取权，可保利益的要求只是在保单开始时必须满足。

[a] *In re Al Zuni Trading*，947 F. 2d 1402 (1991).

资料来源：Adapted form Buist M. Anderson, *Anderson on Life Insurance*, *1992 Supplement* (Boston, MA: Little, Brown, 1992), p. 29. © 1992, Little, Brown and Company.

代位求偿原则

代位求偿原则有力地支持了损失赔偿原则。**代位求偿**（subrogation）指保险人代替被保险人为保险责任范围内的损失向第三方索赔。也就是说，保险人有权从有过失的第三方获取其向被保险人支付的损失赔偿。举一个例子，假如一位粗心的摩托车驾驶员闯了红灯，并撞上了梅根的车，造成了价值 5 000 美元的损失。如果梅根给她的车买了碰撞保险，保险公司将会对车的物理性损坏进行赔偿（减去一些可扣除的费用），然后试图从造成这起事故的摩托车驾驶员那里得到赔偿。同样，梅根也可以尝试直接从有过失的摩托车驾驶员那里获得赔偿。如果保险公司没有对被保险人进行赔付，则不能进行代位求偿。不过，如果已经进行了赔付，被保险人必须将从有过失的第三方获取赔偿的合法权利转移给保险人。

代位求偿的目的

代位求偿有三个基本目的。首先，代位求偿防止被保险人因为同一损失获得双重赔付。在没有代位求偿原则的情况下，被保险人可以同时向保险人与制造损失的第三方索赔。这将违背损失赔偿原则，因为被保险人将会从损失中获益。

其次，代位求偿让有过失的人对其造成的损失负责。通过行使代位求偿权，保险人可以从造成损失的有过失的人那里获得赔偿。

最后，代位求偿有助于降低保险费率。代位求偿获得的收益可以反映到费率制定过程中，从而使费率比如果没有代位求偿时低。

代位求偿的重要事项

你应该记住代位求偿原则的几个重要事项：

1. 一般的原则是：通过行使代位求偿权，保险人从第三方那里得到的赔偿额不得高于根据保单对被保险人所支付的赔偿额。[①] 部分被保险人在损失发生后因为未足额保险、满足免赔额要求、从有过失的第三方获得赔偿所需支付的法律费用而未能获得全额赔偿。不过，现在许多保单都有条款规定代位求偿的所得如何在被保险人与保险人之间进行分配。

在没有任何相关保单条款的情况下，法院使用多种不同的原则来决定代位求偿的所得如何分配。一种观点是，被保险人必须得到全部损失的赔偿；然后保险人有权获得使保险人利益平衡的部分收益，另一部分则归于被保险人。[②] 例如，安德鲁拥有一栋价值 200 000 美元的房屋，只投了 160 000 美元的房产保险。假设这栋房屋因为一位电工接线错误而导致被一场大火全部烧毁。保险人将会赔付 160 000 美元给安德鲁，然后向电工索赔。通过向有过失的电工行使代位求偿权，假定保险人获得净赔付 100 000 美元（扣除法律支出后）。安德鲁可以获得 40 000 美元，保险人可以保留余下的 60 000 美元。

2. 在损失发生后，被保险人不得损害或干扰保险公司的代位求偿权。被保险人在发生损失后不得以任何方式妨碍保险人向有过失的第三方索赔。例如，如果被保险人放弃了从有过失的第三方索赔的权利，那就意味着他也放弃了从保险人那里获得损失赔偿的权利。当被保险人承认汽车事故中的过错或者在没有保险人同意的情况下，试图与有过失的驾驶员私下解决碰撞损失赔偿问题时，这种情况就可能发生。如果保险人对有过失的驾驶员的代位求偿权利被恶意损害，被保险人从保险人那里获得赔偿的权利也就丧失了。[③]

3. 代位求偿并不适用于人寿保险合同。人寿保险合同不是损失赔偿性合同，而代位求偿只与损失赔偿性合同有关。

4. 保险人不能向自己的被保险人进行代位求偿。如果保险人可以从被保险人那里对保险责任范围内的损失赔偿进行弥补，投保人购买保险就没有任何意义了。

最大诚信原则

保险合同是建立在**最大诚信原则**（principle of utmost good faith）基础上的——也就是说，

[①] James J. Lorimer et al., *The Legal Environment of Insurance*, 3rd ed., vol. 1 (Malvern, PA: American Institute for Property and Liability Underwriters, 1987), p. 376.

[②] Lorimer et al., p. 377.

[③] Patterson, p. 149.

保险合同的双方比其他合同的双方需要更高程度的诚信。在海洋运输保险中可以找到这项原则的历史根源。由于承保人可能不能直观地对投保财产进行检视，而且保险合同可能在远离货物与船只的地方签订，海洋运输的承保人不得不在投保人运输货物的保险条款中加入最大诚信要求。从而，最大诚信原则对投保人强加了高度诚实的要求。

最大诚信原则具体体现在3个重要的法律概念中：告知、隐瞒和保证。

告知

告知（representations）就是投保人所作的说明。例如，如果投保人寿保险，保险人可能会询问你的年龄、体重、身高、职业、健康状况、家族史和其他相关问题。你对这些问题的回答被称为告知。

一项告知的法律意义在于，如果告知的是（1）重要事实，（2）虚假事实，和（3）保险人做决定的事实基础，保险人可以选择认定保险合同无效。[①] **重要事实**（material）指如果保险人早知道这些事实，就不会签发保单，或者会以不同条件签发保单。**虚假事实**（false）是指不正确或误导性说明。**事实基础**（reliance）指保险人以某个特定费率签发保单时所依赖的不实告知。

例如，约瑟夫投保人寿保险，在投保单上说明他最近5年内没有看过医生。然而，6个月前，他因为肺癌动过手术。在这种情况下，他所作的说明是虚假的、重要的，并且是保险人判断的基础。因此，保险人可以认定此保单无效。如果约瑟夫在保单签发3个月后便去世了，保险公司可以基于重大的不实告知对死亡赔偿进行抗辩。专栏9.2是运用这一法律概念的另一个例证。

专栏9.2

基于重大的不实告知，汽车保险公司拒绝理赔

法律事实

被保险人声称她在投保之前3年没有违反过交通规则，而这是不实告知。一次事故后，保险人检查她的记录时发现她在那段时间里有过两次超速驾驶的罚单，保险公司因此而拒绝进行保险赔偿。

法院裁决

有关保险合同无效的州法律要求，不实告知必须是重要事实并且有意欺骗。被保险人声称她已经忘记了那两张罚单，因此是无意欺骗。最后法院认定，她不可能同时把两件事情都忘了。法院因此做出了有利于保险公司的裁决。[a]

[a] *Benton v. Shelter Mutual Ins. Co.*, 550 So. 2d 832 (La. App. 2 Cir. 1989).

资料来源："Misrepresentations in Auto Coverage Applications," *FC & S Bulletins*, Miscellaneous Property section, Fire and Marine volume, July 2004, p. M 35.6.

如果事后发现投保人的告知是错误的，保险人必须在拒绝赔付前证明投保人有意欺骗保险人。例如，假定你在投保健康保险时被问及是否有高血压，你回答没有。如果后来保险人发现

[①] James J. Lorimer et al., *The Legal Environment of Insurance*, 4th ed., vol. 1 (Malvern, PA: American Institute for Chartered Property Casualty Underwriters, 1993), pp. 202-205.

你有高血压而拒绝赔付，它必须证明你是有意欺骗。因此，告知必须具备欺骗性，保险人才能拒绝赔付。

关于重要事实的**无意的不实告知**（innocent misrepresentation），如果是保险人做决定所依赖的基础，也可以使合同无效。无意的不实告知是指投保人不是有意的。按照大多数法院的规定，关于重要事实的无意的不实告知将导致合同无效。

最后，关于重大的不实告知的原则也适用于被保险人在损失发生后所作的说明。如果被保险人提交的与损失有关的证据具有欺骗性，或者对损坏物件的价值有不实告知行为，保险人可以免除赔付责任（见专栏9.3）。

专栏9.3

基于对损失的不实告知保险人免除赔付责任

法律事实

被保险人遭遇入室盗窃，损失9 000美元，但在被盗窃物品的价值上进行了不实告知。被保险人提供的收据显示，一套立体声系统的购买价格为900美元，视频设备的价格则为1 500美元。然而，保险人发现立体声系统只需要400美元，此外，被保险人根本就没有购买视频设备。

法院裁决

法院允许保险人完全免除赔付责任。法院裁定：（1）被保险人有义务向保险人提供真实的证据，呈交检查时需要宣誓，并且提供可信的损失证据；（2）这些不实告知属于重要事实，因为它们误导、阻碍了保险人对赔偿的调查或使其偏离了轨道。[a]

[a] *Passero v. Allstate Ins. Co.* 554 N. E. 2d 384 (Ⅲ. App. 1st Dist. 1990).

资料来源："Misrepresentation in Proofs of Loss," *FC & S Bulletins*, Miscellaneous Property section, Fire and Marine volume, July 2004, p. M 35. 7.

隐瞒

"隐瞒"这一概念也反映了最大诚信原则。**隐瞒**（concealment）指投保人有意不将重要事实告诉保险人。隐瞒与不公开是同一回事；也就是说，投保人有意向保险人隐瞒重要信息。隐瞒重要事实与不实告知的法律后果一样——保险人有权宣布保险合同无效。

拒绝一项建立在隐瞒基础上的索赔，非海洋运输保险的保险人必须证明两件事：（1）被保险人知道隐瞒的事实是重要事实；（2）被保险人有意欺骗保险人。[①] 例如，约瑟夫·德布里斯为他自己投保了人寿保险。保单签发5个月后，他被谋杀。死亡证明书上死者的名字叫做约瑟夫·德鲁卡，这才是他的真名。基于约瑟夫未公开自己的真实身份及其重大犯罪记录，隐瞒了重要事实，保险人拒绝赔付。法院认为被保险人故意隐瞒真实身份这一重要事实违背了诚信原则，因而做出了对保险人有利的判决。[②]

---

① James J. Lorimer et al., *The Legal Environment of Insurance*, 4th ed., vol. 1 (Malvern, PA: American Institute for Chartered Property Casualty Underwriters, 1993), pp. 112-115.

② Edward E. Graves and Burke A. Christensen, eds., *McGill's Legal Aspects of Life Insurance*, 7th ed. (Bryn Mawr, PA: The American College, 2010), pp. 115-116.

隐瞒这一概念在海洋运输保险中的应用更加严格。海洋运输保险的保险人不需要证明隐瞒是有意的。投保人需要报告与投保财产相关的所有重要事实。投保人没有意识到事实的重要性这一点并不影响这一原则的执行。因此，如果能够证明隐瞒的事实是重要的，海洋运输保险的保险人可以成功地拒绝赔付要求。

保证

"保证"这一概念也反映了最大诚信原则。**保证**（warranty）是被保险人做出的关于事实的说明或者承诺，是保险合同的一部分。要想保险人按合同规定承担赔偿责任，保证就必须是完全真实的。[1] 例如，为了获得较低的保险费率，酒吧的老板可能会保证经核准的盗窃和抢劫报警系统一直运行，银行可能会保证一天24小时都会有警卫值班。同样的，企业可能会保证在保单生效期间自动喷洒装置系统将会正常运转。保证条款是保险合同的一部分。

作为普通法最严格的形式，"保证"是一种苛刻的法律条文。任何违反保证的行为，即使是很小的或者并不重要的，都可以使保险人拒绝赔付要求。在保险业发展的早期，投保人所作的说明都被看作是保证。这些说明只要有一些不真实，即使不是重要事实，保险人也可以基于被保险人对保证的违背而拒绝赔付要求。

由于保证概念的苛刻运用损害了许多被保险人的利益，随着时间的流逝，各州的立法机构和法院已经在不断地放松和修改这种苛刻的普通法保证条文。部分关于保证条文的修改总结如下：

● 投保人做出的说明被认定为告知，而不是保证。因此，如果不实告知不是重要事实，保险人不能拒绝承担损失赔偿的责任。

● 当轻微违反保证只是暂时地或者不显著地影响风险，大多数法院可以对这种违反保证的行为进行自由解释。

● 除非违反保证实际上促成了损失的发生，否则，被保险人可以要求获得赔付。这一条例也已经被通过。

保险合同的要求

保险单是建立在合同法的基础上的。要在法律上具有效力，保险合同必须满足四个基本条件：要约与承诺、对价、合同双方有法定行为能力及目的合法。

要约与承诺

一份具有约束力的保险合同所需要满足的第一个条件是，在它的条款中必须存在**要约与承诺**（offer and acceptance）。大多数情况是：投保人发出要约，保险人接受或拒绝这份要约。代理人的作用仅仅是劝说或邀请潜在的被保险人发出要约。通过对财产与责任保险以及人寿保险的不同情形进行仔细地区分，我们可以更详细地认识要约与承诺要求。

在财产与责任保险中，要约与承诺可以是口头的或是书面的。在没有相反的特定法律规定

---

[1] Edward E. Graves and Burke A. Christensen, eds., *McGill's Legal Aspects of Life Insurance*, 7th ed. (Bryn Mawr, PA: The American College, 2010), p.5.1.

的情况下，口头保险合同是有效的。在实践中，大多数财产与责任保险合同都以书面形式呈现。投保人填写投保单并支付首期保费（或者承诺支付首期保费），从而构成要约。然后代理人代表保险公司接受要约。在财产与责任保险中，代理人有权通过暂保单代表保险公司接受投保人的投保要求。**暂保单**（binder）是一种临时保险合同，可以是书面的或口头的。暂保单使保险公司在收到投保单和签发保单之前即负有责任，保险合同从而能够立即生效，因为代理人代表保险公司接受了要约。财产与责任保险中的个人保险产品，包括屋主保险和汽车保险，都遵循这个程序。但是，在某种情况下，代理人并未被授权代表保险公司，投保文件必须送到保险公司等待批准，由保险公司决定接受要约并签发保单或者拒绝投保申请。

在人寿保险中，所遵循的程序有所不同。人寿保险的代理人没有权利代表保险人接受要约。因此，人寿保险的投保通常采用书面形式，并且在保单生效前必须获得保险人的批准。通常程序是投保人填写投保单并支付首期保费。然后，投保人将会收到附条件保费收据（conditional premium receipt）。最常见的附条件保费收据是"可保性保费收据"（insurability premium receipt）。根据保险人的正常核保标准，如果投保人被证明具有可保性，则此人寿保险在投保当天即产生效力。部分可保性收据指定人寿保险生效的日期为申请日或体检日中较晚的一天。

例如，假定艾伦在星期一投保了保额为 100 000 美元的人寿保险。他填好投保单，付了首期保费，并从代理人那里拿到一份附条件保费收据。星期二早上，他接受了体检，当日下午，他在一起船舶事故中丧生。就像他还活着一样，投保单与保费仍然按照正常程序递交到保险人手中。根据保险人的核保规定，如果他被证明具有可保性，这份人寿保险单就会生效，100 000 美元将支付给他的受益人。

然而，如果人寿保险的投保人没有在填写投保单时支付首期保费，则要运用另外一套规定。在人寿保险合同生效之前，保单必须签发并送达投保人，首期保费必须已支付，而且保单送达时投保人必须健康状况良好。一些保险人还要求，在递交投保单与送达保单这段时间内，投保人未接受过临时的医学治疗。这些要求被看作是"先决条件"——换句话说，在人寿保险合同生效之前这些条件都必须满足。[①]

对价

保险合同成立和生效的第二个条件是**对价**（consideration）——合同双方给予对方的价值。被保险人的对价是支付保费（或承诺支付保费），并同意遵守保单中的条件；保险人的对价是承诺履行合同中的特定义务。这种承诺可能包括对可保风险造成的损失进行赔付，提供某些服务，如防止损失、提供安全服务或在债务诉讼中为被保险人辩护。

合同双方有法定行为能力

有效保险合同的第三个条件是，合同双方必须有**法定行为能力**（legally competent）。这意味着双方必须有法定的签订约束性合同的能力。大多数成年人都具有法定行为能力签订保险合同，但也有一些例外，精神病患者、醉酒者以及越权行事的法人都不能签订有效的保险合同。未成年人通常不具备完全行为能力签订约束性保险合同，这些合同往往对未成年人是无效的，

[①] Edward E. Graves and Burke A. Christensen, eds., *McGill's Legal Aspects of Life Insurance*, 7th ed. (Bryn Mawr, PA: The American College, 2010), pp. 6.14 – 6.16.

这意味着未成年人可以取消这些合同。不过，大多数州已经颁布法律允许未成年人在达到特定年龄时购买有效的保险合同。各州规定的年龄限制在 14 岁到 18 岁之间，其中 15 岁最常见。

保险公司也必须具备法定的行为能力。一般来说，保险公司在州内销售保险必须取得经营许可，而且销售的保险必须在其经营范围之内。

目的合法

最后一个条件是保险合同必须是**目的合法**（legal purpose）。鼓励或促进不合法或不道德的保险合同是违背公共利益并且不能被执行的。例如，一个在街边贩卖海洛因或者其他违禁药物的毒贩不能购买财产保险来补偿他被警察没收的毒品。这类合同显然是无法执行的，因为它会促进非法活动，损害公共利益。

保险合同的法律特点

保险合同具有独特的法律特点，这使它与其他合同相区别。几个有特色的法律特点已经被讨论过了。正如我们之前所提到的，大多数财产与责任保险合同是损失赔偿合同；所有保险合同必须有可保利益的支持；保险合同建立在最大诚信的基础上。以下是其他独特的法律特点：
- 射幸合同
- 单务合同
- 条件合同
- 个体合同
- 定式合同

射幸合同

保险合同具有侥幸性，不具有等价性（commutative）。**射幸合同**（aleatory contract）是指因不确定性事件而可能使交换价值不相等的合同。取决于某种机会，一方可以获得与付出价值不成比例的价值。例如，假定杰西卡缴纳了 600 美元的保险费，为她的房屋购买了保险金额为 200 000 美元的屋主保险。如果不久后房屋因火灾而被全部损毁，她将会获得大大超过她所交保险费的赔偿额。另一方面，别的屋主可能老老实实地交了许多年的保险费，却从来没有发生过损失，从而未曾获得过赔偿。

相反，其他商业合同具有等价性。**等价交易合同**（commutative contract）是指双方交换的价值在理论上相等的一种合同。例如，房地产购买者通常支付与财产价值相等的价格。

虽然射幸合同的本质是运气，或者是某个偶然事件的发生，但保险合同并不是赌博性合同。赌博行为产生新的投机风险，而保险是处理已经存在的纯粹风险的一种方法。因此，虽然赌博与保险在本质上都有侥幸的一面，但是保险合同没有创造出新的风险，因此不是赌博性合同。

单务合同

保险合同是一种单务合同。**单务合同**（unilateral contract）指仅仅只有一方做出法律上可履行的承诺的合同。在这种情况下，只有保险人做出法律上可履行的承诺，向被保险人提供赔付或其他服务。在支付首期保费、保险合同生效后，在法律上不能强迫被保险人缴纳保险费或遵守保单条款。尽管被保险人为了获得损失赔偿必须继续缴纳保险费，但是在法律上不能强迫他这样做。可是，如果交了保险费，保险人则必须接受保险费并且继续按照合同提供所承诺的保障。

相反，大多数商业合同在本质上是双务性的。双方互相做出法律上可履行的承诺，如果一方不能实施，另一方可以坚持要求实施或因为对方违反合同而对其进行起诉并要求赔偿。

条件合同

保险合同是一种**条件合同**（conditional contract）。也就是说，保险人是否承担支付赔偿金的责任取决于被保险人或受益人是否已经遵守所有的保单条件。**条件**（conditions）是指保单中对保险人履行承诺所规定的或施加的限制性条款。如果被保险人希望获得损失赔偿，就必须履行某些义务。虽然被保险人没有被强迫遵守保单条件，但他或她必须这样做以获得损失赔偿。如果保单条件没有被满足，保险人就没有责任赔偿损失。例如，持有屋主保单的被保险人必须在损失发生后立即报告。如果被保险人不合理地拖延了损失报告的时间，保险人可以以违反保单条件为由而拒绝赔偿损失。

个体合同

在财产保险中，保险合同是一种**个体合同**（personal contract）。就是说，保险单是被保险人和保险人之间的合同。严格来讲，财产保险合同并不保护财产，而是保护财产的所有者免受损失。如果财产遭到损害或毁灭，财产所有人将得到赔偿。因为保险合同是个体合同，投保人对于保险人来说必须是可接受的，必须满足某些品质、道德、信用方面的核保标准。

财产保险合同未经保险人同意通常不能转让给他人。如果财产被出售给他人，新的所有者对保险人来说也许是不可接受的。因此，一份财产保险合同能够有效地转让给另一方之前需要征得保险人的同意。在实践中，新的财产所有者拥有自己的保险，征得前任保险人的同意并不是必需的。相反，人寿保险合同可以不经保险人同意而自由地转让给任何人，因为这种转让通常并不改变风险或增加死亡概率。

相反，财产损失的赔偿可以不经保险人同意而转让给他人。虽然不需要保险人的同意，但是合同要求在将收益转让他人时必须通知保险人。

定式合同

定式合同（contract of adhesion）是指被保险人必须接受整个合同，包括它的所有条款和条件。保险人设计并印制保单，被保险人通常必须接受整个合同，不能坚持增加或删除某些条款，或者要求重写合同以满足被保险人的要求。虽然合同可以通过增加修正条例、附加条款或其他形式加以改变，但是合同还是由保险人设计。为了矫正此种情形中的不平衡，法院规定，合同中任何模棱两可或不确定的地方都要做不利于保险人的解释。如果保单条款意思模糊，被保险人将从中受益。

合理预期原则强化了保险合同中模糊的地方做不利于保险人的解释这一普遍规则。**合理预**

期原则（principle of reasonable expectations）规定，被保险人对保单赔偿的合理预期是应该满足的，保单要做到有效，例外或限制条件必须清楚、明白、易懂。① 一些法院已经规定，被保险人可以得到他们合理预期的保障，合同中的技术性限制条款应该清楚、易懂。例如，在一个例子中，责任保险保险人以保单排除故意行为为理由拒绝为被保险人辩护。法院裁定由保险人负担辩护费用。被保险人对"辩护费用包含在保单之中"存在着合理预期，因为保单承保其他形式的故意行为所造成的损失。②

保险代理人法律

保险合同通常通过代表委托人（保险人）的代理人销售出去。代理人是指有权代表他人行动的人。委托人（保险人）是行动被代理的一方。因此，如果帕特里克有权代表顶点保险公司销售、签订或者终止保险合同，他就是代理人，顶点保险公司则是委托人。

关于代理的基本规定

规范保险代理人行为及其与被保险人关系的重要的法律规定包括：③
- 不能假定存在代理关系。
- 代理人必须有权代表委托人。
- 委托人对代理人权利范围内的行为负责。
- 可以对代理人权利加以限制。

不能假定存在代理关系 不能自行假定某人可以合法地成为另一个人的代理人。任何代理关系必须存在一些明显的证据。例如，某人可能自称是一家汽车保险公司代理人，却在收取保险费后携款潜逃。如果这家汽车保险公司没有做任何事情让人认为他们存在代理关系，那么就不必对这个人的行为负法律责任。但是，如果这个人有保险人提供的名片、价目表和投保表格，那么可以推定他是一名合法的代理人并以保险人的名义在行动。

有权代表委托人 一位代理人必须有权代表委托人。代理人的这种权利来源于3种渠道：(1) 明示授权；(2) 默示授权；(3) 表见授权。

明示授权（express authority）是明确赋予代理人的权利。这些权利通常在代理人与委托人之间的**代理协议**（agency agreement）中有所规定。代理协议也可以保留某些权利。例如，人寿保险代理人可以被授予销售保险单和安排体检的权利。可是，某些权利，比如延迟支付保险费或改变保单合同条款的权利，可以不授予代理人。

代理人还有默示授权。**默示授权**（implied authority）是指为了实现代理协议的目的，代理人采取一切伴随行动的权利。例如，代理人可能拥有递送人寿保险单给客户的明示授权。与此相伴随，代理人也有收取首期保费的默示授权。

最后，代理人可以通过**表见授权**（apparent authority）约束委托人。如果代理人通过表见

---

① James J. Lorimer et al., *The Legal Environment of Insurance*, 3rd ed., vol. 1 (Malvern, PA: American Institute for Property and Liability Underwriters, 1987), pp. 402-403.
② Ibid., p. 403.
③ Graves and Christensn, pp. 6.4-6.9.

授权做出某些事情，并让第三方相信他是在合理和适当的授权范围之内行动，委托人将会受到代理人行为的约束。第三方只需证明他们基于代理人实际权利或委托人行为，在确定代理人权利方面已经尽了责任。例如，一家汽车保险公司的代理人可能经常默许客户延长时间来支付逾期未付的保险费。如果保险人没有明确赋予代理人这种权利，但也没有采取任何行动来处理这种违反公司规定的行为，那么它以后就不能以代理人无权延长时间为理由拒绝承担损失赔偿责任。要避免这种情况的出现，保险人在一开始就必须通知所有保单持有人，代理人没有这种权利。

委托人对代理人的行为负责　　代理法律的另一条规定是，当代理人在其权利范围内行动时，委托人对他们的所有行为负责。责任范围也包括欺诈行为、遗漏和不实告知。

此外，在代理关系范围内的事务，代理人所知道的就被假定是委托人所知道的。例如，如果一位人寿保险代理人知道一位人寿保险的投保人喝酒上瘾，即使代理人故意在投保单中省略这一信息，也可以认为这一事实为保险人所了解。因此，如果保险人签发了保单，那么他以后就不能以酗酒和隐瞒重要事实为理由而否定保单的有效性。

对代理人权利的限制　　保险公司可以对代理人的权利进行限制。当代理人与投保人正常交流且与法律不冲突时，这一限制通常是有效的。这是因为申请或保单中的不可弃权条款发生了作用。该条款一般会要求，只有保险公司的特定代表，如首席执行官，可以延长支付保费的时间或者改变保单的条款。

弃权和禁止反言

弃权和禁止反言原则与代理法律和保险代理人权利有直接关系。这些概念的实际意义在于法律可能要求保险人对一般不必赔偿的情况进行赔偿。

弃权（waiver）就是自愿放弃已知的合法权利。如果保险人自愿放弃合同中的合法权利，那么他以后就不能以违反了合法权利为由而拒绝被保险人的赔付要求。例如，假定保险人的总公司收到了一份投保单，投保单所提供的信息不完全或未回答所有问题。如果保险人没有进一步联系投保人以获取额外信息而签发了保单，那么，保险人以后就不能以投保单不完全为由而拒绝赔付要求。实际上，保险人通过签发保单已经放弃了投保单必须是完全的这一要求。

法律术语"禁止反言"起源于几个世纪以前的英国普通法。当一方对另一方所作的事实告知被另一方合理地作为依据，就不允许第一个人否认告知的真实性，否则就极不公平，这时**禁止反言**（estoppel）就产生了。① 简单来说，如果一个人对另一个人做出了有关事实的告知，另一个人合理地遵循这些告知，但最终导致了伤害，那么第一个人以后就不能否认他所做过的告知。设计禁止反言这条法律的目的是防止人们在面对给他方已造成的损害时改变想法。例如，假定一位健康保险的投保人告知代理人他有某种健康问题，代理人向投保人保证这一问题必将写入投保单。如果保险人以投保单中没有这一信息为由拒绝赔偿，将会受到禁止反言这一原则的约束。

> 案例应用

杰夫是一位图书经销商，他从理查德那里购买了一栋房屋，并在盖特威银行办理了该栋房屋的抵押贷款。他准备将其所有的图书都存放在这栋房屋中，还计划利用部分空间开设一家快

---

① Patterson, pp. 495-496.

餐店。杰夫在为这栋房屋投保财产保险时，没有告知代理人要开设快餐店，因为那样保险费将会高出很多。保单签发8个月后，快餐店发生了一场大火，给房屋造成了极大的损失。

a. 损失发生时谁对该栋房屋具有可保利益？选择正确的答案并做出解释。
1. 杰夫
2. 理查德
3. 盖特威银行

b. 理查德告诉杰夫，接收他原有的保险要比购买一份新的保险单省钱。理查德能在不通知保险人的情况下，有效地将他现有的财产保险单转让给杰夫吗？请做出解释。

c. 杰夫的保险人能够基于隐瞒重要事实而拒绝赔偿火灾损失吗？请做出解释。

d. 对火灾进行调查后发现，一位电工在餐厅的电源插座接线上犯了错误，最终导致了火灾的发生。请解释代位求偿原则在该案例中应如何应用。

本章小结

- 损失赔偿原则表明，保险人对被保险人的赔偿不能超过损失的实际价值。换言之，被保险人不应从损失赔偿中获利。

- 损失赔偿原则存在几个例外。这些例外包括定值保单、定值保单法、重置成本保险和人寿保险。

- 可保利益原则意味着，如果一项损失发生，被保险人就会有经济上的损失。所有保险合同要在法律上可行必须满足可保利益的要求。可保利益原则有三个方面的目的：
  防止赌博
  减少道德风险
  确定财产保险中的损失额

- 在财产与责任保险中，财产所有权、潜在的法律责任、担保债权人和契约权满足可保利益的要求。

- 在人寿保险中，当一个人为自己购买人寿保险时，不存在可保利益的问题。如果是为他人购买人寿保险，则投保人必须对当事人的生命具有可保利益。亲密的家庭关系、血缘、婚姻或金钱（经济）利益关系可以满足人寿保险中的可保利益要求。

- 在财产保险中，损失发生时可保利益必须存在。在人寿保险中，可保利益的要求只需在保单最初时得到满足即可。

- 代位求偿原则指保险人有权将它对被保险人所作的任何损失赔偿从有过失的第三方那里获得补偿。代位求偿的目的是防止被保险人因同一损失而获得双重赔付，使有过失的第三方对损失负责，并降低保险费率。

- 如果保险人行使代位求偿权，那么在保险人可以从有过失的第三方获得赔偿之前，必须使被保险人的损失得到充分补偿。同样，被保险人不能做任何可能损害保险人代位求偿权的事情。不过，保险人在损失发生之前或之后都可以放弃合同里规定的代位求偿权。最后，代位求偿原则不适用于人寿保险合同和大多数个人健康保险合同。

- 最大诚信原则指保险合同的双方必须比其他合同的双方具有更高程度的诚信。

- 告知、隐瞒和保证这些法律概念反映了最大诚信原则。告知是投保人做出的声明。如果告知是重要而错误的，并且是保险人以特定费率签发保单的根据，保险人可以拒绝赔偿要求。但是，这种不实告知必须同时是欺骗性的，保险人才能拒绝赔偿。隐瞒重要事实与不实告知有同样的法律后果：保险人有权宣布合同无效。

- 保证是被保险人做出的有关事实的说明或承诺，是保险合同的一部分。要使保险人在合同中负有责任，保证必须是真实的。基于普通法，任何违反保证的行为，即使很小，都意味着保险人可以拒绝赔偿要求。不过，这一苛刻的关于保证的普通法条例已经在法院判决和相关条例中有所修改和放松。

- 一份有效的保险合同必须满足以下四个条件：
  - 必须有要约与承诺。
  - 必须交换对价。
  - 合同双方必须具有法定行为能力。
  - 合同目的必须合法。
- 保险合同具有独特的法律特征。保险合同是一种射幸合同，交换的价值可能不相等，并依赖某种不确定事情的发生。保险合同是单务合同，因为只有保险人单方面做出合法且可履行的承诺。保险合同是条件合同，因为保险人的赔偿责任取决于被保险人或者受益人是否已经遵守了所有的保单条款。财产保险合同是一种被保险人与保险人之间的个体合同，没有保险人的同意，不能有效地转让给另一方。人寿保险合同则可以不经过保险人的同意而自由转让。最后，保险合同是一种定式合同，这意味着被保险人必须接受整个合同，包括它所有的条款和条件；如果合同中有模糊的地方，应做出不利于保险人的解释。
- 规范代理人行为以及他们与被保险人之间关系的四个一般规则：
  - 不能假定存在代理关系。
  - 代理人必须有权代表委托人。
  - 委托人对代理人权利范围之内的行为负责。
  - 可以对代理人权利加以限制。
- 代理人可以基于明示授权、默示授权和表见授权来约束委托人。
- 基于弃权和禁止反言的法律原则，保险人可能被要求对一般情形下不必赔付的事件进行赔付。

重要概念和术语

实际现金价值	定式合同	损失赔偿原则
代理协议	禁止反言	可保利益原则
射幸合同	明示授权	合理预期原则
表见授权	公平市场价值	最大诚信原则
暂保单	默示授权	重置成本保险
广泛证据原则	无意的不实告知	告知
等价交易合同	目的合法	代位求偿
隐瞒	有法定行为能力的双方	单务合同
条件合同	重要事实	定值保单
条件	要约与承诺	定值保单法
附条件保费收据	金钱（经济）利益	弃权
对价	个体合同	保证

复习题

1. a. 解释损失赔偿原则。
   b. 实际现金价值如何计算？
   c. 实际现金价值概念如何运用于损失赔偿原则？
2. a. 什么是定值保单？为何要使用它？
   b. 什么是定值保单法？
   c. 什么是重置成本保险？
3. a. 解释可保利益。
   b. 为什么所有保险合同都必须满足可保利益的要求？
4. a. 解释代位求偿原则。
   b. 为什么要使用代位求偿？
5. 解释下面三个法律概念：
   a. 不实告知
   b. 隐瞒
   c. 保证

6. 阐述保险合同有效必须满足的四个条件。
7. 保险合同有着某些不同于其他合同的法律特征。解释保险合同的以下法律特征：
   a. 射幸合同
   b. 单务合同
   c. 条件合同
   d. 个体合同
   e. 定式合同
8. 解释规范代理人行为以及他们与被保险人之间关系的几个基本原则。
9. 说明代理人能够约束委托人的3种权利渠道来源。
10. 解释弃权与禁止反言这两个概念。

应用题

1. 吉克从盖特威银行贷款800 000美元用于购买一艘渔船。他将船停泊在海港公司名下的一个码头。他以用这艘船打鱼为生。吉克还与白鲨渔业公司签了合同，在港口之间运送金枪鱼。

   a. 以下各方是否对吉克或其财产具有可保利益？如果存在可保利益，解释该可保利益的范围。

   （1）盖特威银行
   （2）海港公司
   （3）白鲨渔业公司

   b. 如果吉克并不拥有这艘船，而仅仅以白鲨渔业公司的名义操作它，他是否对这艘船具有可保利益？解释你的回答。

2. 阿什利花5 000美元购买了一整套餐厅家具，并根据实际现金价值为这套家具购买了保险。3年后，这套家具在一场火灾中损毁。损失发生时，这些财产折旧了50%。一套新的餐厅家具的重置成本是6 000美元。如果不计算可扣除项，阿什利可以从保险人那里获得多少赔偿？解释你的回答。

3. 尼古拉斯有一台笔记本电脑被盗。两年前购买时这台电脑价值1 000美元，现在要购买一台类似的笔记本电脑需要500美元。假定被盗时这台电脑折旧了50%，那么，损失的实际现金价值是多少？

4. 梅根拥有一张目前市价为12 000美元的古董桌。她为这张古董桌投保了价值12 000美元的定值保单。在一场龙卷风中，梅根的家遭到破坏，古董桌也被完全损毁。损失发生时，古董桌的市场评估价为10 000美元。梅根可以获得多少损失赔偿？解释你的答案。

5. 一位醉酒司机闯了红灯并撞坏了克里斯安的汽车，修复该车的费用是8 000美元。克里斯蒂安为她的车购买了碰撞保险，免赔额为500美元。

   a. 克里斯蒂安能否从过失司机的保险人和她自己的保险人那里获得双重赔偿？解释你的回答。

   b. 解释代位求偿如何运用于损失赔偿原则。

6. 形成有效保险合同的一个要求是合同必须具有合法目的。

   a. 阐述除了合法目的之外的其他三个形成约束性保险合同的必需要求。

   b. 说明当投保人投保汽车保险时，(a)中的三个要求怎样实现。

7. 尼科尔正在投保健康保险。她有慢性肝病和其他健康问题。她如实地向保险代理人说明了她的病史情况。然而，代理人并未在投保单中写入所有事实。他宣称将另外撰写一封信向保险公司的核保部门反映这些重要事实。但是，代理人没有将这些重要事实提供给保险人，合同按照标准签发了。不久以后索赔发生了。经过调查之后，保险人拒绝理赔。尼科尔坚持要求保险公司进行赔偿，因为她如实地回答了代理人询问的全部问题。

   a. 在何种基础上保险公司可以拒绝理赔？

   b. 尼科尔能够用什么法律原理来支持她的论点即应该给予赔偿呢？

网络资源

● FreeAdvice.com有一部分是关于保险法的内容，为消费者提供了大量与保险法相关的信息。

这些内容包括汽车保险、健康保险、残疾保险、人寿保险法律和其他大量内容。网站地址为 free-advice.com

● 康奈尔大学法学院的法律信息学会在线免费的法律资料，编写了帮助人们理解这些法律的资料，并且开发了一些新技术帮助人们更容易地找到相关法律。网站地址为：law.cornell.edu

● Lawyers.com 在线提供了合格法律咨询师的信息。该网站为消费者提供了大量法律资料，其中也包括保险。网站地址为：lawyers.com

参考文献

Anderson, Buist M. *Anderson on Life Insurance*. Boston: Little, Brown, 1991. See also *Anderson on Life Insurance*, *1996 Supplement*.

Crawford, Muriel L. *Life and Health Insurance Law*, 8th ed. Boston, MA: Irwin/McGraw-Hill, 1998.

Fire, Casualty & Surety Bulletins. Fire and Marine volume. Erlanger, KY: National Underwriter Company. These bulletins contain interesting cases concerning the meaning of actual cash value, insurable interest, and other legal concepts.

Graves, Edward E., and Burke A. Christensen, eds. *McGill's Legal Aspects of Life Insurance*, 7th ed. Bryn Mawr, PA: The American College, 2010.

Lorimer, James J., et al. *The Legal Environment of Insurance*, 4th ed., vols. 1 and 2. Malvern, PA: American Institute for Chartered Property and Liability Underwriters, 1993.

"Two Landmark Anti-Stoli Decisions by the Delaware Surpreme Court." *The Insurance Forum*, Vol. 38, No. 12, December, 2011.

Wiening, Eric A. *Foundations of Risk Management and Insurance*, 1st ed., Malvern, PA: American Institute for Chartered Property Casualty Underwriters/Insurance Institute of America, 2002, chs. 11-19.

Wiening, Eric A., and Donald S. Malecki. *Insurance Contract Analysis*. Malvern, PA: American Institute for Chartered Property Casualty Underwriters, 1992.

第 10 章

保险合同分析

"我们应该杀死所有律师。"

——威廉·莎士比亚

学习目标

学习完本章，你应当能够：

- ◆ 区分保险合同的基本组成部分。
- ◆ 解释保险合同中"被保险人"的含义。
- ◆ 阐述保险合同中几种常见的免责条款。包括：
  - 绝对免赔额
  - 年度免赔额
- ◆ 阐述在财产保险合同中如何运用共同保险条款。
- ◆ 阐述在健康保险合同中如何运用共同保险条款。
- ◆ 分析多个保险合同对同一危险提供保障时如何进行损失赔偿。

    28岁的杰森是一位市场分析师。他最近搬到了得克萨斯州的达拉斯市。杰森是一个狂热的邮票收藏家，已经收藏了价值30 000美元的邮票。他租了一间公寓，并且为房子购买了一份屋主保险。该保单为他的个人财产承保，但是对一些类型的财产设置了限制。在他休假的时候，一个小偷闯进了他的房间，偷走了一台宽屏电视、一个台式电脑、一套音响设备、两块手表以及他收藏的邮票。当他的代理人告诉他，尽管损失在保障范围内，但屋主保险只为其失窃的邮票藏品支付1 500美元。杰森因此而感到不安。杰森犯了大多数人都会犯的错误，没有认真阅读他的屋主保险保单，并了解对特定类型财产的限制。

    与杰森类似，大多数投保人都没有阅读或理解他们保险单中的合同条款。大多数人都拥有好几份保险单，这些保险单所涉及的险种可能是汽车保险、屋主保险以及人寿保险或健康保险。这些保单都是一些复杂的法律文件，其所反映的法律原理在第9章已经讨论过。

> 虽然各种保险合同不尽相同，但它们具有相似的合同条款。本章将讨论保险合同的基本组成部分、"被保险人"的含义、批单与附加条款、免责条款、共同保险以及其他保险条款。掌握这些内容将为你更好地理解本书后面所要讨论的特定保险合同打下基础。

保险合同的基本组成部分

尽管保险合同很复杂，但是通常可以分为以下几个部分：
- 声明
- 定义
- 承保协议
- 除外责任
- 条件条款
- 其他条款

并非所有保险合同都按照以上顺序包括六个组成部分，但这一分类为分析大多数保险合同提供了一个简洁的框架。

声明

声明是保险合同的第一部分。

声明（declarations）是对所要投保的财产或行为的情况所作的说明。声明部分所包含的信息用于核保和厘定费率，以及对所要投保的财产或行为进行确认。声明部分通常可在保单的第一页或保单的插页中找到。

在财产保险中，典型的声明所包含的信息有：保险人的确认、被保险人的姓名、财产所处位置、投保期限、保险金额、保险费金额、免赔额大小（如果有的话）以及其他相关信息。在人寿保险中，虽然保单的第一页未被称为声明页，但也包含了被保险人的姓名、年龄、保险费金额、签发日期及保单号。

定义

保险合同一般有一页或一节专门用于阐述相关定义。关键字或短语都有引号（"…"）。例如，"我"、"我们"或"我们的"通常指保险人，"你"或"你们的"通常指被保险人。各种定义的目的是对关键字或关键短语进行清楚的说明，从而使保单中的保险范围更容易确定。

承保协议

承保协议是保险合同的核心部分。**承保协议**（insuring agreement）总结了保险人所作的主要承诺。也就是说，保险人同意做某些事情，例如赔偿责任范围内的损失，提供某些服务，例如防损服务，或者同意在责任诉讼中为被保险人辩护。

财产保险的承保协议有两种基本形式：(1) 指定风险事故保单；(2) 开放式风险保单。在**指**

定风险事故保单（named-perils policy，也称指定险保单）中，只对特别指定的风险事故所造成的损失给予赔偿。如果不是指定风险事故造成的损失，保险人不给予赔偿。例如，在屋主保单中，个人财产的可保风险包括火灾、雷电、风暴及其他指定的风险事故，只有由这些风险事故造成的损失才能得到赔偿。由于洪水不是指定的风险事故，因而洪水所造成的损失不能得到赔偿。

在**开放式风险保单**（open-perils policy，也称"一切险"保单）下，除特别指明排除在外的风险事故外，其余所有风险事故引起的损失都能获得赔偿。开放式风险保单也称为**特别保单**（special coverage policy）。如果损失不是由被排除在外的风险事故造成的，那么被保险人就可以从保险人那里获得赔偿。例如，个人汽车保险对所保汽车的物理性损害进行赔偿。因此，如果吸烟者将汽车内部烧了一个洞，或者国家公园的狗熊损坏了投保汽车的塑料顶棚，这些损失都能获得赔偿，因为它们都不是被排除在外的风险事故。

由于开放式风险保单的保险范围比指定风险事故保单的保险范围要广，所以人们更倾向于购买开放式风险保单。只要造成损失的风险事故没有被排除在外，该损失就可以获得赔偿。此外，保险人要想拒绝赔偿，就将承担更大的举证责任：保险人必须证明造成损失的风险事故是除外风险事故。与此相反，在指定风险事故保单下，举证的责任在被保险人身上：被保险人必须证明损失是由指定风险事故造成的。

由于风险的定义模糊不清，费率厘定机构通常已经在其保单中删除了"……的风险"和"所有风险"等字样。在最新版本的屋主保单中，保险服务处已经删除了之前版本中出现的"……的风险"字样。删除所有指向"……的风险"和"所有风险"的用语的目的是，避免使保单持有人产生不合理的预期，即该保单赔偿所有的损失，即使这些损失是由除外风险事故所造成的。

人寿保险是开放式风险保单的另一个例证。大多数人寿保险合同对无论是意外或是疾病的所有死因提供保障。人寿保险合同主要的除外责任是合同签订最初两年的自杀行为；某些航空风险也被排除在外，譬如军事飞行、撒药飞行（crop dusting）或体育飞行（sports piloting）；一些合同也将战争引起的死亡排除在外。

除外责任

除外责任（exclusions）是保险合同的另一个基本组成部分。除外责任主要分为三类：除外风险、除外损失与除外财产。

除外风险　合同中可能会把某些风险或某些引起损失的原因排除在外。在屋主保单中，洪水、地壳运动、核辐射或放射性污染等风险都是明确排除在外的。在个人汽车保单的物理损坏部分中，如果所保汽车是作为公共出租车使用，那么其所造成的损失是特别除外的。

除外损失　某些损失也可能是除外的。例如，在屋主保单中，被保险人在损失发生后没有对财产进行保护所造成的损失是除外的。在屋主保险的个人责任部分，因驾驶汽车而引起的责任诉讼是除外的。职业责任损失也是除外的。要弥补职业责任损失，需要一份特定的职业责任保单。

除外财产　保险合同可能会将一些财产排除在保险范围之外，或者附加某些限制条件后才提供保障。例如，在屋主保单中，某些个人财产就是除外的，如汽车、飞机、动物、鸟类和鱼类。

确定除外责任的必要性　确定除外责任是必要的，原因如下：[①]

[①] Eric A. Wiening, *Foundations of Risk Management and Insurance* (Malvern, PA: American Institute for Chartered Property Casualty Underwriters/Insurance Institute of America, 2002), pp. 11.15 – 11.18.

- 一些风险是不可保的
- 存在着一些特殊的危险
- 其他保险合同对该类风险提供了保障
- 心理风险问题
- 大多数被保险人不需要此类保障

由于保险公司认为某些风险是不可保的，因而有必要确定某些除外责任。正如第 2 章所讨论的那样，某些特定风险可能会与可保风险的要求相差甚远。例如，大多数财产与责任保险合同都将诸如战争或核辐射等灾难性事件所引起的损失排除在外。健康保险合同则将被保险人能直接控制的损失排除在外，例如故意的、自我造成的伤害。最后，可预见的财产价值的下降，如磨损、撕裂和内在缺陷，都是不可保的。"内在缺陷"是指在没有任何有形的外力作用下发生的财产损毁，如水果腐烂与钻石碎裂的倾向。

因为特殊危险的存在，所以需要使用除外责任。在这里，危险是指在某种情况下，损失发生的概率或损失的严重性都会有所增加。由于危险的显著增大，一些损失可能就会被排除在保障范围之外。例如，个人汽车保单的责任保险费的确定是建立在一种假定的基础之上，即该汽车是用于个人消遣而不是作为出租车使用。如果用于出租，其发生意外事故并因此面临责任诉讼的概率会高得多。因此，如果对出租车也以家用汽车的费率收取保险费并提供保障，则既会造成保险人保费收入的不足，对那些不将汽车作为出租车使用的被保险人来说，也造成了不公平的费率差别待遇。

如果某种风险已经由其他保险合同提供了更好的保障，则合同可能将其视为除外责任。在这种情况下，除外责任用于避免保险范围的重复，而由该领域设计得最好的保单来提供保障。例如，屋主保单将汽车排除在保险范围之外，因为个人汽车保单以及其他汽车保险合同已经为其提供了保障。如果两种保单都将其列入保障范围，则会造成不必要的重复。

此外，由于道德风险的存在或者难以确定和衡量损失的大小，某些财产也被作为除外责任。例如，由保险服务处设计的屋主保险合同将现金损失的赔偿金额限定在 200 美元以内。如果不对现金损失赔偿金额进行限制，欺诈性索赔将会增加。并且，确定损失实际数额的定损问题也会增加。所以，由于这些道德风险的存在，必须使用除外责任。

除外责任也适用于心理风险（道德风险）。心理风险是由于对损失的漠不关心或不在意而增加损失发生的频率或严重程度。除外责任强制人们承担因为他们自己的漠不关心而导致的损失。

最后，因为大多数被保险人都不需要此类保障，所以使用除外责任。例如，大部分屋主都没有私人飞机。如果在屋主保单中将飞机视为私人财产进行保险，保险费会相当高，这对绝大多数没有飞机的被保险人来说是非常不公平的。

条件条款

条件条款是保险合同中的另一个重要组成部分。**条件条款**（conditions）是保单中对保险人所要履行的承诺施加限制或者使之生效的相关条款。实际上，条件条款对被保险人强加了一定的义务。如果保单的条件没有得到满足，保险人可以拒绝赔偿。保单条件通常包括：损失发生时通知保险人，损失发生后保护财产，提供损毁的个人财产清单以及在发生责任诉讼时与保险人合作。

其他条款

保险合同还包括一些其他条款。在财产与责任保险中，这些条款包括：合同的取消、代位求偿、损失发生时的要求、保单转让以及其他条款。在人寿与健康保险中，这些条款一般包括：宽限期、失效保单的复效、年龄误告。这些规定将在本书后面分析具体保险合同时再详细讨论。

"被保险人"的定义

保险合同必须明确保单承保的人或当事方。为了易于理解，被保险人的含义可以被分为以下几类：
- 指定被保险人
- 第一被保险人
- 其他被保险人
- 附加被保险人

指定被保险人

指定被保险人（named insured）是指保单声明部分指定的个人或当事方。指定被保险人可以是一个人或者更多人或当事方。例如，罗恩和凯·卢肯斯可能是屋主保险保单声明页上特别列明的指定被保险人。

许多保险单中出现的"你们"和"你们的"就是指声明页上所出现的指定被保险人。因此，整个保险单中所出现的"你们"和"你们的"都是指指定被保险人。

第一被保险人

当超过一个人或当事方被列在声明页上时，名字的排列顺序很重要。第一被保险人是在保单声明页上作为被保险人出现的第一个名字。例如，蒂姆·琼斯和鲍勃·布朗拥有一家书店，并且在一份商业财产保险中是指定被保险人。蒂姆是第一被保险人。

第一被保险人有一些其他指定被保险人所没有的附加权利和责任。附加的权利包括接受保费退还和接收保险单注销通知。但是，第一被保险人要为支付保费和履行损失通知责任负责。

其他被保险人

其他被保险人是指定被保险人保单提供保障的人或者当事方，即使他们没有在保单中被特别明确地说明。例如，屋主保单的被保险人为住在一起的指定被保险人的亲戚以及由指定被保险人照料的未满21岁的人。屋主保单也包括住在一起的24岁以下离家求学的全职学生亲戚。类似地，除了指定被保险人，个人汽车保单也为与指定被保险人住在一起的亲戚和所有经指定被保险人允许使用汽车的人提供保障（见专栏10.1）。

专栏 10.1

当你驾驶室友的汽车时，你还能享受自己的保险提供的保障吗？

大学生们经常借室友或朋友的车来开。当你驾驶他人的汽车时，你的汽车保险能为你提供保障吗？同样的，你也可能让你的室友或朋友驾驶你的汽车。你的保单能为你的室友或朋友提供保障吗？要回答这些问题，我们必须首先对2005年个人汽车保单中被保险人责任保障范围的定义进行审视。

这一部分"被保险人"是指：[a]

1. 你或者任何"拥有、维护或使用汽车或拖车的家庭成员"。
2. 任何使用"你的投保汽车"的人。
3. 在这一部分，对于"你的投保汽车"，只有对个人的行为或疏忽负有法律责任的个人或组织可以获得保障。
4. 在这一部分，除了"你的投保汽车"之外的任何汽车或"拖车"，只要对你或其他"家庭成员"的行为或疏忽负有法律责任的个人或组织就可以获得保障。这一规定只在个人或组织不拥有或出借该汽车或"拖车"的情况下适用。

例如，克里斯和克伦·斯威夫特是包含以上条款的个人汽车保单的指定被保险人。他们的儿子帕特里克离家上学期间住在大学宿舍里，尽管他现在不住在家中，但他仍然是一名家庭成员，因为他的大学生涯是短暂的，并且他将他父母的家看作是他长期的居住地。

帕特里克开着一辆登记在他父母名下的本田汽车。由于他是家庭成员之一，显然他也是保单的被保险人。如果帕特里克让他的女朋友驾驶这辆本田将会如何呢？尽管她不是家庭成员之一，然而却可以作为"任何使用'你的投保汽车'的人"获得保证。因此，他的女朋友也是被保险人。

如果帕特里克偶尔驾驶他室友的汽车又会如何呢？这辆车并不作为他的日常用车。假定帕特里克在他父母的保单中是家庭成员之一，那么他在驾驶任何汽车时都是被保险人，其中就包括他室友的汽车。

最后，假定帕特里克在为一家当地慈善团体送感恩节食品时被卷入了一场汽车事故中，受伤的一方对帕特里克和慈善团体同时提出了诉讼。帕特里克是被保险人，显然在保障范围之内。那么，该慈善团体是否也能作为帕特里克保单下的"被保险人"？答案是肯定的。被保险人的定义可以将保障范围延伸到任何对被保险人的行为或疏忽负有法律责任的个人或组织。因此，慈善组织可以被看作是被保险人。帕特里克的保险人必须在诉讼中为慈善组织提供辩护。

[a]. 保险服务处，2005年个人汽车保单。

附加被保险人

附加被保险人是通过附加条款添加到指定被保险人保单中的个人或当事方。因此，附加被保险人将获得指定被保险人保单提供的保障。例如，肯有一块农场，并且租赁给了一个佃户。如果佃户伤害了别人，自己可能要承担法律责任。肯可能要求佃户作为附加被保险人添加到佃户农场责任保单中。

批单与附加条款

保险合同通常会包含**批单**（endorsements）与**附加条款**（riders）。批单与附加条款这两个术语经常交换使用，具有相同的意思。在财产与责任保险中，批单是一种对原有合同条款进行增加、删除或修订的书面条款。在人寿与健康保险中，附加条款是一种修订或改变原保单的条款。

财产与责任保险中有许多批单对原保单中的条款进行修改、扩展或者删除。例如，屋主保单将地震列为除外风险。然而，保险人可以增加一条地震批单来为地震或地壳运动造成的损失提供赔偿。

在人寿与健康保险中，可以加入许多附加条款以增加或减少给付、取消原保单中的损失赔偿条件或者修改基本保单。例如，人寿保单中可以加入免缴保费的附加条款。如果被保险人完全残疾，根据附加条款的规定，只要他一直处于残疾状况，经过6个月的等待期后，他将来所有的保险费都可以免除。

保单的批单通常优先于保单中任何与之相冲突的条款。当然，也有一些保单的批单是用于修改保单以符合特定州的现有法律。

免赔额

免赔额是一种常见的保单条款，它要求被保险人支付部分的损失。**免赔额**（deductible）是指保险人从总的损失赔偿额中扣除特定数额，只支付余下数额的一类条款。免赔额通常存在于财产、健康及汽车保险合同中。人寿保险中不使用免赔额，因为被保险人的死亡通常是完全损失，免赔额仅能减少保险单的面值。同样的，在个人责任保险中一般也不使用免赔额，因为即使是很小数目的索赔，保险公司也必须提供法律辩护。保险人希望从损失发生开始时即进入相关程序，从而将其赔偿责任降到最低。而且，个人的第三方责任保险中的一个很小的免赔额所导致的保险费减少也会相对较小。[①]

免赔额的目的

免赔额有以下几个重要目的：
- 排除小额索赔
- 降低保险费
- 减少道德和心理风险

免赔额将那些处理和操作成本高的小额索赔排除在外。例如，保险人很容易碰到要花费100美元甚至更多成本来处理100美元的索赔这类事情。由于免赔额排除了小额索赔，所以保险公司的定损费用也减少了。

[①] C. Arthur Williams, Jr. George L. Head, Ronald C. Horn, and G. William Glendenning, *Principles of Risk Management and Insurance*, 2nd ed., vol. 2 (Malvern, PA: American Institute for Property and Liability Underwriters, 1981), pp. 200-201.

免赔额也有助于降低投保人缴纳的保险费。由于免赔额排除了小额索赔，保险费能够显著降低。对于小额损失，保险不是一种合适的处理方法，小额损失能够从个人收入或业务收入中更好地得到弥补。保险应当用于为较大规模的灾难性事件提供保障，譬如因大范围的致命疾病引起的 500 000 美元甚至更多的医疗开支。不过，如果在为灾难性损失提供保障的保险合同中使用免责条款，那么被保险人购买起来就会更合算。这种用保险费对大损失而不是小损失进行赔偿的思想通常被称为**大损失原则**（large-loss principle）。这样做的目的是对能够从经济上摧毁个人的巨大损失提供保障，而将那些可以由个人收入来弥补的小损失排除在外。

在其他因素相同的前提下，大的免赔额要比小的免赔额更为可取。例如，许多投保了汽车保险的驾驶者购买的是碰撞损失免赔额为 250 美元的保单，而不是 500 美元或更高的免赔额。他们也许并没有意识到额外保险的成本实际上有多高。例如，假设你可以每年花 900 美元的保险费为你的汽车购买免赔额为 250 美元的碰撞保险。同时，市场上提供一种免赔额为 500 美元的保单，年保险费为 800 美元。如果你选择了免赔额为 250 美元而不是 500 美元的保单，你可以多获取 250 美元的碰撞保险，但是你必须多支付 100 美元的年保险费。做一个简单的成本收益分析，你为多获得的 250 美元保险多花费了 100 美元。就增加额来说，这是一种相对更昂贵的保险。根据这种分析，较大的免赔额比较小的免赔额更为可取。

最后，保险人通过使用免赔额来减少道德风险。一些不诚实的被保险人会故意造成损失，以便从保险中获利。免赔额之所以可以降低道德风险，是因为如果存在免赔额，一旦发生损失，被保险人就有可能无利可图。

免赔额还用于减少心理风险。心理风险是指被保险人因为买了保险的缘故而疏忽了损失控制工作或对损失控制漠不关心，从而使损失发生的机会在实际上有所提高。免赔额鼓励人们更加注重保护其财产并预防损失，因为被保险人必须承担部分的损失。

财产保险中的免赔额

下面两种免赔额经常出现在财产保险合同中：
- 绝对免赔额
- 总免赔额

绝对免赔额　根据**绝对免赔额**（straight deductible），在要求保险公司赔付之前，被保险人必须先负担一定数额的损失。这种免赔额通常适用于任何一种损失。这样的例子可以在汽车碰撞保险中找到。例如，假设埃斯里为她的新丰田汽车购买了碰撞保险，免赔额为 500 美元。如果碰撞损失为 7 000 美元，她将只能得到 6 500 美元赔偿金，剩下的 500 美元由她自己负担。

总免赔额　商业保险合同有时包含**总免赔额**（aggregate deductible）的条款。根据这一条款，对特定时段（通常为一个保单年度）发生的所有损失进行加总，直到损失总额达到总免赔额，保险人才对超过的部分负有赔偿责任。例如，假设一份保单的总免赔额为 10 000 美元。在保单年度里，分别发生了 1 000 美元和 2 000 美元的损失。保险公司不会进行任何赔付，因为没有达到总免赔额。如果在同样的时段内发生了 8 000 美元的第三次损失，保险人将赔付 1 000 美元。在该保单年度如果发生其他损失，保险公司将会全额赔付。

健康保险中的免赔额

在健康保险中，免赔额可以用金钱或者时间来描述，例如年度免赔额或等候期。

年度免赔额　**年度免赔额**（calendar-year deductible）是总免赔额的一种形式，通常用于基本医疗开支与重大疾病医疗保险合同。符合条件的医疗开支在年度内进行累积，一旦超过免赔额度，保险公司就必须支付合同中承诺的费用。达到年度免赔额后，保险人不会再对被保险人施加额外的免赔额。

等候期　免责条款也可以用等候期的形式表现。**等候期**（等待期）[elimination (waiting) period]是指从损失发生开始算起的一段规定时间，此期间内不进行保险给付。等候期对于一段时间内持续发生的单一损失而言是合理的，例如工作收入的损失。在残疾收入合同中等候期使用较为频繁。例如，能补偿残疾工人部分收入的残疾收入保险合同一般都有 30 天、60 天或 90 天甚至更长的等候期。

共同保险

共同保险是财产保险合同中经常出现的一种合同条款。这一点在商业财产保险合同中尤为明显。

共同保险的特点

财产保险合同中的**共同保险条款**（coinsurance clause）鼓励被保险人按照财产可保价值的一定比例进行投保。如果损失发生时共同保险要求没有得到满足，被保险人作为共同保险人之一，必须承担部分损失。财产的可保价值是指实际现金价值、重置成本或者保单估价条款中所规定的一些其他价值。如果被保险人想要获得局部损失的全额赔偿，共同保险要求必须得到满足。否则，当局部损失发生时，被保险人将处于不利地位。

对保险范围内的损失进行赔偿的数额可以用共同保险公式来确定，具体如下：

$$\frac{承保额}{所需投保额} \times 损失 = 赔偿额$$

例如，假设一栋商业建筑的实际现金价值为 1 000 000 美元，其所有人为其投保的保险金额只有 600 000 美元。如果保单规定的共同保险比例为 80%，那么以实际现金价值为基础计算出的所需保险金为 800 000 美元（80%×1 000 000 美元）。如果使用的是重置成本，则所需保险金的确定必须以重置成本为基础。那么，如果发生 100 000 美元的损失，保险公司将只赔偿 75 000 美元。这一计算过程可以用以下公式说明：

$$\frac{600\ 000\ 美元}{800\ 000\ 美元} \times 100\ 000\ 美元 = 75\ 000\ 美元$$

由于损失发生时被保险人持有的保险金只有所需保险金的四分之三，所以只有四分之三的损失，也就是 75 000 美元能得到赔偿。因为共同保险要求没有得到满足，所以被保险人必须承担剩下部分的损失。

在运用共同保险公式时，应当注意两种特殊情况。第一，赔偿金额不应超过实际损失的金额，即使通过共同保险公式计算会得到这样的结果。这种情况在承保额大于最低所需投保额时会发生。第二，任何损失的最大赔偿金额不超过保险面值。

共同保险的目的

共同保险的基本目的是为了实现**费率公平**（equity in rating）。大部分财产保险的损失是局部损失而不是全部损失。但是如果每个投保人都只为局部损失而不是全部损失进行投保，则每100美元保险金的保险费率将会变高。这一费率对于那些希望为财产进行全额保险的投保人来说是不公平的。例如，如果每个投保人都投全额保险，在忽略保险人费用和利润扣除额的情况下，假定火灾保险的纯费率为每100美元保险金25美分（见图表10—1）。

图表10—1　　　　　　　　　投保全额保险时的保险费率

假设对估价为每栋200 000美元的2 000栋建筑进行全额保险，投保总额为4亿美元的火灾保险。发生如下的火灾损失：

2栋全部损失	=400 000美元
30栋部分损失，每栋20 000美元	=600 000美元
保险公司赔付的火灾损失总额	=1 000 000美元
纯费率	$=\dfrac{1\,000\,000\text{美元}}{400\,000\,000\text{美元}}$
	=每100美元保险金25美分

然而，如果每个财产所有者都只对局部损失投保，火灾保险的纯费率将从每100美元保险金25美分增加到每100美元40美分（见图表10—2）。这一费率对那些希望为其建筑物进行全额保险的财产所有者来说是不公平的。如果想要得到全额保险，投保人将不得不支付40美分这一较高的费率，而我们之前计算的费率只有25美分。这一费率是不公平的。因此，如果满足了共同保险要求，投保人将获得费率折扣，而不足额投保的保单所有者在运用共同保险公式时将会受到经济上的损失。

图表10—2　　　　　　　　　投保半额保险时的保险费率

假设对估价为每栋200 000美元的2 000栋建筑进行半额保险，投保总额为2亿美元的火灾保险。发生如下的火灾损失：

2栋全部损失（400 000美元）	
保险公司只赔付	=200 000美元
30栋部分损失，每栋20 000美元	=600 000美元
保险公司赔付的火灾损失总额	=800 000美元
纯费率	$=\dfrac{800\,000\text{美元}}{200\,000\,000\text{美元}}$
	=每100美元保险金40美分

在财产保险中，通常使用的共同保险比例为80%。但是，随着共同保险比例的增加，费率将会下降。因此，如果共同保险比例从80%增加到90%或100%，每100美元保额的保费费率将会下降。

共同保险存在的问题

当合同中存在共同保险条款时，一些实际问题也随之而来。首先，如果保额不随通货膨胀而周期性增长，那么通货膨胀将会给被保险人带来严重不利的影响。在保单开始生效时，被保险人也许能满足共同保险要求。但是，物价上涨会提高财产的重置成本。相应的结果就是被保险人持有的保险金额可能在损失发生时达不到所需保险金额，从而处于不利地位。因此，一旦在保险合同中运用了共同保险条款，我们应当对投保的保险金数额进行定期评估，以确定共同保险条件是否得到满足。

其次，如果财产价值在保单有效期内大幅度波动，可能会给被保险人带来不利影响。例如，存货价值可能会因为一批货物的意外到达而大幅度提高。如果损失发生，被保险人可能得不到足够的保险金来避免共同保险带来的不利影响。解决这一问题的一个方法是协商确定保险价值范围，即保险人预先同意投保人持有的保险金能满足共同保险要求。另一种解决方法是报告式保险，即被保险人定期向保险人报告财产价值。

健康保险中的共同保险

健康保险合同中经常包含共同保险条款。该条款要求被保险人对超过免赔额的保险范围内的医疗费用支付一定比例。个人和团体医疗保单通常都会有共同保险条款，要求被保险人支付超过免赔额的保险范围内的医疗费用的 20%～25%。例如，假设梅根投保保险范围内的医疗费用支出为 50 500 美元，她持有一份包括 500 美元免赔额和 80%—20% 共同保险条款的重大疾病医疗保单。保险人支付超过免赔额的费用的 80%，即 40 000 美元。梅根自己承担 20%，即 10 000 美元（外加 500 美元的免赔额）。

健康保险中的共同保险的目的在于：(1) 降低保费；(2) 防止对保单利益的过度使用。因为被保险人承担了部分成本，所以保险费得以降低。此外，如果病人要承担部分成本，他或她就不会要求享受最昂贵的医疗服务。

其他保险条款

其他保险条款（other-insurance provisions）通常出现在财产与责任保险以及健康保险合同中。这些条款适用于当不止一个合同对同一损失提供保险时的情形。其目的是防止被保险人从保险中获利和违背损失赔偿原则。如果被保险人能够从每个保险人那里都获得全额赔偿，那么他将会从保险中获利，这会显著提高道德风险。一些不诚实的被保险人会故意造成损失来获取多重利益。

财产与责任保险中一些重要的"其他保险条款"包括：(1) 比例责任条款；(2) 等额分担；(3) 第一和超额保险。

比例责任条款

比例责任条款（pro rata liability）是当两份或两份以上同类保单为财产的相同可保利益提供保障时运用的条款的一般表述。每个保险人对损失所承担的份额以其所承担的保险金占该财产所有保险金的比重为基础来计算。例如，假设雅各布拥有一栋房屋，并希望为其投保 500 000 美元。由于核保上的原因，保险公司会限制在某一特定财产上承保的金额。假如雅各布向 A 公司投保了 300 000 美元，向 B 公司投保了 100 000 美元，向 C 公司投保了 100 000 美元，总计 500 000 美元。如果发生了 100 000 美元的损失，每家保险公司将只按其比例责任份额进行赔偿（见图表 10—3）。因此，雅各布将得到的损失赔偿为 100 000 美元，而不是 300 000 美元。

图表 10—3		比例责任举
A 公司	$\dfrac{300\,000\,\text{美元}}{500\,000\,\text{美元}}$	或 0.60×100 000 美元＝60 000 美元
B 公司	$\dfrac{100\,000\,\text{美元}}{500\,000\,\text{美元}}$	或 0.20×100 000 美元＝20 000 美元
C 公司	$\dfrac{100\,000\,\text{美元}}{500\,000\,\text{美元}}$	或 0.20×100 000 美元＝20 000 美元
损失赔偿总额＝100 000 美元		

比例责任条款的基本目的是为了维护损失赔偿原则以防止被保险人从保险中获利。在上面的例子中，如果不存在比例责任条款，被保险人会因为 100 000 美元的损失而从每家保险公司那里都获得 100 000 美元，也就是总额为 300 000 美元的赔偿。

等额分担

等额分担（contribution by equal shares）是在责任保险合同中经常可以看到的另外一类其他保险条款。每个保险人在损失中承担相同的份额，直到每个保险人支付的赔偿额与保单最低责任限额相等，或者直到损失的全部数额得到赔偿为止。例如，假设 A、B 和 C 公司提供的保险金额分别为 100 000 美元、200 000 美元和 300 000 美元。如果损失为 150 000 美元，每家保险公司赔偿相同的数额，即 50 000 美元（见图表 10—4）。

图表 10—4		等额分担（例 1）	
损失总额＝150 000 美元			
	保险金额	等额分担数额	赔偿总额
A 公司	100 000 美元	50 000 美元	50 000 美元
B 公司	200 000 美元	50 000 美元	50 000 美元
C 公司	300 000 美元	50 000 美元	50 000 美元

然而，如果损失为 500 000 美元，每家保险公司赔偿多少呢？在这个例子中，每家保险公司将赔偿相等的数额直到达到保单限额为止。然后其余的保险公司继续对剩下的损失进行等额赔偿，直到完全赔偿了其保单限额，或者直到损失得到全额赔偿为止。因此，A 公司将赔偿 100 000 美元，B 公司将赔偿 200 000 美元，C 公司也将赔偿 200 000 美元（见图表 10—5）。如果损失额为 600 000 美元，则 C 公司还将赔偿剩下的 100 000 美元。

图表 10—5		等额分担（例 2）	
损失总额＝500 000 美元			
	保险金额	等额分担数额	赔偿总额
A 公司	100 000 美元	100 000 美元	100 000 美元
B 公司	200 000 美元	100 000 美元＋100 000 美元	200 000 美元
C 公司	300 000 美元	100 000 美元＋100 000 美元	200 000 美元

第一和超额保险

第一和超额保险（primary and excess insurance）是另外一类其他保险条款。第一保险人首先进行赔付，而只有当赔偿额超过第一保单的保险金额后，超额保险人才开始进行赔偿。

汽车保险是第一和超额保险的完美例证。例如，假设鲍勃偶尔驾驶吉尔的汽车。鲍勃的保单对每个人身体伤害的责任限额为 100 000 美元。吉尔的保单对每个人身体伤害的责任限额为 50 000 美元。如果鲍勃在驾驶吉尔的汽车时不小心撞伤了另一位驾驶者，两张保单都将对这一损失进行赔偿。一般的规定是被借用的汽车的责任保险为第一保险，任何其他保险都视为超额保险。因此，如果法庭宣判鲍勃赔偿损失 75 000 美元，吉尔的保单是第一保单，首先赔偿 50 000 美元。鲍勃的保单是超额保单，赔偿剩下的 25 000 美元。

团体健康保险中的**给付协调条款**（coordination-of-benefits provision）是第一和超额保险的另一个例子。设计该条款是为了防止一个人参加两个及以上团体健康保险计划时获得超额赔偿和重复给付。

大部分州都已经部分或全部地采用了美国保险监督官协会（NAIC）制定的给付协调条款。这些条款很复杂，这里只讨论其中的两条。第一，以雇员身份进入保险计划通常优先于以家属身份进入保险计划。例如，假设杰克和凯利·迈克维都有工作，并且互相作为家属进入对方的团体健康保险计划。如果杰克发生了保险责任范围内的医疗费用，他的保单作为第一保险首先进行赔偿，然后他将未得到补偿的费用（如免赔额和共同保险付款额）提交给凯利的保险人，凯利的保险计划便作为超额保险使用。在两个计划下，符合条件的医疗费用可获得不超过 100% 的补偿。

第二，生日规则适用于那些父母未离异或未分居的被抚养人。按照这一规则，在一年内先过生日的父亲或母亲的保险计划是第一保险。例如，假设凯利的生日在一月份，杰克的生日在七月份。如果他们的女儿住院，凯利的保险计划是第一保险，杰克的保险计划则是超额保险。生日规则的目的是在被抚养人的保障方面消除性别歧视。

案例应用

迈克带着他的朋友唐娜外出就餐以庆祝她的生日。在送唐娜回家时，迈克生病了，让唐娜驾驶汽车。在驾驶迈克的汽车时，唐娜因为没有在红灯前刹住车而不小心撞伤了另外一位驾驶者。迈克持有一份每人身体伤害责任保险限额为 250 000 美元的汽车保单。唐娜有一份类似的汽车保单，每人的责任限额为 100 000 美元。

a. 如果法庭宣判让唐娜赔偿 100 000 美元，那么，两家保险公司分别赔偿多少？
b. 如果赔偿额为 300 000 美元，两家保险公司分别赔偿多少？
c. 假设迈克由于不能支付保险费从而他的汽车保单失效了，在事故发生时，他是没有保险的。如果法庭宣判让唐娜赔偿 100 000 美元，那么唐娜的保险公司要赔偿多少？

本章小结

- 保险合同通常包括以下几个部分：
  声明
  定义
  承保协议
  除外责任
  条件条款

  其他条款
- 声明是对所要投保的财产或行为所作的说明。
- 定义页或章节对关键词或短语进行定义，以使保单中的保险范围更容易确定。
- 承保协议载明保险人所作的承诺。有两种基本承保协议：
    指定风险事故保单
    开放式风险保单
- 所有的保单都包含一种或一种以上的除外责任。有三种主要的除外责任：
    除外风险
    除外损失
    除外财产
- 除外责任是必要的，因为以下几个方面的原因：某些风险在保险公司看来是不可保的；特殊危险的存在；已由其他保险合同提供风险保障；道德风险和心理风险（态度风险）达到某个较高的程度；大多数被保险人不需要此类保障。
- 条件条款是对保险人所要履行的承诺施加限制或者使之生效的相关条款。条件条款对被保险人强加了一些义务，被保险人如果希望获得损失赔偿，则必须履行这些义务。
- 财产与责任保险中的其他条款包括合同的取消、代位求偿、损失发生时的要求、保单转让以及其他保险条款。
- 保险合同也包括了对"被保险人"的定义。保险合同可能只保障一个人，也可能保障其他人，即使他们并没有在保单中特别指明。
- 批单或附加条款是对原合同中的条款进行添加、删除或修改的书面条款。对于添加了批单的保险合同来说，批单或附加条款与合同中与之相矛盾的条款相比具有优先权。
- 免责条款要求被保险人承担部分的损失。保险人从总的损失赔偿额中扣除特定数额，只支付余下数额。免责条款用于排除小额索赔、降低保险费以及减少道德与心理风险。免责条款的例子包括绝对免赔额、总免赔额、年度免赔额以及等候期。
- 财产保险中的共同保险条款要求被保险人按照财产可保价值的一定比例进行投保。如果在损失发生时共同保险要求没有达到，被保险人必须作为共同保险人分担损失。共同保险条款的基本目的是达到公平费率。
- 共同保险条款（比例参与条款）经常可以在个人和团体医疗保单中见到。典型条款要求被保险人支付获保障的费用中超过免赔额部分的20%、25%或30%，直到达到某一个年度限额。
- "其他保险条款"在许多保险合同中也可以见到。这些条款适用于不止一张保单对同一损失提供保障的情况。这些条款的目的是防止从保险中获利以及违背损失赔偿原则。一些重要的其他保险条款包括比例责任条款、等额分担以及第一和超额保险。

重要概念和术语

附加被保险人	免赔额	指定风险事故保单
总免赔额	等候期	开放式风险保单
"一切险"保单	批单与附加条款	其他保险条款
年度免赔额	公平费率	其他被保险人
共同保险条款	除外责任	第一和超额保险
条件条款	第一被保险人	比例责任
等额分担	承保协议	特别保单
给付协调条款	大损失原则	绝对免赔额
声明	指定被保险人	

复习题

1. 阐述保险合同的基本组成部分。
2. a. 阐述保险合同中常见的几类除外责任。
   b. 保险人为什么要使用除外责任？
3. a. 阐述术语"条件"的定义。

b. 如果被保险人没有遵从保单条件，保险人还需要对保险责任范围内的损失进行赔付吗？请做出解释。

4. a. 什么是"指定被保险人"？

b. 即使在保单中没有特别指明，其他当事人也可以成为被保险人吗？请做出解释。

5. a. 什么是批单或附加条款？

b. 如果批单与保单中某一条款冲突，这一问题如何解决？

6. a. 阐述以下几种免责条款：绝对免赔额、年度免赔额、总免赔额。

b. 阐述财产保险合同中免责条款的目的。

7. a. 阐述财产保险中共同保险条款是如何运作的。

b. 共同保险条款的基本目的是什么？

8. 描述个人或团体医疗费用保险保单中典型的共同保险条款（比例参与条款）。

9. a. "其他保险条款"的目的是什么？

b. 请举一个比例责任条款的例子。

10. 阐述第一和超额保险。

应用题

1. 迈克尔有一架小型飞机，用于周末飞行。他的保险代理人告诉他，在屋主保单中，飞机是被排除在个人财产保险范围之外的。作为被保险人，他认为他的飞机和他所拥有的其他个人财产一样，应当在保险范围之内。

a. 向迈克尔解释屋主保单将特定财产，如飞机，排除在保障范围之外的原因。

b. 阐述保险合同中存在除外责任的其他原因。

2. a. 在保单当前有效年度内，一家制造公司按照以下顺序发生了保险责任范围内的损失：

损失	损失额（美元）
A	2 500
B	3 500
C	10 000

如果保单中含有以下种类的免责条款，则这家公司的保险人每次赔偿多少损失？

（1）1 000 美元的绝对免赔额

（2）15 000 美元的年度免赔额

b. 阐述团体医疗费用计划中常见的给付协调条款。

3. 斯蒂芬妮拥有一家小仓库，并且为其购买了企业财产保险，保险金额为 200 000 美元。保单中含有设定 80% 的共同保险条款。仓库因火灾造成了 50 000 美元的损失。损失发生时仓库的重置成本是 500 000 美元。

a. 如果保险人要对损失负赔偿责任，那么应该承担多大责任？说明计算过程。

b. 假设斯蒂芬妮在损失发生时持有 500 000 美元的仓库财产保险。如果损失额为 10 000 美元，她将获得多少赔偿？

c. 阐述财产保险合同中共同保险条款存在的理论或原因。

4. 安德鲁拥有一栋商业办公楼，并为之投保了三份财产保险合同。他向 A 公司投保了 100 000 美元，向 B 公司投保了 200 000 美元，向 C 公司也投保了 200 000 美元。

a. 假设每份合同中都存在比例责任条款。如果发生了 100 000 美元的损失，安德鲁能从每家保险公司获得多少赔偿？请做出解释。

b. 保险合同中常见的"其他保险条款"的目的是什么？

5. 假设 300 000 美元的责任索赔分别由两份责任保险合同来承担。保单 A 对该索赔的责任限额为 500 000 美元，保单 B 的责任限额为 125 000 美元。两份合同都提供等额分担。

a. 每个保险人对这一索赔各负担多少？请做出解释。

b. 如果索赔金额只有 50 000 美元，那么每个保险人各赔偿多少？

6. 阿什莉有一份个人医疗费用保险单。这张保单每一个自然年度有 1 000 美元的免赔额和 20% 的共保条款。阿什莉接受了一次门诊手术移除她脚上的拇囊炎，产生的医疗费用为 10 000 美元。阿什莉的保险人应该赔偿多少？阿什莉自己要承担多少费用？

7. The Lincoln Saltdogs 是隶属于美国棒球联盟的小职业球队联盟中的一支棒球队。其俱乐部会所投保了一份含有一条 80% 共同保险条款的企业财产保险，保险金额为 600 000 美元。俱乐部会所的当前重置成本是 1 000 000 美元。在争夺联盟冠军的最后决赛之后，一台伤员康复机器发生短路，一场火灾发生了。俱乐部会所遭到了 100 000 美元的火灾损失。在忽略所有免赔额的情况下，该队的保险人应该为这场损失赔偿多少？

网络资源

● 纽约州保险局出版了许多关于基本保险合同的消费者读物，并且可以进行网上订购。这些读物有助于理解屋主保险、汽车保险以及其他保险合同中的合同条款和保险范围。网址为：www.dfs.ny.gov/

● 威斯康星州保险监督官办公室也为保险消费者提供了关于特定保险合同的读物。这些读物有助于理解人寿保险、健康保险、汽车保险以及屋主保险的合同条款和保险范围。网址为：oci.wi.gov

● 保险信息协会针对保险消费者出版了有关财产与责任保险的读物。这些读物能够帮助你理解屋主保险、汽车保险、个人责任保险、洪水保险以及其他财产与责任保险的合同条款和保险范围。网址为：iii.org

● 得克萨斯州保险局提供大量关于汽车保险、屋主保险、人寿与健康保险以及其他类型保险的消费者信息，还可以从那里找到费率指引。网址为：www.tdi.texas.gov

参考文献

Graves, Edward E., and Burke A. Christensen, eds. *McGill's Legal Aspects of Life Insurance*, 7th ed. Bryn Mawr, PA: The American College, 2010.

Graves, Edward E. "Policy Provisions," *McGill's Life Insurance*, 8th ed. Bryn Mawr, PA: The American College, 2011, Ch. 27.

Lorimer, James J., et al. *The Legal Environment of Insurance*, 4th ed., vols. 1 and 2. Malvern, PA: American Institute for Property and Liability Underwriters, 1993.

Rejda, George, E., and Eric A. Wiening, *Risk Management and Insurance*, Boston, MA: Pearson Custom Publishing, 2005, Chs. 9–10.

Wiening, Eric A. *Foundations of Risk Management and Insurance*. Malvern, PA: American Institute for Chartered Property Casualty Underwriters/Insurance Institute of America, 2002, chs. 11–19.

Wiening, Eric A. and Donald S. Malecki. *Insurance Contract Analysis*. Malvern, PA: American Institute for Chartered Property Casualty Underwriters, 1992.

第四部分
人寿和健康风险

第 11 章

人寿保险

"死亡是少数可以让人很容易地躺下的事情之一。"

——伍迪·艾伦

"死去的人比活着的人多,而且其数量还在增加。"

——尤金·罗恩斯克

学习目标

学习完本章,你应当能够:

◆ 解释过早死亡的含义。
◆ 阐述过早死亡对不同类型家庭经济状况的影响。
◆ 解释用于计算应持有的人寿保险数量的方法。
◆ 阐述定期人寿保险的基本特点。
◆ 解释普通终身人寿保险的基本特点。

◆ 描述下面几个人寿保险的衍生品种:
变额人寿保险
万能人寿保险
指数化万能寿险
变额万能人寿保险
◆ 阐述人寿保险假设的基本特点。

瑞安今年35岁,在加利福尼亚州旧金山市拥有一家小餐馆。他已经结婚,并且有三个孩子在读小学。他仅有少量可以自由支配的收入,这吸引了一位寿险代理人付出不懈努力成功劝他为家庭购买了一份人寿保险作为保障。由于餐馆资金紧张,瑞安甚至有好几次想退保。他的代理人劝他用保单积累的现金价值支付保费,以确保保单有效,直到他的财务状况改善。两年后,瑞安被诊断出肺癌,并在7个月之后死亡。在他死之后,他的妻子用赔付金支付了丧葬费、信用卡账单,并修缮了房屋,而且支付了为治疗女儿因为父亲去世而患上严重情感问题而产生的咨询费用。

在上面的案例中，瑞安购买的人寿保险让他的家庭避免了因其死亡所可能带来的经济问题。本章将讨论意外死亡的风险以及如何减小意外死亡的负面经济影响。本章内容包括过早死亡的含义、基于家庭类型的人寿保险需求、确定应持有人寿保险的适宜数量，讨论目前销售的人寿保险的主要类型。

过早死亡

过早死亡的含义

过早死亡（premature death）可以被定义为那些承担着大量未完成经济责任的"家长"的死亡，这些经济责任包括家属的赡养、孩子的教育、抵押贷款的支付。"家长"的过早死亡会给一个家庭带来严重的经济问题，因为这个家庭"家长"的未来收入将会彻底失去。如果其他收入来源不充足，或者家庭积累的财产不充足，其余家庭成员将面临严重的经济问题。

过早死亡的成本

过早死亡会产生一些成本。第一，主要家庭收入来源的失去导致未来收入的永远失去。第二，丧葬费用、未投保医疗费用和房产处置成本构成额外成本。第三，由于收入不充裕，一些家庭的生活水平将会降低。最后，还会发生一些非经济成本，例如悲痛的心情、孩子失去对父母角色的模仿机会、失去对孩子的教育和指导等。

过早死亡问题正在减少

由于生命预期的延长，过早死亡的经济问题随着时间的变迁显著减少。生命预期是特定年龄阶段的人的剩余平均生存时间。2010年的初步调研数据显示，新生人口在2010年度寿命预期达到78.7岁。[①] 相反，在1970年，新生人口的寿命预期只有70.8岁，比2010年低10%。过去的一个世纪当中，预期寿命明显延长，这是因为医学方面不断取得新的突破，实际收入的提高和经济增长，以及公共健康和卫生条件的改善。

尽管美国人的预期寿命长期来看是增加的，但还是落后于其他许多国家。专栏11.1讨论了美国表现如此之差的原因。

专栏11.1

为什么美国人的预期寿命低于其他许多国家?

尽管美国人的预期寿命一直在增加，但美国却仍然落后于其他许多国家。2010年，在人数超过1 300万的大约70个国家中，美国在新生人口的预期寿命方面排在第11位，落后于法

[①] National Center for Health Statistics, "Deaths: Preliminary Data for 2010," *National Vital Statistics Reports*, vol. 60, no. 4, January 11, 2012, p. 2.

国、德国、日本、西班牙和英国。[a]这种情况的出现可以归因于以下几个因素：

● 肥胖是一个主要因素。超过三分之一的美国成年人（超过7 200万人）和17%的美国儿童有肥胖症。这导致了冠状动脉心脏病、糖尿病、癌症、高血压和其他疾病。[b]

● 美国人的生活方式不利于长寿。美国人喜欢暴饮暴食，饮食中含大量饱和脂肪，成百上千万的美国人都缺乏运动。

● 大量美国人缺少健康保险，而且没有接受必要的医疗护理。

● 非裔美国人和其他少数民族群体的寿命预期比较低，拉低了平均水平。

● 与许多工业化国家和地区相比，婴儿死亡率相对较高。2005年，美国在世界国家和地区婴儿死亡率中排名第30位，落后于大多数欧洲国家以及加拿大、澳大利亚、新西兰、中国香港地区、新加坡、日本和以色列。[b]美国婴儿死亡率比较高的主要原因是早产儿（在妊娠期37周前出生的人）占比高。[d]

[a]U. S. Census Bureau, *Statistical Abstract of the United States*: 2012, Table 1339.

[b]Centers for Disease Control and Prevention, *Obesity, Halting the Epidemic by Making Health Easier, At a Glance*, 2011.

[c]Marian F. MacDorman and T. J. Mathews, "Behind International Rankings of Infant Mortality: How the United States Compares with Europe," NCHS Data Brief Number 23, November 2009.

[d]Ibid.

人寿保险的经济调节作用

如果被保险人赚取收入，其他成员依赖于这些收入作为其部分或全部经济支持的来源，购买人寿保险就能够起到经济调节作用。家庭其他成员依靠家庭支柱抚养和承担经济责任，如果家庭支柱过早死亡，生存的家庭成员就会面临很大的经济风险，人寿保险可以帮助家庭抵消这种收入减少的经济风险。

过早死亡对不同类型家庭的影响

单身家庭

最近这些年，单身家庭的数量增加了。年轻人推迟结婚，经常超过30岁才结婚，很多年轻人和中年人因为离婚而再次成为单身。单身家庭没有需要其赡养的人或者不需要承担其他经济责任，这些人的过早死亡不会给其他人带来经济问题。所以这一群体仅需要少量的人寿保险用于支付丧葬费用和未投保医疗费用，而不需要大量的人寿保险。一个例外是离婚的单身父亲或母亲，他们还要承担抚养孩子的责任，过早死亡会给留下来的孩子带来严重的经济问题。

单亲家庭

几年来，孩子小于18岁的单亲家庭的数量一直在增加，大量出生的孩子因为未婚生子、离婚、合法分居或死亡而生活在单亲家庭中。父亲或者母亲的死亡会给留下的孩子带来巨大的经济问题。为家长购买大量的人寿保险就非常必要。但是，许多单亲父母（特别是女性家长）的收入在贫困线以下。这些家庭中有很多是因为太贫穷而无法购买大额保险。

有孩子的双收入来源家庭

夫妻双方都有工作的家庭已经很大程度上取代了配偶中只有一方赚取收入的传统家庭。在有孩子的双收入来源家庭中，一方的死亡会给生存的家庭成员带来严重的经济问题，因为要保持家庭的生活水平，两个收入来源都是必需的。两个赚取收入的人都要购买大量的人寿保险。如果其中一个人过早死亡，人寿保险可以弥补失去的收入。

但是，在没有孩子的双收入家庭中，一方的过早死亡不会为生存的另一方带来经济风险。这种情况下，对大额人寿保险的需求要小得多。

传统家庭

传统家庭是指，父母当中只有一个人是劳动力，而另外一个待在家里照顾未成年的孩子。作为劳动力的父母之一需要购买大额人寿保险。如果工作的配偶没有足额的人寿保险而过早死亡，家庭的生活水平就不得不下降。

此外，没有参加工作，负责照顾孩子的配偶也需要购买人寿保险。因为如果照顾孩子的配偶过早死亡，看护孩子的费用就会构成有工作的配偶的一个沉重的经济负担。一项研究显示，待在家里专心照顾家庭的一方配偶每年创造的价值约 117 000 美元。①

混合型家庭

混合型家庭是指，离婚的配偶之一带着孩子再婚，新的配偶也有孩子的家庭。双方再婚后可能又会生一个孩子。两个家长都非常需要购买人寿保险。再婚的时候配偶双方一般都有工作，一个配偶死亡就会导致家庭生活水平的下降，因为失去了那部分家庭收入。

三世同堂型家庭

三世同堂型家庭中有一个有孩子的儿子或女儿，他们为父母提供经济支持或其他支持。儿子或女儿"夹"在年轻一代和老一代人之间。三世同堂家庭中参加工作的配偶需要购买大量的人寿保险。三世同堂家庭中有工作的配偶的过早死亡会使活着的孩子和上年纪的父母失去经济支持。

最后，在前面所讨论的各种类型的家庭中，都有未成年的孩子需要经济支持。由于父母一般支持幼小的孩子，所以没有提到给孩子们购买保险。为孩子购买保险的主要不足是，家长无法得到足够的保障。稀缺的货币资源应当用于增加家长的保险数额，而不是为孩子提供保障。

购买保险的数量

一旦你确定购买保险，那么下一步就是要确定购买多少。一些人寿保险公司和财务规划师

---

① "A Mother's Pay? $117,000," The *Wall Street Journal*, May 12, 2008, p. B5.

建议被保险人购买的人寿保险的数量等于其收入的几倍,例如年收入的6～10倍。但是这些原则毫无意义,因为需要的人寿保险的数量随着家庭规模、收入水平、现有金融资产和财务目标的不同而不同。

有三种方法可以用于计算持有人寿保险的数量:
- 生命价值法
- 需求法
- 资本保留法

生命价值法

前面提到,家庭主要收入来源会因为家长的过早死亡而永久失去,这种损失称为生命价值。**生命价值**(human life value)可以被定义为,因养家糊口的人的死亡而导致未来收入的减少,减少的未来收入的现值即为这个人的生命价值。生命价值可以通过下面几个步骤来计算:

1. 对其工作时间内的平均年收入进行折算。
2. 扣除联邦和州所得税、社会保障税、人寿和健康保险费以及自己使用的部分,剩余可以用于支持家庭开支的部分。
3. 确定从当前年龄到预期退休年龄有多少年。
4. 使用合理的折现率,计算第3步中的年份数下的收入的现值。

例如,假设理查德今年27岁,已经结婚并有了两个孩子。他每年的收入是50 000美元,计划67岁退休。(为了简化讨论,假设他的收入保持不变。)在这些收入中,有20 000美元用于支付联邦和州所得税、人寿和健康保险以及理查德自己的个人需求。剩下的30 000美元用于维持家庭开销。这一未来现金流通过折现为现值得到理查德的生命价值。使用的合理折现率为5%,40年中每年支付1美元折现得到的现值累计是17.16美元。因此,理查德的生命价值是514 800美元(30 000美元×17.16美元=514 800美元)。这一数值代表了一旦理查德过早死亡,他的收入给家庭带来的收入损失的现值。正如你所看到的,在考虑收入能力的时候,生命价值具有很高的经济价值。生命价值概念的主要优点是,大致计算出了生命的经济价值。

但是,基本生命价值方法有几个局限。第一,其他收入来源被忽视,例如社会保障遗属抚恤金、来自个人退休账户(IRAs)的收入、401(k)计划和商业养老险死亡给付金。第二,在基本模型中没有考虑职业问题,工作收入和支出被假设为不变的,忽略掉了雇员福利。第三,因为离婚、孩子的出生或家庭成员的死亡,向家庭分配的资金会迅速改变。同时,长期折现率很关键;当假设折现率较低的时候,生命价值会大幅度提高。最后,通货膨胀对收入和支出的影响被忽视。

由于上面这些局限,基本生命价值模型显著低估了生命的经济价值。生命基金会(Life Foundation)已经开发了更为精确、复杂的生命价值模型。该模型考虑了年龄和性别、职业类型、收入增加、消费需求、员工福利、为自己家庭服务的价值以及在职配偶赚取的工资。当考虑这些因素后,人们的生命价值显著高于基本模型计算得出的价值。生命价值计算公式可以在lifehappens.org/human-life-value-calculator/网址上找到。

需求法

计算应购买人寿保险数量的第二个方法是**需求法**(needs approach)。如果分析家长死亡的情况，有一些家庭需求必须满足，满足这些需求所需要的资金也必须确定。然后将现有的人寿保险和金融资产的总额从需要的总资金量中扣除。其差额，如果有的话，就是应该购买的新的人寿保险的数量。最重要的家庭需求包括：

- 遗产清理基金
- 再调整期内的收入
- 抚养期内的收入
- 生存配偶的终身年金
- 特殊需求

　　　抵押贷款偿还资金
　　　教育基金
　　　应急基金
　　　家庭成员的精神或身体残疾

- 退休需求

遗产清理基金　遗产清理基金（estate clearance fund）或清算基金在家长死亡的时候立刻就需要。丧葬费用、未投保医疗费用、分期偿还债务、遗产管理费用以及遗产税、继承税和所得税等都需要用现金即时支付。

再调整期内的收入　再调整期（readjustment period）是在养家糊口的人死亡后的一到两年时间。在该期间内，家庭的收入应该大致等于家长活着的时候的收入。再调整期的目的是为了给家庭留出调整生活标准的时间。

抚养期内的收入　抚养期（dependency period）是指再调整期之后的时期，直到最小的孩子长到 18 岁。在这段时期内家庭应当获得收入，使得生存的配偶能够留在家里，如果需要的话能够照顾孩子。如果生存的配偶已经在工作，并计划继续工作，抚养期内需要的收入将会显著降低。

生存配偶的终身年金　另一个重要的需求是为生存的配偶提供终身年金，特别是如果他或她年纪变大，而且已经有很多年没有参加工作的情况下。有两个时期的收入必须考虑：(1) 无给付期的收入和 (2) 无给付期之后作为社会保障抚恤金的补充。**无给付期**（blackout period）是指从社会保障遗属抚恤金停发到恢复的一段时期。当最小的孩子达到 16 岁时，给仍生存的配偶的社会保障遗属抚恤金将停止支付，当配偶的年龄到 60 岁时恢复。

如果生存的配偶有一份工作，并已经参加工作，对终身年金的需要就会大幅度减少，甚至消除。但是，这一结论对于很多年不参加工作的、60 岁以下的年老配偶不适用，因为这些人的社会保障遗属抚恤金也已经暂停。对于这些人来说，无给付期内的年金收入就非常重要。

特殊需求　家庭还必须考虑一些特殊需求，包括：

- 抵押贷款偿还资金。当不需要每个月偿还抵押贷款或租金的时候，活着的家庭成员的每月收入需求就会大幅度减少。
- 教育基金。家长可能希望为孩子提供教育基金。如果孩子准备上私立学院或大学，成本将明显高于公立大学。
- 应急基金。家庭也会设置应急基金。无法预期的事件可能需要大量的现金，例如重大的牙科疾病、房屋修缮或者购买新汽车。
- 家庭成员的精神或身体残疾。还需要为教育、培训和照看有精神或身体疾病的孩子或成人准备额外的资金。

退休需求　因为家长可能一直活到退休，所以必须考虑足够的退休收入。大多数的退休工人都可以获得社会保障金,而且可以从雇主那里得到退休金。如果从这些来源获得的退休收入不充足,人们可以从现金价值人寿保险、个人投资、退休年金或个人退休账户(individual retirement account,IRA)获得额外的收入。

需求法的说明

图表 11—1 提供了一个人们可以用于确定需要的人寿保险数额的表格。表格的第一部分列出了满足不同的现金需求、收入需求和特殊需求的数额。第二部分分析了用于满足这些需求的金融资产。最后一部分确定了需要补充的人寿保险的数量,它是由总需求减去总资产得到的。例如,珍妮弗·史密斯和斯科特·史密斯结婚并有一名 1 岁大的孩子。珍妮弗今年 33 岁,为一家大型石油公司做市场分析,每年收入 60 000 美元。斯科特今年 35 岁,是一名小学教师,年收入 40 000 美元。珍妮弗希望一旦她过早死亡,能够保持家庭的经济安全。

图表 11—1　　你需要多少人寿保险?

你需要什么?	珍妮弗·史密斯	你的需要
现金需求		
丧葬费用	$ 15 000	$ _____
未投保医疗费用	5 000	
分期偿还债务	12 000	
立遗嘱的成本	3 000	
联邦遗产税	0	
州继承税	0	
遗产清理基金总额	$ 35 000	$ _____
收入需求		
再调整期	24 000	
抚养期	180 000	
生存配偶的终身年金	0	
退休收入	0	
总收入需求	$ 204 000	$ _____
特殊需求		
抵押贷款偿还基金	200 000	
应急基金	50 000	
大学教育基金	150 000	
总特殊需求	$ 400 000	$ _____
总需求	$ 639 000	$ _____
今天你所拥有的	珍妮弗·史密斯	你的资产
经常账户和储蓄	$ 10 000	$ _____
相互基金和证券	35 000	
个人退休账户和基欧计划	20 000	
401(k)计划和雇主储蓄计划	40 000	
私人养老金死亡给付	0	
现有的养老保险	60 000	

其他金融资产	0	
总资产	$ 165 000	
需要的补充人寿保险		$ _____
总需求	$ 639 000	
减去总资产	165 000	
需要的补充人寿保险	$ 474 000	
		$ _____

现金需求 珍妮弗估计丧葬费用至少需要现金 15 000 美元。尽管珍妮弗投保了团体健康保险，但是一些医疗服务是免责的，而且还必须每年支付免赔额和共同保险收费。所以，她估计自己的家庭需要 5 000 美元支付未投保医疗费用。她每个月还要支付汽车贷款和信用卡账单。分期付款债务现在累计达到 12 000 美元。她估计立遗嘱和律师费用将为 3 000 美元，此外，不用支付联邦遗产税。

收入需求 珍妮弗也希望在再调整期和抚养期内直到她的儿子年满 18 岁时，家庭每个月都有收入。珍妮弗和斯科特每个月的家庭收入净额大致为 6 000 美元。珍妮弗认为这些收入的 75%（或每月 4 500 美元）可以保证家庭保持现有的生活水平。所以她希望在再调整期和抚养期这 17 年的时间内，家里每个月能够有 4 500 美元的收入。

如果还有其他来源，家庭每个月需要的 4 500 美元的数量会减少。斯科特的家庭收入净额每个月是 2 500 美元。此外，斯科特和他的儿子具有领取社会保障遗属抚恤金的资格。斯科特的抚恤金直到他的儿子年满 16 岁才能够领取，而他的儿子的抚恤金能领取到他儿子年满 18 岁。在这个例子中，我们假设只有他们的儿子能够领取社会保障遗属抚恤金。因为斯科特的收入显著高于社会保障基金要求的最高年收入限额，所以他无法获得任何社会保障遗属抚恤金。但是，他的儿子可以一直领取到年满 18 岁。珍妮弗的儿子在年满 18 周岁之前，每个月可以从社会保障基金获得 1 000 美元的收入。所以，这个家庭每个月来自斯科特的家庭收入和儿子的社会保障抚恤金加起来有 3 500 美元。因为他们的收入目标是每个月 4 500 美元，所以每个月的差额是 1 000 美元。珍妮弗的家庭为了在再调整期内获得每月 1 000 美元的收入，需要支付额外的 24 000 美元，还要再支付 180 000 美元用于获得另外 15 年的抚养期内的月收入。那么，为了达到在再调整期和抚养期内每个月有 4 500 美元收入的目标，这个家庭还需要总额为 204 000 美元的支出。

如果珍妮弗考虑货币的时间价值，为了达到其目标而购买的人寿保险就会低于 204 000 美元。类似地，如果考虑通货膨胀因素，她必须增加人寿保险的数量以获得这些抚恤金的实际购买力。但是，她可能忽视掉现金的时间价值和未来的通货膨胀，如果她假设一个因素可以抵消另一个因素的影响。那么，在这个例子中，我们假设前面的人寿保险以等于通货膨胀的利率进行投资。这种假设构成了下面的计划，即自动对冲掉通货膨胀的影响，从而保留了死亡给付的实际购买力。但是，在大多数情况下，死亡给付可以以高于通货膨胀率的利率进行投资。其计算也很简单，现值表和关于未来通货膨胀率的假设都不需要。

此外，斯科特现在还在工作，而且即使珍妮弗死了，他还会继续工作。那么，在无给付期内也不需要额外的收入。

最后需要考虑的是退休收入。斯科特会收到社会保障基金的退休金和学区退休金计划的终身养老金。他还有一个个人退休账户（IRA）会提供额外的退休金。珍妮弗相信，斯科特的所有退休收入能够满足他的需要，所以他不需要另外的退休金。

总的来说，在考虑了斯科特的家庭收入和社会保障遗属抚恤金之后，珍妮弗决定，她需要额外的 204 000 美元来达到在再调整期和抚养期内每个月 4 500 美元的收入目标。无给付期内的额外收入是不需要的。

特殊需求　珍妮弗希望在她死后能够付清抵押贷款。现在的抵押贷款余额还有 200 000 美元。她还希望为家庭建立 50 000 美元的应急基金，为儿子准备 150 000 美元的教育经费。所以她的特殊需求共计 400 000 美元。

确定需要的新的人寿保险的数额　下一步是确定为了满足她的需求而需要的金融资产的数量。珍妮弗的经常账户和个人账户有 10 000 美元。她所拥有的共同基金和个人股票的当前市场价值是 35 000 美元。她的退休账户余额是 20 000 美元，她的雇主为其 401（k）账户投入了 40 000 美元。她参加的团体人寿保险的保额为 60 000 美元。所以，在她死的时候，她的金融资产为 165 000 美元。

家庭总需求是 639 000 美元，但是她现在的金融资产总额只有 165 000 美元。所以，珍妮弗还需要 474 000 美元的人寿保险为她的家庭提供保障。

需求方法的主要优点是，在已知家庭需求的情况下，它是确定应有的人寿保险数量的一个相当准确的方法。而且需求法也考虑了其他收入来源和金融资产。其主要的不足是，预测被保险人一生的需求需要大量的假定和计算机的使用。假设条件不断变化的动态模型很复杂，而且一般的被保险人也不需要。

资本保留法

与需求法不同，这种方法假设进行了人寿保险的清算，资本保留法保留必要的资本为家庭提供收入。具有获利能力的资产之后可以留给继承人。

用资本保留法计算需要的人寿保险的数额可以采取以下步骤：
- 准备个人的资产负债表。
- 确定具有获利能力资产的数量。
- 确定需要的额外的资本量（如果需要的话）。

准备个人的资产负债表　第一步是准备个人的资产负债表，该表列出了所有资产和负债。这个资产负债表应当包括人寿保险和其他来源的所有死亡给付。例如，凯文今年 35 岁，已婚，有两个年龄分别是 3 岁和 5 岁的孩子。凯文每年收入 60 000 美元。如果他去世，他希望家庭每年能有 40 000 美元的收入。他还希望建立应急基金和教育基金，偿清抵押贷款、汽车贷款和信用卡账单。凯文的个人资产负债表如下（其中包括了人寿保险和养老金计划的死亡给付）：

资产	（单位：美元）
房屋	225 000
汽车	20 000
个人和家庭财产	40 000
证券和投资	60 000
经常账户	5 000
个人和团体保险	200 000
401（k）计划	70 000
总额	620 000

负债	（单位：美元）
抵押贷款	100 000
汽车贷款	10 000
信用卡支出	5 000
总额	115 000

确定具有获利能力的资产的数量　第二步是确定具有获利能力的资产的数量。这一步是从总资产中扣除负债、现金需求和不具有获利能力的资本。凯文有 55 000 美元的资本可以为家庭带来收入。这一数额通过下面方式确定（单位：美元）：

总资产：	620 000
扣除：	
抵押贷款偿付	100 000
汽车贷款和信用卡债务	15 000
丧葬费	15 000
应急基金	50 000
教育基金	100 000
不具有获利能力的资本（汽车、个人和家庭财产，房屋的价值）	285 000
总扣除：	565 000
可带来收入的资本：	55 000

在前面的说明中，房屋不是具有获利能力的资产。除非房屋被销售或出租，否则一般不会为家庭带来现金收入。所以，房屋被认为是部分的不具有获利能力的资本，因而需要从总资产中扣除掉以获得能为家庭带来收入的流动性资产的数量。

确定需要的额外的资本量　最后一步是确定需要的额外的资本量。这一步包括将收入目标与其他收入来源进行比较的结果，例如社会保障遗属抚恤金。在凯文的案例中，他的家庭在现有的财务条件下每年还有 24 250 美元的缺口。假设流动性资产和后来的人寿保险可以用于投资，每年至少有5%的收益，凯文需要另外 485 000 美元的人寿保险实现其财务目标。这个计算过程概括如下（单位：美元）：

家庭收入目标：	40 000
扣除：	
目前已有资本的收入（55 000 美元×5%）	−2 750
社会保障遗属抚恤金	−13 000
收入缺口	24 250
需要的新资本总额（24 250 美元/0.05）	485 000

资本保留法的优点是简单、易于理解并且保留了资本。此外，应急基金和教育基金的投资收益可用于部分抵消通货膨胀，或积累起来用于抵消提高的教育成本。但是，主要的不足是需要大量的人寿保险提供一定数量的收入。不过，一个家庭可能无法负担额外的人寿保险。

网络上的互动式计算器

许多人寿保险公司和保费报价服务商在它们的网站上都有互动式的计算器用于计算需要的

人寿保险的数额。你可以对通货膨胀、死亡给付的回报率、家庭需要的收入以及其他条件做出假设并进行计算。但是，互动式计算器的计算结果相差很大。一些计算器的功能很有限，关于积累资产的数量和其他收入资源的问题常常被忽略。其他计算器更详细，能够帮助人们更准确地估计需要的人寿保险的数量。

此外，使用的计算器不同，计算出的需要的人寿保险的数量也有很大差别。一项研究发现，11个计算器为一个35岁男性户主需要的人寿保险数量所给出的建议范围在73 329～3 800 000美元之间，同样年龄的配偶的建议范围在0～2 300 000美元之间。[1] 但是，尽管存在局限，互动式计算器仍然可以作为计算人寿保险需求数量的开端。

美国家庭人寿保险的购买情况

大多数家庭购买的人寿保险额度不够充足。美国国际寿险营销与调研协会（LIMRA International）最近发布的研究表明，美国投保不足的问题比以前更加严重。2010年，美国只有44%的人拥有个人人寿保险，为近50年的新低；30%的美国人（3 500万人）根本就没有寿险保障。[2] 此外，购买了人寿保险的人所拥有的寿险保额的平均值相对比较低。2010年，拥有人寿保险的被保险人的寿险保障总额平均为154 000美元。[3] 在扣除了丧葬费用和未包含的医疗账单之后，这个数额仅仅为普通家庭两到三年的损失收入。

美国国际寿险营销与调研协会的研究分析了为什么人们投保不足。人们延迟购买人寿保险的主要原因有以下三个：

- 尽管定期保险保费已经降到了历史最低水平，但是消费者仍然认为人寿保险还太贵。
- 消费者难以在购买人寿保险方面做出正确的决策。
- 许多消费者只是简单地延迟或从不考虑购买人寿保险。

由纽约人寿发起的另一项研究显示，许多美国人所购买的人寿保险额度仅为足以达到其财务规划目标所需要的一半。对1 003位有赡养人的美国人和收入超过50 000美元的家庭的调查揭示出保障不足的严重问题。受访者所提出的达到财务目标所需要的人寿保险的平均值是589 378美元，但是实际人寿保险保障的平均值仅为300 000美元，缺口为49%。[4]

基于上面的反馈，很显然人寿保险业必须在教育消费者了解人寿保险的需求、人寿保险的可获得性和应购买人寿保险的适宜数量方面做出更多的努力。

购买人寿保险的机会成本

前面的讨论表明，大多数家庭的户主一般都需要大量的人寿保险。但是，这一结论的做出必须在充分考虑购买人寿保险的机会成本之后。机会成本是投保人购买人寿保险时所放弃的东西。由于收入是有限的，购买人寿保险就会减少用于满足其他高度优先需求的自由支配收入。

---

[1] John Elger, "Calculating Life Insurance Need: Don't Let the Tools Fool You," *Journal of Financial Service Professionals*, vol. 57, no. 3 (May 2003), Table 3, p. 40.

[2] LIMRA News Center, "Ownership of Individual Life Insurance Falls to 50-Year Low, LIMRA Reports," August 30, 2010.

[3] Cheryl D. Retzloff, *Household Trends in U.S. Life Ownership*, 2010 Report, LIMRA, LL Global, Inc., 2010.

[4] New York Life press release, *The Life Insurance Gap: a Study in Coverage and Financial Goals*, 2009.

如今，许多家庭面临巨额债务负担，没有多少存款，每个月支付抵押贷款、汽车贷款、信用卡、公共设施成本、食品和税收要消耗家庭的大部分或所有收入，那么，在完成其他高度优先的支出后，许多家庭的户主用于购买人寿保险的可支配收入就会很有限。结果，就可能无法购买最优数量的人寿保险。但是，正如后面将要指出的，收入有限的家庭可以购买不太贵的定期人寿保险。

在确定了保险数量之后，最后一步就是选择购买合适的人寿保险产品。下面的部分将讨论今天市场上销售的人寿保险的主要类型。

人寿保险的类型

一般来说，人寿保险保单可以分为**定期保险**（term insurance）或**现金价值人寿保险**（cash-value life insurance）。定期保险提供临时保障，而现金价值人寿保险具有储蓄功能和现金价值。今天我们可以看到大量这两种人寿保险的变形和相结合后创造的产品。[1]

定期保险

定期保险有几个基本特点。首先，保障期间是临时性的，例如1年、5年、10年、20年或30年。除非保单进行续保，否则该保障就会在期间末到期。

大多数定期保险保单都是**可续保的**（renewable），这意味着不需要证明其可保性就可以获得新一期的保障。保费根据被保险人续保时的年龄有所提高。续保条款的目的是为了保障被保险人的可保性，但是续保条款会导致针对保险公司的逆向选择。由于保费随着年龄的增长而增加，健康条件好的被保险人倾向于放弃保险，而那些健康状况不好的人就会继续续保，尽管保费在增加。为了最小化逆向选择的影响，许多保险公司对续保年龄设定了限制，高于该年龄（例如70岁或80岁）就无法续保，但是也有一些保险公司允许定期保单延续到95岁或99岁。

大多数定期保险保单都是**可转换的**（convertible），这意味着定期保险可以不需要提供可保性证明就转化为现金价值保单。有两种方法转化定期保单。在到达年龄方法中，根据转换时被保险人的年龄确定保费。在初始年龄法中，保费根据被保险人第一次购买定期保险时的年龄收取。大多数使用初始年龄法的保险公司要求在定期保单签发的特定时期内（例如5年）进行转换。保单持有人必须支付定期保单保费和新保单保费之间的差额，以及特定利率计算的差额的利息。这一财务调整的目的是为了让保险公司的财务状况与以初始年龄销售保单时的情况保持不变。由于需要进行财务调整，一些定期保险保单就根据初始年龄方法进行转换。

还需要进行财务调整。许多保险公司要求保单持有人支付以下两种差额中的较高者并附加以特定利率计算的差额的利息：（1）被交换的保单的储备金（或现金价值）之间的差额，或

---

[1] 这部分基于 Edward E. Graves, ed., *McGill's Life Insurance*, 8th ed. (Bryn Mawr, PA: The American College 2011), chs. 1–5; and Kenneth Black, Jr., and Harold D. Skipper, Jr., *Life Insurance*, 13th ed. (Upper Saddle River, NJ: Prentice-Hall, 2000), chs. 4–5.

(2) 为定期保单支付的保费和为新保单支付的保费之间的差额。[1] 财务调整的目的是保证保险公司保持与以初始年龄签发保单时相同的财务状态。因为需要进行财务调整，几乎很少有保单基于初始年龄方法进行转换。

最后，定期保单不具有现金价值或储蓄性质。尽管一些长期定期保单有小额的准备金，但是到合同到期日也就用完了。

定期保险的类型 今天有大量的定期保险在销售。它们包括：
- 每年续保的定期寿险
- 5 年期、10 年期、15 年期、20 年期、25 年期或 30 年期定期寿险
- 65 岁终止定期寿险
- 保额递减定期寿险
- 可重保定期寿险
- 保费返还定期保险

每年续保的定期寿险是一年期保险，保单持有人可以为下一年续保而不需要提供可保性证明，直到某个规定的年龄。在每个续保日，保费随着年龄的增加而增加。大多数每年续保的保单允许保单持有人将其转换为现金价值保单，而不需要可保性证明。

定期保险可以是 5 年期、10 年期、15 年期、20 年期、25 年期或 30 年期。在期间内支付的保费保持不变，但是在续保时会增加。

65 岁终止定期寿险提供保障一直到 65 岁保单到期的时候。保单可以转换为终身保险，但是转换必须在 65 岁之前。

保额递减定期寿险是一种定期保险，保险金额逐年递减，但是，在整个保障期内保费保持不变。在一些保单中，保费被设计成在保单到期之前的几年里完全付清。例如，20 年保额递减定期寿险保单要求 17 年付清保费。这个方法避免了在临近保单到期时为小额保险支付相对较多的保费。

可重保定期寿险是一种定期人寿保险。在该险种中，如果被保险人定期提供可保性证明，续保保费就可以以选定的（较低的）死亡率为基础。选择的死亡率来自于最近的被保险人的死亡情况。但是，为了保持较低的费率水平，被保险人必须定时证明其健康状况良好并且具有可保性。如果被保险人不能提供令人满意的可保性证明，保费就会大幅提高。

保费返还定期保险是一种新的保险产品，为到保险期末时仍然有效的保单提供保费返还。一般的期限有 15 年期、20 年期、25 年期或 30 年期。如果在保险满期的时候，保险已经失效，根据保险公司的不同可能返还部分资金。返还的保费仅仅基于保费，而不包括任何附加或标准保费。

尽管这种类型的保险是消费者常见的，但也有一些不足。保费返还表明，如果保单在保障期末仍然有效，那么保险就是免费的。但是当考虑货币的时间价值时，保障并非免费获得。此外，保险很昂贵，这会导致严重的投保不足的问题。例如，一家保险公司向一位今年 32 岁的不抽烟的风险偏好的男性以每年 240 美元的保费销售一份 15 年期保额 500 000 美元的定期保险。保费返还保单每年的成本是 985 美元，或者是保费的 310% 多。相同的保费可以在同一家公司购买超过 200 万美元的保障。

定期保险的使用 定期保险在下面三种情况中很适合。第一，如果用于购买人寿保险的收入有限，那么购买定期保险就更好。由于死亡率的降低和激烈的价格竞争，定期保险费率近年

---

[1] Graves, p. 3.5.

来已经大幅度下降。每年缴纳相对较低的保费就可以买到大额保险（见图表11—2）。

图表11—2　　　　　　　　　　定期人寿保险保费示例
**　　　　　　　　　　　　　　500 000美元定期人寿保险**　　　　　　　　　　单位：美元

	女性年保费						男性年保费				
年龄	10年期	15年期	20年期	25年期	30年期	年龄	10年期	15年期	20年期	25年期	30年期
30	140	190	225	320	365	30	140	195	230	320	415
35	145	195	230	375	415	35	145	195	255	375	465
40	195	260	315	505	525	40	200	260	340	560	680
45	295	375	480	785	825	45	295	455	585	855	1 110
50	435	520	665	1 055	1 095	50	450	690	955	1 390	1 990
55	645	730	1 070	1 670	2 700	55	685	1 025	1 470	2 765	4 705
60	950	1 255	1 745	2 845	6 170	60	1 110	1 710	2 535	5 735	7 645
65	1 550	2 030	3 130	7 740	7 950	65	1 920	3 360	4 970	10 045	10 045
70	2 425	3 885	5 845	10 990	10 990	70	4 440	5 555	9 540	13 140	13 140

资料来源：Insure.com。

第二，如果需要的保障是临时性的，定期保险就很合适。例如，保额递减的定期保险可以在家庭的户主过早死亡时用于支付抵押贷款，或者在赡养期间提供收入。

最后，定期保险可以用来确保未来的可保性。一个人可能希望有大量的终身保险，但是可能目前的经济条件无法让其购买足够的保险保障，那么就可以购买便宜的定期保险。而这种保险以后可以转为终身保险，而不需要可保性证明。

定期保险的局限性　定期保险有两个主要的问题。第一，定期保险的费率随着年龄的增加而增加，并最终达到毫无价值的高水平。例如，在一家保险公司中，一位30岁的男性每年支付140美元的保费以获得保额为50万美元的10年期保单。在他70岁的时候，同一份保单将需要每年支付4 400美元。所以定期保险不适合于年龄超过65岁或70岁的需要大额人寿保险的人群。

第二，如果你希望为满足特殊的需求存钱，那么定期寿险就不合适。这是因为定期寿险不积累现金价值。那么如果你想为孩子的大学教育存钱，或者为退休积累基金，那么定期保险并非适宜的选择，除非作为投资计划的补充。

保额递减的定期保险也有一些不足。如果被保险人不再具有可保性，被保险人必须将剩余的保险转换为终身寿险，从而锁定剩余的保险数额。如果保单没有转换，保险保障会继续减少，即使被保险人是不可保的。而且，保额递减定期寿险不能适应变化了的需求，例如孩子的出生，也不能有效地对冲通货膨胀的影响。由于通货膨胀，大多数家庭的人寿保险的数量应该定期增加，从而保持初始保单的实际购买力。

终身人寿保险

如果被保险人希望获得终身保障，定期保险就无法发挥作用，因为它所提供的保障是临时性的，年龄大的人禁止按照成本收取保费。相反，**终身人寿保险**（whole life insurance）具有现金价值，提供终身保障。在被保险人死亡的时候，向指定受益人支付确定的保险金，而不论其何时死亡。今天销售的终身人寿保险有多种类型。过去大量销售的保单是传统保单，而终身人寿保险新的变形不断出现。

普通人寿保险 普通人寿保险（ordinary life insurance）的保费保持不变，提供现金价值和终身保障，直到121岁为止。如果被保险人在121岁时仍然活着（不太可能更高），则保单的保险金额在那时将支付给保单持有人。

普通人寿保险有几个基本特点。第一，正如前面所指出的，在整个保费支付期内，保费保持不变。其结果是，早期的时候被保险人被过度收费，而后面几年则收费不足。早期支付的保费高于支付当前死亡理赔的数额，而后面的保费则无法支付死亡理赔的数额。早期支付的超额保费被按照复利积累起来，然后用于补充保单保险期间后几年不充足的部分。由州法律监管基金投资和积累的方法被称为**法定准备金**（legal reserve）。从技术上来看，法定准备金是负债项目，必须有充足的金融资产进行平衡。否则，监管官员就会宣布保险公司破产。保险公司需要根据一些标准计算它们的最低法定准备金。

图表11—3对普通人寿保险保单的法定准备金进行了图解。该表基于2001年CSO生命表绘出。由于随着年龄的增加，死亡比率也在提高，法定准备金或储蓄部分稳定增长，被称为风险净额的纯保险部分稳定下滑。**风险净额**（net amount at risk）是法定准备金和保险金额的差额。由于法定准备金的增加和风险净额的下降，任何年龄的保险成本都可以保持在可控范围之内，而保险公司也能够提供终身保障。①

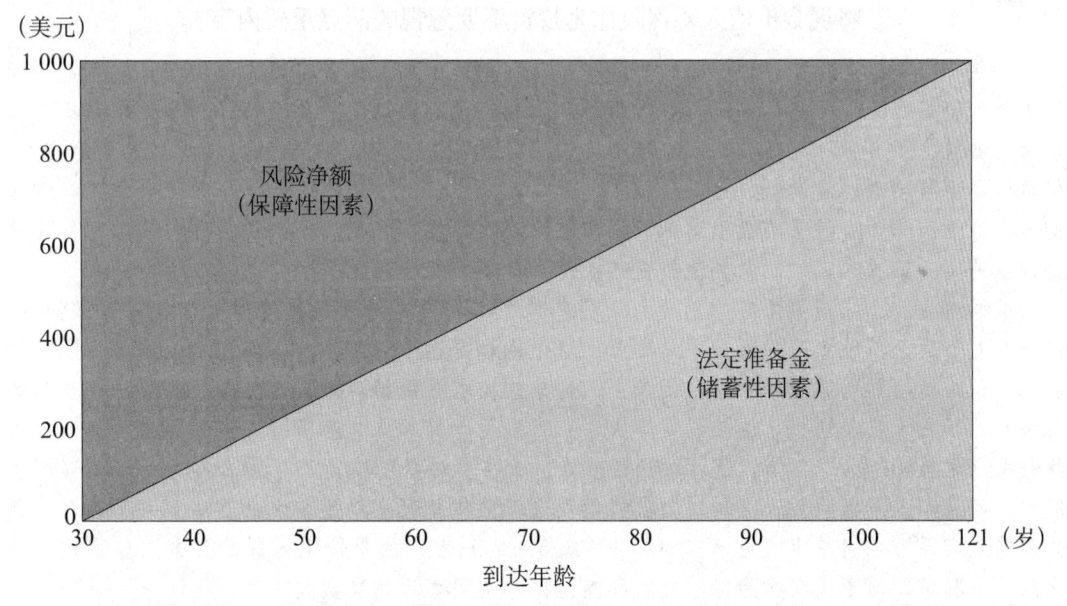

图表11—3 风险净额和法定准备金之间的联系（基于2001年版CSO生命表）

第二个特点是**退保现金价值**（cash-surrender values）的积累。退保现金价值是向放弃保单的保单持有人支付的数额。正如前面所提到的，在平准保费制度下，保单持有人早期的支付超过所获得的保险保障。这会导致产生法定准备金并积累现金价值。

不要把现金价值和法定准备金相混淆，它们不是一样的东西，而且是分别计算出来的。由于追加的支出和较高的首年获取费用，现金价值最初低于法定准备金。但是，保单持有人拥有

---

① 保险成本是一个专业术语，通过风险净额与被保险人达到年龄的死亡率相乘得到。在平准保费方法中，保险成本对于所有年龄段都可以保持在一个合理区间内。

借出现金价值或者执行退保的权利。这些操作将在第12章进行讨论。

普通人寿保险的使用　普通人寿保险保单适合于需要终身保障的情况。这意味着超过65岁或70岁之后仍然继续有着对人寿保险的需求。一些财务规划师和消费者专家指出，超过65岁的人一般来说不需要大额的人寿保险，因为对人寿保险的需求会随着年龄的增加而下降。这种观点将问题简单化了，而且可能产生误导。一些超过65岁的人可能需要大量的人寿保险。例如，老年人仍然需要遗产清算资金；如果遗产数额巨大还要考虑遗产税的问题；离婚协议可能要求保留离异配偶的人寿保险保单（而不管年龄）；保单持有人可能希望，无论什么时候死亡都能够为活着的配偶、子女或慈善机构留下大量遗产。由于普通人寿保险可以提供终身保障，即使被保险人提前死亡也会实现这些目标。

普通人寿保险也可以作为储蓄。一些被保险人希望利用普通人寿保险来满足他们的保障和储蓄需求。前面提到，普通人寿保险产生现金价值，这些现金价值在退保或借出的时候可以使用。

今天销售的大量现金价值人寿保险主要作为投资或储蓄的方式。专栏11.2更详细地讨论了现金价值人寿保险的投资价值。

专栏 11.2 ☞

将现金价值人寿保险作为投资不要忽视的两点重要内容

如果你需要终身保障，现金价值寿险是一种很好的产品。它既可以当作储蓄，也是一种投资工具。但是，当你要将购买一份终身保单作为投资的话，就必须要谨慎，因为该保单有现金价值，并且提供其他一些好处。现金价值人寿保险的投资优势，包括强制储蓄、本金的安全、优惠的所得税待遇、流动性、应对债权人的索债以及良好的收益率。除了这些优点之外，现金价值人寿保险作为一种具有吸引力的投资仍然有两个主要的不足：(1) 保单持有人并不知道现金价值的实际回报率；(2) 与其他投资相比附加费用相对较高。

共同基金和个人股票每年的总收入（利息和资本利得）对于投资者而言都是可以掌握的，但是，对于现金价值人寿保险却不是如此。这个问题是由于保费中的一部分用于支付保险保障成本、销售费用和行政管理费用，而剩下的部分才能够分配给现金价值。有一些方法（林顿收益法和约瑟夫·贝尔斯提出的年收益率方法）可以用于计算在扣除保险成本之后的现金价值的收益率（见第13章）。但是，这些方法很复杂，大多数保单持有人不了解这些方法，更谈不上使用。而且，人寿保险业一直反对要求提供现金价值保单真实年收益率的立法。一些保单（例如万能人寿保险）将特定收益率（例如4%或5%的利率）的报价记入保单贷方。但是这一利率只是毛利率，而不反映扣除保险成本和其他保单费用之后的真实收益率。

现金价值保单的年收益率是合理的吗？美国消费者联盟分析了超过5 000份消费者的现金价值保单，并据此发布了一些报告。对57份现金价值保单的研究显示，保单生效前几年的收益率为负。这里介绍早期的一个针对57份现金价值保单的研究成果：[a]

持有年份	平均收益率
5	－14.5%
10	2.3%
15	5.1%
20	6.1%

头几年年收益率是负的，这是因为首年销售费用相对较高，而且还会持续产生其他保单费

用。由于近年来,利率快速下跌,今天的收益表现特别差。但是,数据显示,当决定持有保单至少20年的时候,这种收益率看起来似乎就可以接受了。如果最初几年放弃保单或任其失效,那么就会损失大量资金。詹姆斯·亨特是美国消费者协会的精算师。他说26%的终身寿险保单在最初三年内终结,45%在十年内终结,58%的保单在头20年内终结。正因如此,人们需要持有一份现金价值保单至少20年,以消化销售成本,得到较好收益。[b]最初几年就放弃或任其失效的保单持有人将会损失大笔资金。

第二个局限是,与共同基金和其他竞争性投资相比,其追加费用相对较高。无附加指数化共同基金通常会有低于资产0.30%的年费用率。相反,人寿保险的附加费用特别高,主要是因为佣金和销售费用。变额万能寿险附加费用在前十个保单年度内特别高。例如,2012年一家领先的保险公司销售的一份变额万能寿险保单的说明书显示,前四年的销售收费占保费的4%,接下来六年为3%。但是,该保单允许最高销售收费为保费的7.5%。此外,保费还包含3.75%的行政管理费用以支付州和地方的保费税以及联邦所得税。此外,第一个保单年度的弃权费用为标的保费的100%,并在10年内降至0。另外还有交易费和其他手续费,例如现金取款手续费(25美元或取款金额的2%中较低者)。这些费用不包括投资咨询式的投资管理费或保费投资的不同资产组合的管理费。在这种保单中,投资管理费所占比例在基金资产的0.38%到1.33%之间。具体多少取决于保费投资的基金类型。正如你所看到的,销售手法、保费税、期权费用、保单手续费、行政管理费和投资管理费会对现金价值保单年收益有重要影响。

[a]James H. Hunt, *Analysis of Cash Value Life Insurance Policies*, Consumer Federation of America, July 1997.

[b]James H. Hunt, *Miscellaneous Observations on Life Insurance*: *Including an Update to 2007 Paper on Variable Universal Life*, Consumer Federation of America, January 2011.

普通寿险的局限性 普通寿险的主要局限是,一些人在购买保单之后仍然投保不足。由于储蓄性质,一些人自愿购买或者受保险代理人的劝导购买普通人寿保险,这时候定期保险是更好的选择。例如,假设布兰登(今年30岁)带着两个需要他抚养的人结婚。他估计每年自己只能将500美元花在人寿保险上面。根据一家保险公司的报价,这笔保费可以购买大约56 000美元的普通人寿保险。相同的保费可以从许多家保险公司那里购买超过600 000美元的5年期定期保险。如果普通人寿保险无法为被保险人提供足够的保障,那么就很难判断是否应该购买普通人寿保险。

限期缴费人寿保险 限期缴费人寿保险(limited-payment policy)是另一种形式的终身人寿保险。这种类型的保险是永久性的,被保险人能够获得终身保障。保费尽管保持不变,但是要在一定期限内缴清。例如,今年25岁的香农购买了一份保额为25 000美元的20年期限期缴费保单。20年后保费完全支付,即使保障仍然有效也不需要额外支付。不能够将保费交清的保单即缴清保单与满期保单相混淆。当死亡给付或定期保单支付保险金的时候,我们就说这份保单满期,即它是一份满期保单。缴清保单是不需要再进行额外支付的保单。

最常见的限期缴费保单分为10年期、20年期、25年期或30年期。65岁或70岁的缴清保单是另一种形式的限期缴费保单。限期缴费保单的一个极端的例子是**趸缴保费终身人寿保险**(single-premium whole life insurance)。这种保险按照趸缴保费提供终身保障。由于限期缴费保单的保费高于普通人寿保险保单支付的保费,所以其现金价值也相应较高。

使用限期缴费保单必须谨慎。收入不高的人很难通过限期缴费保单获得充足的人身保障。由于相对较高的保费,可以购买的终身人寿保险的数量远低于普通人寿保险。

两全保险

两全保险是另一种传统人寿保险形式。被保险人如果在特定期限内死亡，**两全保险**（endowment insurance）就向其指定的受益人支付保险金；如果被保险人生存至定期保险期末，到时就要向保单持有人支付保险金。例如，如果斯蒂芬妮（今年25岁）购买了一份20年期的两全保险，且在20年中的某一时间死亡，就要向其指定的受益人支付保险金。如果生存到保单期末，就向她本人支付保险金。

目前，两全保险在所有人寿保险中还并不是很重要。两全保险占人寿保险总量的比例低于1%。大多数两全保险新单不符合税收对人寿保险的定义。如果不符合税收对人寿保险的定义，人寿保险退保解约的投资收益就要交税。所以，税收条件不好抑制了新两全保险的购买，且大多数寿险公司不再继续销售新的两全保险。即便如此，许多老的两全保险保单仍然有效。尽管两全保险在美国已经不再能够购买，但是在其他许多国家仍然很普遍。

终身人寿保险的变形

为了保持竞争力和克服传统现金价值保单的缺陷，保险公司开发出了大量终身人寿保险产品，将保险保障功能和投资功能结合起来。比较重要的终身人寿保险的变形包括：
- 变额人寿保险
- 万能人寿保险
- 指数化万能人寿保险
- 变额万能人寿保险
- 当期假定终身人寿保险

变额人寿保险

变额人寿保险（variable life insurance）可以被定义为固定保费保单，根据保险公司的独立账户的投资情况确定死亡给付和现金价值。死亡给付和退保金额随着独立账户经营状况而上下浮动。尽管保单设计不尽相同，但变额人寿保险仍然有一些共同特征。这些特征包括：
- 变额人寿保单是保费固定的终身人寿保险合同。保费保持不变，并承诺不会增加。
- 所有准备金记入独立账户，并投资于普通股票或其他投资项目。保单持有人可以选择将现金价值投资于不同的投资产品，例如普通股票、债券基金、平衡基金、货币市场基金或国际基金。如果投资情况良好，保险额就会增加。如果投资不佳，人寿保险额就会降低，但是永远不会低于初始面额。变额寿险保单销售的时候必须有一份产品说明书。这份说明书包括给付金条款、投资选择权、费用、保单持有人的权利以及保单的其他细节。
- 退保金额是无保障的，没有最低保证现金价值。实际现金价值取决于投资情况。因此，尽管保险公司承担着死亡率过高和支出过高的风险，但是保单持有人承担着投资失败的风险。

万能人寿保险

万能人寿保险是终身人寿保险的另一种变形。**万能人寿保险**（universal life insurance）（也称为弹性保费人寿保险）是提供保障但未将保障和储蓄功能绑定的合同。除了首期保费，保单持有人确定支付的数额和频率。扣除支出费用后的保费记入现金价值账户（也称为公积金）。每月死亡率费用从该账户扣除，而每月的利息也记入该账户。此外，万能人寿保单每月还要扣除管理费用。

万能人寿保险有一些区别于其他保险产品的特点，包括：
- 未将保障和储蓄功能绑定
- 两种形式的万能人寿保险
- 很大的灵活性
- 现金提取允诺
- 享受所得税优惠

未绑定部分　万能人寿保险的一个不同于其他保险品种的特点是，分离或没有绑定保障和储蓄功能。保单持有人收到的年度报表中包括保费支付、死亡给付和现金价值账户的余额。该报表也提供记入现金价值账户的死亡率费用和利息。

- 保费。除了首期保费，保单持有人确定保费支付的数额和频率。大多数保单都有一个目标保费。目标保费是保证保单在一段特定年份中保单有效的不变保费。但是，保单持有人并没有支付目标保费的义务。大多数保单还设有不失效保证条款，如果支付了最低保费，就保证保单在特定时间中（例如15年或20年）有效。最低保费在保单中明确，并且由于保险公司的不同，这一数值可能低于或等于目标保费。

- 死亡率费用。每月死亡率费用作为保险保障成本从现金价值账户中扣除。保险的成本等于适用的月度死亡费率乘以风险净额（当期死亡给付与现金价值之间的差额）。保单中的一个表格列出了公司可对1 000美元保险收取的最高费率。大多数保险公司的收费低于最高限额。但是，保险公司有权利将计算当期死亡率费用所适用的费率增加至保单注明的最高费率。

- 支出费用。保险公司一般将每一笔保费中的5%到10%扣除出来作为支出。还有一笔月度管理支出费用，例如5美元或6美元。此外，如果保单在早期就被放弃，那么还有一笔较高的退保费用。退保费用每年都在下降，到一定时间后就会消失，例如10年、15年、20年。因此，如果过早放弃保单，保单持有人就会损失一大笔钱。最后，每一次部分撤出现金都会收费，例如25美元。

- 利率。记入现金价值账户的利息收益取决于利率。有两种利率。保底现金价值应用合同保底最低利率，例如3%。但是现金价值可能应用较高的当前利率，例如4%。当前利率不提供保底，但根据市场情况和公司业绩进行定期调整。

如果保单持有人借出现金价值，借出的数额一般适用较低的利率。现金价值代表借出的货币，适用于最低利率或低于保单贷款利率1~2个百分点的利率。

两种形式的万能人寿保险　有两种形式的万能人寿保险（见图表11—4）。A种万能人寿保险在早期支付不变死亡保险金。随着时间的流逝，现金价值增加，风险净额减少。但是，如果现金价值达到美国国税局规定的限额，死亡保险金在保单有效期后期会增加。如果死亡保险金不增加，保单就无法通过《国内税收法》（Internal Revenue Code）的廊道测试（corridor test）。所以，保单也就无法享受所得税优惠。廊道测试是一种复杂的测试，如果现金价值超过风险净额，就无法享受所得税优惠。

B种万能人寿保险提供逐渐提高的死亡保险金。死亡保险金等于不变的风险净额加上积累的现金价值。如果现金价值不断增加，死亡保险金也会增加。请注意，无法保证死亡保险金每年增加。在图表11—4中对B种万能人寿保险的描述根据如下假设，即保单持有人至少支付目标保费,以及利率假设为真。实际中,保单持有人支付的保费可能不同,利率也会定期变化。因此,实际现金价值将会发生波动,甚至降低至0,特别是如果保费是不连续的,以及出现利率下降的情况。现金价值账户波动的结果是,死亡保险金也会发生波动,而且不一定每年增加。

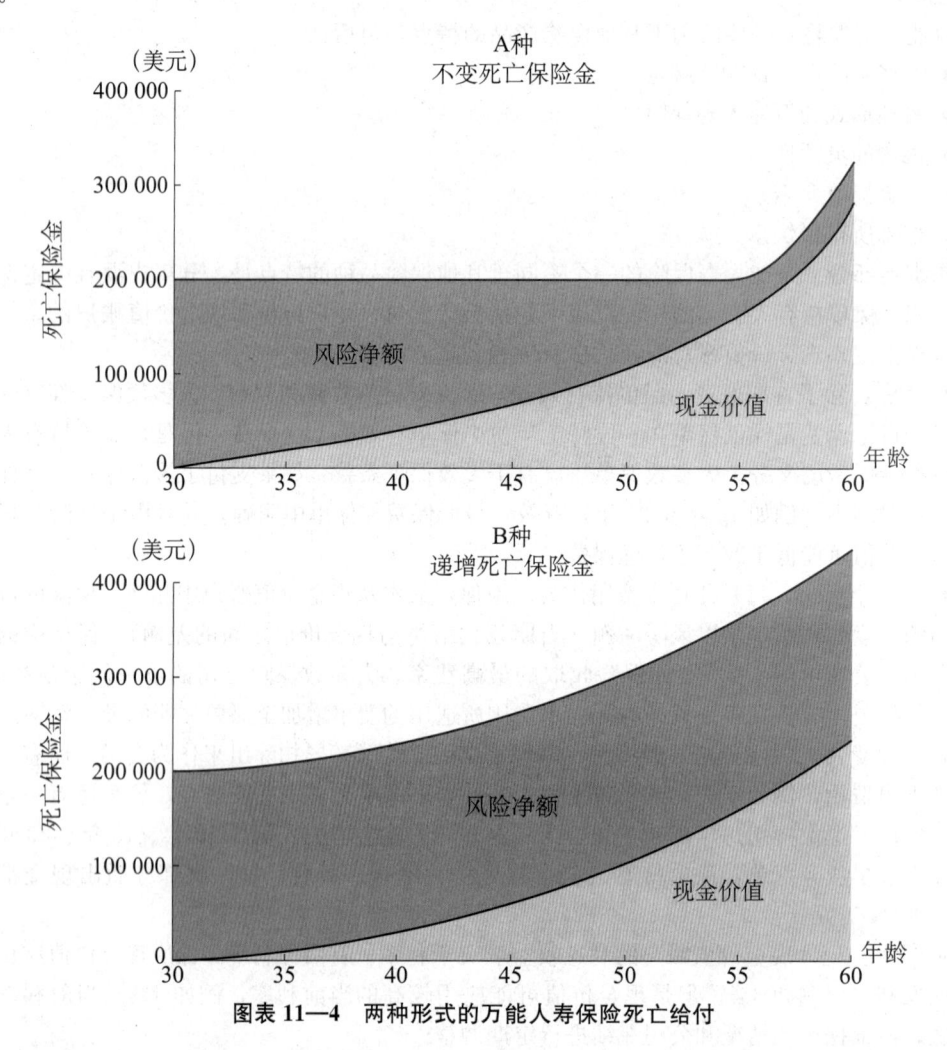

图表11—4　两种形式的万能人寿保险死亡给付

灵活性很强　与传统的终身人寿保险相比,万能人寿保险提供了很强的灵活性,包括:

● 保单持有人确定保费支付的频率和数额。如果有充足的现金价值可以支付死亡率成本和支出,保费的支付可以是不连续的。

● 如果有可保性证明,保险的面额可以增加。但是,保险面额也会因为没有可保性证明而减少。

● 死亡保险金可以提高或降低。要提高保险额就需要提供可保性证明。

● 保单可以由不变死亡保险金转化为死亡保险金等于特定面额加保单现金价值(具有可保性证明)。

● 保单持有人可以在任何时候向保单附加现金价值,只要符合最高额限制条件。这一最高额用于协调现金价值和死亡保险金之间的联系(税收法定限额)。

● 在进行保单贷款时可以提供有竞争性的利率。

● 如果保单允许，可以附加其他被保险人。

现金撤出允诺　部分或全部现金价值可以撤出。不收取利息，但是死亡保险金要减掉撤出的份额。大多数保险公司对每一笔现金撤出都要收取手续费，例如25美元。前面曾经提到，也允许增加保单附加条款。

所得税优惠　万能人寿保险与传统现金价值保单一样享受联邦所得税优惠。支付给指定受益人的死亡保险金一般不征收所得税。记入现金价值账户的利息当年也不对保单持有人课税。

万能人寿保险的说明　为了说明万能人寿保险如何运作，我们假设，25岁的詹森购买死亡保险金为100 000美元的万能人寿保险。每年计划支付保费是445美元，而这一数字是可以变化的。为简化起见，假设死亡率费用、支出费用和利息每年支付（但是实际中，死亡率费用和支出费用每个月扣除，而利息则每个月记入）。

每收取一笔保费要支出占保费5%的费用。保单每个月的管理费用是6美元。保单按照最高死亡率计算的保费提供，但是当前死亡率费用仅为最高水平的三分之二。保单的保底利率是4.5%，不保底的当期利率是5.5%。

当詹森支付首期445美元保费的时候，保费支出费用大约是22美元（445美元的5%），管理费用为72美元（每月6美元），首期死亡率费用113美元（10万美元死亡保险金，每1 000美元保险金费用为1.13美元），剩下的238美元产生13美元的利息（238美元的5.5%），那么首年末现金价值账户余额为251美元。这个计算过程可以概括如下（单位：美元）：

年保费：	445
扣除：	
保费支出费用	−22
管理费用	−72
死亡率费用	−113
	238
5.5%的利息	+13
年末现金价值	251

但是，如果詹森在首年末就放弃了保单，由于存在退保费用，剩余价值为零。如果保单在签单后的16年中退保，退保费用逐年下降。图表11—5非常详细地描述了基于保底利率和当期利率的现金价值的积累情况。

图表11—5　100 000美元万能人寿保险保单，不变死亡保险金，25岁男性，不吸烟者，假设利率为5.5%

年龄	年份	保费（美元）	保底价值（4.5%）			不保底价值（5.5%）		
			死亡保险金（美元）	现金价值（美元）	退保现金价值（美元）	死亡保险金（美元）	现金价值（美元）	退保现金价值（美元）
26	1	445.00	100 000	222	0	100 000	251	0
27	2	445.00	100 000	454	0	100 000	516	0
28	3	445.00	100 000	698	140	100 000	796	238
29	4	445.00	100 000	953	395	100 000	1 092	534
30	5	445.00	100 000	1 219	661	100 000	1 392	834

续前表

年龄	年份	保费（美元）	保底价值（4.5%）			不保底价值（5.5%）		
			死亡保险金（美元）	现金价值（美元）	退保现金价值（美元）	死亡保险金（美元）	现金价值（美元）	退保现金价值（美元）
31	6	445.00	100 000	1 498	991	100 000	1 709	1 202
32	7	445.00	100 000	1 788	1 331	100 000	2 041	1 584
33	8	445.00	100 000	2 079	1 673	100 000	2 393	1 987
34	9	445.00	100 000	2 383	2 028	100 000	2 764	2 409
35	10	445.00	100 000	2 689	2 385	100 000	3 143	2 839
36	11	445.00	100 000	2 994	2 740	100 000	3 542	3 288
37	12	445.00	100 000	3 300	3 097	100 000	3 964	3 761
38	13	445.00	100 000	3 609	3 457	100 000	4 396	4 244
39	14	445.00	100 000	3 919	3 818	100 000	4 853	4 752
40	15	445.00	100 000	4 232	4 181	100 000	5 323	5 272
41	16	445.00	100 000	4 557	4 557	100 000	5 832	5 832
42	17	445.00	100 000	4 872	4 872	100 000	6 369	6 369
43	18	445.00	100 000	5 190	5 190	100 000	6 924	6 924
44	19	445.00	100 000	5 495	5 495	100 000	7 509	7 509
45	20	445.00	100 000	5 790	5 790	100 000	8 114	8 114
46	21	445.00	100 000	6 069	6 069	100 000	8 739	8 739
47	22	445.00	100 000	6 325	6 325	100 000	9 376	9 376
48	23	445.00	100 000	6 568	6 568	100 000	10 025	10 025
49	24	445.00	100 000	6 785	6 785	100 000	10 687	10 687
50	25	445.00	100 000	6 976	6 976	100 000	11 363	11 363
51	26	445.00	100 000	7 133	7 133	100 000	12 052	12 052
52	27	445.00	100 000	7 242	7 242	100 000	12 729	12 729
53	28	445.00	100 000	7 280	7 280	100 000	13 390	13 390
54	29	445.00	100 000	7 241	7 241	100 000	14 033	14 033
55	30	445.00	100 000	7 106	7 106	100 000	14 668	14 668
56	31	445.00	100 000	6 866	6 866	100 000	15 282	15 282
57	32	445.00	100 000	6 498	6 498	100 000	15 873	15 873
58	33	445.00	100 000	5 981	5 981	100 000	16 445	16 445
59	34	445.00	100 000	5 282	5 282	100 000	16 989	16 989
60	35	445.00	100 000	4 370	4 370	100 000	17 483	17 483
61	36	445.00	100 000	3 562	3 562	100 000	18 111	18 111
62	37	445.00	100 000	2 567	2 567	100 000	18 723	18 723
63	38	445.00	100 000	1 362	1 362	100 000	19 298	19 298
64	39	445.00	0*	0	0	100 000	19 839	19 839
65	40	445.00				100 000	20 322	20 322
66	41	445.00				100 000	20 819	20 819
67	42	445.00				100 000	21 233	21 233
68	43	445.00				100 000	21 570	21 570

续前表

年龄	年份	保费（美元）	保底价值（4.5%） 死亡保险金（美元）	保底价值（4.5%） 现金价值（美元）	保底价值（4.5%） 退保现金价值（美元）	不保底价值（5.5%） 死亡保险金（美元）	不保底价值（5.5%） 现金价值（美元）	不保底价值（5.5%） 退保现金价值（美元）
69	44	445.00				100 000	21 824	21 824
70	45	445.00				100 000	21 951	21 951
71	46	445.00				100 000	21 915	21 915
72	47	445.00				100 000	21 721	21 721
73	48	445.00				100 000	21 327	21 327
74	49	445.00				100 000	20 695	20 695
75	50	445.00				100 000	19 772	19 772
76	51	445.00				100 000	18 478	18 478
77	52	445.00				100 000	16 780	16 780
78	53	445.00				100 000	14 574	14 574
79	54	445.00				100 000	11 770	11 770
80	55	445.00				100 000	8 215	8 215
81	56	445.00				100 000	3 685	3 685
82	57	445.00				0*	0	0

注：这个表格假设，当前不保底价值将在所有年份中保持不变。这不可能发生，实际结果可能合意，也可能不合意。不保底价值根据的是不保底因素，而后者可能发生变化。保底价值根据的利率是4.5%，不保底价值根据的利率是5.5%。假定保费在年初支付。保险金、现金价值和年龄是年末值。

*保障在当前假设下终止。如果需要继续提供保障就要追加保费。

万能人寿保险的局限性 万能人寿保险也存在一些局限性。消费领域的专家们指出如下几个方面：[1]

● 收益率误导。广告中对万能人寿保险收益率的描述具有误导性。例如，保险公司在广告中说，万能人寿保险的收益率为3%或4%。但是，广告中的收益率是毛收益率而不是净收益率。广告中的毛收益率高估了其中储蓄功能的收益率，因为没有反映出对销售佣金、支出和保险保障成本的扣除。由于存在这些扣除，实际年收益率远低于广告中的收益率，且在保单销售之后的很多年中为负。

● 利率的下降。许多早期销售的保险看起来因为相对较高的利率而具有可观的未来现金价值。但是，实际上利率却在一直下降。其结果是，早期根据较高的利率提供的现金价值和保费支付规划是误导性的、有问题的。在保单首次卖出的时候，实际现金价值就显著低于依据较高利率确定的计划价值。

● 提高死亡率费用的权利。正如前面所指出的，保险公司可以在一定最高限额之下因为保险成本的原因而提高当期死亡率费用。其他支出可能隐藏在死亡率费用中。如果保险公司的支出增加，死亡率费用就会提高以涵盖这些支出。这些费用的上升之所以没有被注意或质疑，是因为被保险人认为这种提高是合理的，因为他们在一天天变老。

---

[1] 有关万能人寿保险的局限性的讨论见 Joseph M. Belth, ed. "Secondary Guarantees, Marketers, Actuaries, Regulators, and a Potential Financial Disaster for the Life Insurance Business," *Insurance Forum*, vol. 31, nos. 3 & 4 (March/April 2004); "Conseco's Assault on Universal Life Policyholders," *Insurance Forum*, vol. 30, no. 12 (December 2003); "The Likely Failure of a Universal Life Policy," *Insurance Forum*, vol. 28, no. 7 (July 2001); "The War Over Universal Life—Part 1," *Insurance Forum*, vol. 8, no. 11 (November 1981); and "The War Over Universal Life—Part 2," *Insurance Forum*, vol. 8, no. 12 (December 1981).

- 缺乏支付保费的确定的承诺。另一个局限性是，一些保单持有人没有支付保费的确定的承诺。因此，保单可能因为未支付保费而失效。前面提到，在万能人寿保险中，保费可以降低或忽略。但是，在某些情况下，钱必须存入账户，否则保单将会失效。

指数化万能人寿保险

指数化万能人寿保险是万能寿险对一些关键特征做出改变后的产物。[①] 首先，有一个最低利率保证，且一般低于常规万能寿险保单的最低利率。

第二，特定股票市场指数，例如标普500指数，带来的投资收益会为保单带来额外的收益。但是，在确定股票市场表现时，标普500指数的股息不包括在内。

第三，有一个公式用以计算增加的（额外的）保单利息收入；该公式通常会对保单额外利息收入设定上限，还可能会对运用于指数收益适用的分配率加以限制。也就是说，保单尽管参与了股票市场的收益分配，但保单收益率低于公式所使用的股票市场指数的收益率。

最后，在这种类型的报道中，消费者通常存在大量误解和不切实际的绩效预期。一些专家认为，在股票市场低迷期间，指数化保单与一般万能寿险保单相比，表现通常不太好。正如前文所说，标普500指数的股息不包括在可测度的股票市场收益中。这是一个重要限制，因为长期来看，股息在标普500指数增长中占了较大比重。而且，计入指数化保单的最低利率可能低于计入标准万能寿险保单最低利率50~150个基点。此外，用于计算增加的利息的公式通常有一个最高限额和分配率。这些因素对于指数化保单是需要克服的制约其绩效的障碍。一些专家认为，在强劲的牛市中，指数化保单的计入利率仅仅能够略微高于最低保底利率。[②]

变额万能人寿保险

变额万能人寿保险（variable universal life insurance）是终身人寿保险一种重要的变形。大多数变额万能人寿保险作为投资或避税工具进行销售。

变额万能人寿保险类似于万能人寿保险，除了两个例外：
- 保单持有人确定保费如何投资，这为投资提供了很大的灵活性。
- 保单不保证最低利率或最低现金价值。但是，一个例外是，保单可能有固定收益账户。这能够保证账户价值的最低利率。

投保人的投资选择 变额万能人寿保险允许投保人在大量投资项目中选择保费投资标的。保费投资于一个或多个独立账户，这类似于共同基金的操作方式。保险公司一般有10个或更多的独立账户。这些账户一般包括普通股票基金、债券基金、平衡基金、国际基金、房地产基金、货币市场基金和其他账户。一些保险公司也使用投资公司的共同基金账户作为子账户，例如美国富达投资（Fidelity Investment）和先锋投资集团（Vanguard Group）销售的共同基金。用保费购买的基金反映了潜在投资的价值。

保单持有人还有一种选择，可以在不缴纳所得税的情况下转换基金类型，例如在利率上升的情况下，将债券基金转化为货币市场基金。

没有最低利率或现金价值保底 与万能人寿保险不同，变额万能人寿保险没有保底利率

---

① Graves, pp. 5.33 – 5.34.
② Ibid., p. 5.34.

和保底最低现金价值。当购买万能人寿保险的时候，现金价值账户的利息增长由保险公司随时确定的利率决定，还存在保底利率。但是，当购买变额万能人寿保险的时候，你将会选择一个或多个独立账户，保单的现金价值则反映这些账户的价值。这种人寿保险没有保底最低利率或现金价值。但是，正如前面所说，固定收入账户可以为账户赋予一个最低利率，例如3%。

相对较高的支出费用 变额万能人寿保险保单的支出费用相对较高。这将会减少投资收益，并弱化保单享有的税收优惠。变额万能人寿保险一般作为避税手段进行销售。投资收益作为投保人的一种收入不需要当时纳税。如果保单直到投保人死亡仍然有效，那么即使独立账户资本收益很多也不需要支付联邦所得税。但是，根据美国消费者同盟的看法，各种支出费用会超过变额万能人寿保险目前享受的所得税优惠。美国消费者同盟对变额万能人寿保险保单的一项研究指出了存在的一些费用：[1]

- 前端追加费用。许多保单需要为销售佣金和费用支付前端追加费用，例如5%。
- 后端退保费用。从代理人那里购买的保单一般都有后端退保费用。退保费用通常超过首期保费，并在10~20年的时间中减至0。许多保单的退保费用在前5年是不变的，然后开始下降。
- 州保险费税和联邦税。各州的保险费税不尽相同，联邦税的平均水平为保费的3%。
- 投资管理费用。日常投资管理费用从独立账户中扣除。对于研究的这些保单，投资管理费用为0.20%~1.62%。
- 死亡率和支出费用。根据一些保险公司的保证，死亡率和支出费用被扣除。即使股市和其他市场状况不佳，变额万能人寿保险公司也保证支付死亡保险金，保险公司还保证无论是否出现通货膨胀也会支付支出费用。美国消费者同盟的研究显示死亡率和支出费用占现金价值的比例为0.60%~0.90%。
- 管理成本。管理成本每个月从独立账户中扣除，一般在5~10美元。

除了上述费用，每个月还要扣除保险成本。保险费用等于适用死亡率乘以风险净额（面额减现金价值）。

巨大的投资风险 变额万能人寿保险是一种具有风险的人寿保险。大量的投资风险完全附加在投保人身上。投资收益的变动很大，这取决于投资的基金种类。如果投资效果不好，现金价值可能减少为零。这对于部分投保人而言非常重要。这些投保人只支付最低保费或不连续支付保费。如果保费主要投资于普通股，而由于严重的股市下挫，例如2008年到2009年的情况，独立账户迅速减少，投保人不得不追加保费，以保证保单有效。

当期假定终身人寿保险

当期假定终身人寿保险（current assumption whole life insurance）（也称为利率敏感终身人寿保险）是一种非分红终身人寿保险，现金价值的决定取决于当前的死亡率、投资和支出情况。非分红保单是一种不支付红利的保单。

共同特点 尽管不同公司之间的当期假定终身人寿保险产品有所不同，但它们具有一些共

---

[1] Consumer Federation of America, *New CFA Report Answers Question—Is Variable Universal Life Insurance Worth It?* February 24, 2003. See also James H. Hunt, *Variable Universal Life: Worth Buying Now? And Other Types of Life Insurance*, Consumer Federation of America, November 2007.

同的特点,包括:①

● 以累积账户反映保单现金价值。累积账户记为支付保费减支出和死亡率费用加当前利率的利息。

● 如果保单退保,退保费用从累积账户中扣除。净退保金额等于累积账户扣除不断减少的退保费用。

● 使用保底利率和当前利率来确定现金价值。最低现金价值由保底利率决定,例如3%或4%。但是,累积账户则根据当前市场情况和公司经营状况确定的较高利率确定。

● 保单在销售的时候就注明固定死亡保险金和最高保费水平。但是,在后面讨论的低保费产品中,两项指标都会变化。

保费会周期性地进行重新计算,或者基于最后一次重新计算后的保单的实际情况进行调整。根据保单情况的不同,可以每年进行重新计算,也可以每两年或者每五年重新计算。

除了具有前面的特点之外,当期假定终身人寿保险一般可以分为两类:(1)低保费产品和(2)高保费产品。

低保费产品 在低保费产品中,初始保费远低于普通非分红终身人寿保险的保费。低保费最初只保证一段时间,例如5年。但是,过了初始保证期,重定价条款允许保险公司根据相同或不同的精算假设结合死亡率、利率和支出重新计算保费(名义上称为"当期假定终身人寿保险")。如果新确定的保费高于初始保费,投保人一般会选择支付较高的保费并保留相同的死亡保险金。投保人也可以继续支付较低的保费,但是死亡保险金会降低。

高保费产品 尽管在第二种类型中保费更高,但是这些保单一般包含一个条款,即允许保单持有人在一段时间后中断支付保费,例如10年。当累积账户余额超过根据当期利率和死亡率成本计算的净趸缴保费的时候,保费消失。② 但是,除非当前利率和死亡率没有发生变化或者比最初的情况更有利,否则保单必须缴清。如果累计账户低于最低退保金额,就要补缴保费。

图表11—6概括了几种主要类型的人寿保险的基本特点。该表有助于区分主要的人寿保险类型以及它们的不同点。

图表 11—6　　　　　　　　　　　主要人寿保险合同的比较

	定期保险	普通人寿保险	变额人寿保险	万能人寿保险	变额万能人寿保险	当期假定终身人寿保险
死亡保险金	死亡保险金不变或递减	死亡保险金不变	保底死亡保险金加投资收益	死亡保险金或不变,或递增	或平准(A种),或基于投资收益变化(B种)	死亡保险金不变
现金价值	无现金价值	保证现金价值	现金价值取决于投资情况(没有保证)	保底现金价值加记入账户的超额利息	现金价值取决于投资情况(没有保证)	保底现金价值加记入账户的超额利息
保费支付	每次续保时提高保费	平准保费	固定保费	弹性保费	弹性保费	保费随保险公司情况而不同,保证最高保费

---

① 这部分基于 Graves, pp. 5.34 – 5.39, and Black and Skipper, pp. 97 – 101.
② Black and Skipper, p. 100.

续前表

	定期保险	普通人寿保险	变额人寿保险	万能人寿保险	变额万能人寿保险	当期假定终身人寿保险
保单贷款	不可以	可以	可以	可以	可以	可以
部分撤出现金价值	不可以	不可以	有些保单允许	可以	可以	可以
退保收费	不收费	没有明确收费（反映在现金价值中）	收费	收费	收费	收费

其他人寿保险类型

今天在销售的还有各种各样的附加人寿保险产品。有些保单是为了满足特殊需求而设计的，或者具有独特的特点。其他将定期保险和现金价值人寿保险相结合的方式也是为了满足这些需求。仍然还有几种类型的产品需要避免（见专栏11.3）。

专栏11.3

做一个明白的消费者——避免四种类型的人寿保险

对于一位明白的消费者，有些类型的人寿保险的价值是值得怀疑的，应该予以避免。它们包括下面四种：

● 飞机航空保险。不考虑飞机上的航空保险。这种人寿保险有限制，仅适用于飞行。人们需要购买不考虑死亡原因的人寿保险。而且，商业飞机很少坠毁，所以任何支出都应该持有疑问。

● 信用人寿保险。如果借款人死亡，信用人寿保险将偿付贷款；银行或贷款机构是受益者。根据美国消费者联盟的观点，大多数州的信用人寿保险是"欺骗性的"。消费者很难购买有效率的信用人寿保险。这种产品过度定价，不属于低成本产品，它提高了贷款人在一笔贷款上的有效收益，而且许多州的损失率相对较低（支付给保费的比率）。即使各州政府监管了信用人寿保险，消费支持者一般也认为这种保险的定价仍然过高。不过信贷联盟的信用人寿保险可能是例外。

● 意外死亡及断肢保险。这是一种有限制的人寿保险，只有当人们死亡时才赔付。人们需要购买不考虑死亡原因的人寿保险。由于疾病而死亡被特别排除在外，然而绝大多数人死亡是由于疾病，而不是因为意外。

● 儿童现金价值保单。孩子通常不为家庭带来收入。当孩子死亡时情感上的悲痛无与伦比，家庭却不会因此失去任何收入来源。大多数父母严重投保不足，稀有的保费投入都用于为挣钱的人投保了，而不是为孩子投保。如果以孩子丧葬费为目的为孩子购买保险，可以打电话给自己的代理人，购买不那么贵的定期保险附加险添加到父母现有保单中。

[a]Consumer Federation of America, *Most Credit Life Insurance Still a Rip-Off*, January 29, 1997.

修正式人寿保险

修正式人寿保险（modified life policy）是一种终身人寿保险，该种保险的保费在前3～5年较低，之后较高。初始保费略微高于定期保险，但是明显低于相同年龄的普通人寿保险。

修正式人寿保险的主要优点是，被保险人可以立刻购买终身保险，即使他们无法支付普通终身人寿保险较高的保费。修正式人寿保险一般对如下两种人很有吸引力，一种是希望未来收入能够增长的人，另一种是希望较高的保费不会给其带来经济负担的人。

优良标准体

大多数人寿保险公司以较低的利率向被称为**优良标准体**（preferred risks）的人们销售保单。这一人群的死亡率被认为低于平均水平。这种保单的核保很仔细，只向那些健康历史、体重、职业和习惯等方面显示的死亡率低于平均水平的人销售。保险公司也要求购买最低数量的保险，例如250 000美元或500 000美元。如果获得了优惠利率的资格，就可能节省大量的钱。

对不吸烟的人提供折扣是优良标准体保单的一个例子。由于认识到这一群体死亡率更低，大多数保险公司向不吸烟的人收取的费率很低。

后亡人人寿保险

后亡人人寿保险（second-to-die life insurance）（也称为遗属寿险）是人寿保险的一种形式，为两个或多个人提供保险，在第二个或最后一个被保险人死亡后支付死亡保险金。这种保险通常是终身的，但是也可以是定期的。由于支付死亡保险金的条件是第二个或最后一个被保险人的死亡，所以保费远低于发行两份独立的保单。

后亡人人寿保险现在在遗产计划中得到广泛使用。作为婚姻破裂的一个结果，死亡人的所有遗产将留给活着的配偶，而不收取联邦遗产税。但是，当活着的配偶也死去的时候，可能会产生巨额的州或联邦遗产税。后亡人人寿保险保单可以提供遗产的流动性和用于支付遗产税的现金。

储蓄银行人寿保险

储蓄银行人寿保险（Savings Bank Life Insurance，SBLI）是一种人寿保险，最初由马萨诸塞州、纽约州和康涅狄格州的储蓄银行销售。但是，最近这几个州以及其他一些州开始通过电话或网站向消费者销售储蓄银行人寿保险。储蓄银行人寿保险的目的是通过降低经营成本和销售佣金，向消费者提供低成本的人寿保险。

以个人生命为标的的人寿保险数额的最高限额已经大幅度提升。在马萨诸塞州，个人生命的定期保险数额在10万～2 000万美元之间（70～74岁最高50万美元）。此外，马萨诸塞州的储蓄银行人寿保险产品还直接向大多数州销售，包括缅因州、新罕布什尔州、新泽西州、宾夕法尼亚州和罗得岛州。

纽约1939年产生了储蓄银行人寿保险。1999年，法律的调整允许一家相互人寿保险公司销售储蓄银行人寿保险。2000年成立的这家公司现在叫做美国储蓄银行人寿保险相互人寿保险公司（SBLI USA Mutual Life Insurance Company）。但是，2010年，由于融资困难，美国储蓄银行人寿保险相互人寿保险公司临时停止销售新型人寿保险和年金产品。不过已有的保单仍然享受服务。

在康涅狄格州，也可以购买储蓄银行人寿保险。不过，康涅狄格州的储蓄银行人寿保险公司现在叫做梵蒂思人寿。之所以改成这个名字是为了区别于另一家位于曼彻斯特的储蓄银行人寿保险公司。申请人可以购买最多500万美元定期保险和500万美元的终身寿险。

简易人寿保险

简易人寿保险（industrial life insurance）是一系列发行面额较小的人寿保险，保费每周或每月支付，公司代理人到被保险人家里收取保费。超过90%的保单是现金价值保单。

今天，简易人寿保险也被称为**上门服务人寿保险**（home service life insurance）。在大多数情况下，保险代理人已经不再上门收保费。投保人将保费汇至代理人或公司的账户。每一份保单的人寿保险的数额在5 000~25 000美元之间。上门服务人寿保险已经不那么重要，目前占所有有效保单的比例不到1%。

团体人寿保险

团体人寿保险（group life insurance）是一种以一份合同为一个群体内的人提供人寿保险的保险类型。这种保险不需要进行身体检查，保险证书可以作为投保的证明。

团体人寿保险在有效的人寿保险中非常重要。2010年，团体人寿保险在美国所有有效人寿保险中占比达到48%。[①] 团体人寿保险是一种基本的员工福利。关于这种保险将在第16章进行更为详细的讨论。

案例应用

莎伦今年28岁，是一位单亲母亲，在当地大学当秘书的工作每年给她带来30 000美元的收入。她独自养活自己3岁的儿子。莎伦担心如果她死后儿子的生活问题。尽管她发现很难存钱，但仍然开始存钱为将来送儿子进大学作准备。她现在住在租的公寓里，但打算在将来买一套房子。一个朋友告诉她，人寿保险很适合她目前的情况。莎伦对人寿保险一无所知，而且能够用于购买人寿保险的收入也很有限。假设你是一位财务规划师，要对莎伦购买的保险类型提出一些建议。可以购买的人寿保险保单包括：

- 五年续保和可转换的定期保险
- 65岁付清的人寿保险
- 普通人寿险
- 万能人寿险

a. 如果莎伦过早死亡，这些保单中的哪种最能满足为她的儿子提供保障的目的？对你的答案做出解释。

b. 哪种保单最适合于给莎伦的儿子积累上大学的钱？对你的答案做出解释。

c. 哪种保单最适合于满足存钱购买房屋的需要？对你的答案做出解释。

---

① *Life Insurers Fact Book* 2011 (Washington, DC: American Council of Life Insurers, 2011), p. 65.

d. 如果莎伦通过购买现金价值人寿保险来满足其所有财务需求，那么她面临的主要障碍是什么？

e. 假设莎伦决定购买 300 000 美元的五年定期保险。这种保单没有现金价值。指出能够帮助莎伦为退休积累资金的普通定期保险的基本特点。

本章小结

- 过早死亡可以被定义为那些承担着大量未完成经济责任的"家长"的死亡，这些经济责任包括家属的赡养、孩子的教育、抵押贷款的支付。
- 与过早死亡相关的成本至少有四种：
  (1) 人的生命价值的失去。
  (2) 会发生额外成本，例如丧葬费用、未投保医疗费用和房产处置成本。
  (3) 由于收入不充裕，一些家庭的生活水平将会降低。
  (4) 发生一些非经济成本，例如悲痛的心情、孩子失去对父母角色模仿的机会、失去对孩子进行教育和指导的机会。
- 如果被保险人赚取收入，其他成员依赖于这些收入作为其部分或全部经济支持的来源，购买人寿保险就能够起到经济调节作用。
- 过早死亡对家庭的影响因家庭类型的不同而不同。在单亲家庭、有孩子的双收入来源家庭，或者传统的、混合型的，或三世同堂型家庭中，"家长"的死亡会带来严重的经济问题。相反，如果是没有需要赡养人口的单身或没有孩子的双收入来源家庭的一个收入来源的失去，都不会给活着的人带来大的经济问题。
- 生命价值可以被定义为，因养家糊口的人的死亡而导致未来收入的减少，减少的未来收入的现值即为这个人的生命价值。这种方法用于粗略估算生命的经济价值。
- 需求法可以用于确定购买的人寿保险的数额。在考虑了其他收入来源和金融资产之后，家庭的不同需求转化为特定数额的人寿保险。最重要的家庭需求包括：

　　遗产清理基金
　　再调整期内的收入
　　抚养期内的收入
　　生存配偶的终身年金
　　特殊需求：抵押贷款偿还资金、教育基金、应急基金、家庭成员的精神或身体残疾
　　退休需求

- 资本保留法用于估算购买的人寿保险的数额。该方法基于带来收入的资本可以保存而且不进行清算的假设。
- 定期保险提供临时保障，一般不需要提供可保性证明就可以续保和进行转换。在收入有限或需要暂时投保的情况下，可以购买定期保险。由于定期保险没有现金价值，所以无法满足退休或储蓄的要求。
- 有几种传统的终身人寿保险。普通人寿保险是一种提供终身保障的终身人寿保险。保费不变，且终身提供支付。保单中的投资或储蓄因素称为退保现金价值，来自于早期的超额保费。在需要终身保障或额外储蓄的情况下可以购买普通人寿保险。
- 法定准备金是保险公司的负债项目，反映保单早期的超额保费。法定准备金的目的是为了提供终身保障。
- 由于需要为终身保障提取法定准备金，所以就产生了现金价值。因为被保险人在保单早期支付的保费超过精算上需要的保费，所以在放弃保单的时候就会收回一些资金。
- 限期缴费保单是另一种形式的终身人寿保险。被保险人也能够获得终身保障，但是保费支付仅限于特定期间，例如 10 年、20 年或 30 年，或直到 65 岁。
- 被保险人如果在特定期限内死亡，两全保险就向其指定的受益人支付保险金。如果被保险人生存至定期保险期末，到时就要向保单持有人支付保险金。两全保险因为在美国不具备税收优势，而相对不那么重要。
- 变额人寿保险是一种固定保费保单，根据保险公司独立账户的投资情况确定死亡保险金和现金价值。所有准备金记入独立账户，并投资于

普通股或其他投资。退保现金价值不提供保证。
- 万能人寿保险是终身人寿保险的另一种变形。从概念上来说，万能人寿保险可以看作弹性保费保单，在分离了保障和储蓄功能的合同中提供终身保障。万能人寿保险具有下面的特点：

  未将保障功能、储蓄功能和费用绑定

  两种形式的万能人寿保险

  很大的灵活性

  现金撤出允诺

  享受所得税优惠
- 变额万能人寿保险类似于万能人寿保险，除了两个例外。第一，现金价值可以投资于多种投资产品。第二，没有最低保底利率，投资风险完全转嫁到保单持有人身上。
- 当期假定终身人寿保险（也称为利率敏感终身人寿保险）是一种非分红终身人寿保险，现金价值取决于当前的死亡率、投资和支出情况。累积账户按照不断变化的当前利率计算。

- 修正式人寿保险是一种终身人寿保险，该种保险的保费前3~5年较低，之后较高。
- 许多保险公司以较低的利率向作为优良标准体的人们销售保单。这些保单的核保非常仔细，仅向那些健康历史、体重、职业和习惯等方面显示的死亡率低于平均水平的人销售。必须购买最低数额的保险。
- 后亡人人寿保险（也称为遗属人寿保险）为两个或多个人提供保险，在第二个或最后一个被保险人死亡后支付死亡保险金。
- 储蓄银行人寿保险在马萨诸塞州、纽约州、康涅狄格州和其他州销售，也通过电话或网络直接向消费者销售。
- 简易人寿保险是一系列发行面额较小的人寿保险，早些时候，在投保人的家里向代理人支付保费。
- 团体人寿保险以一份合同为团体中的人提供人寿保险。

重要概念和术语

无给付期	指数化万能人寿保险	可重保定期人寿保险
资本保留法	简易（上门服务）人寿保险	续保
退保现金价值	法定准备金	储蓄银行人寿保险
现金价值人寿保险	限期缴费保单	后亡人人寿保险
转换	修正式人寿保险	趸缴保费终身人寿保险
当期假定终身人寿保险	需求法	定期保险
扶养期	风险净额	万能人寿保险
两全保险	普通人寿保险	变额人寿保险
遗产清算基金	优良标准体	变额万能人寿保险
团体人寿保险	过早死亡	终身人寿保险
生命价值	再调整期	

复习题

1. a. 解释过早死亡的含义。

   b. 指出与过早死亡相关的成本。

   c. 解释购买人寿保险的经济方面的理由。

2. 解释过早死亡对美国不同类型家庭的影响。

3. a. 对生命价值进行定义。

   b. 阐述确定"家长"生命价值的步骤。

4. a. 需求法广泛应用于确定购买人寿保险的数量。阐述一般家庭的下述需求：

   （1）现金需求

   （2）收入需求

   （3）特殊需求

   b. 解释用于确定拥有人寿保险数量的资本

保留法。

5. a. 简要解释定期保险保单的基本特点。
   b. 指出今天销售的定期保险保单的主要类型。
   c. 解释应当购买的定期保险的情况。
   d. 定期保险的主要局限性是什么？

6. a. 简要解释普通人寿保险保单的基本特点。
   b. 为什么普通人寿保险保单要设立法定准备金？
   c. 解释应当购买普通人寿保险的情况。
   d. 普通人寿保险的主要局限性是什么？

7. 描述变额人寿保险的基本特点。

8. a. 解释万能人寿保险保单的基本特点。
   b. 解释万能人寿保险的局限性。

9. a. 什么是变额万能人寿保险保单？
   b. 如何将变额万能人寿保险与一般万能人寿保险进行区分？
   c. 指出在变额万能人寿保险中，投保人必须支付的各种费用。

10. a. 描述当期假定终身人寿保险的基本特征。
    b. 什么是优良标准体保单？

应用题

1. 理查德今年45岁，已婚并有两个上高中的孩子。他估计，在后面的20年中，他的平均年收入为60 000美元。他估计平均收入中的三分之一用于支付税、保险费和个人消费，剩下的部分用于供养家庭。理查德想计算一下他的生命价值，并相信6%的折现率比较合适。目前的1美元现金，按照6%的折现率来算，20年后就是11.47美元。请计算理查德的生命价值。

2. a. 生命价值是用于计算需要拥有的保险数额的一种方法。保持其他因素不变，计算下面每一种情况的影响：
   （1）用于计算生命价值的折现率上升。
   （2）平均年收入中分配给家庭的数额增加。
   （3）向家庭提供收入的时间减少。
   b. 解释生命价值方法用于确定拥有人寿保险数额时的局限性。

3. 凯莉今年35岁，是一个1岁男孩的单身母亲。她作为市场分析师，每年收入为45 000美元。她的雇主以雇员薪酬的两倍投保了团体人寿保险。凯莉还参加了雇主的401（k）计划。她的经济需求和目标如下（单位：美元）：

丧葬成本和未投保医疗费用	10 000
为儿子提供的收入	每月2 000美元，提供17年
还清房子的抵押贷款	150 000
还清汽车贷款和信用卡债务	15 000
儿子的大学教育基金	150 000

凯莉的金融资产如下（单位：美元）：

支票账户	2 000
个人退休账户	8 000
401（k）计划	25 000
个人人寿保险	25 000
团体人寿保险	90 000

a. 不考虑社会保障遗属抚恤金，根据需求方法，凯莉还需要购买多少人寿保险才能达到她的财务目标？（假设保单收益的回报率等于通货膨胀率。）

b. 如果社会保障遗属抚恤金每个月向她的儿子支付800美元，直到他长到18岁，那么还需要购买多少额外的人寿保险？

4. 珍妮特今年28岁，已婚，有一个3岁的儿子。她想根据资本保留法确定应该拥有的人寿保险。她希望如果她死了，可以每年为其家庭提供税前30 000美元的收入。她和丈夫共同拥有一套当前市场价值为250 000美元的房子，抵押贷款余额为100 000美元。她还欠汽车贷款和信用卡16 000美元。她希望如果她死了，能够还清抵押贷款、汽车贷款和信用卡。她没有进行投资，支票账户余额为1 000美元。她有一份父母在她还是婴儿时为其购买的100 000美元的人寿保险。估计社会保障遗属抚恤金每年为10 000美元。珍妮特假设人寿保险收益可以以5%的利率投资。根据资本保留法，为了满足自己的财务要求，珍妮特还要买多少人寿保险？

5. 梅根今年 32 岁，已婚并有一个 1 岁的儿子。她最近购买的现金价值人寿保险保单有以下特点：
- 保费支付频率和数额具有弹性。
- 保险和储蓄功能是分离的。
- 保单利率与当前市场情况相关，但是保单保证最低利率。
- 保单后端退保费用在一段时间内降低至零。

根据上述特点，梅根购买了什么类型的人寿保险？对你的答案做出解释。

6. 托德今年 28 岁，为了能有一个舒适的退休生活，他希望存一笔钱。他正在考虑购买一份具有下面特点的现金价值人寿保险：
- 保费投资于由保单持有人选择的独立投资账户。
- 保单持有人的利息收入和资本收益目前不课税。
- 随着金融环境的变化，保费支付的频率和数额可以变化。
- 死亡率和支出费用定期从现金价值账户扣除。

根据上述特点，托德考虑购买什么类型的人寿保险？对你的答案做出解释。

7. 人寿保险保单具有不同的特点。对于下面的每一个特点，确认符合描述的人寿保险保单。

　　a. 如果投资效果好，保险金数额增加的保单。

　　b. 可以以最低的年保费为 35 岁的人提供生命价值保障的保单。

　　c. 允许保单持有人确定保费如何投资的保单。

　　d. 允许提取现金用于支付购房或孩子大学教育费用的保单。

　　e. 向死亡率低于平均水平的被保险人销售的保单。

　　f. 对预期收入会增长的人有吸引力的，前 3~5 年保费较低，之后保费较高的保单。

　　g. 设计用于支付最后一个活着的被保险人死亡时的遗产税的保单。

8. 理查德今年 35 岁，已婚并有两个年龄分别是 2 岁和 5 岁的孩子。他正在考虑购买额外的人寿保险。他有如下几个财务目标：
- 付清还剩下 25 年的房屋抵押贷款。
- 积累大量退休金。
- 如果他死了，仍然可以每月给家庭提供收入。
- 在孩子到了上大学的年龄可以从保单中提取现金。

对于下面每一种人寿保险保单，如果购买了可以实现上述哪些财务目标？分别分析每一种保单。

　　a. 递减定期保险。
　　b. 普通人寿保险。
　　c. 万能人寿保险。
　　d. 变额万能人寿保险。

网络资源

- A. M. 贝斯特公司是一个对保险公司的财务情况进行评级的主要的评级组织。该公司还出版与保险业相关的期刊、报告和书籍，包括《贝斯特评论》(*Best's Review*)。这份杂志提供了大量关于人寿保险产品和保险行业的信息。网址为：ambest.com
- 美国学院提供金融服务业的职业认证和研究生学位课程。它提供大量职业认证考试的课程（特许寿险核保人（CLU）、注册财务顾问（ChFC）和其他职业资格）。网址为：theamericancollege.edu

- 美国寿险协会在联邦和州的层次上代表人寿保险行业处理立法和监管问题。该网站为消费者提供关于人寿保险使用情况和人寿保险类型的信息。网址为：acli.com
- 美国消费者同盟（CFA）是一个非营利组织，代表了大量消费者群体。该网站是获取关于人寿保险保单和其他保险产品的消费者信息的最好的信息来源之一。美国消费者同盟提供低成本的人寿保险评估服务，通过其服务可以以较低的费用对个人寿险保单进行评估。网址为：consumerfed.org

- InsWeb提供来自全国最有实力的保险公司的报价。你可以获得汽车和屋主保险、人寿保险和其他产品的报价。网址为：insweb.com
- Insure.com提供人寿保险的最新信息、保费报价以及其他消费者信息。该网站还发布影响保险行业重大事件的新闻。网址为：insure.com
- 国际寿险管理协会（LOMA）为人寿保险公司和金融服务公司提供关于管理和经营的大量信息。网址为：loma.org
- 美国国际寿险营销与调研协会（LIMRA）是人寿保险行业中行业销售和市场统计数据的主要来源。该网站提供关于金融服务领域、产品研究等方面的新闻和信息，并提供范围广泛的出版物。网址为：limra.com
- 人寿和健康保险教育基金会（LIFE）是一个非营利组织，帮助消费者做出英明决策，为其家庭提供保障。涉及的主题包括人寿、残疾、长期护理和健康保障。其目的是帮助消费者更好地理解这些产品，帮助他们理解为达到这些目标所需的保险专业知识的重要性。网址为：lifehappens.org/
- 美国保险监督官协会（NAIC）的网站提供与各州保险部门的链接，提供本章所讨论的各种人寿保险的大量信息。点击"State & Jurisdictions"，进去之后，可以查阅纽约州、威斯康星州和加利福尼亚州的相关网站等。网址为：naic.org
- 全美保险和财务顾问协会（National Association of Insurance and Financial Advisors）代表了人寿和健康保险以及财务服务业的销售人员。该组织推动建立道德标准，支持以投保人和代理人利益为重的立法，提供代理人教育研讨会。网址为：naifa.org
- 国家核保公司（National Underwriter Company）出版关于人寿保险产品的书籍和期刊。公司出版《全美核保人》（*National Underwriter*）（人寿和健康/金融服务版），这是一份每周出版的商业杂志，其中及时提供了保险行业的新闻。网址为：nationalunderwriter.com
- 金融服务职业协会代表了获取特许寿险核保人（CLU）、注册财务顾问（ChFC）资格的人。该网站提供人寿保险产品的即时信息。网址为：financialpro.org

参考文献

Beam, Burton T., Jr. *Group Benefits: Basic Concepts and Alternatives*, 12th ed. Bryn Mawr, PA: The American College, 2010.

Black, Kenneth, Jr., and Harold D. Skipper, Jr. *Life Insurance*, 13th ed. Upper Saddle River, NJ: Prentice-Hall, 2000.

Elger, John F., "Calculating Life Insurance Need: Don't Let the Tools Fool You," *Journal of Financial Service Professionals*, vol. 57, no. 3, May 2003.

Graves, Edward E., ed. *McGill's Life Insurance*, 8th ed. Bryn Mawr, PA: The American College, 2011.

Hunt, James H., *Miscellaneous Observations on Life Insurance: Including an Update to 2007 Paper on Variable Universal Life*, Consumer Federation of America, January 2011.

Hunt, James H., *Variable Universal Life: Worth Buying Now? And Other Types of Life Insurance*. Consumer Federation of America, November 2007.

Retzloff, Cheryl D., *Household Trends in U.S. Life Ownership*, 2010 Report, LIMRA, LL Global, Inc., 2010.

Retzloff, Cheryl D., *Person-Level Trends in U.S. Life Ownership*, 2011 Report, LIMRA, LL Global, Inc., 2011.

Witt, Scott J. "Variable Universal Life—Buyer Beware!" *The Insurance Forum*, vol. 35, no. 11 (November 2008).

第 12 章

人寿保险合同条款

"理解了合同，投保人就能够充分利用合同，避免不那么愉快的惊喜。"
——罗伯特·梅尔，《保险原理》

学习目标

学习完本章，你应当能够：

◆ 阐述人寿保险保单中的下述合同条款：
  不可抗辩条款
  自杀条款
  宽限期条款
◆ 区分分红人寿保单中的各种分红选择方式。
◆ 解释现金价值保单中各种退保金额选择权（解约金选择权）。
◆ 说明支付人寿保险死亡保险金的不同理赔方式。
◆ 说明可以附加于人寿保险保单的下述附加条款：
  免缴保费条款
  生活消费指数批单
  保证增保选择权
  提前给付死亡保险金
  意外事故保单特约条款

布兰登（30岁）和埃斯里（28岁）结婚了并有一个小孩。一年前，布兰登购买了一份每年交140美元保费的保额为500 000美元的定期保险。一般由埃斯里每个月支付大部分应交款。在第二年保费确定下来的两个星期后，布兰登因为严重的心脏病意外死亡。在他死的时候，埃斯里还没有支付这份保单第二年的保费。她非常担心保险公司会因为没有支付保费而不赔付保险金。布兰登的人寿保险代理人向她保证，索赔额肯定会被完全支付。布兰登死亡时间仍然在延期支付保费宽限期以内，保单仍然有效。

在上面的例子中，死亡保险金的给付受到有关宽限期条款的影响。人寿保险合同中包含了数十项影响保单持有人、被保险人、受益人以及死亡保险金给付的条款。许多合同条款是强制性的，必须包括在每一份人寿保险单中。其他条款是可选择的。

这一章讨论了一些一般性的人寿保险合同条款，分为三个部分进行阐述。第一部分讨论了对消费者经济状况有重要影响的人寿保险合同条款。第二部分分析了人寿保险保单中经常出现的基本选择权，包括红利选择权、解约金选择权和清算选择权。最后一部分讨论可以追加到人寿保险保单上的额外利益和特约附加条款。

人寿保险合同条款

人寿保险包含很多合同条款。这一部分讨论人寿保险消费者应该理解的主要合同条款。

所有权条款

人寿保单的所有者可以是被保险人、受益人、信托人，或者是其他当事人。在大多数情况下，申请人、被保险人和所有人是同一个人。在**所有权条款**（ownership clause）中，只要被保险人活着，人寿保单持有人就拥有保单赋予的各项合同权利。这些权利包括指定和更改受益人，退保取得现金价值，借款，获取红利，选择理赔方式。这些权利的行使一般不需要获得受益人同意。

保单所有权也可以改变。保单持有人可以通过填具保险公司的专门表格指定新的所有人。

完全合同条款

完全合同条款（entire-contract clause）是指人寿保险保单和相关投保单构成的当事人之间的完全合同。投保单中的内容只是说明而不是保证。除非陈述出现重大的误告并构成投保单的一部分，否则保险公司不得利用其中的陈述作为保单无效的借口。此外，保险公司不能改变保单条款，除非保单持有人同意变更。

完全合同条款有两个目标。第一个目标是阻止保险公司在所有人不知道或未取得其同意的情况下通过改变公司的规定或规章修改保单。第二个目标也是为了保护受益人的利益。保险公司不得利用投保单的陈述作为拒绝理赔的理由，除非这些陈述作为投保单的一部分存在重大的误告。

不可抗辩条款

不可抗辩条款（incontestable clause）是指保险公司在保单生效两年后，在被保险人存活的情况下不得对保单提出异议。在保单生效两年后，保险公司不能以发出保单时存在重大误告、隐瞒或欺诈为由，对死亡给付提出异议。保险公司有两年的时间发现合同中的问题。如无意外，如果被保险人死亡，抗辩期满之后必须支付死亡保险金。例如，如果托尼（今年25岁）申请人寿保险，在申请的时候，他隐瞒了自己患有高血压的事实，如要他在两年内死亡，保险公司可以因为重大隐瞒而拒绝理赔。但是如果他在期满之后死亡，保险公司就必须支付索赔。

不可抗辩条款的目的是为了防止保险公司在保单售出之后拒绝支付索赔，从而保障受益人的利益。因为被保险人死亡，受益人将无法反驳保险公司的托词。如果因为重大误告或隐瞒而拒绝索赔，受益人的财务状况就会受到损害。

不可抗辩条款一般能够有效对抗欺诈。如果被保险人在购买保险的时候做出了欺诈性说明，公司有两年的时间发现这一欺诈。否则，必须支付死亡保险金。但是，欺诈性质很恶劣，如果在支付索赔就会伤害公共利益的情况下，就要另当别论。在这些情况下，保险公司可以在抗辩期结束之后，对索赔提出抗辩。它们包括：[1]

- 受益人蓄意谋杀被保险人以取得保险金。
- 投保时让其他人代替被保险人体检。
- 可保利益在一开始就不存在。

自杀条款

大多数寿险保单都有自杀条款。**自杀条款**（suicide clause）是指，如果被保险人在保单售出后的两年内自杀，将不能获得保单面额的赔付，只能退还已缴保险费。在一些人寿保单中，自杀免责时间只有一年。如果被保险人在这段时间结束之后自杀，保险金正常支付。

从法律上来讲，由于人都有很强的自我保护本能，死亡一般不会被认为是主观故意行为。所以，自杀就有一个假定条件。结果，证明自杀的举证责任就落在保险公司身上。如果拒绝理赔，保险公司必须证明被保险人确实是自杀（见专栏12.1）。

专栏12.1 ☞

这种死亡是自杀吗？

一位20岁的海军士兵在一个战斗机队中从事雷达技师的工作。他熟悉0.45口径的半自动手枪，并对如何使用这些武器接受过辅导。这个海军是一个个性开朗、令人开心的人，有的时候他会用0.45口径的手枪对准自己的脑袋，然后开枪，来让他的朋友"吃上一惊"。一天，这位海军明显精神很好，他突然拿出枪对准自己的头，向朋友说道"就这样吧"，并扣动了扳机。手枪射出了子弹，他杀死了自己。为他承保的保险公司认为他的死亡属于自杀。

结论

这起死亡非自杀。

理由

该公司必须证明其死亡是蓄意的。但他们却无法举证（Angelus v. Government Personnel Life Ins. Co., 321 P. 2d 545 [Wash. 1958]）。

资料来源：*Business Law Text and Cases：The Legal Environment*，3rd ed.，by Frascona, Joseph L.，© 1987. Reprinted by permission of Pearson Education, Inc., Upper Saddle River, NJ.

自杀条款的目的是减少针对保险公司的逆向选择。通过设定自杀条款，保险公司也可以免受那些以自杀为目的而购买人寿保险的人造成的经济损失。

---

[1] Edward E. Graves, ed., *McGill's Life Insurance*, 8th ed. Bryn Mawr, PA：The American College, 2011, p. 27.9.

宽限期

一份人寿保险保单还会包含一个**宽限期**（grace period）条款，在这个期限内，投保人有31天的时间缴清未缴保费。万能人寿保险和其他弹性保费保单的宽限期更长，例如61天。在宽限期内，保障仍然有效。如果被保险人在宽限期内死亡，欠缴保费要从保单收益中扣除。

宽限期的目的是为了防止保单失效，而给投保人更多的时间支付欠缴保费。投保人可能暂时缺乏资金或者可能忘记支付保费。在这些情况下，宽限期提供了很大的灵活性。

复效条款

如果宽限期结束，仍然没有支付保费，或者保费自动垫付条款没有生效，保单可能失效。**复效条款**（reinstatement provision）允许保单持有人恢复已失效的保单。但是失效保单的复效必须满足下面条件：

- 需要提供可保性证明。
- 从各自的到期日开始计息，付清所有欠缴保费和利息。
- 所有保单贷款必须偿还或复效，从欠缴保费的日期开始计息。
- 没有为了获取保单现金价值而退保。
- 保单必须在一定时间内复效，一般为从失效日开始的3年或5年。

复效已失效保单既有好处也有坏处。第一，购买新保单的时候又要再支付销售保单时发生的获取费用。第二，原保单可能已经过了可抗辩期和自杀条款的有效期。失效保单的复效不会再启动自杀条款有效期，新的不可抗辩期一般仅适用于复效申请中的声明。

保单复效的主要不足是，如果所需复效的保单在几年前失效，就会产生大量的费用。从实务的角度来说，大多数失效保单会因为需要支付费用而不再复效。

此外，长期来看，大多数寿险公司保费是下降的，而且在不断开发新产品。因此，即使被保险人在购买新保单时岁数已经变大了，购买新保单在成本方面仍然是可以考虑的。

最后，新保单在支付保费时会有更大的灵活性。如果失效保单是老式的终身寿险保单，因为其中保单支付方面缺乏弹性（而不是宽限期和自动抵缴保费贷款），那么购买新保单就更加划算。但是，在终身人寿保险中，如果有充足的现金价值，保费可以降低，甚至免除。对于那些可支配收入和每年现金流波动较大的保单持有人，例如在季节性行业工作的工人，经济衰退时失业的保单持有人，或者因为不可预期的突发性事件突然需要大笔现金的保单持有人，这将提供巨大的灵活性。

年龄或性别误告条款

年龄或性别误告条款（misstatement of age or sex clause）中，如果被保险人的年龄或性别发生误告，那么将按照实际所缴保费占按正确的年龄和性别应付保费的比例支付保险金。例如，假设布伦特（今年35岁）申请一份50 000美元的终身人寿保险，但是他报告的年龄为34岁。如果35岁的人每1 000美元保额的保费是16美元，34岁每1 000美元保额的保费是15美元，保险公司就将只支付死亡保险金的15/16。那么，只会赔付46 875美元（15/16×50 000美元＝46 875美元）。

指定受益人

受益人是保单中指定的接受保险利益的当事方。指定受益人的方式有如下几种：
- 第一顺位受益人和次顺位受益人
- 可撤销受益人和不可撤销受益人
- 特定受益人和团体受益人

第一顺位受益人和次顺位受益人 第一顺位受益人（primary beneficiary）是指在被保险人死亡时，首先有权利获取保险金的受益人。尽管不止一位当事人可以被指定为第一顺位受益人，但是每一位当事人可以获得的保险金是明确的。

次顺位受益人（contingent beneficiary）是在第一顺位受益人先于被保险人死亡时有权获取保险金的受益人。如果第一顺位受益人在未领取完分期定额给付保险金之前就死亡，剩下的保险金付给次顺位受益人。

在许多家庭中，丈夫会指定他的妻子作为第一顺位受益人（反过来也同样），其子女则被指定为次顺位受益人。在指定未成年的孩子作为受益人时所面临的法律问题是，他们没有直接取得保险金的法律行为能力。大多数保险公司不会直接向未成年人（18岁以下）支付死亡保险金。相反，他们要求监护人代表未成年人的利益接受保险金。如果法院指定监护人，保险金的支付就会拖延，而且会产生法律费用。一个解决方案是，在遗嘱中指明一个能代表未成年人利益的监护人来合法领取保险金，另一个办法是把保险金委托给托管人（例如有信托部的商业银行），托管人负责将这笔资金用于其子女的福利。

被保险人的遗产可以指定给第一顺位受益人或次顺位受益人。但是，许多财务规划师并不赞成将遗产分配给受益人。死亡保险金可能要缴纳律师费用和其他遗嘱认证费、联邦遗产税、州继承税和债权人的索债。保险金的给付还可以推迟到遗产问题解决之后。

可撤销受益人和不可撤销受益人 大多数受益人的指定是可撤销的。可撤销受益人（revocable beneficiary）是指，保单所有人保留改变指定受益人的权利，而不需要征得受益人的同意。可撤销受益人只有获得保险金的预期，只要保单持有人愿意，随时都可以改变受益人。合同下的所有保单权利都可以不经可撤销受益人的同意就行使。

相反，不可撤销受益人（irrevocable beneficiary）是那些不经受益人同意就不得变更的受益人。如果保单持有人希望改变指定受益人，必须获得不可撤销受益人的同意。但是，今天的大多数保单都规定，如果受益人比被保险人先死亡，受益人甚至不可撤销受益人的利益都会被终止。因此，如果不可撤销受益人比被保险人先死亡，领取保险金的所有权利都将转移给保单所有人，他可以重新指定受益人。

特定受益人和团体受益人 特定受益人（specific beneficiary）是指明确指定的受益人。团体受益人（class beneficiary）并不是确定的某一个人，而是受益人群体的一个成员，例如"被保险人的孩子们"。在被保险人希望将保险金在一个团体的成员间进行平均分配的时候，可以指定团体受益人。

大多数保险公司限制使用团体受益人，因为区分团体成员较为复杂。尽管所有保险公司都允许指定孩子们作为一个团体，但是团体成员无法区分，或者与被保险人的联系不那么紧密的时候，保险公司一般不允许指定团体受益人。例如，"我的孩子们"的团体受益人指定意味着被保险人的所有孩子分享保险金，而不论子女是嫡出的、非嫡出的，还是收养的。但是如果指定的时候使用的是"被保险人的孩子们"，那么包括被保险人的所有嫡出子女，而配偶上次婚姻所生的子女被排除在外。所以，团体受益人的指定必须谨慎。

变更保险计划条款

人寿保险保单包含**变更保险计划条款**（change-of-plan provision），允许保单持有人把持有保单转换为不同种类的其他合同。这项条款的目的是给保单持有人提供灵活性。如果家庭需要和财务目标改变，原来的保单可能就不再适合。

如果转换为保费较高的保单，例如从普通人寿保险保单转换为限期缴费保单，保单所有人必须支付新保单的保单准备金和原保单准备金之间的差额。此时不需要可保性证明，因为纯粹保险保障（风险净额）在减少。保单所有人也可以转换为较低保费的保单，例如将限期缴费保单转换为普通人寿保险。在这种情况下，保险公司将向保单所有人返还两种保单现金价值的差额。在这种转换中需要提供可保性证明，因为纯粹保险保障（风险净额）提高了。

除外责任与限制

人寿保险保单极少有除外责任和限制。自杀只在保单生效的最初两年内属于除外责任。在战争期间，一些保险公司在它们的保单中插入了**战争条款**（war clause），即如果被保险人的死亡是战争的直接后果，那么可以不予赔付。战争条款的目的是在大量新的被保险人可能在战争中死亡的情况下，减少针对保险公司的逆向选择。

此外，一些保单中还加入了**航空除外责任条款**（aviation exclusions）。大多数新发行的保单不包括关于空难死亡的除外责任保险，空难索赔和其他索赔一样理赔。但是，一些保险公司会把非正常航空旅客空难死亡排除在外。军事航空也排除在外，或者必须支付额外的保费来获取保障。此外，一些没有达到飞行标准的私人飞行员的保单中会附加飞行除外责任或者收取较高的保费。

在最初签订保单的时候，保险公司可能会发现被保险人的一些危险的运动和爱好。这些活动也会作为除外责任或者在缴了额外保费后才能给予保障，比如赛车、跳伞、深海潜水、滑翔机，或者在危险的国家旅行或定居等活动。

缴费条款

人寿保险保费可以年缴、半年缴、季缴或月缴。如果保费不是年缴，保单持有人必须支付额外的费用。这样在以实际利率计息的时候，保费会相对较贵。例如，半年缴保费是年缴保费的52%，可以看作仅4%的额外费用。但是实际费用率是16.7%。假设年保费是1 000美元。半年缴纳保费520美元，拖延了480美元的保费未缴。6个月之后，必须支付480美元的保费和40美元的费用。这意味着你需要额外支付40美元作为使用480美元6个月的时间成本，即年费率是16.7%。[①]

[①] InsuranceForum.com, "APR Calculator for Fractional (Modal) Premiums." See also Joseph M. Belth, ed., "Special Issue on Fractional Premiums," *Insurance Forum*, vol. 25, no. 12 (December 1998).

人寿保险转让条款

人寿保险保单可以自由转让给另一方,有两种转让方式。在**无条件转让**(absolute assignment)中,保单的所有保单权利转移到新所有人的手中。例如,保单所有人可能会将人寿保险保单捐给教会、慈善机构或教育机构。这个目标可以通过无条件转让实现。新的所有人之后就可以行使保单的所有权利。

在**担保转让**(collateral assignment)中,保单所有人临时把人寿保险保单作为抵押品转让给债权人从而获得借款。只有某些权利转嫁给债权人保障其利益,而保单所有人拥有剩余的权利。接受转让保单的当事人只限于借款额度获取保险金,保险金的余额支付给受益人。

转让条款的目的是为了保护保险公司在没有提供给它们转让书的情况下,避免在向受益人赔付了死亡保险金后,再次支付保险金。如果保险公司没有被告知保单已转让,保险金会因为被保险人死亡(保单到期)付给保单指定的受益人。在一般法律规则下,保险公司不再承担关于该保单的任何责任,即使被保险人死亡转让书仍然有效。但是,如果保险公司被告知保单转让,那么在保险公司和转让接受方(接受转让的一方,如银行)之间就会产生一份新合同,保险公司会认为接受方的权利优于受益人的权利。

保单贷款条款

现金价值人寿保险都包括**保单贷款条款**(policy loan),该条款允许保单持有人借出现金价值。保单中注明了适用利率。较早签发的保单的一般贷款利率为5%或6%。新保单贷款利率一般为8%。但是,所有州都允许保险公司根据美国保险监督官协会范本执行可变的保单贷款利率。如果采用了可变的利率,利率的高低就可以根据穆迪(Moody)的优质公司债券综合收益或者一些金融杂志上公布的其他指数来确定。另外一种可变利率方法是让保单质押贷款利率等于现金价值适用利率加上一定的浮动区间。[①]

在新发售的分红保单中,许多保险公司根据借出现金的数额降低分配红利。这一做法的间接影响是,提高了保单贷款的实际利率。在利率敏感型产品中(例如万能人寿保险和变额万能人寿保险),借出现金价值的当前适用利率一般会下降,而这又会提高贷款的实际利率。

保单质押贷款利息必须每年支付,或者如果没有支付就计入未偿贷款。如果贷款在死亡给付或定期保险到期的时候还没有偿还,保险金额中要扣除欠款。为排除用保单质押贷款来支付保费,保险公司还可以推迟6个月同意贷款,只是这种情况很少发生。

借出保单现金价值的人常常认为他们要为自己的钱支付利息。这种观点显然不对。现金价值在法律上属于保险公司。尽管在合同上,保单持有人有权放弃或借出现金价值,但是现金价值在法律上仍然属于保险公司。之所以要支付利息,是因为保险公司保费、法定准备金、红利和退保金是根据一定利率计算收益的。保险公司的资产必须投资于有收益的证券和投资项目,从而可以兑现其所承担的合同义务。保单持有人必须就这些贷款支付利息,以抵消保险公司的利息损失。如果没有同意贷款,保险公司还可以通过投资于基金而获利。

还要注意,保单质押贷款条款要求保险公司以较低的收益保有一些资产、流动性投资,以满足保单质押贷款的需要。借款的保单持有人需要支付利息,因为这些资金不能投资于高收益

---

① Graves, *McGill's Life Insurance*, p. 4.5.

的投资项目，必须放弃这些收益来换取资金的流动性。

保单贷款的优点　保单贷款的主要优点是，支付的利率相对较低。对于发行较早的保单尤其如此。5%、6%、8%的保单质押贷款远低于信用卡利率。保单持有人偿还贷款的能力也不受信用记录的影响，没有固定的偿还计划，保单持有人在确定贷款偿还的额度和频率方面具有很高的灵活性。

保单贷款的缺点　主要的缺点是，法律并没有规定保单持有人偿还贷款，但是如果总债务额超过可获得的现金价值，保单就会失效。除了偿还贷款，保单持有人可能使保单失效，或者放弃保单的剩余价值。最后，如果在保单到期之前没有偿还贷款，就需要从保额中扣除欠缴的金额。

保费自动垫付条款

保费自动垫付条款（automatic premium loan provision）可以附加到大多数现金价值保单中。在保费自动垫付条款中，如果保单在经过一段宽限期之后还具有足够偿付保费的价值，那么保单就会自动借用一部分现金价值缴清欠缴保费。保单可以同以前一样继续有效，但是却有了未偿还的保费贷款。保费贷款的利息会按照合同规定的利率征收。保费的支付在任何时候都可以不必提供可保性证明而复效。

保费自动垫付条款的基本目的是为了防止保单因为不支付保费而失效。保单持有人可能临时缺少资金或者忘记支付保费。所以，保费自动垫付为保单持有人提供了非常高的灵活性。

但是，保费自动垫付条款有两个主要的不足。第一，该条款可能被滥用。保单持有人会过于频繁地使用保费自动垫付方法。如果现金价值相对较少，借款又被习惯性延长而超过一定时期，那么现金价值最终会被耗尽，保单也会终止。第二，如果在被保险人死亡的时候保费贷款还没有还清，那么保单收益将会减少。

红利选择权

人寿保险保单一般具有红利选择权。如果保单支付红利，就被称为**分红型保单**（participating policy）。股份制和互助保险公司都销售分红型保险产品，这种产品赋予保单持有人分享保险公司盈余的权利。如果保单的死亡率、利息和费用都很合意，红利所代表的是偿还毛保费的一部分。与之相反，不分红的保单被称为**不分红保单**（nonparticipating policy）。

保单红利主要有三个来源：(1) 预期死亡率和实际死亡率之间的差额；(2) 需要保留法定准备金的资产的超额利息收益；(3) 预期经营支出和实际支出之间的差额。由于支付的红利取决于保险公司的实际经营情况，所以红利是没有保障的。

红利的获取有几种形式：
- 现金
- 保费减少
- 红利累积
- 增额缴清保险
- 定期保险（第五种红利选择权）

现金

保单生效一段时间（通常为 1 年或 2 年）以后，一般就会产生一些可支付的红利。保单持有人一般在保单周年的对应日期会收到一张面值等于红利的支票。

保费减少

红利可以用于减少下一期支付的保费。红利通知书会显示红利的数额，保单持有人必须缴纳保费和实际红利的差额。在保费的支付构成经济负担的时候就可以行使这种选择权。如果保单持有人的收入大幅度降低，从而支出必须降低的时候，也可以执行这一选择权。

红利累积

保险公司可以保留红利，并把利息累积起来。保单提供一个最低保底利率（例如 3%），也有可能根据当前市场情况而采用较高的利率。累积的红利通常在任何时候都可以提取。如果不提取，则可以在保单到期时附加到死亡保险金中一起支付，或者在按照保单的现金价值放弃该保单时支付。但是累积红利的利息收入属于应税收入，必须每年在向联邦和州申报所得税时将其考虑在内。因此，这种情况是那些希望所得税最小化的保单持有人不希望看到的。

增额缴清保险

在**增额缴清保险**（paid-up additions option）中，红利用于购买小额缴清终身人寿保险。例如，假设皮亚格（今年 22 岁）持有一份普通人寿保险保单。如果收到 50 美元的红利，大约还可以购买 200 美元的缴清终身人寿保险。

增额缴清保险有一些很好的特点。第一，按照净费率购买，而不是毛费率；没有附加支出。第二，不需要可保性证明。因此，如果被保险人健康不达标或者是不可保的，那么这一选择权就会发生作用，因为附加的人寿保险数额可以不需要说明其可保性而进行购买。

定期保险（第五种红利选择权）

一些保险公司提供了第五种红利选择权，在这种选择权中，红利用于购买定期保险。一般可使用的形式有两种。红利可以购买等于基本保单现金价值的一年期定期保险，剩余的红利用于购买增额缴清保险或者作为利息积累。如果保单持有人有规律地借出现金价值，这种选择权就较为合适。被保险人死亡时保单面额不能扣除未偿贷款。

这种选择权的第二种形式是使用红利购买每年续保的定期人寿保险。购买的定期保险的实际数额取决于红利的数额、被保险人的获得年龄，以及保险公司定期保险费率。但是，在这种选择权中，用 40 美元红利购买 10 000 美元或更多每年续保的定期人寿保险并不是很罕见。遗憾的是，这种选择权只有一小部分公司提供。

红利的其他用途

红利也可以用于将保单转换为增额缴清保险。如果购买了增额缴清保险,只要基本合同的准备金价值加上增额缴清保险或者账户余额等于被保险人购买保险年龄对应的增额缴清保险的趸缴净保费,就可以缴清保费。例如,通过这种选择权,25岁时购买的普通人寿保险保单可以到48岁时再缴清保费。

红利还可以用于使保险以定期保单的形式满期。当基本保单的准备金价值加上增额缴清保费或账户余额等于保险额的时候,保单作为定期保单到期。例如,对25岁被保险人销售50 000美元普通人寿保险保单可以通过执行这一选择权使其在58岁时作为定期保险满期。[①]

最后要记住,红利选择权的使用在保单持有人之间是不同的。因此,没有最好的红利选择权。最好的选择权是最适合于你的经济目标的选择权(见专栏12.2)。

专栏12.2

在分红型终身寿险中选择最优红利分配方式

在分红型终身寿险中,通常有四种红利选择权:(1)现金;(2)保费减少;(3)红利累积;(4)增额缴清保险。消费者可能对于哪种红利选择权最好而感到困惑。实际上,并没有最好的红利选择权。最好的红利选择权是最适合于你的经济目标和客观情况的选择权。如果资金紧张,且保费构成了经济负担,那么红利可以以现金进行支付或者用于降低保费。如果健康状况不佳或不具可保性,而且又需要额外的保险,那么现金价值保单中的增额缴清保险很有吸引力。增额缴清保险以不包括附加费用的净费率购买。

如果你有一份现金价值保单,而且希望能够积攒一笔退休金,那么增额缴清保险非常适合你。增额缴清保险甚至优于退休金结清保单。根据美国消费者同盟的研究,增额缴清保险的另外一个优点是,其利率高于保险公司在利息选择权中累积红利的利率。[a]

如果所得税的影响很重要,那么就不要使用红利累积选择权。尽管红利是不课税的,但是红利的利息收入作为普通收入需要纳税。在这种情况下,增额缴清保险更适合,因为在增额缴清保险中,红利成为法定准备金。法定准备金的利息收入作为保单持有人的当期收入是不课税的。而且,正如前面所提到的,增额缴清保险的利率高于红利累积选择权中的累积红利适用的利率。

此外,增额缴清保险具有部分对冲通货膨胀的功能。长期来看,通货膨胀会严重侵蚀死亡赔付金的购买力。

最后,如果你投保不足,需要更多的人寿保险,在可以获得的情况下,可以使用增额缴清保险选择权,或者第五种红利选择权(定期保险)。短期来看,没有一个单一的红利选择权对于所有保单持有人是最好的。每一个保单持有人应当选择最适合于其财务状况的选择权。

[a] James H. Hunt, *Miscellaneous Observations on Life Insurance*:*Including an Update to 2007 Paper on Variable Universal Life*, Consumer Federation of America, January 2011.

---

① Robert I. Mehr and Sandra G. Gustavson, *Life Insurance*, *Theory and Practice*, 4th ed. (Plano, TX: Business Publications, Inc., 1987), p. 206.

不丧失价值任选条款

如果购买了现金价值保单，保单持有人支付的金额将不仅仅是精算学上购买人寿保险必需的金额。因此，如果放弃保单，保单持有人还可以剩下一些资金。向撤销保单的保单持有人提供的支付被称为不丧失价值或退保现金价值。

所有州都有标准的**不丧失价值法规**（nonforfeiture laws），这些法规要求保险公司至少向放弃保单的保单持有人提供最低的不丧失价值。有三种**不丧失价值选择**（nonforfeiture options）或退保现金价值选择：

- 现金价值
- 减额缴清保险
- 展期定期保险

现金价值

保单持有人退保后可取得现金价值，之后保单下的所有利益都终止。尽管一些保单在第一年末有少量现金价值，但一般保单直到第二年或第三年才具有现金价值。由于保险公司销售保单时的相对较高的首年获取费用还没有收回，所以最初几年的现金价值很小。但是，长期来看可以积累大量的现金价值。

如果退保，保险公司可以推迟6个月支付。该条款是法律要求的，是20世纪30年代经济萧条的产物，当时人寿保险公司的现金需求非常迫切。保险公司一般不会推迟支付现金价值。

如果被保险人不再需要人寿保险，可以使用现金退保。尽管通常不建议为了获取现金而退保（因为可能其他选择更适合），但是有些情况确实可以使用现金退保。例如，如果被保险人已经退休，不再需要赡养或扶养其他人，那么对大额人寿保险的需要也会降低。在这种情况下，如果需要现金就可以选择现金退保。

减额缴清保险

在**减额缴清保险**（reduced paid-up insurance）中，退保现金价值作为趸缴净保费用于购买减额缴清保险。购买的保险数额取决于被保险人购买年龄、退保现金价值和原始合同中对死亡率和利息的假设。减额缴清保单与原始保单一样，只是保险额有所降低。如果原始保单是分红型的，减额缴清保险也支付红利。

在被保险人不希望支付保费，但仍然需要人寿保险的情况下，可以选择减额缴清保险。例如，假设杰里米在37岁的时候购买了一份100 000美元的普通人寿保险保单。现在他已经65岁，想要退休，但是他不希望在退休后还要支付保费。可用于购买减额缴清保险的退保现金价值大约为77 300美元（见图表12—1）。

展期定期保险

在**展期定期保险**（extended term insurance）选择中，退保现金价值作为趸缴净保费，将全额保单（扣除所有债务）作为定期保险，将保证期限延长到未来的一定年份和日期内。实际上，在一个有限的期间内，用于购买缴清定期保险的现金价值等于初始保额（扣除所有债务）。定期保险保障的时间范围由执行该选择权时被保险人的年龄、净退保现金价值、展期定期保险的保险费率决定。例如，在我们前面的说明中，如果杰里米在 65 岁的时候停止支付保费，保单现金价值将足够使 100 000 美元的保单在后面的 13 年零 198 天内保持有效。如果在那个时候他还活着，保单就不再有效。

如果保单因为未支付保费而失效，保单持有人也还没有做出另一种选择，那么在大多数保单中，展期将自动执行。这意味着，即使保单持有人误以为因为没有支付保费，保单已经失效，而事实上，保单仍然有效。但是，如果将保费自动垫付条款添加到保单中，那么该条款优先于展期选择。

一份终身人寿保险或定期保险中以表格的形式列出了揭示不同年龄的三种选择下收益的保底价值。

图表 12—1 显示了一家保险公司向一位 37 岁的男士销售 100 000 美元普通人寿保险保单的保底价值。

图表 12—1 保底价值列表*
100 000 美元普通人寿保险，男性，年龄 37 岁　　　　　　　　　　　　单位：美元

保单年度	现金价值	现金价值的替代方式 缴清保险或展期定期保险 年	天	保单年度
1	*****	***	**	***	1
2	*****	***	**	***	2
3	400.00	2 400	1	18	3
4	1 400.00	7 900	3	114	4
5	2 400.00	12 900	5	62	5
6	3 500.00	17 900	6	328	6
7	4 500.00	22 000	8	55	7
8	5 600.00	26 200	9	109	8
9	6 800.00	30 400	10	121	9
10	8 000.00	34 300	11	50	10
11	9 300.00	38 100	11	321	11
12	11 000.00	43 200	12	325	12
13	12 900.00	48 500	13	323	13
14	14 800.00	53 300	14	239	14
15	16 700.00	57 700	15	91	15
16	18 700.00	61 900	15	287	16
17	20 700.00	65 800	16	73	17
18	22 700.00	69 300	16	187	18
19	24 800.00	72 800	16	291	19
20	26 900.00	75 900	16	358	20
60 岁	32 300.00	69 400	14	319	60 岁
65 岁	41 700.00	77 300	13	198	65 岁

*该表格假设保费在保单年度末支付。这些价值不包括红利累积、增额缴清或保单贷款。

给付方式选择权

给付方式选择权（settlement options）是指支付保单收益的不同方式。保单持有人可以在被保险人死亡之前选择给付方式，或者赋予受益人这种权利。大多数保单允许在保单被放弃的时候，根据给付方式支付退保现金价值。最常见的给付方式包括：
- 现金
- 利息选择权
- 固定期限选择权
- 固定金额选择权
- 终身收入选择权

现金

在被保险人死亡的时候，立刻需要现金用于支付丧葬和其他费用。为了满足这一需要，保险金一次性向指定的受益人或者受益团体支付。保险金的收益需要支付从死亡当日到支付日的利息。支付的利息在人寿保险保险金数额巨大的时候特别重要，保险金一般在被保险人死亡之后的几个星期或几个月内支付。从实务的角度来说，大多数保险金在被保险人死亡之后的几个星期内要一次付清。

利息选择权

在**利息选择权**（interest option）中，保险公司持有保险金，并定期向受益人支付利息。利息可以按月、季度、半年或者按年支付。大多数保险公司在利息选择权中对保险金设定了保底利率。

受益人可以被赋予撤销的权利，通过该权利，他们可以部分或全部收回保险金。受益人也有权将该项选择权转换为另外一种选择权。

利息选择权提供了很大的空间，可以应用于很多情况。特别是当前不需要这笔资金，而某个时段之后会需要时。例如，以利息的形式存下教育基金，直到孩子们上大学。同时，利息收益还可以作为家庭收入的一个补充来源。

固定期限选择权

在**固定期限（特定时期收入）选择权**（fixed-period (income for elected period) option）中，在某一固定时期内，向受益人支付保险金。可以按月、季度、半年，或者按年支付。在这种选择权中，本金和利息进行系统清算。如果第一顺位受益人在收到所有支付之前死亡，剩下的钱就会支付给次顺位受益人或者第一顺位受益人的遗产继承人。

图表12—2展示了在固定期限选择权中，按照保底利率为3.5%计算的1 000美元保险金的变化情况。期限的长短决定了每次支付的数额。如果固定期限是5年，100 000美元的保单可以每个月提供1 812美元的收入。但是，如果选择10年期，那么每月的收益仅为983美元。

固定期限选择权适用于在需要收入的特定时间内使用，例如在再调整期、扶养期和无给付期期间。但是，执行固定期限选择权需谨慎。它的使用条件非常苛刻，一般不允许受益人部分撤出资金，因为重新计算固定期限内的支付金额存在管理费用。但是，许多保险公司允许受益人一次性提取剩余的金额。

图表 12—2　　　　　　　　　　　　特定期限的收入
　　　　　　　　　　　　（每 1 000 美元保险金的最低月度支付）　　　　　　单位：年，美元

年数	收入	年数	收入	年数	收入	年数	收入
1	84.65	5	18.12	9	10.75	15	7.10
2	43.05	6	15.35	10	9.83	20	5.75
3	29.19	7	13.38	11	9.09	25	4.96
4	22.27	8	11.90	12	8.46	30	4.45

固定金额选择权

在固定金额（特定金额）选择权中，定期向受益人支付固定的金额，支付将一直持续到本金和利息都付清。如果支付超额利息，期限就要延长，但是每次支付的金额不变。

例如，假设死亡给付是 50 000 美元，每年适用利率为 4%，每月的收益是 3 020 美元。保险公司制订每月的实际支出计划，在这种情况下，受益人在 17 个月中，每个月收到 3 020 美元。到时候，本金和利息都将付清。

固定金额选择权具有很大的灵活性。受益人可以被赋予受限制或不受限制的撤销的权利，将未支付保险金转换为另一个选择权的权利，以及增加或降低固定额度的权利。还可以签订给付协议，根据该协议，在某一时期内，定期支付可以增加，例如当长大的孩子开始上大学的时候。除非有其他使用定期选择权的原因，否则一般推荐使用固定金额选择权，因为该选择权具有很大的灵活性。

终身收入选择权

可以以终身收入选择权的方式向受益人支付死亡保险金。退保现金价值也可以根据**终身收入选择权**（life income option）进行分配。主要的终身收入选择权包括下面几种。

终身收入　一些保险公司在保单中包括了普通终身年金。在这种选择权中，分期支付在受益人活着的时候会一直持续，到受益人死亡时停止。尽管该选择权提供了最高的分期收入，但是如果受益人在支付开始后不久就死亡，就可能损失保险金。由于不具有偿还的特点或支付的保证，其他选择权可能更好。

有保证支付期的终身收入　在这一选择权中，受益人在一定的保证支付期获得终身收入。如果第一顺位受益人在保证支付期内死亡，剩余部分将支付给次顺位受益人。例如，假设根据终身收入选择权，梅根每个月有 2 000 美元的收入，保证支付期是 10 年。如果梅根在领取收入 1 年后死亡，剩余 9 年将向次顺位受益人或其遗产继承人支付。

图表 12—3 所显示的是每 1 000 美元保险金在保证期为 5～20 年的终身收入选择权的情况。因为女性的预期寿命比较长，所以她们所获得的定期支付的数额较低。例如，假设梅根是一份 100 000 美元保单的受益人。如果她的校正年龄为 60 岁，那么她在 5 年的保证支付期内每月的生存金是 468 美元。

图表 12—3　　　　　　　　　　　　　有保证支付期的终身收入情况
　　　　　　　　　　　　　　　　（每 1 000 美元保险金的月最低支付）　　　　　　　　单位：美元

领款人校正年龄	男性保证支付期				女性保证支付期			
	5 年	10 年	15 年	20 年	5 年	10 年	15 年	20 年
60	5.14	5.08	4.98	4.84	4.68	4.85	4.61	4.54
61	5.25	5.18	5.07	4.91	4.76	4.73	4.68	4.63
62	5.36	5.28	5.15	4.97	4.84	4.81	4.75	4.67
63	5.48	5.39	5.24	5.04	4.93	4.89	4.83	4.73
64	5.61	5.50	5.33	5.10	5.03	4.99	4.91	4.80
65	5.75	5.62	5.42	5.17	5.13	5.08	5.00	4.87
66	5.89	5.75	5.52	5.23	5.25	5.19	5.09	4.94
67	6.05	5.88	5.62	5.30	5.36	5.30	5.18	5.01
68	6.21	6.02	5.72	5.36	5.49	5.41	5.28	5.08
69	6.39	6.16	5.82	5.42	5.63	5.54	5.38	5.16
70	6.57	6.31	5.92	5.48	5.78	5.67	5.48	5.23
71	6.77	6.46	6.02	5.54	5.94	5.81	5.59	5.30
72	6.97	6.62	6.13	5.60	6.11	5.95	5.70	5.37
73	7.19	6.78	6.23	5.65	6.29	6.11	5.81	5.44
74	7.42	6.95	6.33	5.69	6.49	6.27	5.93	5.50
75	7.66	7.12	6.42	5.74	6.70	6.44	6.04	5.58
76	7.91	7.29	6.52	5.78	6.92	6.61	6.15	5.62
77	8.18	7.46	6.60	5.81	7.16	6.80	6.27	5.67
78	8.47	7.84	6.69	5.84	7.42	6.98	6.37	5.72
79	8.77	7.82	6.77	5.87	7.69	7.18	6.48	5.76
80	9.08	8.00	6.84	5.90	7.98	7.37	6.58	5.80
81	9.41	8.17	6.91	5.92	8.29	7.57	6.67	5.84
82	9.74	8.34	6.97	5.94	8.62	7.77	6.75	5.87
83	10.10	8.51	7.03	5.95	8.96	7.97	6.83	5.89
84	10.46	8.67	7.08	5.96	9.33	8.16	6.91	5.92
85 及以上	10.84	8.82	7.13	5.97	9.71	8.34	6.97	5.94

注：领款人校正年龄反映了寿命的延长。计算校正年龄，需要按照下面的时间增加或减少领款人的年龄：

1987—1991	1992—1998	1999—2006	2007—2013	2014—2020	2021—2028	2029+
+3	+2	+1	0	−1	−2	−3

保证支付总额的终身收入

在这种选择权中，受益人终身领取收入，而且支付总额是有保证的。如果受益人在收到的分期付款总额等于这种选择权中的保证支付总额之前死亡，支付将持续到支付总额等于保证支付总额的时候。例如，假设劳拉持有一份将向她支付共计 100 000 美元的保险，根据这种选择权，她终身可以获得收入。如果劳拉在收到仅仅 10 000 美元的时候就死亡了，那么剩余的 90 000 美元将分期支付给另一位受益人或其遗产继承人。

图表 12—4 显示了保险公司每 1 000 美元保险金的有保证支付总额的终身收入选择权的情况。正如前面所提及的，女性因为预期寿命较长，获得的定期支付较少。

图表 12—4　　　　　有保证支付总额的终身收入情况
（每 1 000 美元保险金的月最低支付）　　　　　　　　单位：美元

领款人校正年龄	男性	女性	领款人校正年龄	男性	女性
60	4.93	4.57	73	6.47	5.87
61	5.02	4.64	74	6.84	6.01
62	5.11	4.71	75	6.81	6.17
63	5.20	4.79	76	7.00	6.34
64	5.30	4.87	77	7.19	6.51
65	5.40	4.96	78	7.40	6.70
66	5.52	5.05	79	7.62	6.90
67	5.63	5.14	80	7.85	7.11
68	5.75	5.25	81	8.09	7.33
69	5.88	5.36	82	8.35	7.57
70	6.02	5.47	83	8.61	7.81
71	6.16	5.60	84	8.89	8.07
72	6.31	5.73	85 及以上	9.19	8.35

注：领款人校正年龄反映了寿命的延长。计算校正年龄，需要按照下面的时间增加或减少领款人的年龄：

1987—1991	1992—1998	1999—2006	2007—2013	2014—2020	2021—2028	2029+
+3	+2	+1	0	-1	-2	-3

联合生存收入　在这种选择权中，在两个人（例如丈夫和妻子）存活期间向他们支付的收入。例如，理查德和玛格根据一份联合生存收入年金每月有 1 200 美元的收入。如果理查德死亡，玛格在其生存期间每个月还可以继续领取 1 200 美元。这种选择权还有一些变形，例如联合三分之二年金或联合半额年金。每月 1 200 美元的收入会因为第一个死亡的人而减少到 800 美元或 600 美元。

图表 12—5 列出了在联合生存收入选择权中，每 1 000 美元保险金最低月度支付的情况。例如，如果保险金是 100 000 美元，一男一女两位受益人都是 65 岁，在两位年金接受人存活期间每人每个月获得 466 美元，但是该支付只保证 10 年。

图表 12—5　　　　10 年保证期联合生存收入选择权情况
（每 1 000 美元保险金的月最低支付）　　　　　　　单位：美元

男性领款人校正年龄	女性领款人校正年龄				
	60	65	70	75	80
60	4.32	4.50	4.67	4.82	4.93
65	4.42	4.66	4.91	5.15	5.34
70	4.81	4.81	5.14	5.49	5.80
75	4.57	4.92	5.34	5.81	6.27
80	4.61	4.99	5.49	6.07	6.69

注：领款人校正年龄反映了寿命的延长。计算校正年龄，需要按照下面的时间增加或减少领款人的年龄：

1987—1991	1992—1998	1999—2006	2007—2013	2014—2020	2021—2028	2029+
+3	+2	+1	0	-1	-2	-3

给付选择权的优点

给付选择权的主要优点可以概括为：

- 家庭可以定期获得收入。给付选择权可以部分或全部保存下来减少的主要经济来源。家庭的财务安全得到保障。
- 本金和利息得到保证。保险公司保证本金和利息,不需要担心投资和管理问题,因为这些钱由保险公司进行投资。
- 在作人寿保险规划的时候可以使用给付选择权。人寿保险可以用于满足保单持有人的需要和目标。
- 保险带来的大笔资金会给受益人带来问题。这些钱可能被不理智地花掉,进行不那么好的投资,而其他人可能图谋这些钱财。许多保险公司现在为死亡给付提供货币市场投资账户,以使受益人不需要匆忙做出如何处置这些钱的决定。

给付选择权的缺点

给付选择权的缺点概括如下:
- 可以通过其他渠道获得更高的收益。其他金融机构提供的利率可能更高。
- 给付协议缺乏灵活性,具有约束性。保单持有人签订的给付协议约束性太强。受益人不具有撤销的权利或改变选择权的权利。例如,这些钱在20年期的定期选择权中按年支付,受益人没有权利撤销。尽管可能发生突发事件,但是受益人也无法撤出资金。
- 终身收入选择权在年轻时的用途有限。终身收入选择权在65岁或70岁之前很少使用,这限制了该选择权在年轻的时候的实用性。如果年轻的时候选择终身收入选择权,收入支付就会大幅度降低。而且,使用终身收入选择权等同于购买一份趸缴人寿保险年金,而后者可以从另一家保险公司那里以更低的价格购得。

信托的使用

保险金还可以支付给托管人,例如商业银行的信托部门。在某些情况下,人们可能愿意将保险金支付给托管人,而不是根据给付选择权进行支付。在保额巨大的情况下,如果在支付的数额和时间方面需要很大的灵活性和谨慎操作,如果是无法管理资金财务事务的未成年人或智障的成年人,或者如果支付数额必须根据受益人的需要和想法定期改变,那么就会使用信托。这些优点会被托管费用部分抵消,而且无法保证投资结果。

人寿保险的附加条款

通过支付额外保费,可以为人寿保险保单添加人寿保险附加条款。大多数附加条款都需要支付额外的保费。下面的章节讨论了可以通过合适的附加条款添加到寿险保单的附加人寿保险利益。这些利益给保单持有人提供了有价值的保障。

免缴保费条款

人寿保险保单可以附加**免缴保费条款**(waiver-of-premium provision)。在一些保单中,免缴保费条款是自动附加的。根据该条款,如果被保险人在某一年龄之前因为受伤或疾病完全丧失劳动能力，可以免缴以后的所有保费。在完全丧失劳动能力期间，死亡保险金、现金价值和红利都照常给付。

如要免缴保费，被保险人必须满足以下条件：
- 在规定的年龄之前丧失劳动能力，例如 60 岁或 65 岁之前。
- 丧失劳动能力状态持续 6 个月（一些保险公司的等待期较短）。
- 符合完全丧失劳动能力的定义。
- 向保险公司提供丧失劳动能力的证明。

如果要免缴保费，被保险人必须完全丧失劳动能力。保单对完全丧失劳动能力做出了定义。在目前的许多免缴保费条款中，完全丧失劳动能力是指，由于疾病或人身伤害，被保险人无法承担其工作所要求的职责，或者无法从事与其教育、培训或经历相关的工作。[①] 如果被保险人可以从事部分而不是所有这些工作，那么就不认为是完全丧失劳动能力，保费也不会免缴。如果被保险人未成年并准备上学，却无法上学，那么就可以免缴保费。

例如，假设身为化学教授的哈里·克罗克特患了肺癌。他无法承担工作的基本职责，包括教学、研究和公共服务。只要他完全丧失劳动能力，在 6 个月的等待期之后，他将免缴所有保费。但是，如果根据他的教育、培训和经历，他还可以从事其他工作，例如在化工企业作研究，那么他就不被认为是完全丧失劳动能力。

完全丧失劳动能力也可以用失去身体器官一部分功能来定义。例如，如果詹森在一次爆炸中失明，或者因此瘫痪，就认为完全丧失了劳动能力。

如果有足够金额的残疾收入保险，就无需附加免缴保费条款。如果丧失劳动能力，人寿保险保费就会与其他每月必须支付的费用（例如房租、交通、食物）一样对待。但是，大多数家长在应对长期丧失劳动能力方面，其承保金额存在不足。因此，许多财务规划师建议，为人寿保险保单附加一个条款，特别是人寿保险保额非常高的时候。在长期丧失劳动能力期间，保费支付构成了经济负担。由于大多数人的残疾收入保险不足，所以收入减少期间保费的免缴就显得非常重要。

保证增保选择权

保证增保选择权（guaranteed purchase option）允许保单持有人在未来的某一时间购买额外人寿保险而不需要提供可保性证明。保证增保选择权也被称为保证增额选择权。这种选择权的目的是保证被保险人未来的可保性。被保险人未来可能需要更高额度的人寿保险，而这一额度是他今天无力购买的。保证增保选择权提供了未来购买特定额度人寿保险的权利，即使被保险人的健康可能不达标或不可保。

保险金额 典型的选择权允许保单持有人每三年增加保险金额，直到额度达到不需可保性证明所能购买的最大年龄，例如 46 岁。在大多数情况下，额外的保险增加了原始保单的保额。但是，一些保险公司在每次执行选择权的时候都发一份新保单。例如，一家保险公司的保证增保选择权允许被保险人在 25 岁、28 岁、31 岁、34 岁、37 岁、40 岁、43 岁和 46 岁的时候增加保险额度。在每个选择权执行日购买的人寿保险额度被限制在某一最高和最低额度之间的基本保单额度内。例如，假设 25 岁的希瑟购买了一份 25 000 美元的普通人寿保险保单，该保单具有保证增保选择权。希瑟在保单签发后变得不具有可保性。假设她选择执行每一次选择权，

---

① Graves，*McGill's Life Insurance*，pp. 27.25 and 27.26.

那么其保险额为：

单位：美元

22 岁	25 000（基本保单）
	+
25 岁	25 000
28 岁	25 000
31 岁	25 000
34 岁	25 000
37 岁	25 000
40 岁	25 000
43 岁	25 000
46 岁	25 000
46 岁的总保额	225 000

尽管不可保，但希瑟将其保额从 25 000 美元提高到了 225 000 美元。

提前购买权 大多数保险公司赋予了不同种类的提前购买权。利用这一权利可以在某一事件发生的时候立刻执行该种选择权。如果被保险人结婚、生子或收养子女，该选择权在下一个选择权执行日之前可以立刻执行。如果被保险人结婚或生子，一些保险公司将提供 90 天的自动定期保险。该保险在 90 天之后满期，除非执行保证增额选择权。

如果在提前购买权之前执行某选择权，不会增加选择权的范围。如果选择权较早执行，就会提前下一个选择权的执行时间。最后，保单持有人一般只有 30～60 天的时间执行选择权。如果选择权没有执行就到期，就不能在之后执行。这一条款保护保险公司免受逆向选择的伤害。

要考虑的其他问题 要考虑的一个重要问题是，免缴保费附加条款是否不需要可保性证明就可附加到新的保险单中。在这一点上，保险公司的操作各有不同。最为宽松的条款是在初始保单包含该条款的情况下将免缴保费附加追加在新的保险单上。如果初始保单保费被免除，那么新保险单的保费也被免除。因此，在前面的例子中，如果希瑟 25 000 美元的初始保单保费被免除，那么购买的新保单的保费也将被免除。较为严格的条款允许丧失劳动能力的被保险人根据每一个选择权购买新人寿保险保单，但是不会根据免缴保费附加条款免除新保单的保费。

意外事故保单特约条款

意外事故保单特约条款（accidental death benefit rider）（也称为**双倍赔偿特约条款**（double indemnity））是指在被保险人因意外事故死亡时，按保单面值双倍给付保险金。一些保单提供 3 倍给付。

给付要求 在给付双倍赔偿的时候，需要满足一些条件：
- 死亡必须直接因为意外人身伤害发生，而与其他原因无关。
- 死亡必须发生在事故后的 90 天内。
- 死亡必须发生在特定年龄之前，例如 60 岁、65 岁或 70 岁。

第一个条件是指，意外伤害必须是致死的直接原因。如果死亡是因为其他原因（例如疾病），就不会给予双倍给付。例如，假设萨姆在粉刷自己两层楼的房子。如果脚手架倒塌，萨姆死亡，那么就要给予双倍赔付，因为致死的直接原因是意外人身伤害。但是，如果萨姆死于心脏病突发而从脚手架上摔下来，就不会进行双倍赔付。在这种情况下，心脏病是死亡的直接诱因，而不是意外的人身伤害。

第二个条件是指，死亡必须发生在意外事故发生的一年之内，此时特约条款仍然有效。该条件的目的是确定如下事实，意外人身伤害是死亡的直接原因。

最后，意外死亡必须发生在特定年龄之前。为了限定责任，保险公司一般附加了年龄限制。提供的保障一般在被保险人达到某一年龄的时候终止，例如70岁。

财务规划师一般不建议购买双倍赔偿附加条款。尽管其费用较低，但是存在三个主要缺陷。第一，如果意外事故导致死亡，生命的经济价值不能翻倍或提高为3倍。所以，对意外死亡提供的保障高于因疾病死亡，这一点在经济上并不合适。第二，大多数人会因为疾病死亡，而不是意外事故。大多数人投保不足，用购买双倍赔偿附加的保费购买额外的人寿保险更好，因为这将为意外死亡和因疾病死亡提供保障。最后，被保险人可能受骗，认为买了足够的保险，但实际上购买的保险不如他所预想的那么多。例如，购买了50 000美元人寿保险和双倍赔偿附加条款的人可能错误地认为自己购买了100 000美元的人寿保险。

生活消费指数批单

生活消费指数批单（cost-of-living rider）允许保单持有人不提供可保性证明购买一年期定期保险，该保险的额度等于消费者价格指数百分比的变化。定期保险保额每年都变化，以反映消费者价格指数（CPI）从保单签发日起的累积变化。但是，保险公司可能对每年可以购买的保险数额进行限制（例如最高为保单面值的10%）。保单持有人支付定期保险的全部保费。

例如，路易斯今年28岁，他购买了一份100 000美元的普通人寿保险保单，而首年消费者价格指数上升了5%。他将被允许购买5 000美元的一年期定期保险，发生效力的保险总保额为105 000美元。该定期保险可以不提供可保性证明就转换为现金价值保单。

提前给付死亡保险金

大多数保险公司提供提前给付死亡保险金服务，允许向患有慢性病或绝症晚期的保单持有人，在他们去世之前，支付部分或全部人寿保险金。这种保单在购买的时候可能就包含了提前给付死亡保险金条款，或者可以作为附加条款添加到保单上。有些保险公司对这一赔付不收取费用。其他的则会小幅提高保费以覆盖其成本。

提前给付保险金一般为保单面额的25%到95%。[①] 有些保险公司支付100%的保单面额，但是给付金会因为利息损失而有所下降。这取决于保险公司和保单条款，某些医治情况会触发提前给付保险金的支付。它们包括下面这些：[②]

- 绝症晚期。保单持有人为绝症晚期，预期将在24个月内死亡。
- 急性病。保单持有人患有急性病，例如急性心脏病或艾滋病。这些病如果没有大量的救治会迅速缩短寿命。

[①] 这部分基于 American Council of Life Insurers, "Q & A: What You Need to Know About Accelerating Life Insurance Benefits," accessed at http://www.acli.com/Consumers/Life%20Insurance/Pages/Accelerating%20Benefits.aspx (August 8, 2012).

[②] Ibid.

- 重大疾病。保单持有人患有需要特别医疗救治的重大疾病，例如心脏搭桥或肝移植。
- 长期护理。保单持有人因为日常生活无法自理，如不能自己吃饭、穿衣或洗澡，而需要长期护理。
- 疗养院看护。保单持有人存在需要长期在合格机构（例如疗养院）接受看护的情况。

提前给付死亡保险金条款是一个很有意义的条款，能够为那些承受着巨大压力的处于绝症晚期或患有慢性病的保单持有人提供现金。专栏12.3就提前给付死亡保险金条款如何帮助家庭提供了一个实际案例。

专栏 12.3

提前给付死亡保险金——实际案例

当杰克·布兰查德的丈夫28岁死亡的时候，家里几乎没有足够的保险支付丧葬费，她为自己购买了足够的保障，以确保她年幼的女儿们，爱博尼和珊娜，可以在她发生意外的时候，有一个较好的生活。两年后，她被诊断为肺癌晚期。杰克使用了保险的提前给付死亡保险金条款，该条款允许她获得死亡保险金的75%。她用这笔钱为女儿们买了一间房子和一辆汽车，并为她们未来的教育留下了钱。现在，马上大学毕业的爱博尼和正在上高中的珊娜住在她们的母亲为她们购买的房子里。

资料来源：Adaptation of Ebony and Shanna Blanchard—A Mother's Wish, realLIFEstories, Life and Health Insurance Foundation for Education (LIFE), Arlington, VA.

临终结算

处于疾病末期的病人通常因为要支付医疗账单、其他治疗方式支出、生存费用、交通费和实现其他目的，而需要大量的现金。作为提前给付死亡保险金批单的替代产品，处于疾病末期的被保险人可以将他们的保单销售给商业公司。**临终结算**（viatical settlement）是指处于疾病末期的被保险人将人寿保险保单销售给另一方（一般销售给期望通过被保险人的提前死亡获取利润的投资者或投资者团体）。被保险人的寿命预期必须少于12个月。

寿险贴现

寿险贴现是临终结算的另一个版本。寿险贴现是一种财务处理方式，不再需要或希望持有寿险保单的保单持有人以高于现金价值的价格向第三方销售保单。购买方成为新的受益人，并负责支付所有接下来的保费。多年前购买的保单也许已经变得不再需要，例如，一家公司不再需要为一位重要管理层提供人寿保险，因为他已经退休；被保险人可能无法继续承受支付高额的保费；孩子长大了；遗产税要求已经发生变化；或者保单可能成为一份几乎没有现金价值的保单。专栏12.4提供了一个寿险贴现的实际案例。

专栏 12.4

什么是寿险贴现？实际案例

寿险贴现是指将寿险保单以高于其（若存在）现金退保价值并低于保单面值的价格销售给

第三方。保单持有人可能不再需要寿险保单。除了让保单失效或者放弃保单的现金价值，保单持有人可以在符合某些条件的情况下，将保单在二级市场上进行销售。具体条件因公司而异。被保险人通常必须在65岁以上，寿命预期低于15年，并且保单签发后的健康状况不断变差；保单面额必须最少在100 000美元以上；必须已经过了两年的抗辩期。下面列出了一些寿险贴现的实际案例：[a]

- 儿子持有其母亲的一份250 000美元的保单。他的母亲已经79岁，目前生活在辅助生活养老机构。他需要支付她的医护成本，并且要努力赚钱以支付每年10 844美元的保费。保单现金退保价值为0。寿险贴现金额为80 000美元，是死亡保险金的32%。

- 慈善机构拥有一份由一位现年82岁的老先生多年前捐赠的500 000美元的万能寿险保单。保单的现金价值为79 000美元。考虑到要不断交保费以及希望获得当前的收益，老先生签署了寿险贴现协议。寿险贴现额度为210 000美元或死亡保险金的42%和266%的现金退保价值。

- 一家公司持有一份针对一位重要人物的500 000美元的定期寿险保单。那个人现年68岁，已经退休。总经理有权进行变更，但是他不需要这份保障。因为保单是定期保险，所以没有现金价值。总经理将定期保险转换为万能寿险保单，并支付了10 870美元转换保费。总经理收到的寿险贴现为64 400美元，或是死亡保险金的13%。他还因为转换保单支付的10 870美元保费获得了补偿。

[a] Case Studies, Veris Settlement Partners at http://go2veris.com/case_studies.html (accessed April 10, 2012).

临终结算和寿险贴现也有其不好的一面。保单销售给了对被保险人生命不具有可保利益的人，后者通过被保险人的提前死亡盈利。因此，就存在谋杀被保险人的动机。此外，还存在大量针对个人投资者、人寿保险公司和保单持有人的潜在欺诈或实际欺诈。购买了寿险贴现产品的投资者的投资收益通常不那么好，因为被保险人活得时间长于预期。最后，州保险部门对临终结算和寿险贴现的监管还不够充分。

案例应用

孙嘉今年25岁，她最近为自己购买了一份100 000美元的普通人寿保险保单。该保单还附加了免缴保费条款和保证增保选择权。指出在下面每一种情况下，保险公司对孙嘉或其受益人应负的责任范围。指出在每一种情况下适用的保单条款或特约条款。分别分析每一种情况。

a. 孙嘉没有在1月1日支付第2年的保费，15天之后她去世了。

b. 孙嘉在购买保单的3年后自杀了。

c. 在孙嘉死的时候，人寿保险公司发现她上报年龄时作假。在购买保单的时候她的实际年龄是26岁而不是所声明的25岁。

d. 保单购买2年后，孙嘉被告知患上了白血病。她不具有可保性，但仍然希望获得更多的人寿保险。

e. 孙嘉在一次交通意外事故中严重受伤。在6个月之后，她仍然不能恢复工作。她没有工作收入，支付保费成了她的财务负担。

f. 孙嘉有一个智障的儿子。她想确保在她死后，儿子能够有持续的收入来源。

g. 孙嘉的保单失效。在4年之后，她想复效保单。此时，她的健康状况很好。请指出孙嘉应怎样复效其人寿保险保单。

h. 孙嘉想退休但不想支付保单的保费。指出她可以选择的不同选择权。
i. 在购买保单10年之后，孙嘉被解雇，她失业了而且非常需要现金。
j. 当孙嘉申购人寿保险的时候，她声明了自己患有高血压的事实，并在5年之后死亡。

本章小结

● 所有权条款是指，在被保险人存活期间，保单持有人拥有保单的所有合同权利。

● 完全合同条款是指人寿保险保单和相关投保单构成的当事人之间的完全合同。

● 不可抗辩条款是指保险公司在保单生效两年后，在被保险人存活的情况下不得对保单提出异议。

● 自杀条款是指，如果被保险人在保单售出后的两年内自杀，将不能获得保单面额的赔付，只能退还已缴保险费。

● 宽限期条款允许投保人有31天的时间缴清未缴保费。万能人寿保险和其他弹性保费保单的宽限期更长，例如61天。在宽限期内，保障仍然有效。

● 有几种类型的指定受益人。第一顺位受益人是指在被保险人死亡时，首先有权利获取保险金的受益人。次顺位受益人是在第一顺位受益人先于被保险人死亡，或者根据年金选择权领取完保证给付保险金之前死亡，有权获取保险金的受益人。可撤销受益人是指，保单所有人保留改变指定受益人的权利，而不需要征得受益人的同意。不可撤销受益人是那些不经受益人同意就不得变更的受益人。

● 分红保单支付红利。如果保险公司的经营很不错，红利所代表的是偿还总保费的一部分。向保单持有人支付的红利不需纳税，并可以通过几种方式获取：
现金
保费减少
红利累积
增额缴清保险
定期保险（某些公司使用）

● 在现金价值保单中有三种不丧失价值或退保现金价值选择方式。
现金价值
减额缴清保险
展期定期保险

● 根据保单质押条款可以借出现金价值。保费自动垫付条款也可以附加到保单中。根据该条款，可以自动借用一部分现金价值缴清欠缴保费。

● 给付方式选择权是指支付保单收益的不同方式。最一般的给付方式选择权包括：
现金
利息选择权
固定期限选择权
固定金额选择权
终身收入选择权

● 免缴保费条款可以附加到人寿保险保单上。根据该条款，购买保单之后完全丧失劳动能力期间的所有保费被免除。在保费免缴之前，被保险人必须满足下面的条件：
在规定的年龄之前丧失劳动能力，例如60岁或65岁
丧失劳动能力状态持续6个月
符合完全丧失劳动能力的定义
向保险公司提供丧失劳动能力的证明

● 保证增保选择权允许保单持有人在特定时候不提供可保性证明就可以购买更多的人寿保险。这种选择权的目的是为了保证被保险人未来的可保性。

● 意外事故保单特约条款（也称为双倍赔偿）是指在被保险人因意外事故死亡时，按保单面值双倍给付保险金。财务规划师不推荐购买双倍赔偿保单。

● 生活消费指数批单允许保单持有人不提供可保性证明购买一年期定期保险，该保险的额度等于消费者价格指数百分比的变化。

● 提前给付死亡保险金条款允许那些临终的病人或患有某些致命疾病的被保险人，在死亡之前领取部分或全部保险金，用来支付医疗费用和其他费用。

重要概念和术语

无条件转让
提前给付死亡保险金
意外事故保单特约条款（双倍赔偿）
保费自动垫付条款
航空除外责任条款
变更保险计划条款
团体受益人
担保物转让
次顺位受益人
生活消费指数批单
红利累积选择权
完全合同条款
展期定期保险

固定金额选择权
固定期限选择权
宽限期
保证增保选择权
不可抗辩条款
利息选择权
不可撤销受益人
终身年金选择权
寿险贴现
年龄或性别误告条款
最低偿付法
最低偿付选择权
不分红保单
所有权条款

增额缴清保险
分红保单
保单贷款条款
第一顺位受益人
减额缴清保险
复效条款
可撤销受益人
给付方式选择权
特定受益人
自杀条款
临终结算
免缴保费条款
战争条款

复习题

1. 简要说明下面的人寿保险合同条款：
   a. 自杀条款
   b. 宽限期
   c. 复效条款
2. a. 说明人寿保险条款中的不可抗辩条款。
   b. 不可抗辩条款的目的是什么？
3. a. 解释复效失效人寿保险保单的条件。
   b. 复效失效寿险保单的优点和缺点有哪些？
4. 解释下面几类指定的受益人：
   a. 第一受益人和次顺位受益人
   b. 可撤销受益人和不可撤销受益人
   c. 特定受益人和团体受益人
5. 寿险保单可以自由转让给另一方当事人。解释下面两种类型的转让：
   a. 无条件转让
   b. 担保转让
6. 说明一般现金价值人寿保险单中的保单贷款条款。
   a. 为什么对保单贷款收取利息？
   b. 列出保单贷款的优点与不足。

7. 支付红利的人寿保险单被称为分红保单。
   a. 指出红利支付的来源。
   b. 列出一般寿险保单可选择的不同红利支付形式。
   c. 保险公司能够保证支付红利吗？对你的答案进行解释。
8. 所有州都制定了最低偿付法，该法要求在现金价值保单退保的时候支付退保现金价值。简要解释一般人寿保险保单中的最低偿付选择权。
   a. 现金价值选择权
   b. 减额缴清保险
   c. 展期定期保险
9. 除了现金之外，人寿保险死亡保险金也可以选择其他支付方式。简要解释下面几种支付方式。
   a. 利息选择权
   b. 固定期限选择权
   c. 固定金额选择权
   d. 终身年金选择权
10. 解释典型的免缴保费条款中对完全丧失劳动能力的定义。

应用题

1. 理查德今年35岁，拥有一份250 000美元的普通人寿保险保单，该保单是支付红利的保单。理查德有多个经济目标。指出在下面的每一种情况下，可能用于实现理查德的目标的红利选择权。分别分析每种情况。

　　a. 理查德发现支付保费构成了一种财务负担。他希望减少每年的保费支出。

　　b. 理查德患有白血病，不具有可保性。他需要更高额度的人寿保险保障。

　　c. 理查德为了享受更为舒适的退休生活，想存下更多的钱。

　　d. 理查德希望在退休的时候购买一份缴清保单。

　　e. 理查德有很高的收入，这使他不得不支付较高的所得税。他希望保险公司保留红利，但是不想对投资收益支付所得税。

2. 凯茜今年29岁，已婚并有一个3岁的儿子。她持有的100 000美元的普通人寿保险保单包括免缴保费条款、保证增保条款和提前给付死亡保险金批单。凯茜有几个经济目标。对于下面的情况，请指出能够达成凯茜目的的合同条款。分别分析下面的每一种情况。

　　a. 如果凯茜死了，她希望保险金能够以每月收入的形式支付给她的家庭，直到她的儿子年满18岁。

　　b. 凯茜由于没有在红灯的时候及时停下来发生了交通事故，这导致她完全丧失劳动能力。在6个月之后，她还没有复原，仍然不具有劳动能力。其结果是，她无法根据曾经接受的培训和经历从事之前的工作。她发现支付人寿保险保费已经构成了经济负担。

　　c. 当她退休的时候，凯茜希望保单具有足够的现金价值以年金的形式给她带来收入。她希望年金支付至少持续10年。

　　d. 凯茜处于心脏病后期。凯茜的医生认为她会在1年内死亡。凯茜没有存款，也没有健康保险，而且医疗费用非常高。她需要50 000美元支付所有的医疗费用和其他债务。

　　e. 在保单签发之后3年，凯茜被诊断患有乳腺癌。结果，她现在不具有可保性。她希望购买更多的人寿保险，为她的家庭提供保障。

3. 吉姆今年32岁，购买了一份300 000美元的5年期可续保、可转换定期保险。在回答关于健康问题的时候，吉姆告诉代理人，他在过去的5年中没有看过医生。但是，他2个月前看过医生。医生告诉吉姆，他有严重的心脏病。吉姆在申请保险的时候没有向代理人说出这一点。吉姆在购买保单3年后死亡。在那个时候，人寿保险公司发现了他的心脏病。解释保险公司支付死亡保险金的责任范围。

4. 追加的批单和保险金可以附加到人寿保险保单中，向被保险人提供更多的保障。描述下面的每一种批单和选择权：

　　a. 免缴保费条款
　　b. 保证增保选择权
　　c. 双倍赔偿特约条款
　　d. 生活消费指数批单
　　e. 提前给付死亡保险金

网络资源

● 美国人寿保险协会在联邦和州的层次上代表人寿保险行业处理立法和监管问题。该网站为消费者提供关于使用及人寿保险类型的信息。网址为：acli.com

● 美国消费者联盟（CFA）是一个非营利组织，代表了消费者群体的利益。其网站是获取关于人寿保险和其他保险产品有价值的信息的最好的网站之一。CFA提供低成本的寿险评估服务，个人的寿险保单可以以较低的费用得到估值。网站地址为：consumerfed.org

● InsWEB提供人寿保险和保费报价以及屋主保险、汽车和其他保险产品的最新信息。网址

为：insweb. com
- Insure. com 提供人寿保险的最新信息、保费报价和其他消费者信息。该网站还发布影响保险行业重点事件的新闻。网址为：insure. com
- 人寿和健康保险教育基金（LIFE）是一个非营利性组织，帮助消费者在为家庭购买保障时做出正确的决策。涉及的主题包括寿险、失能、长期护理和健康保险。该组织的目的是帮助消费者更好地理解这些产品以及理解保险专业人士在帮助他们实现这些目标方面的重要性。网址为：lifehappens. org
- 国家核保公司出版关于人寿保险产品的书籍和期刊。公司出版的《全美核保人》(National Underwriter)（人寿和健康/金融服务版）是一份每周出版的商业杂志，其中及时提供了人寿保险行业的新闻。网址为：nationalunderwriter. com
- 美国保险监督官协会（NAIC）的网站提供了各州保险部门的链接，提供了人寿保险消费者的大量信息。点击"State and Jurisdiction Map."，进去之后，可查阅纽约州、威斯康星州和加利福尼亚州的网站。网址为：naic. org
- 美国临终结算和寿险贴现协会是一个代表临终结算经纪人和基金公司的组织。网站帮助那些不再需要寿险保单的人们得到保单的价值。网站提供一些结算方案。网址为：mylifesettlement-broker. com

参考文献

Anderson, Buist M. *Anderson on Life Insurance*. Boston, MA: Little, Brown, 1991. See also the *September 1996 Supplement to Anderson on Life Insurance*.

Black, Kenneth, Jr., and Harold D. Skipper, Jr. *Life Insurance*, 13th ed. Upper Saddle River, NJ: Prentice-Hall, 2000, chs. 9 – 10.

Graves, Edward E., ed. *McGill's Life Insurance*, 8th ed. Bryn Mawr, PA: The American College, 2011, ch. 27.

Graves, Edward E., and Burke A. Christensen, eds. *McGill's Legal Aspects of Life Insurance*, 7th ed. Bryn Mawr, PA: The American College, 2010.

"The Growing Speculation in Human Lives, Through the Secondary Market for Life Insurance Policies," *The Insurance Forum*, June 2006.

"Life Insurance Companies Should Take Over the Secondary Market for Their Policies," *The Insurance Forum*, August 2006.

第 13 章

购买人寿保险

"当购买人寿保险的时候,第一年的保费成本相对容易进行比较,但这并不是保单的长期成本。"

——消费者协会

学习目标

学习完本章,你应当能够:

◆ 解释用于确定人寿保险成本的传统净成本法的不足。

◆ 解释用于确定人寿保险成本的两种方法——利息调整退保成本指数和净支付成本指数。

◆ 解释用于确定人寿保险保单中储蓄部分年收益率的年收益率法。

◆ 说明购买人寿保险时应遵循的原则。

◆ 了解怎样计算人寿保险保费。

埃斯里今年28岁,离异,有一位2岁的儿子。由于前夫残疾,她收到了无子女补助。埃斯里作为一名医疗技术人员每年收入30 000美元。尽管资金紧张,她还是希望购买一些人寿保险为孩子提供保障。一位人寿保险代理人最近约见了埃斯里,并给她提出了一些建议。但是,她不知道怎么评估不同的保险计划。和大多数保险消费者一样,埃斯里不知道在购买人寿保险之前,对不同保单进行成本比较的重要性。

本章将会回答埃斯里在购买人寿保险时所关心的一些问题。大多数消费者购买人寿保险时不会考虑那么多。他们通常不了解保险公司之间存在巨大的成本差异,而经常从劝他们购买的第一个代理人那里购买。结果,他们可能为购买的保险保障付出了很多不必要的钱。在人的一生当中,购买高成本的保险比低成本的保险要多支出数千美元。

本章中,我们将讨论购买人寿保险应关注的基本因素。包括的内容有确定人寿保险成本的不同方法，现金价值保单储蓄部分的收益率，以及购买人寿保险的小贴士。本章的附录解释了人寿保险保费的计算方法。

确定人寿保险的成本

计算人寿保险的成本非常复杂。总的来说，成本可以被看作人寿保险支出与所获得的收益之间的差异。如果支付保费而无法获得任何收益，保险的成本就等于支付的保费。但是，如果支付了保费，且后来收回了一些钱，例如现金价值和红利，那么成本就降低了。在计算人寿保险的成本时，必须考虑如下四个主要因素：(1) 年缴保费，(2) 现金价值，(3) 红利，(4) 货币的时间价值。两种考虑了前述所有因素或者几个因素的成本方法分别是传统的净成本法和利息调整成本法。尽管接下来的讨论针对的是现金价值人寿保险，但是相同的方法也可以用于计算定期人寿保险的成本。

传统净成本法

从历史上来看，人寿保险公司之前一般都使用**传统净成本法**（traditional net cost method）来计算人寿保险的净成本。根据这种方法，需要加总特定期间的年保费。通过将这段时期内获得的预期红利之和加上期末的现金价值，并将其从总保费中扣除，可以计算出人寿保险的净成本。例如，假设一位20岁的女性购买一份10 000美元普通人寿保险保单所需支付的年保费是132.10美元。20年内的预期红利为599美元，20年末的退保金为2 294美元（见图表13—1）。每年的平均成本是—12.55美元（每1 000美元保费的成本为—1.26美元）。

图表13—1	传统净成本法	单位：美元
20年总保费		2 642
扣除20年的红利		—599
20年的净保费		2 043
扣除20年末的现金价值		—2 294
20年的保险成本		—251
每年的净成本（—251÷20）		—12.55
每年1 000美元的净成本（—12.55÷10）		—1.26

传统净成本法有一些缺点，在某些情况下还会产生误导。最为明显的缺点是没有考虑货币的时间价值。该方法也没有考虑投保人将保费投资于其他地方获得的利息。此外，保险说明经常提及保险是免费的（具有负的成本）。这与一般的认识相反，因为没有保险公司会提供免费的保险保障。

利息调整成本法

由美国保险监督官协会开发的**利息调整成本法**（interest-adjusted cost method）在计算人寿保险成本方面更为精确。根据这种方法，货币的时间价值成本通过将利息纳入每一项成本要素而考虑在内。

目前有两种主要类型的利息调整成本指数，分别是退保成本指数和净支付成本指数。如果人们认为自己会在10年或20年末（或者其他期间末）退保，那么可以使用退保成本指数。如果人们想让保单有效，而现金价值的重要性则处于第二位，那么可以使用净支付成本指数。

退保成本指数　　退保成本指数（surrender cost index）测度的是，人寿保险在某一时期末（例如10年或20年末）退保的成本（见图表13—2）。

图表 13—2	退保成本指数	单位：美元
20年总保费（每一笔以5%的利率积累）		4 586
扣除20年的红利（每一笔以5%的利率积累）		－824
20年的净保费		3 762
扣除20年末的现金价值		－2 294
20年的保险成本		1 468
按照5%的利率，每年年初存入1美元，到20年年末将积累的数额		34.719
每年的利息调整成本（1 468÷34.719）		42.28
每年每1 000美元的成本（42.28÷10）		4.23

每年的保费以5%的利率积累起来。这可以被看作是投保人将保费投资于其他项目的收益。尽管没有说明，考虑到红利的利息收益和每笔红利的数额和发放的时间，每年的红利也被认为按照5%的利率累积起来。假设20年末累积的红利价值是824美元。仍然以前面的保单为例，利息调整后的20年的净保费为3 762美元。

下一步是从净保费中扣除20年末的保单现金价值，得到的保险总成本是1 468美元。在考虑了货币的时间价值之后，投保人通过支付这一金额来获得20年的保险保障。

最后一步是将20年的利息调整成本转换为年均成本。通过用利息调整总成本除以年金因子（annuity due factor）34.719得到年均成本。该因子是指，按照5%的利率，每年年初存入1美元，到20年年末将积累34.719美元。用1 468美元的利息调整总成本除以34.719美元，我们得到年均利息调整成本42.28美元，或者每1 000美元的成本为4.23美元。正如我们所看到的，利息调整成本为正。这意味着考虑了利息因素之后，其实购买人寿保险是有成本的。在这个例子中，如果保单在20年之后退保，年均成本为42.28美元。

净支付成本指数　　净支付成本指数（net payment cost index）测度的是，在某一时期末（例如10年或20年末）发生死亡时的保单的相对成本。它所根据的假设是没有退保。在保单保持有效的情况下，使用该指数比较合适。

净支付成本指数的计算类似于退保成本指数，除了没有扣除现金价值（见图表13—3）。

图表 13—3	净支付成本指数	单位：美元
20年总保费（每一笔以5%的利率积累）		4 586
扣除20年的红利（每一笔以5%的利率积累）		－824
20年的保险成本		3 762
按照5%的利率，每年年初存入1美元，到20年年末将积累的数额		34.719
每年的利息调整成本（3 762÷34.719）		108.36
每年每1 000美元的成本（108.36÷10）		10.84

如果保单有效期达到20年，在考虑利率因素之后年均成本是108.36美元（每1 000美元的成本是10.84美元）。

保险公司之间成本的巨大差异

不同保险公司的成本存在很大的差异。图表13—4显示了一份分红型终身寿险保单20年的历史表现，该份保单签发给了一位不抽烟的45岁优质男性客户。红利以现金形式支付。时间区间为1990年12月31日到2010年12月31日。

在解释这些指数的时候，指数越低，保单的成本越低。图表中各列的数字显示了保单第一次签发时估算的利息调整成本。不过，请注意，所有保单的实际成本远高于预期。这是因为利率在这段时间出现显著下降，并导致保单持有人红利减少。正如图表13—4所显示的，基于实际成本法，20年内的退保成本指数变化范围为，曼彻斯特储蓄银行人寿保险（Savings Bank Life of MA）每1 000美元-0.24为最低，相互信托人寿保险（Mutual Trust Life）每1 000美元4.14为最高。类似地，基于实际成本法，净支付成本指数范围为，曼彻斯特储蓄银行人寿保险（Savings Bank Life of MA）每1 000美元10.08为最低，苏利文路德金融公司（Thrivent Financial for Lutherans）每1 000美元19.99（65岁时结清）为最高。成本如此大幅度的变化印证了之前所说的重要一点，如果在购买人寿保险的时候认真考察成本指数，那么就可以在长期内节省下大量的资金。

遗憾的是，大多数消费者在购买人寿保险的时候不会考虑利息调整成本。相反，他们将保费作为比较的根据。但是，仅仅使用保费进行比较是不全面的。利息调整成本数据可以提供关于保单预期成本更为准确的信息。

图表13—4 终身寿险实际历史表现，250 000美元，45岁男性不抽烟，优先级

	20年历史表现 （保单签发日1990年12月31日，到期日2010年12月31日）		20年现金红利*			
				退保成本指数		净支付成本指数
公司	主要保单（12/31/90）	保费（美元）	预期	实际	预期	实际
Country Financial Life	Executive Whole Life	4 850	-0.99	2.57	9.78	13.34
Guardian Life	Whole Life 100（89-Form）	5 211	-0.82	3.72	10.46	15.00
Massachusetts Mutual Life	Whole Life-MM Block	4 730	0.27	2.95	10.46	13.72
Met Life	Whole Life	4 820	-1.73	2.99	9.10	13.82
Mutual Trust Life	Econolife	4 745	-1.27	4.14	9.36	14.77
New York Life	Whole Life	4 710	-2.28	2.02	8.20	12.50
Northwestern Mutual Life	90 Life	5 815	-0.24	1.59	11.26	13.09
Penn Mutual Life	Traditional Life	5 088	-1.25	3.33	9.35	13.93
Savings Bank Life of MA	Straight Life	4 388	-1.60	-0.24	8.72	10.08
Security Mutual Life of NY	Customizer	4 358	-0.76	3.97	9.36	14.09
State Farm Life	Estate Protector	4 708	-0.14	3.69	9.97	13.81
Thrivent Financial for Lutherans	Life Paid-Up at 65（L65）	7 235	-3.92	2.42	13.65	19.99
Thrivent Financial for Lutherans	Life Paid-Up at 96（L96）	5 103	-1.17	2.82	10.29	14.29

*最优级别至少为签发保单的15%。

资料来源：Adapted from Roger L. Blease, "Full Disclosure Whole Report," *National Underwriter*, Life & Health Magazine, May 17, 2010.

运用利息调整成本数据

如果有人劝你购买人寿保险，你可以让代理人为你提供关于保单的利息调整成本数据。你还可以在购买之前从其他保险公司那里获得类似的信息。

如果使用利息调整成本数据对保单进行比较，请注意下面几点：

- 购买的是保单而不是保险公司。一些保险公司在特定的年龄和保障数额方面的成本确实很低，但是在其他年龄段和保障数额方面却没有优势。
- 仅仅比较相似的保险计划。你应该比较具有相同收益的同类型的保单。否则，比较会产生误导。
- 忽视成本指数数据的细微差异。微小的成本差异可以被你从代理人或保险公司那里获得的其他个性化的保单或服务所抵消。
- 只将成本指数应用于新保单。在决定是否用一份新保单来代替已有保单时，不应使用这些成本指数，这时候还应该考虑其他因素（见专栏13.1）。
- 不应该仅仅根据成本指数来确定应该购买的保单类型。应该购买最能够满足自己需要的保单，例如定期、终身或两者的综合。一定在决定了要购买的保单类型后，再去比较它们的成本。

专栏 13.1 ☞

更换人寿保险保单时应当考虑的因素

人寿保险的更换

如果你持有一份人寿保险保单，在更换它的时候一定要小心。尽管原来的保险公司和更换的保险公司的财务实力对比很重要，但是你还要考虑其他一些因素，下面将简要指出一些需要考虑的因素。

- 如果你考虑更换保险，你的健康状况和其他将会影响你的投保资格的因素将会被复查。有可能你将无法达到新保单的要求，或者适用费率很高。
- 你需要确定解除原保单的成本。许多保险单的退保费用非常高。
- 还要确定购买替代保单的成本。许多保单的手续费用很高。
- 你需要考虑更换保单在税收方面的影响。在一些情况下，保单的终止可能会增加你的所得税。尽管可以延期缴税，但在采取措施之前，你必须咨询你的税务咨询师。
- 你要考虑不可抗辩条款。如果保单生效已经超过两年，保险公司无权因为你在投保申请中的不实声明而宣告保单无效。因此，你的原保单可能具有不可抗辩性，但新保单却会让你失去这项权利两年。
- 你还应该了解自杀条款。在保单生效头两年，自杀条款属于除外责任。而初始保单现在可能已经对自杀提供保障了，而替换保单还需要两年才能为自杀提供保障。

如果有人建议你更换保单，要试着了解一旦你接受其建议，那个人所能够得到的回报。一些人从专业的角度，想帮助你减少费用或在你原来的保险公司面临财务问题的时候帮助你避免可能遇到的问题，从而为你提出更换保单的建议。但是另一些人也可能就像在水中搜寻血腥的鲨鱼一样，专门打那些有财务困难的保险公司的投保人的主意。提供建议的人会从销售更换保单中获得收益并不意味着他就只会提供不好的建议，但你也应该小心。

资料来源：Adapted from Joseph M. Belth, ed. "Life Insurance Replacement," *The Insurance Forum*, vol. 39, no. 9 (September 2012), p. 85. Used by permission of *The Insurance Forum*, Editor：Joseph M. Belth, © 2012.

美国保险监督官协会的保单说明凡例监管

如果不对美国保险监督官协会（NAIC）制定的《人寿保险保单说明凡例监管》（the Life Insurance Policy Illustration Model Regulation）进行简要的讨论，那么我们对人寿保险的讨论就是不完整的。

大部分州已经采用了凡例监管。凡例法规要求保险公司向申请者提供人寿保险的相关信息。保单说明中包括一个叙述性说明，该说明描述保单的基本特点，包括保单的作用、核保分类成本条款、死亡给付选择权、保费支付和附加条款。描述性概要还应指出，保单不提供担保的因素、保单的联邦税收方针、关键定义、利息调整成本数据。

除此之外，保单说明中还包括对数字的说明，其中包括保费的支出、累计账户的价值、退保现金价值、死亡保险金。保单说明里还必须提供三种保单价值。提供这些保单价值应基于（1）保单当前适用利率，（2）保单保底利率，（3）二者的中间利率。说明中还应指出，在三组利率假设下，应让保单保持有效的年数。申请人和代理人必须在声明上签字，以表明他们已经讨论并了解保单中的未承诺事项会发生变化，而且可能比说明中所指出的价值更高或更低。

在保单价值的说明中，欺骗性销售行为是禁止的。例如，保险公司不得在保险销售说明中使用修改后的死亡率所计算出的预期收益；不能使用"无效保费"；声明中的保单价值必须经过独立的验证来证明其合理性。

最后，当红利规模可能对保单价值产生负面影响的定价因素发生变化的时候，保险公司必须提供保单的年度报告，并通知投保人。凡例监管将会减少投保人对保单价值的误解，并减少代理人的销售欺诈。

储蓄部分的收益率

另一个重要问题是传统终身人寿保险储蓄部分的收益率。消费者一般不了解其保单的储蓄部分每年的收益率。购买回报较低的传统现金价值保单的消费者，在整个保险期间内，会因为忽视利息而损失大量金钱。因此，如果人们想将资金长期投资于人寿保险保单，那么考虑其储蓄部分的收益率很重要。

林顿收益率法

林顿收益率法（Linton yield）是用于计算现金价值保单储蓄部分收益率的一种方法。这个方法是艾伯特·林顿（M. Albert Linton）发明的，他是一位著名的人寿保险精算师。实际上，林顿收益率法计算的是持有多年的现金价值保单的年均收益率。它所根据的假设是，保单可以被看作保险保障和储蓄基金的组合。为了计算特定时间内的年均收益率，人寿保险必须确定每年有多少保费存在储蓄基金内。这一数额等于年保费（扣除红利）扣除当年保险保障成本后的余额。保费的收支差额可以存入储蓄基金。年均收益率是一种复合利率，要保证储蓄存款等于特定期间末保单承诺的现金价值。

林顿收益率的计算很复杂，需要特定的信息。遗憾的是，消费者很难获得根据林顿收益率法计算的当前收益率。但是，美国消费者联盟根据林顿收益率法对109份现金价值保单的研究表明年收益率的差异很大。尽管已经时过境迁，但是其研究结论在今天仍然是有效的。该研究表明，这109份保单的平均年收益率范围在首年的－87.9%到第20年的8.2%之间。[1] 林顿收益率今天的值会非常低，因为利率最近几年大幅下降。因此，为了避免资金损失，持有期控制得很严格。美国消费者联盟建议，消费者不应该购买现金价值保单，除非他们计划持有保单至少20年。

如前所述，根据林顿收益率法计算的年收益率在保单生效的最初几年中一般为负。负的收益率反映出最初销售保单时产生的大量首年获取费用和管理费用。在售出保单时还包括代理人佣金、医疗检查费用、检验报告和其他费用。由于这些费用大多数现金价值保单在第一年时几乎没有现金价值，在最初几年中，保单的现金价值相对较低。

由于现在还很难获得林顿收益率的信息，这一方法作为一种消费者工具的使用还很有限。因此，我们需要考虑其他方法。下面讨论的年收益率法比较简单，但是却能够帮助人们计算保单储蓄部分的年收益率。

年收益率法

约瑟夫·M·贝尔思（Joseph M. Belth）教授为计算现金价值保单储蓄部分的年收益率设计了年收益率法。[2] 年收益率法的公式为：

$$i = \frac{(CV+D) + YPT \times (DB-CV) \times 0.001}{P+CVP} - 1$$

这里

i＝储蓄部分的年收益率，以小数表示；

CV＝保单有效期内每年年末的现金价值；

D＝每年红利；

YPT＝假设每1 000美元保障的年价格（见图表13—6的基准价格）；

DB＝死亡保险金；

P＝年保费；

CVP＝上年末的现金价值。

公式分子中的第一项是在保单年度末得到的数额。分子的第二项是保障的价格，通过将假设的保障数额乘以每1 000美元保障的假设价格得到该数额。不同年龄的1 000美元保障的假设价格是来自美国人口死亡率的基准价格（见图表13—5）。最后，公式的分母代表了保单年初获得的数额。

---

[1] Consumer Federation of America, *Rates of Return on Cash-Value Policies Vary Widely*, press release, July 16, 1997.

[2] 这部分基于 Joseph M. Belth, *Life Insurance: A Consumer's Handbook*, 2nd ed. (Bloomington, IN: Indiana University Press, 1985), pp. 89 - 91, 208 - 209.

图表13—5　　　　　　　　　　　　　基准价格

年龄	基准价格（美元）
30 岁以下	1.50
30～34 岁	2.00
35～39 岁	3.00
40～44 岁	4.00
45～49 岁	6.50
50～54 岁	10.00
55～59 岁	15.00
60～64 岁	25.00
65～69 岁	35.00
70～74 岁	50.00
75～79 岁	80.00
80～84 岁	125.00

注：基准价格由美国人口死亡率推导而来。以5岁为一年龄段，每个年龄段的基准价格与该年龄段年龄最高的人每1000美元保障的赔付额接近。

资料来源：Adapted from Joseph M. Belth, *Life Insurance：A Consumer's Handbook*, 2nd ed. (Bloomington, IN: Indiana University Press, 1985), table 9, p. 84. Reprinted by permission of the author.

例如，假设马克在35岁的时候购买了一份100 000美元的分红普通人寿保险。他今年42岁，处于第8个保单年度初期。他想知道第8个保单年度，保单储蓄部分的年收益率。年保费是1 500美元。在第7个保单年度末，保单的现金价值是7 800美元，第8个年度末的保单现金价值为9 200美元。第8年的保单红利是400美元。由于马克处于第8个保单年度初期，这时他42岁，每1 000美元的基准价格是4.00美元（见图表13—5）。

根据前面提供的信息，我们可以这样来计算出第8个保单年度的年收益率：

$$i = \frac{(9\,200+400)+4\times(100\,000-9\,200)\times 0.001}{1\,500+7\,800}-1$$

$$=\frac{9\,600+4\times 90\,800\times 0.001}{9\,300}-1$$

$$=\frac{9\,600+363}{9\,300}-1$$

$$=\frac{9\,963}{9\,300}-1$$

$$=1.071-1=0.071$$

$$=7.1\%$$

第8个保单年度的年收益率是7.1%，假设每1 000美元保障的当年价格是4美元。

贝尔思方法的最大优点是简单——你甚至不需要用计算器。所有需要的信息可以从你的保单中和保费报告中，或联系你的代理人或保险公司而得到。

人寿保险的税收问题

讨论人寿保险的购买而没有涉及人寿保险的税收问题，这样的讨论显然是不全面的。因此，在本节，我们将简要讨论人寿保险的税收问题。

联邦所得税

一次性支付给指定受益人的人寿保险金通常是免缴所得税的。如果保险金分期给付，那么给付将包括本金和利息。本金免缴所得税，但是利息将作为普通收入应纳税。

支付个人人寿保险保单的保费一般不享受所得税减免。人寿保险保单的红利免缴所得税。但是，在利息权益中的红利的利息对于投保人而言是应税收入。如果红利用于购买增额缴清附加保险，除非合同终止时能够获得收益，否则增额缴清附加保险的现金价值将按照免税的方式一直累积（稍后进行讨论）。因此，与利息权益相比，增额缴清附加选择权具有较小的税收优势。

此外，终身人寿保险保单每年的现金价值的增加免缴当年所得税。但是，如果投保人要获得退保现金价值，那么任何收入都将作为普通收入纳税。如果现金价值超过支付的部分减去红利，超额的部分将作为普通收入纳税。

联邦遗产税

如果被保险人在死亡的时候享有任何保单所有权所附带的权利，则这些权利带来的全部权益也将视为被保险人的遗产。所有权附带的权利包括改变受益人的权利、借出保单现金价值或退保的权利，选择理赔方式的权利。如果这些收益用于购买固定资产，那么也应当计入被保险人的遗产总额。如果投保人将保单无条件转让给其他人，并且在去世的时候不享受保单所有权附带的任何权利，那么这些收益可以不计入被保险人的遗产。但是如果保单转让发生在投保人死亡前的3年内，则收益将计入死者的遗产总额，并缴纳联邦遗产税。

当已故者的应税遗产超过一定限额时，就需要支付联邦遗产税。基本免税额为500万美元，该数值以指数化的形式与通货膨胀挂钩。2012年的免税额为512万美元。暂定税金会降低或者取消议定额度，这被称为统一税收抵免。对于死于2012年的一个人，税收抵免额度为1 772 800美元。这将完全取消低于512万美元的应税遗产需要缴纳的遗产税。

为了确定是否需要支付联邦遗产税，首先必须确定遗产的总价值。总遗产包括人们在死亡时拥有所有权的所有财产的价值。总遗产还包括人们在死亡时拥有附带权益的人寿保险死亡赔付金、向继承人或遗产支付的某些年金的价值，以及人们死亡三年内转移的某些财产的价值。总遗产会因为确定应税遗产时的某些减免而降低。允许减免的项目包括丧葬费和管理费用、对遗产的主张费用、遗产清算和遗嘱检验费、慈善捐赠以及其他项目。

此外，总遗产还可以扣除掉配偶扣除额。配偶扣除额是应扣除掉的，包括在总遗产中转移给生存配偶的财产价值。这种财产以后会在配偶死亡的时候缴税。例如，假设理查德2012年去世，总遗产为850万美元。他将其中的300万美元财产给了他的妻子。这样，配偶扣除额就是300万美元。假设抵押贷款和债务、遗嘱认证和行政成本以及丧葬费等总计为38万美元，则应税遗产为512万美元，暂定联邦税收为1 772 800美元。但是，由于统一抵税额为1 772 800美元，所以联邦遗产税为零（见图表13—6）。

图表13—6   联邦遗产税的计算*   单位：美元

总遗产数额	8 500 000
减：	

抵押贷款和债务	300 000
管理成本	50 000
丧葬费	30 000
	380 000
调整后的总遗产数额	8 120 000
减：	
配偶扣除额	−3 000 000
应税遗产	5 120 000
暂定税收	1 772 800
减：	
统一抵税额	1 772 800
联邦遗产税	0

* 此人死于 2012 年。

购买人寿保险

制定一份可行的人寿保险计划包括七步，这七个步骤在图表 13—7 中已经进行了说明，并将在后面进行讨论。

```
┌─────────────────────────┐
│   确定是否需要人寿保险   │
└───────────┬─────────────┘
            ↓
┌─────────────────────────┐
│ 估计需要购买的人寿保险的数额 │
└───────────┬─────────────┘
            ↓
┌─────────────────────────┐
│  选择最适合的人寿保险类型  │
└───────────┬─────────────┘
            ↓
┌─────────────────────────┐
│ 确定是否需要支付红利的保险 │
└───────────┬─────────────┘
            ↓
┌─────────────────────────┐
│   寻找并购买成本最低的保险  │
└───────────┬─────────────┘
            ↓
┌─────────────────────────┐
│   考虑保险公司的经济实力   │
└───────────┬─────────────┘
            ↓
┌─────────────────────────┐
│    与有能力的代理人交易    │
└─────────────────────────┘
```

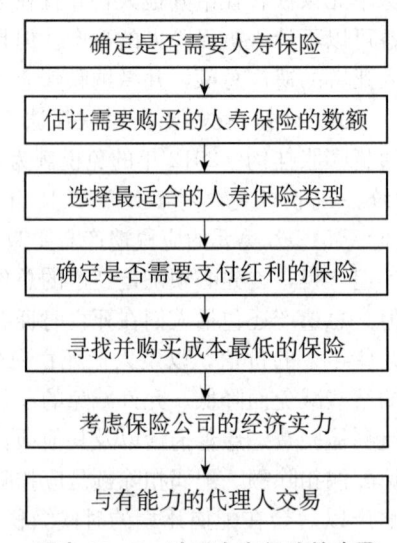

图表 13—7　购买人寿保险的步骤

确定是否需要人寿保险

第一步是确定你是否需要购买人寿保险。如果你已婚或是一位有一个以上的人员要扶养的单身人士，那么你就需要大额的人寿保险。如果你有临时需要，你可能需要人寿保险，例如为住宅支付抵押贷款。此外，如果你有大量的资产，这时候一份大额的人寿保险可以为你提供资产的流动性，支付州或联邦遗产税。

但是，如果你现在单身，而且没有人需要你养活，那么你不需要人寿保险，除非想得到适量的丧葬费用。在年轻的时候购买人寿保险来保障未来的可保性的观点并不是绝对的。即使一个人的情况会发生变化，未来可能需要人寿保险，申请人寿保险的 10 个人当中超过 9 个适用标准或优惠费率。因此，在不需要的时候购买人寿保险是在浪费钱。

估计需要购买的人寿保险的数额

我们需要一种实用的方法来计算需要购买的人寿保险的数额。需要养活别人的人常常需要非常高的人寿保险。在确定人寿保险的数额的时候，你必须考虑你的家庭当前和未来的经济需要，社会保障基金提供的遗属抚恤金，以及现在拥有的其他金融资产。

如果现在已经有了足够数额的人寿保险，就不再需要购买额外的人寿保险作为补充保障。这些追加的保障是无穷无尽的，包括人寿保险公司提供的意外死亡保险，商业银行提供的意外死亡和肢体残疾保险、消费者贷款提供的信用人寿保险，以及以邮寄方式销售的人寿保险。此外，机场销售的飞行保险对于大多数消费者而言并不划算，因为商业航班很少坠毁。

选择最适合的人寿保险类型

下一步是选择最合适的人寿保险类型。最好的保险类型是能够最好地满足人们经济需要的保险。如果人们可以用于购买人寿保险的资金有限，或者如果有临时需要，那么就可以考虑定期人寿保险。如果需要终身保障，那么可以考虑普通人寿保险或万能人寿保险。如果感觉自己不进行强制存款就无法存下钱，那么也可以考虑普通人寿保险或万能人寿保险。但是要记住，现金价值保单的年收益率存在很大差异。

而且要避免购买你无法负担的保险。许多被保险人在最初几年就让保单失效了，特别是那些现金价值保单。因为退保费用的存在，如果保单在最初几年退保，那么可能不会留下什么现金价值。如果在几个月或几年后放弃你的现金价值保单，那么你会损失很多钱。要仔细考虑你能够承担的保费。

确定是否需要支付红利的保险

最近几十年中，支付红利的分红人寿保险的销售情况好于不分红保险，因为较高的利率允许保险公司提高它们的分红。但是，利率已经开始下降了，许多保险公司因为超额利息收益的下降，而降低了它们分配的红利。因此，如果你认为未来利率会更高，那么你可以考虑分红保险，因为超额利息对红利有着强有力的影响。但是，如果你认为利率未来将会处于较低的水平上，那么可以考虑不分红保险。不支付红利的保险一般需要支付的保费也较低。

如果购买变额人寿保险、万能人寿保险，或者变额万能人寿保险，那么可以省略前面几步，这些保险是不分红的，而且不支付红利。

寻找并购买成本最低的保险

最重要的建议之一是仔细寻找并购买低成本的保险。不应该在第一个代理人劝你购买保险的时候就从他或她那里购买人寿保险。相反，你应该在购买保险之前，比较不同保险公司的类似保险的利息调整成本。否则，你可能为购买保险保障支付过多的钱。如果你犯了一个错误，购买了一份成本较高的保险，那么这份保单将在你的一生中使你花费大量不必要的钱。

当你购买低成本保单的时候，你还应该考虑无附加费用或**费用负担低的人寿保险**（low-load life insurance）。一些人寿保险公司通过电话销售代表或通过只需支付手续费的财务规划师直接向公众销售保险。这种方式的主要优点是，此类保险产品的市场销售费用远低于通过代理人向公众销售的保险。有两家通过电话销售无附加费用或费用负担低的保险公司，分别是美国人寿咨询服务公司（Ameritas Advisors Services）（1-800-555-4655）和 USAA 人寿保险公司（1-866-391-0347）。

考虑保险公司的经济实力

除了成本之外，还需要考虑售出保单的保险公司的经济实力。一些人寿保险公司已经不具备偿付能力，或者已经破产。尽管各州都设立州保障基金来支付无偿付能力的人寿保险公司的理赔，但是却对保证偿付的金额设置了限额。尽管死亡保险金会迅速给付，但是在借出或撤出现金价值之前还是要等待数年。因此，只从财务状况良好的保险公司购买人寿保险就很重要。

一些评级机构定期对人寿保险公司的经济实力进行评级（见图表13—8）。根据保险公司的资本和盈余、法定准备金、投资质量、历史盈利能力、管理能力和其他因素，对保险公司进行评级。但是，不同的评级对消费者的意义是不同的，甚至会让消费者感到迷惑。不同评级机构的等级划分有很大差异。约瑟夫·M·贝尔思作为人寿保险领域的著名消费者专家，提议在购买保单之前，所选择的保险公司至少在下面四家评级机构中的两家的评级中评级较高。下面这四家机构的下列评级对于保守的人而言，评级相对较高：[①]

贝斯特（Best）：A++，A+，A

惠誉（Fitch）：AAA，AA+，AA，AA−

穆迪（Moody's）：Aaa，Aa1，Aa2，Aa3

标准普尔（S&P）：AAA，AA+，AA，AA−

图表13—8　主要评级机构的等级分类

排序	评级			
	贝斯特	惠誉	穆迪	标准普尔
1	A++	AAA	AAA	AAA
2	A+	AA+	AA1	AA+
3	A	AA	AA2	AA
4	A−	AA−	AA3	AA−
5	B++	A+	A1	A+
6	B+	A	A2	A
7	B	A−	A3	A−
8	B−	BBB+	BAA1	BBB+
9	C++	BBB	BAA2	BBB
10	C+	BBB−	BAA3	BBB−

[①] Joseph M. Belth, ed., "Financial Strength of Insurance Companies," vol. 38, no. 9 (September 2011), p. 224.

续前表

排序	评级			
	贝斯特	惠誉	穆迪	标准普尔
11	C	BB+	BA1	BB+
12	C−	BBBB−	BA2	BBBB−
13	D	B+	BA3	B+
14	E	B	B1	B
15	F	B−	B2	B−
16	S	CCC+	B3	CCC+
17		CCC	CAA1	CCC
18		CCC−	CAA2	CCC−
19		CC	CAA3	CC
20		C	CA	C
21			C	R

注：特定级别的评级并不一定必须与另一个相同。

资料来源：Joseph M. Belth, ed., "Financial Strength of Insurance Companies," *The Insurance Forum*, vol. 39, no. 9 (September 2012), p. 83. Used by permission of *The Insurance Forum*, Author: Joseph M. Belth.

与有能力的代理人交易

在购买保险的时候，应该和有能力的代理人进行交易。销售人寿保险是一项艰辛的工作，只有一小部分新人寿保险代理人能够获得成功。

大多数新代理人在获得销售人寿保险资格之前只接受了很少培训，新代理人还经常处于销售人寿保险的巨大压力之下。即使老练的代理人也被要求销售一定数量的保险。因此，一些代理人通过误导消费者或建议客户购买佣金最高的保险，进行欺诈性销售，而不是最能满足客户需要的保险。

为了减少听取不好的建议或购买错误的保险的可能性，人们应该选择有专业资格认证的代理人。具有**特许寿险核保人**（CLU）、**注册财务顾问**（ChFC）或**注册财务规划师**（CFP）资格的代理人拥有足够的专业技能，能够提供合理的建议。更重要的是，能够通过上述职业资格认证，证明这些代理人能够遵守道德规范，并将委托人的利益置于自身利益之上。当然，那些正在申请考取如上职业资格的代理人也可以考虑。

案例应用

向一位35岁的男士销售一份10 000美元的分红普通人寿保险。下面是相关的成本数据：

年保费	230美元
20年的红利总额	1 613美元
20年末的现金价值	3 620美元
按照5%的利率，年保费累积20年的价值	7 985美元
按照5%的利率，红利累积20年的价值	2 352美元
按照5%的利率，每年年初存入1美元，到20年年末将积累的数额	34.719美元

a. 根据这些信息，使用传统净成本法计算20年末每1 000美元人寿保险的年净成本。

b. 计算20年末1 000美元人寿保险的年退保成本指数。
c. 计算20年末1 000美元人寿保险的年净支付成本指数。

本章小结

- 类似的人寿保险保单之间的成本存在很大差异。在一生中被保险人购买高成本的保单将比购买低成本的相同数额的保险保障花费高出数以万计的钱。
- 用传统的净成本法计算人寿保险的成本是有缺点的，因为它忽略了货币的时间价值，所以保险通常看起来好像是免费的。
- 利息调整法在测度人寿保险的成本的时候更准确。通过将利息因素纳入每个因素的成本中，将货币的时间价值纳入考虑范围。如果你对某一期间末的退保感兴趣，使用退保成本指数比较合适。如果想让保单一直有效，就应该使用净支付成本指数。
- 对于消费者而言，很难获得传统现金价值人寿保险储蓄部分的年收益率的数据。但是，年收益率法对这方面感兴趣的消费者是有用的。
- 一次性支付给指定受益人的人寿保险金通常免缴所得税。个人人寿保险保费不享受税收减免。如果为了获得保单的现金价值而放弃保单，所有收益都像普通收入一样需要纳税。如果现金价值超过支付的保费减去红利，那么超额的部分就要像普通收入一样纳税。对于投保人而言，终身寿险保单现金价值每年的增长额不属于应税收入。
- 如果被保险人在死亡的时候享有任何保单所有权所附带的权利，则这些权利带来的全部权益也将视为被保险人的遗产。当已故者的应税遗产超过一定限额时，就需要支付联邦遗产税。
- 在购买人寿保险的时候，人寿保险专家建议遵循下述步骤：
  确定是否需要人寿保险
  估计需要购买的人寿保险的数额
  选择最适合的人寿保险类型
  确定是否需要支付红利的保险
  寻找并购买成本最低的保险
  考虑保险公司的经济实力
  与有能力的代理人交易

重要概念和术语

注册财务规划师（CFP）　　林顿收益率法　　　　　　退保成本指数
注册财务顾问（ChFC）　　净支付成本指数　　　　　传统净成本法
特许寿险核保人（CLU）　　无附加费用或低费用负担人　年收益率法
利息调整成本法　　　　　　寿保险

复习题

1. 解释计算人寿保险成本的传统净成本法的基本缺点。
2. a. 为什么利息调整成本法是测度人寿保险成本的一个更为准确的方法？
   b. 简要描述计算人寿保险成本的退保成本指数法。
   c. 简要描述计算人寿保险成本的净支付成本指数法。
3. 为什么在保单最初几年中，大多数现金价值保单储蓄部分的收益率为负？

4. 简要说明计算现金价值保单储蓄部分收益率的林顿收益率法。

5. 简要解释投保人用于计算现金价值保单的储蓄部分的收益率的年收益率法。

6. 分别结合下面的每一项解释联邦所得税对现金价值保单的影响：
   a. 保费支付
   b. 每年的红利
   c. 现金价值每年的增长
   d. 向指定受益人支付的死亡保险金

7. 解释联邦所得税对人寿保险死亡保险金的影响。

8. 指出消费者在购买人寿保险时应遵循的步骤。

9. 各州都要求人寿保险公司向申请人提供关于人寿保险的一些保单信息。指出说明条款中通常包括的信息内容。

10. 什么是低费用负担人寿保险保单？给出解释。

应用题

1. 尼科尔今年25岁，正在考虑购买一份20 000美元的分红普通人寿保险，年保费是248.60美元，预计前20年的红利是814美元，20年末的现金价值是4 314美元。如果保费以5%的利率投资，它们在20年末将积累8 631美元。如果红利以5%的利率投资，它们在20年末将积累1 163美元。按照5%的利率，每年年初存入1美元，到20年年末将积累34.719美元。
   a. 根据传统净成本法，计算每年每1 000美元的净成本。
   b. 根据退保成本指数法，计算每年每1 000美元的净成本。
   c. 根据净支付成本法，计算每年每1 000美元的净成本。

2. 托德今年40岁，正在考虑购买一份100 000美元的分红普通人寿保险，年保费是2 280美元，预计前20年的红利是15 624美元，20年末的现金价值是35 260美元。如果保费以5%的利率投资，它们在20年末将增长到79 159美元。如果红利以5%的利率投资，它们在20年末将累积24 400美元。按照5%的利率，每年年初存入1美元，到20年年末将积累34.719美元。
   a. 根据传统净成本法，计算每年每1 000美元的净成本。
   b. 根据退保成本指数法，计算每年每1 000美元的净成本。
   c. 根据净支付成本法，计算每年每1 000美元的净成本。

3. 约翰今年52岁，体重超标，抽烟，5年前患上轻度的心脏病。他不听医生的建议，拒绝锻炼、减肥和戒烟。约翰持有一份20年前购买的25 000美元的分红普通人寿保险。一位人寿保险代理人找到约翰，并建议他用一份新的人寿保险保单替换原来的保险。代理人声称，新保单优于很多年前购买的保险。尽管约翰有健康问题，代理人声称约翰可以从他的公司购买人寿保险。约翰在用新保单替换老保单之前应该考虑哪些因素？

4. 艾莉森想填写所得税申报单，关于人寿保险出现了一些问题。解释税收对下面每一项的影响。
   a. 艾莉森是其祖父人寿保险保单的指定受益人。她的祖父今年去世，艾莉森获得了一次性支付的50 000美元。她不知道是否应将这50 000美元作为应税收入申报。
   b. 艾莉森6年前为自己购买了一份100 000美元的现金价值人寿保险保单。今年，保单的现金价值增加了380美元。艾莉森想知道现金价值的增加是否应作为应税收入申报。保单仍然有效。
   c. 艾莉森每年的人寿保险保费是350美元。艾莉森逐条列出了她的所得税减免项目。她想知道她的人寿保险保费是否享受税收减免。
   d. 艾莉森的普通人寿保险保单是分红保险。今年她收到120美元的投保人红利。她想知道她是否应将这120美元申请为应税收入。

网络资源

- 美国人寿咨询服务公司不需要传统代理人，直接向消费者销售人寿保险和年金产品。这些保单销售时没有额外的销售费用和退保费用。网址为：ameritasdirect.com
- 美国消费者同盟提供低成本的人寿保险评估服务，通过其服务，可以以较低的费用对人寿保险保单进行评估。网址为：consumerfed.org
- Insure.com 提供人寿保险的保费报价，发布影响保险行业重点事件的新闻。网址为：insure.com
- Insurance.com 是一个在线的独立保险代理人，提供人寿保险、健康保险和其他保险产品的保费报价。网址为：insurance.com
- InsWEB 提供人寿保险和其他保险产品的最新信息和保费报价。网址为：insweb.com
- QuickQuote 提供人寿保险、健康保险和大量其他保险产品的保费报价。网址为：quickquote.com
- 选择报价（Select Quote）监督销售定期保险的评级较高的保险公司。它声称，它只向消费者提供最好的、价格最有竞争力的保险。它还代表了那些就不同风险为人们（例如飞行员、潜水设备驾驶员或糖尿病病人）提供保障的专业保险公司。网址为：selectquote.com
- Term4Sale 被认为是消费者获得定期保险报价的最好的网站之一。网址为：term4sale.com

参考文献

Belth, Joseph M., ed. "Financial Strength of Insurance Companies," *The Insurance Forum*, vol. 38, no. 9 (September 2011).

Belth, Joseph M. *Life Insurance: A Consumer's Handbook*, 2nd ed. Bloomington, IN: Indiana University Press, 1985.

Black, Kenneth, Jr., and Harold D. Skipper, Jr. *Life Insurance*, 13th ed. Upper Saddle River, NJ: Prentice-Hall, 2000.

Graves, Edward E., ed. *McGill's Life Insurance*, 8th ed. Bryn Mawr, PA: The American College, 2011.

Hunt, James H. *Variable Universal Life: Worth Buying Now? And Other Types of Life Insurance*. Consumer Federation of America, November 2007.

Hunt, James H., *Miscellaneous Observations on Life Insurance: Including an Update to 2007 Paper on Variable Universal Life*, Consumer Federation of America, January 2011.

Witt, Scott J. "Variable Universal Life—Buyer Beware!" *The Insurance Forum*, Vol. 35, No. 11 (November 2008).

附录 人寿保险保费的计算

如果不讨论人寿保险保费如何进行计算，那么对人寿保险的讨论就是不完整的。这一部分简要讨论了保费计算的基本原理和人寿保险公司的保单准备金。[1]

---

[1] 这部分基于 Edward E. Graves, ed., *McGill's Life Insurance*, 8th ed. (Bryn Mawr, PA: The American College, 2011), chs. 11-13; and Kenneth Black, Jr., and Harold D. Skipper, Jr., *Life Insurance*, 13th ed. (Upper Saddle River, NJ: Prentice-Hall, 2000), chs. 27-28.

趸缴纯保费

尽管大多数人寿保险保单并不是通过趸缴保费购买的,但是趸缴纯保费构成了人寿保险保费计算的基础。**趸缴纯保费**(net single premium,NSP)被定义为未来死亡保险金的现值。它是用复利计算的能够支付所有死亡给付的金额。在计算趸缴纯保费的时候,只考虑死亡率和投资收益。后面计算毛保费的时候将考虑附带费用。

趸缴纯保费的计算基于下面三个基本假设:(1)在保单年度初期支付保费,(2)在保单年度末支付死亡给付,(3)全年的死亡率不变。

还必须对每一个年龄段的死亡概率提出一些假设。尽管人寿保险公司一般都有自己的死亡率数据,我们这里所使用的男性存活数据来自于《2001年普通保险监督官标准死亡表》。2001年死亡表列出了从0岁到120岁的死亡率数据。

最后,由于保费在保单年度初期支付,而死亡给付在年度末支付,所以死亡给付的金额需要用利率进行折现。假设需要支付的死亡给付以5.5%的复利每年进行折现。

定期保险

定期保险的趸缴纯保费很容易计算。只为特定时期或到特定年龄之前提供保障。如果被保险人在特定时期内死亡,那么就支付死亡保险金,但是如果被保险人死亡的时候,保障期已经过去,那么就不会产生任何支付。

每年续保的定期人寿保险 首先考虑每年续保的定期人寿保险的趸缴纯保费。假设向一位32岁的男士销售一份1 000美元的每年续保的人寿保险。每年的保险成本通过如下方式计算,用保险额乘以死亡概率,然后将其乘积再乘以该时期持有的1美元的现值。我们将2001年死亡表中男性的情况摘录在图表A1中,可以看出,处于32岁初期的男性中有9 778 587位活着,在这一年中有11 050位男士会死亡。因此,32岁的男性当年的死亡概率为(11 050/9 778 587)或者0.001 13。保险额乘以这一比例,计算出保险公司必须向每一位投保人收取的保费,从而能够在年末支付死亡保险金。但是,由于保费是预先支付的,而死亡保险金则在年末支付,所以死亡保险金就需要进行折现。从图表A2我们看到按照5.5%的利率,年末1美元的现值是0.947 9美元。因此,如果用1 000美元乘以32岁的死亡率,其结果再用1年的利率进行折现,得到的趸缴纯保费为1.07美元。这一计算过程可以概括为:

$$32 岁男性趸缴纯保费 = 1\,000 \text{ 美元} \times \frac{11\,050}{9\,778\,587} \times 0.947\,9$$

$$= 1.07 \text{ 美元}$$

如果从9 778 587位32岁活着的男士那里每人预先收取1.07美元,这一数额用复利累积起来将足以支付所有死亡保险金。

图表A1 《2001年普通保险监督官标准死亡表》,男性存活情况(特定年龄)

年龄	指定年初活着的人的数量	指定年份死亡数量	每年死亡的概率
30	9 800 822	11 173	0.001 14
31	9 789 650	11 062	0.001 13
32	9 778 587	11 050	0.001 13
33	9 767 537	11 233	0.001 15
34	9 756 305	11 512	0.001 18

续前表

年龄	指定年初活着的人的数量	指定年份死亡数量	每年死亡的概率
35	9 744 792	11 791	0.001 21
36	9 733 001	12 458	0.001 28
37	9 720 543	13 026	0.001 34
38	9 707 517	13 979	0.001 44
39	9 693 539	14 928	0.001 54
40	9 678 610	15 970	0.001 65

资料来源：Excerpted from 2001 CSO Composite Ultimate, Male, ANB.

图表 A2　　　　以 5.5% 复利计算的 1 美元的现值

年份	5.5%
1	0.947 9
2	0.898 5
3	0.851 6
4	0.807 2
5	0.765 1
6	0.725 2
7	0.687 4
8	0.651 6
9	0.617 6
10	0.585 4

5 年期定期保险　在这种保险中，只要被保险人在这 5 年中死亡，保险公司就必须支付死亡保险金。但是，死亡保险金的给付在死亡当年完成，而不是 5 年期期末。因此，每年的死亡率必须分别计算，然后加总起来得到趸缴纯保费。

在计算每年定期保险保费的时候，第 1 年的保险成本就像往年一样计算。因此，我们得到下面的等式：

$$32 \text{岁男性趸缴纯保费，第 1 年保险成本} = 1\,000 \text{ 美元} \times \frac{11\,050}{9\,778\,587} \times 0.947\,9$$

$$= 1.07 \text{ 美元}$$

下一步是确定第 2 年的成本。重新查看图表 A1，在 33 岁的男性中，当年有 11 233 人去世。因此，对于这 9 778 587 位活着的 32 岁的男性，在 33 岁死亡的概率是 (11 233/9 778 587)。注意，在计算概率的时候分母保持不变。但是，因为不是连续两年都要支付等于第 2 年死亡给付的数额，所以需要对这一数额折现。因此，对于第 2 年，我们可以这样计算：

$$33 \text{岁男性趸缴纯保费，第 2 年保险成本} = 1\,000 \text{ 美元} \times \frac{11\,233}{9\,778\,587} \times 0.898\,5$$

$$= 1.03 \text{ 美元}$$

对于剩下 3 年的每年，我们使用相同的方法（见图表 A3）。如果保险公司从 9 778 587 位 32 岁的活着的男性那里，每人收取 5.04 美元的趸缴保费，这些保费汇总起来，足以支付这 5 年当中预期发生的所有死亡给付。

图表 A3　　　　计算 32 岁男性的 5 年定期保险的趸缴纯保费

岁数	保险数额		死亡概率		按 5.5% 利率计算的 1 美元的现值		保险成本
32	1 000 美元	×	$\dfrac{11\,050}{9\,778\,587}$	×	0.947 9	=	1.07 美元（第 1 年）
33	1 000 美元	×	$\dfrac{11\,233}{9\,778\,587}$	×	0.898 5	=	1.03 美元（第 2 年）
34	1 000 美元	×	$\dfrac{11\,512}{9\,778\,587}$	×	0.851 6	=	1.00 美元（第 3 年）
35	1 000 美元	×	$\dfrac{11\,791}{9\,778\,587}$	×	0.807 2	=	0.97 美元（第 4 年）
36	1 000 美元	×	$\dfrac{12\,458}{9\,778\,587}$	×	0.765 1	=	0.97 美元（第 5 年）
					趸缴纯保费	=	5.04 美元

普通人寿保险

在计算普通人寿保险趸缴纯保费的时候，前面用于计算 5 年期定期保险的方法同样适用，除了每年保费的计算一直持续到 2001 年死亡表最后一年。如果剩下年份的计算被执行，32 岁的男性购买的 1 000 美元的普通人寿保险的趸缴纯保费将为 109.49 美元。[①]

净年平准保费

如果每年支付保费，净年平准保费在数值上必须等于趸缴纯保费。**净年平准保费**（net annual level premium，NALP）不能简单地通过用趸缴净保费除以保费支付的年数来获得。这种除法因为下面两个原因而得到不充足的保费。第一，趸缴纯保费所根据的假设是，保费在期间初支付。如果保费分期支付，一些保险人过早死亡，就会损失未来的保费。第二，分期付款因为投资数额较小而导致利息收益的损失。

可以通过用趸缴纯保费除以 1 美元人寿保险年金的现值得到对保费和利息损失调整后的数值。更准确地说，净年平准保费（NALP）通过除以保费支付期间的 1 美元人寿保险年金的现值（PVLAD）得到。因此，我们可以得到：

$$\text{NALP}=\frac{\text{NSP}}{\text{保费支付期间的 1 美元 PVLAD}}$$

如果年缴保费支付一生（就像在普通人寿保险中一样），所缴纳的保费被称为终身年金。如果年缴保费支付仅一段时间，例如 5 年期定期保险，所缴纳的保费称为定期人寿保险年金。

定期保险

首先考虑 32 岁的男性购买的一份 1 000 美元的 5 年定期保险的净年平准保费。32 岁的人购买的 5 年定期保险的趸缴纯保费为 5.04 美元。这个数字必须除以 1 美元 5 年期定期人寿保险年金的现值。第 1 年，1 美元的支付立刻就可以确定。第 2 年，必须确定 32 岁的人活到 33 岁并支付保费的概率。回头查一下图表 A1，32 岁活着的男性有 9 778 587 人。根据该表的数据，在 33 岁的时候还有 9 767 537 人活着。因此，存活的概率为（9 767 537/9 778 587）。这一

[①] Graves，*McGill's Life Insurance*，8th ed.，p.11.8.

概率乘以1美元，然后用1年期利率进行折现。那么，第2年支付保费的现值是0.95。剩下3年保费的计算可以作类似的处理。这一计算过程可以概括如下：

32岁　立即支付1美元　1.00美元

33岁　$\dfrac{9\,767\,537}{9\,778\,587} \times 1 \times 0.947\,9 = 0.95$美元

34岁　$\dfrac{9\,756\,305}{9\,778\,587} \times 1 \times 0.898\,5 = 0.90$美元

35岁　$\dfrac{9\,744\,792}{9\,778\,587} \times 1 \times 0.851\,6 = 0.85$美元

36岁　$\dfrac{9\,773\,001}{9\,778\,587} \times 1 \times 0.807\,2 = 0.81$美元

1美元的PVLAD＝4.51美元

32岁时1美元5年期定期人寿保险年金的现值是4.51美元。如果用5.04美元的趸缴纯保费除以4.51美元，净年平准保费为1.12美元。

$$\text{NALP} = \dfrac{\text{NSP}}{1\text{美元的PVLAD}} = \dfrac{5.04\text{美元}}{4.51\text{美元}} = 1.12\text{美元}$$

普通人寿保险

32岁男性购买的1 000美元普通人寿保险保单的净年平准保费以类似的方法计算。使用的方法相同，除了这一计算过程要不断重复，直到死亡表的最后一年。如果进行计算，32岁时的1美元终身人寿保险年金的现值是17.08美元。[1] 然后用32岁的终身人寿保险年金的现值（17.08美元）除以趸缴纯保费（109.49美元），得到的净年平准保费为6.41美元。

毛保费

将附加保费加上净年平准保费就得到毛保费。附加保费必须包括所有经营费用，提供应对偶然事件的准备金，在股份制保险公司中还提供利润。

如果保单是分红的，附加保费必须反映红利的差额。

保单准备金

保单准备金也称为法定准备金，是人寿保险公司的主要负债项目。[2] 在支付保费的平准保费方法中，最初几年支付的保费高于支付死亡保险金必需的数额，而后期几年的支付则不足以支付死亡保险金。超额保费必须记入账户，准备将来支付给投保人指定的受益人。这样，早期几年的超额保费就构成了保单准备金。保单准备金是保险公司资产负债表中的负债项目，必须有等额的资产予以抵消。如果实际情况与计算准备金的精算假设一致，那么保险公司持有的保单准备金，加上未来的保费和投资收益，将使保险公司能够支付所有保险金。保单准备金之所以被称为法定准备金，是因为州法规明确了计算准备金的最低基础，即按照法律要求计算最低准备金的基础。

准备金的目的

保单准备金的设置有两个目的。第一，这是出于对保险公司支付未来索赔责任的认识。保

---

[1] Graves, *McGill's Life Insurance*, 8th ed., p. 11.21.
[2] 有关人寿保险的法定准备金的相关讨论参见 detail in Graves, ch. 12, and Black and Skipper, ch. 29.

单准备金加上未来的保费收入和利息收入必须足以支付所有未来的保险金。

第二，准备金是法律规定的对保险公司偿付能力进行测度的一个指标。保险公司持有的资产至少要等于其法定准备金和其他负债之和。这个要求是对保险公司是否有能力履行对投保人当前和未来应承担义务的测试。因此，保单准备金就不能被看作基金，而是必须由资产抵消的负债项目。

准备金的定义

保单准备金（policy reserve）可以被定义为未来保险金的现值和未来纯保费的现值之间的差额。趸缴纯保费等于未来保险金的现值。在保单生效初期，趸缴纯保费还要等于未来纯保费的现值。趸缴纯保费可以不改变这一关系，而转换为一系列净平准保费。但是，一旦支付了分期付款的首期保费，情况就不是这样了。未来保险金和未来净保费的现值就不再相等了。未来保险金的现值将会随着时间而增加，因为死亡的日期在接近，而未来净保费的现值在减少，因为要支付的保费越来越少。两者之间的差额就是保单准备金。

这种情况通过图表 A4 进行了简要说明。该图显示了 35 岁时购买的普通人寿保险的预期准备金（后面对其进行定义）。

在保单初期，趸缴纯保费等于未来保险金的现值和未来净保费的现值之和。

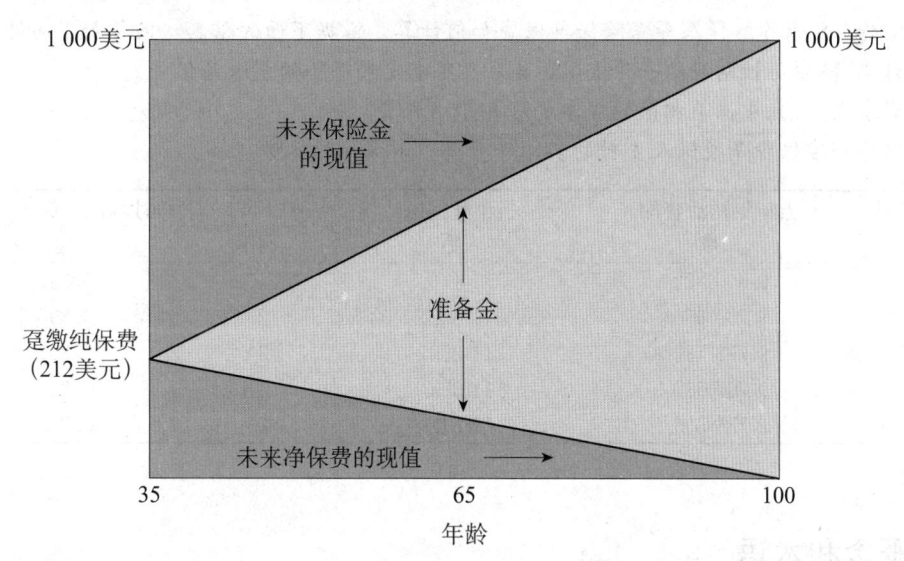

图表 A4　预期准备金——普通人寿保险（《1980 年普通保险监督官标准死亡表》）

未来保险金的现值随着时间而增长，而未来净保费的现值则下降，准备金则是二者之间的差额。根据较早的用于评估法定准备金的《1980 年普通保险监督官标准死亡表》（1980 CSO mortality table），普通人寿保险保单的准备金不断增长，直到等于 100 岁时的保单面额。如果被保险人到那个时候仍然活着，就将面额支付给投保人。但是，对于 2009 年 1 月以后签发的保单而言，人寿保险公司在评估其准备金的时候，被要求按照新的《2001 年普通保险监督官标准死亡表》计算。这样，根据《2001 年普通保险监督官标准死亡表》，法定准备金将稳定增加，并最终等于 121 岁时的保单面额。

准备金的类型

准备金既可以是追溯准备金，也可以是预期准备金。如果我们考察的是过去的情况，那么准备金就是追溯准备金。**追溯准备金**（retrospective reserve）代表了保险公司对一批特定保单收取的净保费，加上假设利息带来的收益，减去支付的死亡给付的数额。[①] 所以，追溯准备金是按照一定利率累积的净保费超过支出的死亡保险金的差额。

当考察未来的情况的时候，准备金还可以被看作预期准备金。**预期准备金**（prospective reserve）是未来保险金现值和未来净保费现值的差额。

回溯和预期方法在数学计算上是相等的。如果使用的精算假设相同，那么用两种方法计算出的某一年末的准备金相同。

准备金还可以根据评估的日期进行分类。根据准备金评估的时间分类，准备金可以分为末期、初期和平均准备金。

末期准备金（terminal reserve）是给定保单年度末的准备金。在保险公司以计算红利为目的而计算退保现金价值和风险净额的时候，可以使用这种概念。**初期准备金**（initial reserve）是保单年度初期的准备金。它等于前一年的末期准备金加上当年的净年平准保费。保险公司还可以使用初期准备金来计算红利。最后，**平均准备金**（mean reserve）是初期和末期准备金的平均值。保险公司可以在年报中用它来反映其准备金负债。

案例应用

假设别人要求你解释人寿保险保单保费如何计算。根据下面的信息，回答如下问题。

a. 计算30岁男性购买的一份1 000美元5年期定期保险的趸缴纯保费。

b. 计算与（a）中保单相同的保单的净年平准保费。

c. 净年平准保费是投保人支付的实际保费吗？解释你的答案。

不同岁数年初	当年年初活着的人数	当年死亡的人数	按照5.5%利率计算的1美元的现值	
			年份	因子
30	9 800 822	11 173	1	0.947 9
31	9 789 650	11 062	2	0.898 5
32	9 778 587	11 050	3	0.851 6
33	9 767 537	11 233	4	0.807 2
34	9 756 305	11 512	5	0.765 1

重要概念和术语

初期准备金	趸缴纯保费	预期准备金
平均准备金	追溯准备金	末期准备金
净年平准保费		

[①] Graves, p. 12.21.

第 14 章

年金和个人退休账户

"以较低的价格购买一份年金,让自己和其他关注你的人的生活平添一份乐趣。"

——查尔斯·狄更斯

学习目标

学习完本章,你应当能够:

- 指出年金与人寿保险的差异。
- 描述定额年金和变额年金的基本特点。
- 解释股票指数年金的主要特点。
- 描述传统税收抵扣个人退休账户的基本特点。
- 解释罗斯个人退休账户的基本特点。
- 解释传统个人退休账户和罗斯个人退休账户的所得税处理方式。

詹妮弗今年26岁,最近刚刚从内布拉斯加医疗中心大学毕业。她以注册护士的身份,在一家位于得克萨斯州达拉斯市的社区医院获得了一个职位。她设定了好几个财务目标,包括还清助学贷款以及为将来有一个舒适的退休生活开始进行储蓄的计划。人力资源部的领导向詹妮弗解释道,她要想获得在医院加入401(k)计划的资格,必须被医院聘用并工作满一年。但是,来自官方的建议是,詹妮弗应该在过渡期注册参加罗斯个人退休账户(Roth IRA)。她应该立刻为退休存钱;累积的投资收益免交所得税;得到的退休金也免交所得税。

与詹妮弗类似,数百万工人梦想着实现经济独立和享受舒适的退休生活。获得舒适的退休生活的计划在个人风险管理计划中处于优先考虑的地位。然而,现有的研究成果显示,大多数工人并没有为未来的退休生活做好财务准备,他们为退休存下的钱相对比较少。

本章讨论了退休计划方面的一些热点议题,并说明了年金和个人退休账户怎样帮助人们创造一个舒适的退休生活。这里强调了两个重要的领域。第一部分讨论了年金的概念以及今天销售的不同类型的年金。第二部分讨论了个人退休账户的特点，包括传统税收减免个人退休账户和罗斯个人退休账户。

个人年金

今天的大多数个人接受社会保障基金的退休保险金。一些工人也通过参与其雇主的退休计划获得保险金，还可以购买个人年金提供额外的退休收入。年金是一种延迟纳税的产品，尽管保费是用税后收入支付，但是积累的投资收益免缴所得税，直到领取收益的时候才征税。递延税款的投资收益经过长时间的复利累积，其数量相当可观。

年金的基本原理

年金（annuity）可以定义为在一个固定期限或在指定受益人生存期间的定期支付。那些获得定期支付或者其寿命决定支付存续期限的个人被称为**年金受领人**（annuitant）。

年金与人寿保险恰好相反。人寿保险在被保险人积累起足够的金融资产之前，为防止过早死亡而提供保障，并在被保险人死亡的时候立刻形成一笔遗产。相反，年金则在人们因为生存了太长时间而耗尽自己的储蓄，却仍然活着的时候，为其提供保障。因此，年金的基本目的就是提供一种不会到期的终身收入。它为由于长寿而耗尽储蓄所导致的缺乏收入的情况提供保障。

由于长寿所附带的风险在一个团体里进行了分散，年金具有可行性。人们无法确保他们的收入足以满足退休生活的需要。一些人会在储蓄耗尽之前去世，而其他人则可能在耗尽其本金的时候仍然活着。尽管保险公司无法预测团体中的一般成员能够活多久，但是却可以知道，之后的每年年末大概会有多少年金受领人。这样，保险公司就可以计算每个人应该缴纳的费用。在向年金受领人支付年金之前，这笔资金可以为公司带来收益。而且，一些年金受领人有可能过早死亡，他们的未清算的本金可以作为附加款项支付给那些存活时间超过预期寿命的年金受领人。所以，年金支付的来源有三个：(1) 保险费，(2) 利息收益，(3) 过早死亡的年金受领人的未清算本金。通过将长寿带来的风险汇聚起来，保险公司可以向寿命不那么长的年金受领人支付终身收入。

年金受领人通常身体比较健康，比大多数人活得时间更长。由于年金受领人寿命预期较长，精算师采用特殊的年金表来计算年金的保费。

年金的类型

保险公司销售的个人年金种类繁多。为了便于理解，我们将今天销售的年金种类主要分为下列几类：

- 定额年金
- 变额年金
- 股票指数年金

定额年金

定额年金（fixed annuity）向年金受领人保证定期支付固定数额的收入。在退休前的积累期（accumulation period）内，保费带息累积。一般有两种利率：保证最低利率和当前利率。保证最低利率是定额年金适用的最低利率，一般为1%~3%。当前利率高一些，一般根据当前市场状况确定，例如4%。当前利率只有在有限的时期内才能够保证，通常为1~5年。

为了吸引人们购买年金，许多保险公司销售红利年金。这种年金最初会提高计入年金的利息数额。例如，投资者将100 000美元投资于3%红利的年金中，那么就可以在第一年得到3 000美元的利息。但是，天下没有免费的午餐。这些红利通过降低计入年金的续保利率或者较高的费用予以支付。

清算期（liquidation period）（也称为**支付期**，payout period）紧随积累期之后，是指向年金受领人支付年金的时期。在清算期内，积累的现金可以分期提款或者以有保证的终身收入的形式向年金受领人支付。但是，定期支付在数额上是固定的，而且一般不会发生变化。因此，定额年金几乎不对通货膨胀提供保障。

保险金的支付　购买定额年金是为了立刻获得利息支付，这种定额年金也可以叫做即付年金。**即付年金**（immediate annuity）是在购买日之后的一个支付期间结束时即开始支付的年金。例如，如果收入按月支付，第一笔支付在购买一个月之后开始第一次支付，如果年付就在一年后开始支付。即付年金一般在接近退休的时候一次性购买。即付年金的主要优点是保证终身收入而不会过期。当然，它还有其他一些优点（见专栏14.1）。

专栏14.1 ☞

退休工人即付年金的优点

即付年金可以为购买者带来很多好处。这里只提供其中的几个：

- **安全**　年金提供的是稳定的终身收入。这种收入永远不会消失，或者可以保证持续较长的一段时期。
- **简单**　年金不需要你去管理你的投资、关注市场、报告利息或红利。
- **较高的收益**　保险公司用于计算即付年金收益的利率一般高于可转让定期存单（CD）或国库券利率。而且，因为每次支付的时候都会带有一定本金，所以得到的收益明显高于仅有利息的情况。其结果是现金流显著增加。
- **税收优惠**　如果用于购买年金的钱来自于应税账户，例如存款账户，那么就会有部分支出免交所得税。每一笔支出的大部分都包括了本金的回报。这些本金收益在被课税完毕后再收到则属于免税所得。只有属于利息的那一部分属于应税所得。
- **本金的安全**　资金以保险公司资产作保，而且不受金融市场波动影响。
- **初次销售后没有销售费用和行政性收费**。相反，提供退休所得的共同基金每年会产生投资和行政管理的附加费用。

趸缴即付年金（SPIAs）特别适合于以下情况：

1. 从雇佣状态退休。
2. 期末基金提存或养老金终止（包括延期开始申领）。
3. 退休金买断。

4. 针对个人人身伤害、遗产或离婚案件的结构性赔付。
5. 职业运动合同。
6. 信用增强和借款保证函交易。

资料来源：Adapted from *Lessons in Annuities*, immediateannuity.com. Reprinted with permission of ImmediateAnnuities.com.

购买的定额年金还可以递延到以后的某个时间再开始支付。**递延年金**（deferred annuity）在未来的某个日期开始支付。这种类型的年金实际上是在退休之前，在递延税款的基础上，积累一笔资金。如果年金受领人在退休之前的积累期内死亡，那么就会支付等于毛保费总和的死亡保险金，或者如果积累金额更高的时候还支付现金价值。在保单到期日，年金受领人可以一次性领取这笔资金，或者选择分期支付方式之一进行支付（这将在后面讨论）。

可以一次性购买将收入支付延期至未来某一天的定额年金，也可以购买允许弹性支付保费的保单。一次性购买的递延年金被称为**趸缴递延年金**（single-premium deferred annuity）。相反，**弹性保费年金**（flexible-premium annuity）允许年金所有人支付的保费不同，不需要年金所有人每年存入一定额度的资金。因此，年金所有人在支付保费方面有足够的灵活性。

年金结算方式　年金所有人可以选择**年金结算方式**（annuity settlement options）。可以一次性或分期收回所有现金，或者分期提款，将其作为终身收入。从实务操作的角度来看，大多数年金并不是每年支取的。

一般可以选择下面几种结算方式：

● 现金方式。这笔资金可以一次性取出，也可以分期领取。所得款项的应税部分（这将在后面讨论）需要缴纳联邦和州所得税。现金给付会引发针对保险公司的逆向选择，因为健康状况不好的人将选择现金方式，而不是进行年金化。

● 终身年金（不偿付本金）。**终身年金（不偿付本金）**（life annuity (no refund)）方式在年金受领人生存期间，为年金受领人提供终身收入。在年金受领人死亡之后，就不再予以支付。这种类型的给付方式因为不偿付本金，所以定期支付的收入最高。这对于那些需要最高终身收入和没有赡养人或无法通过其他方式获得收入的人是非常适合的。但是，由于面临着因为过早死亡而损失未偿付本金的风险，极少有年金所有人会选择这种方式。

● 保证支付的终身年金。**保证支付的终身年金**（life annuity with guaranteed payments）（也称为**支付时期确定的终身年金**，life annuity with period certain）保证向年金受领人支付一定的终身收入（例如 5 年、10 年、15 年或 20 年）。如果年金受领人在完全取得有保障的次数的收入之前就去世，剩余的部分将支付给指定的受益人。那些需要终身收入，还希望在自己过早死亡的情况下，为其受益人提供收入的人可以选择这种给付方式。由于保证给付，所以定期支付的金额低于不偿付本金的终身年金。

● 偿还本金的分期付款方式。**偿还本金的分期付款方式**（installment refund option）向年金受领人支付终身收入。如果年金受领人在收到的总收入等于年金购买价格之前就去世，那么将向指定的受益人支付一直持续到二者相等的时候。**本金现金偿付**（cash refund option）是这种给付方式的另一种形式。如果年金受领人在收到的总收入等于年金购买价格之前死亡，差额可以一次性支付给指定的受益人。

● 联合生存年金。**联合生存年金**（joint-and-survivor annuity option）根据两位或更多的年金受领人（例如丈夫和妻子，或兄弟和姐妹）的生存来支付保险金。这种年金的给付将持续到最后一位年金受领人去世。一些年金会一直支付全额的初始收入，直到最后一位受领人死亡。

其他年金合同在第一位受领人死亡后，只支付初始金额的三分之二或一半。

● 通胀指数年金给付方式。许多保险公司的定额年金给付提供应对通货膨胀的保障。**通胀指数年金给付方式**（inflation-indexed annuity option）提供的定期给付因为通货膨胀因素进行了调整。但是，为了预防通货膨胀的影响，每月的支付额度低于传统定额年金的支付额度。例如，根据一家保险公司的费率水平，内布拉斯加州的一位 67 岁老年男性，在 2012 年 5 月购买了一份 250 000 美元即付固定年金（不可退），将会每个月获得 1 515 美元的终身收入。但是，如果基于消费者价格指数（城市）对通货膨胀进行指数化之后，最初每个月的收入大概为 1 127 美元，或者说降低了 26%。

图表 14—1 给出了一个例子，显示了一位 67 岁老年男性购买的 250 000 美元即付年金每个月获得收入的情况。

图表 14—1 即付年金月支付额的例子（购买价格为 250 000 美元，由 67 岁男性购买）

年金给付方式	估计月收入
不偿付本金的终身收入	1 523
5 年保证给付的终身收入	1 497
10 年保证给付的终身收入	1 461
15 年保证给付的终身收入	1 356
20 年保证给付的终身收入	1 296
联合生存给付[a]	1 296
20 年保证期的联合生存给付	1 362
向受益人分期支付的联合生存给付	1 263

a. 两个年金受领人的年龄都是 67 岁。生存者每个月的收入为月保险金的 100%。

资料来源：Immediateannuities.com. 表中使用的数据来自 2012 年 5 月对内布拉斯加州的估计。数据使用获得了 Immediateannuities.com 的允许。

变额年金

第二种年金类型是变额年金。**变额年金**（variable annuity）提供终身收入，但是支付的收入根据普通股票的价格而定。变额年金的基本目的是对冲通货膨胀的影响，保证退休期间定期支付的实际购买力。它所根据的假设是，生活成本和普通股票的价格在长期内具有正相关关系。

变额年金的基本特点 保费投资于普通股票的资产组合或其他在通货膨胀期间价值有可能增长的投资项目。在退休前，保费用于购买**积累单位**（accumulation units），每一个积累单位的价值会随着普通股票的价格发生变化。例如，假设积累单位的初始价值是 1 美元，年金受领人每个月支付的保费是 100 美元。在第一个月中，购买 100 个积累单位。[①] 如果普通股票价格在第二个月中提高，积累单位上升为 1.10 美元，大约可以购买 91 个积累单位。如果在第三个月，积累单位下降到 0.90 美元，就可以购买 111 个积累单位。所以，在较长的时期内，积累单位可以在上升或下降的市场中购买。

退休的时候，积累单位转换为**年金单位**（annuity units）。年金单位的数量在给付期间保持

---

① 忽略行政费用和销售费用的扣除。

不变，但是每一单位的价值会根据普通股票价格水平每个月或每年发生变化。例如，在退休的时候，假设年金受领人有 10 000 个积累单位。假设这些积累单位可以转换为 100 个年金单位。① 正如前面所指出的，年金单位的数量保持不变，但是每单位的价值会随着时间发生变化。假设在年金受领人退休的时候，年金单位的初始价值是 10 美元。每个月带来的收入是 1 000 美元。在第二个月，如果年金单位的价值增加到 10.10 美元，每个月的收入也会增加到 1 010 美元。在第三个月，如果年金单位的价值因为股市下跌而降至 9.90 美元，那么月收入也降至 990 美元。因此，每个月的收入取决于普通股票的价格水平。

有保证的死亡保险金 变额年金一般会提供有保证的死亡保险金，从而保证本金不会因为市场价格的下降而蒙受损失。如果年金受领人在积累期死亡，支付给受益人的金额将为下面两种金额中较高的一种：年金账面价值或根据提取情况调整后的保费支付总额。因此，如果年金受领人在市场疲软时死亡，受益人得到的给付至少等于支付的（扣除提取金额后的）总保费。

此外，许多变额年金会更进一步，在支付额外保费后，提供增强型死亡保险金。增强型死亡保险金或者（1）保证本金（缴纳的保费）加利息，或者（2）定期调整账户价值用以锁定投资收益。例如，年金可能包含底价上升的死亡保险金，在这种情况下，死亡保险金会定期重新设定。因此，底价上升 5% 的死亡保险金可能定期重设，从而受益人可以得到本金加上 5% 的利息。

第二个例子是递增型保险金。在该种方式中，合同会定期锁定投资收益，比如每 5 年的投资收益。例如，假设第 1 年投资 10 000 美元，账户价值在第 5 年是 15 000 美元。新的死亡保险金是 15 000 美元，即使年金所有人的投资仅仅是 10 000 美元。

最后，增强型收益保险金是一种在年金受领人死亡时支付额外金额用于缴纳个人所得税的保险金方式。支付的数额包括了继承人必须就其年金的积累收益缴纳的所得税。例如，假设投资于变额年金的 100 000 美元增长到 200 000 美元的时候，年金受领人去世。指定受益人必须就这 100 000 美元收益支付所得税。增强型死亡保险金将支付额外金额，比如 40% 即 40 000 美元，帮助指定受益人缴纳收益的所得税。

许多保险公司还会提供额外的保证保险金，以使可变年金更具有吸引力。专栏 14.2 讨论了通过支付额外的保费，附加到变额年金上的附加保证保险金。

专栏 14.2

变额年金吸引人的方式

除了最低保证死亡保险金以外，保险公司还会提供一些可选保证保险金，让变额年金对消费者更有吸引力。具体包括以下几种：

● 最低退保利益保证（GMWB）。这种产品使人们可以每年提取为年金支付的总保费的一定比例的金额，直到人们提取完所有投资。[a] 这种方式为应对账户的投资损失提供了保证。例如，假设理查德今年 67 岁，投资 100 000 美元在变额年金方面，但是该账户因为熊市而大幅下降，现在仅值为 80 000 美元。如果特定的比例是 5%，他可以每年提取 5 000 美元，直到所有 100 000 美元被提完。

---

① 年金单位的实际数量取决于账户的市场价值、年金受领人的购买年龄、保证支付的次数、转换率、假设的投资收益和其他因素。

- 最低生存提取保证（GLWB）。与前面的 GMWB 不同，这种产品保证人们的保险金可以终身持续领取，直到最初的投资用完。保证提取保险金通常为变额年金投资额的 4%～5%，即使投资账户耗尽，提取也将持续终生。[b] 人们不需要将本金年金化。
- 最低年金给付保证（GMIB）。对于需要领取年金的年金所有人而言，这种给付方式无论账户现有价值为多少，都将保证最低支付额，而且还为投资账户发生的损失提供保证。例如，这种保证可能声明，如果购买年金，最低支付额将基于现金价值或 GMIB 给付金一定百分比的较高者确定，这一额度等于特定利率（例如 5%）的投资组合的金额。[c] 这两个基准值的较高者被用于确定最低年金给付额。这些给付对于那些没有领取年金的年金所有人而言是没有价值的。
- 最低累计利益保证（GMAB）。在这种给付保证中，合同的价值将等于几年后（例如 10 年后）的特定最低额度，即使投资组合的价值已经下降。

有保证的给付并不是免费的，将根据选择的类型额外缴纳一定的保费。例如，GLWB 每年的额外成本大约为 50～60 个基点。[d]

[a] Randy Myers, "Customizing Your Annuity: New Features Add Liquidity and Flexibility," *The Wall Street Journal*, November 14, 2007, p. D13.

[b] Ibid.

[c] George. D. Lambert, *The Cost of Variable Annuity Guarantees*, Investopedia.com.

[d] Ibid.

费用和支出 变额年金所有人需要支付一定的费用。一些费用由投资管理费用和行政费用构成，其他费用是保险收费，用于支付担保和其他服务的费用。此外，大多数变额年金还要收取退保费。

具体来说，变额年金一般包括下面几类费用：

- 投资管理费。这种收费用于支付投资经理和资产管理公司的中介经纪服务和资产投资组合管理中的咨询费用。
- 行政费用。这种收入包括文书工作、记录保存，以及向年金持有人提供定期报告的费用。
- 死亡和费用风险收费。这种费用称为"M&E"费用，用于支付（1）与保证死亡保险金和长寿相关的死亡风险；（2）担保在保单售出后，每年的费用不会超过资产一定百分比；（3）对利润的补贴。
- 退保费。大多数年金对合同前期的退保收取退保费。这种费用用于支付销售变额年金的代理人和经纪人的费用。其数额通常为账户的一定百分比，并随着时间而降低。第一年的退保费一般是账户价值的 7%，每年下降 1 个百分点，直到第八年之后，退保费用为零。大多数变额年金允许每年撤出保单账户价值的 10%，而不需要收取退保费。

除了这些费用之外，年金还需要缴纳每年的合同费用，如 25 美元或 50 美元。如果年金从一个子账户转移到另一个子账户，也可能产生费用。总体来说，每年的总费用和支出，包括附加保单的成本相对比较高，可能在总投资的 3%～4%。[①] 结果，成本较高的年金的长期总收益可能大幅度下降。

---

① Randy Myers, "Private Wealth Management, Annuities and Retirement Satisfaction," *The Wall Street Journal*, November 16, 2011, p. C7.

股票指数年金

股票指数年金提供定额年金的担保和股票市场收益的有限分红。**股票指数年金**（equity-indexed annuity）是一种定额递延年金，允许年金所有人分享股市的增长，还可以提供对本金损失和年金持有一段时期所获得的优先利息收益的保障。时间期限一般为1～15年。年金价值与股票市场指数（一般为标准普尔500指数）的情况相关联。如果股市上涨，部分指数收益计入年金，而这不包括红利投资。如果股市下跌，年金收益至少有一个最低值，一般为投资本金的3%～90%。

股票指数年金的主要因素包括：(1) 分红比率，(2) 最高收益率上限，(3) 指数化方法，(4) 保底价值。

分红比率 分红比率是指计入合同的股票指数增长的百分比。保险公司定期确定分红比率，这一比率会发生变化。分红比率一般在股票指数收益的25%～90%之间。投资者只能获得股票指数增长带来的部分收益（除了再投资收益）。例如，如果在计算期间，分红比率为70%，股票指数上升9%，那么计入年金账户的指数关联利率为6.3%（9%×70%=6.3%）。

除了分红比率，有些保险公司采取利差（spread）或者资产费的方式，从指数变化产生的收益中扣除一定百分比。例如，如果指数增长了8%，利差为3%，则计入年金的收益仅为5%。

最高收益率上限 一些年金对计入年金的指数关联利率设定了最高收益率上限。最高收益率上限是年金可以应用的最高利率。在前面的例子中，如果年金的最高收益率上限为6%，计入年金的利率就是6%，而不是6.3%。但并不是所有年金都存在最高收益率上限。

指数化方法 指数化方法是指将超额利息计入年金的方法。保险公司使用了多种指数化方法，但在这里我们只讨论一种。在每年重新设定方法中（也称为棘轮法），利息收益根据股票指数每年的变化进行计算，指数价值的起点每年也要重新设定。因此，如果股票指数在合同期间内的任何一年出现下降，在指数的任何上涨部分记入合同之前，其下降部分都不会得到补偿。

保底价值 期限超过一年的股票指数年金都有保底价值，在年金一直持有至到期的情况下，可以为价值下降提供保证，从而使本金免受损失。最普遍的保底是按照初始存款的90%以3%复利累计。结果是实现在指数期末的保底价值。例如，如果在股票指数年金中存入100 000美元，其中的90%（90 000美元）将每年获得3%复利的保底利率，而不管指数的实际变化情况。因此，如果将一份年金保持有效一直持续到指数期末，比如说7年，在账户中就肯定会有110 689美元。但是，因为保底价值仅针对90%的趸缴保费，在前3年或4年中退保的投资人将会损失本金。如果一直持有至到期，就可以避免本金的损失。

长寿保险

由于日益增加的预期寿命，越来越多的人会活到90岁甚至更大的年龄。人们可能会面临人还健在，钱已经用完的风险。为了解决提取耗尽个人财务资产的风险，一些保险公司已经设计出了长寿保险产品。长寿保险这个名称是指，在一个较低的年龄（通常为85岁）开始领取给付金的趸缴保费递延年金。其目的是帮助人们抵御在尚未死亡时耗尽财务资产的风险。例如，根据一家保险公司的评级，已婚且均为 65 岁的夫妻两人为联合生存年金支付的保费为 49 779 美元，该年金从他们满 85 岁时，每月提供 1 500 美元收入。相反，传统的即付年金在 65 岁时开始提供同样多的收入，但是却要求他们一次性缴纳超过 30 万美元的保费。长寿保险产品属于低成本的年金产品，因为它们的保单没有现金价值或死亡赔付。如果年金受领人在开始支付之前的递延期间死亡，那么他将损失掉其购买价格。不过，也有些保险公司会提供几个选择，使得死亡给付或开始支付的时间更早些，相应的，这些选择会显著降低 85 岁时保单每年支付的收入。

长寿保险既有优点也有不足，优点是：
- 在其他金融资产行将耗尽时，每个月的给付在较低的年龄开始。
- 与传统的即付年金相比，长寿保险是一种成本相对较低的年金产品，因为保单在递延期间通常不提供现金价值或者死亡保险金。
- 长寿产品在购买时可以对冲通胀风险，从而保证了给付金在未来较长时期内的购买力。

但是，另一方面，长寿保险也有以下不足：
- 如果购买人在递延期间死亡，那么继承人就会蒙受损失。这是因为，正如前文所述，长寿产品通常不提供死亡给付金。
- 一旦购买，个人的资金将被锁定，且无法在发生突发事件时使用这些资金。
- 如果死亡发生在递延期间或者在给付刚刚开始不久的时候，可能存在损失购买费用的风险。这可能使产品对于风险厌恶的个人不具有吸引力。

个人年金的课税

从商业保险公司购买的个人年金不满足税收优惠条件。不符合条件的年金是指不符合《国内税收法》(Internal Revenue Code) 对雇主福利的要求的年金。因此，此类年金也就不符合大多数（合格雇主退休计划享受的）所得税优惠条件。

个人年金保费不允许进行所得税减免，要用税后收入支付。但是投资收益可以递延税款，并积累当前所得税，到资金实际支取的时候一次性缴纳。

收益的应税部分视同普通收入纳税。此外，在 59.5 岁之前提前支取的应税收入需要缴纳 10% 的惩罚性税金，某些情况除外。[1]

个人年金的定期年金支付根据《税法通则》(General Rule) 进行课税。根据该规则，年金支付的净成本在支付期间免缴所得税。每次支付超过净成本的部分与普通收入一样进行课税。

在确定年金支付中的不需纳税或应税部分的时候，必须计算宽减率。**宽减率** (exclusion ratio) 通过用合同的投资额除以预期收益得到：

$$\text{宽减率} = \frac{\text{合同的投资额}}{\text{预期收益}}$$

合同的投资额（基础）是年金的总成本，通常等于购买年金支付的保费总额减去之前获得

---

[1] 10% 的惩罚性税收不适用于以下情况：年龄达到 59.5 岁或完全丧失劳动能力的人；在受领人死亡之后，受益人或继承人获得的支付；收益为受领人或受领人及受益人生命预期期间支付额的一部分；支付符合条件的个人伤害理赔年金合同。此外还有其他一些除外情况。

的非税收入减去返还部分的价值。① 预期收益是年金受领人根据合同预期能收到的总金额。可以通过用年金受领人每年的支付额乘以年金受领人的预期寿命计算得出，后面这个数据可以在国内税务局的精算表中查出。

这里举一个例子，假设本今年65岁，购买了一份108 000美元的即付年金，该年金终身提供月收入1 000美元，没有年金返还。投资于该合同的金额为108 000美元。根据国内税务局的精算表，本的预期寿命为20年。预期收益是240 000美元（20×12×1 000美元）。宽减率为0.45（108 000美元÷240 000美元）。直到收回净成本，本每年收入中5 400美元（45%×12 000美元）是免税的，6 600美元需要纳税。在净成本收回之后，支付总额需要纳税。

总的来说，年金对于那些已经向其他享受税收优惠的计划支付了最高限额以及那些希望在递延税金的基础上存下更多钱的投资者来说颇具吸引力。而且，由于退保费，投资者至少将这笔投资保留10年或10年以上。

但是，年金（特别是变额年金）并不一定适合每一个人。如果你在59.5岁之前还需要这笔钱，投资期限少于15年，没有购买最高额度的其他享受税收优惠的计划（如401（k）计划和个人退休账户），那么最好不要购买变额年金。还有一些其他因素也很重要（见专栏14.3）。

专栏 14.3 ☞

购买变额年金之前需要回答几个问题

如果正确使用，变额年金是一种很有价值的退休保障手段。但是，变额年金并不适合于每个人。在购买年金之前，你需要回答下面的问题。

● **每年的费用是多少？** 正如文中所讨论的，大多数变额年金每年的费用都很高。其他投资，特别是无附加指数共同基金，每年的费用非常低。在购买之前，你应该寻找年费用较低的年金。

● **你愿意被年金锁定15年吗？** 大多数年金收取退保费的时期都会很长，一般为7～10年。如果在最初的几年中退保，那么你将损失一大笔资金。而且，如果要使税收优惠抵消掉较高的费用，你必须持有变额年金至少15年才能享受所得税优惠。

● **你是否已经购买了每年收入所能购买的最高金额的雇主401（k）计划或其他合格退休计划，并将其投入了个人退休账户？** 大多数雇主为合格退休计划进行了部分支付，如果你不投入允许的最高额度，就会失去"无成本收入"。而且，个人退休账户每年的收费低于变额年金。

● **你有没有考虑你对风险的容忍程度？** 年金的价值取决于子账户的投资情况。如果保费投资于股票账户，年金的价值会因为市场的大幅度下跌而降低。根据你对风险的容忍程度，你的"舒适度"会受到负面的影响。

● **你愿意容忍每个月收入的变化吗？** 变额年金退休金会随着子账户的投资情况发生波动。如果资金投资于股票市场，潜在的市场下跌会造成经济损失。普通股票对利率很敏感。如果利率因为通货膨胀预期或美联储货币政策的变化而上升，你的变额年金收益也会降低。

● **在59.5岁之前，你需要这笔钱吗？** 如果在59.5岁之前，你需要这笔资金，那么你最好不要购买变额年金。在59.5岁之前收回现金通常会就支取的应税部分收取10%的惩罚性联邦

---

① 计算年金总成本的过程非常复杂。总成本必须扣除（1）偿还保费、折扣、红利或未偿付贷款；（2）双倍赔偿或残疾支付所需的额外保费；（3）任何其他免税金额；（4）年金中的所有偿还金额。美国国内税务局为方便计算制定了表格。

税收。你应该保留足以支付 3~6 个月生活费用的现金,这将降低你从年金中提取现金的可能性。

- **你的联邦、州综合所得税税级是否至少为 28%?** 如果你的税级较低,较高的变额年金费用会减少递延年金的税收优惠。
- **在支付年金收益的时候,你是否知道资本收益会与普通收入一样需要纳税?** 变额年金收益的应税部分与普通收入一样需要纳税,在 2012 年这一比率高达 35%。相反,在本书写作的时候,应税账户中的长期资本收益按照 15%(2012 年)的最高资本收益率课税。
- **你是否知道,如果你去世,你的继承人会像你一样就变额年金纳税?** 相反,由于"递增"成本的原因,留给继承人的应税账户中的共同基金免缴个人所得税。结果,继承人不需要就累积的收益缴纳所得税。
- **你是否应该将本应投入个人退休账户的资金投入变额年金?** 根据一般的规则,答案是不应该。个人退休账户已经享受了所得税优惠。将投资于个人退休账户的资金投入变额年金将导致不必要的重复费用。

个人退休账户

个人退休账户(individual retirement account,IRA)允许雇员每年向退休计划缴费,而且缴费在某一限额内时享受所得税优惠。

这里有两种基本的个人退休账户:
- 传统个人退休账户
- 罗斯个人退休账户

传统个人退休账户

传统个人退休账户(traditional IRA)是一种允许个人就他们向个人退休账户缴纳的费用的部分或全部享受税收减免的个人退休账户。累积的投资收益在递延税款的基础上免缴所得税,而支付则与普通收入一样要纳税。

资格条件 必须满足两个条件,才能建立传统的税收减免型个人退休账户。第一,参与者在缴费当年要有收入。应税收入包括工资和薪酬、奖金、佣金、自谋职业收入以及应税生活费和分居赡养费,但是不包括投资收益、养老金或年金收入、社会保障和租金收入。但是应税收入不包括利息和红利所得、养老金或年金收入、社会保障以及租金收入。例如,如果一个人的收入只有社会保障和投资收益,他或她在当年就不能向个人退休账户缴费。

第二,参与者的年龄必须低于 70.5 岁。参与者在年满 70.5 岁或之后的税收年度里,都不得向个人退休账户缴费。

年缴费限额 税法的变化已经大幅度提高了每年向个人退休计划缴费的限额。特别追加规则(special catch-up rules)允许岁数较大的工人缴纳额外的费用。追加条款旨在帮助那些几乎没有为退休存下什么钱的老年人。

2012 年的最高年缴费额或者为 5 000 美元,或者为劳动收入的 100% 取两者中较低的一种。50 岁以上的老工人可以缴纳额外的 1 000 美元,或最高 6 000 美元。个人退休账户年缴费限额将根据通货膨胀进行指数化，增量为500美元。

传统个人退休账户缴费的所得税减免　传统个人退休账户可以享受（1）全额扣减所得税，（2）部分扣减所得税，或（3）不扣减所得税。在两种情况下可以完全扣减所得税。

第一，雇主退休计划中的非有效参与者可以在当年的任何时候就个人退休账户最高缴费额度以下的部分全额扣减所得税。前面提到，在2012年，最高税收扣减个人退休账户缴费额度或者为5 000美元（如果年龄在50岁以上缴纳6 000美元），或者为收入的100%，取两者中较低的一种。

第二，即使工人是雇主退休计划的有效参与者，如果工人修正的调整总收入低于某一下限，仍允许全额或部分扣减所得税。修正的调整总收入一般为显示在纳税申报单上的调整总收入，不考虑个人退休账户扣减和一些其他项目。① 2012年，如果修正的调整总收入低于58 000美元，那么单个纳税人或户主将得到全额减免。如果修正的调整总收入在58 000美元到68 000美元之间，可以得到部分减免。如果高于68 000美元则不享受减免优惠。2012年，如果已婚夫妻双方修正的调整总收入低于92 000美元将全额减免，如果修正的调整总收入在92 000美元到112 000美元之间，则部分减免。如果修正的调整总收入高于112 000美元，将不享受减免。例如，单独一个工人的修正的调整总收入低于58 000美元将接受全额减免，直到最高所得限额。但是，单独一个工人的修正的调整总收入为63 000美元，将只享受所得一半的减免。所得限额根据通货膨胀进行指数化，增量为500美元。

收入超过阶段限额的纳税人可以向传统个人退休账户缴费，但是不能扣减其缴费额。这种类型的个人退休账户称为**无扣减个人退休账户**（nondeductible IRA）。在这些情况下，可以考虑罗斯个人退休账户（后面将进行讨论）。

配偶个人退休账户　在许多家庭中，结婚的工人是雇主退休计划的有效参与者，但是其配偶却不是有效参与者。**配偶个人退休账户**（spousal IRA）允许没有收入的配偶或低收入的配偶每年在限额以下全额扣减传统个人退休账户所缴费用，即使另一配偶参与了退休计划。2012年，非有效参与者配偶每年个人退休账户的最高扣减额为5 000美元（如果年龄大于50岁，这一数字为6 000美元）。夫妻俩必须填报共同收入，有工作的一方必须有足够的收入支付缴费。2012年，全额扣减的资格仅限于夫妻双方修正的调整总收入为173 000美元或更少。税收扣减在修正的调整总收入在173 000美元到183 000美元之间的夫妇中逐渐取消。而修正的调整总收入超过183 000美元就不允许减免。

例如，乔希今年35岁，参与了单位的401（k）退休计划。他的妻子阿茜莉今年32岁，是一位全职家庭主妇。2012年他们的修正的调整总收入是150 000美元。2012年，阿茜莉所缴纳的5 000美元费用可以享受个人退休账户税收扣减，因为她不是有效的参与者。他们夫妇两人的综合修正的调整总收入低于173 000美元。但是，乔希的缴费不能进行税收扣减，因为他的收入超过了有效参与者的收入下限。

对提前给付的税收惩罚　除了某些特殊情况，在受领人达到59.5岁之前从传统个人退休账户获得收入被认为是提前给付。必须对包括在总收入中的给付金额课以10%的惩罚性税金。但是，下面情况的给付不应该给予税收惩罚：

---

① 修正的调整总收入实际上为个人纳税申报表中显示的调整总收入，没有考虑个人退休账户扣减、学生贷款利息扣减、外国收入除外项目、不予列计或扣减的外国住房、不予列计的合格债券利息，以及不予列计的雇主支付的收养费。对于罗斯个人收入账户，修正的调整后总收入排除了在将传统个人退休账户转换为罗斯个人退休账户时报告的收入。

- 用于支付未偿付医疗费用的给付金超过调整总收入的7.5%（2012）。
- 给付金没有超过医疗保险成本，失业且因为失业接受失业补助连续12个星期。
- 个人退休账户持有人丧失劳动能力。
- 向已故个人退休账户的受益人继续支付给付金。
- 传统个人退休账户的给付金作为一系列给付的一部分，恰好等于购买人终身（或预期寿命内）的全部支付额，或者是购买人及其受益人终身（或联合预期寿命）的全部支付额。
- 给付金不超过购买人符合条件的高等教育支出。
- 给付金用于购买、建造或重建第一套房屋（最高10 000美元）。
- 来自于个人退休账户的给付金用于符合条件的计划。
- 符合条件的预备役军人给付金。

传统个人退休金给付的开始日必须不迟于受领人年满70.5岁的自然年度下一年的4月1日。这笔资金的给付可以是一次性的，也可以是分期的，必须满足每年给付的最低额度要求。最低年给付额的确定是根据受领人的寿命预期或受领人及其受益人联合寿命预期。美国国内税务局以确定每年最低给付额为目的制定了寿命预期表。如果给付低于法律规定的数额，就会对超额积累部分征收50%的特许权税。提出这一要求的目的是为了强迫传统个人退休账户的参与者在合理的时间范围内取得收入，从而使联邦政府能够就享受递延税收的部分收税。

给付的课税 传统个人退休账户的给付应作为普通收入课税，除了不可抵扣的个人退休账户缴费（这一部分免缴所得税）。如果是不可抵扣的缴费，那么部分给付不需要纳税。另一部分属于应税项目，必须纳入纳税人的应税所得。在计算每笔给付不纳税和应税部分的时候，必须采用一个复杂的公式，填报美国国内税务局的表格。

此外，前面也曾提及，对59.5岁之前的提前给付要课以10%的惩罚性税收。

建立传统个人退休账户 可以在各类金融机构建立传统个人退休账户。你可以在银行建立个人退休账户，也可以在共同基金、股票经纪公司或人寿保险公司建立。传统个人退休账户的缴费可以在当年的任何时候或纳税申报前进行，但不包括宽限期。

有两种类型的传统个人退休账户：(1) 个人退休账户，(2) 个人退休年金。

- 个人退休账户。个人退休账户是为账户的所有人或受益人的专有利益建立的信托或托管账户。信托人或托管人必须是银行、联邦保险的信用合作社、储贷机构，或美国国内税务局许可的信托人或托管人的实体。缴费必须用现金，但转账缴费（后面将进行讨论）可以用现金之外的财产进行支付。缴费不能用于购买人寿保险。同样，个人退休账户的资产不能作为贷款的抵押品。

- 个人退休年金。还可以通过从人寿保险公司那里购买个人退休年金来建立传统个人退休账户。这种年金必须满足一些条件。年金所有人的合同利益必须是不可丧失的。而且，年金必须允许弹性缴费，从而在收入变化的时候，个人退休账户的缴费也进行调整。缴费金额不能超过每年的最高限额，而给付必须在年金所有人满70.5岁的第二年的4月1日开始。

个人退休账户的投资 个人退休账户的缴费可以投资于各类投资项目，包括存单、自己控制的经纪账户中的股票和共同基金。这些缴费也可以投资于美国的金币、银币和其他贵金属。但是，缴费不能投资于保险合同或诸如邮票或古董之类的收藏品。

个人退休账户转账账户 转账是从退休计划得到的免税的现金或其他财产给付，然后再将其存入另一个退休计划。转账的这笔钱一般是免税的，但是如果新的计划将其支付给你或你的受益人，那么就要纳税。例如，如果你辞去目前的工作，并从雇主的合格退休计划一次性得到给付，这笔资金转账或存入到一个特殊的**个人退休账户转账账户**（IRA rollover account）。如果你直接得到这笔钱，那么雇主必须扣除 20% 的联邦所得税。但是，如果雇主把这些钱直接转入个人退休账户转账账户，那么这笔税金就可以延期缴纳。

罗斯个人退休账户

罗斯个人退休账户（Roth IRA）是另一种提供大量税收优惠的个人退休账户。前文提及的传统个人退休账户限额也适用于罗斯个人退休账户。

罗斯个人退休账户每年的缴费不得进行税收抵扣。但是，积累的投资收益免缴所得税，如果满足一定的条件，那么符合条件的给付不纳税。符合条件的给付是指满足下面要求的所有给付：(1) 给付必须在缴纳罗斯个人退休账户费用的第一个税收年度之后的 5 年后；(2) 给付必须符合下列情况中的一种：

- 受领人年龄必须大于 59.5 岁。
- 受领人残疾。
- 受领人去世后，把给付支付给受益人或作为遗产。
- 给付用于支付首次购房的费用（最大数额为 10 000 美元）。

与传统个人退休账户不同，罗斯个人退休账户的缴费可以发生于 70.5 岁之后，达到 70.5 岁之后的最低给付规则不适用于罗斯个人退休账户。

收入限制 2012 年，对于单身人士或者户主，向罗斯个人退休账户的最高缴费额限制为，工人修正的调整总收入为 110 000 美元或更低。对于修正的调整总收入在 110 000~125 000 美元的情况，罗斯个人退休账户缴费限额逐步取消。2012 年，对于联合填报的已婚夫妇，向罗斯个人退休账户的最高缴费额限制为，夫妻双方修正的调整收入低于 173 000 美元，对于修正的调整总收入在 173 000~183 000 美元之间的夫妇，他们每年的罗斯缴费最高限额将逐步取消。

向罗斯个人退休账户的转换 传统个人退休账户可以转换为罗斯个人退休账户。尽管转换的数额要作为普通收入纳税，但罗斯个人退休账户符合条件的给付却是免税的。只有那些年调整总收入为 100 000 美元或更低的纳税人才享有此项权利。但是，从 2010 年开始，将传统个人退休账户转换为罗斯个人退休账户的 100 000 美元的收入限额将被取消。这样，富裕的纳税人就可以将他们的传统个人退休账户转换为罗斯个人退休账户。许多投资公司在它们的网站上提供互动式计算公式，帮助访问者确定转换为罗斯个人退休账户是否划算。

根据前面的讨论，大家可以看到，罗斯个人退休账户有许多有别于传统个人退休账户的特点。图表 14—2 对它们之间的主要区别进行了概括。

图表 14—2　　　传统个人退休账户与罗斯个人退休账户的比较

	传统个人退休账户	罗斯个人退休账户
税收情况	税收递延给付	免税给付
资格条件	有低于年度限额的应税收入（见正文）	有低于年度限额的应税收入（见正文）
年龄限制	小于 70.5 岁	无年龄限制
缴费限额	2012 年为 5 000 美元（50 岁以上为 6 000 美元）	同前

续前表

	传统个人退休账户	罗斯个人退休账户
个人退休账户	税收减免如果没有参与雇主退休计划,无论收入多少,全额减免直到年度限额;如果参与了雇主退休计划,根据应税收入情况,全额减免或部分减免,直到达到年度缴费限额	缴费不得减免
投资收入课税	积累的投资收入免税	同前
给付金课税	按照普通收入课税;对无减免缴费不收税	如果达到某些条件,给付金免税(见正文)
提前领取的惩罚措施	除了某些特殊情况,59.5岁以前提前领取缴纳10%的联邦所得税	缴费可以免税提取。除了某些特殊情况,59.5岁以前提前领取要缴纳10%的惩罚性税收
最低领取条件	要求在70.5岁之后	无条件

个人退休账户资金的充足性

在工人退休后,个人退休账户中的资产可以作为收入进行支付。但是,除非购买的是终身年金,否则,退休人员面临着人活着但个人退休账户中的钱花完的风险。保险金给付的持续期取决于工人退休后投资资产的收益率和给付的比率。由于退休工人在退休之后还要生存25年或30年,甚至可能更长的时间,财务规划师通常建议,最初提取的比率限制在个人退休账户资产的4%~5%。通常会准备一份表格,其中将显示根据投资资产的平均收益率和每年的平均退保比率以及你的个人退休账户资金可以维持多长时间。但是问题是,这种表格假设在可预见的时期内,平均收益率不变。实际上,这并不正确,因为实际收益将随着股票市场、债券市场和其他证券市场的波动而发生剧烈变化。为了解决这一问题,许多财务规划师现在使用蒙特卡罗模拟技术,来对未来的情况提供更为准确的预期。这种技术模拟了大量的潜在市场结果。这些结果考虑了市场收益和不同投资组合的波动。专栏14.4是一个财务规划投资公司使用蒙特卡罗模拟技术的案例。

专栏 14.4 ☞

你已经为退休存下足够的钱了吗?
蒙特卡罗模拟技术可以发挥作用

罗威普莱斯公司在其网站上(www.troweprice.com/ric)提供了退休收入计算公式。该公式可以帮助人们以更贴近现实情况的方法来评估退休资金的充足性。与根据整个退休期间的平均收益率计算的方式不同,蒙特卡罗技术对特别采用了退休计划策略的个人金融资产情况进行了1 000次计算机模拟。在选定的时间区间内,这一千次模拟,每一次都根据假设的市场化回报情况实现资产组合的期末余额。分析中考虑了市场潜在波动,无论是正向的还是负向的。每一次模拟结果都至少有1美元的余额,从而才认为是"成功的"。退休收入计算器综合了所有1 000次模拟,对于给定的策略均达到了该策略的"模拟成功率"(即模拟实现正的期末余额所占的百分比)。模拟成功率大于等于80%被认为是好的结果。

根据整个退休期间固定年收益率所得到的期末余额与根据蒙特卡罗模拟预测的期末余额有很大差异。理论上,第一年收益率为11%,第二年收益率为7%,则平均收益率为9%,但是如果在现实投资中,你所得到的收益率会与该平均数有较大差别,期末余额低于用固定年收益率预测出的结果。

下面的图列举了一个基于退休收入计算器的蒙特卡罗技术的例子。假设一位67岁男性拥有30万美元资产,退休前资产中的60%为股票、30%是债券、10%是现金,退休后则40%是股票、40%是债券、20%是现金。他希望在退休后的28年中每个月有4 000美元的收入(以当前美元价值计算),而且几乎立刻退休。他每个月可以从社会保障账户获得2 000美元(以当前美元价值计算)收入。模拟结果显示,每个月的退休支出不会超过3 032美元,其成功率为80%。

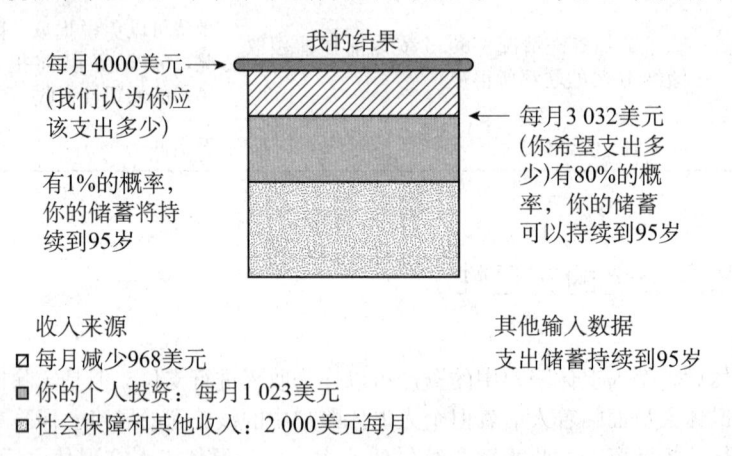

每月4000美元——
(我们认为你应该支出多少)

我的结果

←每月3 032美元
(你希望支出多少)有80%的概率,你的储蓄可以持续到95岁

有1%的概率,你的储蓄将持续到95岁

收入来源
▫ 每月减少968美元
▫ 你的个人投资:每月1 023美元
▫ 社会保障和其他收入:2 000美元每月

其他输入数据
支出储蓄持续到95岁

资料来源:The graph image and the "My Results" box shown above are reprinted with permission from T. Rowe Price. Copyright 2012. Insight 14.4 above the "My Results" box was not produced by T. Rowe Price.

案例应用1

投资者可以投资于各类年金,也可以使用不同的年金给付方式,以满足特定的退休需求。对于下面的每一个退休目标,识别它们是(1)特别年金,还是(2)用于实现这些目标的年金给付方式。分别分析每一种情况。

a. 詹姆斯今年35岁,是一位销售代表,计划在67岁的时候退休。他的月收入随时在变。他想投资于年金,而且允许他改变年金保费支付的频率和数额。

b. 南希今年67岁,计划在6个月后退休。她的储蓄账户中有200 000美元。她希望每月获得有保证的终身收入。

c. 珍妮弗今年63岁,计划在90天内退休。她在年金方面投资了100 000美元,希望能够在社会保障给付之外每个月能获得收入。但是,她担心在自己收回所有投资之前就去世。

d. 弗雷德今年70岁,最近已经退休,投资了50 000美元以获得额外的收入。他希望这些退休给付能够抵消通货膨胀的风险。

e. 玛丽今年75岁,是一位没有赡养人的寡妇,需要额外的退休收入。她已经购买了25 000美元的年金。她想每个月获得可能最高的年金收入。

f. 凯茜今年32岁,想投资于股票市场,但是她是一个保守的风险规避者。她想获得股市收益,但也想防止本金的损失。

案例应用2

斯科特和艾莉森夫妇填报联合应税收入。斯科特是一名研究生，他的兼职工作在2012年为他带来15 000美元的收入。由于他是兼职人员，所以无法参加雇主的退休计划。艾莉森是一所中学的老师，2012年的收入是50 000美元，是校区退休计划的有效参与者。假设你是一位财务规划师，他们夫妇在寻求你的建议。根据下面一些事实，回答后面的问题。

a. 斯科特是否能建立传统个人退休账户，并扣除所缴费用？解释你的答案。

b. 艾莉森是否能建立传统个人退休账户，并扣除所缴费用？解释你的答案。

c. 假设斯科特毕业，这对夫妇2012年修正的调整总收入为130 000美元。斯科特和艾莉森都参加了他们的雇主退休计划。斯科特或艾莉森，或者两个人是否都能建立罗斯个人退休账户？解释你的答案。

d. 艾莉森生了孩子，所以辞职了以专心抚养孩子。她不再是校区退休计划的有效参与者。斯科特晋升，并继续参与雇主退休计划。他2012年的年薪是110 000美元。艾莉森向传统个人退休账户的缴费能享受税收扣减吗？解释你的答案。

e. 向斯科特和艾莉森解释，罗斯个人退休账户与传统个人退休账户相比，其优势有哪些。

本章小结

- 年金向年金受领人提供定期给付，这些给付将持续一个固定的时期，或者指定人的整个生存期间。终身年金的基本目的是为活着的人提供终身收入。

- 定额年金向年金受领人提供有保证的数额固定的定期收入。购买定额年金可以立刻开始给付，或者延迟到之后的某一天。递延年金一般提供弹性保费支付。

- 年金给付方式一般包括：
  现金方式
  终身年金（不偿付本金）
  保证一定支付的终身年金
  偿还本金的分期付款方式
  联合生存年金
  通胀指数年金给付方式

- 变额年金支付终身收入，但是支付的收入随着子账户中的保费投资情况而变。这种类型的年金的目标是对冲通货膨胀的影响，保证定期支付的实际购买力。

- 在积累期内，变额年金保费购买积累单位，之后在退休的时候转换为年金单位。一般死亡给付是下面两种金额中较高的一种：合同中用于投资的金额或者受领人死亡时的账户价值。

- 如果年金购买人在退休之前死亡，变额年金通常会支付有保证的死亡保险金。一般的死亡保险金是以下两个金额中的较高者：年金的账户价值或根据提取情况调整后的总保费金额。

- 变额年金需要缴纳很多种费用。这些费用包括投资管理费用、行政费用、保证死亡给付和其他担保项目的管理和支出风险费用，以及随时间下降的退保费。总体来说，总费用和支出非常高。

- 股票指数年金是一种定额递延年金。允许年金所有人分享股市增长。这种年金提供防止本金损失和（年金持有到期）优先利息收益遭受损失的保障。

- 股票指数年金的主要因素包括：（1）分红比率，（2）最高收益率上限，（3）指数化方法，（4）保底价值。

- 宽减率用于确定定期年金支付中的非税和应税部分。宽减率通过用合同中的投资额除以预期收益得到。

- 个人退休账户的主要类型是（1）传统个人退休账户和（2）罗斯个人退休账户。

- 传统个人退休账户允许工人就他们缴纳的费用的部分或全部享受税收减免。累积的投资收益在递延税款的基础上免缴所得税，而支付则与普通收入一样要纳税。
- 传统个人退休账户的资格是，参与者有应税收入，且年龄低于70.5岁。
- 2012年，最高税收扣减个人退休账户缴费额度或者为5 000美元（如果年龄在50岁以上缴纳6 000美元），或者为收入的100%，两者中较低的一种。
- 个人退休账户向传统个人退休账户的缴费享受所得税减免，如果参与者（1）不是雇主发起的退休计划的有效参与者，或（2）应税收入低于某一收入标准。
- 传统个人退休账户的给付作为普通收入纳税，除了无扣减个人退休账户缴费。后者免缴所得税。
- 除了一些特殊情况，59.5岁之前的传统个人退休账户的给付被认为是提前给付。必须对总收入中给付的部分课以10%的惩罚性税收。
- 传统个人退休金给付的开始日必须不迟于受领人年满70.5岁的自然年度下一年的4月1日。
- 传统个人退休账户向罗斯个人退休账户的缴费不得进行所得税扣减。但是，积累的投资收益免税，如果满足一定的条件，符合条件的给付免缴所得税。
- 罗斯个人退休账户的合格给付是符合下面条件的给付：（1）给付必须在缴纳罗斯个人退休账户费用的第一个税收年度之后的5年后；（2）在受领人年龄达到59.5岁的时候，残疾、死亡或用于支付首次购房者的费用。与传统个人退休账户不同，可以在70.5岁之后向罗斯个人退休账户缴费，而70.5岁之后的最低给付规则不适用。

重要概念和术语

积累期　　　　　　　定额年金　　　　　　　时期确定的终身年金）
积累单位　　　　　　弹性保费年金　　　　　清算期
年金受领人　　　　　即付年金　　　　　　　长寿保险
年金　　　　　　　　个人退休账户（IRA）　无扣减个人退休账户
年金给付方式　　　　通胀指数年金给付方式　罗斯个人退休账户
年金单位　　　　　　分期偿还本金方式　　　趸缴保费递延年金
本金现金偿付方式　　个人退休账户转账账户　配偶个人退休账户
递延年金　　　　　　联合生存年金　　　　　传统个人退休账户
股票指数年金　　　　终身年金（不偿付本金）变额年金
宽减率　　　　　　　保证支付的终身年金（支付

复习题

1. 如何区分年金和人寿保险？
2. 说明定额年金的主要特点。
3. 指出定额年金中可能的年金结算方式。
4. 指出变额年金的基本特点。
5. 解释股票指数年金的主要特点。
6. 解释传统个人退休账户的资格要求。
7. 个人退休账户年缴费限额是多少？
8. 解释传统个人退休账户的基本特点。
9. 说明罗斯个人退休账户的主要特点。
10. 个人退休账户转账是什么？

应用题

1. 尽管定额年金和变额年金都可以为年金受领人提供终身收入，但是它们在几个重要的方面有所不同。根据下面几个方面比较（1）定额年金和（2）变额年金：

  a. 指出保费如何投资

  b. 退休之后收入支付的稳定性

  c. 如果年金受领人在退休之前死亡，死亡给付如何处理

  2. 股票指数年金和变额年金在许多方面都存在相似和不同之处。

  a. 解释股票指数年金和变额年金的主要相似之处。

  b. 指出股票指数年金和变额年金之间的主要区别。

  3. 马里奥今年 65 岁，购买了一份每月支付 1 000 美元终身收入的 120 000 美元即付年金。该年金没有退款功能。根据美国国内税务局的精算表，马里奥还有 20 年的预期寿命。如果马里奥第一年 12 次接受每月 1 000 美元的给付，他必须就其应税收益报告的应税收入为多少？

  4. 特拉维斯今年 25 岁，是一位大学毕业生，找到了一份税务会计师的工作。他在 1 年内不具有参加雇主退休计划的资格。

  a. 假设特拉维斯 2012 年的最初收入为 55 000 美元，而且不参加雇主的退休计划。特拉维斯是否有资格建立传统税收扣减个人退休账户？解释你的答案。

  b. 假设与（a）中的情况相同。特拉维斯是否有资格建立罗斯个人退休账户？解释你的答案。

  5. 传统个人退休账户和罗斯个人退休账户既有相同之处，又有所区别。结合下面几点比较（1）传统个人退休账户和（2）罗斯个人退休账户：

  a. 个人退休账户缴费和给付的所得税处理情况

  b. 资格条件的收入限制

  c. 个人退休账户费用如何进行投资

  d. 没有参加工作的配偶缴纳个人退休账户费用的资格

网络资源

● Annuity.com 提供年金的在线比较，以及关于定额年金、股票指数年金、变额年金和其他税收递延年金的即时信息。网址为：annuity.com

● Annuityshopper.com 是一种在线杂志，每年出版两期。该网站提供关于即付年金的最新信息。网址为：annuityshopper.com

● AnnuitySpecs.com 是一家专精于指数化年金的网站。该网站提供了关于指数化年金产品的大量信息。网站地址为：AnnuitySpecs.com

● 嘉信（Charles Schwab）提供大量关于退休计划、年金和个人退休账户（IRAs）的文章和信息。网址为：schwab.com

● 富达投资（Fidelity Investments）提供关于退休规划、年金和个人退休账户的即时信息，包括制定个人退休账户决策的互动式计算公式。网址为：fidelity.com

● ImmediateAnnuities.com 声称，它是美国领先的年金经纪商企业。该公司帮助消费者为他们的退休生活购买安全可靠的终身收入年金。网址为：immediateannuities.com

● Insure.com 提供关于年金、个人退休账户和其他保险产品的最新信息。网址为：insure.com

● 罗斯个人退休账户网站专注于罗斯个人退休账户，提供关于此类个人退休账户的消费者关心的大量信息。该网站提供了文章、书籍、录音、计算公式、个人退休账户文件和罗斯个人退休账户留言板。网址为：rothira.com

● 美国教师退休基金会（TIAA-CREF）提供了关于退休计划、年金和个人退休账户的准确信息，是一个非常好的信息来源。网址为：tiaa-cref.org

● 先锋集团（Vanguard Group）提供了关于变额年金、个人退休账户和退休计划的最新信息。网址为：vanguard.com

参考文献

Graves, Edward E., ed. *McGill's Life Insurance*, 8th ed. Bryn Mawr, PA: The American College, 2011, Ch. 6.

Internal Revenue Service. *General Rule for Pensions and Annuities*, Publication 939.

Internal Revenue Service. *Individual Retirement Arrangements (IRAs)*, Publication 590.

Internal Revenue Service. *Pension and Annuity Income*, Publication 575.

Kaster, Nicholas, et al. 2012 *U.S. Master Pension Guide*. Chicago, IL: CCH Inc., 2012.

Kuykendall, Lavonne. "Making the Case To Buy an Annuity," *The Wall Street Journal*, March 8, 2011, p. C15.

Myers, Randy. "A Guide to Annuities & Retirement Income," *The Wall Street Journal*, November 12, 2008, pp. D5–D11.

Myers, Randy. "Private Wealth Management, Annuities and Retirement Satisfaction," *The Wall Street Journal*, November 16, 2011, p. C7.

Scism, Leslie, "Annuity Fine Print: Guarantees Aren't Always Guaranteed," *The Wall Street Journal*, June 1, 2009, pp. R1, R6.

Tergesen, Anne, and Leslie Scism. "Getting Smart About Annuities," *The Wall Street Journal*, April 18–19, 2009, pp. R1, R4.

第 15 章

医疗保健改革；个人健康保险保障

"最高法院对《平价医疗法案》的支持确保了辛勤工作的中产阶级家庭能够得到应有的保障，并保护每一个美国人免受最恶劣的保险公司的欺诈。"

——whitehouse. gov/healthreform

学习目标

学习完本章，你应当能够：

- ◆ 解释美国主要的医疗保健问题。
- ◆ 指出《平价医疗法案》中影响个人和家庭的重要条款。
- ◆ 说明个人医疗费用保险的基本特点。
- ◆ 指出健康储蓄账户（HSA）的基本特点。
- ◆ 阐述长期护理保险的基本特点。
- ◆ 阐述残疾收入保险合同的主要特点。

贾斯廷今年32岁，是一位自谋职业的从事室内装潢的人员。他被诊断出长有脑瘤，需要立刻进行手术。手术费、住院费、化疗和其他医药费用加起来要125 000美元。与许多自谋职业者类似，贾斯廷没有购买健康保险。此外，他有6个月无法工作，也没有残疾收入保单来弥补失去的收入。短期内，由于缺乏健康保险，这个意外的手术让贾斯廷陷入了严重的经济危机。他最终不得不宣布破产。

就像贾斯廷的情况所表明的，健康保险在任何个人风险管理计划中都应该给予高度的优先。如果你患了重病，或者受重伤，那么你就会面临两个主要问题：支付医疗费用和收入损失。严重的疾病会产生巨额的医疗费用，如果没有适当的保障，你就不得不自己掏腰包来支付高额费用。此外，长期残疾会让你损失大量的工作收入。

本章是讨论商业健康保险两章中的第一章。本章的讨论重点主要在于重要的个人健康保险保障。下一章则讨论团体健康保险计划。尽管大多数人获得了团体保险的保障，但个人保险产品对于那些没有从团体健康保险获得保障的个人和家庭仍然非常重要。

第15章被分为三个主要部分。第一部分讨论美国主要的医疗保健问题以及医疗保健改革的必要性。第二部分考查了新的《平价医疗法案》的主要条款，这些条款将对现有的医疗保健体制进行改革。最后一部分讨论了几个个人健康保险保障产品，包括个人医疗费用保险、健康储蓄账户、长期护理保险和残疾人收入保险。

美国的医疗保健问题

美国提供的医疗保健是世界上水平最高的，美国人的健康状况得到了显著改善。但是，除了医药方面的重大突破，专家们认为现有医疗保健系统是有问题的，必须进行改革。促成《患者保护和平价医疗法案》在2010年实施的主要问题包括以下几个方面：

- 日益增加的医疗保健支出
- 大量未投保人群
- 医疗保健质量不均衡
- 大量的浪费和低效率
- 医疗保健融资机制的缺陷
- 保险公司违规行为

日益增加的医疗保健支出

美国医疗保健支出总额已经大幅度上升了，其增速已经超过了国家经济增长速度。根据医疗保障和医疗救助服务中心（the Centers for Medicare & Medicaid Services）的计算，2012年全国健康支出共2.8万亿美元，达到国民生产总值的17.6%。也就是说，现在，国民收入中每6美元就有1美元花在了医疗保健上。如果这种趋势持续下去，估计到2020年国民健康支出将达到4.6万亿美元，即总产值的19.8%。[1]

与其他国家的比较 美国在医疗保健方面的总支出处于全球领先位置。2009年，美国花在医疗保健方面的人均支出为7 598美元，高于全球支出第二高国家（瑞士）48%，高于那些被认为是全球化竞争者的许多国家约90%（见专栏15.1）。

专栏15.1

美国医疗保健支出与其他国家相比怎么样？

美国在医疗保健方面的支出远高于其他发达国家。下面的图表展示了以2009年美元价值计价的经合组织（OECD）国家中人均国民收入高于平均水平的国家的人均健康支出情况。根据OECD的数据，2009年，美国人均健康支出为7 598美元。这一数字高于排在第二位的国家（瑞士）48%，高于美国将其视为全球竞争对手的其他国家约90%。从占GDP的份额来看，美国的医疗保健支出也超过其他工业化国家5个百分点（未列出）。不考虑相对高水平的支出，

---

[1] Centers for Medicare & Medicaid Services, *National Health Expenditure Projections* 2010-2020, Table 1.

美国并没有显现出明显高于其他发达国家的健康状况。最近的一项研究发现，美国医疗保健支出高于其他国家最有可能的原因是较高的价格，可能是更加便利地获得技术和美国人更加肥胖，而不是因为较高的收入、人口老龄化或者是过多地供给或使用医院和医生。[a]

2009年美国等国家当前人均医疗保健支出情况

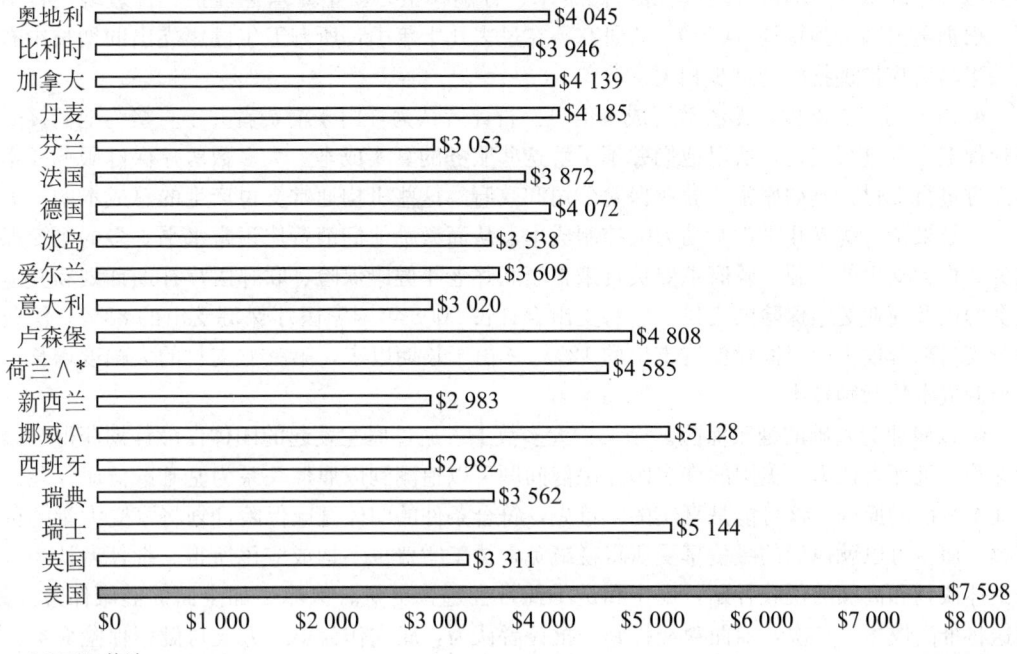

国家	人均医疗保健支出
奥地利	$4 045
比利时	$3 946
加拿大	$4 139
丹麦	$4 185
芬兰	$3 053
法国	$3 872
德国	$4 072
冰岛	$3 538
爱尔兰	$3 609
意大利	$3 020
卢森堡	$4 808
荷兰∧*	$4 585
新西兰	$2 983
挪威∧	$5 128
西班牙	$2 982
瑞典	$3 562
瑞士	$5 144
英国	$3 311
美国	$7 598

∧ OECD 估计。

* 非连续数据。

数据来源：Organisation for Economic Co-operation and Development. "OECD Health Data: Health Expenditures and Financing", OECD Health Statistics Data from internet subscription database. http://www.oecd-ilibrary.org, data accessed on 01/10/12.

[a] David A. Squires, "Explaining High Health Care Spending in the United States: An International Comparison of Supply, Utilization, Prices, and Quality," The Commonwealth Fund, May 3, 2012.

资料来源：Excerpted from The Henry J. Kaiser Family Foundation, *Health Care Costs*, *A Primer*, *Key Information on Health Care Costs and Their Impact*, May 2012, p. 7.

根据联邦基金会最近的研究成果，美国较高的支出不能归因于较高的收入、人口结构的老龄化，或者医生和医院更多的供给和使用。相反，高支出可能是因为（1）医疗保健服务较高的价格，包括开药、去诊所看病和与其他国家相比较高的外科医生诊疗费和手术费用；（2）过度使用更为昂贵的诊疗技术；（3）较高的肥胖率。除了较高的支出，美国医疗卫生服务的质量表明，诊疗好坏在很大程度上取决于需要治疗的病症，而且并不明显优于其他发达国家低成本的医疗体制。①

医疗保健支出增长的原因 医疗保健方面的经济学家已经找出了很多因素可以用于解释，至少可以部分解释，医疗保健支出长期显著增长的原因。主要因素包括以下几个：

---

① David A. Squires, "Explaining High Health Care Spending in the United States: An International Comparison of Supply, Utilization, Prices, and Quality," The Commonwealth Fund, May 3, 2012.

● 消费者需求增长。消费者对卫生健康服务的需求长期来看是增长的，这是因为人口的增加、日益提高的人均国民收入以及美国人对健康越来越多的认知。研究表明，平均增长情况为，人均国民收入因素可以解释医疗保健长期支出增长的大约5％～20％。[1]

● 技术进步。新技术的开发和现有技术的改进是美国医疗保健成本走高的主要驱动因素。例如磁共振成像（MRI）、冠状动脉旁路手术、骨髓移植、新生儿重症监护、肾衰竭换肾治疗等。根据美国国会预算局（CBO）的研究，在过去几十年中，所有卫生健康支出的增长中有大约一半与医疗护理技术的进步相关。[2]

● 由于第三方支付，无法掌握成本信息。批评者认为，由于消费者并不直接为他们接受的医疗保健服务进行支付，所以他们并不了解这些服务的真实成本。大多数医疗保健服务成本由第三方进行支付，例如雇主、商业保险公司和政府。这些机构通常支付产生的总成本的一大部分。其结果是，病人几乎没有动力去控制成本，从而激励他们消费比正常水平更多的医疗保健服务。作为支出的来源，政府主要负责来自于联邦老年健康保险、联邦医疗补助计划和其他公共资源以及商业健康保险的支付。这些支出合计占2008年国家医疗保健支出的88％。消费者自行支付部分仅占国家医疗保健支出的12％。[3] 由于长期以来，第三方支付的大幅度增长，患者控制成本的激励较小。

● 以雇佣为基础的健康保险。今天，大多数工人通过雇主发起的团体保障计划获得健康保险保障。批评者认为，美国的许多医疗保健问题可以追溯到以雇佣关系为基础的健康保险。由于几个方面的原因，这可能是真实的。首先，符合条件的团体健康保险计划将享受大量的税收优惠。雇主可以就他们的缴费享受所得税减免，员工缴费也不构成应税所得。批评者认为，由于集体谈判和高额的税收补贴，雇主和员工经常会选择更贵、保障更加全面的健康保险计划，而这将推高成本。其次，前面曾经提到，批评者认为，雇主作为第三方支付健康保险成本，从而屏蔽了员工对医疗保健真实成本的了解，从而降低了员工控制成本的动力。最后，团体健康保险是临时性的、不便捷的。如果员工下岗、被解雇或者退休，他们通常会失去自己的团体健康保障。要解决这些问题，批评者建议，个人健康保险应该得到更多的重视，让员工们在离开团体时仍然能够享受到保障，并且更有控制成本的动力。

● 州政府强制保险给付。州政府要求健康保险公司为特定的疾病或团体提供保障，例如对新生婴儿、酗酒和药物依赖、心理健康提供保障，以及对脊椎按摩师、心理医生、身体和精神有缺陷的人提供保障。这些强制保险给付增加了医疗服务的使用并推升了成本。

● 处方药支出的增长。过去几年中，处方药支出在医疗保健支出总额中并不是主要因素。但是，从20世纪90年代中期开始，在处方药方面的开支已经成为推动医疗保健成本的重要因素。2008年末，处方药支出占医疗保健总成本的10％。[4]

● 联邦老年健康保险、联邦医疗补助计划的成本转嫁。联邦老年健康保险、联邦医疗补助计划并不支付向病人提供医疗服务的全部成本。其结果是，成本从联邦老年健康保险、联邦医疗补助计划转移到个人进行支付的拥有健康保险的病人身上。他们必须支付比他们所获得的医疗服务更多的费用。专家估计，成本转嫁每年至少给家庭保单增加1 000美元的成本。

---

[1] Congressional Budget Office, *Technological Change and the Growth of Health Care Spending*, January 2008, p. 9.

[2] Ibid., p. 1.

[3] Blue Cross and Blue Shield Association, *Healthcare Trends in America*, *A Reference Guide from BCBS* (2010 edition), p. 21.

[4] Ibid.

- 高昂的管理费用。商业健康保险计划的管理成本长期以来也呈上升趋势。商业健康保险保费占管理成本的份额因企业规模的不同而有较大差异。CBO 估计，保费的平均份额覆盖范围在以下二者之间：由企业员工有 1 000 人以上的雇主发起保障计划的 7%，由雇用低于 25 名员工的个人和小企业发起保障计划的 30%。①
- 医疗保健部门价格的日益提高。医疗产品和服务价格近年来的增长速度快于总体价格水平增速。有些分析家认为，医疗保健部门日益上升的价格是医疗保健总支出增长的另一个重要因素。但是 CBO 的研究结论却认为，医疗保健部门日益上升的价格所导致的医疗保健总支出长期实际增长不到五分之一。②
- 预防性治疗。由于担心受到医疗欺诈的控诉，医生们被强制开出预防性治疗方案。预防性治疗是指医生所做出的不必要的诊断测试、对病人几乎没有临床价值的测试以及住院时间长于实际需要等情况。医疗保健成本因而上升。
- 其他因素。其他推动医疗保健成本上升的因素包括急诊室治疗、对于没有保障的病人的住院医疗以及医疗保健服务提供方和病人的医疗保健欺诈和滥用。
- 此外，与一般看法相反，老龄人口并不是推动医疗保健支出总额长期增长的主要因素。根据 CBO 的研究，老年人在总人口中所占比例在过去 40 年中确实增长了，但这种增长是渐进性的，在人均医疗保健支出总额增长中所占比例并不十分高。据 CBO 估计，1965 年到 2005 年间，人口年龄结构的变化在那段时期内所导致的总支出累积增长不到 3%。③

大量未投保人群

第二个严重的问题是，有大量人口没有为医疗保健投保。根据《2012 年人口调查》的数据，有 4 860 万人或 15.7% 的人在 2011 年没有购买健康保险。④ 数量相对比较多的未投保人群包括下面几类：

- 外国出生人口（33.0%）
- 西班牙裔（不分种族）（30.1%）
- 年轻的成年人，年龄在 19~25 岁（27.7%）
- 家庭收入低于 25 000 美元的人口（25.4%）
- 黑人（19.5%）
- 亚裔人口（16.8%）

此外，许多州都有很高比例的未投保人口。2011 年，这些州包括得克萨斯州（23.8%）、新墨西哥州（19.6%）、密西西比州（16.2%）、佛罗里达州（19.8%）和路易斯安那州（20.8%）。⑤

人们保持未投保状态的时间越长，问题就会越严重。凯撒家庭基金会的一项研究显示，超

---

① Congressional Budget Office, Statement of Douglas W. Elmendorf, Director, "Options for Expanding Health Insurance Coverage and Controlling Costs," Testimony before the Committee on Finance, United States Senate, February 25, 2009.

② Congressional Budget Office, *Technological Change and the Growth of Health Care Spending*, January 2008, p. 11.

③ Ibid., p. 8.

④ U. S. Bureau of the Census, *Income, Poverty, and Health Insurance Coverage in the United States: 2011*, Washington, DC, September 2012.

⑤ U. S Census Bureau, Current Population Survey, "Table H106, Health Insurance Coverage Status by State for All People: 2011," 2012 *Annual Social and Economic (ASEC) Supplement*.

过70%的没有健康保险的人处于未投保状态超过一年，大概有一半处于未投保状态超过三年（见专栏15.2）。

人们一旦处于未投保状态时间过长就会面临巨大的经济风险。根据美国家庭（Families USA）的报告，处于未投保状态的结果非常严重。它们包括下面这些：[①]

- 未投保人群因为过高的成本经常推迟或者忽视必要的医疗保健。因为成本原因，没有接受必要的医疗保健的未投保成年人是有商业保险的成年人的六倍。
- 当未投保人群接受医疗保健时，他们通常为医疗服务支付得更多。未投保人群无法享受医院和医生诊疗费用的折扣，而保险公司通过它们和医疗保健服务供应方的契约谈判是可以得到的。因此，有些病人为医院诊疗所支付的价格是参保病人的2.5倍。
- 由于被排除在急诊室之外，未投保成年人不太容易接触医疗保健服务的常规资源。超过五分之二的未投保成年人表示，医生的办公室或者诊所不会接纳他们为新病人。
- 未投保人群经常难以接受常规筛查和预防性诊疗。因此，未投保成年人被诊断出处于病患晚期的概率要大得多，例如乳腺癌晚期。
- 未投保人群比有保险的人患病或死亡得更早。没有健康保险的成年人比有商业健康保险的成年人死亡概率高出25%。

专栏 15.2

超过70%的未投保人群没有健康保险的时间超过一年

由于健康保险主要作为工作的一种福利，当人们更换或者失去工作的时候，健康保险就会中止。当人们无法获得雇主发起的健康保险，而且不具有参加联邦医疗补助计划的资格，他们就可能会因为无法支付或者健康状况不达标，而在较长的时间内成为未投保人群的一员。

2010年未投保人群没有健康保险的持续时间

- 低于6个月，17%
- 7~12个月，11%
- 1~3年，21%
- 超过3年，51%

注：超过三年的人包括那些从来没有健康保险的人。百分比根据年龄进行了调整。

数据来源：Summary Health Statistics for the U. S. Population：National Health Interview Survey, 2010. September, 2011

资料来源：Excerpted from The Henry J. Kaiser Family Foundation, *The Uninsured*: *A Primer*, *Key Facts about Americans Without Health Insurance*, October 2011, p. 8.

[①] Families USA, *Dying for Coverage*, *The Deadly Consequences of Being Uninsured*, Washington, DC, June 2012.

未投保人群不投保的原因

一项美国公共广播电台、凯撒家庭基金会、哈佛大学公共卫生学院联合探究医疗保健成本的研究发现成年人没有健康保险的原因主要有以下几个:[①] 健康保险太贵,买不起(37%);没有工作或失业(22%);不符合雇主保障计划的条件或没有雇主保障计划(11%);不需要(9%)。还有一些人们没有投保是因为,他们由于不佳的健康状况、患病情况或因年龄问题而被保险公司拒保(4%)。

最后,还有一些其他原因也解释了为什么一些人没有投保。许多按照医疗补助计划符合医疗保健计划资格的收入较低的人没有提出申请,是因为他们不知道自己有申请的资格。其他收入相对较高的工人不购买健康保险是因为他们认为购买健康保险不是他们优先考虑的事情。最后,许多年轻人认为他们很健康,不需要健康保险。

医疗保健质量不均衡

另一个问题是医疗保健质量随着医生、地理区域和治疗的疾病类型的不同而不同。美国品质保证委员会(the National Committee for Quality Assurance,NCQA)每年考察国内超过1 000个商业医疗保健计划所提供的医疗服务的质量。这些计划涵盖了美国五分之二的人口。对医疗服务的评价建立在对病人接受诊疗服务频率的基础之上,并以此作为案例研究的基础。评估范围从预防疾病到慢性病管理,包括免疫力提升、癌症筛查、血压控制、戒烟咨询和药物管理。NCQA得出结论,尽管诊疗服务的质量一直在提高,但对特定疾病所提供的诊疗服务,在各州之间差距很大。

提供服务的质量取决于地理区位、健康保险计划的类型以及需要治疗的疾病。根据NCQA 2010年的研究,服务质量最好的10个州分别是康涅狄格州、科罗拉多州、伊利诺伊州、艾奥瓦州、马萨诸塞州、明尼苏达州、纽约州、俄勒冈州、宾夕法尼亚州和威斯康星州。诊断治疗最差的10个州分别是亚拉巴马州、阿拉斯加州、阿肯色州、密西西比州、蒙大拿州、路易斯安那州、南卡罗来纳州、犹他州、怀俄明州和波多黎各州。[②]

在2010年的报告中,美国品质保证委员会分析发现,如果调查对象参加的医疗保健计划都比较好,均是能够达到90分的计划,那么就可以节约下来大量的医疗保健费用和额外的生活成本。美国品质保证委员会估计,高质量的医疗保健计划可以节约46亿美元到74亿美元的成本。可以免于死亡的人数将位于最低的50 657人到最高的186 512人。[③] 客观地说,即使使用较低的估计值,高质量的医疗保健计划每年可以预防并免于死亡的人数将超过每年因交通事故而死亡的人数。

[①] NPR/Kaiser Foundation/Harvard School of Public Health, *Summary & Chartpack*, *The Public and the Health Care Delivery System*, April 2009.

[②] National Committee for Quality Assurance (NCQA), *Continuous Improvement and the Expansion of Quality Measurement*, *the State of Health Care Quality* 2011, Washington, D. C., 2011.

[③] National Committee for Quality Assurance (NCQA), *The State of Health Care Quality*, *Reform*, *the Quality Agenda and Resource Use*, Washington, D. C., 2010.

浪费和低效率

当前体制下存在的另外一个问题是大量的浪费和低效率。据专家估计，现有体制每年的浪费超过 8 000 亿美元。这一数字超过了医疗保健总支出的三分之一。浪费掉的支出主要包括以下方面：

- 由于难以获得其他服务提供者的医疗保健记录而产生的重复测试。
- 医院和医生出现的大多可以预防的诊疗失误。
- 医生因为害怕因医疗事故诉讼而采取的不必要的检验和治疗措施。
- 医疗保健供应商较高的管理成本和过分冗余的书面工作。
- 由于最初检查不彻底或者无效而重新到院检查。
- 有预防性治疗可能性的住院治疗，例如未受控制的糖尿病如果能够迅速治疗，成本会比较低。
- 医疗保健服务商过度、重复使用昂贵的医疗技术，例如磁共振成像（MRI）。

另一个成本高并造成浪费的情况是过度使用医院急诊室。对于许多未投保的美国人来说，唯一可以获得的医疗保健资源是医院的急诊室。因此，公立医院的急诊室提供了大量非急诊治疗的服务，而这是非常昂贵的，而且给医生和设备都带来了巨大压力。

医疗保健融资方面存在的不足

另一个主要问题是美国在医疗保健融资方面存在不足。批评者认为，美国在医疗保健融资方面存在缺陷，并使前面讨论的许多问题更加恶化。他们指出了以下几个方面的不足：

- 基于支付能力。现有体制下主要取决于个人的支付能力，而不是基于健康需求。因此，他们认为，许多健康有严重问题的未投保美国人因为无力支付而没有得到应有的治疗。
- 服务收费方式的问题。医生获取收入的传统的服务收费方式经常会产生不正当收费问题。在这种体制下，医生提供的服务和检查越多，他们的收入就会越多。医生们通常会基于提供诊疗服务的数量获得补偿，而不是其病人的诊疗结果。服务收费方法可能会鼓励一些医生采用不必要的医疗检查和治疗措施。
- 医疗保健的扭曲。有些人认为，现行体制导致了医疗保健的扭曲。例如，由于专家们挣的钱更多，医学院的毕业生通常会进入一个专业领域而放弃全科医生的就业岗位，而这将限制全科医生的供应。同时，由于可能的较高收入，一些医生更愿意在城市和近郊而不是乡下执业，这会进一步加剧乡下医生短缺的问题。

滥用保险公司服务

国会听证会和议会的辩论导致了《平价医疗法案》的出台，并揭示了各种对保险公司服务和保单限制的滥用行为。这些行为在损害保单持有人利益的同时，也影响了人们申购保险，包括（1）既存状况除外条款，（2）保单解除，（3）保险金终身最高限额和年度限额。

- 既存状况除外条款。在《平价医疗法案》颁布之前，个人医疗费用保单通常对于既存状况设置了除外条款。**既存状况**（preexisting condition）是指在保单生效日之前的某个特定期间内的身体或精神状态，被保险人需要因此接受治疗。生存状况并不在保障范围之内，直到保单生效一段时间之后。而这取决于保单和各州的情况，除外条款的有效期一般在6~18个月之间，除非在申请时这种情况被发现，并且没有被附加保单排除在外。如果在申请时被发现，申请者一般会被执行较高的费率，或者该情况通过保单的附加保单被排除在外。但是，众议院和参议院的讨论和国会听证会显示，很多保险公司滥用既存状况条款，并且仅仅因为申请时没有说明既存状况而拒绝了一些合法的理赔要求。拒绝理赔的例子包括：（1）一位女性被保险人在生孩子时进行了剖腹产，这被认为是既存状况；（2）另一个女性被保险人有严重的乳腺癌，她被拒保则是因为没有说明她之前曾经治疗过痤疮；（3）另一个人经历了家庭暴力，也被认为存在既存状况。能源和商业委员会的另一份研究报告显示，2007年到2009年间，四家最大的营利性健康保险公司依据既存状况拒绝了七分之一的申请人。[①]

● 为限制保险赔付金额解除保险合同。新法律颁布之前的众议院和参议院听证会表明，有些保险公司为了避免巨额赔付而解除一些个人健康保险保单，例如与癌症晚期有关的理赔或者巨额医疗账单。解除意味着保险公司可以因为被保险人在首次购买时存在误导、欺诈或隐瞒既存状况而取消个人保单。个人保单抗辩有效期是两年。然而，国会的听证会显示，有些保险公司会收取保费，如果被保险人后来提交了一份高额的理赔，其医疗记录将会受到检查，以确定被保险人在首次购买时是否没有说明其治疗情况。如果发现有任何遗漏或矛盾之处，保险公司就会拒绝为任何额外的治疗付费，并尝试取消之前提供的保障。结果是，一些存在严重的健康问题的病人，例如乳腺癌晚期或心脏病，在需要获得必要的昂贵的高质量服务时，被解除了保单。

● 保险金终身最高限额和年度限额。在《平价医疗法案》实施之前，个人或团体保障一般都会有保险金终身最高限额和年度限额。结果，需要长期接受治疗的健康状况堪忧的已投保病人经常会耗尽自己的保险金。许多保单的终身限额和年度限额相对较低。因此，有些病人虽然购买了某些类型的保险产品，但仍然无力偿付高额的治疗费用，最终不得不宣布破产。哈佛的学者对全国的破产情况进行了研究，得出结论，2007年62%的破产与医疗问题相关。那些申请破产的人中，有四分之三都有健康保险。[②]

医疗保健改革

建议对美国医疗保健体系进行改革，建立一套新的全国性健康保险体制，已经早有先例了。1912年西奥多·罗斯福将全国性健康保险纳入其总统竞选策略中。从那时开始，国会中的民主党派人士就提出了无数的建议，要求实施全国性健康保险，但均告失败。2009年，贝拉克·奥巴马总统提倡立法彻底检查并改革医疗保健体制。国会中的共和党议员强烈反对该项立法，因为持有不同的理念和政治立场。但是，经过激烈的国会辩论后，立法最终由国会通过。2010年3月23日，奥巴马总统签署生效了在经过《2010年医疗保健和教育协调法》修正

---

① House of Representatives, Committee on Energy and Commerce, "Coverage Denials for Pre-Existing Conditions in the Individual Health Insurance Market," *Memorandum*, October 12, 2010; and "Maternity Coverage in the Individual Health Insurance Market," *Memorandum*, October 12, 2010.

② David U. Himmelstein, Deborah Thorne, Elizabeth Warren, and Steffie Woolhandler, "Medical Bankruptcy in the United States, 2007: Results of a National Study," *American Journal of Medicine* 122, no. 8 (August 2009): 741-746.

后的《患者保护和平价医疗法案》(简称《平价医疗法案》)。

26个州的律师立刻起诉联邦政府，他们认为新法令是违宪的，主要是因为个人强迫条款要求大多数美国人购买健康保险保障，不然就要支付罚金。不过，2012年6月28日，在观点不一和饱受质疑中，最高法院裁定，《平价医疗法案》符合宪法精神，在国会征税权力下，个人强迫条款也符合宪法。

《平价医疗法案》基本条款

《平价医疗法案》(Affordable Care Act)将医疗保健保障扩展到3 000万未投保美国人中，为未投保人群和小企业提供了巨额津贴，使健康保险支付能力进一步提升，包含了在长期内降低医疗保健成本的条款，并且能够禁止保险公司滥用某些操作。尽管整个法律直到2014年1月1日才生效，但现在已有部分条款生效。但是，新法律很复杂，对其进行详细讨论超过了本书的范围。与之相反，我们将主要聚焦于某些影响个人和家庭、雇主、保险公司和医疗保健服务供应商的条款。这些条款包括：[①]

- 个人强制
- 健康保险改革
- 基本健康保险金
- 可负担保险交易所
- 对符合条件的个人和家庭提供保费优惠
- 雇主需符合的条件
- 为小企业主提供的保费补贴
- 提前退休再保险计划
- 联邦医疗补助计划扩展
- 既存状况保险计划
- 提高质量，降低成本
- 成本和融资

个人强制

从2014年开始，美国的大多数公民和合法居民必须有合格的健康保险，否则就需要支付罚金。2014年，罚金额度将为95美元或者个人收入的1%，二者取较高者，并将逐步增加到2016年的695美元（或者收入的2.5%）。前面曾经讨论过，新法律赋予了保费税收优惠，从而让具有资格的人们能够购买可承担得起的健康保险，并遵循法律规定。

有些群体被免除强制保障。免除情况适用于财务状况不佳、宗教目的、美国土著、未投保超过三个月的人们、服刑期间的人、未登记的移民。还有一些被免除的人，成本最低的保险计划的保费占其收入的比例超过8%，以及收入水平低于缴纳联邦所得税最低标准的人。

大多数年龄低于65岁的人不会受到个人强制和罚金条款的影响。根据城市研究所的研究，

---

① 这部分基于"The Health Care Law & You," HealthCare.gov, and Henry J. Kaiser Family Foundation, *Focus on Health Reform*, *Summary of New Health Reform Law*, Last Modified, April 15, 2011.

65岁以下只有3％的人在不购买保险的情况下会受到惩罚。[1] 大多数拥有健康保险的人属于免除范围，他们的收入低于所得税填报最低要求，或者能够通过联邦医疗补助计划扩展获得保障。此外，大量的补贴为未投保人群购买保险提供了很强的激励。

健康保险改革

新法律包括了很多禁止性条款，阻止保险公司从事侵害保险消费者利益的业务。适用于健康保险公司的重要条款包括以下几项：

保留保障直到年满26岁。保险公司必须允许年轻的成年人保留在其父母保单内，直到年满26岁。该条款限制仍然有效，而且对于年轻的孩子们很有帮助。这些孩子一般在他们从大学毕业后或者达到保险的年龄限制后，才会失去其父母保险的保障。

禁止设置终身限额和年度限额。保险公司被禁止对保险金给付设定终身限额。该条款现在仍然有效。从2014年开始，保险金给付年度限额也被禁止。在2014年之前，年度限额可以由健康和人类服务部部长设置。

禁止设置既存状况。保险公司被禁止拒绝索赔或对于19岁的儿童设置既存状况除外条款。该规定适用于所有与工作相关联的健康计划以及2010年3月23日后签发的个人健康保险保单。对于成年人而言，禁止采用既存状况将于2014年1月1日生效。此外，2014年开始，健康保险公司将不能够拒绝为女性提供保障，仅仅因为她们怀孕或者将与生育相关联的索赔排除在外。

● 禁止解除保单。新法律禁止保险公司因为投保人申请时无意犯下的错误而将其视为欺诈或有意误导的实证而追溯解除其保单。该条款现在是有效的。

● 保证提供健康保险。2014年1月1日生效，个人和小团体市场以及可负担保险交易所（后文将进行讨论）的保单在销售时就可以提供肯定签发的保证，且为其持续性进行担保。申请人既不能被拒保，也不能因为其健康状况而适用较高的费率。影响费率变化的因素仅仅允许是年龄（影响幅度限制为3％到1％）、家庭成员的数量、地理区域、抽烟的情况（影响幅度限制为1.5％到1％）。禁止向女性收取更高的保费。

● 不受新规限制的计划。不受新规限制的计划是指2010年3月23日存在的个人计划和雇主发起的团体计划，没有做出任何禁止性的变化。不受新规限制的计划一般能够保持不变，而且仅仅需要遵守《平价医疗法案》的部分条款。所有健康保险计划，无论是否会受到新规的影响，都必须为始于2010年9月23日及其之后的保险计划提供一定的优惠。这些优惠包括（1）对所有保险计划的保障不设置终身限额，（2）当人们生病或者在申请时犯了非故意的错误或者犯了不诚实的错误也不能解除保障内容，（3）将父母的保障范围延伸至26岁以下成年子女。

此外，雇主发起的团体保障计划必须提供额外的福利，包括：（1）对19岁以下的青少年不得设置既存状况除外条款，（2）对保险金给付不得设置年度限额，即每年的保障额度限额低于2014年以前健康和人类服务部部长确定的数额。

最后，为了保持其不受新规限制的状态，不受新规限制的计划不能大幅度削减或降低保险金、提高共保收费、大幅度增加扣减额度和共付费用、大幅度降低雇主缴费额度、增加或收紧保险公司支付年度限额、改变保险公司并使新的保险计划维持不受新规限制的状态。

● 医疗损失比率。保险公司需要满足最低损失比率要求，大规模团体市场上的保险计划为

---

[1] Linda J. Blumberg, Matthew Buettgens, Judy Feder, "The Individual Mandate in Perspective, Timely Analysis of Immediate Health Policy Issues," Urban Institute, March 2012.

85%，个人和小规模团体市场上的保险计划为80%。医疗损失比率是指，健康保险理赔金额占支付保费的百分比以及改善医护质量所采取的措施。从技术上说，医疗损失率等于发生的理赔比率加上经损失费用调整后的已赚保费。这是《平价医疗法案》中使用的基本财务测度方法，这种方法鼓励健康保障计划为参与者提供价值。

如果由于较高的利润或管理费用导致损失比率没有达到，就必须向参与者提供折扣。这一条款现在已经生效。2012年，没有达到最低损失比率要求的保险公司向近1 300万人支付了超过11亿美元的折扣，平均每个家庭折扣额度为151美元。

此外，新法律建立了一个评估健康保险保费增长情况的方式，要求保险计划调整保费增长。各州被要求报告保费的增长趋势，并要基于未经调整的保费增长额，对某些保险计划是否应当被排除在可负担保险交易所之外做出建议。该条款于2010年生效。

- 限制等待期。2012年1月1日生效，健康保险保障生效的等待期被限制为最高90天。

基本健康保险金

《平价医疗法案》要求保险公司提供医疗费用保障，该保障提供基本健康保险金。2014年1月1日生效，所有新的医疗费用保单，除了独立的牙医、视力、残疾收入、长期护理以及其他保单，必须提供一个综合性的保险金和服务的组合，被称为基本健康保险金。这一要求适用于个人和小团体市场上提供的所有新的保险计划，包括各州可负担保险交易所内外的保险计划。基本健康保险金必须包括以下10项条款或医疗服务的保障：

- 流动病人服务
- 急诊服务
- 住院治疗
- 孕妇和新生儿护理
- 心理健康和滥用药物纠正服务，包括行为健康治疗
- 处方药
- 康复服务和康复设施
- 检验服务
- 预防和保健服务以及慢性病治疗
- 儿科服务，包括口腔和视力护理

申请者可以在覆盖保险计划60%~90%的保障成本的四种保障水平中选取一种，并通过个人和小团体市场中的州交易所购买。保障类型包括下面几种：

- 青铜计划。该计划提供基本健康保险金，覆盖保障成本的60%。自付额度存在年度限额。**自付限额**（out-of-pocket limit）是指减免、共保、共同支付和其他被保险人必须支付的成本分担条款。成本分担条款不适用于预防性治疗服务，自付额度被限制为当前健康储蓄账户（HSA）限额（2013年个人限额为6 250美元，家庭限额为12 500美元）。如果没有这些额度限制，年度自付费用将会达到极高的水平，使经济面临极度的不安全。
- 白银计划。该计划提供基本健康保险，覆盖保障成本的70%。年度自付限额为健康储蓄账户限额。
- 黄金计划。该计划提供基本健康保险，覆盖保障成本的80%。年度自付限额为健康储蓄账户限额。
- 白金计划。该计划提供基本健康保险，覆盖保障成本的90%。年度自付限额为健康储

蓄账户限额。

可负担保险交易所

新法律要求在每个州组建**可负担保险交易所**（Affordable Insurance Exchange）。这个交易所是一个新的、透明的竞争性保险市场。个人和员工数量少于100人的小企业可以在此购买负担得起的、合格的健康保险计划。通过交易所获得保险的途径仅限于美国公民和合法居民（没有进过监狱）。各州的交易所让人们能够比较购买标准健康保险组合，方便人们参与补贴的保险计划，管理健康保险保费让不同收入水平的人们都可以购买可负担的保险产品。2014年开始，国会的成员们也通过交易所获得他们的健康保险。

健康保险保费税收优惠

新法律为符合条件的人提供保费优惠，以使保障更具可获得性。补贴资格只有达到收入限额的美国公民和合法的移民能够获取。通过雇主的机会购买健康保险的员工不符合获得补贴的资格，除非雇主计划的精算价值低于60%，或者员工缴纳保费的份额超过收入的9.5%。
- 保费税优惠。可以退还的保费税优惠提供给达到联邦贫困线（2012年为个人最高44 680美元，四人家庭最高92 200美元）的100%～400%的符合条件的个人和家庭。这将帮助那些人通过可负担保险交易所购买符合条件的健康保险。税收优惠的确定依据是收入，其设计理念是为了限制花在健康保险的钱为个人收入的2%到最高9.5%，并使保险变得能够负担得起。保费优惠以按比例递增的方式确定，范围从个人收入的2%（收入水平在贫困线的100%～133%）到9.5%（收入水平为贫困线的300%～400%）。该条款于2014年生效。
- 成本分担补贴。成本分担补贴降低了每年自付费用的额度，主要包括免赔额、共保和其他成本分担条款。成本分担优惠建立在收入的基础之上，降低了年度成本分担限额，提高了基本保险计划保险金的现金价值。成本分担优惠适合于收入水平处于贫困线100%～400%之间的人们。这一条款于2014年生效。
- 对雇主的要求。如果雇用了最少50名全职员工，并且至少有一名享受税收优惠或通过成本分担减免的方式在交易所购买保险的员工，但没有向全职员工及其家属提供最低级别保障，雇主必须缴纳罚金。罚金额度为每名全职员工2 000美元（除了前30名员工）。

如果聘请50名以上全职员工且确实为员工提供了保障，并且至少有一名全职员工正在享受保费税收优惠或成本分担减免，那么将按照每名员工3 000美元，或者每名全职员工2 000美元，二者中的较低者（同样从评估中扣除最初的30名员工）作为评估值接受补贴。该条款于2014年1月1日生效。

最后，超过200名员工的大型企业必须自动将未参加任何保险计划的新员工纳入企业成本最低的保险计划。员工有退出的选择权。

小企业税收优惠

新法律包含了大量针对小企业的税收优惠措施，促使它们为员工提供更多可以负担得起的健康保险。这些条款概括如下：
- 税收优惠。新法律向雇用少于25名全职员工且支付的年工资额低于50 000美元的小企业提供税收优惠。该条款现在已经生效。2010年到2013年的税收年度中，如果企业缴费至少为总保费的50%，那么企业缴费最高35%可享受税收优惠。对于聘请全职员工数量少于10名，支付年平均工资低于25 000美元的企业，可以享受全额税收优惠。最高税收优惠随着员工数量和年平均工资的提高而逐渐减少。

● 从2014年开始提高税收优惠额度。从2014年开始，如果合格的小企业通过州交易所购买健康保险的缴费至少达到总保费成本的50%，那么它们享受的税收优惠将最高增加到缴费的50%。聘请10名以下员工且支付的年平均工资低于25 000美元的小企业将可以享受50%的全额优惠。全额优惠随着企业规模和年平均工资的上升而逐渐减少。

提前退休再保险计划

许多低于65岁的老年员工如果过早退休或在经济不景气期间被强制退休，就会失去其健康保险。新法律要求建立临时再保险计划，帮助企业向超过55岁的不符合美国医疗保险条件的提前退休人士提供健康保险。该计划向企业或保险公司补偿退休人员理赔额度的80%，金额在15 000～90 000美元之间。来自再保险计划的支付用于降低企业保险计划新增加人员的成本。该条款现在有效，并将延续到2014年，届时，州交易所将开始全面运作。但是，该条款的基金将在14个月后耗尽，新的申请者在本书写作时已经不再被接纳。

联邦医疗补助计划扩展

2014年开始，《平价医疗法案》将联邦医疗补助计划适用范围扩大到收入低于联邦贫困线133%的人（2012年标准为个人15 415美元或三人家庭26 344美元）。所以，大量的未投保人群都符合参加联邦医疗补助计划的资格要求。所有新达到条件的成年人都将确保能够通过交易所获得基本健康保险组合。为了保证新增加的人获得必要的保障，联邦政府从2014年到2016年不得不支付额外100%的成本，2017年为95%，2018年为94%，2019年为93%，2020年及接下来几年里为90%。

最初的立法要求各州将其联邦医疗补助计划扩展至更多的未投保人群，否则就要失去已有的联邦医疗补助计划的联邦资金。但是，最高法院判定此项立法违宪。正如前面所说的，最高法院判定《平价医疗法案》整体都属违宪。不过，最高法院也规定，不能根据《平价医疗法案》强制州政府扩展其联邦医疗补助计划，如果它们没有那么做，也不能剥夺它们的联邦医疗计划中来自联邦的资金支持。在本书写作时，由于担心资金问题和其他更为重要的计划，很多州政府已经表示不会将它们的医疗补助计划扩展至未投保人群。

既存状况保险计划

新法律催生了临时性的高风险计划，向存在既存状况问题的人们提供负担得起的健康保险。这种情况将持续到2014年《平价医疗法案》开始实施时。这个计划的名字叫做既存状况保险计划（PCIP），完全由联邦政府提供资金。要获取保障的资格，申请人必须(1)是美国的公民或者没有违法记录的居民，(2)至少六个月没有投保，(3)存在既存状况，或者因为医疗条件无法获得健康保险。

大多数州在新法律颁布之前都设有高风险池。但是州政府可以选择是否参加临时的既存状况保险计划。如果一个州不参与，联邦政府将会管理这一计划。

提高质量，降低成本

新法律中有大量的条款致力于提高医疗保健的质量，降低成本。现将一些重要的条款概括如下：

- 重建初级保健队伍。为了提高初级保健医生的人数，有一些新的激励措施用以扩大初级保健医生、护士和医师助理的数量。这些激励措施包括设立奖金，为在医疗条件不佳地区工作的医生和护士提供贷款偿付服务。这些条款在2010年生效。
- 疾病预防。筹划建立新的预防和公共健康基金，专门投资于预防和公共健康计划，以保持美国国民的健康，包括禁烟和减肥。该条款于2010财年生效。
- 建立以患者为中心的研究机构。新法律建立了商业化的非营利机构研究国民体质，提供了医疗保健治疗措施和策略的比较研究。
- 强化社区健康中心。新法律包括为建设社区健康中心和扩展医疗服务提供资金支持。这些措施将使社区健康中心能够为全国2 000万新病人提供服务。这是很重要的条款，因为社区健康中心通常是低收入和未投保人群唯一可以负担的医疗保健服务。该条款于2010年生效。
- 打击医疗保健欺诈。新法律要求提高医疗保健服务商提供服务的透明度，以消除医疗保健体系中的欺诈和滥用。许多关于预防欺诈的条款现在已经生效。
- 鼓励一体化的健康体系。新法律激励医生们联合在一起，组成"可信赖医疗组织"。在这些组织中，医生们能够更好地合作，为患者提供服务并提高服务质量，有助于防治疾病，减少不必要的到医院看病。如果一个可信赖医疗组织提供高质量的服务，降低医疗保健体系的成本，就可以保留下节省下来的资金。这种措施为控制成本提供了激励。该条款现已生效。
- 降低书面和管理费用。医疗保健领域是少数仍然依赖于纸本记录的行业之一。新法律采取了一系列措施提高标准化，还要求健康保险计划开始遵守信息化规则，要求实现健康信息电子化交流的安全性和可信性。电子健康记录可以降低书面和管理负担、削减成本、减少医疗事故，并提高医疗质量。
- 增加联邦医疗补助计划中对主要医师的支付。联邦医疗补助计划和医疗保健供应商在2014年将接待更多的病人，这是一个问题。新法律要求州政府在2013年和2014年向提供基本医疗服务的初级保健医生支付的报酬率不得低于联邦医疗补助计划的报酬率。增加的额度完全由联邦政府负担，并在2014年1月生效。这是一个重要的调控措施，因为许多医生和其他医疗保健供应商由于比较低的报酬率已经不接纳新的联邦医疗补助计划病人。
- 基于价值而不是规模向医生支付费用。新条款将向医生提供的支付额度与他们所提供的服务质量相关联。向医生支付的费用将会发生改变，让那些提供高品质医疗服务的医生能够比那些服务质量较低的医生获得更高的收入。该条款于2015年生效。

成本和融资

医疗保健立法的成本是高昂的。2012年，CBO预计，在2012年到2022年间，《平价医疗法案》的成本将在联邦总支出中占有1.7万亿美元。这一额度将会部分地由与保险保障相关的罚金和税收增额所抵消，但净支出仍然超过1.2万亿美元。[①] 为新法律进行融资很复杂，融资

---

① "Patient Protection and Affordable Care Act," *Wikipedia Free Encylopedia*.

来源主要包括以下几个方面：
- 联邦老年健康保险计划和联邦医疗补助计划中减少欺诈和滥用以及减少不必要的检查程序节约出来的资金。
- 减少向联邦医疗保险优势计划的支付。
- 针对医药制造行业和健康保险公司的新的年度费用。
- 对应税医疗设备征收新的特许权税收。

此外，征收的新的税收、费用和罚金包括：
- 前面所提到的，没有保留必要的保险保障的人必须支付的税收罚金。该条款于2014年生效。
- 2018年开始，40%的特许权税将开始向保险公司和计划管理商征收。它们的高成本的健康保险计划对于个人的保障的总价值超过10 200美元，对于家庭的保障的总价值超过27 500美元。这种税适用于保费额度超过门槛值的情况。门槛值对于2019年和接下来几年是指数化变化的。
- 向弹性化医疗费用支出额度的缴费被限制为每年2 500美元，接下来几年这一数字根据消费者价格指数进行指数化调整。该条款于2013年生效。
- 从2013年开始，对个人收入超过200 000美元和已婚夫妇联合申报收入超过250 000美元的个人和家庭征收的联邦老年住院保险薪金税税率提高0.9个百分点（从1.45%增加到2.35%）。
- 对收入超过20 000美元，已婚夫妇联合填报收入超过250 000美元的纳税人的净投资收益额外征收3.8%的税收。
- 不需要医生开处方的非处方药的成本不再由弹性支出账户或医疗保险账户支付。该条款于2013年生效。
- 取消针对接受联邦老年医疗保险D部分津贴的退休人员的税收减免。该条款于2013年生效。
- 属于扣除清单的医疗费用的收入门槛限制从校正后总收入的7.5%提高到10%。但是直到2016年，超过65岁的人仍然扣除符合条件的医疗费用中超过校正后总收入7.5%的部分。该条款于2013年生效。
- 为室内日光浴服务支付的费用征收10%的税。该条款于2010年生效。

此外，新法律包括了很多适用于联邦老年医疗保险计划的条款。这些条款用于控制日益上升的医疗保健支出、减少欺诈和滥用，让联邦老年医疗保险计划更低廉有效率。关于联邦老年医疗保险更多的条款将在第18章讨论。

个人医疗费用保险

大多数年龄低于65岁的人都拥有企业发起的团体保险计划下的商业健康保险的保障。团体健康保险将在第16章进行讨论。但是，个人医疗费用保险在向没有参与任何团体的个人和家庭提供经济保障方面也很重要。许多工人辞去了他们的工作，处于失业状态，或者过早退休，都需要个人保障；许多处于找工作之中的失业人员需要个人保险；年满26岁的大学生，不再在其父母保险计划的保障范围之内；65岁以下人群中很多不能获得收入的劳动力也需要个人保障。

个人医疗费用保险（individual medical expense insurance）通过为个人或家庭支付因疾病而产生的医疗费用提供保障。消费者拥有很多关于保单的选择权。这些保单有各种各样的减免、

共保比例、共付费用和保费。今天销售的大多数个人医疗费用保单一般都有以下特点:[1]
- 重大疾病保险
- 宽泛的保险金给付范围
- 自然年度免赔额
- 共保和共付费用
- 年度自付限额
- 除外条款

重大疾病保险

今天销售的大多数工人医疗费用保险计划都提供重大疾病保险。**重大疾病保险**（major medical insurance）是一个专用术语，是指为患有重大疾病的被保险人所发生的医疗费用提供较高支付比例的医疗费用保险计划。主要目的是缓解被保险人因巨大的损失而承受的财务负担。如前所述，对保险金设置终身限额不再被允许。该条款适用于现有的新的主要医疗保险计划。

宽泛的保险金给付范围

大多数工人医疗费用保险提供了宽泛的保险金给付范围。保险金给付包括以下几种：
- 住院病人住院保险金。保障范围包括半私人化病房的成本、重症监护室的成本、治疗室和设备的成本以及看护服务和其他服务的成本。其他属于保障范围之内的还包括手术室、手术服、药物、试验检测、X射线检测和放射医疗等服务的费用。
- 门诊病人保险金。门诊病人服务的保障一般包括罗列在住院病人住院保险下的服务；医院内的门诊手术或独立门诊机构的手术服务；在作为住院病人允许入院治疗之前所做的检查；门诊化疗或放射性治疗；急诊室提供的门诊服务；以及其他服务。
- 医生保险金。医疗费用保险计划保障范围一般包括到诊所看病、专家咨询、外科手术费、麻醉服务成本、按摩师、医生助理、从业护士、物理治疗和其他治疗专家提供的服务。
- 预防性服务。现在的医疗费用计划包括了一些没有成本分担条款的预防性服务。为了鼓励病人及时看病，不会要求他们满足扣减、共保或者共同支付的条件。保障范围之内的预防性服务包括对年龄超过50岁的成年人的结直肠癌的筛查；乳腺癌钼靶筛查；宫颈癌筛查；注射流感疫苗；各种各样为成年人、女性和儿童所提供的附加服务。前面曾指出，在《平价医疗法案》中，减免和其他成本分担条款不适用于某些预防性服务，例如注射流感疫苗和巴氏涂片。所有新的个人和团体健康保险计划必须为某些预防性服务提供全额赔偿。
- 门诊处方药。门诊处方药保障是另一个重要的保障类别。有两种方式为处方药提供保障。一是，在一体化模式下，处方药收费与其他保障范围之内的医疗费用适用于相同的减免和共同保险费用。二是，在独立药物卡计划中，处方药适用于自己的减免和共付费用。处方药计划通常由第三方管理者管理，例如营利性药店管理者。通常使用三阶或四阶定价体系。第一阶

---

[1] 这部分基于 AHIP Center for Policy and Research, *Individual Health Insurance 2009: A Comprehensive Survey of Premiums, Availability, and Benefits*, October 2009; and Thomas P. O'Hare and Burton T. Beam, Jr., *Individual Health Insurance Planning: Medical, Disability Income, and Long-Term Care*, 2nd ed. (Bryn Mawr, PA: The American College, 2010).

基础药的共付费用最低，第二阶是核准名录（称作处方一览表）上的品牌药，共付费用较高。第三阶是不在处方一览表上的药品，共付费用更高。最后是第四阶，有些保险计划可能包括非常昂贵的药品。共付和共保费用远高于这一类药品。

自然年度免赔额

保险金给付之前，医疗费用保单包括的免赔额条款必须满足。今天销售的个人保单中的免赔额远高于以前发售的保单。消费者有选择免赔额的权利。通常免赔额度是1 000美元、1 500美元、2 500美元或者更高的数额。免赔额的目的是为了消除小额索赔和处理它们所产生的高额管理成本。通过取消小额索赔，保险公司能够提供较高的限额，并且仍然让保费保持在合理区间内。

大多数个人医疗费用保单存在**自然年度免赔额**（calendar-year deductible）。这是一种总额减免，在一个自然年度内只需要满足一次。被保险人在自然年度内所发生的所有保障范围内的医疗费用都适用于免赔条款。一旦达到免赔条件，在自然年度内就不再需要满足额外的免赔额。为了避免短期内支付双重减免，保险计划可能包括转移条款。这意味着在自然年度最后三个月发生的未偿付医疗费用虽然适用于当年的免赔额，但也可以转移适用于第二年的免赔额度。

共同保险

个人医疗费用保险包括共同保险（简称共保）条款。**共保**（coinsurance）针对超出免赔额的费用的一定百分比，被保险人必须自行支付直到某一最高年度限额。被保险人一般要求支付大部分保障范围内的医疗费用中超过免赔额部分的20%、25%或者30%。例如，假设被保险人受保障的医疗费用为10 000美元，自然年度免赔额是1 000美元，共保比例是20%。除了1 000美元免赔额外，被保险人支付超额部分的20%，或者1 800美元（20%×$9 000）。保险公司支付剩下的7 200美元。

共保条款有两个基本目的：(1)降低保费，(2)防止过度使用保险金。共保在降低保费方面有强有力的影响，被保险人如果承担部分成本，使用不必要服务的可能性就会降低。

共同支付

个人医疗费用保单一般都包括共同支付（简称共付）条款。**共付**（copayment）是被保险人为了某些保障而必须支付固定的数额，例如40美元用于看基础医疗医生，或者基础药物共付费用10美元。共付不能与共保相混淆。共付是被保险人为了某些服务而支付的小额支出。共保是超出免赔额部分的被保障医疗费用的一定百分比。被保险人必须支付余额部分直到达到年度限额。

年度自付限额

医疗费用保单还包括**年度自付限额**（annual out-of-pocket limit）（也被称为**止损限额**（stop-loss limit）），即在被保险人支付了年度自付费用后，超过免赔额的医疗费用全部处于保障范围内。年度自付限额的目的是为了降低巨灾损失造成的沉重的财务负担。在购买保险的时候，被保险人通常会有几种年度自付费用的限额，例如3 000美元、4 000美元，或者更高的数额。家庭保单的自付限额会非常高。

除外条款

所有个人基本医疗保险都会包括除外条款。一些常见的除外条款包括：
- 判定为非医疗必需服务
- 战争产生的费用
- 选择性整容外科手术
- 眼镜和助听器
- 牙齿护理，除了事故造成的
- 员工薪酬和类似法律保障的费用
- 研究或实验性质的治疗措施
- 政府机构提供的服务，除非病人有付款义务
- 联邦老年保障计划或其他政府医疗费用保障计划保障范围内的费用
- 因为自杀或自残产生的费用
- 怀孕和分娩，除了存在怀孕的并发症（生产费用可以选择通过支付更高的保费获得保障）

最后，根据《平价医疗法案》，2014年1月1日开始，在可负担保险交易所交易的新的个人医疗费用保单必须提供满足前面讨论过的基础健康保障条件的保障内容。

个人医疗费用保险和管理式医疗计划

今天销售的大多数个人医疗费用保险是管理式医疗计划。管理式医疗是一个适用于医疗费用计划的术语，以有效控制成本的方式向成员提供保障范围内的服务。成本控制是强调的重点，保单持有人对医生和其他医疗保健供应商的选择被限制为保障计划网络范围内的医生、医院和其他医疗保健供应商。

有很多不同的管理式医疗计划。今天大多数常见的计划是**优先提供者组织**（preferred provider organization，PPO）。优先提供者组织与医生、医院和其他医疗保健供应商签订合同，以折扣费率向保单持有者提供保障范围内的服务。大约83%的个人医疗费用保单和大约73%的家庭保单属于优先提供者组织。[1] 在优先提供者组织中，保单持有人可以选择从任何医生或医疗保健供应商那里接受服务。但是，如果使用优先提供者组织，保单持有人支付较低的抵扣额的共保费用。如果保单持有人在网络外接受医疗服务，就必须支付非常高的抵扣额的共保费用。管理式医疗计划将在第16章进行详细讨论。

健康储蓄账户

联邦法令允许所有65岁以下符合资格的人员建立健康储蓄账户，以获得优惠的所得税政策。

---

[1] AHIP Center for Policy and Research，*Individual Health Insurance 2009：A Comprehensive Survey of Premiums，Availability，and Benefits*，October 2009.

健康储蓄账户（health savings account，HSA）是专门为支付账户受益人的合格医疗费用建立的免税或保管账户。账户受益人受到高免赔额健康保险计划的保障。享受税收优惠的健康储蓄账户由两个要素构成：（1）为灾难性医疗费用提供保障的高免赔额健康保险；（2）账户持有人可以从中提取现金支付医疗费用，而不需要支付税金的投资账户。这些要素将在后面进行讨论。

资格条件

要建立合格的健康储蓄账户，并享受税收优惠，必须满足一定的条件。首先，你必须参保高免赔额健康保险计划，必须没有参与其他不是合格的高免赔额保险的综合健康计划。（这个条件不适用于意外保险、残疾保险、牙科保险、眼科保险、长期护理保险、汽车保险以及其他保险。）其次，你必须不符合联邦老年健康保险的条件。最后，你必须不依靠别人的应税收入生活。

高免赔额健康计划

这种保险的免赔额很高。2013年，个人每年的免赔额为1 250美元，一个家庭的年免赔额为2 500美元。家庭免赔额适用于整个家庭，而不是每个成员。年免赔额较高的合格计划还可以以较低的保费获得。免赔额不适用于提供预防性服务的保险计划，例如乳腺X光、宫颈巴氏涂片检查、产科检查等。免赔额根据每年的通货膨胀情况进行指数化。

此外，对每年的实际支出设置了最大限额。2013年，当年实际支出（包括免赔额和定额手续费）就个人而言不得超过6 250美元，对于家庭而言则不超过12 500美元。实际支出限额每年根据通货膨胀情况进行调整。如果参加的是优先提供者计划，但是在网络外接受服务，那么为免赔额和共同保险实际支付的费用就会更多。

健康储蓄账户也有共同保险条件。尽管许多健康保险计划支付免赔额以上的所有承保费用，一些被保险人仍然偏好保费较低的共同保险，例如20%或30%。

缴费限额

健康储蓄账户的费用可以由个人支付，也可以由雇主和家庭成员缴纳。2013年，个人缴费总额限制为年免赔额，但不能超过3 250美元。家庭缴费总额也限制为年免赔额，但是不超过6 450美元。这些数字每年根据通货膨胀情况进行调整。此外，如果人们的年龄在55岁以上，那么就可以追加缴费1 000美元。

税收优惠

合格保险计划中，健康储蓄账户的投资账户可以享受较好的税收待遇。健康储蓄账户缴费在上面描述的年度限额以下享受所得税抵扣。税收抵扣额"在该线以上"，这意味着你要在税收申报单上逐条抵扣缴费。也就是说，按照税前价格支付保费。此外，积累的投资收益免缴所得税，如果该账户是用于支付合格医疗费用，那么也可免缴所得税。但是，65岁之前的非医疗用途的给付需要缴纳所得税，税率为惩罚性的10%。一旦年满65岁，或参加了联邦老年健康保险，就不再需要向健康储蓄账户缴费。但是，你仍然可以使用这些钱支付符合条件的医疗费用。如果你的年龄不小于65岁，那么也可以将钱用于非医疗用途，但是这些钱将被认为是应税收入。

健康储蓄账户基本原理

支持健康储蓄账户的人提出了大量观点，包括：
- 如果消费者自己支付医疗保健费用，那么他们就会对医疗保健的成本更加敏感，避免不必要的服务，并且寻找医疗保健服务，从而降低医疗保健成本。
- 健康保险将因为保费较低而更容易负担，这将会减少未投保人数。
- 如果没有发生医疗费用，健康储蓄账户中的钱就可以储蓄下来，留到退休的时候使用。
- 健康储蓄账户可以用于企业发起的团体健康保险计划。由于账户属于个人，所以使用起来很方便。如果工人更换工作或者失业，仍然可以拥有健康保险。

健康储蓄账户的批评者则持如下相反的观点：
- 健康储蓄账户保费之所以低，仅仅是因为通过较高抵扣，原始医疗费用的大部分转移给了被保险人。
- 低收入人群和许多中等收入家庭无法支付较高的抵扣和共保费用，直到保障开始发生作用。成本分担条款会恶化这些家庭所面对的原本就已经十分脆弱的财务状况。
- 健康储蓄账户税收优惠转为高收入人群服务，对于当前未投保的低收入群体价值有限。存入健康储蓄账户1美元，35%的税率可以节省35美分，但是处于10%税率的低收入人群只能节省10美分。
- 健康储蓄账户对于决定不购买传统保险的年轻人和有钱人有吸引力。但是，健康状况不好的人更愿意购买传统保险。因此，如果健康状况不佳的工人的数量增加，就会使购买传统保险的个人和雇主所支付的保费增加。
- 询价购买不那么贵的健康护理并不现实，特别是对于许多需要立刻接受医疗护理的病人和受伤的人，此外也缺乏可靠的成本信息来源。由于较高的免赔额和共保条件，一些被保险人将会推迟接受医疗护理，从而错过在病情较轻的阶段进行治疗的机会。

长期护理保险

长期护理保险（long-term care insurance）为在护理机构、医院和在家中接受的医疗或看护服务，每日或每月支付保险金。居家护理的长期护理成本是惊人的。大部分长期护理每年的收费在90 000美元到130 000美元之间，甚至更高。联邦老年健康计划在支付长期护理成本方面的辅助作用有限。病人必须从技术熟练的护理机构获得医疗护理，且最长100天属于保障范围内。看护服务被完全排除在外。此外，大多数老年人最开始并不符合联邦医疗补助计划的长期护理的条件，因为这是福利性的保障计划，设置了严格的资格条件标准，并需要进行严格的检验。其结果是，一些老年美国人不得不购买长期护理保险，使自己的财务负担进一步加重，从而能够在护理机构待更长的时间。

进入疗养院的机会

很多年老的美国人会在疗养院中度过一段时间。根据美国保险监督官协会的资料，预期年满65岁的人口中，有40%的人有机会进入疗养院。在这些进入疗养院的人当中，大约10%的人会在里面住五年以上的时间。①

基本特点

今天销售的大多数保单都可以享受税收优惠政策，想要享受税收优惠还必须达到《医疗电子交换法案》（HIPAA）规定的某些标准。无税收优惠的保单就是没有达到HIPAA的标准。无论是享受税收优惠，还是无税收优惠的保单，一般具有如下特点：②

保单类型　长期护理保单一般可以分为三种主要类型：（1）专业护理保单，（2）家庭健康护理保单，和（3）综合护理保单。它将疗养机构和家庭健康护理纳入一张保单。

- 专业护理保单一般包括在疗养院的护理、辅助生活机构的护理、阿兹海默病的治疗或者在收容所的护理，只要被保险人满足保单启动条件（后面将进行讨论）。
- 大多数保险公司也提供家庭医疗保健保障。家庭医疗保健提供疗养院或其他机构以外的护理服务，包括家庭医疗保健、成人日间护理和临时看护。
- 综合护理保单一般包括在家庭、辅助生活机构和收容所的护理服务，还可以选择家庭健康护理和成人日间护理保障。

保险金的选择　消费者有权利选择每天的保险金额，每天护理费用一般在50美元到300美元之间，或者更多。但是，家庭医疗保健日常保险金低于家庭护理的保险金。大多数保单是偿还式保单，每天支付被保险人一定限额以下的实际收费。例如，如果每天限额为250美元，实际收费为200美元，那么就只支付200美元。但是还有一些保单是按日补贴式保单，无论实际费用是多少，每天都支付固定金额的保险金。例如，如果每天的限额是300美元，而实际收费是250美元，那么仍然支付300美元。

等候期　等候期（elimination period）是指不支付保险金的等待期。大多数保单等候期的时间范围可以在0天到180天之间。一般等候期有20天、30天、60天或90天。更长时间的等候期将会大幅度降低保费。但是，较长的等候期也意味着较高的自付费用，而这将产生重大的财务影响，除非被保险人有大量积蓄或者其他收入来源。许多老年人退休后没有必要的财务来源用于支付长期护理保单（等候期较长）的额外自付费用。例如，如果等候期是90天，每天的成本是250美元，病人发生的自付成本为22 500美元。但是，20天等候期的保单，其自付成本仅为5 000美元。

获得保险金的资格　符合税收优惠条件的保单设置了两个保险金给付条件，用以确定被保险人是否患有慢性病，并符合给付保险金的条件。被保险人必须满足两个条件之一才能够获得保险金。第一个条件要求被保险人无法完成一些**日常生活活动**（activities of daily living, ADLs）。日常生活活动包括吃饭、洗浴、穿衣、从床上起来坐到椅子上、如厕等。如果被保险人在没有其他人的帮助下，无法完成保单中列出的一些日常生活活动（例如上述6项当中的2项），那么就给付保险金。

第二个条件是，被保险人由于严重的认知障碍而不得不需要严格照看，以防损害其健康和

---

① "Long-term Care," Medicare. gov.
② 这部分基于National Association of Insurance Commissioners，*A Shopper's Guide to Long-Term Care Insurance*，Revised 2009; and Thomas P. O'Hare and Burton T. Beam, Jr., *Individual Health Insurance Planning: Medical, Disability Income, and Long-Term Care*, 2nd ed. (Bryn Mawr, PA: The American College, 2010), Ch. 19.

安全。例如，如果被保险人短期或长期记忆受损，他或无法区分人、地点、时间，或无法进行抽象推理，或无法对安全情况做出正确的判断，在这些情况下，就应当给付保险金。

无税收优惠条件的保单的保险金给付要求一般更为宽松，如果必要医疗条件得以满足，就可以给付保险金。这意味着，一旦医生确认被保险人需要长期护理，即使他不满足上面所列出的保险金给付条件，也要支付保险金。而且，所列出的日常生活活动也不一样，被保险人只需要满足更少的日常生活不能自理的情况，就符合保险金给付的条件。

通货膨胀保障 通货膨胀会逐渐侵蚀日常给付保险金的实际购买力。例如，2013年疗养院每天的收费为250美元，到2023年每天的收费就可能提高到450美元甚至更高。如果在年轻的时候购买保单，那么针对通货膨胀的保障就显得非常重要。

保险公司有很多应对通货膨胀的方法。一家保险公司允许被保险人每年根据消费者价格指数（CPI）提高日常保险金。例如，如果日常保险金是200美元，CPI增加4个百分点，新的日常保险金将为208美元。尽管不需要可保性证明，但是保费会相应增加。

另一种方法是在每年的某一特定日期自动提高初始每日保险金，例如在保单有效期内以5％的复利增加。向保单附加自动提高保险金条款的成本很高，在某些情况下，很容易就使年缴保费增长20％～100％。

保证续保保单 目前销售的保单都是保证续保的。一旦售出，保单就无法撤销，而且被保险人所处的特定承保类别的费率可能提高。

昂贵的保障 长期护理保险代价高昂，特别是购买者岁数偏大的时候。例如，假设在内布拉斯加州，在40岁购买的每天保险金为150美元的长期护理保单的年保费是1 650美元，三年保障期，90天等候期，具有复利通货膨胀保障。如果在65岁时购买，年保费是2 761美元，如果在70岁购买，就是4 411美元。

一些保险代理人和理财规划师建议在年轻的时候购买长期护理保险，因为那个时候的保费比较低。但是，消费者同盟不同意这些建议，因为在需要保险金之前，需要支付较长时间的保费。例如，假设被保险人在40岁的时候购买了一份长期护理保险，在他知道保单是否有必要之前，必须先支付保费30年或40年。此外，其他重要的保险需求，例如对残疾收入的需求，在年轻的时候应该优先考虑。

除外责任 长期护理保单包括一些除外责任，通常包括如下几类：

- 某些精神疾病或神经紊乱
- 酗酒和吸毒
- 战争引起的疾病
- 政府支付的治疗费用
- 试图自杀或自残

最低偿付保险金 大多数保险公司将最低偿付保险金作为一种保险金给付方式，在这种方式下，即使被保险人的保单失效，仍然要提供保险金。最常见的最低偿付保险金包括（1）保费返还或（2）缩短保险金给付期间。在保费返还保险金方式下，在保单失效或被保险人死亡之后，投保人获得支付的总保费（不包括利息）的一定百分比的现金。在缩短保险金给付期间的方式下，保障依然持续，但是保险金给付期间或最大数额被减少。最低偿付保险金很贵，其保费可能增加20％，甚至100％。

如果被保险人不购买可选择的最低偿付保险金，一些州要求保单中包括一个称为防失效或有最低偿付保险金的条款。在保单销售日之后，如果保费提高了一定百分比，该条款可以为投保人提供一些选择。例如，如果在70岁的时候签售保单，保费在初始保费基础上提高40％，被保险人可以选择降低每天的保险金，或者选择转化为保险金给付时间较短的缴清保单。

长期护理保险的税收 长期护理保险要享受所得税优惠就需要满足一些条件。保证范围可以是个人或团体。雇主支付的保费在团体保险计划中可以由雇主扣减，但是不能对雇员课税。

如果支付的保费加未偿付医疗费用超过个人的调整总收入的10%，那么个人无论是为个人或是团体获得保障而支付的年保费都可以作为医疗费用扣减。但是，对每年的额度有一定限制。2012年，最高年扣减额处于40岁的人群的350美元和超过70岁的人群的4 240美元之间。这些限制根据通货膨胀进行了指数化。

长期护理合作计划

有些州设置了长期护理合作计划。这类计划设计的初衷是为了通过等候期或降低部分人依赖联邦医疗互助计划获得长期护理的动力，从而减少联邦医疗互助计划的支出。联邦医疗互助计划是一个州和联邦共同参与的福利计划，为那些能够达到严格的测试条件的申请人支付保障范围内的医疗费用。从商业保险公司购买了合格的合作计划保单的人在具有联邦医疗互助计划资格条件之前，必须首先依赖于他们的商业保险。金融资产不能超过一定额度，通常为2 000美元。资产超过前述额度的申请人必须把钱花出去或者消耗其资产以达到联邦医疗互助计划的条件要求。为了鼓励人们购买商业合作保单，更少地依赖于联邦医疗互助计划，他们的部分或全部资产受到保护，不用把钱花掉以满足联邦医疗互助计划的要求。例如，一个购买了总保障为300 000美元的合格的互助保单的人，就会有300 000美元资产受到保护，如果他的保险金全部用完，那么就可以申请联邦医疗互助计划。

残疾收入保险

残疾收入保险（disability-income insurance）是另一种重要的个人健康保险。重度残疾会导致工作收入的大幅度减少。在长期处于残疾的状态下，失去了收入来源，必须支付医疗费用，储蓄耗尽，员工福利失去或减少，必须有人看护永久残疾的人。除非你能够从残疾收入保险，或从其他来源获得收入，或者有足够的储蓄，否则你将会面临经济不安全。许多工人很少考虑长期残疾时的收入持续性问题。但是，在65岁之前残疾的可能性远高于人们通常所认为的。根据社会保障管理局的数据，20岁的工人在达到完全退休年龄之前，有30%的机会残疾。[1]

完全残疾对当前储蓄、资产和赚取收入等方面的财务影响会非常巨大。特别是，在丧失劳动能力期间的收入损失会使经济状况恶化。对于40岁的年收入为50 000美元的一位单身男性来说，从现在直到65岁前损失收入的现值、增加的费用和总体财务影响大约为100万美元或为其残疾前每年收入的20倍。[2]

残疾收入保险在被保险人由于疾病或受伤而无法工作的时候定期提供收入。人们可以购买的残疾保险的数额与个人的收入有关。为了防止过度保险，减少道德风险和欺诈，大多数保险公司将销售的保额限制在不超过个人总收入的60%～70%。

---

[1] "Disability Benefits," SSA Publication No. 05-10029, June 2012.

[2] America's Health Insurance Plans, Press Release, "Financial Impact on Disabled Individuals Can Be Staggering, Says New Study," May 15, 2009.

完全残疾的含义

残疾收入保单中最重要的保单条款是"完全残疾"的含义。大多数保单要求，工人只有完全残疾才能领取保险金。完全残疾可以从以下几个方面进行定义：
- 无法承担自己正常工作中的职责
- 无法承担自己正常工作中的职责，也无法从事其他职业
- 无法从事与其教育、培训和经历所适合的职业
- 被保险人无法从事能够带来收入的职业
- 满足某种收入损失标准

对完全残疾最宽松的定义是根据所从事的职业进行的定义。**完全残疾**（total disability）是指被保险人完全丧失了完成自己职业所应承担的每一项工作的能力。例如，一位外科医生在打猎的时候失去了双手。他无法再走上手术台，在这一定义中，他已经完全残疾。根据这种定义，只要残疾导致不能从事当前职业的工作，即使人们可以从事其他职业，也可以领取残疾保险金。

由于索赔过程并不顺利，现在大多数保险公司使用修正的原职业对完全残疾进行定义。由于伤害或疾病，人们无法履行原有职业的各项职责，且无法从事其他职业。这意味着，如果人们接受残疾收入保险金并且在一个完全不同的行业就业，那么残疾保险金将会相应地减少。

第三种定义则经常指向"任何职业"的定义。由于疾病或伤害，人们无法履行自己的职责或者从事原有的职业，或者其他任何根据教育背景、培训或经历有资格从事的职业。在这一定义中，只有你既不能履行原有职业的各项职责，也不能履行根据你的教育背景、培训或经历所适合的任何其他行业工作的时候，才会被认为是残疾。因此，如果一位在枪击事件中失去一只手的外科医生想要成为一家卫校的教授或者研究学者，都将不会被认为已经残疾，因为这些职业被认为与其所接受的培训和经历具有一致性。

另一种经常使用的定义是容易造成残疾的危险性职业。完全残疾被定义为，无法从事任何能够带来收入的工作。法院对这一定义的一般解释是，如果人们无法从事任何按照其教育、培训和经历相适合的有收入的职业，那么就认为其完全丧失劳动能力。

最后，一些保险公司使用收入损失标准来确定被保险人是否残疾。如果个人收入由于疾病或意外事故的原因而减少，那么就被认为是丧失劳动能力。残疾收入保单在这种定义下每月支付最高保险金的一定百分比，这一百分比一般等于损失收入占其收入的百分比。例如，假设克伦每个月的收入是 5 000 美元，她购买的残疾收入保险合同的每月最高保险给付额是 3 000 美元。如果因为残疾，克伦每月的收入下降到 2 500 美元（50%），该保单每月支付 1 500 美元的保险金（3 000 美元的 50%）。

有些保险公司使用完全残疾的两部分定义法，将原有职业定义与任意职业定义相结合。在残疾的最初一段时间内（例如两年），完全残疾根据被保险人的职业进行定义。在残疾的初始期结束之后，适用第二个定义。例如，米伦·普德维尔是一位牙科医生，由于手部患有关节炎，导致无法继续从业。最初两年，他被认为完全丧失劳动能力。但是，两年之后，如果他成为研究专家或者牙科学校的老师，那么他就不再被认为残疾，因为根据他的教育背景和接受的培训，他适合这些工作。

最后，保单可能包括对推定残疾的定义。如果被保险人的双眼完全失明或无法复明，或者双手、双脚，或者一只手和一只脚完全失去或无法使用，就推定为存在完全残疾。

部分残疾

一些残疾收入保单还支付部分残疾保险金。**部分残疾**（partial disability）是指被保险人可以履行部分而非从事职业中的所有职责。部分残疾保险金在较短的时期内支付较低的比例，例如3个月期、6个月期或12个月期支付保险金的50%。在大多数保单中，部分残疾必须发生在完全残疾期后。例如，一个人因汽车交通事故完全丧失劳动能力。如果他以兼职的形式重新工作，以判断康复是否完全，这时可能支付部分残疾保险金。

遗留残疾

比较新一些的保单经常包括遗留残疾保险金，而不是部分残疾保险金，或者将该条款添加作为附加条款，提供额外的保险金。不同保险公司对遗留残疾的定义有所不同。在一份保单中，**遗留残疾**（residual disability）是指，一个人在被雇用的时候没有完全残疾，但是因为疾病或伤害，损失的收入在总体收入的15%以上。这意味着，被保险人由于疾病或伤害而减少收入，此时将会按比例向其支付残疾保险金。已赚收入将在残疾前后进行比较，残疾保险金将按照损失的收入的一定百分比予以支付。例如，如果因为疾病或伤害损失已赚收入的50%，那么就会支付50%的残疾保险金。

最后，大多数保险公司将收入损失超过75%或80%的情况视同损失100%，在这种情况下，每月为完全残疾支付全额保险金。

遗留残疾定义的一个主要优点是，如果被保险人重返工作岗位，但是收入减少的时候，将部分支付保险金。例如，杰夫是一名销售员，每个月的收入是4 000美元。他在一次交通意外事故中受重伤，在他重回岗位的时候，每个月的收入只有3 000美元，降低了25%。如果他的残疾收入保险每个月为完全残疾支付2 000美元的保险金，遗留残疾保险金为500美元（2 000美元的25%），他每个月的收入将为3 500美元。

给付期

给付期是在等候期结束之后，残疾保险金给付的时间的长度。被保险人可以选择给付期，例如2年、5年、10年，或直到65岁或70岁。

大多数人丧失劳动能力的时间相对较短，一般平均不超过2年。但是，这并不意味着两年的给付期就是足够的。丧失劳动能力持续的时间越长，复原的机会越小。例如，残疾超过90天的人中超过10%的人将会失去劳动能力超过5年。[1] 因此，由于丧失劳动能力的持续时间不确定，所以应当选择给付期更长的保险，比较理想的是支付保险金直到65岁或70岁。

等候期

个人保单一般都包括等候期（等待期），在这段时间内不支付保险金。保险公司提供各种

---

[1] O'Hare and Beam, *Individual Health Insurance Planning: Medical, Disability Income, and Long-Term Care*, p. 12.3.

长度的等候期，例如 30 天、60 天、90 天、180 天，或者 360 天。现在销售的大部分保单都有 90 天的等候期。许多企业有短期残疾保险计划或因病离职保险计划。这些计划在等候期内提供一定收入。但是这种方式有一个劣势，团体残疾收入保险无法转换为个人保单，特别是在工人失业的时候。因此，团体保险并不构成高质量残疾收入保险的良好替代方案。

高质量的残疾收入保险价格昂贵，将耗费一个人年收入的 1%～3%。为了让残疾收入保险变得更易于负担，一些保险公司的保单最初的费率较低，并随着年龄的增长而增加。这种方法类似于定期人寿保险，后者随着被保险人年龄的增大，费率不断提高。

免缴保费

大多数保单自动包括了**免缴保费**（waiver-of-premium）条款。如果被保险人在 90 天内完全丧失劳动能力，那么只要被保险人仍然不具有劳动能力，就可以免缴未来的保费。而且，被保险人在最初 90 天内所缴保费将全额退还。如果被保险人复原，那么必须缴纳保费。

康复条款

残疾收入保险一般都包括康复条款。保险公司和被保险人可能就一份职业康复计划达成一致。为了鼓励康复，在培训期间将支付部分或全部残疾收入保险金。在培训结束的时候，如果被保险人仍然完全残疾，那么保险金照旧给付。但是如果被保险人完全复原并回到工作岗位，那么就停止支付保险金。康复的治疗费用一般由公司支付。

意外死亡、肢残和失明保险金

一些残疾收入保险为意外事故中发生的意外死亡、肢残和失明支付保险金。支付保险金的最高数额（也叫做总本金）是根据一张表来确定的。例如，为失去双手或双脚或双眼视力的人支付总本金。

残疾收入保险金给付方式

有几种保险金给付方式可以附加到残疾收入保单上面。它们包括：
- 生活费用附加。在这种方式中，残疾保险金会随着生活成本的上升而定期调整，通常用消费者价格指数进行调整。在对其进行调整的时候通常要满足两个条件。第一，每年保险金的增加限制在某一最高百分比之内（例如每年 5%）。第二，对保险金增长的总额设定了最高限额（例如保险金最多增加 100%）。购买这项附加的费用非常高，可以将基本保费提高 20%～50%。
- 购买附加险。个人的收入可能增加，也可能需要更多的残疾收入保险金。在这种方式中，被保险人有权利在未来的某个时期不提供可保性证明就购买附加的残疾收入保险。保费根据被保险人购买附加保险时的年龄确定。
- 社会保障附加条款。社会保障残疾保险金很难获得，因为它对残疾有着严格的界定，并具有刚性的资格要求。如果个人被拒绝购买社会保障残疾保险，那么社会保障附加条款将向个人支付额外的保险金。

- 保费的返还。如果保单持有人的索赔不顺利,这项附加条款会返还被保险人缴纳的部分保费。有不同种类的附加条款。例如,一份附加保险将会以特定间距,扣掉支付的理赔额度,返回部分保费。这种返还通常在5年或10年后,在扣除理赔金额后,返还支付保费的50%~80%。这种方式存在一定争议,所以不推荐购买。残疾收入保险的设计目的是用于提供收入保障,不应该视同现金价值人寿保险。这种给付方式也很贵,而且会将保单的成本提高30%~100%。

个人医疗费用的合同条款

所有州都要求在个人医疗费用保险合同中必须保留一些合同条款,而其他条款则是可选的。详细分析所有合同条款超出了本书的范围。相反,本书将集中关注与保险消费者相关的条款。

续保条款

续保条款是指个人保单可以持续有效的时间。续保条款包括下面几种:[1]
- 保证续保
- 不可撤销
- 有条件续保
- 不可续保
- 保证签发

保证续保 大多数个人医疗费用保单都是保证续保的。这种类型的续保条款为被保险人提供了大量保障。在**保证续保保单**(guaranteed renewable policy)中,保险公司保证为保单续保,直到被保险人达到某一年龄。但是,保险公司有权利提高被保险人所在级次的保费费率。该保单不能取消,保单的续保源自于被保险人单方的判断。

不可撤销 在**不可撤销保单**(noncancellable policy)中,只要被保险人及时支付保费,保险公司不得改变、取消或拒绝为保单续保。此外,保险公司不得改变保费或保单中明确的费率结构。有些残疾收入保单是不可撤销的。正因如此,保险公司不能拒绝续保,保费或费率结构是有保证的。这些合同经常被认为是"不可撤销的和保证续保的"的保单。

相反,大多数医疗费用和长期护理保单不包括不可撤销条款。由于保单中的保费或费率结构不能改变,保险公司因为在面对通胀时无法提高医疗护理费率,所以在这方面保险公司是没有保障的。也正因如此,不可撤销条款在医疗费用和长期护理保险合同中很少见到。

有条件续保 在**有条件续保保单**(conditionally renewable policy)中,保单持有人可以在达到特定年龄时续保,但是,保险公司有权根据保单列明的条款降低续保合同的数量。例如,保险公司可以拒绝为州内所有与保单持有人保单代码相同的保单提供续保。

不可续保 有些保单是**不可续保**(nonrenewable)的,将在保障期间末到期。这些保单通常只在有限的时间期间内提供保障,保单持有人没有签约权去续保。只有保险公司有权利在被保险人支付保费后进行续保。例子包括以下几种:(1)大学生团体健康保险,只为就读的大学

---

[1] O'Hare and Beam, *Individual Health Insurance Planning: Medical, Disability Income, and Long-Term Care*, pp. 3.21-3.24.

生提供保障；（2）为正在更换工作的工人提供的短期临时性健康保险，这些工人正在等待新企业的团体健康保险的保障生效，并为刚刚毕业正在寻找其第一份工作的大学生提供保障；（3）国际旅行保单，仅为特定旅行提供医疗费用保障。

保证签发 《平价医疗法案》有一些条款会对前面讨论的续保条款产生重要影响。从2014年开始，所有为个人和团体提供保障的新的医疗费用保险计划必须接受州内所有申请该保障的个人和员工。因此，保险申请人在获得保障和续保方面有了保证，且不能被拒绝。提供个人和团体保险产品的保险公司必须根据个人或保险计划发起人的选择继续续保。但是，也有一些例外情况，如果保单持有人无法支付保费、进行了欺诈或者在申请保障时有意隐瞒重要事实，那么保险公司可以拒绝续保。此外，保险公司可以在某些情况下拒绝为团体保险计划续保。

既存状况条款

在《平价医疗法案》开始实施之前，个人医疗费用健康保险保单一般都会包括既存状况条款。正如前面提到的，《平价医疗法案》现在禁止使用既存状况条款来拒绝或限制保障。对于年龄小于19岁的青少年，该条款现在已经生效。对于成年人，关于既存状况的禁令将会在2014年生效。这样，健康保险公司就不再能够因为申请人的病史而拒绝为其提供保障。

10天保单退还权

如果你对购买的医疗费用保险不满意，你可以在购买后的10天内将保单退回。保单将取消，你可以得到全额退款。

索赔

个人医疗费用保单中有一些重要的条款与索赔有关。按照索赔通知条款的规定，你需要在保障范围内的损失发生后的20天内或尽可能早的时间内通知保险公司。在索赔通知条款中，保险公司被要求在接到通知后的15日内向你送达索赔表。最后，在损失证明条款中，你必须在损失发生后的90天内将损失的书面证明提交给保险公司。如果被保险人客观上无法在90天内提供损失证明，那么只要已经尽快提交了证明，就仍然有索赔权。不过，在任何情况下，你都必须在1年内提供损失证明，除非这样的行为是违法的。在大多数医疗费用保单中，医疗保健服务商，例如医生和医院，通常会做些书面工作，并向保险公司提供关于提供的保健类型和医疗服务种类的必要信息和文件。

宽限期

宽限期是一个必要的条款。**宽限期**（grace period）是指，在保费缴纳日之后的31天内，可以延迟缴费。如果保费在缴费日没有缴纳，但在宽限期内缴纳，保障仍然有效。

复效

医疗费用保单中一般都有复效条款。如果保费在宽限期内未能缴纳，保单就会失效。**复效**

条款（reinstatement provision）允许被保险人复效已经失效的保单。如果被保险人向保险公司或者代理人缴纳了保费，不必重新申请，保单就可以复效。但是，如果需要申请复效，那么只有在保险公司同意申请之后，保单才能够复效。如果保险公司没有通知被保险人申请被拒绝，那么在被保险人收到附有条件的暂保收据后的 45 天，保单自动生效。复效保单对于疾病的保障有 10 天的等待期，但对于事故的保障即时生效。

特定保护时间限制

特定保护时间限制是一个必要的条款，并且与人寿保险中的不可抗辩条款具有相同的效力。**特定保护时间限制**（the time limit on certain defenses）是指，在保单生效两年后，保险公司不能根据申请时的误告使保单作废或拒绝理赔，除非是欺诈性误告。在两年后，如果保险公司能够证明被保险人在首次购买保险的时候做出欺诈性误告，那么可以拒绝理赔。

如前所述，《平价医疗法案》禁止保险公司取消保障，除非存在欺诈或者有事实证明存在有意误导。该条款适用于个人和团体保障，并且已经生效。但是，保险公司仍然能够取消保单，如果投保人故意欺诈或者在申请时提供不完全的信息。当投保人不能按时支付保费时，保险公司也可以取消保障。如果你的保险公司要取消保单，必须提前至少 30 天向你做出明示，或者给你留出时间购买新的保障。

案例应用

洛丽今年 28 岁，是一名注册护士，在医院的工作每个月可以为她带来 4 000 美元的收入。在一起因她的错误导致的交通事故中，她受了重伤，导致至少 1 年的时间无法工作。她有一份保证续保残疾收入保单。该保单在 90 天的等候期结束之后，为意外事故和疾病每月支付 2 800 美元，并持续到她年满 65 岁。该保单还包括遗留残疾保险金。洛丽的保单中包括下面条款：

- 完全残疾是指：(a) 在前 24 个月里，无法承担职业中的所有重要职责；无法从事有收益的职业；(b) 在支付了 24 个月保险金之后，你还是无法从事任何有收益的职业。
- 有收益的职业意味着：与个人所受的教育、培训和经历一致的任何有薪酬或收入的职业或工作。

a. 假设洛丽因为意外事故有 1 年时间无法工作，如果有残疾保险金，指出保险公司支付残疾保险金的责任范围。

b. 假设洛丽丧失劳动能力 1 年，然后复原并兼职参加工作，指出保险公司支付残疾保险金的责任范围。

c. 假设 2 年后，洛丽无法作为全职护士重返岗位。一家制药厂为她提供了一份实验室技术员的工作，而且她也接受了。指出保险公司支付残疾保险金的责任范围。

d. 在事故发生之后，洛丽能取消保单或提高保费吗？对你的答案做出解释。

本章小结

- 美国医疗保健体系存在的几个主要问题：　　　　　大量未投保人群
  日益增加的医疗保健支出　　　　　　　　　　　　医疗保健质量不均衡

大量的浪费和低效率

医疗保健融资机制的缺陷

保险公司违规行为

- 《平价医疗法案》将医疗保健保障扩展到3 000万未投保美国人，为未投保人群和小企业提供了巨额津贴，使健康保险支付能力进一步提升，包含了在长期内降低医疗保健成本的条款，并且能够禁止保险公司滥用某些操作。尽管整个法律直到2014年1月1日才生效，但现在已有部分条款生效。

- 个人医疗费用保险通过为个人或家庭支付因疾病而产生的医疗费用提供保障。消费者拥有很多关于保单的选择权。这些保单有各种各样的减免、共保比例、共付费用和保费。今天销售的大多数个人医疗费用保单一般都有以下特点：

  重大疾病保险
  宽泛的保险金给付范围
  自然年度免赔额
  共保和共付费用
  年度自付限额
  除外条款

- 健康储蓄账户是一种高免赔额的健康保险计划，享受税收优惠。缴纳的费用计入投资账户并可以进行税收抵扣，积累的投资收益免缴所得税，在因为支付合格医疗费用而撤出资金的时候也不必缴纳所得税。

- 长期护理保险为在护理机构、医院，或在家中接受的医疗或看护服务，每日或每月支付保险金。

- 残疾收入保险向完全残疾的被保险人定期支付保险金。保险金在一定的等候期（等待期）结束后支付。被保险人一般可以选择给付期。此外，在90天之后，如果被保险人完全丧失劳动能力，将免除之后的所有保险费。

- 残疾收入保单中列出来残疾的定义。关于完全残疾有多种不同的定义。在许多保单中常见的定义有两个部分。在最初一段时间内（例如两年），完全残疾通常被定义为被保险人无法履行从事职业的各项职责。这段时期过去之后，完全残疾被定义为，被保险人完全无法承担按照其教育、培训和经历的情况所适合从事的工作。

- 健康保险保单中包括一些合同条款。一些条款是州法律规定的，另外一些则是可选的。

- 续保条款是指个人医疗费用保单可以持续有效的时间。续保条款包括：

  保证续保
  不可撤销
  有条件续保
  不可续保
  保证签发

- 在《平价医疗法案》开始实施之前，个人医疗费用健康保险保单一般都会包括既存状况条款。正如前面提到的，《平价医疗法案》现在禁止使用既存状况条款来拒绝或限制保障。对于年龄小于19岁的青少年，该条款现在已经生效。对于成年人，关于既存状况的禁令将会在2014年生效。这样，健康保险公司就不再能够因为申请人的病史而拒绝为其提供保障。

重要概念和术语

日常生活活动	等待期（等候期）	不可续保保单
平价医疗法案	基本健康保险	部分残疾
年度自付限额（止损限额）	宽限期	即存状况条款
可负担保险交易所	保证签发	优先提供者组织（PPO）
保险金给付动因	保证续保保单	复效条款
自然年度免赔额	健康储蓄账户（HSA）	遗留残疾保险
共同保险	个人医疗费用保险	特定保护时间限制
条件续保保单	长期护理保险	完全残疾
共付	重大疾病保险	免缴保费条款
残疾收入保险	不可撤销保单	

复习题

1. 简要描述美国医疗保健体系存在的主要问题。
2. 指出《平价医疗法案》中将会对个人和家庭产生影响的重要条款。
3. a. 描述个人医疗保险的基本特点。
   b. 为什么在医疗费用保险中使用免赔额和共同保险?
4. 简要描述健康储蓄账户的基本特点。
5. 简要描述长期护理保险的基本特点。
6. a. 解释残疾收入保险中对残疾的不同定义。
   b. 简要解释下面几个残疾收入保险条款:
   (1) 遗留残疾
   (2) 给付期
   (3) 等候期
   (4) 免缴保费
7. 指出可以附加到残疾收入保险保单上的可选保险金给付方式。
8. 解释在个人健康保险保单中出现的下述续保条款:
   a. 保证续保
   b. 不可撤销续保
   c. 条件续保
9. 解释既存状况条款。
10. 解释特定保护时间限制合同条款的含义。

应用题

1. 马克今年28岁,受到个人医疗费用保险的保障,并且处于优先提供者组织(PPO)之中。该保单的年度免赔额为1 000美元,共保比例为75/25,年度自付限额为2 000美元。马克的膝盖最近做了一个门诊关节手术,他的膝盖在滑冰时意外受伤。手术是在门诊手术中心做的。在此过程中,马克发生了以下费用。(假设下面这些费用得到了马克的保险公司的同意,且所有服务供应商都属于优先提供者组织。)

门诊X射线和诊断测试	800美元
手术中心发生的保障范围内的收费	12 000美元
手术费用	3 000美元
门诊处方药费用	400美元
物理治疗费用	1 200美元

此外,马克有两个星期无法工作,将损失2 000美元收入。

   a. 根据以上信息,保险公司将支付多少费用?
   b. 马克需要支付多少费用?请对你的答案做出解释。
   c. 假设实际主刀的大夫不属于优先提供者组织。马克的保险包括这些费用吗?解释你的答案。

2. 杰夫现在每个月赚3 000美元。如果他完全残疾,他购买的个人残疾收入保险每个月就会支付2 000美元。残疾根据工人的职业进行定义。该保单包括30天等候期的条款,还提供遗留残疾保险金。支付保险金直到年满65岁。
   a. 如果杰夫在汽车事故中受重伤,有4个月的时间无法工作,那么他可以从保单中获得多少收入?
   b. 假设杰夫重返工作,但是在完全恢复之前,只能做兼职。如果每个月赚200美元,那么杰夫每个月能从保单获得多少收入?解释你的答案。

3. 詹妮弗今年28岁,离异,有一个一岁男孩。六个月之前,詹妮弗购买了一份为整个家庭提供保障的个人医疗保险保单。她的儿子最近被诊断出患有先天性心脏病。此时,詹妮弗为儿子提交了医疗账单,保险公司想要拒绝支付这笔费用。保险公司认为詹妮弗隐瞒了孩子的心脏情况,因为詹妮弗在购买保单时没有进行说明。根据《平价医疗法案》,保险公司能够合法地拒绝索赔吗？请给出你的理由。

4. 布兰登今年23岁，最近刚刚大学毕业。他作为被扶养人加入了父亲的团体健康保险保单，该保单为他在做学生期间提供保障，直到毕业。不过，由于劳动力市场不景气，他所居住的城市失业率居高不下，他一直没有找到工作。他很担心如果生病或受伤，就会没有健康保险支付账单。找出《平价医疗法案》中能够帮助布兰登保留其保险的条款。

网络资源

- 美国健康保险计划（AHIP）是一个全国性的商业组织，代表了1 300个会员公司，向2亿美国人提供健康保险。该网站提供了关于美国的健康保健的大量信息。网址为：ahip.org/
- 残疾收入论坛是一个网站，帮助人们寻求关于残疾保险保障、建议或代理人来解决他们的问题。人们可以从国内最好的残疾保险专家那里得到专业的答复。网址为：disabilityinsuranceforums.com
- eHealthInsurance.com 提供来自于市场领先的保险公司的重大疾病保险的信息，还允许投保人在没有销售人员压力的情况下自主地选择健康保险产品。网址为：ehealthinsurance.com
- 美国家庭（Families USA）致力于向所有美国人提供高质量的负担得起的健康保险。该网站提供关于健康保险的最新消息和美国人在处理医疗账单时面临的问题。网址为：familiesusa.org
- HealthCare.gov是联邦政府的一个官方网站，提供关于新的医疗保健改革法律及其执行情况的详细信息。点击"Understanding the New Law"可以方便地了解关于法律条款的信息。网址为：healthcare.gov
- HealthGrades是一个领先的医疗保健费评级组织，提供医院、家庭护理和医生对消费者、公司/健康计划和医院的评级和基本情况。网址为：healthgrades.com
- Insure.com提供人寿保险的最新信息、保费报价和其他消费者信息。该网站还发布影响保险行业重点事件的新闻。网址为：insure.com
- 关爱残疾人委员会提供了关于长期残疾风险、残疾财务影响、残疾预防、公司对残疾的研究成果以及残疾人士的生活故事等大量信息。网址：disabilitycan-happen.org
- 美国健康保险核保人协会是销售医疗费用、重大疾病医疗和残疾收入保险并为其提供服务的健康保险专业人士组成的职业协会。网址为：nahu.org
- 美国保险监督官协会（NAIC）与各州保险部门进行链接，提供本章所讨论的各种健康保险的消费者的大量信息。点击"State & Jurisdiction Map."进去之后，可查阅纽约州、威斯康星州和加利福尼亚州的网站。网址为：naic.org

参考文献

AHIP, America's Health Insurance Plans, *Guide to Individual Disability Income Insurance*, Washington, DC, 2009.

AHIP, America's Health Insurance Plans, *Guide to Long-Term Care Insurance*, Washington, DC, April 30, 2012.

AHIP, America's Health Insurance Plans, *Who Buys Long-Term Care Insurance in 2010-2011?*, Washington, DC, 2012.

AHIP Center for Policy and Research, *Individual Health Insurance 2009: A Comprehensive Survey of Premiums, Availability, and Benefits*, Washington, DC.

Blue Cross and Blue Shield Association, *Healthcare Trends in America: A Reference Guide from BCBSA (2010 Edition)*.

Congressional Budget Office, *Technological Change and the Growth of Health Care Spending*,

Washington, DC, January 2008.

Families USA, *Decoding Your Health Insurance: The New Summary of Benefits and Coverage*, Washington, DC, May 2012.

Families USA, *Dying for Coverage: The Deadly Consequences of Being Uninsured*, Washington, DC, June 2012.

The Henry J. Kaiser Family Foundation, *Focus on Health Reform, A Guide to the Supreme Court's Affordable Care Act Decision*, July 2012.

The Henry J. Kaiser Family Foundation, *Focus on Health Reform, Summary of New Health Reform Law, Last Modified*, April 15, 2011.

The Henry J. Kaiser Family Foundation, *Health Care Costs, A Primer, Key Information on Health Care Costs and Their Impact*, May 2012.

The Henry J. Kaiser Family Foundation, *The Uninsured: A Primer, Key Facts about Americans Without Health Insurance*, October 2011.

National Association of Insurance Commissioners, *A Shopper's Guide to Long-Term Care Insurance*, Kansas City, MO, Revised 2009.

National Committee for Quality Assurance (NCQA), *Continuous Improvement and the Expansion of Quality Measurement, the State of Health Care Quality* 2011, Washington, D.C. 2011.

O'Hare, Thomas P., and Burton T. Beam, Jr., *Individual Health Insurance Planning, Medical, Disability Income, and Long-Term Care*, 2nd ed. Bryn Mawr, PA: The American College, 2010.

U.S. Bureau of the Census, *Income, Poverty, and Health Insurance Coverage in the United States: 2011*, Washington, DC, September 2012.

第 16 章

员工福利：团体人寿和健康保险

"员工福利是个人财务安全极其重要的一部分。"

——杰里·S·罗森布朗
《员工福利手册》

学习目标

学习完本章，你应当能够：

◆ 解释团体保险的承保原则。
◆ 指出团体定期人寿保险的基本特点。
◆ 描述下面几类管理式医疗计划的基本特点：
　　保健组织（HMOs）
　　优先提供者组织（PPOs）
　　服务点计划（POS）
◆ 理解《平价医疗法案》怎样影响团体医疗费用保险。
◆ 解释消费者导向健康保险计划的基本特点。
◆ 解释团体牙科保险计划的基本特点。
◆ 指出团体短期和团体长期残疾收入计划的重要特点。

员工保险在员工及其家庭的风险管理计划中扮演了重要角色。不同的保险金为员工及其家庭提供了大量的经济保障。保险金在计算员工总收入时也很重要。企业发起的保障通常能够提高总收入大约20%~40%。例如，詹妮弗今年24岁，是一名主修英语专业的大学生，最近从南方的一所知名大学毕业。她在一家非营利性的慈善组织应聘意向工作。主管向詹妮弗解释，慈善组织有一些员工福利，包括团体人寿和健康保险、401（k）计划和带薪假期。如果把这些加入起始收入中，总工资就很有吸引力，詹妮弗接受了这一工作。

> 本章是关于员工福利计划的两章中的第一章。在这一章，我们将讨论限制在团体人寿保险和团体健康保险领域。退休计划将在第 17 章进行讨论。本章讨论的主要内容包括团体人寿保险、团体医疗费用计划、团体牙科保险、团体残疾收入计划，以及新的《平价医疗法案》对团体健康保险保障的影响。本章最后将会讨论员工福利中的自助计划。

员工福利的含义

员工福利（employee benefits）是由企业发起的除工资之外的福利，将会提高员工个人和家庭的经济安全，其费用部分或全部由企业承担。这些福利包括团体人寿保险、团体医疗费用计划和团体牙科保险、团体短期和长期残疾收入计划、带薪休假、带薪家庭或医疗休假、福利计划、员工援助计划、教育援助、员工补贴和大量其他福利。员工福利还包括企业向社会保障计划、联邦老年医疗保障计划、州失业补偿计划、工人补偿和临时残疾保险计划的缴费。但是，详细分析所有员工福利计划超出了本书的范围。相反，我们将集中主要注意力于团体人寿保险和团体健康保险。

团体保险的基础要素

团体保险建立在几个基础要素之上。接下来的部分将会讨论团体保险和个人保险的主要区别、团体保险的基本核保准则，以及领取团体保险金的资格条件。

团体保险与个人保险之间的区别

团体保险在几个方面与个人保险存在差异。一个非常显著的特点是，在一份合同中为许多人提供保障。团体保单持有人和保险公司就所有个人成员的保障签订**主合同**（master contract）。在大多数保险计划中，团体保单持有人是雇主，员工会收到一份保险证明，表明其已经加入该保险计划。

第二个特点是，团体保险的成本比个人单独购买保险要低。雇主一般会支付部分或者全部的费用，从而减少或不需要缴纳保费。此外，由于团体保险采用的是对大量被保险人集中销售的方式，其管理费用和交易费用也相应减少。

第三个特点是，团体保险通常不需要个人的可保性证明。因为团体保险所做出的风险选择针对的是团体，而非个人。保险公司更多关心的是该团体作为一个整体的可保性，而非其中每个人的可保性。

最后，团体保险计划中使用的是**经验费率法**（experience rating）。如果团体的规模足够大，那么向其征收的保费主要是由该团体以往的实际损失情况来决定。

基本核保原则

团体保险公司遵循一定的基本核保原则，从而使团体的总体损失情况不那么糟糕。团体人

寿保险中使用的核保原则包括以下几个：[1]
- 保险附属于团体
- 人员在团体内部的流动
- 保险金自动决定
- 最低参保要求
- 第三方费用分担
- 简单有效的管理

保险附属于团体 保险应当附属于团体，也就是购买保险不是组建团体的唯一目的。这个条件的主要目的是减少针对保险公司的逆向选择。如果团体是为了购买保险而专门成立的，那么就会有很多健康状况不佳的人加入该团体，以获得低成本的保险，那么损失也会比较高。

人员在团体内部的流动 理想情况下，在团体人寿保险中，不断有年轻人加入团体，而年老者不断退出。如果没有年轻人的加入，团体的平均年龄就会上升，费率也会相应上升。较高的保费会让一些年轻人和健康状况较好的人退出该计划，而年老的人以及不健康的人会依然留在计划中，最终就会产生更高的损失和日益增加的费率。

保险金自动决定 保险金由特定的公式自动计算得出，这样就避免了个人对保额的选择。团体人寿保险保额的确定可以根据收入、职位、从业时间或者综合考虑这些因素来决定。这一原则的目的是降低针对保险公司的逆向选择。如果允许个人选择保额，健康状况不好的人就会选择投保较高的保额，而健康的人会选择较小的保额。结果造成保额过分集中于不健康的人群。但是，许多团体保险计划允许雇员在一定最高限额以内选择自己的保险金水平。如果投保人打算投保超额的附加险，通常需要出具可保性证明。

最低参保要求 团体中满足参保条件的雇员，必须有一定比例的人参保。如果该计划是**无须摊付计划**（noncontributory plan），那么保费完全由雇主支付，并且所有满足参保条件的员工必须100%参保。如果该计划是**参与供款计划**（contributory plan），则员工支付部分或全部成本，而且大多数符合参保条件的员工要参加该计划。在参与供款计划中，很难满足100%的参保率，所以一般要求所有人员中的50%～75%参保。

提出最低参保要求有两个原因。第一，如果大部分符合参保条件的员工参与其中，就会降低逆向选择，因为同时为大量不健康的人提供保险的概率降低。第二，每个被保险成员或每一单位保险的费用率得以降低。

第三方费用分担 从理论上来说，单个成员不必支付为其提供保障的所有成本。在大多数团体中，雇主承担部分成本。第三方费用分担避免了年龄较大的成员的费用过高。在成员支付所有成本的计划中，年轻人帮助支付了部分老年人的保险费。一旦他们认识到这一点，一些年轻人可能退出该计划，去寻找更为便宜的保险。岁数较大的健康状况不佳的成员仍然会留在该计划中，导致保费大幅度提高。但是，如果雇主能够化解掉由于这种对其不利的损失所造成的保费增长，那么雇员承担的保费就比较平稳。此外，第三方费用分担使得保险计划对个人来讲更具吸引力，会鼓励他们更多地参与到该计划中。

简单有效的管理 团体保险计划在管理上应当简单且有效。通过在雇主向员工的支付中扣

---

[1] Davis W. Gregg, "Fundamental Characteristics of Group Insurance," in Davis W. Gregg and Vane B. Lucas, eds., *Life and Health Insurance Handbook*, 3rd, ed. (Homewood, IL: Richard D. Irwin, Inc., 1973), pp. 362-363, and Juliana H. York, and Burton T. Beam, Jr., *Group Benefits: Basic Concepts and Alternatives*, 13th ed. (Bryn Mawr, PA: The American College Press, 2012), ch. 2.

缴的方式收取保费，既减少了保险公司的管理费用，又能维持较高的参保率。

团体保险的参保条件

保险公司一般要求在团体保险生效之前必须满足一些参保条件。参保条件的设置一般是为了降低针对保险公司的逆向选择。

符合参保条件的团体　符合参保条件的团体由保险公司和州法律确定。这些团体包括个体雇主团体、集体雇主团体、工会、借贷团体，以及兄弟会和妇女会这样的团体。

团体保险公司一般要求团体在参保之前达到一定的规模。传统的做法是，团体规模有10个人，但是一些保险公司现在也承保人数只有2~3人的团体。规定最低参保人数的原因有两个。第一，保险公司可以避免承保由达不到标准的参保人构成的团体，这样可以减少因某个人的健康恶化而给该团体的最后赔付带来的财务冲击。第二，无论该团体的规模大小，都必须支出一笔固定的费用。因此，团体的规模越大，分摊这笔固定费用的人就越多，每一保险单位的费率也就越低。

投保条件　在员工可以参加团体保险之前，他们必须满足一定的参保条件，包括：
- 必须是全职职员
- 过了试用期
- 在规定的时间内投保
- 在保单生效期间工作积极

雇主一般要求工人在参加团体保险计划之前全职为其工作。全职工人是指那些一周内工作时间达到雇主规定的正常工作时间的员工，通常是一周最少30小时。但是现在的一些团体保险计划也允许兼职员工参加。

一些团体保险计划中，新进员工必须达到试用期（一般为1~3个月）的要求，才能够参加该计划。**试用期**（probationary period）的目的是淘汰掉那些只是在企业工作很短时间的人。为人员流动速度较快的单位的员工投保并保留记录的成本较为高昂。

在过了试用期后（如果有的话），员工就具有参与保险计划的资格。但是，如果该团体保险计划是参与供款计划，雇员必须在合格期间内或之前就提出投保要求。其中，**合格期间**（eligibility period）是指允许员工不需出示可保性证明就登记参保的一段时间，一般是31天。

最后，对于团体人寿保险，员工一般必须正常上班保险才能生效。有些员工可能在他们的团体人寿保险生效的时候生病或者受伤。保险在员工返回工作岗位时生效。

团体人寿保险计划

团体人寿保险是一种很受欢迎且价格相对较低的员工福利。在2010年，生效的团体人寿保险占美国生效人寿保险总额的42%。[①] 团体人寿保险主要有以下几种：
- 团体定期人寿保险
- 团体万能人寿保险
- 团体意外死亡与肢残保险（AD&D）

[①] *Life Insurers Fact Book* 2011, (Washington, DC: American Council of Life Insurers, 2011), Table 7.1, p. 66.

- 职场营销计划

团体定期人寿保险

团体定期人寿保险（group term life insurance）是团体人寿保险中最重要的一种。大多数团体人寿保险都是团体定期人寿保险。

基本特点 团体定期保险有几个基本特点。第一，提供的保险是按年续保的定期保险，在员工工作的时间内向员工提供低成本的保障，特别是年轻的员工。

第二，定期保险对员工生命的保额可以基于员工的收入、职位，也可以所有人保持一致。保险的数额通常是员工薪酬或收入的某些倍数，例如收入的 1～3 倍。只要员工仍然是团体的一员，那么定期保险就始终有效。

第三，如果员工因为雇佣关系结束或者退休而离开团体，他们可以在 31 天内将他们的定期保险转换为个人现金价值保单，而不需要提供可保性证明。从实务操作来说，相对比较少的员工会因为特别高的保费转换其团体保险。那些确实转换了的投保人，或者健康情况低于一般水平或者没有投保，从而导致了他们对保险公司的逆向选择。

第四，大多数团体保险计划允许对员工的配偶以及未独立的子女给予适当金额的保险。由于州法律的规定和对税收的考虑，赡养人口的保额相对较低。以配偶生命为标的的保险可以转换为个人现金价值保单。有些州要求转换操作应当同样适用于对孩子的保险。

此外，有些企业向退休员工提供金额递减的定期保险。这一保额可能是一个固定数，比如 10 000 美元，或者是退休时保额的某个百分比，例如 50%。

最后，商业银行和其他借贷机构主要用团体定期人寿保险为债务人的生命提供保障。信用人寿保险用于防止一旦债务人死亡时仍未付清的欠款作废。未清偿贷款在债务人死亡时支付给债权人。因为费率过高，许多财务规划师并不建议购买信用人寿保险。尽管费率受州监管机构管制，许多债务人还是为获得保障而支付过高的费用。

团体定期保险保障的类型 今天在使用的团体定期保险保障有以下几种：

- 定期保险基本数额。企业一般会对保障范围内的员工提供一个基本数额的定期保险，例如工人基本薪酬的 1～3 倍。这种保险不需要提供可保性证明，企业支付部分或全部保费。企业所支付的最初 50 000 美元保障作为提供给员工的收入是免税的。
- 补充定期保险。团体人寿保险计划一般包括补充定期保险。这是完全由员工承担的自愿保障内容。在补充保障计划中，保障范围内的员工可以购买低于一定限额的额外的人寿保险而不需要提供可保性证明，以满足他们个人的理财需要。如果额外保险的需求超过限额，员工必须提供可保性证明。
- 便携式定期保险。有些团体计划有便携式定期保险的选项，允许员工在失去团体保险保障资格的时候（例如终止雇佣关系或退休）继续享受其定期保险保障。在这一计划中，员工如果不再符合团体保险的资格，仍然可以携带其定期保险保障。在员工的团体定期保险保障结束前，他们通常有 31 天的便携式保险保障。便携式保险保障的数额与员工保障终止时的数额相同，或者稍低。便携式保障可以持续到 70 岁，或者在有些保险公司以递减的方式持续到 80 岁。

团体意外死亡与肢残保险

大多数团体人寿保险计划还提供**团体意外死亡与肢残保险**（group accidental death and dismemberment insurance，AD&D)，在意外事故或身体在一定程度上受伤的时候支付额外的保险金。意外死亡与肢残保险金是团体人寿保险金的若干倍，例如员工人寿保险的1～2倍。全额的意外死亡与肢残保险（也称为本金），在员工死于意外事故时支付。此外，本金中的一定百分比将因为发生某些类型的肢残而进行支付，例如因为意外身体伤害导致失去一只手、一只脚或者一只眼，将支付本金的一半。

团体万能人寿保险

团体万能寿险是通过工资扣款由员工自愿购买并全额付款的人寿保险产品。这种类型的保险融合了定期保险和终身寿险的特点。在一种模式下，只有一个保险计划。[1] 只需要定期保险的员工支付死亡率保费和费用收费。想积累现金价值的员工必须支付更高的保费。在第二种模式下要使用两个计划，即定期保险和万能人寿保险。只需要定期保险的员工向定期保险计划交费。需要万能人寿保险的员工必须支付更高的保费，以使现金价值得以积累。员工支付的初始保费可能是纯粹保险保障成本的2～3倍。如果员工离开企业，可以通过直接向保险公司付费保持其团体万能寿险继续有效。

团体万能寿险的特点与个人万能寿险类似。这些特点已经在第11章进行了讨论，因此这里就不再赘述。

职场营销计划

许多团体保险公司都有职场营销计划，允许保险公司将其保险产品提供给感兴趣的员工。在这种体制下，一家保险公司会联系企业，并在企业允许的情况下，到企业与那些对购买个人寿险产品或年金感兴趣的员工进行面对面的销售。根据保险公司的不同，员工可以购买个人终身寿险、万能寿险、变额万能寿险、意外死亡与伤残保险、固定年金和变额年金以及其他保险产品。保费从工资中扣除，员工即使离开公司也可以保留他们的保单。

团体医疗费用保险

团体医疗费用保险（group medical expense insurance）是一种员工福利，支付住院费用、内科医生和外科医生的诊疗费用、处方药以及相关的医疗费用。这些计划在为员工及其家庭提供经济保障方面具有极其重要的作用。大多数被保险公司通过企业发起的医疗费用保险计划获得保障。

团体医疗费用保险保障可以从多个供应商处获得，主要包括：
- 商业保险公司
- 蓝十字和蓝盾计划
- 管理式医疗组织
- 雇主自保计划

---

[1] York and Beam, pp. 5.5 - 5.6.

商业保险公司

商业人寿和健康保险公司销售个人和团体医疗费用计划，一些财产和意外保险公司也销售不同类型的健康保险。大多数由商业保险公司承保的个人和家庭参加了团体保险计划。这种业务非常集中，少数健康保险公司主导了这一市场。美国医疗协会（AMA）的一项研究显示，在96%的大都市市场中，一家保险公司控制了至少30%的保健组织（HMOs）和优先提供者组织（PPOs）保险产品。在差不多一半的大都市市场中，一家保险公司控制了50%以上的商业保险市场。① 因此，美国医疗协会相信，医生在与健康保险公司就费率进行谈判时处于竞争劣势，因为大约有一半的医生在执业中合作的医生少于5人。②

蓝十字和蓝盾计划

蓝十字和蓝盾计划（Blue Cross and Blue Shield plans）都是医疗费用计划，包括了住院费用、内科医生和外科医生的诊疗费用、辅助费用以及其他医疗费用。

蓝十字计划为住院和其他相关费用提供保障。该计划通常提供的是服务而不是现金，费用直接支付给医院而不是被保险人。

蓝盾计划适用于内科医生和外科医生的诊疗费用以及相关的医疗费用。今天的大多数计划都包括蓝十字和蓝盾计划。这样的联合计划既提供基本医疗费用保险金，也提供重大疾病医疗保险。最后，与商业保险公司相仿，蓝十字和蓝盾计划也提供管理式医疗计划，包括保健组织（HMOs）和优先提供者组织（PPO）计划。

在大多数州，蓝十字和蓝盾计划是非营利组织，享受税收优惠，并接受特定法律的监管。但是，为了筹集资金和提高竞争力，一些蓝十字和蓝盾计划已经开始转为具有股东和董事会的营利性机构。此外，许多非营利计划也下设营利性附属机构。

蓝十字和蓝盾计划主导了保健组织和优先提供者组织的市场，特别是在某些州和大都市地区。2010年，美国医疗协会的研究显示，亚拉巴马州的蓝十字和蓝盾计划在当地的保健组织和优先提供者组织的市场中占据了93%的市场份额。在六个大型都市区（芝加哥、达拉斯、费城、波士顿、休斯敦和西雅图），蓝十字和蓝盾计划在保健组织和优先提供者组织市场上所占份额在39%～79%之间。③

管理式医疗组织

管理式医疗组织是团体医疗费用保险金的另一个来源。这些组织一般是营利性组织，为企业提供管理式医疗计划。前面曾经提及，管理式医疗是医疗费用保险金的一个专用术语，按照成本收益原则为参保员工提供保障。它非常强调成本控制，而且医生提供的医疗服务也受到严格监管。管理式医疗会在本章后面内容进行更为详细的讨论。

---

① Emily Berry, "Few physicians can avoid dominant health insurers," amednews.com.
② Ibid.
③ Ibid.

雇主自保计划

许多雇主，特别是员工较多的雇主，通过部分或全部自保，向其员工提供健康保险。自保（self-insurance，也称为自筹，self-funding）就是雇主承担部分或全部成本，为员工提供健康保险。2011年，加入这些计划的60%的员工是部分或完全自筹的（见图表16—1）。

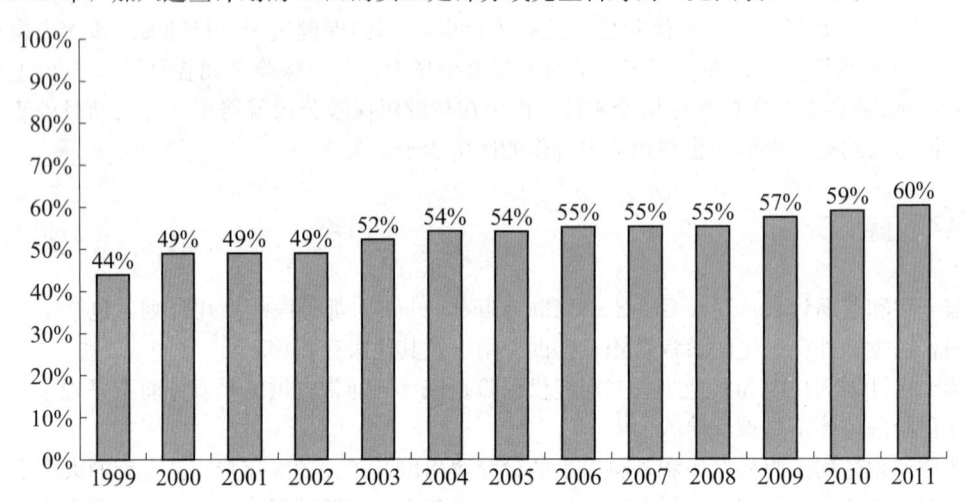

图表16—1　参与部分或完全自筹保险计划的员工的占比变化情况，1999—2011年

注：检验发现对以前年度的估算没有显示统计偏差（$p<0.05$）。1999年前没有进行统计检验。

资料来源：Kaiser/HRET Survey of Employer-Sponsored Health Benefits, 1999—2011

许多自保计划通常伴随着止损保险。止损保险是指，商业保险公司支付超过一定金额并在某一最高限额以下的理赔金额。此外，许多雇主与商业保险公司签订了只提供管理服务合同（administrative services only，ASO）。只提供管理服务合同是雇主和商业保险公司（或其他第三方当事人）签订的合同，保险公司根据该合同只提供管理服务。这些服务包括计划设计、理赔、精算支持以及记录的保存。

雇主对其医疗费用进行自保的原因包括下面几个：

- 按照《1974年员工退休收入保护法案》（Employee Retirement Income Security Act of 1974，ERISA），自保计划一般不受州法律的约束。因此，全国性企业的雇主不必遵守全部51个州的法律。
- 由于在州保险费税、佣金和保险公司利润方面节约了资金，自保计划的成本可能得以降低，或者上升得不那么快。
- 在支付保险金之前，雇主通过自留部分或全部用于赔偿的资金，可以获得相应的利息。
- 各州关于保险计划必须缴纳州托管金的法律对自保计划没有约束力。

传统补偿计划

随着时间的变化，团体医疗费用保险计划已经发生了显著的变化。早期的计划通常是补偿计划，而新的机会则是管理式医疗计划。早期的计划被称为**传统补偿计划**（traditional indemnity plans）或**付费服务计划**（fee-for-service plans）。在一定的最高限额之下，医生每次提供保障范围之内的服务时都依据惯例进行合理收费。申请人在选择自己的医生和其他医疗保健供应商时都享有非常大的自由；这些计划为保障范围内的服务在一定最高限额以下支付现金补偿保险金；并不十分强调成本控制。医生可以向病人收取超过保险公司支付数额以外的部分。

由于管理式医疗计划的快速增长，传统补偿计划的重要性一直在降低，2011年只为1%的被保障员工提供保障。今天管理式医疗计划在个人和团体医疗费用保险市场中占据主流。

管理式医疗计划

大多数有保障的员工都处于管理式医疗计划之中。**管理式医疗**（managed care）是按照成本收益原则为成员提供保障服务的医疗费用计划的统称。在管理式医疗计划中，员工对医生和医院的选择可能限制在某些医疗保健供应商之中，着重强调成本控制和成本降低，在各个层次进行检查，医生所提供的服务质量受到严格的监督和评估，医疗保健供应商通过不同的风险共担机制分散经济风险，重视预防，倡导健康的生活方式。

有许多种管理式医疗计划，它们包括：
- 保健组织（HMOs）
- 优先提供者组织（PPOs）
- 服务点计划（POS）

保健组织

保健组织（health maintenance organization，HMO）是基于预付费的组织化的医疗保健服务体系，为成员提供广泛的医疗服务。许多雇主建立保健组织的目的是为了为员工提供综合医疗服务。

基本特点 保健组织有几个基本特点，包括以下几个：
- 组织化的医疗保健计划。保健组织的职责是组织并为其成员提供综合医疗保健服务。保健组织与医院和医生就提供医疗服务的费率进行谈判并达成协议，雇用辅助的医护人员，并对提供的各种服务进行管理控制。
- 全面广泛的健康服务。保健组织向其成员提供全面广泛的健康服务。受保健组织保障的服务通常包括医院护理、内科医生和外科医生的诊疗费用、生育护理、化验和X光费用、门诊、特别护理和其他各种费用。保健组织医生的门诊费用也包括在内，或者全额或者象征性地收取少量费用。
- 对医疗保健医生选择的限制。传统保健组织一般设定限制条件，即所选择的医生和其他医疗保健供应商在保健组织网络内。但是，许多保健组织现在允许员工选择网络之外的供应商，但是需要自行支付非常高的免赔额和共保费用。此外，由于保健组织在一定地域内运营，所以限制了区域外人员接受医疗护理保障。其负责地区之外，保健组织一般只为发生的紧急医疗事件提供服务。
- 固定保费支付和成本分担条款。保健组织的成员为享受的医疗服务预付固定费用（通常按月支付）。但是，许多保健组织还设置了共同保险条款。过去，保健组织不会过分强调较高的免赔额和共同保险条款。但是，近年来，企业开始面临保费规模的大幅增加。为了控制成本，许多保健组织现在要求加入者达到年度免赔额。一些保健组织现在对住院病人实行免赔额或共付费用制度。员工要享受某些服务也要共付费用，例如诊所看病 30 美元，基础药物 10 美元。

● 对成本控制的特别强调。保健组织对所提供服务的成本控制非常看重。有不同的方法补偿医生、医院和其他医疗保健服务商，从而达到控制成本的目的。第一，一种常见的向网络内医生支付费用的方式被叫做修正的服务收费方式。[1] 保健组织一般会与医生、医院和其他医疗保健供应商签订合同，并基于谈判结果为它们提供的保障范围内的医疗费用支付费用，而且这些费用通常有折扣。供应商可以自由确定自己的收费。但是，对于一个保障范围内的服务，其最高支付数额则基于谈定的收费表确定。该收费表列明了每一种保障范围内的服务的最高收费。网络内的医院每天向参与计划的成员提供服务时收取谈判确定的住院费用，而不管医院的实际成本是多少。第二，有些保健组织向医生或医护团体按人支付均摊费用。**均摊费用**（capitation fee）是一种支付方式，在这种方式下，一名医生或一家医院对每个成员每年固定收取费用，而不考虑提供服务的数量。第三，有些企业，特别是小企业，联合在一起形成购买合作关系，从而在医疗保健供应商那里获得更为优惠的价格。最后，保健组织通常会强调预防性治疗和健康的生活模式，而这在长期内将会降低成本。

其他降低成本的方法包括（1）提前确认并同意非急诊住院的病人住院治疗；（2）某些类型的手术在门诊进行；（3）许多保健组织要求病人得到把关医生的同意，才能去看专家。**把关医生**（gatekeeper physician）就是基本保健医生，判断向专家求诊是否必要。

保健组织的类型 有如下几种类型的保健组织：

● 员工模式。在员工模式下，医生是由保健组织支付工资的员工，并可能为了激励他们降低成本而发放奖金。保健组织可能有自己的医院、实验室或者制药企业，或者与其他供应商签订合同以获取此类服务。

● 团体模式。在团体模式下，医生属于另一个团体，后者与保健组织签订了向其成员提供医疗服务的合约。保健组织为其每位成员按月或按年向团体内的医生支付均摊费用。前面也曾指出，均摊费用是每位成员接受服务所支付的固定费用，而不考虑服务的数量。相反，团体同意在年内向保健组织成员提供保障范围内的服务。团体模式一般都会有一个明确的医生团队，要求参保人员必须选择保健组织所属医生。

● 网络模式。在网络模式中，保健组织和两家或两家以上的独立医疗单位签订协议，为参保人员提供医疗服务。保健组织为每位成员向医疗团体每月支付固定费用。

● 个体执业医生协会计划。保健组织的最后一个类型是**个体执业医生协会计划**（individual practice association plan，IPA plan）。个体执业医生协会计划是一个开放式的医生组织，医生在自己的诊所外根据为病人提供的服务收取费用。但是，每个医生同意以较低的费用为保健组织成员提供服务。医生的收费是每位成员的均摊费用，或者是治疗每位成员的递减费用。此外，为了鼓励降低成本，大多数个体执业医生协会计划与参与其中的医生签订了风险分担协议。如果计划执行情况不佳，支付费用也会降低。如果计划执行情况好于预期，则支付奖金。

优先提供者组织

另一种管理式医疗计划是**优先提供者组织**（preferred provider organization，PPO）。优先提供者组织与医疗保健供应商签订合约，以折扣后的费率向成员提供医疗服务。为了鼓励病人

---

[1] York and Beam, p. 9.16.

使用优先提供者组织的供应商，免赔额和自付费用都较低。

不应将优先提供者组织与保健组织混淆。它们之间有三个主要的差异。[①] 第一，优先提供者组织的供应商通常不需要预付医疗护理费用，但是在提供服务的时候，按照服务的情况支付费用。不过，收取的费用为谈判后的费用，通常低于供应商的正常水平。

第二，与保健组织不同，病人不必必须使用优先提供者组织，每次需要医护服务的时候都有自由选择权。但是，病人有动力使用优先提供者组织，因为免赔额和自付费用较低。

第三，如果医疗保健供应商的实际收费超过谈判后的费用，供应商要自行消化超出的额度。在这些案例中，病人节省了大量的费用。例如，假设一名加入了优先提供者组织的外科医生对膝盖手术的正常收费是5 000美元。如果谈判后的费用为3 000美元，病人不需要支付额外的2 000美元。外科医生自己消化掉这笔钱。

最后，优先提供者组织不使用把关医生，员工不需要获得基本保健医生的同意再去专家那里看病。相反，为了控制成本，许多保健组织要求成员获得基本保健医生的同意后才能去看专家医生。优先提供者组织的病人可以直接去看专家，而不需要先行获得基本保健医生的同意。

优先提供者组织最主要的优势是控制了医疗保健成本，因为经过谈判，供应商按照一定折扣收取费用。优先提供者组织也帮助医生开展业务。病人因为医疗费用的降低而获益。

服务点计划

服务点计划（point-of-service plan，POS）是另一种重要的管理式医疗计划。它融合了保健组织和优先提供者组织的特点，其成员允许到网络外部寻求医疗护理。服务点计划建立了优先提供商网络。在需要医疗保健服务时，参加计划的成员可以选择网络内的服务点，也可以选择网络外的服务商。如果病人到网络内的供应商那里看病，他们几乎不需要自付费用，这一点与保健组织计划类似。但是，如果病人到网络外的供应商那里看病，护理获得保障，但病人必须支付非常高的免赔额和共保费用。

服务点计划对于计划成员而言，其主要优点是保留了选择的空间，而且消除了计划参与者无法到自己想去的医生或专家那里看病的忧虑。主要的缺点是，为了到网络外的医生那里看病需要支付非常高的成本。

团体医疗费用保险的主要特点

企业可以在数十种团体医疗费用计划中进行选择。这些计划有不同的免赔额、共保比例、共付金额和保费。今天销售的新的团体医疗费用计划具有以下特点：

- **综合福利**。大多数计划为保障范围内的员工提供综合性的福利，没有终身限额。2014年开始，对保险金不再设置年度限额。典型的福利包括保障范围内涵盖了基础护理医生、外科医生、专家、脊椎推拿师和其他供应商；住院病人的住院成本、门诊的诊断检验、门诊外科检查、急诊室收费、处方药、产妇和婴儿保障、精神疾病和药物滥用治疗以及大量其他福利。
- **自然年度免赔额**。**自然年度免赔额**（calendar-year deductible）是团体计划通常在保险金给付之前必须满足的年度免赔额。免赔额可以是个人免赔额，也可以是**家庭免赔额**（family

---

[①] York and Beam, pp. 9.37 – 9.38.

deductible），包括了所有适用于免赔额条款的家庭成员医疗费用。大多数优先提供者组织通常都设定了自然年度免赔额。在许多优先提供者组织计划中，年度免赔额至少是1 000美元，特别是对于小企业而言。不过，现在，只有比较少的优先提供者组织要求保障范围内的员工达到年度免赔额。根据凯撒家庭基金会和健康研究教育信托基金的一项调查，加入保健组织的工人中只有29%在2011年达到了年度免赔额的要求。[1]

● 共保要求。大多数计划也有共保要求，要求员工在超出年度免赔额之后，在某一最高限额之内（例如20%、25%，或30%）支付一定比例的费用。如果接受来自网络外的护理服务，共保比例会非常高，例如40%。

● 共付。大多数保健组织、优先提供者组织和服务点计划承保的工人对于某些费用都面临共付的要求，例如到基础护理医生或专家那里看病，或者购买处方药。

● 自付费用年度限额。大多数计划都设置了自付费用年度限额，例如工人保障为3 000美元，家庭保障为6 000美元。这些计划明确了计入并达到年度限额的医疗费用。并不是所有的医疗费用可以应用于年度限额。大多数计划允许免赔额和共保费用部分纳入统计。但是，大多数计划不将医生诊所看病、开处方药，和其他某些需要确定是否达到年度限额的收费项目纳入共付费用范畴。[2]

● 对某些预防性服务不允许成本分担。有些常规的和预防性的服务不符合成本分担条款（免赔额、共保和共付）。如果接受网络供应商的医疗护理服务，可以获得100%的补偿。如果接受网络外部供应商的医护服务，支付的费用就要达到非常高的免赔额和共保费用要求。预防性服务的例子包括乳腺X光片和宫颈巴氏涂片检查，免疫性疾病治疗（如儿童流感疫苗注射和牛痘接种），心区不适检查和视力、听力检查。

● 保障范围外的服务。所有团体医疗费用计划对于某些服务都有除外条款和限制条件。根据计划的不同，除外条款可以包括因为工作造成的伤害或疾病，在执行军事任务中所染疾病或所受伤害，被认为属于试验或研究性质的服务，眼镜和听力辅助设备，以及被认为与标准替代解决方案相比成本较高的服务、药品等。

《平价医疗法案》要求和团体医疗费用保险

《平价医疗法案》将会在2010年到2018年间逐步进入应用阶段。许多会影响团体医疗费用计划的条款现在已经生效。尽管大多数条款在第15章已经进行了讨论，但考虑到这些条款的重要性和团体医疗费用计划的直接影响，有些条款会有所重复。如果没有特别注明，下面讨论的条款现在已经生效：

● 保留保险直到年满26岁。保险公司必须允许年轻人分享父母的保险，直到他们年满26岁。

● 禁止设定终身限额和年度限额。禁止保险公司对保险金设置终身限额。从2014年开始，设置年度限额也被禁止。在那个时点之前，年度限额不得低于健康和人类服务部部长确定的数额。

● 禁止设定既存状况除外条款。既存状况除外条款或限制不得适用于低于19岁的青少年。对于成人，对既存状况的限制在2014年1月生效。

● 小企业税收优惠。税收优惠适用于小企业。小企业是指全职员工小于等于25人，且平

---

[1] The Kaiser Family Foundation and Health Research and Educational Trust, *Employer Health Benefits*, 2011 *Summary of Findings*, 2011.

[2] Ibid.

均年收入低于 50 000 美元的企业。如果企业承担了总保费成本的 50% 以上,那么企业缴费的 35% 将享受税收优惠。2014 年,税收优惠将提高到 50%。

- 对某些预防性服务没有成本分担。正如前面所提到的,有些日常服务和预防性服务不适用于成本分担条款。
- 对最低医疗损失率的要求。在大规模团体客户市场上面,保险公司保险计划必须达到的最低医疗损失率为 85%,个人和小规模团体客户市场是 80%。如果没有达到损失率要求,就要向参与者提供折扣。
- 不受新规限制的计划。不受新规限制的计划是指对 2010 年 3 月 23 日之前存在的个人计划和雇主发起的团体计划没有做出任何禁止性的变化。不受新规限制的计划一般能够保持不变,而且仅仅需要遵守《平价医疗法案》的部分条款。这些条款已经在第 15 章进行了讨论,这里不再重复。
- 弹性支出账户限制。为未偿付医疗费用而设立的弹性支出账户的缴费,例如免赔额、共保、共付和其他费用,每年限制在 2 500 美元之内。这一数字随着通货膨胀情况进行指数化调整。
- 为网络外急诊室服务支付理赔。对于网络外急诊室看病所发生的索赔支付必须与在网络内急诊室看病的支付额度相同。禁止要求对急诊看病提出优先性要求。
- 统一的保障文件。健康计划必须以统一的格式对保障内容进行描述,并将其提供给参与者和新加入的人。文件不能超过四页,且必须包括定义和案例。
- 企业要履行 W-2 报告义务。企业必须以 W-2 的格式向员工说明计划保险金的总价值。报告的数额对于员工来说是不用纳税的,但是企业必须告知这一信息,并且在医疗保健成本方面保持更大的透明度。

所有法律条文将在 2014 年 1 月 1 日进入实际应用。在当时及以后会影响团体医疗费用的条款包括以下内容:

- 保证签发。申请保证签发和保障内容确定的保险的申请人,无论他们的健康和医疗条件如何都不能被拒绝或者提高费率。
- 个人强制。大多数美国人必须购买健康保险,以满足最低标准,否则就要缴纳罚金。
- 可负担保险交易所。个人和小企业可以购买医疗费用保险并通过各州的保险交易所申请保费补贴。在完全实施后,新法律会将健康保险保障扩展至美国 3 000 万未投保人群。这样,处于未投保状态那段时间所受到的财务影响就会显著降低。专栏 16.1 详细讨论了未投保人群缺乏保障的财务影响。
- 对企业的要求。如果至少有 50 名全职员工的企业没有为全职员工及其家属提供最低基本保障,并且至少有一名员工接受税收优惠或以成本分担的方式通过交易所支付保险,企业必须缴纳罚金。每一个全职员工的罚金为 2 000 美元(前 30 名员工不计入)。
- 对高价值保单课税。2018 年,将会向保险公司和计划管理者推出的个人保障总价值超过 10 200 美元、家庭保障总价值超过 27 500 美元的高成本健康保险征收 40% 的特许权税。该税适用于超过门槛值的保费。

专栏 16.1

保障不足将会有什么样的财务后果?

对于许多未投保人而言,健康保险和医疗保健成本的权重等同于基本需求。当未投保人确实需要医疗保健的时候,他们所需要付出的费用等于全部成本。这将让他们的家庭面临财务耗尽的情况,而且会有医疗债务。医疗费用较高的未投保人群比那些有保险的人更有可能报告他们所面临的问题。未投保人群中很大一部分都属于低收入群体,与收入较高的人相比,他们在

每月支付基本生活费用,如租金、食品、公用设施方面,发生困难的概率是后者的三倍。[a]

● 大多数人无法免费或者以降低后的价格接受健康服务。医院对未投保病人的收费是健康保险公司和公共保障计划实际为医院服务支付费用的两到四倍。[b]只有略低于一半的人知道,他们社区的医疗机构向未投保病人的收费比较低。[c]超过一半的未投保成年人为他们所享受的医疗服务支付全额费用,上一年度使用过医疗服务的未投保成年人中有82%自己支付一定数额的医疗保健费用。[d]

● 在服务被停止之前,未投保人群会越来越多地采用预支付方式。当未投保人群在接受服务的时候无法以现金全额支付医疗费用时,他们有时候会与提供服务者进行协商,用信用卡支付(通常利率较高),否则可能被拒绝。[e]

● 未投保人群在医疗健康方面的支出比有保险的人低一半,但是为此而自行支付的比例却更高。2008年,未投保人群正常来说在一个完整年度内的医疗保健成本为1 686美元,而有保障的非长者成年人则为4 463美元。[f]未投保人群为这些服务自行支付三分之一,2008年为300亿美元。这包括了那些未投保人群全年的医疗保健成本和未投保人群在没有健康保障的那几个月里发生的成本。

● 处于未投保状态会在让人们面对越来越高的无法支付医疗费用的风险。未投保的成年人因为医疗费用无法支付基本需求(例如住房或食品)的可能性是有保障的人的三倍。医疗费用也会导致未投保成年人耗尽他们的储蓄。2010年,27%的未投保成年人为了支付医疗费用用完了或用了大部分储蓄。

● 大多数未投保人群几乎没有储蓄和资产,即使有,也不足以让他们轻松应对医疗保健成本。一半的未投保家庭在2004年持有的总资产不到600美元(不包括他们的房子和车子),而有保障的家庭的中间值为5 500美元。二者形成鲜明对比。[g]而且,当把家庭债务从资产中扣除后,未投保家庭的净值的中位数下跌到零,意味着许多未投保人群没有财务储备来支付预期不到的医疗费用。

● 由于没有保障,面对医疗费用和极少的资产,未投保人群面临无法偿付医疗债务的风险。和其他费用一样,当无法偿还医疗账单或者偿还得太慢时,就会有讨债公司介入,人们获得更多信贷额度的能力就会受到限制。2010年,三分之一的未投保成年人接到讨债公司的通知,请他们归还上一年度的未偿还医疗费用。

[a] Collins et al., 2011, "Help on the Horizon: How the Recession Had Left Millions of Workers Without Health Insurance, and How Health Reform Will Bring Relief" The Commonwealth Fund. Available at: http://www.commonwealthfund.org/Surveys/2011/Mar/2010-Biennial-Health-Insurance-Survey.aspx

[b] Anderson G. 2007. "From 'Soak The Rich' To 'Soak The Poor': Recent Trends In Hospital Pricing." *Health Affairs* 26 (4): 780-789.

[c] Cunningham P., Hadley J., Kenney G., and Davidoff A. 2007. "Identifying Affordable Sources of Medical Care among Uninsured Persons." *Health Services Research* 42 (1p1), 265-285.

[d] Carrier E., Yee T., and Garfield R. 2011. "The Uninsured and Their Health Care Needs: How Have They Changed Since the Recession?" Kaiser Commission on Medicaid and the Uninsured. (Forthcoming)

[e] Asplin B., et al., 2005. "Insurance Status and Access to Urgent Ambulatory Care Follow-up Appointments." *JAMA* 294 (10): 1248-54.

[f] Hadley J., Holahan J., Coughlin T., and Miller D. 2008. "Covering the Uninsured in 2008: Current Costs, Sources of Payment, and Incremental Costs." *Health Affairs* 27 (5): w399-415.

[g] Jacobs P. and Claxton G. 2008 "Comparing the Assets of Uninsured Households to Cost Sharing Under High Deductible Health Plans," *Health Affairs* 27 (3): w214-21 (published online April 15, 2008).

资料来源:Adapted from The Henry J. Kaiser Family Foundation, *The Uninsured: A Primer, Key Facts about Americans Without Health Insurance*, October 2011, pp.14-15.

消费者自助健康计划

消费者自助健康计划对于团体医疗保险市场中的企业和员工而言正变得越来越熟悉。**消费者自助健康计划**（consumer-directed health plan，CDHP）是一个专业术语，是指那些将高免赔额与健康储蓄账户（HSA）或健康费用偿付协议（HRA）相结合的保险计划。这些计划的目的是为了让员工对卫生保健成本更加敏感；该协议为减少不必要的治疗、寻找低成本的供应商提供了经济激励。

高免赔额健康计划

高免赔额健康计划（high-deductible health plan，HDHP）是一种设置了年度免赔额的医疗费用计划，其年度免赔额显著高于传统医疗费用保险计划，通常在1 200美元到5 000美元之间，或者某个更高的数额。满足联邦政府对合格的健康储蓄账户（HSA）要求的高免赔额保险计划被称为健康储蓄账户—合格高免赔额健康计划。为了获得税收优惠，该账户的持有者必须满足以下条件：(1) 获得合格高免赔额计划的保障，(2) 没有其他金额给付医疗保障（允许有特殊情况），(3) 没有加入联邦老年健康保险计划，(4) 没有声明依赖于其他人纳税申报单。

此外，高免赔额计划必须满足某些条件。支付金额根据通货膨胀情况进行指数化。2013年，个人保障的最低年度免赔额为1 250美元，家庭保障为2 500美元。企业、员工或二者可同时向健康储蓄账户缴费，但是，在个人保障中，健康储蓄账户缴费不得超过3 250美元，家庭保障不得超过6 450美元。

保险计划还可能包括共保条件。许多高免赔额计划超过免赔额的部分会支付100%保障范围内的医疗费用。但是，其他高免赔额计划有共保要求，适用于超过免赔额的保障范围内的收费。超过免赔额直到某一最高年度自付限额的保障范围内的费用的共保比例一般为20%或30%。如果医疗护理从网络外获得，共保比例就会非常高。不过，有些基本的预防性服务不符合成本分担条款。2013年，最高自付费用（免赔额、共付费用、其他费用，但不是保费）在个人保障领域不得超过6 250美元，家庭保障领域不得超过12 500美元。

合格的健康储蓄账户计划有很大的税收优势。企业向健康储蓄账户的缴费不作为企业的应税所得；员工缴费可以税前扣除；积累的投资收益免税；如果用于支付合格医疗费用，健康储蓄账户缴费免税。

健康费用偿付协议

高免赔额计划也可以与健康费用偿付协议相结合。**健康费用偿付协议**（health reimbursement arrangement，HRA）是由企业融资的保险计划，具有一定的税收优势，可以为员工支付企业标准保险计划无法提供保障的医疗费用。健康费用偿付协议100%由企业提供资金并控制。企业明确自付费用属于保障范围。例如，健康费用偿付协议可以为企业保险计划不保障的免赔额、共保、共付和有关服务，向员工提供保障。企业可以就缴费接受税收减免，且缴费可以作为员工所得不必纳税。年末员工账户中的余额可以结转至下一年。

企业发起的健康计划的最新进展

企业发起的健康计划最近的进展注重降低企业日益提高的医疗保健成本。这些进展包括：

- 健康保险保费的持续增加。团体健康保险保费持续上升，2011年，企业发起的健康保险计划的平均年缴保费增长情况为，个人保障5 429美元，家庭保障15 073美元（见图表16—2）。保费的增长已经显著超过了工人工资和总体通胀水平的增长。其结果是，日益增长的保费给工人造成的财务负担越来越重，感觉也越来越痛苦。

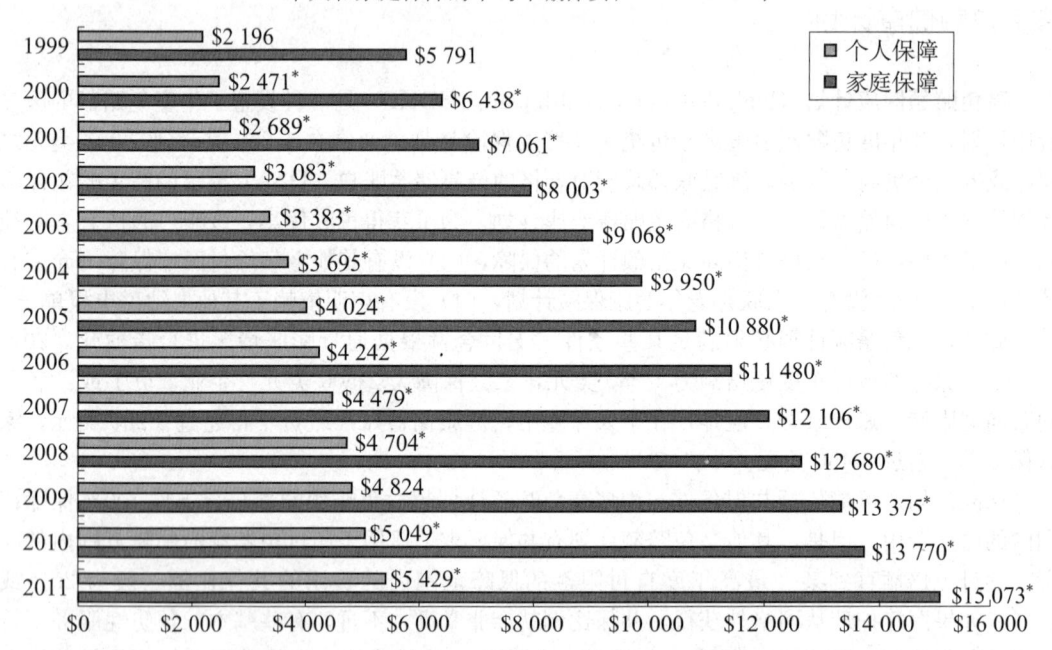

个人和家庭保障的平均年缴保费，1999—2011年

年份	个人保障	家庭保障
1999	$2 196	$5 791
2000	$2 471*	$6 438*
2001	$2 689*	$7 061*
2002	$3 083*	$8 003*
2003	$3 383*	$9 068*
2004	$3 695*	$9 950*
2005	$4 024*	$10 880*
2006	$4 242*	$11 480*
2007	$4 479*	$12 106*
2008	$4 704*	$12 680*
2009	$4 824	$13 375*
2010	$5 049*	$13 770*
2011	$5 429*	$15 073*

图表 16—2　个人和家庭保障的平均年缴保费，1999—2011 年

* 估值结果在统计上有别于上年的实际数值（$p<0.05$）。

资料来源：Kaiser/HRET Survey of Employer-Sponsored Health Benefits，1999 - 2011.

- 为员工设置了高免赔额。与日益上升的成本相比，企业通过成本分担计划不断将成本转嫁给他们的员工。除了更高的保费，在企业保险计划中面临年度免赔额大幅提高的工人的数量越来越多。2011年，优先提供者组织中为个人保障设置的平均年度免赔额是675美元，保健组织为911美元，服务点计划为928美元，有储蓄选择权的高免赔额健康保险计划为1 908美元。总的来说，对于个人保障，三分之一的有保障工人现在面对的年度免赔额在1 000美元以上。在小企业方面，一半的工人面对的年度免赔额高于1 000美元，四分之一的保障范围内的工人的年度免赔额超过2 000美元。[①]

- 优先提供者组织主导。优先提供者组织长期主导着团体健康保险市场。2011年，55%有保障的工人加入优先提供者组织（见图表16—3）。

[①] The Kaiser Family Foundation and Health Research and Educational Trust，*Employer Health Benefits*，2011 *Summary of Findings*，2011.

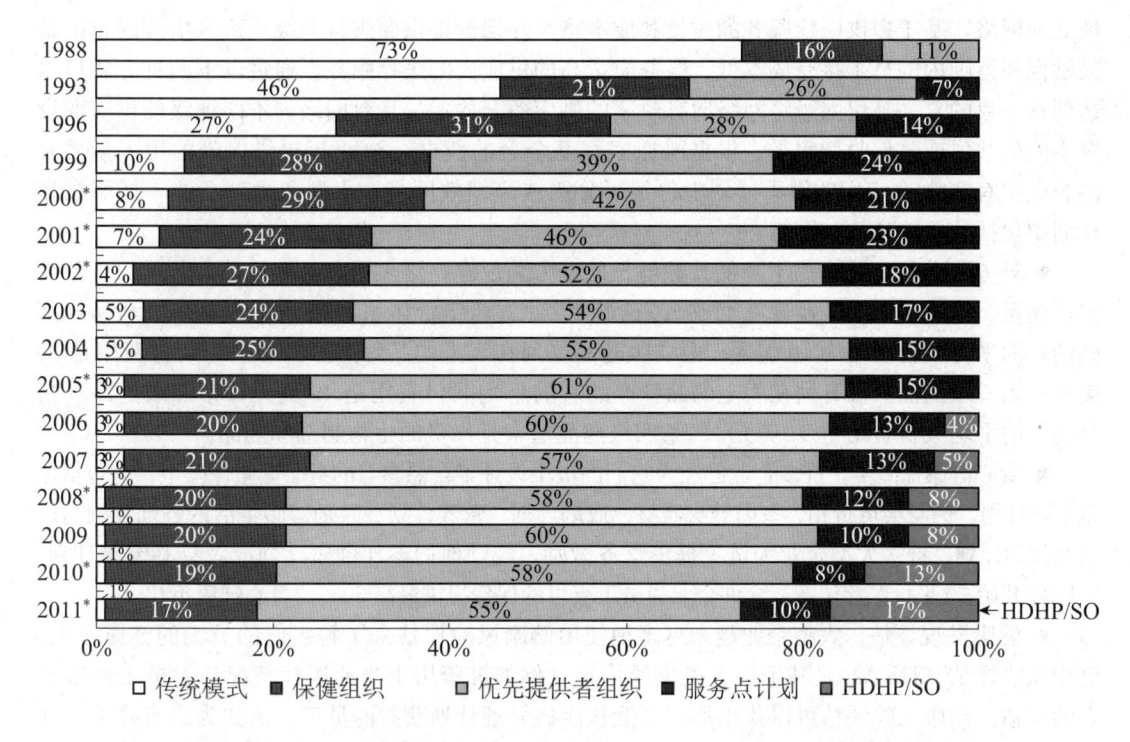

年份	传统模式	保健组织	优先提供者组织	服务点计划	HDHP/SO
1988	73%	16%		11%	
1993	46%	21%	26%	7%	
1996	27%	31%	28%	14%	
1999	10%	28%	39%	24%	
2000*	8%	29%	42%	21%	
2001*	7%	24%	46%	23%	
2002*	4%	27%	52%	18%	
2003	5%	24%	54%	17%	
2004	5%	25%	55%	15%	
2005*	3%	21%	61%	15%	
2006	3%	20%	60%	13%	4%
2007	3%	21%	57%	13%	5%
2008*	<1%	20%	58%	12%	8%
2009	<1%	20%	60%	10%	8%
2010*	<1%	19%	58%	8%	13%
2011*	<1%	17%	55%	10%	17%

图表16—3 健康计划为参保工人支付的情况，按计划类型分类，1988—2011年

* 估值结果在统计上有别于上年的实际数值（$p<0.05$）。没有对1999年之前的数据进行统计检验。由于HDHP/SO作为新计划在2006年出现，没有对2005年、2006年数据进行统计检验。

注：没有得到服务点计划1988年的数据。2005年，不同类型计划的参与者的比例所发生的变化似乎与纳入了统计局最近对州和地方政府工人的数量的估计值以及联邦工人权重的变化有关。可以通过2005年《Kaiser/HRET调查：企业发起的健康保险》中的"调查设计和方法"部分获得更多的信息。

资料来源：Kaiser/HRET Survey of Employer-Sponsored Health Benefits，1999-2011；KPMG Survey of Employer-Sponsored Health Benefits，1993，1996；The Health Insurance Association of America（HIAA），1988.

- 有储蓄选择权的高免赔额健康保险计划（HDHP/SO）的持续增长。2011年，享有企业发起的健康计划保障的工人中有17%加入了有储蓄选择权的高免赔额健康保险计划。这一比例相比2006年的4%，增长极为迅速（见图表16—3）。这些保险计划对个人保障设置了1 000美元的免赔额，对家庭保障设置了2 000美元的免赔额。高免赔额计划与健康费用偿付协议相结合后的结果被称为HDHP/HRA计划。这些计划对于企业和员工都很有吸引力。企业有了一个控制医疗保健成本的有效工具，员工支付较低的保费。还有些证据表明，高免赔额计划在降低企业医疗保健成本方面非常有效。但是，一些批评者相信，医疗保健水平将会受到威胁。由于较高的免赔额，一些员工可能会推迟采取必要的医疗救助措施或者推迟购买终身受益的处方药。

- 提前退休人员医疗保障的持续下降。针对那些想要提前退休的工人的保障变得越来越稀少。2011年，只有24%的大企业向年龄低于65岁的退休人员提供健康保险保障，与1993年的46%相比呈现迅速下降趋势。[①]

- 分级或高绩效的网络。为了降低成本，一些保险计划已经建立了层次分明的网络或者高

---

① Mercer Press Release，"Employers accelerate efforts to bring health benefit costs under control，" November 16，2011.

绩效的网络，基于提供医疗服务的质量和成本将医疗保健提供商进行分级。这一措施的目的是鼓励保障范围内的员工接受成本低、服务质量高的供应商的医疗服务。通过以下两种方式可以达到这一目的，一是仅限于将网络向有效率的供应商开放，二是对网络内不同评级的供应商设置不同的共付或共保收费水平。根据凯撒家庭基金会的数据，2011年提供保障的用工量最大的企业中有20%在它们的健康计划中包括了分级或高绩效网络。小型和大型企业一样愿意在计划中包括分级或高绩效网络。[1]

● 处方药分级定价。为了降低日益增长的处方药成本，许多企业已经就处方药采用了分级定价体系。绝大多数的企业现在面临着三到四级处方药定价体系。2011年，第一级药品（基础药）的平均共付费用为10美元；第二级药品（列在表上的品牌产品）的平均共付费用是29美元；第三级药品（没有列在表上的品牌产品）的平均共付费用是49美元；第四级药品（精品药）的平均共付费用是91美元。[2] 第四级药品通常是昂贵的生物制剂和药品。

● 身心健康保险金。许多企业已经为它们的员工设计了自愿参与的身心健康保险金。这包括体重下降计划、健身会员折扣、室内健身器材、戒烟计划、营养计划、鼓励健康生活的咨询和网站以及类似的计划。许多大型企业为员工提供财务激励，鼓励他们参加健康计划或者身心健康计划。2014年开始，《平价医疗法案》允许企业为员工支付的保费提供最高30%的身心健康折扣。

● 健康发现评估。大型企业越来越多地使用健康风险评估来了解它们的员工的健康习惯。健康风险评估（HRA）是基于员工提供的信息（例如健康历史当前医疗情况）对员工健康状态的评估。健康风险评估可以找出那些可能从疾病管理计划获益的员工，例如为患有哮喘、糖尿病、心脏病和其他疾病的员工提供咨询和预防性服务。

● 现场健康诊所。许多大型企业（1 000名以上员工）在一个或多个地点为员工设立了现场健康诊所。员工可以在这些地方接受非职业疾病或伤害的治疗。设立了健康诊所的企业相信，为常规医疗费用提供保障要比通过传统医疗保健渠道划算得多。

团体医疗费用合同条款

团体医疗费用保险计划包括很多合同条款，对被保险人具有显著的经济影响。有三项重要的条款分别针对（1）既存状况，（2）给付协调，和（3）团体健康保险的连续性。

既存状况

1996年，国会通过了《健康保险转移与清算法案》（HIPAA），对保险公司和雇主拒绝或限制对既存状况的保障的权利进行了限制。根据《健康保险转移与清算法案》企业发起的团体健康保险计划排除或限制某一既存状况的时间不能超过12个月（后加入成员为18个月）。既存状况被定义为，在之前6个月中看病或进行治疗的情况。最初的12个月过去之后，不能对员工强加新的既存状况期限。即使工人将会更换工作或医疗保健计划，他们的保障也要保持连续性，不能出现超过63天的空当。

---

[1] The Kaiser Family Foundation and Health Research and Educational Trust, *Employer Health Benefits* 2011 *Summary of Findings*, 2011.

[2] Ibid.

此外，保险公司和雇主必须承认参保人之前所参加的未满 12 个月的保险计划，对于新的保险计划中出现的既存状况免赔期仍然有效。例如，之前已经参加了团体健康保险 8 个月的员工工作发生调动或者转换保险计划之后面临的既存状况免赔期最多不超过 4 个月，而不是通常的 12 个月。

《平价医疗法案》对刚才讨论的《健康保险转移与清算法案》中的既存状况进行了大幅调整。这些调整包括：

● 个人保单和以工作为基础的健康保险计划不能将对年龄低于 19 岁的儿童的既存状况或残疾排除在保障范围之外。该条款现在已经生效，而且对于需要抚养年龄低于 19 岁的儿童的员工有重要的影响，特别是当员工变换工作且儿童有残疾或有既存状况的时候。

● 2014 年开始，保险公司被禁止拒绝或限制为存在既存状况的成人提供保障。2014 年之前，存在既存状况的成年人，例如癌症或心脏病患者，可以通过刚才讨论的 HIPAA 条款获得一定程度的保障。

给付协调

团体医疗保险计划一般都包括**给付协调**（coordination-of-benefits）条款，当被保险人获得一个以上团体健康保险计划保障的时候，该条款明确支付顺序。该条款规定被保险人参加的所有计划所支付的保险金之和不超过实际医疗费用的 100%。这样规定的目的是在被保险人获得一个以上健康保险计划保障的情况下，阻止过度投保和重复给付保险金。

大多数团体计划中的给付协调条款都是基于美国保险监督官协会（NAIC）的规定制定的。这些规定很复杂，对其进行详细讨论超出了本书的范围。下面这些内容根据保险监督官协会的规定对主要条款进行了概括。

● 对员工的保障先于对家属的保障。例如凯伦和克里斯·斯威夫特都在工作，他们彼此都在对方的团体医疗保险计划的保障范围内。如果凯伦产生了保障范围内的医疗费用，那么首先用她的计划支付，然后向克里斯投保的保险公司申请支付未偿付的费用（例如免赔额和共同保险支出）。两个计划总共支付不超过 100% 的合格医疗费用。

● 对于未自立的孩子，如果父母没有离异，那么父母中谁的生日靠前，就先使用谁的计划，然后再使用生日较晚的一方的计划。例如，凯伦的生日是 1 月，克里斯的生日是 7 月，那么在他们的儿子住院的时候，凯伦的保险计划首先支付，余下部分由克里斯的计划进行支付。

● 如果未自立孩子的父母没有结婚、分居（无论他们是否曾经结婚）或者离婚，并且法院没有指定谁来负担孩子的医疗费用，则使用以下原则：

——取得监护权的一方的计划先支付保险金。
——其次由取得监护权一方的再婚配偶的计划支付。
——再次由无监护权的一方支付。
——最后由无监护权一方的再婚配偶支付。

团体健康保险的连续性

员工经常辞职、被解雇或者被开除。如果有些符合条件的事件发生之后，导致保障受到损失，根据《1985 年加强综合保障协调法案》（Consolidated Omnibus Budget Reconciliation Act of 1985，COBRA），员工和接受保障的家属可以选择在有限的时间内留在雇主的健康保险计划中。

COBRA 法案适用于员工数量为 20 人或超过 20 人的企业。符合条件的事件包括员工因任何原因而停止工作（除了重大错误外），离婚或者合法分居，员工死亡，员工未自立子女达到规定的最大年龄等。如果工人失去工作或者无法达到规定的工作时间，失去工作的工人或者其家属可以选择留在雇主保险计划中长达 18 个月。如果员工死亡、离婚、合法分居或者子女不再满足投保条件，则本来与其一起受到保障的家属有权继续留在该团体计划中，但是最多不能超过 3 年。选择保留着 COBRA 的员工及其赡养（抚养）的人被要求支付团体保险费率的 102％。

团体牙科保险

团体牙科保险（group dental insurance）帮助支付普通牙科诊疗费用，还为意外事故导致的牙损伤提供保障。牙科保险的主要优点是帮助员工支付一般牙科诊疗成本。该保险鼓励被保险人定期接受牙科检查，这样可以在疾病变得严重之前进行预防或检测出牙的问题。

保险给付

企业可以选择不同保险金、免赔额和共保条件的牙科保障计划。团体牙科保险计划为多种牙科服务提供保障，包括 X 光、洗牙、补牙、拔牙、镶牙、修复齿桥和牙托、口腔手术、牙龈疏导、正畸等。在一些计划中，正畸不包含在内。少数保险计划属于补偿计划（也称为服务收费计划）。牙科医生按照合理合规收费标准获得收入，但必须受到计划中关于保险金规定的约束。不过，现在的大多数牙科保险计划属于管理式医疗计划，例如优先提供者组织牙科计划或保健计划牙科计划。通常，优先提供者组织牙科计划在企业和员工中正变得越来越普及。在这些计划中，牙科医生基于协商后的收费标准就保障范围内的服务获取收入。

自然年度免赔额

保障范围内的员工每个自然年度必须满足个人免赔额。如果员工选择了家庭保障，就必须满足家庭免赔额。不过，该计划允许家庭成员将他们的保障范围内的费用加总起来以达到要求的免赔数额。为了促进损失控制和鼓励日常牙科护理，免赔额不适用于某些诊断和预防性服务，例如每年两次口腔检查、牙齿清洗和牙科 X 射线检查。

共保

在达到自然年度免赔额后，员工必须满足共保条件，并支付超出免赔额部分一定百分比的费用。牙科服务一般可以根据共保条件的不同划分为不同的水平。为了鼓励常规性的牙科检查，有些计划对每年的一到两次的常规牙科检查不设置共保条件。不过，填充或者口腔手术至少要按照 80％的比例支付，而牙齿矫正或补牙的支付比例较低，为 50％。

下面是保险金给付的分类和补偿水平的一个例子。[1]

---

[1] Ronald L. Huling, "Dental Plan Design," in Jerry S. Rosenbloom, ed., *The Handbook of Employee Benefits*, 7th ed. (New York, NY: McGraw-Hill, 2011), p. 326.

- 类型1。诊断和预防性服务：100%
- 类型2。基本服务，包括麻醉和基本治疗：75%
- 类型3。重大疾病的治疗，包括牙髓、口腔手术、牙周炎和镶牙：50%
- 类型4。正畸：50%

自然年度最高给付额

除了免赔额和共保，大多数计划对自然年度内的给付额设定了最高限额，例如1 000美元，或者2 000美元。在支付了最高的保险金后，在自然年度的其他时间内，其他牙科服务就不再处于保障范围内。

不提供保障的服务

为了控制成本，有些牙科服务不在保障范围内。排除在外的服务包括为美容目的而提供的服务；被认为属于研究性质或者非医疗必需的服务；在供应商办公室使用的注射性药物或特许药物；为先天畸形提供的服务（例如，豁牙的治疗）；第三颗臼齿的修复或更换。

预先设定保险金条款

预先设定保险金条款也用于成本控制。尽管这一条款是非强制性的，但它给牙医和病人就支付数额提供了有用的信息。根据该条款，如果牙科诊治成本超过某一数额，例如300美元，牙医就要向保险公司提交治疗计划。保险公司对这些治疗计划进行评估，确定将会支付的数额。员工被告知成本的数额，然后就是否接受推荐计划做出决策。

团体残疾收入保险

团体残疾收入保险（group disability-income insurance）是向因意外事故或疾病而丧失劳动能力的员工按周或按月支付现金的一种保险。此类计划主要可分为两种：（1）短期计划和（2）长期计划。

短期计划

许多雇主购买了短期计划，在相对较短的时间内（从13周到52周）支付残疾保险金。目前销售的主要短期计划支付最长13周或26周的残疾保险金。此外，大多数计划为疾病设定了1～7天的等待期，而意外事故一般从残疾的第一天开始获得保障。有些保险计划设置了适用于意外事故和疾病的等待期。

少数保险计划没有设置等待期，特别是如果员工住院治疗的话。等待期减少了理赔的麻烦，降低了成本，同时又阻止了参保人装病和过多旷工。

大多数短期计划只为**非职业性残疾**（nonoccupational disability）提供保障。这意味着，意外和残疾必须发生在工作之外。残疾的定义一般要结合工人的职业。如果人们无法承担其职业的所有职责，那么就被认为是完全残疾。短期计划通常不包括部分残疾，如果要符合条件，必须完全残疾。不过，仍然有少数计划向参与者提供部分残疾保险金。

提供的残疾收入保险金的数额与工人的正常收入有关，通常等于周薪的一定百分比（例如50%~70%）。因此，如果艾米的周薪是600美元，短期计划提供其70%的收入，如果她完全残疾，那么她的最高周保险金是420美元。

长期计划

许多雇主还购买了长期计划，在较长的时期内支付保险金，一般从2年后到65岁为止。但是，如果残疾发生时的年龄已经超过65岁，保险金给付时间将有限制。例如，在一个残疾保险公司的计划中，如果工人残疾的时候年龄未满60岁，那么最高给付期可以到65岁。但是，如果工人在66岁的时候残疾，那么最高给付期将仅有21个月。

对工人是否完全残疾的确定存在双重定义。头两年，如果工人不能承担其职业的任何职责，那么就被认为完全残疾。两年后，如果工人还不能从事与其接受的教育、培训和各种经验相适应的任何工作，则仍然被认为是完全残疾。此外，与短期计划相反，长期计划一般为职业和非职业性残疾都提供保障。

残疾收入保险金一般按月支付，最高月保险金的额度远高于短期计划支付的保险金。最高月保险金一般限制为员工正常收入的50%~70%。大多数计划一般支付的最高月保险金是2 000美元、3 000美元、4 000美元或某一更高的金额。在可以支付保险金之前，一般要经过3~6个月的等待期。

为了减少装病和道德风险，也会考虑其他残疾收入保险计划。如果残疾的工人还参加了社会保障或工人补偿保险，那么长期残疾保险金将会相应减少。但是，许多计划会将保险金的减少额限定为初始社会保障残疾保险金的数额。因此，如果社会保障残疾保险金因为生活成本的提高而增加，那么长期残疾收入保险金不会进一步减少。

一些长期计划还提供了补充保险金。根据生活成本调整，向残疾员工支付的保险金每年随着生活成本的增加进行调整。不过，通常会对保险金增加的百分比设定最高限额。

在退休金增值福利计划中，计划会产生一笔退休金款项，从而能够保障残疾雇员的退休金不被动用。例如，如果卡洛斯及其雇主分别将其工资的6%存入退休金计划，一旦卡洛斯残疾，该计划会向公司的退休金计划支付一笔金额相当于其月薪12%的保险金，直到其不再残疾。这样一来，卡洛斯在正常的退休年龄仍然可以领取正常的退休金。

最后，如果残疾工人死亡，该计划会在接下来的一段时间中（例如两年）向其配偶或子女支付遗属收入保险金。

自助计划

本章的最后一部分是关于自助计划的内容。**自助计划**（cafeteria plan）允许员工选择最适合其需求的员工福利计划。自助计划允许员工在提供的不同的团体人寿保险、医疗费用、残疾、牙科保险以及其他保险计划之间进行选择，而不是仅提供一份应用于所有员工的计划。自助计划还允许雇主引入新的福利计划，以满足某些员工的特殊需要。

自主计划有多种形式。最常见的包括：(1) 完全选择计划，(2) 保费转换计划，(3) 弹性支出账户。这些种类的自助计划并不完全排斥，它们有一些共同之处。
- 完全选择计划。这些保险计划也被称为"全收缩计划"。这种类型的保险计划允许员工选择完全的保险给付范围。此外，对于员工而言，还有第二个层次的可选保障。雇主为雇员提供一定数额的资金或者信用，信用可供其参加各种福利计划或者直接兑换为现金使用。如果员工要求将信用兑现现金，雇主提供的信用将视同员工的收入而纳税。
- 保费转换计划。许多自助计划还涉及了保费转换计划。所谓保费转换计划是允许员工在税前列支缴纳保费的保险计划的通称。保费转换计划一般用于团体健康和牙科保险。员工选择降低他们的薪酬，而降低的薪酬用于支付计划的开支。这样，员工缴纳的保费在税前列支。
- 弹性支出账户。许多自助计划是弹性支出账户。**弹性支出账户**（flexible spending account）是一种允许员工在税前支付某些未偿付医疗费用的协议。员工同意降低薪酬，而这些用于支付费用的薪酬部分根据《国内税收法》可以在税前列支。这些费用包括未偿付医疗和牙科费用、计划的免赔额、共同保险费用、眼镜、助听器、整容手术和其他一般团体计划不提供保障的费用。根据《平价医疗法案》，2013年开始，员工向弹性支出账户的缴费数额限制在每年最高1 250美元。年末弹性账户中未使用的资金将会返还雇主。不过，美国国内税务局规定，雇主应当允许员工有2.5个月的宽限期来花掉这笔钱。不过，该计划在设计时必须明确包括该内容。

许多雇主现在提供借记卡。员工可以使用这种卡支付其账户中的未偿付费用。借记卡允许员工立刻支付所有未保险的自付费用。

最后，如果自助计划满足《国内税收法》的相关规定，雇主向员工提供的信用不需要纳税。

自助计划的优点包括以下几项：
- 员工可以选择最能满足自己需要的计划。
- 员工一般以税前的方式支付自己应付部分的保费。结果因为薪酬的下降，税后实际工资下降。
- 雇主可以更容易地控制日益提高的员工福利成本。例如，雇主可能限定向雇员提供的福利或者信用的金额，或是向员工提供免赔额较高的医疗费用计划。

自助计划也有一些不足，包括：
- 雇主在建立和管理自助计划的过程中可能发生的初始开发和管理成本都高于传统员工福利计划。
- 管理的复杂性提高。员工福利管理者必须了解大量计划的细节，必须能够回答员工关于这些计划的问题。

案例应用

克伦·斯威夫特是一家会计公司的总裁。该公司有10名员工。公司提供的唯一的员工福利是为那些在公司工作一年或一年以上的员工提供两周的假期。企业的利润已经大幅度增加，克伦想为员工提供额外的福利。克伦需要一些关于提供福利的建议。假设你是一位员工福利咨询师，根据下面这些情况，回答后面的问题：

a. 克伦希望为员工提供健康保险保障。简要说明，她可以考虑的管理式医疗计划的主要类型。

b. 假设克伦正在考虑优先提供者计划和保健组织计划。解释二者对于克伦而言的主要差异。

c. 还有其他克伦可以考虑的团体保险吗？对你的答案做出解释。

d. 克伦担心，日益上升的医疗保健成本会给企业带来沉重的财务负担。简要描述一下克伦在应对日益上升的医疗保健成本问题时可以考虑的团体医疗保健计划。

本章小结

● 团体保险在一份主合同中为一定数量的人提供保险金。由于雇主支付部分或全部保费，所以员工可以获得低成本的保障，而且通常不需要提供可保性证明。规模更大的群体按照经验费率收费，由经验费率确定收取的保费。

● 为了减少损失情况，团体保险需要遵循以下原则：

保险附属于团体。

人员在团体内部的流动。

保险金由特定的公式自动决定，这样一来就避免了个人对保额的选择。

合格员工中必须有一定百分比以上的人参加该计划。

应当有第三方分担费用。

对计划的管理应当简单有效。

● 今天的大多数团体都符合团体保险的条件。但是，员工必须满足如下资格要求：

必须是全职职员

在一些计划中要过了试用期

在规定的时间内投保

在保单生效期间仍然工作

● 有如下几种类型的团体人寿保险计划：

团体定期人寿保险

团体意外死亡与肢残保险（AD&D）

团体万能人寿保险

职场营销计划

● 团体医疗费用保险计划可以有几种获取渠道，包括：

商业保险公司

蓝十字和蓝盾计划

保健组织

雇主自保计划

● 管理式医疗是医疗费用保险金的一个专用术语，按照成本收益原则为参保员工提供保障。管理式医疗保险计划的主要类型包括保健组织、优先提供者组织和服务点计划。

● 保健组织是基于定额的、预付费的组织化的医疗保健服务体系，为成员提供广泛的医疗服务。保健组织有以下特点：

向其成员提供组织化的医疗保健计划

全面广泛的健康服务

对医疗保健医生选择的限制

固定保费支付和成本分担条款

对成本控制的特别强调

● 优先提供者组织（PPO）是一个计划，即与医疗保健供应商签订合约，以较低的费用向成员提供医疗服务。如果成员使用优先提供者，那么支付的免赔额和共保费用较低。

● 服务点计划（POS）是一种重要的管理式医疗计划，允许其成员到优先提供者网络外部寻求医疗护理。但是，病人必须支付非常高的免赔额和共保费用。

● 团体医疗费用保险计划有一些共同特点：为综合福利提供支付，自然年度免赔额，共保要求，共付，对某些预防性服务不允许成本分担，对某些服务设置除外或限制条款。

● 《平价医疗法案》将会对团体医疗费用保险计划有重要影响。新法律将会在 2010 年到 2018 年间逐步开始生效。不过，许多影响团体医疗费用计划的条款限制已经生效。全部法律条款将会在 2014 年生效。

● 消费者自助健康计划（CDHP）是一个专业术语，是指那些将高免赔额与健康储蓄账户（HSA）或健康费用偿付协议（HRA）相结合的保险计划。这些计划的目的是为了让员工对卫生保健成本更加敏感；该协议为减少不必要的治疗、寻找低成本的供应商提供了经济激励。

● 根据《平价医疗法案》，团体医疗费用保险计划不能将低于 19 岁的存在既存状况或残疾的儿童排除在保障范围之外。2014 年开始，保险公司被禁止拒绝或限制为存在既存状况的成人提供保障。

- 团体医疗保险计划一般都包括给付协调条款，当被保险人获得一个以上团体健康保险计划保障的时候，该条款明确支付顺序。该条款规定被保险人参加的所有计划所支付的保险金之和不超过实际医疗费用的100%。
- 根据《1985年加强综合保障协调法案》，如果有些符合条件的事件发生之后，导致保障受到损失，员工和接受保障的家属可以选择在有限的时间内留在雇主的健康保险计划中。雇用期结束的员工必须支付团体保费总额的102%。
- 团体牙科保险计划通常包括多种牙科服务。牙科服务根据共同保险条件的不同而被划分为不同层次。在许多计划中，共同保险不应用于诊断和预防性治疗，例如洗牙，或者共保比例较低。
- 许多雇主向参保员工提供残疾收入保险。有两种基本类型的保险：

　　短期残疾收入计划
　　长期残疾收入计划

- 自助计划允许员工选择最适合其需求的员工福利计划。自助计划中的弹性支出账户允许员工税前列支一些保健支出。

重要概念和术语

自付费用年度限额	服务收费计划	个体执业医生协会计划
蓝十字和蓝盾计划	弹性支出账户	管理式医疗
自助计划	把关医生	主合同
自然年度免赔额	团体意外死亡与肢残保险	无需摊付计划
医疗机构费用	团体牙科保险	非职业性残疾
《加强综合保障协调法案》	团体残疾收入保险	服务点计划
共同保险条款	团体医疗费用保险	便携性定期保险
消费者自助健康计划	团体定期人寿保险	既存状况
参与供款计划	团体万能人寿保险	优先提供者组织
给付协调条款	《健康保险转移与清算法案》	抗辩期
合格期间	保健组织	自保（自集资）
员工福利	健康储蓄账户	补充定期保险
经验费率	高免赔额健康计划	职场营销计划
家庭免赔额条款	住院费用保险	

复习题

1. 描述团体保险的基本核保原则。
2. 解释团体保险计划中员工必须满足的资格条件。
3. 简要描述下面几种类型的团体人寿保险计划：
   a. 团体定期人寿保险
   b. 团体意外死亡与肢残保险
   c. 团体万能人寿保险
   d. 职场营销计划
4. a. 介绍蓝十字和蓝盾计划的主要特点。
   b. 为什么很多雇主为其团体医疗费用保险计划进行自保（自集资）。
5. a. 简要描述下面几种类型的管理式医疗计划的特点：
   1. 保健组织
   2. 优先提供者组织
   3. 服务点计划
   b. 指出团体医疗费用计划的特点。
6. 什么是消费者自助健康计划（CDHP）？
7. 指出《平价医疗法案》中影响个人、家庭和企业的主要条款。

8. 简要解释以下团体医疗费用条款：
   a. 给付协调条款
   b. 《1985年加强综合保障协调法案》中的团体健康保险的延续性

9. 简要描述团体牙科保险计划的基本特点。

10. 简要描述下面团体残疾收入保险的主要特点：
    a. 短期残疾收入计划
    b. 长期残疾收入计划

11. 描述员工福利计划中的自助计划的基本特点。

应用题

1. 团体定期人寿保险和团体万能人寿保险具有不同的特点和目标。结合下面每一项内容，对（1）团体定期人寿保险和（2）团体万能人寿保险进行比较：
   a. 保障提供期间
   b. 在雇佣关系结束之后继续提供保障的权利
   c. 雇主缴费
   d. 获得保单抵押贷款的权利

2. 马格今年35岁，她在一次汽车事故中严重受伤。马格参加了雇主的优先提供者组织计划。该计划的年度免赔额是1 000美元，共保比例是80/20，年度自付限额是3 000美元。由于该起事故，马格发生了如下几种医疗费用：

救护车费用	500美元
三天住院费用	24 000美元
断腿的手术费用	5 000美元
医院外面开药的费用	300美元
断腿的理疗费用	1 200美元

   此外，马格一个月无法工作，损失4 000美元。

   a. 根据上面的内容，如果马格在优先提供者组织内的健康医疗供应商那里接受治疗，那么她要为此付多少钱？（假设显示的所有收费都获得了保险公司和优先提供者组织所有成员的允许。）
   b. 假设马格的断腿没有正确医治，她需要再做一次手术。马格希望由一位在该专业领域非常出名的医生为其做手术。这位医生不是优先提供者网络的成员。马格参与的计划会为此支付费用吗？对你的答案做出解释。

3. 道格今年40岁，他拥有一家小企业，销售窗帘和地毯。公司为7名员工提供健康保险。一名员工的妻子患有乳腺癌，产生了巨额的医疗费用，导致公司健康保险保费上升了40%。道格不确定，公司是否可以继续为这位员工提供健康保险，因为保费增长幅度太大。请解释《平价医疗法案》中能够帮助道格向其员工提供可负担的健康保险的条款。

4. 肯今年52岁，是一名临时工并且没有健康保险。他的膝盖软骨因为骨关节炎严重磨损，严重影响了他的日常活动。因此，肯需要做一次大手术，完全更换掉两个膝盖。因为条件有限，他无法获得健康保险。请解释《平价医疗法案》中能够帮助肯获得健康保险的条款。

5. 简今年28岁，约翰今年30岁。两个人结婚后生了一个男孩，今年1岁。简作为一名员工参加了雇主的团体医疗费用保险计划，她作为家属还参与了约翰的保险计划。他们的孩子作为家属获得两个保险计划的保障。简的生日是1月10日，而约翰的生日是11月15日。两个计划都有相同的协调给付条款。
   a. 如果简住院，哪个计划首先进行支付？哪个计划支付剩余部分？
   b. 如果孩子住院，哪个计划首先进行支付？哪个计划支付剩余部分？
   c. 假设两个人离婚，简获得孩子的抚养权。法庭判决约翰必须为孩子提供健康保险。如果孩子在离婚后住院，哪个计划首先进行支付？哪个计划支付剩余部分？

6. 詹森今年25岁，大学毕业后在一家大型企业当会计。这家公司要遵守1996年《健康保险转移与清算法案》。雇主的团体健康保险计划包括一个对既存状况有12个月除外责任期的条款。詹森在被雇用的3个月之前动了一次大手术，从肺部切掉一个恶性肿瘤。外科医生解释说，尽管出现新肿瘤的概率很小，但仍然是有可能的。根据前面的信息，回答下面的问题。
   a. 在他被雇用6个月之后，詹森又动了一次手术以从他的肺去除另一个恶性肿瘤，那么团体健康保险计划会为这一手术支付费用吗？对你的答案做出解释。

b. 如果在（a）中的第二个手术发生在詹森被雇用的 18 个月之后，你对（a）的答案会变化吗？对你的答案做出解释。

c. 在为该公司工作两年后，詹森在其公司被其他公司兼并之后失去了工作。6 个星期之后，詹森找到了另外一份工作，去做一名会计。詹森参加了新企业的团体健康保险计划，该计划对既存状况的除外期是 12 个月。新企业也在《健康保险转移与清算法案》适用范围内。假设詹森必须对肺拍 X 片来确定是不是有新的肿瘤。新的团体健康保险计划能否排除这一情况？对你的答案做出解释。

7. 许多雇主都购买了团体短期和长期残疾收入保险。结合下面内容对（1）短期计划和（2）长期计划进行比较。

  a. 保险计划对残疾的定义
  b. 等待期
  c. 给付期间的长度
  d. 用收到的其他残疾收入保险金冲抵

网络资源

● 美国健康保险计划（AHIP）是一家全国性的商业机构，代表了向超过 2 亿美国人提供健康保险保障的公司。其网站提供了关于美国医疗保健问题的大量信息。网址为：ahip. org

● 蓝十字和蓝盾计划是非营利公司。它们在特定的地区向计划的成员提供医疗、住院和手术服务。这些不同的计划占团体健康保险市场非常高的比例。网址为：bcbs. com

● 员工福利研究所（EBRI）是一家非营利组织，专门致力于数据传播、政策研究以及提供经济安全和员工福利的教育资料。网址为：ebri. org

● HealthCare. gov 是联邦政府的一个官方网站，提供关于新的医疗保健改革法律及其执行情况的详细信息。点击"Understanding the New Law"可以方便地了解关于法律条款的信息。网址为：healthcare. gov

● Healthgrades. com 根据特定的程序，运用星级系统对大量医院进行评级。星级从最高的五星到最低的一星，就某一环节受到投诉比较少的医院的评级比较高。该网站还可以查到医生和疗养院的信息。网址为：healthgrades. com

● 国际员工福利计划基金会（International Foundation of Employee Benefit Plans）是一个非营利的教育组织，提供与员工福利领域有关的课程、出版物和研究。该组织是注册员工福利专家（CEBS）项目的共同发起人。网址为：ifebp. org

● 疾病控制和预防中心（CDC）是一个联邦机构，为美国和国外的人们提高健康和安全的保障。疾病控制和预防中心提供可靠的信息，可以用于促进健康决策和改善健康状况。它作为国家机构，重点关注基本的预防和控制、环境卫生和相关教育活动，以改善国民的健康状况。网址为：cdc. gov/nchs

● 美国质量保证委员会（National Committee for Quality Assurance）为企业家和消费者提供关于其医疗保健计划质量的信息。美国质量保证委员会对提供的医疗服务的质量发放报告卡，对医疗保健计划进行质量鉴定。网址为：ncqa. org

参考文献

AHIP, *An Employer's Guide to Income Insurance*, Washington, DC, 2009.

Bikoff, Lauren, et al., 2012 *U. S. Master Employee Benefits Guide*. Chicago, IL: CCH Incorporated, 2012.

Blue Cross and Blue Shield Association, *Healthcare Trends in America: A Reference Guide from BCBSA*（2010 Edition）.

The Henry J. Kaiser Family Foundation, *Focus on Health Reform, Summary of New Health Re-*

form Law, last modified April 15, 2011.

The Kaiser Family Foundation and Health Research and Educational Trust, *Employer Health Benefits* 2011 *Summary of Findings*.

The Kaiser Family Foundation and Health Research and Educational Trust, *Employer Health Benefits* 2011 *Annual Survey*, September 2011.

National Committee for Quality Assurance (NCQA), *Continuous Improvement and the Expansion of Quality Measurement*, *the State of Health Care Quality* 2011, Washington, D.C. 2011.

New York Department of Insurance, *New York Consumer Guide to Health Insurers*, 2010.

Rosenbloom, Jerry S., *The Handbook of Employee Benefits*, 7th ed. New York: McGraw-Hill, 2011.

York, Juliana H. and Burton T. Beam, Jr., *Group Benefits: Basic Concepts and Alternatives*, 13th ed. Bryn Mawr, PA: The American College Press, 2012.

第 17 章

员工福利：养老金计划

"65岁就退休？这太可笑了。我65岁的时候还在长青春痘呢。"

——乔治·伯恩斯

"当一些小伙子决定退休的时候，没有人知道有什么差别。"

——金·哈伯德

学习目标

学习完本章，你应当能够：

◆ 解释商业养老金计划的基本特点，包括：
　最低年龄和工龄要求
　退休年龄
　既得收益权规则
◆ 区别定额缴费和给付确定养老金计划。

◆ 说明401(k)计划的基本特点。
◆ 解释利润分享计划的主要特征。
◆ 说明自由职业者基欧计划的基本特点。
◆ 指出小企业的雇员储蓄激励匹配养老金计划的主要特征。

　　蒂芙妮今年28岁，是一名药剂师，受雇于一家大型全国零售连锁店。公司最近设立了新的401(k)计划，取代了定额保险养老金计划。后者将在公司保障计划中逐步退出。符合条件的员工将自动加入新计划。蒂芙妮有几个疑问，例如她缴费的数额，公司缴费的数额，投资的选择以及退休的年龄等问题。她还想知道，如果她辞职提前退休，是否能够获得补偿。

　　与蒂芙妮类似，许多员工也被复杂的商业养老金计划弄得晕头转向。本章所讨论的问题就是一些蒂芙妮和其他人可能关心的商业养老金计划的基本特征。尽管商业退休金计划很复杂，但它们对于保证工人退休之后的经济安全极为重要。当再考虑上社会保障退休福利的时候，从你的养老金计划得到的额外福利就可以让你在退休期间达到一个比较高的生活水平。

在本章中，我们将讨论商业养老金计划的基本内容。本章将分为几个部分。第一部分讨论商业养老金计划的基本内容，包括最低年龄和工龄要求、退休年龄以及既得收益权规则。第二部分解释几种主要的商业养老金计划，包括定额缴费和给付确定养老金计划，401(k)计划，利润分享计划，以及自由职业者基欧计划。最后一部分讨论养老金计划税收递延当前所面临的几个问题。

商业养老金计划概论

大量工人参与了商业养老金计划。这些计划在社会和经济方面对国家有很大影响。退休福利在工人退休期间保证了个人和家庭的经济安全。养老金缴费还是金融市场资金的一个重要来源。这些资金用于投资新厂房、新机器、新设备、房地产开发、购物中心，以及进行其他有价值的经济投资。

联邦立法和《国内税收法》对商业养老金计划的制定和推进具有重大影响。《**1974年雇员退休收入保障法案**》（Employee Retirement Income Security Act of 1974）设定了最低养老金标准，以保障参保工人的权利。

最近，《**2006年养老金保障法案**》（Pension Protection Act of 2006）提高了雇主交纳资金的责任，将原本计划在2010年终止的较高的缴费限额保持不变，鼓励员工自动参加401(k)计划和给付确定计划，并包含很多影响商业养老金计划制定的附加条款。

美国国内税务局还在尝试对商业养老金计划施加更大的影响。美国国内税务局不断发布新的法规和监管规定，以影响商业养老金计划的设计和开发。下面的讨论参考了本书写作时的美国国内税务局的规定。[①]

所得税优惠

满足美国国内税务局条件的商业养老金计划被称为**合格计划**（qualified plans），并享受所得税优惠。雇主在一定限额以下的缴费可以作为普通商业开支享受税收抵扣，雇主缴费不被视为员工的应税收入，计划资产的投资收益可以递延税收进行积累，纳入雇主缴费的养老金不需纳税，直到员工退休或收到钱。合格计划对于员工而言有很多税收优惠，特别是在员工参与时间较早的情况下更是如此。

最低参保要求

合格的计划应当让大多数员工而不仅仅是**高收入员工**（highly compensated employees）享

---

① 这章基于 Internal Revenue Service Publications 560, 571, and 4 222; and Nicholas Kaster, et al., 2012 *U.S. Master Pension Guide* (Chicago, IL: CCH Inc., 2012).

受福利。① 如要享受税收优惠，必须满足**最低参保要求**（minimum coverage requirements）。这一规则很复杂，对其进行详细讨论超出了本书的范围。但是，为了减少令高收入员工获益的歧视，合格的养老金计划必须通过下面的几个测试之一：

● 比率百分比测试。在比率百分比测试中，计划必须至少包括70%的非高收入员工。

例如，在当前计划年度，斯威夫特公司的养老金计划包括了90%的高收入员工和63%的非高收入员工。百分比是70%（63%/90%），该计划达到了比率百分比测试。

● 平均给付测试。在该测试中，必须满足两个条件：(1) 计划必须有合理的员工分类，而且不会因为只让高收入员工受益而出现歧视，(2) 对非高收入员工的平均给付必须至少是所有高收入员工平均给付的70%。

当企业在一个地方（例如费城的办公场所）为员工设立养老金计划，而在另一个地方（例如波士顿的办公场所）没有设立的情况下，才会进行最低参保测试。如果企业根据工作分类而不是地点设立养老金计划，那么参保测试也很重要。

最低年龄和工龄要求

大多数养老金计划在员工参与该计划之前，都要满足**最低年龄和工龄要求**（minimum age and service requirement）。在当前的法律中，员工必须年满21岁，并在该企业工作满1年，才算符合条件，允许参加该计划。有一个例外，即如果员工参与计划时就获得100%既得收益权（后面将进行讨论），那么养老金计划就要求有2年的工龄。

为了确定合格标准，要求规定的1年工龄是指，雇员在受雇后的12个月内至少工作1 000小时，1小时工作是指雇员工作的任何1个小时，或能获得薪水的1小时。

退休年龄

典型的养老金计划有三种退休年龄：
● 正常退休年龄
● 提前退休年龄
● 延期退休年龄

正常退休年龄　正常退休年龄（normal retirement age）是指工人可以退休，并获得足额养老金的年龄。在大多数计划中，65岁是正常退休年龄。但是，根据修订的《就业年龄歧视法》（Age Discrimination in Employment Act），大多数员工在法定退休年龄也不能被强迫退休。为了保留资格（除了少数例外），商业养老金计划不能强制设置退休年龄。

提前退休年龄　提前退休年龄（early retirement age）是指工人可以退休，并领取养老金的最小年龄。现在的大多数员工在65岁以前退休。例如，一个典型的计划允许员工在55岁的时候保留10年工龄退休。

在给付确定计划（后面将进行讨论）中，从精算的角度来说，养老金会因为提前退休而减少。由于如下三个原因，必须减少：(1) 在提前退休时，员工不能享受全额给付；(2) 养老金

---

① 2012年，高收入员工是指 (1) 当年或前一年的任意时间拥有公司5%的股权，或者 (2) 雇主前一年支付的薪酬超过115 000美元（已将通货膨胀进行指数化）的人；如果雇主愿意的话，也可选择在前一年收入最高的团体作为高收入员工（即收入最高的20%的员工）。

的给付期更长；（3）提前退休养老金还要支付给那些达到正常退休年龄之前就死去的雇员。

延期退休年龄 延期退休年龄（deferred retirement age）是指超过正常退休年龄的任何年龄。在超过正常退休年龄之后，只有很少一部分老员工会继续工作。但是，除了一些特殊规定之外，工人可以延期退休，没有对最高年龄进行限制，只要他们能够工作。超过正常退休年龄仍然在工作的员工继续按照计划积累养老金。

既得收益权条款

既得收益权（vesting）是指员工在退休之前终止工作的情况下，对雇主缴费或用于缴费的保险金所拥有的权利。如果员工在退休前终止工作，常常对其向该计划的缴费有所有权。但是，对雇主缴费，以及用于缴费的保险金的所有权取决于既得收益权实现的程度。

给付确定计划 合格的给付确定计划必须满足下面几个**最低既得收益权标准**（minimum vesting standards）之一：

- 五年一次性既得收益权。根据这一规则，员工在工作满5年后就可以获得100%的既得收益权。
- 七年渐进式既得收益权。根据这一规则，既得收益权比率必须满足或超过下面的最低标准：

服务时间（年）	既得收益权百分比
3	20%
4	40%
5	60%
6	80%
7	100%

定额缴费计划 雇主向合格定额缴费或利润分享计划的缴费都必须缩短收益权获得时间。更快获得既得收益权是为了鼓励更多中低收入员工参与其中。

定额缴费和利润分享计划必须满足下面最低既得收益权进度表标准之一：

- 3年期一次性既得收益权。雇主缴费在3年后必须为100%。
- 6年期渐进式既得收益权。雇主缴费必须达到或超过下面的既得收益权进度表。

服务时间（年）	既得收益权百分比
1	0%
2	20%
3	40%
4	60%
5	80%
6	100%

从雇主的观点来看，设置既得收益权的基本目的是降低劳动力的流动性。员工有动力待在

一家企业里，直到达到既得收益权标准。在给付确定机会中，如果员工在达到完全既得收益权之前结束了雇佣关系，罚金常常用于降低雇主未来的养老金缴费。但是，在定额缴费计划中，对员工的罚金也可以用于在剩余参与者的账户之间进行再分配，或者用于减少雇主未来缴费。

提前支取罚金

在年龄达到 59.5 岁之前从合格计划中支取资金将被处以 10% 的罚金。10% 的惩罚性课税适用于包括在总收入中的数额。但是，关于这一条款有一些例外情况。提前支取罚金不适用于下述情况：

- 员工死亡之时或之后，向其受益人或员工房产的支付。
- 由于员工有符合条件的残疾情况而产生的支付。
- 离开工作岗位后发生的一系列支付的一部分，每年按照员工寿命预期，或者员工及其指定的受益人的联合生活或联合寿命预期所支付的数额。
- 向达到 55 岁且脱离工作岗位的员工的支付。
- 向家庭关系证明书所载的替代收款人的支付。
- 为员工医疗保健支付的费用，其数额允许作为医疗费用扣减（没有根据扣减明细表确定）。
- 因为国内税务局征税发生的支付。
- 向符合条件的预备役军人的支付。

最低分配额要求

养老金缴费不能无限地保留在计划中。计划分配的开始不应晚于参与者满 70.5 岁之后一年内的 4 月 1 日，但是年龄超过 70.5 岁却仍然工作的参与者可以延迟从合格养老金计划那里领取最低分配额。满 70.5 岁却仍然工作的人，退休次年的 4 月 1 日是其领取最低分配额的开始时间。前面的规则不适用于个人退休账户（IRAs）和其他一些合格计划。

最后，最低分配额规则不适用于罗斯个人退休账户。

与社会保障的整合

许多合格的商业养老金计划被整合进入社会保障体系。由于企业支付老年、遗属和残疾保险计划薪酬税总额的一半，因此，在计算商业养老金的过程中，应当考虑老年、遗属和残疾保险计划的退休金，这样可以降低养老保险的成本。整合也允许企业增加高收入员工的养老金缴费金额。这些员工的收入在不违反反歧视法规的前提下，拥有高于平均水平的收入。反歧视法规禁止企业做出有利于高收入员工的歧视行为。

整合的水平可以为计划年度最高应税社会保障工资（2012 年为 110 100 美元）以下的任何金额。整合水平可以设定得低一些，但是这通常会降低超额缴费最高额度。国内税务局已经设计了复杂的整合规则（称为许可偏离度准则），限制企业为了高收入员工的利益提高缴费。详细讨论这些规则超出了本书的范畴。不过，这些规则是为了限制企业偏向于收入水平高于整合后的收入水平的高收入群体而设定的养老金缴费限额。例如，假设一个货币购买计划的缴费率为收入的 6%，最高可以达到社会保障应税工资基准（2012 年为 110 100 美元）以及超过应税工资基准的收入的11.5%。在这一案例中，超额缴费比率没有超过许可偏离度限制。[①]

重头计划

有些特殊规则适用于重头计划。**重头计划**（top-heavy plan）是指超过60%的计划资产都属于核心员工的养老金计划。如果核心员工的累计应计给付现值超过了计划中所有覆盖员工累计应计给付价值的60%，那么这个计划就是重头计划。

重头计划要保持合格的状态，必须满足一些附加条件。这些条件包括：
- 必须为非核心雇员制订特定的快速既得收益权进度表（3年后为100%既得收益权，或者在两年后获得20%既得收益权，以后每年增加20%）。
- 必须为非核心员工提供一定的最低给付和缴费额。

合格养老金计划的类型

今天，雇主有大量合格的养老金计划来满足雇员们的特殊需要。有两种基本类型的合格的养老金计划：（1）给付确定计划和（2）定额缴费计划。每种计划有不同的使用规则。最重要的养老金计划包括下面几种：
- 给付确定计划
- 定额缴费计划
  - 货币购买计划
  - 401(k)计划
  - 403(b)计划
  - 利润分享计划
  - 自由职业者基欧计划
  - 简易员工退休金计划
  - 储蓄激励匹配养老金计划

给付确定计划

传统给付确定计划

从传统的角度来看，企业一般会设立给付确定计划，向退休工人支付有保证的保险金。在给付确定计划中，养老金可以预先知道，但是缴费则依据其为达到预期养老金需要的数额的不同而有差异。例如，假设詹姆斯今年50岁，可以在正常的退休年龄领取养老金。领取金额等于连续三年最高收入的平均支付额的50%。

[①] 更多详细内容请参见 Nicholas Kaster, et al., 2012 *U. S. Master Pension Guide* (Chicago, IL: CCH, Inc., 2012, pp. 327–328.

在给付确定计划中，养老金的数额基于就业期间平均收入确定。后者为参与该计划的工人收入的平均值，或者基于最终平均支付额确定。最终平均支付通常是指员工在退休之前三年到五年的收入的平均值。

当建立新的给付确定计划时，一些年老的工人可能临近退休。为了支付更为充足的养老金，给付确定计划可能会为计划设立之前就在企业工作的员工给予一定优惠。老员工优惠提供额外的养老金。不过实际支付的数额将取决于用于确定养老金数额的养老金准则。

对养老金的限制

给付确定计划对可以筹资获得的养老金设定了年度限额。2012年，在给付确定计划中，最高年度养老金不得高于连续三年最高收入平均值的100%，或者20万美元，取二者较低者。后面这一数字随着通货膨胀进行了指数化。

对于确定养老金时使用的年收入也有一个最高限额。2012年，可以被计入养老金计算准则的最高年收入为250 000美元（随着通货膨胀情况进行指数化调整）。

给付确定准则

在给付确定计划中，养老金的确定是基于一些准则。养老金和社会保障加在一起一般为员工退休前总收入的50%~60%。这些准则包括：

- 单位保险金准则。根据这一准则，收入和工龄都纳入考虑范围。例如，退休计划支付的保险金等于工人最终平均支付的1%乘以工龄。这样，最终平均月薪为4 000美元，工龄为30年的工人每个月的退休金是1 200美元。
- 年薪固定百分比准则。根据该准则，退休金是工人收入的固定百分比，例如25%~50%。保险金根据职业平均收入或最终平均收入确定。如果员工没有达到要求的工龄，这一准则的计算就会降低数额。例如，如果员工工龄为30年，计划可能提供的保险金等于最终平均收入的50%。但是，如果员工仅有20年的工龄，他或她只能获得三分之二的保险金。
- 每年工龄固定金额。根据这一准则，每服务一年所支付的数额是固定的。例如，某计划在员工正常退休后，员工服务年限每增加一年则每月固定支付金额增加40美元。如果员工为企业工作了30年，每月的养老金就是1 200美元。这个准则使用的并不广泛，除非是统一协商的退休计划。
- 所有员工固定数额。这个准则在某些时候用于集体谈判的计划，在该计划中向所有员工支付固定数额，而不考虑他们的收入或工龄。该计划可能向每位退休的员工每月支付800美元。

服务时间的长短在确定总养老金方面极为重要。经常变更工作以及在延长期辞职会明显降低养老金的数额。女性因为家庭的原因延长不工作的时间往往会导致这样的结果。

养老金支付保证公司

在养老金计划结束的时候，给付确定计划的参与者在一定养老金损失限额以下获得保障。**养老金支付保证公司**（Pension Benefit Guaranty Corporation，PBGC）是一家联邦政府的公司，保证在商业养老金计划终止的时候，再支付一定限额以下的既得收益权或非丧失养老金保障。对于在2012年终止的计划，定额寿险年金（非生存年金）向65岁人员支付的最高有保证的养老金是每月 4 653.41 美元，合每年 55 840.92 美元。最高月支付额低于那些选择生存年金的人。

给付确定计划的优势

给付确定计划的主要优点是保证了工人的养老金；养老金更准确地反映了通货膨胀的影响，因为保险金一般根据最终支付准则计算；这些计划通常不需要员工缴费，也就是说，只有雇主才要向计划缴费；投资风险直接由企业承担，而不是员工。

此外，给付确定计划对那些岁数比较大才加入的工人有利，因为企业必须为岁数较大的工人缴纳比年轻工人更多的费用。

给付确定计划的不足

给付确定计划随着时间的变化，其重要性在下降。出于精算的考虑，给付确定计划比定额缴费计划更复杂，而且管理成本更高。同时，许多给付确定计划因为融资成本过高而没有偿还过去的负债。此外，许多给付确定计划现在的资金也不足，许多公司冻结了它们的给付确定计划，并用一些类型的定额缴费计划进行了替换，后者的成本低而且容易管理。

现金结存计划

为了降低养老金成本，许多企业已经将它们的传统给付确定计划转换为现金结存计划。**现金结存计划**（cash-balance plan）是一种给付确定计划，其中，养老金根据假设的账户余额确定，实际的养老金取决于参保员工退休时的现金价值。

在典型的现金结存计划中，企业为参保的员工建立"假想账户"。因为缴费和利息仅仅反映在账簿上，所以该账户是假想的。实际缴费不会分配到参与者的账户，该账户不反映实际投资收益或损失。投资记录也是假想的，是以计划中所规定的利率或某种外部指数为基础的。

每一年参保人的账户都要做记录，其依据是：(1) 缴费记录，例如报酬的 4%；(2) 利息记录，如账户余额的 5%。计入的利息可以将固定比率作为基础或者盯住某一指数的变动比率，比如一年期国债利率。计划资产的投资收益或损失不会直接影响参保人的保险金。所以，企业承担投资风险，并可以获得投资收益。例如，假设企业每年向参保人的账户缴纳工资的 4%。如果詹姆斯每年收入为 50 000 美元，他的"账户"中就有 2 000 美元。账户余额每年都会按照名义利率（例如 5%）计息。在退休的时候，詹姆斯可以选择接受终身年金，在其有生之年获得终身收入。除了年金，现金结存计划可能允许他一次性获得等于账户余额的给付，然后将这笔钱投入个人退休账户。

许多企业已经将传统给付确定计划转换为现金结存计划，从而达到降低退休成本的目的。同时，年轻的工人也会因为能够更好地了解该计划而受益，保险金的累积速度快于传统给付确定计划；对于在退休年龄之前辞职的员工来说，这种计划的给付更易于转移。

但是，另一方面，批评者认为，向现金结存账户的转换可能使年龄较大的工人的预期保险金降低 20%~40%。转换之后，计划的保险金就被"冻结"，这意味着获得的保险金不会继续增加。但是，根据给付确定计划，大部分初始退休金在退休之前的 3~5 年间支取。一旦保险金被冻结，工人的养老金只是随着现金结存计划中的年利息和工资增长。其结果是，年龄较大的工人的初始养老金可能远低于给付确定计划中计算准则保持不变的情况。

定额缴费计划

最新建立的合格养老金计划是定额缴费计划。在**定额缴费计划**（defined-contribution plan）中，缴费率是固定的，但养老金是可变的。例如，雇主和员工可能只向计划支付6%。尽管缴费率已知，养老金会因为工人当前的年龄、收入、投资回报和退休年龄的不同而不同。因此，可以领取的养老金只能够估算。

货币购买计划

定额缴费的一个例子是货币购买计划。**货币购买计划**（money purchase plan）是一种协议。根据该协议，每一名参与者有一个账户，企业的缴费是参保者收入的固定百分比。例如，货币购买准则可能将企业的年缴费额确定为基本工资的10%，计入员工账户。如果计划需要缴费，员工和企业一般以相同的比率缴费，例如5%，或者计划会确定一个较高的企业缴费率，例如企业缴费率为6%，员工为4%。

每一名员工都有一个账户，退休缴费和投资收益都计入该账户。员工定期收到关于账户价值和投资收益的报表。获得足额既得收益权前就终止劳动合同的员工，他们丧失的给付额将被用于减少企业未来的缴费，或再分配到余下员工的账户中。

对缴费的限制

定额缴费计划对于每年可以向计划缴费的额度进行了限制。2012年，在定额缴费计划中，可以计入员工账户的最高年度缴费额度为收入的100%或者50 000美元，二者取其较低者。年龄大于50岁的工人可以额外追加缴费5 500美元。年度缴费包括企业和员工的缴费，以及其他任何计入员工账户的缴费。

对年度收入也设置了最高限额，该限额为可以计入的用于确定每年缴费的额度。2012年，可以计入养老金计算公式的最高年收入是250 000美元（随着通货膨胀情况进行指数化）。

定额缴费计划今天已为商业企业广为使用。对于企业的一个好处是，不用在计划建立之前为员工的工龄支付保险金，这可以降低企业的成本。非营利组织、州政府和地方政府也在广泛使用定额缴费计划，退休成本是以工资的百分比编入预算的。

但是，从员工的角度来说，定额缴费计划有几个不足：退休金只能估计；年龄较大的工人参与计划，保险金计算公式计算出的保险金可能不充分；所有投资损失都由员工承担。而且，一些员工不知道在选择特定投资（例如股票基金、债券基金、货币市场基金和其他投资产品）的时候应该考虑哪些因素。最后，投资损失直接由参与的员工承担。在2007年到2009年间的经济衰退期，金融动荡和股市的崩溃大幅度降低了参与定额缴费计划的大多数工人的终身储蓄。

401(k) 计划

另一个重要的定额缴费计划是401(k)计划。

401(k) 计划（Section 401(k) plan）是一种合格的现金或延迟协议（CODA），允许符合条件的员工选择将钱存入计划或以现金的形式接受这笔钱。缴费对于计划的参与者而言不构成当期应税所得。

401(k) 计划可以是合格的利润分享计划、储蓄或节俭计划，或股票红利计划。设立计划的资金来源可以是企业和员工的缴费，也可以是员工自己缴费。

在一个典型的计划中，企业和员工都要缴费，且企业的缴费要和员工的缴费"匹配"。例如，员工每缴纳 1 美元，企业要缴纳 25 美分或 50 美分，或更高的金额。

大多数计划允许员工决定资金的用途。员工一般有选择投资的自由，例如普通股票共同基金、债券基金、固定收入基金以及其他大量基金。不过，许多员工在投资 401(k) 计划时犯了一些常见的错误，最终降低了养老金积攒的数额（见专栏 17.1）。

专栏 17.1 ☞

六个常见的 401(k) 计划错误

对于大多数人而言，拥有 401(k) 计划对于他们未来的财务健康非常重要。在某种程度上，401(k) 计划对于拥有一个安逸的退休生活非常重要，对于大多数具有投资此类计划资格的人来说，了解他们应该避免什么样的错误将是最重要的事情。不要在投资过程中重复这些错误。

- 第一个（可能最严重的）错误：投资于波动的证券产品（例如股票），然后如果其价格下跌，就会在恐慌的情况下卖出。换句话说，最严重的错误是投资于只适合于资深投资者进行的投资。对于那些股市老手和风险容忍度适当的人而言，股票是非常棒的投资。

- 第二个（也代价较大的）错误：没有利用一个可以获得的 401(k) 计划。许多具有资格的美国人没有选择参加他们的雇主发起的养老金计划。这是一个帮助你建立大额养老金的黄金机会。这种机会每天都会离那些最需要它的人更远一些。研究已经显示，有钱人参与收入递延计划的概率与不那么有钱的人一样高，而他们可能会从中受益更多。

- 第三个错误：没有利用雇主的缴费。许多公司为他们的员工缴费配套了一定数额的资金。例如，如果员工向 401(k) 计划缴纳其收入的 3%，那么雇主的配套缴费将会为员工缴费增加额外的 1.5 个百分点。这意味着用于投资的钱立刻就有 50% 的回报，而且是免税的！更不要说，配套资金会一直伴随着员工的缴费。然而，很多人甚至没有将最低限度的钱投入 401(k) 计划。

- 第四个错误：没有储存更多的钱。研究已经发现，只有三分之一的活跃的参与者按照年度最高额度缴费（最高额度会随着通货膨胀情况进行调整）。一个聪明的员工的缴费额最低也要是与雇主缴费相配套的数额。然后，毫无疑问又会得到免费的钱。

- 第五个错误：没有投入足够的钱在股票市场。是的，上面警告的第一个错误是不要在股票市场投资。股市波动性很强，它会暴涨暴跌，价值会下降而且会持续下降。然而，从过去的时间来看，股票市场为投资者带来的回报比固定收益投资（债券）、现金等价物（例如货币市场基金）、贵金属、股东和收藏品以及其他大多数投资都要好得多。仅仅投资于最安全的资产，只能保证员工获得比将其资产组合进行正确搭配（包括部分风险投资）低得多的收益。

- 第六个错误：将太多钱投进企业的股票。实际上，这里真正的错误是没有进行多元化投资，没有足够的钱投资于不同的投资方式。公司可能是一个很好的工作单位，公平地说，可能是家之外的又一个家。公司可能是优秀的公司，利润巨大，股票的价格可能低于它应有的价格。但是，无论如何，让一只股票在你的投资组合中占有过大的比例，不符合谨慎原则，即使购买的股票很便宜。这仍然是个坏主意。

资料来源：Adaptation of "Six Common 401(k) Mistakes," Financial Web at finweb.com. Reprinted by permission from Internet Brands, Inc.

选择递延额度的年度限额

符合条件的员工如果参加 401(k) 计划，那么就可以选择降低薪酬。减少的薪酬在技术上被称为"选择递延"，递延的薪酬然后投资于企业的 401(k) 计划。这些钱免缴当期所得税，直到钱被取出的时候才缴税。但是，必须就计划的缴费缴纳社会保障税，在将钱取出的时候作为普通收入缴税。

2012 年，401(k) 计划对 50 岁以下工人规定的个税递延最高额度限制是 17 000 美元，在计划年度末大于 50 岁的工人可以追加缴费 5 500 美元。最高限额对通货膨胀进行指数化后上升 500 美元。

实际递延百分比测试

为了防止 401(k) 计划因为对高薪员工的优惠而产生歧视，企业的 401(k) 计划必须通过**实际递延百分比测试**（actual deferral percentage test），也就是高收入员工递延薪酬的实际百分比在某一限额以下。总体上，符合条件的员工可以分为两类：（1）高收入员工，和（2）其他符合条件的员工。将每位员工递延薪酬的百分比进行加总，然后进行平均，可以得到每个类别员工的实际递延百分比。然后对比两类员工的实际递延百分比。例如，如果非高收入员工的实际递延百分比是 6%，则高收入员工的实际递延百分比享受税收优惠的百分比限制为 8%。[①]

对支取的限制

正如前面所提到的，在 59.5 岁之前提前支取资金要课以 10% 的惩罚性税收。不过也有一些例外。这些例外在前面也有所讨论。

该计划允许在不得不支取的情况下取出这笔资金。美国国内税务局规定了以下几种不得不支取的情况：

- 防止被赶出或者失去房屋赎回权而进行的支付
- 某些还未偿还的医疗费用
- 首次购房的费用
- 用于支付二次教育的费用
- 丧葬费用
- 维修员工主要居所损毁所发生的某些费用，这些费用符合可抵扣费用的条件

对于因此类问题支取资金的情况，仍然要课以 10% 的惩罚性税收。但是，401(k) 计划一般设定了贷款条款，允许不缴纳惩罚性税收借出资金。

---

① Nicholas Kaster, et al., 2012 *U. S. Master Pension Guide* (Chicago, IL: CCH Inc., 2012), p. 1 052.

尽管提前领取要缴纳大量的惩罚性税收，但是许多员工仍然会因为退休之外的其他原因（例如，任意花掉这笔钱、支付债务或者购买房屋）使用他们的401(k)资金。那些提前将钱从养老金计划中取出的员工在退休之后的收入就会非常低。所以，他们在退休之后就会面临巨大的经济不安全。

罗斯401(k)计划

企业可以选择允许员工选择投资于罗斯401(k)计划。在传统的401(k)计划中，员工需要税前列支所缴纳的费用，缴纳的费用作为普通收入课税。在**罗斯401(k)计划**（Roth 401(k) plan）中，员工税前列支所缴纳的费用，退休时符合条件的支出享受所得税优惠。投资收益也可以积累起来而不必缴税。如果员工的年龄大于59.5岁，或者该账户至少持有5年，则罗斯401(k)的支付免缴所得税。但是，在一些例外情况下，如果在59.5岁之前支取资金，那么两种计划都将课以10%的惩罚性税收。

不存在收入限制。所有收入水平的员工都可以向罗斯401(k)计划缴费。2012年，如果员工小于50岁，向计划缴费的最高限额是17 000美元。如果年龄大于50岁，可以追加缴费5 500美元。员工可以将缴费在传统401(k)计划和罗斯401(k)计划之间进行分配，但是两个账户的金额都不能超过最高年限额。如果企业进行配套缴费，这些钱是税前的，必须计入传统401(k)计划。

另外一个优点是，罗斯401(k)计划中的资金可以转入罗斯个人退休账户。该账户在员工到70.5岁的时候没有最低缴费条件。其结果是，更多的钱可以免税留给继承人。

个人401(k)养老金计划

个人401(k)养老金计划向自由职业者提供了颇具吸引力的税收优势。**个人401(k)养老金计划**（individual 401(k) retirement plan）将利润分享计划和401(k)计划相结合。该计划仅限于自由职业者，或者除了配偶外没有员工的企业主（包括单一业主、单一合伙制、公司和"S"公司）。应税所得扣除了向计划的缴费，且投资积累收益免缴所得税。2012年，个人401(k)计划允许的最高年度缴费额为收入的25%（企业主自我雇用净收入的20%）。此外，2012年，企业主可以选择的薪酬递延最高为17 000美元，这也可以降低应税所得。50岁以上的工人可以追加额外缴费5 500美元。不过，2012年利润分享缴费和工资递延，对于50岁以下的个人不能超过50 000美元。节约的税金额度是巨大的。

例如，布兰登今年35岁，是一位金融学教授，他兼职从事咨询工作并获得自由职业收入。2012年，在扣除批准费用和社会保障所得税的一半之后，布兰登的净收入是50 000美元。他可以选择递延的薪酬为17 000美元。他还可以将其中的20%或10 000美元作为个人401(k)计划的缴费。最终，他从咨询业务所获得的应税所得从50 000美元降低为23 000美元。布兰登净收入的54%成功避税。

403(b)计划

403(b)计划（Section 403(b) plans）是养老金计划，为公共教育系统的员工和免税组织（例如医院、非营利组织和教堂等）设计。这些计划也被称为**税收减免年金**（tax-sheltered annuities，TSAs）。在该计划中，符合条件的员工自愿选择将其薪酬降低固定数额。薪酬的降低被称为"选择递延"，然后这笔钱被投入 403(b) 计划。企业可以进行配套缴费，例如员工降低薪酬，每缴费 1 美元，企业配套 50 美分。例如，如果凯西每月的收入是 3 000 美元，选择每月递延 300 美元，那么只有 2 700 美元要缴纳所得税。薪酬降低额 300 美元加企业的缴费投资于 403(b) 计划。

可以通过从保险公司购买年金或投资于共同基金为 403(b) 计划融资。如果使用年金，企业必须购买年金，员工在合同中的权利必须"不受侵犯"。不受侵犯意味着，企业缴纳的数额不得从员工处取走。员工薪酬减少的部分通常不得侵犯，此外，年金不得转让。不得转让意味着，年金合同不得销售、分配或作为贷款的抵押。

现有的法律在 403(b) 计划中，对选择递延设置了最高年度限额。2012 年，50 岁以下工人选择递延的最高限额是 17 000 美元，大于 50 岁的员工可以追加缴费 5 500 美元。上面的限额会随着生活成本的上升进行调整。

最后，从 2006 年开始，企业允许员工选择投资于新的罗斯 403(b) 计划。**罗斯 403(b) 计划**（Roth 403(b) plan）类似于之前讨论的罗斯 401(k) 计划。计划的缴费是税后金额；累积的投资收益免缴所得税；在退休的时候发生的符合条件的支取行为免缴所得税。

利润分享计划

许多企业都设立了利润分享计划为符合条件的员工提供退休收入。**利润分享计划**（profit sharing plan）是一种定额缴费计划，企业的缴费一般基于企业的利润。但是，并没有要求雇主必须实际赚取利润才向计划缴费。

雇主因为多个原因设立利润分享计划。符合条件的员工被激励更有效率地工作；雇主的成本不受员工的年龄或数量的影响；雇主缴费具有更大的灵活性。如果没有利润，就无法缴费。

利润分享计划缴费可以自由决定，或者基于董事会每年确定的数额，或者根据准则来确定（例如高于一定水平利润的一定百分比）。但是对缴入员工账户的数额存在年限额。2012 年，雇主最高税收抵扣缴费限制为员工收入的 25%，或者 50 000 美元，二者取其较低者。

利润分享资金一般在员工退休、死亡、残疾、结束雇佣关系（只有既得收益权部分）或者在确定的几年后（至少 2 年）支付给员工。员工因为没有获得全额既得收益权就离开公司而缴纳的罚金重新分配到剩余参保人的账户中。

向年纪小于 59.5 岁的参保人进行的支付需要课以 10% 的惩罚性税收。为了规避税收罚金，许多计划都设置了贷款条款，允许员工从账户借款。

自由职业者基欧计划

个体经营者和合伙人可以建立合格的养老金计划，并且享受参加合格的公司养老金计划的员工所享受的大部分待遇。非公司制企业所有者的养老金计划通常称为**基欧计划**（Keogh plans）。该计划的缴费在一定限额以下可以免缴所得税，投资收益可以在递延税款的基础上累积，储蓄及投资收益直到支取的时候才要纳税。

除了一些特例外，适用于合格的公司养老金计划的规则现在也同样适用于自由职业者基欧计划。

缴费和给付限制 基欧计划既可以是定额缴费计划，也可以是给付确定计划。2012年，如果基欧计划是定额缴费计划，每年最高缴费额限制为收入的25%或50 000美元，二者取其较低者。岁数大于50岁的参与者可以额外追加5 500美元。

但是，对于自由职业者而言，必须对净收入进行一定的调整以确定最高免赔额。净收入必须减去社会保障自营营业税的一部分和自由职业者个人向计划的缴费额。所幸的是，美国国内税务局准备了一份工作表，它能帮助你进行正确的计算。2012年，在做出这些调整之后，最高年度缴费被限制为净收入的20%，但不得超过50%。岁数超过50岁的自由职业者可以和前面一样额外追加缴费。

例如，在进行前面的调整之后，假设香农的自由职业净收入为50 000美元。她向该计划投入的最高税收抵扣缴费为10 000美元，这使其应税收入降至40 000美元。这一数字恰好等于缴费后净收入的25%（10 000/40 000＝25%）。

2012年，如果基欧计划是给付确定计划，自由职业者可以筹资获得的最高年保险金是收入最高连续3年收入的平均值的100%，或者为200 000美元，二者取其较低者。后面这一数字根据通货膨胀情况进行指数化。

例如，假设南希今年50岁，购买了一份给付确定计划，该计划提供的退休金等于其65岁的时候净收入的50%。如果收入最高连续3年的平均净收入是50 000美元，她可以获得的最高年保险金是25 000美元。精算师会帮助她计算，要达到该目标，她应该每年向该计划缴费多少。在这种情况下，根据7%的利息和某些精算假设，南希每年要向计划缴费10 847美元。

其他条件

其他必须满足的条件还包括：
- 所有年满21岁且工龄满1年的员工必须参加该计划。如果计划提供全额和即期既得收益权，那么就要有2年的等候期。
- 必须向美国国内税务局提交一些年度报告。
- 一旦发生59.5岁之前支取资金的情况，就要被课以10%的惩罚性税收（除了前面提到的一些支取的情况外）。
- 计划分配资金开始时间必须不晚于自由职业者达到70.5岁的次年4月1日。
- 如果计划是重头计划，前面讨论的特殊重头条款也必须满足。

简易员工退休金计划

简易员工退休金计划（simplified employee pension，SEP）是一种养老金计划。该计划中，企业向每个符合条件员工的个人退休账户缴费，但是年缴费限额非常高。简易员工退休金计划在小企业中非常流行，因为涉及的文书工作很少。

有一种计划称为简易员工退休金个人退休账户（SEP-IRA），企业向每位员工的个人退休账户缴费。简易员工退休金个人退休账户包括所有满足以下条件的员工，即年满21岁，过去5年中为企业工作至少3年，在一个税收年度中从企业处获得至少550美元收入（2012年指数化限额）。

2012年，企业向简易员工退休金个人退休账户缴费的最高年税收抵扣额被限制为员工收入的25%，或50 000美元，二者取其较低者。简易员工退休金个人退休账户的资金来自企业缴费。员工不能向该计划缴费。在该计划中，雇员对雇主缴费享有全额的即时既得收益权。

储蓄激励匹配养老金计划

小企业有资格建立储蓄激励匹配养老金计划（SIMPLE）。**储蓄激励匹配养老金计划**（Savings Incentive Match Plan for Employees（SIMPLE）retirement plan）限于那些雇用人数少于100人，且没有其他合格计划的企业。在储蓄激励匹配养老金计划中，较小的企业免除了在合格计划中才有的大部分非歧视性和行政管理规则。储蓄激励匹配养老金计划可以被构造为个人退休账户或401(k)计划。这里只讨论个人退休账户协议（储蓄激励匹配养老金计划——个人退休账户）。

符合条件的员工

在以前的任何两年内从企业得到至少5 000美元的员工，以及当年根据合理预期将得到5 000美元的员工，他们都有资格参加储蓄激励匹配养老金计划。自由职业者也可以参加。

员工缴费

2012年，符合条件的员工可以选择将最高11 500美元的税前所得作为缴费。2012年，年龄为50岁或大于50岁的参与者可以选择追加缴费2 500美元。

雇主缴费

雇主可以在两个选择之间进行挑选，也可以每年进行调换，但是必须满足某些条件：
● 匹配方式。2012年，雇主对员工缴费的匹配按比例进行，最高不超过员工收入的3%，且不超过11 500美元。
● 非选择性缴费。雇主为每位符合条件员工缴纳的费用必须为收入的2%，但2012年不得超过5 000美元（2012年，确定缴费额度的最高收入是250 000美元），并且必须进行缴费，而不论员工是否参与该计划。

所有缴费计入个人退休账户，并且享有全额的既得收益权。59.5岁以下的储蓄激励匹配养老金计划参与者支取资金要课以10%的惩罚性税收。但是，若在参加计划的头两年就撤出，税收惩罚会更高（高达25%）。

基金代理机构和基金累积合同

企业设立养老金计划的时候必须选择一家基金代理机构。**基金代理机构**（funding agency）

是提供资金（将用于支付养老金给付）积累或管理的金融机构。如果基金代理机构是一家商业银行或一个信托机构，计划被称为信托基金计划；如果基金代理机构是人寿保险公司，就称为保险计划。如果两种基金代理机构都使用，那么计划被称为混合计划。

雇主必须选择一种基金累积合同来筹集养老金计划的资金。**基金累积合同**（funding instrument）是一种规定了积累、管理和支付养老金等相关条款的信托协议或保险合同。今天得以广泛使用的基金累积合同包括：[1]

- 信托基金计划
- 分离投资账户
- 担保投资合同（GIC）

信托基金计划

大多数商业养老金计划资产投资于信托基金计划。在**信托基金计划**（trust-fund plan）中，所有缴费都存在信托人那里，信托人根据企业和信托机构直接的协议对资产进行投资。信托人可以是商业银行或者单个信托机构。当员工退休时，通常不会用养老金购买年金，而是直接从基金中支付。信托机构不保证基金的充足性。此外，当使用给付确定计划的时候，不对本金和利率提供保证。咨询精算师定期对基金的充足性进行确认。

分离投资账户

分离投资账户（separate investment account）是人寿保险公司提供的一种团体养老产品。在分离投资账户中，计划管理者可以投资于保险公司提供的一个或多个分离账户。养老金计划的缴费可以投资于股票基金、债券基金以及类似的投资。分离账户中的资产与保险公司的一般投资账户分离，保险公司债权人对其没有要求权。分离账户很常见，因为它们允许计划管理者投资于多种投资，包括普通股票。

担保投资合同

担保投资合同（guaranteed investment contract，GIC）是一种协议。在该协议中，保险公司为一定年份的一次性存款提供保底利率。保险公司还保证本金不遭受损失。担保投资合同在企业中很常见，因为其提供利率保证以及对本金损失的保障。担保投资合同有时候用于为定额缴费计划（例如401(k)计划）的固定收入选择权提供资金。此外，大多数担保投资合同提供年金方式或其他支付方式，但是企业并不一定使用这些方式。

税收递延养老金计划的问题

尽管税收递延养老金计划在降低退休后经济不安全方面有很大潜力，但仍然有一些严重问

---

[1] David A. Littell and Kenn Beam Tacchino, *Planning for Retirement Needs*, 9th ed. (Bryn Mawr, PA: The American College, 2007), ch. 12.

题需要解决。这些问题包括以下几个：①

● 401（k）账户结余不充分。大多数临近退休的人都有401（k）计划。不过，大多数参与者在401（k）账户中没有足够的资金可确保其过上安逸的退休生活。根据养老金研究中心的研究，401（k）账户结余的中间值（包括之前的计划）在2010年为149 400美元。该数额每年只能提供9 073美元收入，或者为了过上安逸的退休生活，需要在社会保障和其他养老金收入之外额外补充该数额的四分之一。②

● 对劳动力的不完全保障。2011年3月，64%的商业企业员工参加了养老保险，只有49%实际参与了保险计划。③ 这有几个方面的原因。养老金计划很昂贵，许多小企业无法负担。而且，劳工联合会的成员（具有热衷于就养老金问题进行谈判的历史）明显减少。此外，为了降低劳动成本，越来越多的企业聘请兼职员工和独立合同工。后者通常不具有参与计划的资格。最后，服务行业的用工一直处于显著上升之中；服务企业通常财务状况不稳定，而且不如大型制造企业更愿意建立养老金计划。

● 女性保险金较低。女性更容易获得比男性更低的养老金。根据员工福利研究协会（EBRI）的研究，2010年，在基于雇佣关系建立的养老金计划和退休年金计划中，年龄大于65岁的男性平均每年获得的养老金为15 000美元，高于同年龄段女性的8 400美元。④ 养老金支付额度之所以比较低，是因为女性（因为承担家庭责任）比男性进出劳动力市场更为频繁，养老金缴费和给付金额都较低。而且，女性的收入一般也低于男性，从而导致了较低的养老保险金。最后，女性更愿意做兼职工作。这种情况下可能难以获得雇主建立的养老金计划。

● 针对通胀的有限保护。参与雇主建立的养老金计划的人加入了定额缴费计划。这种计划的给付金额取决于员工账户退休时的价值。大多数退休工人没有将他们的账户结余以来自保险公司的终身收入的形式进行年金化，而是将资金自行投资。许多退休工人是风险厌恶的，将大部分退休资产投资于固定收益项目。固定收益项目在抵抗通胀方面不那么有效。类似地，如果购买即期年金，年金通常会支付固定的保险金。而这也不会提供对冲通胀的工具，除非可以将保险金针对通胀进行指数化。如果可以选择指数期权，最初的支出就会显著低于传统固定收入年金，通常低25%~30%。最后，有些退休工人从给付确定养老金计划那里取得养老金，而大多数给付确定计划不会每年随着通胀的情况调整保险金。因此，保险金的实际购买力逐渐下降。

● 花掉一次性付清养老金。成百上千万的工人每年都会换工作，而且经常从他们的企业养老金计划中一次性提取所有养老金。部分或全部养老金都花掉了，而不是为养老存下来。根据员工福利研究所的研究，在2004年到2006年间，共有16 200名工人一次性领取养老金。领取数额的中位数相对较低（10 000美元）。这些一次性领取全部养老金的人中只有47%重新将部分或全部养老金投入能够节约税金的计划，例如另一个雇主的养老金计划、个人退休账户或者年金。⑤ 许多人将部分或者全部资金用于消费、购买房屋、支付债务、开办企业、支付教育费

---

① George E. Rejda, *Social Insurance and Economic Security*, 7th ed. Armonk, New York: M. E. Sharpe, 2012, pp. 82-86.

② E. S. Browning, "Retiring Boomers Find 401（k）Plans Fall Short," *The Wall Street Journal*, February 19-20, 2011, p. A11.

③ Bureau of Labor Statistics, "Employee Benefits in the United States-March 2011," News Release, July 26, 2011, Table 1.

④ Employee Benefits Research Institute, *EBRI Data Book on Employee Benefits*, Chapter 8, Tables 8.1 and 8.2, updated October 11, 2011.

⑤ Employee Benefit Research Institute, "More Detail on Lump-Sum Distributions of Workers Who have Left a Job," *Notes*, July 2009, Vol. 30, No. 7, Figure 5.

用或者更换工作的费用。花掉一次性付清的养老金会让人们在退休期间面临经济不安全，因为没有现金可花，养老金如果有的话也会很低。在59.5岁之前提前分配也会面临巨额的税收罚金。一次性付清的养老金作为普通收入课税，虽然有些例外，但也有10%的惩罚性税收。最后，享受复合利率的养老金失去了税收递延的基础。

● 参与者的投资错误将危及经济安全。有三个错误需要注意。第一，许多具有资格的工人不参加雇主的计划，或者即使参加了，缴费也低于最高限额；结果没有参加的员工放弃了企业配套的免费资金。第二，许多临近退休的老年工人过度投资于普通股，而这在股市下跌时会带来巨大的损失。员工福利研究所的研究显示，老年工人（56岁到65岁）在2008年股市暴跌过程中损失掉401(k)计划的25%以上。56岁到65岁参与者中有四分之一将90%的账户结余投资于股票。[①] 最后，有些员工不断加大对公司股票的投资，此时，如果公司存在财务问题，就会造成巨额损失。

案例应用

理查德今年40岁，是汽车修理公司的所有人。由于劳动力市场竞争激烈，他想为员工建立养老金计划。他正在考虑的有如下几种养老金计划，包括(1) 401(k)计划、(2) 简易员工退休个人退休账户。假设你是一位理财师，理查德要征求你的意见。请回答下面的问题。

a. 向理查德解释每种养老金计划的优点和不足。

b. 假设汽车修理公司选择了401(k)计划。该计划允许参与者在年最高限额之下（50岁以下工人2012年的额度是17 000美元）递延其收入的6%。对于员工每缴纳的1美元，企业匹配缴纳50美分。詹姆斯今年25岁，是一名技工。他决定只对其3%的收入进行递延，因为他有大量的债务。你会给詹姆斯提什么建议？

c. 苏珊是公司的部门经理，今年28岁，收入是35 000美元。她已经为公司工作了3年。理查德可以为了降低养老金计划的成本将她排除在定额缴费计划之外吗？对你的答案做出解释。

本章小结

● 合格养老金计划享受所得税优惠。雇主缴费可以进行税收抵扣，且不构成员工的应税收入；累积的投资收益免缴所得税；企业缴费的养老金当期不纳税，直到员工退休或领取养老金时才纳税。

● 在税法中，合格的养老金计划必须满足一些最低参保要求。这些要求用于减少因高收入员工受益而产生的歧视。

● 为了满足最低参保要求，养老金计划必须通过下面的测试之一：

比率百分比测试

平均给付测试

● 所有年满21岁，工龄满1年的员工必须被允许参加合格养老金计划。

● 养老金计划设定了正常退休年龄、提前退休年龄和延期退休年龄。大多数员工在法定退休年龄也不能被强迫退休。员工工作超过正常退休年龄之后，保险金一般也会继续积累。

● 给付确定计划的保险金一般根据下面的保险金计算准则计算：

单位保险金准则

年薪固定百分比准则

[①] Employee Benefit Research Institute, "The Impact of the Recent Financial Crisis on 401(k) Account Balances," *EBRI Issue Brief No.* 326, February 2009.

每年工龄固定金额
所有员工固定数额
- 既得收益权是指员工在退休之前终止工作的情况下，对雇主缴费或用于缴费的保险金所拥有的权利。合格的养老金计划必须满足一些最低既得收益权标准。
- 定额给付计划是一种养老金计划，养老金可以预先知道，但是缴费则依据其为达到预期养老金需要的数额的不同而有差异。
- 2012 年，年最高保险金限制为工人收入最高连续 3 年的平均收入的 100%，或 200 000 美元，二者取其较低者。
- 现金结存计划是一种给付确定计划，其中，保险金根据假设的账户余额确定。参保者的账户根据缴费和利息记录进行记录。实际退休金取决于参保人退休时的账户价值。
- 定额缴费计划是一种养老金计划，其缴费率是固定的，但退休金会因为工人当前的年龄、收入、投资回报和退休年龄的不同而不同。2012 年，在定额缴费计划中，可以计入员工账户的最高年度缴费额度为收入的 100%或者 50 000 美元，二者取其较低者。
- 货币购买计划是一种定额缴费计划，计划中的每一名参与者有一个个人账户，企业的缴费是参保者收入的固定百分比。
- 401(k) 计划是一种合格的现金或延迟协议（CODA），允许符合条件的员工选择将钱存入计划或以现金的形式接受这笔钱。员工一般同意降低薪酬，而这又会降低员工的应税收入。2012 年，50 岁以下参保人的最高薪酬降低被限制为 17 000 美元。大于 50 岁的参保人可以追加的缴费是 5 500 美元。这些限额根据通货膨胀进行了指数化。储蓄在计划中的缴费不用缴纳所得税，直到这笔钱被取出。
- 403(b) 计划是一种养老金计划，为公共教育系统的员工和免税组织设计。这些计划也被称为税收减免年金（TSA）。符合条件的员工可以自愿选择将其薪酬降低固定数额，然后投资于该计划。2012 年，50 岁以下工人的最高递延额是 17 000美元。年龄大于 50 岁的参与者可以追加缴费 5 500 美元。
- 利润分享计划是一种定额缴费计划，企业一般根据利润缴费。
- 自由职业者可以建立基欧计划，并享受联邦所得税优惠。该计划的缴费也可以抵扣所得税，积累的投资收益可以进行税收递延。
- 简易员工退休金（SEP）是一种养老金计划。该计划中，企业向每个符合条件的员工的个人退休账户缴费。2012 年，企业向简易员工退休金个人退休账户缴费的最高年税收抵扣额被限制为员工收入的 25%，或 50 000 美元，二者取其较低者。在该计划中，雇员对雇主缴费享有全额的即时既得收益权。
- 2012 年，在储蓄激励匹配养老金计划中，符合条件的员工可以在 11 500 美元以下选择缴费额度，年龄大于 50 岁的员工可以追加缴费 2 500美元，最高年缴费限额未来将会增加。雇主可以选择在员工收入的 3%以下以 1 美元对 1 美元为基础匹配缴费，也可以为每位符合条件的员工非选择性缴纳收入的 2%作为费用。
- 为养老金计划筹资的基金累积合同的主要类型包括：
  信托基金计划
  分离投资账户
  担保投资合同（GIC）
- 税收递延养老金计划有一些现实问题，这些问题包括：
  401(k) 账户结余不充分
  对劳动力的不完全保障
  女性保险金较低
  针对通胀的有限保护
  花掉一次性付清养老金
  参与者的投资错误将危及经济安全

重要概念和术语

实际递延百分比测试	现金结存计划	给付确定计划
职业生涯平均收入	延期退休年龄	定额缴费计划

提前退休年龄
《1974年雇员退休收入保障法案》
最终平均支付
基金代理机构
融资工具
担保投资合同
高收入员工
个人401(k)计划
基欧计划
最低年龄和工龄要求

最低参保要求
最低既得收益权标准
货币购买计划
正常退休年龄
过往服务年资
养老金支付保证公司
《2006年养老金保障法案》
利润分享计划
合格计划
罗斯401(k)计划
罗斯403(b)计划

401(k)计划
403(b)计划
独立投资账户
简易员工退休金个人退休账户（SEP-IRA）
储蓄激励匹配养老金计划
简易员工退休金
避税年金
重头计划
信托基金计划
既得收益权

复习题

1. a. 在合格养老金计划中，对于雇主而言，联邦所得税优惠有哪些？

   b. 在合格养老金计划中，对于员工而言，联邦所得税优惠有哪些？

2. 合格养老金计划必须满足一些最低参保要求，以获得所得税优惠。请对满足最低参保要求情况下的比率测试做出解释。

3. 解释典型的合格养老金计划中的几种退休年龄：

   a. 提前退休年龄
   b. 正常退休年龄
   c. 延期退休年龄

4. a. 简要解释传统给付确定养老金计划的基本特点。

   b. 什么是现金结存养老金计划？

5. a. 简要解释定额缴费养老金计划的基本特点。

   b. 什么是货币购买计划？

6. a. 说明401(k)计划的基本特点。

   b. 什么是罗斯401(k)计划？

   c. 描述403(b)计划（也称为税收减免年金）的基本特点。

7. 解释利润分享计划的主要特点。

8. 说明自由职业者基欧计划的基本特征。

9. 简要解释简易员工退休金的主要特点。

10. a. 简要解释储蓄激励匹配养老金计划的基本特征。

    b. 指出税收递延养老金计划现在存在的主要问题。

应用题

1. 合格养老金计划必须满足一些条件，才能够获得联邦所得税优惠。简要解释下面的每一个条件：

   a. 最低年龄和工龄要求
   b. 既得收益权条款
   c. 对缴费和保险金的限制
   d. 提前支取的税收惩罚

2. 一个全国劳工协会代表管道施工工人的利益，为其成员提供给付确定养老金计划。让今年65岁，是一位重型设备操作手，他今年想退休。他参加该协会已经有30年。该养老金计划设定了单位保险金计算准则，为退休工人提供等于计入工龄每年的最终平均收入1.5%的退休金。最终平均收入根据工人最高3年收入计算。让的最终平均收入是70 000美元。在让退休的时候，他每个月将得到多少钱？

3. 布兰登今年26岁，是一名管道工。一个月以前，布兰登雇了他的兄弟（今年20岁）一起工作。布兰登想积累一笔退休资金，决定用基欧计划为退休筹集资金。布兰登的净收入（进行了某些调整后）是 80 000 美元。

　　a. 布兰登可以向基欧计划缴纳的最高可抵税缴费是多少？

　　b. 布兰登必须把他的兄弟也纳入基欧计划吗？对你的答案做出解释。

4. 在建立养老金计划的时候，企业必须选择一家基金代理机构和基金累积合同。

　　a. 什么是基金代理机构？

　　b. 简要解释下面的基金累积合同：

　　　（1）信托基金计划

　　　（2）担保投资合同（GIC）

网络资源

● 美国养老金协会（American Benefits Council）是一个在员工福利领域代表计划发起人和技术专家的组织。其网站提供对商业养老金计划和与其他员工福利相关的提议法案产生的影响的分析。网址为：appwp.org

● 员工福利研究所（EBRI）是一家非营利组织，提供合格养老金计划方面的研究和说明。网址为：ebri.org

● 劳工给付安全署（EBSA）是美国劳工部的一个机构，提供关于合格养老金计划的信息和统计数据。网址为：dol.gov/ebsa

● 嘉信提供关于养老金计划、年金和个人退休账户（IRAs）的大量文章和信息。网址为：schwab.com

● 富达投资提供关于养老金计划和合格养老金计划年金（包括 401(k) 计划）的大量即时信息。网址为：fidelity.com

● 罗斯 401(k) 网站向参与者和消费者提供了关于罗斯 401(k) 计划的技术信息和规划信息。网址为：roth401k.com

● 养老金支付保证公司是一家联邦政府的公司，保证了参与给付确定养老金计划的工人的退休福利。网站提供关于给付确定养老金计划的即时信息。网站地址为：pbgc.gov

● 先锋集团提供了关于养老金计划、变额年金和个人退休账户的最新信息。网址为：vanguard.com

● 美国教师退休基金会（TIAA-CREF）有一个非常好的网站，提供了关于养老金计划和退休选择方式的大量信息。网址为：tiaa-cref.org

参考文献

Browning, E. S. "Retiring Boomers Find 401(k) Plans Fall Short," *The Watl Street Journal*, February 19–20, 2011, pp. A1, A11.

Bureau of Labor Statistics, "Employee Benefits in the United States-March 2011," News Release, July 26, 2011.

Employee Benefit Research Institute, *The Impact of the Recent Financial Crisis on 401(k) Account Balances*, EBRI Issue Brief, No. 326, February 2009.

Employee Benefit Research Institute, "More Detail on Lump-Sum Distributions of Workers Who have Left a Job," *Notes*, Vol. 30, No. 7, July 2009.

Employee Benefits Research Institute, *EBRI Data Book on Employee Benefits*, Chapter 8, updated October 11, 2011.

Employee Benefit Research Institute, "EBRI's 2012 Retirement Confidence Survey: Job Insecurity, Debt, Weigh on Retirement Confidence, Savings," *EBRI Issue Brief*, No. 362, March 13, 2012.

Internal Revenue Service, *Publication* 4222, 401(k) *Plans for Small Businesses*, December 2011.

Internal Revenue Service, *Publication* 571, *Tax-Sheltered Annuity Plans*(403(b) *Plans*), 2011.

Internal Revenue Service, *Publication 560, Retirement Plans for Small Business (SEP, SIMPLE, and Qualified Plans)*, February 7, 2012.

Kaster, Nicholas, et al., 2012 U.S. *Master Pension Guide*, Chicago, IL: CCH Inc., 2012.

Rosenbloom, Jerry S., ed. *The Handbook of Employee Benefits,: Health and Group Benefits* 7th ed. The McGraw-Hill Companies, New York: McGraw-Hill, 2011.

Society of Actuaries. *Managing Post-Retirement Risks, A Guide to Retirement Planning*, October 2011.

第 18 章

社会保险

"经济保障是人类一项尚未得到满足的需求,而社会保障的基本目的正是向需要经济保障的人们提供援助。"

——罗伯特·J·梅尔斯
《社会保障》(第 4 版)

学习目标

学习完本章,你应当能够:

- ◆ 解释建立社会保险的原因。
- ◆ 说明社会保险的基本特征。
- ◆ 指出老年、遗属和残疾保险(OASDI)计划的主要保险给付项目。
- ◆ 指出医疗保险的主要给付项目。
- ◆ 阐述常规州失业保险计划的资格条件。
- ◆ 解释员工福利计划的基本目标和重要条款。

社会保险计划是具有强制性的政府保险计划,具有一些区别于商业保险和其他政府保险计划的特点。各种不同的计划提供了一个安全网络,来抵御来自老龄化、过早死亡、健康状况不佳、失业以及因工致残带来的经济问题。社会保险计划对于那些低收入的工人和家庭显得尤为重要。例如,安德鲁今年29岁,2013年早些时候意外死于交通事故,留下了妻子和两个孩子,孩子一个1岁,一个2岁。在他死的时候,安德鲁具有领取社会保障遗属抚恤金的资格。他的家庭现在每个月大约可以收到2 140美元的保险金。这帮助他们保持最低生活水平。

本章讨论美国主要的社会保险计划。讨论的计划包括社会保险,老年、遗属和残疾保险,失业保险以及工人补偿保险等。

社会保险

为什么需要社会保险

尽管美国有非常发达的商业保险体系,但由于下面几个原因,社会保险仍然是必要的。
- 社会保险计划可以用于解决复杂的社会问题。社会问题会对大多数甚至整个社会产生影响,其影响如此巨大,以至于需要政府的直接干预。例如,由于20世纪30年代的大萧条,人们产生了对社会保险计划的需求。那个时候大量存在的失业,要求政府必须采取直接措施以应对经济危机。
- 社会保险计划可以用于应对那些商业机构难以应对的风险。例如,失业问题很难通过商业保险提供保障,因为其并不完全满足可保风险的条件。但是,失业风险可以通过州失业保险计划提供保障。
- 社会保险计划为国民提供了经济安全的基础。社会保险计划为大多数人提供了经济上的保护,从而能够应对过早死亡、老龄化、职业/非职业残疾以及失业带来的长期经济问题。

社会保险的基本特征

美国的社会保险计划有一些基本的特点,使其与其他政府保险计划得以区分开来:[1]
- 强制性
- 保障基本收入
- 强调社会公平而非个人公平
- 保险给付与收入之间没有严格的对应关系
- 保险给付由法律规定
- 不需要方法测试
- 不需要足额集资
- 经济上的自给自足

强制性 几乎没有例外,社会保险计划都是强制性的。强制性计划有三个主要优点。第一,为人们提供基本收入的目标更容易实现。第二,逆向选择将会减少,因为无论健康状况如何,都在保障范围内。最后,在一个强制性的大规模计划中,损失的发生很少呈现随机性或出现意外波动,就应急准备进行谈判的必要性呈下降趋势。

保障基本收入 社会保险计划通常设计用于为承保风险提供基本保障收入。大多数人认为可以通过自己的储蓄、投资和商业保险计划,对社会保险进行补充。

保障基本收入的概念很难进行定义。一个极端的观点是,保障基本收入应当低到基本上没有。另一个极端的观点是,社会保险给付本身就应当足以提供舒适的生活,而商业保险则没必要存在。更现实一点的观点是,社会保险给付在与其他收入和金融资产相结合的时候,应当足

---

[1] George E. Rejda, *Social Insurance and Economic Security*, 7th ed. (Armonk, New York: M. E. Sharpe, 2012), pp. 24-30, chs. 5-7.

够让大多数人保持合理的生活水平。其他任何基本需求无法借此满足的人应当通过补充的公共辅助（福利）计划实现。

保障社会公平而非个人公平 社会保险计划支付保险金的基础主要是社会公平，而不是个人公平。**社会公平**（social adequacy）是指保险金应当向所有缴费人员提供某种水平的生活。这意味着，某些群体的给付权重非常大，如低收入人群、大家族，以及不久就要退休的人。用技术术语来说，这些群体收到的保险金的精算价值大于其缴费的精算价值。相反，商业保险要遵守个人公平原则。**个人公平**（individual equity）是指，缴费者获得的保险金与其缴费直接相关，保险金的精算价值接近于缴费的精算价值。

社会公平原则的主要目的是为所有参保人员提供有保障的基本收入。如果低收入人员接受的社会保险金在精算上等于他们所缴纳的费用（个人公平原则），那么支付的保险金将低至无法实现向每个人提供基本收入保障的目标。

保险给付与收入之间没有严格的对应关系 社会保险给付与工人收入之间没有严格的对应关系。工人被保障收入越高，保险金越高。较高的收入和较高的保险金之间的联系虽然不明确，且不成比例，但这种联系却是存在的。因此，就需要考虑个人公平。

保险给付由法律规定 社会保险计划的设计要以法律为依据。保险金或保险金计算公式，以及资格条件也由法律规定。此外，由政府对计划进行管理和监管。

不需要方法测试 社会保险金的给付是一种权利，不必对条件进行任何说明。不需要正式方法测试。**方法测试**（means test）用于公共援助，保险金申请人必须证明他们的收入和金融资产低于某一个水平（是保险金给付资格的一个条件）。相反，社会保险给付的申请者具有法定权利获得保险金，如果他们满足资格条件。

不需要足额集资 例如，社会保障计划就不是足额集资。**足额集资计划**（fully funded program）意味着，积累的老年、遗属和残疾保险（OASDI）信托基金资产加未来缴费的现值足以清偿估值期间的所有负债。社会保障精算师对75年期甚至更长的项目进行了成本估算。根据2012年董事会报告，2012年到2086年的未偿债务现值为8.6万亿美元。从2012年到未来无期限的时间里的未偿还债务的现值是20.5万亿美元（无期限是指用于75年计划期的当期老年、遗属和残疾保险计划和人口统计以及大多数经济趋势延续至无限期）。但是，2011年末，综合老年、遗属和残疾保险信托基金余额共计2.7万亿美元。① 如果足额集资，那么将需要非常高的信托资金盈余。

我们不需要足额集资的社会保障计划，这是由于如下几个原因。第一，因为计划的运作是没有期限的，在可预见的时间中不会结束。第二，由于社会保障计划是强制性的，新参加工作的工人也会参与该计划，并缴税为其提供支持。第三，如果计划出现融资问题，联邦政府可以运用其税收和借贷能力额外融资。最后，从经济学观点来看，全额融资需要非常高的社会保障税，而这将可能导致通货紧缩和大量失业。相反，商业养老金计划必须强调全额集资，因为商业养老金计划会终止。

经济上的自给自足 美国的社会保险计划通常是自给自足的。这意味着计划应当通过参保员工、雇主和自由职业者的缴费，以及投资收益获得几乎所有资金。

---

① *The 2012 Annual Report of the Board of Trustees of the Federal Old-Age and Survivors Insurance and Disability Insurance Trust Funds.* （Washington DC：U.S. Government Printing Office，2012），Table II. B1，p.6；Table IV. B6，p.65.

老年、遗属和残疾保险

老年、遗属和残疾保险（OASDI）计划就是我们通常所说的**社会保障**（social security），是美国最重要的社会保险计划。《1935年社会保障法案》（Social Security Act of 1935）的通过标志着社会保障法制化。各种获得保障的职业中超过90%的员工参与了社会保障，大约六分之一的人每个月领取现金保险金。

参保职业

实际上，现在所有商业部门的员工都已经获得了该计划的保障。1983年以后受聘的联邦政府雇员被强制参保。此外，基于州和联邦政府之间签订的自愿协议，州和地方政府雇员可以享有保障。目前，大多数州和地方政府雇员已经享受保障。

被保险人身份的确定

在你或者你的家庭领取保险金之前，你必须从获得保障的工作岗位取得收入，收入的取得可以发生在当年的任何时候。2013年，你因为获得1 000美元的被保障收入，而计入**1个积分**（credit）（也称为**四分之一保障**，quarter of coverage）。每年最多取得4个积分。每年获得1个积分所对应的被保障收入会随着与国家经济增长同步增长的平均薪酬的增长而自动提高。

为了具有不同保险给付的资格，你必须取得被保险人身份。有三种被保险人身份：

- 完全被保险人
- 普通被保险人
- 残疾被保险人

退休金的给付要求符合完全被保险人身份。遗属抚恤金要求如果不具有完全被保险人身份，就要具有普通被保险人身份，尽管有些遗属抚恤金可能要求具有完全被保险人身份。残疾保险金付给残疾被保险人。

完全被保险人　如果想要达到退休金给付的资格，必须是**完全被保险人**（fully insured）。如果你获得了40个积分，就是退休金的完全被保险人。但是，对于出生于1929年之前的人而言，需要的积分更低。

普通被保险人　如果一个人在死亡、残疾或准许领取退休金这一季度之前的13个季度中至少获得了6个积分，那么就是**普通被保险人**（currently insured）。

残疾被保险人　如果要成为**残疾被保险人**（disability insured）就必须通过两项检验：(1)最近工作情况检验和(2)工作持续性检验。积分的要求取决于致残时的年龄。有如下几条规则：

- 如果在24岁之前残疾，那么在致残之前的3年时间中，一般需要工作1.5年的时间（6个积分）。
- 对于24～30岁的人来说，一般需要21岁到残疾那年年龄之差的一半时间对应的积分。例如，一个工人27岁残疾，需要过去6年中3年工作时间对应的积分。
- 如果在31岁以后残疾，那么在残疾之前的10年中至少要获得20个积分。

也要满足工作持续性检验。不过，工作不是必须发生在某一段期间内。下面的表格列出了特定年龄需要积累多少积分，以通过工作检验：

残疾时间	需要的时间
28 岁以前	工作 1.5 年
30 岁	2 年
34 岁	3 年
38 岁	4 年
42 岁	5 年
44 岁	5.5 年
46 岁	6 年
48 岁	6.5 年
50 岁	7 年
52 岁	7.5 年
54 岁	8 年
56 岁	8.5 年
58 岁	9 年
60 岁	9.5 年

最后，盲人只需要具有完全被保险人身份。他们不需要通过适用于其他残疾申请人的最近工作测试要求。

给付的类型

完整的计划由老年、遗属和残疾保险以及医疗保险组成。老年、遗属和残疾保险计划向合格的受益人按月支付退休金、遗属抚恤金和残疾保险金。医疗计划为几乎所有岁数大于 65 岁以及一些年龄小于 65 岁的残疾人的医疗费用提供保障。我们在这里只讨论老年、遗属和残疾保险现金保险金，医疗保险将在本章后面部分进行介绍。

退休金

社会保障退休金是大多数退休工人重要的收入来源。没有这些保险金，老年人的贫困和经济不安全将大幅度提升。

正常退休年龄 对于出生年份为 1937 年或更早的人来说，不减少保险金的正常退休年龄是 65 岁。对于在 1943 年到 1954 年间出生的人，正常退休年龄是 66 岁。但是，正常退休年龄将来会逐渐提高到 67 岁，以改善老年、遗属和残疾保险计划的财务偿付能力，并应对预期寿命延长的问题（见图表 18—1）。

提前退休年龄 工人及其配偶可以在 62 岁的时候提前退休，但是需要降低保险金（见图表 18—1）。

图表 18—1   社会保障的正常退休年龄和保险金变化情况

无论你的完全退休年龄（也可以叫做"正常退休年龄"）是多大，你都可能在 62 岁时开始领取保险金。

出生年份[a]	正常退休年龄	超过 62 岁的月数[b]	每个月降低的百分比（%）	62 岁时降低的总百分比（%）
1937 年前	65 岁	36	0.555	20.00
1938 年	65 岁又 2 个月	38	0.548	20.83
1939 年	65 岁又 4 个月	40	0.541	21.67
1940 年	65 岁又 6 个月	42	0.535	22.50
1941 年	65 岁又 8 个月	44	0.530	23.33
1942 年	65 岁又 10 个月	46	0.525	24.17
1943—1954 年	66 岁	48	0.520	25.00
1955 年	66 岁又 2 个月	50	0.516	25.84
1956 年	66 岁又 4 个月	52	0.512	26.66
1957 年	66 岁又 6 个月	54	0.509	27.50
1958 年	66 岁又 8 个月	56	0.505	28.33
1959 年	66 岁又 10 个月	58	0.502	29.17
1960 年后	67 岁	60	0.500	30.00

a. 如果你出生于 1 月 1 日，那么就要参考前一年度的数据。
b. 不管你出生于几月份，在计算时，必须假设你出生之前的一个月。
资料来源：Social Security Administraion。

正常退休年龄条款完全生效后，随着正常退休年龄的不断提高，62 岁提前退休导致的领取养老金的减少幅度将会逐渐达到 30%。

月度退休金   月度退休金可以向退休工人及其家属支付。具有资格的人包括：

● 退休工人。月度退休金可以在正常退休年龄向完全被保险人支付。减少后的保险金可以在 62 岁的时候开始支付。

● 退休工人的配偶。退休工人的配偶如果已满 62 岁，并与退休工人结婚 1 年以上，那么也可以每月领取保险金。如果配偶已满 62 岁，婚姻关系持续 10 年以上，那么即使离婚，仍然有资格领取保险金。

● 小于 18 岁的未婚子女。退休工人的小于 18 岁的未婚子女（或者 19 岁，但正在读初中或高中）也可以领取每月的保险金。

● 未婚残疾子女。18 岁或已满 18 岁的未婚残疾子女如果在 22 岁之前严重残疾，并将继续保持这种状态，那么就可以领取退休工人的保险金。

● 抚养未满 16 岁子女的被保险人的配偶。如果配偶抚养一个未满 16 岁的符合条件的子女（或者抚养一个任意年龄的 22 岁以前就残疾的孩子），那么无论配偶年龄大小，都可以根据退休工人的收入领取保险金。当最小的孩子年满 16 岁的时候，将停止支付其父亲或者母亲的保险金（除非父母抚养的孩子在 22 岁以前残疾）。

退休保险金额度   每月退休金的数额基于工人的**基本保额**（primary insurance amount, PIA），每月向达到完全退休年龄的人或残疾工人支付。基本保额反过来根据工人的**平均指数化月收入**（average indexed monthly earnings, AIME）确定。平均指数化月收入是一种根据国民经济平均薪酬上升而对工人的收入进行调整的方法。个人过去的收入根据平均工资指数的变化进行调整，使其价值与退休时或具有领取资格时的其他保险金的价值大体相当。受保障薪酬的指数化会产生一个相对稳定的替代率，这样一来，现在退休和将来退休的劳动者所获得的老年、遗属和残疾保险保险金占其工作收入的比例就大致相同。

对于 1928 年以后出生的人，最高的 35 年指数化收益用于计算工人退休金的平均指数化月收入。（对于那些出生较早的人，计算的年数更少。）平均指数化月收入然后用于确定工人的基本保额，使用的加权保险金计算公式赋予低收入群体很高的权重。这一权重反映了前面讨论的社会公平原则。

图表 18—2 列出了以不变美元计算的不同收入水平的年度养老金情况，以及 2012 年到 2090 年收入中被养老金替代的百分比。2012 年，社会保障养老金替代了低收入员工收入的大约 58%，中等收入工人的大约 43%，高收入工人的大约 36%，稳定的最高收入工人的大约 29%。

正如大家所看到的，前面解释的社会充足性原理得到了清晰的证明。低收入员工职业生涯收入中由社会保障替代的比例高于高收入群体。此外，前面讨论的保障基本收入也得到证明。社会保障保险金仅仅提供了基础收入，而不是人们收入的完全替代。

图表 18—2   基于中位数假设，退休前不同收入模式下的退休工人每年领取保险金的数额[a]，自然年度（2012—2090 年）

达到 65 岁的时间	达到完全退休年龄时退休		
	退休年龄	以 CPI 指数调整的 2012 年美元价值[c]（美元）	替代收入的比例（%）
低收入[d]			
2012	66∶0	11 390	57.8
2015	66∶0	11 327	53.7
2020	66∶2	12 481	53.9
2025	67∶0	13 643	55.5
2030	67∶0	14 347	55.3
2035	67∶0	15 161	55.2
2040	67∶0	16 042	55.1
2045	67∶0	16 988	55.3
2050	67∶0	17 960	55.3
2055	67∶0	18 958	55.4
2060	67∶0	20 001	55.4
2065	67∶0	21 084	55.4
2070	67∶0	22 228	55.4
2075	67∶0	23 428	55.4
2080	67∶0	24 710	55.4
2085	67∶0	26 079	55.3
2090	67∶0	27 551	55.3
中等收入[e]			
2012	66∶0	18 771	42.9
2015	66∶0	18 667	39.8
2020	66∶2	20 575	40.0

续前表

达到 65 岁的时间	达到完全退休年龄时退休		
	退休年龄	以 CPI 指数调整的 2012 年美元价值[c]（美元）	替代收入的比例（%）
中等收入[e]			
2025	67：0	22 498	41.2
2030	67：0	23 644	41.0
2035	67：0	24 987	40.9
2040	67：0	26 444	40.9
2045	67：0	27 999	41.0
2050	67：0	29 603	41.1
2055	67：0	31 244	41.1
2060	67：0	32 958	41.1
2065	67：0	34 745	41.1
2070	67：0	36 632	41.1
2075	67：0	38 607	41.1
2080	67：0	40 719	41.0
2085	67：0	42 979	41.0
2090	67：0	45 403	41.0
高收入[f]			
2012	66：0	$24 891	35.5
2015	66：0	24 745	33.0
2020	66：2	27 252	33.1
2025	67：0	29 817	34.1
2030	67：0	31 337	34.0
2035	67：0	33 110	33.9
2040	67：0	35 041	33.9
2045	67：0	37 101	33.9
2050	67：0	39 227	34.0
2055	67：0	41 404	34.0
2060	67：0	43 675	34.0
2065	67：0	46 045	34.0
2070	67：0	48 543	34.1
2075	67：0	51 160	34.0
2080	67：0	53 957	34.0
2085	67：0	56 951	34.0
2090	67：0	60 163	33.9
稳定的最高收入[g]			
2012	66：0	29 902	28.7
2015	66：0	30 115	26.5
2020	66：2	33 338	26.5
2025	67：0	36 667	27.3
2030	67：0	38 600	27.2

续前表

达到65岁的时间	达到完全退休年龄时退休		
	退休年龄	以CPI指数调整的2012年美元价值^c（美元）	替代收入的比例（%）
稳定的最高收入^g			
2035	67∶0	40 803	27.1
2040	67∶0	43 148	27.1
2045	67∶0	45 697	27.1
2050	67∶0	48 251	27.2
2055	67∶0	50 820	27.3
2060	67∶0	53 607	27.3
2065	67∶0	56 521	27.3
2070	67∶0	59 582	27.3
2075	67∶0	62 798	27.3
2080	67∶0	66 237	27.3
2085	67∶0	69 911	27.3
2090	67∶0	73 854	27.2

a 从退休当月开始计算的12个月总计的年度数额。
b 当年1月1日达到65岁。
c CPI指数化修正美元价值使用的是表VI.F6中显示的调整后的CPI指数序列。
d 国家平均工资指数（AWI）的45%的职业生涯收入。
e 平均工资指数的100%的职业生涯收入。
f 平均工资指数的160%的职业生涯收入。
g 基于缴费或保险金计算的每年的收入。

资料来源：Adapted from *The 2012 Annual Report of the Board of Trustees of the Federal Old-Age and Survivors Insurance and Disability Insurance Trust Funds*, Washington, DC: U. S. Government Printing Office, 2012, Table V. C. 7, pp. 142–143.

延期退休 一些工人延期退休，工作时间超过了正常退休时间。如果你继续工作，那么你可以以两种方式提高你的社会保障金的数额。第一，工作时间每增加一年，就会为你的社会保障收入记录增加一年。在退休的时候，更高的终身收入将会带来更高的保险金。

第二，如果你在满足正常退休年龄之后延期领取退休金，那么就可以获得**延期退休积分**（delayed retirement credit）。你的原保险数额在正常退休年龄的基础上提高一定百分比，直到你开始领取保险金，或者直到你年满70岁。提高的百分比因你的出生年月不同而不同。例如，对于1943年或以后出生的工人而言，每超过正常退休年龄一年，基本保额就在前一年的基础上提高8%（按月比例）。

大概有一半老年、遗属和残疾保险受益人在他们具有资格的第一年（62岁）就申领退休养老金，并开始领取精算上有所下降的保险金。不过，如果人们推迟退休，直到达到正常退休年龄，或达到70岁，那么养老金就会大幅增加。从延迟退休获得的收入的提升很吸引人。例如，假设你在66岁达到正常退休年龄。如果在70岁退休，而不是62岁，每个月的养老金将提高76%。即使在正常退休年龄退休（2012年当年年龄为66岁），每个月领取的养老金也会提高33%。相反，如果在62岁时提前退休，每个月领取的养老金将会比正常退休年龄得到的数额低25%。[①] 这种下降将在未来逐渐达到基本保额的30%。

---

① Social Security Online, Office of the Chief Actuary, "Social Security Benefits, Effect of Early or Delayed Retirement on Retirement Benefits." Available at www.ssa.gov/oact/ProgData/ar _ drc.html (accessed August 22, 2012).

需要很迫切地提前领取社会保障养老金吗？这是一个复杂问题，要回答这一问题，取决于你在对养老金收入的需求、个人的健康状况、寿命预期、是否仍然在单位工作、是否有其他可以带来收入的金融资产等方面的情况。专栏 18.1 将更加详细地讨论这些问题。

专栏 18.1 ☞

领取社会保障：早领并不见得更好

早点领取社会保障的想法是很吸引人的。如果人们一到 62 岁就可以领取保险金，那为什么要等到到了正常退休年龄 66 岁或者 67 岁时再领取？

答案很简单：长期的等待意味着可以将更多的钱放进你的腰包。如果在正常退休年龄之前开始领取养老保障，那么每个月所得到的收入就不如再多等几年的高。

所得会少多少？

降低的数额取决于你开始领取保险金的时间距离达到正常退休年龄的时间的长短。越早开始，减少越多。

你的出生时间决定了正常退休的年龄。如果出生于 1943 年到 1954 年之间，退休年龄是 66 岁，然后逐渐增加，直到 1960 年后出生的人的最高退休年龄达到 67 岁。

根据社会保障管理局的说法，老的婴儿潮时期出生的人从 62 岁开始领取养老金，与那些等到正常退休年龄再开始领取的人相比，养老金每个月要降低 25%。如果出生时间晚于 1959 年，该比例将提高到 30%。他们的配偶领取的养老金数额至少下跌 30%，1959 年后出生的则面临 35% 的下跌。

在达到正常退休年龄之前且正常工作的时候，你也可以领取养老金，但是就要承受收入罚金。社会保障管理局将会从你超过某一个初始值（2012 年为 14 640 美元）的部分中，每 2 美元扣除 1 美元。当达到正常退休年龄的时候，扣款额度为你的收入（2012 年最高为 38 880 美元）中每 3 美元扣除 1 美元，直到你出生的月份，而在那之后，收入罚金将不再适用。

你的实际养老金数额根据你的职业生涯中所赚取的收入确定。如果你小于 60 岁，社会保障局不会向你邮寄关于个人赚取收入的信件；不过，你可以在 ssa.gov 查看信息，或者确认其是否准确。

考虑等一下再去申领

既然提前领取养老金不好，你就可以考虑等到你达到正常退休年龄再说，建议参考先锋投资咨询研究部的约翰·阿姆瑞克的意见。

"如果你不是马上就需要社会保障，最好延期领取。"阿姆瑞克如是说。

例如，如果你出生于 1946 年，推迟到 70 岁（2016 年）领取养老金，那么你每个月领取的数额就比你当年开始领取的数额提高 32%。那是因为你超过正常退休年龄后每延迟一个月就会增加 1% 的三分之二。

图中使用的养老金样本基于社会保障管理局的估计。他们假设一个具有领取资格的人在 66 岁的正常退休年龄开始每个月领取 1 000 美元养老金。所有数额都以当前美元计算，不包括再投资带来的潜在收益。实际收入包括通胀基础之上的保险金的增长。

当然，如果需要社会保障来帮助你解决当前的需求，你应该放心去做，阿姆瑞克补充道。因为等到 70 岁将毫无优势，你不能等到那之后。

已婚人士实现养老金最大化的方法

如果你的配偶按照工作情况有领取养老金的资格，那么有一个通常被叫做有限制的申请的

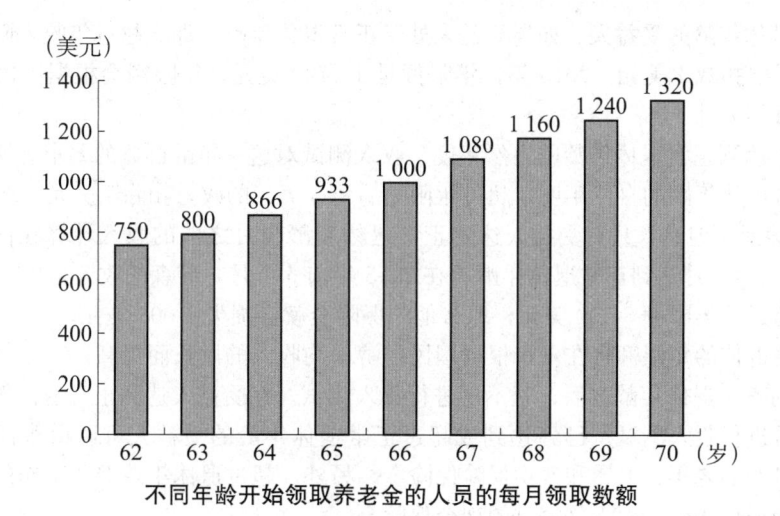

不同年龄开始领取养老金的人员的每月领取数额

策略可以帮助你最大化从社会保障中获得的收益。

下面讲述了它是如何运作的：低收入配偶在 62 岁时申请养老金，并领取降低后的数额。收入较高的配偶只有在 66 岁的时候申领配偶养老金，领取额为低收入配偶全额养老金的一半，而将自己的全额养老金推迟到 70 岁的时候开始领，此时养老金将会继续增加。

尽管领取数额因人而异，不过这里有一个例子：低收入配偶有领取 1 000 美元全额养老金的资格，但是在 62 岁的时候领取 750 美元。较高收入的配偶在申领配偶养老金时只得到 500 美元。配偶补充养老金每年将会给你带来超过 6 000 美元的社会保障收入。

这种方法的另一个好处是，低收入配偶将会得到较高的遗属抚恤金，如果他生存时间超过高收入一方。

为长寿做好计划

长寿是在讨论这一问题时的另一个重要因素，阿姆瑞克先生说。根据社会保障局的预计，美国的预期寿命一直处于上升之中，今天 65 岁的老年人中有四分之一可能会活过 90 岁，10% 活过 95 岁。

当然，你不能准确预期自己究竟活多久，但是你的健康状况和家族历史能够提供一些参考信息。如果担心自己的寿命太短，可以考虑从 62 岁开始领取。每个月的领取额度下降了，但是可以领取更高的额度，因为开始领取的时间提前了。

不过，如果你预期自己属于长寿的那一拨人，或者担心出现耗尽资产的风险，就可以考虑直到 70 岁再接受养老金，从而让自己未来的每月收入提高。

资料来源：Excerpted from "Taking Social Security: Sooner Might Not Be Better," The Vanguard Group. April 24, 2012.

自动根据生活成本进行调整 现金保险金每年根据生活成本自动进行调整，从而在发生通货膨胀的时期保持每月保险金的购买力。无论所有城镇领取工资的人和文职工作人员的消费价格指数从去年的第三季度到今年的第三季度增长了多少，保险金都会在 12 月的保险金中自动提高相应的百分比（次年 1 月支付）。2013 年，生活成本增加导致保险金增加的比例是 1.7%。

收入测试 老年、遗属和残疾保险计划设置了**收入测试**（earnings test），也称为**退休测试**（retirement test），该方法会降低或减少收入高于年限额的工人的每月保险金。收入测试适用于下述情况：

- 正常退休年龄的受益人。如果受益人处于正常退休年龄，那么超过年收入限额之上的部分，每 2 美元要扣减 1 美元。2013 年，年限额是 15 120 美元。年限额会根据国民经济平均收入的提高而每年上升。
- 受益人达到正常退休年龄的自然年度。收入测试对这一年龄群体的要求有所放松。在受益人达到正常退休年龄的自然年度，超过年限额后每 3 美元的收入扣除 1 美元。2013 年，年限额是 40 080 美元。但是，只有受益人达到正常退休年龄当月之前的收入计算在内。例如，假设詹森在 2013 年 7 月达到正常退休年龄。在 2013 年前 6 个月，詹森的收入是 43 080 美元。由于他的收入超过了年限额 3 000 美元，那么他的保险金就会损失 1 000 美元。

这一年龄群体的年限额将在未来根据国民经济平均收入的增长而提高。

- 在达到正常退休年龄之后，就不再进行收入测试。在受益人达到正常退休年龄的当月或之后，就不再进行收入测试。已经达到或超过正常退休年龄的受益人可以赚取任何数额的收入，并领取足额的老年、遗属和残疾保险保险金。另外，超过退休年龄继续工作的受益人可以选择接受延期退休积分，而不是每月的现金保险金。

收入测试不适用于投资收益、分红、利息、租金或年金支付。这种除外的目的是鼓励用私人储蓄和投资补充老年、遗属和残疾保险保险金。

遗属抚恤金

可以向已故的完全被保险人或者普通被保险人的家属支付遗属抚恤金。某些遗属抚恤金需要完全被保险人的身份。

社会保障遗属抚恤金向家庭提供大量的财务保障，是商业人寿保险的等价物。遗属保险对于有孩子的年轻人组成的家庭具有很高价值。例如，假设一名工人 30 岁，赚取平均收入，有一位 28 岁的配偶、一个 2 岁的孩子和一个小于 1 岁的婴儿。如果工人 2008 年 30 岁的时候死亡，预期的社会保障遗属抚恤金的现值和商业保险等价为 476 000 美元。[①] 不过，每个月给付的保险金不是一次性的。

支付给符合条件的家庭成员的遗属抚恤金有以下几种：

- 小于 18 岁的未婚子女。遗属抚恤金可以向小于 18 岁的未婚子女支付（小于 19 岁，但正在读初中或高中的子女也包括在内）。
- 未婚残疾子女。已满 18 岁，但在 22 岁之前严重残疾的未婚子女有资格领取去世父母的遗属抚恤金。
- 抚养未满 16 岁子女的生存的配偶。寡妇、鳏夫或生存的配偶有权利每月领取保险金，如果其照看未满 16 岁的具有资格的子女（或者在 22 岁之前残疾的子女），可以领取死亡工人的保险金。在最小的孩子年满 16 岁，或残疾子女死亡、结婚或不再残疾的情况下，生存的配偶将不得继续领取保险金。
- 生存的配偶年龄大于 60 岁。生存的配偶年龄大于 60 岁也具有领取遗属抚恤金的资格，死亡的工人必须是完全被保险人。生存的离异配偶的年龄大于 60 岁，且婚姻持续 10 年以上，那么也具有领取遗属抚恤金的资格。
- 年龄在 50～59 岁之间的残疾寡妇或鳏夫。年龄大于 50 岁的残疾寡妇、鳏夫或生存的离

---

① Orlo R. Nichols, Office of Chief Actuary, Social Security Administration, "The Insurance Value of Potential Survivor and Disability Benefits for an Illustrative Worker," Memorandum, August 15, 2008.

异配偶在某些情况下可以领取遗属抚恤金。领取人在工人死亡的时候必须是残疾人士或者在父亲或母亲保险金耗尽之后不迟于7年的时间内致残。死亡的人必须是完全被保险人。

- 一次性支付死亡保险金。在工人死亡的时候，一次性支付255美元的死亡保险金，但是这笔保险金只有在具有符合条件的生存的寡妇、鳏夫或子女的时候才支付。

残疾保险金

残疾收入保险金将支付给符合某些资格条件的残疾工人。保险所提供的保障的价值非常高。可以参考前面的例子，可以在30岁的时候领取残疾保险金的工人的预期残疾收入保险金的现值为465 000美元。① 这一数字代表：（1）在残疾工人活着的时候，支付给工人及其家属的预期保险金的现值，（2）残疾工人死亡之后，或者残疾工人达到残疾保险转换年龄（残疾保险金转换为养老金的年龄）之后，支付给遗属和残疾工人的保险金的现值。

如果要具有领取保险金的资格，残疾工人必须满足下面的条件：
- 是残疾被保险人
- 已满5个月的等候期
- 满足残疾的定义

残疾工人必须是残疾被保险人，而且必须经过5个月的等候期。保险金的支付在5个完整的自然月的等候期之后开始。因此，第一笔支付发生在残疾的第6个满月。

法律中对残疾的定义也必须满足。该计划为残疾下了一个严格的定义：工人必须在身体和精神方面具有阻碍其从事任何能够带来大量盈利的工作的问题，而且这种状态预期持续（或已经持续）至少12个月，或者预期会导致死亡。这种损伤必须非常严重，以至于工人无法从事国民经济中任何能够带来收益的工作。在确定一个人是否能够从事有收益的工作时，需要考虑其年龄、受教育情况、培训和工作经历。如果残疾人士无法从事自己所在职业的工作，但是可以从事其他有大量收入的工作，那么就不再被认为是残疾。

具有领取社会保障残疾收入保险金资格的主要群体包括：
- 残疾的工人。处于正常退休年龄的残疾工人领取的保险金等于原保险数额的100%。工人必须满足残疾的定义、确认是残疾被保险人，并已满5个月的等候期。
- 残疾工人的配偶。如果残疾工人的配偶在照顾未满16岁的子女或者22岁之前致残的子女，那么该配偶可以在任何年龄领取由残疾工人收入确定的保险金。如果没有具有资格的子女，那么配偶必须至少年满62岁才能领取保险金。
- 小于18岁的未婚子女。年龄小于18岁的未婚子女（或者小于19岁，但正在读初中或高中的子女）可以领取残疾保险金。
- 未婚残疾子女。已满18岁的、在22岁之前严重残疾的未婚子女具有根据残疾工人收入领取保险金的资格。

社会保障保险金的税收问题

一些每月领取保险金的受益人必须就部分保险金缴纳所得税，应税保险金的数额取决于个

---

① Orlo R. Nichols, Office of Chief Actuary, Social Security Administration, "The Insurance Value of Potential Survivor and Disability Benefits for an Illustrative Worker," Memorandum, August 15, 2008.

人的综合收入。综合收入是个人的调整毛收入，加免税利息，加社会保障金的一半。如果综合收入超过某一起征点，保险金也应纳税。

如果你作为个人填报了联邦纳税申报单，且你的综合收入在 25 000～34 000 美元之间，那么你的保险金中最高有 50% 要纳税。如果综合收入超过 34 000 美元，那么你的保险金中最高有 85% 要纳税。

如果你已经结婚，要填写联合税收申报表，你们的综合收入在 32 000～44 000 美元之间，那么你们的保险金中最高有 50% 要纳税。如果你们的综合收入超过 44 000 美元，你的保险金中最高有 85% 要纳税。

对于分别填报纳税申报表且终年生活在一起的已婚纳税人而言，起征点是零。对没有生活在一起的夫妇而言，双方都被视为个人。

社会安全局每年都会向你传送一份表格，该表格将显示你将领取的社会保障保险金的数额。美国国内税务局准备了一份详尽的表格，来确定你应税收入中的保险金的数额（如果有的话）。

社会保障的融资

社会保障的资金来源于员工、雇主和自由职业者缴纳的薪酬税，信托基金投资的利息收益以及部分月付保险金纳税带来的收入。

2012 年，由企业和员工共同缴费的老年、遗属和残疾保险和联邦老年医疗保险适用的综合薪酬税率是 7.65%。社会保障部分（老年、遗属和残疾保险）为保障收入（最高 110 100 美元）的 6.2%。2012 年联邦老年医疗保险（住院保险）部分为所有已赚收入的 1.45%，包括超过最高应税税基的收入。不过，在 2011 年和 2012 年，工人支付的老年、遗属和残疾保险薪酬税降低了 2 个百分点，为 4.2%，从而帮助刺激经济，降低失业率。2012 年末，老年、遗属和残疾保险薪酬税率临时降低 2 个百分点的措施结束。如果未来工资随着国家经济增长，老年、遗属和残疾保险最高课税收入基数（2012 年为 110 100 美元）将自动提高。2013 年，最高应税工资基数增加到 113 700 美元。

联邦老年健康保险

联邦老年健康保险（Medicare）是整个社会保障计划的一个重要部分，为大多数大于 65 岁的老人提供医疗费用保障。联邦老年健康保险还为那些小于 65 岁但已经领取至少 24 个月残疾保险金的残疾人提供保障。此外，该计划为小于 65 岁的需要长期进行肾脏透析治疗的人提供保障。

联邦老年健康保险计划复杂且富有争议。现在的计划还包括商业保险公司的处方药计划和卫生保健计划。联邦老年健康保险的计划多得令人眼花缭乱，这些计划包括：
- 原有的联邦医疗保险计划
- 联邦医疗保险优势计划
- 其他联邦老年健康保险计划
- 联邦老年健康保险处方药计划

下面将讨论这些保险的主要条款。[①]

[①] This section is based on *Medicare & You*, 2012, Centers for Medicare & Medicaid Services, U. S. Department of Health and Human Services.

原有的联邦医疗保险计划

受益人可以选择原有的联邦医疗保险计划。这是一种由联邦政府管理的传统计划,提供 A 款和 B 款保险金,受益人可以选择任何接受联邦老年健康保险病人的医院。联邦老年健康保险支付账单中其应付的部分,受益人支付余额,部分服务未包含在内。

住院保险 住院保险(hospital insurance,HI),也称为**联邦老年健康保险 A 部分**(Medicare Part A),为病人住院提供保障以及其他保险金。A 部分保险金包括:

● 病人住院治疗。每一个给付期间,病人有至多 90 天的住院治疗获得保障。给付期间开始于病人第一次进入医院,结束于病人出院,或者连续治疗 60 天。前 60 天,联邦老年健康保险支付所有保障范围内的成本,除了初始住院免赔额(2013 年这一数字是 1 184 美元)。无论病人住院多少次,免赔额只在给付期间支付一次。从第 61 天到第 90 天,联邦老年健康保险支付所有保障范围内的成本,除了每天的共同保险费用(2013 年为 296 美元)。如果病人在 90 天之后仍然住院,60 天的终身储备期将提供另外 60 天的住院期。终身储备期要按日收取共同保险费用(2013 年为 592 美元),病人住院免赔额和共同保险费用每年会反映住院成本的变化。

● 专业护理机构服务。在给付期间,病人在专业护理机构接受的护理最高可以达到 100 天。前 20 天的保障服务全额支付。接下来的 80 天,病人必须每天支付共同保险费用(2013 年是 148 美元)。在保障期间内如果护理时间达到一百天就不再提供保险金。为了符合保障的资格,病人必须首先至少住院 3 天,必须享受专业护理机构服务。中介护理和监护不提供保障。

● 家庭卫生保健。如果病人要求得到高级护理并满足特定条件,病人在家里接受的卫生医疗服务也将获得保障。提供的服务包括兼职或不连续的专业护理机构服务、家庭健康辅助治疗、物理治疗、专业治疗以及语言服务等病人的医生要求的,医疗保险计划认可的家庭护理机构提供的服务。保障范围内的服务还包括医疗社会服务、耐用医疗设备、诊疗和其他服务。病人必须回家意味着离开家需要大量的努力。

对于被保障的服务不存在成本分担条款,但是病人必须支付耐用医疗设备中联邦老年健康保险允许的金额的 20%。

● 临终关怀。患有不治之症的受益人可以获得临终关怀。保障范围包括止痛药和控制性治疗,老年健康保险许可的临终关怀可以提供医疗和支持服务,以及其他老年健康保险未提供保障的服务。临终关怀一般在病人的家里提供。但是,在必要的时候短期住院和门诊暂托服务治疗也在保障范围内。暂托服务是为临终关怀病人提供的服务,从而能够让常规服务者进行短暂休息。

● 输血。A 部分还承担住院病人在医院或专业护理机构期间的输血费用。如果医院获取的血液没有支付费用,病人也不必为这些血付费或进行置换。不过,如果医院为病人购买血液,病人就必须为年内的前三品脱血液支付医院的成本,否则病人或其他人就必须献血。

向医院的支付 医院在预支付系统性为向住院病人提供的服务收取费用。医院的护理被分为**诊断分类团体**(diagnosis-related groups,DRGs),为每一种护理支付固定数额,取决于这一病例所处的群体。因此,对每家医院相同类型的护理或治疗支付额度统一的数额。但是,支付的数额在不同的地理区域有所不同,城市和乡村医院也有所区别。

诊断分类团体体系是为了激励医院更有效率地提供服务。医院可以留存超过其成本的支付数额,但是它们必须自行消化吸收超过诊断分类团体定额的部分。

医疗保险 医疗保险(medical insurance),也称为**联邦老年健康保险 B 部分**(Medicare

Part B），是一种自愿参与的计划，为医生的收费和相关的医疗服务提供保障。A 部分保障之下的受益人在其被保障收入的基础之上自动享受 B 部分的保障，除非他们自愿放弃这一保障。

B 部分为医学上认为必要的服务提供支付。在 B 部分中，有两种范围较广的保障服务：(1) 医疗必需的服务和供给，(2) 预防性服务。医疗必需的服务包括医生服务，例如诊断、治疗和外科手术，门诊医疗，家庭健康服务，耐用医疗设备以及其他医疗服务。

还有很多预防性服务处于保障范围之内，包括流感疫苗注射、巴氏涂片、心脏检查、结肠镜检查、糖尿病检查、前列腺癌检查和戒烟服务。受益人不需要为大多数预防性服务付款，因为这些护理服务由接受这些任务的医生或其他医疗保健供应商提供。不过，有些预防性服务需要受益人支付免赔额或共保费用，或两者都需要支付。

联邦老年健康保险 A 部分和 B 部分有很多除外条款。它们包括在资深护理机构接受长期护理时的前 100 天的服务，常规牙科护理、补牙、整容、针灸、听力辅助和听力辅助设备检测。

B 部分支付的数额 受益人必须满足 B 部分的年免赔额要求（2013 年是 147 美元），这一数字随着 B 部分支出增长进行指数化。B 部分然后支付如下服务的老年健康保险核准数额的 80%，这些服务包括大多数医生服务、门诊病人治疗、预防性治疗和耐用医疗设备检测。大多数门诊病人精神健康服务仅以联邦老年健康保险批准数额的 35% 予以补偿。共保比例 2014 年降低到 20%。但是，对家庭卫生保健服务和一些预防性服务，例如流感疫苗注射，不收费。

基于分配或非分配的区别，对医生的医疗服务支付费用。通过接受分配的任务，医生统一将老年健康保险核准数额作为全额进行支付。病人不对额外自付费用负责，除了年免赔额和共同保险支付。但是，不接受老年健康保险担保的医生的收费不得超过允许收费的 15%。许多医生拒绝接受新的老年健康保险病人，因为老年健康保险核准支付数额常常低于医生的实际治疗费用。

B 部分月保费 享受 B 部分保障的受益人按月支付保费，联邦政府从总收入中提取一部分作为补充。根据前面的法律，所有 B 部分受益人仅支付计划成本的 25%，联邦政府支付剩余部分。现在，B 部分保费将根据调整后的收入进行均值检验，高收入受益人将支付的费用远超过成本的 25%。两年前报告的受益人联邦所得税收益将决定支付的 B 部分的保费。2013 年，大多数受益人的标准月缴保费为 104.90 美元。不过，有些受益人必须支付更多的保费，因为他们的修正后总收入超过初始门槛值。

联邦老年健康保险融资

住院保险（A 部分）的融资是通过被保障员工、雇主和自由职业者的薪酬税，加相对较少的一般收入来进行的。正如前面提到的，被保障员工和雇主的薪酬税为所有被保障收入的 1.45%，甚至包括那些超过社会保障最高收入基础的部分。2013 年开始，对于个人收入超过 200 000 美元和已婚夫妇联合收入超过 250 000 美元的情况，住院保险薪酬税率从 1.45% 增长到 2.35%。对高工资收入的额外薪酬税构成了新的《患者保护和平价医疗法案》下的融资条款的一部分。

正如前面所提到的，每个月收取的保费和联邦政府的财政收入构成了医疗保险（B 部分）的资金来源。

联邦医疗保险优势计划

联邦医疗保险优势计划（C 部分）（Medicare Advantage Plans（Part C））是商业性健康保险计划，是老年健康保险计划的一部分。受益人可以选择获得这些计划的保障，而不是原有的联邦医疗保险计划。联邦医疗保险优势计划必须覆盖原有的联邦医疗保险计划提供的除了疗养以外的所有服务。原有的联邦医疗保险计划覆盖了疗养院服务。联邦医疗保险优势计划通常包括额外的保险金，例如处方药、视力保护、牙齿护理以及健康护理计划。大多数联邦医疗保险优势计划包括对联邦医疗保险优势计划处方药的保障。在大多数计划中，成员必须使用计划内的医生、医院或其他供应商，否则就要支付更多的或所有的成本。此外，计划的成员通常按月缴纳保费（在 B 部分保费之外）以及为保障内的服务支付共付或共保费用。

联邦医疗保险优势计划包括：
- 保健组织（HMO）
- 优先提供者组织（PPO）
- 商业服务—收费计划（PFFS）
- 特殊需求计划（SNP）
- 医疗储蓄账户（MSA）

保健组织　老年健康保险保健组织是由商业保险公司运作的管理式医疗计划。管理式医疗是描述下面这种计划的术语，卫生保健受到周密监控，非常强调成本控制。病人通常必须从组织网络内的医生和医院处获得诊疗服务。但是，受益人如果突发疾病，那么即使在保健组织网络之外的诊疗也可获得保障。一些老年健康保险保健计划可以选择服务点计划，该计划允许病人到计划网络外的供应商处看病，但是他们必须为所提供的服务支付更高的自付费用。

优先提供者组织　受益人还可以选择从老年健康保险优先提供者组织那里获得治疗。除了保障范围内的老年健康服务之外，优先提供者组织可以提供额外的保险金，例如对处方药、视力护理的保障。

有两种类型的优先提供者组织：（1）区域性优先提供者组织，服务于联邦老年健康保险组织建立的 26 个区域；（2）地方优先提供者组织，为优先提供者组织选择出来的纳入其服务范围的城镇提供服务。优先提供者组织的成员可以选择计划网络内的任何医生或者医疗保健供应商。成员也可以通过外部网络接受保障范围内的服务，但是他们必须支付更高的自付费用。计划成员不用选择基础护理医生，而且也不需要从基础护理医生那里获取看专家的许可。

商业服务—收费计划　这些计划根据商业公司提供的服务收费，为提供的每种服务收费。它的一个与众不同的特点是：由商业公司，而非老年健康保险计划，决定其支付的数额以及成员为所提供的服务支付的数额。成员可以到任何老年健康保险计划核准的接受计划支付的医生或医院那里接受治疗。并不是所有供应商都接受病人。

特别需要计划　这是一种特殊的计划，为特定群体的人，例如住在养老院或享受老年健康保险和公共医疗补助保障，或者患有慢性疾病或残疾的人，提供更为专业的医疗服务。例如，患有糖尿病的受益人可能对能够提供糖尿病治疗的医院有特殊需求，该计划还提供旨在控制糖尿病的教育、营养和锻炼的计划。

医疗储蓄账户计划　医疗储蓄账户有两个组成部分：较高免赔额的健康计划和一个银行账户。联邦医疗保险计划每年为参与该计划的人的医疗保健划拨一定数额，该计划将这些钱的一部分存入成员的账户。如果钱用于支付医疗保健成本，账户中的钱和积累的利息不必缴税。储蓄的金额通常低于免赔额，从而使成员在保障开始之前自行支付这笔钱。在达到免赔额之后，计划提供联邦医疗保险保障范围内的服务。

其他老年健康保险计划

有些老年健康保险计划不属于联邦医疗保险优势计划，但是仍然是联邦老年健康保险计划的一部分。有些计划同时为 A 部分（住院保险）和 B 部分（医疗保险）提供保障，而大多数其他计划只为 B 部分提供保障。此外，有些计划提供 D 部分处方药保障。这些计划包括：

1. 老年健康保险成本计划。美国国内有些地方提供残疾老年健康保险成本计划。即使投保人只有 B 部分的保障，也可以参加。如果同时有 A 部分和 B 部分保障，并从非网络供应商那里接受护理，那么这些服务在原有医疗保险的保障范围内。但是，你必须支付 A 部分和 B 部分的共同保险和免赔额。此外，可以在任何时候参与正在接受新成员的计划，并且可以在任何时候离开并重新参加原有的医疗保险计划。

另一种类型的老年健康保险成本计划只为 B 部分服务提供保障。这些计划从不包括 D 部分（处方药）的保障，A 部分的服务由原有的医疗保险计划提供。这些计划由企业和劳动联合会或者不提供 A 部分服务的公司发起。

2. 示范项目。联邦医疗保险计划还有一些示范计划，以完善联邦医疗保险计划为目的进行测试和评估。这些计划通常只运作一个有限的时期，或者仅针对特殊群体的人们，或者仅在特定区域提供。

3. 对年长者全包式护理方案（PACE）。该方案为需要在社区里接受家庭医疗护理的年长者或者残疾人提供服务。对年长者全包式护理方案综合了医疗、社会和长期护理服务以及为脆弱的老年人和残疾人提供的处方药服务。因此，多病的残疾老年人可以在对年长者全包式护理方案的帮助下，安全地生活在社区里。

联邦老年健康保险处方药计划

联邦老年健康保险处方药计划（D 部分）（Medicare Prescription Drug Coverage（Part D））是所有联邦老年健康保险受益人都可以得到的保障。为了获得保障，人们必须参加联邦老年健康保险批准的保险公司或其他商业公司的商业保险。今天有很多保险公司可以选择，各种保险对成本和承保的药品都有差异。受益人选择某种处方药计划后，按月支付保费。收入较低的受益人支付的保费和免赔额可以降低或者免除（称为"额外帮助"），每月的保费不受健康状况和开药次数的影响。

享受原有的联邦医疗保险计划保障的受益人，可以通过加入仅为开药提供保障的独立老年健康处方药计划，向其保险追加处方药保障。受益人还可以加入联邦医疗保险优势计划或其他提供处方药保障的老年健康计划。这些计划对老年健康保险服务起到了补充作用。现在通过前雇主或工会团体计划获得处方药保障的受益人，可以选择保留现有的计划。

处方药保障的成本 受益人支付部分成本，老年健康保险支付部分成本。每月支付的保费由选择的计划确定。2013 年，商业计划的平均月付保费为 30 美元。

所有处方药计划必须至少提供老年健康保险规定的标准保障（standard coverage）。不同计划的成本分担条款都很复杂，现概括如下：

● 年免赔额。你必须达到年免赔额。2013 年，任何计划的免赔额不得超过 325 美元。免赔额每年都会变化。

- 共同支付或共同保险收费。在达到年免赔额标准之后，你必须缴纳共同支付或共同保险费用。这一数额是在你达到免赔额之后开药所必须支付的。在一些计划中，你为每次开药支付相同的共同支付数额（固定数额）或共同保险费用（成本的一定百分比）。在其他计划中，不同档次药物的成本也不同，例如普通药的成本低于品牌药。一些品牌药的共同支付费用可能低于其他品牌药。2013年，所有处方药的最高共同支付或共同保险费用限制为2 970美元。这一限额每年会变化。

- 保障缺口。老年健康保险处方药计划存在保障缺口（也称为"环形缺口"）。这意味着，在你或你的保险计划为一些保障药物支付一定费用之后，你就必须支付药物100%的成本，直到达到最高限额。年度免赔额、共保或共付数额，以及在有保障缺口的情况下，你支付的数额，都取决于自付限额。该限额包括每月的保费。

2013年，一旦你和你的保险计划为保障范围内的药品支付2 970美元（包括免赔额），你就处于保障缺口之中。2013年，根据新的《平价医疗法案》，你购买的保障范围内的品牌处方药有47.5%的折扣，你需要为保障范围内的基础药支付79%的成本。一直到你买药花的钱达到4 750美元之前，你必须自己支付所有的药物成本。如果你属于低收入受益人，就可以不面临保障缺口。

- 大病保障。2013年，如果你当年自付4 750美元，你的保障缺口就没了，就享有大病保障。在这一时刻，你只需要为剩下的日子里所使用的每一种保障范围内的药支付很小的共保或共付费用（例如6美元）。

图表18—3列出了2013年法律体系下有效的条款。

图表18—3　联邦老年健康保险处方药计划中的成本分担条款（2013年）

每月保费——史密斯女士在一年中每个月支付的保费
1. 年免赔额 → 2. 共付/共保费用（支付多少药费）→ 3. 保障缺口 → 4. 大病保障
史密斯女士在其保险计划开始支付之前自行支付了前325美元的药费。	史密斯女士支付共付费用，她购买的保险为每一种保障范围内的药品支付应有的份额，直到综合账户（加上免赔额）达到2 970美元。	一旦史密斯女士和她的保险计划为保障范围内的药品花费了2 970美元，她就处于保障缺口之中。2013年，在保障范围内的品牌处方药方面她得到了47.5%的折扣，支付了保险保障范围内的基础药物的79%。她所支付的（以及药品公司提供的折扣）被计入了自行支付的部分，帮助她弥补了保障缺口。	一旦史密斯女士一年当中自付的费用达到4 750美元，她的保障缺口就结束了。现在到年末的这段时间里，她只需要为每一种药支付很少的共保或共付费用。

资料来源：Centers for Medicare & Medicaid Services, *Medicare & You*, 2013, p.87.

低收入受益人的经济援助　老年健康保险处方药计划为收入低、金融资产少的受益人提供了经济援助。根据年收入和金融资产的数量，每月缴纳的保费和年免赔额会降低或免除。但是，低收入受益人必须为每次开药支付少量的共付费用。

补充医疗保险

由于大量的除外责任、免赔额、成本分担条款，以及对核准费用的限制，老年健康保险并不支付所有医疗费用。因此，大多数老年健康保险受益人或者用他们退休前的雇主提供的健康保险，或者购买补充医疗保险（Medigap insurance）或老年健康保险补充保单，来支付老年健康保险没有支付的部分或全部费用。

商业保险公司销售的补充医疗保险受到联邦法律的严格管制。共有10种标准保单，每一种保单提供不同的保险组合。每一份保单都从A到N进行了编号。保险公司不允许对保险金组合或者分配的字母编号进行修改。之前销售的E、H、I和J保单现在已经无法买到了，不过购买这些保单的人仍然可以持有。

有些州还提供另一种类型的补充保险，称作联邦老年健康保险精选（Medicare SELECT）。这种类型的保单要求保单持有人使用指定的医院，在某些情况下，要选择指定的医生和医疗保健供应商，才能够得到完全的保障。

《平价医疗法案》对联邦老年健康保险的影响

《平价医疗法案》有很多条款对提供的保险金、护理的质量、成本降低和联邦老年健康保险计划的融资有巨大影响。它们包括：[①]

- 为D部分保障缺口提供保障（甜甜圈缺口）。2010年估计有400万受益人达到了D部分处方药保障缺口（甜甜圈缺口）。进入保障缺口的受益人接受250美元的折扣。2011年，保障缺口中的资深者可以就保障范围内的品牌处方药接受50%的折扣。在接下来的10年中，资深者将会在品牌药和基础药物方面节约更多的钱，从而到2020年彻底消除保障缺口。
- 严厉制裁医疗欺诈。现在在打击医疗保险欺诈方面的努力已经节约了2.5万亿美元。新的法律为打击欺诈提供了额外的资金，要求供应商使用新的清查程序对医疗保险、老年健康保险以及青少年健康保险计划（CHIP）中的欺诈和浪费情况进行调查。
- 为老年人提供免费的预防性医疗。前面曾经提到，新的法律要求提供免费的预防性服务，包括每年的健康检查和联邦老年医疗保险为老年人提供的个人预防保险计划。
- 减少向联邦医疗保险优势计划的过度支付。新法律逐渐减少向销售联邦医疗保险优势计划的商业保险公司的过度支付。2010年，联邦医疗保险就每一个参与联邦医疗保险优势计划的人向商业保险公司支付的额度比原有医疗保险高1 100美元。最终，对于所有医疗保险受益人的保费都将增加。
- 提高医疗保健的质量和效率。新法律要求成立医疗保险和老年健康保险服务中心，该中心将成为向病人提供医疗服务的新途径，预期能够在降低医疗保险成本增长率的同时提高医疗质量。
- 减少不必要的重新入院治疗。对老年人医疗质量的提高将会降低或者避免不必要的重新入院治疗。社区护理过渡计划（Community Care Transitions Program）将通过更好地协调医疗护理服务和在社区里为病人联系服务，帮助那些已经住院治疗过的高风险的医疗保险受益人避免再次入院。
- 通过创新降低医疗保险成本。独立支付咨询委员会（Independent Payment Advisory Board）开始研究并向国会和总统提交建议，延长医疗保险信托基金存续时间。该委员会专注

[①] 此部分基于 Henry J. Kaiser Family Foundation, "Summary of New Health Care Reform Law," last modified A-april 15, 2011.

于减少浪费和提议降低成本的途径，改善病人的支出，并增加高质量医疗服务的提供。
● 将支付与服务质量相联系。新法律在原有医疗保险计划中建立了医院服务价值购买计划（VBP），为医院提供改进医疗服务质量的财务激励。医院的绩效将会公开发布，最初的方法是将其与心脏病、心脏失能、急性肺炎、手术护理、医院内感染和病人观感相联系。
● 捆绑式支付。新法律建立了试验程序，鼓励向医疗服务供应商提供捆绑式支付，改进协调和病人护理质量。在捆绑支付模式下，医生、医院和其他医疗服务供应商按固定费率收取一段时期的护理费用，而不是像在现有体系下就每一项检验或服务或一系列服务分别向联邦老年医疗保险提供账单。例如，在现行体系下，外科手术可能因为多个供应商而受到多重索赔。而在建议的体制下，整个团队将会通过捆绑式支付获得收入。这在保持并改善服务质量的同时，为供应商提供了更有效率提供服务的激励。节约下来的费用将在供应商和联邦老年健康保险间分享。

存在的问题

社会保障和医疗保险现在面临非常严重的财务问题。当前值得讨论并关注的问题有以下两个：
● 长期老年、遗属和残疾保险精算赤字
● 医疗保险财务危机

长期老年、遗属和残疾保险精算赤字

在国会的观念中，老年、遗属和残疾保险计划运作应该是良好的。但是，尽管该计划现在每年都有盈余，但是长期来看，未来几年中将会面临严重的精算赤字。2012年董事会报告得出以下结论：[①]
● 综合老年、遗属和残疾保险信托基金将于2033年消耗殆尽，比2011年报告所提出的时间提前两年，无息收入将仅够支付75%的预定保险金。
● 75年跨度（2012—2086年）的预期精算赤字为应税工资的2.67%，比2011年报告的预期提高0.44个百分点。
● 为了支付所有计划保险金，在75年的时间内，信托基金需要额外投入以当前美元价值计算的8.6万亿美元财政收入。
● 残疾人保险信托基金预计将在2016年耗尽，比2011年报告预期时间提前2年。

降低长期赤字

要降低长期赤字就要做出艰难的选择。赤字可以通过以下方式减少或消除：（1）提高薪酬税；（2）降低保险金；（3）使用联邦政府一般财政收入支付保险金；（4）综合以上方式。建议

---

① SSA Press Office, "Social Security Board of Trustees: Projected Trust Fund Exhaustion Three Years Sooner Than Last Year," News Release, April 23, 2012, and Social Security and Medicare Board of Trustees, *Status of Social Security, and Medicare Programs, A Summary of the* 2012 *Annual Reports*, 2012.

进行改变的内容包括以下几个方面：

● 使用"连续指数"确定保险金。为了确定公司平均月度指数化收入，通常使用价格指数而不是工资指数，这将会节省大量的成本。不过，低收入群体的指数化方法仍然建立在工资指数基础之上，现在就是这样。随着保障范围内的收入的增长，就会使用工资和价格综合指数。对于高收入阶层，指数化方法将主要基于价格指数。总体上，将会显著降低长期的赤字。

● 提高企业和员工的社会保障薪酬税。
● 提高正常退休年龄，或者将年龄要求提高到67岁以上。
● 降低未来全体退休人员的保险金。
● 提高老年、遗属和残疾保险应税工资收入基础，以覆盖更高比例的收入。
● 所有老年、遗属和残疾保险金都要缴纳联邦所得税（而不是现在的最高85%）。
● 将老年、遗属和残疾保险强制性推广到所有州政府和地方政府员工。
● 将计算退休金的年龄从35岁提高到38岁。
● 将部分信托基金资产投资于商业投资，例如普通股票。

此外，联邦政府的总财政收入可以为该计划提供部分资金。不过，联邦预算现在赤字过大，依赖于财政收入融资降低长期赤字可能不太可行。

美国精算师协会开发了一个社会保障游戏，允许人们对社会保障做出假设性调整，来看看人们的建议对于长期精算赤字的影响。这个游戏的主要优点是，它反映了基于参与者的政治理念提出的关于改变老年、遗属和残疾保险的建议（见专栏18.2）。

医疗保险财务危机

医疗保险A部分也面临严重的财务问题。根据2012年受托人董事会报告，住院报销信托基金75年预期实际赤字为应税薪酬的1.35%，比上年度预期的0.79%有所提高。75年时间累积的缺口将会达到税单的36%，或者医疗保险成本的26%。此外，住院保险信托基金将会在2024年耗尽，与上一份报告预期的日期相同，在这一时点之前划拨的财政收入仅足以支付保险计划成本的87%。住院保险支出的份额（向住院保险划拨的财政收入）将会持续下降，直到2045年达到67%。[①]

财务状况不佳主要根源于以下因素，包括医疗服务较高的价格、医疗服务的规模和复杂性提高、人口老龄化和越来越多的参与者、对销售联邦医疗保险优势计划（B部分）的商业保险公司的过度支付，以及处方药支出的日益上升。其他因素还包括住院成本通胀高于通货膨胀率的总体水平、医疗保健服务商的欺诈和滥用、家庭医疗保健成本的上升以及补偿的服务付费方式的低效率和通胀。

为了降低医疗保险成本，国会前期降低了向医院和医生的支付，为特定服务设置了支出限额，对医生收费的提高幅度设定了限额，实行诊断相关团体付费方法（就每一特定病例向医院支付固定数额），并引入了其他降低成本的付费。不过，尽管前期付出了努力，但医疗保险的成本仍然持续上升。前面也曾经提到，最近，新的《平价医疗法案》包含了几个成本控制条款以降低医疗保险的成本增长。有些条款现在已经生效，其他条款未来也会生效。不过，有些专家认为，除非医疗保健提供体制进行重大改革，否则，成本抑制条款对医疗保险成本的影响会

---

① Social Security and Medicare Board of Trustees, *Status of Social Security and Medicare Programs，A Summary of the 2012 Annual Reports*，2012.

非常有限。

专栏 18.2

你对改革社会保障体系的解决方案有哪些建议？

改革社会保障体系没有简单方法。长期精算赤字可以通过增加财政收入，降低保险金，或者综合两种方法来消除。美国精算师协会在网站（www.actuary.org/socialsecurity/game.html）上提出了一个颇有吸引力的计划，允许人们对社会保障计划做出虚拟调整。该计划显示了基于受托人董事会报告估算的长期精算赤字的变化情况，同时还列出了对于调整建议的支持观点和反对观点。这种方式的一个主要优点是，你可以根据你的政治立场、经济状况和信仰提出调整的建议。下面是一些建议的例子：

降低保险金	长期赤字减少情况
● 逐步提高领取全额保险金的退休年龄	31%
● 降低生活成本调整（COLA）指数 1/2 个百分点	40%
● 将未来退休人员保险金降低 5%	31%
● 使用连续指数降低未来退休人员的保险金	43%
增加财政收入	
● 将员工和企业的薪酬税从 6.2% 提高到 6.7%	48%
● 增加缴纳社会保障税的薪酬	37%
● 像养老金那样向社会保证金课税	14%
● 纳入新的州和地方政府员工	9%

资料来源：Adapted and modified by the author based upon a portion of an earlier version of *The Social Security Game* created by the American Academy of Actuaries, which has been revised and updated and is posted at the Academy website at www.actuary.org/socialsecurity/game.html。

失业保险

失业保险（unemployment insurance）是联邦和州政府共同推出的计划，为非自愿失业的工人按周支付保险金。每个州都有自己的失业保险计划。不同州的计划都来自于《1935年社会保障法案》的失业保险条款。

失业保险有几个基本目标：
● 在非自愿失业期间提供现金收入
● 帮助失业人员就业
● 鼓励企业稳定就业
● 帮助稳定经济

在**短期非自愿失业**（short-term involuntary unemployment）期间，保险金每周以现金形式发给失业工人，从而帮助他们维持经济安全。第二个目标是帮助工人找工作，保险金申请人必须在当地就业机构登记申请工作，就业机构为其寻找适宜的工作提供帮助。第三个目标是鼓励企业通过经验费率（后面将进行讨论）稳定其就业情况。最后，失业保险金在经济衰退时帮助稳定经济。

保障范围

大多数商业企业、州和地方政府以及非营利组织都获得了失业保险的保障。如果一家企业在当年或上一年度当中的任何至少20周的时间内雇用了一个以上的员工，或者在一年当中的一个季度中支付的工资超过1 500美元，那么该企业就要缴纳联邦失业税。

州和地方政府的大多数工作都有失业保险的保障。但是，州和地方政府不需要缴纳联邦失业税，但是可以选择通过向政府员工支付保险金对该体系进行补充。

此外，非营利慈善机构、教育机构或宗教组织也将包括在内，如果它们在当年或上一年度内，每20个不同星期内至少雇用4名或4名以上工人一天以上。非营利组织有权利选择支付失业税，或者通过支付保险金来补偿州政府。

资格条件

失业工人必须满足下述资格条件才能够领取保险金：
- 在基年内，领取合格工资并处于就业状态
- 能够并可以获得工作
- 在积极寻找工作
- 没有被剥夺资格
- 满足等候期要求

申请人必须在其基年内领取一定数额的合格工资。在大多数州，基年是在失业工人申请领取保险金之前的最后5个季度的前4个季度。大多数州也要求在基年内至少有两个季度处于就业状态。这一要求的目的是为了限制保险金成为具有劳动能力的工人的额外收入。

申请人必须能够工作，并可以找到工作。这意味着申请人有能力工作，身体好、有意愿而且准备去工作。申请人还必须积极寻找工作。他（她）必须在公共就业机构注册寻找工作，而且积极寻找工作，或者付出了合理的努力去获取工作。失业人员不要求有工作。但是，如果申请人没有正当理由就拒绝工作，就不具有申领保险金的资格。合适的工作通常是指符合申请人的健康、安全、精神和劳动标准的惯常性工作。

最后，在大多数州都有1周等候期的要求。等候期消除了短期申请，降低了成本，为获得申请人的工资记录和处理申请赢得了时间。

申请人还必须满足一些非货币性的资格条件要求。法律条文中要求，由于工人没有申明的行为导致的几个星期的失业，不符合关于失业的要求。这些行为包括：(1) 没有正当理由自愿失业；(2) 没有正当理由拒绝合适的工作；(3) 因为工作中的渎职行为被开除；(4) 没有能力或意愿接受全职工作；(5) 由于卷入劳动纠纷而失业。根据州政府法律和不具有资格条件的原因，保险金可以推迟数个星期支付或者整个失业期不支付，直到工人再次符合领取资格，否则支付的金额会降低。

保险金

失业保险金可以分为几个类型：正常的州保险金、延期保险金和临时紧急失业保险金。
- 正常的州保险金。每个州都有自己的保险计划。每周向完全失业的人支付保险金。保险

金的金额根据工人之前的工资,在一定最高和最低额度内确定。大多数州使用一个公式根据工人较高的季度工资的一定比例计算其周保险金。例如,1/26 这一比例使支付的保险金等于最高季度全职工资的 50%(满足最低和最高额度的要求)。例如,假设珍妮弗最高的每周收入是 500 美元,一个季度的收入是 6 500 美元。将 1/26 应用于这一数字,得到的周失业保险金是 250 美元,或者是全职周薪的 50%。有几个州还对特定的家属支付家属津贴。2012 年 3 月,美国平均的周保险金为 305 美元。[①] 大多数州正常保险金领取最高时限是 26 周。

● 延期保险金。在失业率高的州,用完了正常保险金之后,员工还可以领取延期保险金。在失业率高的州,基本的延期保险金计划额外提供 13 个星期的失业保险。有些州也采用了自愿计划,在失业率特别高的时期可以额外提供 7 个星期(最高 20 个星期)的延期失业保险金。每周提供的延期保险金数额与正常失业保险金相同。

● 紧急失业保险金。在经济衰退时期,成百上千万的失业人群用光了他们的正常州保险金。此外,许多耗光了正常保险金的失业人员处在失业率不那么高的地区。其失业率在永久性的延期保险计划中不足以带来额外的保险金领取时间。为了应对耗光保险金的问题,国会在很多情况下会启动临时紧急计划,为失业人员提供额外的养老金领取时间。2008 年,国会启动了紧急失业补偿(EUC)计划。该计划是联邦全额拨款的计划,为用完了正常的州保险金的合格申请人提供额外的领取保险金的时间。紧急失业补偿计划已经修改了很多次。《2012 年中产阶级减税和创造就业法案》将临时失业补偿计划到期日延长至 2013 年 1 月 2 日,并对计划做出了一些修改。但是,在 2012 年末,国会又一次将临时紧急失业补偿计划延长一年,包括了 2013 年全年。

融资

州失业保险计划的资金很大部分来自于雇主为员工工资支付的薪酬税。有 3 个州还设定了最低缴费额。所有税收费用都存入联邦失业信托基金(Federal Unemployment Trust Fund)。每个州都有独立的账户,失业税收费用和州政府的投资收益存入该账户。失业保险金从每个州的账户中支出。

2012 年,参保雇主就其向保险范围内的每位员工支付的年薪中的前 7 000 美元缴纳 6.2% 的联邦薪酬税。雇主可以对获得认可的失业保险缴费免缴联邦税,并通过获得认可的经验费率计划来达到节约税收的目的。所有雇主的抵扣最高额度被限制在 5.4%,剩下的 0.6% 支付给联邦政府用于州和联邦的管理费用,以及作为筹集联邦政府的延期保险金计划的资金和维持州政府的账户用尽时可以暂时借款的贷款基金。

由于大多数州都希望加强失业保险准备金和维持基金的偿付能力,因此它们的应税工资基础超过 7 000 美元。2012 年,更高的应税薪酬基数范围从最低的路易斯安那州的 7 700 美元到夏威夷的 38 800 美元。

经验费率(experience rating)也有所使用。就业记录良好的企业根据经验费率降低税率。支持经验费率的主要观点认为,企业有经济激励实现就业的稳定。

存在的问题

州失业保险计划有很多问题。现将一些重要的问题概括如下:

---

① U. S. Department of Labor, Employment and Training Administration, "Monthly Program and Financial Data." Available at www. ows. doleta. gov/unemploy/claimssum. asp (accessed August 22, 2012).

- 领取保险金的人占比低。州失业补偿计划没有涵盖所有失业人员。有很多种方法测算接受正常的州保险金的失业人员的占比。一个常见的标准是领取率。领取率代表了正常的州保险计划中的失业被保险人占失业总人口的百分比。2011年是失业率比较高的一年，领取率在最高的阿肯色州的47%和最低的南达科他州的17%之间。全国领取率仅为26%。①

较低的领取率可归因于几个因素。各州采用了更严格的资格条件和更严格的政策调整；许多失业人员在初始等待期被临时拒绝；许多失业者是重新或者新进入劳动力市场的人，还没有取得要求的薪酬收入；有些失业人员在保障范围之外的职业工作；其他人因不同原因而不具有资格；许多人在用完保险金后仍然失业；许多失业人员没有申请保险金。因此，现有的州失业保险计划作为抵御短期失业率的有效性被严重质疑。

- 融资不充分。许多州的信托基金余额相对较低，强迫它们在经济衰退期间从联邦失业账户借款。一种广泛使用的计算州失业信托账户充足率的方法被称为平均高成本因子法。这种方法可以对偿付能力进行测度，并显示在州政府支付的保险金等于过去20年中3个成本最高的12个月的平均支出金额的情况下，州政府可以支付多少年的失业保险金，而不需要增加更多的收入。劳动力市场研究专家建议的平均高成本因子是1.5。这意味着州政府信托基金账户中有足够的钱，不需要注入更多的资金，就可以按照在过去的三种情况最糟糕的12个月中支付的平均数额支付1.5年的保险金。但是，在2009年的第一个季度（美国失业情况最为严重的一段时期），只有12个州的高成本因子大于1。② 结果，大多数州耗尽了它们的信托基金储备，从联邦政府借款以继续支付保险金。

- 衰退期间的高耗尽率。另一个重要问题是，在经济衰退期间耗尽其正常州失业保险金的申请人比例相对较高。2009年末是历史上城市失业率比较高的衰退期间，耗尽率为55%。从那个时候开始，耗尽率略微下降，但是仍然保持在较高水平。在2012年3月末，美国的耗尽率为48%。③ 由于失业保险金有限的领取时间，许多申请人在经济衰退期间耗尽了正常的保险金，而且直到现在仍然失业。

工人补偿保险

工人补偿保险（workers compensation）是一个向因公致残的工人提供医疗保健、现金保险金、康复服务的社会保险计划。这些保险金对于保障那些因公致残的工人的经济安全极为重要。

工人补偿保险的发展

追溯到1837年，根据《工业事故普通法》的规定，受工伤的工人必须起诉雇主，在他们获得伤害赔偿之前，要证明雇主存在过失。但是，雇主可以运用下面三个原则来抗诉受伤工人

---

① U. S. Department of Labor, Employment and Training Administration, "Recipiency Rates by States," in *Unemployment Insurance Chartbook*. Available at www.doleta.gov/unemploy/chartbook.cfm (accessed August 22, 2012).

② U. S. Department of Labor, Employment and Training Administration, "Unemployment Insurance Data Summary," First Quarter, 2009. Available at www.ows.doleta.gov/unemploy/content/data.asp (accessed August 22, 2012).

③ U. S. Department of Labor, Employment and Training Administration, "Exhaustion Rates, Regular State UI Final Payments as a Percent of First Payments" in *Unemployment Insurance Chartbook*. Available at www.doleta.gov/unemploy/chartbook.cfm (accessed August 22, 2012).

的起诉：
- 共同过失原则
- 同伴原则
- 风险自负原则

共同过失原则（contributory negligence doctrine）是指，受伤的工人如果在任何方面对其所受伤害负有责任就无法获得赔偿。**同伴原则**（fellow-servant doctrine）是指，如果由于同伴过失而受伤，则受伤工人无法获得赔偿。**风险自负原则**（assumption-of-risk doctrine）是指，如果工人预先知道特定职业中存在的风险却仍然选择该职业，那么受伤后无法获得赔偿。由于如此苛刻的普通法，很少有残疾工人能够就其所受伤害获得足额的赔偿。

1885年到1910年，一系列雇主责任法案的通过是工人补偿保险的一个进步。这些法律降低了普通法抗辩的有效性，改善了受伤工人的法律地位，要求雇主为员工提供安全的工作条件。但是受伤工人在领取伤害赔偿之前，仍然需要起诉雇主，并证明其过失。

最后，各州通过了工人补偿法案，解决了日益增长的工伤问题。1908年，联邦政府通过了覆盖某些联邦雇员的工人补偿法案，到1920年，大多数州都通过了类似的法律。现在，所有州都有了工人补偿法案。

工人补偿法案的基本原则是**无过失责任原则**（liability without fault）。无论谁有责任，雇主对于工伤或工人患病负有绝对责任。残疾工人根据法律规定的计划就其所受伤害获得赔偿，工人不再需要起诉雇主来获取保险金。无论谁有过失，都可以以最少的法律程序快速向工人提供赔偿。工人补偿保险金的成本被认为是生产的正常成本，应当包含在产品的价格中。

工人补偿的目的

州工人补偿法案有几个基本目标：
- 为工人提供工伤和与工作相关的疾病的广泛保障
- 针对收入损失的巨额保障
- 足够的医疗保健和康复服务
- 鼓励采取安全措施
- 减少起诉

基本目标是为工人提供工伤和与工作相关的疾病的广泛保障。也就是说，工人补偿法案应当包括大多数职业，以及大多数与工作相关的意外事故和疾病。

第二个目标是针对收入损失提供巨额保障。现金保险金用于补偿残疾工人损失的大部分收入，使残疾工人可以维持之前的生活水平。

第三个目标是为受伤的工人提供足够的医疗保健和康复服务。工人补偿法案要求雇主支付受伤工人的住院、手术和其他医疗费用。而且，法案要求为残疾工人提供康复服务，使他们恢复到能够参加工作的状态。

另一个目标是鼓励企业降低与工作相关的事故，采取有效的安全措施。经验费率用于鼓励企业降低与工作相关的事故以及与工作相关的疾病，因为事故率较低的企业需要支付的工人补偿保险相对较低。

最后，工人补偿法案设计用于减少起诉。保险金会迅速支付给残疾工人，而不需要他们起诉雇主。这一措施的目的是为了减少支付给律师的法律费用，以及审判和上诉所带来的时间消耗和高昂的费用。

遵守法律

雇主可以通过购买工人补偿保险、自保,或从垄断性的或竞争性的州立基金等途径,达到遵守法律的目的。

大多数企业从商业保险公司那里购买了工人补偿保险。保险公司所支付的保险金数额等于是雇主在法律上应支付给因工受伤或患病的工人的钱。

大多数州都允许进行自保。许多大企业为了节省钱,而对工人损失补偿采用自保的方式。此外,将风险和负债汇聚起来的小企业也可以采用团体自保。

最后,从某些州的州立基金还可以买到工人补偿保险。在一些地区,被保障的雇主通常必须从**垄断性州立基金**(monopoly state fund)购买工人补偿保险,或者对风险进行自保。其他州有**竞争性州立基金**(competitive state fund),这些基金与商业保险公司进行竞争。①

保障范围内的职业

尽管大多数职业获得了工人补偿法案的保障,但某些职业仍然被排除在外,或者保障不完全。由于工作的性质,大多数州将农场雇工、家政服务人员以及临时雇工排除在外,或者提供的保障不完全。有些州的除外责任很多,由于这些除外责任,一些员工少于一定数量(一般是3~5个)的小企业不需要提供工人补偿保险金。但是,雇主可以在其他类别中自愿为员工提供保障。

资格条件

要领取工人补偿保险金必须满足两个资格条件。第一,残疾人员必须从事保障范围内的职业。第二,工人必须遇到与工作相关的意外事故或患有与工作有关的疾病。这意味着所受伤害或疾病是因为工作引起的。法庭越来越放宽了这一条款的度量标准。下面这些情况通常属于典型的工人补偿法案范围:

- 旅行中的员工因为为雇主服务受伤。
- 员工在特定地点执行特定任务时受伤。
- 员工在工作厂房内,以及在走向工作地点时受伤。
- 员工在工作时因抬重物而引发心脏病。

工人补偿保险金

工人补偿法案提供四种基本保险金:

---

① 北达科他州、俄亥俄州、华盛顿州和怀俄明州都设置了排他性或垄断性州立基金。竞争性州立基金存在于亚利桑那州、加利福尼亚州、科罗拉多州、夏威夷州、爱达荷州、肯塔基州、路易斯安那州、缅因州、马里兰州、明尼苏达州、密苏里州、蒙大拿州、新墨西哥州、纽约州、俄克拉何马州、俄勒冈州、宾夕法尼亚州、得克萨斯州、犹他州和西弗吉尼亚州。亚利桑那州计划在2013年以前商业化。怀俄明州仅对额外的高风险职业是强制性的。非危险行业的企业可以选择州立基金投保或不投保。具体内容见保险信息协会,"Workers Compensation," Issues Updates, May 2012。其信息会定期更新。

- 无条件医疗服务
- 残疾收入
- 死亡抚恤金
- 康复服务

无条件医疗服务 所有州对医疗服务都提供全额保障,而没有时间和资金的限制。但是,有些州设置了特殊条款,限制对某些医疗措施的支付数额。此外,为了节约成本,大多数州在医疗护理保险中提供可选折扣。

医疗服务的价格非常高。为了降低医疗成本,许多州允许雇主使用管理式医疗计划为受伤员工看病。对保健组织和优先提供者组织的使用也一直在增加。

残疾收入 在残疾工人满足了从3～7天不等的等候期之后,就可以对其支付残疾收入保险金。如果受伤的工人在几天或几个星期后仍然残疾,那么大多数州都会支付追溯到受伤当日这段时间的残疾保险金。

周保险金基于受伤工人平均周工资的一定比例(一般是三分之二)或者残疾的程度确定。存在四类残疾:(1)暂时性全残,(2)永久性全残,(3)暂时性部分残疾,(4)永久性部分残疾。暂时性全残理赔最为常见,占现金索赔中的大部分。

死亡抚恤金 如果工人因为与工作相关的事故或疾病死亡,就可以向符合条件的遗属支付死亡抚恤金。支付的抚恤金有两种类型。首先,支付丧葬津贴。其次,向符合条件的遗属支付周抚恤金。周抚恤金根据死亡工人薪酬的一定百分比(通常是三分之二)确定,通常在配偶活着的时候一直支付或支付到其再婚。在再婚的时候,寡妇或鳏夫一次性获得一到两年的支付。周抚恤金还可以支付给每个抚养的子女,直到子女达到一定年龄,例如18岁或更大一点的岁数。

康复服务 所有州都提供康复服务,帮助残疾工人重回就业岗位。除了每周的残疾保险金之外,享受康复服务的工人可以获得食宿、旅行、书籍和一些必需品的补偿。在有些州还支付培训津贴。

存在的问题

工人补偿计划在日常操作中存在很多问题。这里简要讨论三个方面的问题:
- 医疗成本占总保险金份额的逐步上升
- 欺诈和滥用
- 劳动力老龄化对工人补偿成本的影响

医疗成本占总保险金份额的逐步上升

医疗成本占总成本的百分比在过去的时间中已经大幅度上升。工人补偿索赔包含两个因素:(1)对于损失收入的支付(被称为赔偿金支付),(2)对于医疗保健服务的支付。过去,赔偿金支付占总成本的比例比医疗保健更高。但是,这种结构已经发生了变化。根据国家补偿保险委员会的资料,医疗成本在2009年占总成本的58%,而1989年仅占47%。[1] 医疗成本的

---

[1] Dennis C. Mealy, National Council on Compensation Insurance, "Annual Issues Symposium 2010, State of the Line," May 6, 2010, Orlando, Florida, NCCI Holdings Available at https://www.ncci.com/Documents/AIS-2010-SOL-Presentation.pdf (accessed August 22, 2012).

上升部分源自于医疗保健和工资增长之间的差异。医疗成本增速比工资更快。最终，医疗成本在总成本中占的比例高于补偿金，后者基于工资情况。此外，近年来，医疗服务的使用率也一直在增长。使用率是指每次索赔的医疗检测和治疗的次数。最近几年，每次索赔的签单数量也增加了，这也揭示了医疗成本为什么上升的原因。

欺诈和滥用

工人补偿领域的欺诈和滥用仍然是重要问题。根据保险信息协会的研究，欺诈在财产和意外保险领域所有已发生的损失和损失调整费用中占10％，每年约300亿美元。根据美国保险犯罪局的统计，在这一数额中，工人补偿保险欺诈占比约25％，每年72亿美元。[①]

有几种类型的欺诈和滥用可以确定，包括：

- 员工的错误分类。道德品行不好的雇主经常会聘请一些新员工，并把他们分类为独立签约人，而不是员工。另一种方式是不登记领取薪酬的员工，从而减少工资名册上的员工数量。从而让这些不道德的雇主避免为这些员工缴纳补偿保险费。
- 虚假索赔。一些人虚报或夸大他们所受的伤害，并提交虚假索赔。虚假索赔的典型案例是，那些非工作时间受伤的人说他们是在工作时间受的伤，并提交索赔，要求工人补偿保险进行支付；谎称下背部或颈部软组织损伤，而这些地方受伤难以证明或证伪；夸大伤情，例如有些工人只有轻微的背部受伤，但为了领取更长时间的保险金，就说背部严重拉伤。
- 企业的保费欺诈。欺骗手段包括虚假陈述和虚报薪酬情况；伪造关于员工的工作信息，制造较低的分类比率；和前面一样，宣布员工为独立签约者，而不是员工。
- 医生、医疗保健服务商和律师的欺诈和滥用行为。许多医生和按摩师通过对医疗服务收取较高费用，为从未提供的服务开发票，或者让病人到医生拥有的实验室做不必要的检测，以此滥用这一体制。有些律师和医生密切勾结在一起，联合制造欺诈索赔。其他医生则通过为提供的医疗服务提供更高的费用，将不补偿的成本从老年健康保险和医疗保险转移到个人补偿保险公司那里。

个人的补偿成本和劳动力的老龄化

许多专家认为，劳动人口的老龄化对工人补偿成本有潜在的负面影响。[②] 劳动力市场中岁数偏大的个人（55岁到64岁）所占的比例稳定增加，45岁到54岁之间的工人所占比例也在增长，但速度略慢。相反，35岁到44岁的青年劳力的比例在下降。

在评估损失成本的过程中，必须同时考虑索赔的严重程度和频率。国家补偿保险委员会的一份研究报告得出结论，老年工人索赔的成本比年轻人更多，这两个群体受伤比率的差异在很大程度上消失了。最近几年，这两个团体损失成本方面的差异在很大程度上是由于严重程度的相近，因为不同年龄的人在索赔频率方面的差异已经大多消失了。[③] 国家补偿保险委员会的研究还得出结论，两个群体在受伤的种类方面有很大差别。岁数较大的工人肌腱和膝盖更容易受

---

① Travelers Insurance, "Risk Control: Managing Workers Compensation Fraud," 2008.

② 这部分基于Tanya Restrepo, and Harry Shuford, "Workers Compensation and the Aging Workforce," in National Council on Compensation Insurance, *Issues Report*, *Workers Compensation* 2012 pp. 32 - 36.

③ 这部分基于Tanya Restrepo, and Harry Shuford, "Workers Compensation and the Aging Workforce," in National Council on Compensation Insurance, *Issues Report*, *Workers Compensation* 2012 pp. 32 - 36.

伤，而年轻人背部和脚踝更容易受伤。此外，老年人的工资和保险金一般都比年轻人高。国家补偿保险委员会的研究得出两个重要结论：(1) 岁数较大的工人工资较高，导致会有较高的补偿性支付；(2) 老年人遭受到的伤害需要更多的医疗护理，从而每一笔索赔的医疗成本更高。岁数较大的工人每一笔索赔所涉及的治疗费用账单也会更多。① 总的结论是，岁数较大的工人的索赔成本更高。

案例应用

萨姆今年35岁，凯茜今年33岁。他们已经结婚，而且有一个1岁的儿子。萨姆是一名会计，每年收入为75 000美元。凯茜是大学的副教授，每年收入150 000美元。两个人都是老年、遗属和残疾保险计划的全额在保被保险人。假设你是一位理财师，被要求就老年、遗属和残疾保险和其他社会保险计划给他们提供一些建议。结合下面情景回答每一个问题。分别就每一种情况进行回答。

a. 萨姆在一次汽车事故中当场死亡，那么活着的家庭成员能够在多大程度上领取老年、遗属和残疾保险遗属抚恤金？

b. 凯茜患有咽喉炎，伤害了她的声带，所以，她无法继续授课。然后，她到所在大学的商业研究机构参与研究工作。凯茜能够在多大程度上领取老年、遗属和残疾保险遗属抚恤金？

c. 一个疯狂的学生用手枪打了凯茜一枪，因为她给了他一个D。凯茜因此而身受重伤，可能需要至少一年的时间才能够康复返回工作岗位。如果有的话，在多大程度上，美国现有的社会保险计划能够在暂时性残疾期间提供收入？

d. 萨姆将在62岁退休，并兼职当会计。他被通知，将对他作老年、遗属和残疾保险收入测试。请解释为什么收入测试会影响他退休后做兼职的决定。

e. 萨姆辞去其工作，找了一份薪水更高的工作。解释萨姆能否在他找到新工作之前的临时失业时间里领取失业保险金。

本章小结

- 社会保险计划是强制性的保险计划，有几个特征将其与其他政府保险计划相区别。美国的社会保险计划有以下几个特点：
  强制性
  保障基本收入
  强调社会公平而非个人公平
  保险给付与收入之间没有严格的对应关系
  保险给付由法律规定
  不需要方法测试
  不需要足额集资
  经济上的自给自足

- 老年、遗属和残疾保险计划就是我们通常所说的社会保障，是美国最重要的社会保险计划。该计划向退休或残疾的符合条件的受益人按月支付保险金。该计划还向符合条件的生存的家庭成员支付生存保险金。

- 联邦老年健康保险现在有多种计划，包括(1) 原有的联邦医疗保险，(2) 联邦医疗保险优势计划，(3) 其他联邦老年健康保险计划，(4) 联邦老年健康保险处方药计划。

- 失业保险计划是联邦和州政府共同推出的计划，为非自愿失业的工人按周支付保险金。失

---

① 这部分基于 Tanya Restrepo, and Harry Shuford, "Workers Compensation and the Aging Workforce," in National Council on Compensation Insurance, *Issues Report*, *Workers Compensation* 2012 pp. 32-36.

业保险计划有几个目标：
　　在非自愿失业期间提供现金收入
　　帮助失业人员就业
　　鼓励企业稳定就业
　　帮助稳定经济
　● 失业工人要按周领取保险金必须满足一些资格条件：
　　在基年内，领取合格工资并处于就业状态
　　能够并可以获得工作
　　在积极寻找工作
　　没有被剥夺资格
　　满足等候期要求
　● 失业工人要想领取失业保险金还必须满足一些非货币性的资格条件要求。这是指那些可能导致延期支付或拒绝支付养老金的某些不符合条件的行为。这些行为包括没有正当理由自愿失业，没有正当理由而拒绝合适的工作，因为工作中的渎职行为被开除，没有能力或意愿接受全职工作，由于卷入劳动纠纷而失业。

● 工人补偿计划是一个向因公致残的工人提供医疗保健、现金保险金、康复服务的社会保险计划。工人补偿法案有如下几个目的：
　　为工人提供工伤和与工作相关的疾病的广泛保障
　　针对收入损失的巨额保障
　　足够的医疗保健和康复服务
　　鼓励采取安全措施
　　减少起诉
● 工人补偿法案一般支付以下保险金：
　　无条件医疗保险
　　残疾收入
　　死亡抚恤金
　　康复服务

重要概念和术语

风险自负原则
平均指数化月收入（AIME）
竞争性州立基金
共同过失原则
积分（四分之一保障）
普通被保险人
延期退休积分
诊断分类团体
残疾被保险人
收入测试（退休测试）
专属补偿原则
经验费率

延期保险金计划
同伴规则
正常退休年龄
足额融资计划
完全被保险人
住院保险（联邦老年健康保险 A 部分）
个人资产
无过失责任
均值检验（需求检验）
医疗保险（联邦老年健康保险 B 部分）

联邦医疗保险优势计划（C 部分）
联邦医疗保险处方药计划（D 部分）
补充医疗保险
垄断性州立基金
原保险数额
短期非自愿失业
社会公平
社会保障
失业保险
工人补偿保险

复习题

1. 解释美国社会保险计划存在的原因。
2. 指出社会保险计划的基本特征。
3. 老年、遗属和残疾保险有三种类型的被保险人。简要对它们进行解释：
　　a. 完全被保险人
　　b. 正常被保险人
　　c. 残疾被保险人
4. 老年、遗属和残疾保险提供多种保险金。简要说明下面几类保险金：
　　a. 退休金
　　b. 遗属抚恤金
　　c. 残疾保险金

5. 解释老年、遗属和残疾保险计划中对残疾的定义。

6. a. 原有联邦老年健康保险计划提供几种保险金。指出下面每一种提供的主要保险金：

(1) 住院保险（联邦老年健康保险 A 部分）

(2) 医疗保险（联邦老年健康保险 B 部分）

b. 简要描述在联邦老年健康保险优势计划中，联邦老年健康保险的受益人选择主要有哪些？

c. 简要描述联邦老年健康保险处方药计划。

7. 解释州失业保险计划的基本目标。

8. 解释领取失业保险金的合格条件。

9. 阐述工人补偿保险计划的基本目标。

10. 指出典型的工人补偿法案提供的主要保险金。

应用题

1. 在社会保障管理局的网站上有几个养老金计算公式。"速算公式"将帮助访问者大致估算出养老金的情况。养老金计算的结果取决于填写的生日和收入历史。出于安全性的考虑，计算公式不会获取访问者的实际收入和过去的收入情况。相反，计算器将会基于访问者提供的信息估计收入情况。尽管计算器对访问者过去的收入做出了初步的假设，但是访问者仍然可以在完成并提交表格之后修改假设的收入数值。访问者必须输入出生日期、当前实际的或估计的收入情况以及未来的退休日期（可选）。该站点地址为 socialsecurity.gov/OACT/quickcalc/。请使用快速计算器计算你的社会保障养老金。

2. 老年、遗属和残疾保险计划向参保员工及其家属提供退休金。解释下面每一类人是否具有根据退休工人的退休记录领取老年、遗属和残疾保险退休金的资格。每一种情况单独考虑。

a. 退休工人 25 岁的未婚儿子，他因为汽车事故在 15 岁的时候完全残疾。

b. 退休工人 63 岁的配偶，已经不再抚养小于 18 岁的未婚子女。

c. 退休工人 45 岁的配偶，正在抚养退休工人 12 岁的女儿。

d. 55 岁已离异的配偶，与退休工人共同生活 6 年。

3. 老年、遗属和残疾保险计划根据死亡的工人的收入向符合条件的家庭成员支付遗属抚恤金。解释下面每一类人是否具有根据死亡工人的退休记录领取老年、遗属和残疾保险遗属抚恤金的资格。每一种情况单独考虑。

a. 35 岁的生存配偶，正抚养小于 16 岁的未婚子女。

b. 正在上大学的 19 岁的儿子。

c. 55 岁的生存配偶，没有 16 岁以下的子女要抚养。

d. 60 岁的生存配偶，已经有多年不参加工作。

4. 老年、遗属和残疾保险计划向残疾工人及其符合条件的家庭成员支付残疾保险金。解释下面每一类人是否具有领取残疾保险金的资格。在每一种情况下，假设残疾的工人都是残疾被保险人。每一种情况单独考虑。

a. 一名工人今年 22 岁，在一次汽车交通事故中受伤，将在 3 个月之内重返工作岗位。

b. 残疾工人的配偶今年 25 岁，正在照看一名小于 16 岁的子女，残疾工人正在领取保险金。

c. 残疾工人的女儿今年 16 岁，正在读高中。

d. 一位化学教授今年 50 岁，由于患有慢性咽喉炎而不能继续教书，但是可以在一家药物公司作研究员。

e. 一名 40 岁的工人，他的脚被轧断，预计至少有 1 年的时间无法工作。

5. 原有的联邦老年健康保险计划由住院保险（联邦老年健康保险 A 部分）和医疗保险（联邦老年健康保险 B 部分）组成。对于下面的每一种损失，指出分别是属于联邦老年健康保险 A 部分还是 B 部分。（不考虑免赔额或共同保险的要求，每一种情况单独考虑。）

a. 玛丽今年 66 岁，因为患有心脏病要住院 5 天。

b. 约翰今年 62 岁，患有前列腺癌，请他的家庭医生为他进行治疗。

c. 马里恩今年 80 岁，是一家专业护理机构的病人。她在疗养院住了两年多的时间。

d. 唐今年 72 岁，他的听力不好，从当地企业购买了一个助听器。

e. 莎拉今年 68 岁，有语言障碍，由于一次打击而不得不待在家里。一名语言治疗专家到家里为她看病，帮助她恢复语言能力。

f. 弗雷德今年 78 岁，患有髋部关节炎，一走路就感到疼痛，需要做手术将髋骨移植。

g. 迈克尔今年 65 岁，参加了原有的联邦老年健康保险计划。他的老伴今年 62 岁，患有癌症，需要化疗。

6. 对州失业保险计划的批评者认为，"失业保险计划是为了向失业工人提供经济保障，但是有一些关键问题需要解决"。

a. 典型的州失业保险计划应保障的失业类型有哪些？

b. 说明哪些情况会剥夺工人领取失业保险金的资格。

c. 为什么长期以来领取失业保险金的失业工人的比例在下降？

7. 工人补偿法案向那些因与工作有关的事故或疾病受伤害的工人提供大量的经济保障。

a. 解释工人补偿法案的基本法律原则。

b. 列出参保工人遵守州工人补偿法案的不同方式。

c. 解释领取工人补偿保险金的资格条件。

d. 解释为什么受伤员工起诉雇主的案例数量在许多州都出现了上升趋势。

网络资源

● 波士顿大学养老金研究中心提供关于养老金、社会保障以及其他与经济安全有关的跨界研究。该中心的目的是推进关于对养老金问题的研究，向政策共同体和公众传播最新发现，帮助训练新进学者，拓展获取有价值的数据资源的渠道。网站地址为：crr.bc.edu

● 职业培训局（ETA）是美国劳工部的政府机构，提供关于州失业补偿计划的详细信息和数据。网址为：doleta.gov

● 医疗保障和医疗救助服务中心（CMS）是卫生和人类服务部的一部分，管理联邦老年健康保险计划。医疗保障和医疗救助服务中心向消费者、卫生保健专家和媒体提供关于老年健康保险计划的信息和数据，包括计划的精算成本。网址为：cms.gov

● Medicare.gov 是联邦老年健康保险的官方网站。该网站提供关于联邦老年健康保险、疗养院、参与医生、老年健康保险出版物、处方药辅助计划的基本信息。网址为：medicare.gov

● 全美社会保险学会（National Academy of Social Insurance）是一家专业组织，帮助人们增加对社会保险计划的认识。该组织会按时出版关于社会保障和联邦老年健康保险的重要研究成果。网址为：nasi.org

● 维护社会保障国家委员会的目的是保护、维护、促进并确保当前和未来老年人的财务安全、健康和正常生活。该组织会及时发布关于社会保障和老年健康计划的文章和研究成果。网站地址为：ncpssm.org/

● 国家补偿保险委员会控股公司（National Council on Compensation Insurance Holdings, Inc.）开发并管理工人补偿保险的费率厘定计划和系统。网址为：ncci.com

● 总精算师办公室（Office of the Chief Actuary）隶属于社会安全局，提供老年、遗属和残疾保险计划的精算成本，确定保险金年生活成本调整幅度。该网站提供很多实时出版物。网址为：socialsecurity.gov/OACT

● 社会保障在线是社会保障管理局的官方网站，负责管理社会保障计划。其网站提供关于老年、遗属和残疾保险金的最新信息以及计划最新的变化。网址为：socialsecurity.gov

● 社会保障咨询理事会（Social Security Advisory Board）是一家独立的两党共建的理事会，为总统和国会成员就与社会保障相关的事务提供建议。其网站提供与社会保障有关的及时的报告。网址为：ssab.gov

● 工人补偿计划研究所是一个独立的非营利

研究组织，提供关于公共政策（包括工人补偿体系）的高质量的研究成果。网址为：wcrinet.org/

参考文献

American Academy of Actuaries, *A Guide to Analyzing the Issues: Social Security Reform*, 2012.

The Board of Trustees, Federal Old-Age and Survivors Insurance and Disability Insurance Trust Funds, *The 2012 Annual Report of the Board of Trustees of the Federal Old-Age and Survivors Insurance and Federal Disability Insurance Trust Funds*. Washington, DC: U.S. Government Printing Office, 2012.

The Boards of Trustees, Federal Hospital Insurance and Federal Supplementary Medical Insurance Trust Funds, *2012 Annual Report of the Boards of Trustees of the Federal Hospital Insurance and Federal Supplementary Medical Insurance Trust Funds*. Washington, DC: U.S. Government Printing Office, 2012.

Congressional Budget Office, *Social Security Policy Options*. Publication no. 4140, Washington, DC, July 2010.

Insurance Information Institute. "Workers Compensation," *Issues Updates*, May 2012. This source is periodically updated.

Mealy, Dennis C. "2011 State of the Line, Analysis of Workers Compensation Results," National Council on Compensation Insurance, 2011.

Medicare & You 2013, Baltimore, Maryland: Centers for Medicare & Medicaid Services, September 2012.

National Academy of Social Insurance, "The Role of Benefits in Income and Poverty." Social Security at nasi.org.

National Council of Compensation Insurance, *Issues Report*, *Workers Compensation*, 2012. Available at https://www.ncci.com/Documents/IR_2012.pdf (accessed August 22, 2012).

Nichols, Orlo R., Office of Chief Actuary, Social Security Administration, "The Insurance Value of Potential Survivor and Disability Benefits for an Illustrative Worker," Memorandum, August 15, 2008.

Rejda, George E. *Social Insurance and Economic Security*, 7th ed., Armonk, New York: M. E. Sharpe, 2012.

Reno, Virginia P., and Joni I. Lavery, National Academy of Social Insurance, "When to Take Social Security Benefits: Questions to Consider," *Social Security Brief*, No. 31, January 2010.

Social Security and Medicare Boards of Trustees, *Status of the Social Security and Medicare Programs: A Summary of the 2012 Annual Reports*. Washington, DC, 2012.

Vroman, Wayne, National Academy of Social Insurance, "Unemployment Insurance: Problems and Prospects," *Unemployment Insurance Brief*, No. 2, October 2011.

Woodbury, Stephen A., and Margaret C. Simms, National Academy of Social Insurance, "Strengthening Unemployment Insurance for the 21st Century: An Agenda for Future Research," *Unemployment Insurance Brief*, No. 1, January 2011.

Workers Compensation Research Institute. *Workers' Compensation Laws as of January 2012*, Cambridge, MA.

第五部分
个人财产与责任风险

第 19 章

责任风险

"我从来不会在同一个地方跌倒两次,虽然输掉一场官司,但我还会再赢回来。"

——沃尔塔

学习目标

学习完本章,你应当能够:

- 对过失进行定义,并解释过失行为的要素。
- 解释诉讼案中使用的下列法律抗辩术语:
  共有过失
  比较过失
  风险自担
  最后机会原则
- 将过失原则应用于特定责任情形。
- 解释现有侵权赔偿责任体系的不足和对侵权赔偿改革的建议。
- 解释下面侵权赔偿责任问题:
  存在问题的侵权责任体系
  医疗责任风险
  公司欺诈和公司治理不严

加洛特买了一只斗牛犬,养在后面的院子里。尽管在院子周围有篱笆,但是却没有很好地维护。一天晚上,加洛特的邻居想要牵自己的狗出去溜一溜,但是加洛特的狗从篱笆下面攻击了他的狗。当邻居试图把狗分开时,斗牛犬攻击了他。邻居的腿、胳膊和脸都被严重咬伤。由于被加洛特的狗咬伤,邻居的狗不得不被执行安乐死。邻居起诉了加洛特。在整个案件审理期间,又被发现加洛特之前就因为他的狗从院子里逃脱攻击一名邮差而被市政局罚款。法院判决加洛特向邻居支付 250 000 美元。

加洛特以经济状况的恶化为代价承担了过失的法律责任。与加洛特相似,其他人也经常面临类似的情况。开摩托的人因为驾驶摩托车撞死或撞伤别人被起诉。公司因为有问题的产品伤害了别人，虚假会计操作和会计欺诈导致投资者受损，因违背证券法的内部交易以及对管理的监管不力而面临起诉。医生、律师、会计、工程师和其他专业人士因为失误操作、过失和不胜任而被起诉。政府和慈善机构因为不再享有免予起诉权而被起诉。所以，责任风险对于那些希望避免或最小化潜在损失的人非常重要。

这一章讨论了美国的过失原则和侵权责任赔偿体系。这些知识构成了理解后面进行讨论的责任保险的基础。这里讨论的问题包括过失原则、过失行为要素、特殊责任情况下对过失原则的应用、当前侵权责任赔偿问题，以及侵权方面的改革。

法律责任基础

每个人都有一些法律权益。**法律过失**（legal wrong）是指对一个人合法权益的侵害，或者是没有对特定的个人或者整个社会履行某种法律义务。

法律过失有三个层次。犯罪是对社会的法律过失，它常常以罚款、监禁或死刑的形式进行惩罚。违反合同是法律过失的另一个层次。最后，**民事侵权**（tort）是一种按照法律规定应当以货币形式赔偿损失的法律过失行为。由于他人（被告或**侵权者**（tortfeasor））的行为而遭受伤害或损害的人（原告或**起诉人**（plaintiff）），可以因其遭受损害而提起诉讼。

民事侵权行为通常可以分为以下三类：
- 故意侵权
- 严格责任（绝对责任）
- 过失

故意侵权

法律责任可以由一些伤害或损害他人及其财产的故意行为或疏忽产生。故意侵权的例子包括攻击、殴打、非法侵入、非法监禁、欺诈、中伤、诽谤和知识产权、版权等侵权行为。

严格责任

由于对个人或社会的潜在损害极大，即使能证明是疏忽，他们还是要为此承担相应的责任。**严格责任**（strict liability）是指无论是过失还是疏忽，都要强制承担的责任。严格责任也称为**绝对责任**（absolute liability）。下面列出了一些常见的严格责任的情况：
- 爆破操作
- 制造炸药
- 豢养野生动物或危险动物
- 利用飞机喷洒农药
- 工人补偿法案规定的员工职业伤害和疾病

过失

过失是另一种会导致实质性责任的民事侵权形式。由于过失在责任保险中非常重要，所以要特别重视。

过失原则

过失（negligence）一般被定义为由于没有达到法律要求的谨慎标准而致使他人受到不合理伤害的风险。这里的谨慎标准建立在一个理性且谨慎的人所需要的关注程度的基础上。换句话说，将你的行为与同样情况下的一个理性且谨慎的人的行为进行比较。如果你的所作所为低于一个理性且谨慎的人所要求的谨慎标准，就认为你存在过失。

法律对每种错误行为所要求的谨慎标准并不一致。其含义复杂，且依赖于牵涉在内的人的年龄和知识，不断变化的法院解释，起诉人与侵权者的技能、知识和判断，伤害的严重程度，以及其他附加因素。

过失要素

为了得到赔偿，受伤的人必须证明侵权者存在过失行为。有四个基本的**过失要素**（elements of negligence）。

- 存在法律责任
- 没有履行该法律责任
- 对原告造成损害或伤害
- 过失行为与造成伤害之间存在直接因果关系

存在法律责任 第一个条件是存在防止他人受到伤害的法律责任。例如，驾驶员有遇到红灯时停车和在速度限制范围内安全驾驶车辆的法律义务。制造商有生产安全产品的法律义务。内科医生在开药之前有询问病人是否对该药物过敏的法律义务。

如果不存在法律规定的强制责任，你就无需承担责任。例如，也许你是名游泳冠军，但是你并不负有法律责任要跳到游泳池里去救一名2岁的落水儿童。你也不必承担在气温零下30度的夜里停下车来搭载搭便车的人的法律责任。要犯有过失罪，首先必须存在防止他人受到伤害的法律责任或义务。

没有履行该法律责任 第二个条件是没有承担法律要求的责任。也就是说，你没有达到防止他人受到伤害的谨慎标准。将你的行为与处于相同环境下的一个理性且谨慎的人的行为进行对比，如果你的行为低于该标准，就满足了第二个条件。

被告的行为可以是作为或者是不作为。在居民区高速行驶或闯红灯就是作为的例子，一个理性且谨慎的人不会这么做。不作为简单来说就是没有采取行动：没有做到一个理性且谨慎的人原本可以做到的事情。例如，如果因为没有修好自己刹车已经失灵的汽车而使他人受到伤害，就存在过失。

损害或伤害 第三个条件是对原告造成损害或伤害。受害者必须证明其所遭受的损害或伤害是所谓的侵权者的行为所导致的结果。例如，超速驾驶者可能会闯红灯，撞上你的车，使你严重受伤。因为你受到伤害，而且你的车也被损坏，所以过失行为的第三个条件已经满足。

被判决要过失方赔偿的赔偿金的数额取决于几个因素。法律确认了几种类型的赔偿，并以货币的形式进行计量（见图表19—1）：

补偿性赔偿金（compensatory damages）用于赔偿受伤人员实际遭受的损失。补偿性赔偿金包括特殊赔偿金和一般性赔偿金。**特殊赔偿金**（special damages）是对那些能够确定并记录下来的损失给予赔偿，例如医疗费用、收入损失或财产赔偿。**一般赔偿金**（general damages）用于赔偿那些无法专门衡量或详细说明的损失，例如对痛苦、毁容或夫妻不合的补偿。

惩罚性赔偿金（punitive damages）用于惩罚个人和组织，从而使其他人避免犯同样的错误。惩罚性赔偿金通常是补偿性赔偿金的数倍。

直接因果关系 过失行为的最后一个条件是必须存在直接因果关系。**直接因果**（proximate cause）是一种不被其他任何新的和独立的原因所打断的原因，没有它的存在，某一件事就不会发生。也就是说，在过失行为和造成的伤害之间必须存在一条未中断的事件因果链。例如，一个酗酒的司机闯红灯，并撞死了另一名司机。这就满足直接因果的条件。

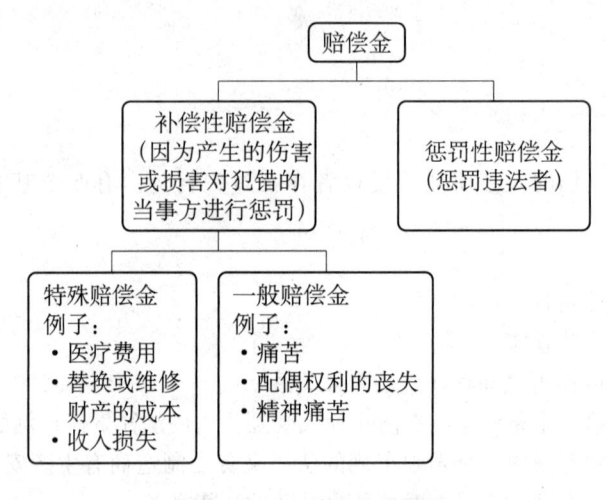

图表 19—1　赔偿金的类型

资料来源：Donald S. Malecki, Arthur L. Flitner, and Jerome Trupin, *Commercial Liability Risk Management and Insurance*, 7th ed. (Malvern, PA: American Institute for Chartered Property Casualty Underwriters/Insurance Institute of America, 2008), Exhibit 1-3, p. 1.10.

对过失的抗辩

有些法律抗辩可以驳回对损害的起诉。一些重要的抗辩包括下面几种：
- 共有过失
- 比较过失
- 最后机会原则
- 风险自担

共有过失 有些地区有共有过失法（contributory negligence laws）。[1] 共有过失是指，如果受伤人员的行为低于提供保障要求的谨慎标准，且这种行为造成了该种伤害，那么受伤人员就不得领取赔偿金。因此，在严格应用普通法的情况下，如果你在任何程度上存在造成自己受伤的影响，那么就不得获取赔偿金。例如，如果司机在高速公路上行驶的时候，没有给出任何信

---

[1] 例如哥伦比亚行政区、亚拉巴马、马里兰、北卡罗来纳和弗吉尼亚等地区。

号就突然减速,从而造成后面的司机追尾,那么未给出信号就构成了共有过失。如果共有过失成立,那么第一个司机不能领取赔偿金。

比较过失 由于共有过失法的执行过于严厉,大多数州颁布了比较过失法(comparative negligence law)。这种法允许受害者即使在与造成的伤害有关联的情况下也可以得到赔偿。根据比较过失法,如果原告(受害者)和被告双方都与受害者所受的伤害有关,则根据他们各自的过失程度来确定双方承担赔偿的比例。

各州的比较过失法不尽一致。比较过失法可以分为如下几类:①

- 完全原则
- 50%原则
- 51%原则

有十三个州承认完全原则。② 在完全原则下,即使存在过失,你仍然可以因为受到伤害而获得赔偿,但是获得的赔偿会按比例下降。例如,如果你对一起交通事故负有60%的责任,而你的实际损失是10 000美元,那么你的赔偿金就会降低60%,领取4 000美元的赔偿金。

有十二个州遵循50%原则。③ 在50%原则下,如果你的责任超过50%,就不能获得损失赔偿。但是,如果所负责任低于49%,就可以从其他当事人那里得到补偿,但是赔偿额度会降低。例如,假设你卷入一场交通事故,并承担超过50%的责任,你就不会获得任何赔偿。不过,如果仅承担49%的责任,你的实际损失是10 000美元,就可以得到补偿,但是赔偿金会降低49%到5 100美元。

21个州遵循51%原则。④ 在51%原则下,如果你的责任超过51%,就无法获得赔偿。不过,如果责任少于等于50%,就可以得到赔偿,但是赔偿金会降低。例如,假设你卷入一场交通事故,实际损失为100 000美元。如果你承担的责任为51%,就得不到任何赔偿。然而,如果只有50%的责任,就可以获赔偿,但是赔偿金会降低到50 000美元。

最后机会原则 另外一个对共有过失原则的修正是**最后机会原则**(last clear chance rule),它是指如果被告本来在最后有明显的机会避免事故发生,但却没有这样做,那么由于自己的过失而受到伤害的原告仍然可以从被告那里获得赔偿。例如,路人乱闯红灯违反法律,但是如果驾驶者最后有明显机会可以避免撞到那个路人却没有做,那么受伤的路人可以获得赔偿。

风险自担 **风险自担**(assumption of risk)原则是另一种可以用于驳回对损失要求赔偿的抗辩。根据这一原则,已了解并意识到某一特定活动中所固有风险的人受到伤害时不能获得赔偿。实际上,即使因为其他人的过失造成了伤害,风险自担原则也禁止受害者获得赔偿。例

---

① 这部分基于 *Comparative Fault Systems in All 51 Jurisdictions*, Matthiesen, Wickert & Lehrer, S.C., Attorneys at Law, Hartford, WI.

② 阿拉斯加州、亚利桑那州、加利福尼亚州、佛罗里达州、肯塔基州、路易斯安那州、密西西比州、密苏里州、新墨西哥州、纽约州、罗得岛州、南达科他州和华盛顿州。

③ 阿肯色州、科罗拉多州、佐治亚州、爱达荷州、堪萨斯州、缅因州、内布拉斯加州、北达科他州、俄克拉何马州、田纳西州、犹他州、西弗吉尼亚州。

④ 康涅狄格州、特拉华州、夏威夷州、伊利诺伊州、印第安纳州、艾奥瓦州、马萨诸塞州、密歇根州、明尼苏达州、蒙大拿州、内华达州、新罕布什尔州、新泽西州、俄亥俄州、俄勒冈州、宾夕法尼亚州、南卡罗来纳州、得克萨斯州、佛蒙特州、威斯康星州、怀俄明州。

如，假设你正在教一位视力严重受损的朋友学习驾驶，他不小心撞上电话亭，并使你受伤。那么如果你就此上诉，他就可以将风险自担作为合理抗辩。

许多州已经取消风险自担作为独立抗辩。通常来说，风险自担是被告可采用的积极抗辩方式。但是，现在在大多数地区，风险自担被纳入了各州的比较过失法和共有过失法。

过失归咎

过失归咎（imputed negligence）是指，在特定条件下，某人的过失可以归因于另一个人。我们可以用几个例子来说明这个原则。第一，当员工代表雇主行动的时候，他们之间存在"雇主—员工"关系。员工的过失行为可以归咎于雇主。因此，如果你驾车为雇主派送包裹，不小心伤害了其他驾驶人，你的雇主要为你的行为负责。

第二，许多州有某种形式的**替代责任法律**（vicarious liability law），该法案允许将驾驶员的过失归咎于货车的所有者。例如，如果司机作为货车所有人的代理人驾车，货车的所有人就要承担法律责任。因此，假如杰夫驾驶丽莎的汽车去干洗店取外套，杰夫驾车撞了别人，丽莎就要承担法律责任。

第三，在**家庭用途原则**（family purpose doctrine）中，汽车的所有人要对直系亲属驾车事故承担责任。因此，如果16岁的香农驾驶父亲的车撞伤了另一名司机，并被起诉要求100 000美元的赔偿，她的父亲就要承担责任。

此外，过失归咎可能是由合伙商业投资行为产生的。例如，两兄弟可能是商业上的合作伙伴，其中一人驾驶公司汽车过失伤害了客户，受害者要求赔偿，那么两兄弟都要对此伤害负责。

酒店法令（dram shop law）是过失归咎的最后一个例子。在这个法令下，销售酒类的场所要对所销售的酒造成的损害负责。例如，假设酒吧老板继续向一位醉酒的客人提供服务，在酒吧关门之后，该客人在开车回家的路上撞伤了3个人，酒吧老板要对此负法律责任。

事实自证原则

过失法案的一个重要修正是**事实自证**（res ipsa loquitur）原则，意味着"让事实说话"。根据这一原则，伤害或损害发生这一事实就说明了被告存在过失的假设成立。随后看被告是否能驳倒存在过失的假设。也就是说，如果被告没有过失，那么事故或伤害通常不会发生。事实自证原则的例子包括：
- 牙医拔错牙齿
- 外科医生把手术用纱布留在病人的腹腔里
- 对错误的病人进行了外科手术

应用事实自证原则要满足下面条件：
- 如果不存在过失，事故通常不会发生
- 被告对引起事故发生的工具拥有唯一的控制权
- 受害方与事故的发生无关

过失法律的特殊应用

财产所有者

财产所有者负有防止财产对其他人造成伤害的法律责任。但是，财产所有者对他人的谨慎标准因情况而异。传统上分为三种不同的类型：(1) 非法侵入者；(2) 被许可者；(3) 被邀请人。① 但是，后面将要进行讨论，一些地区已经废除或修订了这些分类。

非法侵入者 非法侵入者（trespasser）是指未经所有者同意进入或者在所有者领地中停留的人。一般来说，非法侵入者把财产当成是自己的发现。财产所有者对非法侵入者没有任何义务使该地处于安全状态下。不过，财产所有者不能随意伤害非法侵入者，或布置可能会伤害他们的陷阱。这种防止伤害非法侵入者或者防止设圈套伤害非法侵入者的责任有时也被称为轻微谨慎责任。

被许可者 被许可者（licensee）是指经过占有者明示或暗示同意后进入或在其领地停留的人。被许可者包括挨户拜访的推销员、慈善或宗教组织的法律顾问、在领地范围内履行职责的警官或消防员，以及各行各业的"访客"。被许可者将领地看成是自己的发现。然而，财产所有者或占有者应该提醒被许可者有关领地周围存在的不安全状况或活动，有些是不明显的或未公开的，但是他们并没有义务为了被许可人的利益去检查领地周围的情况。

被邀请人 被邀请人（invitee）是指为了占有者的利益而被邀请到某地的人。被邀请人包括商店的顾客、邮递员以及清洁工。除了提醒被邀请人存在的危险状况之外，占有者有义务检查周围情况并消除已发现的危险状况。例如，商店的电梯坏了，店主必须提醒顾客注意这部不安全的电梯（可以利用标识提醒），并阻止顾客使用这部电梯。有问题的电梯必须尽快修好，否则，商店里的顾客如果受到伤害，店主就要对此负责。

很多地区已经部分或全部地废除了之前普通法关于来访者谨慎程度的分类。根据内布拉斯加州最高法院的规定，大部分州和哥伦比亚行政区或者已经重新考虑传统普通法分类方法，或者已经废除某些或全部分类。②

诱致性伤害原则

诱致性伤害（attractive nuisance）是一种会吸引并导致儿童受伤害的情况。在诱致性伤害原则下，如果一些孩子被一些危险的情况、特性或物品所吸引从而在该土地上受到伤害，那么土地的占有者应负有责任。这一原则根据的是：儿童因无法分辨其中存在的危险而受伤，保护这些儿童而不是所有者拥有的对这片土地的权利符合社会的最高利益。因此，该地的所有者必须保持土地处于安全状态，并以正常的谨慎态度来保证经过的儿童免受伤害。③

---

① 这些资料参见 Donald J. Hirsch, *Casualty Claim Practice*, 6th ed. (Burr Ridge, IL: Irwin, 1996), pp. 58-62.
② 内布拉斯加州最高法院判决案例，罗格·W·海因斯（上诉人）因为在韦伯斯特郡开办医院的事情起诉内布拉斯加州韦伯斯特郡（被告）。案件日期 1996 年 8 月 23 日，第 S-94-713 号。
③ James J. Lorimer, et al., *The Legal Environment of Insurance*, 4th ed., vol. 2 (Malvern, PA: American Institute for Chartered Property Casualty Underwriters, 1993), pp. 18-19.

以下一些例子可以用于阐述诱致性伤害原则。根据这一原则，房屋的所有者或使用者负有责任：
- 屋主随意将梯子放在房子的墙边。一个小孩爬上梯子后从屋顶上摔下，并摔断双腿。
- 屋主有一间为小孩子准备的微型房子。邻居家的小孩试图从没有上锁的窗口爬进去，结果摔断脖子窒息而死。
- 房屋承包人忘记拔出拖拉机的钥匙。两个小男孩在驾驶拖拉机时由于翻车受重伤。

车主和驾驶者

车主要对因自己不小心驾驶和不负责任的行为造成的他人的财产损失和身体伤害负责。没有一条单独的法律可以用于该情况。既是车主又是驾驶员的人所承担的法律责任一直以来都受到法院判决、比较过失法案、最后机会原则、无过失汽车保险法（见第23章），以及其他许多因素的影响。不过，各州的法律都明确要求车主在驾驶汽车时要保持合理的谨慎态度。

关于非驾驶员的所有者的责任，一般原则是：所有者不对驾驶者的过失行为负责。如果存在"代理关系"，所有州的车主都要对驾驶者的过失负责。正如前文所说，如果你的朋友因为你的原因开着你的车去办事，在此过程中伤害了其他人，那么你要承担责任。此外，在前面讨论的"家庭用途原则"下，车主要对直系亲属驾驶汽车的过失行为负责。

政府责任

根据普通法，除非经过政府同意，否则联邦、州和地方政府都不能被起诉。免于被起诉是基于**君主免责**（sovereign immunity）原则，该原则是指国王或王后不可能做错事。不过，随着时间的推移，成文法和法院判决大幅度修正了这一原则。

如果政府在行使**专有职能**（proprietary function）上有过失，那么政府单位将承担相应的责任。政府的专有职能一般包括水厂、电力、运输和电话系统的经营，以及印制钞票。因此，如果市政音乐厅在开摇滚音乐会的时候座位倒塌，该市政府将会因此而受到起诉，并对受伤的观众负责。关于**政府职责**（governmental functions）——例如排水管道系统——的免受诉讼也在改变。今天，政府行为的几乎每一方面都可能受到起诉，包括非法拘留，未满足某些谨慎标准，以及未实施逮捕。

慈善机构

有一段时间，慈善机构都可免于被起诉。这一免责特权正在逐渐被州法律和法庭判决取消。今天的趋势是，慈善机构要对过失行为负责，特别是商业行为。例如，宗教机构经营的医院会因为误诊受到起诉，教堂办的舞会、狂欢和宾果游戏中如果参与者受伤，那么教堂要承担责任。

雇主和员工关系

在**雇主责任**（respondeat superior）原则下，雇主要对员工在为雇主工作中所犯的过失负责。因此，如果体育用品商店的销售员不小心将杠铃砸在了顾客的脚趾上，店主就要为此负责。

雇主为员工过失行为负责要满足两个条件。第一，工人的法定身份是员工。当一个人被雇主详细告知如何工作，配备了相应的工具，定期支付工资或薪酬，那么就认为他/她是一名员工。第二，在过失行为发生时，员工必须从事工作范围之内的事情。也就是说，员工必须正在做其被雇用来从事的工作。不是靠单一的测试方法来判断，侵权是否发生在雇佣范围内，需要考虑很多因素，包括行为是否得到雇主的授权，是否是员工日常行为，是否出于增加雇主利益的考虑。[1]

父母和子女

在早期的普通法中，父母一般不需要为子女的侵权行为负责，达到法定年龄的子女为自己的错误行为负责。但是，这个规则存在几个例外。第一，如果子女使用危险武器（例如枪支和刀具）伤害了其他人，父母要为此承担责任。例如如果10岁的小孩被允许玩耍上膛的左轮手枪，伤害或杀死了路过的行人，父母要承担责任。第二，如果孩子是父母的代理人，父母要承担法律责任。例如，如果儿子或女儿在家庭企业中工作，父母要为孩子的伤人行为负责。第三，如果未成年子女驾驶家里的汽车，则根据前面讨论的家庭用途原则，父母要承担责任。此外，小孩子（特别是10多岁的小孩）对财产的破坏和故意破坏正在增加。大多数州已经通过了法律，要求父母为孩子的故意和恶意行为造成其他人的财产损失负责。例如，内布拉斯加州通过了父母责任法案，要求父母对未成年子女对财产的故意破坏行为负责。

动物

野生动物的所有者要对野生动物伤人承担绝对责任，即使动物是家养的。例如，如果大型宠物（例如老虎）逃脱并伤人，即使它的所有者非常谨慎地圈养这些动物也要对此负有绝对责任。

此外，根据各州情况的不同，普通家养狗的所有者也要承担绝对责任。直到最近，只有在受伤的人能够证明狗的主人知道狗的危险性的情况下，狗的主人才对狗咬人和伤害他人负责。如果狗之前从来没有咬过其他人，狗主人一般不用负责。但是，在大约30个州，以及哥伦比亚行政区，受伤的人只需要证明狗伤了人，在这种情况下，狗的主人根据严格责任原则承担责任。[2]

现存的侵权责任问题

一些侵权责任问题已经出现，并给风险管理师、企业、医生和责任保险公司带来了严重问题。需要讨论的最新责任问题包括：
- 存在问题的侵权责任体系
- 医疗责任风险
- 公司欺诈和治理不严

存在问题的侵权责任体系

批评者认为，美国现有的侵权责任体系存在诸多问题，降低了其对受害者补偿的有效性。

---

[1] James J. Lorimer, et al., *The Legal Environment of Insurance*, 4th ed., vol. 2 (Malvern, PA: American Institute for Chartered Property Casualty Underwriters, 1993), p. 132.

[2] Insurance Information Institute. "Dog Bite Liability," *Issues Updates*, June 2012.

主要的不足包括：
- 侵权责任成本日渐提高
- 对受害者赔偿的无效率
- 法律结果的不确定
- 较高的赔偿金
- 诉讼案件审理的拖延

日渐提高的侵权成本　　批评者认为美国的侵权体系成本高昂，诉讼案件的法律成本很高。尽管侵权成本的上升在近几年有所缓和，但是侵权的总成本依然巨大。韬睿咨询公司的研究成果显示，2010年侵权的总成本为2 646亿美元，比2009年高5.1%。这一数字是美国历史上侵权成本最高的，等于每个人征收857美元的税收（见图表19—2）。[1] 这些成本包括支付的保险金或者逾期支付给第三方的成本，以及抗辩和行政成本。侵权总成本包括：(1) 除了医疗欺诈以外的保障范围内的成本，(2) 除了医疗欺诈以外的自保成本，(3) 医疗欺诈成本。[2] 2010年总成本中包括了BP（英国石油）因为深水区漏油事件发生的190亿美元的侵权成本。

图表19—2还表明侵权成本对于经济而言是一种相对沉重的成本。长期以来，美国经济中的侵权成本增长速度高于经济增速。最近几年（2006年到2010年），侵权成本占国内生产总值（GDP）比例的范围从1.78%到最高的1.85%。尽管侵权成本占GDP的比例从2002年起开始大幅下降，但是侵权成本在美国比在其他发达国家要高得多，这让美国的公司更加难以在世界市场中竞争。

图表19—2　　侵权成本与GDP的相对关系

年份	美国侵权成本（10亿美元）	美国GDP（10亿美元）	侵权成本占GDP的比例(%)
1950	1.8	294	0.62
1960	5.4	526	1.03
1970	13.9	1 039	1.34
1980	42.7	2 790	1.53
1990	130.2	5 803	2.24
2000	179.1	9 817	1.82
2001	205.4	10 128	2.03
2002	232.9	10 470	2.22
2003	245.7	11 142	2.21
2004	260.3	11 853	2.20
2005	261.4	12 623	2.07
2006	246.9	13 377	1.85
2007	252.0	14 029	1.80

---

[1] 这个图表来自于Towers Watson's, "U.S. Tort Cost Trends, 2011 Update."

[2] 尽管韬睿惠悦（以前的韬睿）从1985年就开始研究侵权成本问题，但是并不是所有人都认可其计量侵权成本的方法。有些人认为它高估了成本。参见"Towers Perrin: 'Grade F' for Fantastically Inflated 'Tort Cost' Report," J. Robert Hunter and Joanne Doroshow, *Americans for Insurance Reform*, January 28, 2010.

续前表

年份	美国侵权成本（10亿美元）	美国GDP（10亿美元）	侵权成本占GDP的比例（%）
2008	254.9	14 292	1.78
2009	251.8	13 939	1.81
2010	264.6	14 527	1.82

资料来源：Towers Watson，2011 *Update on U. S. Tort Cost Trends*（2011），Table 2. Reprinted by permission of Towers Watson.

有几个因素有助于解释侵权成本的大幅上升。[①] 这些因素包括：
- 社会上的通货膨胀导致陪审和审判对损害赔偿发生时的美元价值不敏感；
- 原告律师为了实现赔偿额最大化采取的积极且富有创新的诉讼策略；
- 日益上升的医疗成本提升了个人伤害索赔的成本；
- 滥用集体诉讼和"集体"的定义；
- 州和法庭采取的打击州侵权改革立法的行为；
- 由于公司欺诈、贪污、非法操控收入以及财务和会计丑闻，股东起诉公司董事会成员和管理者案件的数量和规模都在增加；
- "深钱袋"现象不断出现，一些原告的律师总是寻找能够支付大额赔偿的被告；
- 媒体对案件的高调宣传。

未来的侵权成本 除了BP索赔支付在2010年对侵权成本造成的影响之外，侵权成本预期会在2011年上升3个百分点，2012年上升4个百分点。[②] 有些专家认为，由于那些影响美国经济的不良事件的发生以及其他原因，未来诉讼案件会增加。诉讼案件增加可能来自于以下几个方面的原因：
- 抵押贷款市场和房地产市场崩溃之后发生的信用紧缩
- 雇佣诉讼案件中涉及在支付费用、推广和工作分配中存在的性别歧视
- 环境索赔，包括新的天然气开采技术"水力压裂"所导致的水污染
- 来自同性恋夫妇关于受到歧视的诉讼
- 在金融危机之中、之后出现的高失业率
- 投资计划导致投资者损失大量资金
- 纳米技术毒副作用导致的索赔[③]
- 联邦政府对经济的干预不符合程序，将大量纳税人的钱投入大型商业银行、保险公司、金融机构和其他组织，而没有适当的监管和审计

对受害人赔偿的无效率 批评者认为，现有体制对于赔偿受害人是无效率的。集体诉讼的数量不断上升。但是，批评者认为，原告所得到的赔偿金低于他们所受的伤害或存疑福利（例如被告产品的优惠券），而律师会抽取赔偿额中很大的部分。

此外，批评者认为现有体制是无效的，还因为受害者领取的赔偿不到每一笔支付侵权赔偿

[①] David Dial et al.，*Tort Excess* 2005：*The Necessity for Reform from a Policy，Legal and Risk Management Perspective*，Insurance Information Institute，2005.

[②] U. S. Tort Cost Trends，2011 Update，Towers Watson.

[③] 很多产品越来越多地使用微小的纳米颗粒，例如药物、化妆品、染料、防腐剂、涂层等。有担心认为，它可能与石棉制品有类似的副作用。参见"Nanotechnology：Brave New World for Civil Tort Plaintiffs," by Ishna Neamatullah，published in the SciTech Lawyer，Vol. 6（2009）；and "The Nanotechnology Revolution：Ushering in a New Wave of Toxic Torts？" December 2009，www.gordonrees.com/publications

的一半。通能的研究发现，责任索赔的每 1 美元花费中，受害人仅得到实际经济损失中的 22 美分（例如医疗费用和收入损失），以及其他 24 美分的对非经济损失的赔偿（例如所蒙受的痛苦）。剩余的 54 美分支付了原告的律师费用、辩护费用以及管理费用。[1]

法律结果的不确定性 批评者认为，由于法律原则不断变化，在审判结果的预期方面存在很大不确定性。对于保险公司、雇主、风险管理师、政府官员和纳税人而言，审判结果都非常不确定。

例如，过去受伤的人要获得赔偿就要证明其他当事人犯错，现在强调的则是，为受伤的人提供某种形式的法律援助，而不论过错在谁。因此，批评者认为，是否具有赔偿能力比确定谁犯了错误更重要，向受伤人士支付赔偿的责任重重地压在了保险公司、健康人士、公司和其他"深钱袋"的人的身上。

由于法律结果的不确定性，财产和责任保险公司常常必须支付侵权责任索赔，而这些是它们在售出保单时没有预料到的。

较高的赔偿金 批评者还认为某些类型案件的赔偿金不断增加。这些案件包括机动车辆责任、物业责任、非正常死亡、误诊和产品责任。图表 19—3 显示了 2000 年到 2009 年赔偿金中值和平均值的增长情况。较高的赔偿金以及庭外和解导致需要购买更高限额的责任保险，这增加了企业的经营成本。而成本的上升反过来通过提高商品和服务的价格转嫁给消费者。

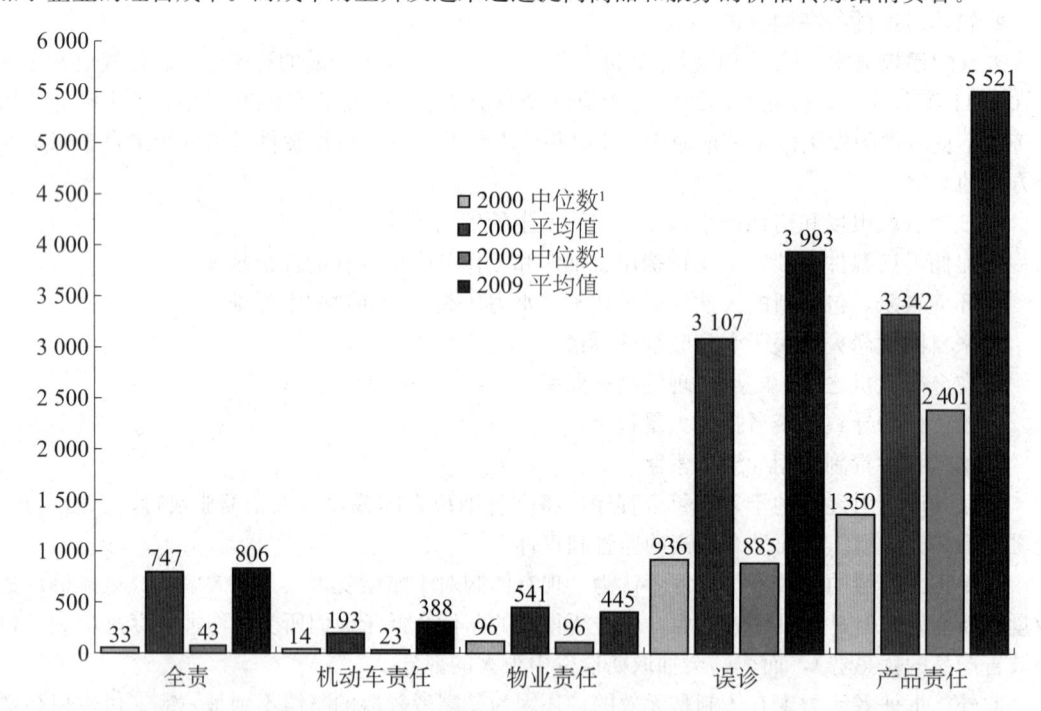

图表 19—3　2000 年到 2009 年赔偿金的中位数[1]和平均值　（单位：千美元）

类别	2000 中位数[1]	2000 平均值	2009 中位数[1]	2009 平均值
全责	33	747	43	806
机动车责任	14	193	23	388
物业责任	96	541	96	445
误诊	936	3 107	885	3 993
产品责任	1 350	3 342	2 401	5 521

[1]代表了赔偿金的中间点。有一半高于该值，一半低于该值。

资料来源：Insurance Informatin Institute，*The Insurance Fact Book* 2009，P. 166 and *The Insurance Fact Book* 2012，P. 182. Reprinted with permission from *Current Award Trends in Personal Injury*. Copyright 2008 by LRP Publications，747 Dresher Road，P. O. Box 980，Horsham，PA 19044 - 0980. All rights reserved.

---

[1] These results from Tillinghast were reported in. *The III Fact Book*，2005，p. 131.

最后，巨灾赔偿的可能性因地方的不同而有很大差异。一些州被认为公正公平地对待被告，另外一些州则被认为对待被告不公平。根据美国侵权改革协会（ATRA）的观点，有些州和郡县对被告如此不公，以至于被贴上了"公正的地狱"的标签。美国侵权改革协会认为，有些地方在运用法律和法律程序进行判决时存在体制性的不公平，通常是针对民事诉讼中的被告。美国侵权改革协会发布了一份年度报告，指出了被认为是公正的地狱的几个地区（见专栏19.1）

专栏 19.1

2011—2012 年公正的地狱

公正的地狱是指这样一些地区，它们在运用法律和法律程序进行判决时存在体制性的不公平，通常是针对民事诉讼中的被告。美国有 8 个地区已经具有了不公平的声誉。

- 费城。费城诉讼案件的数量占宾夕法尼亚州的份额非常高，正如报告中所说的，州内法庭偏向原告的特点导致人们经常上法庭打官司，这种现象被称为"费城现象"。最让人关切的是费城的复杂诉讼案件中心（CLC）。该中心积极吸纳各州和国内的人身伤害律师。偏向原告规则、简易程序、原告胜诉率较高和高额赔偿的声誉让费城成为了原告喜爱的地方。成功减缓医疗责任案件向费城的转移和近期立法机关对抗辩人承担责任份额的限制为未来带来了一些希望。

- 加利福尼亚。洛杉矶在历史上赢得了加州最为偏向原告的声誉，职业原告提交诉讼案件彻底搞垮小企业的案件在加利福尼亚屡见不鲜。这些人针对那些常见的家庭餐馆、书店和沙龙提出了成千上万的敲诈性索赔，要求它们为因为技术上未能达到标准而支付大量资金以解决诉讼案件，加利福尼亚支持了这些敲诈。最近法庭决定申明，加利福尼亚保持对消费者诉讼案（即使选民要求控制滥用）、共同起诉和高赔偿金的支持。加利福尼亚最高法院应该就其最近拒绝"幻想损伤"而赢得赞扬，但是它在 2010 年后期允许地方政府官员聘请商业应急律师执行州立法律的做法将会产生负面效果，而且现在已经成为了一个负面证据。

- 西弗吉尼亚。西弗吉尼亚高级法庭今年在以下方面做出了很好的裁决，一方面对其消费者保护法做出了解释，另一方面，在对医疗保健供应商诉讼的案件中，支持对主观疼痛和因痛苦而蒙受的损失设定限制。这些规则虽然有益，但是没有解决西弗吉尼亚州民事诉讼体系中的核心问题，例如缺少全面上诉复审、脱离于主流之外的责任规则、过量的赔偿。西弗吉尼亚仍然是其他州小额诉讼案件原告的避风港。该州的律师开展的业务通常就像是一家私人人身伤害法律公司，向他们所选择的计划或组织提供诉讼案件服务，而不是为本州和本州的纳税人服务。

- 南佛罗里达。南佛罗里达以其激进的人身伤害标准而知名。它是美国大量欺诈性机动车保险诉讼和烟草诉讼案的中心。该州在接纳专家证词方面不具有足够的硬性标准，使其有了公正的地狱的名声。虽然南佛罗里达立法机关在某些领域设置合理的责任限制使其正在不断进步之中，不过南佛罗里达法庭打击此类司法努力的记录让观察家们保持了谨慎乐观的态度。

- 伊利诺伊的麦迪逊和圣克莱尔。在麦德龙东的这两个城市自从触底之后已经走了很长的一段路，但是大家仍然很担心其故态复萌。例如，今年伊利诺伊最高法庭在一起偏向原告的片面的案件审理后，推翻了麦迪逊市的规定，该规定给制造商附加了新的责任。终极上诉法庭否决了麦迪逊市判决确认的两类行为。一起涉及 101 亿美元判决的烟草诉讼案重新回到麦迪逊市待判决的诉讼事件表上。类似地，在大量剔除最近几年发生的石棉诉讼案件之后，麦迪逊市还是又一次成为此类案件的中心。每十起案件中大概仅有一起案件与该区域有关。与它相邻的圣克莱尔市也突然吸引了大量间皮瘤诉讼案件，发生了针对城市周边医药公司的诉讼案件。

● 纽约州的纽约市和奥尔巴尼市。纽约市的市长和首席大法官恳请推进改革，降低大量存在的责任支付，这些每年要花费纳税人5亿美元，但是奥尔巴尼市的州立法官仍然坚持原告门槛。相同的责任负担加重了城市的负担，也给纽约的企业带来了费用负担，例如照相馆被一位新郎起诉，他因为对婚纱照不满意，在离婚后要求重办婚礼，或者白城堡的客人在290磅重的时候提起了一项针对餐厅的联邦诉讼案，说他不能很舒服地进入小房间了。这里提供一个小段子，纽约最高法庭坚持拒绝一起诉讼案，在2010—2011年报告中提到过，一个高尔夫球手因为被另一名球手打出的坏球击中而起诉。

● 内华达州克拉克市。2010年5月克拉克市判决一家药品制造商内窥镜不卫生、非法经营，判决5 000万美元罚款。从那时开始冲击不断。即使作为针对诊所所有者的一个独立的州和联邦刑事诉讼案，克拉克市基于以下理论判决的公司赔偿达到两百多万美元，即药品在麻醉过程中广泛使用，应该用小瓶装以减少重复使用的可能，而不论其是否在标签上清楚注明不允许多个病人使用。有些克拉克市的法官没有让陪审员在考虑药品制造商的责任时全面了解诊所在导致发生肝炎过程中所扮演的角色。

● 伊利诺伊州麦克莱恩市。即使在关注了"观察名单"多年以后，麦克莱恩市独有地允许那些石棉相关人身伤害者为寻求赔偿而提起诉讼案件，即使原告与名义被告人产品没有任何关联。该市因此而成为了公正的地狱。这些"民事共谋"诉讼案件的目标是那些有钱的公司，认为它们在数十年前隐瞒石棉危害性方面扮演了某些角色。一个发生在麦克莱恩的最近的此类案件导致了9 000万美元的判决。

资料来源：Adaped from "Executive Summary," *Judicial Hellholes* 2011 - 2012, American Tort Reform Association (2012). Reprinted with permission from the American Tort Reform Association (ATRA).

诉讼案件审理的拖延 侵权处理体制还因为延期处理诉讼案件而遭到破坏。这些案件要花费数月，甚至数年的时间才能解决。1950年，在联邦法院系统中只有20个案件拖延超过20天。到1981年，拖延时间比较长的案件的数量增长了9倍。最近的研究显示，长期拖延仍然是个问题。美国全国州立法院中心发现，1989年25个地方法庭所有侵权案件审理时间的中位数是441天。根据对陪审团判决研究的结论，在1997年到2003年间，从交通事故发生时算起，平均需要38个月的时间进行处理，误诊案件处理的平均时间是52个月。[①]

审判前的取证工作耗费了大量的时间，比如访谈、宣誓、作证以及记录。在诉讼调查阶段，重复记录是相当费时的，且成本很高。不仅如此，律师在调查阶段经常利用拖延时间的策略作为对付对手的经济武器。总的结果就是拖延时间和成本的大幅度增加。

民事侵权改革 大多数州已经启动或者考虑推进侵权改革，以应对前面所讨论的问题。一些重要的州侵权改革包括下面几个：[②]

● 对非经济损害设置限额，例如痛苦。许多州已经立法对非经济损害设置了最高限额，例如对痛苦的补偿。改革领域包括所有民事侵权案件或特定案件，例如误诊。

---

① Insurance Information Institute, "Liability System," *Hot Topics & Issues Updates*, November 2005.
② 这部分来源于 Insurance Information Institute, "Liability System," *Issues Update*, March 2012. 这个资源最近更新了，可以参见 David Dial, et al., *Tort Excess 2005: The Necessity for Reform from a Policy, Legal and Risk Management Perspective*, Insurance Information Institute, 2005.

- 恢复技术水平辩护。该建议与产品责任诉讼有关。如果该产品在制造时属于主流技术，或者符合州和政府当时的标准，那么今天也不认为它是有缺陷的产品。
- 限制惩罚性损害赔偿。惩罚性损害最初是为了惩罚制造了粗劣产品的被告，并使其他人不做出同样的行为。但是，在很多案件中，惩罚性损害的赔偿如此之高，以至于与法庭判决的补偿性损害赔偿金相差甚远。超过一半的州已经通过了限制实施惩罚性损害赔偿的法律。其他州也在考虑立法，以限制惩罚性损害的最高数额或限制将惩罚性损害应用于某些类型的案件。
- 修改间接来源原则。在**间接来源原则**（collateral source rule）中，被告不能使用能够说明受害者从其他间接来源获得补偿的证据。例如，在追尾事故中受伤的运输司机可能从过失司机那里获得医疗费用。但是，州政府的工人补偿法中的工伤医疗费用保障可能也将其包括在内。因此，受伤的司机可能获得"双重赔付"，收到的总额超过医疗费用。间接来源原则应当修改，从而在确定损害数额的时候考虑其他来源的补偿。大约三分之一的州通过了法律来修改这条原则。其影响是，将降低对损害赔偿的规模。
- 修改连带责任原则。在**连带责任原则**（joint and several liability rule）下，几个人对伤害负责，但是被告是唯一一个需要支付损害全额的负轻微责任者。在被告拥有大量金融资产（"深钱袋"），而其他被告几乎没有金融资产时会发生这种情况。在民事侵权改革中，连带责任原则将会被修改。例如，许多州现在禁止将连带责任原则应用于非经济损害，例如痛苦。
- 替代性纠纷解决（ADR）技术。另一个建议是运用替代性纠纷解决技术解决法律纠纷。替代性纠纷解决技术是不需要法律诉讼就解决法律纠纷的一种方式。例如，各方当事人可以利用仲裁方式，即通过独立第三方的判断就纠纷达成一致。**调停**（mediation）是指，中立第三方不诉诸法律而解决纠纷。为了减少保险公司和客户之间针对索赔的诉讼案件数量，许多州现在采用约束仲裁或正规调停来解决纠纷。

州民事侵权改革建议的有效性 为了确定民事侵权改革立法的有效性，国会预算办公室（Congressional Budget Office，CBO）参考了9份关于民事侵权改革的经验研究成果。这些研究报告分析了民事侵权改革立法的效果，包括对赔偿金的限额、连带责任的修订和间接来源原则的变化。这里列出一些重要结论：[①]

- 在各份研究中，最一致的结论是，对赔偿金的限制降低了申请诉讼的数量、赔偿金的价值和保险成本。
- 有4份研究考察了连带责任原则修改的效果，结论存在差异。一份研究认为没有影响。另一份研究认为，对改革执行后填报的诉讼案件数量没有影响，但是改革前发生的案件有明显变化。第三份研究发现，非经济补偿的价值增加，但是没有显著影响。最后一份研究用材料证明，连带责任是20世纪80年代中期保险公司损失减少的一个原因。
- 两份研究分别分析了间接来源原则改革的影响。一份研究发现，经济和非经济损害都得以降低。另一份研究发现，任意运用间接原则（依靠法官的判断）导致保险公司利润的增加。

但是，国会预算办公室在说明上述结论的时候非常谨慎。首先，数据有限，结论与最初的判断并不完全一致。其次，一些研究存在局限性，因为仅分析了特定类型的民事侵权，例如交通事故中的身体伤害，而这些结论很难推而广之。最后，不同的民事侵权改革方法可能会进行

[①] Congress of the United States, Congressional Budget Office, *The Effects of Tort Reform: Evidence from the States*, June 2004.

组合，因此很难将结果根据不同的民事侵权改革类型进行区分。

医疗责任风险

尽管最近几年医疗责任成本已经有所下降，但医疗责任仍然是重要的责任问题。医生或其他卫生保健专家因存在过失或疏忽行为从而产生误诊，并对病人造成了伤害。一份在医生中大量抽取样本的研究发现，在1991年到2005年的期间内，每年7.4%的医生误诊诉讼案件中有1.6%最终进行了支付。这意味着误诊赔偿为274 887美元，中位数为111 749美元。高风险职业（例如神经外科）比低风险职业的理赔发生率更高。[①]

治疗结果不佳本身并不一定说明医生存在过失。为了确定责任，病人必须证明医生在特定案例中偏离了通常可接受的标准。此外，如果没有遵守医疗标准，病人必须证明该行为导致了伤害。医生的过失必须导致病人受伤或受到损害。即使医生做出了错误的诊断，无法正确治疗疾病，或者开错药，除非过失实际造成了病人的伤害或情况恶化，否则不认为存在过失。

医疗责任侵权成本 韬睿咨询公司对侵权成本的研究显示，2004年以来经过通胀调整的医疗责任侵权成本有所下降。部分州的侵权改革对此有所贡献。[②] 不过，医疗责任侵权成本仍然是侵权总成本的重要组成部分。2010年医疗责任侵权总成本为298亿美元，为当年侵权总成本的11%。[③] 这一数字表明，美国人仍然越来越愿意因为告知不到位或实际误诊起诉医生和其他医疗保健服务供应商。

医疗事故和误诊成本 许多误诊诉讼是因为医疗保健服务商发生了诊疗错误，特别是医院的错误导致了病人的死亡。医疗事故的发生有多重原因，包括医生经验不足、复杂的新技术、给病人看病时的新的治疗和手术流程、医疗保健服务商之间缺乏沟通、实习生睡眠不足、药物名称相似、错误的记录和非法撰写、护士/患者比例不够，以及大量其他原因。这些错误包括给错误的病人进行了手术、采取了错误程序、对错误的区域（错误的位置/错误的方向）进行了手术。这些意外事故比我们所预期的要多。

尽管大多数医疗事故是可以预防的，但它们确实发生了，而且给社会带来了巨大的成本。被广泛引用的美国医学研究所研究报告显示，医疗事故每年大概导致44 000～98 000人死亡。另一项健康评级公司的研究估计，美国在2000年、2001年和2002年，每年死于可预防的医疗事故的人数平均为195 000人。[④]

病人为什么起诉医生？ 除了医疗事故之外，其他一些原因可以帮助解释，为什么病人经常起诉医生和其他医疗保健供应商。这些原因概括如下：

- 过去良好的医患关系已经不见了。
- 人们比过去更愿意通过诉讼解决问题。
- 医生和其他医疗专家现在在医疗责任案件中需要举证。
- 媒体使更多的人了解了医生在面对医疗责任诉讼时的弱点。
- 医生控告律师为了通过打官司收取较高的费用而提起医疗责任诉讼。

[①] 参见 "Malpractice Risk According to Specialty," by Anumpa Jena, Seth Seabury, Darius Lakdawalla, and Smitabh Chandra, *The New England Journal of Medicine*, August 2011.

[②] Towers Watson, "U. S. Tort Cost Trends, 2011 Update."

[③] Ibid.

[④] HealthGrades, *In-Hospital Deaths from Medical Errors at 195 000 per Year*, *Health Grades Study Finds*, Press Release, July 27, 2004.

- 人们对大型营利性医疗企业和管理式医疗计划的怨言越来越多。

即使不考虑这些原因，如果案件提交给陪审团，大部分医疗责任诉讼案原告也会败诉。在前面引用的报告中，78％的诉讼没有导致向诉讼人的支付。① 此外，2007年，美国司法局对七个主要州的已结案的误诊索赔案件进行了研究，结果显示，大多数索赔结案时没有支付。②

降低的误诊成本 医疗保健供应商现在使用了一些新方法降低误诊成本。这些方法包括：

- 对于"不该发生的错误"不收费。许多医院现在采取的政策是，对于医疗事故（被称为"不该发生的错误"）的治疗不收取费用。其结果是，病人的安全得以改进，误诊索赔减少了。"不该发生的错误"是指可以明确确认的、可以预防的，且不应该发生的医疗事故。不过，一家风险管理企业认为，"不该发生的错误"仅占误诊索赔的六分之一。③ 例子包括，对错误的人或错误的肢体部分做了手术、手术后在患者体内留下异物、输了不匹配的血液、重大的医药错误、医院要求的严重的"压力溃疡"，以及可以预防的术后死亡。此外，美国医疗保险最近声明，它将不再为八种严重的医疗事故付款，包括对错误的人或错误的位置做手术。

- 允许医生道歉的法律。超过一半的州通过了法律，允许医生为他们的医疗事故道歉，而不将他们诉诸法庭。这些法律也被称为"对不起法律"。研究已经显示，医生就医疗事故的坦率的道歉可以缓解患者的愤怒和情绪波动，可能会更快地解决问题，而不是长时间进行成本高昂的诉讼。④

- 推动医疗事故的披露。推动医疗事故的披露和医患之间的坦诚沟通会减少诉讼案件、更快速地解决问题，并降低诉讼成本。许多州现在已经设立了法律，强制报告发生的医疗事故。

- 问题医生。要对一小部分总是被起诉的医生采取措施。例如，扣押执照，问题医生会被要求接受培训，以降低医疗事故。

- 强调风险管理原则。例如，麻醉师早期开发了一些从业标准以降低误诊索赔。大多数索赔的原因已经明确，操作标准也进行了改进，以规避这些情况，误诊索赔也因此而下降。其他风险管理建议包括将研究误诊预防措施作为发放执照的标准之一，使用新技术降低医疗事故（如用电子设备开处方），强制报告医疗事故。

公司治理和金融部门

公司治理和金融部门一直是问题领域。在20世纪90年代，几个大型公司采用虚假的会计操作夸大收入和利润，其他公司隐瞒或错报会计交易。当收入修改为较低数值时，股东就会损失很多钱。由于愤怒的股东、员工和其他投资者采取共同起诉措施，几个大型公司被迫破产。成千上万的员工失去了他们的工作和大量的退休储蓄。证券交易委员会就证券欺诈、非法会计操作、销毁公司记录、妨碍司法公正等原因起诉了不同行业的大量公司管理人员。有些官员被判有罪，并将在联邦监狱长期服刑。

最近，在2008年到2011年期间的严重经济衰退期间，许多大型保险公司的金融风险管理

---

① "Malpractice Risk According to Specialty," by Anumpa Jena, Seth Seabury, Darius Lakdawalla, and Smitabh Chandra, *The New England Journal of Medicine*, August 2011.

② Insurance Information Institute, "Medical Malpractice," *Issues Updates*, August 2009. This source is periodically updated.

③ Insurance Information Institute, "Medical Malpractice," *Issues Updates*, August 2009.

④ Flauren Fagadau Bender. "I'm Sorry' Laws and Medical Liability," *Virtual Mentor*, April 2007, Vol. 9, No. 4: 300-304.

计划出现了问题，它们没有对金融风险进行适当的评估和管理，许多大型公司因为对财物损失风险的错误管理而损失了大量资金。许多经济模型是有缺陷的，比如假设房地产价格会持续上涨。这种假设让放款人向那些本不具有贷款资格（次级抵押贷款）的人提供了贷款，而这些人后来违约了。

董事会成员也因为公司治理不严以及对管理阶层监督不充分而备受指责。董事会由于切断了董事会和审计委员会之间的联系、没有承担内部控制和审计职责、执行官过高的薪酬和贷款、不公布首席执行官和经理的财务协议、与审计人员和律师妥协以及没有清晰披露复杂金融交易（例如账外融资交易和衍生品的使用）而被指责。批评者认为，许多董事会成员只是因为其知名度而占着位子，他们可能不懂得复杂的金融交易（这些交易常常包括复杂的数学公式、衍生和对冲技术），并常常服务于多家企业，无法投入必要的时间去理解和仔细观察管理行为。

对高投资回报的承诺诱使很多投资者把钱投入有欺诈行为的企业。例如，伯纳德·麦多夫2009年因为欺诈投资者数十亿美元的庞氏骗局而被起诉，斯坦福金融集团总裁阿兰·斯坦福因为涉及70亿美元投资欺诈在2012年被起诉。这些以及其他投资欺诈行为导致了受骗投资者的起诉。

这些问题促使国会采取了措施。2002年，美国国会通过了《萨班斯-奥克斯法案》（Sarbanes-Oxley Act）。该法案用于披露和惩罚腐败，重新找回对美国公司的信心，并保护投资者。该法案要求公司的首席执行官（CEO）和首席财务官（CFO）保证季度和年度财务报告的准确性；认为会计公司在对其他公司进行审计的时候提供重要的非审计服务属于非法操作；禁止公司报复那些批评它们的市场分析师。2010年，国会通过了《多德-弗兰克华尔街改革和消费者保护法案》。这份涉及面广泛的法案包括了金融部门的很多方面，包括财务披露、金融机构流动性、信用评级机构监管和掠夺性贷款业务。

案例应用

迈克尔和爱德华一起去打鹿。在看到矮树丛晃动之后，迈克尔迅速扣动扳机，射向他认为的鹿。但是，实际上矮树丛晃动是因为爱德华，他因此严重受伤。爱德华很幸运地活了下来，后来他起诉了迈克尔，因为"迈克尔的过失是导致伤害的直接原因"。

a. 根据上述事实，迈克尔的行为构成过失吗？你的答案必须包括过失的定义和过失的要素。

b. 迈克尔的律师认为，如果共有过失成立，那么将非常影响案件的审理结果。你是否同意迈克尔律师的观点？你的答案必须包括对共有过失的定义。

c. 如果迈克尔构成了爱德华受伤的比较过失，案件审理结果会有变化吗？解释你的答案。

d. 假设迈克尔和爱德华在农场打猎，但没有获得农场主的同意。如果迈克尔摔入杂草掩盖住的沼泽池，并伤到了脖子，那么财产所有者要为此负责吗？对你的答案做出解释。

本章小结

- 民事侵权是一种按照法律规定应当以货币形式赔偿损失的法律过失行为。有三种类型的民事侵权：故意侵权、严格责任（绝对责任）、过失。

- 过失被定义为由于没有达到法律要求的谨慎标准而致使他人受到不合理伤害的风险。有四个基本的过失要素：
  存在法律责任

没有履行该法律责任
对原告造成损害或伤害
过失行为与造成伤害之间存在直接因果关系

- 共有过失是指，如果受伤人员的行为低于提供保障要求的谨慎标准，且这种行为造成了该种伤害，那么受伤人员就不得领取赔偿金。根据比较过失法，受伤的人可以领取赔偿，但是损失赔偿是降低后的。最后机会原则是指，如果被告本来在最后有明显的机会避免事故发生，但却没有这样做，那么由于自己的过失而受到伤害的原告仍然可以从被告那里获得赔偿。在风险自担原则下，已了解并意识到某一特定活动中所固有风险的人受到伤害时不能获得赔偿。

- 在特定条件下，一个人的过失可以归咎于另一个人。过失归咎可能产生于雇主—员工关系、替代责任法、家庭用途原则、合伙商业投资和酒店法令。

- 在事实自证（"让事实说话"）原则下，损害发生这一事实就说明了被告存在过失的假设成立。

- 谨慎标准原则因情况的变化而有所不同。专门的责任情况包括财产所有人、诱致性伤害、车主和驾驶者、政府和慈善机构、雇主和员工、父母和子女、动物的所有者。

- 民事侵权改革的拥护者认为，美国现有的民事侵权制度存在下面问题：

侵权责任成本日渐提高
对受害者补偿的无效率
法律结果的不确定
较高的赔偿金
诉讼案件审理的拖延

- 州民事侵权改革的一些建议包括下面几项：
对非经济损害设置限额，例如痛苦
恢复技术水平辩护
限制惩罚性损害赔偿
修改间接来源原则
修改连带责任原则
替代性纠纷解决技术

- 医疗责任风险的产生是由于几个因素。这些原因包括医疗服务供应商的医疗事故，保险公司因为医疗责任保险而大幅度增加保费支出而承担的巨额承保损失，病人起诉医生意愿的不断增加，媒体揭露医生面对医疗责任诉讼时的弱点，过去良好医患关系的失去，医生和其他医疗专家现在在医疗责任案件中需要举证，医生控告律师为了通过打官司收取较高的费用而提起医疗责任诉讼，一些州医疗委员会不愿意约束其成员。

- 公司治理和金融部门存在的问题导致了不断上升的责任保险索赔。公司会因为不实的会计操作、有缺陷的风险管理计划，以及董事会运转失效导致的公司治理不严以及对管理阶层监督不充分。此外，欺诈性投资机制、掠夺性贷款以及类似的行为导致国会不得不采取措施。

重要概念和术语

替代性纠纷解决技术	政府责任	惩罚性赔偿金
仲裁	过失归咎	事实自证
风险自担	被邀请人	雇主责任原则
诱致性伤害	连带责任	君主免责
间接来源原则	最后机会原则	特定赔偿金
比较过失原则	法律过失	严格责任（绝对责任）
补偿性赔偿金	执照	侵权
共有过失原则	调停	侵权者（也称为做错事的人）
酒店法令	过失	非法侵入者
过失要素	原告	替代责任法
家庭用途原则	专有职能	
一般赔偿金	直接原因	

复习题

1. a. 什么是过失。
   b. 解释四个基本的过失要素。
2. 请解释绝对责任的含义。
3. 解释下面类型的赔偿金：
   a. 补偿性赔偿金（特定赔偿金和一般赔偿金）
   b. 惩罚性赔偿金
4. 阐述被认为犯有过失的被告可以使用的法律抗辩手段：
   a. 共有过失
   b. 比较过失
   c. 最后机会原则
   d. 风险自担
5. 解释过失归咎的含义。
6. 解释事实自证的含义。
7. 简要阐述保障其他人免受下面责任情况损害的谨慎标准：
   a. 财产所有人
   b. 诱致性损害
   c. 车主和驾驶者
   d. 政府和慈善机构
   e. 雇主和员工
   f. 父母和子女
   g. 动物的所有者
8. a. 解释美国民事侵权责任体制的不足。
   b. 提供对美国民事侵权改革的建议。
9. a. 解释美国医疗责任风险的原因。
   b. 指出降低误诊成本的几个方法。
10. 简要解释公司治理和金融部门存在的导致诉讼案增加的问题。

应用题

1. 史密斯建筑公司正在为雷蒙德公司建造一个仓库。这家建筑公司在夜晚和周末直接把一些建筑设备放在建筑工地。一天夜里，10岁的小男孩弗雷德在史密斯建筑公司的建筑设备上玩耍。他意外地松开了拖拉机的刹车，拖拉机从小斜坡上滑下，撞上了正在建造的房屋。弗雷德在事故中受重伤。弗雷德的父母起诉了史密斯建筑公司和雷蒙德公司。

   a. 根据过失的要素，指出如果史密斯建筑公司为过失负责必须满足的条件。
   b. 指出法律规定的进入他人财产的人的不同类型，弗雷德属于哪一类？
   c. 根据弗雷德的年龄，这一案例还适用什么法律规则？解释你的答案。

2. a. 帕克威批发公司是一家批发企业，雇用了一些外部销售人员。艾米莉是帕克威公司聘请的一位销售人员。在她开自己的车出去正常销售的时候遇到了交通事故，与另一辆车相撞，艾米莉和那个驾驶员在事故中都受了伤。受伤的驾驶员起诉艾米莉和帕克威公司的过失导致其受伤。

   （1）指出受伤的驾驶员起诉艾米莉犯有过失的条件。
   （2）根据什么法律，帕克威公司要为驾驶员的受伤负责？对你的答案做出解释。

   b. 汤姆要他的女朋友梅根去超市买一些牛肉作午餐。当梅根开着汤姆的车去超市的时候越过警戒标志撞伤了一位路人。汤姆要为此负责吗？解释你的答案。

3. 旋风割草机公司制造并销售强力除草机，并通过自己的经销商运送货品。安德鲁在看到授权经销商推荐"这种割草机是最好的"之后，购买了一台强力割草机。安德鲁在除草的时候，割草机叶片飞出，严重割伤了他的腿。

   a. 安德鲁认为该公司生产割草机时存在过失，并起诉了旋风割草机公司。旋风割草机公司是否存在过失？请解释你的答案。
   b. 事实自证原则通常可以用于这种类型的案例。请说明这一原则怎样应用于这一案件。答案中必须包括对事实自证原则的定义。
   c. 如果旋风割草机公司被认为存在过失，

请指出安德鲁可能获得的不同类型的赔偿金。

4. 马修卷入了一场交通事故。在事故中，他被判承担40%的责任，另一方当事人承担60%的责任。马修的实际损失是50 000美元。在纯粹比较过失原则下，马修可以获得多少赔偿？

5. 琼斯是一名整形医生。一个病人要求对其软组织受损的右膝做整形手术。当病人从手术中醒来，他很惊奇地看到两个膝盖都用纱布绑着。他被告知，琼斯医生切错了膝盖，意识到所犯的错误之后，他继续在右膝上做手术。在这一案例中，琼斯医生犯了哪一个法律原则中的过失？

6. 萨拉是一名大学生，上课的时候要迟到了。她横穿马路，而不是去有红绿灯的十字路口，一辆汽车撞了她。尽管萨拉令自己处于危险之中，但是，如果她能够证明汽车有机会避免撞她，但没有这样做，那么她就可以获得赔偿。指出可以用于萨拉案例的原则。

7. 伊丽莎白遭遇了一次与工作相关的汽车事故。她起诉了造成其受伤的司机，这一案件送交了法庭。在询问伊丽莎白的时候，被告律师问她，她的受伤是否受到公司团体健康保险的保障，伊丽莎白的律师立刻提出抗议。法官认为，这一问题不恰当，要求陪审团忽略该问题。根据法官对该问题的反应，指出审判进行时使用的法律原则。

8. 丹尼尔认为，化学用品公司应为属于它所有的土地受到的污染负责。他起诉了该化学用品公司。该公司没有求助于法庭，其律师建议通过仲裁来解决这一法律纠纷。解释仲裁在该案件中如何发挥作用。

网络资源

● 美国侵权改革协会（ATRA）。美国侵权改革协会是一个全国性的组织，致力于以推进侵权体系改革的方式修复民事司法制度。美国侵权改革协会在国会和州立法机构中奋力抗争，以使体制变得更加公平。网站地址为：atra.org/

● FreeAdvice.com是一家消费者和小企业经常访问的法律网站。该网站提供一些基本的法律信息，帮助人们理解他们在各种法律问题中的法律权利，但是并不适合律师。网址为：freeadvice.com

● Nolo.com是消费者自助获得法律信息的一个主要渠道，包括与个人伤害法规相关的问题。网址为：nolo.com

● 康奈尔大学法学院法律信息学会提供关于民事侵权、个人伤害和产品责任法的详细信息。该网站提供了很多热点链接，例如关于联邦法律、宪法和其他主题。"State Statutes by Topic"的链接提供了以字母排序的主题列表，可能有助于提高效率。网站地址为：law.cornell.edu

● 兰德城市公正研究会出版了大量高质量的研究报告，对如何改善美国的民法体系提出了很多建议。一些研究考察了本章讨论的很多责任问题。网址为：rand.org/icj/

参考文献

Congress of the United States, Congressional Budget Office, *The Effects of Tort Reform: Evidence from the States*, June 2004, and 2009 letter addressing effects of proposals to limit costs related to medical malpractice.

Dial, David, et al., Tort Excess 2005: *The Necessity for Reform from a Policy, Legal and Risk Management Perspective*, Insurance Information Institute, 2005.

Hartwig, Robert P., *Medical Malpractice Insurance & the Insurance Cycle*, Insurance Information Institute, May 15, 2008.

Hartwig, Robert P. and James Lynch, *Tort Inflation 2012: Stability Today, but for How Long?* Insurance Information Institute, June 2010.

The I.I.I. Insurance Fact Book 2012, New

York: Insurance Information Institute, 2012.

Jury Verdict Research, *Jury Verdict Research Releases Medical Malpractice Study: Yearly Analyses Show an Upward Trend in Median Awards for Personal Injury Cases*, JVR News Release, June 22, 2005.

"Liability System," *Issues Updates*, Insurance Information Institute, March 2012. This source is periodically updated.

"Medical Malpractice," *Issues Updates*, Insurance Information Institute, March 2012. This source is periodically updated.

Towers Watson, *U. S. Tort Cost Trends*, 2011 Update.

第20章

屋主保险，第Ⅰ部分

"没有别人的帮助，将难有家庭的温暖。"

——英国谚语

学习目标

学习完本章，你应当能够：

◆ 区分屋主保险保单、共同屋主保单及租住屋主保单。

◆ 解释 HO—3 保单第Ⅰ部分的主要规定，包括：

第Ⅰ部分的保险责任

第Ⅰ部分的承保风险事故

第Ⅰ部分的除外责任

◆ 在特定财产损失情况下，解释是否属于 HO—3 的可保范围。

◆ 解释损失发生后，被保险人应尽的义务。

◆ 解释并举例说明 HO—3 保单中的损失赔付条款。

"至少每个人是安全的。"戴着一副眼镜面带震惊的诺拉·富兰克林对记者说道，"那是最重要的。"诺拉和她的丈夫正在查看他们房间中之前的用品。龙卷风刚刚袭击了他们的房子，而且毁坏了大多数东西。诺拉、她的丈夫和他们的两个孩子在暴风来袭时在地下室避难。诺拉投保的保险公司的理赔员在记者离开后到了他们家。诺拉一家在了解到他们的屋主保险保单为他们损坏的房屋、个人财产和独立车库提供保障时，不由松了一口气。由于保障范围内的风险使他们的房子不再适合居住，他们在房屋被重建期间居住在当地小旅馆的费用也在保障范围内。

房子是大多数家庭所拥有的最有价值的实体财产。上面的例子清楚表明了屋主保单给

> 家庭所能够带来的保障。本章我们将讨论今天仍然在售的屋主保单，它们将为房屋、公寓和个人财产提供保障。我们还将讨论屋主和租住屋主保单中出现的不同限制和除外责任。
>
> 每份屋主保单可以分为两部分。第Ⅰ部分是被保险人可保财产的类型，包括家庭或共有房屋、其他建筑以及个人财产。第Ⅱ部分提供个人责任保险，还包括为其他人支付的医疗费用提供保障。本章讨论第Ⅰ部分的条款。第Ⅱ部分将在第21章讨论。

屋主保险

屋主保险合同最早出现在20世纪50年代，此后又进行了多次修改。本章我们所讨论的屋主保险蓝本是由保险服务处起草的。2010年，保险服务处发布了新版的屋主保单，并于2011年开始使用。新版的ISO屋主保单3表格将在本章进行详细讨论。[1]

保险服务处蓝本在美国得到广泛应用。但是也有一些保险公司使用美国保险服务协会（一个类似于保险服务处的咨询组织）的蓝本。其他保险公司使用自己的蓝本，这些蓝本与保险服务处的蓝本略有不同。

具有投保资格的标的

私人住宅的屋主保险为用于私人居住的单人、两人、三人或四人家庭住宅房屋的产权所有人提供保障（尽管也允许存在某些商业用途，例如家庭日间护理和作为商业或专业办公室使用）。单人家庭住宅不能有超过一人的其他家庭成员，或者超过两人的房客或寄宿者。租住者或共有所有者的屋主保单使用另外的保单。

屋主保险概述

目前使用的保险服务处屋主保险包括：
- 屋主保险2（HO—2）（扩展险）
- 屋主保险3（HO—3）（特殊险）
- 屋主保险4（HO—4）（承租险）
- 屋主保险5（HO—5）（综合险）
- 屋主保险6（HO—6）（业主险）
- 屋主保险8（HO—8）（改进险）

屋主保险2（HO—2）（扩展险） HO—2是一种对投保的房屋、其他建筑物（例如，独立车库或工具棚）和个人财产遭受列明风险事故而蒙受的损失进行赔偿的一种保险。列明风险

---

[1] 这章对屋主保险的讨论参考了 the *Fire, Casualty & Surety Bulletins*, Personal Lines volume, Dwelling section (Erlanger, KY: National Underwriter Company); Personal Lines Pilot, International Risk Management Institute (IRMI); *Homeowners Coverage Guide*, 4th Edition, by Diane Richardson; and the copyrighted homeowners forms drafted by the Insurance Services Office (ISO).

事故包括火灾、雷电、暴风、冰雹、爆炸和其他风险。完整的风险事故列表见图表20—1。HO—2还对因为保障范围内的损失造成的房屋无法居住带来的额外生活费用或公平租赁价值提供保障。

屋主保险3（HO—3）（特殊险） HO—3为房屋及其他建筑物遭受的直接物理损失风险提供保障。这意味着，房屋及其他建筑物所受到的所有直接物理损失均属于保障范围之内，除了那些被排除在外的责任。房屋和其他建筑物受到的损失在一定条件下（后面进行讨论）要按照重置成本全额支付，而不得因为折旧而扣减。个人财产也获得针对HO—2列明风险事故的保障。

屋主保险4（HO—4）（承租险） HO—4是专为公寓、住房的租房者设计的。它对租户的个人财产损失或损坏提供保障，而且还提供个人责任保险。个人财产还享受与HO—2列明风险事故相同的保障。此外，个人财产保险的10%可以为被保险人房屋的附属设施的修建或更换提供保障。

尽管大多数租户需要屋主保单，但是很多人仍然没有购买保险。不过屋主保险4在发生全额损失时就非常有价值，特别是因为火灾所有物品都彻底损毁的情况下。重新置办家具、衣服、书籍、笔记本和其他电子设备、电视、化妆品、食品和其他个人财产很容易就超过15 000美元。如果承保风险包括租用的公寓或房屋，也会支付相应的生活成本。屋主保险4还提供最低100 000美元的个人责任保险，为大多数个人行为承保，每年的保费通常低于175美元。专栏20.1讨论了屋主保单对于在公寓内发生重大损失的租户的价值。

屋主保险5（HO—5）（综合险） HO—5为房屋、其他建筑物及个人财产遭受的直接物理损失风险提供保障。这一条款意味着，所有直接物理损失都将获得保障，除了那些被排除在外的责任。与其他仅为列明风险事故提供保障的屋主保险不同，HO—5为个人财产遭受的所有直接物理损失提供保障，除了那些被排除在外的责任。

屋主保险6（HO—6）（业主险） HO—6是为共同所有的房屋或共同居住的公寓专门设计的险种。它为不同单位共同拥有的建筑物及其他财产提供保险。HO—6对所有者的个人财产提供与HO—2中列明风险事故相同的风险事故保障。此外，这个险种对共有财产（例如内部设施、地毯、壁橱和壁纸等）提供的最低保险金额为5 000美元。

屋主保险8（HO—8）（改进险） HO—8是一种以房屋及其他建筑的损失的修复成本为偿付基准的调整型保险。修复成本是指用一般的建筑材料和方法来修复或替换受损财产所需的成本。该险种的偿付不以重置成本为基准。在一些州，以实际现金价值来决定赔付的数额。

HO—8保单是为那些重置成本远超其市场价值的老房子设计的。例如，一个重置成本为300 000美元的老房子的市场价值可能仅为200 000美元。保险公司在房屋重置成本远低于其市场价值的时候仅为重置成本承保。因此为了使老房子也能够获得保障，并降低道德风险，HO—8保单产生了。

HO—8保单仅为失窃个人财产提供有限的保障。失窃保障的最高限额为每一起1 000美元，而且仅适用于发生在居住地的损失。

图表20—1对不同屋主保险的基本保障范围和承保风险事故进行了比较。

图表 20—1

ISO 屋主保险保障比较

保障	HO—2（扩展险）	HO—3（特殊险）	HO—4（承租险）	HO—5（综合险）	HO—6（业主险）	HO—8（改进险）
A. 房屋 B. 其他建筑 C. 个人财产 D. 使用损失	各保险公司不同 A 的 10% A 的 50% A 的 30%	各保险公司不同 A 的 10% A 的 50% A 的 30%	没有 没有 最低数额不同 C 的 30%	各保险公司不同 A 的 10% A 的 50% A 的 30%	最低 5 000 美元 包括在 A 的保障中 最低数额不同 C 的 50%	各保险公司不同 A 的 10% A 的 50% A 的 10%
保障风险	火灾或雷电 暴风或冰雹 爆炸 骚乱或暴动 飞行器 车辆 烟雾 故意破坏或恶意损害 盗窃 坠落物 冰、雪及雨夹雪的重压 水蒸气、热水器、空调或自动喷洒系统或烧水的电器意外破裂、断开、灼烧或膨胀 水暖、供热系统、空调、自动喷洒系统或家用电器的冻结 由电路、电源人为故障造成的突发或意外损失 火山喷发	房屋及其他建筑物所受到的直接物理损失风险。除特别列外，均属于承保范围。 个人财产中包括的风险均享受保障。	与 HO—2 中对个人财产造成的风险相同。	房屋及其他建筑物所受到的直接物理损失风险，除特别列外，均属于承保范围。 个人财产获得对财产造成直接物理损失风险的保障，除特别风险外责任范围，均属于承保范围。	与 HO—2 中对个人财产造成的风险相同。	火灾或雷电 暴风或冰雹 爆炸 骚乱或暴动 飞行器 车辆 烟雾 故意破坏或恶意损害 盗窃（仅适用于居住地上的失窃，最高限额为 1 000 美元） 火山喷发
第二部分保障[a]						
E. 个人财产 F. 对第三方的医疗费用给付	100 000 美元 每人 1 000 美元	100 000 美元 每人 1 000 美元	100 000 美元 每人 1 000 美元	100 000 美元 每人 1000 美元	100 000 美元 每人 1 000 美元	100 000 美元 每人 1 000 美元

[a] 最低数额在增加。

专栏 20.1 ☞

从公寓大火吸取的教训

保险行业恐怕很难找到比一星期前发生在托马斯布鲁克公寓的大火更能够有效说明租户保险的价值的案例了。那些没有购买保险的公寓住户应该将此作为一个促使自己购买保险的例证。

米歇尔·亚当斯在大火席卷大楼时强迫 23 套公寓的租户进行撤离,事后他非常庆幸自己购买了保险。火灾的起因是一个租户将未熄灭的雪茄扔进了阳台的一个塑料咖啡桶。

"我很庆幸自己已经购买了保险。" 23 岁的亚当斯说。由于他为保单支付了 110 美元,他获得了在旅馆住宿和购买食物的保障,即使在他逃离公寓时如此匆忙以至于没有带出钱包。

艾丽西亚·哈姆斯最近刚刚搬进来,还没有购买保险。

"我抓起笔记本电脑和钱包就跑了。我失去了所有的东西。"她说。

根据来自红十字协会的鲍勃·凯利的说法,23 套公寓被大火洗劫一空,其中十套没有租户保险。

该比例已经比美国统计数据要好多了。保险研究协会 2006 年的调查显示,43%的租户没有租户保险。

一个流行的神话是,根据行业人士的说法,公寓受到公寓建筑所有人的财产保险的保障。但是,那些保单只为建筑本身承保,而不包括租户的财物。

许多租户没有意识到他们的财物的价值是多少。代理人建议租户考虑是否花一两分钟购买一份保险,保障他们的衣服、化妆品和电子设备的价值。这种保费一般不会超过五位数。

这里有一些关于购买租户保险的小贴士。租户保险通常为以下事项承保,火灾、烟尘、飓风和龙卷风、防火喷头导致的水患。

- 多处询价。保障的价格和类型有很多。
- 确认拟定保单是否包括重置成本或实际成本(实际现金价值)。支付的差异可能非常大。
- 更换为较高免赔额的产品会降低保障成本。如果他们的公寓有自动喷洒系统,租户还可能有资格获得折扣。
- 要记住,大多数租户保险不为洪水灾害提供保障。如果你的公寓可能面临洪水,就要另外购买保单。
- 编辑一份自有财物目录将帮助你记住自己已有的东西,而这通常在发生类似于火灾的事件后很难做到。照片和收据会在保险公司对索赔提出质疑时有所帮助。

上周发生的火灾说明,有的时候,无辜的住户不得不为其他某些人的错误买单。任何公寓住户都可能突然发现自己站在外面的时候,火焰席卷其财物。托马斯布鲁克公寓的租户可以告诉你,在那个时候,一份保障是多么重要。

资料来源:"Lesson to Be Learned from Apartment Fire," *Journal Star*, July 19, 2008, p. 5B. Reprinted with Permission from *Lincoln Journal Star*.

HO—3(特殊险)的分析

本章后面的部分,我们将着重讨论 HO—3(特殊险)第 I 部分的主要条款。

被保险人

保单对一些词汇或术语进行了定义,最为重要的一个是"被保险人"的含义。在保单中,下面这些人被认为是被保险人:

- 记名被保险人及住在房间里的亲属。记名被保险人是在保单说明页中列出的一个或多个人。保单的记名被保险人也指"你"。如果记名被保险人的配偶是同一间房屋的居住者,那么也在保障范围内。孩子和其他住在记名被保险人房子里的亲属也在保障范围内。
- 家庭成员。居住在记名被保险人房屋内的家庭成员是保单的被保险人。因此,子女或其他居住在记名被保险人房屋中的家属也获得记名被保险人保单的保障。
- 其他21岁以下的人。其他记名被保险人监护下的21岁以下人员或家庭成员也被认为是保单的被保险人。例如收养子女、被监护人或外国交换学生。
- 离家在外的全日制学生。对"被保险人"的定义包括离家在外的全日制学生,该学生要满足以下条件,即在搬出去上学之前住在记名被保险人屋子里,小于24岁并是记名被保险人的亲戚,或者处于记名被保险人或是常住在家里的亲戚监护之下的小于21岁的人。

除了上面几类人之外,"被保险人"的定义还包括第Ⅱ部分保障范围内的几类人:

- 对投保的动物及船只负法律责任的人。例如,你将狗交给邻居照顾,如果狗咬伤人,由此造成的邻居的损失也在保障范围内。但是,这些保障不适用于商业目的的个人或组织托管的动物或船只,如狗场管理员或码头管理员。
- 对于投保的机动车辆来讲,为被保险人工作的、由记名被保险人或上面定义的被保险人雇用的雇员也属于被保险人。例如,当雇员在操作被保险人的除草机为其工作时不小心伤到了别人,雇员所承担的损失也在雇主的保单的赔偿范围之内。

第Ⅰ部分的保险责任

HO—3保单的第Ⅰ部分中有四种基本保险责任和几个附加保险责任:
- 保障A:房屋
- 保障B:其他建筑物
- 保障C:个人财产
- 保障D:使用损失
- 附加保障

保障A:房屋

保障A为居住地的房屋以及房屋的附属建筑物提供保障。因此,房屋和附属的车库或车棚在这一部分中都属于承保范围。用于建造或修葺房屋或附属建筑物的物品也在保障范围之内。

保障A将土地作为除外责任。因此,如果建筑房屋的土地即使因为承保风险事故(例如飞机坠毁)损毁也不在保障范围内。

保障 B：其他建筑物

保障 B 为居住地上的与房屋明显分离的其他建筑物提供保障。该保障包括与房屋分离的车库、工具棚以及马圈等。只是通过篱笆、围墙或其他类似物品与房屋相连的设施也属于"其他建筑物"。

保障 B 中的保障数额根据房屋的保险数额（保障 A）确定。在 HO—3 中，房屋保险金额的 10%可作为"其他建筑物"的附加的保险金额。例如，如果房屋的承保额为 300 000 美元，其他建筑物的承保额为 30 000 美元。

保障 B 有几个重要的除外责任。土地损毁属于除外责任。而且，如果将私人车库之外的其他建筑租给并非租住自己房屋的人，那么这些建筑就不在承保范围之内。例如，假设托德拥有一栋房屋，在该土地上还有一个马厩。如果托德把马厩租给了另外一个人，如果马厩在火灾中烧毁，他就无法获得保障。

此外，用于商业用途的其他建筑物也不在承保范围之内。因此，如果查尔斯在与房屋分离的车库从事汽车修理业务，如果车库在龙卷风中损毁，那么车库也不受保障。

最后，用来存放用于商业用途的财产的其他建筑物也不在承保范围内。但是，现行的保单对存放其中的属于被保险人或房屋租住者的用于商业用途的物品还是予以承保的，不过这些物品不包括气态或液态燃料，只是停放在这些建筑物中的油罐车里存放的汽油则不然。例如，一个专职粉刷匠在其居住地搭起的棚子里存放梯子，只要这个棚子里没有保存液态或其他燃料（不包括油罐车里的燃料），那么这个棚子也在承保范围内。

保障 C：个人财产

被保险人拥有或使用的放在任何地方的个人财产都在承保范围内。该条款包括借来的财产。此外，在损失发生后，或者记名被保险人提出要求的时候，保险保障范围可以扩展至被保险人居住地内的客人或居住者雇员的个人财产。例如，如果你要请一位客人到家里吃晚饭，而客人的外套被火烧毁，这些损失也在你的保单赔偿范围内。

个人财产的保险额等于房屋保险的 50%，如果需要，这一数额可以增加。这一针对个人财产的保险无论你在不在家里都提供保障。例如，20 岁的克莱尔是一名大学生，在学年内临时离开父母的家。如果小偷闯入她的宿舍，偷走了一台笔记本，那么这一损失在其父母保单的保障范围内。

有一个适用于家庭外的个人财产的重要限制是，如果财产通常位于另一居所就会受到限制，例如在度假屋的个人财产。在这种案例中，离家保障限制在保障 C 的 10%，或者 1 000 美元，二者取其高者。

例如，如果埃里克为个人财产投保 150 000 美元。他可以在去欧洲旅行的时候将财产带过去，由于离开了居住地，保障的最高额度仍然是 150 000 美元。假设相反，埃里克在一条河上拥有一艘船或度假的房子，家具和渔具整年都放在那里。在这种情况下，这些个人财产的最高保险额度就只有 15 000 美元（10%×150 000 美元）。

10%的限额不适用于居住地修葺或改造时，由于不适合存放而从房屋里搬出的个人财产。例如，当住所正在修葺或改造，已经不适合生活，被保险人暂时将个人财产存放在临时搭建的设施内，这些财产不受 10%的限制。

该限制同样不适用于存放在新购买的住所内的个人财产，时间限定为从将财产搬至该住所起的 30 天内。按照保障 C 的规定，这类财产在 30 天的限期内应全额承保。但是，之后若要获得对个人财产的全额承保，被保险人必须在 30 天内通知保险公司。

"新"保单专门包括了在自由储存设施里的个人财产。此类财产的保障限制在保障 C 的 10%，或 1 000 美元，二者取其高者。在以下情况中，这些限额不适用于房子储藏设施里的财产，即当住所房屋被维修或重建，或者由于房屋不再适合存放或储存财产。如果财产通常被保存在被保险人的住宅而不是住宅楼宇中，也不适用。

保险责任的特殊限额　由于道德风险和损失调整的问题，以及保险公司减少其责任的愿望，对某些财产损失赔付额度设置了最高限额（见图表 20—2）。

图表 20—2　　　　　　　　　　　保险责任的特殊限额

财产类型	限额（美元）
1. 现金、钞票、黄金、白银、铂金、硬币、奖章、储值卡和智能卡	200
2. 证券、有价证券、手稿、个人档案、护照、票证和邮票	1 500
3. 各类船只	1 500
4. 不用于船只的拖车	1 500
5. 珠宝、手表、裘皮，以及不太珍贵的宝石等的失窃	1 500
6. 枪支和相关设备的失窃	2 500
7. 银器、金器、铂金制品以及石蜡制品的失窃	2 500
8. 居住地内商业用途的财物	2 500
9. 主要作为商业用途的居住地外的财产（除下面第 10 项和第 11 项描述的电子设备外）	1 500
10. 以下种类的便携式电子设备：（1）用于产生、接收或者传输音频、视频或数据信号；（2）设计由一个以上电源供给能量，且其中之一为机动车辆的电子系统；（3）安装在机动车辆内外	1 500
11. 需要与电子设备一同使用的天线、录音带、电线、唱片、硬盘和其他媒介，这些电子设备是用于重新制作、接收或者传输音频、视频或数据信号，并且安装在机动车辆上的	250

对包括硬币收藏在内的货币的最高赔偿限额为 200 美元。如果你拥有颇具价值的硬币收藏品，你就要在保单明细表中列明，并投保特定数额的保险。**明细表**（schedule）列出了特定保险额度的投保财产。一枚有价值的邮票藏品也要单独投保，因为邮票的限额为 1 500 美元。

对各种船只的保障限额是 1 500 美元，包括运载船、装饰、设备和舷外马达。价值超过限额的船只需要独立投保。

珠宝和裘皮失窃的赔偿限额也是 1 500 美元。昂贵的珠宝和裘皮应当列明并专门投保。此外，对枪支失窃的投保限额是 2 500 美元，银器、金器、铂金制品和石蜡制品失窃的投保限额是 2 500 美元。因此，价值较高的银器收藏品应当根据收藏品的当前价值专门投保。注意，珠宝和裘皮、枪支、银器和金器的限额仅适用于失窃风险，其他承保风险事故导致的损失将获得全额赔偿。

住所内主要用于商业用途的财产的保险限额为 2 500 美元。当以商业目的使用的财产不在居所内的时候，就要受到 1 500 美元的限额限制。这个限额不适用于天线、磁带、电线、光盘和其他电子设备中使用的媒介。这些电子设备产生、接收或者传输音频、视频或数据信号，并且被安装在机动车辆上。

屋主保险为便携式电子设备提供 1500 美元的保障。这些电子设备产生、接收或者传输音频、视频或数据信号，并且根据设计有多个动力来源提供能量，其中有一个是机动车电子系统。该限额适用于机动车辆内外，个人或商务用途的电子设备。

最后，天线、磁带、电线、光盘和其他电子设备中使用的媒介设置了 250 美元的限额。这些电子设备产生、接收或者传输音频、视频或数据信号，并且被安装在机动车辆上。

不保财产 保障 C 对某些财产不提供保障。下面这些就属于不提供保障的财产：

1. 单独列出并专门投保的财产。无论是在屋主保险保单还是其他保单中，保障 C 对独立列出或专门投保的财产不提供保障。因此，如果珠宝或裘皮专门投保，屋主保险保单的保障 C 不赔偿损失。

2. 动物、鸟和鱼。对宠物不提供保障，因为它们的价值很难估计。专门投保可以用于为价值高昂的动物提供保障，例如纯种马和血统纯正的狗。

3. 机动车辆。机动车辆及其附属物和附属设备都属于不保财产。因此，汽车、摩托车和机动滑行车都是该保险的不保财产。类似地，汽车的车载电池或轮胎失窃也是不保财产。

除外责任不适用于便携电子设备。这些电子设备产生、接收，或者传输音频、视频或数据信号，需要设计一个动力来源运作，而不是依赖机动车的电力系统。

最后，如果机动车辆并不需要在公路上行驶，而只是在被保险人的住所内使用或只是用来为残疾的家庭成员服务时，就属于可保财产。因此，在自己花园内使用的拖拉机、割草机或电动轮椅一般都在可保范围内。

4. 飞机及其零部件。飞机及其零部件是专门列为除外责任的。但是，不用于载人或载物的飞机模型或飞机玩具却在承保范围之内。

5. 气垫船及其零部件。气垫船及其零部件也属于除外责任。气垫船是利用气垫上自动力推进的设备。

6. 房客、寄宿者和其他租户的财产。房客和寄宿者等与被保险人没有亲属关系的人的财产属于除外责任。因此，如果被保险人租给学生一间房屋，学生的财产不受被保险人的屋主保单的保障。但是，与被保险人有亲属关系的房客、寄宿者和租户在保障范围之内。

7. 处于专门用于出租的公寓内的财产。被保险人通常用于出租或待租的房屋中的财产特别排除在外。但是后面将讨论，对于在被保险人的住所内的某些专门用于出租或待租的家具，屋主保单提供保障。

8. 不在被保险人居所内的用于出租或待租的财产。居所外的出租给其他人的财产特别排除在外。例如，如果珍妮弗专门经营自行车租赁业务，那么她的这些自行车将不受其屋主保单的保障。

9. 商业记录。屋主保险不承保在账簿、图表或其他纸质记录品，以及计算机和相关设备中的商业数据记录。这种除外责任的总体效应是把恢复这些商业数据记录的成本排除在外。

10. 信用卡、电子转账卡以及其他存取工具。对个人财产的保障范围不包括信用卡、电子转账卡或其他存取工具。在附加条款中可能会承保这类卡片的未授权的用途（后面进行讨论）。

11. 水或蒸汽。屋主保险不将水或蒸汽作为个人财产。因此，通过公共管道传输或来自被保险人自有的井里的水或蒸汽现在仍然属于除外责任。而且，对游泳池里的水也不承保。

保障 D：使用损失

保障 D 在居住地由于承保损失而不能使用时提供保障。该保险承保的额外保险数额为房屋保险额的 30%（保障 A）。这里提供三种收益：额外生活费用、公平租赁价值以及禁止使用。

额外生活费用　如果承保损失导致居住地不再适合居住，公司将支付由此带给被保险人的额外生活成本。额外生活费用（additional living expense）是指，被保险人为了保持家庭的正常生活标准而实际产生的生活费用的增加。例如，假设希瑟的房屋被火灾烧毁。如果她以每月 800 美元的价格将装修过的公寓出租 3 个月，那么额外的 2 400 美元的生活成本将获得保障。

公平租赁价值　在居住地的一部分租给其他人的时候支付公平租赁价值。公平租赁价值（fair rental value）是指，租给他人或准备租给他人的居住地的一部分的出租价值减去由于居住地不再适合居住期间停止支付的费用。例如，希瑟以每月 200 美元的价格将一间屋子租给一名学生。如果在火灾发生后，屋子不再适合居住，需要花 3 个月的时间重建，那么希瑟将损失 600 美元的租金收入（减去一些不继续支出的费用）。这一笔赔偿要加到刚刚提到的增加的生活费用中去。

禁止使用　使用损失保障还包括禁止使用损失。即使承保房屋没有损毁，民政当局也会禁止被保险人使用该房屋，因为被保险人的风险可能对邻居的居所造成直接损害。额外生活费用和公平租赁价值最多偿付 2 个星期。例如，由于邻居房屋发生爆炸后还不稳定，消防指挥要求希瑟一家搬出自己的居所。她的额外生活费用和公平租赁价值损失要由保险公司承担最多 2 个星期。

附加保障

除了基本的保障 A、保障 B、保障 C 和保障 D 之外，HO—3 保险还提供几种附加保障。

残骸清理　屋主保险对清理由承保风险造成的保险财产损坏的残骸碎片的合理费用提供保障。残骸清理还支付火山喷发产生的灰尘的清理费用，因为火山喷发导致了房屋或屋内财产的直接损失。

残骸清理的成本包括在保单限额内。但是，如果实际损失加清理成本超过了保单的限额，保险公司会对残骸清理费用另外提供相当于保险金额 5% 的赔付。例如，假设与房屋分离的车库的承保额是 30 000 美元，火灾把车库完全烧毁。如果需要 30 000 美元来重建车库，那么保险公司还要额外赔偿被保险人最多 1 500 美元作为残骸清理费用。

此外，屋主保险还增加了清理记名被保险人拥有的树的清理费用，这些树因为暴风或冰雹，或者因为冰、雪或冰雹的重压而倒下。移走因为保障 C 中的风险事故而倒下的邻居家的树也在保障范围内。如果这棵树（1）损坏了承保范围内的建筑，或（2）挡住了汽车进出的道路，使汽车不能在公路上正常行驶，或（3）阻挡了专为残疾人设计的方便进出的斜坡或其他通道，那么也在承保范围内。无论倒下的树有几棵，支付的最高限额为 1 000 美元。移走任何一棵树的费用不得超过 500 美元。该保障为附加保险。

合理的修复费用　如果承保风险事故发生后，被保险人采取了必要的修复工作，从而防止财产进一步损坏，那么该保险就要支付由此产生的合理成本。例如，暴风雨损坏的落地窗必须马上用一些东西暂时挡起来以免个人财产遭到更多的损失。该保障不会增加适用于承保财产的保险限额。

树木、灌木及其他植物　居住地的树木、灌木、植物或草坪遭到特定风险事故的损坏，那么屋主保险将为其提供保障。保障范围只包括火灾、雷电、爆炸、骚乱、城市暴乱、飞行器、非家庭成员拥有或驾驶的机动车辆和飞机、故意破坏、恶意损害以及盗窃。注意，暴风雨不在保障范围内。如果一棵珍贵的树木受暴风雨的袭击而倒下，保险公司不赔偿其重置成本。

该保险的最高损失限额是房屋承保额的 5%。但是，对于单棵树木、植物、灌木等，赔偿的最高限额是 500 美元。该保障为附加保险。

消防费用 如果按照合同或合约的规定，记名被保险人在承保风险事故发生时为避免财产的进一步损失而支付的合理的消防费用应由保险公司负责赔偿，但最高赔偿额度是 500 美元。对于该项损失没有设置免赔额。

财产搬运费 如果由于面临承保风险事故的威胁，将财产从居住地移走，那么在财产转移的最多 30 天内所发生的任何原因的直接损失都将获得保障。因此，由于发生火灾而将家具等存放到公共仓库里，30 天内任何原因造成的损失都应由保险公司负责偿付。例如，遭受火灾后，被保险人将个人财产搬到一个仓库里，那么在 30 天内由其他原因（除地震外）造成的家具等物品的损失也应由保险公司偿付。该保障不会增加适用于承保财产的保险限额。

信用卡、电子转账卡或其他存储工具以及假钞 如果信用卡失窃或丢失并被冒用，被保险人发生的任何损失都将在 500 美元限额内获得赔偿。类似地，被保险人电子转账卡的失窃或冒用也在承保损失内。如果伪造的或修改的支票导致了被保险人的损失，那么也在保障范围内。如果被保险人在不知情的情况下收到了假钞，那么也将获得保障。这种保障属于附加保险。该保障不设置免赔额。

损失评估 由于公司或协会的所有成员拥有的财产受到直接损失，作为财产所有人的公司或协会对记名被保险人收取了损失评估费用，那么保险公司对此支付最高 1 000 美元的费用。例如，一个分会的财产所有者属于一家屋主协会，他们共同拥有一个俱乐部会所、游泳池、网球馆、篱笆，并且都签名加入了该分会。假设暴风雨彻底冲毁了俱乐部会所。如果屋主协会保险没有承保所有损失，每一个财产所有人都要评估其损失。HO—3 将支付最高 1 000 美元的评估费用，否则就要由财产所有者支付。这种保障属于附加保险。

倒塌 房屋的倒塌在附加保险保障范围内。该保险将倒塌定义为"房屋或房屋的某一部分突然倒塌，造成房屋或房屋的某一部分不能用于原来的用途的事件"。①

由以下原因引起的房屋（或房屋的某一部分）的倒塌在承保范围之内：

- 保障 C 中承保的风险事故
- 被保险人在倒塌前并不知情的隐蔽性腐烂
- 被保险人在倒塌前不知情的害虫造成的隐蔽性损害
- 房屋内物品、设备、动物或人的重量造成的倒塌
- 房顶积水的重压
- 在房屋建造、修复或改建过程中使用劣质材料或不当的方法

玻璃或安全玻璃材料 该保险对投保房屋、外门以及护窗的玻璃或安全玻璃的损坏承保。由这些受损玻璃造成的财产损失也在承保范围之内。例如，垒球打碎的护窗也在承保范围内。如果破碎的玻璃导致了窗户附近的灯具损坏，那么损坏的灯具也受保障。该保障不会增加适用于承保财产的保险限额。

房东的家具 屋主保险对记名被保险人专门用于出租或待租的每间房间内的电器、地毯和其他家具的最高保险金额是 2 500 美元。除了盗窃之外，承保风险事故（保障 C 中的风险事故）造成的所有损失都属于保障范围。例如，苏珊将二楼配备有家具的房屋租给学生，该房间内的

---

① 修订的 HO—3 明确地指出"直接物理损毁"必须源于于突然倒塌。之前版本中的用语有些模糊，例如没有明确被损毁但没有倒塌的建筑物，或者在较长时间内倒塌的房屋是否在保障范围内。该版本明确地指出损毁必须发生，而且倒塌必须是"突然的"。

设施、地毯和家具的保险金额最高为2 500美元。该保障不会增加适用于承保财产的保险限额。

条例或法律引起的损失 许多社区都对建筑提出了要求，这增加了修复或重建损毁房屋的成本。例如，在损失发生后需要更换水管，新的条例要求使用铜管，而不能使用镀锌管或塑料管。

记名被保险人可以获得由于这些条例或法律引起的修复或重建费用增加的赔付（以保障A的保险金额的10%为限）。如果需要更高的保险额度，那么就要专门在保单上予以列明。这属于附加的保险责任。

墓碑 由保障C的承保风险事故导致的墓碑（包括陵墓）损失，将获得最高5 000美元的保障。该保障不会增加适用于承保财产的保险限额。

第Ⅰ部分的承保风险事故

在这一部分，我们将讨论承保财产面临的不同风险事故（或损失的原因）。在阅读完本部分后，希望你能够很好地了解屋主保单承保损失发生的原因。

房屋和其他建筑物

房屋及其他建筑物受到保障以应对"对财产的直接物理损失风险"。这意味着所有直接物理损失，除了那些被排除在外的责任，都将获得保障。如果房屋及其他建筑物遭到的损失不是除外责任，这些损失就获得该保险的保障。

除外责任 房屋和其他建筑面临的某些类型的损失特别除外。它们包括：

1. 倒塌。除了那些前面讨论的"附加保障"提供保障的倒塌损失，倒塌损失被特别除外。
2. 冻损。除非记名被保险人使用合理措施保持屋内的温度，或供水被中断或枯竭，否则，冻坏的暖气、空调、防火自动喷洒系统，以及其他家用电器都属于除外责任。

但是，如果房屋有自动喷洒系统，被保险人采取了合理的措施保持持续供水和保持屋内的温度，在这种情况下属于保险保障范围。

3. 篱笆、人行道、天井或类似设施。如果损坏由冰冻、融化、水或冰的重压造成，那么篱笆、人行道、天井、游泳池、地基和类似设施不在保障范围内。
4. 在建房屋。在建房屋的失窃，或其中使用的物品或材料失窃，不受保障，直到房屋建完并入住。
5. 故意破坏和恶意伤害。房屋超过60天无人居住后发生的，由于故意破坏或恶意伤害造成的损失，以及玻璃及安全玻璃材料的破损不在承保范围内。
6. 霉菌、真菌以及干腐菌。因为霉菌、真菌以及干腐菌造成的房屋及其他建筑物的损失被排除在外。但是，如果霉菌、真菌或干腐菌等造成的墙壁、天花板或房屋地板损坏，是由于水管、暖气、空调以及防火自动喷洒系统等不能察觉到的事故或意外性漏水造成的，则保险公司仍然应该负责赔偿。另外，由于住所外的排水沟、水管、下水道管道内的水外溢造成的损失也应获得保障。
7. 其他除外责任。下面原因造成的损失也属于除外责任：
   - 磨损和撕裂，毁损，退化
   - 机械故障、潜在故障、固有缺陷（财产存在分解的倾向）

- 烟雾、灰尘及其他腐蚀，或干腐
- 农业污染或工业污染产生的烟雾
- 污染物的流出、渗出、释放或外溢是由保障 C 中列明风险事故造成的
- 人行道、天井、地基、墙壁、地板、房顶和天花板的下沉、破裂、收缩、膨胀或扩张
- 鸟、啮齿动物或昆虫①
- 筑巢或群袭，或者动物排泄、释放的废物

个人财产

保障 C 以列明风险事故的方式承保个人财产的损失。该保险为后面部分讨论的风险事故对个人财产造成的直接损失提供保障。

火灾或雷电　屋主保险为火灾或雷电造成的直接物理损失提供保障。直接物理损失意味着，火灾或闪电是损失发生的直接原因。**直接原因**（proximate cause）是指，在承保风险事故和损毁财产之间存在直接的必然联系。例如，假设火从你的卧室向外蔓延。消防队员为了防止火势扩大，向其他房间洒水，而这会对你的书、家具和织物造成严重损害，那么包括喷水造成的损失在内的所有损失都在赔偿范围内，因为火灾是造成损失的直接原因。

什么是火灾呢？屋主保险没有对火灾进行定义，不过不同的法庭判决已经明确了它的含义。有两个条件必须满足：第一，必须有火苗或至少有火花产生的燃烧或剧烈的氧化活动。因此，没有火苗或火花产生的烧焦、加热、烤焦等造成的损失就不在保障范围之内。例如，衣服被熨斗烫坏的情况就不属于承保范围，因为没有火苗或火花。第二，火灾必须是敌意的或不友好的。有敌意的火灾超出了一般的定义。友善之火是为了使用而故意点燃的且正期望如此。法庭通常判定，如果财产保险基于指定险因素签订，友善之火带来的损毁就不在保障范围内。不过，如果保单基于"一切险"（开放式风险因素）签订，友善之火造成的损毁也在保障范围内，因为这种损毁不属于除外责任。②

暴风或冰雹　暴风或冰雹造成的损失也获得保障。但是，如果墙或屋顶并没有因暴风或冰雹的损坏而使暴风或冰雹等进入屋内，那么由于雨、雪、风沙、尘土等造成的房屋内部设施的损坏不在保障范围内。例如，如果一扇窗户打开着，被雨淋坏的沙发就不受 HO—3 的保障。不过，如果风或冰雹冲开了窗户，让雨从打开的窗户进来，损毁了屋内的个人财产，那么就将获得保障。

关于船只有一个重要的除外责任。只有在完全封闭设施内存放的船只和相关设备受到保障。例如，如果一只船停放在家里的私人车道上，并被风暴损坏，这一损失将无法获得保障。

爆炸　因爆炸导致的损害获得的承保范围很宽泛。各种形式的爆炸损失都属于保障范围，例如火炉爆炸导致的个人财产损毁。

骚乱或城市暴乱　骚乱或城市暴乱引起的个人财产的损失在承保范围内。每个州都对骚乱进行了定义。一般将其定义为，3 个人及 3 个人以上的群体采取暴力或激进的合法或不合法的行为，导致其他人的害怕或恐慌。城市暴乱是指包括公民的起义在内的大规模的持续骚乱。

飞行器　包括自动力的导弹、太空船在内的飞行器造成的损失都属于承保范围。例如，如

---

①　"害虫"之前列在这一除外条款中，但是那时在修订版本中被删除了。接下来的除外责任（筑巢或群袭，或者动物排泄、释放的废物）对该表格来说是新的。

②　International Risk Management Institute, *Personal Lines Pilot* #53, December 14, 2007.

果商业飞机撞到了你的房子，由此对你的个人财产导致的损坏将获得保障。类似地，如果附近的军事基地的自动力导弹偏离轨道，由此造成你的个人财产的损失也会获得保障。

车辆 车辆造成的损失由保险公司负责赔偿。例如，如果你的行李箱、衣服和照相机在交通事故中损坏，这些损失将获得赔偿。同样，如果你在倒车出库时不小心轧坏了自行车，这些损失也应由保险公司赔偿。

烟雾 烟雾导致的突发意外损毁获得保障，包括火炉或相关装置外溢的烟雾。例如，如果火炉出了问题，烟雾涌入房间，由此引起的家具、地毯或织物的损失获得保障。但是，由农业或工业操作引起的烟雾所造成的损失是特别除外的。

故意破坏或恶意损害 如果有人故意损害你的个人财产，由此造成的损失由保险公司负责赔偿。

盗窃 盗窃损失（包括尝试盗窃）以及由此造成的个人财产损失属于保障范围之内。

尽管盗窃这一项目的承保范围宽泛，但仍然有几项除外责任，包括：

1. 被保险人的盗窃行为属除外责任。例如，如果丹尼尔今年16岁，在离家出走之前，偷走了他妈妈钱包里的100美元，那么这个损失不在保障范围之内。

2. 正在建造的房屋的盗窃，以及用于建设的材料设施的丢失也不属于保障范围，除非房屋已经建成完工并开始居住。

3. 在出租的房间内丢失的被保险人的物品不属承保范围。例如，如果被保险人将房屋租给学生，被保险人的该房间内的一台失窃的收音机不在承保范围内。

如果盗窃发生在居所外，则由盗窃造成的如下损失属于除外责任：

1. 临时住所。如果财产放置在其他人所有的住所里，或放在被保险人租用、借住的房屋里，则该财产失窃的损失就不在保障范围之内，除非被保险人临时住在里面。例如，布莱恩拥有河边的一间木屋。木屋里的失窃财产不获得保障，除非布莱恩临时居住在里面。他并不需要在损失发生时实际住在里面，但是他必须临时生活或居住在那里。例如，如果发生盗窃时，他正在木屋旁边的河里钓鱼，那么这种损失可获得保障。

此外，如果被保险人是学生，他的个人财产在家庭之外的地方被盗，那么只要在盗窃发生前的90天内，他在该地出现过，其损失均将获得保障。例如，假设你上大学的时候，临时住在家外的其他地方。如果你的电视机从大学宿舍失窃，在损失发生前的90天内，你曾经住在学校，那么发生的损失包括在你的父母的HO—3保单保障范围内。①

2. 船只。在住所外放置的船只、装备、设备和外置马达不在保障范围之内。

3. 拖车和野营车。在住所外发生的拖车和野营车的失窃不在保障范围之内。它们可以通过个人汽车保险获得保障。这一险种将在第22章讨论。

坠落物 因坠落物体造成的个人财产损失在保障范围之内。但是，对房屋内的财产损失不提供保障，除非屋顶或外墙先被坠落物体破坏。例如，如果房屋内架子上的镜子掉下来摔碎了，那么该损失不在保障范围内。但是如果镜子掉下来是因为房屋外面的树倒下来把房子砸坏了造成的，那么这个损失就要由保险公司负责赔偿。

冰、雪或冰雹的重压 由于冰、雪或冰雹的重压造成的屋内个人财产的损失就在保障范围内。例如，如果雪的压力造成屋顶的下陷，由此造成屋内个人财产的损失将获得赔偿。

水和水蒸气的意外外溢或外泄 由于水管、供热系统、空调、防火自动喷洒系统，或家用电器等的水和水蒸气的意外外溢或外泄造成的财产损失应由保险公司负责赔偿。例如，自动洗

---

① 在之前的表格中，是60天。"新"表格将时间增加到90天。

碗机出现故障使厨房进水，进而使地毯等物品受损，那么将获得赔偿。但是，水或蒸汽清除后，修复设备的成本不在赔偿范围之内。

蒸汽、空调、防火自动喷洒系统，或烧水的电器等发生意外破裂、断开、灼烧或膨胀造成的损失 上述任何风险事故造成的损失都在承保范围之内。例如，热水器的突然破裂造成的个人财产损失由保险公司赔偿。

热水器、空调、防火自动喷洒系统，或家用电器的管道的冻损 除非被保险人合理地保持室内的温度、切断水路和排干系统内的水，否则冻损不在赔偿范围之内。但是，如果屋内有自动喷洒系统，被保险人必须保证系统内有水供应并保持合适的温度，保险公司才予以赔偿。

由电路、电源故障造成的突然或意外损失 例如，电源短路引起的电动甩干机失火的损失将获得保障。但是，作为电器、电脑或其他家用电器一部分的电子管、晶体管以及其他电子元件的损坏是除外责任。因此，电视的显像管由于电源等造成的烧毁不在保障范围内。

火山喷发 由于火山喷发造成的财产损失在赔偿范围之内，但是由于地震、地壳运动造成的损失属于除外责任。

第Ⅰ部分的除外责任

除了前面提到的特别除外责任之外，还有几个通用的除外责任。

并发原因损失

屋主保单包括一个条款，将并发原因损失排除在外。这种除外意味着，如果一个损失是由两个以上的风险因素引致的，且这两个因素同时发生或者有因果关系，如果其中一个风险因素在保障范围内（例如台风），则另一个风险因素就被排除在外（例如洪水），其引发的所有损失都属于除外责任。并发原因损失除外责任在2005年的卡特里娜飓风发生时曾经引发严重的损失调整问题。成千上万的房屋被台风和洪水摧毁。许多保险公司将其视为并发原因损失而不提供保障。其他保险公司为大风造成的损失提供了支付，但是洪水造成的损失则被排除在外。在许多情况下，保单持有人认为对于任何台风造成的损失，这些支付都是不够的。集体诉讼随之而来，法庭通常认为并发原因损失除外责任是有效的。

条例或法律

除了前面附加条款中提到的条例或法律中的内容以及法律规定的玻璃的更换之外，其他由条例或法律引起的损失均不属于承保责任。但是，正如我们前面所说，如果在附加条款里面提供的保险不能满足要求，可以通过对条款的修改和调整来满足投保人的要求。

地壳运动

由于地壳运动产生的财产损失属于除外责任。这包括地震、火山喷发产生的冲击波、山体滑坡、泥石流、地陷或灰岩坑，或地表下沉及移动。但是，由火灾或爆炸引起的财产损失在承保范围之内。关于地震的批单也可以附加到承保范围内。

水损失

一些由水引起的财产损失不在承保范围内。它包括以下几种：
- 洪水、地表水、浪（包括潮汐和海啸）、潮水，以及水体的外溢或喷洒（无论是否由风引起的），包括风暴潮。
- 通过下水道、污水渠等从污水坑中倒流的污水或水生物质。
- 地表下的水和水生物质对房屋、人行道、车道、地基、游泳池以及其他一些设施的积压或渗漏。
- 通过上面的任何一种方式移动的水上物体。

修订后的保单注明，这些水损失属于除外责任，无论它们是否来自于自然或其他因素。接下来保单上还写道，水损失除外责任适用于，但不局限于水从堤坝、水库、海堤或任何其他防护设施后面泄漏、满溢或流出。

停电

由于停电或住所以外的其他设施的故障造成的财产损失，保险公司不负责赔偿。例如，如果由于15公里以外的电厂故障，造成冰箱里的食物解冻并腐烂变质，那么保险公司不对此进行赔偿。但是，如果停电是由于住所内发生的承保风险事故造成的，那么就要由保险公司负责赔偿。也就是说如果住所遭到雷击而造成电力中断，那么由此造成的冰箱里食物等的损坏就应当由保险公司赔偿。

疏忽

如果由于被保险人的疏忽，在风险发生时或发生后没有采取合理的措施来避免或挽回财产的损失，那么这些损失就要由被保险人自己承担。例如，暴风过后，被保险人应当用东西挡住损坏的落地窗，以免室内的财产遭到损失。

战争

战争导致的财产损失特别除外。几乎所有财产保险都将战争作为除外责任。

核风险

核风险损失属于除外责任，包括核反应、核辐射以及核放射污染。例如，如果核电站出现泄漏从而损坏了你的财产，这种损失属于除外责任。

故意损失

故意损失属于除外责任。故意损失是由于被保险人或被保险人与别人合谋采取的故意行为所造成的损失。例如，如果被保险人预谋烧毁自己的住所来获取保险费，那么这个损失不在保险公司的赔偿之列。

政府行为

由于政府行为导致的损失也属于除外责任。政府行为是指政府或有关当局破坏、没收或查封财产的行为。例如，毒贩的房屋、现金被缉毒组没收，那么保险公司对此不负责赔偿。但是，政府或有关当局所下的关于防止火势蔓延的命令却不在此之列。

天气状况

这种除外责任仅适用于由天气状况造成的损失，其他则不包含在内。例如，因雨水过多或大风引起的地壳运动所造成的损失，在这种条款下属于除外责任。但是仅由于暴风或冰雹等原因造成的损失属于保障范围之内。

行为或决定

这种除外责任适用于由于个人、团体、组织或政府机构未能做出某项行为导致的损失。例如，如果政府部门没有制定措施控制洪水损失，由于没有相应的措施而遭受洪水损失，保险公司不负责赔偿。

错误或有缺陷的计划或决议

由于错误的或有缺陷的计划、规划、设计、工艺、原材料以及危害造成的损失，保险公司不负责赔偿。例如，一栋已经竣工的房屋由于设计错误或施工不善而偏离地基，这种情况就属于除外责任。

第Ⅰ部分的条件

屋主保险第Ⅰ部分包括很多条件。下面讨论最重要的一些条件。

可保利益和赔偿限额

如果多个人对某一财产具有可保利益，那么保险公司将在损失发生时，按照不超过最高保险金额的标准，向享有可保利益的人以可保利益为限支付赔偿。

免赔额

声明中所显示的免赔额信息适用于每一个承保风险。[1] 免赔额增加，保费就会降低。例

---

[1] 在保险服务处 HO—3 前一版保单中，免赔额部分紧随定义之后，并在关于第Ⅰ部分保障的讨论之前。在修订后的保单中，免赔额部分被移到第Ⅰ部分条件部分，用于说明免赔额适用于财产保障，而不是第Ⅱ部分的索赔。

如，如果被保险人将250美元的免赔额提高到500美元，就可以降低最高12%的保费，将免赔额提高到1000美元，就可以将保费降低25%。免赔额不适用于火灾保险公司服务收费或者信用卡、ATM卡、假币等造成的损失。

在那些容易遭受巨灾的州，保险公司可以使用百分比免赔额而不是绝对值免赔额限制它们面对的来自自然界灾害的巨灾损失。18个州和哥伦比亚地区都设置了龙卷风免赔额。[①] 不同的州和保险公司情况有所差异，对于风暴和冰雹损失的百分比免赔额在某些海岸区域可能是强制性的。这些免赔额为保险对房屋设置的限额的1%~15%，具体不等。例如，如果一个房子投保了200 000美元，暴风免赔额是2%，损失的最初4 000美元由保单持有人支付。根据各州的情况，保单持有人可以获得一个"回购选择"，要求为了获得传统的绝对值免赔额付出更高的保费。在将地震保障以批单的方式添加时，会经常使用百分比免赔额。

损失发生后被保险人的义务

在损失发生后，被保险人必须履行一定的义务。如果被保险人不履行其义务，并且这一行为对保险公司不利，保险公司有权拒绝赔付损失。这些义务包括：

● 及时通知。损失发生后，被保险人必须及时通知保险公司或者保险公司的代理人。在发生盗窃案件的时候，也必须及时通知警方。如果信用卡或ATM卡失窃或发生损失，要通知发卡公司。

● 保护财产。被保险人必须保护财产以免受到更多的损失，采取合理的必要的修复措施保护财产，并对修复费用保持准确的记录。

● 列出受损财产的清单。受损清单必须详细列明损失的数量、形态、实际现金价值和金额。对于被保险人而言，在损失发生前就详细列出自己的财产清单非常明智。（见专栏20.2）。

● 列举受损财产。保险人会在合理的次数范围内要求被保险人向其列举受损财产，被保险人还可能被要求，在没有其他被保险人在场的情况下如实回答提出的问题，并在保证书上签字。

● 被保险人必须在保险人提出要求后的60天内提供损失证明。损失证明必须包括损失发生的时间和原因，被保险人和其他所有人在受损财产中享有的利益，所有的损失财产担保，其他承保该损失的保险以及其他相关信息。

专栏20.2 ☞

怎样制作家庭物品目录？为什么要制作该目录？

如果你过去几年积攒的东西在一次大火中烧毁，你还能记得都有哪些东西吗？制作一个更新到最新的储物目录能够使你的保险理赔更加迅速，证明你的所得税报表中的损失，并且帮助你购买适当数额的保险。

首先列出你的物品的明细，详细描绘每一个物品，并注出在哪里购买、哪里生产等等。将你制作的明细用订书机钉在销售发票、购买合同和你持有的评估报告上。对于衣服，数一下你拥有的衣服的种类——例如，裤子、外套、鞋子——特别要注意记下那些价值特别高的。对于重要设备和电子设备，记录下它们的产品编号（可以在背部或底部找到）。

● 不要拖延！如果你刚刚搬家，建立一个物品目录相对简单。如果已经在同一间房子里住了好几年，创建一个物品目录就会麻烦得多。不过，做一个不完备的目录也比什么都不做好。

---

① 参见 "The 2012 Hurricane Season has Begun: Do You Understand Your Hurricane Deductible?" Insurance Information Institute, June 7, 2012.

首先从最近购买的东西开始，然后是你能够记起来的老东西。
- 昂贵的东西。价值比较高的东西，比如珠宝、艺术品和收藏品，在你持有它们之后，价值在逐渐上升。要和你的保险代理人一起检查一下，确保为这些东西购买了足够的保险。它们需要分别保险。
- 拍照片。除了列出清单，你还可以为房间和重要的个人物品拍照片。在照片背面，要注上照的是什么，从哪里买的或在哪里制造的。不要忘记这些东西是在壁橱里，还是在抽屉里。
- 为它们录像。穿过你的房子或公寓的时候可以边录像边描述房里的东西。也可以用录音机做相同的事。
- 使用个人计算机。使用你的计算机编写目录清单。个人财务软件包中通常包括房主按房间记录物品的程序。
- 存储清单、照片和录像带。无论你如何做（手写清单、光盘、照片、录像或录音），要将清单与发票一起放在你的安全的存储箱里或者朋友或亲戚的家里。你要确信这种方式在你的房子损毁后，可以向你的保险代理人提供一些证据。当你购买了大宗商品，在那些细节仍然清晰停留在你的脑海里的时候把信息添加到清单里。

资料来源：保险信息协会授权引用。

理赔

我们在这一部分将要介绍保险公司如何对屋主保险保障下的损失进行赔偿。读者可以通过本章了解保险公司如何对屋主保险保障下的损失进行赔偿。

个人财产 个人财产的承保损失根据损失发生时的实际现金价值，以不高于修复或重置财产的必要费用为限额。地毯、屋内的电器、遮阳棚、室外的天线以及室外的其他设施都以损失发生时的实际现金价值为基础进行赔付。此外，除房屋外的其他建筑物以及墓碑也按照实际现金价值进行赔偿。

通过在屋主保险保单上附加重置成本批单，个人财产也可以按照重置成本承保。在批单中，决定对个人财产损失进行赔偿时，就不再考虑折旧。被保险人应当考虑按照重置成本对财产进行投保，否则，一旦损失发生，你就要自付相当高的费用（见专栏20.3）。

专栏20.3

重置成本和实际现金价值之间巨大的差额将清空你的腰包

如果你拥有个人财产，你就要考虑重置成本和实际现金价值之间的巨大差额。如果损失的支付基于实际现金价值，那么你将因为折旧而自付大量费用。下面的表格是基于一家大型财产和责任保险公司的折旧表制作的，它表明，根据重置成本计算，被保险人将获得7 790美元的赔偿（扣除折旧），而根据实际现金价值计算则只能获得3 967美元的赔偿。实际现金价值是重置成本扣除折旧。

项目	使用时间	重置成本（美元）	折旧（美元）	实际现金价值（美元）
电视机	5年	900	450	450
沙发	4年	1 500	600	900
布料	2年	2 000	400	1 600

续前表

项目	使用时间	重置成本（美元）	折旧（美元）	实际现金价值（美元）
5件女式服装	4年	500	400	100
3双男鞋	2年	200	133	67
3张茶几	15年	1 200	900	300
电冰箱	10年	800	560	240
小地毯	新	200	0	200
化妆品	6个月	200	180	20
厨房碗碟	4年	250	200	50
30罐食品	新	40	0	40
合计		7 790	3 823	3 967

注：前面的假设损失基于使用时间和财产的状况显示了折旧的影响，使用时间越长，折旧数额越高。

房屋和其他建筑物 对房屋和其他建筑物的承保损失按照没有折旧的重置成本进行赔付。房屋的重置成本保险是屋主保险中最有价值的内容之一。如果保险金额等于损失发生时财产的重置成本的80%及以上，那么保险公司在赔偿时就不考虑折旧抵扣因素，而按照重置成本进行赔付，但要以保单的保险金额为限。**重置成本**（replacement cost）是指用与原来相同质量、种类的材料维修或重建房屋，按照现在的价格衡量的必须支付的成本。例如，假设一栋房屋的当前重置价值是250 000美元，而其保险金额是200 000美元。如果房屋被龙卷风摧毁，修复成本为50 000美元，那么50 000美元将全额支付而无需考虑折旧。如果房屋完全损毁，那么保险公司赔付的金额就是保单的保险金额，在这个例子中就是200 000美元。

如果保险金额不足损失发生时财产的重置成本的80%，那么就适用另外一套原则。简单来说，如果保险金额不足损失发生时财产的重置成本的80%，被保险人可以得到下面两个金额中较高的一个：

(1) 房屋受损部分的实际现金价值

或者

(2) $\dfrac{保险金额}{80\% \times 重置成本} \times 损失$

例如，假设房屋的重置成本是250 000美元，但是保险金额只有150 000美元。房屋的屋顶已经用了10年，但是其使用年限是20年，所以它的折旧就是50%。如果屋顶被龙卷风严重损毁，新屋顶的重置成本是20 000美元。不考虑免赔额，被保险人可以得到下面两个金额中较高的一个：

(1) 实际现金价值＝20 000美元－10 000美元＝10 000美元

(2) $\dfrac{150\,000\ 美元}{80\% \times 250\,000\ 美元} \times 20\,000\ 美元 = 15\,000\ 美元$

那么被保险人就可以获得15 000美元的赔付。如果被保险人购买了至少200 000美元的保险，那么就将获得所有损失的赔偿。

但是，除了少于保险金额5%和低于2 500美元的赔付，被保险人必须在真正修复或真正重新购置受损财产后才能获得全额的重置成本。否则，保险公司将按照实际现金价值进行赔付。不过，被保险人可以先按照实际现金价值来要求偿付，在修复或重置以后再获得另外的那部分赔付。但是被保险人一定要在损失发生后的180天内对按实际价值偿付后剩下的这一部分金额进行索赔。

扩展和担保性的重置成本　在龙卷风、台风等大灾难发生的时候，住所可能因为损毁得太严重而不能修复。同时，这些灾难发生后也许会引起木材等建筑材料的短缺，从而导致建材价格的上升，使得重建的成本增加。这样，按照重置成本的80%投保可能就不能弥补所有的损失。于是，一些保险公司就推出了一种**扩展重置成本**（extended replacement cost）批单，就是按照比最高保险金额多20%或更高的比例赔付，这个比例因保险公司不同而不同。只要被保险人同意为房屋的全额重置成本投保，如果因为改造房屋而使房屋价值升高，那么就必须通知保险公司。

一些保险公司提供**担保重置成本**（guaranteed replacement cost）保单。被保险人同意按照房屋估值的100%投保，而不是80%。如果发生全损，保险公司保证按照恢复房屋原貌的完全重置成本进行赔付，即使重置成本高于保单中的保险金额。例如，如果房屋的保险金额是400 000美元，而恢复房屋原貌的费用是500 000美元，那么保险公司仍将支付500 000美元。但是由于保险代理人对房屋的估价偏低，由于建筑原料的短缺、通货膨胀和欺诈等原因，保险公司的赔付额大幅度增加，担保重置成本保单由于无利可图，而正在迅速消失。

成对或成套物品的损失

当成对或成套的物品发生损失时，保险公司可以（1）按照对受损的成对或成套物品的修复或重置成本，或者（2）按照损失前后物品的实际现金价值的差额进行赔偿。例如，假设凯西家起居室的墙上挂着3件套的装饰品，其中一件在火灾中严重损毁。保险公司可以选择或者重置或者修复这件装饰品，或者支付损失发生前后实际现金价值的差额。

评估条款

在被保险人和保险公司对承保损失达成一致，但损失金额仍存争议的情况下使用**评估条款**（appraisal clause）。每一方当事人选择一个称职的公正的评估人，这些评估人会选择一个仲裁方案。如果他们在15天后仍然无法按照仲裁达成共识，那么只能靠法官判定损失的数额。如果三方中的任何两方达成共识，那么这个结果就是最终的仲裁结果，各方都必须遵守。每一方当事人要支付自己所聘请的评估人的费用，而仲裁费则由双方等额分摊。

其他的保险和服务协议

如果其他保险包括第Ⅰ部分的损失，那么承保的保险公司只以其对财产的承保金额为限对其应该承担的损失按比例进行赔偿。本书的第10章对比例责任条款进行过解释。

比例责任条款不适用于被其他公司分别承保的个人财产。在此类情况下，正如保障C（未保障财产）所声明的，分别专门承保的个人财产不获得屋主保险的保障。

最后，许多屋主购买了房屋担保合同或设备服务协议，在满足特定条件的情况下，保证修复或重置有问题的部分。屋主保单的金额超过了房屋担保或服务协议的支付金额。

对保险公司的起诉

除非保单规定的提起诉讼所需条件都已经满足，否则被保险人不能起诉保险公司，并且，法律诉讼要在损失发生的两年内提起。

保险公司的选择

在向被保险人发出书面通知后，保险公司有权选择修复，或是用类似财产替换受损财产。例如，假设电视机失窃。通过书面通知，保险公司可以用类似的东西替换失窃的电视机，而不是支付现金。保险公司通常会用从批发商那里以较低价格购买的电视机、立体音响和其他财产作为替代，而若被保险人在零售市场上购买则支付的钱会更多。通过这种重置选择，保险公司既可以履行其对承保损失的合同义务，也可以减少理赔成本。

损失的赔偿

保险公司要向记名被保险人直接赔偿损失，除非还有其他财产的记名所有人，或者还有其他人具有要求损失赔偿的法定权利。许多屋主合同都将受押人（贷款人）列入其中，这样就能够保证受押人能在它的可保利益范围内获得对损失的赔偿。被保险人的法定代表也有权获得损失赔偿。例如，如果安吉拉在接受承保损失赔偿之前去世，损失赔偿就要交给其财产的执行人。

财产的放弃

保险公司并不一定要接受由于承保损失而造成损失的被保险人放弃的财产。保险公司可以选择全额赔偿受损的财产然后获得该财产，也可以选择修复受损财产。但是是否执行这些选择取决于保险公司。例如，假设你的个人财产投保了 50 000 美元。火灾发生后，损失后的财产价值为 10 000 美元。保险公司可以支付 40 000 美元，或者拿走受损财产，并向被保险人支付 50 000 美元。但是，你不能主动放弃财产，并要求支付 50 000 美元。

抵押条款

抵押条款（mortgage clause）的设计初衷是为了确保受押人的可保利益。受押人一般是储蓄和贷款协会、商业银行或者其他贷款机构，这些机构向借款人（房屋购买人）以抵押贷款的方式提供贷款，用于购买财产，这些财产作为抵押贷款的抵押品。如果财产被毁，也就是贷款的抵押品被毁，那么就不需要再还贷款。

财产受押人的可保利益可以通过屋主保险中的抵押条款获得保障。根据该条款，如果保单中注明了受押人，那么受押人就有权在自己的可保利益范围内获得保险公司的损失赔偿，而不论被保险人是否违反了保单上的要求。例如，如果特洛伊故意纵火烧了自己的房子，那么保险公司不对这些损失提供保障，因为损失是故意造成的。但是，受押人对财产的可保利益仍然获得保障。赔偿的损失根据受押人包含在其中的利益进行支付。如果保险公司决定取消承保协议，那么要在10天内通知受押人。

保险公司承担对抵押担保品的赔付，那么按照保单抵押条款，受押人也要承担相应的义务。这主要包括：
- 通知保险公司财产所有权的变更、占有情况以及受押人所了解的重大的风险变化情况。
- 缴纳被保险人忘记缴纳的保费。
- 在被保险人没有提供损失证明的情况下，负责提供损失证明。
- 当保险公司不负责向被保险人赔付损失而需向受押人赔付的时候，将代位求偿权转移给保险公司。

保险期间

保险期间以保单上注明日期的上午12：01作为起始时间和终止时间。保险公司只赔偿在保险期间内发生的损失。

隐瞒或欺诈

如果被保险人故意隐瞒重大事件或欺诈、采取诈骗行为，或者做出关于保险的虚假陈述，那么保单将不作任何赔偿。该条款在损失发生前后都适用。

第Ⅰ部分和第Ⅱ部分的共同条款

屋主保险的第Ⅰ部分和第Ⅱ部分有一些共同适用的条款。[①] 现总结如下：
- 自动生效条款。如果保险公司在没有增加保费的情况下扩大了承保范围，那么在保单生效前的60天内或保险期间内，这些扩大的承保范围都适用于当前的保单。但是当保单承保范围发生变化时，既包括自动生效条款，又包括对保证范围的限制，那么新的自动生效条款不适用。
- 保单条款的放弃或修改。保单条款的放弃或修改必须经保险公司签字同意后才生效。
- 退保。被保险人可以在任何时候通过将保单退还保险公司或书面通知保险公司的方式来取消、终止保单。

在下述情况下，保险公司也可以取消保单。

1. 未支付保费。但是，保险公司必须向被保险人书面提供至少10天的限期缴费通知。

2. 如果新保单不是可以续保的保单，那么生效的60天以内可以取消。同样，如果保单被取消，必须提前至少10天通知被保险人。

3. 如果保单生效60天或更久，或者是一份可续保保单，那么在存在可能影响保险公司决定是否销售保单的重大误导的情况下，或者在保单售出后，风险大幅度提高，那么保险公司有权取消该保单。被保险人必须在取消之前至少提前30天得到通知。

4. 如果保单售出超过1年，那么每周年的保单起始日，保险公司可以因为任何原因撤销

---

① 对于这两个部分有三组条件。第一组条件适用于第Ⅰ部分和第Ⅱ部分。第二组仅适用于第Ⅰ部分。这两组在本章进行了讨论。仅适用于第Ⅱ部分的第三组将在下面一章进行讨论。

保单，但必须提前30天通知被保险人。

州保险法律可以取消或不续保。无论何时保单条款与州法律发生冲突，州法律都优先于保单条款，可以通过保单的修正附加条款使保单符合州法律。

- 不可续保保单。保险公司有权利在保单到期后不续保。如果不续保，保险公司必须在30天之前通知被保险人。

- 保单的转让。屋主保单不可以没有保险公司的书面同意就转让给另一方当事人。因此，如果理查德把房子卖给米歇尔，他不可以直接把屋主保单转让给米歇尔，而没有经保险公司的同意。在实际操作中，新的所有人通常会购买自己的屋主保险。屋主保险是被保险人和保险公司之间的个人合同。转让条款允许保险公司选择被保险人，并在防范道德风险和逆向选择的情况下提供保障。但是，在损失发生后，损失的赔偿可以自由转让给另一当事人，不需要获得保险公司的同意。接受赔偿的当事人不会成为一个新的被保险人，保险公司面临的风险也没有增加。

- 代位求偿。一个通用的原则是，被保险人不能单方面取消保险公司对造成保单承保损失的第三方的代位求偿权。但是，屋主保单包含一个针对这个通用原则的重要的除外责任。代位求偿条款允许被保险人在损失发生之前，以书面的形式取消任何人获得赔偿的所有权利。例如，假设杰罗姆住在两居室套房的其中一间屋子，并租出去了另外一间。杰罗姆作为房东，可以在保单中通过书面的形式取消保险公司对承租人因为过失行为造成损失（如火灾）的代位求偿权。如果承租人导致了损失，这样做就使其不必承担对保险公司的赔偿责任。不过，被保险人必须在损失发生前在保单中以书面的形式通知保险公司。

如果代位求偿权没有被取消，保险公司就可能会要求造成损失的第三方承担所有的赔偿责任（以损失额为限）。该条款允许保险公司向造成过失损失的第三方执行代位求偿权。

- 记名被保险人或配偶死亡。如果记名被保险人或住在一起的配偶死亡，那么保险范围就扩大到死亡人的法定代表，但仅限于死者的居所以及个人财产。在记名被保险人或配偶死亡时，保单对其中承保的一起居住的亲戚的保障仍然有效。

案例应用

杰克和简已经结婚，共同拥有一套房屋，该房屋投保了一份150 000美元的没有附加条款的HO—3保单。房屋的重置成本是250 000美元，个人财产保额为75 000美元。简的珠宝的价值是10 000美元。杰克收藏的硬币价值是15 000美元，摩托艇的价值20 000美元。

a. 假设你是一名理财师，要为这对夫妇评估其HO—3保单的价值。根据上述事实，你认为他们购买的保险是否充足？如果不充足，请就如何增加保障提供几条建议。

b. 一次火灾烧毁了一间卧室，造成损失的实际现金价值是10 000美元，修复成本是16 000美元。保险公司将为这些损失赔偿多少？

c. 一个小偷潜入房屋，偷走了一台新电视机、珠宝和一些画。失窃财产的实际价值是4 000美元。财产的重置成本是9 000美元。此外，硬币收藏品也被偷走。请指出其没有附加条款的HO—3保单能够在多大程度上赔偿前述损失？

d. 假设杰克和简就上述损失与保险公司的意见不一致。那么根据HO—3保单，如何解决上述纠纷？

e. 假设简在家里从事会计业务。她在家里的办公室中放了一台做业务的计算机、一些办公设备、文件夹和其他商用个人财产。请问，她的HO—3保单为其家庭商用个人财产提供保障吗？

本章小结

- 屋主保险可以为住房、其他建筑物、个人财产、额外生活费用、个人责任索赔和向他人支付的医药费用提供保障。

- 第Ⅰ部分为住房、其他建筑物、个人财产、使用损失和附加保障范围提供保障。第Ⅱ部分为被保险人提供个人责任保险，还为其他在被保险人居所或因为被保险人的行为或被保险人养的动物造成伤害的人支付医疗费用提供保障。

- 屋主保险2（HO—2）（扩展险）是对投保的住宅、其他建筑物和个人财产遭受列明风险事故而蒙受的损失进行赔偿的一种保险。

- 屋主保险3（HO—3）（特殊险）为房屋及其他建筑物遭受的直接物理损失提供保障。房屋及其他建筑所受到的所有直接物理损失均属于保障范围之内，除了那些被排除在外的责任。

- 屋主保险4（HO—4）（承租险）专为租户设计。HO—4为租户的个人财产提供列明风险事故的保障，还提供个人责任保险。

- 屋主保险5（HO—5）（综合险）为房屋、其他建筑物及个人财产遭受的直接物理损失提供保障。除了那些排除在外的责任，所有直接物理损失都将获得保障。

- 屋主保险6（HO—6）（业主险）为共同所有人提供保障。HO—6为被保险人的个人财产提供针对列明风险事故的保障。这个险种对共有财产（例如内部设施、地毯、壁橱和壁纸等）提供的最低保险金额为5 000美元。

- 屋主保险8（HO—8）（改进险）专为老房子设计。对房屋及其他建筑物的损失赔偿根据修复成本确定。修复成本是指用一般的建筑材料和方法来修复或替换受损财产所需的成本。该险种的偿付不以重置成本为基准。

- 条件部分在投保财产发生损失后，为被保险人设定了一些义务。被保险人必须及时告知损失；财产必须获得保障以免受到更多的损坏；被保险人必须准备受损财产的清单，因为可能被要求在合理的次数内向保险公司列出受损的个人财产；在保险公司提出要求的60天内填报损失证明。

- 重置成本条款是屋主保险最有价值的特色之一。房屋及其他建筑物的损失在重置成本的基础上获得赔偿，但条件是：损失发生时，被保险人购买的保险至少是重置成本的80%。个人财产的损失在实际现金价值的基础上进行赔付。但是，可以通过附加批单根据重置成本为个人财产提供保障。

- 免赔额适用于大部分第Ⅰ部分损失。绝对值免赔额比较常见，也有使用百分比免赔额的情况。

- 抵押条款为受押人提供保障。受押人有权从保险公司那里获得损失赔偿，而不论被保险人是否违反了保单上的要求。

重要概念和术语

额外生活成本
评估条款
扩展重置成本
公平租赁价值
担保重置成本
屋主保险2（HO—2）（扩展险）
屋主保险3（HO—3）（特殊险）
屋主保险4（HO—4）（承租险）
屋主保险5（HO—5）（综合险）
屋主保险6（HO—6）（业主险）
屋主保险8（HO—8）（改进险）
成对或成套物品的损失
抵押条款
直接原因条款
重置成本
明细表

复习题

1. 列出现在使用的屋主保单的基本类型。
2. 指出哪些人是屋主保单的被保险人。
3. 第Ⅰ部分财产保障为被保险人提供不同类型的保障。对于下面每一种保障,简要阐述提供保障的类型,并就承保损失举出一个例子。
   a. 保障 A——房屋
   b. 保障 B——其他建筑物
   c. 保障 C——个人财产
   d. 保障 D——使用损失
   e. 附加保障
4. a. 简要阐述对应用于某些类型个人财产的责任的特殊限制。
   b. 为什么使用这些特殊限制?
5. 屋主保险 3 保单中的保障 A 和保障 B 为房屋和其他建筑物提供关于"直接物理损失风险"的保障。解释这句话的意思。
   b. 屋主保险 3 保单中的保障 C 为个人财产提供包括列明风险事故的保障。列出获得保障的不同风险事故。
6. 列出屋主保险 3 保单的第Ⅰ部分中的主要除外责任。
7. 简要说明财产损失发生后,在屋主保险中被保险人承担的义务。
8. 屋主保险 3 保单第Ⅰ部分条件部分关于被保险人损失赔付的问题。
   a. 如何确定赔偿个人财产承保损失的数额?
   b. 如何确定赔偿房屋和其他设施承保损失的数额?
9. a. 请说明可以附加到屋主保险 3 保单上的扩展重置成本批单。
   b. 什么是担保重置成本保单?
10. 一个房屋的购买人可能用抵押贷款购买房屋。简要解释抵押条款如何保护放贷机构(受押人)的可保利益。

应用题

1. 希瑟拥有一套重置成本为 400 000 美元的房屋,购买的屋主保险 3 保单的保额是 280 000 美元。在一次暴风中,屋顶严重损毁,修复要支付 20 000 美元,损失的实际现金价值是 10 000 美元。不考虑免赔额,希瑟能从保险公司获得多少赔偿?

2. 迈克尔购买了一份屋主保险 3 保单为其房屋和个人财产投保,该保单没有专门的附加批单。后来发生的火灾烧坏了一台宽屏电视。迈克尔为购买新电视支付了 4 000 美元,在火灾发生的时候已经折旧了 25%。类似的电视机的重置成本为 3 800 美元。不考虑折旧,迈克尔可以获得多少赔偿?

3. 汤姆和辛迪为他们的房子和个人财产投保了没有附加条款的屋主保险 3 保单。这栋房子的当前重置成本是 300 000 美元。保单存在如下限额:

   保障 A　　　　　　240 000 美元
   保障 B　　　　　　240 00 美元
   保障 C　　　　　　120 000 美元
   保障 D　　　　　　72 000 美元

   这栋房子在火灾中严重烧毁,在重建的时候,一家人不得不在旅馆里住 60 天。在重建期间,没有烧毁的个人财产存放在租住的房子里。对于下面这些情况,他们的屋主保险 3 保单要支付多少美元(不考虑折旧)?
   a. 三个卧室在火中完全烧毁,重建这些卧室的费用是 80 000 美元,损失的实际现金价值是 50 000 美元。
   b. 房屋抵押贷款每个月要还 1 500 美元。
   c. 旅馆每住一天支付 100 美元,要住 60 天。
   d. 在旅馆吃 60 天饭的日平均费用是 60 美元(家里的食物日均成本是 20 美元)。
   e. 在房屋重建期间,储存没有烧毁的家具的租金为每月 200 美元。

4. 梅根为房子和个人财产投保了没有附加条款的屋主保险 3 保单。指出是否下面这些损失的每一个都将获得保障。如果有损失不在保障范围内，请解释为什么不能获得保障。

  a. 在粉刷卧室的时候，梅根不小心把一罐颜料洒在了地上。卧室中的大地毯严重损坏，必须更换。

  b. 下水道堵塞后，污水涌出，淹了地下室，损坏了装在盒子里的一些书。

  c. 梅根的房子在一次龙卷风中完全损毁。她的价值不菲的杜宾犬也在龙卷风中丧生。

  d. 在很冷的天气里，附近树林中的一个火罐释放出的浓烟弄脏了梅根新粉刷的房子。

  e. 梅根在旅游的时候，一个盗贼闯进了她的家，偷走了一个装有珠宝、钱、衣服和一张机票的箱子。

  f. 梅根的儿子在院子里玩棒球的时候，打坏了房子的窗户。

  g. 一辆垃圾车意外撞坏了车库的门。

  h. 破损的电线酿成了阁楼的火灾，火灾对房子的损坏非常严重。在房子重建期间，梅根被迫搬进了储物间，并且住了 3 个月。

  i. 梅根的儿子今年 20 岁，正在上大学，但是现在正在家里过圣诞节。在他离开宿舍的这段时间，他的一台录音机被盗。

  j. 在冬季，一场大雪压坏了一部分门前的草坪，草皮必须更换。

  k. 一场暴风使梅根院里的一棵榆树被吹倒，必须将它清理走。

  l. 在地震中，房子严重受损。由于地震，房前的草坪出现了一道 3 英尺的裂缝，现在已经不平整了。

  m. 冰箱里的制冷机损坏后，水流到地板上，对房子造成了严重损害。

5. 詹姆斯为他的房子和个人财产购买了屋主保险 3 保单。房屋投保额是 120 000 美元，房子的重置成本是 200 000 美元。指出下面哪些项损失属于詹姆斯屋主保险 3 保单的承保范围。（不考虑免赔额。）

  a. 雷电击中了屋顶，并造成了严重损坏。受损房顶的实际现金价值是 10 000 美元，需要花 16 000 美元更换受损的部分。

  b. 一扇起居室的窗户被冰雹打坏，窗帘被雨水浸泡而不得不更换。这个窗帘的实际现金价值是 400 美元，更换的成本是 600 美元。

  c. 热水器爆炸后损坏了屋里的一些东西。损坏的财产的实际现金价值是 2 000 美元，财产的重置成本是 3 200 美元。

6. 萨拉有一串已经传了好几代人的钻石项链。评估师告诉她，这串项链的当前市场价值是 50 000 美元。她觉得购买的屋主保险 3 保单已经提供了足够的保障。萨拉是否应该改变她的想法？如果不用改变，你应该如何建议她妥善保护项链？

7. 保罗为他的房子和里面的东西购买了屋主保险 3 保单。房子的保额是 160 000 美元，其重置成本是 200 000 美元。解释下面每一种承保损失的保障范围（不考虑折旧）。如果保罗的保单不为这些损失提供保障或者保障不充分，那么请告诉他怎样获得完全保障。

  a. 保罗的邮票藏品价值 5 000 美元，在家里被盗。

  b. 十几岁的少年闯进了保罗的家，损坏了一幅市场价值为 1 000 美元的画。

  c. 停泊在保罗房子车道上的一艘摩托艇被一场冰雹砸坏。损坏的部分实际现金价值为 8 000 美元，重置成本是 20 000 美元。

8. 克雷格拥有一套重置成本是 200 000 美元的房子，并从第一联邦银行抵押贷款 100 000 美元。克雷格为房子购买了 160 000 美元的 HO—3 保单，第一联邦银行在担保条款中被记为受押人。假设房子的承保火灾损失是 50 000 美元。损失赔偿应该支付给谁？对你的答案做出解释。

网络资源

● 保险信息协会提供关于屋主保险和其他个人财产保险保障的即时信息。有屋主保险及其他财产和责任保险的在线报价。网址为：iii.org

● Insure.com 提供最新信息、保费报价和其

他消费者信息。此外，该网站还发布影响保险行业的重大新闻事件。网址为：insure.com

● Insurance.com 提供多种保险产品的保费报价，包括屋主保险和租户保险、汽车保险、人寿保险和健康保险。你可以在该网站上获得宠物保险的报价。网址为：insurance.com

● InsWeb 提供关于屋主、汽车和其他保险产品的保费报价。你可以在计算机上进行比较购买。该网站还提供来自行业、消费者和监管机构的文章。网址为：insweb.com

● 国际风险管理协会（IRMI）的网站提供关于个人保险和商业保险的有价值的信息。该网站提供包括风险管理和保险领域的很多最新文章，而且还提供一些免费电子邮件、时事通讯。网址为：irmi.com

● 美国保险监督官协会（NAIC）有与各州保险部门的链接，提供了大量关于屋主保险消费者的信息。点击"States & Jurisdictions Map"链接，然后就可以点击每个州的情况。作为开始，可以查阅纽约州、威斯康星州、加利福尼亚州、得克萨斯州的网站。网址为：naic.org

参考文献

"Catastrophes: Insurance Issues," Issues Updates, Insurance Information Institutes, July 2012. This source is periodically updated.

Fire, Casualty & Surety Bulletins, Personal Lines volume, Dwelling section. Erlanger, KY: National Underwriter Company. The bulletins are updated monthly.

International Risk Management Institute (IRMI). *Personal Lines Pilot*, various issues.

"ISO Announced the Filing of its New 2011 Countrywide Homeowners Program," Alliance Insurance Agents of Texas, May 12, 2010.

Nyce, Charles, *Personal Insurance*, 2nd ed. Malvern, PA: American Institute for Charted Property and Casualty Underwriters/Insurance Institute of America, 2008.

Richardson, Diane W. *Homeowners Coverage Guide*, 4th ed. Cincinnati, OH: The National Underwriter Company, 2011.

第21章

屋主保险，第Ⅱ部分

"如何胜诉：如果法律对你有利，那么依靠法律；如果事实对你有利，那么强调事实；如果两者都对你不利，那就强词夺理。"

——佚名

学习目标

学习完本章，你应当能够：

◆ 解释屋主保险第Ⅱ部分的个人责任保障范围。

◆ 解释屋主保险第Ⅱ部分对其他人的医疗赔偿保障范围。

◆ 区别屋主保险第Ⅱ部分的主要除外责任。

◆ 讨论适用于屋主保险中第Ⅱ部分保障的重要条件。

◆ 解释下列可以附加到屋主保险保单上的批单：

通货膨胀保护批单

个人财产损失重置成本批单

◆ 解释消费者在购买屋主保险时应该采纳的建议。

汤姆和斯塔西·格林邀请他们的邻居参加野餐。汤姆使用老式的炭烧烤肉架在一张木头桌子上面准备汉堡。吃完饭之后，汤姆和斯塔西在睡觉前忘了检查烤肉架。晚上的时候，一场大风吹翻了烤架。一些碳块仍然是热的，把桌子给点着了。当地气候干燥，火焰蔓延到了格林家房子的隔壁。消防局接到了报警电话，并竭尽所能扑灭了火。格林家的房子遭受的损毁最小。不过邻居家的损失超过了50 000美元。邻居对格林家感到很愤怒，并且威胁要起诉他们，让他们赔偿自己的财产损失以及房子修葺期间的生活费用。

幸运的是，格林家投保了保险服务处HO—3保险。在前面章节中，我们学习了保单第Ⅰ部分怎样对发生的损失提供保障，包括给住房、其他设施、个人财产和使用损失等。

第21章 屋主保险，第Ⅱ部分 ▶489

在本章中，我们将会考察保单的第Ⅱ部分。这部分保单提供个人责任保险和向其他人提供医疗支付的保障。我们还将讨论一些可以附加到屋主保险的重要批单，以拓展保障范围，以及在购买屋主保险时应遵循的几个简单原则。

个人责任保险

个人责任保险为记名被保险人及其家庭成员的个人行为导致的法律行为提供保障。保险公司为被保险人提供法律保障并在责任限额以内代为赔付其在法律上造成的损失。[①] 除了由大意驾车、商业及专业责任等过失行为造成的法律责任外，大多数个人行为均属于个人责任保险的可保范围。

保险服务处（ISO）设计的各种屋主保险表格的第Ⅱ部分的保障范围是相同的。下面的内容将讨论第Ⅱ部分的主要条款。

保险协议

屋主保险的第Ⅱ部分责任范围提供如下两种保障：
- 保障E：个人责任，每起案件的责任限额是100 000美元
- 保障F：对第三方的医疗赔付，限额为每人1 000美元

增加少量的保费可以获得更高的限额。

保障E：个人责任 个人责任（personal liability）保险在被保险人由于疏忽导致他人遭受人身伤害或财产损失而被起诉或要求赔偿时提供保障。如果你对造成的损坏负责，那么保险公司将在保单限额以下支付你需要赔偿的所有损失。这些损毁还包括审判期间发生的利息。

每一起案件的责任保险最低额度是100 000美元。该保额限制适用于按每次索赔事件原则应承担责任的人身伤害和财产损失。**意外事故**（occurrence）是指意外发生的事故，包括连续地或重复地暴露在大体相同的、一般的、有害的环境中，在保单有效期内导致身体伤害或财产损失。一件意外事故可能是一次突发的意外事件或者是长期内渐次发生的一系列意外事件。

即使诉讼是无根据的、错误的甚至是欺诈，保险公司同样要提供法律保障。保险公司有权利调查并通过上庭为被保险人辩护或以庭外解决的方式处理对被保险人的诉讼或其赔偿责任。现实中，很多个人责任诉讼是在庭外解决的。保险公司必须为被保险人辩护，而不能通过提供或降低保单的限额，免去自己的辩护责任。除非赔偿的金额较低，否则辩护保障将一直持续到判定赔偿或最终赔付等于保单限额。

个人责任保障范围很广。下面这些例子说明了一些承保损失的类型：
- 你的狗咬了一个小孩子，由此造成的损失占所有屋主责任索赔的很大比例。[②]（见专栏21.1）。

[①] 本章对屋主保险的第Ⅱ部分的讨论很大程度上是基于 the *Fire, Casualty & Surety Bulletins*, Personal Lines volume, Dwelling section (Erlanger, KY: National Underwriter Company); National Underwriter Company's *Homeowners Coverage Guide*, 4th Edition, Personal Lines Pilot newsletters from the International Risk Management Institute (IRMI); and the HO-3 policy drafted by the Insurance Services Office (ISO).

[②] 保险服务处屋主保单2010年修订版本提供的批单将犬科动物排除在外。

- 当你在院子里烧树叶的时候，意外烧着了邻居的房子。
- 一个客人在你家被一张破了的地毯绊倒，并以人身伤害罪起诉了你。
- 你在买东西的时候，不小心打碎了一个很贵的中国花瓶。

专栏 21.1

狗会咬人，诉讼也会伤人

根据美国宠物产品协会在2011年的调查，美国62%的家庭或平均约7 290个家庭拥有一个宠物。

近些年来，很多州已经通过了法律，对于导致严重人身伤害甚或死亡的狗的主人惩以高额罚金。在大约三分之一的州，狗主人对于他们的狗负有"严格责任"，而在美国其他地方，狗主人只对他们知道或应当知道他们的狗会咬人的情况负责。

- **索赔**。根据保险信息协会的资料，2011年，狗咬人事件索赔占屋主保险责任索赔的支付比例超过了三分之一，成本接近47 999万美元。州农业互助汽车保险公司是美国最大的屋主保险公司，在2011年因为大概3 800起狗咬人事件，支付超过了1.09亿美元。保险信息协会通过对屋主保险数据的分析发现，2011年狗咬人索赔的平均支付额度为29 396美元，比2010年的26 166美元上涨了12.3%。从2003年到2011年，平均每起狗咬人事件索赔的金额上涨了53.4%。索赔的数据从2010年的15 770美元上涨了3.3%，达到了2011年的16 292美元。

- **保险公司正在限制它们的风险**：屋主和租户保险通常都为狗咬人事件提供保障。大多数保单提供100 000美元到300 000美元的责任保障。如果索赔超过该限额，狗主人为超过该额度的所有损失负责，包括法律费用。大多数保险公司都为有狗的房屋所有者提供保障。但是，一旦狗咬过人，就会增加风险。在这种情况下，保险公司可能建议给狗找一个新家，或者交纳更高的保费，不为屋主的保险续保，或者将狗排除在保障范围之外。

许多保险公司正在采取措施限制此类损失的风险。有些公司要求狗主人为狗咬人事件签署责任免除合同，而其他的则要求为咬人的宠物（例如比特犬、罗威纳犬）交纳更多保费，其他一些则根本不给狗主人提供保险。如果狗主人把狗送去训练以改变其行为，或者用口套、绳子或笼子限制狗的行动，那么有些人愿意为宠物投保。保险公司不大可能仅仅为狗提供专门的保险，因为这种保险的成本太高而毫无价值。

- **狗主人的责任**：狗主人在知道狗会造成伤害的情况下必须为狗造成的伤害负责；如果该州的法律要求狗主人负责，那么无论狗主人是否知道狗有造成伤害的倾向都要负责；如果伤害是由于狗主人的无心之失造成的，那么狗主人也要负有一定责任。

有三种法律把责任强加给狗主人：

1. 狗咬人规则：在没有激怒狗的情况下，狗如果造成人身伤害或财产损失，狗主人自动为此负责。

2. 一次咬人规则：如果狗主人知道狗会造成某种类型的伤害，狗主人就要为狗所造成的伤害负责。在这种情况下，受害人必须证明狗主人知道狗是危险的。

3. 过失规则：如果狗主人因为看管狗的时候出现了不可原谅的疏忽，从而导致了伤害的发生，那么狗主人要为此负责。

在大多数州，狗主人不需要对非法闯入的人所受的伤害负责。狗主人在法律上要为狗对人或财产造成的损失负责，并有责任补偿受害人的医疗费用、误工损失、痛苦和财产损失。

资料来源：Adapted from "Dog Bite Liability," Insurance Information Institute, *Issues Updates*, June 2012, October 2009, Reprinted by permission from the Insurance Information Institute.

个人责任保险的根据是法律责任。在保险公司赔偿损失的时候，你必须承担法律责任。相反，向其他人的医疗赔付（后面进行讨论）并不是根据过失或法律责任。

保障 F：对第三方的医疗赔付　这种保障是作为屋主保险保单一部分的一种小型意外事故的保障。对第三方的医疗赔付并非基于法律责任，被保险人不必为此承担法律责任。相反，前面讨论的个人责任保障要求被保险人为适用的保障承担法律责任。

对第三方的医疗赔付（medical payments to others）是指，在被保险人属地上，由于被保险人、住所的雇工或被保险人拥有或豢养的动物的行为意外伤害了第三方，因此支付给第三方合理的医疗费用。这种保障可以通过以下例子说明：

- 一位客人在你家滑倒并摔断了一只胳膊，那么就要在保单限额下支付合理的医疗费用。
- 邻居的孩子从你院子里的秋千上摔下来后受伤。孩子的医疗费用将在保单限额以下提供保障。
- 你在打高尔夫球的时候，意外伤到了另一位高尔夫球手。
- 你的狗咬了邻居。邻居的医疗费用就要在你的保单限额以下进行赔偿。

保险公司会在事故发生日起的3年内给付所有相关的经医学鉴定的必要的医疗费用。医疗费用保障范围包括合理的治疗和手术费用、X射线、治牙、救护车、住院、专业护理、辅助治疗设备和丧葬服务等。

医疗费用保障并不针对被保险人及其家庭成员（家庭雇员除外）。例如，后院的秋千坠落，你的女儿和邻居的孩子都受了伤，只有邻居孩子的医疗费用获得保障。一种特例是在家里受伤的家庭雇员。例如，一个婴儿保姆在为孩子做饭的时候把手烫伤。她的医疗费用将获得保障，除非州工人补偿法适用于其损失。

关于第三方的医疗费用，保单列出了适用保障的情况。对第三方的医疗费用赔付仅适用于以下人员和情况：

- 经被保险人允许，待在其属地上的人（后面进行讨论）。
- 第三方当事人不在被保险人属地上，但满足下列条件的身体伤害。
  - 由被保险人属地上的情况或者迅速接近的方式导致的伤害。
  - 由于被保险人的行为造成的伤害。
  - 被保险人家庭雇员在受雇佣工作期间造成的伤害。
  - 被保险人拥有或照看的动物。

对第三方的医疗赔付包括得到被保险人允许而处于其属地上的意外受伤的个人的医疗费用支出。被保险人的属地包括下面几处：

- 声明中列出的居所。
- 在保险期间内获得的其他住宅，如避暑别墅等。
- 租赁的车库或仓库。
- 暂住的不享有所有权的地方，如汽车旅馆的房间。
- 被保险人拥有的除农田外的空地。
- 被保险人拥有或租赁的，正在为被保险人建居所的地方。
- 墓地或丧葬地。
- 偶尔租给被保险人的用于非商业目的的地皮，例如婚礼期间租用的大厅等。

对第三方的医疗赔付还包括被保险人属地上发生的人身伤害，如果这些伤害是由于被保险人属地的状况或迅速接近的方式造成，或者由于被保险人的行为造成，家庭雇员为被保险人服务期间造成，或者被保险人拥有或照看的动物导致的。例如，在毗邻住所的人行道或街上，由于路面结冰导致路人摔倒,这在保障范围内。如果被保险人在打篮球的时候意外伤害了另一名球员,那么也在保障范围之内。类似地,如果婴儿保姆在公园照看孩子的时候,意外伤害了另一个小孩子,那么也在承保范围之内。

第Ⅱ部分除外责任

第Ⅱ部分的保障范围包括很多除外责任。一些除外责任同时适用于个人责任(保障E)和对第三方的医疗赔付(保障F)。其他的除外责任则分别适用于保障E和保障F。

同时适用于保障E和保障F的除外责任

下面讨论的是同时适用于保障E和保障F的除外责任。

机动车辆责任　机动车辆造成的法律责任在下列情况下将不获得保障,即肇事机动车辆:
- 注册用于在公共道路或财产上使用;
- 没有注册用于在公共道路或财产上使用,但是法律和政府监管都要求其这样注册;
- 在有组织的赛车或速度比赛中使用;
- 租借给其他人;
- 收费载人或载货;
- 除了在高尔夫球场用于装载高尔夫设备之外的其他商业用途。

因此,由小型汽车、卡车、摩托车、电动车和电动自行车造成的责任不属于保障范围之内。此外,由于拖船、马车或者租借的拖车等发生的责任也不属于承保范围。对这类机动车辆的保障可以通过购买汽车保险获得。

不属于前述除外责任的机动车辆在保障范围内。前面关于机动车辆的除外责任不包括下面几项:

- 在被保险人属地上长期存放的车辆。例如,被保险人车库里存放的没有获得牌照的汽车。如果汽车没有登记,长期存放的汽车造成的责任则在保障范围之内。
- 仅用于为被保险人居所服务的车辆。[1] 例如,割草机只在被保险人居所的草坪上适用,如果被保险人使用割草机的时候伤害了其他人,那么这种情况在保障范围之内。
- 用于帮助残疾人的车辆。例如,如果残疾人在驾驶轮椅的时候伤害了其他人,那么这将获得保障。
- 在公路以外用于娱乐且不属于被保险人所有的;或属于被保险人所有,且事故发生在其属地上的车辆;或被保险人拥有的车辆,事故发生在保障范围之外的地方;车辆设计用来给7岁以下儿童作为玩具使用,电池驱动,或者设计时速为平地低于5公里每小时。例如,被保险人驾驶租借的全地形汽车(ATV)造成的财产损失在保障范围内,自有的全地形汽车在保障范围的地域内使用造成的财产损失也在保障范围内。被保险人所有的玩具汽车在公园行驶带来的责任也在保障范围之内。[2]

---

[1] 保险服务处前一个版本的表格中指明为"被保险人的居所"。新版本仅简单地说"居所",所以保障仍然适用于比如修剪邻居的草坪时。

[2] 儿童可以在里面或上面驾驶的玩具车的保障被添加进屋主保单的最新版本。

- 属于被保险人所有的高尔夫球车的使用责任也在保障范围内。高尔夫球车设计承载量不得超过4个人，最高时速不超过25英里。如果球车在高尔夫球场上用于打高尔夫或允许使用的其他用途，则在保障范围内。如果球车用于从其停放或存放的地方驶向其他地方，或者在指定地点穿过公共道路到达目的地，这些用途属于保障范围。最后，私人居住社区也在保障范围内（包括其住所在内的属于财产所有者协会的辖区，还包括高尔夫球车能够合法行驶的道路）。因此，如果被保险人的住所位于一个有高尔夫球场的社区，而他在驾驶专用车取球具时伤害到了他人，这种情况也在承保范围内。

船只责任 屋主保险第Ⅱ部分条款排除了船只责任，如果船只用于有组织的竞赛（帆船和巡游船除外）、租给其他人、收费的载人或载货的船只，或者用于其他商业用途。

有一些船只属于前述除外责任的特例，因此也属于承保范围。

飞行器责任 屋主保险的第Ⅱ部分保障排除了飞行器责任。飞行器是指任何设计用于载人或载物飞行的设备，例如飞机、直升机、滑翔机或热气球。但是，除外责任不适用于模型或业余爱好者制造的飞行器，这些飞行器并非用于或设计用于载人或载物。

气垫船责任 屋主保险排除了对气垫船责任的保障。气垫船可以定义为，依靠地面反作用力自推动的交通工具，包括水上飞机和气垫机动车辆。

预期伤害或故意伤害 第Ⅱ部分的保障范围不包括被保险人预期或故意造成的身体伤害和财产损失。例如，假设垒球运动员故意用球棍击打裁判，很显然他是故意伤害裁判，那么所有理赔或诉讼都不在保障范围内。

除外责任不适用于下述情况，被保险人为了保护别人或财产而使用合理暴力造成的身体伤害。因此，如果马克袭击了准备抢劫他的强盗，那么他不会受到任何诉讼。

商业行为 商业行为产生的责任被排除在外。商业被定义为被保险人全职、兼职或偶然从事的贸易、专业或职业，还包括其他为了获得金钱或其他报酬而从事的活动。例如，如果你在你的家里开了一个美容院，不小心用吹风机烧了顾客的头发，顾客提起的诉讼不在承保范围之内。

但是，有一些行为不属于商业除外责任：①

- 在保险生效之前的12个月中，被保险人得到的总收入不超过2 000美元的任何行为。
- 没有收入只有支出的自愿行为。
- 提供无偿的家庭日托服务，除了相互交换提供此类服务的情况。
- 为亲戚提供家庭日托服务。

例如，一个非营利性的为本地教会服务的修车厂，祖母为其孙子做保姆等工作均属于承保范围之内。

此外，出租自己居所内任何部分的行为引起的法律责任均属于除外责任。出租的除外责任中有几个例外情况。首先，如果房屋主要用于居住，而偶然用于出租，则在房屋内发生的责任事故属于承保范围。例如，如果一位教授在定期休假期间把房子租出去，保障仍然适用。

如果被保险人的住所只是部分出租给他人，保单也同样有效。例如，你居住在一栋双层住宅中，并把其中一层租给另一家庭，只要该家庭带进不超过两位住宿者或寄宿者，那么保单就有效。

如果被保险人居所的一部分被用作办公室、学校、工作室或私人车库，那么也在承保范围

---

① 这些行为没有被列在保单的第Ⅱ部分。在定义部分，对"商业"的概念进行了定义，而且这些行为被列为定义的例外情况。

之内。例如，如果把车库上面的房子租给一个艺术家，艺术家把房子作为画室，被保险人仍然获得由于租借产生的责任的保障。

最后，如果被保险人不满21岁，且只是兼职或偶尔从事不雇用他人的自营商业行为，保障仍然有效。例如，十几岁的少年在骑自行车送报纸、洗车、除草或看孩子时遇到的情况，该保单提供保障。

专业服务 专业服务引起的法律责任属于除外责任。医生和牙医因误诊造成的索赔不在屋主保险保障范围内。而且，律师、会计师、护士、建筑师、工程师和其他专业人士因失职而造成的法律责任也不属于承保范围。专业行为面临的损失风险与那些普通的屋主面对的风险有很大差异。由于这个原因，职业责任保险在为专业行为提供保障方面是必要的。职业责任保险将在第26章进行更为详细的讨论。

非被保险人属地 不属于"被保险人属地"范围内的自有或租赁土地上发生的责任也不属于承保范围。"被保险人属地"的含义已经解释过。非被保险人属地的例子包括被保险人拥有或租借的农田、被保险人（记名被保险人及其配偶除外）的第一及第二住宅，以及被保险人所有的正在建筑的12单元的公寓。

战争 第Ⅱ部分的保障将战争、未宣而战、国内战争、起义、叛乱，以及其他敌对的军事行动排除在外。屋主保险还将意外情况下释放的核武器引起的责任排除在外。

传染病 无论个人责任保险还是第三方医疗赔付保险均不承保由被保险人自身传染病的传播引起的责任。除外责任范围并不只针对性传染病，而是针对所有的传染病。

性骚扰、身体摧残及精神或身体虐待 由于性骚扰、身体摧残及精神或身体虐待产生的身体伤害或财产损毁责任属于保险的除外责任。

违禁物品 由于使用、销售、制造、投递、转移或拥有违禁物品而引起的责任显然不属于承保范围。违禁物品包括甲基苯丙胺、可卡因、迷幻药、大麻和所有麻醉药物。遵守持证医疗保健专家嘱托的个人合法使用处方药不属于除外责任。[①]

仅适用于保障E的除外责任

有几个除外责任仅适用于保障E（个人责任）。

合同责任 合同责任（contractual liability）是指被保险人在书面或口头合约中同意对另一方承担的法律责任。保单不承担下列合同责任风险：

● 作为任何协会、公司、财产所有者团体成员的被保险人面临的任何损失评估费用责任。不过，在一定条件下，追加保障（后面进行讨论）保单对损失评估提供1 000美元的保障。

● 任何合同或协议中规定的责任均属于除外责任。但是，除外责任不适用于下列书面合同：(1) 直接关系到所有权、生活维持、利用被保险人属地的责任；(2) 被保险人在事故发生之前已在保单中列明的对他人承担的责任。因此，书面租赁合同中列明的责任、用于维修房屋的设备使用的合约和被保险人在事故发生前已经列明的其他书面合同中的非商业法律责任是可保的。

被保险人所拥有的财产 被保险人财产遭受损失也属于除外责任。因此，如果十几岁的儿子不小心弄坏了家具，由此造成的损失不属于父母保险的承保范围。

被保险人负责的财产 由被保险人租用、占用、使用或负责的财产的损失责任属于除外责

---

① 之前的保单版本中说"执业医生"。在这一版本中，保障范围扩展至"医疗保健专家"。

任。例如，如果你损坏了租借的公寓，房东提起诉讼要求对损毁进行赔偿，而这不在保障范围之内。

除外责任不包括火灾、烟熏或爆炸造成的财产损失。例如，如果你租了一间公寓，并不小心着火，那么你要为由此造成的损失负责。在这种情况下，屋主保险将在保单责任限额以下为财产损毁提供保障。

工人补偿 在工人补偿、非职业伤残或者职业病保险中，受到身体伤害的具有领取记名被保险人提供的补偿的人不在保障范围之内。如果工人补偿保险金是强制性的或自愿的，那么就应当如此。在某些情况下，本地的工人必须从雇主的工人补偿保险中获得保障。在其他州，是否提供保障是自愿的。

核能 屋主保单将与核能相关的事故作为除外责任。如果被保险人被卷入核事故，由此导致的任何责任均不在屋主保单保障范围内。

被保险人的身体伤害 指定被保险人或保单中列明的任何被保险人所遭受的人身伤害均不在保障范围内。例如，如果配偶一方的意外摔倒伤害了另一方，受伤的配偶不能获得赔偿金。

仅适用于保障 F 的除外责任

最后一类除外责任仅适用于保障 F（医疗赔付）。

雇工在被保险人属地之外受到的伤害 如果在被保险人属地之外的地方，雇工受到伤害，且这一伤害并非由于被保险的雇用而发生，医疗赔付保障不适用。例如，如果被保险人聘请塔尼娅作厨师，塔尼娅在回家的路上因为交通事故而受伤，那么她的医疗费用不在保障范围内。

工人补偿 这种除外责任类似于个人责任保险中的工人补偿除外责任。医疗赔付保障不适用于那些有资格领取指定被保险人根据工人补偿、非职业伤残或职业病法规提供的保险金的人。受伤的雇工的医疗费用由工人补偿保险提供。如果法律要求投保工人补偿保险，医疗赔付除外责任就适用。

核能 由核反应、核辐射或者放射性污染物造成的对任何个人的身体伤害不属于医疗赔付保险保障范围之内。

在被保险人属地上定居的人 医疗赔付保险不为那些定居在被保险人属地上任何位置的任何人（被保险人的家庭雇工除外）的身体伤害提供保障。因此，房屋事故中受伤的租户不能获得医疗费用赔付。这项规定是为了最大限度减少居住成员的合伙欺骗行为。

第Ⅱ部分附加保障

一份屋主保险自动包括几个附加保障，包括对抗辩费用、急救费用、对他人财产损害，以及损失评估费用的赔付。

抗辩费用

抗辩费用（claim expenses）作为附加保障项目提供赔付。保险公司支付法庭审判费用、律师费用和法律抗辩过程中发生的其他法律费用。抗辩费用在保单的责任损失赔偿限额之外提供赔付。

保险公司还要赔付在其辩护的诉讼中需要提供保证的额外费用。例如，一个案件可能需要上诉，如果需要上诉保证金，保险公司要支付这笔费用。

如果保险公司要求被保险人在调查和抗辩中提供协助，那么就要支付由此引起的被保险人的合理费用。这项义务包括支付每天最高 250 美元的实际收入损失。最后，诉讼案件判决之后，保险公司要清偿之前累积的利息。

急救费用

按照保单的规定，保险公司要支付被保险人因身体伤害而产生的**急救费用**（first-aid expenses）。例如，客人可能在你家里滑倒，并摔断一条腿。如果你叫了一辆救护车把伤员送到医院，后来要支付给救护车公司 600 美元的费用，这笔费用作为急救费用由保险公司支付。

对他人财产损害的赔偿

保险公司为由被保险人引起的**对他人财产损害**（damage to property of others）的每次事故给予不超过 1 000 美元的赔付。财产损失的价值按照重置成本计算。这种保障可以用下面的例子进行说明：

- 你 10 岁的儿子在玩垒球的时候不小心打坏了邻居的窗户。
- 在朋友家里参加聚会的时候，你抽雪茄不小心把主人的地毯烧了个洞。
- 你借了邻居的割草机，但是使用时不小心撞上了石头，把刀片意外损坏。

被保险人不必为此承担法律责任。即使没有法律责任偿付损失，但保险公司仍然会偿付这些损失。

该保障的目的是为了保护人与人之间的友谊和邻里和睦。而且，在很多州，父母要为子女造成的财产损坏负责。如果没有包括在保障范围内，财产受损的人不得不向造成损失的被保险人提出损失追偿。

这项保障的最大保险金额是 1 000 美元。超过限额的部分只有在证实造成损失的被保险人存在过失和法律责任时才予以赔偿。

对他人财产损害的赔偿也存在一些除外责任。主要包括以下几种：

- 第 I 部分条款中包括的财产。任何属于屋主保险保单第 I 部分承保范围的财产损失在这里都属于除外责任。
- 由年龄不低于 13 岁的被保险人故意造成的财产损失。如果财产损失由 13 岁或更大些的被保险人故意造成，那么这一损失不属于保障范围。这种除外规定是完全针对十几岁的青少年的故意破坏行为设计的，而这正是一个严重的社会问题。因此，如果十几岁的年轻人用弹弓打碎一个金属玻璃窗、故意撞坏邮箱、恶意损害树木，父母的保险单不对这些行为承保。
- 被保险人的自有财产。被保险人自有财产的损坏不在保障范围之内。例如，如果一个男孩损坏了父母的电器，保险公司不予赔偿。但是，如果这些电器是租借的，那么该损失就在承保范围之内。所以，如果你租了一台便携式电视机，结果意外摔坏，那么保险公司将会给予你损失赔偿。
- 租户自有或租用的财产。被保险人的租户或记名被保险人家庭成员自有或租用的财产不属于承保范围。
- 商业责任。被保险人从事商业活动时遭遇的财产损失属于除外责任。因此，如果你开了一家草坪维护公司，在为顾客除草的时候不小心割掉了一棵灌木，保险人对该损失不负责任。

● 与房产有关的行为或疏忽。与被保险人拥有、租借或控制的房产（被保险人属地除外）有关的行为或疏忽造成的财产损失属于除外责任。例如，在没有附加批单的时候，被保险人自有的农田不属于屋主保险的承保范围。因此，如果被保险人不小心损坏了正在耕地的租户的拖拉机，他将得不到损失赔偿给付。

● 与机动车辆、飞行器、船只或气垫船有关的损失。由于拥有、维护或使用机动车辆、飞行器、船只或气垫船所造成的财产损失均属于除外责任。例如，如果你开车轧坏了邻居的十速自行车，该损失不在承保范围内。

损失评估

屋主保单为损失评估提供1 000美元的保障，还可以通过附加批单提高限额。例如，假设你参加了屋主协会，该协会租了一个大厅作为每个月开会的地方。有人在一次会议中受伤，法庭判决赔偿1 100 000美元。如果该协会的责任保险限额为1 000 000美元，剩余100 000美元的差额将在协会成员之间分摊，每名成员将承担100 000美元的一部分。屋主保险支付的损失评估费用最高限额为1 000美元，这一数额可以通过附加批单提高。

第Ⅱ部分条件

在前面一章中，讨论了一些适用于第Ⅰ部分和同时适用于第Ⅰ部分、第Ⅱ部分的重要条件。一些仅适用于第Ⅱ部分的重要条件将在这里进行讨论。

对责任的限制

保障E中保险公司对于因为一次偶然事件所造成的所有损毁所承担的完全责任不会比声明中所列出的限制更多。无论被保险人、索赔或者受伤的人的数量有多少，责任限制都是相同的。保险公司对一个人的身体伤害发生的医疗费用所承担的完全责任不会超过保障F声明中的限制。

"事件发生"之后的义务

关于事件的记录必须提供给保险公司，包括时间、地点、环境，以及索赔人和证人的姓名。被保险人在保险公司调查和处理索赔期间必须提供配合，向保险公司提供记录、满足其需求、传唤，或者与事件相关的文本文件。

保障F中人身受到伤害的人应承担的义务

受伤的人（或者其代表人）必须提供索赔的书面证明，并授权保险公司获取医疗记录的副本。受伤的人也必须接受保险公司选择的医生所进行的身体检查。

不能起诉保险公司

被保险人不能起诉保险公司，除非被保险人遵守了第Ⅱ部分所列的那些条件。不能对保险公司采取保障 E 中所列的措施，直到被保险人的义务已经由最终裁决判定，或者保险公司签署协议进行认定。

其他保险

这种保险的保障范围比其他有效的、有针对性的保险更为宽泛，除非其他保险专门为超出这种保单适用范围的内容提供保障。

隐瞒和欺诈

如果被保险人在损失发生前后隐瞒或提供虚假的关于环境和情况的事实，制作了假产品，或者做了关于保险的错误声明，那么就不再为其提供保障。

屋主保险的批单

某些财产所有人会有特殊需要或希望得到比标准屋主保险更大范围的保障。附加于屋主保险保单上的各种批单能够满足这种需要，它们包括：

- 通货膨胀保护批单
- 地震批单
- 个人财产损失重置成本批单
- 预定个人财产批单（对损失议定价值达成一致）
- 人身伤害批单
- 船只批单
- 家庭商务保险保障批单
- 身份失窃批单

通货膨胀保护批单

由于通货膨胀提高了房屋的重置成本，许多屋主没有获得充分的保障。如果发生损失，而你的保险金额没有达到住宅重置成本的 80%，那么在损失发生的时候，你将遭受重置成本得不到全额赔偿的厄运。遗憾的是，有些屋主直到损失已经发生了都没有意识到他们的保障不足。

在你的保险人不提供相关保障的时候，为了应对通货膨胀，你就需要附加**通货膨胀保护批单**（inflation guard endorsement）。通货膨胀保护批单是为保险服务处的屋主保单设计的，并在保障 A、B、C、D 的保险限额上每年提高一定比例。提高的百分比由保险公司确定，例如 3% 或 5%。例如，如果保单持有人选择 3% 的通货膨胀保护批单，则保单中的各项限额也按 3% 的比例增长。这个特定的年增长率将在整个保单年度内分配。因此，如果一间房屋的原始保额为300 000美元，则6个月之后将变为304 500美元。

地震批单

地震批单（earthquake endorsement）可提供对地震、山体滑坡、火山喷发和地壳移动的保障。单纯的地震被定义为72小时内发生的所有地震冲击。地震批单必须满足一定的免赔额。基本免赔额是应用于住房（保障A）或个人财产（保障C）（二者取较高者）的限额的5%。最低免赔额是500美元。如果降低保费，免赔额可以增加。没有其他免赔额适用于地震损失。免赔额不适用于保障D（使用损失）和附加保障。在一些地震常发的州，或者地震风险较高的州，免赔额一般会高达10~20个百分点。

尽管地震会导致巨灾损失，大多数地震区域内的财产所有者没有购买地震保险。加利福尼亚的保险公司销售的屋主保险必须在新保单上提供地震保险，但是大部分屋主保险不含地震保险。人们不愿意购买地震保险的主要原因是成本高，免赔额高，认为地震不会发生，以及相信联邦政府会提供援助。

在加利福尼亚，可以通过加利福尼亚地震局（California Earthquake Authority，CEA）获得地震保障。加利福尼亚地震局是私人发起的公共管理机构，为加利福尼亚的屋主、租户、共同所有人和移动房屋所有人提供住宅地震保险。有17家商业保险公司加入了该机构。房屋的结构损毁享受住房保险数额15%的免赔额，但是如果屋主支付更高的保费那么可以将免赔额降低到10%。前面曾经提到，大多数屋主保险不提供地震保障。根据保险信息协会的统计，加利福尼亚只有12%的屋主购买地震保险。[1]

个人财产损失重置成本批单

没有批单的保单按照实际现金价值对个人财产的损失提供保障。但是，可以为保单附加**个人财产损失重置成本批单**（personal property replacement cost loss settlement endorsement）。在这一批单中，根据重置成本进行理赔，而不扣除折旧。该批单适用于个人财产、雨棚、地毯、家用电器和室外设备。

个人财产损失重置成本批单有一些重要的限制。支付的数额为下面数额中"最小"的一个：

- 损失发生时的重置成本
- 全额维修成本
- 保障C的限额（如果适用保障C）
- 保单的任何特定承保限额（例如对珠宝、皮毛和银器失窃的限额）
- 对于任何损失项目，适用于该项目的责任限额

如果修复或重置成本超过500美元，被保险人必须对该财产进行实际的重置或修复。否则，只赔偿实际现金价值。

重置成本批单排除了某些类型的财产，例如古董、艺术品以及类似的财产，收藏者的藏品

---

[1] "Earthquakes: Risk and Insurance Issues," *Issues Updates*, Insurance Information Institute, April 2012. 这个专题会定期更新。

和纪念品，处于不良或异常工作状态的财产以及储存不用的废品。

作为一般规则，你应当考虑为你的屋主保单附加个人财产的重置成本批单。你一般很难找到可以完全代替损失财产的旧财产。而且，由于考虑到折旧，按实际现金价值给付的赔偿金额实际上远小于按重置成本给付的金额。大多数被保险人都没有意识到实际现金价值和重置成本之间巨大的差距。

预定个人财产批单（对损失议定价值达成一致）

屋主保险对某一个人财产损失的赔偿设定了限额，例如珠宝和武器失窃。而且，被保险人可能希望获得比屋主保单提供的保障范围更多的保障。如果你有一些价值很高的珠宝、皮毛、银器、照相机、音响、艺术品、古董、邮票或硬币藏品，你可以对其列出清单，并以协议价格向保险公司投保。

预定个人财产批单（对损失议定价值达成一致）（scheduled personal property endorsement (with agreed valued loss settlement)）为9类产品提供附加保障。根据被保险人的需要的不同，个人物品被列出并且投保特定的数额。这些种类包括：

1. 珠宝
2. 皮草
3. 相机
4. 音响
5. 银器
6. 高尔夫装备
7. 精美的艺术品
8. 邮票收藏品
9. 稀有的硬币

批单为财产提供针对直接物理损失的保障，这意味着该财产获得了"所有风险"或"开放式风险事故"的保障。除了特别除外的责任以外，列明财产的所有直接物理损失都将获得保障。例如，如果承保金额为25 000美元的钻石项链被盗，赔偿的数额就是25 000美元。

人身伤害批单

屋主保险仅提供对他人造成的身体伤害或财产损失产生的法律责任的保障。人身伤害保障（区别于身体伤害保障）可作为批单附加于屋主保险保单上。

人身伤害（personal injury）是指由于下面事件引发的法律责任：
- 错误的逮捕、拘留或关押
- 恶意起诉
- 不正当地进出或侵犯别人的房屋、住所或居所隐私权
- 利用口头或书面的公告材料诽谤个人或组织或其产品及服务[①]
- 口头或书面公告材料侵犯了个人隐私

---

① "在任何情况下"这个词被加入人身伤害批单中，以将保障范围拓展至与互联网相关的损失风险，包括人身伤害损失的汇总限额的批单也可以获得。

例如，如果你逮捕了一个后来被证明清白的人，或者发表了错误的声明从而损害了别人的荣誉，那么你将为该损失负责。这些损失不属于屋主保险承保范围，但是可以通过人身伤害批单得到保障。

船只批单

船只批单（watercraft endorsement）为屋主保险列为除外责任的船只提供保障。该批单为下述责任提供保障：内置或外置动力船只、长度超过26英尺的帆船、一个以上马达驱动的总动力超过25马力的船只产生的责任和医疗赔付。

家庭商务保险保障批单

越来越多的屋主在外经商。标准屋主保险只为商用财产提供有限的保障，商业经营产生的法律责任常常属于除外责任。**家庭商务保险保障批单**（home business insurance coverage endorsement）可以附加到保单上，为家庭商务产生的商用财产和法律责任提供保障。这种类型的批单为居所的商用财产提供了从2 500美元到个人财产保障C的限额之间的保障。对居所外的商用财产的保障从1 500美元提高到了一个更高的数字。该批单还对由承保损失导致的商务延迟（支付）行为所造成的应收款、有价证券、签单、商业收入和额外支出提供保障。

家庭商务保险保障批单为企业的商务一揽子保单中通常包含的商务责任损失风险提供保障。提供保障的责任保障范围包括（1）身体伤害和财产损失责任，（2）人身和广告伤害，（3）与家庭企业有关的产品及完工责任风险。这些保障范围将在第26章进行讨论。

身份失窃批单

在美国，身份失窃是一个严重的问题。当有人使用你的名字、驾照、ATM账户、信用卡号、笔记本电脑，或者以欺诈为目的使用你的信息，就发生了身份失窃。司法统计局的报告显示，2010年美国有860万美国人遭遇身份失窃，相对于2005年的640万人有了大幅度的提高。据估计，家庭遭受的直接损失在2010年达到了133亿美元，平均每个家庭损失2 200美元。[①] 损失的发生是由于盗窃者违法使用盗窃到的信用卡和ATM卡以及以欺诈为目的使用别人的个人信息获得新的信用卡或者开立其他类型的账户（例如公共设施账户）。

身份失窃的受害者要花费时间和辛苦来纠正或重建他们的信用记录。除了直接成本、自付费用、解决问题耗费的时间，很大一部分受害者还遇到了更为严重的问题。例如，许多受害者受到催账人的威胁、被拒绝办新的信用卡、无法使用已有的信用卡、无法获得贷款、被捕、被终止公共服务、遭到犯罪调查和民事诉讼，以及难以获取银行账户。

身份失窃批单可以附加到屋主保单上。批单为犯罪受害人恢复其身份、洗清其信用报告的成本提供补偿。为了方便说明情况，假设一家保险公司提供的费用补偿限额为每个人500美元到25 000美元，以恢复他们的信用记录。下面这些费用属于保障范围之内：

---

① 这些统计数据来源于"Identity Theft Reported by Households Rose 33 Percent from 2005 to 2010," as reported in a press release issued by the Bureau of Justice Statistics, Nov. 30, 2011.

- 由于处理身份失窃耗费的时间导致的一定限额以下的工资损失
- 由于身份失窃产生了错误的信用信息，由此导致申请贷款失败，并因此重新申请贷款所产生的费用
- 为了讨论身份失窃问题，向金融机构、商业企业和执法机构打电话产生的费用
- 完成并递送欺诈宣誓书产生的确认函和公证费用
- 由于企业和收账公司不适当地提起诉讼产生的抗辩成本，撤销针对被保险人的错误的刑事和民事判决的成本，以及信用报告信息的更改成本等，这些成本体现为在保险公司预先同意下产生的律师费用

最后，需要注意的是，身份失窃批单只为发生的费用承保，而不为失窃的金钱提供保障。

屋主保险的成本

作为被告知的消费者，你要明白屋主保险的成本如何确定。而且，若想成为一名更明智的保险消费者，你应该了解一些承保的重要因素。主要的费率厘定和承保要素包括下面几种：
- 建筑结构
- 位置
- 防火等级
- 建筑成本
- 房屋使用时间
- 保单类型
- 免赔额
- 保险分值
- 损失历史报告

建筑结构

房屋的建筑结构是极为重要的费率厘定因素。房屋的防火性能越好则费率越低。因此，木质的房屋的投保费用高于砖瓦结构的房屋。但是，木质房屋的地震保险费用则会低些。

位置

房屋的位置是费率厘定的另一个重要因素。为了厘定费率，需要确定每个费率区域损失的历史情况。居住在由于火灾、暴风雨、自然灾害或犯罪等情况导致损失比较高的区域中的被保险人必须支付比居住在损失比较低的区域中的被保险人更高的保险费。

防火等级

防火等级也会影响收取的费率。保险服务处对公共防火部门按质量分为1～10个等级。数字越低，费率越低。房屋与消防队、供水设施和消防水龙头的接近程度也很重要。乡下的房子比大城市中的房子的等级高。

建筑成本

建筑成本对费率有很大影响。美国各地的劳动力和物资成本有很大差别。修复或重建房屋的成本越高，要缴纳的保费就越高。

房屋使用时间

房屋使用时间也会影响收取的费率。保险公司为新房子收取的保险费用低于老房子。老房子更有可能因为火灾和暴风而损毁，线路老化，而且在修建的时候建筑规定还不具有刚性。

保单类型

保单的类型在确定总保费的时候极为重要。屋主保险3（特殊险）比屋主保险2（扩展险）的价格更高，因为保障范围更广。屋主保险5（综合险）是最昂贵的保险，因为针对房屋、其他建筑物和个人财产面临的"所有风险"或"开放式风险事故"承保。除了那些被排除在外的责任，所有直接物理损失都在承保范围之内。

免赔额

免赔额对成本有很重要的影响。免赔额越高，保费越低。250美元的免赔额适用于所有承保损失。免赔额可以因为保费的降低而提高。免赔额不适用于防火部门的收费、对信用卡和ATM卡的承保、专门投保的预定财产，以及屋主保险第Ⅱ部分中的个人责任保障。

保险分值

许多保险公司将申请人的信用记录用于核保和确定费率。申请人的信用记录用于计算保险分值。**保险分值**（insurance score）是一种以信用为基础的对未来理赔成本进行预测的评分方法。保险分值可以用于对具有相同信用记录的一群被保险人的平均索赔行为进行预测。信用较差、分值较低的被保险人群体通常会比那些信用较好、分值较高的被保险人群体更多地申请屋主保险索赔。

一些信用组织帮助保险公司计算保险分值。一个最重要的组织是费尔艾萨克公司（Fair Isaac Corporation，FICO），它帮助保险公司计算保险分值。大多数消费者的信用记录较好。

在保险公司理赔中，保险分值和核保历史之间存在很强的统计相关性。保险分值越低的被保险人越容易提出屋主保险索赔。精算研究通常都支持这一结论。

损失历史报告

出于承保和费率厘定的目的，保险公司还会使用描述房屋之前索赔历史的报告。使用最广泛的损失历史报告是综合损失情况报告（CLUE reports），该报告可以从 LexisNexis 获得。[①]综合损失情况报告提供关于财产的最多 7 年的信息，包括损失发生时间、损失的类型和赔付的数额。超过 90% 的保险公司在销售屋主保险保单时从综合损失情况报告数据库获取索赔数据。保险服务处也有一个损失历史数据库。保险服务处的 A-PLUS（汽车—财产损失承保服务）汇总了和包容了可以使用的来自于各家保险公司的理赔数据。

综合损失情况报告的使用存在争议。批评者认为，保险公司害怕诉讼赔偿和水灾损毁日益增加的损失，不希望为遭受过这种损失的房屋承保。而且，一些房屋的购买者会发现，由于综合损失情况报告显示他们将购买的房屋之前存在索赔，他们很难获得屋主保险。类似地，如果由于之前的索赔房屋保险遭到几家保险公司的拒绝，那么销售房屋的屋主发现房屋很难卖出一个好价格。

但是，相反，保险公司认为，它们可以通过在核保过程中使用综合损失情况报告的索赔历史进行更准确的费率厘定。此外，保险公司可以更容易发现保险欺诈。

购买屋主保险的建议

作为一个明智的保险消费者，你应当在购买屋主保险的时候牢记以下几个建议（见图表 21—1）。

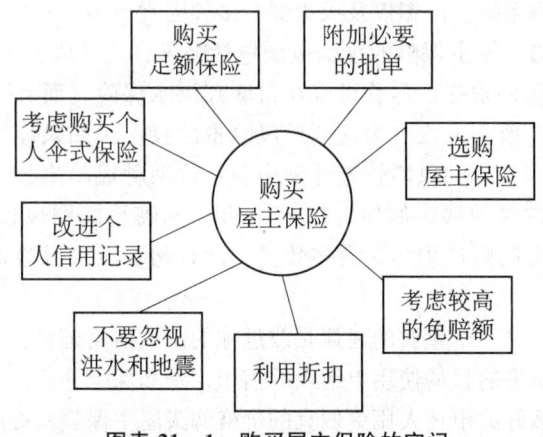

图表 21—1　购买屋主保险的窍门

购买足额保险　第一个建议是为你的房屋和个人财产购买足够的财产保险。在房屋增盖和改进之后，房屋价值显著提升，那么这样做就非常重要。房屋必须至少投保其重置成本的 80%，以避免发生部分损失时遭到的惩罚。但是，你要认真考虑是否为房屋投保 100% 的重置成本。当发生全损的时候，很少屋主能够负担自付的重置成本的 20%。

附加必要的批单　根据你的需要、当地的财产状况，以及某些价值较高的个人财产，购买某些批单是必要的。为了应对通货膨胀，你应当在保险公司没有提供此类保障的时候，购买通货膨胀保护批单。如果你住在地震活跃的地区，那么最好购买地震批单。如果你希望在没有折旧抵扣的重置成本基础上获得赔偿，那么就要购买个人财产重置成本批单。此外，如果你拥有

---

① 综合损失情况报告最初由 Choice Point 公司起草。Choice Point 公司在 2008 年被 LexisNexis 的母公司 Reed Elsevier 公司收购。

价值较高的财产（例如珠宝、皮毛、艺术品，或者价值很高的硬币和邮票藏品），那么要为你的保单购买预定个人财产批单。每一项列明的内容要专门投保一定的数额。

选购屋主保险 另一个重要的建议是选购屋主保险。由于保险公司对保险产品的定价存在很大差异，你可以通过比较降低屋主保险的保费。因此，在购买屋主保险之前，要先从保险公司那里获得保费报价。有一些网站提供保费的报价（见网络资源）。一些州还出版选购指南，帮助消费者购买屋主保险。从这些指南可以看出保险公司在收取保费上存在多么大的差别。例如，亚利桑那州保险局在该州选择了一些城市的 59 家保险公司，以确定屋主保险的成本。图表 21-2 提供了亚利桑那州的 5 个城市中的保额为 300 000 美元的保单的保费数据。亚利桑那州凤凰城的砖石结构房屋的最低成本保单和最高成本保单直接的差额为 3 211 美元（473 美元对 3 684 美元）。显然，这值得去比较选购。

考虑较高的免赔额 另一个建议是购买免赔额较高的保险，以降低保费。屋主保险的标准免赔额是 500 美元。较高的免赔额可以大幅度降低你的保费。你一般可以通过 1 000 美元的免赔额获得 20%～30%的折扣。例如，帕特里克的屋主保险的免赔额是 1 000 美元，而不是标准的 500 美元。多出的免赔额每年为其节省 120 美元。换句话说，帕特里克每年节省 120 美元，但仅损失 500 美元的保障。这额外的 500 美元保障非常昂贵。

利用折扣 在购买屋主保险的时候，你要看一看自己是否符合任何折扣和积分的条件，这可能大幅度降低你的保费。保险公司会根据多种因素来确定不同的折扣额度，包括房屋的使用年限、烟火报警器、喷洒系统、门锁以及灭火器等多种因素。

不要忽视洪水和地震 屋主保险的承保范围包括飓风、龙卷风、暴风和火灾损失。但是，洪水和地震属于专门的除外责任。尽管可以获得联邦洪水保险，而且可以为屋主保险附加地震批单，但是大多数财产所有人没有为这两种风险事故投保。如果你居住在洪水或地震多发地带，你要认真考虑是否在你的风险管理计划中包括这两种风险事故。否则，如果洪水或地震发生，你就会损失非常多的钱。例如，在 2005 年，卡特里娜飓风造成了新奥尔良市 80%的毁损，导致数百亿美元的财产损坏。大多数屋主没有购买洪水保险，并因此面临严重的经济损失。

改进个人信用记录 另一个重要的建议是改进你的个人信用记录。前面曾经提到，许多保险公司出于核保和厘定费率的目的使用申请人的信用记录和保险分值。信用记录好的申请人可以比那些信用记录不那么好的申请人用更便宜的价格购买屋主保险。好的信用记录还会降低抵押贷款、汽车贷款和信用卡的利率。而差的信用记录要很长时间才能改善。

考虑购买个人伞式保险 基本的屋主保险仅提供 100 000 美元的个人责任保险，但是这一数额在发生巨灾责任损失的时候是不够的。**个人伞式保险**（personal umbrella policy）在责任保险的保障耗尽之后，提供额外 100 万～1 000 万美元的个人责任保险保障。它还为人身伤害产生的责任提供保障，包括诽谤、侮蔑和人格损害等。没有批单的屋主保险不为人身伤害提供保障。此外，除了对你的房屋和个人行为的保障之外，个人伞式保险为你的汽车、船只和娱乐车辆等提供额外责任保险。个人伞式保险将在第 24 章更详细地介绍。

最后，在这一部分写作的时候，美国开始从其历史上最为严重的一次衰退中复苏。一些曾经失去工作并为现金奋斗的保单持有人将不必通过放弃保险而节约资金。保险信息协会警告，放弃或大幅度修改现有保障可能让投保人陷入危险的承保不足状态。专栏 21.2 指出了消费者在经济恢复期应该避免的 5 个错误。本章的在线附录（pearsonhighered.com/rejda）就如何在购买屋主保险时省钱提出了一些额外的建议。

图表 21—2　屋主保险年保费的波动幅度，来自亚利桑那州的五个城市的案例

保障额度：房屋：300 000 美元；其他建筑：30 000 美元；内部设施：225 000 美元；额外生活费用：60 000 美元；个人责任保障：300 000 美元；医疗费用保障：1 000 美元；免赔额统一为 500 美元。

特征：两层房屋，一个家庭居住且房屋安装有防盗锁，一个灭火器，两个烟雾探测仪。2011 年 1 月建成，状况良好，为砖石结构或框架结构（组合屋面）。保费数据为 2012 年 3 月 1 日的年保费（单位：美元）。

保险公司名称	I 凤凰城 砖石结构	I 凤凰城 框架结构	II 梅萨市 砖石结构	II 梅萨市 框架结构	III 皮奥里亚市 砖石结构	III 皮奥里亚市 框架结构	IV 弗拉格斯塔夫市 砖石结构	IV 弗拉格斯塔夫市 框架结构	V 图森市 砖石结构	V 图森市 框架结构	投诉数量 (C)	案数量 (E) 乘以 1000 =投诉率	投诉率 (CR) 除以报
American National P&C Co	473	497	452	474	451	474	381	402	388	408	2	7 381	0.271
LM Ins Corp	483	479	465	462	474	471	419	418	460	457	0	2 490	0.000
United Services Automobile Assoc	501	529	528	558	455	482	515	543	471	501	4	69 981	0.057
Pekin IC	568	568	550	550	560	560	522	522	396	396	0	38	0.000
American Strategic Ins Corp	578	608	517	543	489	513	479	501	457	479	3	19 897	0.151
Travelers Home and Marine IC	617	631	619	630	659	674	596	604	466	468	8	71 598	0.112
Arizona Home IC	622	622	568	568	538	538	673	673	568	568	8	13 679	0.585
Balboa IC	665	671	539	545	461	469	477	487	415	419	5	11 870	0.421
Farmers Ins Exchange	679	692	610	616	711	726	434	439	418	423	18	98 916	0.182
Pharmacists Mutual IC	701	677	617	670	607	677	646	718	646	718	0	740	0.000
Amica Mutual IC	756	756	638	638	611	611	553	553	596	596	2	8 721	0.229
Kemper Independence IC	772	795	752	774	779	802	728	749	617	634	2	13 111	0.153
Fidelity National IC	789	843	593	631	543	576	673	717	615	657	19	17 934	1.059
Metropolitan P&C IC	799	853	563	599	443	471	673	719	517	550	10	36 499	0.274
American Commerce IC	808	914	603	668	590	673	496	573	434	492	0	5 219	0.000
State Farm Fire and Cas Co	815	904	783	867	496	549	595	659	635	705	98	453 490	0.216
Unigard IC	826	848	863	888	891	914	720	747	800	824	0	2 255	0.000
Mercury Cas Co	832	859	832	855	871	897	780	797	582	588	0	3 769	0.000
Armed Forces Ins Exchange	837	868	718	744	634	655	766	794	634	655	1	1 622	0.617
Horace Mann IC	842	866	718	740	790	813	673	693	814	838	1	974	1.027
IDS Property Cas IC	859	859	824	824	547	547	597	597	580	580	7	23 089	0.303
Central Mutual IC	861	954	766	848	766	848	658	729	690	763	1	7 155	0.140
SECURA Supreme IC	885	930	582	612	704	740	607	639	495	520	0	2 090	0.000
Great Northwest IC	886	886	663	663	695	695	631	631	728	718	0	531	0.000
Badger Mutual IC	894	968	727	783	581	622	581	622	581	622	1	4 521	0.221

第 21 章　屋主保险，第 Ⅱ 部分

Nationwide IC of America	938	911	922	893	776	754	1 016	994	765	743	1	10 487	0.095
Universal North America IC	956	956	559	559	561	561	662	662	584	584	0	7 369	0.000
American Automobile IC	958	958	762	762	1 044	1 044	849	849	791	791	3	2 319	0.000
Austin Mutual IC	963	1 174	731	891	731	891	665	808	704	858	3	7 471	0.402
Pacific Specialty IC	971	1 056	852	954	728	809	704	782	704	782	44	11 201	3.928
Trumbull IC	988	965	956	932	890	872	955	936	835	821	1	3 121	0.320
Merastar IC	1 001	1 001	798	798	768	768	708	708	678	678	0	57	0.000
Praetorian IC	1 016	1 016	931	913	916	916	876	876	842	842	0	2 663	0.000
Civil Service Employees IC	1 047	1 140	811	882	865	942	736	799	758	826	0	1 009	0.000
Empire Fire & Marine IC	1 063	1 063	954	954	958	958	888	888	879	879	1	5 417	0.185
Homesite Ind Co	1 065	1 161	871	948	849	923	801	872	812	884	35	45 410	0.771
ACA IC	1 079	1 079	746	746	763	763	713	713	673	673	16	46 693	0.343
Electric IC	1 080	1 080	918	918	914	914	783	783	799	799	2	3 512	0.569
Country Mutual IC	1 082	1 082	941	941	907	907	907	907	782	782	4	27 138	0.147
Allstate P&C IC	1 085	1 132	1 021	1 065	1 010	1 053	953	985	868	889	11	100 381	0.110
ACUITY, A Mutual IC	1 100	1 100	1 104	1 104	981	981	822	822	893	893	3	8 913	0.337
First American P&C IC	1 109	1 109	760	760	840	840	665	665	766	766	7	13 754	0.509
Wilshire IC	1 126	1 126	1 126	1 126	1 126	1 126	1 126	1 126	1 126	1 126	0	793	0.000
Milbank IC	1 129	1 323	849	992	815	953	743	869	705	824	2	8 110	0.247
Safeco IC of America	1 132	1 098	894	867	840	816	887	887	807	782	6	29 847	0.201
Sentry Ins a Mutual Co	1 155	1 210	1 103	1 155	1 097	1 148	1 006	1 053	722	754	0	6 147	0.000
California Cas Ind Exchange	1 157	1 205	1 103	1 140	1 022	1 059	869	895	895	933	1	5 162	0.194
Union IC of Providence	1 169	1 169	988	988	1 007	1 007	812	812	1 025	1 025	2	1 689	1.184
American Family Mutual IC	1 184	1 208	975	995	1 007	1 028	892	910	896	914	56	146 144	0.383
American Summit IC	1 204	1 300	1 085	1 169	915	982	883	947	986	1 059	8	2 928	2.732
Farm Bureau P&C IC	1 211	1 262	961	977	934	971	787	817	939	977	3	15 980	0.188
Century-National IC	1 269	1 269	912	912	912	912	1 085	1 085	912	912	0	4 305	0.000
Encompass P&C Co	1 303	1 365	930	971	999	1 046	828	863	796	827	1	4 996	0.200
Cincinnati IC	1 431	1 510	961	1 014	976	1 030	939	991	800	844	0	2 775	0.000
American Security IC	1 465	1 465	1 465	1 465	1 465	1 465	1 335	1 335	1 465	1 465	2	687	2.911
Owners IC	1 537	1 624	1 463	1 518	969	1 005	1 059	1 117	999	1 054	5	15 299	0.327
Pacific Ind Co	1 739	1 739	1 621	1 621	1 667	1 667	1 496	1 496	1 272	1 272	0	457	0.000
American Modern Select IC	2 991	2 991	2 991	2 991	2 991	2 991	2 991	2 991	2 991	2 991	1	362	2.762
Scottsdale IC	3 684	3 684	3 684	3 684	3 684	3 684	3 684	3 684	3 684	3 684	4	2 861	1.398

资料来源：Excerpted from Arizona Department of Insurance, *2012 Consumer Guide and Premium Comparison for Homeowners Insurance*.

专栏 21.2

想要省钱吗？请避免五个最严重的错误！

每十个失去工作的美国人中只有一个人不用担心保险的问题，其他人都试图以较少的钱达到保障的目的，许多人都在寻找削减成本的方法。根据保险信息协会的说法，有一些聪明的方法可以在家庭和汽车保险方面省些钱，不过还是会有一些错误让人们陷入危险的保障不足的境地。

"当资金紧张的时候，用合适的资金、合适的保险类型获得应对灾难的财务保障将极为重要。"珍妮·索芙特说。她是保险信息协会资深副主席，消费者发言人。"通过几个简单的步骤，可以达到削减成本并且仍然保有针对灾难性打击的保障的目的。"

下面是消费者应该小心避免的五个最严重的保险方面的错误：

1. 以不动产价值而不是重建成本为房屋投保

当房地产价格下降的时候，一些屋主可能认为他们可以降低房屋保险的数额。但是，保险的设计是保障重建成本，而不是房屋销售价格。你应该确认，你有足够的保障可以完全重建你的房子和重置你的财物。

更好一点的方法是，提高你的免赔额。把免赔额从500美元提高到1 000美元将会节省25%的保费。

2. 仅仅按照价格选择保险公司

以有竞争力的价格选择保险公司很重要，但是还要考虑其财务情况，以及能否提供很好的消费者服务。

更好一点的方法是：通过独立的评级机构查看保险公司的财务状况，听取朋友和家庭成员的建议。你应该选择一个能够公平有效处理你的需要和理赔要求的保险公司。

3. 放弃洪水保险

在屋主保险和租户保险保单中不包括洪水造成的损毁。保障可以通过美国洪水保险计划（NFIP）以及一些商业保险公司获得。许多屋主不知道他们面临着洪水的风险，但是实际上，25%的洪水损失发生在低风险地区。

更好一点的方法是：在购买房子之前，到美国洪水保险计划那里查一查是否属于洪灾地区，如果是的话，考虑一个低风险的地区。如果已经居住在洪水多发地区，看看能不能搬走以降低洪灾的损失，或者考虑购买洪水保险。

4. 仅为自己的车购买法定额度的责任保险

在今天的法治社会，仅仅购买最低额度的责任保险意味着你可能会自行支付更多的钱，那些成本可能很高。

更好一点的方法是：考虑放弃价值低于1 000美元的老汽车的碰撞保险或综合险。保险行业和消费者团体通常建议购买每人最低100 000美元的人身伤害保险，每起事故300 000美元的人身保障。

5. 忽视租户保险

当你因为一次灾祸搬出去的时候，租户保险可以为你的所有物及额外的生活费用提供保障。同样重要的是，它还为在你房间里受伤而准备起诉你的人提供责任保障。

更好一点的方法是：查看多保单折扣。在一家保险公司购买多份保险，例如租户、汽车和人寿保险。这样通常会节省更多的钱。

资料来源：Insurance Information Institute, "Trying to Save Money? Avoid the Five Biggest Insurance Mistakes!" Press release, October 25, 2010.

案例应用

詹姆斯和梅根·韦伯最近为房屋购买了一份300 000美元的保险。该房屋受到一份250 000美元的HO—3保单而没有附加批单的保险的保障。梅根在大厅里放了一些收藏的古董。詹姆斯收藏的邮票中有一些罕见的邮票。这对夫妇有一只周末使用的30英尺长的帆船。

a. 假设你是一个风险管理咨询师,被要求为这对夫妇的HO—3保险估值。指出詹姆斯和梅根为了改善其HO—3保险要购买的三种批单。

b. 解释你为(a)提供的答案中的每一个批单在哪些方面为HO—3进行了修改。

c. 对于下面的每一种损失,指出屋主保险第Ⅱ部分是否为损失提供全额保障。如果无法提供全额保障,解释为什么。

(1) 梅根在家里招待当地公园俱乐部成员,并为客人们提供午餐。两位客人得了重病,并起诉了梅根,控告她提供了变质的食品。法庭要求为每一位客人提供60 000美元的赔偿。

(2) 詹姆斯是一位建筑师。客户房子的新屋顶倒塌。客户认为,由于詹姆斯设计不合理导致了屋顶的倒塌。重建的费用是40 000美元。该顾客要求詹姆斯支付重建的费用。

(3) 在参观朋友房子的时候,梅根拿起小雕像欣赏的时候不小心打碎,这个雕像的价值是475美元。朋友要求梅根对其赔偿。

本章小结

- 屋主保险第Ⅱ部分为记名被保险人、住在那里的亲戚和其他人的个人行为导致的法律责任提供保障。

- 被保险人属地包括声明中列出的居所、在保险期间内获得的其他住宅、被保险人暂时居住的地方、被保险人拥有的除农田外的空地、墓地或丧葬地、修建房屋的土地、偶尔租给被保险人的用于非商业目的的地皮。

- 个人责任保险(保障E)在被保险人由于疏忽导致他人遭受人身伤害或财产损失而被起诉或要求赔偿时提供保障。如果你为造成的损坏负责,那么保险公司将在保单限额以下支付你需要赔偿的所有损失。

- 对第三方的医疗赔付(保障F)是指,在被保险人属地上,由于被保险人、住所的雇工或被保险人拥有或豢养的动物的行为意外伤害了第三方,因此支付给第三方合理的医疗费用。在支付医疗费用之前,不必证明存在过失或者确认法律责任。该保障不适用于记名被保险人和家庭一般成员所受的伤害,除了家庭雇员。

- 屋主保险第Ⅱ部分提供四种附加保障:(1)抗辩费用,(2)急救费用,(3)对他人财产的损毁,以及(4)损失评估费用。

- 有很多批单可以附加到屋主保险保单上以满足个人的需求,包括下面几种:

通货膨胀保护批单
地震批单
个人财产损失重置成本批单
预定个人财产批单(对损失议定价值达成一致)
人身伤害批单
船只批单
家庭商务保险保障批单
身份失窃保险

- 屋主保险的成本取决于多种因素。这些因素包括建筑结构、位置、防火等级、建筑成本、房屋使用时间、保单类型、免赔额、保险分值、损失历史报告。

- 在选购屋主保险的时候可以接受的一些建议:

购买足额保险
附加必要的批单
选购屋主保险
考虑较高的免赔额

利用折扣
不要忽视洪水和地震

改进个人信用记录
考虑购买个人伞式保险

重要概念和术语

抗辩费用
合同责任
对他人财产损害
地震批单
急救费用
家庭商务保险保障批单
身份失窃保险

通货膨胀保护批单
保险分值
损失历史报告
对第三方的医疗赔付
意外事故
人身伤害批单

个人责任
个人财产损失重置成本批单
个人伞式保险
预定个人财产批单（对损失议定价值达成一致）
船只批单

复习题

1. 屋主保险第Ⅱ部分意外事故的含义是什么？
2. 简要解释屋主保险第Ⅱ部分的个人责任保障（保障E）。
3. a. 简要解释屋主保险第Ⅱ部分对第三方的医疗赔付保障（保障F）。
    b. 指出哪些人可以获得屋主保险第Ⅱ部分对第三方的医疗赔付保障（保障F）。
4. 个人责任（保障E）和对第三方的医疗赔付保障（保障F）为不同被保险人属地的被保险人提供保障。指出屋主保险第Ⅱ部分中的被保险人属地。
5. 指出屋主保险中适用于个人责任保障（保障E）和对第三方的医疗赔付保障（保障F）的主要除外责任。
6. 屋主保险第Ⅱ部分提供几种附加保障。一个附加保障被称为对他人财产损害。简要对这一保障进行说明。
7. 简要说明下述可以附加到屋主保险的批单：
    a. 地震批单
    b. 通货膨胀保护批单
    c. 个人财产损失重置成本批单
    d. 预定个人财产批单（对损失议定价值达成一致）
8. 屋主保险保费基于几种要素。指出决定屋主保险成本的主要因素。
9. 现在有许多保险公司使用保险分值为屋主保险核保和厘定费率。
    a. 保险分值是什么？
    b. 为什么保险公司在核保和厘定费率的过程中使用保险分值？
10. 简要解释购买屋主保险时应听取的建议。

应用题

1. 指出下面的几种损失是否在屋主保险第Ⅱ部分的保障范围内。假设没有专门的批单。给出你的理由。
    a. 被保险人的狗咬伤了邻居的小孩，还咬坏了邻居的大衣。
    b. 被保险人在打垒球的时候意外伤到了另一个人。
    c. 客人在打蜡的厨房地板上滑倒，摔断了胳膊。
    d. 邻居的孩子从被保险人院子里的秋千上掉下来，摔断了胳膊。
    e. 被保险人意外摔倒在结冰的路面上，并把腿摔断了。

f. 在开车去超市的路上，被保险人的车撞伤了另一个开摩托车的人。

g. 被保险人应法庭要求监护的10岁的孩子故意打坏邻居的窗户。

h. 被保险人以粉刷房子为生。一罐染料意外倒在了客人的屋顶上，把屋顶弄脏了。

i. 被保险人在旅馆里吸烟的时候睡着了，烟头引起的火灾烧毁了那间屋子。

j. 被保险人借了一架照相机，不过在他旅行的时候，照相机在汽车旅馆里被盗。

2. 约瑟夫是一份屋主保险3（特殊险）的记名被保险人，每一起事故的责任限额是100 000美元，对第三方的医疗赔付限额是1 000美元。对于下面的每一种情况，请解释是否属于约瑟夫屋主保险第Ⅱ部分的保障范围内。

a. 约瑟夫是一名自由职业者，他在家里从事会计工作。约瑟夫的一位顾客因为他做纳税申报单所出的错误而起诉了他，要求获得3 000美元的赔偿。

b. 约瑟夫25岁的儿子最近结婚了，现在住在他自己的公寓里。他的儿子在打猎的时候意外杀死了另一名猎人，被起诉意外致死，要支付100万美元的赔偿。

3. 玛撒租了一间公寓，是一份屋主保险4（扩展险）的记名被保险人。在该保险中，每一起事故的责任限额是100 000美元，医疗赔付限额是1 000美元。在下面的每一种情况中，指出这些损失在多大程度上受到玛撒的屋主保险第Ⅱ部分的保障。假设没有专门的批单，每一种情况都是独立的。

a. 玛撒在朋友的家里参加派对，不小心用雪茄烟烧坏了卧室里的床，而修好床需要花费500美元。

b. 玛撒在滑雪场租了一台滑雪机，在滑雪的时候不小心撞到了另一名滑雪者。那名滑雪者起诉玛撒，要求得到200 000美元的赔偿。

4. 判断下面的每一种损失是否获得屋主保险第Ⅱ部分的保障。如果该风险不在保障范围内，解释如何获得保障。

a. 被保险人在一个大城市里拥有一间餐馆。一些客人起诉了被保险人，后者认为餐馆提供了变质的香蕉奶油派导致他们得了重病。

b. 在驾驶一只30英尺长的帆船的时候，被保险人伤到了一位正在游泳的人。

c. 被保险人被前妻起诉，她控告前夫，因为前夫假称她与另一名男士有染，从而损害了她的名誉。

5. 杰里·高尔和洛伊斯·高尔共同拥有并经营着高尔粉刷公司。这对夫妇购买了没有专门批单的屋主保险3。这种保险的每一起个人责任限额为100 000美元，对第三方的医疗赔付的限额是1 000美元。对于下面的每一种情况，指出其损失在多大程度上获得屋主保险第Ⅱ部分的保障。

a. 杰里在粉刷房子的时候，把梯子靠在房子上。在杰里吃午饭的时候，一个7岁的小孩子爬到梯子上，梯子倒下的时候把小孩严重摔伤。小孩的父母起诉杰里，要求获得200 000美元的赔偿。

b. 洛伊斯在刷二楼房子的时候摔倒在地板上，伤到了腿，其支付的医疗费用为3 000美元。

c. 这对夫妇的女儿珍妮弗今年22岁，在中西大学读书。在打垒球的时候，詹尼弗快速滑到二垒，并意外伤到了对方的球员。受伤的球员起诉詹尼弗故意伤害，要求詹尼弗赔偿50 000美元。

d. 洛伊斯有一只巴斯特猎犬作宠物，起名叫哈福。哈福是一只温顺的狗，很喜欢人。一天早上，洛伊斯忘记锁上后院的门，哈福跑了出去。邻居抓住了这只狗，不过被它咬到了手，邻居为此花了800美元的医疗费用。后来，由于狗咬的地方感染并且没有治愈，邻居起诉洛伊斯，要求赔偿50 000美元。

e. 杰里与一位朋友打高尔夫球，朋友坐在他开的高尔夫球车里。杰里不小心把车开进了外面的灌木丛中，并撞到了一棵树。杰里的朋友严重受伤并起诉杰里要求获得150 000美元的赔偿。

网络资源

● 保险信息协会提供关于屋主保险和其他个人财产保险的最新信息，还可以在线阅读关于屋

主保险和其他财产及责任保险的文献。网址为：iii.org

● Insurancesavenow.com 提供多种保险产品的保费报价，包括屋主和租户保险、汽车保险、人寿保险以及健康保险。网址为：Insurancesavenow.com

● Insure.com 提供屋主保险的新闻、保费报价和其他消费者信息。该网站还提供影响保险行业的新闻事件。网址为：insure.com

● InsWEB 提供屋主保险、汽车保险和其他保险产品的报价。你可以在计算机上比较报价。网址为 insweb.com

● 国际风险管理协会（IRMI）是一个在线资料来源，提供个人产品和商业产品的有价值的信息。该网站提供风险管理和保险领域很多方面的最新文献，还提供一些免费的电子邮件新闻通讯。网址为：irmi.com

参考文献

"Catastrophes: Insurance Issues," *Issues Updates*, Insurance Information Institute, July 2012. This source is periodically updated.

"Earthquakes: Risk and Insurance Issues," *Issues Updates*, Insurance Information Institute, April 2012. This source is periodically updated.

Fair Isaac Corporation. *Predictiveness of Credit History for Insurance Loss Relativities*. A Fair Isaac Paper, October 1999.

Hartwig, Robert P. and Claire Wilkinson. *The Use of Credit Information in Personal Lines Insurance Underwriting*. New York: Insurance Information Institute, Insurance Issues Series, vol. 1, no. 2, June 2003.

"Home Buyers Insurance Checklist," Insurance Information Institute.

Lee, Diana, et al. "Give Us Some Credit: The Use of Credit Information in Insurance Underwriting and Rating," *Risk Management & Insurance Review*, vol. 8, no. 1, Spring 2005.

Nyce, Charles, ed. *Personal Insurance*, 2nd ed. Malvern, PA.: American Institute for Chartered Property Casualty Underwriters/Insurance Institute of America, 2008.

Richardson, Diane W. *Homeowners Coverage Guide*, 4th ed. Cincinnati, OH: The National Underwriter Company, 2011.

"What Types of Disasters are Covered by Homeowners Insurance," Insurance Information Institute.

第 22 章

汽车保险

"谨慎的司机过红灯的时候会按喇叭。"

——亨利·摩根

学习目标

学习完本章，你应当能够：

- ◆ 指出个人汽车保险（PAP）承保责任保障的当事人。
- ◆ 阐述个人汽车保险中的责任保障范围。
- ◆ 解释个人汽车保险中的医疗赔付保障范围。
- ◆ 阐述个人汽车保险中的未投保机动车驾驶员保障。
- ◆ 解释个人汽车保险中对你的汽车遭受的损坏提供的保障。
- ◆ 解释事故和损失发生后被保险人承担的责任。

当贝丝将车开到马路上的时候，她知道她要迟到了。她的老板警告她，下次再迟到就要被开除。当贝丝一路加速的时候，她突然想到通过电话请一位同事为她隐瞒，直到她赶到单位。不幸的是，贝丝没有注意到她前面的一辆车停在那里等候人行道上的行人通过。她不可避免地撞上了停着的车。那辆车的司机受了重伤，车也严重受损。贝丝受了轻伤，不过她的车的前部被严重撞毁。

幸运的是，贝丝的汽车保险使其免过失行为导致的经济后果。她的保险公司为她的法律责任和医疗费用以及修车费用提供保障，当然要扣除少部分免赔额。汽车保险向上百万的机动车驾驶员提供类似的保障。在个人风险管理计划中应当强调这一最为重要的保障内容。由汽车事故造成的法律责任会达到很高水平，一辆价值不菲的汽车造成的医疗费用和物理损坏将非常巨大，而且还会产生非经济成本，包括痛苦和家庭成员的意外死亡。

> 本章将讨论个人汽车保险的主要条款，这一险种由保险服务处制定。个人汽车保险保单在美国的使用非常广泛。一些保险公司，例如州立农业保险公司（State Farm）和好事达保险公司（Allstate）公司，已经制定了与个人汽车保险略有不同的汽车保险，但这种差异极小。

个人汽车保险概况

这一部分我们将讨论保险服务处制定的 2005 版个人汽车保险（Personal Auto Policy, PAP）的主要条款。① 2005 版个人汽车保险在美国得到了广泛应用，并取代了 1998 年的老版本。

适用汽车

只有特定类型的汽车适用于个人汽车保险的保障范围。适用汽车是由被保险人或者被保险人租用至少连续 6 个月的四轮机动车辆。因此，私人客车、旅行车，或者被保险人所有的运动多功能车都在保障范围内。此外，后面会解释，如果满足某些条件，个人汽车保险会为厢式货车或卡车提供保障。

投保机动车

投保机动车（covered auto）是个人汽车保险保单中的一个极为重要的条款。有四种类型的汽车在承保范围之内：

- 保单声明条款中提到的任何汽车
- 新获得的汽车
- 记名被保险人的拖车
- 临时替代车辆

保单声明条款中提到的任何汽车 声明页中出现的任何汽车都属于保障范围。承保汽车包括私人客车、旅行车、运动多功能车，以及记名被保险人所有的厢式货车和卡车。厢式货车或卡车必须（1）车辆总重量小于 10 000 磅，（2）不许被用于运输商业物资，除非物资偶然属于记名被保险人的业务范畴，该业务是安装、保留或者维修装备或设备，或者用在农业上或牧场中。例如，水暖工和电工可能会用他们的厢式货车或卡车运输他们的工具和物资，但仍然在个人汽车保险保障范围内。声明条款中列出的机动车辆出租至少 6 个月的，也在保障范围内。

新获得的汽车 新获得的私人客车、厢式货车或卡车如果是记名被保险人在保险期间内获得的，那么就在承保范围内。

- 对于责任保障、医疗赔付保障和未投保机动车驾驶员保障，在被保险人成为所有人那一

---

① 本章材料基于 *Fire, Casualty & Surety Bulletins*, Personal Lines volume, Personal Auto section (Erlanger, KY: National Underwriter Company); and the 2005 edition of the Personal Auto Policy prepared by the Insurance Services Office.

刻起自动生效。如果对于所有列明汽车的保障不完全相同，被保险人将得到声明条款中各种汽车的最为宽泛的保障。

如果被保险人获得的汽车是"额外的汽车"，那么可以自动获得14天的保障，但是必须在成为所有者的14天内通知保险公司，从而让保障继续有效。

如果获得的车辆是"替换车辆"，那么将自动提供保障，直到保单满期，而不需要通知保险公司。替换车辆是在声明中提到的用于替换原有车辆的汽车。因此，责任保障、医疗赔付保障和未投保机动车驾驶员保障自动应用于替换车辆，而不需要首先通知保险公司。

● 一系列不同的规则适用于对汽车造成的损坏。个人汽车保险包括通知条款。该条款分别适用于碰撞保障和非碰撞保障。如果声明页指出，碰撞保障适用于至少一辆车，新获得的汽车在获得所有权当天自动获得保障，但是你必须在成为所有者之后的14天内通知保险公司，从而让碰撞保障能够持续。声明中出现的汽车的最低免赔额适用于新获得的汽车。类似的通知条款独立适用于非碰撞保障。

● 如果任何汽车都没有碰撞保障，那么通知保险公司的时间要求就会减少。如果声明页没有提到对至少一辆车提供保障，那么新获得汽车自动获得4天的碰撞保障。你必须在成为所有人后的4天内通知保险公司，从而使碰撞保障能够继续。如果损失发生在通知保险公司之前，则必须满足500美元的碰撞免赔额。类似的通知条款独立适用于非碰撞保障。

记名被保险人所有的拖车 记名被保险人所有的拖车也属于承保汽车。拖车是设计用于由私人客车、厢式货车或卡车牵引的车辆，还包括被此类车辆拖动的农用车辆或农具。例如，你可能在驾驶船用拖车的时候翻车并伤害另一个司机。个人汽车保险中的责任保障将为这一损失承保。

临时替代车辆 临时替代车辆也属于承保汽车。**临时替代车辆**（temporary substitute vehicle）是现在拥有的汽车或拖车，由于设备故障、维修、保养、损失或投保车辆的损毁而临时使用的车辆。例如，当被保险人的汽车在车库中修理的时候，其驾驶的借来的汽车也受个人汽车保险的保障。

个人汽车保险保单概要

个人汽车保险保单包括声明页、定义页，以及如下六个部分：
● A部分：责任保障
● B部分：医疗赔付保障
● C部分：未投保机动车驾驶员保障
● D部分：汽车损失保障
● E部分：事故或损失后责任
● F部分：一般条款

A部分：责任保障

责任保障（A部分）（liability coverage（Part A））是个人汽车保险最重要的部分，特别是当过失使用汽车的法律责任非常大的时候。责任保障使被保险人免于由汽车所有权或驾驶所引起的诉讼和索赔。

保险协议

在保险协议中，保险公司同意为被保险人在汽车事故中负有法律责任的身体伤害或财产损失提供赔偿。个人汽车保险一般采用分离限额的方式。**分离限额**（split limits）是指，分别规定身体伤害和财产损失的赔偿限额。例如，250 000 美元/500 000 美元/100 000 美元的分离限额是指，每个人的身体伤害责任保障为 250 000 美元，每起事故最高身体伤害保障最高为 500 000 美元。被保险人还可以获得 100 000 美元的财产损毁保障。（保险行业从业者有时也把该限额表示为 250/500/100。）

责任保障也可以采用单一限额的方式，但是要在保单上附加适当的批单。**单一限额**（single limit）适用于人身伤害和财产损失：不规定每人的赔偿限额，而是为整个事故规定一个赔偿限额。例如，50 万美元的单一限额将同时适用于身体伤害和财产损毁责任。

由于损毁支付的数额包括被保险人要支付的判决前利息，许多州允许原告（受伤的人）获得从案件被受理到判决宣布这段时间的判决前利息。判决前利息被认为是损失赔偿的一部分，受保单责任限额的限制。

保险公司可以为被保险人辩护并负责所有的费用。辩护费用在保单限额之外单独支付。但是，当判决或理赔的赔偿金额超过赔偿限额时，保险人为被保险人辩护的责任终止。这一条款是指，保险人不能按照保单限额将钱存入第三方保管账户，从而逃避为被保险人辩护的责任。当支付被保险人的判决费用或理赔费用超过保单限额之后，辩护的责任终止。如果理赔金额低于保单限额但已经进行理赔，辩护责任同样终止。

此外，保险人没有责任为保单保障范围之外的事件承担辩护义务。例如，如果你因为故意造成身体伤害或财产损失而被起诉，保险公司没有义务为你辩护，因为故意行为属于特别除外责任。

被保险人

下面四类人属于个人汽车保险责任保障部分的被保险人：
- 记名被保险人及其共同居住的家庭成员
- 使用记名被保险人投保汽车的任何人
- 当被保险人代表某个人或组织利益使用投保汽车的时候，这个人或组织对被保险人的行为承担法律责任
- 个人或组织对记名被保险人或家庭成员使用汽车或拖车（不是那个人或组织投保或拥有的汽车）承担法律责任

第一，记名被保险人及其共同居住的家庭成员获得责任保障。记名被保险人还包括共同居住的配偶。今天，离异和分居的情况广泛存在，所以个人汽车保险为那些不再居住在记名被保险人家里以及没有在保单中列为记名被保险人的配偶提供 90 天的保障。如果配偶一方不再居住在家里，并且不再被列为记名被保险人，配偶将在居住情况发生变化，或直到其获得独立的个人汽车保险或保险期间届满（二者取其首先出现者）时将不享受保障，不过，在这些情况发生后的 90 天内配偶仍然获得保障。如果配偶双方在同一份个人汽车保险保单的声明中都作为记名被保险人，即使一方配偶不再居住在同一居所内，保单也将为两人提供保障。

例如，詹尼弗和詹姆斯结婚后住在一起。詹尼弗是其个人汽车保险的记名被保险人。假设詹姆斯没有在她的保单中作为记名被保险人，但他仍然被认为是记名被保险人，因为他是詹尼弗的丈夫。如果夫妻双方分居，詹姆斯住到另一个公寓，那么他仍然获得詹尼弗保单90天的保障，或者直到他购买了自己的保险（如果这先发生）。但是，如果两人在同一份个人汽车保险中是记名被保险人，直到保单过期，或者购买了自己的保险（如果这种情况先发生），詹姆斯仍然是记名被保险人。

一个家庭成员是与记名被保险人有血缘关系、婚姻关系或者领养关系的人。领养是指受监护或领养的孩子。因此，丈夫、妻子以及孩子在使用拥有或不拥有的汽车时将获得保障。如果孩子们临时离开家去上大学，他们仍然在父母保单的保障范围内。

第二，任何使用记名被保险人车辆的其他人也是被保险人，如果他有合理的理由确信得到被保险人关于驾驶投保机动车的许可。例如，约翰允许他的女朋友苏珊在过去的6个月里多次驾驶他的汽车。如果苏珊没有获得约翰的明示许可而驾驶汽车，那么只要她有充分的理由证明约翰肯定会允许她用车，她就可以获得约翰拥有保险的保障。

第三，当被保险人代表某个人或某个组织使用投保车辆而发生法律责任时，这个人或组织是被保险人。例如，如果马克驾驶自己的车为雇主工作并撞伤了某个人，雇主由此遭到的起诉或索赔属于保障范围之内。

第四，对记名被保险人或其家庭成员使用的车辆或拖车（不是个人或组织投保或所有的车辆）负有法律责任的个人或组织也是被保险人。例如，马克借用工友的车为雇主送邮包。如果马克在驾车的时候伤到了其他人，雇主就员工由此遭到的起诉或索赔获得保障。但是，当记名被保险人使用雇主所有的车辆发生事故时，该雇主不是个人汽车保险责任保障中的被保险人。即马克开公司的车去邮局，雇主不在马克的个人汽车保险保障范围内。

补充赔付

除了保单限额和法庭辩护之外，还可能支付某些**补充赔付**（supplementary payments）。这些补充赔付包括：

- 最高250美元的保释金
- 上诉担保和解除扣押担保产生的费用
- 判决执行后的应计利息
- 每天最高200美元的收入损失
- 其他合理的费用

可以支付由于造成财产损失或身体伤害的汽车事故的保释金最高为250美元。但是，不支付被保险人由于违反交通规则（如超速行驶）所需要缴纳的保释金，除非发生了交通事故。例如，假设理查德醉酒驾车并在交通事故中撞伤了另一名驾驶员。如果他被拘捕，保释金为2500美元，保险公司支付的保释金最高为250美元。

任何由保险公司辩护的案件中上诉担保的费用和为解除扣押担保而产生的费用也会作为补充赔付支付给被保险人。如果判决后产生了应计利息，这些利息作为补充赔付也将进行支付。不过，判决前利息是责任限额的一部分。

保险公司还要支付每天不超过200美元应保险人要求出席听证会或审判所造成的工资损失（不包括其他收入）。

最后，还要支付由于保险公司所提要求产生的合理费用。例如，被保险人可能在一次审判中作为被告出庭作证，所发生的吃饭或交通费用作为补充赔偿支付。

除外责任

在个人汽车保险中列出了一长串责任保障的除外责任。概述如下：

1. 故意伤害或损坏。故意伤害或损坏属于特别除外责任。例如，司机在没有给出信号的情况下突然改道，插到理查德的车前。理查德非常生气，故意撞了一下这辆车。对其他车辆故意造成的财产损坏不在理查德个人汽车保险的保障范围内。不幸的是，"公路野蛮行为"在美国广泛存在，而且导致了大量交通死亡事故。

2. 拥有或运输的财产。不向个人提供其拥有或运输财产损坏的责任保障。例如，当你和你的朋友一起度假的时候，你朋友的行李箱和照相机在汽车事故中损坏。你的个人汽车保险不为这些损坏提供保障。

3. 被保险人租借、使用或看管的财产。被保险人租借、使用或看管的财产发生的损坏不在保障范围内。例如，如果你租借的滑雪用具在汽车事故中损坏，这一财产损失不在保障之内。但是这些除外责任不适用于居所或私人车库中的财产损坏。例如，如果你租了一栋房子，不小心把车倒进没有完全打开的车库门上，对车库门造成的财产损坏在保障范围内。

4. 员工的身体伤害。在雇佣期间，被保险人雇工的身体伤害也属除外责任。其目的是为了将员工所受身体伤害纳入工人补偿法。但是，如果工人补偿福利不要求或无法获得，那么家庭聘请的员工在雇佣期间遭受的身体伤害将获得保障。

5. 公共运输或出租的运输工具。另一个除外责任是车辆在作为公共运输或出租的运输工具时，由车辆的所有权或运营产生的责任。这是为了排除被保险人将车辆出租给一般公众时保险公司可能承担的责任。但是，该除外责任不适用于分摊费用的汽车。

6. 汽车业务使用的车辆。如果一个人受雇或参与汽车业务，那么在汽车业务中由于驾驶车辆引发的责任不在保障范围内。汽车业务是指销售、维修、保养、存放和停车（主要在公共高速公路上使用）等，上路检验和运送汽车也属于除外责任。例如，假设被保险人把车送到车库维修。如果技工在上路测试车辆的时候发生意外，伤到了其他人，那么被保险人的个人汽车保险责任保障不为技工提供保障。（但是，如果被保险人由于是汽车的所有者被起诉，那么在保障范围内。）这一除外责任的目的是为了排除应该属于汽车修理店的责任保障（如汽车修理保险）。

这一除外责任不适用于记名被保险人及其共同居住的家庭成员、记名被保险人的合伙人和代理人或记名被保险人及其家庭成员的雇员所有或使用的投保车辆。例如，如果一个汽车技工在开自己的车去取维修工具的时候发生事故，那么技工的个人汽车保险将为这一损失提供保障。

7. 其他商用车辆。责任保障不适用于其他行业使用或维修的车辆（农牧业车辆除外）。该项除外责任类似于前面的汽车业务除外责任，除了一些特殊情况之外，适用于其他所有业务。该项条款的目的是将商用车辆和卡车排除在外。例如，如果被保险人驾驶城市大巴或者大型水泥运输车，其个人汽车保险不提供责任保障。

该项除外责任不适用于自有或非自有的私人客车、厢式货车或卡车。因此，如果被保险人开自己的车处理公司的业务，则在保险范围之内。

8. 没有合理的理由确信经过允许驾驶车辆。如果一个人没有合理的理由确信其得到许可驾驶车辆，那么不提供责任保障。该项除外责任不适用于使用记名被保险人投保车辆的家庭成员。

9. 核能除外责任。购买了特别核能保险的被保险人的保障责任也被排除在外。

10. 少于四个车轮的车辆。少于四轮的机动车辆以及主要为在非公共道路上行驶而设计的车辆不在保险范围之内。这样，摩托车、机动脚踏两用车、小汽车、小型机车和拖车都属于除外责任。但是，紧急救护使用的车辆或非个人所有的高尔夫球车不属于除外责任。例如，如果你租了一辆高尔夫球车，伤到了其他人，则属于责任保障范围。

11. 提供给记名被保险人日常使用的车辆。除了投保车辆外，记名被保险人日常使用的，由于别人提供使用而拥有的投保汽车都不在保障范围内。被保险人可以偶尔驾驶他人的汽车，并仍然处于其保险的保障范围内。但是，如果被保险人将非自有车辆作日常使用，则其个人汽车保险责任保险不承担赔偿责任。例如，如果被保险人的雇主为其提供一辆汽车，或者被保险人在公司里将与别人合用的车用作日常用途，则该车辆不在被保险人的个人汽车保险保障范围之内。关键不在于被保险人使用别人的车有多频繁，而在于是否提供给被保险人作为日常使用。

如果保费增加，可以为个人汽车保险附加**扩展非自有保障批单**（extended nonowned coverage endorsement），从而为被保险人提供日常使用非自有汽车的保险。

12. 由家庭成员所有或提供给家庭成员日常使用的车辆。这一条款类似于前面的除外责任。但是，该条款不适用于记名被保险人及其配偶。例如，如果玛丽借用和她住在一起的儿子拥有并投保的汽车，玛丽的个人汽车保险会在她驾驶儿子的汽车的时候为其提供责任保障。

13. 赛车。当投保汽车或非自有汽车停放在比赛场地作比赛用途或者为预先安排好的比赛作准备时，其损失不在保险责任范围内。

责任限额

前面曾经提到，个人汽车保险采用分离限额承保的方式。也就是，分别列出身体伤害责任和财产损失责任的赔偿限额。对每个人的身体伤害的最高赔付额是声明中的金额。在达到每个人的限额之外，由一次汽车事故导致的对所有人的身体伤害赔偿的最高额度也在声明中。声明中还列出了由任何一次汽车事故导致的财产损失的最高赔付额。

州外保险

如果事故不是发生在投保汽车主要停放的州，就要用到这一重要条款。如果意外事故发生的州的经济责任法要求的责任限额高于保单声明中的责任限额，那么个人汽车保险自动调整为更高的限额。

类似地，如果该州制定了强制保险或类似法律，要求非本州居民在该州使用车辆时购买保险，那么个人汽车保险提供要求购买的最低数额和保障类型。

其他保险

在一些情况下，一项损失会由多个保险合同提供保障。如果还有其他责任保险适用于"自有车辆"，保险公司仅按照自己承担的损失比例赔付。保险公司分摊的比例为其责任限额占所有适用保险责任限额总额的比例。但是，如果投保的是"非自有车辆"，则该保险公司提供的保险是其他保险的超额保险（见图表22—1）。

图表 22—1　　　　　　　　　　　　　主险和超额保险

肯是一位记名被保险人，经凯伦允许借用了她的汽车。肯有一份 50 000 美元的责任保险，凯伦有一份责任限额是 100 000 美元的保险。两份保单都为所有损失提供保障。肯无意撞伤了另一位驾驶员，必须支付 125 000 美元的损失。法规规定借用车辆的保险是主险，其他保险为超额保险。

每一个公司支付的数额如下：

凯伦的保险公司（主险）	100 000 美元
肯的保险公司（超额保险）	25 000 美元
总额	125 000 美元

B 部分：医疗赔付保障

医疗赔付保障（medical payments coverage）常常包含在个人汽车保险之内。无论被保险人有无过失，都可以得到保障。

保险协议

在该条款中，公司同意支付从事故发生日起 3 年内被保险人发生的所有医药和丧葬的合理费用。支付的费用包括医疗费、手术费、X 光费用、牙科医疗费和丧葬费用。每个人的赔偿限额一般在 1 000～10 000 美元之间，适用于每个在事故中受伤的被保险人。

医疗赔付保障不以过失为基础。因此，如果被保险人在汽车事故中受伤并存在过失，仍然可以向被保险人及其他车内受伤的乘客提供医疗赔付。

被保险人

医疗赔付保障适用于两类人：
- 记名被保险人和家庭成员
- 其他乘坐投保汽车的人

记名被保险人和家庭成员如果在乘坐任何机动车的时候受伤，或者作为行人被主要用于公路行驶而设计的汽车撞伤时，他们都可以获得保障。例如，如果父母和孩子在旅行的时候，在一起交通事故中受伤，他们的医疗费用将在保险限额以内获得保障。如果记名被保险人及其家庭成员在走路的时候被机动车或拖车撞伤，其医疗费用将获得赔偿。但是，如果被农用车辆、雪地汽车或推土机撞伤，则不在保障范围内，因为这些车辆并不是设计在公共道路上行驶的。

其他乘坐投保汽车的人的医疗费用也在保障范围内。例如，如果你拥有自己的汽车，而且是记名被保险人，那么车内的所有乘客发生的医疗费用都在你的保险的保障范围内。但是，如果你驾驶的是非自有车辆，车内的其他乘客（除了家庭成员）的医疗费用不在你的保险保障范围内。其目的是为了让其他非自有车辆内的乘客通过自己购买的保险，或者适用于非自有车辆的医疗费用保险，获得保障。

除外责任

医疗赔付保障有很多除外责任，它们可以概括如下：

1. 少于四个轮子的机动车辆。在乘坐少于四个轮子的机动车辆时受到的身体伤害属于除外责任。保单中对乘坐的定义为"坐在里面、上车、坐在上面、下车等"。

2. 公共运输或出租的运输工具。当投保汽车作为公共运输或出租的运输工具使用的时候，不在医疗赔付保障范围内。这种除外责任不适用于费用分摊的合用汽车。

3. 将车辆作为居所。如果车辆被用于居住时发生的身体伤害不在保障范围之内。例如，如果被保险人拥有一辆野营拖车，在度假时该车被作为居所，那么如果被保险人在拖车内做饭时被炉子烧伤，则其医疗费用得不到赔偿。

4. 在雇佣期间的身体伤害。如果在雇佣期间发生身体伤害，且可以获得工人补偿，那么不在医疗赔付保障范围内。

5. 提供给记名被保险人日常使用的车辆。乘坐记名被保险人拥有的或日常使用的非自有车辆（不包括投保车辆）时受到伤害或者被该类车辆撞伤属于医疗赔付保障的除外责任。该除外责任的目的是为了避免为那些保单中没有包括的、自有的或日常使用的汽车提供"免费"的医疗赔付。

6. 提供给家庭成员日常使用的车辆。类似的除外责任适用于任何由被保险人家庭成员所有或提供给被保险人的家庭成员日常使用的车辆（不包括投保汽车）。但是，该项除外责任不适用于记名被保险人及其配偶。例如，如果儿子住在家里并拥有一辆没有投保医疗赔付保险的汽车，且父母在使用儿子汽车的时候受伤，那么父母的医疗费用则在其保险保障范围内。

7. 没有合理的理由确信经过允许驾驶车辆。如果没有令人确信的理由证明其获得许可使用车辆，由此产生的身体伤害不在保障范围内。该除外责任不适用于使用记名被保险人拥有的投保车辆的家庭成员。

8. 被保险人的商用车辆。当被保险人把车辆用于商业用途时，乘坐该车辆受到的伤害不在保障范围内。其目的是避免为被保险人经商中使用的非自有卡车和商用汽车提供医疗赔付保障。这种除外责任不适用于私人客车、厢式货车或卡车以及和上述车辆一起使用的拖车。

9. 核武器、核辐射或战争。由核武器、核辐射或战争造成的身体伤害不在保险责任范围内。

10. 赛车。医疗赔付保障不适用于使用或乘坐停放在比赛场地内、用于比赛或为预先安排好的比赛作准备的汽车时受到的身体伤害。

其他保险

如果其他汽车医疗赔付保险适用于自有汽车，保险公司根据其限额占适用总限额的比例分摊损失。

但是，医疗赔付保障对于非自有车辆而言是超额保险。例如，假设吉姆开车去接帕蒂吃饭。吉姆的车突然失去控制，撞上了路边的树，致使帕蒂受伤。帕蒂花费的医疗费用是6 000美元。吉姆的医疗赔付保险额度为5 000美元，帕蒂的是10 000美元。吉姆的保险公司作为主险支付了5 000美元，帕蒂的保险公司作为超额保险支付了1 000美元。

C部分：未投保机动车驾驶员保障

一些驾驶员不负责任，没有购买责任保险就开车上路。在美国，如果有人在汽车事故中受伤，肇事司机有七分之一的概率为未投保人。根据美国保险研究委员会（IRC）的研究，全美未投保机动车驾驶员的比例2009年为13.8%，比2008年的14.3%有所下降。这一数据的下降对未投保司机数量的变化有一定影响，但是美国保险研究委员会的研究发现，影响比上一年分析的结果有所降低（见专栏22.1）。

专栏22.1 ☞

未投保司机数量的突然下降

根据美国保险研究委员会最近的一项研究，美国大约每七个司机中就有一个司机没有投保。未投保司机所占比例在上升至2008年的14.3%之前连续上涨4年，然后下降到2009年的13.8%。根据美国保险研究委员会的观点，未投保司机所占比例的上升促进了这种衰退。

在2011年版本的《未投保司机》的研究中估计了全国范围内未投保司机的比例，对2008年和2009年的情况按州进行了统计。美国保险研究委员会估算未投保司机数量采用的是保险理赔比率方法，即被未投保司机撞伤的人提出理赔的数量和投保司机撞伤的人提出理赔的数量的比率。该研究中还包括分州统计的未投保机动车司机索赔频率、人身伤害责任理赔频率，以及未投保机动车司机比率与人身伤害理赔频率等指标的近期统计数据。

各州之间的未投保机动车司机问题的严重程度差异比较大。2009年，未投保司机最多的五个州分别是密西西比州（28%）、新墨西哥州（26%）、田纳西州（24%）、俄克拉何马州（24%）、佛罗里达州（24%）。未投保司机比例最低的五个州分别是马萨诸塞州（4%）、缅因州（4%）、纽约州（5%）、宾夕法尼亚州（7%）和佛蒙特州（7%）。

报告发现未投保机动车司机和失业率之间有很强的相关性，不过在最近的大多数年份中影响基本稳定。"未投保司机所占百分比是经济下滑的负面效果之一，说明了每个人都在事实上受到近期经济发展情况的影响，"伊丽莎白·斯普林克尔，美国保险研究委员会副总裁说。"尽管许多州的法律要求司机购买保险，但是大概仍有七分之一的司机没有购买。这些购买了保险的司机承担了那些没有购买保险的司机所造成的人身伤害的负担。"

美国保险研究委员会的研究分析了来自于9家保险公司的数据，代表了美国50%的商业汽车保险市场。

资料来源：Insurance Research Council, *Recession Marked by Bump in Uninsured Motorists*, News Release, April 21, 2011. Reprinted with permission.

各州未投保司机的百分比差别很大。美国保险研究委员会的研究显示，未投保司机所占比例最高为密西西比州的28%，最低为马萨诸塞州和缅因州的4%（见图表22—2）。

图表 22—2　　2009年美国未投保机动车司机所占百分比情况

州	未投保比例	州	未投保比例	州	未投保比例
密西西比州	28%	马里兰州	15%	弗吉尼亚州	11%
新墨西哥州	26%	得克萨斯州	15%	特拉华州	11%
田纳西州	24%	伊利诺伊州	15%	南卡罗来纳州	11%
俄克拉何马州	24%	威斯康星州	15%	怀俄明州	10%
佛罗里达州	24%	密苏里州	14%	俄勒冈州	10%
亚拉巴马州	22%	北卡罗来纳州	14%	堪萨斯州	10%
密歇根州	19%	内华达州	13%	康涅狄格州	10%
肯塔基州	18%	明尼苏达州	13%	北达科他州	9%
罗得岛州	18%	阿拉斯加州	13%	南达科他州	9%
印第安纳州	16%	路易斯安那州	13%	犹他州	8%
华盛顿州	16%	亚利桑那州	12%	爱达荷州	8%
阿肯色州	16%	艾奥瓦州	11%	内布拉斯加州	8%
俄亥俄州	16%	蒙大拿州	11%	佛蒙特州	7%
佐治亚州	16%	夏威夷州	11%	宾夕法尼亚州	7%
哥伦比亚特区	15%	新泽西州	11%	纽约州	5%
科罗拉多州	15%	新罕布什尔州	11%	缅因州	4%
加利福尼亚州	15%	西弗吉尼亚州	11%	马萨诸塞州	4%

资料来源：Insurance Research Council, *Recession Marked by Bump in Uninsured Motorists*, News Release, April 21, 2011. Reprinted with permission.

未投保机动车驾驶员保障（uninsured motorists coverage）赔付由未投保机动车驾驶员、肇事逃逸驾驶员，或者其保险公司破产的过失驾驶员造成的身体伤害（在一些州还包括财产损失）。

保险协议

保险公司承诺支付被保险人因为在事故中遭受身体伤害，而依法能从未投保汽车的所有人或驾驶员处索取的损失赔偿金。这些损失包括医疗费用、工资损失，以及事故造成的永久性毁容赔偿金。就这种保障，有几个重要的方面需要强调。

1. 保险只适用于未投保机动车驾驶员承担法律责任的情况。如果未投保机动车驾驶员没有责任，保险公司不对身体伤害提供赔偿。

2. 声明中列出了保险公司对每次事故的最大责任限额。被保险人不能就同一损失得到双重赔偿，包括未投保机动车驾驶员保障和保单的A部分（责任保障）或B部分（医疗赔付保障），或者保单提供的保障不充分的驾驶员保障。被保险人也不能就对事故负有责任的人或组织赔付过的损失要求保险公司赔偿。最后，如果被保险人在工人补偿或残疾给付下能得到赔偿，则保险公司不再就已赔付的损失进行赔偿。

3. 如果被保险人和保险人就损失数额或被保险人是否有权获得损失赔偿未能达成共识，争议将通过仲裁解决。但是，被保险人和保险人必须同意进行仲裁。根据该条款，每方当事人选择一个第三方仲裁员，两个仲裁员再选出第三个仲裁员。三个仲裁员中的两个做出的决定适用于各方当事人。但是，这一决定只在损失额不超过州财务责任法规定的最低限额的条件下才有效。

4. 一些州的法规对未投保机动车驾驶员造成的财产损失也提供保障。在这些州，如果未投保机动车驾驶员闯红灯并撞上被保险人的汽车，由此对汽车造成的财产损失将获得未投保机动车驾驶员保障的保障，不过要扣除适用的免赔额。

各州的未投保机动车驾驶员法在将财产损失保障包括在内的方式方面存在很大差异。在一些州，财产损失保险是一种选择性保险，在常规的未投保机动车驾驶员保障之外单独购买。在其他州，身体伤害和财产损失都包括在未投保机动车驾驶员保障中，但是，被保险人如果不愿意要，可以选择放弃这种保障。最后，财产损失有免赔额。

被保险人

未投保机动车驾驶员保障的被保险人包括三类：
- 记名被保险人及其家庭成员
- 使用或乘坐汽车的其他人
- 在法律上有权获得赔偿的人，他们由于受到前面所说的人身伤害而应被赔偿

首先，记名被保险人及其家庭成员如果被未投保机动车驾驶员伤害，那么在保障范围内。其次，其他乘坐投保汽车的人如果受伤也在保障范围内，该保障只在个人乘坐投保汽车时适用。最后，任何在法律上有权获得赔偿的人都是被保险人。一个人可能并没有卷入事故，但有权从给被保险人造成身体伤害的个人或组织处获得赔偿。例如，如果记名被保险人被未投保机动车驾驶员撞死，幸存的配偶可以在未投保机动车驾驶员保障中获得赔偿。

未投保机动车

这一条款极为重要，它对未投保机动车进行了定义。有四类汽车被认为是未投保机动车：

1. 事故发生时，没有任何身体伤害责任保险或担保可以使用的机动车辆或拖车都是未投保机动车。

2. 车辆可能有身体伤害责任保险或担保。但是，该车辆的保险数额少于某一个州的财务责任法要求的限额，这个州是记名被保险人的投保机动车经常停放的州，而这辆车也被认为是未投保机动车。

3. 肇事逃逸车辆也被认为是未投保机动车。因此，如果记名被保险人或其家庭成员在乘坐投保汽车、非自有汽车，或者正在走路的时候，被肇事逃逸司机撞倒，那么未投保机动车驾驶员保障将为这些伤害提供赔付。

4. 还有一种未投保机动车是在事故发生时适用身体伤害责任保障，但是保险人或担保公司拒绝提供保障或者已经破产。例如，假设你被卷入一场汽车事故，另一方承担责任。如果肇事司机的保险公司拒绝提供保障，你向你的保险公司提交未投保司机保障理赔申请。类似地，如果被保险人对麻痹大意驾驶员的索赔是有效的，但是其保险人在赔付前破产，那么你的未投保机动车驾驶员保障将会支付赔偿金。

除外责任

未投保机动车驾驶员保障有几种一般除外责任，现概括如下：
1. 车辆没有投保未投保机动车驾驶员保障。当被保险人使用或乘坐自有汽车发生事故或

被自有汽车撞伤时，如果这辆车没有投保"未投保机动车驾驶员保障"，则保险公司不对其损失进行赔偿。

2. 另一保单下的主险。当被保险人的家庭成员乘坐记名被保险人所有的汽车时，如果该车得到另一保单的保障，则保险公司不对发生的事故承担责任。这一除外责任的目的是为了让这些家庭成员通过其乘坐的车辆的保险获得保障。

3. 没有得到保险人的同意就进行理赔。如果被保险人或法定代表人在没有获得保险人同意的情况下解决身体伤害理赔问题，而且解决方式侵犯了保险人恢复损失赔偿的权利，则未投保机动车驾驶员保障无效。该项除外责任的目的是保护保险人的代位求偿权。

4. 用于公共运输或出租的运输工具。如果被保险人乘坐的投保机动车用于公共运输或出租，则该车不适用未投保机动车驾驶员保障。这一除外责任不适用于费用分摊的合伙使用的汽车。

5. 没有合理的理由确信获得使用车辆的许可。如果被保险人没有合理的理由证明其被授权使用车辆，那么无法获得保障。这一除外责任不适用于家庭成员使用记名被保险人拥有的投保机动车。

6. 工人补偿保险的被保险人不能额外获利。未投保机动车驾驶员保障不能使工人补偿保险人或自保保险人获得直接或间接的利益。工人补偿保险人对伤害员工的第三方有求偿权。如果未投保机动车驾驶员撞伤了获得工人补偿保险的员工，工人补偿保险人可以起诉未投保机动车驾驶员，或者尝试在被保险人的未投保机动车驾驶员保障下请求获得赔偿。该项除外责任可以防止工人补偿保险的保险人在未投保机动车驾驶员保障中额外获益。

7. 处罚性损失赔偿不在保险范围内。工人汽车保险排除了在未投保机动车驾驶员保障中的惩罚性或惩戒性赔偿。

其他保险

个人汽车保险中包括了一些复杂的条款，这些条款用于解决多个未投保机动车驾驶员保障遭受该损失的情况。这些条款概括如下：
- 赔付的最高数额限制为提供未投保机动车驾驶员保障的任何保单的最高限额。
- 如果保险公司对非记名被保险人所有的车辆提供未投保机动车驾驶员保障，所提供的保险是可获得的主险之外的额外保险。例如，杰夫里的未投保机动车驾驶员保障的限额为 25 000 美元，埃斯里的未投保机动车驾驶员保障限额为 50 000 美元。如果杰夫里在乘坐埃斯里的汽车时被未投保的机动车驾驶员撞伤，造成的身体伤害为 60 000 美元。由于埃斯里的保险是主险，因此要支付 50 000 美元。杰夫里的保险人支付剩余的超额保险 10 000 美元。
- 当记名被保险人的保险和其他保险在主险的基础上提供未投保机动车驾驶员保障时，每一份保单按照损失份额的比例赔付，每一个保险人承担的份额根据其提供的主险的责任限额占所有适用责任限额总和的比例确定。
- 当记名被保险人的保险和其他保险在额外保险的基础上提供未投保机动车驾驶员保障时，每一份保单按照损失份额的比例赔付，每一个保险人承担的份额根据其提供的超额保险的责任限额占所有适用责任限额总和的比例确定。

未足额投保机动车驾驶员保障

未足额投保机动车驾驶员保障（underinsured motorists coverage）可以附加到个人汽车保

险保单上，提供更充分的保障。未足额投保机动车驾驶员保障在过失第三方当事人司机购买了责任保险但是其保险限额低于被保险人造成身体伤害的实际损失的时候提供保障。

未足额投保机动车被定义为，在事故发生时，有责任保险或担保的车辆，但是责任限额低于被保险人未足额投保机动车驾驶员保障提供的限额。各州关于该保障对身体伤害赔付的最高限额有所不同。一般来说，赔付的最高限额是，未足额投保机动车驾驶员保障中的限额扣除过失司机保险人赔付的数额。例如，假设克里斯汀为其保险附加了 100 000 美元的未足额投保机动车驾驶员保障。她被一个责任限额为 25 000 美元/50 000 美元的过失司机撞伤。这一事故满足该州身体伤害限额的最低要求。如果她遭受的身体伤害是 100 000 美元，但却只能从过失司机保险人那里得到 25 000 美元的赔偿，因为这一数额是过失司机的责任限额。但是，她可以根据未足额投保机动车驾驶员保障从自己的保险人那里获得额外 75 000 美元的赔偿。

但是，假设克里斯汀的身体伤害是 125 000 美元，她根据未足额投保机动车驾驶员保障获得的最高赔偿仍然为 75 000 美元。这一数额是其未足额投保机动车驾驶员保障的 100 000 美元限额与从过失司机保险人那里获得的 25 000 美元赔偿的差额（参考前面的原则）。如果要获得所受伤害的全额赔偿，克里斯汀的保险限额至少应为 125 000 美元。

未足额投保机动车驾驶员保障批单在各州之间并不统一。在有些州，未足额投保机动车驾驶员保障可以作为批单附加到个人汽车保险中，从而使未投保机动车驾驶员保障更充分。在其他州，一份批单同时提供未投保和未足额投保的保障，以替代作为标准个人汽车保险一部分的未投保机动车驾驶员保障。此外，有些州强制执行未投保机动车驾驶员保障，而其他州则是可选的。最后，各州的未投保机动车驾驶员保障可获得的或规定的限额也不尽相同。

D 部分：汽车损失保障

D 部分，**汽车损失保障**（coverage for damage to your auto），提供汽车损坏或失窃保障。

保险协议

保险公司同意赔付保险协议中定义的投保机动车或非自有汽车的所有直接和意外损失（包括其设备），但要扣除免赔额。如果在相同的保单中的两辆汽车在同一起事故中受损，那么只需要满足一个免赔额。如果免赔额不同，则采用较高的免赔额。有两种供选择的保障：(1) 碰撞保险和 (2) 非碰撞保险（或称综合险）。只有在保单声明页中指出为该汽车提供碰撞保险，碰撞损失才能够获得赔偿。类似地，只有在保单声明页中指出为该汽车提供非碰撞保险，非碰撞损失才能获得赔偿。

碰撞损失 碰撞（collision）是指，被保险人的投保机动车或非自有汽车翻倒或与其他车辆或物体发生碰撞。下面是几个碰撞损失的例子：
- 汽车在结冰的道路上失去控制而翻倒。
- 被保险人的汽车撞上另一辆汽车、电话亭、树木或建筑物。
- 被保险人的汽车停放在停车场，当其返回后发现挡泥板有凹痕。
- 在停车位打开车门时碰上旁边的汽车，导致车门损坏。

碰撞损失赔付不考虑过失问题。如果被保险人导致了事故的发生，其保险人在扣除免赔额之后赔付汽车的损失。如果其他司机损坏了被保险人的汽车，被保险人可以从过失司机（或其保险人)那里获得赔偿,也可以要求自己的保险人赔偿。如果从自己的保险人那里获得赔偿,被保险人必须将索偿权转让给自己的保险人,后者将从导致事故的过失方获得赔偿。如果损失总额全部追回,保险人可以退还免赔额。

非碰撞损失　个人汽车保险可以承保**非碰撞损失**(other-than-collision loss)。个人汽车保险对碰撞和非碰撞损失进行区别。这一区分非常重要,因为有些汽车的所有人不愿意为其汽车购买碰撞保险。而且,两种标准的免赔额也不同。非碰撞损失的免赔额通常较低。

下面的风险事故所导致的损失都被认为是非碰撞损失:
- 导弹或坠落物体
- 火灾
- 失窃
- 爆炸或地震
- 暴风
- 冰雹、水灾或洪水
- 恶意破坏
- 动乱或城市暴动
- 与鸟或其他动物的碰撞
- 玻璃破碎

这些风险事故都是不言自明的,但是也需要作一些解释。车辆的失窃属于保障范围之内,包括设备的失窃,例如轮轴帽、轮胎或音响。当汽车停放在道路上的时候,气囊被盗也在保障之列。

与鸟或其他动物碰撞不是碰撞损失。因此,如果你的车撞到一只鸟或一只鹿,由此导致的物理损坏属于非碰撞损失。

最后,如果碰撞导致玻璃破碎,被保险人可以选择将其作为碰撞损失。这种区别很重要,因为两种保障(碰撞损失和非碰撞损失)都有免赔额。如果被保险人没有这种资质,那么如果汽车在同一场事故中既造成身体伤害,玻璃又破碎,那么就要满足两个免赔额。如果将玻璃破碎仅作为碰撞损失的一部分,那么只需要满足碰撞损失免赔额。

非自有汽车　D部分保障还适用于非自有汽车。正如D部分给出的定义,**非自有汽车**(nonowned auto)可以是私人客车、厢式货车、卡车或者拖车,这些车由记名被保险人及其家庭成员所有或提供给他们日常使用,但又由他们照看或使用。例如,如果泰勒借了麦克的汽车,泰勒的碰撞保险和非碰撞保险也适用于借用的汽车。但是,泰勒的保险对于借用的汽车而言,是任何物理损失的额外保险。

D部分保障仅适用于提供给记名被保险人及其家庭成员日常使用的非自有车辆。被保险人可以偶尔驾驶借来的汽车,其物理损失保险将为借来的汽车提供保障。但是,如果该车是被借来作日常使用或提供给被保险人日常使用,那么就不适用D部分保障。这里的关键,不是被保险人驾驶非自有汽车的频率,而是是否提供给被保险人日常使用。

D部分保障还适用于临时性替代汽车。这种汽车在D部分保障中也被认为是非自有汽车。临时性替代汽车是非自有汽车或拖车,由于投保机动车抛锚、修理、保养、丢失或损毁而无法正常使用,才临时使用该车。因此,投保机动车的D部分保障也适用于该汽车的临时性替代车辆。例如,如果被保险人的汽车在店里维修,被保险人借了一辆车,则其物理损失保险也适用于借来的汽车。

如果被保险人在驾驶非自有汽车的时候遇到一起车祸,个人汽车保险将提供声明条款中的所有承保汽车的最为宽泛的物理损失保障。例如，假设被保险人拥有两辆汽车。一辆汽车同时投保了碰撞损失和非碰撞损失，另一辆车只投保了非碰撞损失。如果被保险人驾驶非自有车辆，借来的汽车同时获得碰撞和非碰撞损失保障。

租赁汽车碰撞损失免除条款 如果不简要讨论一下租赁汽车的碰撞损失免除条款（collision damage waiver，CDW），则我们对非自有汽车碰撞保险的讨论就不完整。这种保障有时候被称为损失免除（loss damage waiver，LDW）。当你租赁一辆汽车的时候，记得看一下碰撞损失免除条款，根据该条款，如果租赁的车辆被损坏或被盗，你可以免除经济责任。但是，租赁协议中包含了很多限制条件。如果由于超速、醉酒驾车，或者在不平整的路面上驾车而导致损失，碰撞损失免除条款是无效的。碰撞损失免除条款价格很高，很容易让每天的租赁价格增加15~20美元，甚至更高。

如果你租车，那么是否应该购买碰撞损失免除条款呢？许多保险消费专家认为，在下述两个条件下，碰撞损失免除条款并不需要：(1) 当你为自己的车购买了碰撞和综合保险的时候，因为这些保障也适用于租赁车辆；(2) 有些信用卡额外提供租赁车辆的物理损失或失窃保障，如果用这类信用卡租车。

关于前面的观点，即碰撞损失免除条款可能是不必要的，并非所有理财师都达成一致意见。实际上，美国独立保险代理人和经纪人协会（Independent Insurance Agents & Brokers of America）认为，消费者一般会购买碰撞损失免除条款，至少对于短期租赁会购买碰撞损失免除条款。由于租赁协议中存在大量约束性条款，个人汽车保险提供的保障不充分，信用卡使用存在局限性，该组织认为消费者一般应当购买碰撞损失免除条款，即使它很贵（见专栏22.2）。

专栏22.2 ☞

购买租赁汽车碰撞损失免除条款（CDW）的十条理由

尽管大多数碰撞损失免除条款（CDW）或损失免除条款（LDW）的费用被认为是让人无法容忍的，但被保险人最好接受建议，为短期租赁购买碰撞损失免除条款或损失免除条款。这不仅可以让被保险人的利益最大化，而且也符合代理人的最大利益，因为不充分的保障可能会造成损失甚至更糟。由于租赁汽车公司收取高额费用，且事故发生的罚金不在大多数汽车保险保障范围内，这就更加重要。

- **损失估值。** 根据所有的租赁协议，租赁汽车的价值仅仅由出租公司判断，而且存在很大差异。大多数汽车保单以"ACV"为基础对价值进行判断。保险服务处的个人汽车保险（PAP）为车辆"实际价值"或维修和重置损毁财产的"必要"数额二者中的较低数额。租赁协议可能强制你补偿租赁公司车辆的完全价值（不论是多少）。在现有的个人汽车保险中，"修缮"条款可能会造成被保险人严重投保不足。这种不足是相对于其租赁协议规定的义务而言的。

- **损失处理。** 正如前面提到的，在不同版本的个人汽车保险保单中，关于汽车的价值或者修理车辆支付的劳务和材料费用可能并不一致，保险公司在处理由被保险人部分承担的伴生成本时可能采用评估条款。更为重要的是，个人汽车保险公司有权"在车辆维修或处置之前检查和评估财产损失"。但是，与被保险人不同，租赁公司对保险公司没有合同义务，租赁公司可能要求立刻进行修理，所以可能由于无法遵循合同规定而导致缺乏个人汽车保险的保障。最近的理赔中在类似的保单条款中包括了农用设备，保险公司拒绝提供保障，因为农场主为了将产量损失最小化立刻修理了他的财产，保险公司永远也没有机会评估损失。

- **损失赔付**。租赁协议可能要求立刻对损失进行赔偿，根据惯例，租赁公司将会通过你的信用卡扣缴费用。这可能产生较大的争议，因为可能超出信用卡的信用限额（可能缩短假期或商务旅行），或者导致法律诉讼。

- **损失免除条款（LDW）**。租赁协议通常会规定租赁者承担正常磨损之外的损失，无论损失的原因是什么，过失在谁。显然，个人汽车保险必须包括被保险人拥有的至少一辆机动车的碰撞保险，从而可以将碰撞保险转移给不属于自己的汽车。如果租赁协议包括损失（不仅是碰撞损失）免除条款（LDW），保单还必须包括综合保障，以保护被保险人。即使如此，要记住，在租赁协议中，被保险人的合同责任几乎是绝对的，因此个人汽车保险很可能不会承担所有损失。（注：类似地，个人汽车保险可能会对不受损失免除条款保障的损失负责，例如在铺面道路外使用、醉酒使用、不允许使用的驾驶者（例如代客泊车）（见下文）等等。因此，同时购买碰撞损失免除条款和损失免除条款就很重要。）

- **间接损失**。你非常可能为租赁公司由于损坏车辆造成的租借费收入的损失负责。个人汽车保险对于间接损失最多设置每日最高限额，而这取决于版本日期，未签字保单或专有公司表格仅为盗窃导致的收入损失提供支付。此外，许多租赁公司因为竞争的原因不会泄露汽车使用情况，或者它们的租赁协议会让租赁方为没有正常出租而导致的收入损失负责。如果这样，租赁方必须缴费，即使没有使用的汽车停在那里。在这种情况下，租赁方可能会承担2 000美元的使用损失，远高于个人汽车保险提供保障的数额。

此外，汽车租赁公司越来越倾向于为"价值缩水"收费。这种间接损失没有包括在个人汽车保险物理损毁部分保障范围内（也不受大多数信用卡保障）。我们已经看到的、记录在案的这些收费的例子从5 000美元到几乎8 000美元，并且听说租赁一台高档SUV的收费可达到15 000美元。

- **管理费用**。租赁合同会要求被保险人承担各种管理费用或损失相关费用，例如拖车（曾经有个被保险人支付了车辆拖行230公里的费用）、评估、理赔和存放的费用。这些费用中有一些是个人汽车保险不提供保障的。

- **其他保险**。个人汽车保险规定下述各项为额外保险：(1) 汽车所有人提供的各种保障（"保障"包括汽车租赁公司自保计划吗？）；(2) 其他任何适用的物理损失保险；(3) 其他适用于损失恢复资源，例如碰撞损失免除条款和损失免除条款，旅行保险和信用卡提供的保障等等（如果信用卡提供的保障表明损失额超过了汽车保险的额度会怎样？）。关于谁支付这些费用的争论显然存在，而且可能会导致诉讼。此外，要记着，许多州（例如，蒙大拿州、明尼苏达州、纽约州、田纳西州）都有法规、自己的保单形式，和/或案例法程序，来对租车风险进行管制。例如，个人汽车保险属于主险，而不是通过交易商（非租赁代理商）贷款或租赁的非自有汽车的超额保险。有的州在汽车租赁时将没有购买损毁免除责任的个人汽车保险定为主险。有的州仅仅为租赁车辆修改了个人汽车保险的保障责任，而不是修改关于汽车损毁的保障责任。有的州没有对非自有汽车（包括租赁）设置除外情况。毫无疑问，由于州外个人汽车保险条件要求保单遵守州法律，但在旅途上人们实际上很难知道个人汽车保险是否为主险或超额保险……然而另一个原因取决于租赁公司的损失免除条款。

- **除外车辆和地区**。个人汽车保险一般不为摩托车或其他机动车辆（例如非私人客车、厢式货车、卡车、拖车、房车等）的物理损失提供保障。此外，投保车辆的使用限制在美国领土、波多黎各和加拿大（租赁协议还可能将一定地理区域以外的地方作为除外地区）。此外，如果被保险人在租赁拖车的时候（小型搬家卡车、房车等），个人汽车保险保障一般限制在500美元到1 500美元之间。被保险人通常没有其他选择，只能依赖于租赁公司的损失免除条款获得这些情况下的保障。

● **除外使用者和司机。** 个人汽车保险对车辆的使用人有一定限制，而这些限制没有包括在碰撞损失免除条款或损失免除条款中，例如一些版本比较老的个人汽车保险（可能是某些控股公司表格）不为商业用途的非自用敞篷卡车或有篷卡车提供物理损毁保障。而且，个人汽车保险可能会包括除外责任批单，将某些个人或者通过在租赁协议上列出的已获得保障的特定人列为除外责任。相反，损失免除通常仅仅适用于特定个人（某些普通被保险人，例如配偶双方），因此购买个人汽车保险和损失免除是有好处的。

● **追加和/或未来成本。** 个人汽车保险包括100～500美元的免赔额，甚至可能更高。此外，对租赁车辆损失的赔付可能通过追加收费或信用损失等方式大幅度提高保费（如果不是非续保保险）。

资料来源：*Adaptation of Top 10 Reasons to Purchase the Rental Car Damage Waiver*，Virtual University, Independent Insurance Agents & Brokers of America, Inc., 2009.

免赔额 碰撞保险的免赔额一般为250美元、500美元，甚至更高的数额。非碰撞保险一般也有免赔额。设置免赔额的目的是减少小额索赔、控制保费，以及鼓励被保险人小心照管汽车，使其免于损坏或失窃。

交通费用

D部分还支付临时运输费用。在不采用免赔额规定的情况下，保险公司支付投保机动车受损而发生的临时交通费用，每天不超过20美元，总额不超过600美元，包括火车、公共汽车、出租车、租借汽车以及其他交通费用。如果汽车获得碰撞保险的保障，那么由于碰撞损失发生的运输费用在保障范围内。类似地，如果汽车获得非碰撞损失保险的保障，那么因为非碰撞损失造成的运输费用在保障范围内。

该保障还支付由于非自有汽车发生的损坏而使被保险人有法律义务支付的费用，例如租赁汽车的费用。

最后，如果损失是由投保机动车或非自有汽车失窃造成的，在盗窃发生后的48小时内发生的费用不在保险范围内。如果损失是由失窃之外的其他风险事故造成的，汽车停用后的24小时内发生的费用不在保险范围之内。

拖车的费用和劳务费用保险可以以批单的形式附加到个人汽车保险上。这种保险在投保机动车或非自有汽车发生故障，且在故障发生地发生了劳务服务时，为拖车和发生的劳务费用提供赔付。故障的发生可能来自于多种原因，支付的数额在批单中列明。例如，如果被保险人由于汽车无法发动而呼叫了维修车辆，劳务费用和拖车费用将在保单限额下予以支付。但是，只有发生在故障现场的劳务费用才会被赔付，故障地点提供的汽油或电池费用不在保障范围内，发生在服务站或车库的维修费用也不在保险范围之内。

除外责任

D部分中有很多除外责任，概括如下：

1. 用于公共运输或出租的汽车。如果受损的投保机动车或非自有汽车被用于公共运输或出租，那么就不在保障范围内。例如，如果将车作为公共出租车使用，就适用于除外责任。该除外责任不适用于费用分摊的公用汽车。

2. 由于磨损、冰冻、机械或电子设备故障导致的损坏。由于磨损、冰冻、机械或电子设备故障导致的损坏，或者道路对轮胎的伤害都不在保障范围内。该项条款的目的是为了将驾车的正常维持成本排除在外。但是，该除外责任不适用于投保机动车和非自有汽车的完全被盗。例如，如果失窃汽车被找回，但是车上的电子系统由于盗贼盗窃时故意损坏了，由此造成的损失在保障范围内。

3. 放射性污染或战争。放射性污染或战争造成的损坏被排除在外。

4. 电子设备。个人汽车保险增加了某些电子设备的保障范围。新汽车一般都安装了电子设备，例如导航系统、视频娱乐系统和互联网接入系统。由于电子设备永久性地安装在车辆上，被保险人希望个人汽车保险能够为其提供保障。

对电子设备的承保有些复杂。个人汽车保险第一次将那些复制、接收或传输声音、图像或数字信号的电子设备作为除外责任。保单中列出了除外设备的例子，包括但不限于下面这些例子：

- 收录机
- 盒式录放机
- 压缩光盘播放机
- 导航系统
- 互联网接入系统
- 个人计算机
- 视频娱乐系统
- 电话
- 电视
- 双向移动收音机
- 扫描仪
- 城市波段收音机

但是，上面这些除外责任不适用于固定安装在投保机动车或非自有汽车中的电子设备。因此，如果这些设备固定安装在车辆内，就对其提供保障。请注意，车载电话如果要在承保范围内，必须固定安装在车上。因此，任何人在开车时使用的移动电话都无法获得保障。

越来越多的证据表明，司机在驾车的时候使用移动电话非常危险。根据美国高速公路交通安全局的数据，2010年，由于驾驶时分心而死亡的人超过3 000人。[1] 州农业保险公司2012年发布的调查报告显示，十六七岁的驾驶员中的43%说他们开车的时候从不发短信，而18岁到29岁的人中有64%说他们开车的时候发过短信。[2] 弗吉尼亚技术交通学会2009年的研究显示，司机开车的时候发短信会导致碰撞风险提高23倍。[3] 犹他大学研究发现，司机使用手机会引发交通拥堵因为他们常常驾驶过慢而且不会超过前面行驶缓慢的汽车。[4] 开车的时候打电话和发短信导致了很多问题，因此美国交通安全理事会（NTSB）呼吁禁止在开车时使用手机（见专栏22.3）。

---

[1] "Cellphones and Driving," Insurance Information Institute, *Issues Updates*, June, 2012. This source is periodically updated.

[2] Ibid.

[3] "Cellphones and Driving," Insurance Information Institute, *Issues Updates*, June 2012.

[4] "Drivers on Cell Phones Clog Traffic, Longer Commutes Due to Fewer Lane Changes, Slower Speed," News Release, University of Utah, January 2, 2008.

专栏 22.3

**不打电话、不发短信、不在开车的时候更新手机信息：
美国交通安全理事会呼吁全国禁止开车使用便携式电子设备**

2011年12月13日

今天美国交通安全理事会在密苏里州的格雷萨米特市召开了会议，会议讨论了多起高速公路事故。理事会第一次在全国范围内呼吁，在驾驶机动车辆时禁止使用**便携式电子设备**（protable electronic devices，PEDs）。

安全倡议特别呼吁50个州和哥伦比亚地区禁止所有司机在非紧急情况下使用手机（除了那些支持行驶期间拨打的设备）。安全倡议还推动使用美国国家公路交通安全管理局高清模型来支持这些禁令，并开展目标明确的宣传活动，通知机动车驾驶员关于新法律的信息，并严格执行。

"根据美国国家公路交通安全管理局的数据，去年因为注意力分散引发的交通事故造成了3 000人丧生。"总裁德博拉·赫斯曼说，"是时候让我们大家联合起来了，为了安全，开车的时候请关掉电子设备。"

"没有电话、没有短信、没有更新，这将换来一条生命。"

2010年8月5日，密苏里州格雷萨米特市的州际44号公路上发生一起车祸，一辆敞篷卡车撞到了托运卡车后面。托运卡车因为运输建筑材料行驶得很缓慢。敞篷卡车又被后面的校车追尾。校车又被紧随其后的第二辆校车追尾。在这起事故中2人死亡，38人受伤。

美国交通安全理事会的调查发现，敞篷卡车的司机在事故发生前的11分钟内共发送接收了11条短信。最后一条短信就在撞上拖车的那一刻收到。

这起发生在密苏里州的事故是美国交通安全理事会调查的最近一期因注意力分散而引发的意外事故。但是，首次调查的这类事故发生在2002年，是因为无绳电话引起的，当时在马里兰州的拉果市，一个新司机在驶离公路的时候打电话，导致他所驾驶的车穿过隔离带撞上了另一辆车，事故造成了5个人死亡。

从那时起，美国交通安全理事会就已经开始关注交通领域的各种分散注意力的情况：

● 2004年，一位经验丰富的校车司机被手持电话分散注意力，没有行驶在中间车道上，撞上了一座石桥。这起事件发生在弗吉尼亚州亚历山大市的乔治·华盛顿公园路。27名高中生中有11人受伤。

● 2008年在加利福尼亚州的查茨沃斯，一辆通勤火车撞上了一辆货运车，通勤火车的列车长有在执勤的时候因个人原因使用手机的历史，他在红灯的时候正在发短信。事故中火车头撞上了货运车，死亡25人，伤数十人。

● 2009年，两名飞机驾驶员超过一个小时没有接收空中管制的无线通讯，因为他们被便携电脑分散了注意力。他们错过目的地超过100公里，还是在乘客询问何时降落的时候，他们才发现了这一问题。

● 2010年在费城，一艘游艇在特拉华河上被一艘拖船拖着撞上了一条水陆两栖船。拖船驾驶员因为频繁使用手机和便携电脑没有保持应有的警惕。

● 2010年，肯塔基州的曼福德维尔，一辆拖车拖着一个53英尺长的车脱离了自己的路线，穿过中线，撞上了载有15名乘客的汽车。拖车司机因为使用手机没有控制好车的方向。这起事故造成11人丧生。

在过去的20年中，使用手机和便携式电子设备的情况迅速增加。从全球来看，有53亿移动电话用户，占世界人口的77%。在美国这一手机覆盖率更高，超过了100%。

弗吉尼亚技术交通研究协会对司机的研究发现，司机在发短信、发电子邮件或上互联网时发生安全事故的概率为平时的163倍。

"数据很清楚，是时候采取措施了。在我们改变对分散注意力这件事的态度前，还要有多少人失去生命？"赫斯曼说道。

美国交通安全理事会的报告所提供的信息，包括可能的原因、结论、安全建议的完整清单，在会议后都可以在网上找到。

美国交通安全理事会的完整报告也都可以在网站上找到。

资料来源：NTSB新闻发布，2011年12月13日。

---

5. 磁带、唱片和光盘。前面提到电子设备中使用的磁带、唱片和光盘或其他媒质的损坏也属于除外责任。可以通过为个人汽车保险附加批单承保这些磁带、唱片和光盘。

6. 政府造成的损失或没收充公。个人汽车保险排除了由政府或权力机构造成的损失和充公导致的被保险汽车或非自有汽车的全损。例如，如果联邦禁毒机构没收了一名毒贩的车，该损失不受保障。

7. 拖车、露营车或房车。个人汽车保险排除了对声明中没有提到的拖车、露营车或房车的保障。这种除外责任也适用于其他装置和设备，例如厨具、餐具、管道、冷藏设备、遮阳篷以及凉棚。例如，火炉或冰箱的损失是除外责任。

此项除外责任不适用于非自有拖车。类似地，只要在保单期限内，被保险人在获得拖车或露营车的14天内告知保险公司，则该除外责任就不适用于新获得的拖车和露营车。

8. 没有合理的理由使人确信获得了使用车辆的许可，由此造成的非自有车辆的损失。记名被保险人或其家庭成员无法合理确信有权驾驶非自有汽车时，该车造成的损失属于除外责任。

9. 雷达探测设备。雷达或激光探测、定位设备属于除外责任。这种除外责任之所以是合理的，是由于这种雷达探测设备是为了规避州和联邦政府的限速法。

10. 定制的装饰品或设备。厢式货车或卡车内外安装的装饰品或设备的损失不在保障范围内。这种装饰品或设备包括特制地毯、家具和吧台、升高的车顶、定制的壁饰和画作等。

2009年，保险服务处引入了保险公司可以选择使用的批单，它取代了除外责任。关于定制的装饰品或设备的现有的除外责任仅适用于厢式货车或卡车。新的批单对定制的装饰品进行了重新定义，现在适用于所有汽车。不过，批单对于符合定制装饰品条件的物品提供1 500美元的保障。[①]

11. 汽车行业中使用的非自有汽车。由从事销售、维修、保养、存放或停泊车辆业务（这些车辆用于在公共高速公路上行驶）的人保留或使用的非自有汽车的损失。例如，如果一名技工在路检时损坏了顾客的汽车，该损失不在技工的个人汽车保险保障范围内。相反，该损失应由商业车库保险保障。

12. 赛车。当投保机动车或非自有汽车停放在比赛场地上，用作比赛或为预先安排好的比赛作准备时，发生的损失不在保险责任范围内。

13. 租赁的汽车。如果租赁公司依据租赁协议或适用的州法律不能就损失对记名被保险人或其

[①] Eric A. Wiening and David D. Thamann. *Personal Auto*, *Personal Lines Coverage Guide*, 2nd ed., second printing. Erlanger, KY: The National Underwriter Company, 2009.

家庭成员索赔，在记名被保险人或家庭成员租用车辆时发生的损失或使用损失不在承保范围内。

责任限额

对投保机动车发生的物理损失赔偿的数额是下面两项中较低的一个：(1) 损坏或失窃财产的实际现金价值；(2) 用另一种质量类似的财产替代该财产所支付的数额。如果修理成本超过车辆的实际现金价值，那么车辆就被宣布为全损，支付的数额为实际现金价值减去免赔额。在实际操作中，如果修理成本加抢救出的剩余价值之和超过汽车的实际现金价值，保险公司宣布车辆为全损。

对于发生局部损失（例如挡泥板撞坏）的车辆，保险公司只支付必要的修理费用，以及用质量类似的财产替代损坏的财产。可以用原件制造商（OEM）或者普通汽车配件（也称为市场配件）修理汽车。有些投保人认为，普通汽车配件不如原件制造商提供的配件质量好，从而导致很多对汽车保险人的诉讼。但是，在2005年，伊利诺伊州最高法院判定，保险人有权利使用普通汽车配件来修理损坏的汽车和卡车，这常常比原件制造商的配件便宜。

大多数州现在要求保险人在使用普通汽车配件修理车辆的时候，通知投保人。在这方面，保险公司在实际操作中有所不同。有些情况下，投保人可以支付原件制造商配件和普通配件之间的差额，用原件制造商的配件修理车辆。有些汽车保险商通过批单让投保人选择用哪种配件。有些保险公司经常使用原件制造商的配件，而其他人则使用普通配件修理新型或老式汽车。你可以打电话给你的代理人，就理赔向你的保险公司提出要求，从而知道在车辆损坏的时候，可能用什么配件进行修理。

个人汽车保险还对某些损失的赔付限额进行了限制。非自有拖车发生的损失限额为1 500美元。安装在汽车制造商不适于装音响的地方，由此导致的车载音响设备损失的赔付限额为1 000美元。

改良　如果维修完成后，车辆的价值提高（例如只有挡泥板和车门损坏时，却为整个车体喷上新漆），保险人不为这些**改良**（betterment）和价值的增加支付费用。

价值下降　在汽车事故中损坏的汽车的市场价值或者转售价值可能已经降低。近年来，许多被保险人要求按照市场价值赔偿损失。保险服务处为那些保险人准备了可以附加在保单上的声明批单。该批单声明，投保机动车发生的直接和意外的物理损坏所导致的市场价值或转售价值的损失，也称为**价值下降**（diminution in value），不在保障范围内。

最后，很多消费者通过租约购买新车。新车的价值在第一年由于折旧而大幅度贬值。同时，租赁汽车的免赔额也可能为500美元或更高。如果一辆租赁汽车在被购买后即发生事故，造成全损，保险人赔付的金额远低于租约偿付的数额。被保险人可能因此欠银行或其他金融机构成百甚至上千美元的债务。这一风险可以通过**缺口保险**（gap insurance）予以解决，该保险支付被保险人的保险人为全损汽车支付的数额与租约或贷款偿还额之间的差额。

当人们租车的时候，一般不会购买缺口保险。租赁商通常会从保险公司那里购买一份主险，并把成本分摊到月租赁费中。所以在租车之前，你应该与租车商核实这些情况。

保险服务处有一种可以附加到个人汽车保险上的批单，从而弥补D部分支付的保费和欠出租方或贷方的金额之间的差额。

损失赔付

保险人可以选择以货币（包括所有销售税）支付物理损失、维修、重置受损或被盗的财产。如果汽车或其设备被盗，保险人除需支付归还记名被保险人的被盗汽车费用外，还要支付盗窃造成的损失。保险人也有权以协议或公估的价值保留所有或部分被追回的财产。

此外，保险公司可以通过回收汽车部分弥补它们的赔偿损失。当汽车被认为结构性全损的时候，仍然可以进行修理，但是这样做在成本方面可能是无效率的。在这种情况下，保险公司会把车销售给回收站。这种方式可以部分弥补保险公司的损失。

其他补偿来源

如果一项物理损失有其他保险，保险公司只按照比例赔付损失。各保险公司以其责任限额占所有适用的责任限额总额的比例分摊损失。

对于非自有汽车（包括临时替代车辆），D部分的保险是其他补偿来源的超额保险。这样，租用汽车的所有人的物理损坏保险为主险，被保险人的物理损坏保险为超额保险。如果被保险人借了一辆车并造成损坏，首先适用的是汽车所有人的物理损坏保险（如果有的话），然后才适用被保险人的碰撞损失保险（扣除免赔额）。例如，假设被保险人借了朋友的车并在事故中造成损坏。汽车所有人的碰撞保险免赔额为500美元，被保险人的碰撞保险免赔额为250美元。如果修理所借汽车的维修费为2 000美元，汽车所有人的个人汽车保险支付1 500美元（2 000美元－500美元），被保险人的个人汽车保险支付250美元（500美元－250美元）。剩下的250美元损失或者由汽车所有人支付，或者由被保险人支付。简单地说，如果汽车所有人的碰撞责任免赔额大于被保险人的免赔额，被保险人的保险公司将支付两个免赔额之间的差额。

估价条款

个人汽车保险包含**估价条款**（appraisal provision），用以解决在确定物理损坏损失金额时存在的争议。该条款对行驶里程较短的汽车或保养较好的汽车尤为重要。被保险人可能坚持认为汽车价值高于汽车交易商使用的报价。为了解决这一争议，任何一方都可以要求对损失进行估价。每一方选择一位能够胜任的公正的评估师，两位评估师再选择一位仲裁员。每一个评估师独立说出汽车的实际现金价值和损失的数额。如果评估师达不成一致意见，他们就将各自的估价交给仲裁员。任何两方达成的一致意见适用于所有各方。每一位当事人支付自己评估师的费用，仲裁员的费用等额均摊。最后，尽管达成估价协议，保险人并没有放弃任何保单权利。

E部分：事故或损失后责任

发生事故或损失后，被保险人应该知道做什么。一些应履行义务属于一般常识，而其他义务则是法律或个人汽车保险条款规定的。被保险人首先要确定是否有人受伤。如果有人受伤，就要立刻呼叫救护车。如果造成人身伤害，或者财产损失超过一定数额（例如200美元），根据大多数州的规定，被保险人必须立刻通知警察。被保险人要把自己的姓名、住址、代理人以及保险人的名称告诉对方司机，同时从对方获得这些情况的信息。被保险人还要记下所有证人的姓名和地址。

被保险人不应当承认自己有过失。谁是事故的责任人由相关的保险人或法庭判定。

在事故发生后，被保险人要履行一些义务。个人汽车保险特别声明，如果被保险人没有履行列出的一些义务,保险人没有义务提供保障。但是,保险人只有在被保险人没有履行义务对其构成了危害时,才能拒绝提供保障。大多数法庭认为,被保险人没有履行每一项义务可能不会损害保险人的利益。个人汽车保险确定了这一原则,并指出,如果被保险人没有履行列出的义务,而且会对保险人构成危害,那么保险人将可以不提供保障。

被保险人在事故发生后要迅速通知保险公司或保险代理人。如果没有迅速报告给保险公司,那么在之后受到对方司机的起诉时,被保险人的保险公司可以取消保障。此外,被保险人必须在调查和取证过程中配合保险公司。被保险人必须为保险公司提供与事故有关的所有法律文件或收到的通知的复本。如果被保险人根据未投保机动车驾驶员保障、未足额投保机动车驾驶员保障,或医疗赔付保障,索取赔偿,那么保险公司可能会出钱让被保险人接受身体检查。被保险人还必须授权保险公司查看治疗报告和其他相关记录。最后,被保险人必须按照保险公司要求提供损失证明。

如果在未投保机动车驾驶员保障中,被保险人要求赔偿,那么就要承担更多的义务。如果存在肇事逃逸的情况,就必须通知警察。而且,如果被保险人对未投保机动车驾驶员提起上诉,必须向保险公司提供相关的法律文件。

如果被保险人的汽车被毁,被保险人要求获得D部分保险项下的赔偿金,还要承担其他义务。被保险人必须采取合理的措施,保护汽车不受进一步的损坏,由此产生的费用由保险公司支付。被保险人还必须允许保险人在修车之前检查和估值。

F部分:一般条款

该部分包括一些一般性条款。这里只讨论其中的两条。

保险期间和适用地域

个人汽车保险仅在美国及其领土、波多黎各和加拿大适用,也适用于在美国、波多黎各和加拿大的港口之间运输的投保机动车。例如,如果被保险人在英国、德国或墨西哥度假,期间租借的车辆不在保障范围内。要获得在外国驾车的保障就要购买附加汽车保险。如果被保险人想在墨西哥开车,就要首先从墨西哥的保险公司处购买保险。没有从墨西哥的保险公司那里购买保险的美国司机在事故发生后可能被拘留,其汽车可能被扣压,并受到其他处罚。

终止

终止条款是被保险人或保险人终止保险时适用的重要条款。该条款包括四个部分:
- 撤销
- 停止续保
- 自动终止
- 其他终止条款

各州都对保险公司撤销或不续保汽车保险的权利进行了限制。但是,许多州的法律与个人汽车保险中的终止条款存在差异。在这种情况下,需要为个人汽车保险附加批单,从而让汽车保单符合州法律。

撤销 记名被保险人可以通过将保单退还给保险公司或者提前书面通知保险公司撤销的日期的方式随时将保单**撤销**（cancellation）。

保险公司也有撤销的权利。如果保单生效不足 60 天，保险公司可以书面通知被保险人撤销保单。在未支付保费的情况下撤销保单要提前 10 天通知被保险人，其他情况要提前 20 天。这样，保险公司有 60 天的时间调查新的被保险人，确定是否为其承保。

保单生效 60 天后，或者保单是续保保单，则保险人只能因为下述三种情况才能撤销保单：(1) 没有缴纳保费；(2) 司机的驾驶执照在保险期间被吊销或撤回；(3) 保单由于重大的错误陈述才签发。

停止续保 当保单到期时，保险公司也可以选择不续保。如果保险公司决定不续保，在保险到期之前至少 20 天向记名被保险人提供书面通知。

自动终止 如果保险公司决定续保保单，自动终止条款就会生效。这意味着，如果记名被保险人不接受保险公司提供的续保，保单在当期保险期间结束的时候自动终止。因此，如果保险公司为另一保险期间向记名被保险人开出账单，被保险人必须支付保费，否则保单在到期日自动终止。但是，一些保险公司对续保保费的缴纳设置了一定的宽限期。

最后，如果投保机动车还有其他保险，那么个人汽车保险在其他保险生效日自动终止。

其他终止条款 许多州对保险公司撤销或终止续保附加了额外的限制。如果州法律规定了更长的提前通知被保险人的时间或修订了任何终止条款，个人汽车保险必须进行相应调整，以满足这些要求。而且，如果保单被撤销，记名被保险人有权要求退还保费，但是允诺或提供保费退还不能作为撤销保险的条件。最后，撤销通知中的撤销生效日为保险期间的终止日。

摩托车和其他车辆保险

个人汽车保险排除了对摩托车、机动脚踏两用车以及类似车辆的保险。但是，可以通过向个人汽车保险附加**多类型车辆批单**（miscellaneous-type vehicle endorsement），为摩托车、机动脚踏两用车、小型汽车、高尔夫球车、房车、沙滩车及类似车辆投保，但雪地车除外（需要购买独立的批单，并附加到个人汽车保险上）。多类型车辆批单可以提供个人汽车保险中的所有保险。

如果保单中附加了多类型车辆批单，被保险人应该注意以下几点。首先，责任保障不适用于非自有车辆。其他人在获得被保险人的许可后驾驶其摩托车，这在该保险的保障范围内，但是如果被保险人驾驶非自有摩托车（不包括临时替代车辆），则责任保障不适用。

其次，保单提供选择性的乘客风险除外责任，它排除了摩托车乘客的身体伤害责任。选择了该除外条款后，被保险人可以缴较少的保费。例如，如果被保险人摩托车上的乘客被摔到地上，并且因此受伤，该摩托车的责任保障不适用。

最后，对摩托车的物理损失的赔付额为以下几项中的最低者：(1) 批单上载明的数额；(2) 实际现金价值；(3) 修复或重置损失财产所必需的数额（扣除免赔额）。

案例应用

吉姆今年 20 岁，是一名大学生。她最近从一个出现经济问题的朋友那里购买了她的第一辆汽车。这辆车是 2001 年的丰田 Tercel，行驶里程已经很高，其当前市场价值为 2 000 美元。假设你是一位理财师，吉姆正在就个人汽车保险的不同保障内容征求你的意见。

a. 简要阐述个人汽车保险提供的主要保障。
b. 吉姆应当购买（a）中列出的哪些保障？请说明其合理性。
c. 吉姆不应当购买（a）中列出的哪些保障？请说明其合理性。
d. 假设吉姆购买了你推荐的个人汽车保险。那么吉姆的保险将在多大程度上为下述情况提供保障？
（1）吉姆的舍友丹尼尔经吉姆的允许借走了她的车，并撞到了另一个司机。丹尼尔是责任方。
（2）吉姆酒后驾车，并造成了一起事故，导致了另一位司机严重受伤。
（3）在足球赛季期间，吉姆通过把球迷从当地的酒吧运送到足球场赚取收入。吉姆因为没有给出信号而突然变道，撞上了另一辆车，并导致几位乘客受伤。
（4）吉姆和往常一样开了男朋友的车。这次在开车的时候，她卷入了一起交通事故，并撞伤了另一位司机。吉姆是责任方。
（5）吉姆在英国参加夏季研习课程的时候租了一辆汽车。该汽车在宿舍的停车场上被盗。
e. 吉姆还有一辆摩托车。那么，吉姆的个人汽车保险在多大程度上为摩托车提供保障？

本章小结

- 个人汽车保险由声明页、定义页和下面六个主要部分构成：
  A 部分：责任保障
  B 部分：医疗赔付保障
  C 部分：未投保机动车驾驶员保障
  D 部分：汽车损失保障
  E 部分：事故或损失后责任
  F 部分：一般条款
- 责任保障为被保险人提供由大意驾驶汽车或拖车导致的身体伤害和财产损坏责任的保障。
- 投保机动车包括声明中提到的所有车辆，新获得的车辆，被保险人拥有的拖车，以及临时替代车辆。
- 被保险人包括记名被保险人及其配偶，住在一起的家庭成员，以及其他有合理理由确信经允许驾驶投保机动车的人，以及所有为获保个人负有法律责任的个人或组织。
- 医疗赔付保障支付所有合理的治疗、牙科和丧葬费用。这些费用是自事故发生之日起3年内，提供给被保险人服务所产生的费用。
- 未投保机动车驾驶员保障为由未投保机动车驾驶员、肇事逃逸司机，或者保险人破产的过失司机导致的被保险人身体伤害进行赔付。

- 未足额投保机动车驾驶员保障可以作为批单附加到个人汽车保险上。当过失司机有责任保险，但责任限额低于未足额投保机动车驾驶员保障提供的限额时，适用该保障。
- 为被保险人汽车的损坏提供保障，赔付投保汽车或非自有汽车的直接物理损失扣除免赔额之后的余额。只有声明页中指定对碰撞损失或非碰撞损失提供保障，那么这种损失才在保障范围之内。
- 事故发生后，被保险人要履行一些义务。要获得保障，人们必须配合保险人的调查和理赔工作，并为保险人提供与事故有关的法律文件以及收到的通知的复本。
- 在保单生效60天之后，或者是一份续保或连续性保单，保险公司只有在被保险人未缴纳保费、被保险人的驾照在保险期间内被吊销或撤销，或者通过不实陈述获得保单，才能够撤销保单。保险公司还可以通过不提供续保而终止保障。如果保险公司在要续保的时候，决定不为该保单续保，那么必须提前20天通知记名被保险人。续保和撤销条款可能要进行修改以符合州法律。
- 摩托车和机动脚踏两用车可以通过为个人汽车保险附加多类型车辆批单投保。

重要概念和术语

- 估价条款
- 改良
- 撤销
- 碰撞
- 汽车损坏保险
- 价值下降
- 扩展非自有保障批单
- 缺口保险
- 责任保险
- 医疗赔付保障
- 多类型车辆批单
- 非自有汽车
- 不续保
- 非碰撞保险
- 单一限额
- 分离限额
- 补充赔付
- 临时替代车辆
- 未足额投保机动车驾驶员保障
- 未投保机动车驾驶员保障
- 被保险人投保机动车

复习题

1. 个人汽车保险包括多种保障内容。这些保障满足了一般被保险人的保险需求。对于下面的每一种保障，简要描述提供的保障类型，并就承保的损失举出一个例子。
   a. A部分：责任保障
   b. B部分：医疗赔付保障
   c. C部分：未投保机动车驾驶员保障
   d. D部分：汽车损失保障

2. 个人汽车保险为被保险人的投保机动车提供保障。指出被认为是投保机动车的四种类型的车辆。

3. 个人汽车保险为四个群体提供责任保障。指出这四个群体。

4. 除了保单限额和法律辩护之外，个人汽车保险提供补充赔付。简要阐述个人汽车保险责任部分赔付的补充赔付。

5. a. 列出个人汽车保险中责任保障（A部分）的主要除外责任。
   b. 列出个人汽车保险中医疗赔付保障（B部分）的主要除外责任。

6. 阐述个人汽车保险中，未投保机动车驾驶员保障（C部分）的主要特色。

7. 个人汽车保险中的汽车损失保障（D部分）提供两种可选保障：（1）碰撞保险和（2）非碰撞保险。
   a. 什么是碰撞损失？解释你的答案。
   b. 什么是非碰撞损失？解释你的答案。
   c. 列出汽车损失保障（D部分）中的主要除外责任。

8. 个人汽车保险中的汽车损失保障（D部分）还为被保险人驾驶非自有汽车时提供保障。
   a. 对非自有汽车进行定义。
   b. 如果被保险人在一般情况下驾驶非自有汽车，被保险人的个人汽车保险是否提供保障？对你的答案做出解释。

9. 解释事故或损失发生后，被保险人应承担的义务。

10. 如果被保险人在国外驾驶车辆，个人汽车保险是否提供保障？对你的答案做出解释。

应用题

1. 弗雷德有一份个人汽车保险，该保险包括如下项目：

责任保障：100 000美元/300 000美元/50 000美元

医疗赔付保障：每人5 000美元
未投保机动车驾驶员保障：每人25 000美元
碰撞损失：250美元免赔额
非碰撞损失：100美元免赔额

针对下面的每一种情况，指出该损失是否获得保障，以及（如果有的话）保单赔偿的数额。假设每一种情况是独立的事件。

a. 弗雷德16岁的儿子开着家里的车闯了红灯，撞死了一位行人。死者的家属提起诉讼，要求赔偿的损失数额为500 000美元。

b. 弗雷德借朋友的车去超市。在红灯前面，他没有停住车，不小心撞上了另一辆车。另一辆车价值15 000美元，在车祸中完全损坏。此外，修朋友的车的费用是5 000美元。

c. 弗雷德的女儿希瑟在另一个州读大学，并开着家里的车。希瑟让男朋友驾驶这辆车，结果他不小心撞伤了另一个司机。男朋友被起诉赔偿50 000美元。

d. 弗雷德的妻子在一场暴雪中驾驶着家里的汽车。她在结冰的路面上失去了控制，撞上了一栋房子。对房子的损坏为30 000美元。对家庭车辆的损坏是8 000美元。弗雷德妻子的治疗费用为5 000美元。

e. 弗雷德过街的时候，被一辆没停住的汽车撞伤。他受到的身体伤害为150 000美元。

f. 弗雷德汽车的刹车器坏了，正在修理。在路测的时候，技工撞到了另一位司机，被起诉赔偿50 000美元。

g. 弗雷德的汽车撞了一头横穿高速公路的奶牛。修车的费用是2 500美元。

h. 小偷打碎汽车玻璃，偷走锁在车里的照相机和高尔夫球杆。修复受损的车窗要花400美元。失窃的财产价值为500美元。

i. 弗雷德的妻子在超市里购物。当她回来的时候发现，汽车左面的挡泥板被一个不知名的司机撞坏。修复的费用要2 000美元。

j. 弗雷德在一家建筑公司工作。在驾驶一辆大型水泥车的时候，他不小心伤到了另一名司机。受伤的司机起诉弗雷德，要求赔偿25 000美元。

k. 弗雷德的儿子有一天开家里的车出去。他喝醉后，女朋友开车送他回家。他的女朋友不小心撞伤了另一个司机，司机所受身体伤害要花费200 000美元。

l. 弗雷德的车上价值500美元的音响被盗。在小偷偷走音响的时候，车是锁着的。

m. 在驾驶租借来的高尔夫球车的时候，弗雷德不小心开车撞到了另一位打高尔夫球的人。

2. 凯伦是个人汽车保险的记名被保险人，该保险提供身体伤害、财产损失责任、医疗赔付和未投保机动车驾驶员保障。在下面的每一种情况下，简要解释凯伦的个人汽车保险是否为其提供保障。

a. 凯伦开车撞上电线杆，并被要求为詹森支付治疗费用。詹森在事故发生时坐在车上。

b. 凯伦同意斯科特驾驶她的汽车。在开凯伦的汽车的时候，斯科特不小心撞坏了格雷的汽车。结果格雷因为汽车受损起诉了凯伦。

c. 凯伦的丈夫开朋友的车撞了一辆自行车。自行车的主人要求凯伦的丈夫赔偿损失。

d. 在多次要求邻居把停在凯伦车道上的儿童车挪走未果之后，凯伦气愤地撞倒了这辆儿童车。孩子的父母要求赔偿。

3. 珍妮特的个人汽车保险包括下述保障：

责任保障：100 000美元/300 000美元/50 000美元

医疗赔付：每人5 000美元

未投保机动车驾驶员保障：每人25 000美元

碰撞损失：250美元免赔额

非碰撞损失：100美元免赔额

拖车的费用和劳务费用：每起75美元

如果有的话，下面每种损失在多大程度上获得珍妮特个人汽车保险的保障？分别就每一种情况做出解答。

a. 珍妮特度假的时候租了一辆车。由于没有进入正确的道路，她撞上了另一位司机。受伤的司机被判获得100 000美元的赔偿。租车代理人对出租的车辆仅承担30 000美元的责任限额。租车代理人没有购买碰撞保险，因此珍妮特支付15 000美元的修车费用。

b. 珍妮特经许可借了朋友的车。她不小心撞了另一辆车，给朋友修车的费用为5 000美元。朋友汽车保险的碰撞损失免赔额是500美元，非碰撞损失的免赔额是100美元。

c. 珍妮特从事销售员的工作，并配备了一辆公司的汽车。她在工作时间驾驶公司汽车的时候撞上了另一辆车。受伤的司机认为珍妮特存在过失，并起诉她赔付100 000美元。公司车辆造成的损失是5 000美元。

d. 由于电池有问题，珍妮特的车无法点火，救助人员把车拖到服务站换了电池。拖车费用是60美元，换电池的费用是100美元。

4. 迈克尔驾驶邻居的敞篷卡车拉柴火。一个小孩子在停着的两辆车中间玩耍，突然跑上街，跑到了卡车前面。尽管他努力不撞上小孩子，结果还是失败了，而且迈克尔对车辆失去控制后，撞上了电线杆。孩子严重受伤，敞篷卡车也严重损坏，电线杆也倒了。迈克尔的个人汽车保险提供责任保障和碰撞保险，邻居也为敞篷卡车购买了包括责任保障和碰撞保险的个人汽车保险。

　　a. 如果迈克尔存在过失，谁的保险公司首先支付孩子的身体伤害和电线杆的财产损坏赔偿？请解释你的答案。

　　b. 哪一家保险公司赔付邻居的敞篷卡车的物理损失？解释你的答案。

5. 帕布鲁用他2000年的福特汽车换购了一辆新福特车。一星期后，他在上班的路上轧上路中间的油污，滑到了一辆停着的汽车上。2000年的福特车获得个人汽车保险的全额保障，包括250美元的碰撞损失免赔额。在事故发生时，帕布鲁没有就该保险通知保险公司。停着的汽车的物理损失是8 000美元。帕布鲁的汽车的损坏价值5 000美元。帕布鲁的个人汽车保险为哪种损失提供保障，还是为这两种损失都提供保障？解释你的答案。

6. 詹姆斯今年18岁，住在家里，偶尔开朋友玛丽的汽车。玛丽为汽车购买了包括300 000美元责任保险的个人汽车保险。詹姆斯也是他母亲的个人汽车保险的被保险人，该保险提供500 000美元的责任保障。假设，詹姆斯开玛丽的车的时候遇上一起交通事故，并负有法律责任，要赔偿400 000美元。每一份保单支付多少？解释你的答案。

7. 帕特里克的个人汽车保险的责任限额是50 000美元/100 000美元/25 000美元。帕特里克在红灯前面没有停住，撞上了一辆有篷货车。该货车损坏的价值为15 000美元。货车中的3名乘客受伤，所受身体伤害分别是：

乘客A，15 000美元

乘客B，60 000美元

乘客C，10 000美元

帕特里克也受了伤，治疗费用为10 000美元。他的汽车遭受的损失是10 000美元。由于受伤，帕特里克无法工作，工资损失5 000美元。根据其个人汽车保险的责任保障（A部分），帕特里克的保险公司要支付多少？解释你的答案。

网络资源

● Carinsurance.com 允许客户比较多家保险公司的费率进行购买。客户可以查询报价信息，然后，Carinsurance.com 会与公司联系，直接提供即时费率比较结果。网站地址为：carinsurance.com

● 保险研究委员会（Insurance Research Council, IRC）是美国特许财险与意外险核保人协会的一个分会，为保险业和公众提供关于公共保单的风险和保险的最新研究成果。网址为：http://www.insurance-research.org/

● 兰德城市民法研究所是兰德公司内部专卖研究法律、商务和监管的部门。该研究会对民事司法系统进行独立客观的研究和分析。许多研究与汽车保险和保险业有关。网址为 rand.org/law-business-regulation/centers/civil-justice.html

● GEICO通过电话（800-861-8380）直接销售汽车保险。公司声称，15分钟的电话可以为被保险人节省15%甚至更多的保险费。GEICO还有一个网站提供相似产品的在线报价。网址为：geico.com

● 保险信息协会提供汽车保险和其他个人财产保险的即时信息。通过该网站可以直接在线查阅很多关于汽车保险和其他财产与责任保险的消费者手册和文章。网址为 iii.org

● InsWEB 提供汽车保险、屋主保险和其他保险产品的保费报价。此外，该网站还有学习中心，提供来自行业、消费者和监管机构的信息和文献。网址为：insweb.com

● 国际风险管理协会（IRMI）是一个在线资料来源，提供个人产品和商业产品的有价值的信息。该网站提供风险管理和保险领域很多方面的最新文献，还提供一些免费的电子邮件新闻通讯。网址为：irmi.com

● 进取财产意外保险公司（Progressive Casualty Insurance Company）有一个用户界面友好的网站，为大多数州提供汽车保险报价。该公司声

称其费率非常具有竞争力。该公司还可以比较来自其他保险公司的费率。网址为：progressive.com

● 美国保险监督官协会（NAIC）与各州保险部门进行了链接，提供了大量汽车保险的消费者信息。网址为：naic.org

参考文献

"A Consumer's Guide to: Auto Insurance; Choosing and Using Your Auto Insurance Coverage," Washington State Office of the Insurance Commissioner, 2012.

"Cellphones and Driving," *Issues Updates*, Insurance Information Institute, June 2012. This source is periodically updated.

Fire, Casualty & Surety Bulletins, Personal Lines volume, Personal Auto section. Erlanger, KY: National Underwriter Company. The bulletins are updated monthly.

"Generic Auto Crash Parts," *Issues Updates*, Insurance Information Institute, February, 2012.

Nyce, Charles, ed. *Personal Insurance*, 2nd ed. Malvern, PA.: American Institute for Chartered Property Casualty Underwriters/Insurance Institute of America, 2008.

Wiening, Eric A. and David D. Thamann. *Personal Auto*, 2nd ed., second printing. Erlanger, KY: The National Underwriter Company, 2009.

第 23 章

汽车保险与社会

"现有的汽车事故伤害赔付体系面临两个基本问题：一是保费过高，二是重伤的受害者极少能够得到足额赔偿。"

——联合经济委员会，第 105 次会议

学习目标

学习完本章，你应当能够：

◆ 说明为车祸受害人提供赔付的下列方法：
　财务责任法
　强制保险法
　未满足补偿基金
　未投保机动车驾驶员保障
　低成本汽车保险
　付费参与原则
　无过失汽车保险

◆ 解释无过失汽车保险的含义，以及无过失汽车保险的基本原理。

◆ 对为高风险司机提供汽车保险的下述方法进行阐述：
　汽车保险计划
　联合保险人协会（JUA）
　再保险便捷计划
　专业保险公司

◆ 指出决定消费者汽车保险成本的主要因素。

◆ 解释消费者在选购汽车保险时应听取的建议。

史蒂夫在驶离公路撞上一棵大树后，第二次因为醉酒驾车而被判罪。他的驾驶执照被吊销两年。在驾照吊销期间，他参加了驾驶考试，驾照也被恢复。不过，在他购买汽车保险的时候，他发现没有一家公司愿意为他承保。"这是什么体制？"史蒂夫说，"州政府说我要驾车必须有责任保险，可是没人卖给我保险。责任保险有什么用，我真正需要的是碰撞保险，比如我撞上树的时候。为什么我要被强制购买责任保险？"

在史蒂夫重新获得驾驶资格的时候，他所在的州要求他能够补偿那些他开车的时候可能伤害的人。以他目前的驾驶记录，保险公司不愿意为他承保是很正常的事情。每年在美国有超过100万的驾驶员在交通事故中受伤或死亡。那么社会就会面临因为那些过失司机给这些受害人造成的人身伤害和财产损失进行补偿的问题。社会必须承担向不负责任的司机提供汽车保险的负担，包括醉酒司机、高风险司机和总是破坏交通规则的司机。社会还要处理那些被未投保司机伤害的无辜受害者的补偿问题。

本章将深入讨论前述问题。这里有四个领域要强调：（1）补偿汽车事故受害人的不同方法；（2）作为民事侵权法替代的无过失汽车保险；（3）为高风险司机提供汽车保险的方法；（4）对购买汽车保险的建议。

补偿车祸受害人的方法

在许多情况下，汽车事故中受伤的无辜受害人无法从伤害他们的司机那里获得经济赔偿。尽管车祸的受害人可能遭受身体伤害，或者财产受损，但是他们可能不会得到赔偿，或者得不到全额赔偿。为了解决这一问题，各州都使用了一些方法为那些被不负责任的司机伤害的受害人提供保障。这些方法包括：[①]

- 财务责任法
- 强制保险法
- 未满足补偿基金
- 未投保机动车驾驶员保障
- 低成本汽车保险
- 付费参与原则
- 无过失汽车保险

财务责任法

各州都实施了某种类型的财务责任法或强制保险法，规定司机必须具有不低于一定最低限额的财务清偿能力。当司机首次发生事故时，或者在驾驶员出现酒后驾车等违法行为后，**财务责任法**（financial responsibility law）就会要求其出示财务清偿能力证明。在下面几种情况下，一般要提供财务清偿能力证明：

- 涉及人身伤害或财产损失超过一定数额的车祸
- 肇事司机无法支付汽车事故最终判决中的赔款
- 发生某些违法行为后，例如酒后驾车或鲁莽驾驶

在这些情况下，如果司机无法证明其达到了州财务责任法的条件，那么该州就可以撤回或吊销其驾驶执照。

财务清偿能力可以通过购买不低于一定限额的保险获得证明，例如购买25 000美元/

[①] 有关这些方法的完整讨论参见 Fire, Casualty & Surety Bulletins, Personal Lines volume, Personal Auto section (Erlanger, KY: National Underwriter Company). Discussion of financial responsibility laws is based on this source.

50 000美元/25 000美元的保险。① 其他可以提供财务清偿能力证明的方法还有提供保证金、按法律的要求提存一定数额的证券或现金，或者证明自己能够进行自保。图表23—1列出了各州的最低财务责任限额。头两个数字是人身伤害责任限额，第三个数字是财产损失责任限额。例如，20/40/10是指每个人的人身伤害保障是20 000美元，每起事故40 000美元，财产损失责任保障为10 000美元。

图表23—1　　　　　　　　　　各州汽车财务责任限额

下面的图表显示了对机动车驾驶员人身伤害（BI）责任、实体损毁（PD）责任、无过失个人人身保障（PIP）和未投保（UM）、投保不足（UIM）保障的强制要求。还显示了哪个州仅仅要求负有财务责任（FR）。

各州要求的汽车财务责任限额

州	保险要求	最低责任限额[1]
亚拉巴马州	BI & PD Liab	25/50/25
阿拉斯加州	BI & PD Liab	50/100/25
亚利桑那州	BI & PD Liab	15/30/10
阿肯色州	BI & PD Liab, PIP	25/50/25
加利福尼亚州	BI & PD Liab	15/30/5[2]
科罗拉多州	BI & PD Liab	25/50/15
康涅狄格州	BI & PD Liab	20/40/10
特拉华州	BI & PD Liab, PIP	15/30/10
哥伦比亚特区	BI & PD Liab, UM	25/50/10
佛罗里达州	PD Liab, PIP	10/20/10[3]
佐治亚州	BI & PD Liab	25/50/25
夏威夷州	BI & PD Liab, PIP	20/40/10
爱达荷州	BI & PD Liab	25/50/15
伊利诺伊州	BI & PD Liab, UM	20/40/15
印第安纳州	BI & PD Liab	25/50/10
艾奥瓦州	BI & PD Liab	20/40/15
堪萨斯州	BI & PD Liab, PIP, UM	25/50/10
肯塔基州	BI & PD Liab, PIP	25/50/10
缅因州	BI & PD Liab, UM, UIM	50/100/25[4]
马里兰州	BI & PD Liab, PIP[5], UM, UIM	30/60/15
马萨诸塞州	BI & PD Liab, PIP, UM, UIM	20/40/5
密歇根州	BI & PD Liab, PIP	20/40/10
明尼苏达州	BI & PD Liab, PIP, UM, UIM	30/60/10
密西西比州	BI & PD Liab	25/50/25
密苏里州	BI & PD Liab, UM	25/50/10
蒙大拿州	BI & PD Liab	25/50/10
内布拉斯加州	BI & PD Liab, UM, UIM	25/50/25
内华达州	BI & PD Liab	15/30/10
新罕布什尔州	FR only, UM	25/50/25[4]
新泽西州	BI & PD Liab, PIP, UM, UIM	15/30/5[6]

① 前两个数字是指人身伤害责任限额，第三个数字是指财产损失责任。责任限额适用于每一起事故。

续前表

州	保险要求	最低责任限额[1]
新墨西哥州	BI & PD Liab	25/50/10
纽约州	BI & PD Liab, PIP, UM	25/50/10[7]
北卡罗来纳州	BI & PD Liab, UIM[8]	30/60/25
北达科他州	BI & PD Liab, PIP, UM, UIM	25/50/25
俄亥俄州	BI & PD Liab	12.5/25/7.5
俄克拉何马州	BI & PD Liab	25/50/25
俄勒冈州	BI & PD Liab, PIP, UM, UIM[9]	25/50/20
宾夕法尼亚州	BI & PD Liab, PIP	15/30/5
罗得岛州	BI & PD Liab	25/50/25[3]
南卡罗来纳州	BI & PD Liab, UM	25/50/25
南达科他州	BI & PD Liab, UM, UIM	25/50/25
田纳西州	BI & PD Liab	25/50/15[3]
得克萨斯州	BI & PD Liab	30/60/25
犹他州	BI & PD Liab, PIP	25/60/15[3]
佛蒙特州	BI & PD Liab, UM, UIM	25/50/10
弗吉尼亚州	BI & PD Liab[10], UM, UIM	25/50/20
华盛顿州	BI & PD Liab	25/50/10
西弗吉尼亚州	BI & PD Liab, UM	20/40/10
威斯康星州	BI & PD Liab, UM, UIM	25/50/10
怀俄明州	BI & PD Liab	25/50/20

[1] 头两个数字是指人身伤害责任限额,第三个数字是指财产损失责任限额。例如,20/40/10 意味着事故中所有受伤的人的最高保障为 40 000 美元,一个人的人身伤害责任限额是 20 000 美元,财产损失责任限额是 10 000 美元。
[2] 加利福尼亚汽车风险计划为低收入司机设置的低成本保单限额是 10/20/3。
[3] 除了保单限额,保单持有人还可以满足综合个体保单限额。各州数额不同。
[4] 此外,保单持有人还必须支付 2 000 美元的医疗费用。
[5] 可以为保单持有人免除,但是对于乘客而言是强制性的。
[6] 基本保单(可选)限额是 10/10/5。未投保和投保不足的机动车驾驶员的保障无法通过基本保单获得,但标准保单要求包含未投保机动车驾驶员保障。
[7] 此外,保单持有人对于过失死亡的保障为 50/100。
[8] 保单强制未投保限额超过 30/60。
[9] 当未投保责任限额超过需要的财务责任时进行强制执行。
[10] 强制购买保险或者向州机动车管理部门支付未投保机动车驾驶员(UMV)费用。

注:数据来自于美国财产保险公司联合会;州保险局。

资料来源:*The Insurance Fact Book 2012*, New York: Insurance Information Institute, pp.74-76. Reprinted by permission from the Insurance Information Institute.

尽管财务责任法为一些不负责任的司机提供了保证,但存在两个主要缺陷:

● 不能保证所有事故受害人都能够得到赔偿。财务责任必须在事故发生后进行说明。如果被未投保机动车驾驶员、肇事逃逸司机或失窃车辆撞伤,事故受害人可能得不到赔偿。不负责任的司机往往无照驾驶,所以这些法律就不能确保不负责任的司机不上路。

● 事故受害人可能无法获得足额赔偿。大多数财务责任法仅要求支付最低责任保险限额,而这一限额通常比较低。如果身体伤害超过最低限额,事故的受害人可能无法得到全额赔偿。

强制保险法

在大多数州和哥伦比亚行政区,责任保险都是强制性的。**强制保险法**(compulsory insurance law）要求驾驶员在领取驾驶执照或登记车辆之前购买一定最低限额的责任保险。

一些人认为，强制保险法对未投保的司机提供了比财务责任法所要求的更多的保障，因为驾驶员在事故发生前必须提供具有财务清偿能力的证明。但是，最近一些机构的研究得出结论，强制保险法通常不足以降低未投保的司机的比例。

- 一般来说，强制保险法和高速公路上的未投保机动车数量之间没有联系。仍然有一部分人选择不购买汽车保险，其比例无法准确掌握，而且各州均不相同。这批人或者存在侥幸心理，或者提供虚假的守法记录。①
- 美国财产险保险人协会认为，强制汽车保险不会降低未投保的司机的数量。在美国，高速公路致命的车祸事故中，有20%的事故是由未获得驾照以及未投保的司机造成的。强制保险法无法阻止司机拥有或开车。②
- 有些州采用计算机数据库来跟踪未投保机动车驾驶员。有证据表明，该报告系统并没有有效实现它们确认和追踪未投保的司机的目的。而这种程序成本高昂，难以实施，不容易保留，数据连续性方面也出现了一些问题。③

最后，被保险人可能卷入其他司机存在过失的车祸中，但是却要遵守该州财务责任法或强制保险法。被保险人可以就人身伤害或汽车的物理损失向过失司机或其保险人索赔，这些索赔被称为"第三方"索赔。对另一方司机的保险公司进行第三方索赔构成了向州保险部门投诉的主体。专栏23.1由犹他州保险局提供，讨论了一些常见问题，以及为第三方索赔问题准备的答案。尽管有些答案仅适用于犹他州的法律，但是其他州的情况也与此很相似。

专栏 23.1

向其他当事方的保险公司提起汽车保险理赔

在汽车事故发生后，你要做的第一件事情是为发生的损失进行理赔。当事故发生的时候，如果你购买了适用的保障（"第一方"理赔），你可以选择向自己投保的保险公司进行理赔，也可以向其他司机的保险公司提出理赔（"第三方"理赔）。

保险法律关于第一方和第三方理赔的规定有所不同，因此清楚掌握在两种情况下自己的权利和义务就很重要。在第一方理赔中，你和保险公司直接签署合同，要求保险公司满足保单中的所有条件。在第三方理赔中，你不需要与保险公司直接签署合同，它们的主要义务是针对自己的保单持有人。下面所讨论的是，当你向另一名司机的保险公司提起第三方理赔时，你在犹他州所拥有的权利和义务。

其他司机应该有多少保险？

犹他州要求机动车司机购买人身伤害保险和财产责任保险，使其能够支付自己负主责的交通事故中发生的损失。司机要求购买的最低保险数额为：人身伤害责任限额每人25 000美元，两人及以上人身伤害责任限额为65 000美元；财产损失责任限额为15 000美元。通常这在你

---

① 保险研究协会最近的一份研究估计，不考虑强制保险，2009年有13.8%的司机未投保。未投保司机所占比例从缅因州和马萨诸塞州最低的4%，一直到密西西比州最高的28%。参见"Recession Marked by Bump in Uninsured Drivers"，Insurance Research Council，April 21，2011。

② "Mandatory Auto Insurance Does Not Reduce Number of Uninsured Drivers, Says Insurer Trade Group," insurancejournal.com, national news, July 25, 2004.

③ 参见"Compulsory Auto/Uninsured Motorists," Issues Update, Insurance Information Institute, May 2012. The short-term duration of auto insurance contracts, typically six months, further compounds the problem.

的保单中显示为 25/65/15。

提起理赔后会发生什么？

犹他州的法律要求，所有坐在车里并遭遇人身伤害的乘客应首先向车主的保险公司提出理赔要求。对于每一名受伤的乘客，医疗费用中的头 3 000 美元将由车主的个人人身伤害保险提供保障，之后车主可以向责任方保险公司提起索赔。

在车主向其他保险公司提起索赔之后，保险公司将会进行勘察，如果它们确定它们的被保险人对你的人身伤害或损失负有法律责任就会进行理赔。在大多数情况下，保险公司不会对人身伤害责任进行理赔，直到你完成了自己的所有治疗措施。这意味着，在理赔完成之前，已经过去了一段时间，这些人身伤害需要额外的医疗护理。在你准备完成人身伤害理赔的时候，保险公司将会要求你签署赔偿结清协议。这意味着你同意保险公司所提供的数额为你从其他驾驶员及其保险公司所获得的唯一赔偿。因为在你接受现金赔偿或签署赔偿结清协议时，你准备接受最终赔偿金额。

对于所受人身伤害之外的对你的汽车造成的财产损失，你和保险公司要就损失数额达成一致，但是你可能还没有完成人身伤害索赔，因为仍然还在产生医疗费用。保险公司也可能因为人身伤害理赔还没结束而拒绝财产损失索赔。

谁来决定过失方，以及他们应赔偿多少钱？

犹他州设置了"比较过失"规则，这意味着超过一个人在事故中承担责任。在这一规则下，只有你在该事故中承担的责任低于 50% 才能够获得赔偿。最终的数额会根据你承担责任的多少有所不同。

举一个例子，如果其他驾驶员承担 80% 的责任，你承担 20% 的责任，由于你的责任低于 50%，可以获得赔偿。但是，另一驾驶员的保险公司可能仅赔偿你所蒙受损失的 80%。

保险公司什么时候会联系我？

犹他州保险规定（R590-190，191 或 192）要求保险公司在索赔要求提出后的 15 日内作出回应。该规则进一步明确，保险公司有 30 天的时间接受或拒绝索赔要求。不过，如果勘察在该时间段内未能完成，保险公司可以有额外的时间以完成勘察。

哪些类型的信息是必须提供的？

并没有法律规定你必须提供哪些信息。不过保险公司将会需要确定：
- 它们的被保险人是否对事故负有法律责任，以及在多大的程度上负有责任；
- 你的损失或人身伤害的数额；
- 你的损失或人身伤害是否与事故直接相关。

因此，你最好尽可能多地在索赔过程中提供信息。此外，如果你没有提供配合，保险公司会拒绝你的所有索赔要求。

我必须提出多少维修费用？

其他保险公司可能会要求提高一些费用的估计值。各州都没有规定你必须提交多高的数额，或者限制保险公司要求的数额。

我可以选择自己的维修点吗？

是的。不会要求你必须使用保险公司建议的维修点。不过，如果你所选择的维修点的收费超过保险公司建议的维修点，你就要支付差额。

保险公司能够因为"改进"扣减赔偿额度吗？

是的。如果你的汽车在维修时使用了新的零部件，保险公司可能不会为这些"改进"付费。没有法律或者合同约定，要求"重置保障"使用新部件。不过，对于"改进"所做出的任何扣减都必须针对维修内容进行书面说明。

"改进"的一个例子是替换汽车损坏的使用了5年的消音器。保险公司可以用另一个使用了5年的消音器来替换，从而达到维修的目的。如果找不到5年的消音器，维修商店会用新的来代替，但是你需要支付差额。

保险公司可以扣减未修理的损坏或者锈蚀的部件吗?

是的。保险公司可以从中扣除合理的数额，如果你的汽车很陈旧，有未修理的碰撞损失。公司会列明此类扣减的数额。

关于重置撞坏的部件，我有什么权利吗?

保险公司并不是必须使用原厂生产的替换部件，例如通用或福特。不过，犹他州的法律明确规定，保险公司使用的任何非原厂部件或售后市场部件，必须在评估报告中向消费者说明，并指出每一个更换的非原厂部件。

我可以租车吗?

犹他州保险监管部门要求，在损坏车辆修理期间，过失驾驶员的保险公司支付"发生的合理交通成本"，或者"发生的合理的租用替代交通工具的成本"。保险公司只有在承认责任的情况下，才有义务支付使用损失。如果你的汽车全损，将从事故当天起开始支付，但是要及时报告，直到保险公司进行了合理的解决为止。

大多数公司支付固定费用，例如每天20美元。保险合同和保险法律都不会明确你所租用车辆的类型。不过，在某些特殊情况下会要求租用车辆与你损坏的车辆大致相当，并让保险公司知道是否能够覆盖成本。

在汽车里属于我的个人财产受损怎么办?

其他驾驶员的财产损害责任保险将在很大程度上为你车上的个人财产提供保障。

我是否必须支付免赔额?

当你向另一名驾驶员的保险公司提起索赔时，你不需要支付免赔额。

如果保险公司拒绝我的索赔要求，或者我不满意他们的解决方案怎么办?

如果其他驾驶员的保险公司拒绝了拟定索赔或者你不满意他们提供的处理方案，没有另外的评估要求。你唯一可以依赖的是：

● 如果你购买了保险，可以通过自己的保险进行索赔。

● 如果你的损失符合小额索赔诉讼的条件，在10 000美元以内，可以向小额索赔诉讼法庭提起诉讼。

● 寻求其他适当的法律援助。

只有法官或陪审团可以最终决定谁是事故责任方，或者其他人在你的损失中应承担多少责任。

我必须在一定的时间范围内结束索赔吗?

是的。你必须在适用法律要求的时间期限内，或者接受最终理赔结果，或者提起诉讼：

● 对于人身伤害索赔——事故发生日起的四年内。

● 对于财产损失索赔——事故发生日起的三年内。

● 对于一起由政府机构造成的事故引发的人身伤害或财产损失——为特定政府机构设置的法律限制的时间期间内。

如果你没有就最终理赔结果在法定时间限制之前提起诉讼，你可能会完全丧失接受理赔的权利。

资料来源：犹他州保险局。

未满足补偿基金

有几个州[①]已经为补偿无辜的车祸受害者建立了未满足补偿基金。**未满足补偿基金**（unsatisfied judgment fund）是一项用于补偿无法从其他途径获得赔偿的汽车事故受害者的政府基金。这些基金具有一些共同的特点：[②]

- 车祸受害人必须获得了法院对过失司机的判决，而且必须证明判决的赔偿金无法获取。
- 基金支付的最大限额一般不超过州强制保险法规定的限额。赔付的数额可能会因为其他补偿来源而降低，例如工人补偿保险金。
- 当该基金对车祸的受害者进行赔偿之后，过失司机并没有豁免法律责任。过失司机必须赔偿基金，或者失去驾照，直到他们把钱还给基金。

融资的方法各州不尽相同，例如可以通过向每一位司机收费，可以根据各州汽车责任保险数额在各家保险公司之间分摊，可以由州内未投保机动车驾驶员分摊，或者向违规驾驶车辆追加罚款。

未投保机动车驾驶员保障

未投保机动车驾驶员保障（uninsured motorists coverage）是补偿车祸受害人的另一种方法。受伤者的保险公司同意为因未投保机动车驾驶员、肇事逃逸司机或者其保险公司破产的过失司机造成的身体伤害（在某些州，财产损失也包括在内）赔偿事故受害人。未投保机动车驾驶员保障在第 22 章进行了更详细的讨论。

未投保机动车驾驶员保障具有下述优点：

- 驾驶员可以得到未投保的司机造成损失的赔偿。许多州规定，在本州内销售的所有汽车保险单必须强制包含未投保机动车驾驶员保障。在其他州，除非被保险人通过签署书面弃权证明自愿放弃该保障，否则，这一保障自动生效。
- 赔付比民事侵权诉讼更迅速和有效率。尽管事故受害人必须证明未投保的司机的过失造成了对自己的损害，但不需要起诉过失司机就可以胜诉。

但是，未投保机动车驾驶员保障对于补偿受伤的车祸受害人而言有一些技术上的不足。它们包括：

- 除非投保人购买的保险有较高的限额，否则保险公司只赔付州财务责任法或强制保险法规定的数额。最低保险限额相对较低。因此，车祸受害人可能无法获得其损失的全部赔偿。
- 受害人必须证明，未投保的司机对事故负有法律责任。这一要求在某些情况下很难完成，如果聘请律师则又很昂贵。
- 有些州不提供财产损失保障。除非你购买了碰撞保险，否则，你所遭受的由未投保的司机造成的财产损失可能得不到任何赔偿。

---

① 密歇根州、纽约州和北达科他州设有未满足补偿基金。马里兰州的汽车保险基金取代了 1973 年的马里兰州汽车保险计划与未满足理赔和补偿基金。参考 "Maryland Automobile Insurance Fund, Origins and Objectives," February 2001. 在 2013 年，新泽西州开始逐渐退出州未满足补偿基金。参见 "Residual Markets," The Insurance Information Institute, *White Papers*, April 2012.

② Eric A. Wiening, et al., *Personal Insurance*, 1st ed. Malvern, PA: American Institute for Chartered Property Casualty Underwriters/Insurance Institute of America, 2002, pp. 2.8 – 2.10.

低成本汽车保险

正如前面所提到的,强制保险法在减少未投保的司机的数量方面没有效果,一些州已经制定了新的法律来解决这些问题。许多司机由于汽车保险成本过高而没有投保。**低成本汽车保险**(low-cost auto insurance)以较低的费率为那些无法购买正常保险或需要提供保障的资产有限的机动车驾驶员,提供最低数额的责任保险。例如,在新泽西州就可以获得标准的基本的低成本汽车保险。基本保险为每人每起事故提供 15 000 美元保障,严重医疗人身伤害最高 250 000 美元,以及 5 000 美元的财产损失责任保险。人身伤害责任保险(为每起事故中的所有的人一共赔偿 10 000 美元)是一个可选项。该保险不提供未投保机动车驾驶员和物理损毁保障。新泽西州还提供"专有汽车保险保单"(SAIP),符合医疗补助保险的驾驶员可以通过它得到 365 美元的仅限医疗保健的保单。专有汽车保险为事故发生后的紧急医疗救助提供保障,脑部和脊椎损伤最高 250 000 美元。该保险没有提供责任保险或者物理损毁保障。[1]

加利福尼亚的低成本保险仅向大于 19 岁的驾驶记录良好的低收入驾驶员提供。费率按照全国水平厘定,驾驶员可以购买每人 10 000 美元,每起事故 20 000 美元的责任保障。还有未投保或投保不足的驾驶员保障,保费可以通过分期付款的方式支付。该计划 1999 年建立,到 2012 年底,有 12 000 份保单有效。[2]

付费参与原则

另一种方法是执行**付费参与原则**("no pay, no play" laws),该法案禁止未投保的司机因为非经济损失起诉过失司机,例如对身体和精神痛苦的赔偿。一些州正在考虑将其作为减少未投保的司机的一个办法。[3] 10 个州已经执行了该法案。例如,在密歇根州,超过 50%的过失未投保的司机在事故发生后无法获得车祸造成的非经济损失赔偿。加利福尼亚州禁止未投保的司机和醉酒司机起诉。路易斯安那州要求未投保的司机在起诉索取赔偿之前,自行支付最初 10 000 美元的治疗费用,以及最初 10 000 美元的财产损失赔偿费用。俄克拉何马州的法律禁止未投保司机因为非经济损失,如疼痛,获得赔偿。新泽西州禁止未投保的司机、醉酒司机,以及为了获得经济和非经济损失赔偿而故意做出某些行为的司机获得赔偿。

无过失汽车保险

无过失汽车保险是补偿受伤的车祸受害人的又一方法。由于传统的民事侵权责任体系存在缺陷和不足,目前约有半数的州、哥伦比亚行政区以及波多黎各实行了无过失法。

无过失汽车保险的定义　**无过失汽车保险**(no-fault auto insurance)是指,在造成身体伤害的汽车事故发生后,每一方当事人都可以从自己的保险人那里获得赔偿,而无论过失在哪一方,并不一定要在赔付之前确定谁存在过失并提供证明。无论谁造成了这起事故,当事人从各

---

[1] A description of these coverages is available at State of New Jersey Department of Banking & Insurance Web site. See state.nj.us/bodi.

[2] "Compulsory Auto/Uninsured Motorists," *Issues Updates*, Insurance Information Institute, August 2012.

[3] Ibid.

自己的保险人那里获得赔偿。

此外，无过失原则也对向造成事故的过失司机的索赔权利给予了一定限制。如果身体伤害索赔低于某一**货币门槛**（monetary threshold），例如 5 000 美元，受伤的司机不能提起诉讼，相反，只能向自己的保险人索赔。但是，如果身体伤害索赔超过货币门槛，受害人有权就损失起诉过失司机。如果过失司机是被保险人，过失司机的保险公司通常为该损失提供保障。

在某些州，使用的是口头界限而非货币门槛。**口头界限**（verbal threshold）是指，只有损失惨重的事故才允许提起赔偿诉讼，如死亡、致残、毁容，或者身体器官或功能永久丧失等。所以，如果受害人受伤的严重程度达不到那些列出的伤害程度，受害人无法提起诉讼，而只能从自己的保险人那里获得赔偿。

无过失计划的基本特点　无过失计划因为每个州的法律类型、提供的赔付以及对诉讼权利的限制方面存在的差异而不同。[①]

1. 无过失计划的类型。有多种类型的无过失计划和建议，包括：
- 纯粹无过失计划
- 修正无过失计划
- 保留起诉权无过失计划
- 无过失选择计划

在**纯粹无过失计划**（pure no-fault plan）中，事故受害人根本不能起诉，无论索赔额是多少，受害人承受的身体和精神的痛苦都无法获得赔偿。实际上，在纯粹无过失计划下，民事侵权责任体系完全无效，因为事故受害人不能就遭受的损失提起诉讼。相反，受害人可以从自己的保险人那里获得无限制的医疗赔付和工资损失赔偿。现在已经没有哪个州提供纯粹无过失计划了。

在**修正无过失计划**（modified no-fault plan）中，只有在受害人所受身体伤害的索赔额超过货币门槛或口头界限的时候，才有权起诉过失司机。否则，事故的受害人要从自己的保险人那里获得赔偿。因此，修正无过失计划仅部分限制了起诉的权利。

保留起诉权无过失计划（add-on plan）向事故受害人支付赔偿金，而不考虑过失，受害人仍然有权利起诉导致事故的过失司机。这种保险还包括就身体痛苦和精神损害提起诉讼的权利。由于受害人保留了起诉的权利，所以保留起诉权无过失计划并非真正的无过失法。

有 3 个州（肯塔基州、新泽西州和宾夕法尼亚州）提供**无过失选择计划**（choice no-fault plans）。在该保险中，驾驶员可以选择支付较低的保费，获得州无过失法的保障，或者他们可以支付较高的保费，在民事侵权责任体系中保留起诉的权利。

略多于半数的、实施无过失法的州采用的是对诉讼权进行一定限制的修正无过失计划。其余各州采用保留起诉权无过失计划或无过失选择计划。如前所述，没有州实行纯粹无过失保险，有 3 个州采用了无过失选择计划。

2. 无过失赔偿。无过失赔偿通过为汽车保险保单附加批单实现。这种批单一般称为"基本个人伤害保护保险"（PIP）。这一名称表明了无过失支付的内容。赔偿的范围限制于受害人的经济损失，例如治疗费用、一定比例的损失工资，以及其他一些费用。受害人只有在超过货币门槛或口头界限的时候，才能够就非经济损失（例如痛苦、精神折磨以及造成的不便）提起诉讼。

[①] 这部分基于 "No-Fault Automobile Insurance," in *Fire, Casualty & Surety Bulletins*, Personal Lines volume, Personal Auto section (Erlanger, KY: National Underwriter Company) and "No-Fault Auto Insurance," *Issues Updates*, Insurance Information Institute, June 2012.

无过失赔偿通常提供下述费用：
- 医疗费用
- 工资损失
- 必要服务费用
- 丧葬费用
- 遗属损失赔付

医疗费用的支付通常设有上限。密歇根州对医疗费用没有规定上限。受伤的事故受害人还可以得到康复费用的赔偿。

收入损失可以得到赔偿。无过失赔偿一般限制为丧失劳动能力的人的周薪或月薪的一定百分比，在金额和持续时间上也设置了最高限额。

受害人日常的**必要服务费用**（essential services expenses）也能得到赔偿，比如家务、做饭、修剪草坪和修理房屋等支付的费用。

丧葬费用的赔偿有金额限制。在一些州，丧葬费用作为医疗费的一部分，而其他州则独立赔偿。

遗属损失赔付（survivors' loss benefits）支付给符合条件的遗属，例如配偶和抚养的子女。通常，遗属或者定期领取赔偿金，或者一次性得到全额赔偿。

有些州除了提供上述最低保障外，还要求提供**选择性无过失保险金**（optional no-fault benefits）。类似地，许多州要求保险人提供**选择性免赔额**（optional deductibles）来限制或消除某些无过失保险。

3. 诉讼权利。在那些提供保留起诉权无过失计划的州，对诉讼权利没有限制。事故的受害人可以从自己的保险人处获得第一方无过失计划，而仍然起诉造成损失的过失司机。

所有州都允许对造成严重伤害的事故提起诉讼。严重伤害意味着造成了死亡、残疾、毁容、骨折、身体机能或组织的永久丧失，或者永久性丧失劳动能力。在这些情况下，受害人可以就损失提起诉讼，包括对所受痛苦和精神上的折磨索赔。

在那些提供修正无过失计划的州，起诉的权利受到限制。通常，只有在达到货币门槛或口头界限之后，事故受害人才可以就损失对过失司机提起诉讼，包括对所受痛苦和精神上的折磨索赔。

最后，提供无过失选择计划的3个州允许司机在以下两种保险中进行选择，一是较低的保费以及对诉讼的限制，二是较高的保费以及在侵权责任系统中保留起诉的权利。

4. 财产损失赔偿的除外责任。除了密歇根州之外，无过失法只包括身体伤害，而不包括财产损失。因此，如果过失司机撞上了你的车，你仍然可以就自己车辆遭受的财产损失提起诉讼。有人认为，对财产损失的诉讼并不会拖延太久，不会导致很高的法律费用，也不会产生类似于身体伤害诉讼中现有的一些不足。而且，财产损失索赔与身体伤害理赔相比数额很小。

支持无过失法的观点　支持无过失法的观点认为，由于现有的侵权责任体系存在的不足，需要提供一套替代的系统。这些不足包括：
- 过失的确定困难。批评者认为，汽车事故的发生突然而无法预期，确定过失通常很难。在无过失法中，不需要确定过失人。如果身体伤害索赔额低于某一货币门槛或者无法达到口头界限的要求，那么每一方当事人从自己的保险人那里领取赔偿金。
- 赔偿支付不公平。在现有制度框架内，小额索赔经常能够获得超额赔付，而大额索赔则无法获得全额赔偿。由此，受重伤的车祸受害人通常无法得到其经济损失的全额赔偿。
- 高额的交易成本和律师费用。批评者还认为，现有民事侵权体系造成了高昂的交易成本和律师费用。通过传统民事侵权体系产生的侵权赔款中超过一半无法到达受害人。我们在第19章看到，律师费用、法律抗辩费用以及行政费用占赔付金额的比例超过一半。因此，现有体系的缺憾在于较高的交易成本和律师费用。

● 欺诈和超额索赔。欺诈和超额索赔是现有体系的主要诟病。常见的问题有两个。一是明显的欺诈，包括制造虚假汽车事故，虚假索赔，与医生、律师和脊椎按摩师等的串通。二是现有体系鼓励受害人超过其实际损失，进行夸大索赔，从而增加他们的损失赔偿。由于对非经济损失（痛苦和精神伤害）的赔偿很难计算，一个经验性法则是将这些损失按照原告经济损失（医疗费用和工资损失）的2~3倍计算。当痛苦和精神伤害赔偿根据医疗费用和工资损失的倍数计算时，原告有很强的激励夸大索赔。

● 延期赔付。在现有体系下，由于调查、协商和等待开庭占用了很多时间，许多索赔无法迅速做出。而且，聘请律师并不一定会加快赔付。保险研究委员会对车祸受害人的研究显示，没有聘请律师的原告比聘请律师的原告能够更快得到赔偿。在没有聘请律师的原告中，62%的人向自己的保险人申请赔偿，而在向另一方保险人索赔的人中有40%在3个月内解决索赔。相反，聘请律师的原告中，只有29%向自己的保险人提出申请，而在向另一方当事人索赔的人中有8%在3个月内获得赔偿。[1]

反对无过失法的观点 支持现有体系的人认为，无过失法也有缺陷。反对无过失法的主要观点包括：

● 过失制度的缺陷被夸大。大部分致命的碰撞和严重的事故都是因为酗酒，在这种情况下，并不难确定责任方。而且，大多数索赔在庭外解决这一事实表明，现有体系运作良好。

● 索赔效率和节省保费被夸大。无过失法会带来更高的效率和节省更多的费用，这一点被夸大，并且不可靠。在许多设有无过失法的州，保费的增加速度比采用民事侵权责任体系的州更快。

● 延迟审判不是普遍现象。延迟审判只有在某些大城市才构成问题，通过增加法庭的数量以及对程序进行完善可以减少延迟的时间。由于离婚、吸毒以及其他犯罪案件和其他类型的民事案件的不断增多，法庭的负担日益沉重。

● 安全驾驶的司机可能被判罚。无过失计划可能惩罚安全驾驶的司机，而使肇事司机获益。这种费率体系可能不公正地让无辜的驾驶员分摊事故成本，从而增加他们的保费。

● 痛苦和精神伤害不能得到赔付。原告的律师认为，车祸受害人的实际成本不能仅通过医疗费用和工资损失来衡量，痛苦和精神伤害也应该在确定经济损失的时候考虑进来。

● 民事侵权责任体系只需要进行一些改革。这种改革可以是增加法官人数和法庭的数量、限制律师的费用，或者用仲裁而非法庭来解决小额纠纷来达成。

对无过失法的评价 一些州已经撤销了无过失法，因为货币门槛过低增加了诉讼案件的数量。其他州一直在逐渐对法律做出调整。兰德城市民法研究所对无过失计划的最近一项研究提供了一些关于无过失计划有效性的具有价值的信息。[2] 研究报告中有两个主要发现：

● 无过失计划最初在解决索赔问题中发挥了减少诉讼的作用，但是随着时间推移，这种优势在减少。今天的侵权和各种形式的无过失计划，这两套体系关于事故受害方寻求法律援助和

---

[1] Insurance Research Council, *Auto Injury Victims Who Hire an Attorney Are Less Likely to Be Satisfied with Their Total Payment: Findings from a New IRC Study*, news release, August 19, 2004.

[2] James M. Anderson, Paul Heaton, and Stephen H. Carroll, *The U.S. Experience with No-Fault Automobile Insurance: A Retrospective*, Santa Monica, CA: RAND, Institute for Civil Justice, 2010.

非经济损失补偿方面在很大程度上是相似的。
● 汽车责任保险保费在实施无过失法的州要比在实施侵权法的州高很多。有三个州在调研期间废除了自己的无过失法，责任保险保费下降了10%～30%。关于为什么无过失保险的成本高于传统侵权体系下的保障成本有两种解释。一是，在本部分开始的地方提到过，无过失体系所提供的保障范围要比采用侵权体系各州所提供的传统医疗赔付保障范围更为广泛。二是，汽车保险公司对于相同的医疗服务，在采用无过失体系各州比在采用侵权体系各州支付得更多。研究报告的作者为第二种现象提供了几种可能的解释。① 第一，在采用无过失体系的州，汽车保险公司在无过失个人人身伤害保险保障中成为了主要医疗保险公司。传统的健康保险公司实际上比汽车保险公司更加专业。第二，传统的健康保险公司在设计医疗保险合同的时候也更好，有助于控制成本。第三，汽车保险公司对虚假索赔行为的担忧会影响它们勘察保单持有人医疗保险索赔的积极性。

高风险司机的汽车保险

一些司机通过正常市场渠道购买汽车保险存在困难。这些人包括年轻司机（这些人所造成的车祸所占比例非常高），驾驶记录不好的司机，以及受到1次以上酒后驾车起诉的司机。这些司机可以在**分享市场**（shared market）（也称为**剩余市场**（residual market））中购买汽车保险。分享市场是指汽车保险公司参与的保险，为那些无法在标准市场中购买保险的司机提供保险。

高风险司机尽管很难从标准市场上购买汽车保险，但是可以通过其他很多渠道购买保险。这些途径包括：
● 汽车保险计划
● 联合保险人协会（JUA）
● 再保险便捷计划
● 马里兰汽车保险基金
● 专业保险公司

汽车保险计划

大多数州都有**汽车保险计划**（automobile insurance plan），也称为**分派风险计划**（assigned risk plan）。该计划为无法在自由交易市场上购买保险的司机提供汽车保险。在这种计划中，州内的所有汽车保险人根据自己占本州承保的汽车保险的市场比例来分配高风险司机的保险份额。例如，如果保险人A占州内汽车保险保费的5%，那么保险人A必须接受5%的高风险汽车保险人的申请（见图表23—2），但是收取的保费明显高于自由市场中收取的保费。高风险司机支付标准保费的2～3倍很正常。

汽车保险计划的主要优点是，高风险司机至少能够有一个渠道购买责任保险。因此，保护

---

① James M. Anderson, Paul Heaton, and Stephen H. Carroll, *The U.S. Experience with No-Fault Automobile Insurance: A Retrospective*, Santa Monica, CA: RAND, Institute for Civil Justice, 2010., pp. 131-132. The explanations provided were suggested by stakeholder interviews.

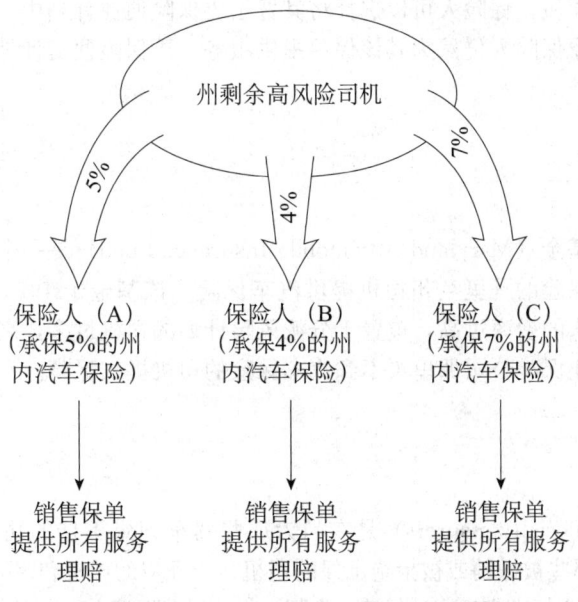

```
                    州剩余高风险司机
              5%         4%          7%
               ↓          ↓           ↓
         保险人（A）   保险人（B）   保险人（C）
         （承保5%的州  （承保4%的州  （承保7%的州
          内汽车保险）  内汽车保险）  内汽车保险）
               ↓          ↓           ↓
          销售保单     销售保单      销售保单
          提供所有服务 提供所有服务  提供所有服务
          理赔         理赔          理赔
```

图表 23—2　汽车保险计划案例（概括性）

资料来源：Adapted from Karen L. Hamilton and Cheryl L. Ferguson，*Personal Risk Management and Property-Liability Insurance*，1st ed.（Malvern，PA：American Institute for Chartered Property Casualty Underwriters/Insurance Institute of America，2002），Exhibit 9-5，p. 9.37.

无辜受害人的目标至少能够部分实现。然而，这些计划也有几个不足，包括：

- 虽然高风险司机支付了更高的保费，但是汽车保险计划仍然导致了大量承保损失。这样，自由市场中的低风险司机实际上在补贴高风险司机。
- 高昂的保费可能导致许多高风险司机不投保。这种效应恰恰与制定该计划的目的相反。
- 很多没有违规记录的"无风险"司机被强行纳入该计划。当监管官员认为区域内的损失过高，同意提高保险费率而导致某个州的汽车保险公司减少商业保险市场上的汽车保险供给时，这种情况就会发生。

联合保险人协会

有些州已经建立了联合保险人协会，来为高风险司机提供保险。**联合保险人协会**（joint underwriting association，JUA）是在州内经营的汽车保险公司组织，通过该组织，高风险业务被分散，每一个公司只承担其相应部分的损失和费用。联合保险人协会影响高风险汽车保单的设计，确定收取的费率。所有承保损失根据其在州内的保费收入份额按比例分摊。

一定数量的保险公司被指定开展高风险的联合保险人协会的业务。每家为保单持有人提供理赔服务和其他服务的公司都被分配给一个代理人或经纪人。尽管只有少数大型保险公司被指定提供高风险汽车保险，但是如前所述，所有的保险公司都要分摊承保损失。

再保险便捷计划

一些州制定了解决高风险司机保障问题的**再保险便捷计划**（reinsurance facility），或称为**资金池**（pool）。根据该协议，保险公司必须接受所有保险申请人，无论其风险高低。如果申请人被认为是高风险司机，保险人可以选择将其置于再保险便捷计划中。尽管高风险司机处于再保险便捷计划中，原保险人仍然为其该保单提供服务。再保险便捷计划的承保损失由州内的所有汽车保险公司分摊。

马里兰汽车保险基金

马里兰汽车保险基金（Maryland Automobile Insurance Fund）是一个州立基金，为那些无法在自由市场上购买保险的马里兰州司机提供汽车保险。该基金于1972年设立，其产生的原因是商业保险公司收取的费率过高，被置于分派风险计划的司机过多，高风险司机难以买到保险。该基金只为从商业保险公司那里买不到汽车保险的司机提供保险。

专业保险公司

专业保险公司（specialty insurers）是专门为那些驾车记录不佳的司机提供保险的保险公司。这些保险公司为那些被撤销或被拒绝承保的司机、十几岁的司机和因醉酒被罚的司机提供保险，其收取的保费远高于标准市场中的保费。实际支付的保费根据个人在过去3年中的驾驶记录确定。记录上其承担责任的事故或交通违章次数越多，需要交纳的保费越高。专业保险公司提供的责任保险限额至少与州财务责任法的要求相等，许多公司也提供可选择的更高限额的保险。此外，由于司机发生车祸的概率较大，所以医疗费用赔偿限额相对较低，而且碰撞保险的免赔额较高。

汽车保险的成本

汽车保险很贵。由于医疗成本的日益上升、机动车辆修理成本的提高、机动车辆责任案件中审理费用的飙升，以及保险滥用和保险欺诈的增加，汽车保险公司的费率已经大幅提升。被保险人必须了解决定汽车保险保费的因素，以及哪些因素能够降低保费。

决定私人载客汽车保险保费的主要因素包括：
- 地理区域
- 年龄、性别和婚姻状况
- 汽车的用途
- 驾驶员培训
- 好学生折扣
- 汽车数量和类型
- 个人驾驶记录
- 保险分值

地理区域

责任保险首先确定基准费率，它主要由汽车经常使用和存放的地理区域决定。每个州都被分成多个适用不同费率的地理区域，例如，大城市、城市的某一部分、教区，或者农村地区。每个地区的索赔数据进行整理之后，据此确定该地理区域的基准费率。所以，城市里的司机支付的费率一般会高于乡村的驾驶员，因为在易于发生交通阻塞的城市中，车祸的数量也会更高。通常，由于交通流量密集增加了失窃和野蛮驾驶的概率，还增加了欺诈的频率，所以某些大城市的保费非常高。图表23—3显示了2011年7月年平均汽车保险保费最高和最低的10个城市的情况。

图表23—3   2011年汽车保险最贵和最便宜的10个城市[1]   单位：美元

排名	最贵城市	平均汽车保费	排名	最便宜城市	平均汽车保费
1	Detroit, MI	5 941	1	Roanoke, VA	937
2	Philadelphia, PA	4 076	2	Green Bay, WI	999
3	New Orleans, LA	3 599	3	Wapakoneta, OH	1 008
4	Miami, FL	3 388	4	Portland, ME	1 053
5	Newark, NJ	2 867	5	Boise, ID	1 065
6	Baltimore, MD	2 851	6	Richmond, VA	1 109
7	Tampa, FL	2 796	7	Fairfield, OH	1 111
8	Providence, RI	2 711	8	Charlotte, NC	1 134
9	Los Angeles, CA	2 664	9	Lafayette, IN	1 140
10	Las Vegas, NV	2 651	10	Pocatello, ID	1 143

[1] 2011年7月的情况。基于2012款Chevrolet Malibu LS商务车驾驶情况，责任限额100 000美元/300 000美元/50 000美元，碰撞和综合保险免赔额500美元，未投保机动车驾驶员保障100 000美元/300 000美元。

注：数据来自Runzheimer International公司。

资料来源：*The Insurance Information Fact Book 2012*，New York：Insurance Information Institute，p. 65.

年龄、性别和婚姻状况

年龄、性别和婚姻状况在确定总保费的时候非常重要。大多数州允许将其作为保费的决定因素。

年龄是确定费率的一个极为重要的因素，因为年轻司机在车祸中占比非常高。2009年，20岁以下司机在所有获驾照的司机中占6.4%。这些人在2009年发生车祸事故的有1 473 000人，占所有卷入事故的司机总数的15.3%（见图表23—4）。

图表23—4   各年龄段驾驶员造成的事故（2009年）

年龄	持照驾驶员数量	占总人数百分比	因事故死亡的人数	占总人数比例[1]	卷入事故的司机数量	占总人数比例[1]
16岁以下	409 526	0.2	181	NA	148 000	NA
16~20岁	12 913 024	6.2	5 051	39.12	1 325 000	10 261
21~24岁	14 053 321	6.7	4 597	32.71	1 146 000	8 155
25~34岁	36 326 817	17.3	8 610	23.70	1 908 000	5 252
35~44岁	38 158 133	18.2	7 757	20.33	1 694 000	4 439
45~54岁	41 665 892	19.9	7 664	18.39	1 603 000	3 847
55~64岁	33 156 841	15.8	5 276	15.91	994 000	2 998
65~74岁	19 124 755	9.1	2 868	15.00	480 000	2 510
超过74岁	13 810 077	6.6	2 550	18.46	315 000	2 281
总计	209 618 386	100	45 230[2]	21.58	9 614 000	4 586

[1] 每100 000名持照驾驶员。
[2] 包括年龄未知的驾驶员。
NA=不适用。

注：数据来自于U.S. Department of Transportation, National Highway Traffic Safety Administration；Federal Highway Administration.

资料来源：*The Insurance Fact Book 2012*：New York：Insurance Information Institute，p. 154.

性别在确定总保费时也很重要。男性驾驶员卷入所有交通事故和致死交通事故的比例高于女性驾驶员。① 由于较高的事故比例，男性支付的保费通常高于女性。

婚姻状况对于某些年龄段也很重要，因为处于相同年龄段的年轻人，已婚男性司机发生车祸的数量低于未婚男性司机。

由于年龄因素，保险公司可能被允许进行一些分值和费率折扣。如果驾驶家庭车辆到100公里外的学校或者大学读书，而且在学校没有车，那么他的保费分值可能会提高。此外，年龄在30～64岁间的女司机如果是家里唯一的司机，那么可以享受一定的费率折扣。老司机也可以从许多保险公司那里得到费率折扣。

当十几岁的年轻人加入父母的保单，汽车保险保费会大幅度提高。在这些情况下，折扣就非常重要，特别是对参加安全驾驶课程的人和好学生。专栏23.2提供了一些为十多岁的驾驶员承保的一些小贴士。

专栏 23.2

保护你自己：为家里十多岁的驾驶员投保

为十多岁的驾驶员投保对许多家长来说都是额外的成本。许多公司认为25岁以下的驾驶员具有更高的风险，并因此而收取较高的保费。这里有一些来自美国保险监督官协会的提示，可以帮助你实现你的汽车保险的最大价值。

1. 少年司机的实际情况

根据美国儿科学会（American Academy of Pediatrics）的数据，年龄在16岁到20岁之间的死亡人口中有三分之一是因为汽车事故死亡的，也就是每年死亡5 000多名十多岁的青少年。面对这一数据，将他们开车视为一种特权而非一种权利是很重要的。

2. 设定底线规则

为十多岁的青少年司机投保会给你带来额外的成本，无论你选择购买哪一种保险。不过，你的孩子在多大程度上享有驾车的特权是你可以控制的因素。在你的孩子坐进驾驶位之前，可以设定一些安全驾驶的底线规则。设定的驾驶规则包括：

- 青少年可以和不可以驾驶的时间长度；
- 允许车里一次坐的朋友的数量；
- 青少年每天或每个星期允许驾驶的里程数。

你也许可以考虑跟孩子签订一份驾驶合同。在合同中应该清晰地列明孩子在开车和照看汽车时应承担的责任和义务，并且需要你和孩子双方都签署。

3. 购买一辆汽车或者增加一名司机？

你可能不会专门为你的孩子购买一辆汽车，但是为你的保单增加一名被保险人可能也很贵。例如，如果你驾驶一辆新一些的运动轿车，在保单上添加一个十多岁的青少年就会大幅度增加你的保费。不过，具有责任保险的价格不那么高的经济型轿车可能更适合你的孩子。一定要与你的保险代理人讨论这一问题。

4. 提供完全的、准确的信息

当你询价或者提交申请时，要提供完整的正确的信息，例如孩子要驾驶的汽车的制造年份、型号和使用年限。由于你的保费报价将会基于这一信息，因此信息就要尽可能地准确和完整。

---

① *The Insurance Fact Book 2012*, New York: Insurance Information Institute, p. 153.

5. 多方询价

在购买保险之前，四处询价是值得的。不同的保险公司的保费可能差异很大。例如，如果你的孩子是一名很优秀的学生，通过了驾校学习课程或者有一份工作，一些公司可能会收取比较低的折扣保费。这些折扣包括：

- 一张保单上有两辆以上的车；
- 参加驾驶员教育课程；
- 年龄低于 25 岁的好学生司机；
- 有安全气囊或者其他安全设施；
- 有防盗装置；
- 在同一份保单上或者在同一家保险公司中购买汽车和家庭保险。

6. 考虑修改保障范围和免赔额

你可以通过降低物理损毁（碰撞和综合保障）保障免赔额降低汽车保险成本。要认真评估你当前的免赔额，看看在发生事故的情况下，你能否消化大部分所发生的损失。而且，要考虑降低或者取消对老爷车的物理损毁保障，除非是担保利益权利人的要求，例如银行。

7. 正常评估你的保单；并相应进行升级

正常评估你的保单，确认你的保费基础尽可能地准确。有一些事情可能会影响你的保费：

- 向你的保单添加一辆汽车或者移除一辆汽车；
- 从高中毕业或者年满 18 岁的青少年。

8. 获取更多的信息

要得到更多的信息，就要联系所在州的保险局。你可以通过登录 www.naic.org 网站点击你的保险局的链接进行查看。点击"州保险网站"，然后点击你所在的州。

资料来源：美国保险监督官协会，《消费者警示》。

汽车的用途

汽车用途是费率厘定中的又一重要因素。保险公司根据汽车驾驶的情况对汽车进行分类。汽车驾驶情况可以分为：

- 娱乐用途——不用于商业用途，也不经常开车上下班，除非上下班单程不超过 3 英里；
- 用于上班——不用于商业用途，但是每天行程在 3~15 英里之间；
- 用于上班——不用于商业用途，每天行程等于或超过 15 英里；
- 商业用途——通常用于商务或专业活动；
- 农业用途——主要停放于农场或牧场，不用于任何其他商业用途，也不用于上下班或上下学。

用于农业用途的汽车费率最低，紧随后的是娱乐用途的汽车。用于上班或者商业用途的费率较高。

有些保险公司使用技术，而不是通常的分类方法，更好地跟踪汽车的使用情况。加利福尼亚允许保险公司将实际里程数作为定价因素，并使用类似于 OnStar 或类似的服务程序监控里程数。有些保险公司试验采用数据记录仪来更准确地记录汽车使用情况。数据记录仪是一种电子设备，它可以安装在汽车上跟踪司机的驾驶行为。例如，保险公司可能希望知道汽车加速有多快，刹车有多猛，驾驶距离有多远，以及在夜间驾车还是在白天驾车。进取保险公司（Progressive Insurance Company）2011年启动了一项自愿保险计划，通过该计划，他们的保单持有人可以选择在汽车上安装数据记录仪，从而降低他们的保费。数据记录仪的使用涉及隐私问题，以及关于谁拥有数据以及如何使用数据的问题。

驾驶员培训

如果年轻司机成功完成培训课程，就可以得到驾驶员培训得分，例如10个或15个百分点。驾驶员费率分值的计算前提是，年轻驾驶员上的驾驶员教育培训课程可以降低事故数量。

好学生折扣

好学生折扣（good student discount）也可以降低保费。成本的降低基于如下假设：好学生也是好司机。因为好学生的心理素质和智力有助于更安全地开车，而且会花更多的时间去学习，而不是开车。

要获得该折扣，必须是高中或大学的全日制学生，至少满16岁，并满足下述条件之一：
- 在班级里名列前20%
- 平均成绩为B，或等同的分数
- 平均学分至少为3.0
- 在校长名单或荣誉榜上

学校的管理者也必须开出证明，证明学生满足了上述条件之一。

汽车数量和类型

如果被保险人拥有两辆或两辆以上的汽车就可以获得**多车辆折扣**（multicar discount）。该折扣的假设是，一个人拥有两辆车，那么驾驶车的情况肯定比只有一辆车多，但肯定不会多出两倍。

车龄、品牌和类型也会影响汽车物理损失保险的成本。随着汽车的老化，物理损失保险的保费就会下降。

同样，维修成本也是物理损失保险费率的重要决定因素。新汽车都是以易损坏的程度和维修的成本来确定保费的。不易被损坏和相对容易维修的汽车，其费率一般较低。

个人驾驶记录

许多保险公司都有**安全司机计划**（safe driver plans），该计划主要根据被保险人和与其同住的车辆司机的个人驾驶记录来确定保费。驾驶记录良好的被保险人支付的保费比记录差的人少。良好的驾驶记录意味着，在过去3年中，驾驶员没有发生任何由其承担责任的汽车事故，也无严重的交通违章事故。

保险公司根据事故和交通违章情况来评分，根据不同的分数相应增加额外费用。酒后驾车、未刹住车引起事故、开车撞人、已经吊销执照或无有效驾照驾车等违章行为都会提高其分值。实际的保费支付基于积累的总分数。

大多数保险公司对赔偿额超过给定金额（例如500美元）的事故加收额外费用。额外费用一般连续加收3年。比如，第一次发生事故时在基础保费的基础上加收10%，第二次发生事故时加收25%。

保险分值

另一个重要的费率厘定因素是，根据申请人的信用记录确定保险分值。**保险分值**（insurance score）是一种信用积分，基于现在的理赔情况预测未来的理赔成本。他们认为，那些认真对待信用卡使用情况的人，在其他领域也会保持认真的态度，例如驾驶行为。保险评分是对个人信用记录的统计分析，保险公司认为，这有助于预测驾驶员在未来一定时期内提出索赔的可能性。保险分值根据的是个人的信用记录，然后为了核保和确定费率而纳入其他费率确定因素。保险公司认为，保险分值和车祸发生可能性之间存在很高的相关性。作为一个群体，信用记录不好的司机提出的索赔比信用记录良好的司机要多，相反，信用记录良好的司机填报的索赔相对较少。精算学研究通常支持该结论。

信用机构，例如FICO公司和ChoicePoint公司，根据申请人的信用情况，为汽车保险公司计算保险分值。该计算公式对不同的信用要素赋予了不同的权重，然后得出保留3位小数的分值。用于计算保险分值的公式是一项专利，一般包括延期支付、未偿债务、过期账目、公共记录、支付类型以及类似的信用要素。

选购汽车保险

作为一名谨慎的保险消费者，你在购买汽车保险的时候应当牢记几条建议（见图表23—5）。

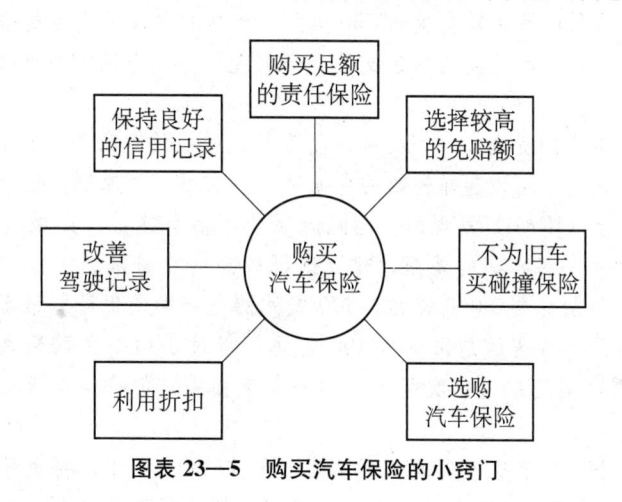

图表23—5 购买汽车保险的小窍门

购买足额的责任保险

购买汽车保险最重要的一个原则是购买足额的责任保险。如果你购买的保险只满足州财务责任法或强制保险法的最低限额，例如25 000美元/50 000美元/25 000美元，那么你投保严重不足。即使你购买的限额为较高的100 000美元/300 000美元/50 000美元，如果在重大车祸中你是过失方，那么仍然存在投保不足的问题。未足额投保的过失驾驶员可能会因为赔偿金不足而受到法院的判处，那么该驾驶员当前和未来的收入和资产就可能会按照判决被扣压。你要避免这一问题，就要购买足额的责任保险。

你还要考虑购买个人伞式保险保单，因为该保单将会在超过承保保险限额之后，为你的汽车另外提供100万～1 000万美元的责任保险。个人伞式保险将在第24章讨论。

选择较高的免赔额

另一个重要建议就是为碰撞保险和非碰撞损失保险（也称为综合险）购买更高额度的免赔额。许多被保险人的免赔额是250美元，但是将250美元的免赔额提高到500美元将会使你的碰撞保险和综合险保费降低15%～30%。如果你可以承担更高的免赔额，你甚至可以考虑1 000美元的碰撞保险免赔额。

专栏23.3讨论了在你提高碰撞保险免赔额之前应当考虑的重要因素。

专栏23.3

提高碰撞保险免赔额以节省资金——一些重要的考虑因素

财务咨询师通常建议提高碰撞保险免赔额以节省资金。一般来说每年的保费可以节省10%～40%。不过较高的免赔额并不是对于所有被保险人都是最好的选择。调高免赔额还必须考虑其他因素。

● 有能力承担较高的免赔额。如果你的存款有限，而且损失发生的时候不能支付较高的免赔额，就不应该选择较高的免赔额。例如，假设你将免赔额从250美元提高到1 000美元，如果发生主责事故时，自付的费用就会提高750美元。大多数被保险人可能会使用信用卡支付免赔额。如果免赔额按月支付，长期的利息支付将会消耗部分或全部保费节省下来的钱，特别是如果损失发生得比较早。

● 高免赔额节省下来的资金。一个关键的要素是，较高的免赔额可以节省下来的保费。如果节省的保费很少，你就不应该选择较高的免赔额。没有唯一的原则，但这是一个原则。该原则是国际风险管理协会（IRMI）发现的。国际风险管理协会建议，如果接下来的两年里节省的保费等于或者超过两个免赔额的差额，建议选择较高的免赔额。例如，假设250美元的免赔额需要每年缴纳碰撞险保费1 000美元，500美元的免赔额使保费降低至800美元，每年节省200美元。接下来两年节省的总保费为400美元，超过了两个免赔额之间的差额（250美元）。[1]这时较高的免赔额是可取的。实际上，如果发生损失，你将会自行支付两年时间的免赔额的差额。

接下来，考虑一个保费节省很少的实际案例。凯文今年34岁，将免赔额从100美元提高到1 000美元，每年节省保费324美元。两年时间节省的总保费为648美元，低于两个免赔额的差额（900美元）。根据国际风险管理协会的原则，较高的免赔额不划算。

● 被保险人的驾驶记录。被保险人的驾驶记录对于高免赔额保单有效发挥作用非常重要。如果驾驶记录很差就不应当选择较高的免赔额。你一旦是过失方，就会耗尽高免赔额所节省下来的保费，特别是如果在较短的时间段内发生了多起事故。不过，较高的免赔额对于驾驶记录很好的被保险人是有好处的，因为如果没有发生损失，每年保费累积下来会节省很多钱。

● 旧车碰撞保险。旧车碰撞保险通常不应该购买，因为旧车的市场价值相对较低（例如2 000～3 000美元）。如果发生自己付主责的碰撞损失，你所获得的是损失的实际现金价值减去免赔额之后的数额。事故发生后的维修费用经常会超过汽车本身的价值，但是保险公司的赔付不会超过其实际现金价值。自己承担一辆旧车物理损毁损失风险通常比以较高的保费购买碰撞保险并在损失发生后自行消化免赔额要划算得多。而且，如果你在事故中负主责，保险公司通常要追加征收3～6年的保费。碰撞保险保费加上追加的保费的总额，再加上责任事故发生后必须支付的免赔额，可能就会超过相同时期内旧车的价值。

[1] "Personal Lines Beat: Selling Higher Deductibles," *Personal Lines Pilot*, IRMI e-mail newsletter, Issue #51, October 12, 2007.

不为旧车买碰撞保险

如果你的车属于老款，市场价值较低，那么你应当考虑不为其购买碰撞保险。事故发生后的修理成本往往会超过老汽车的价值，但保险公司的赔偿将不超过该车的市场价值（扣除免赔额后）。一个粗略的原则是，当普通汽车（例如雪铁龙、福特、道奇）使用超过6年，就不需要为其购买物理损坏保险。

选购汽车保险

另一个重要建议就是要认真选购汽车保险。保险公司之间存在激烈的价格竞争，保费会有很大差异。[①] 多联系几家保险公司，并比较它们的报价。许多州保险局出版保险选购指南，帮助保险消费者更好地做决策。州保险局还开设了网站，提供州内不同城市汽车保险的费率信息。例如，图表23—6比较了内布拉斯加州的14家保险公司（提供大部分保障）关于位于奥马哈东南部和西南部地区的六类驾驶员保费费率的比较。正如你所看到的，对同一保障，保险公司之间的费率有很大差异。不过要记得，尽管通过选购和比较费率节省下来保费很重要，但是保费并不是需要考虑的唯一因素。

图表23—6　内布拉斯加州奥马哈地区的汽车保险保费变化范围很大（6个月的保费：2010年8月1日费率）

	汽车款式和保障限额（美元）	
	2009年丰田佳美LE　4门汽车	
责任限额	100 000/300 000	人身伤害
	100 000	财产损失
	5 000	医疗费用
	100 000/300 000	未足额投保机动车驾驶员
	100 000/300 000	未投保机动车驾驶员
	250	碰撞保险免赔额
	100	综合险免赔额

[①] 美国消费者联盟（CFA）最近考察了15个城市的费率，比较了同一风险不同保险公司的报价。在一个城市中，女性汽车保险的保费报价在762美元到3 390美元之间。参考 "Rates for Good Drivers in Cities Too High, Too Variable, Says Consumer Group," *Insurance Journal*, June 19, 2012.

司机假设情况

例1：17岁单身男性，第一驾驶人，娱乐用途，每年驾车里程少于12 000英里，与父母同住。过去3年中没有违规或造成交通事故。

例2：17岁单身女性，第一驾驶人，娱乐用途，每年驾车里程少于12 000英里，与父母同住。过去3年中没有违规或造成交通事故。

例3：21岁单身男性，第一驾驶人，娱乐用途，每年驾车里程少于12 000英里，学生，租住公寓。过去3年中没有违规或造成交通事故。

例4：21岁单身女性，第一驾驶人，娱乐用途，每年驾车里程少于12 000英里，学生，租住公寓。过去3年中没有违规或造成交通事故。

例5：44岁已婚女性，第一驾驶人，娱乐用途，每年驾车里程少于12 000英里，工作10年以上，拥有房屋15年以上。过去3年中没有违规或造成交通事故。

例6：65岁已婚男性，第一驾驶人，娱乐用途，每年驾车里程少于12 000英里，工作10年以上，拥有房屋15年以上。过去3年中没有违规或造成交通事故。

奥马哈东南部保费（美元）

公司	例1 17岁单身男性	例2 17岁单身女性	例3 21岁单身男性	例4 21岁单身女性	例5 44岁已婚女性	例6 65岁已婚男性
Allstate Fire & Casualty Ins. Co.	2 024	1 489	1 173	980	665	640
American Family Mutual Ins. Co.	1 875	1 232	996	875	454	417
Farm Bureau Mutual Ins. Co	2 325	1 889	1 195	1 160	804	686
Farmers Ins. Exchange	703	683	692	598	413	399
Farmers Mutual Ins. Co. of Nebr.	1 859	1 307	1 213	914	494	457
GEICO General Insurance Co.	1 612	1 196	768	738	834	348
Motor Club Insurance Association	3 641	2 605	2 218	1 609	767	693
Nationwide Agribusiness Ins. Co.	1 590	1 191	1 059	838	423	367
Progressive Northern Ins. Co.	3 644	3 012	1 253	948	569	543
Progressive Universal Ins. Co.	3 066	2 547	1 083	810	584	561
Shelter Mutual Insurance Co.	2 558	1 693	1 550	1 161	684	538
State Farm Fire & Casualty Co.	3 055	2 258	1 775	1 406	722	641
State Farm Mutual Auto Ins. Co.	2 662	1 967	1 547	1 225	630	559
United Services Automobile Ass'n	1 160	994	559	485	322	330

奥马哈西南部保费（美元）

公司	例1 17岁单身男性	例2 17岁单身女性	例3 21岁单身男性	例4 21岁单身女性	例5 44岁已婚女性	例6 65岁已婚男性
Allstate Fire & Casualty Ins. Co.	1 666	1 234	967	811	554	534
American Family Mutual Ins. Co.	1 875	1 232	996	875	454	417
Farm Bureau Mutual Ins. Co	1 787	1 453	914	893	617	527
Farmers Ins. Exchange	590	573	582	502	347	336
Farmers Mutual Ins. Co. of Nebr.	1 859	1 307	1 213	914	494	457
GEICO General Insurance Co.	1 457	1 083	693	667	347	314
Motor Club Insurance Association	3 401	2 434	2 072	1 503	718	649
Nationwide Agribusiness Ins. Co.	1 444	1 082	965	764	388	337
Progressive Northern Ins. Co.	3 140	2 627	1 052	812	486	470

Progressive Universal Ins. Co.	2 687	2 257	928	708	516	501
Shelter Mutual Insurance Co.	2 168	1 435	1 314	985	582	458
State Farm Fire & Casualty Co.	2 257	1 669	1 315	1 043	538	479
State Farm Mutual Auto Ins. Co.	1 969	1 459	1 147	909	470	418
United Services Automobile Ass'n	1 100	943	527	459	305	313

资料来源：Excerpted from Nebraska Department of Insurance, Auto Insurance: A Rate Comparison Guide, Revised October 2010.

利用折扣

在购买汽车保险的时候，你应当了解自己是否具有享受折扣的资格。各家保险公司提供的折扣都不一样，有些折扣并非在所有州都能够得到。比较常见的折扣包括：

- 多车辆折扣——10%~15%
- 3年内无事故——5%~10%
- 驾驶员年龄超过50岁——5%~15%
- 保护性驾驶课程——5%~10%
- 安装防盗装置——综合险（非碰撞保险）为5%~50%
- 防抱死刹车系统——5%~10%
- 好学生折扣——5%~25%
- 在同一家保险公司购买汽车保险和屋主保险——5%~15%
- 离家读书且没有汽车的大学生——10%~40%

改善驾驶记录

如果被保险人是一个需要支付极高保费的高风险司机，那么改善其驾驶记录将会大幅降低保费。显然，驾驶记录不可能一夜改变，因为它反映了一段时期的经历。与此同时，被保险人应该考虑其他选择。尽管新车或新型汽车的物理损失保险很容易使高风险司机支付的保费翻番，然而驾驶旧汽车却可以不购买碰撞保险。被保险人还可以考虑驾驶摩托车、骑自行车或者使用公共交通工具。但是，没有什么可以取代优良的驾驶记录。

为了获得并保持良好的驾驶记录，被保险人在喝酒之后不应当驾驶汽车。很大一部分导致严重身体伤害或死亡的事故是由酒后驾车引起的。酒后驾车记录对被保险人的费率有很大影响，被保险人有酒后驾车记录后，其保费很可能增加1~2倍。

保持良好的信用记录

另外一个重要的建议是保持良好的信用记录。正如前文所说，许多汽车保险商将申请人的信用记录作为核保或厘定费率的重要参考。信用记录好的申请人购买汽车保险的费率低于信用记录不好的人。良好的信用记录还可以使其信用卡利率、抵押贷款利率得以降低，信贷限额得以提高。如果被保险人的信用历史不好，如果希望支付较低的保费，就要将这些不良记录清理掉。

案例应用

佩奇今年26岁，购买了一辆新的福特塞丹（Sedan）。她的驾驶记录很好。她居住在中西部的一座小城市中。在那里购买的汽车碰撞保险每6个月支付大约630美元，免赔额是100美元，如果支付566美元则免赔额是250美元，492美元则免赔额是500美元，368美元则免赔额是1000美元。该州的强制保险法要求最低责任限额为25 000美元/50 000美元/25 000美元。佩奇希望购买一份免赔额为100美元的碰撞保险，因为如果她作为过失方卷入事故，其汽车发生的自付修理费用相对较小。她还希望仅购买最低责任限额，因为她没有什么资产需要提供保障。佩奇还想，她可能被没有购买保险的司机严重撞伤。

假设佩奇向你请教购买汽车保险的事宜。根据上述情况，回答下述问题。

  a. 佩奇希望了解为什么汽车保险这么贵。向她解释汽车保险费率的决定因素。
  b. 你建议她购买免赔额为100美元的碰撞保险吗？解释你的答案。
  c. 你同意佩奇由于几乎没有金融资产，而只购买最低的责任限额吗？解释你的答案。
  d. 假设佩奇为其保单附加了未投保机动车驾驶员保障。她是否能够完全规避未投保机动车驾驶员造成的身体伤害所带来的经济结果？解释你的答案。
  e. 由于每个月为汽车保险支付得太多，佩奇想降低其汽车保费。向她介绍降低或控制汽车保险保费的不同方法。

本章小结

- 当事故中发生的人身伤害或者财产损失超过一定数额，驾驶员违反交通规则，或者无法支付车祸判决的赔偿金额时，财务责任法就会要求驾驶员提供财务清偿能力的证明。大多数驾驶员通过购买一定金额的汽车责任保险来满足财务责任法的要求。

- 强制保险法要求车辆领取执照或注册之前驾驶员至少购买最低一定金额的汽车责任保险。

- 有几个州为补偿事故受害人设立了未满足补偿基金，因为他们已经用完了从其他渠道获得的补偿。受害人必须在法院对肇事的过失司机作出判罚，并证明自己无法得到判决的赔偿金时，才能得到未满足补偿基金。

- 未投保机动车驾驶员保障是补偿车祸受害人的另一种方法。未投保机动车驾驶员保障补偿那些遭受人身伤害的车祸受害人。这些人身伤害可能由未投保的驾驶员造成，也可能由肇事逃逸司机造成，还可能由其保险公司破产的过失司机造成。

- 无过失汽车保险意味着，在造成人身伤害的车祸发生后，每一方当事人从自己的保险公司那里获得赔偿，而不论过失方是谁。有几种类型的无过失计划：纯粹无过失计划，修正无过失计划，保留起诉权无过失计划，无过失选择计划。

- 支持无过失汽车保险的观点概括如下：
  过失的确定困难
  赔偿支付不公平
  高额的交易成本和律师费用
  欺诈和超额索赔
  延期赔付

- 反对无过失汽车保险的观点概括如下：
  过失制度的缺陷被夸大
  索赔效率和节省保费被夸大
  审判延迟不是普遍现象
  安全驾驶的司机可能被判罚
  痛苦和精神伤害不能得到赔付
  民事侵权责任体系只需要进行一些改革

- 在向高风险司机提供汽车保险时使用的几种方法：
  汽车保险计划
  联合保险人协会（JUA）
  再保险便捷计划
  马里兰汽车保险基金

专业汽车保险公司

- 汽车保险保费是一些变量的函数,这些变量包括:

  地理区域
  年龄、性别和婚姻状况
  汽车的用途
  驾驶员培训
  好学生折扣
  汽车数量和类型
  个人驾驶记录

保险分值

- 保险消费专家建议在购买汽车保险时应遵循的几个原则:

  购买足额的责任保险
  选择较高的免赔额
  不为旧车买碰撞保险
  选购汽车保险
  利用折扣
  改善驾驶记录
  保持良好的信用记录

重要概念和术语

保留起诉权无过失计划	联合保险人协会	纯粹无过失计划
汽车保险计划(分派风险计划)	低成本汽车保险	再保险便捷计划(或资金池)
无过失选择计划	马里兰汽车保险基金	安全司机计划
强制保险法	修正无过失计划	分享市场(剩余市场)
数据记录仪	货币门槛	专业保险公司
必要服务费用	多车辆折扣	遗属损失保险金
财务责任法	无过失汽车计划	未投保机动车驾驶员保障
好学生折扣	付费参与原则	未满足补偿基金
保险分值	选择性免赔额	口头界限
	选择性无过失保险金	

复习题

1. a. 什么是财务责任法?
   b. 什么是强制保险法?
2. a. 说明未满足补偿基金的主要特点。
   b. 未满足补偿基金怎样融资?
3. a. 指出低成本汽车保险的特点。
   b. 什么是付费参与原则?
4. a. 什么是无过失汽车保险。
   b. 货币门槛和口头界限之间的差异是什么?
   c. 指出无过失法的主要类型。
   d. 列出支持和反对无过失汽车保险的主要观点。
5. 指出汽车保险计划的特点。
6. 什么是联合保险人协会?
7. 指出再保险便捷计划的特点。
8. 指出专业保险公司的特点。
9. a. 指出决定汽车保险保费的因素。
   b. 解释申请人的信用分值在汽车保险核保和费率厘定中的重要性。
10. 解释消费者购买汽车保险时应遵循的几个建议。

应用题

1. 各州都有财务责任法或强制保险法,要求驾驶员至少购买最低数额的汽车责任保险。

a. 财务责任法或者强制保险费能否保证交通事故受害人为他们所受伤害得到足够的补偿？解释你的答案。

　　b. 强制保险法在减少未投保司机面临的问题方面有多大效果？

　2. 未投保机动车驾驶员保障是解决未投保的司机问题的一种方法。

　　a. 解释未投保机动车驾驶员保障在解决未投保的司机问题方面的优点。

　　b. 指出未投保机动车驾驶员保障作为补偿受到未投保的司机伤害的受害人的一种方法所存在的不足。

　3. 有些州已经通过了某些种类的无过失汽车保险法，为车祸的受害人提供补偿。

　　a. 阐述有无过失汽车保险法的州通常支付无过失保险金的方法。

　　b. 为什么无过失汽车保险法作为法律执行？

　　c. 解释反对无过失汽车保险法的观点。

　　d. 无过失汽车保险法执行得怎么样？解释你的答案。

　4. 补偿高风险驾驶员中的无辜受害者构成了一个社会问题。提供汽车保险（分摊风险计划）是解决为高风险驾驶员提供保险问题的一个方法。

　　a. 什么是汽车保险计划？

　　b. 指出从汽车保险计划获得保障的资格条件。

　　c. 解释将高风险司机的风险分摊到每个保险公司的过程。

　　d. 解释汽车保险计划存在的不足。

网络资源

● 保险研究委员会（Insurance Research Council，IRC）是特许财险与意外险核保人美国协会的一个分会，为保险业和公众提供关于公共保单的风险和保险的即时研究成果。网址为：www.insurance-research.org

● 兰德城市民法研究所（the RAND Institute for Civil Justice），是兰德法律、商业和监管中心，是属于兰德公司的一个组织，对民事审判系统进行独立客观的研究和分析。许多研究与汽车保险和保险业有关。网址为：rand.org/law-business-regulation/centers/civil-justice.html

● 政府员工保险公司下属直销公司（GEICO）通过电话（800-861-8380）直接销售汽车保险。公司声称，15 分钟的电话可以为被保险人节省 15% 甚至更多的保险费。政府员工保险公司网站提供类似产品的在线报价。网址为：geico.com

● 保险信息协会提供汽车保险和其他个人财产和责任保险的即时信息。通过该网站可以直接在线查阅很多关于汽车保险和其他财产与责任保险的消费者手册和文章。网址为：iii.org

● Insure.com 提供汽车保险、屋主保险和其他保险产品的保费报价。此外，该网站还有学习中心，提供来自消费者、行业和监管机构的信息和文献。网站为：insure.com

● InsWEB 提供汽车保险、屋主保险和其他保险产品的保费报价。该网站还提供关于汽车保险的最新信息和影响保险行业的重大事件的信息。网址为：insweb.com

● 国际风险管理协会（IRMI）是一个在线资料来源，提供个人产品和商业产品的有价值的信息。该网站提供风险管理和保险领域很多方面的最新文献，还提供一些免费的电子邮件新闻通讯。网址为：irmi.com

● 进取财产意外保险公司有一个用户界面友好的网站，为大多数州提供汽车保险报价。进取财产意外保险公司声称其费率非常具有竞争力。进取财产意外保险公司的网站还提供来自其他保险公司的比较费率。网址为：progressive.com

参考文献

"A Consumer's Guide to Auto Insurance—Choosing and Using your Auto Insurance Coverage," Washington State Office of the Insurance Commissioner.

"Compulsory Auto/Uninsured Motorists," *Issues Updates*, Insurance Information Institute, August 2012. This source is periodically updated.

Doerpinghaus, Helen I., Joan T. Schmit, and Jason Jis-Hsing Yeh, "Age and Gender Effects on Auto Liability Insurance Payouts," *Journal of Risk and Insurance*, Vol. 75, No. 3 (September 2008), pp. 527–550.

Fire, Casualty & Surety Bulletins, Personal Lines volume, Personal Auto section, Erlanger, KY: National Underwriter Company. The bulletins are updated monthly.

Hartwig, Robert P. *No Evidence of Disparate Impact in Texas Due to Use of Credit Information by Personal Lines Insurers*, Insurance Information Institute, January 2005.

Kinzler, Peter, "*Issue Analysis, Auto Insurance Reform Options: How to Change State Tort and No-Fault Laws to Reduce Premiums and Increase Consumer Choice*," National Association of Mutual Insurance Companies, August 2006.

National Association of Insurance Commissioners, *Uninsured Motorists: A Growing Problem for Consumers, An NAIC White Paper*, Prepared by the NAIC Property and Casualty Insurance Committee, Draft Date, December 6, 2005.

"No-Fault Auto Insurance," *Issues Updates*, New York: Insurance Information Institute, June 2012. This source is periodically updated.

Nyce, Charles, ed. *Personal Insurance*, 2nd ed. Malvern, PA.: American Institute for Chartered Property Casualty Underwriters/Insurance Institute of America, 2008.

"Residual Markets," *White Papers*, Insurance Information Institute, April 2012.

Wiening, Eric A. and David D. Thamann. *Personal Auto, Personal Lines Coverage Guide*, 2nd ed., second printing. Erlanger, KY: The National Underwriter Company, 2009.

第 24 章

其他财产和责任保险

"变化正是生活的乐趣所在。"

——威廉·考珀
《奥尔尼圣诗集》(1779)

学习目标

学习完本章，你应当能够：

- 描述保险服务处住宅保险的主要险种：
  住宅财产保险1（基本险）
  住宅财产保险2（扩展险）
  住宅财产保险3（特别险）
- 解释如何为移动房屋投保。
- 指出个人流动财产保险提供保障的财产类型。
- 指出如何为游船投保。
- 解释美国国家洪水保险计划的基本条款。
- 指出产权保险的基本特点。
- 解释个人伞式保险的主要特点。

大卫是一位邮票收藏爱好者。上个星期六，他去了一个邮票商店，花了500美元购买了一枚稀有的邮票。当他在购买邮票开车回家的路上，他想着他的藏品以及藏品值多少钱。这时，另一个想法突然涌现，如果有人偷了他的藏品或者发生大火怎么办？他觉得有必要到保险代理人的办公室去一趟。

大卫的代理人告诉他，屋主保险为他的邮票藏品提供有限的保障。大卫应该购买单独的保险来为邮票提供保障。代理人还告诉大卫，他的屋主保单中包含的责任保障只有100 000美元，汽车保险中每个人的人身伤害责任保险为100 000美元，应该考虑购买个人伞式保险。仅仅190美元的保费，大卫可以得到另外100万美元的责任保险。

大卫有一个专业化的财产保险需求。他还想要为大部分责任风险投保。幸运的是，关于这些要求确实有保险能够满足。

本章中，我们讨论几种用于满足特殊需求的财产和责任保险。讨论的主题包括保险服务处的住宅计划、移动房屋保险、内陆运输保险、船只保险、产权保险和政府财产保险计划（包括国家洪水保险计划和FAIR计划）。本章还对个人伞式保险进行了讨论。

保险服务处的住宅计划

尽管大多数屋主购买的是屋主保险，但是有些住宅却不符合屋主保险的条件。例如，如果房屋不是由屋主居住，而是租给了别人，那么财产所有人就不具有屋主保险的资格。此外，也有一些财产所有人不需要屋主保险，或者不想花那么多钱购买保险。这些房屋的大部分可以通过保险服务处的住宅保单获得保障。

保险服务处的住宅计划保险的保障范围比现有的屋主保险窄。它们的一个主要差异是，住宅计划在没有批单的情况下，不为失窃或个人责任提供保障。相反，屋主保险自动将失窃保险和个人责任保险作为标准保单的一部分。

现有的保险服务处的住宅计划包括下面几种：[①]
- 住宅财产保险1（基本险）
- 住宅财产保险2（扩展险）
- 住宅财产保险3（特别险）

住宅财产保险1（基本险）

基本险提供的保障内容与第20章讨论的屋主保险类似。
- 保障A为声明中提到的住宅提供保障，为位于该地点之上或紧邻该地基放置的用于建筑或维修住宅的物品提供保障，如果没有排除在外，用于为该地点服务的建筑设备和屋外设备在保障范围内。
- 保障B为与住宅分离的其他建筑物承保，例如附属的车库或工具房。
- 保障C承保记名被保险人及其一起居住的家庭成员拥有的位于指定位置上的个人财产。保障C最高10%的限额可以为世界其他任何地方的个人财产提供保障。
- 如果租给他人居住的住宅的一部分遭受损失后无法正常使用，那么保障D为其提供公平租赁价值保障。可以为租赁损失提供最高20%的保障，不过要在最高月度限额以下，即该数额的十二分之一。
- 最后，保障E可以作为批单附加到基本险上，为额外生活费用提供保障。

基本险只能为少数风险事故提供保障。[②] 这些保障既适用于住宅，也适用于个人财产。火

---

① The ISO dwelling program is described in detail in *Fire, Casualty & Surety Bulletins*, Personal Lines volume, Dwelling section. The Dwelling program is also discussed in IRMI.com, the International Risk Management Institute's on-line library. The Insurance Services Office (ISO) dwelling forms were also used in preparing this section.

② 这些风险被称为"扩展保障"风险，因为它们被包含在普遍使用的标准火险保单批单中。该保单只为火灾、闪电和移动提供保障。而扩展保障批单所增加的保障包括了风、冰雹、爆炸、暴乱、城市暴动、飞行器、机动车辆和烟雾。扩展保障范围下的爆炸保障替代了基本保单中的"内部爆炸"保障范围。

灾、雷电和内部爆炸等风险事故要单独购买。故意破坏和蓄意损坏等风险事故可以通过增加保费、扩展风险事故保障范围附加到保单上。基本险可以为下述风险事故提供保障：

- 火灾或雷电
- 内部爆炸
- 风暴或冰雹
- 爆炸
- 暴乱或城市暴动
- 飞行器
- 车辆
- 烟雾
- 火山爆发
- 故意破坏或蓄意损坏

所有承保财产损失按照实际现金价值予以赔偿。但是，对于住宅或其他建筑物的损失，有些州要求保单中包括修正损失理赔批单。根据该批单，如果同一位置上的房子在损失发生180天内进行了修理或重建，保险公司要支付下面两个数额中较低的一个：（1）责任限额，（2）使用普通建筑材料和方法修理或重建房屋实际支付的数额。如果被保险人不修理或重建房屋，保险公司将支付责任限额、市场价值，或修理重建所需成本之中最低的一个数额。

住宅财产保险2（扩展险）

扩展险提供的保障范围大于基本险。住宅和其他建筑物的承保损失根据重置成本，而非实际现金价值予以赔偿。重置成本条款类似于屋主保险中的条款。扩展险还包括对额外生活费用（保障E）的保障。如果承保损失导致财产无法正常使用，那么就会赔偿由此导致的额外增加的生活费用。

扩展险包括基本险列出的所有风险事故以及下面几种附加风险事故：

- 盗窃造成的损坏
- 坠落物体
- 冰、雪或冰雹的重压
- 水或蒸汽的意外泄漏或溢出
- 蒸汽或热水加热系统、空调、防火自动喷洒系统或水暖设备等的爆炸
- 管道、供暖、空调或自动防火喷洒系统，或者家用电器等的冰冻
- 热水加热系统、空调或喷洒系统，或者使用热水的设备等突然发生的意外撕裂、撞击、燃烧或蒸汽膨胀
- 人工电流造成的突发性意外损坏
- 火山爆发

住宅财产保险3（特别险）

保险服务处的住宅计划的特别险提供的保障范围最宽泛。住宅和其他建筑所遭受的直接财产损失风险将获得保障。这意味着在"开放式风险事故"的基础之上提供保障。住宅和其他建筑的所有直接物理损失都将获得保障，除了特别除外的损失。但是，因前面提及的扩展险中列

明风险事故蒙受损失的个人财产都将获得保障。

住宅计划的批单

有很多批单可以附加到住宅计划上，这取决于财产所有人的需要和主观愿望。两个最常见的附加保障是失窃和个人责任。"失窃保险"可以以批单的形式提供有限制或扩展的保障。通过附加"个人责任补充条款"也可以实现购买个人责任保险的目的，该补充条款提供的个人责任保险类似于屋主保险的责任保险。

移动房屋保险

移动房屋的成本一般都低于传统房屋。由于成本的原因，一些家庭购买移动房屋作为传统房屋的替代品。还可以购买移动房屋作为度假用的第二居所。

根据保险服务处计划，**移动房屋保险**（mobile home insurance）可以通过为屋主保险 2 或屋主保险 3 增加一份批单来实现，该批单使屋主保险能够满足移动房屋的特别需要。一些专业保险公司针对移动房屋的风险自行设计险种为移动房屋承保。下面对移动房屋保险的讨论基于保险服务处计划。[①]

投保条件

符合条件的移动房屋至少为 10 英尺宽，40 英尺长，必须具有便携性，必须可以放置于底架上被拖行，其设计必须适于常年居住。这些条件将由汽车保险承保的、用汽车牵引的野营拖车排除在保障范围之外。

移动房屋保障

对移动房屋的保障类似于屋主保险的保障。主要的保障内容被概括如下：

- 住宅。保障 A 基于重置成本为移动房屋承保。保障 A 还保障地板的覆盖物、家用设备、碗柜、壁橱和其他安装的室内家具。

有些移动房屋已经贬值，其重置成本已经很低。在这种情况下，可以为保单附加可选的实际现金价值批单。

- 其他建筑物。保障 B 为其他建筑物承保，保额为保障 A 的 10%，最低限额为 2 000 美元。

- 未列入的个人财产。保障 C 为没有纳入计划的个人财产提供保障，保额是保障 A 限额的 40%。由于有些家具是在房间内建造的，是移动房屋的一部分，保障 C 的限额仅仅为保障 A 的 40%，而不是一般屋主保单的 50% 以上。

[①] 有关移动房屋保险的详细讨论参见 "Mobile Home Insurance," *Fire, Casualty & Surety Bulletins*, Personal Lines volume, Dwelling section. IRMI.com's on-line discussion of mobile home insurance was also used in preparing this section.

● 使用损失。保障 D 提供使用损失保障，限额为保障 A 的 20%。例如，如果移动房屋发生了保障范围内的损失，被保险人租用公寓所产生的额外生活成本在保障范围内。

● 额外的保障。当移动房屋受到可保风险（例如森林大火或者龙卷风）威胁的时候，需要运输到安全的地方以避免发生损失。该条款为在此过程中发生的成本提供最高 500 美元的保障。该限额可以通过批单和不设置免赔额而得到提高。

● 个人责任保险。保障 E 和保障 F 提供综合个人责任保险和对第三方医疗赔付保险。该保障类似于屋主保险合同提供的保障。

内陆运输保险

许多人都拥有一些价值很高的个人财产（例如珠宝、裘皮和相机），这些财产经常要从一个地方移动到另一个地方。这些财产可以通过购买合适的内陆运输保险提供保障。**内陆运输保险**（inland marine floater）为那些经常从一个地方运到另一个地方的财产以及运输过程中使用的财产提供宽泛的、综合的保障。

内陆运输保险的基本特点

尽管内陆运输保险并不统一，但它们仍然有一些共同的特点：[1]

● 保障内容可以根据所要保障的个人财产类型进行调整。例如，在个人流动财产保险中，有多种类型的财产可以投保，例如珠宝、硬币或邮票。投保人可以选择需要的、适宜的保障范围。

● 可以根据需要选择保险金额。屋主保险对个人财产设置了一些限额。例如，货币和硬币的限额是 200 美元，邮票收藏品限额为 1 500 美元，失窃金银制品的限额为 2 500 美元。通过运输保险可以使限额更高。

● 可以获得更广泛更全面的保障。例如，个人流动财产保险对所承保的财产的直接物理损失提供赔偿。事实上，除了那些特别除外的损失，所有直接物理损失都在保障范围之内。

● 大多数运输保险为处于任何地点的投保财产提供保障。该保障对于环球旅行者尤其有价值。

● 内陆运输保险通常没有免赔额。

个人流动财产保险

个人流动财产保险（personal articles floater，PAF）是一种对价值高的个人财产提供综合保障的内陆运输保险。[2] 该保险可以作为批单附加到屋主保险上，或者作为一份标准合同单独签订。当作为独立合同时，个人流动财产保险基于"一切险"或"开放式风险事故"为某些种

---

[1] Eric A. Wiening, George E. Rejda, Constance M. Luthardt, and Cheryl L. Ferguson, *Personal Insurance*, 1st ed. (Malvern, PA.: American Institute for Chartered Property Casualty Underwriters/Insurance Institute of America, 2002), p. 9.4.; and the discussion of inland marine floaters at IRMI.com were used in preparing this section.

[2] 有关个人流动财产保险的讨论参见 *Fire, Casualty & Surety Bulletins*, Personal Lines volume, Misc. Personal lines section, and discussion on IRMI.com.

类的个人财产提供保障。所有直接物理损失都将获得保障，除了一些特别除外的损失。

获得保障的个人财产包括以下几类：

- 珠宝。由于道德风险的存在，对珠宝的核保要非常谨慎。每一项分别列明确切的保险额。
- 裘皮。每一件独立列出，分别确定保险额。
- 照相机。大部分照相设备可以投保个人流动财产保险。每一件都必须单独记录和估价。
- 乐器。乐器、放乐器的箱子、扩音器和类似设备都可以投保。商业演出用的乐器必须要购买更高的保费才能获得保障。
- 金银器。个人流动财产保险也为银器和金器承保。
- 高尔夫球具。高尔夫球杆和用具在任何地方都可以投保。在高尔夫球员打球的时候，锁在柜子里的高尔夫球手的衣服也在保障范围内。
- 艺术品。艺术品包括绘画、蚀刻画、平板画、古董家具、稀有书籍、稀有玻璃制品、小古玩和珍贵手稿。
- 收藏的邮票和硬币。收藏的邮票或硬币以"一揽子方式"承保。邮票或硬币不需要分别说明，保险对所有藏品提供保障。赔付的数额是损失发生时邮票和硬币的市场价值，其中未列出明细给付表的硬币藏品的最高限额为 1 000 美元，单张邮票或单枚硬币的最高限额是 250 美元。

但是，如果邮票或硬币价值很高，可以单独列出明细表。保单持有人和保险公司可以就列明的硬币和邮票的价值达成一致。如果发生损失，那么就赔付协议价值。

预定个人财产批单

个人流动财产保险提供的保障可以通过使用**预定个人财产批单**（scheduled personal property endorsement）添加到屋主保险中。该批单提供的保障与独立的个人流动财产保险相同。

船只保险

成千上万的美国人拥有或驾驶船只进行消遣娱乐。但是，屋主保险只为船只提供有限的保障。对船只、附属设备以及拖船的保障限额是 1 500 美元。暴风或冰雹造成的直接损失只有在其停在完全封闭的建筑物中时才能获得赔偿，不在建筑物中的船只及其设备的失窃不在保障范围内。而且，船只保险仅限于为少数列明的风险事故（扩展险）承保，而人们往往需要更全面的保障。最后，因驾驶或拥有大型船只而引起的法律责任不受屋主保险的保障。由于这些原因，船只的所有人常常购买独立的保险合同，以提供更多的保障。[①]

对娱乐用船只的保险一般可以分为两类：

- 船主一揽子保单
- 游艇保险

---

① 有关船只保险的讨论基于 *Fire, Casualty & Surety Bulletins*, Companies and Coverages volume, Aircraft-Marine section and the coverage on IRMI.com.

船主一揽子保单

许多保险公司设计了**船主一揽子保单**（boatowners package policy），该保单将船只物理损失保险、医疗费用保险、责任保险和其他保险纳入一张保单。尽管一揽子保单的形式并不统一，但是它们有以下共同的特点。

物理损失保险 船主保险在"一切险"或"开放式风险事故"的基础上为船只提供物理损失保险。直接物理损失都在保障范围内，除了那些特别除外的保障责任。因此，如果船只与其他船只碰撞，搁浅于暗礁处，或者被大风吹坏，由于这些原因造成的损失在保障范围内。以下情况属于除外责任，包括磨损、自然老化、机械故障、商用船只，以及在任何竞赛或速度比赛中使用的船只（某些保单中承保的帆船除外）。

责任保险 拥有或驾驶船只的被保险人因疏忽给他人造成的财产损失或身体伤害在保障范围内。例如，如果驾驶员不小心撞坏了另一条船、使另一条船沉没，或者使游泳的人意外受伤，这些事故造成的损失都在保障范围内。除外责任包括故意伤害，将船只用于商业用途，以及在任何竞赛或速度比赛中使用的船只（有时候帆船除外）。

医疗费用保险 该保险类似于汽车保险合同。这种保险为在船上或者上下船过程中受伤的被保险人支付合理必要的医疗费用。大多数保单附加1~3年的时间限制，在此期间发生的医疗费用才能得到赔偿。此外，许多保险还为在被船只拖行时受伤的滑水者提供医疗费用保险。如果没有提供保障，可以通过附加批单来增加该项保险内容。

未投保船主保险 一些船主保险对由未投保船主造成的身体伤害提供了可供选择的未投保船主保险，这与汽车保险中的未投保机动车驾驶员保障类似。

游艇保险

游艇保险（yacht insurance）是为大型船只和价值很高的船只设计的险种，例如可住宿的游艇、内置引擎的摩托艇以及长度超过26英尺的帆船等。游艇保险不是标准保单，但是也包括了一些常见的保险项目。下面对一家保险公司的游艇保险保单的主要条款进行了概括。

财产损坏 该保险（经常被称作船壳保障）基于"一切险"和"开放式风险事故"，为游艇及其设备的财产损失提供保障。该保险为游艇遭受的直接物理损失或损坏提供保障，除了特别除外的责任。因此，如果游艇由于大浪、强风或者其他船只的碰撞而受损或沉没，这些损失在保障范围内。除外责任包括磨损；自然老化；昆虫、发霉、动物及海洋生物造成的损坏；污损、划破、凹陷以及表面起泡；结冰或者温度异常等。财产损失赔偿设有免赔额。

责任保险 责任保险承保被保险人因拥有、驾驶或者维修游艇而产生的法律责任。例如与其他船只相撞、撞坏码头或船坞造成的损失都在保障范围内。保障范围还包括打捞、移动或者销毁沉没或失事游艇的费用。

医疗费用保险 该保险为意外身体伤害支付必要合理的医疗费用。承保的费用包括治疗、住院、救护车、专业护理和丧葬费用。

未投保船主保险 该保险在保单限额以下支付身体伤害损失。被保险人享有法定权利从另一艘游艇的未投保所有人或驾驶者那里获得恢复赔偿。

其他保险 这种保险也包括附加保险。这些保险包括，被保险人对海上作业的工人承担的法律责任的保险，前提是这些工人受雇期间受伤，并且受到《美国码头装卸工和港口工人补偿条例》(U. S. Longshoremen's and Harbor Workers' Compensation Act) 保障；对声明中列出的拖船的物理损失保险；游艇上的个人财产保险。个人财产包括衣服、个人动产、渔具以及运动器械，但不包括钱、珠宝、旅行支票或其他贵重物品。

政府财产保险计划

政府财产保险计划常常很必要，这是因为有些风险事故很难通过商业途径承保，而且不能通过支付保费从商业保险公司那里获得保障。这里有两种政府保险计划值得进行讨论：
- 国家洪水保险计划
- 公平保险需求计划

国家洪水保险计划

处于洪水频发地区的建筑很难通过商业途径投保，因为难以达到第2章中讨论的可保风险的必要条件。洪水高发地区的风险单位彼此之间不具有独立性，巨灾损失可能发生。因此，洪水频发地区的商业洪水保险可能对于大多数人来说因为保费太贵而无法投保。由于只有洪水频发地区的财产所有者才愿意购买保险，所以就形成了逆向选择的问题。由于这些原因，就需要来自联邦政府的援助。

由于洪水损失日益增加，纳税人灾难救济成本逐渐提高，国会1968年制定了**国家洪水保险计划**（National Flood Insurance Program，NFIP）。[①] 该项立法的目的是通过洪水多发地区管理法令来减少社区的洪涝损失，并为财产所有者提供洪水保险。

投保人可以通过代表商业保险公司的代理人或经纪人购买洪水保险，也可以通过并非隶属于商业保险公司的代理人和经纪人，直接通过国家洪水保险计划购买保险。

大多数洪水保险都是通过商业保险公司购买。在1983年颁布的自主承保计划（write-your-own program）中，商业保险公司可以以自己的名义销售联邦洪水保险，收取保费，并获得承保和理赔的费用补贴。联邦政府承担所有承保损失。美国国家洪水保险计划在损失一般的年份中都能够实现自给自足，这意味着，除非发生大规模的灾难，否则索赔和经营费用都是从洪水保险费中支付，而不是由纳税人支付。2005年发生的卡特里娜飓风和其他飓风以及伴随而至的洪水，导致了数百亿美元的损失赔付。该计划存在的问题和180亿美元的赤字导致了短时间的延期赔付、不确定性，并引致了对计划进行改革的呼声。国会在2012年夏天启动了对该计划的改革，并将计划延长了5年。

如果人们用联邦担保的资金建造、购买、再融资或维修位于参与计划的洪水多发地区的社区内建筑物，那么联邦法律会要求人们购买洪水保险。这种资金包括联邦住房管理局（FHA）和退伍军人管理局（VA）贷款以及大部分常规抵押贷款。

投保资格 如果社区同意采用并执行完善的洪水控制及土地使用措施，则社区内的大多数建筑及其内部设施都能够得到洪水保险的保障。

[①] 关于国家洪水保险计划的详细讨论参见 the *Fire*, *Casualty & Surety Bulletins*, Fire and Marine volume, Catastrophe section. 还可参见 Federal Emergency Management Agency, *Flood Insurance* at fema.gov/national-flood-insurance-program.

达到资格条件的社区一开始就可以接受紧急计划的保障。当社区加入该计划，就会得到一幅标明了易遭受洪涝灾害损失地区的地图，同时，该社区的居民也可以以优惠价格购买有限金额的保险。

之后绘制的洪水保险等级地图将该社区划分为特定的几个区域，并计算了每个区域发生洪涝的概率。当地图绘制好之后，同时社区同意采纳更严格的洪水控制和土地使用措施后，该社区成为该计划的正式成员，可以购买更高金额的洪水保险。

洪水的定义 在标准洪水保险保单中，洪水（flood）被定义为：

> 两英亩或两英亩以上的通常是陆地的区域，或者两件及以上的财产（其中至少有一件是被保险人的财产）部分或全部地被内陆水或潮水、异常的和快速的积水，或者来自任何水源的地表水或者被泥石流淹没的一种普遍的和暂时的情况。

例如，江河、溪流或者其他水流泛滥，异常的巨浪或者严重暴风雨造成的洪涝灾害都在洪水保险的保障范围内。值得注意的是，地表水流的集聚可以来自任何水源，如融化的雪、冰或者暴雨。由洪水引起的泥石流造成的损失也在保险责任范围内。

保险金额 在"紧急状态计划"下，对单户家庭住宅的最高保险限额为35 000美元，对屋内设施的最高保险限额为10 000美元。对其他住宅和非住宅建筑物、建筑物本身的最高保险限额为100 000美元，对内部设施的最高保险限额为100 000美元（见图表24—1）。

图表24—1　　　　　　　紧急状态计划和常规计划下的联邦洪水保险金额

	紧急状态计划（美元）	常规计划（美元）
建筑物保障		
单户家庭住宅	35 000*	250 000
两到四个家庭住宅	35 000*	250 000
其他住宅	100 000*	250 000
非住宅建筑	100 000*	500 000
内部设施保障		
住宅	10 000	100 000
非住宅包括小企业	100 000	500 000

* 在紧急状态计划中，阿拉斯加、夏威夷、美属维尔京群岛和关岛的建筑物保障限额较高。

资料来源：National Flood Insurance Program, Flood Insurance Manual, Federal Emergency Management Agency (FEMA), Revised May 2012.

在"常规计划"下，对单户家庭住宅的最高保险限额为250 000美元，对内部设施的最高保险限额为100 000美元。对商业建筑的建筑物本身的保险限额可以达到500 000美元，对内部设施的最高保险限额为500 000美元。

在满足一定条件的情况下，单户家庭住宅和多户共有住宅的损失可以在重置成本的基础上获得补偿。被保险人购买的保险必须等于损失发生时住宅重置成本的80%，或者等于保单生效时可获得保险的最高数额，二者之中取较小者。如果购买保险的数额低于损失发生时完全重置成本的80%，赔付的数额就要缴纳共保罚金。内部设施的损失通常根据实际现金价值进行调整（重置成本减去折旧）。

保单格式 有三种标准保单格式为保单持有人提供列明的保障：

● 住宅保单用于为居住有一到四个家庭的住宅和共有住宅中的单户家庭住宅提供保障。因此，房屋所有人可以用这种保单为他们的住宅和/或未列明的个人财产投保；租户也可以用这种保单为他们的未列明的个人财产投保。

● 一般财产保险保单用于为有 5 个以上家庭成员的住宅和非住宅建筑提供保障。例如酒店或小旅馆，公寓，商店、饭店和其他商用建筑，学校、工厂，教堂和非居住性质的共有建筑。

● 住宅性质的共管建筑物协会保单签发给代表协会和单元房屋所有者利益的住宅性质的共管建筑物协会。

对每种保单保障范围的详细讨论超出了本书的范围。不过，图表 24—2 提供了这三类保单的财产保障范围和未提供保障的范围。

图表 24—2　　　　　　　　国家洪水保险计划的财产保障概要

哪些属于洪水保险保障范围，哪些不属于？

通常洪水对建筑物或个人财产造成的"直接"物理损毁会受到洪水保险保单的保障。例如，如果下水道回水是洪水的直接后果，那么回水造成的损失在保障范围内。不过，如果回水是由其他问题引起的，损失就不在保障范围内。

下面的图表列出了洪水保险保障的内容和不提供保障的项目。

洪水保险保障的通用指引

建筑物财产有哪些在保障范围内？
● 被保险建筑及其地基。
● 电线管道系统。
● 中央空调设备、炉子和热水器。
● 冰箱、炉灶和内部设施，例如洗碗机。
● 水泥地面上铺的地毯。
● 永久安装地板、壁板、书橱和壁橱。
● 窗棂。
● 独立车库（最高 10%的建筑物财产保障）。（车库之外的）独立建筑物需要购买单独的建筑物财产保单。
● 废墟清理。

个人财产保险的保障范围有哪些？
● 个人财务，例如衣服、家具和电子设备。
● 窗帘。
● 可移动空调和窗式空调。
● 可移动微波炉和洗碗机。
● 不在建筑物保险保障范围内的地毯。
● 洗衣机和烘干机。
● 食品冷冻箱及其中的食品。
● 某些高价值物品，例如原创艺术品和皮毛（最高 2 500 美元）。

不属于建筑物财产保险或个人财产保险保障范围的有哪些？
● 财产所有者可以避免的潮湿、发霉带来的损失。
● 现金、贵金属和有价值的纸品（例如股票证券）。
● 建筑物之外的财物，例如树木、植物、井、净化系统、小路、小桥、露台、篱笆、海堤、浴缸和泳池。
● 生活费用，例如临时房屋。
● 经营中断或者保障范围内的财产无法使用等带来的财务损失。
● 大部分机动车，例如小轿车，包括其部件。

资料来源：FEMA，*National Flood Insurance Program*，*Summary of Coverage*，available at floodsmart.gov.

等候期　除了一些特例外，新投保保单以及增加现有保单保险金额的批单都有 30 天的等候期。如果没有等候期，洪水地区的财产所有者就会拖延到洪水已经威胁到其财产时才购买保险。

免赔额 建筑物及内部物品的免赔额分别确定。例如，购买者可能选择建筑物的免赔额为2 000美元，内部物品的免赔额为1 000美元；或者建筑物免赔额1 000美元，内部物品的免赔额1 000美元。如要节省保费，可以选择较高的免赔额。

保费 在这种风险下，保障成本相对较低。例如，生活在低风险地区的投保人具有购买首选风险保单的资格，他们可以以每年247美元的价格购买100 000美元的房屋保障和40 000美元的内部物品保障，假设二者的免赔额都是1 000美元。对于高风险地区的被保险人，为房屋购买100 000美元的保障和内部物品30 000美元的保障，需要支付1 129美元，假设房屋和内部物品的免赔额都是2 000美元。①

关于国家洪水保险计划有很多误解和传言。专栏24.1讨论了对这一计划的一些常见的误解。

专栏 24.1 ☞
关于洪水保险的误解和事实

购买洪水保险可以提供保障和心理上的平静。洪水在美国是最常见的一种自然灾害。下面是关于洪水保险一些常见的误解以及事实情况。

- **误解**：只有房屋所有人可以购买洪水保险。

事实：大多数房屋所有人、公寓单元所有人、租户和在参加国际洪水保险的社区的商户都可以购买洪水保险。要查看你是否属于社区保险参与者，可以登录网站www.floodsmart.gov或者联系社区负责人或保险代理人。最高保障数额是：

- ■ 公寓单元所有人：建筑物最高250 000美元，内部物品最高100 000美元
- ■ 租户：内部物品最高100 000美元
- ■ 商户：商业建筑物最高500 000美元，内部物品最高500 000美元

- **误解**：如果你住在洪水风险比较高的地区，就无法购买洪水保险。

事实：无论住在哪里，只要你所在社区参加了国家洪水保险计划，你就可以购买国家洪水保险。该计划于1968年建立，为参加计划的社区的财产所有人、租户和商户提供联邦支持的洪水保险。

误解：如果生活在未被列入洪水多发区的地方，你就不需要洪水保险。

事实：即使未被列入洪水多发区也是有可能发生洪水的，只是程度不同而已。如果你生活在洪水多发区，建议你购买洪水保险。但是，国家洪水保险计划中20%～25%的索赔来自于洪水多发区之外的地方。在非洪水多发区的居民和商业财产所有人应该询问其保险代理人，看看他们是否有资格购买优先风险保单。优先风险保单将为他们提供非常便宜的洪水保险。

- **误解**：如果你的财产遭遇过洪水，就无法再购买洪水保险。

事实：如果你所在社区参与了国家洪水保险计划，即使你的房屋、公寓或企业遭遇过洪水，仍然具有购买洪水保险的资格。

- **误解**：屋主保险为洪水提供保障。

事实：非常不幸，许多屋主直到洪水发生后才发现他们的屋主保单不承保洪水风险事故，但是那已经太晚了。国家洪水保险计划提供独立的保单为单—最为重要的金融资产提供保障，对大多数人来说就是房屋或生意。屋主可以将内部物品的保障包括在洪水保险保单中。居民和商业租

---

① These flood insurance premiums were taken from floodsmart.gov.

户可以为他们的房屋和内部物品、存货购买洪水保险,通过这样做,可以保障他们的生活。

- **误解**:来自联邦政府的救灾行动将支付洪水损失。

事实:在社区成为救灾援助对象之前,必须公布联邦政府进行救助的区域。联邦政府开展救灾行动的次数不超过洪灾事件总量的50%。而且,如果你未投保,并且在洪水退去后接受了联邦政府的救灾援助,你就必须购买洪水保险,从而让自己获得未来符合救助要求的资格。救灾援助并不意味着获得与洪水保险一样多的保障,洪水保险理赔在灾害发生后会快速得到处理。

- **误解**:在洪水即将发生时或正在发生的时候,你不能购买洪水保险。

事实:你可以在任何时候购买洪水保险。在保单生效之前,你申请并支付保费之后,仍然有30天的等候期。在大多数情况下,该保险不为"进行中的损失"提供保障。进行中的损失是指发生在你的保单生效的第一天的午夜或之前的损失。基本上,如果你在洪水退去后购买保险,就无法保障所有损失,只有保单生效后发生的损失在保障范围内。

- **误解**:国家洪水保险计划不为地下室提供保障。

事实:洪水保险不为地下室的改善措施提供保障,例如精装的墙壁、地板或屋顶,或者地下室中的个人财产。下面这些项目在建筑物保障范围内,只要它们与电源有关,并且安装在它们发挥作用的地点:

- 井底抽水泵
- 热水罐和水泵、蓄水池和这些装置中的水
- 油罐及内装的汽油,天然气罐及其中的气体
- 与太阳能相关的泵和/或存储设备
- 炉子、热水器、空调和蒸汽泵
- 电学结、断路开关盒以及必要的连接设备
- 元器件
- 楼梯、电梯和小升降梯
- 未刷油漆的墙和屋顶,包括玻璃纤维绝缘线
- 清洁器

资料来源:Adapted from FEMA B-690, Catalog No. 09094-3, *Myths and Facts About the National Flood Insurance Program*, February 2010.

面临的严重问题 国家洪水保险计划现在面临着几个重要的问题。在美国审计总署(Government Accountability Office, GAO)已经开展了关于国家洪水保险计划的多项研究[1],审计总署的官员已经就此计划在国会举行了多次听证会。最新研究成果于2010年9月1日提交给美国参议院银行、住房、城市事务部。研究报告中的重要发现中包括以下几个问题:[2]

---

[1] 参见 Federal Emergency Management Agency: *Challenges Facing the National Flood Insurance Program*, Statement of William O. Jenkins Jr., Director, Homeland Security and Justice Issues, GAO-06-174T, Washington, DC, October 18, 2005; *FEMA's Rate-Setting Process Warrants Attention*, GAO-09-12, Washington, DC, October 2008; and *National Flood Insurance Program: Continued Actions Needed to Address Financial and Operational Issues*, Statement of Orice Williams Brown, Director, Financial Markets and Community Investment, GAO-10-1063T, Washington DC, September 22, 2010.

[2] *National Flood Insurance Program: Continued Actions Needed to Address Financial and Operational Issues*, Statement of Orice Williams Brown, Director, Financial Markets and Community Investment, GAO-10-1063T, Washington DC, September 22, 2010.

- 显著的财务赤字。截至2010年8月1日，国家洪水保险计划欠美国财政部188亿美元。该赤字在很大程度上是2005年卡特里娜飓风和其他飓风带来的。
- 不充足率。许多财产所有人不完全支付保费的情况反映了洪水的风险。大概25%的保单持有人支付补贴费率，"完全风险"保费没有反映实际洪水风险。而且，国家洪水保险计划允许一些保单持有人在他们的财产面临更高的风险时进行重新评估，继续支付"原有费率"。而且年费率增幅受到最高限制。
- 国家洪水保险计划要求为多重损失财产承保。美国审计总署报告提到"重复损失财产"占有效的洪水保险保单的1%，但是占总索赔额的25%～30%。
- 计划面临的操作和管理问题。联邦紧急事务管理局在计算向自主承保计划保险公司进行的支付或者在自主承保计划的计划控制过程中，没有系统性地考虑洪水保险费用数据。联邦紧急事务管理局没有监督非自主承保计划签约者或者有效地协调签约者间的监督责任。

国家洪水保险计划的扩展　　2008年后，国家洪水保险计划进行了几次短期扩展，这些计划在2010年到期。在2012年夏季，国会通过并由总统签署了《比格特洪水保险改革和现代化法案（2012）》，简称《比格特法案》。《比格特法案》将国家洪水保险计划延期至2017年9月1日。在签署该法案的时候，国会对审计总署的研究提出的关键问题和其他缺点进行了说明。这里列出《比格特法案》的一些关键条款：[①]

- 在四年的时间中，对某些财产的费率补贴逐渐退出。
- 对新投保洪水保险的财产和洪水保险保障之前失效的财产的费率补贴。
- 每年保费费率提高最高20%是被允许的（相对于之前的10%）。
- 洪水保险保费可以采取分期付款的方式。
- 储备金可用于在巨灾损失发生的年份提供赔付。
- 所要求的最低免赔额在1 000美元到2 000美元之间，且根据财产保障数额和财产的使用时间有所不同。
- 国家洪水保险计划被要求制定偿付计划，以偿还美国财政部的欠款。
- 国家洪水地图绘制计划（National Flood Mapping Program）被设立，联邦政府被要求合作完善洪水地图。
- 在自主承保计划中建立了针对保险公司的过失补偿监管。

公平保险需求计划　　在20世纪60年代，美国的很多城市都发生了大规模骚乱，导致上千万美元的财产损失。后来，骚乱多发地区的许多财产所有人无法以可承受的保费购买财产保险。这一问题导致了**公平保险需求计划**（FAIR plans）的产生，这一计划由于《1968年城市财产和再保险法案》（Urban Property and Reinsurance Act of 1968）而产生。公平保险需求计划的基本目的是为那些在标准市场上无法获得保障的城市财产所有人提供财产保险。公平保险需求计划通常为火灾和扩展风险事故、蓄意破坏和恶意损害等提供保障。公平保险需求计划已经在32个州和哥伦比亚行政区实施。[②]

---

① Selected provisions of the Biggert-Waters Flood Insurance Reform and Modernization Act of 2012.
② 公平保险需求计划（FAIR）存在于阿肯色州（农村）、加利福尼亚州、康涅狄格州、特拉华州、哥伦比亚特区、佛罗里达州（国民财产保险公司）、佐治亚州、夏威夷州、伊利诺伊州、印第安纳州、艾奥瓦州、堪萨斯州、肯塔基州、路易斯安那州（国民财产保险公司）、马里兰州、马萨诸塞州、密歇根州、明尼苏达州、密西西比州、密苏里州、新泽西州、新墨西哥州、纽约州、北卡罗来纳州、俄亥俄州、俄勒冈州、宾夕法尼亚州、罗得岛州、弗吉尼亚州、华盛顿州、西弗吉尼亚州和威斯康星州。海岸及风暴计划（beach and windstorm plans）主要在亚拉巴马州、密西西比州、北卡罗来纳州、南卡罗来纳州和得克萨斯州实行。佛罗里达和路易斯安那州用海岸计划（Beach Plans）合并了它们的公平保险需求计划。以上信息来自于the Insurance Information Institute's 2012 *Insurance Fact Book*, pp. 92-94.

每个有公平保险需求计划的州都有一个团体为那些无法在标准市场中获得保险的人提供基本财产保险。该团体由商业公司运作。团体内的每个保险公司根据其销售的财产保险保费在州内的份额确定应承担的损失份额和费用。

公平保险需求计划的保费高于标准市场的保费，但是却可以提供其无法提供的保障。所有公平保险需求计划为火灾、蓄意破坏、暴乱和风暴等风险事故提供保障。大约12个州提供某些类型的屋主保险，包括个人责任保障。

在房屋投保公平保险需求计划之前，必须满足一些核保标准。如果达到这些标准，就可以销售保单。如果房屋无法达到该标准，财产所有人必须进行一定的改善，以降低火灾风险、失窃风险或水灾损失，这些措施包括更换电线、加热系统或管道系统，修缮屋顶或提高安全性。如果财产所有人无法纠正使房屋容易遭受损失的条件，则公平保险需求计划管理人将拒绝提供保障。

公平保险需求计划最初的内容是为犯罪率高的地区提供保障。大西洋和墨西哥湾附近的几个州已经延长了它们剩余的财产保险计划。这些州为易于受到暴风和飓风袭击而损失的财产提供海滩保险和风暴保险。有两个州立保险公司为此提供保障：佛罗里达州市民财产保险公司和路易斯安那州市民财产保险公司。2011年，各州运作的财产保险公司计划提供了331万份居民和商业保单。[1] 自从2002年佛罗里达州市民财产保险公司成立，它已经成长为该州最大的保险公司。2012年，佛罗里达州市民财产保险公司为140万人和价值4 990亿美元的财产承保。[2]

产权保险

我们对财产保险保障的讨论如果不简要涉及产权保险，就会显得不那么完整。**产权保险**（title insurance）为财产所有人或为购买财产而借出货币的人提供保障，以应对财产产权可能面临的任何未知缺陷。引起产权不清晰的原因可以来自无效遗嘱、对财产的不准确描述、遗嘱有缺陷、未公开的留置权、地役权和许多过去没有发现的法律缺陷。没有清晰的产权，所有人可能就会因为别人有优先求偿权而失去财产，也可能由于未知留置权、产权无法进行市场交易，以及律师费用等原因而蒙受其他损失。设计产权保险的目的就是避免此类损失。

不动产的留置权、抵押权或者使用权通常都在不动产所在地的法院有记录。这些信息都被记录在被称为产权证明摘要的法律档案中，成为所有权和产权的历史记录。当购买不动产的时候，购买方聘请律师查看摘要，以确定财产的产权有无缺陷。但是，购买方不能依靠这种方式获得完全的保护，因为可能存在未公开的留置权、抵押权或者其他未记录在产权证明摘要中的产权缺陷。尽管已经认真细致地进行了产权调查，所有者仍然有可能蒙受损失。因此，所有人需要更为可靠的保障，保证在损失发生时可以得到赔偿。产权保险能够提供这种保障。

产权保险有几个特点，使其得以区别于其他保险：
- 保单保护被保险人免受由在保单生效之前发生的产权缺陷引起的损失。
- 销售保单时，保险公司假设不会发生损失。任何已知的产权证明的缺陷或者会影响产权

---

[1] Robert P. Hartwig and Claire Wilkerson, "Residual Market Property Plans: From Markets of Last Resort to Markets of First Choice," Insurance Information Institute, July 2012, Figure 1, page 4.

[2] Ibid., page 26.

的事实都在保单中列出，并排除在保障范围之外。
- 保费只在销售保单时支付一次，不需要追加保费。
- 保单期限无限延长。只要产权缺陷发生在保单售出日之前，无论什么时候发现的保障范围内的损失，都能够得到赔偿。
- 如果损失发生，被保险人得到的赔偿以保单的限额为限。保单不保证由所有者持有，不保证消除产权的缺陷，也无法保证对已知缺陷提供法定修复。

保单限额一般是财产的购买价格。如果多年之后，财产的价值增加，那么发生损失时屋主就无法得到完全的赔偿。在房屋价格发生上涨的地方，考虑到这点非常重要。当你购买一个房屋的时候，产权保险的成本通常包括在所有成本中。

尽管产权保险通常被认为是必需的，但是消费者对这种保险了解很少。产权保险市场是高度集中化的，消费者保护团体认为，这一市场存在以下几个主要缺点：[1]
- 房屋所有人不会比较选购产权保险，经常由房地产代理人或出租机构选择，并包括在最终成本中。
- 房屋购买人为产权保险付费过高。几份研究报告宣称，消费者为保障所支付的保费比损失率对应的价格要高，而后者是个公平的价格。
- 产权保险市场具有反市场的缺点。产权保险公司花钱引入房地产代理人、抵押贷款放款人和经纪商、建筑商，推动房屋购买人寻找产权代理人和公司，推动成本的上升。
- 尽管非法，但是房地产中介、贷款人和建筑商收取回扣的现象广泛存在。

考虑到消费者缺少关于产权保险的知识，不了解产权保险市场的一些问题，美国保险监督官协会（NAIC）发布了关于产权保险的"消费者警示"（见专栏 24.2）。

专栏 24.2

产权保险：保护你的房屋投资不受未知的产权缺陷的损害

大多数第一次购买房屋的人可能熟悉很多不同类型的保险（例如汽车保险、人寿保险），但是不了解产权保险是什么，以及它在房地产交易中所扮演的角色。在希望尽可能完成这种交易的时候，产权保险通常是消费者在购买房产过程中容易忽视的领域。

如果你借钱购买房屋或财产，贷款机构会要求你购买产权保险以保护它们的利益。作为消费者，在购买产权保险时应该清楚地了解产权保险的内容、产权保险如何运作以及保障的关键领域，这样做符合消费者的最大利益。

什么是产权保险？

产权保险有助于为房屋购买者和抵押贷款人提供必要的保障，以抵御财产产权存在的未知缺陷所带来的损失。这些损失可能发生在房地产交易结束之前。

产权存在的未知缺陷，例如享有财产留置权的人（例如之前的所有者没有支付房地产税）或者其他障碍（任何可能妨碍取得所有权的问题，例如事实上的错误、忽视、未明示的错误、欺诈、伪造和检查记录中的错误），可能在未来产生额外的成本，甚至使购买的财产所有权变得无效，也有可能让保单贷款人的有保障的利益受到威胁。产权保险保单将会为投保的当事方发生的任何保障范围内的损失以及这些问题带来的法律费用提供保障。

---

[1] These defects were enumerated by J. Robert Hunter, Director of Insurance, Consumer Federation of America. *Title Insurance Cost and Competition*, testimony before the House Committee on Financial Services Subcommittee on Housing and Community Opportunity, April 26, 2006.

产权保险代理人和保险公司会做些什么事？

产权保险代理人和公司会寻找公共记录，发现并记录财产的产权链条。如果发现任何拥有财产留置权的人和潜在问题，产权公司都会要求房屋购买人在签署产权保单之前，先消除这些问题。产权保险代理人也可能在合同中拥有利益，而且会收取额外的费用以提供服务。

产权保险如何运作？

产权保险保单属于补偿性保单，通常它们会为发生在保单日之前的事件所带来的损失提供保障。产权保险不像其他类型的保单，例如汽车或人寿保险。后者会为保单签发后的事故或事件带来的损失提供保障。产权保险通常只需要在房地产交易结束的时候支付一次保费。

谁需要产权保险？

贷款人——如果获得抵押贷款是为了购买资产，差不多所有贷款人要求房屋购买人购买贷款人产权保险保单以获得数额等于贷款的保障。贷款保单被签发给抵押贷款人。保单为贷款人提供保障，使其避免了之前存在的由于未知缺陷所造成的损失，这些缺陷在被保险人为被保险的资产进行融资后才被发现。贷款人的保单将会一直有效，直到融资数额被还清，财产被重新销售或者再次发生融资行为。

所有人——无论是房屋销售者还是房屋购买者都可能购买所有人保单。在很多地区把销售者购买所有人保单作为将产权转移给房屋购买者的一项义务。由当事方购买所有人保单，在购买过程中是可以商量的。所有人保单签发给房屋购买者，并为房屋购买者提供保障，使其免受在购买时存在的，任何之前就存在的未知缺陷所造成的损失。这些未知缺陷只有在获得财产所有权后才会得知。只要你对承保财产享有或保有利益，所有人保单就继续有效。

市场营销和销售

尽管房屋购买者可以自由寻找产权代理人或产权保险公司购买保险，许多房屋购买人却不是那样。由于对产权保险不熟悉，房屋购买人倾向于把此类问题推给参与房屋购买交易的贷款人和房地产专家。其结果是，如果做出此类决策的当事方在产权代理机构/产权公司拥有财务利益，那么就会形成利益冲突。

《联邦房地产结算程序法》第8部分禁止参与房地产交易过程的人提供或接受佣金和咨询费。

应牢记的关键点

- 尽管产权保险公司在抵押贷款交易过程中最有可能参与进来，但是要清楚，你并不是必须接受产权公司的建议。
- 要提出将服务和收费包括在保险费和各种费用中（例如，搜索和考察成本、终结服务等），不要让它们对此单独收费。
- 贷款人保单仅为贷款人的损失提供保障；也就是说不为房屋购买者因产权缺陷蒙受的损失提供保障。咨询当地有声望的，并且没有参加房地产交易的房地产律师，看一看购买所有人产权保险是否符合你的最大利益。
- 要了解关于产权保险的折扣情况。如果所有人和贷款人保单从相同的产权保险公司购买，或者为贷款进行再融资，那么就可能有保费折扣。
- 在交易结束的时候，要阅读所有产权保险文件，包括罚款部分。如果条款不清楚一定要问，或者如果任何条款、条件或数额与之前讨论过的不一致，都要进行询问。
- 如果你认为房地产交易中的产权代理人或者产权公司没有遵守标准交易规则（例如未预期到或未记录的收费），你可以将这些行为报告给所在州的保险局。在网站 www.naic.org，你可以找到各州保险局的网站链接。在这些网站上，提供了消费者的投诉电话。

要获得所在州关于产权保险的更多信息，请联系该州的保险局。要查看美国审计总署2007年4月发布的关于产权保险的报告，请登录http：//www.gao.gov/new.items/d07401.pdf。美国住房和城市发展局的网页http：//www.hud.gov也是获取关于产权保险信息的一个很好的资源。

个人伞式保险

个人责任索赔有的时候会达到极高的水平，超过屋主或汽车保险保单中的责任限额。例如结冰的高速公路会引发连锁事故，导致多辆车撞在一起，很多人受伤或死亡，由此导致极高的损失；一艘船与另一艘船相撞所造成的沉船事故导致多人受伤或淹死；或者某人提出的声称其名誉受到损害的诽谤诉讼。

个人伞式保险（personal umbrella policy）提供使被保险人免受巨额赔偿金诉讼或判决的损失。大多数保险公司提供的个人伞式保险的保险金额为100万～1000万美元。这种保险的保障范围很广，对由房屋、汽车、船只、娱乐车辆、体育运动和群体个人行为引起的巨额责任损失提供保障。

基本特征

尽管各保险公司之间的个人伞式保险有差异，但也有几个共同特征，包括：[1]

- 超额责任保险
- 宽泛的保障范围
- 自保额或免赔额
- 合理的成本

超额责任保险　个人伞式保险为先顺位保险提供超额责任保险。伞式保险只有在先顺位保险限额用尽的时候才予以赔付。被保险人必须在先顺位保险中购买某一最低数额的责任保险，各保险公司对最低数额的要求不同。图表24—3介绍了通常使用的数额。

图表 24—3　　个人伞式保险要求的普通先顺位保险的保障数额

汽车责任保险	250 000美元/500 000美元/50 000美元或单一限额500 000美元
个人责任保险（分离合同或屋主保险）	100 000美元或300 000美元
大型船只	500 000美元

如果先顺位保险的保额没有满足，那么伞式保险的保险公司只赔付先顺位保险中要求的

---

[1] 个人伞式保险的讨论是基于John R. Chesebrough and George E. Rejda, "Personal Umbrella Liability Insurance—A Critical Analysis," *CPCU Journal*, vol. 48, no. 2 (June 1995), pp. 98-104; "Personal Umbrella Liability Insurance," in *Fire, Casualty & Surety Bulletins*, Companies and Coverage volume, Personal Packages section (Erlanger, KY: National Underwriter Company); "Personal Umbrella Liability Policy," *The Institutes' Handbook of Insurance Policies*, 10th ed. (Malvern, PA: American Institute for Chartered Property Casualty Underwriters, 2011), pp. 116-123, and discussion on the IRMI.com Web site.

数额。

宽泛的保障范围 伞式保险为多种个人责任损失风险提供保障。保险既对身体伤害及财产损失责任提供保障，也对人身伤害提供保障。**人身伤害**（personal injury）一般包括非法拘捕、监禁或者关押；恶意起诉；不正当驱逐或者非法侵入；侮蔑、诽谤或者人格中伤；口头或书面公开他人资料侵犯个人隐私权等。

个人伞式保险在自保额或免赔额条款满足之后，为先顺位保险不提供保障的损失予以保障。除了保险限额外，大多数伞式保险还要支付法律抗辩费用。

自保额 伞式保险通常包含自保额或免赔额。**自保额**（self-insured retention）或者免赔额只适用于伞式保险保障，而不适用于其他先顺位保险保障的损失。自保额一般为 250 美元，但是也可以更高。关于受到伞式保险保障而不受先顺位保险保障的索赔情况包括侮辱、诽谤、人格中伤，以及其他各种索赔。

为了对此进行说明，我们假设安德里亚有 100 万美元的个人伞式保险和一份汽车保险，汽车保险每人的限额是 250 000 美元，每起事故造成身体伤害责任限额是 500 000 美元。如果她不小心撞伤另一位司机，必须赔偿 650 000 美元损失，汽车保险将支付前 250 000 美元，伞式保险将支付剩下的 400 000 美元。因为在作为先顺位保险的汽车保险中，每人 250 000 美元的限额已经用完。当伞式保险提供超额保障时，自保额在这里不适用。

现在假设安德里亚被其前夫起诉人格毁蔑，并必须支付 50 000 美元的损失。如果没有先顺位保险，自保额为 250 美元，她的伞式保险就要支付 49 750 美元。该案件中自保额必须由安德里亚自己支付。

合理的成本 伞式保险就成本而言也是合理的。如果考虑较高的限额的话，保单成本低于你的想象。不过，要记得，大多数保险由原始保单提供保障。其实际成本取决于几个因素，包括投保汽车、船只和摩托车的数量。对于大多数家庭来说，100 万美元伞式保险的年保费低于 350 美元。

保险服务处的个人伞式保险

1998 年，保险服务处引入了标准个人伞式保险。保险服务处 2006 年修订了该保险。有些保险公司使用保险服务处的保险保单，而其他保险公司自行开发伞式保险保单。不过，它们的基本特点是类似的。

下面的内容将对保险服务处保险保单的基本特点进行概括。

被保险人 保险服务处的伞式保险为下面几种人提供保障：
- 记名被保险人及其共同居住的配偶。
- 常住的亲属，包括受监护人或者收养的小孩。
- 记名被保险人照看的共同居住的年龄小于 21 岁的人或者年龄不小于 21 岁的被保险人。
- 任何使用记名被保险人所有且投保了伞式保险的汽车、娱乐用车辆或船只的人。
- 当记名被保险人或其家庭成员使用受保单保障的汽车或娱乐用车辆时，对他们负有法律责任的其他任何个人或组织。例如，如果詹姆斯为教堂做义工，当他为教堂运送食物的时候，不小心撞伤了另一个人，则教堂也属于保障范围之内。

保障范围 伞式保险为超过自留限额的身体伤害、财产损失或人身伤害（被保险人为这些承保损失负有法律责任）造成的损失提供赔偿。**自留限额**（retained limit）是（1）被保险人可以达到的先顺位保险或其他保险的总限额，或者（2）如果损失获得伞式保险的保障，但是未获得先顺位保险或其他保险的保障，则自留限额指声明条款中的免赔额。

除了责任限额之外，该保险还支付法律辩护费用，保险人应诉所发生的费用，要求提供担保发生的保费，被保险人应保险人要求支出的合理费用，包括每天最高 250 美元的收入损失，未支付判决的利息。

除外责任 保险服务处的保险保单有很多除外责任。主要的除外责任包括：

- 可以预期或故意造成的伤害。可以预期或故意造成的伤害属于除外责任。但是，除外责任不适用于为保护人或财产而合理使用暴力造成的故意身体伤害，例如针对闯入住宅的入侵者进行的自卫。
- 一些特定的人身伤害损失。该保险将某些人身伤害损失排除在外，例如在保单生效之前就已出版的出版物带来的损失，或者被保险人的犯罪行为或在其指导下发生的犯罪行为带来的损失。
- 房产出租。除一些特例外，保险服务处的保险保单不承保由于将房屋出租给他人而产生的责任。这一除外责任不适用于偶然出租的房屋，例如外出休假的教授将其房屋出租 6 个月。如果房屋的一部分被出租作为办公室、学校、画室或者私人车库，该除外责任同样不适用。
- 商业责任。保单将被保险人的商业行为责任排除在外。这种除外责任不适用于那些除了费用补偿外，无偿地参与市民或者公众活动的被保险人，例如女童子军或男童子军。同样，它也不适用于年龄低于 18 周岁的未成年自谋职业者（如果是全日制学生则为 21 周岁），例如，送报、割草、看孩子或者扫雪。
- 专业服务。保单不为因提供或未提供专业服务而产生的责任承保。
- 飞机、船只及娱乐用车辆。由于拥有或使用飞机（除了模型或作为业余爱好的飞机）而产生的责任属于保单除外责任。同样属于除外责任的还包括船只或娱乐用车辆，除非由先顺位保险提供保障。
- 无可信的理由。如果没有可信的理由说明其获得使用汽车、娱乐用车辆或船只的许可，那么保险服务处的个人伞式保险不为其提供保障。该除外责任不适用于家庭成员使用记名被保险人所有的车辆，例如没有事先获得允许而驾驶自家汽车的十几岁的少年。
- 比赛用车辆。保单拒绝为参加预先安排好的比赛而使用的汽车、娱乐用车辆或船只提供保险。该除外责任不适用于帆船或用于测速航行的船只。
- 传染病、性骚扰或使用违禁药品。该保单将由于传播传染病，性骚扰，肉体惩罚，身体或精神虐待，或使用或销售如吗啡、可卡因、大麻以及麻醉性药品（处方药除外）等违禁药品所引起的责任排除在外。
- 董事或官员。保险服务处的保险保单将官员或董事会成员等被保险人的行为或失职作为除外责任。这一除外责任不适用于被保险人除了报销开支外不接受任何报酬的非营利组织。
- 照看、保管及控制。保单拒绝为出租给被保险人、由被保险人使用或者由保险人照看、保管及控制的财产的损失提供保障，所以被保险人通常会被合同要求为这些财产购买保险。该除外条款不适用于火灾、烟尘或者爆炸所引起的财产损坏。

此外，保险服务处的个人伞式保险的除外责任还包括，记名被保险人及其家庭成员的身体伤害，被保险人所有的财产遭受的损失，任何有资格领取工人补偿金的人遭受的身体伤害，以及由于燃料从燃料系统中泄漏、挥发或吸入铅或者污染物所引起的责任。

案例应用

弗雷德购买了河边的一栋老房子。尽管这栋房子需要大规模装修，但是仍然会是他主要的居所。河水定期上涨，并对该区域内的房子造成巨大损失。弗雷德独自居住，但是养了两条牧羊犬作为看门狗。他还有一条15马力的船用于钓鱼。

一位保险代理人通知弗雷德，因为房子没有达到承保要求，所以不能投保屋主保险3（HO—3）。这位代理人说，他会试着让核保人同意投保住宅财产保险3（DP—3）或者住宅财产保险1（DP—1）。最后，代理人说，可以通过州公平保险需求计划获得保障。

a. 假设你是一位风险管理咨询师，指出弗雷德面临的主要损失风险。
b. 解释代理人提到的 HO—3、DP—3 和 DP—1 保单之间的主要差异。
c. 代理人提到的每一种保障方法在多大程度上为 (a) 中的损失风险提供保障？
d. 假设弗雷德有一份 DP—3 保单。你建议他再购买一份个人责任补充保险吗？请解释你的答案。
e. 假设弗雷德有一份 DP—1 保单。你建议他通过国家洪水保险计划再购买一份洪水保险吗？

本章小结

- 保险服务处的住宅计划为不具有屋主保险投保条件的住宅以及不想或不需要屋主保险的人设计。

- 住宅财产保险1是一种基本险，为有限数量的记名被保险人提供保障。住宅财产保险2是一种扩展险，为基本险保障的所有风险事故以及一些额外风险事故提供保障。住宅财产保险3是特别险，为住宅和其他建筑物遭受的财产直接损失提供保障。所有直接物理损失都在保障范围内，除了那些专门除外的责任，个人财产在列明风险事故的基础上获得保障。

- 移动房屋可以通过为屋主保险2或屋主保险3增加一份批单来获得保障。因此，移动房屋保险对移动房屋的保障类似于屋主保险。

- 内陆运输保险对那些经常从一个地方运到另一个地方的财产提供宽泛的综合保障。尽管内陆运输保险并不统一，但它们仍然有一些共同的特点。保障内容可以根据所要保障的个人财产类型进行调整；可以根据需要选择保险金额；可以获得更广泛、更全面的保障；大多数运输保险为处于任何地点的投保财产提供保障；内陆运输保险通常没有免赔额。

- 个人流动财产保险（PAF）基于"一切险"或"开放式风险事故"为某些种类的个人财产提供保障。所有直接物理损失都将获得保障，除了一些特别除外的损失。这些种类的财产包括珠宝、裘皮、照相机、乐器、银器、高尔夫球具、艺术品和收藏的邮票和硬币。单个项目分别列出，并投保特定数额。

- 预定个人财产批单是一种可以附加到屋主保险上的批单，提供的保障与独立的个人流动财产保险相同。

- 娱乐用船只的保险可以分为两类。船主一揽子保单将船只物理损失保险、医疗费用保险、责任保险和其他保险纳入一张保单。游艇保险是为大型船只设计的险种，例如可住宿的游艇、内置引擎的摩托艇。游艇保险提供船只和设备的物理损失保险、责任保险、医疗赔付保险以及其他保险。

- 洪水风险事故很难通过商业途径投保，因为存在损失巨大、保费非常高以及逆向选择等问题。国家洪水保险计划可以用于为洪水多发地区的建筑物和个人财产提供保障。

- 在自主承保计划中，商业保险公司承保洪水保险，收取保费，并赔偿损失。它们接受联邦政府对其损失的补偿。

- 公平保险需求计划为无法从常规市场上获得保障的个人提供基本财产保障。如果财产达到一定的核保标准，就可以按照标准或额外费率投保。在某些情况下，所有人可能要在保单签发之前对财产进行一定的改善。

- 产权保险为财产所有人或贷款借出方提供

保障，应对财产所有权中存在的任何缺陷。
- 个人伞式保险设计用于为巨灾诉讼或审理提供保障。个人伞式保险的主要特点是：

（1）该保险在基本先顺位保险合同之外提供超额责任保险。

（2）保障范围广，包括对某些先顺位保险不提供保障的损失的保障。

（3）对于某些伞式保险提供保障，而先顺位保险不提供保障的损失，必须满足自保额要求。

（4）伞式保险在成本方面也很合理。

重要概念和术语

船主—揽子保单
住宅财产保险1（基本险）
住宅财产保险2（扩展险）
住宅财产保险3（特别险）
公平需求保险计划
洪水

内陆运输保险
移动房屋保险
国家洪水保险计划（NFIP）
个人流动财产保险（PAF）
人身伤害

个人伞式保险
列明个人财产保险批单
自保额
产权保险
游艇保险

复习题

1. 保险服务处的住宅计划有多种形式。说明下面几种保险的基本特点：
   a. 住宅财产险1（基本险）
   b. 住宅财产险2（扩展险）
   c. 住宅财产险3（特别险）
2. 解释个人责任保险如何附加到住宅保险上。
3. 指出内陆运输保险的基本特点。
4. 个人流动财产保险为价值高的个人财产提供综合保障。列举需要获得个人流动财产保险而不是标准屋主保险的财产的3个例子。
5. 指出普通的船主—揽子保单提供的保障。

6. 为什么商业保险公司很难为洪水多发地区的建筑物提供保障？
7. 国家洪水保险计划有很多条款。简要说明下面几个条款：
   a. 自主承保计划
   b. 洪水的含义
   c. 等候期
8. 公平需求保险计划的目的是什么？
9. 说明产权保险的基本特点。
10. 简要解释个人伞式保险的基本特点。

应用题

1. 佩德罗拥有一套六单元复式公寓，并自住了其中一单元。该房屋购买了320 000美元的住宅财产保险1（基本险）。房屋的重置成本是400 000美元。解释如果发生下列损失，佩德罗能在多大程度上获得补偿：

   a. 由于线路问题，其中一单元公寓发生火灾。损失的实际现金价值是20 000美元，重置成本是24 000美元。

   b. 由于公寓不适合正常居住，租户搬走了。要花3个月的时间将公寓恢复到之前的状态。公寓的正常租金为一单元每月900美元。

   c. 租户的个人财产在火灾中烧毁。损失财产的实际现金价值是5 000美元，重置成本是7 000美元。

2. 马修有一栋移动房屋，通过屋主保险3的一个批单获得保障。请解释在发生下列损失的情况下，保险将在多大程度上予以赔偿：

   a. 一场严重的风暴吹坏了移动房屋的

屋顶。

  b. 里面的一个书柜和烤箱也被风暴损坏。
  c. 窗式空调在风暴中严重损坏。
  d. 在修理移动房屋的时候，马修必须搬到一个精装修的公寓里住 3 个月。

 3. 摩根为室外摩托艇投保了船主一揽子保单。指出是否下面每一种损失都在摩根购买的保单保障范围内。如果这些损失没有获得保障，或者没有获得全额保障，请解释为什么。

  a. 摩根的船撞到水里漂浮的木桩后严重受损。
  b. 当船撞上水泥桥墩的时候，乘坐摩根的船的一个人受伤，并产生了医疗费用。
  c. 船停在码头的时候，马达失窃。
  d. 一个小孩坐在摩根的船里，没有穿救生服，小孩掉到甲板外淹死了。小孩的父母起诉了摩根。

 4. 丹购买了一份限额为 100 万美元的伞式保险，自留额为 250 美元。丹购买了一份没有任何特别批单的屋主保险和一份汽车保险。这些保险的责任限额分别为：

屋主保险：300 000 美元

个人汽车保险：250 000 美元/500 000 美元/50 000 美元

 这些责任限额满足伞式保险的保险公司对先顺位保险最低责任保险额的要求。指出是否下面的每一种损失都将获得丹的个人伞式保险的保障。如果损失不在保障范围内，或没有获得完全的保障，解释为什么。

  a. 丹指导一个儿童棒球队。一个队员坐在三垒后面，被一记直线击球正中面部，导致一只眼失明。丹被孩子的父母起诉，认为他的指导和监管不充分。受伤队员的损失赔偿为 100 万美元。
  b. 丹是本地基督青年会董事会的成员。丹被该会的一个会员起诉，该会员在蹦床倒塌的时候受重伤。受伤的会员要求的赔偿为 500 000 美元。
  c. 丹起诉了一个 14 岁的男孩，因为男孩偷了他价值 2 000 美元的自行车。警察逮捕了年轻人，并起诉了他。警察后来抓住了真正的小偷，并找到了自行车。小孩父母因为错误的逮捕起诉了丹。男孩获得了 100 000 美元的赔偿。
  d. 丹在红灯前没能及时停下，他的汽车撞上了另一位司机。受伤的司机的损失为 200 000 美元。

 5. 劳拉有一份 100 万美元的个人伞式保险，自留额为 250 美元。劳拉还有一份没有特别批单的屋主保险和一份汽车保险。保险的责任限额为：

屋主保险：300 000 美元

个人汽车保险：250 000 美元/500 000 美元/50 000 美元

 这些责任限额满足伞式保险的保险公司对先顺位保险最低责任保险额的要求。指出劳拉的伞式保险为下述损失赔付的额度。

  a. 劳拉的狗咬了一个小孩。他的父母起诉了劳拉，并获得 25 000 美元的损失赔偿。
  b. 劳拉闯了红灯，她的车撞上了一辆校车。两个孩子严重受伤。法庭要求她为每个孩子赔偿 350 000 美元。
  c. 劳拉是本地非营利慈善机构的志愿者。在和其他客人接受电视节目采访的时候，劳拉称其中一位客人是"流浪女"。这位客人因为劳拉诽谤其人格，起诉了她，要求赔偿损失 25 000 美元。
  d. 劳拉是当地银行董事会的成员，每年她作为董事会成员的报酬为 50 000 美元。此外，她还是董事会审计委员会的成员。股东起诉劳拉和其他董事会成员没有发现严重的财务欺诈交易，从而致使股东损失上千万美元。法庭要求赔偿股东 500 万美元的损失。

网络资源

● 联邦紧急管理局（FEMA）提供关于国家洪水保险计划消费者的有价值的信息。网址为：fema. gov/national-flood-insurance-program

● FloodSmart. gov 是国家洪水保险计划的官方网站。该网站提供关于洪水保险计划、洪水和洪水风险、洪水保险保障范围的选择等一些重要信息。网站地址为：floodsmart. gov

● 保险信息协会为个人和家庭提供很多关于财产和责任保险合同的有价值的消费者信息。它的一个特色是"热点问题"。网址为：iii. org

● 另一个提供关于房屋、汽车和其他财产和责任保险保障的有价值的信息的网站是美国独立保险代理人和经纪人协会开办的网站。网址为：iiaba. net

● Insure. com 为消费者提供关于多种保险产品的信息，包括屋主保险和汽车保险。网址为 insure. com

● InsWEB 提供汽车保险、屋主保险和其他保险产品的保费报价。这一网站有一个学习中心。网址为 insweb. com

● 美国保险监督官协会（NAIC）与各州保险部门都有链接，提供关于汽车、屋主和其他个人保险的消费者的大量信息。网址为 naic. org

参考文献

Fire, Casualty & Surety Bulletins. Fire and Marine volume and Casualty and Surety volume. Erlanger, KY: National Underwriter Company. See also the Personal Lines volume and Guide to Policies Ⅰ volume. The bulletins are published monthly.

Flood Insurance Manual, National Flood Insurance Program, FEMA, Revised May 2012.

Hartwig, Robert P. and Claire Wilkinson, "Residual Market Property Plans: From Markets of Last Resort to Markets of First Choice," Insurance Information Institute, July 2012.

Hunter, J. Robert. *Title Insurance Cost and Competition*, testimony before the House Committee on Financial Services Subcommittee on Housing and Community Opportunity, Consumer Federation of America, April 26, 2006.

Nyce, Charles, ed. *Personal Insurance*, 2nd ed. Malvern, PA.: American Institute for Chartered Property Casualty Underwriters/Insurance Institute of America, 2008.

"Personal Umbrella Liability Policy." *The Institutes' Handbook of Insurance Policies*, 10th ed. Malvern, PA: American Institute for CPCU, 2011, pp. 116 - 123.

"Study: Flood Program Premiums Do Not Adequately Reflect Flood Risk," *Insurance Journal*, National News, December 9, 2008.

United States Government Accountability Office, *Flood Insurance*, *FEMA's Rate Setting Process Warrants Attention*, GAO-09-12, Washington, DC, October 2008.

United States Government Accountability Office, National Flood Insurance Program: Continued Actions Needed to Address Financial and Operational Issues, Testimony before the Committee on Banking, Housing, and Urban Affairs, U. S. Senate, Statement of Orice Williams Brown, Director, Financial Markets and Community Investment, Sept. 22, 2010. GAO-10-1063T.

United States Government Accountability Office, *National Flood Insurance Program*, *FEMA's Management and Oversight of Payments for Insurance Company Services Should Be Improved*, GAO-07-1078, Washington DC, September 2007.

United States Government Accountability Office, *Natural Catastrophe Insurance Coverage Remains a Challenge for State Programs*, GAO-10-1568R, Washington DC, April 16, 2010.

第六部分
企业财产和责任风险

第 25 章

企业财产保险

"风险管理师的主要职责是保护公司的资产免受损失。企业财产保险是应对资产损失风险的主要方法。"

——丽贝卡·A·麦奎德
风险管理官，帕卡公司

学习目标

学习完本章，你应当能够：

- ◆ 解释建筑物和个人财产保险的基本条款，包括：
  - 承保财产　可选保障
  - 附加保障　扩展保障
- ◆ 指出下面几种类型的保险责任：
  - 基本保险责任
  - 扩展保险责任
  - 特殊保险责任
- ◆ 解释在业务收入（和额外费用）保单中，业务收入损失如何确定。

- ◆ 解释下面每一种海洋运输保险的保障内容：
  - 船体保险　保赔保险
  - 货物保险　运费保险
- ◆ 指出可以获得内陆运输保险保障的财产类型。
- ◆ 说明企业主保单（BOP）的主要条款，包括：
  - 提供保障　可选保障　附加保障

"这可不是一个好消息。"戴文·米切尔接电话之后自言自语道。这个电话把他从睡梦中唤醒。现在是凌晨2点，打电话的人叫希拉·戈登，是多元化学制品公司的风险经理。她打电话提醒米切尔（公司总裁），多元化学制品公司最大的生产厂房发生爆炸并着火。

爆炸和火灾损坏了三栋楼、大量价值昂贵的生产设备和已经完工的产品和半成品。多元化学制品公司因为厂房被关闭还会损失本应赚取的利润，并持续产生费用。幸运的是，多元化学制品公司购买了几份财产保险，可以为因为着火和爆炸导致的大部分直接和间接损失提供赔偿。

在本章中，我们将讨论企业财产保险，特别着重于保险服务处开发的企业财产保险计划。更准确地说，本章讨论的是企业一揽子保险、建筑物和个人财产保险、业务收入保险和其他财产保险。在这里还讨论海洋运输保险和内陆运输保险，包括运输和其他商业风险。结尾部分将分析保险服务处的企业主保单，该保单专为中小规模企业设计。①

企业一揽子保险

保险服务处为满足商业企业的特殊需求而提供一揽子保险计划。**企业一揽子保险**（commercial package policy，CPP）将两种或两种以上的保障融入一张保单。如果财产保险和责任保险保障被融入一份保单，就称为复合保障保单（multiple-line policy）。相反，一份保单只提供一种类型的保障，就称为单一保障保单（monoline policy）。

与个人保险相比，一揽子保险有下述几个优点：保障缺口小；被保险人支付的保费相对较少，因为不需要分别购买保单；保险人节省的费用可以转移给投保人；被保险人可以享受单一保单的便捷。

这一部分讨论企业广泛使用的企业一揽子保险。企业一揽子保险可以用于为汽车旅馆、旅馆、公寓、办公楼、零售商店、教堂和学校、加工企业（例如干洗店）、制造企业和其他各种商业企业承保。企业一揽子保险可以专门用于为单一保险承保的大部分财产和责任损失风险承保，但是将职业责任、工人补偿和担保证券作为主要除外责任。

根据保险服务处计划，每一份企业一揽子保险保单包括（1）通用声明页，（2）通用条件页，（3）一项以上的保障内容。② 图表25—1非常详细地列出了企业一揽子保险的不同部分内容。

通用声明

每一份企业一揽子保险保单都包括通用声明页，显示被保险人的姓名和住址、保险期间，对被保险人财产的描述，适用保障范围清单，以及保费数额。

---

① 本章基于 *Fire, Casualty & Surety Bulletins*, Fire and Marine volume, Commercial Property section (Erlanger, KY: National Underwriter Company); Arthur L. Flitner and Jerome Trupin, *Commercial Insurance*, 2nd ed., Third printing (Malvern, PA: American Institute for Chartered Property Casualty Underwriters/Insurance Institute of America, November 2008); Jerome Trupin and Arthur L. Flitner, *Commercial Property Risk Management and Insurance*, 8th ed. (Malvern, PA: American Institute for Chartered Property Casualty Underwriters/Insurance Institute of America, 2008); *Commercial Property Risk Management and Insurance*, 1st ed., edited by Mary Ann Cook (Malvern, PA: American Institute for Chartered Property Casualty Underwriters, 2010); *The Institute's Handbook of Insurance Policies*, 10th ed. (Malvern, PA: American Institute for Chartered Property Casualty Underwriters 2011); and The International Risk Management Institute's on-line library, IRMI. com. The authors also drew on the various copyrighted commercial property and liability forms of the Insurance Services Office (ISO).

② 本书写作时，保险服务处提出对其商业财产保险保单格式进行部分修订，并建议于2013年生效。一些建议做出的改变值得注意。

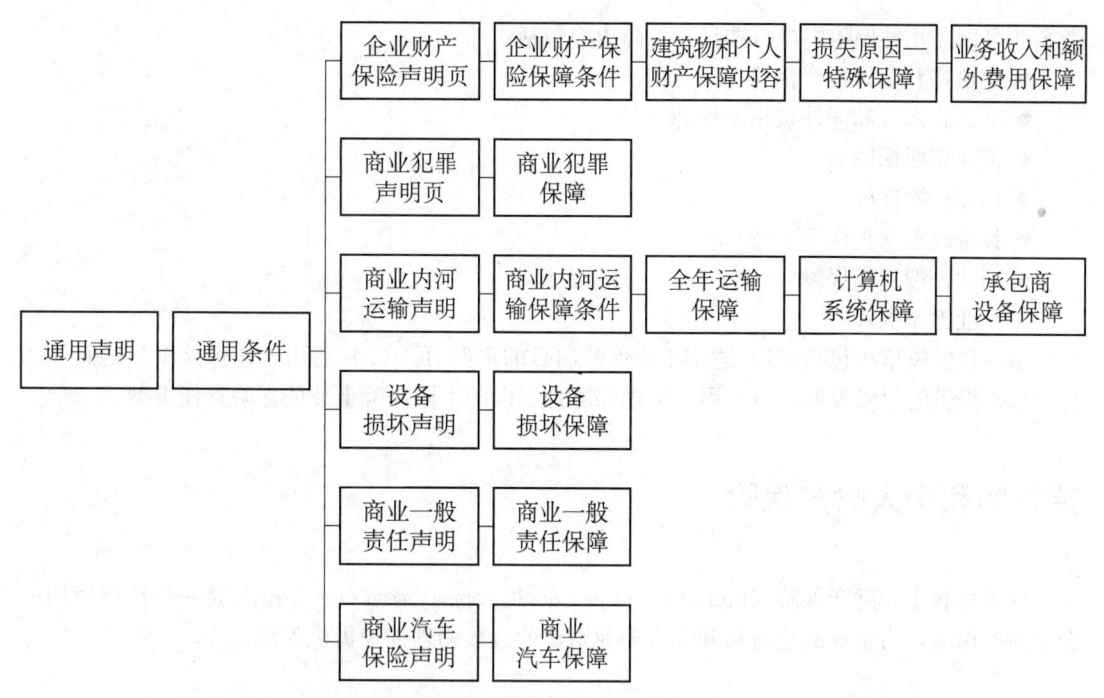

图表 25—1 保险服务处的企业一揽子保险保单的组成部分（不包括批单）

资料来源：*Commercial Property Risk Management and Insurance*, Edited by Mary Ann Cook, 1st ed., p.1.14, 2.5, © 2010 American Institute for Chartered Property Casualty Underwriters. Reprinted with permission.

通用条件

每一份企业一揽子保险保单都包括通用条件页。通用条件页列出适用于所有企业保险产品的条件，常见的条件包括：

● 解约。任何一方当事人在预先通知另一方当事人的情况下都可以解除保单。保险人可以因为被保险人不支付保费而解除保险合同，但要提前至少 10 天通知被保险人，其他原因则需要提前 30 天。如果保险人要解除合同，要按照一定的比例退还保费。如果被保险人要解除合同，那么退还的保费可能少于按比例退还的保费。

● 变更。只有通过保险人签发批单才能对保单进行变更。

● 账簿和记录检查。保险人在保险期间，以及保险期间结束后的 3 年中，有权利查被保险人的账簿和记录。

● 审查和调查。保险人有权利对财产的可保性和收取的保费进行审查和调查。

● 保费。声明页中可以列出不止一位被保险人。声明页中的第一位记名被保险人负责支付保费。

● 权利和责任转移。如果没有保险公司的书面同意不得转移保单规定的被保险人的权利和责任。一个例外是，如果单个记名被保险人身故，其权利和责任可以转移给他的法定代表人。

保障内容

每一份企业一揽子保险保单的保障内容都包括一个以上的保障内容。根据需求的不同，商业企业可以在几种保障中进行选择。保障内容包括：
- 建筑物和个人财产保障
- 业务收入（和额外费用）保障
- 商业犯罪保障
- 内陆运输保障
- 设备故障保护保障
- 商业一般责任保障
- 商业汽车保障

每一种保障依次包括（1）适用于该保险项目的声明页，（2）适用于该保险项目的具体条件，（3）提供的保障类型，（4）用于描述保障范围内的不同风险事故的保险责任类型。

建筑物和个人财产保险

建筑物和个人财产保险（building and personal property coverage form）是一种广泛使用的企业财产保险，为企业的建筑物和个人商业财产的直接物理损失提供保障。

保险标的

被保险人可以选择保险标的。保险标的可以包括：
- 建筑物
- 记名被保险人的个人商业财产
- 记名被保险人照看、保管和控制的他人个人财产。

对于适用的保障范围，声明页必须明确该种保险的限额。根据其需要，企业可以选择一种或所有三种保障。

建筑物 保单为声明页中描述的建筑物提供保障，包括所有已经完工的扩建部分和固定附着物，以及永久安装的机器设备。一些室外固定附着物也在保障范围内，例如电线杆、旗杆和邮箱。最后，用于维护和保养建筑物的设备（例如灭火器、厨具、洗碗机和真空吸尘器）也都在保障范围内。

最后，如果不属于其他保险保障范围内，保单还为建筑物的附属物、发生的变化和进行的维修提供保障，包括100英尺以内高度的建筑物的建筑材料和附属物。

个人商业财产 建筑物内部及安装在建筑物上，或者建筑物周围100英尺以内的记名被保险人的个人商业财产也在保障范围内。[①] 它包括家具和固定附着物、计算机系统、机器设备、存货[②]或库存，被保险人拥有以及被保险人业务使用的所有其他个人财产。

此外，被保险人对他人的个人财产具有的劳务、原料和其他收费方面的利益也在保障范围之内。例如，一家维修店修理一台客户拥有的机器。假设零部件和劳务费用是1 000美元，如果该机器在送还客户之前因为承保风险事故而被损坏，那么被保险人有1 000美元的利益会获得保障。

[①] 关于为建筑物内部的商业个人财产和其他州的个人财产提供保障的修订建议在声明页中进行了描述。
[②] 存货在保单中的定义为原材料、半成品、成品、储存或用于销售的商品，以及打包/运输供应品。

被保险人作为承租人对房屋进行修缮后的使用权也作为个人商业财产获得保障。改良和修缮包括固定设施、改造、安装或者由被保险人出资建造、不能合法移动的建筑物的扩建部分。例如，被保险人在租来用于开新酒吧和餐馆的建筑物中安装的新空调。

改进成果由房东享有，而且如果没有房东的同意，不得违法移动。不过，租户在租用期间对这些改进措施拥有使用收益。

最后，个人商业财产还包括被保险人租赁的个人财产，根据合同规定，这种财产应由租赁者投保。例如，被保险人必须为其租来的计算机投保。

他人个人财产 由记名被保险人照看、保管或控制的他人个人财产。例如，如果龙卷风摧毁了维修店，客人的设备也被摧毁，那么这些损失在保障范围内。

附加保障 该保险还提供以下几种附加保障：

- 清理费用。清理费用可以在保单载明的限额内得到赔偿。这一保障不适用于清除陆地或水中的污染物。
- 财产保存。如果将财产转移到其他地方是为了保护其免受承保损失，那么运输过程中以及存放在另一个地方的过程中发生的任何直接物理损失或损毁都将获得保障。该保障仅适用于损失或损坏发生在财产第一次被移动后的 30 天内。
- 消防部门服务收费。消防部门服务收费的最高支付额度为 1 000 美元。这种保障没有免赔额。
- 污染物的清除。如果污染由保险范围内的风险事故引起，保险人也会为从被保险人的建筑物周围的水中或陆地上清除污染物支付费用。每 12 个月保险期间内的最高赔偿金额为 10 000 美元。
- 建筑成本的增加。另一项附加的保障内容是由于法律或法令规定而增加的建筑成本。附加的保障内容仅适用于以重置成本为基础投保的建筑物。在该保险中，适用于每一投保建筑物的最高限额为 10 000 美元或者该建筑物的保险金额的 5%，二者取其较低者。
- 电子数据。当电子数据因承保范围内的风险事故损坏或者完全丧失的时候，该保单支付重置或恢复数据的成本，包括 CD、软盘、硬盘和类似的装置。在承保范围内的保险责任类型包括由计算机病毒导致的数据损失，但员工或租赁员工造成的数据损失则属于除外责任。无论发生的次数是多少，在每个保单年度内的最高赔付额度为 2 500 美元。

扩展保障 如果声明中规定的共同保险比例为 80%，或 80% 以上，或者声明页中包括了能够显示标的价值变动的内容，那么保险范围就可以扩展到其他财产。扩展保障概括如下：

- 新获得或新造的财产。对建筑物的保险可以扩展到建造在指定地点上的新建房屋，或者其他位置的新获得的房屋。保险期限最长为 30 天，每一栋建筑的最高保额为 250 000 美元。此外，个人商业财产保险（最高保额 100 000 美元）可以应用于新获地点的个人商业财产。这种保险的保险期限最长也是 30 天。
- 个人流动财产和他人财产。个人商业财产保险可以扩展至记名被保险人、高级管理人员、合伙人或员工的个人流动财产。但是，这种扩展不适用于财产盗窃。该扩展还适用于记名被保险人照看、保管或控制的他人个人财产。最高赔偿限额是 2 500 美元。
- 有价值的文件和档案（非电子数据）。个人商业财产保险还可以扩展到支付调查、替代、复原被损坏的有价值的文件和档案中的信息的费用。每个地点的最高赔偿限额是 2 500 美元。
- 经营场所外的财产。暂时位于非被保险人所有、租借或经营的场所的投保财产的最高保额为 10 000 美元。扩展后的保障范围不适用于放在车辆中或车辆上的财产，或是由销售人员照看、保管或控制的财产。但是，对于在交易会或展览中，由销售人员照看、保管或控制的财产，该扩展保障范围仍然适用。
- 户外财产。户外的篱笆、收音机和电视接收天线、独立的招牌以及树木、植物和灌木等的最高赔偿限额是1 000美元，但每一棵树、每一丛灌木或植物的最高赔偿限额不超过250美元。该保险只适用于火灾、闪电、爆炸、骚乱或城市暴动，或飞行器造成的损失。
- 非自有独立拖车。该扩展保障范围在某些情况下还适用于非自有独立拖车。该拖车必须用于商业用途，或者由被保险人照看、保管和控制；被保险人还必须负有赔付拖车损失的契约义务。但是，如果拖车挂在其他机动车辆上面，则无论是否移动，该保障都将终止。例如，一个建筑公司可能租借一辆拖车作为一个工作地点的临时办公室，该保障只有在该拖车不挂在任何移动车辆上的时候才发生作用。该扩展项目下的最高赔偿限额是5 000美元。

其他条款

在建筑物和个人财产保险的保单里包括了很多额外的保险条款，详细讨论每一个条款超出了本书的范围。但是这里对几个条款进行概述。

免赔额　每一起事故的标准免赔额是250美元。如果在同一事故中，多栋建筑或者多种类型的个人商业财产同时受损，那么只需要满足一项免赔额。

共同保险　如果在声明页中指出了共同保险的比例，那么为了避免共同保险惩罚，就必须满足共同保险的要求。为了减少误解和混淆，该保单中列出了几个非常好的例子来说明共同保险如何运作。

可选保障　保单中列出了几种可选保障内容，从而不再需要独立批单。如果这些可选保障被选择，就会在声明页上注明。

- 协议价值。在执行这一选择权的时候，协议价值条款将会暂停共保条款。对于全额赔付的损失，保险承保额必须等于协议价值。例如，如果协议价值是100 000美元，那么保险限额就是100 000美元，所有承保损失都要在这一限额下全额赔付（扣除免赔额）。但是，如果保险额为75 000美元，那么就将只赔付四分之三的承保损失。该选择权的目的是在不满足共保条件的时候避免被惩罚。
- 通货膨胀保障。这种可选保障按照声明中的年度百分比自动提高保险额。全年的百分比增长以日为基础计算。
- 重置成本。在重置成本保障中，如果发生损失，折旧就没有免赔额。但是，这种选择不适用于他人的财产、居所的内部设施、手稿、艺术品、古董及类似的财产、股票（除非声明中事先说明）。重置成本保障通常在建筑物及其内部设施已投保的情况下使用。如果没有选择这一选择权，发生的损失将在实际现金价值的基础上赔付。
- 重置成本扩展。另一种可选保障是，将重置成本保障扩展到记名被保险人照看、保管或控制下的他人个人财产。

保险责任类型

保险责任类型必须附加在保单上面，才能构成一份完整的合同。被保险人可以选择下面的保险责任类型。

- 基本保险责任

- 扩展保险责任
- 特殊保险责任

这些保单直接的差异主要是保障风险的差异。基本保险和扩展保险提供指定风险保障。特殊保险提供开放式风险保障，并承保保障范围内的财产发生的直接物理损失。①

基本保险责任

基本保险责任（cause-of-loss basic form）为投保财产面临的 11 种基本损失原因提供保障：
- 火灾
- 雷击
- 爆炸
- 风暴或冰雹
- 烟雾
- 飞行器或机动车辆
- 暴动或城市骚乱
- 故意破坏
- 喷洒装置泄漏
- 污水池倒塌
- 火山运动

扩展保险责任

扩展保险责任（cause-of-loss broad form）包括基本保险责任的所有损失原因以及另外几种保险责任：
- 坠落物
- 雪、冰或冰雹的重压
- 水灾

扩展保险责任还将建筑物的倒塌作为附加保障纳入承保范围之内。这种倒塌必须由如下原因导致：
- 存在特定的损失原因
- 隐蔽的腐烂
- 隐蔽的昆虫或动物损坏
- 人或个人财产的重压
- 屋顶积雨的重压
- 倒塌发生在建造或改造期间，且建造或改造过程中使用了有缺陷的材料或方法

特殊保险责任

特殊保险责任（cause-of-loss special form）承保开放式风险保障，并为保障范围内的财产

---

① 在建议的修订中，特殊保险将会删除"……的风险"的字样，代之以"直接物理损失（除非损失被除外或受到限制）"的字样。

提供直接物理保障。也就是，承保财产的直接物理损失风险处于保障范围内，除非保单本身特别明确除外或者进行限制。主要的除外责任包括由于法令或法律的执行而造成的损失，以及洪水、地壳移动和霉菌造成的损失。举证的责任由保险人承担，他们需要证明，由于损失属于除外责任或者受到限制而不需要提供保障。此外，倒塌作为附加保障也包括在内。

特殊保险提供三种额外扩展。第一，当运输中的个人财产置于由保险人所有、租赁或驾驶的机动车辆上时，由几种特定损失原因引起的损失可以得到赔偿。最高赔偿额度是5 000美元。

第二，如果损失由保障范围内的水灾或其他液体、粉末或融化的金属引起，那么保险人将支付拆除并替换局部建筑物的成本，以修复承保范围内的漏水系统或设备。

最后，特殊保险责任将玻璃损坏作为附加的扩展保障内容。如果破碎的玻璃没有得到及时的修理或重置，那么保险人将会支付遮挡门窗的费用。保险人还支付为了重装玻璃而移动障碍物的费用。但是移动或重装展示橱窗的费用不在保障范围之内。

由于具有各种优点，大多数风险管理师倾向于使用特殊保险责任。

价值报告条款

企业的个人商业财产价值在保险期间内会发生很大波动，特别是待售存货的价值。**价值报告条款**（reporting form）要求被保险人定期报告个人商业财产的价值。[①] 其主要优点是，如果被保险人能够准确报告投保财产的价值，保费就可以根据投保财产的实际现金价值确定，而不是根据保险限额确定，而后者可能远高于投保财产的价值。不过，即使价值超过报告的那些限额，保障额度也要符合保单的限额要求。

根据保险服务处的企业财产保险计划，价值报告条款用于为个人商业财产的价值波动风险提供保障。提前预付的保费根据保险限额确定。最终的保费在保险期间末根据报告的价值确定。被保险人可以选择按天、周、月、季度，或者在保单年度末报告。只要被保险人报告的价值准确，损失就可以在符合保单限额和免赔额要求的情况下得到全额赔偿，即使在编的财产价值超过最后报告日的价值。例如，假设被保险人在最后一个报告日报告的个人商业财产价值是100万美元。在下一个报告日之前，投保财产的价值增加到500万美元。如果发生全损，保单限额（扣除免赔额）以下的损失将得到全额赔偿。

如果被保险人不诚实或者很粗心，低报了价值，那么损失发生的时候，被保险人就要受到惩罚。如果被保险人低报该地财产的价值，接着该地方发生损失，赔付将仅限于最后报告价值与应报告实际价值的比例。例如，如果在编的个人商业财产的实际现金价值（包括存货）是500 000美元，而被保险人仅报告了400 000美元，发生的任何损失都只能在扣除免赔额之后获得五分之四的赔偿。

有些企业经营具有季节性。例如，冬装制造公司或雪铲制造商在秋季就会有大量的库存。如果以平均库存为这类业务购买保险，那么在库存较高的月份这些库存就会处于保障不足的状态。相反，如果是基于季节性库存较高的时期购买保险，那么在大多数月份就处于过度投保状态。解决这一问题的一个方法是购买季节峰值批单。季节峰值批单会增加特定时期的保障数额，以反映较高的库存价值。

[①] 其他类型的保险产品也要满足价值报告条款的要求。

业务收入保险

企业经常会因为投保财产遭受的直接物理损失而受到间接损失，例如恢复期间的利润、租金或额外费用。**业务收入保险**（business income insurance），之前被称为经营中断保险（business interruption insurance），用于为业务收入损失、停业期间发生的费用和投保损失引致的额外费用承保。

保险服务处有两种用于为业务收入损失承保的基本险种：①
- 业务收入（和额外费用）保单
- 额外费用保单

业务收入（和额外费用）保单

业务收入（和额外费用）保单（business income (and extra expense) coverage form）为业务收入损失提供保障，无论收入来自于零售，还是服务、制造或租金。当企业蒙受业务收入损失的时候，利润会减少，而一些费用还需继续支付，例如租金、利息、保费和工资。该保单为投保财产受到的物理损失导致的业务收入损失和额外费用提供保障。

也存在业务收入（无额外费用）保单。这种保单为业务收入和后续费用提供保障。只有当额外费用被用于减少损失才会纳入保障范围之内。

业务收入损失 业务收入（和额外费用）保单为恢复营业期间停业导致的业务收入损失提供保障。停业必须是因为保单指定地点的承保风险事故对财产造成的直接物理损失或损毁造成的，承保风险事故列在保单上面的保险责任中。业务收入被定义为本应获得的税前净利润或损失加上持续正常经营的成本，包括应付工资总额。业务收入损失是损失未发生情况下的预期净收入与损失发生后的实际净收入的差额。例如，假设零售鞋店着火，导致其失去重建3个月期间的净收入的损失。根据过去的情况进行估算，如果损失不发生，企业预期将在3个月里获得75 000美元的净收入。但是，由于损失发生后经营受损，实际净收入只有25 000美元。业务收入损失就是50 000美元（75 000美元－25 000美元）。

现在讨论第二个例子。在这个例子中，企业在停业期间没有收入，但是却有连续支出的费用。假设萨尔的比萨店在一次龙卷风中完全损坏，需要花6个月的时间重建。根据过去的收入情况对未来进行预测，如果没有发生损失，萨尔在6个月中可以得到100 000美元的净收入。在停业期间，尽管没有收入，但还需要继续支付10 000美元的费用。因此，比萨店的净损失是10 000美元。在前面的例子中，企业收入损失等于预计净收入减去实际净收入。在这个例子中，企业收入损失是110 000美元（100 000美元－（－10 000美元））。赔付的损失包括损失不发生情况下获得的净收入加上停业期间继续支付的费用。

额外费用保障 业务收入（和额外费用）保单还为额外费用提供保障。**额外费用**（extra expenses）是企业在恢复运营期间必然发生的费用，如果没有发生损失，这些费用也不会产

---

① 这部分基于 *Fire, Casualty & Surety Bulletins*, Fire and Marine volume, Business Income section (Erlanger: KY: National Underwriter Company); Flitner and Trupin, *Commercial Insurance*, ch. 4, and Cook, *Commercial Property Risk Management and Insurance*, ch. 7.

生。这种费用的例子是临时转移到其他地点重新部署发生的成本,在另一个地方增加的租金,以及租借替代设备的费用。

附加保障 业务收入保险还提供几种附加保障,包括:

● 市政府的行为。市政府因为保障范围内的保险责任禁止进入特定地区,导致的业务收入(和额外费用)损失也将获得赔偿。在保障生效后,市政府采取措施后的72个小时起,最多连续3个星期的业务收入获得保障。

● 改造和新建建筑。由于经营地点的新建筑(无论完工或是在建)遭受直接物理损坏而造成的业务收入损失将获得保障。由于改造或者修建现有建筑的附属建筑而产生的业务收入损失也在保障范围内。

● 扩展业务收入。企业在修复完成并重新开业后,收入会有所减少,需要一定时间重新赢得顾客。例如,一家餐馆在火灾之后重新开业,需要一定时间吸引老顾客。扩展业务收入条款为企业重新开张后的有限时间内的收入减少提供保障。扩展期从财产修理完毕并恢复营业之日起,并在接下来连续30天后结束,或者业务收入恢复正常,无论哪种情况先出现,扩展期都结束。①

● 计算机故障。承保保险责任导致的计算机故障造成营业中断的情况在保障范围内。例如,由于"黑客"闯入公司计算机系统,并造成系统瘫痪,使得经营临时终止。在一个保单年度内最高赔偿限额是2 500美元。

共同保险 营业收入保险合同中可以规定50%、60%、70%、80%、90%、100%或者125%的共同保险比例。计算共同保险的基础是可能获得的净收入的总和加上持续的正常经营费用,包括保单生效或上一保单周年日后的12个月内(以较晚发生的为准)应付工资的工资总额。然后再把这一数额乘以共同保险比例,从而可以得到所要的保险金额。例如,假设净收入和当前保单期限的12个月内的营业费用之和是400 000美元,共同保险比例是50%,那么所需的保险金额为200 000美元。

实际选择的共同保险比例取决于重新开业所需的时间和相同期间内大多数企业的业务经营情况。如果企业停业超过1年,那么就会选择125%的比例。如果企业停业时间不超过6个月,且业务在当年的分布情况并不均衡,就可以选择50%的共同保险比例。但是当考虑到周期性高峰期的时候,这一比例可能并不充分,因为企业收入的50%不一定发生在接下来的6个月中。因此,当业务收入呈现周期性或者存在高峰期,那么建议设定的共同保险比例超过50%,从而在延长停业期(持续整个高峰期)的时候能够获得更高的保障。

除非批单明确规定除外责任,否则正常的应付工资总额都会得到保单的保障。批单可以将正常的应付工资总额排除在保险范围之外,也可以限制保障的期限,如90天。限制或排除正常的应付工资总额可以降低保费支出。

可选保险项目 业务收入保险保单中也包括了在声明页上增加适当的条目来使其生效的保险项目。可选择的项目包括:

● 最长补偿期限。这一可选项目免去了共同保险条款,对业务收入损失提供最长120天的保障。赔偿的数额不能超过保单限额。这一可选项目用于那些预期损失发生后,停业期不会超过120天的小企业。

● 每月补偿限额。这一选择免去了共同保险条款,并限制每连续30天支付的月最高赔偿限额不超过保险金额的一定比例。该比例可以是三分之一、四分之一、六分之一。例如,如果选择的比例是三分之一,保险限额是120 000美元,每连续30天的最高赔偿限额是40 000美元。

---

① 在建议的修订中,时间期间从30天改到60天。

- 业务收入协议价值。这一选择替代了共同保险条款,并且只要购买了协议的保险金额,每月赔偿的数额就没有限制。协议数额等于共同保险比例(50%或更高)乘以12个月保单期限内的估计的净收入和经营费用。
- 补偿期延长。这种选择延长了修复结束后的恢复期,从30天延长到声明页中规定的期限。① 延长的补偿期最长可以达到2年。这一选择对于那些需要较长的恢复期重新开始老业务或恢复正常营业的企业非常有好处。

额外费用保单

某些企业,例如银行、报社和奶制品厂,在损失发生后必须继续经营,否则客户可能会被竞争对手抢走。**额外费用保单**(extra expense coverage form)是一种独立的保单,可以用来为公司在恢复期间的继续经营引发的额外费用提供保障。经营中断发生的业务收入损失不在额外费用保单保障范围内,但是继续营业所引发的额外费用在保障范围内,但限于声明中规定的适用保险金额。通常的限额为40%、80%、100%。当恢复期不长于30天的时候,最高赔偿比例是40%,恢复期长于30天但不超过60天的时候为80%,恢复期超过60天的时候为100%。

关联财产的业务收入

在某些情况下,其他人的财产损失会导致被保险人的收入损失。例如,一些企业只依靠一家供货商提供原材料,或者依靠一个客户购买大多数或全部产品。因此,一旦这一唯一的供货商或者客户遭受财产损失的时候就可能会引起被保险人的收入损失。通过在业务收入保险后附加适宜的批单,就可以为其他场所的财产遭受直接损失所导致的被保险人的收入损失提供保障。

可能需要这种关联性财产保障的情况有四种。②
- 上游企业。上游企业是指为被保险人提供原材料或服务的企业。例如,被保险人可能仅依靠一个供货商提供原料。如果供货商的工厂遭受了损失,被保险人可能被迫停业。
- 下游企业。下游企业是指购买被保险人产品或服务的企业。例如,一家专业乳酪厂可能将其大部分乳酪产品销售给一家假日酒店。如果该酒店因为火灾而关闭,那么乳酪厂有可能因此而倒闭。
- 生产企业。生产企业是指生产供应给被保险人客户的产品的企业。如果生产企业的工厂被毁,无法供应产品,那么被保险人就将蒙受损失。
- 引导企业。引导企业是指吸引顾客到被保险人的生意场所的企业。例如,购物中心的一家大型百货商店失火,结果购物中心的其他小商店的销售额也因此减少,因为它们依赖于购物中心吸引客户。

其他企业财产保险

前面讨论的建筑物和个人财产保险是为了满足大多数企业商业财产保险的需要。但是,许

---

① 在建议的修订中,修复完成后的时间从30天延长到60天或者更长(最长2年)。
② Flitner and Trupin, *Commercial Insurance*, ch. 4, and Cook, *Commercial Property Risk Management and Insurance*, ch. 7.

多企业的某些需求需要使用专门的保险，包括：
- 建筑商风险保险
- 共管协会保险
- 设备损坏保险
- 补足保险

建筑商风险保险

在建的建筑物面临着很多风险，特别是火灾风险。在建建筑的价值随着建筑施工的进展而在不断变化。在保险服务处的单一企业财产保险计划中，**建筑商风险保险**（builders risk coverage form）可以用于为在建建筑提供保险。这种保单可以为总承包商、分包商或建筑物所有者的可保利益承保。

在建筑商风险保险中，购买的保险等于完工建筑物的总价值。由于在施工初期，建筑物是超额投保的，所以保险公司会调整收取的保费以反映平均风险价值。

如果需要，建筑商风险报告条款可以作为批单附加到保险中，报告条款要求建筑商每月报告在建建筑物的价值。初始保费反映了保单生效时建筑物的价值，而不是建筑完工时的价值。随着工程的进展，保险金额也会随着报告的价值而不断增加。保费在保险期间内根据建筑商报告的实际价值进行调整。

共管协会保险

共有住宅可以是商用的，也可以是住宅。共有住宅的所有人对建筑物具有共同利益，包括外墙、屋顶、供水、供热和空调系统。但是，这类建筑物和其他共管财产的财产保险是以共管所有人协会名义购买的，共管所有人就是记名被保险人。

共管协会保险（condominium association coverage form）为商业和住宅性质的共有住宅提供保障。该保单为下面几种财产提供保障：
- 建筑物
- 记名被保险人的个人商业财产
- 他人个人财产

该保险保障共管建筑物和用于维护建筑物的设备，例如灭火器和户外装置。如果共管协会协议提出要求，保险还为固定附着物、建筑物的扩建或改建部分，以及每个单个建筑中的设备（例如洗碗机或炉子）提供保障。

保险还为记名被保险人的个人商业财产提供保障。记名被保险人属于共管所有人协会。个人商业财产的一个例子是共管健康俱乐部中的器材，例如单车、重物、固定单车以及类似的器材。另外一个例子是俱乐部会所或社区游泳池周边的家具。

最后，共管协会保险为记名被保险人照看、保管或控制的他人个人财产提供保障。

共管企业主保险

商业或专业公司可能会在共管区域中拥有独立的办公场所。例如，物理学家、牙医或商业企业可能在商驻写字楼里有各自的办公空间，而写字楼从法律上来说是共管区域。

共管企业主保险（condominium commercial unit-owners coverage form）仅为企业共管场所的所有者提供保障。居住性共管住房的所有人一般为其个人财产投保屋主保险6（房屋所有者保险）。

共管企业主保险为下面几种财产承保：
- 单位所有者的个人商业财产
- 记名被保险人照看、保管或控制的他人个人财产

个人商业财产包括：
- 家具
- 建筑物的一部分或者单位所有者拥有的固定附着物和进行的改良
- 机器设备
- 存货
- 单位所有者拥有的并在经营中使用的所有其他个人财产
- 单位所有人为他人个人财产提供的劳动力、原材料或服务
- 单位所有人负有合同义务为其投保的租借个人财产

共管保单还为单位所有人照看、保管或控制的他人个人财产提供保障。个人财产必须位于声明中描述的建筑物上或内部，或者如果在空地或车辆内则要在提及地点的100英尺以内。

设备损坏保险

设备损坏保险（equipment breakdown insurance），之前称为锅炉和机器保险，为设备出现意外故障造成的损失提供保障。这些设备包括蒸汽锅炉，空调和冰箱，发电设备，泵、压缩机、涡轮和引擎，制造中使用的机器，以及计算机设备。

前面讨论的保险责任条款将蒸汽锅炉爆炸、电路故障和机器故障作为除外责任。设备损坏保险可以用于提供此类保障。这些保障可以作为单一保障保单独立投保，或者作为企业一揽子保险。

可保的损失原因 可保的损失原因是投保设备发生故障。故障是指导致投保财产损坏的直接物理损失。投保设备是指保单承保的锅炉、机器或电子机械设备，包括通信设备和计算机设备。投保设备还包括公共或私人公共事业机构所有的，仅用于为某地区提供公共服务的设备。专栏25.1列出了几个设备损坏理赔的例子。

专栏 25.1

设备损坏理赔的例子

变质的鱿鱼

压缩机损坏之后，大约100 000英镑的打包的冰冻鱿鱼变质了。更换压缩机的成本不到4 000美元，变质的鱿鱼构成了剩下的损失。

维修成本	3 384 美元
腐坏	102 527 美元
总损失	105 911 美元

不能进行常规经营

由于连接处松动和严重的电火花，造成了电源面板的损坏，导致了一家连锁餐馆停业10

天。经营者记不起来曾经采取什么措施预防此类事故的发生。

维修成本	37 746 美元
经营中断损失	14 264 美元
总损失	52 010 美元

机器人受损

医院实验室的电力潮涌让里面的所有设备都短路了。损失包括"生物机器人"、计算机、离心机、定时器和 DNA 检测设备各一台。

总损失	103 070 美元

污染的果汁

一家饮料瓶工厂的上盖机器没有办法正确地密封果汁罐,因为控制器的项圈断了,机器控制的离合器无法正常运转。除了机器损坏之外,有些保存的果汁也坏了。

维修成本	4 187 美元
业务中断	43 279 美元
易腐坏的货品	103 760 美元
总损失	151 226 美元

一条扰乱城市运转的蛇

一条蛇钻进了市政公用变电站的一个破损的盒子,造成了城市断电,发生了 342 707 美元的设备故障损失。电力设备损坏非常严重,需要临时租用设备才能够恢复工作。

维修成本	260 954 美元
额外费用	81 754 美元
总损失	342 708 美元

给大学班级降温

当地下电缆窜电起火后,一所社区大学校园中的两栋楼的空调、电力和照明设施被损坏。所以租用了一个空调制冷机,让秋季学期班能够开班。

维修成本	44 163 美元
额外费用	12 103 美元
总损失	56 266 美元

资料来源:"Recent Paid Claims," *Whistle Stop*, © The Hartford Steam Boiler Inspection and Insurance Co. (accessed on hsbwhistlestop.com). Reprinted by permission of the Hartford Steam Boiler Inspection and Insurance Company.

提供的保障 保险服务处的现行保单包括多种保障。这些保障可以根据企业的需要进行取舍。如果声明页上注明了保险金额或者某项保障被标明了"包括",该保障范围便生效。如果两者都没有,该利益就无法得到保障。

● 财产损坏。位于声明页中规定地点的被保险财产遭受直接物理损失或损坏后,可以得到赔偿。投保财产是被保险人拥有的或被保险人照看、保管或控制的其负有法律义务的财产。

● 权益费用。权益费用是指为了暂时修理或者为了加快受损财产的永久性修理或替换,被保险人必须支付的合理的额外成本。例如,为了加快替换部件的运输所发生的超额运输费用可获得保障。

● 业务收入和额外费用——仅限于额外费用。这种保障为业务收入和额外费用损失提供赔付。业务收入是指在恢复营业期间发生的业务收入和额外费用损失。但是,除非在声明页中明确,否则只有额外费用可以获得保障。例如,企业可能拥有自己的发电机,并有紧急事件备用接线与外部的公用事业公司联系,以防由于保险责任范围内的损失造成电力突然中断。使用外部电力资源的额外成本可以得到补偿。

● 变质损失。这一保障为原材料、生产中的或已完工的产品遭受的变质损失承保。例如,肉类加工厂的冷藏设备发生故障导致肉类变质。这一损失将获得赔偿。

● 公用事业服务中断。该保障扩展了业务收入(和额外费用)保单的保障范围。例如,如果本地公共事业公司的发电机出现了机器故障,被保险人的企业因为断电不得不停业,那么由此造成的业务收入损失会得到赔偿。但是被保险人在保单生效前必须选择等候期——例如12个小时。

● 新获得的住宅。保障自动覆盖租借或购买的新获得住宅。被保险人新获得住宅后,要在尽可能早的时间内通知保险人。

● 条例或法律保障。该保障为由于条例或法律规定爆破、建筑、修理或使用建筑物而导致的损失或损坏提供保障。保单详细描述了根据一些条例或法律规定,哪些损失可以得到补偿,哪些不能。

● 过错或疏忽。如果被保险人在对投保财产或住宅进行说明的时候无意犯了过错或者疏忽,损失或损坏仍然会得到赔偿。

● 商标和标签。如果投保财产发生损失,保险人可以以协议价格或评估价格取得财产的任何部分。这种保障允许被保险人在商品上贴上有"被抢救的财产"字样的标签,或者把商标或标签从受损的商品上撤下,造成的费用损失由保险人承担。只要这些行为的全部费用和受损财产的价值之和没有超过该保险的保险金额,保险人就会支付合理的费用。

● 或有业务收入和额外费用——仅限于额外费用。这种保障扩展了企业业务收入保险的保障范围,为在非自有的经营场所发生的、对企业经营起关键作用的故障所引起的收入损失提供保障。例如,假设被保险人在一家大型购物中心营业,整个购物中心因为另一家商店的发电机的短路而全部停电。被保险人也必须停业,其收入损失可以得到赔偿。

销售设备损坏保险的保险公司经常为它们的被保险人提供损失控制服务。承保设备(热水器、制冷机等)可能会由保险公司的损失控制工程师定期检测。这一类的保险产品的特点是,费用高,且每一美元保费的损失较低。

补足保险

补足保险(difference in conditions (DIC) insurance)是一种承保基本财产保险合同中不承保风险事故的"一切险"保单。[1] 补足保险可以作为单独签订的合同为主险提供补充保障。这样,它排除了主险保障的风险事故(例如火灾和扩展保障风险事故[2],故意破坏和恶意伤害以及喷洒装置泄漏)。尽管附加风险在保障范围内,不过这种保险经常用于为那些排除在其他财险保单,特别是洪水和地震,保障范围之外的风险提供保障。对于那些不在主险保障范围内的

---

[1] DIC insurance is discussed in detail in Trupin and Flitner, *Commercial Property Risk Management and Insurance*, 8th ed., pp. 7.13 - 7.14 and in Cook, *Commercial Property Risk Management and Insurance*, ch. 6, pp. 6.21 - 6.26.

[2] 在火灾保险保障范围较窄的情况下,会经常用到扩展保障批单。扩展保障风险包括:风、冰雹、爆炸、腐蚀、城市暴动、飞行器、机动车和烟雾。

损失，免赔额较高。

补足保险有两个主要优点。第一，可以用于填补保障缺口。许多大型跨国公司使用补足保险为它们的海外资产投保。国外许多国家需要在当地购买财产保险，如果当地的保障不充分，补足保险可以弥补这一缺口。

第二，补足保险可以用于为主险通常不承保的非正常或灾难性风险事故承保。一些得到赔付的非正常损失包括：[1]

- 一次事故导致沙砾撒进一台机器里。清理机器的成本是 38 000 美元。
- 屋顶上的尘土凝结成块，这一重量压塌了屋顶。
- 一个城市的主要供水管道破裂，一家工厂的地下室被淹，导致了数十万美元的损失。

运输保险

一些企业每年要运输数十亿美元的货物。这些货物在运输过程中面临着大量的损失和损坏的风险。不过它们可以获得海洋运输保险和内陆运输保险的保障。**海洋运输保险**（ocean marine insurance）为在海上运输的货物提供保障。各种类型的远洋运输船只和它们运载的货物都可以得到海洋运输保险的保障。船主和货主的法律责任都可以得到保障。

内陆运输保险（inland marine insurance）可以为内陆运输的货物提供保障，包括进出口货物保险、国内运输保险，以及交通设施（例如桥梁和隧道）保险。此外，内陆运输保险可以用来为艺术品、珠宝、裘皮以及其他财产提供保障。[2]

海洋运输保险

海洋运输保险是最古老的运输保险之一。海洋运输保险非常复杂，反映了基本海洋法、贸易习惯，以及法庭对不同保单条款的解释。

- **船体保险**（hull insurance）为船只本身遭受的物理损坏提供保障。它类似于为汽车提供的、因碰撞引起的物理损失风险的碰撞保险。船体保险常常包含免赔额，此外，还包括**碰撞责任条款**（collision liability clause），也称为**撞倒条款**（running down clause）。该条款在船只与另一艘船只相撞或对货物造成了损失时，为所有者的法律责任提供保障。但是撞倒条款不为由于造成他人伤亡、造成码头和船坞损坏以及造成船员的伤亡所引起的法律责任提供保障。
- **货物保险**（cargo insurance）为运输的货物损坏或丢失给货主造成的损失提供保障。保单可以仅为一次运输承保。如果进行定期装运，可以使用开放式货物保单为每次装运的货物自动提供保险。船主需要定期报告装运的情况。开放式货物保单没有到期日，在被取消之前一直有效。
- **保赔保险**（protection and indemnity（P&I）insurance）通常以独立合同形式为对第三方

---

[1] William H. Rodda et al., *Commercial Property Risk Management and Insurance*, 2nd ed., vol. 1, (Malvern: PA: American Institute for Property and Liability Underwriters, 1983), pp. 221–222.

[2] 关于运输保险的详细内容参见 *Fire, Casualty & Surety Bulletins*, Fire and Marine volume, Inland Marine section; Trupin and Flitner, *Commercial Property Risk Management and Insurance*, ch. 10; Philip Gordis, *Property and Casualty Insurance*, 33rd ed. (Indianapolis, IN: Rough Notes Co., 1995), chs. 16 and 20; Cook, *Commercial Property Risk Management and Insurance*, ch. 8, pp. 8.1–8.40; and the International Risk Management Institute's Web site, IRMI.com. 作者在准备这一部分时参考了这些资源。

造成的财产损失和身体伤害提供综合责任保险保障。保赔保险使船主免受由船只撞上码头、船坞和港口设施导致的损坏、货物损坏、船上乘客或船员生病或受伤,以及被罚款造成的损失。

- **运费保险**（freight insurance）赔偿船主在货物损坏或失踪或没有送达情况下所面临的运费损失。

海洋运输保险的基本概念

海洋运输保险以几个基本概念作为基础。下面的部分将讨论这些概念以及相关的合同条款。

默认保证　海洋运输保险合同包括三项默认保证：
- 船只适合海上航行
- 不偏离航线
- 目的合法

船主默认保证船只适合海上航行。这意味着船只的建造、保养和为航行所做的准备是适宜的。

不偏离航线意味着，船只不能偏离其既定航线。但是，当存在不可抗力的情况下，为了避开恶劣的天气、拯救船上人员的生命或救助其他船上的人员，有意偏离航线是允许的。

目的合法保证意味着，航行不应出于某些非法的目的，例如一个国家走私毒品。

上述默认保证要满足很多除外责任和条件。但是，对除外责任的讨论超过了本书的范围。

承保风险事故　海洋运输保险为一些特别的风险事故提供广泛的保障，包括**海上风险事故**（perils of the sea），例如恶劣天气、疾风大浪、碰撞、沉没和搁浅。其他承保风险事故包括火灾、敌对行动、海盗、盗窃、抛弃货物（抛弃货物以确保船只安全）、欺诈行为（雇主或船员牺牲船主或货主利益的欺诈行为）以及类似的风险事故。

海洋运输保险还可以按照开放式风险（"一切险"）投保。除了专门除外的那些损失之外，所有非预期的偶然损失都在保障范围内。通常的除外责任是那些由于延迟、战争、内在缺陷（特定类型财产易于腐烂的倾向）、罢工、骚乱或城市暴动造成的损失。

单独海损　在海洋运输保险中，海损是指部分损失。**单独海损**（particular average）是指完全由单一利益方承担的损失，与之相对的是共同海损。共同海损是指由参与航行的各方共同承担的损失。根据平安险条款（free-of-particular-average（FPA）clause）规定，除非损失是由特定风险事故，例如搁浅、沉没、失火或者船只碰撞引起的，否则单独海损不提供保障。

可以按照一定比例确定平安险条款，例如 3%。如果损失超过声明中的百分比，总损失将会得到赔付。例如，如果货物投保 100 000 美元，3 000 美元以下的损失完全由被保险人承担，如果损失超过 3 000 美元，保险人全额支付损失。

共同海损　**共同海损**（general average）是指为了保护航行中各方的共同利益而引起的，由各方共同承担的损失。例如，如果船只被巨浪袭击，面临沉没的危险，必须抛弃部分货物以拯救船只。由此发生的损失由参与航行的人共同承担，包括船主、货主、运费利益方。在这种情况下，运费是指货船获得的收益。各方必须根据其在此次航行中占总价值的收益比例承担损失。例如，假设船长必须扔掉 100 万美元的钢材以拯救船只。并假设各方利益如下：

钢材的价值	200 万美元
其他货物的价值	＋ 300 万美元
船只的价值和运费	＋ 1 500 万美元
总额	2 000 万美元

钢材的所有者要承担 100 万美元的 2/20 损失，即 100 000 美元。其他货物的所有者支付 3/20 的损失，即 150 000 美元。最后，船只和运费利益方承担 15/20，即 750 000 美元。

共同海损必须满足几个条件：[①]

- 紧急风险事故。航行中必须存在对所有利益方（船只、货物和运费）产生影响的紧急风险事故。
- 自愿。牺牲必须是自愿的，发生的特定费用必须是合理的。
- 至少保存了部分价值。努力必须是成功的，必须至少挽回了部分价值。
- 无过失。威胁航行的风险事故不是由参与共同海损分摊的利益方的过失造成的。

内陆运输保险

内陆运输保险来源于海洋运输保险。海洋运输保险最初提供的是，从财产装载点到上岸的这段航程的保险。随着商品贸易的发展，货物开始需要在内陆运输。内陆运输保险起源自20世纪20年代，为在内陆上运输的货物、交通设施（如桥梁和隧道）以及可以移动的财产提供保障。

国内运输定义

随着内陆运输保险的发展，火灾保险公司和海洋运输保险公司之间产生冲突。为了解决混淆和冲突问题，这些公司在 1933 年制定了一个**国内运输定义**（nationwide marine definition），为海洋运输保险公司可以承保的财产进行了定义。该定义得到了美国保险监督官协会的同意，并在 1953 年进行了修订和扩展。1976 年，美国保险监督官协会对运输保险制定了新的定义，并为大多数州所采用。现在，下列类型的财产可以投保运输保险：

- 进口货物
- 出口货物
- 国内运输货物
- 交通和通信设施
- 个人流动财产
- 企业流动财产

内陆运输保险的主要类型

可以投保内陆运输保险的企业财产可以分为以下几类：

- 运输中的国内货物
- 受托人照看的财产
- 移动设备和财产
- 某些经销商的财产
- 交通和通信设施

运输中的国内货物　国内货物可以通过普通运输方式完成，例如通过卡车、铁路或飞机运

---

① Gordis, pp. 336-337.

输,或者用公司自己的卡车运输。这些货物可能因为火灾、雷电、洪水、地震或其他风险事故损毁,也可能因为碰撞、脱轨或翻车等情况遭受损失。这些损失可以通过内陆运输保险获得保障。

尽管负责普通运输的公司对于安全送达货物负有法律责任,但是它却并不对所有损失都负责。例如,一个负责普通运输的公司对不可抗力(例如龙卷风)、政府行为、公众敌人的行为(战争)、包装不当,以及内在的缺陷等情况造成的损失不负责任。

此外,如果货主同意限制承运人的责任,使其承担的责任少于货物总价值,那么可以减少装运费用(称为放行提单(released bill of lading))。因此,货主可以通过同意放行提单省钱,并用这笔钱购买货物运输保险。

受托人照看的财产 内陆运输保险可以用于为受托人照看的财产提供保障。**受托人**(bailee)是指临时拥有他人财产的人。受托人的例子包括干洗店、洗衣店和电视维修店。在普通法中,除非是由于受托人或其雇员的疏忽,否则受托人对其顾客的财产损失不负法律责任。但是,为了维护自身声誉,许多受托人购买了受托人客户保险,为其暂时照看的客户的财产所遭受的某些列明风险事故造成的损失提供保障,不管法律责任在谁。

移动设备和财产 流动财产内陆运输保险可以用于为经常从一处移至另一处的流动财产,例如拖拉机、起重机或推土机,提供保险。同样,运往施工地或正在安装中的供水、供热或空调设备也可以获得保障。

此外,流动财产内陆运输保险可以用于为其他某些类型的财产提供保障,例如艺术品、家畜、戏院的道具、计算机和标牌。

某些经销商的财产 内陆运输保险也用于为某些经销商的财产提供保险。一些专用内陆运输保单或内陆运输定额预付保险可以用于为珠宝商、裘皮商和钻石、古董、照相机、音像设备以及其他产品的经销商提供保障。大多数此类保险在"一切险"的基础上提供保障。

交通和通信设施 交通和通信设施(instrumentalities of transportation and communication)是指用于运输的某一个固定地点的财产。内陆运输保险可以用于为桥梁、隧道、码头、船坞、锭盘、管道、电力输送线路、广播和电视塔、室外起重机和用于装卸和运输的类似设备提供保障。例如,桥梁可能会因洪水、冰塞或船只碰撞而损坏;电视台或电线可能被风暴吹倒;油车倾覆爆炸可能引起隧道火灾。这些损失可以通过内陆运输保险获得保障。

保险服务处内陆运输保险

有多种保险服务处保单可以用于为企业内陆运输损失风险提供保障。主要的保单类型包括:

● **应收账款保险**(accounts receivable coverage form)在企业因为凭证损毁而无法收回客户所欠余额时为企业提供补偿。如果因为火灾、失窃或其他风险事故失去应收账款凭证,而无法收回客户欠款,企业可能会蒙受巨额损失。

● **照相机和音响设备经销商保险**(camera and musical instrument dealers coverage form)用于为由照相机或音响设备以及相关设备和附属设备组成的贸易存货提供保障。由被保险人照看、保管或控制的其他财产也在保障范围内。

● **商用设备保险**(commercial articles coverage form)为摄影师、职业音乐家、电影出品人、演出公司和其他企业用于商业用途的摄影和音响设备提供保障。

● **设备经销商保险**(equipment dealers form)为经销商用于交易的农机设备和建筑设备存

货提供保障。这种保险还可以扩展至为商业用途的设备、固定附着物、办公设备和器械提供保障。

- **胶片保险**（film coverage form）为电影胶片、磁带和录像带面临的风险提供保障。
- **抵押物保险**（floor plan coverage form）是指一种融资计划，经销商借钱购买用于展出或销售的商品，但是所有权由贷款机构或制造商所有。该保险可以用于保障经销商、放贷机构或二者的利益。投保财产是融资购买的商品。
- **珠宝保险**（jewelers block coverage form）为珠宝、手表、零售珍贵玉石及珠宝批发商、珠宝制造商和钻石批发商提供保险。
- **邮政保险**（mail coverage form）为一级邮递、注册等级邮递和快递运输的证券提供保障，专门为股票经纪公司、银行和其他通过邮递传递有价证券的金融机构设计。
- **医疗设备保险**（physicians and surgeons equipment coverage form）为医生和牙医使用的医疗、手术或牙科设备提供保障，包括设备、固定设备和改进设备。
- **标识保险**（signs coverage form）为霓虹灯、机械和电子标识提供保障。每一种承保标识必须列出。
- **演出道具保险**（theatrical property coverage form）为戏剧演出中使用的服装、布景和类似财产提供保障。例如，百老汇（Broadway）演出可能到另一个城市进行，需要把演出服装和布景运输到该城市。演出道具财产可以由这种保险提供保障。
- **贵重文本记录保险**（valuable papers and records coverage form）为有价值的文本记录提供保障，例如大学的学生成绩表、建筑公司的计划和蓝图、药店的处方记录。这种保险为重建损毁记录的费用提供保障，也可以用于为不可复制的记录的损失提供保障，例如稀有的手抄本。

其他内陆运输保险

其他内陆运输保险是为了满足企业特殊的或唯一的需求。这里只讨论少数几种。

商品运输保险 前面提到，内陆运输保险可以用于为国内的商品运输提供保险。**全年运输保险**（annual transit policy）可以由制造商、批发商和零售商用于为由公共卡车、铁路和港口船只运输的商品提供保障。运出和运入的商品都可以获得保障。尽管这些保险不是标准保单，但它们具有相似的特点。它们可以在"一切险"的基础上投保，也可以在列明风险事故的基础上投保。

尽管运输保险提供宽泛的保障，但也有一些除外责任。这种保险可以用于为所有装载货物的失窃提供保障，但是商品的失窃一般不在保障范围内。其他除外责任包括罢工、骚乱和城市暴动、泄漏和破损（除非由承保风险事故引起）、损坏、刮擦、受潮、发霉和腐烂等。

单次运输保险（trip transit policy）是企业和个人运输一次使用的保险。例如，一个价值数万美元的电力转换设备从东部的工厂运送到西海岸或使用者家里。运输的对象可以投保多种单次运输保险。

受托人保险 正如前面所提到的，受托人是临时拥有属于他人的财产的人。受托人责任保险（bailees liability policy）可以用于为企业对客户财产负有的责任提供保障，例如洗衣店里的衣服。但是，受托人责任保险只在企业对损失负有法律责任的时候才提供保障。相反，受托人客户保险（bailees customers policy）可以用于为他人财产的损失提供保障，而不管法律责任在谁。受托人客户保险一般为那些掌握他人高价值财产的企业设计，例如裘皮大衣。无论谁负有法律责任，承保损失都可以获得赔偿，在客户中的声誉也可以得以保留。

企业流动财产保险 企业流动财产保险（business floaters）是一种为那些经常从一个地方转移到另一个地方的财产（流动财产）提供保障的内陆运输保险。有很多企业流动财产保险可以使用。例如，签约人设备保险（contractors equipment floater）可以为签约人的财产提供保障，例如推土机、拖拉机、起重机、重型推土机和脚手架等。成衣加工业者加工品保险（garment contractors floater）为成衣或成衣制造商送到其他企业，例如打纽扣孔企业、打褶企业或镶边企业的未完成的衣服提供保障。

交通和通信设施保障 内陆运输保险可以用于为桥梁、隧道、广播塔、管道、电线和类似财产提供保障。例如，收费桥梁因为船只撞上桥墩而被迫关闭，由此将导致收入损失。业务收入保险可以为这种损失提供保障。

这种类型的财产可以基于开放式风险（"一切险"）或者基于列明风险事故投保，具体将取决于被保险人的需要。

企业主保险

企业主保险（businessowners policy，BOP）是一种专门为中小型零售商店、写字楼、公寓楼和类似企业设计的一揽子保险。今天，在市场上有很多种不同的企业主保险。这一部分我们讨论保险服务处设计的企业主保险。保险服务处设计的保险在一张保单中为财产和责任保险提供保障。下面部分仅讨论财产保险保障范围，责任保险保障范围将在下一章讨论。[①]

企业投保资格

企业主保险可以由公寓的所有者或共有住宅协会，写字楼的所有者和写字楼共有协会，零售商店，以及生产具有投保资格的商品或服务的企业（例如制造设备企业、美容院和复印室等）为建筑物和个人商业财产投保。一些签约人、"限制烹饪"餐馆和便利店可以投保企业主保险。[②]

有些企业不具有投保企业主保险的资格，因为损失风险超出了普通中小企业预期的范围。它们包括汽车维修和服务站、汽车经销商、摩托车或移动房屋经销商、停车场、酒吧、娱乐场所（例如保龄球场）、银行和金融机构。

企业主保险保障范围

保险服务处现有的企业主保险是特殊险，基于"开放式风险事故"为财产承保。该保单为承保范围内的财产发生的直接物理损失或损毁提供保障，为除了特别除外的损失之外的所有损失提供保障。但是，如果需要，通过附加批单也可以为某些列明的风险事故提供保障，只有那

[①] 有关企业主保险的讨论参见 *Fire, Casualty & Surety Bulletins*, Fire and Marine volume, Commercial Property section; Flitner and Trupin, *Commercial Insurance*, ch. 11; and Cook, *Commercial Property Risk Management and Insurance*, ch. 11.

[②] 企业主保险在2010年发生的变化是，在满足特定条件的情况下，赋予休闲和高档餐厅、便利商店、可销售汽油的超市相应资格。面积和年销售额的限制分别增加到35 000平方英尺和600万美元。

些在保单中列明的风险事故在保障范围内。

现有的企业主保险属于独立保险（self-contained policy），将财产保障、责任保障和保单规定的保障包含在一份保单中。下面的讨论概括了保险服务处保单财产保险保障的基本特点。

1. 建筑物。企业主保险为在声明中列明的建筑提供保障，包括所有附属建筑、建筑内外的固定附着物，以及永久安装的机器和设备。建筑物保险还为记名被保险人作为所有人在公寓或房屋内配备的个人财产，以及记名被保险人所有的用于维护或服务住宅的个人财产（例如灭火设备、电冰箱和洗碗机）提供保障。对建筑物的保险限额每年伴随通货膨胀按照声明中列明的百分比自动增加。

2. 个人商业财产。个人商业财产也在保障范围内，包括记名被保险人所有的在经营中使用的财产，被保险人照看、保管和控制的他人财产，租赁人的改良和改进，以及记名被保险人具有投保的契约责任的租用个人财产。如果记名被保险人是租借人，而且声明中没有对保险进行限制，个人商业财产也包括建筑外部的玻璃。玻璃必须由记名被保险人所有或者由记名被保险人照看、保管和控制。旺季条款在存货价值达到高点的时候会临时将保额提高25%。

此外，在新获得保险的地点的个人商业财产，每一个地点30天的最高保障为100 000美元。该条款自动提供保障，直到企业主保险通过背书将新地点纳入保障范围为止。运输中的个人商业财产或者临时运离可保地点的个人商业财产的最高保额为10 000美元。

3. 承保损失责任。最新版本的企业主保险对遭受"直接物理损失风险"的财产提供保障。这意味着所有直接物理损失都将获得保障，除非专门除外的责任或者对保单进行了限制。

企业主保险也可以通过批单为记名风险事故提供保障。承保损失责任包括火灾、雷电、爆炸、风暴或冰雹、烟雾、飞机或船只、骚乱或城市暴动、故意破坏、喷洒设备泄漏、污水池损坏、火山运动以及某些运输风险事故。列明风险事故批单也为被抢劫提供可选保障。

4. 附加保障。企业主保险还包括一些一般企业主可能需要的附加保障：
- 碎片清理
- 损失发生后投保财产的保存
- 消防机构服务收费
- 倒塌
- 水损，其他液体、粉尘或熔融物损毁
- 业务收入，扩展业务收入和额外损失
- 污染物清除和移走
- 由于政府机构行为导致的业务收入损失和额外费用
- 汇票和赝钞（最高1 000美元）
- 赝品和改造损失（最高2 500美元）
- 由于法律或法令而提高的建筑物成本（每一栋投保建筑物在重置成本的基础上的最高保额为10 000美元）
- 独立财产的业务收入（最高5 000美元）
- 在维修或更换损坏玻璃被延迟的情况下，发生的临时安装防护板或隔断物的费用
- 重新安装灭火系统的费用（每一次最高5 000美元）
- 更换或恢复承保损失责任损坏的电子数据的费用（最高10 000美元）
- 计算机运行中断（最高10 000美元）
- 对"真菌"、潮湿或干燥腐蚀以及细菌的限制保障（最高15 000美元）

5. 可选保障。企业主保险为了满足企业主的特定需要，通过收取额外保费提供多种可选

保障：
- 户外标识
- 货币和证券
- 员工不诚实
- 机械故障

6. 免赔额。所有财产保障的每起理赔案的标准免赔额为 500 美元。有三种免赔额可供选择，即 250 美元、1 000 美元和 2 500 美元。但是，免赔额条款不适用于消防机构服务收费、业务收入损失、额外费用、政府行为，以及灭火系统的再收费。

7. 企业责任保险。企业主保险还提供类似于企业一般责任保险（commercial general liability policy，CGL）的企业责任保险。企业主可以获得身体伤害保险和财产损失责任保险，以及人身和广告伤害责任保险。该保险还提供医疗费用保险。企业一般责任保险将在第 26 章讨论。

案例应用

金伯莉在一个人们常去的地方开了一家网球商店。这项业务具有季节性，每年收入中的大部分来自于 6 月、7 月和 8 月。金伯莉在其余几个月里也经营，但是这几个月里的存货比较少。在夏天，手头的存货就会大量增加。金伯莉为其业务购买了企业主保险特殊险，但是没有购买专门的附加批单。

a. 假设你是一位风险管理顾问。指出金伯莉面临的主要损失原因。

b. 假设 7 月发生了一起承保损失，部分存货被毁。企业主保险为夏季月份增加的存货提供保障吗？对你的答案做出解释。

c. 金伯莉准备在销售额上升的几个月里多聘请几名员工。她担心员工可能会偷盗以及不诚实。向金伯莉解释企业主保险怎么对这些损失提供保障。

d. 大火烧毁了房屋，金伯莉因此要停止营业 3 个月而损失了业务收入。企业主保险对这些损失提供保障吗？请解释你的答案。

e. 有人打破了外面的玻璃窗，导致了建筑物的严重受损。企业主保险对这些损失提供保障吗？请解释你的答案。

本章小结

- 企业一揽子保险保单（CPP）包括通用声明页，通用条件页，一项以上的保障内容。

- 与个人保单相比，一揽子保险的保障缺口小；被保险人支付的保费相对较少，因为不需要分别购买保单；保险人节省的费用可以转移给投保人；被保险人可以享受单一保单的便捷。

- 每一份企业一揽子保险保单的保障内容都包括一个以上的保障内容。保障内容包括：

　　建筑物和个人财产保障
　　业务收入（和额外费用）保障
　　商业犯罪保障
　　内陆运输保障
　　设备故障保护保障
　　商业一般责任保障
　　商业汽车保障

- 建筑物和个人财产保险可以应用于企业的建筑物、个人商业财产、被保险人照看和保管的他人个人财产。

- 在保险服务处的企业财产保险计划中，必须为企业保险附加保险责任类型，从而形成一份完整的合同。有三种保险责任：

　　基本保险责任
　　扩展保险责任
　　特殊保险责任

- 业务收入（和额外费用）保单为由于承保损失造成的业务经营中止所导致的业务收入损失提供保障。业务收入是在损失没有发生的情况下，企业本应赚取的税前净利润或损失，以及持续正常经营的成本，包括应付工资总额。由损失造成的额外费用也在保障范围内。
- 额外费用保单只为恢复期间持续经营产生的额外费用提供保障。利润损失不在保障范围内。
- 对于某些有独特的或专业化需求的企业，其他企业财产保险很重要，包括建筑商风险保险、共管协会保险、设备损坏保险、补足保险。
- 海洋运输保险可以根据反映的可保利益类型分为四类：
  - 船体保险
  - 货物保险
  - 保赔保险（P&I）
  - 运费保险
- 海洋运输保险中的单独海损是指完全由单一利益方承担的损失。与之相对的是共同海损，共同海损是指由参与航行的各方共同承担的损失。
- 内陆运输保险可以为下面几种企业财产提供保障：
  - 运输中的国内货物
  - 受托人照管的财产
  - 移动设备和财产
  - 某些经销商的财产
  - 交通和通信设施
- 出于监管的目的，内陆运输保险被分为备案保险和未备案保险。备案保险是保单和费率都在州保险局备案的保险。未备案保险是没有在州保险局备案的保险。
- 内陆运输保障保险包括：
  - 应收账款保险
  - 照相机和音响设备经销商保险
  - 商用设备保险
  - 设备经销商保险
  - 胶片保险
  - 抵押物保险
  - 珠宝保险
  - 邮政保险
  - 医疗设备保险
  - 标识保险
  - 演出道具保险
  - 贵重文本记录保险
- 内陆运输保险包括：
  - 全年运输保险
  - 单次运输保险
  - 受托人保险
  - 企业流动财产保险
  - 交通和通信设施保险
- 企业主保险是中小企业使用的一揽子保险。这种保险为建筑物、个人商业财产、业务收入损失、额外费用和企业责任风险提供保障。户外标识、货币和证券、员工不诚实以及机器故障都在可选保障范围内。

重要概念和术语

应收账款保险	保险责任类型（基本、扩展、特殊）	额外费用
全年运输保险		胶片保险
受托人	碰撞责任条款（撞倒条款）	抵押物保险
建筑商风险保险	企业文件保障保险	运费保险
建筑物和个人财产保险	企业一揽子保险（CPP）	共同海损
企业流动财产保单	共管协会保险	船体保险默认保证
业务收入（和额外费用）保单	共管企业主保险	内陆运输保险
业务收入保险	补足保险（DIC）	交通和通信设施
企业主保险（BOP）	设备损坏保险	珠宝保险
照相机和音响设备经销商保险	设备损坏保障保险	邮政保险
	设备交易商保险	国内运输定义
货物保险	额外费用保单	海洋运输保险

一揽子保险	保赔保险（P&I）	演出道具保险
单独海损	价值报告条款	单次运输保险
季节峰值保险	标识保险	贵重文本记录保险
医疗设备保险		

复习题

1. a. 什么是一揽子保险？
   b. 解释相对于购买独立保单而言，企业一揽子保险保单对于企业的好处有哪些？
2. 指出下面几种保险责任类型提供保障的损失原因：
   a. 基本保险责任
   b. 扩展保险责任
   c. 特殊保险责任
3. 解释建筑物和个人财产保险的下述条款：
   a. 保险标的
   b. 附加保障
   c. 可选保障
4. 业务收入（和额外费用）保单包括一些保险条件。请对下面条款做出解释：
   a. 业务收入损失
   b. 额外费用
5. 简要描述下述企业财产保险保障：
   a. 建筑商风险保险
   b. 共管协会保险
   c. 设备损坏保险
   d. 补足保险（DIC）
6. 解释下面几种海洋运输保险类型：
   a. 船体保险
   b. 货物保险
   c. 保赔保险
   d. 运费保险
7. a. 海洋运输保险中的单独海损和共同海损的区别有哪些？
   b. 共同海损损失必须满足哪些条件？
8. 指出可以获得内陆运输保险保障的主要的企业财产类型。
9. 简要描述下面内陆运输保险保障范围：
   a. 应收账款保险
   b. 贵重文本记录保险
   c. 受托人客户保险
10. 企业主保单（BOP）包括多种保障内容。解释下面几种：
    a. 建筑物保障
    b. 个人商业财产保障
    c. 承保损失责任
    d. BOP 提供的附加保障

应用题

1. 迈克尔开了一家电视维修店，店面投保了企业一揽子保险。保险保障范围包括建筑物和个人财产保险以及扩展保险责任。声明页指出，保障范围同时适用于建筑物和记名被保险人的企业财产。解释下面这些损失是否在该保险的保障范围内。
   a. 该地点发生火灾，建筑物被严重烧毁。
   b. 抢劫犯从没有上锁的保险箱里偷走了一些钱和证券。
   c. 一个在营业时间过后闯进店里的人砸坏了店里的计算机和传真机。
   d. 龙卷风袭击了店面及附近地区。店里维修的几台客户的电视被风暴吹坏。
2. 永续电池公司为工业和消费用途制造电池。公司购买了企业一揽子保险，为财产风险提供保障。除了共同保险条件和声明之外，保单还包括建筑物和个人财产保险和设备损坏保险。该保单还包括扩展保险责任。请结合下面每种损失，指出该损失是否获得保障。
   a. 储存制作完成的电池的建筑物在一起爆

炸事故中被毁。

b. 由于爆炸，公司不得不专门运输制造电池需要的机器零件，由此产生了一笔费用。

c. 这次爆炸导致几名员工受伤，并在当地的医院接受治疗。

d. 存放已经完工商品的建筑中的自动喷洒系统意外喷水。一些最近制造完成的电池由于水的侵蚀损毁了。

3. 阿什利有一间鞋店，投保了 120 000 美元的业务收入（和额外费用）保险。由于一场火灾，阿什利不得不关闭鞋店 3 个月。根据过去的收入情况推断，阿什利在 3 个月的停业期间，如果没有发生损失，会有 30 000 美元的净收入。在停业期间没有收入，阿什利还要继续支付 10 000 美元的费用。阿什利要得到补偿的业务收入损失是多少？解释你的答案。

4. a. 珍妮特是《新闻日报》的风险管理师。每日出版物是一个高度竞争的市场。她需要确定，如果公司的印刷设备因为承保范围内的原因被毁，该报纸是否能够继续出版。珍妮特应该购买哪种保险来为物理损毁损失发生后继续印刷报纸的附加成本提供保障？

b. 詹姆斯在一家商场里开了一间书店。他的书店坐落于电影院和百货公司之间。詹姆斯靠着电影院和百货公司来往的客人盈利。詹姆斯知道，这两家单位任何一个关闭都会导致书店蒙受巨大的经济损失。詹姆斯要购买什么类型的保险才能够为这种风险提供保障？

5. 玛丽女王是一艘海上运油轮船，不慎撞上一艘大型货轮。玛丽女王轮船购买了一份包括撞倒条款的海洋运输船体保险。对于下面的每种损失，请解释海洋运输保险是否适用。

a. 对玛丽女王造成的损坏。

b. 对货轮造成的损坏。

c. 货轮上的船员发生的伤亡。

6. 一艘名为海运的货轮在一场巨大的海洋风暴中被迫抛弃一些货物。货物被抛弃时，航行期间的利益结构如下：

船只的价值	400 万美元
铁矿石	200 万美元
木材和木屑的价值	200 万美元

假设船长必须抛弃价值 800 000 美元的铁矿石。根据共同海损原则，海运货轮必须支付的数额是多少？对你的答案做出解释。

7. 吉姆在经营中使用的个人商业财产价值定期波动，这种波动在很大程度上取决于手头存货价值的波动。吉姆的财产保险保单要求定期对个人商业财产的价值进行报告。保险的限额是 500 000 美元。吉姆认为，她可以通过低报存货价值省钱。上一期，实际价值为 400 000 美元，但她只报告了 200 000 美元。就在她最后一次报告后不久，存货的价值上涨到 500 000 美元。不过发生的一起火灾把存货全部烧毁。不考虑免赔额，吉姆的保险人要赔偿多少钱？对你的答案做出解释。

8. 理查德拥有并经营了一家小型家具店。除了理查德，店里还雇了两个销售人员。理查德的代理人劝他购买一份企业主保险（BOP）。指出企业主保险可以为理查德的家具店提供哪些损失风险的保障。

网络资源

● A. M. 贝斯特公司是一个对保险人进行评级的组织，出版与保险业有关的书籍和定期出版物，包括财产和责任保险相关内容。网址为：ambest.com

● 美国保险服务协会是一家开发保单、用户规则和费率信息的保险组织。在美国有超过 700 家财产和责任保险公司使用其提供的服务。网址为：aaisonline.com

● 美国保险协会是一个财产和责任保险人的贸易服务组织，为讨论安全、宣传和法律等方面的问题举办论坛。它代表了 300 家参加论坛的财产和意外险保险公司。网址为：aiadc.org

● 美国独立保险代理人和经纪人协会开办的网站提供大量关于企业财产和责任保险的信息。该网站专门为代理人、风险管理师和消费者设计。网址为：iiaba.net

● 保险信息协会是一个重要的信息来源，提供大量关于财产和责任保险的信息、分析和推荐。网址为：iii.org

● 内陆运输核保人协会开办了讨论内陆运输

保险人面临的一般问题的论坛。网址为：http://www.imua.org/

● 保险服务处（ISO）为财产和责任保险市场的参与者提供统计信息、精算分析、保单术语和技术信息。保险服务处开发了大量企业财产保险保单，包括本章讨论的这些。网址为：iso.com

● 保险研究委员会（IRC）是特许财险与意外险核保人美国协会的一个分会。保险研究委员会提供及时的财产和意外险研究信息。网址为：http://www.insurance-research.org/

● 互助服务办公室（MSO）是一家评级机构，为中小保险公司提供帮助。互助服务办公室提供客户评级和统计服务，并开发保单。网址为：msonet.com/

● 美国财产保险公司协会（PCI）是美国财产和意外险保险公司的主要交易协会。美国财产保险公司协会在一些重要问题的公共政策方面代表其成员的利益，并为成员提供目标行业的信息。网址为：pciaa.net

● 风险和保险管理协会（RIMS）是最为重要的一个风险管理师组织。该协会帮助保险人了解企业和行业需要的保险、提供损失预防支持，为讨论一般性问题举办论坛。风险和保险管理协会还出版《风险管理杂志》。网址为：rims.org

参考文献

Cook, Mary Ann (editor), *Commercial Property Risk Management and Insurance*, 1st ed., Malvern, PA: American Institute for Chartered Property Casualty Underwriters, 2010.

Fire, Casualty & Surety Bulletins, Fire and Marine volume, Erlanger, KY: National Underwriter Company. The various commercial coverages are discussed in the Commercial Property section, Business Income section, Inland Marine section, and Boiler & Machinery section.

Flitner, Arthur L. and Arthur E. Brunck, *Ocean Marine Insurance*, 2nd ed., vols. 1 and 2. Malvern, PA: Insurance Institute of America, 1992.

Flitner, Arthur L. and Jerome Trupin, *Commercial Insurance*, 2nd ed., Third printing. Malvern, PA: American Institute for Chartered Property Casualty Underwriters/Insurance Institute of America, November 2008.

The Institutes' Handbook of Insurance Policies, 10th ed., Malvern, PA: American Institute for CPCU, 2011.

Trupin, Jerome, and Arthur L. Flitner, *Commercial Property Risk Management and Insurance*, 8th ed. Malvern, PA: American Institute for CPCU/Insurance Institute of America, 2008.

第 26 章

企业责任保险

"美国社会爱打官司的特点对于公司而言可能是一种致命的风险。责任保险是应对这种风险的一个重要工具。"

——威廉·B·赫德里克
美国马狮公司高级副总裁

学习目标

学习完本章，你应当能够：

- ◆ 指出企业面临的主要责任损失风险。
- ◆ 描述企业一般责任保险提供的基本保障。
- ◆ 解释工人补偿和雇主责任保险提供的保障。
- ◆ 描述企业伞式保险的重要条款。
- ◆ 指出企业主保险（BOP）提供的责任保障。
- ◆ 描述医生的职业责任保险的基本特点。
- ◆ 解释董事和管理人员责任保险（D&O）提供的保障。

在几起大肠杆菌传染病病源最终查到哈里斯制造公司的工厂后，州健康管理局关闭了它的生产厂房。罗伯特·哈里斯10年前开创了自己的一个季节性生产企业。随着业务的增长，他向四个地区的超市、两家全国快餐连锁店的当地分支机构和两家当地的餐厅销售袋装的加工后的莴苣。到目前为止，已经有15起已确认和10起疑似大肠杆菌传染病病源最终追溯到了哈里斯制造公司生产的莴苣上。一位老妇人死亡，一位老先生永久性肾损伤，其他六个人仍然住院治疗并存在大肠杆菌传染病的病症。所有这些人都消费了该公司加工后的莴苣。

哈里斯制造公司联系了快餐连锁店分支机构和餐厅，告诉它们停止使用莴苣。哈里斯奔赴超市，帮助超市将莴苣下架。当被要求对这种情况进行说明时，他说："我们正在查找污染源，并且做好了应对诉讼的准备。"

在上面的案例中，制造公司因为销售被污染的莴苣，而可能面临诉讼。与这家公司类似，今天，商业企业所在的市场竞争激烈，产生身体伤害和财产损失诉讼非常常见。发生的诉讼从琐碎的小额索赔到需要数百万美元的赔偿都有。企业可能因为有缺陷的产品、对客户造成的身体伤害、对他人财产造成的损失、环境污染、性骚扰、对员工的歧视以及其他各种原因遭到起诉。企业责任保险可以为企业提供应对这些风险的保障。

在本章中，我们将讨论企业面临的主要责任损失风险和为这些风险提供保障的商业保险。涉及的内容包括企业一般责任保险（CGL）、雇佣相关行为责任保险、工人补偿和雇主责任保险、董事和管理人员责任保险，以及其他企业责任保险。

一般责任损失风险

一般责任是指由于经营产生的法律责任，但不包括由于汽车或航空事故以及员工身体伤害产生的法律责任。企业通常会购买企业一般责任保险（CGL），为一般责任损失风险提供保障。重要的一般责任损失风险包括：
- 营业场所和经营责任
- 产品责任
- 完工操作责任
- 合同责任
- 或有责任

营业场所和经营责任

法律责任可能因为企业拥有或维护企业经营的营业场所而产生。企业对于维持营业场所的安全条件负有法律责任，并对其员工行为负责。商店里的客户属于被邀请人，他们应当得到最周到的照顾。对于经营场所中可能存在的任何风险，企业都必须对其进行警告并提供保护。例如，如果客户在湿滑的地板上滑倒并摔断腿，企业就要承担责任。

法律责任也可能因为企业的经营活动产生，无论是否在经营场所内。例如，林场中的员工从车上卸下木材时，可能会因为不小心而损坏顾客的卡车，或者建筑工人在高层建筑上工作时，因失手使工具掉落而砸伤行人。

产品责任

产品责任（products liability）是指制造商、批发商和零售商对由于使用有缺陷的产品而受身体伤害或财产损失的人负有的法律责任。企业由于疏忽、违反保证和严格责任等原因被起诉时，通常会败诉。这些问题在第19章已经进行了讨论，这里不再赘述。

完工操作责任

完工操作责任（completed operations liability）是指，在工作和操作完成后，发生在营业场所之外的由于工作问题引起的责任。承包人、水管工、电工、维修店和类似企业对其工作完成后产生的身体伤害和财产损失负有责任。当工作正在进行时，这属于操作风险的一部分。但是，当工作完成后，这就是完工操作风险。例如，热水锅炉可能会由于不正确的安装而发生爆炸，或者超级市场的管道系统可能会由于不正确的安装而倒塌，并造成顾客受伤。

一般责任保险为产品责任和完工操作责任提供保障。现在产品责任和完工操作责任损失风险都包括在**产品完工操作风险**（products-completed operations hazard）的定义中。保险承保的责任损失包括发生在经营场所之外的、在被保险人已经放弃产品的所有权或操作已经完成后，由该产品或操作而导致的责任损失。例如假设一个煤气炉安装出现错误，一个月之后发生了爆炸。安装者的责任能够得到产品完工操作保险的保障。

合同责任

合同责任（contractual liability）意味着企业以书面或口头合同的形式同意承担对第三方的法律责任。例如，一家制造企业租用了一栋建筑，租约明确规定，建筑物的所有者与任何起因于使用该建筑的责任无关。因此，通过书面租约，制造企业承担了一些潜在的法律责任，这些责任通常由建筑的所有者承担。

或有责任

或有责任（contingent liability）是指由独立承包人承担的工作所产生的责任。作为一般性规则，企业对独立承包人的工作不承担法律责任。但是如果满足下述条件，企业就要负责：（1）行为非法；（2）工作的情况或种类不允许授权；（3）独立承包商从事的工作具有固有的危险性。[1] 例如，总承包商会雇用二级承包商进行爆破作业。如果有人因为爆破受伤，即使二级承包商承担主要责任，总承包商仍然要承担责任。

其他责任损失风险

由于存在不同的除外责任，企业一般责任保险无法为企业的所有责任损失风险提供保障。其他重要的损失风险包括（1）汽车、飞机和船只的所有权和使用产生的责任；（2）员工的职业伤害和职业病；（3）员工因为性骚扰、性别歧视、没有被雇用和升职，以及其他与雇用相关的事件而提起的诉讼；（4）职业责任；（5）董事和管理人员责任。有一些保险专门为这些风险提供保障。我们在本章后面部分对这些保障展开讨论。

---

[1] Emmett J. Vaughan and Therese M. Vaughan, *Fundamentals of Risk and Insurance*, 10th ed. (New York: Wiley, 2008), p. 610.

企业一般责任保险

企业经常使用企业一般责任保险（commercial general liability policy）为它们的一般责任损失风险提供保障。企业一般责任保险有两种类型：事故发生型保单和索赔发生型保单。下面部分讨论保险服务处设计的这两种类型的企业一般责任保险。[1]

事故发生型保单概述

企业一般责任保险可以作为独立合同，也可以作为前面章节讨论过的企业一揽子保险保单的一部分购买。事故发生型保单包括五个主要部分：
- 第Ⅰ部分——保险责任：
  责任 A：身体伤害和财产损失责任
  责任 B：身体和广告伤害责任
  责任 C：医疗费用赔付
- 第Ⅱ部分——谁是被保险人？
- 第Ⅲ部分——保险限额
- 第Ⅳ部分——企业一般责任条件
- 第Ⅴ部分——释义

第Ⅰ部分——保险责任

第Ⅰ部分列出了对身体伤害和财产损坏责任、身体和广告伤害责任、医疗费用赔付以及一些补充赔付等内容的保障范围。

责任 A：身体伤害和财产损失责任　保险人替被保险人履行其依法承担的且符合保单规定的**身体伤害和财产损失**（bodily injury or property damage）责任，但以不超过保额为限。身体伤害和财产损失必须由一次事故引起。一次**事故**（occurrence）被定义为一次意外，包括连续和重复地暴露于本质上相同的危险情况中。例如，商店发生了一起爆炸，几名顾客受伤，或者肉制品公司加工了一批被污染的汉堡，一段时间后，有一些人患了重病。这些情况都可以被认定为一次事故，并得到企业一般责任保险的保障。

此外，现有的企业一般责任保险保单增加了关于已知损失的新条款。根据这一条款，在保单生效前，损失已知或者很明显，则保险责任不成立，例如正在发生损失。身体和财产损失责任只有在以下两种情况受到保障：(1) 由保单有效期内发生的一次性事故引起；(2) 被保险人或其员工在保单生效前没有收到事故或索赔通知身体伤害和财产损失已经全部或部分发生。例如，如果被保险人在保险期间开始前就知道企业的行为已经造成身体伤害和财产损失，那么任

---

[1] 这一部分基于下列资料：*Fire, Casualty & Surety Bulletins*, Casualty and Surety volume, Public Liability Section (Erlanger, KY: National Underwriter Company); and Arthur L. Flitner and Jerome Trupin, Commercial Insurance, 1st ed., 5th Printing (Malvern, PA: American Institute for Chartered Property Casualty Underwriters/Insurance Institute of America, March 2005); 以及国际风险管理协会的网站，IRMI.com。作者还采用了保险服务处制定的多种企业责任保险表格。作者在准备本章内容的时候，大量参考了这些资料。

何关于已知事故的索赔都不会得到赔偿。

辩护费用　保险人还要支付法律辩护费用。保险人有权利调查索赔或起诉,并根据自己的判断解决问题。当适用保险的限额在审判或结案时已经全部支付,那么保险人的辩护义务也随之结束。法律辩护成本一般在保单限额之外另行支付。保险人在确认诉讼被正确抗辩方面具有既得利益,因为一旦被保险人被判负有法律责任,它就要赔偿损失。

除外责任　身体伤害和财产损失责任保险的除外责任很多,主要的除外责任包括:

● 预期到的或故意造成的伤害。被保险人能够预期到的或故意造成的身体伤害或财产损失不在保障范围内。例如,公司垒球队的职员用一根垒球棒袭击裁判引发的诉讼就不在保障范围内,因为伤害裁判存在主观故意因素。但是,该除外责任不适用于合理使用武力来保护人身或财产而造成的身体伤害。

● 合同责任。保单不为合同或协议规定的责任提供保障。但是,该除外责任不适用于即使没有合同或协议,被保险人也要承担的责任,也不适用于被保险人合同规定的责任。被保险人合同是指,经营场所的租约、附属协议、地役权或许可协议、赔偿市政府的责任、电梯维护协议,或者用于身体伤害和财产损失的侵权责任假定(法律规定的,即使没有签订任何合同或协议也要承担的责任)。

● 酒类责任。该除外责任只适用于生产、配送、销售或提供酒水的企业。例如,如果酒吧的男招待为醉酒的顾客不断提供酒水,该顾客对他人造成身体伤害,酒吧的所有者所遭受的索赔和起诉不在保障范围内。但是,酒类除外责任不适用于非酒类企业。例如,在企业赞助商聚会上提供酒的被保险人在保单的保障范围内。在保单附加酒类责任保险或者购买独立保单后,可以将生产或配送酒类的公司纳入保障范围。

● 工人补偿。任何工人补偿法或类似法律规定的被保险人的法定赔偿责任都属于除外责任。

● 雇主责任。该保单排除了雇佣期间雇员造成的身体伤害,还排除了被保险人的雇员发生工伤后,其配偶或亲属提出伤害索赔的要求。例如,由受工伤的雇员的配偶提出的配偶权利损失(陪伴、感情和安慰的损失)。

● 污染。化工、制造和其他企业可能因为排放烟雾、浓烟、酸性物质、有毒化学物质、废弃物和其他污染物而导致环境污染。地下存储设备的泄漏也会污染环境。企业一般责任保单将由于污染物的排放或渗出造成的身体伤害或财产损失作为除外责任。除外责任也适用于由于政府规定而发生的清理成本。还有一些关于污染的除外责任,但是对它们的讨论超出了本书的范围。可以通过污染保险批单或者附加独立的污染责任保险对污染问题提供保障。

● 飞机、汽车和船只。由于拥有或使用飞机、汽车和船只引起的责任被专门排除在外。这一规定的目的是为了排除已受其他保单保障的责任。该除外责任不适用于停泊在被保险人拥有或租赁的场地内的船只,以及不超过26英尺的、非营运性质的非自有船只。此外,该除外责任不适用于在营业场所或营业场所附近泊车而给顾客造成的身体伤害。对于那些代客泊车的公司来说,这一点很重要。但是,根据照看、保管和控制除外责任(将会在后文讨论),停车时发生的汽车物理损失不在保障范围内。

● 移动设备。当移动设备(a)用被保险人的汽车运输,(b)用于或准备参加赛车、速度竞赛,或者爆破测试或做特技时,不能获得保障。例如,放在拖车上运往施工地点的推土机不在保障范围内。

● 战争。由于战争引起的身体伤害和财产损失属于除外责任。战争包括内战、起义叛乱或革命。

- 财产损失。企业一般责任保险将被保险人拥有、租赁或占有的财产，被保险人出售或放弃的建筑物，借给记名被保险人的财产，以及被保险人照看、保管和控制的他人财产排除在保障范围之外。其他除外责任损失包括被保险人、承包商和分包商正在进行工作的那部分财产，以及因为被保险人的工作失误而必须恢复、修理或替代的那部分不动产。
- 对被保险人产品造成的损害。保单将由产品缺陷造成的**被保险人产品的财产损失**（damage to the insured's product）作为除外责任。例如，有缺陷的热水器可能爆炸，热水器的水箱自身的损失不会得到赔偿。但是，爆炸引起的其他财产损失将会得到制造商责任保险的赔偿。
- 对被保险人工作造成的损失。由于**被保险人工作的财产损失**（damage to the insured's work）已经由"产品完工操作保险"提供了保障，因此该保单将其作为除外责任。被保险人的工作是指被保险人的工作或操作，以及工作中使用的原料、部件和设备。例如，一个供暖商的员工在安装煤气炉的时候，采用的方法不对，后来煤气炉发生爆炸。尽管顾客的建筑物遭受的财产损失可以得到保障，但员工工作的价值被专门排除在保障范围之外。如果由二级承包商代表被保险人施工，则该除外责任不适用。
- 对已损坏财产造成的损失。该保单还将没有发生物理损坏的**已损坏财产的财产损失**（damage to impaired property）作为除外责任。如果财产是因为被保险人的产品或工作有缺陷，或被保险人的不作为导致了财产损失，那么该损失得不到赔偿。已损坏财产是指由于下面几种原因而无法使用或用途减少的财产：（1）该财产中包括被保险人的产品或工作；（2）被保险人无法履行合同或协议条款；（3）通过修正被保险人的产品或工作中的缺陷或履行合同，财产可以恢复使用。例如，假设被保险人制造飞机零部件，一个有问题的零件可能会造成几架飞机无法使用。这些飞机被认为是已损坏财产。这些飞机无法使用造成的损失无法获得被保险人的一般企业责任保险的保障。
- 产品召回。因召回有缺陷的产品发生的费用通常属于除外责任。最近几年，企业因为召回有缺陷的产品而产生了大量费用，例如汽车、制药和食品行业。一般企业责任保险将这些损失作为除外责任。通过添加批单，产品召回费用可以获得保障。
- 人身和广告伤害。责任 A 不适用于人身和广告伤害造成的身体伤害。例如，顾客被误认为盗窃而被抓，后来他/她就在该事故中同时遭到的身体伤害提出了索赔，责任 A 不适用于这种情况。（但是，在责任 B——人身和广告伤害责任中，该事故在保障范围内。）
- 电子数据。电子数据的损失、使用损失、损坏、崩溃、无法读取以及无法操作等均属于企业一般责任保险的除外责任。企业一般责任保险将电子数据的责任作为除外责任，因为电子数据不能当作有形财产作为财产损失责任保险的标的。
- 违法传播材料。联邦和州政府的法律已经要求减少违背接收人意愿的电话和短信。这些因为违背《电话消费者保护法》、《反垃圾邮件法（2003）》以及其他禁止或限制发送、传输、交流或发布材料和信息的法律所引起的人身伤害或财产损失诉讼被排除在外。例如，一家公司打电话给处于不得打电话名单的消费者，而违背了联邦法律，那么该公司因为此类电话引起的诉讼案件不在其一般责任保险保单保障范围内。

火灾法定责任保险　责任 A 中的最后一个条款列出了前面所提到的一些除外责任，该条款不适用于出租给记名被保险人的营业场所或者记名被保险人经所有者许可临时占用的营业场所所遭受的火灾损失。这种针对某些除外责任的例外情况的保险也被称为**火灾法定责任保险**（fire legal liability coverage）。这种保险有一个独立的保险限额。例如，假设记名被保险人租了一栋建筑物，一名员工不小心引起了火灾。我们之前注意到，出租给记名被保险人或者由记名被保险人占用的财产所产生的法律责任将无法得到保障。但是，该除外责任不适用于火灾损失保险。因此，如果建筑物所有人因为火灾损失起诉记名被保险人，那么他或她就在企业一般责任保险的保障范围内。

责任 B：人身和广告伤害责任 在这一责任下，保险人同意支付被保险人由于造成人身和广告伤害而依法应赔偿的金额。保单对该术语进行了定义，包括下面几项：

- 错误的拘留、扣押或监禁
- 诽谤
- 错误的驱逐或进入
- 公开的口头或书面诽谤
- 公开的口头或书面侵犯他人隐私
- 在自己的广告中使用他人的广告创意
- 侵犯他人的版权、广告语或商品包装（产品的全部形象和外表，包括图形、式样、大小和形状）

例如，如果一位顾客因错误地被认为盗窃而被捕，企业一旦因此遭到起诉，该保障就发挥作用。类似地，如果营销经理使用了外部广告代理的创意，一旦企业遭到起诉，该保障也适用。

责任 C：医疗费用赔付 医疗费用赔付（medical payments）是指为那些在被保险人营业场所内，或在接近营业场所的路上发生事故而受伤的人，或由于被保险人的行为受到伤害的人支付医疗费用。医疗费用必须在事故发生后一年内产生，且支付时不考虑法律责任。例如，如果顾客在超市的地板上滑倒，那么保单限额内的医疗费用都将得到赔偿。

被保险人不一定对适用的医疗赔付负有法律责任。这种保障的保险限额与责任 A 和责任 B 相比，相对较低。

补充赔付：责任 A 和责任 B 责任 A 和责任 B 中包括了某些补充赔付，以作为保单限额的补充：

- 保险人引起的所有费用
- 由于使用被保险的车辆导致事故或违反交通规则时，保释保证书费用最高为 250 美元
- 解除扣押的保证费用
- 由于停止工作造成的实际收入损失，以及其他因帮助保险公司发生的合理费用，最高每天 250 美元
- 诉讼中向被保险人收取的所有费用，例如开庭费用
- 判决前的利息
- 开始审判后累积的利息

第 II 部分——谁是被保险人？

企业一般责任保险保单可以用于不同类型的人和机构。在保单列明的情况下，下列均可作为被保险人：

- 独资企业的所有人和配偶
- 合伙或合资企业的合伙人、成员和他们的配偶
- 有限责任公司的成员和经理
- 公司的高级主管、董事和股东
- 信托受托人，但是仅限于他们具有作为受托人的责任

下列人员也可以作为被保险人：

- 志愿工作者，但是仅当其从事与记名被保险人有关的行为时
- 在规定范围内工作的员工
- 作为房地产经理的任何个人或组织
- 记名被保险人死亡后的法定代表
- 合伙、联营或有限责任公司之外的，新获得或新组建的组织

第Ⅲ部分——保险限额

保险限额规定了保险人支付的最大数额，而不管被保险人的人数，索赔和诉讼的数量，提出索赔或诉讼的个人或组织的数量。有多种保险限额（见图表26—1）。

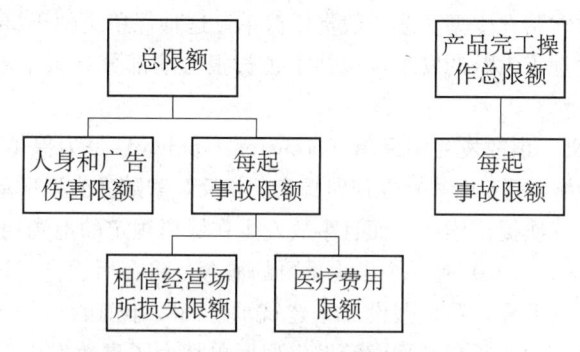

图表 26—1 企业一般责任保险限额的图示

资料来源：Adapted with permission from International Risk Management Institute, Inc. *Commercial Liability Insurance*, vol. 1, p. Ⅳ. E 14. Copyright 1994.

1. 总限额。**总限额**（general aggregate limit）是保险人为以下损失支付的最大数额：责任A中规定的损失（除了包括在"产品完工操作风险"中的身体伤害和财产损失）；责任B中规定的损失；责任C中的医疗费用。

2. 产品完工操作总限额。**产品完工操作总限额**（product-completed operations aggregate limit）是指，在保险期限内，保险人在责任A中，由于"产品完工操作风险"导致的身体伤害和财产损失所支付的最高数额。没有产品完工操作的独立承保协议。这些索赔被保障是因为它们没有作为除外责任。对于产品完工操作索赔都设置了独立的保险限额。

3. 人身和广告伤害限额。这种限额是保险人在责任B中为人身伤害和广告伤害赔偿的最高数额。

4. 每起事故限额。这种限额是指保险人赔偿的每次事故发生引起的责任A中的所有损失以及责任C中的医疗费用的最高数额。

5. 租借经营场所损失限额。这种限额是指因为责任A中承保的单起火灾引起的租借经营场所财产损失，保险人赔偿的最高数额。

6. 医疗费用限额。这种限额是保险人要赔偿的，由于任何人所遭受的身体伤害发生的医疗费用的最高数额。

第Ⅳ部分——企业一般责任条件

这一部分规定了适用于一般责任保险的各种条件。这些条件包括关于破产、事故、索赔或

诉讼发生时的责任，针对保险人的法律行为、其他保险、保费审计，以及其他多种附加条款。但是，受篇幅所限，这里不对这些条件进行讨论。

第Ⅴ部分——释义

企业一般责任保险保单的这一部分更准确地对保单中使用的术语进行了定义。许多定义都阐述得非常详细。但是，受篇幅所限，这里不对这些定义进行讨论。

企业一般责任索赔发生型保单概述

保险服务处还提供索赔发生型企业一般责任保单。这种保单类似于事故发生型保单，主要的区别是，前者的赔付基于索赔的发生，包括了延长报告期部分（第Ⅴ部分），并将释义移至第Ⅵ部分。

"索赔发生"的含义 事故发生型保单（occurrence policy）是为保单期间内发生的事故引起的索赔提供赔付的保单，而不管索赔在何时提出。相反，**索赔发生型保单**（claims-made policy）仅适用于保险期间内第一次提出索赔，而且事故发生在保单规定的追溯期（如果有的话）内的情况。追溯期（retroactive date）是一个极为重要的概念，将在后面进行讨论。

为了说明二者之间的差异，我们假设一个建筑承包商3年前购买了一份事故发生型保单，到目前为止该保单一直有效。承包商用索赔发生型保单替换了事故发生型保单。如果承包商3年前因为建筑问题受到起诉，事故发生型保单将提供保障。但是，如果没有追溯期，索赔发生型保单将不为这些损失提供保障，因为该损失发生在保单生效期之前。

索赔发生型保单的原理 保险人创造索赔发生型保单来替代事故发生型保单是由于存在**长尾索赔**（longtail claims）。长尾是指有少量保单在签发很多年后才提出索赔。在事故发生型保单中，事故发生时提供保障的保险人负责理赔。结果保险人必须为很多年前过期的保单支付赔偿。这种情况使得精算师们很难准确计算应收取的保费和应当为已发生未报告（IBNR）的索赔而建立的损失准备金。在索赔发生型保单中，保费、损失和损失准备金都能够更为准确地估算。

追溯期 索赔发生型保单可以为在保单生效日之前发生的损失提供保障。保障的根据是保单中载明的追溯期（如果有的话）。只有事故发生在追溯期之内，并且索赔发生在当前的保险期限内，损失才能得到赔偿。如果事故发生在追溯期之前，索赔发生型保单就不提供保障。

例如，假设追溯期从原有索赔发生型保单的生效日开始，原有索赔发生型保单的签发时间是2010年1月1日。最近的索赔发生型保单的签发时间是2012年1月1日。被保险人获得的保障将包括2010年1月1日后发生的在当前保险期间内提出索赔的所有事故。

延长报告期 索赔发生型保单还包括一些延长报告期的条款，目的是为了用已经过期的索赔发生型保单，给第一次提出索赔时保单已经过期的被保险人提供保障。延长报告期并没有延长保障期。要获得保障，伤害必须发生在追溯期之后，保险期间结束之前。发生在追溯期之前或保单满期之后的伤害都不在保障范围内。

无论何时，只需要满足下列情况之一，被保险人都会自动获得**基本延长报告期**（basic extended reporting period），而不需要额外收取费用：

- 保单被取消或者没有续保。

- 保险人用追溯期晚于原保单追溯期的保单进行续保或替换。
- 用事故发生型保单替换索赔发生型保单。

基本延长报告期规定了两种单独的报告期,或称之为"尾期"。第一种尾期是保单到期后的5年,第二种尾期是保单到期之后的60天。

5年尾期适用于保险期间内或者保险期间结束后的60天内,向公司报告提出索赔的情况。(但是,该事故必须发生在保险期间内或者追溯期之后。)例如,假设顾客在保险期间内,在超市购物时滑倒并摔倒在湿滑的地面上。被保险人迅速向保险公司报告发生的事故,但是在保险期间内没有针对被保险人的实质性索赔。如果索赔在保单过期后5年内提出,该事故产生的索赔将由过期的保单提供保障。

第二种60天尾期适用于其他所有索赔。这些索赔是对于发生在保险期限内的(或发生在追溯期之后),但是在保险期限内没有向保险人报告的事故提出的。如果被保险人在保单到期后60天内向保险人报告事故,这一尾期就适用。例如,继续使用前面的例子,被保险人可能不知道顾客摔倒,所以没有向保险公司进行报告。但是,如果在保单满期后,顾客向被保险人提出索赔,只要被保险人在60天内向保险人报告,被保险人仍然可以得到保障。

如果被保险人想在保单到期后有一个更长的报告期,可以通过附加批单并支付额外的保费来获得。被保险人必须在保单到期后的60天内书面申请附加批单。

雇佣相关行为责任保险

雇主经常因为不当解雇、歧视、性骚扰、职位提升或其他一些与雇佣有关的问题遭到员工、前员工的起诉。最近几年,这种诉讼案的数量一直在增加,但平均赔偿金在降低。平均赔偿金在2008年达到峰值266 024美元,但是在2010年下降到182 500美元。[1] 一般责任保险通常将因为企业雇佣关系产生的责任作为除外条款,或者提供有限制的保障。许多保险公司现在为了应对这些风险提供独立的保单,或者特定的批单。

保险服务处提供了一种**雇佣相关行为责任保险**(employment-related practices liability coverage form),处理雇佣行为损失风险。下面的讨论就基于保险服务处的保单。

保险协议

在保险服务处设计的保单中,保险人同意赔付由于保险保障范围内的"伤害"造成的损失。保单对伤害的定义是下面的一种或多种情况造成的员工伤害:

- 错误的降级或无法晋升,负面评价,员工的重新分配和惩罚,不当拒绝雇佣
- 不当解除雇佣关系,错误拒绝培训或剥夺职业发展机会,违背雇佣合同
- 雇佣或监督中存在疏忽
- 针对员工的报复行为
- 强迫员工做出非法的行为或执行非法的任务
- 与工作相关的折磨

---

[1] *The Insurance Fact Book 2012*, New York: Insurance Information Institute, p.185.

- 与雇佣相关的中伤、诽谤、侵犯隐私、侮蔑或羞辱
- 其他与工作相关的口头的、身体上的、精神上的或感情上的虐待，例如基于种族、年龄或性别的歧视

法律辩护

保险服务处保单还提供法律辩护，但是法律辩护成本作为保单限额的一部分包含在内。法律辩护成本的赔付降低了可以用于赔偿损失的保险数额。

注意，如果没有被保险人的同意，索赔不能结案。该条款是为了保护雇主的形象和声誉。但是如果保险人努力与索赔提出人达成协议，而被保险人不同意，那么最终任何超出的费用支出将由被保险人即雇主负责。

除外责任

保险服务处的保单还包括几项除外责任，包括：
- 违法的、欺诈性的或恶意的行为
- 合同责任
- 工人补偿和类似的法律规定
- 违反适用于雇主的法规，例如《雇佣法》（Employment Act）中的年龄歧视条款和《1993年家庭与医疗假期法案》（the Family and Medical Leave Act of 1993）
- 员工的罢工和停工
- 现有诉讼或未决诉讼
- 另行通知

近年来，由于性骚扰诉讼的不断增多，人们对雇佣相关行为责任保险的关注逐渐增加。大多数保险人在为这类保险承保之前，都要非常认真地检查雇主关于性骚扰的保险计划。

工人补偿保险

每年因为与工作相关的事故和疾病都会导致数以千万计的工人受伤和患病。所有州都制定了补偿法律，为那些遭受与工作相关的身体伤害和患有职业病的工人提供福利。雇主可以通过购买工人补偿保险、自保或者购买竞争性和垄断性州立基金（在某些州可以购买）来履行他们对受伤工人承担的法律义务。

第18章曾经提到，工人补偿保险为那些因为与工作相关事故和疾病而受伤或死亡的工人，提供医疗赔付、现金保险金、遗属保险金和康复服务。保险金的赔付基于**无过失责任**（liability without fault）原则。无论是否存在过失，雇主都要为工作相关事故和疾病承担绝对责任。工人根据州法律规定领取保险金，而不需要起诉其雇主以获得保险金。保险金对于那些因为与工作相关的事故或疾病而受伤或死亡的工人极为重要。专栏26.1提供了一些关于工人补偿法律的基本情况。

专栏 26.1

工人补偿保险的基本情况

工人补偿保险金将支付给在工作岗位上受伤并生存下来的工人。工人补偿是为此类伤害或死亡提供补偿的"排他性的补偿"手段。要具有领取工人补偿保险金的资格,伤害或死亡必须是因为雇佣或是在雇佣过程中发生。工人补偿保险的背景和一些情况如下:

- 该保险是美国最古老的社会保险计划。
- 该保险以州为基础,保障受伤的工人及其遗属避免工作相关事故、疾病和死亡造成的经济损失。
- 具有领取工人补偿保险金资格的工人占所有劳动力的97%。
- 工人补偿没有排除任何种类的治疗或服务。唯一的保障原则是,身体伤害、疾病或死亡与工作相关,且提供的治疗服务合理合规。
- 通常雇主被法律强制为其员工提供工人补偿保险。
- 工人补偿保险由雇主付费,或者通过自保。更为常见的是通过向有执照的保险人购买工人补偿保险。

尽管各州工人补偿计划和法律各不相同,不过仍然有一些共同之处:

- 所有州的工人补偿法律要求支付所有合理合规的治疗费用,这些支付不构成工人的成本,不需要共同赔付或免赔额,只要是使受伤工人复原必需的费用就要支付,哪怕支付持续工人的一生。
- 所有工人补偿法律还为损失的工资提供免税保险金,通常为工人工资的三分之二。
- 持续时间以及工资损失保险金的水平有时候取决于是否存在永久性伤害,如果存在,那么就一直持续下去。
- 所有工人补偿法律还为遗属和(因工作死亡的)工人抚养的人提供保险金,这些保险金持续到存活配偶死亡或再婚。
- 抚养补助金通常至少提供到18岁,但有的时候会延长,直到被抚养人上大学或到其他教育机构读书。

资料来源:Excerpted with permission from American Insurance Association,"Protecting Workers Compensation from Terrorism," *AIA Advocate*, February 10, 2003.

这一部分讨论美国补偿保险委员会制定的现行的工人补偿和雇主责任保险(workers compensation and employers liability insurance)保单。[①] 工人补偿保险作为社会保险的一种历史进步的体现,在第18章已经讨论过。

工人补偿和雇主责任保险保单提供下面几种保障:

- 第一部分:工人补偿保险
- 第二部分:雇主责任保险
- 第三部分:其他州的保险

[①] 工人补偿和雇主责任保险保单的详细讨论可以参考 Fire, Casualty & Surety Bulletins, Casualty and Surety volume, Workers Compensation Section (Erlanger, KY: National Underwriter Company);以及国际风险管理协会网站,IRMI.com。美国补偿保险控股有限公司(NCCI)公布了其工人补偿和雇主责任保单升级版,该版本于2011年7月1日生效。

保单的其他三个部分是：伤害发生后的义务、保费和条件。

第一部分：工人补偿保险

第一部分是**工人补偿保险**（workers compensation insurance）。在这一部分中，保险人同意支付所有工人补偿保险金以及雇主根据法律必须用于为受工伤或患职业病的工人提供的其他保险金。对于第一部分没有设置保险限额。保险人支付各州工人补偿法律要求的、声明中列出的所有保险金。

在某些情况下，雇主负责支付超出保险人正常补偿保险金的部分。这些情况包括雇主处置行为不当引起的罚金等。由于下列原因，雇主必须补偿保险人超过正常的工人补偿保险金的部分：

- 雇主处置行为极为不当
- 雇用的工人故意违法
- 没有遵守健康安全监督规定
- 违背工人补偿法律解雇、强迫或歧视员工

第二部分：雇主责任保险

第二部分是**雇主责任保险**（employers liability insurance）。如果员工在受雇期间受伤，而其所受伤害（或疾病）又不符合州工人补偿法律的规定，雇主责任保险为雇主面临的、被该员工起诉的风险提供保障。这一部分类似于其他责任保险保单。在该保单中，保险人履行赔偿的法律义务之前，必须存在过失。

由于如下几个方面的原因需要购买雇主责任保险。第一，有些州对于那些雇用员工少于某一数量（例如 3 个或更少）的小企业主，不要求他们购买工人补偿保险。在这种情况下，如果雇主被那些受到与工作相关的伤害或患有与工作有关疾病的员工的起诉时，雇主可以获得雇主责任保险部分的保障。

第二，在岗位上或工作地点发生的身体伤害或患病可能不被认为与工作相关，因此不能在州工人补偿法律的规定中获得保障。但是，受伤的员工可能仍然认为雇主应负责任，如果雇主受到起诉就可以获得保障。

第三，有些州的工人补偿法允许员工的配偶和抚养对象就配偶权利损失（loss of consortium）提起诉讼。在这种情况下，雇主也能够得到第二部分的保障。

最后，一些雇主由于第三方被其雇员起诉而面临诉讼。受伤的员工可能起诉存在过失的第三方，而第三方反过来会起诉雇主也存在过失。这种诉讼将获得第二部分的保障（除非雇主愿意承担第三方的责任，在这种情况下，雇主购买的企业一般责任保险提供保障）。例如，假设一台机器有问题，操作人员因此受伤。除了支付工人补偿保险金之外，该州可能允许受伤的员工起诉存在过失的第三方。如果受伤的员工起诉了机器的制造商，制造商反过来也可以起诉雇主，认为雇主没有提供正确操作的指导，或者没有采取安全措施。在这些情况下，雇主可以获得保障。

保险服务处保单的雇主责任部分还包括一些除外责任。主要的除外责任包括：

- 合同规定的除外责任
- 由于非法雇用的员工遭受的身体伤害而遭到惩罚的损失

- 非法雇用的员工遭受的身体伤害
- 雇主由于工人补偿、职业病、失业补偿，或残疾保险金法而承担的责任
- 雇主造成的故意身体伤害
- 在美国或加拿大之外的地方受到的身体伤害
- 由于强迫、降级、评价、重新分配、折磨、歧视，或者员工的解雇造成的损失
- 对受《码头、港口工人补偿法案》（Longshore and Harbor Workers Compensation Act）保护的工人造成的身体伤害
- 对受《联邦雇主责任法》（Federal Employers Liability Act）保护的人造成的身体伤害
- 对任何船只的船主或船员造成的身体伤害
- 由于违反联邦或州法律产生的罚金
- 在《移民和季节性农工保障法案》（Migrant and Seasonal Agricultural Worker Protection Act）中应赔偿的损失

第三部分：其他州的保险

工人补偿和雇主责任保险保单的第三部分提供**其他州的保险**（other-states insurance）。工人补偿保险（第一部分）仅适用于那些在信息页（声明页）上列明的州，但是按照其他州的法律，雇主可能面临工人补偿保险索赔。当雇员到另一个州出差时发生事故，而工人补偿保单首次签发时并未考虑到那个州，或者法律覆盖范围扩大而使该雇员处于其工人补偿法保障之下时，这种情况就会发生。

只有保单的信息页上注明了一个或多个州时，其他州的保险才适用。信息页等同于声明页。在这种情况下，如果雇主在保单上列出的任何州开始工作，保单就自动生效，与已被列入工人补偿保险的州相同。因此，雇主根据该州的工人补偿法应支付的所有工人补偿都能得到赔偿。工人补偿保险是以州为基础的保险，各州的保险金均不相同。

商用汽车保险

对于许多公司而言，由于拥有和使用汽车、卡车和拖车而产生的法律责任是另一种重要的损失风险。这一部分将讨论几个用于应对此类风险的商用汽车保险。[①]

企业汽车保险

保险服务处的**企业汽车保险保单**（business auto coverage form）得到了企业的广泛使用，为它们的商用汽车面临的风险提供保障。企业在可以投保的汽车方面有很大的灵活性。有10种汽车，每一种都由一个数字符号代表：

[①] 这部分基于 the Fire, *Casualty & Surety Bulletins*, Casualty and Surety volume, Auto section (Erlanger, KY: National Underwriter Company); *Commercial Liability Risk Management and Insurance*, edited by Mary Ann Cook (2011); the International Risk Management Institute's Web site, IRMI.com; and the ISO business auto coverage form and garage coverage form.

1. 任何汽车
2. 仅为被保险人所有的汽车
3. 仅为被保险人所有的私人载客汽车
4. 仅由被保险人所有的私人载客汽车以外的汽车
5. 被保险人拥有的参加无过失保险计划的汽车
6. 被保险人拥有的，受到强制性未投保机动车驾驶员法律约束的汽车
7. 特别列出的汽车
8. 租赁的汽车
9. 非被保险人拥有的汽车
10. （第10种分类是指"19号"。）符合强制或经济责任或其他移动车辆保险的移动设备

如果1~6号中有一个或一个以上被选中，或者19号被选中，那么保险期间内记名被保险人新获得的任何汽车都自动纳入保险范围。如果使用了7号，新获得的汽车在同时满足下面两个条件的时候可以获得保障：(1) 保险人必须已经为被保险人拥有的所有汽车提供了保障，或者新车必须是被保险人原来所有的在保险保障之内的某一辆车的替代品；(2) 记名被保险人在获得新车后的30天内将为汽车投保的意向通知保险人。

责任保险保障范围 如果因拥有、保养或使用投保汽车引起事故造成身体伤害或财产损失，那么被保险人可以得到保险适用的这些损失的保障。例如，如果员工在上班的时候驾驶公司汽车，撞伤了另一位驾驶员，对于由此引起的诉讼，雇主可以获得保障，员工也在保障范围内。

承保协议还为污染损失提供有限的保障。企业汽车保险有很多污染除外责任，将几乎所有污染损失排除在责任保障范围之外。但是，也有一些例外。保险人将赔偿所有承保范围内的污染的成本或费用。要获得保障，污染的成本或者费用必须由于投保汽车的所有权、保养或使用产生的事故引起。但是，污染的成本和费用只有在发生保险适用的身体伤害或财产损失，且二者由同一起事故引起时，才在保障范围内。例如，公司员工驾驶公司汽车在拥堵的高速公路上撞上了一辆油车，导致油车翻倒，污染了周边环境。被保险人支付的清理成本在保障范围内。承保范围内的污染承保或费用被计入责任限额。

最后，保险人同意为被保险人辩护，并支付所有辩护费用。辩护费用在保单限额以外。在支付审判或结案费用超过了保险限额的时候，保险人不再承担辩护或处理案件的义务。

物理损失保险 针对汽车物理损失或损坏的保险有三种，包括：

● 综合保险。除与其他物体相撞或翻车外，保险人会赔偿因任何原因导致的被保险汽车或其设备发生的损失。

● 特定保险责任保险。作为综合保险的替代险种，只为某些特定风险事故提供保障：火灾、雷电或爆炸、盗窃、风暴、冰雹、地震、洪水、恶意破坏或故意损坏，以及在运输投保汽车过程中发生的任何沉没、燃烧、碰撞或脱轨事故。

● 碰撞保险。承保汽车与其他物体碰撞或者翻车所引起的损失会得到赔偿。

如果有需要，拖车费用和劳动力成本也可以附加到保障范围内。保险人支付每次私人载客汽车发生故障而引起的拖车费用和人工费用，额度不超过声明页中规定的限额。但是，人工费用必须发生在故障发生地。

此外，如果损坏的汽车购买了综合保险，该保险适用于玻璃破碎、撞上鸟或动物产生的损失，以及坠落物体或导弹造成的损失。如果玻璃破碎是因为碰撞，被保险人可以选择将其作为碰撞损失投保。在没有这一选择的情况下，如果一起碰撞事故同时引起玻璃破碎和身体伤害，

那么就要满足两个免赔额。如果玻璃破碎是碰撞损失的一部分，那么只需要满足碰撞免赔额。

由于所投保的私人载客汽车的失窃，保险人还要从失窃发生48小时后起，支付被保险人发生的最高每天20美元，总额最高600美元的交通费用。该保障仅适用于投保了综合保险和特定保险责任保险的汽车。

车库保险

车库保险（garage coverage form）是一种为汽车经销商专门设计的保险。汽车经销商包括汽车经销代理商（例如新车经销商）以及非代理经销商（例如二手车经销商）。主要保障范围包括责任保险、车库管理人保险和物理损失保险。

责任保险 保险人同意为被保险人支付其依法应付的所有在车库经营期间发生事故而导致的、适用于该保险的身体伤害和财产损失赔偿。车库经营的定义包括车库的位置、保单中的可保汽车以及车库所有必要的和偶发的经营业务。同样，责任保险部分包括经营场所和经营责任、汽车责任、附带合同责任，以及产品和完工操作责任。

被保险人可以选择投保的汽车，用于标记投保汽车的数字符号，方法类似于企业汽车保险。

车库保险保单的责任部分包括很多除外责任。由于篇幅所限，这里只讨论两种。首先，被保险人照看、保管和控制的他人财产的损失属于除外责任。因此，在将顾客的汽车用起重机吊起的过程中发生的损坏，或是机修工对汽车进行路检过程中发生的损失都不在保障范围内。这些风险可以通过附加车库管理人保险获得保障。

其次，如果产品在售出时就有缺陷，那么被保险人的产品遭受的任何财产损失都不会得到保障。例如，假设经销商销售的轮胎存在隐患，并且在后来发生爆胎，导致了汽车损坏。这种除外责任免除了对问题轮胎的保障，但是由此导致的财产损失将获得保障。这种除外责任的目的是为那些由于存在缺陷的产品导致的财产损失提供保障，但是不为产品自身的损失提供保障。

车库管理人保险 正如前文所提到的，车库保险将被保险人照看、保管和控制的他人财产作为除外责任。通过附加车库管理人保险提供这种保障。当顾客的汽车在被保险人的车库中看管、服务、维修、停放和存放过程中遭受损失时，保险人为被保险人支付其依法应付的损失赔偿。

有三种保障范围可供选择：（1）综合保险，（2）特定保险责任保险，（3）碰撞保险。这些保险在被保险人为损失负有法律责任时适用。例如，如果由于经销商忘记锁上车库门，导致顾客汽车失窃，由此发生的损失在保障范围内。相反，如果顾客的汽车被龙卷风损坏，发生的损失不在保障范围内，因为被保险人不对龙卷风负责。但是，通过支付额外的保费可以扩大顾客汽车的保障范围，而不需要考虑被保险人的法律责任。这种方法被称为直接保险，即使车库没有法律责任赔偿顾客损失，也要这样做。被保险人可以查看声明页上的表格，激活该选项。

物理损失保险 车库保险保单中也可以包括投保汽车的物理损失保险。下面三种保障可以用于为销售商拥有的汽车提供保障：

● 综合保险。除了与其他物体相撞或者翻车以外，保险人会赔偿各种损失。

● 特定保险责任保险。承保的风险事故包括火灾，雷电或爆炸，盗窃，风暴，冰雹，地震，洪水，恶意破坏和故意损坏，以及运输投保汽车过程中发生的任何沉没、起火、碰撞和脱轨事故。

- 碰撞保险。投保汽车与其他物体碰撞或翻车导致的损失在该条款保障范围内。

航空保险

　　大多数商业航空公司都拥有昂贵的机队，面临的责任风险非常高。有时，商业客机可能因为机械或人为故障而意外坠毁，导致数百名乘客的死亡，并导致地面建筑的严重损毁。由于满载客机的坠落所造成的损失通常是灾难性的。此外，很多企业自己拥有商业用途的飞机。有时，公司飞机的坠落不仅仅造成乘客的死亡和受伤，还会导致地面上的人死亡或受伤，并且会对坠落地点的建筑造成巨大的财产损失。最后，大量美国人拥有或驾驶的小飞机可能因为机械问题、飞行员失误或缺乏经验而坠毁。

　　在大部分州，航空事故适用习惯法中的过失原则。但是，有些州制定了绝对责任法或严格责任法，要求飞机的所有者或操作人员承担航空事故的绝对责任。各国之间签订了一系列国际协议。协议规定，商业航空公司对国际航班发生的事故负有绝对责任。

航空保险公司

　　航空保险（aircraft insurance）是一种一揽子保险。它可以提供财产、责任和医疗赔付保障。这是一种高度专业化的保险，只有相对比较少的保险公司承保。① 美国国内商业飞机、飞行器制造商和国内大型机场的大部分航空保险由两家保险公司的联营组织承保：美国飞机保险集团（USAIG）和全球航空公司（Global Aerospace，之前的联合航空保险公司）。在这个市场中，还有 Chartis（AIG）、XL 和 C. V. Starr 等公司也提供承保服务。美国之外的地方，还有其他保险联营机构为其成员提供航空保险，如设在巴黎的 La Reunion Aerienne。日本也有国内市场联营机构，基本作为再保险机构为其成员承保。它们代表属于联营机构的成员保险公司的利益，为它们提供承保和管理航空保险损失风险。不过一些大型保险公司或集体有足够的能力和承保经验，单独承保航空保险，而不是采用联营的形式。

　　商业飞机的责任保额数额巨大。运营宽体式飞机（如波音 747 和波音 777）的大型航空公司通常为它们的飞机购买 20 亿美元的责任保险。窄体飞机（例如，"低成本"飞机）公司通常为它们的飞机购买 7.5 亿美元到 10 亿美元的责任保险。②

　　大型航空公司还为它们的飞机购买了大量数额的船体保险。**船体保险**（hull insurance）类似于汽车碰撞保险；该保险为投保飞行器的物理损毁损失承保。船体保险的数额因飞机的类型和使用年限而不同，但是现在商业飞机的最高数额的保额通常在 2.75 亿美元，最高为 3 亿美元。窄体飞机运营公司为其飞机，例如波音 737，提供的最高保额为 7 500 万美元。③

---

① 与航空保险有关的讨论参见 *Fire, Casualty & Surety Bulletins*, Companies & Coverages volume, Aircraft-Marine section (Erlanger, KY: National Underwriter). 还可参见 Alexander T. Wells and Bruce D. Chadbourne, *Introduction to Aviation Insurance and Risk Management*, 2nd ed. (Malabar, FL: Krieger Publishing Company, 2000), *Commercial Liability Risk Management and Insurance*, edited by Mary Ann Cook (2011), and the International Risk Management Institute's Web site, IRMI.com.

② This information was provided by Nick Brown, Chief Underwriting Officer, Global Aerospace, United Kingdom in July, 2012.

③ Ibid.

私人商用和娱乐用飞机航空保险

航空保险公司为私人商用和娱乐用飞机的所有人和驾驶员提供特别设计的保单。这些保单为飞机的物理损失和被保险人因拥有或使用投保飞机而造成的财产损失和身体伤害责任提供保障。[①]

物理损失保险　地面上的飞机可能被风、火灾、坍塌、盗窃、故意破坏和其他风险事故所损坏。飞机在地面滑行的时候可能与车辆、建筑物和其他飞机相撞。最大的风险事故是在飞行中遇到的。飞机可能撞上另外一架飞机,可能被雷电或者暴风摧毁,也可能因为火灾或爆炸而出现机械故障。飞机还可能因为恐怖主义行为而损坏或损毁。

物理损失保险为飞机遭受的直接损失提供保障。被保险人可以选择物理损失保险的类型,飞机物理损失保险有三种类型:

- "一切险"。除了除外损失之外,飞机发生的一切物理损失,包括失踪,都得到保障。
- "一切险"(非飞行状态)。只有飞机在地面上而不在飞行中时,才能得到保障。坠毁后发生的火灾和爆炸不在保障范围内。
- "一切险"(非移动状态)。飞机只有在完全静止的状态下发生的损失才能得到保障。坠毁后的火灾和爆炸不在保障范围内。

尽管飞机在"一切险"的基础上获得保障,但仍然有一些除外情况。除外损失包括轮胎损坏(除非由火灾、盗窃或故意破坏引起),磨损和老化,自然老化,机械或电子故障,安装设备失灵。但是,如果这一物理损失与保单承保的其他损失一样,产生于相同的原因,那么这些除外责任就不适用。

责任保险　该保险提供几种责任保险:(1)人身伤害责任(乘客除外),(2)乘客人身伤害责任和(3)财产损失责任。每一种保险都有独立的限额,但是如果需要,三种保险的责任保额可以按照单一限额承保。

责任保险包括几种重要的除外情况。保单不适用于人身伤害或者下面事项引起的财产损失:

- 合同中假设的责任
- 工人补偿、失业补偿、残疾保险金或类似规定
- 员工所受人身伤害是由于或者源自于被保险人的雇佣
- 被保险人看护、保管和控制的财产所发生的损失(除非乘客个人影响达到了某一明示的限额)
- 战争、劫机和其他风险
- 噪声,例如飞机及其部件所造成的音爆或干扰财产在安静环境下的使用
- 污染物的泄漏、外溢等,但由碰撞、火灾或飞行中发生紧急事故所引发的则属于例外
- 故意伤害,阻止劫机和其他干扰飞机飞行的行为属于例外

医疗费用保障　经记名被保险人允许使用的飞机,乘坐该飞机的每一名乘客自伤害发生日期起的一年内所发生的所有合理医疗费用均在保障范围内。机组人员除非被列在声明页中,否

[①] 这部分基于"Marine and Aviation Loss Exposures and Insurance," in *Commercial Liability Risk Management and Insurance*, edited by Mary Ann Cook (2011) and "Aircraft," Liability Risks and Insurance, Topic G-11, *Practical Risk Management*, June 2009.

则将不受保障。除外责任也适用于工人补偿和类似规定的索赔。

企业伞式保险

由于企业经常会遇到索赔金额较高的起诉,它们不得不寻找那些为一般的责任保险无法充分保障的灾难性损失提供保障的保险。**企业伞式保单**(commercial umbrella policy)可以针对那些巨额责任损失提供保障,如果不对这些损失提供保障就会导致企业的破产。

大多数保险公司都自己提供企业伞式保险。但是,保险服务处为企业提供了标准伞式保险。下面的讨论概括了保险服务处的**企业责任伞式保险**(commercial liability umbrella coverage form)的主要条款。①

保障范围

保险服务处的企业伞式保险为被保险人支付超过自留限额的、其负有法律赔偿责任的身体伤害、财产损失、保险适用的人身和广告伤害损失的最终净损失。**最终净损失**(ultimate net loss)是被保险人负有法律义务的赔偿的总额。**自留限额**(retained limit)是指(1)声明中列出的先顺位保险可获得的限额,或者(2)自保额,哪个适用用哪个。

如果发生的损失同时受到先顺位保险和伞式保险的保障,伞式保险只有在先顺位保险限额用完的时候才发生作用。例如,假设伞式保险的限额为 500 万美元。再假设企业一般责任保单对每起事故的限额是 100 万美元,但是对被保险人的判决数额为 300 万美元。先顺位保险将支付 100 万美元,伞式保险支付剩余的 200 万美元。

如果先顺位保险不为该损失提供保障,但是伞式保险提供,被保险人必须满足**自保额**(self-insured retention,SIR)的要求。自保额的范围区间为小型企业的 500 美元至大型企业的 100 万美元或更高。例如,假设一家企业的自保额是 25 000 美元。商店中的一名顾客被错误地控告并被捕,理由是在商店里偷东西,但是后来顾客赢得了官司,要求被保险人赔偿 100 000 美元。如果损失没有由先顺位保险提供承保,被保险人不得不赔偿 25 000 美元。伞式保险将赔偿剩下的 75 000 美元。

当先顺位保险不提供保障,或者限额用完时,由伞式保险支付法律辩护费用。

先顺位保障要求

在伞式保险人支付索赔之前,被保险人必须购买最低限额的责任保险。下面是典型的先顺位保障和限额要求:

企业一般责任保险:
---
1 000 000 美元(每起事故)

2 000 000 美元(总额)

---

① 对企业伞式保险的详细讨论可以参考 Fire, Casualty & Surety Bulletins, Casualty and Surety volume, Public Liability section (Erlanger, KY: National Underwriter). 也可参考 Flitner and Trupin, Commercial Insurance, pp. 13.3 – 13.11; Cook, Commercial Liability Risk Management and Insurance, p. 3.17 and 11.6; and IRMI.com.

2 000 000 美元（产品完工操作风险总额）

企业汽车责任保险：
---

1 000 000 美元（单个限额总计）

雇主责任保险：
---

500 000 美元（每起事故的身体伤害）

500 000 美元（每名员工的疾病所造成的身体伤害）

500 000 美元（疾病保障总额度）

只有在损失超过先顺位保险限额之后，企业伞式保险才会生效。

除外责任

保险服务处的企业伞式保险包括很多除外责任。在身体伤害和财产损失责任中，下列原因产生的损失属于除外责任：

- 预期到的或故意造成的身体伤害
- 合同责任（存在某些除外情况）
- 酗酒责任
- 在工人补偿或类似法律中规定的被保险人的各种义务
- 《1974年雇员退休收入保障法案》（ERISA）规定的被保险人的各种义务
- 非投保的汽车
- 在雇佣期间员工受到的身体伤害
- 雇佣相关行为产生的责任
- 污染
- 飞机或船只产生的责任，除非这些责任获得先顺位保险的保障
- 竞赛行为
- 战争
- 被保险人照看、保管或控制的财产
- 被保险人产品或工作的损坏或损失
- 对已损坏财产或无法实现物理修复的财产的损坏
- 对产品、工作或已损坏财产的召回
- 由于人身和广告伤害造成的身体伤害
- 由于专业服务产生的责任
- 电子数据
- 违背法律散播资料

大量除外责任也适用于人身和广告伤害责任。在人身和广告伤害保险中，下面这些情况发生的索赔不在保障范围内：

- 知道该行为会侵犯他人权利
- 被保险人知道口头或书面出版物是虚假的
- 在保险期间前第一次出版的口头或书面出版物
- 被保险人的犯罪行为

- 合同责任
- 违背合同，除非存在一份允许在你的广告中使用他人创意的默许合同
- 产品不具有广告中声称的功能
- 价格或产品的错误描述
- 侵犯版权或知识产权
- 业务领域是广告、广播、出版或电视广播；网站设计；互联网搜索、内容供应商服务的被保险人；
- 电子聊天室或公告板
- 未经授权使用他人的名字或产品
- 污染
- 雇佣相关行为，例如没有雇用、折磨和羞辱
- 专业服务
- 战争
- 违背法律散播资料

企业主保单

企业主保单（businessowners policy，BOP）为小企业提供财产和责任保险。在第 25 章中讨论了保险服务处的企业主保单所提供的保障范围。该保单在事故发生型的基础上提供责任保障，除了某些除外情况。它类似于前面讨论的企业一般责任保险。[①] 下面的讨论均围绕保险服务处的保单展开。

企业责任

企业责任保险赔付被保险人负有赔付法律义务的，由于身体伤害、财产损失（包括租赁经营场所的火损），或者人身和广告伤害造成的损失的总和。例如，如果服装店里的电梯出现问题，顾客因此受伤，由此产生的损失获得保障。类似地，如果服装店里的顾客因被误认为盗窃而被捕，任何类似的误捕引起的诉讼都在保障范围内。

医疗费用

该保险还提供医疗费用保险。被保险人不需要负法律责任，无论过失在谁，都在保单限额以内支付医疗费用。产生医疗费用的身体伤害必须是因为在记名被保险人所有或使用的经营场所或去经营场所的路上发生的事故引起的，或者企业经营引起的。例如，如果顾客在超市湿滑

[①] 关于企业主保单的详细讨论可以参考 *Fire, Casualty & Surety Bulletins*, Fire and Marine volume, Commercial Property section (Erlanger, KY: National Underwriter Company)。关于企业主保单中财产和责任的部分的讨论可以参考 *Commercial Property Risk Management and Insurance*, edited by Mary Ann Cook, first edition (Malvern, PA: American Institute for Chartered Property Casualty Underwriters, 2010)。企业主保单保障范围参见 *The Institutes' Handbook of Insurance Policies*, 10th edition (Malvern, PA: American Institute for Chartered Property Casualty Underwriters, 2011)。

的地面上滑倒受伤，不考虑法律责任，在医疗费用限额以下支付医疗费用。

辩护费用

保险人支付被保险人因辩护产生的法律成本。保险公司负有为被保险人支付损失的法律义务，而法律成本是在这一数额之外支付的费用。辩护的义务仅适用于保单保障范围内的索赔，当适用的保险限额作为审判、结案或医疗费用完全支付后，该义务终止。

被保险人的定义中还包括按照雇佣范围要求开展工作的员工。员工的名字可能和雇主一起出现在被告名单中，这种保单为这些员工提供保障。

除外责任

一般来说，企业主保险的除外责任类似于企业一般责任保险中的责任保障范围。一个重要的区别与职业责任有关。尽管企业主保险排除了职业责任，但是药店和药剂师仍然可以购买药剂师职业责任保险批单。此外，理发师、美容师、丧葬承办人、视听辅助设备公司、印刷厂和兽医也能够购买职业责任保险。

职业责任保险

对医生、律师、工程师和其他职业的诉讼非常常见。这一部分简要讨论为失职诉讼或包括重大过错或疏忽的诉讼案提供保障的职业责任保险。

医生职业责任保险

职业责任保险的保险单没有统一格式，保险公司一般都使用自己的保单。医生的职业责任保险一般被称为**医生、外科医生和牙科医生职业责任保险**（physicians, surgeons, and dentists professional liability insurance）来进行说明。下面内容将讨论该保障的某些典型条款。①

- 有两份保险合同。第一份保险合同为声明页上作为被保险人的每一位记名被保险人的个人责任承保。保险公司同意支付所有保障范围内的，被保险人负有赔偿责任的伤害损失。这种伤害必须由医疗事故引起。医疗事故（medical incident）是指被保险人、被保险人的雇员或任何在被保险人指导之下的人，在提供医疗或牙科服务时造成了事故或存在疏忽。例如，如果史密斯医生为一位病人做手术，手术后病人瘫痪了，那么由此产生的失职诉讼案在保障范围内。与此类似，如果护士给病人打错针，导致病人受伤害，史密斯医生对这起事故也负有责任。但是，护士通常不是医生保单的被保险人，而必须投保自己的职业责任保险。因此，涉及护士的这起医疗事故不在史密斯医生保单保障范围内，除非为保单附加批单。

---

① 对医生的职业责任保险的讨论可以参考 *Fire, Casualty & Surety Bulletins*, Casualty and Surety volume, Public Liability section (Erlanger, KY: National Underwriter Company). 这一主题的讨论也可参见 the International Risk Management Institute's Web site, IRMI.com. 保单示例参见 *The Institute's Handbook of Insurance Policies*, 10th edition (Malvern PA: American Institute for Chartered Property Casualty Underwriters, 2011).

第二份保险合同适用于团体责任，是指由于合伙、有限责任公司、协会，或者专业公司发生的责任。例如，如果投保第一份合同的医生是一个医疗团体的合伙人，其他合伙人的失职行为不在第一份合同保障范围内。第二份合同为这种风险提供保障。

- 责任不局限于医生或外科医生的意外行为。在很多情况下，医生或外科医生可能故意采取某种行为，但是诊断和治疗行为可能是错误的，病人可能因此受到伤害。例如，史密斯医生可能采用某种手术方案对患者做手术。如果患者在手术过程中受伤，史密斯以某种方式做手术的主观故意行为在保障之列。

- 每起医疗事故有最高限额，每种保障都有总限额。例如，病人和病人的家庭可能就同一起医疗事故向医生独立提出索赔要求。在现有的保单中，每起医疗事故限额就是两起索赔要支付的最高限额。总限额是在任何保单年度内可以支付的最高数额。

- 现在的保单允许保险公司不经医生或外科医生同意就解决赔偿问题。支付赔偿金可以被认为承认存在过失。原有的保单要求保险公司在解决索赔前取得医生的同意。但是，现在的保单允许保险公司不经医生同意就进行索赔，因为偶然发生的、在某些高风险领域内的针对医生的索赔不大可能被视为是由于医生的品德或能力有问题而造成的。

- 可以附加延长报告期批单。受索赔发生型保单保障的医生可能会退休、变更保险人或取消失职责任保险。为了保护医生的利益，可以为保单附加延长报告期批单，该批单为在索赔发生型保单有效期内发生的事故引起的未来的索赔提供保障。

- 职业责任保险并非其他必要的责任保险的替代品。还需要用一般责任保险为那些经营场所存在的危险情况或被保险人的本质上非职业的行为提供保障。例如，病人可能在医生办公室的地毯上被绊倒，并摔断胳膊，职业责任保险不为这种事故提供保障。

总的来说，医生和外科医生的职业责任保险提供很多保障，但是这种保险的价格很高。为某些高风险的职业提供保障的失职保险，在国内的某些地方每年的投入可能在100 000美元或更高。医生会采取保守的治疗方法，放弃高风险职业（例如产科和神经外科），以及推动限制失职赔偿金额立法来应对这一问题。但是，从实际来看，占很高比例的医疗失职索赔是毫无理由的。不过，保险公司仍然必须应付这些索赔，这样的成本也很高，会增加失职保险的成本。

错误与疏忽保险

有些类型的职业责任保险是指"错误与疏忽"保险。**错误与疏忽保险**（errors and omissions insurance）为由于被保险人的过失行为、错误或疏忽而给客户造成损失的风险提供保障。需要错误与疏忽保险的专业人员包括保险代理人和经纪人、旅行社代理、房地产代理、股票经纪人、律师、顾问、工程师、建筑师和为客户提建议的客户顾问。错误与疏忽保险就是为了满足从事这些职业的人员（包括越来越多的自由职业者）的需求而设计的。

例如，在一份保险代理人的保单中，保险公司同意赔偿由于被保险人（或者其他需要由被保险人对其行为承担法律责任的任何人）作为总代理人、保险代理人，或者保险经纪人，在开展业务过程中的过失行为、错误和疏忽导致的损失。例如，假设马克是一位独立代理人，没有为顾客的财产保险保单续保。如果保单失效，接下来的损失将无法获得保障。如果客人因为这些损失提起诉讼，马克的这次疏忽可以获得保障。这份保单通常具有很高的免赔额，从而鼓励代理人减少错误。

错误和疏忽保险一般建立在索赔发生型基础上，针对仅因为保险期间内（以及追溯期以后）发生的错误向代理人和经纪人提出的索赔要求提供保障。

最后，保单包括很少的除外责任。但是，由于被保险人的不诚实，欺诈，犯罪和恶意行为，侮辱和诽谤，身体伤害，以及有形财产的损失而发生的索赔不在保障范围内。

董事和管理人员责任保险

公司的管理人员和董事会成员由于管理不善越来越多地受到来自股东、员工、退休人员、竞争企业、政府和其他当事人的起诉。**董事和管理人员责任保险**（directors and officers liability insurance）在董事和管理人员因为对公司事务处理不当而受到起诉时，为董事、管理人员和公司提供经济保障。大多数公司都通过规章要求公司承担董事和管理人员因管理不善遭到诉讼的经济补偿责任。除了承保直接针对公司董事和管理人员的诉讼之外，董事和管理人员责任保险还要补偿公司在这种诉讼案中支付给董事和管理人员的成本。

董事和管理人员保单没有统一格式，但是却有一些共同特点。下面的讨论概括了董事和管理人员责任保险的主要特点。

保险协议　大多数保单中都包含下列保险协议：

- 董事和管理人员的个人责任。第一个协议为董事和管理人员的个人责任提供保障。该保单同意为被保险人的错误行为造成的损失赔偿。被保险人包括董事和管理人员以及员工。

各家保险公司对错误行为的定义不尽相同。一份保单可以将错误行为宽泛地定义为任何错误的雇佣行为，董事或管理人员的错误和疏忽，发生的任何针对被保险人的事件（事件的发生仅仅因为其是董事或管理人员），被保险人作为公司外部的董事或管理人员而犯的错误和疏忽，以及公司的其他错误和疏忽。

- 公司补偿保障。第二种协议关注的是公司的利益。这种保险补偿公司的损失，这些损失来源于法律要求和允许的、公司对这些董事和管理人员的错误行为负有补偿义务的损失。

- 公司保障。一些董事和管理人员保险还提供第三种保险协议，为由董事和管理人员的错误行为产生的、公司应承担的法律责任提供保障。公司保障（entity coverage）在公司作为被告卷入由董事和管理人员的错误行为引起的诉讼案的时候，为公司提供保障。保险公司为该公司进行辩护，并处理直接针对该公司的索赔案件。

通常，董事和管理人员责任保险在索赔发生型基础上签发。该类保险通常在保险公司取消保单和拒绝续保的时候有恢复和延长报告期。各保险公司的报告期不完全相同（范围从90天到12个月不等），仅适用于发生在保单有效期结束之前但是在报告期报告的错误行为产生的索赔。

除外责任　董事和管理人员责任保险有很多除外责任。常见的几种除外责任包括：

- 身体伤害和财产损失（在企业一般责任保险保障范围内）
- 侮辱和诽谤（在企业一般责任保险保障范围内）
- 个人利润，例如内部人交易产生的利润
- 某些违背《1934年证券交易法》（Securities Exchange Act of 1934）和州法规的类似条款的行为
- 没有获得股东同意的情况下，非法获得的薪酬和奖金收入
- 被保险人蓄意撒谎

- 无法取得或保留保险
- 违背《1974年雇员退休收入保障法案》(ERISA)
- 非法歧视的行为
- 被保险人对被保险人的索赔（例如，一位高管对另一位高管的起诉）

案例应用

1. 拉斯特奥维卡建筑公司投保了企业一般责任保险（CGL）。企业同意为史密斯公司建造新厂房。拉斯特奥维卡的一台重型设备意外从部分完成的厂房上跌落。建筑公司的工人比尔被坠落的机器砸了脚，因此而受重伤。希瑟是一名路人，在走过建筑前的人行道时也被坠落的机器砸伤。

   a. 希瑟因为其受伤，同时起诉了拉斯特奥维卡和史密斯公司。如果有的话，请指出企业一般责任保险人为拉斯特奥维卡建筑公司进行法律辩护的责任范围。

   b. 在应对希瑟的索赔时，基于与拉斯特奥维卡关系的性质，史密斯公司可以采用什么样的法律辩护手段？对你的答案做出解释。

   c. 拉斯特奥维卡建筑公司对比尔的医疗费用和损失的工资负有责任吗？请解释。

2. 詹姆斯是一家制药公司研究主管。公司最近引入了一种缓解关节炎症状的新药。该公司投保了一份索赔发生型企业一般责任保单。该保单的有效期为2012年1月1日到2012年12月31日。2012年10月5日，一位医生的病人使用了所开剂量的药物之后，病情变得严重了。2013年1月1日，病人因为病情向公司提起索赔。詹姆斯之前不知道病人生病。请解释公司的索赔发生型保单是否为这一损失承保。

本章小结

- 一般责任是指由于经营产生的法律责任，除了汽车或航空事故以及员工身体伤害。重要的一般责任损失风险包括：

  营业场所和经营责任
  产品责任
  完工操作责任
  合同责任
  或有责任

- 法律责任可能因为企业拥有或维护企业经营的营业场所而产生。产品责任是指企业对由于使用有缺陷的产品而受身体伤害或财产损失的人负有的法律责任。完工操作责任是指，在工作和操作完成后，发生在营业场所之外的由于工作问题引起的责任。合同责任意味着企业以书面或口头合同的形式同意承担的对第三方的法律责任。或有责任是指由独立承包人承担的工作所产生的责任。

- 其他重要的一般责任损失风险包括环境污染，被保险人照看、保管和控制的财产，火灾法律责任，销售或提供酒水饮料服务产生的责任，董事和高管责任，人身和广告伤害，错误终止妊娠引发的责任，由于性骚扰和雇佣相关行为产生的责任。

- 企业一般责任（CGL）保险可以用于为商业企业面临的大多数一般责任损失风险提供保障。企业一般责任保险提供下列保障：

  身体伤害和财产损失责任
  人身和广告伤害责任
  医疗费用赔付
  补充赔付

- 事故发生型保单是为保单期间内发生的事故引起的索赔提供赔付的保单，而不管索赔何时提出。

- 索赔发生型保单仅适用于保险期间内第一次提出索赔，而事故发生在保单规定的追溯期（如果有的话）内的情况。

- 保险公司因为存在长尾索赔，而使用索赔发生型保单。长尾是指相对较少数量的在保单签发很多年后才提出的索赔。由于这些索赔，保费、损失和损失准备金很难准确地估算。索赔发生型保单帮助保险公司更为准确地计算保费和损失。
- 雇佣相关行为责任保险对于因为不当解雇、歧视员工、性骚扰和其他一些与雇佣有关的行为而遭到起诉的雇主提供保障。
- 所有州的工人补偿法都要求投保的雇主为那些由于工伤或职业病而丧失劳动能力的员工提供工人补偿保险金。工人补偿保险公司将支付所有雇主必须依法赔偿给因工丧失劳动能力的员工的保险金。
- 商业企业可以使用企业汽车保险来为汽车面临的责任风险投保。雇主可以选择为哪些汽车投保该保险。
- 车库保险是一种为汽车经销商专门设计的保险。主要保障范围包括责任保险、车库管理人保险和物理损坏保险。当顾客的汽车在经销商看管、服务、维修或停放时发生损害，车库保险为车库所有人对这些损失所承担的责任提供保障。
- 航空保险也为私人商用和娱乐用飞机遭受的物理损失提供保障，也对飞机给乘客和地面人群造成的伤害提供责任保障。
- 企业伞式保单可以针对那些巨额责任损失提供保障。伞式保险在先顺位保障之外提供额外保险。
- 企业主保单（BOP）为中小企业提供企业责任保障和医疗费用保障。被保险人的员工在雇佣范围内作为时，其疏忽行为造成的损失也在保障范围内。
- 医生、外科医生和牙科医生职业责任保险为医生、外科医生和牙科医生的失职行为提供保障。该保单有几个重要特点：

    有两份保险合同；

    责任不局限于医生、外科医生的意外行为；

    每起医疗事故有最高限额，每种保障都有总限额；

    现在的保单允许保险公司不经医生或外科医生同意就解决赔偿问题；

    可以附加延长报告期批单；

    职业责任保险并非其他必要的责任保险的替代品。
- 错误和疏忽保险为被保险人的过失行为、错误或疏忽导致顾客发生的损失提供保障。
- 董事和管理人员责任保险在董事和管理人员因为对公司事务处理不当而受到起诉时，为董事、管理人员和公司提供经济保障。

重要概念和术语

广告伤害	对被保险人产品的损坏	事故发生型保单
航空保险	对被保险人工作的损坏	其他州的保险
基本延长报告期	董事和管理人员责任保险	人身伤害
身体伤害或财产损失	雇主责任保险	医生、外科医生和牙科医生职业责任保险
企业汽车保险	雇佣相关行为责任保险	
企业主保单	错误与疏忽保险	产品完工操作总限额
索赔发生型保单	火灾法律责任	产品完工操作风险
企业一般责任保险	车库保险	产品责任
企业责任伞式保险	总限额	自留限额
企业伞式保险	船体保险	自保额（SIR）
完工操作	无过失责任	最终净损失
或有责任	长尾索赔	工人补偿和雇主责任保险
合同责任	医疗费用赔付	工人补偿保险
对已损坏财产的损坏		

复习题

1. 指出企业面临的主要的一般责任损失风险。
2. 对下列概念进行定义：
   a. 产品责任
   b. 完工操作
   c. 合同责任
   d. 或有责任
3. 简要说明"产品完工操作风险"的含义。
4. 企业一般责任保险（CGL）包括几种保障内容。简要解释下面所列的每种保障：
   a. 身体伤害和财产损失责任
   b. 个人和广告伤害责任
   c. 医疗赔付
5. 解释事故发生型保单和索赔发生型保单之间的区别。
6. 工人补偿和雇主责任保险包括多项保障内容。简要解释下列保障内容：
   a. 第一部分：工人补偿保险
   b. 第二部分：雇主责任保险
   c. 第三部分：其他州的保险
7. a. 指出企业汽车保险的主要保障内容。
   b. 指出车库保险的主要特点。
8. 简要说明航空保险中出现的下列保障：
   a. 物理损失保障
   b. 责任保障
9. 解释企业伞式保险的下述特点：
   a. 保障范围
   b. 先顺位保障要求
   c. 自保额（SIR）
10. 简要描述医生、外科医生和牙科医生职业责任保险的主要特点。
11. 解释董事和管理人员责任保险中出现的保险协议。

应用题

1. 本开了一家家具设备商店，并投保了事故发生型企业一般责任保险。请解释本的企业一般责任保险是否适用于下面每种情况：
   a. 本强行拘禁了一位他认为偷了东西的顾客。一个月以后，他的保单到期了，而顾客因为人格侮辱起诉了本。
   b. 本的员工将一张大桌子送到顾客的家里。在搬进屋子的时候，桌子把顾客的前门撞坏，顾客立刻就其对门造成的损坏提出索赔。
   c. 一家广告公司起诉了本，因为本在没有获得其同意的情况下，使用了第一次出现在特殊的假日广告上的资料。本认为，该广告资料是原创的，属于他本人。
   d. 本不知道一台自动洗碗机安装了一个有问题的零部件。在洗碗机送到顾客家里的一个星期后，出现故障，造成对厨房地毯的重大水损。屋主认为本要为这些损失负责。
   e. 一名员工意外将一盏很重的灯打翻，并伤到了顾客的脚。顾客后来向本提供了一份医疗费用账单，要求赔偿。

2. 吉尔在一个购物中心租用一个地点开了一家运动品商店。她投保的企业一般责任保险包括下述限额：

总限额	1 000 000 美元
产品完工操作总限额	1 000 000 美元
人身和广告伤害限额	250 000 美元
每起事故限额	300 000 美元
租赁经营场所的损坏	100 000 美元
医疗费用限额（任何一个人）	5 000 美元

店里的一个丙烷储藏罐爆炸。如果需要的话，请指出吉尔的保险公司要为下述每项损失支付多少赔偿金：
   a. 爆炸飞出的碎片伤到了3位顾客，支付的医疗费用分别是6 000美元、7 500美元和5 000美元。
   b. 爆炸还引起了火灾，火灾对租赁房屋造成的损失为50 000美元。
   c. 一位被炸伤的顾客起诉了吉尔，要求为其遭受的身体伤害赔偿200 000美元。

3. 埃里森在郊区的购物中心开了一家小的食

品零售商店。这个商店投保了企业主保险的责任保险。解释下列情况是否在埃里森的企业主保险保障范围内。针对下面每种情况分别解释。

  a. 一名店员推购物车的时候意外撞伤一名顾客，埃里森和店员遭到起诉。

  b. 顾客在湿滑的地板上摔断了一条腿。

  c. 埃里森拘捕了一位在店里偷东西的人。但这个消费者是无辜的，他因此起诉了埃里森。

  d. 一位女士要退掉一个包装损坏的干酪，并要求退款。

4. 一位外科医生投保了医生、外科医生和牙科医生职业责任保险。请解释下列情况是否在职业责任保险保障范围内。分别分析每种情况。

  a. 一名护士给病人送错了药，医生和护士都被起诉。

  b. 医生为断了胳膊的病人把胳膊固定住，病人因为胳膊变形弯曲而起诉了医生。

  c. 病人等待看病的时候受伤，当时病人坐的椅子腿突然断了。

5. 快递服务公司购买了一份企业伞式保险，保单的责任限额是1 000万美元，自保额是100 000美元。伞式保险的保险人要求快递服务公司的一般责任保险的每起事故限额为100万美元，企业汽车保险的每起事故限额是100万美元。快递服务公司的一名司机喝醉后驾驶公司的货车撞死另一位驾驶员，法庭要求快递服务公司必须赔偿500万美元的损失。那么，如果需要，伞式保险的保险人要支付多少？对你的答案做出解释。

6. 电力服务公司是一家电力工程承包商，雇用了10位电气技师。电力服务公司面临很多损失风险，其中一个一般责任损失风险来自于电气技师在顾客家里的不当操作，可能导致屋内财产的损失。指出这一案例中的一般责任损失风险。

7. 法斯特比萨雇了好几名大学生，这些大学生开自己的车为顾客送比萨。法斯特比萨店担心公司要为公司员工在送比萨的时候造成的损失承担责任。指出法斯特比萨店应为这种风险购买的责任保险类型。

网络资源

● 辩护研究协会（Defense Research Institute）是一家致力于改善案件管理、提高辩护律师技能的服务组织。网址为：dri. org

● 兰德城市民法研究所（RAND Institute for Civil Justice）是兰德公司内部的一个研究单位，对民事审判系统进行独立客观的研究和分析。网址为：rand. org/law-business-regulation/centers/civil-justice. html

● 保险信息协会是取得关于财产和责任保险领域的信息、分析和指导的主要来源。网址为：iii. org

● 保险服务处为财产和责任保险市场的参与者提供统计信息、精算分析、保单术语和技术信息。网址为：iso. com

● 美国补偿保险控股有限公司（National Council on Compensation Insurance）提供了关于工人补偿保险最全面的信息资源。它开发并管理工人补偿保险的费率厘定计划和系统。网址为：ncci. com

● 国家安全委员会（National Safety Council）在安全领域提供国家支持和领导，出版各类安全资料，为支持安全措施制定公共信息和公共计划。网址为：nsc. org

● 风险和保险管理协会（RIMS）是公司风险管理师和保险的购买者的最为专业的组织。风险和保险管理协会帮助保险公司了解企业和行业的保险需求，为损失预防计划提供支持，并为讨论一般风险管理问题举办论坛。风险和保险管理协会还出版《风险管理》杂志（Risk Management）。网址为：rims. org

参考文献

Commercial Liability Risk Management and Insurance, edited by Mary Ann Cook, First ed., second printing. Malvern, PA: American Institute for Chartered Property Casualty Underwriters,

June 2012.

Fire, Casualty & Surety Bulletins, Erlanger, KY: National Underwriter Company, Casualty & Surety volume. The bulletins are published monthly. Detailed information on all forms of commercial liability insurance can be found in this volume.

Flitner, Arthur L. and Jerome Trupin, *Commercial Insurance*, 2nd ed., Third printing. Malvern, PA: American Institute for Property Casualty Underwriters/Insurance of America, November 2008.

The Institutes' Handbook of Insurance Policies, 10th ed., Malvern PA: American Institute of Chartered Property Casualty Underwriters, 2011.

Malecki, Donald S., *Commercial Liability Risk Management and Insurance*, 7th ed. Malvern, PA: American Institute for Chartered Property Casualty Underwriters/Insurance Institute of America, 2008.

Malecki, Donald S. and Arthur L. Flitner, *CGL Commercial General Liability*, 8th ed. Cincinnati, OH: The National Underwriter Company, 2005.

Rejda, George E., *Social Insurance and Economic Security*, 7th ed., Armonk, NY: M. E. Sharpe Inc., 2012.

Wells, Alexander T. and Bruce D., Chadbourne. *Introduction to Aviation Insurance and Risk Management*, 2nd ed. Malabar, FL: Krieger Publishing Company, 2000.

第 27 章

犯罪保险和履约保证

"小偷们很尊重财产。他们仅仅是希望这些财产能够成为他们的财产,以便能够更好地尊重它。"

——切斯特顿

学习目标

学习完本章,你应当能够:

◆ 对盗窃、抢劫、入室盗窃和保险箱盗窃进行定义。

◆ 指出商业犯罪保单(损失发生保险)的承保范围。

◆ 解释期内发现制和期内索赔制保险。

◆ 指出商业银行的金融机构保证保险中的基本保障条款。

◆ 指出履约保证和保险之间的区别。

◆ 指出履约保证的主要类型,并列出对其运用的例子。

希德·戴维斯开了一家便民药店,叫做希德折扣药店。药店每周末晚上9点关门。上个星期五晚上,就在关门前,有两名持械歹徒闯入药店。他们胁迫收银员从收银机中取钱,如果不配合就杀了他。收银员给了歹徒400美元现金。其中一名歹徒砸坏收银机旁边的展示柜,取走了其中的一些手表和相机。抢劫犯带着现金和商品从药店逃跑,至今尚未归捕。

当希德听说这起抢劫案后,他首先关心的是收银员的状况。收银员没有受伤,但是因为这件事受到严重惊吓。接着,希德想到的是打碎的展示柜、失窃的现金和商品。他记得他的保险代理人问过他,是否要添加犯罪保险,为其药店投保。希德当时同意了添加犯罪保险。他不是很确信这种保险的保障内容,但是他计划给代理人打电话,问一下有多少损失在保障范围内。

> 大多数公司需要针对犯罪损失风险的保障。企业每年因为抢劫、入室盗窃、盗窃和员工偷盗蒙受数十亿美元损失。其他犯罪也广泛存在，包括欺诈、盗用公款和其他违法行为。计算机犯罪也在增加。
>
> 在本章中，我们将讨论保险服务处（ISO）的商业犯罪保险计划，这一计划为企业遭受的抢劫、入室盗窃、员工偷盗和其他犯罪损失提供保障。本章还将讨论金融机构保证保险，这种保险为商业银行和其他金融机构面临的犯罪风险提供保障。本章以对履约保证的讨论作为结束。该保险在担保方无法执行协议行动的时候为受害方提供补偿。

保险服务处的商业犯罪保险计划

犯罪保险保障可以附加到一揽子保单上，也可以作为独立保障（单一保障）保单单独购买。有5种基本的犯罪保险条款形式和保单：（1）商业犯罪保险条款，（2）商业犯罪保单，（3）政府犯罪保险条款，（4）政府犯罪保单，（5）员工盗窃和伪造保险单。每种保险条款或保单都规定了两种处理方式——期内发现制和期内索赔制（见图表27—1）。期内发现制（discovery version）是指即使该损失发生在保单生效日之前，但在保险期间内发现，或者保单满期后的60天内发现的损失都将获得保障。期内索赔制（loss-sustained version）为在保险期间内发生的损失提供保障，如果该损失在保险期间内或者保单到期后一年内被发现。期内索赔制还为收到前一份保单保障的损失提供保障，如果该保险依然有效。

商业犯罪保险条款和商业犯罪保险单是为除金融机构（例如银行和储贷机构）之外的大多数私人企业和非营利组织设计的。

政府犯罪保险条款和政府犯罪保单是为政府机构设计的，例如州、市、郡、州立大学和公共事业机构。

员工盗窃和伪造保单是为防止内部盗窃和伪造的企业设计的。除了某些例外，犯罪保险条款和保单在保险责任、除外责任和保单条件等方面都遵循类似的格式。

图表27—1中所列的5种保障的条款和保单，每一种都可以采用期内发现制或期内索赔制进行签署，所以共有10种保障的条款和保单可以使用。不过，关于商业犯罪保险的基本原理，可以通过讨论保险服务处商业犯罪保险条款（期内索赔制）来进行说明。[①]

[①] 本章关于商业犯罪保险条款的讨论参考了 Arthur L. Flitner and Jerome Trupin, *Commercial Insurance*, 2nd ed., 3rd printing (Malvern, PA: American Institute for Chartered Property Casualty Underwriters/Insurance Institute of America, November 2008), ch. 5; Jerome Trupin and Arthur L. Flitner, *Commercial Property Risk Management and Insurance*, 8th ed. (Malvern, PA: American Institute for Chartered Property Casualty Underwriters/Insurance Institute of America, 2008); Chapter 9 of *Commercial Property Risk Management and Insurance*, edited by Mary Ann Cook, 1st ed. (Malvern, PA: American Institute for Chartered Property and Casualty Underwriters, 2010); the International Risk Management Institute's Web site IRMI.com; and *Fire, Casualty & Surety Bulletins*, Casualty and Surety volume, Crime section and Surety section (Erlanger, KY: National Underwriter Company). The authors also drew on the copyrighted commercial crime coverage forms and contractual provisions of the Insurance Services Office (ISO).

图表 27—1　保险服务处的商业犯罪条款和保单

- 商业犯罪保险条款（期内发现制和期内索赔制）
- 商业犯罪保单（期内发现制和期内索赔制）
- 政府犯罪保险条款（期内发现制和期内索赔制）
- 政府犯罪保单（期内发现制和期内索赔制）
- 员工盗窃和伪造保险单（期内发现制和期内索赔制）

商业犯罪保险条款（期内索赔制）

商业犯罪保险条款（期内索赔制）（commercial crime coverage form（loss-sustained form））可以附加到一揽子保单上，从而为企业面临的犯罪风险提供保障。下面的讨论基于 2006 年 5 月的版本展开。

基本定义

大多数针对企业的财产犯罪都与抢劫、入室盗窃和盗窃有关。商业犯罪保险条款有一张定义页，对重要的术语进行了定义。**抢劫**（robbery）是指某些人非法夺取别人照看和保管的财产，这些人（1）给别人造成了身体伤害或者威胁给别人造成身体伤害，或者（2）实施了被别人看到的明显非法的行为。

入室盗窃在保险服务处的商业犯罪保单（期内索赔制）中没有进行定义。但是**入室盗窃**（burglary）一般可以被定义为一个人非法进入或离开某一场所，存在强行进入或离开的证据，并非法带走了场所内的财产。

保险箱盗窃（safe burglary）是指一个人非法取走锁着的保险箱或储藏柜中的财产，这个人非法进入保险箱或储藏柜，并且在外部留下了强行进入的痕迹。保障要生效，必须在保险箱外部有强行进入的痕迹。对保险箱盗窃的定义还包括非法从房屋内带走保险箱或储藏柜。有些贼可能会把保险箱从屋子里整个拿走，那么保障同样适用。

盗窃（theft）是一个内涵宽泛的概念，被定义为非法获得被保险人的金钱、证券或其他财产，包括抢劫、入室盗窃以及入店行窃、员工盗窃和伪造盗窃。

保险协议

商业犯罪保险条款中包括多种保险协议。企业可以从下列保障中选择一种或多种：

- 员工盗窃
- 伪造或涂改
- 室内盗窃——金钱和证券的盗窃
- 室内盗窃——其他财产的抢劫或保险箱盗窃
- 室外犯罪
- 计算机诈骗
- 资金转账诈骗
- 虚假票据或假币

员工盗窃 这一条款赔偿员工直接实施的盗窃所造成的金钱、证券和其他财产的损失。即使员工无法被确认，或者员工独自或协同他人共同犯罪，失窃都在保障范围内。例如，如果一名员工从收银机内偷走了现金，这一损失在保障范围内。其他类型的员工盗窃也很常见，特别是在小企业里。

保障范围内的员工盗窃还包括其他财产的盗窃。**其他财产**（other property）是除了金钱和证券外的其他具有内在价值的所有有形财产。但是，其他财产不包括计算机程序、电子数据或保单除外的财产。例如，如果商店员工偷走了一台电视机，这一损失在保障范围内。

该保险协议是一种一揽子协议，适用于所有满足员工定义的人。也就是说，保障范围内的员工不必专门在保单中列明。如果需要，雇主可以使用表列方法，通过在保单中记录姓名或工作地点来确定参保员工。大多数雇主偏向于以一揽子协议投保。

伪造或涂改 该条款对伪造或涂改支票、汇票、期票或被保险人或其代理人签发的类似单据所造成的直接损失提供赔偿。例如，如果小偷偷走了公司的支票，并伪造了被保险人的姓名，由此造成的损失在该条款的保障范围内。类似地，如果被保险人签字的支票被从100美元修改为1 000美元，这种损失也在保障范围内。注意，这种保险仅承保对被保险人的支票或单据的伪造或涂改，而并不承保因接受他人的伪造支票或单据而造成的损失。①

室内盗窃——金钱和证券的盗窃 该条款承保在房屋内部或银行内部由于盗窃、失踪或毁坏金钱或证券而造成的损失。该保险适用于（1）由企图或实际发生的盗窃金钱或证券的行为造成的房屋或其外部的损坏（如果被保险人是屋主或对房屋损失负有责任），以及（2）由企图或实际发生的盗窃或者非法打开保险箱、储藏室、收银机或者钱箱而对这些存储设备造成的损坏。

由于"盗窃、失踪或毁坏"等字眼的存在，该保险的保障范围显得很宽泛。例如，承保损失包括酒店收银机被撬开，现金在火灾或龙卷风中被毁，或者收银机或保险箱在抢劫中被毁。此外，如果被保险人拥有房屋或者对其遭受的损失负责，那么对房屋或其外部造成的损坏也在保障范围内。

室内盗窃——其他财产的抢劫或保险箱盗窃 该条款补充了前面对金钱和证券的保险责任。这一条款对企图或实际发生的，对管理人员的抢劫或抢劫保险箱的其他财产造成的损失提供赔偿。"管理人员"这一术语在保单中进行了定义，包括记名被保险人、合伙人以及除看门人或旁人之外的员工。例如，如果当铺的所有人被持枪抢劫，那么这一损失在保障范围内。类似地，如果酒店收银员看到顾客拿着一瓶酒跑出酒店而没有付钱，该损失也在保障范围内。

入室盗窃保险箱中的其他财产造成的损失也在保障范围内。正如前文所述，保险箱盗窃是，（1）有明显迹象表明有人从房屋外部强行进入屋内，并非法取得上锁的保险箱或储藏室内的财产，或者（2）非法取得屋子里的保险箱或储藏柜。例如，如果盗窃犯撬开锁着的保险柜，偷走了被保险人拥有的手表和戒指，那么这些损失在保障范围内。

注意，这一保险协议中的入室盗窃条款仅适用于房屋内其他财产的保险箱盗窃。只有那些锁在保险箱或储藏室里的，被列为其他财产的财产才适用。因此，如果盗窃犯闯进服装店，偷走挂在架子上的几套衣服和裙子，这些损失不在保障范围内。

如果需要更广泛的盗窃损失保险，可以在保单上附加一个可选的保险条款为这类损失提供保障。一个选择是**室内盗窃——其他财产的抢劫或盗窃**（inside the premises—robbery or bur-

---

① Flitner and Trupin, *Commercial Insurance*, p. 5.10, and Cook, *Property Risk Management and Insurance*, p. 9.11.

glary of other property）。该协议包括了实际或存在企图的入室盗窃以及对旁人的抢劫。

室外犯罪 室外犯罪（outside the premises）保险协议承保在传递人或安保车辆公司看管下的，在室外盗窃、失踪或毁坏的金钱和证券。"传递人"是指那些在室外照看财产的人。例如，如果一名员工去银行存当天收到的现金时被抢，该损失就在承保范围内。同样，在安保车辆公司保管下的金钱或证券被盗造成的损失也在承保范围内。

此外，企图或实际发生的，抢劫在传递人或安保车辆公司保管下的室外的其他财产造成的损失也在保障范围内。例如，当一名员工在把被保险人的钻石戒指或其他珠宝送往银行的途中被抢劫，这些损失就在承保范围内。一定要记得，并不是只有大企业才会失窃或被抢劫。专栏27.1讨论了小企业应该采取什么措施来预防犯罪。

专栏 27.1 ☞

小企业预防犯罪指南

诸如入室盗窃、抢劫和故意破坏之类的犯罪行为通常会对小企业的资金、客人和员工的安全造成巨大影响。通过预防犯罪措施，企业所有者可以保护他们的资产和他们的员工。

设立预防性基金

企业所有者应该在其业务涉及领域，例如实体分布、员工数量、雇佣情况和整体安全情况，投入大量精力，以确定可能面临的各种各样的犯罪，从盗窃到挪用公款。一旦采取了这一步骤，就可以采取相应的预防措施。

● 建立并执行明确的关于员工盗窃、员工吸毒、犯罪报告、启动和停止有关业务以及其他的安全程序。

● 为全体员工提供关于安全程序的培训。

● 使用好锁、保险柜和预警系统。可以向大的执法部门询问哪些是最好的产品。

● 保留详细的、最新的业务记录，例如存货和银行记录，商店库存目录副本。如果企业曾经蒙受损失，业主就能够更容易估算损失，并提供法律勘察所需要的有用信息。

● 使用编码信息（例如税务识别码、执照或其他唯一数字编码）记录所有有价值的设备和工具。查看执法官员的记录。

● 用唯一数字（例如税务识别码或执照号码）对设备进行标记，例如收银机、打印机和计算机。

● 在商店前窗上张贴《操作实名制》贴纸劝阻入室盗窃和偷盗行为。《操作实名制》是在家里和企业采用的预防入室盗窃计划。

● 将所有存货的识别码和其他重要的记录一起保存。

● 每一笔改进安全措施的成本可以看作潜在的成本节约，因为损失因此下降了。要评估这些措施对员工和客户的影响。由于针对企业发生的犯罪行为通常是偶发性犯罪，难以采取好的安全措施防范犯罪。

预防入室盗窃

● 确认所有外面的入口和里面的安全门都已经锁好。如果使用挂锁，要使用钢制的挂锁，而且要始终处于锁闭状态。记得把锁上的序列号除去，以防止没有授权就制作钥匙。

● 所有外面的门或者安全门都应该有金属衬里，而且有金属安全开关保障安全。拴好所有的金属铰链以防止被搬走，安装安全铰链或者喷丸铰链销。

● 窗户要安全地锁上并装上防盗玻璃。除了落地窗，考虑给所有窗户装上金属栅栏。

- 晚上的时候把贵重的东西从展示窗挪走，在关门后，确保执法人员能够很容易看到里面的情景。
- 照亮房间内外，特别是门、窗、天窗或其他进入位置周围。可以考虑为外面的灯和能源供应器安装防护罩，从而阻碍对它们的破坏。
- 检查车库，确保光线充足、视线不受阻碍。
- 确保从外面能够直接看到收银机，这样执法人员可以随时监视。在关门后要打开收银机，而且里面要是空的。
- 确认保险柜是防火的，安全上锁的，而且能够直观地看到。如果里面是空的就打开，如果里面有贵重物品就一定要锁好。如果离职的员工使用过保险柜，一定要记得改密码。
- 在投资预警系统之前，要考察几家公司，确认什么样的安全水平才能符合企业的需要。当地的执法机构可以给予一定的建议。要学习如何正确使用该系统，每天检查，关闭后要进行检查。

预防抢劫

对于企业来说，抢劫比其他类型的犯罪发生的频率要低，但是潜在损失比一起事故要高得多。而且，抢劫包括暴力和暴力威胁，可能造成严重的人身伤害，甚至死亡。

- 大多数专家都认可，在面对抢劫犯时，你要尽可能予以配合。商品和现金都是可以替换的，人没办法复活！
- 员工对每一个进入店里的人都要亲切。人与人之间的接触能够阻碍犯罪行为的发生。
- 保持展示窗的清洁，确信店里的灯都是好的。检查商店外部，确保没有死角，不让抢劫犯有机可乘。
- 以"需要知道"为原则，告诉员工关于安全系统的信息。
- 通知员工要及时报告可疑行为或人，并且要记下信息作为未来的参考。
- 经常在营业时间去银行存钱。不要形成行为模式；每天在不同时间走不同的路线。请地方执法人员只要有可能就去银行巡逻。
- 了解地方执法机构在发生抢劫的时候做些什么。
- 确保能够看到所在地，紧急车辆能够很容易地找到地点。
- 确保措施得当。咨询当地执法人员，请他们对企业的安全进行检查。询问关于灯光、警示、锁和其他安全措施的建议。

预防故意破坏

- 每年因为故意破坏造成的损失以十亿美元记，企业通过收取更高的价格将成本转移到客户身上。大多数蓄意破坏的都是年轻人——从小学生到十几岁的少年。
- 故意破坏一旦发生要立刻清理——替换标识、维修设备、洗刷涂鸦。然后，使用景观设计、建筑材料、灯光或篱笆来阻止蓄意破坏。在很多情况下，多刺的灌木、密集的植物篱笆和很硬无法涂画的表面都是有效的。
- 与执法机构联系，拨打热线电话以报告发生的蓄意破坏行为。记着，蓄意破坏是一种犯罪。
- 通过安装和使用好的照明和上锁的门能够起到保护企业的作用。
- 组织召开关于蓄意破坏的社区会议，讨论受害者、成本和解决方案。
- 邀请年轻人参与预防蓄意破坏的举措。

组织企业守望

在邻里守望概念之后，企业守望致力于减少商业犯罪，从客户和企业所有者的视角减少对犯罪的恐惧。企业所有者可以使用企业守望背后的重要概念来阻止犯罪。
- 要认识周围的邻居和开办企业的人，包括学校、市民组织、图书馆和俱乐部的相关人员。进行个人接触是熟悉起来的最好方式。
- 对可疑行为要保持警惕，并在发现可疑行为时立刻向执法机构报告，即使存在误报的可能，也应如此。
- 建立电话树，在邻居和附近的企业之间分享信息。一旦有问题发生，每一个企业都有责任呼叫电话树上的另外一家或两家企业。
- 通过大量的广告宣传企业守望团体。通过张贴标识、标语进行宣传，这里临近的企业已经组织起来，通过监视并向执法机构报告可疑行为预防犯罪。

资料来源：*Small Business Crime Prevention Guide*，Texas Department of Insurance，Oct. 2010.

计算机诈骗 该条款承保资金、证券或其他财产被人运用计算机手段欺诈性地从企业内部或银行内部转移给外部的某人或某地而给被保险人造成的损失。例如，如果电脑黑客闯入企业的计算机，把一张支票签发给一个虚拟的客户，并将其兑换成现金，这种损失就在保障范围内。

资金转账诈骗 由于一条欺诈性指令要求金融机构从被保险人的账户里转出或者支付资金，所造成的直接资金损失受到该保险条款的保障。例如，假设银行从被保险人的账户中把钱转到瑞士的一家银行。如果转账的指令（例如电脑、电报或电话）是欺诈性的，没有得到被保险人的认可和同意，由此造成的资金或证券的损失在保障范围内。

虚假票据或假币 该条款承保在交易过程中因善意地收到不能使用的货币或收到假币而直接造成的损失。例如，如果一个销售人员在卖出商品的时候收到一张50美元的假钞，由此造成的损失在承保范围内。

除外责任

商业犯罪保险条款包括很多除外责任，这里我们不详细讨论每一项除外责任。但是，有一些除外责任还是需要进行简要的讨论。
- 记名被保险人、合伙人或成员的不诚实行为或盗窃。被保险人、被保险人的合伙人或成员做出的不诚实行为或盗窃属于除外责任。
- 保险生效前就知道员工存在不诚实行为。如果在保险生效日之前员工进行了盗窃或实施了其他不诚实行为，并且记名被保险人或合伙人、经理、管理人员、董事或委托人于保险生效前就知道会发生盗窃或与不诚实行为的员工相勾结，由此造成的损失不在保障范围内。
- 员工、经理、董事、委托人或代理人的不诚实行为或盗窃。根据员工盗窃保险协议中的除外条款，员工、经理、董事、委托人或代理人的不诚实行为或盗窃属于除外责任。
- 保密信息。未经授权公布秘密信息造成的损失属于除外责任。保密信息包括专利、商业秘密、加工方法和客户名单。该除外责任还适用于未经授权公布的他人或其他当事方的信息，包括财务信息、个人信息和信用卡信息。
- 间接损失。承保损失造成的间接损失属除外责任。例如，如果企业因为入室盗窃而临时关闭，这种情况造成的经营收入损失不在保障范围内。
- 存货短缺。该除外责任仅适用于员工盗窃保险协议。如果有证据表明损失取决于存货的计算方法或者损益的计算方法，对这些损失将不提供保障。这样做的目的是排除因存货盘点中的失误而非员工的不诚实行为造成的损失。

● 交易损失。该项免责只针对员工盗窃保险条款。无论是在记名被保险人名下或者虚拟账户下的交易损失都属于除外责任。因此，未经授权的股票、债券、期货和衍生品的交易都属于除外责任。但是，未经授权的交易损失可能数额非常大。可以通过附加批单对（满足员工盗窃标准的）交易损失投保。

承保条件

商业犯罪保险条款中的条件部分包括多项条件。这里讨论四项重要的承保条件。

期内发现制 如前所述，犯罪保险条款和保险单都有两种规则——期内发现制和期内索赔制。

期内发现制（discovery form）是指，即使该损失发生在保单生效日之前，但在保险期间内发现，或者保单期满后的60天内发现，损失都将获得保障。因此，如果损失在保单生效日之前发生，在保单有效期内或保单到期或撤销之后的60天内被发现，那么将获得保障。在员工福利计划中，发现期可以延长到保单到期日之后的一年。

员工盗窃有可能很多年都发现不了。期内发现制对于那些已经经营了很多年，但是没有为员工盗窃损失投保的企业非常有价值。如果新购买的保险基于期内发现制，那么对于在很多年前已经发生的，但是却在现行保单有效期间或保单到期后的60天内才被发现的一切损失，该公司都能得到赔偿。

但是，核保人可能认为，在保单生效之前已经存在一些没有被发现的巨额损失。为了避免逆向选择，可以为保单附加**追溯期批单**（retroactive date endorsement）。这种批单只为发生在追溯期之后，在现行保险有效期间才被发现的损失承保。如果追溯期与保单生效日一致，那么保单生效日之前发生的损失就不在保障范围内。①

期内索赔制 期内索赔制（loss-sustained form）承保保险期内发生的，在保险期间或保单到期后一年内发现的损失。例如，如果员工在保险期内盗窃25 000美元现金，在当前保险期间或者保单到期后一年内被发现，那么这一损失在保障范围内。

非本公司及其分支机构销售的前保单的延续损失赔偿 根据非本公司及其分支机构销售的前保单的延续损失赔偿条款，现在的保单为发生在前保单的保险期内，但是在前保单到期后才被发现的损失提供保障。这一条款让被保险人能够不用缴纳罚金而更换保险人。只有在两份保单的连续性没有被中断的时候，该条款才能发挥作用，也就是说，现行保险在前保险撤销之时生效。另外一个条件是，如果该保单在损失发生时生效，损失本应当受到现行保单的保障。

赔付的最高数额是前保单的保单限额，或者现行保单的限额，二者取其较低者。例如，假设前保单的限额是10 000美元，现行保单的限额是50 000美元。现行保单仅对前保单生效期间发生的承保损失提供最高限额为10 000美元的赔偿。

取消员工的保障资格 该条款规定，只要发现任何员工有盗窃或者不诚实行为，保单立刻取消其接受保障的资格。一旦被保险人在员工被雇用之前或之后知道该名员工存在盗窃或不诚实行为，对该员工的员工盗窃保障就终止。

---

① Trupin and Flitner, *Commercial Property Risk Management and Insurance*, pp. 11.31, 11.32.

金融机构保证保险

商业银行、储蓄和贷款机构、信用社、证券经纪公司和其他金融机构都面临着造成巨大经济损失的犯罪损失风险。这些风险包括银行抢劫、员工不诚实、伪造或涂改票据、接受伪钞、盗窃证券、运钞车辆风险和大量其他犯罪风险。由于犯罪风险的规模和复杂程度各有不同,金融机构使用了一些种类的金融机构保证保险应对这些风险。在将其运用于金融机构的时候,"债券"(bond)是"保险单"(insurance policy)的同义词,不应与后文提到的履约保证(surety bonds)相混淆。

美国担保协会(Surety Association of America)向银行和其他金融机构推出了一系列金融机构保证保险。一个广泛使用的条款是**金融机构保证保险第 24 号标准保单**(Financial Institution Bond,Standard Form No. 24)(2004 年 4 月 1 日修订)。它是为商业银行、储蓄银行以及储蓄和贷款机构专门设计的。下面的讨论将围绕该保单展开。

金融机构保证保险包括多个保险条款。条款 A、B、C 和 F 是基本保障条款的一部分。条款 D、E 和 G 是可选条款。[①]

- 条款 A——忠诚
- 条款 B——室内
- 条款 C——运输途中
- 条款 D——伪造或涂改
- 条款 E——证券
- 条款 F——假钞
- 条款 G——欺诈性抵押贷款保证条款

忠诚保证条款

金融机构经常面临由于员工不诚实造成的损失。**忠诚保证条款**(fidelity coverage)对由员工个人或伙同他人的不忠诚和诈骗行为造成的直接损失提供赔偿,其目的是为了让被保险人承担这一损失。例如,如果一名银行出纳从收银机或金库里偷走现金,其损失在保障范围内。

室内保证条款

这一条款对由于抢劫、入室盗窃、遗忘、原因不明的丢失、盗窃和其他很多风险造成的财产损失提供保障。例如,如果一名银行抢劫犯威胁银行出纳交出 25 000 美元,否则就要打他,这种损失在承保范围内。入室盗窃、抢劫、故意破坏或者恶意损坏造成的对家具、设施和办公工具的损坏或损失也在保障范围内。

[①] 这部分关于金融机构保证保险的讨论基于 Fire, Casualty & Surety Bulletins, Casualty and Surety volume, Financial Institutions section (Erlanger, KY: National Underwriter Company). The authors also drew on the Financial Institution Bond, Standard Form No. 24, the Surety Association of America, for purposes of discussing relevant contractual provisions.

运输途中保证条款

该条款为运输途中发生的损失提供保障，包括了由于抢劫、偷盗、遗忘、不明原因丢失和其他原因造成的特定的风险事故。财产必须处于传递人或者运输公司的看管之下。例如，如果银行在一起运钞车辆抢劫中损失一笔钱，那么这一损失在保障范围内。

伪造或涂改保证条款

该可选条款对由于伪造或涂改可兑换工具和保证条款中规定的某些金融工具而造成的损失提供保障。例如，如果银行官员的名字被冒签在一张支票上，支付给一个不存在的人，这笔损失在保障范围内。

证券保证条款

这一可选条款为由于善意接受某些证券而对被保险人造成的损失提供保障。这些证券被伪造、涂改、丢失或盗窃过。例如，如果一家信誉良好的银行接受了偷来的股票凭证作为担保的抵押品，当借款人违约时，银行要卖出这些证券，由此导致的银行损失在赔偿范围内。

假钞保证条款

该条款是基本保障条款的一部分，为被保险人由于假钞遭受的损失提供保障。例如，如果银行出纳收到100美元的假钞，由此对银行造成的损失在保障范围内。

欺诈性抵押贷款保证条款

这一可选条款为由于接受不动产抵押贷款（后者由于假签名而存在问题）导致的直接损失提供保障。例如，如果银行接受了将房屋作为抵押贷款的质押物，但是抵押贷款存在问题，因为承受抵押人在文件上的签名是伪造的，由此造成的损失在保险范围内。

履约保证

履约保证（surety bond）是一种合同，担保人向第二方当事人（权利人）保证，第三方当事人（义务人）将会忠实履行其对债权人应履行的义务。例如，合同的一方可能由于财务问题而不能完成一项建筑工程。政府官员可能会挪用公款，或者房地产公司的执行官可能非法将房地产的一部分占为己有。履约保证可用于处理上述损失风险。

履约保证的当事人

在履约保证中通常有三类当事人：

- 义务人
- 权利人
- 保证人（担保人）

义务人（principal）是同意做出某种行为或履行某种义务的当事人。例如，一个建筑公司可能同意为一家商业银行建造一栋写字楼。建筑公司可能被要求在签订合同之前获得履约保证，建筑公司就是义务人。

权利人（obligee）是在义务人无法履行义务时从履约保证合同获利的一方。在前面例子中，在建筑公司无法按时完成建筑或违背合同的具体要求，而给银行造成损失的时候，银行就可以得到赔偿。

履约保证合同的最后一方是保证人。**保证人**（surety）（或担保人）是同意为另一方的债务、未尽责任或义务负责的当事人。例如，建筑公司可能从商业保险公司处购买履约保证。如果建筑公司（义务人）没有履约，银行（权利人）就会要求商业保险公司（保证人）赔偿其所有损失。

履约保证和普通保险的比较

履约保证和普通保险类似，都提供针对某些特定风险的保障。但是，二者之间也有一些重要区别，图表27—2列出了这些区别。

图表 27—2　　普通保险和履约保证的比较

普通保险	履约保证
1. 保险合同中有两方当事人。	1. 履约保证中有三方当事人。
2. 保险人赔偿损失。支付的保费反映了预期损失成本。	2. 理论上，权利人不希望发生损失。保费被视为服务费用，通过履约保证合同，保证人的信用代替了义务人的信用。
3. 保险人通常无权向被保险人追偿损失。	3. 保证人有法定权利从未能履约的义务人那里获得赔偿。
4. 保险主要用于为在被保险人控制之外的非故意导致的损失提供赔偿。	4. 保证人为义务人的人格、诚实、正直和履行合同的能力提供担保。这些特质在义务人的控制之内。

履约保证的类型

不同类型的履约保证可以用于满足特定需要和特定情况。尽管履约保证不统一，且各有特点，但是它们一般可以分为以下几类：[①]

- 合同履约保证
    投标履约保证
    成效履约保证
    支付履约保证

---

① 关于履约保证的讨论参考 *Fire, Casualty & Surety Bulletins*, Casualty and Surety volume, Surety section (Erlanger, KY: National Underwriter Company).

　　　　维护履约保证
　　　　完工履约保证
　● 执照和许可履约保证
　● 公务员履约保证
　● 司法履约保证
　　　　受托履约保证
　　　　诉讼履约保证
　● 其他履约保证

合同履约保证　合同履约保证的使用与建筑合同有关。**合同履约保证**（contract bond）担保义务人将履行所有合同义务。有几种类型的合同履约保证。在投标履约保证中，所有人（权利人）将得到保证，投标人中标后会签约并且购买一份成效履约保证。

在成效履约保证（performance bond）中，所有人将得到保证，工作将根据合同的具体要求完工。例如，如果建筑没有完工，保证人负责完成该项目并承担雇用其他承包人的额外费用。成效履约保证在建筑行业中非常重要，因为每年都有大量的建筑企业无法按要求完工。

支付履约保证，保障会按时支付工程建造所使用的人工和材料费用账单。

维护履约保证，保障义务人工作中的不足将被纠正，或者有问题的材料将得到更换。这种维护担保经常附加在履约保证上，其有效期为一年且不需要额外缴费。

完工履约保证处理的是包括了项目融资设计的合同。完工履约保证担保完成一栋建筑或项目。该保证设计用于保护放贷机构和财产的出租方。

图表 27—3 对不同类型的合同履约保证进行比较。

图表 27—3　　　　　　　　　　　五种合同履约保证的比较

保证的类型	权利人	义务人	担保
1. 投标履约保证	财产所有人或要求招标的当事人	投标的企业或当事人	投标成功的当事方将签订合同并提供履约保证
2. 成效履约保证	财产所有人或者需要让他人完成工作的一方	承包方	根据合同的具体要求完成工作
3. 支付履约保证	财产所有人或者需要让他人完成工作的一方	承包方	支付人工和材料费用账单
4. 维护履约保证	需要让他人完成工作的一方	承包方	义务人工作中的不足将被纠正，或者有问题的材料将得到更换
5. 完工履约保证	放贷机构或出租方	承包方	保证建筑或改良工作完成

执照和许可履约保证　在进行某项特定活动前必须获得政府的执照或许可的人通常都要提供这种保证。**执照和许可履约保证**（license and permit bond）担保持照人将遵守所有约束其行为的法律和监管规定。例如，酒店所有人可能要提供其会按照法律规定销售酒类的保证。管道工或电工可能要保证其工作遵循地方建筑法令。

公务员履约保证　法律会要求被选举或任命到政府机构工作的公务员提供这种保证。**公务员履约保证**（public official bond）担保，公务员将忠诚履行其职责，保护公众利益。例如，州政府司库对公共基金存款进行管理必须遵守州法律的规定。

司法履约保证　司法履约保证（judicial bonds）担保，被保证人将会履行法律规定的义务。有多种司法履约保证。**受托履约保证**（fiduciary bond）担保，对他人财产负有责任的人将忠实履行所有必要的责任，对所有财产进行记录，修复法院赋予其受托责任的财产出现的任何损坏。例如，不动产的管理人、接收人或清算人，或者未成年子女的监护人都需要一份保证其履行责任的保证。

如果不能证明被保证人有合法资格要求权利人赔偿损失，**诉讼履约保证**（court bond）保护权利人免遭损失。例如，**扣押履约保证**（attachment bond）担保，在扣压了被告财产的原告败诉后，将会归还被告的财产，并赔偿被告因财产被扣压所蒙受的损失。

最后，**保释履约保证**（bail bond）是另一种诉讼履约保证。如果被保证人没有在规定时间出现在法庭上，所有保证金将被没收。

其他履约保证 这类履约保证不能被归为上述类别的任何保证。例如，拍卖师履约保证（auctioneer's bond）担保了由拍卖师主持的销售过程的可靠性；遗失凭证履约保证（lost-instrument bond）担保了权利人在原始凭证（如丢失的股票证明）被他人占有或使用时免受损失；保险代理人履约保证（insurance agent bond）担保了保险人免受由其代理人的不法行为造成的处罚。

案例应用

保险服务处的商业犯罪保险可以用于应对大多数企业面临的犯罪风险。假设你是一位风险管理咨询师。对于下面的每一种损失，请指出能够承保其损失的适宜的保险协议。

a. 珍妮弗有一家餐馆，她每天把现金收入存入银行。在走向汽车的时候，她碰上了一个持枪抢劫的人，让她交出所有的现金。出于对性命的担忧，她交出了现金。

b. 特拉维斯开了一家大型超市。当超市关门后，一名盗窃犯打开了锁着的保险柜，偷走了数千美元现金。

c. 瑞贝卡是一家24小时便利店的收银员。一天早晨，一个抢劫犯用刀威胁她，如果不把抽屉里的所有钱给他，他就捅她几刀。

d. 凯文是零售商店的经理，负责销售灯具及其附属设备。公司的一名工作很长时间的会计人员挪用了几千美元。当损失被发现的时候，该会计正在度假。

e. 乔希在互联网上卖东西。乔希担心小偷会攻击其计算机，把公司的资金转给别人。

本章小结

● 盗窃是从被保险人处非法取走金钱、证券或其他财产。抢劫和入室盗窃是盗窃的表现形式。

● 抢劫是指某些人非法夺取别人照看和保管的财产，这些人（1）给别人造成了身体伤害或者威胁给别人造成身体伤害，或者（2）实施了被别人看到的明显非法的行为。

● 保险箱盗窃是指一个人非法取走锁着的保险箱或储藏柜中的财产，这个人非法进入保险箱或储藏柜，并且在外部留下了强行进入的痕迹。对保险箱盗窃的定义还包括非法从房屋内带走保险箱或储藏柜。

● 有五种基本犯罪保险条款和保单：
商业犯罪保险条款
商业犯罪保单
政府犯罪保险条款
政府犯罪保单
员工盗窃和伪造保险单。
每一种犯罪保险条款和保单都有两种模式——期内发现制和期内索赔制。

● 期内发现制是指无论损失何时发生，只要在保险期内，或者保单满期后的60天内发现的损失都将获得保障。

- 期内索赔制为发生在保险期内并在保险期内或者保单满期的一年内发现的损失提供保障。
- 商业犯罪保险条款（期内索赔制）包括多种保险协议。企业可以选择下列保障中的一种或多种：

　　员工盗窃
　　伪造或涂改
　　室内盗窃——金钱和证券的盗窃
　　室内盗窃——其他财产的抢劫或保险箱盗窃
　　室外犯罪
　　计算机诈骗
　　资金转账诈骗
　　虚假票据或假币

- 根据非本公司及其分支机构销售的前保单的延续损失赔偿条款，现在的保单为发生在前保单的保险期内，但是在前保单到期后才被发现的损失提供保障。这一条款让被保险人能够不用缴纳罚金而更换保险人。只有在两份保单的连续性没有被中断的时候，该条款才能发挥作用，也就是说，现行保险在前保险撤销之时生效，如果该保单在损失发生时生效，损失本应当受到现行保单的保障。
- 金融机构保证保险专为银行和类似机构设计，可以获得下述保障：

　　条款A——忠诚
　　条款B——室内
　　条款C——运输途中
　　条款D——伪造或涂改
　　条款E——证券
　　条款F——假钞
　　条款G——欺诈性抵押贷款保证条款

- 在履约保证中通常有三类当事人。义务人是同意做出某种行为或履行某种义务的当事人。权利人是当被义务人未履约时有权从履约保证合同中获利的一方。保证人是同意为另一方的债务、未尽责任或义务负责的当事人。
- 履约保证与普通保险合同的相似之处是损失如果发生就会得到补偿。但是，二者之间还有一些重要差别。

　　保险合同中有两方当事人；履约保证中有三方当事人。

　　保险人赔偿损失；理论上，保证人不希望发生损失。

　　保险人通常无权向被保险人追偿损失；保证人有法定权利从未能履约的义务人那里获得赔偿。

　　保险主要用于为在被保险人控制之外的非故意导致的损失提供赔偿；保证人对义务人的人格、诚实、正直和履行合同的能力提供担保。这些特质在义务人的控制之内。
- 履约保证担保义务人履约。履约保证包括合同履约保证、执照和许可履约保证、公务员履约保证、司法履约保证和其他履约保证。

重要概念和术语

扣押履约保证
保释履约保证
入室盗窃
商业犯罪保险条款（期内索赔制）
合同履约保证
诉讼履约保证
期内发现制
忠诚保证条款
受托保证条款
金融机构保证保险第24号

标准保单
室内盗窃——其他财产的抢劫或保险箱盗窃
室内盗窃——金钱和证券的盗窃
司法履约保证
执照和许可履约保证
前保单的延续损失赔偿
期内索赔制
权利人
其他财产

室外犯罪
完工履约保证
义务人
公务员履约保证条款
追溯期批单
抢劫
保险箱盗窃
履约保证
保证人（义务人）
取消员工的保障资格
盗窃

复习题

1. 对抢劫、入室盗窃、保险箱盗窃和盗窃进行定义。

2. 简要描述商业犯罪保险条款（期内索赔制）中的下列保险条款：
   a. 员工盗窃
   b. 伪造或涂改
   c. 室内盗窃——金钱和证券的盗窃
   d. 室内盗窃——其他财产的抢劫或保险箱盗窃
   e. 室外犯罪

3. a. 解释期内发现制和期内索赔制之间的区别。
   b. 在期内发现制基础上，将追溯期批单附加到保单上的目的是什么？

4. 指出商业犯罪保险条款（期内索赔制）的主要除外责任。

5. 一个重要的保险条款被称为取消员工的保障资格。解释该条款的含义。

6. 当商业犯罪保险在期内索赔制的基础上销售的时候，保单包括了一个前保单的延续损失赔偿条款。解释这一条款的意思。

7. 简要说明金融机构保证保险中出现的下列保险条款：
   a. 忠诚
   b. 室内
   c. 运输途中
   d. 伪造或涂改

8. 指出履约保证的三类当事人。

9. 怎样区分履约保证和普通保险合同？

10. 指出履约保证的三个主要类型，并给出运用的例子。

应用题

1. 帕特里克是酒店的所有人，投保了一份包括下述条款的保险服务处制定的商业犯罪保险（期内索赔制）：
   - 员工盗窃
   - 室内盗窃——金钱和证券的盗窃
   - 室内盗窃——其他财产的抢劫或保险箱盗窃
   - 室外犯罪

   对于下面的每种损失，指出上面的保险条款是否为该损失提供保障。解释你的答案。

   a. 帕特里克周五下午从银行取钱，以便在周末的时候用现金给顾客找零。在开车回酒店的时候，他把车停在了酒店的停车场。当他走向酒店的时候，被人持枪抢走了现金。

   b. 一份电视监控录像带显示新雇用的员工从收银机偷走了钱。

   c. 帕特里克怀疑员工从库存里取酒而没有付钱。一份存货目录中显示少了5件肯塔基威士忌。

   d. 一个窃贼强行打开上锁的保险箱，偷走了里面的现金。而且，保险箱的内部也在盗窃过程中被严重损坏。

   e. 由于失窃，酒店停业两天。帕特里克的酒店当周的销售额大幅度下降。

   f. 一个抢劫犯用刀子威胁出纳员，要他交出所有现金。出纳员拒绝给他，被严重刺伤。劫犯抢走了大量的现金。

   g. 一名顾客用一家银行的50美元现金支票购买商品。当支票交给银行兑换的时候，银行因为该支票是失窃的支票而拒绝支付。

2. 凯西拥有一家大型零售电子用品商店，销售灯具、灯和电子设备。该企业没有投保员工盗窃保险。风险管理咨询师建议为企业的一揽子保单附加一份保险服务处的商业犯罪保险条款，使其能够为员工盗窃提供保障。该犯罪条款采用的是期内发现制，在2011年7月1日签发，没有追溯期批单。员工盗窃保险额是25 000美元。一家会计公司在2011年9月对公司进行了一次常规审计，发现一名簿记员在 2009 年 3 个月的时间内挪用了 20 000 美元。

  a. 如果需要，保险公司要为损失赔偿多少钱？

  b. 如果犯罪保险在期内索赔制基础上投保，那么你对（a）的答案是否会改变？解释你的答案。

  3. 理查德开了几家零售商店。他为员工投保了商业犯罪保险条款（期内索赔制）中的员工盗窃保险，保险限额为 10 000 美元。理查德发现，一名工作很长时间的会计维拉在现行保险期间内挪用了 5 000 美元，用于偿还她儿子的赌债，她的儿子曾经被人用身体伤害进行过威胁。如果有的话，保险公司对上述损失负有什么责任？解释你的答案。

  4. 瓦斯克斯建筑公司获得了当地学校董事会的合同，建立一所新的公立学校，并且必须提供履约保证。

  a. 指出履约保证的义务人、保证人和权利人。

  b. 如果瓦斯克斯建筑公司没有根据合同条款完成建筑，保证人将负有什么责任？

  c. 保证人有对瓦斯克斯建筑公司的追索权吗？解释你的答案。

网络资源

● 保险欺诈应对联合会（Against Insurance Fraud）是消费者、执法机构和保险行业团体组成的非营利性联合会，目的是为了通过公众宣传和公众教育降低各种类型的保险欺诈。网址为：insurancefraud.org

● 纵火控制保险委员会（Insurance Committee for Arson Control）是一个行业团体，致力于提高公众对纵火罪的了解。该组织还帮助保险公司认识发生纵火案的风险，以及拒绝赔付欺诈性纵火案索赔。网址为：arsoncontrol.org

● 美国履约保证保险商协会（National association of Surety Bond Producers）是履约保证保险产品交易协会。网址为：nasbp.org

● 美国保险犯罪局（National Insurance Crime Bureau）是一个致力于打击犯罪和汽车盗窃的非营利组织。网址为：nicb.org

● 美国担保协会是一家代表了覆盖美国大部分履约保证保险和忠诚保证保险公司的商业协会。网址为：surety.org

● 履约保证信息局（Surety Information Office）是履约保证合同的信息来源。网址为：sio.org

参考文献

Cook, Mary Ann (editor), *Commercial Property Risk Management and Insurance*, 1st ed. Malvern, PA: American Institute for Chartered Property and Casualty Underwriters, 2010.

Fire, Casualty & Surety Bulletins, Casualty and Surety volume, Crime section and Surety section. Erlanger, KY: National Underwriter Company. The bulletins are updated monthly. Detailed information on commercial crime insurance and surety bonds can be found in this volume.

Flinter, Arthur L. and Jerome Trupin, *Commercial Insurance*, 2nd ed., 3rd printing. Malvern, PA: American Institute for Chartered Property Casualty Underwriters/Insurance Institute of America, November 2008.

Trupin, Jerome, and Arthur L. Flitner, *Commercial Property Risk Management and Insurance*, 8th ed. Malvern, PA: American Institute for Chartered Property Casualty Underwriters/Insurance Institute of America, 2008.

术语表

Absolute liability（绝对责任） 见"严格赔偿责任"（Strict liability）。

Accidental death and dismemberment benefits（意外死亡和肢残保险金，AD&D） 被保险人在事故中死亡或者出现某些类型的身体损伤将会支付额外的保险金。

Accelerated death benefits（提前给付死亡保险金批单） 允许患有绝症或重大疾病的被保险人在死亡之前获得部分或全部人寿保险金。这项附加险主要用于满足其支付医疗费用的需要。

Accident（意外事故） 导致发生损失的事件是突然的、无法预期的，并且是非故意的。参见"事故"（Occurrence）。

Accidental bodily injury（意外身体伤害） 意外或结果无法预期的行为所导致的身体伤害。

Actual cash value（实际现金价值） 在损毁或发生损失时，财产的价值等于重置成本扣除折旧。

Additional insured（附加被保险人） 通过批单附加到记名被保险人保单上的个人或当事方。

Add-on plan（保留起诉权无过失计划） 无论是谁的过失，事故受害者都可以获得赔付，但是受害人仍然有权利起诉导致事故的司机。

Adjustment bureau（仲裁机构） 对保险索赔进行仲裁的组织，由利用其服务的保险公司提供支持。

Advance funding（预拨资金） 雇主在员工退休之前，系统地定期拨出资金为其养老金缴费的方式。

Advance premium mutual（预付保费相互保险公司） 保单持有人所有的相互保险公司，此类公司不销售补缴保费保单，但是要收取预期足以支付所有赔款和费用的保费。

Adverse selection（逆向选择） 损失概率高于平均水平的投保人倾向于以标准（平均）费率购买保险。如果不能控制此类情况的发生，则将导致高于预期水平的损失。

Affordable Care Act（平价医疗法案） 2010 年开始实施的法案，将医疗保障范围扩展到成百上千万未投保美国人，为未投保的个人和小企业提供大量补贴用以购买健康保险，其中包含降低医疗成本、禁止保险公司滥用其中某些内容的调控。该法案于 2014 年 1 月完全生效。

Affordable Insurance Exchange（可负担保险交易所） 平价医疗法案中的一款，要求在每一个州建立可负担保险交易所，为个人和员工数量少于 100 人的小企业购买能够负担得起的合格健康保险计划提供一个新的、透明的竞争性市场。

Agency agreement（代理协议） 保险代理人和保险公司之间签订的，用以界定权利和代理人义务的契约。

Agent（代理人） 在法律上代表保险人，有权代

▶ 669

表保险人开展业务，并能够以明示的、默许的和显而易见的权利约束义务人。

Aggregate deductible（总免赔额） 在某些财产和健康保险合同中，一年中所有损失的免赔额之和为总免赔额。只有当赔付额超过总免赔额时，保险人才进行赔偿。

Aleatory contract（射幸合同） 因不确定性事件而可能使交换价值不相等的合同。

Alien insurer（外国保险公司） 在国外登记成立，符合一定颁发营业执照条件的保险公司。

"All-risks" policy（"一切险"保单） 承诺保障除特定损失以外的一切损失的保险合同。也被称为"开放式风险保单"和"特殊保障保单"。

Alternative dispute resolution（ADR）techniques（替代性纠纷解决方式） 不需要经过法律程序解决法律纠纷的方法。

Annuitant（年金受领人） 定期获得年金支付的人。

Annuity（年金） 在确定的时期内或者特定个人或群体生命延续期内定期向个人支付的收入。

Appraisal clause（估价条款） 当被保险人和保险人在损失范围方面达成一致，但损失数额存在争议时适用。

Assessment mutual（可估价相互保险公司） 有权利对保单持有人的损失和费用作出评估的相互保险公司。

Assigned risk plan（分摊风险计划） 见"汽车保险计划"（Automobile insurance plan）。

Assumption-of-risk（风险自担） 如果被保险人知道或意识到特定行为或某项工作存在危险，在其提出疏忽索赔时，保险人可以进行抗辩。

Attitudinal hazard（态度风险因素） 由于粗心或对损失的冷漠态度，造成了损失的频率或严重程度的增加。也被称为心理风险因素（morale hazard）。

Attractive nuisance（诱致性伤害） 会吸引并伤害儿童的情况。产生这种情况的土地所有者对儿童所受伤害负责。

Automatic premium loan（保费自动垫付） 保费缴纳宽限期到期时，从人寿保险保单的现金价值中提取现金，用于缴纳所欠保费。

Automobile insurance plan（汽车保险计划） 也被称为"分摊风险计划"。当被认为风险较高的司机无法在商业保险市场上获得保障的时候，为其提供汽车保险的方法。州内的所有汽车保险公司基于其在本州承保汽车保险的业务规模分摊此类保险的份额。

Average indexed monthly earnings（AIME）（平均指数化月收入） 在老年、遗属和残疾保险（OASDI）计划下，个人的实际收入被指数化用于确定其基本保额（PIA）。

Avoidance（规避） 一种风险控制技术，从不为特定损失承保，或者拒绝为某种存在的损失风险承保。

Bailee's customer policy（受托人顾客保单） 这种保单为顾客财产的损失或损毁承保，无论受托人是否承担法律责任。

Basic form（基本保险） 见"住宅财产保险1"（Dwelling Property 1）。

Benefit period（给付期） 在一段时间内，通常为1～3年，在达到免赔额之后，支付重大疾病医疗保险金。给付期结束后，被保险人如果要申请新的给付期，则要满足新的免赔额。

Binder（暂保单） 保险公司正式承保之前，代理人出具的保险凭证。这份凭证提供了保险生效的证明。

Blackout period（无给付期） 从被保险人最小的孩子满16岁起，到被保险人的未亡配偶满60岁止，社会保障对未亡配偶不支付保险金。这段时间被称为无给付期。

Blue Cross plans（蓝十字计划） 典型的非营利性、社区预付计划。该计划用于提供健康保险保障，主要支付医院的服务费用。

Blue Shield plans（蓝盾计划） 典型的非营利性预付计划，用以提供健康保险保障，主要支付医生的服务费用。

Boatowners package policy（船主一揽子保单） 专为船主提供的一揽子保单。该保单在一份合同中包括了物理损失保险、医疗费用保险、责任保险以及其他保险。

Boiler and machinery insurance（锅炉和机器保险） 一种商业保险，为锅炉或其他设备（包括空调、采暖设备、电器、电话和计算机系统）出现故障或损坏而造成的损失提供保障。也被称为设备损坏或系统损坏保险。

Broad form（扩展保险） 见"住宅财产保险2"（Dwelling Property 2）和"屋主保险2保单"

(Homeowners 2 policy)。

Broker（经纪人） 在法律上代表被保险人，招徕或接受投保申请，但直到保险公司接受时，该申请才能生效。

Burglary（入室盗窃） 非法进入房屋或其他建筑物，非法取走屋内的财物，并留下强行进出痕迹的行为。

Business income（and extra expense）coverage form（业务收入（和额外费用）保单） 可以附加到企业一揽子保单中，在已投保财产损坏后，为因财产损坏而造成的企业业务收入的持续损失以及由此发生的额外费用提供保障。

Business income（without extra expense）coverage form（业务收入（无额外费用）保单） 为承保损失导致的业务收入损失提供保障。属于保障范围内的额外费用仅限于用于降低损失的费用，其保额也限制为损失降低的额度。

Businessowners policy（企业主保单） 为中小企业专门制定的一揽子保单。在一份保险合同中，满足其基本财产和责任保险的需求。

Cafeteria plan（自助计划） 员工福利计划的基本条款。允许员工在一系列人寿保险、医疗费用保险、残疾保险、牙科保险和其他保险中选择最适合其个性化需要的计划。

Calendar-year deductible（年度免赔额） 在一个年度内，团体或个人保险开始为被保险人医疗费用支付之前，被保险人应支付的数额。

Capacity（承保能力） 在财产险行业中使用的术语，它是指盈余的相对水平。行业的盈余水平越高，就有越多的承保人愿意开展新业务或降低保费。

Capital budgeting（资本预算） 公司基于货币的时间价值确定应当采取何种资本投资项目的方法。

Capital retention approach（资本保留法） 用于计算应购买人寿保险数额的一种方法。在这种方法中，保险收益被保留而不是用于清偿。

Capitation fee（医疗机构费用） 保健计划中的一种支付方法。在该方法中，医生或者医院每年向每一位计划参与者收取固定费用，而不管提供服务的次数和类型。

Captive agent（专属代理人） 这一术语用于指代仅作为一家保险公司的代理人，或者是作为有财务关系或所有权统一的保险公司集团的代理人。

Captive insurer（专业自保公司） 由母公司建立并拥有的保险公司，在为企业的损失提供保障的同时，能够降低保费，提供更方便的再保险服务并减轻税负。

Cargo insurance（货物保险） 海洋运输保险的一种。在货物损毁或丢失时，保护托运人规避由此带来的经济损失风险。

Cash refund annuity（现金偿还年金） 年金受益人死亡后，如果所缴纳的年金费用总额与年金购买价格不等，则将差额一次性支付给受益人的年金。

Cash surrender value（退保现金价值） 当人寿保险保单所有人决定解约时，向其支付的现金价值。与法定准备金分开计算。

Casualty insurance（灾害保险） 火灾保险、海上保险和人寿保险没有包括的其他保险的总称，包括汽车保险、责任保险、盗窃保险、工人补偿保险、玻璃保险和健康保险。

Catastrophe bonds（巨灾债券） 一种公司债券。当巨灾发生时，允许债券发行人不支付或延期支付预定的本金或利息的偿付计划。

Causes-of-loss form（保险责任条款） 附加于商业财产保险保单之上，用以说明承保损失发生的原因。有三种保险责任类型：基本型、扩展型和特殊型。

Ceding company（分保公司） 首先签发保单，然后将部分或全部业务转给再保险人的保险公司。

Certified Financial Planner（CFP）（注册财务规划师） 在财务规划方面有很高专业水平，且通过了一系列职业资格考试的专业人员。

Certified Insurance Counselor（CIC）（注册保险顾问） 通过一系列由注册保险顾问协会主办的职业资格考试的财产和意外保险领域的专业人员。

Chance of loss（损失机会） 事故发生的概率。

Change-of-plan provision（变更保险计划条款） 允许人寿保险保单持有人将其现有保单改变为其他形式的保单，从而提供了灵活性。

Chartered Financial Consultant（ChFC）（注册财务顾问） 在财务规划、投资和人寿健康保险领域达到较高技术水平，并通过美国学院主办的职业资格考试的专业人员。

Chartered Life Underwriter（CLU）（特许寿险核保人） 在人寿和健康保险领域达到较高技术水

平,并通过美国学院职业资格考试的专业人员。

Chartered Property Casualty Underwriter (CPCU) (特许财险与意外险核保人) 在财险和意外险领域达到较高技术水平,并通过美国特许财险与意外险核保人协会职业资格考试的专业人员。

Chief risk officer (CRO) (首席风险官) 负责处理企业遇到的纯粹风险和投机风险的人。

Choice no-fault plans (无过失选择保险) 汽车驾驶员可以根据各州的无过失法选择以较低的保费获得保障,也可以按照民事侵权法,以较高的保费保留诉讼权。

Claims adjustor (理赔员) 处理索赔的人,包括代理人、公司理赔员、独立理赔员、仲裁机构,或公估人。

Claims-made policy (索赔发生型保单) 一种责任保险保单,只负责赔偿保单有效期内的首次索赔行为,且事故发生在保单注明的追溯期(如果有的话)内。

Class rating (分类费率法) 一种计算费率的方法。这种方法将相似的被保险人归入相同的类别,并对每一类被保险人执行相同的费率,也被称为"手册费率法"。

CLU (特许寿险核保人) 见"特许寿险核保人"(Chartered Life Underwriter)。

Coinsurance provision (共同保险条款) 在商业财产保险合同中的基本条款。它要求被保险人按照规定的百分比为财产的实际现金价值或重置成本投保。赔偿的损失等于损失数额乘以由必需保险额确定的份额。如果在损失发生时没有满足共同保险的条件,被保险人将受到处罚。共同保险在健康保险中是指按比例参与条款。

Collateral source rule (平行来源规则) 按照这一规则,被告不能引用任何显示受害方已从其他平行来源处获得补偿的证据。

Collision loss (碰撞损失) 由汽车翻倒或与其他车辆或物体碰撞引起的损失。无论是谁的过失,保险公司都对碰撞损失负有赔偿责任。

Commercial crime coverage form (商业犯罪保险条款) 保险服务处制定的,可附加于一揽子保单,为企业面临的犯罪风险提供保障。

Commercial general liability policy (CGL) (企业一般责任保险保单) 保险服务处制定的商业责任保单,包括两种承保方式:事故发生型和索赔发生型。

Commercial lines (商业保险) 为企业、非营利组织和政府机构提供保障的财产保险。

Commercial package policy (CPP) (企业一揽子保单) 一种为满足企业个性化保险需求而设计的商业保单。在一张保单中包括了财产保险和责任保险。

Commercial risks (企业风险) 商业企业面临的风险,包括财产风险、责任风险、业务收入损失风险以及其他风险。

Commodity price risk (商品价格风险) 商品价格变化带来的金钱损失的风险。

Commutative contract (等价交易合同) 当事人双方交换的价值在理论上相等的合同。

Company adjustor (公司理赔员) 作为公司的一名领薪雇员,仅仅代表该公司的理赔员。

Comparative negligence laws (相对过失法) 很多地区使用的法律,允许受害人在可能对事故的发生负有一定责任的情况下仍获得损失赔偿。当事人双方根据各自的过失情况分担经济损失。

Compensatory damages (补偿性赔偿金) 用于补偿受害人实际损失的赔偿金。补偿性赔偿金包括特殊赔偿金和一般赔偿金。

Completed operations (完工操作保险) 在远离经营场所的地方开展的工作或操作完成后,由于其中存在的问题而引起的责任。适用于承包商、水管工人、电工、修理铺和类似的企业。

Compulsory insurance law (强制保险法) 保护事故受害人免受不负责任的司机伤害的法律,要求汽车所有人和驾驶员承担一定责任的保险,这样他们才能在本州取得汽车牌照并在州内合法驾车。

Concealment (隐瞒) 投保人故意不向保险公司说明重要事实。

Conditions (条件) 保险合同中的条款,用以进行资质认证或对保险公司的履约承诺加以限制。

Consequential loss (后续损失) 其他损失导致的财物损失,通常称为间接损失。

Consolidation (并购) 通过兼并收购手段合并多个企业。

Consumer-directed health plan (CDHP) (消费者自助健康计划) 这是一个专业术语,是指那些将高免赔额与健康储蓄账户(HSA)或健康费用偿付协议(HRA)相结合的保险计划。这些计划的目的是为了让员工对卫生保健成本更加敏感。该协议为减少不必要的治疗，寻找低成本的供应商提供了经济激励。

Contingent beneficiary（次顺位受益人） 是人寿保险保单的受益人。在第一顺位受益人先于被保险人死亡的条件下，次顺位受益人有权获得保险金；或者当第一顺位受益人在得到全部保险金前死亡，可以获得剩余的赔付。

Contingent liability（或有责任） 由公司的独立承包商已完成的工作引起的责任。当独立承包商的行为是非法的，或者没有得到权威部门授权，或者工作存在危险时，公司需要对其所做的工作承担责任。

Contract bond（合同履约保证） 一种担保协议，保证当事人履行所有的合同义务。

Contract of adhesion（定式合同） 被保险人必须接受合同的全部内容，包括所有条款和条件。

Contractual liability（合同责任） 另一方当事人承担的法律责任，即商业企业通过书面或口头协议同意承担的法律责任。

Contribution by equal shares（等额分担） 通常存在于责任保险合同中的一种保险条款，要求所有公司承担相等的损失额度，直到每一个保险公司的份额等于保单规定的最低责任额或者损失被全额清偿。

Contributory negligence（共有损失） 如果受害人自己对事故负有责任，那么按照惯例法的规定，受害人无法获得伤害赔偿。

Contributory plan（参与供款计划） 雇员支付部分保费的团体人寿保险、健康保险或退休金计划。

Coordination-of-benefits provision（给付协调条款） 团体医疗费用保险的一项条款，用于防止在一个人参加两个或两个以上团体保险计划时获得超额或重复给付。

Copayment（共付） 被保险人必须为某些保障内容支付固定额度，例如去诊所看病或开药。不要与共保相混淆。

Cost-of-living rider（生活消费指数批单） 可附加于人寿保险保单的批单。根据该批单，保单持有者可以购买与累计消费价格指数变动百分比相等的一年期保险，而不必提供可保性证明。

Cost of risk（风险成本） 一种风险管理工具，用于测度风险管理项目的成本，包括保费、自留损失、外部风险管理服务、经济担保、内部管理成本、税费和其他费用。

Coverage for damage to your auto（汽车损失保障） 个人汽车保单中赔偿投保汽车因损毁或被盗造成的损失的部分。这一可选保障适用于碰撞损失和非碰撞损失。

CPCU（特许财险与意外险核保人） 见"特许财险与意外险核保人"（Chartered Property Casualty Underwriter）。

Credit default swap（信用违约互换） 通过该合约，金融工具违约风险从金融工具持有方转嫁给金融工具发起方。

Currency exchange rate risk（汇率风险） 不同国家之间货币兑换比率的改变所引起的价值损失风险。

Current assumption whole life insurance（当期假设终身人寿保险） 一种不分红的终身人寿保险，根据保险公司当期的死亡率、投资和费用情况确定保单的现金价值。随时间变化的当期利率贷记入一个累计账户，又称为利率敏感型终身人寿保险。

Currently insured（普通被保险人） 在老年、遗属和残疾保险（OASDI）计划中，参与者只要在死亡、残疾或有权领取退休保险金的这一季度之前的13个季度中得到至少6个积分，就可以获得该计划的保障。

Damage to property of others（对他人财产损害的赔偿） 为损害他人财产的被保险人造成的每起事故提供不高于1 000美元的赔偿。即使被保险人不承担法律责任，保险公司也需要进行赔付。屋主保险的第Ⅱ部分包括这种保障。

Declarations（声明） 保险合同中的陈述事项，提供关于投保财产的信息，用于核保、厘定费率和鉴定保险财产。

Deductible（免赔额） 从总损失赔付中扣除本应赔付的特定数额损失的条款。

Deferred annuity（递延年金） 在未来的某个时期开始给付的退休年金。

Defined-benefit plan（给付确定计划） 一种养老金计划，在该计划中，退休金的数额已经提前知道，但是缴费额会随着获得期望的保险金必需的资金量的变化而变化。

Defined-contribution plan（定额缴费计划） 缴费率固定但退休金给付金额可变的退休金计划。

Demutualization（非互助化） 用于描述互助保险公司转变为股份制保险公司的术语。

Dependency period（抚养期） 在调整期之后的一段时期。该时期中，幸存配偶的孩子小于18岁，依靠父母生活。

Diagnosis-related groups（DRGs）（诊断分类团体） 美国医疗保险计划中到付费医院就诊时采用的方法。在这一体系下，对提供同类医疗保健或诊疗服务的每一家医院支付固定的、统一的数额。

Difference in conditions insurance（DIC）（补足保险） 承保基本财产保险合同中不承保风险事故的"一切险"保单，它补充了承保风险事故范围，并排除了基本保险合同中已经承保的风险事故。

Direct loss（直接损失） 由承保风险事故直接引起的经济损失。

Directors and officer liability（D&O）insurance（董事和管理人员责任保险） 一种企业责任保险，如果董事和管理人员因为公司事务管理中的失误而被起诉，则为董事、管理人员和公司提供经济保障。

Direct-response system（直销） 一种不需要通过代理人服务来销售保险的市场营销方法。这种方法通过电邮、报纸、杂志、电视、广播和其他媒介发布公告来吸引潜在客户。

Direct writer（直接承保人） 在该类保险公司中，销售人员是保险公司的员工，而不是独立中介，公司向其支付所有销售费用，包括工资。

Disability-insured（残疾被保险人） 在老年、遗属和残疾保险（OASDI）计划中得到残疾保险保障的个人。

Dividend accumulations（利息累积） 分红人寿保险保单中的一种利息处理方式，保险公司保留利息并按照一定利率累积起来。

Domestic insurer（国内（州内）保险公司） 在其展开业务的国内（州内）有经营场所并获得经营执照的保险公司。

Double indemnity rider（双倍赔偿批单） 可以附加于人寿保险保单的批单。根据该批单规定，在意外伤害造成被保险人死亡时，保险金可以增加到原保额的两倍。

Dram shop law（酒店法令） 根据该法令，如果醉酒者造成第三方身体伤害或财产损失，售酒的酒店所有人为此承担责任。一般责任保险保单不为此承保。

Driver education credit（驾驶员培训折扣） 年轻驾驶员接受司机培训课程合格后，可以享受的保险费学生折扣额或减免额。

Dwelling property 1（住宅财产保险1） 承保住宅、建筑物、个人财产、公平租赁价值和其他风险的财产保险保单。保障的风险事故有限。

Dwelling property 2（住宅财产保险2） 以重置成本承保住宅和其他建筑物的财产保险保单。与住宅财产保险1相比，扩大了承保范围，承保风险事故种类更多。

Dwelling property 3（住宅财产保险3） 承保由非除外风险事故所引起的住宅和其他建筑物的直接物理损失，但是也承保列明风险事故引起的个人财产损失。

Earned premiums（已赚保费） 在会计期间内实际赚取的保费，与保费收入相对。已赚保费是签约保费的一部分，这部分保费可以被视为到期保单带来的收入。

Earning test（retirement test）（收入测试（退休测试）） 老年、遗属和残疾保险（OASDI）计划中设定的测试，通过该测试可以减少对年收入超过最高限额的被保险人的给付。

Eligibility period（合格期间） 员工可以参加团体保险，而不需要提供可保性证明的短暂期间。

Elimination period（waiting period）（等候期（等待期）） 在健康保险等候期中不支付保险赔偿金。也指实际支付残疾保险赔偿金之前的一段时间。

Employee Retirement Income Security Act（ERISA）（《雇员退休收入保障法案》） 1974年立法通过的，适用于大部分商业保险和福利计划，要求退休金达到一定标准来保护参加计划的雇员。

Employers liability insurance（雇主责任保险） 雇员在受雇期间受到伤害，但其所受的伤害在国家（州）工人补偿法律下不负责赔偿。这种保险在雇主受到雇员起诉时，为雇主提供保障。

Endorsement（批单） 增加、删除或修改原合同条款的书面条款。参见"特约附加"（Rider）。

Endowment insurance（两全保险） 一种人寿保险，如果被保险人在特定期间内死亡，向受益人支付保险金；如果被保险人存活到期满，向保单持有人支付保险金。

Enterprise risk（企业风险） 用以描述企业面临的所有主要风险的术语，这些风险包括纯粹风险、投机风险、战略风险、经营风险和财务风险。

Enterprise risk management（企业风险管理） 综合风险管理计划，考虑了企业和组织的纯粹风险、投机风险、战略风险和经营风险。

Entire-contract clause（完整合同条款） 人寿保险保单中的条款，规定人寿保险保单和附加条款共同构成当事人双方的完整合同。

Equipment breakdown insurance（设备损坏保险） 承保由于设备意外损毁产生的损失，也被称为"锅炉和机器保险"（boiler and machinery insurance）。

Equity in the unearned premium reserve（未到期保费准备金） 高估的未到期保费准备金，因为未到期保费准备金建立在毛保费而不是纯保费的基础上。

Equity indexed annuity（股票指数年金） 一种固定的递延年金，允许有限制地投资股票市场，但合同到期后，必须保证本金不会发生损失。

ERISA（《雇员退休收入保障法案》） 见"雇员退休收入保障法案"（Employee Retirement Income Security Act）。

Errors and omissions insurance（错误与疏忽保险） 一种责任保险，承保因被保险人的错误和疏忽给客户造成损失的风险。

Estate planning（遗产计划） 在财产所有者生前或死后为保存财产而设计的程序，包括遵循个人意愿分配财产；最大限度减少要缴纳的联邦财产税和州遗产税；为弥补财产处理成本提供流动性；满足家庭的经济需要。

Estoppel（禁止抗辩） 一个法律原则，禁止否认先前陈述的事实，特别是当另一方当事人已经依据该陈述做出某种行为的时候。

Excess insurance（超额保险） 在超额保险计划中，保险公司并不分担损失，除非实际损失超过了一定数额。

Exclusion ratio（宽减率） 在年金合同中，用投资除以预期收益所得的比率，该比率用于确定年金支付中的应税及免税部分。

Exclusions（除外责任） 保险合同中列明的不予保障的风险事故、损失和财产的条款。

Exclusive agency system（专属代理人制度） 保险市场营销的一种类型。代理人只能代理一家公司或者具有相同所有者的多家保险公司。

Exclusive provider organization（EPO）（专项服务提供组织） 一项保险计划，不承保从服务供应商网络以外的供应商处接受的医疗保健服务。

Exclusive remedy doctrine（专属补偿原则） 工人补偿保险中适用的一项原则，规定员工在工作中发生意外或患职业病时，工人补偿保险应当是补偿其损失的唯一来源。但法律判决已经逐渐改变了这一原则。

Expense loading（附加保险费） 见"附加保险费"（Loading）。

Expense ratio（费用率） 总保费中用于支付费用和提取利润的部分，即承保的费用率。

Experience rating（经验费率法） （1）为团体人寿保险和健康保险计划厘定费率的方法，根据一个团体以往的损失情况确定其应收保费金额。（2）用于财产保险和意外保险时，根据以往的损失情况对其所属类别或手册费率作上下调整。（3）用于国家（州）失业保险计划时，拥有良好雇佣记录的企业可以享受较低税率。

Exposure unit（风险单位） 保险定价中运用的测度单位。

Extended nonowned coverage（非自有车辆扩展责任保险） 可以通过在汽车责任保险保单上添加批单，承保被保险人合理驾驶非自有汽车时的风险。

Extra expense coverage form（额外费用保单） 一项独立的保险，用于承保恢复期间企业继续运营所发生的额外费用。

Factory mutual（工厂相互保险公司） 只向达到较高核保标准的财产提供保险服务的相互保险公司。这种公司强调对损失的预防。

Facultative reinsurance（临时再保险） 有选择地逐笔进行再保险的一种方法，适用于分保公司接受的保险申请超过其自留限额的情况。

Fair Access to Insurance Requirements（FAIR plan）（公平保险需求计划） 向无法从正常市场上获得保险的财产所有人提供基本财产保险的财产保险计划。每一个制定这种计划的州都有一套核心措施。

Fair rental value（公平租赁价值） 房产因损毁而不适于居住时，向被保险屋主赔偿的租金收入损失。

Family purpose doctrine（家庭用途原则） 将直系亲属驾驶家用汽车时所犯过失归咎于车主的原则。

File-and-use law（报备使用法） 一项监管保险费率的法规，根据该法规，公司在运用该保险费率之前，需要在国家（州）保险局备案。

Financial institution bond（金融机构保证保险） 为商业银行、储蓄和贷款机构和其他金融机构面临的犯罪损失风险提供保障的保证保险。通常为银行抢劫、员工不诚实、伪造、涂改票据、运钞车辆风险或金融机构面临的其他犯罪风险提供保障。

Financial Modernization Act of 1999（《1999年金融服务现代化法案》） 联邦政府制定的法案，允许银行、保险公司、投资公司和其他金融机构进入其他金融市场并参与竞争。

Financial responsibility law（财务清偿能力法） 该法规要求机动车辆事故当事人必须提供能够承担最低限度财务责任的证明，否则将面临吊销驾驶执照或暂时不能驾车的处罚。

Financial risk（财务风险） 企业因为商品价格、利率、外币汇率和本币价值的反向变动而面临的风险。

Fire legal liability（火灾法定责任） 企业或个人因为疏忽引起火灾，并对他人财产造成损害而需要承担的责任。

First named insured（第一顺位被保险人） 在保单声明页中，作为被保险人出现的第一个名字。他享有某些额外的权利并承担更多的义务，而这些是其他被保险人所没有的。

Fixed-amount option（固定金额选择权） 人寿保险保险金按照固定金额给付的理赔方式。

Fixed annuity（固定年金） 每期保证支付固定金额的年金。

Fixed-period option（固定期限选择权） 在固定时期内支付保险金的人寿保险理赔方式。

Flexible-premium annuity（弹性缴费年金） 允许保单持有人调整保费缴纳数量和额度的年金合同。退休收入金额取决于退休时积累的年金总额。

Flexible-spending account（弹性支出账户） 一种雇员同意减薪的协议。减少的这部分薪酬用于支付计划保险金、未偿付医疗和牙科医疗费用，以及其他《国内税收法》允许的费用。

Flex-rating law（弹性费率法） 该法律规定，只有在费率超过或低于预先报备费率的幅度超过一定百分比时，才需要进行预审核。

Foreign insurer（州外保险公司） 在一个州注册，但是在另一个州营业的保险公司。

Fortuitous loss（偶然损失） 偶然事件引起的无法预见或不可预期的损失。

Fraternal insurer（互助保险公司） 为一个社会组织中的成员提供人寿和健康保险的相互保险公司。

Full retirement age（完全退休年龄） 在社会保障计划中，受益人达到这一年龄后就可以领取没有任何减少的退休金。

Fully insured（完全被保险人） 在老年、遗属和残疾保险计划中对被保险人的承保状态。如果要获得全部退休保险金就需要先得到40个积分。

Fundamental risk（基本风险） 对整个经济，或者大多数人或团体产生影响的风险。

Funding agency（基金代理机构） 负责积累或管理用于支付退休金所缴纳的费用的金融机构。

Funding instrument（基金操作合同） 一种保险合同或者信托协议，根据其中的规定，基金代理机构积累、管理并支付退休基金。

General aggregate limit（总限额） 一般企业责任保单中，保险公司需要赔付下面几项损失加总所得的最高额度：责任A、责任B中规定的损失和责任C中的医疗费用。

General average（共同海损） 在海洋运输保险中，普通货物发生损失时，由所有参与者共同分担损失。

General damages（一般性损害赔偿） 对无法进行专业测度或详细说明的损害给予的赔偿，例如对痛苦、伤害、毁容或者丧偶造成的感情伤害的补偿。

Good student discount（好学生折扣） 16岁以上成绩排在全班前20%并具有B或3.0以上的成绩，或得到校长特别奖的学生可以在车辆保费中得到的优惠。这个折扣建立在"好学生是好驾驶员"的假设之上。

Grace period（宽限期） 在一段时间内，保单持有者可以延期缴纳人寿保险保费，而不会导致保单失效。

Gross estate（总遗产） 人死亡时所拥有的财产的总价值，也包括共同拥有的财产、人寿保险、死亡赔付和其他财产。

Gross premium（总保费） 被保险人支付的保费，等于毛费率乘以承保单位的数量。

Gross rate（毛费率） 纯保险费加上其他附加保险费。

Group life insurance（团体人寿保险） 以一张主合同为很多人提供人寿保险。签订该保单时，不需要进行身体检查，每个人都可以获得证明其已参加该保险的证明。

Group term life insurance（团体定期人寿保险） 团体人寿保险最常采用的形式。在雇员工作期间，每年都要进行续保。

Group universal life products（GULP）（团体万能人寿保险） 向一个团体内的成员（比如一个雇主的员工）销售的万能人寿保险。在团体万能人寿保险和个人万能人寿保险之间存在一定差别，例如，团体万能人寿保险的收费通常低于个人保单。

Guaranteed issue（保证签发） 一个描述申请健康保险的术语，保证为医疗费用保险提供保障，而无论申请人的医疗条件如何，都不能拒绝。

Guaranteed investment contract（GIC）（担保投资合同） 商业养老金计划中的协议。根据该协议，保险公司承诺一次付清养老金存款的利息，并承诺不会损失本金。

Guaranteed purchase option（保证增保选择权） 可以附加到人寿保险保单中的保费，允许被保险人在未来的特定时点另外购买一定数额的人寿保险，而不需要提供可保性证明。

Guaranteed renewable（保证续保） 健康保险保单中保险公司保证续保至一定年龄的条款，是否续保由被保险人决定，但是被保险人所处的特定承保类别的保费可能会增加。

Guaranteed replacement cost（保证重置成本） 当发生全损时，保险人承诺将住宅恢复至损失发生前的状态，而不管重置成本是否超过保单中注明的数额。

Hard insurance market（硬保险市场） 核保周期内的一段时期，在该时期中，核保标准严格，保费较高。参见"软保险市场"（Soft insurance market）和"核保周期"（Underwriting cycle）。

Hazard（危险） 产生或增加损失发生概率的情况。

Health maintenance organization（HMO）（保健组织） 收取固定预付费用并向其会员提供综合健康服务的医疗卫生组织。

Health savings account（HSA）（健康储蓄账户） 一个免税的受监护的账户。特别设立该账户的目的是，支付账户受益人符合条件的医疗费用。这些账户受益人参加的健康保险计划的免赔额较高。

Hedging（对冲） 通过在组织化的交易所内买卖期权、期货，把不利的价格波动风险转移给投机者的风险转移方式。

High-deductible health plan（HDHP）（高免赔额健康计划） 以消费者为导向的健康计划，由免赔额较高的主医疗健康保险和健康储蓄账户（HSA）组成。

HMO（保健组织） 见"保健组织"（Health maintenance organization）。

Hold-harmless clause（免责条款） 写入保险合同，一方当事人同意免除另一方的法律责任的条款，例如如果产品对他人造成伤害，零售商同意免除制造商的法律责任。

Home service life insurance（上门服务人寿保险） 由那些之前到投保人家里收取保费的代理人提供服务的简易人寿保险和每月收取保费的普通人寿保险合同。

Homeowners 2 policy（broad form）（屋主保险 2（扩展险）） 在列明风险事故的基础上，为房屋、其他建筑物和个人财产承保的屋主保险保单，也提供个人责任保险。

Homeowners 3 policy（special form）（屋主保险 3（特殊险）） 在列明风险事故的基础上，为面临直接损失风险的房屋和其他建筑物以及个人财产承保的屋主保险保单，也提供个人责任保险。

Homeowners 4 policy（contents broad form）（屋主保险 4（承租险）） 适用于住宅或公寓的承租人的屋主保险保单。为承租人的个人财产承保，并提供个人责任保险。

Homeowners 5 policy（comprehensive form）（屋主保险 5（综合险）） 为建筑物和个人财产提供"开放式风险事故"保障（"一切险"保障）。承保房屋、其他建筑物和个人财产所面临的直接

术语表 ▶ **677**

物理损失，除了除外责任之外的所有损失原因都在保障范围之内。

Homeowners 6 policy（unit-owners form）（屋主保险6（业主险）） 在列明风险事故的基础上，以扩展险的形式，为作为被保险人个人财产的共有房屋和公寓承保的屋主保险保单。也提供个人责任保险。

Homeowners 8 policy（modified coverage form）（屋主保险8（改进险）） 为老房屋设计的屋主保单。按照使用相同的建筑材料和方法对房屋和其他建筑物进行修缮的成本予以赔偿。也包括个人责任保险。

Hospital insurance（Part A）（住院保险（A部分）） 联邦老年健康保险中的A部分，为联邦老年健康保险的受益人承担住院病人护理、专业护士护理、上门护理和专业疗养院护理。

Hull insurance（船体保险） (1) 海洋运输保险中的一种，为投保船只所受物理损伤承保。一般在"一切险"的基础上承保(2) 对飞机的物理损伤保险，类似于汽车保单中的碰撞保险。

Human life value（生命价值） 出于人寿保险的需要，把死者对家庭的贡献即未来收入的现值作为死者的生命价值。

Identity theft endorsement（身份失窃批单） 附加于屋主保险保单的批单，用以补偿犯罪受害人找回身份和恢复信用记录产生的成本。

Immediate annuity（即付年金） 一种年金。从购买之日起的支付期内的第一次支付。

Imputed negligence（转嫁的过失责任） 损伤责任可以从过失方转换到另一方的情况，比如（雇员的疏忽）转移给雇主。

Incontestable clause（不可抗辩条款） 人寿保险保单中的合同条款，规定保险公司不能在保单生效两年后、被保险人生存期间，对保单进行质疑。

Indemnification（赔偿） 以偿付、修理或重置等方式全部或部分地对发生的损失进行补偿。

Independent adjustor（独立理赔员） 向保险公司提供服务的理赔员，并接受其支付的费用。

Independent agency system（独立代理人制度） 财产和意外保险市场营销方式，有时被称为美国代理人制度。在该制度下，代理人是独立的生意人，可以代表多家保险公司。代理人拥有保单终止和续约的权利，并根据不同的保险产品收取不同的佣金。

Indexed universal life insurance（指数化万能寿险） 对万能寿险产品的一项重要特征进行了调整，具有最低利率保障，投资于特定股票市场指数所产生的额外收益将计入保单收益，有专门的公式用于计算计入保单的增加的额外收益。

Indirect loss（间接损失） 见"后续损失"（Consequential loss）。

Individual 401(k) plan（个人401(k)计划） 这种合格的退休计划将为自由职业者和除了配偶外没有其他员工的企业主节约大量的税收。该计划将利润分享计划与个人401(k)计划结合了起来。

Individual Retirement Account（IRA）（个人退休账户） 有收入者都可以建立个人退休计划，该账户可以享受所得税优惠政策。

Industrial life insurance（简易人寿保险） 人寿保险的一种。销售的保单额度较小，保费每周或每月由代理人上门收取。参见"上门服务人寿保险"（Home service life insurance）。

Inflation-guard endorsement（通货膨胀保护批单） 按照被保险人的要求定期增加屋主保单面额的批单，要求按照特定的百分比增加对房屋和其他保单的保障。

Information systems（信息系统） 在处理和存储信息过程中使用的计算机技术。该技术可以减少很多例行任务。

Initial reserve（期初准备金） 在人寿保险中保单年度开始时提取的准备金。

Inland marine insurance（内陆运输保险） 为内陆运输货物提供保障的运输保险，包括进口货物、出口货物、国内装船、运输方式、个人财产移动风险和企业财产移动保险。

Installment refund annuity（分期偿还年金） 为被保险人终身支付年金，但是如果被保险人死亡前领取的金额与购买年金的价格不等，则继续向其受益人支付年金。

Insurance（保险） 通过把风险转移给保险人的方式汇聚偶然发生的损失，保险人同意为这些损失提供赔偿、在损失发生时支付金钱或者提供与风险相关的服务。

Insurance guaranty funds（保险保证基金） 为无偿付能力的保险公司支付未支付索赔的国家（州）

基金。

Insurance option（保险期权） 可以从某些可保损失或价值指数获取收益的期权产品。

Insurance score（保险评级） 建立在个人信用记录和其他能够精确预测未来索赔成本基础之上的，以信用为基础的评分方式。保险评级较低的被保险人通常比信用好、保险评级更高的人在购买屋主和汽车保险时支付更高的费用。

Insurance Services Office（ISO）（保险服务处） 财产保险和意外保险领域的主要费率厘定组织。该组织制定个人和企业保险产品的保单，并提供关于财产保险和意外保险产品的损失成本的数据。

Insuring agreement（承保协议） 保险条款中明确保险人承诺的部分。

Integrated risk management（整合风险管理） 一种在相同保险合同中为纯粹风险和投机风险承保的风险管理技术。

Interest-adjusted method（利息调整法） 这是确定人寿保险保单保险成本的一种方法，该方法对成本的每个构成部分都分析利息因素的影响，从而考虑货币的时间成本。也可参考"净支付成本指数"（Net payment cost index）和"解约成本指数"（Surrender cost index）。

Interest option（利息选择权） 人寿保险的一种给付方式。在这种方式下，保险公司保留本金，并定期支付利息。

Interest rate risk（利率风险） 利率方向反向变动导致的损失风险。

Invitee（被邀请人） 为了占有者的利益被邀请到某个场所的人。

IRA（个人退休账户） 见"个人退休账户"（Individual Retirement Account）。

Irrevocable beneficiary（不可撤销受益人） 未得到受益人的同意就不得变更保单受益人的受益人指定方式。

ISO（保险服务处） 见"保险服务处"（Insurance Services Office）。

Joint and several liability（连带责任） 根据该规定，几个人可能对某一伤害负责，但是只负有少量责任的被告有可能被要求赔偿全部损失。

Joint-and-survivor annuity（联合生存年金） 基于两个或两个以上年金受益人寿命的年金。年金收入（无论第一个年金受益人死亡时领取到初始年金收入的全额或是三分之二或是一半）一直支付到最后一个年金受益人死亡。

Joint underwriting association（JUA）（联合保险人协会） 在州内经营的汽车保险人组织，为高风险的驾驶员提供汽车保险。所有承保损失在全州保费收入的基础上按比例分摊给各保险人。

Judgment rating（判断费率法） 制定费率的方法。单独评估每个风险，费率主要由承保人的判断来决定。

Judicial bond（司法保证保险） 适用于法庭诉讼程序的保证保险，保证被保险人履行法律规定的特定义务，例如受托人责任。

Juvenile insurance（青少年保险） 父母在其子女特定年龄以下时购买的人寿保险。

Keogh plan for the self-employed（自由职业者基欧计划） 自由职业者采用的个人退休计划，允许将税收减免部分投入退休金固定交费或固定支付计划。

Lapsed policy（失效保单） 由于没有缴纳保费而失效的保单。

Last clear chance rule（最后机会原则） 对共同过失原则的法定修正。原告由于自己的疏忽使自己处于危险中，但是如果被告有可能避免事故发生却没有做到，原告可以从被告处得到损失赔偿。

Law of large numbers（大数法则） 风险单位数量越多，实际结果越接近当数量趋近于无穷时的概率结果。

Legal hazard（法律风险） 提高损失的频率或严重性的法律体系或监管环境的特点。

Legal reserve（法定准备金） 人寿保险公司资产负债表中负债方的项目，代表了之前年份中在平准保费方法下多余的或超额的保费。必须积累资产来抵消法定准备金责任。法定准备金的目的是提供终身保护。

Liability coverage（责任保障） 个人汽车保险保单中的这一部分，为被保险人提供保障，帮助其应对由于汽车的所有者的疏忽或者粗心驾驶造成的身体伤害或财产损失所导致的诉讼或者索赔。

Liability without fault（无过失责任） 工人补偿的

基本原则，无论工伤或职业病由谁的过失造成，雇主对工人的工伤或职业病负绝对责任。

License and permit bond（执照和许可保证） 担保的一种方式，保证被担保人遵守所有约束其行为的法律法规。

Licensee（被许可者） 建筑物所有者明示或暗示允许其进入或留在建筑物内的人。

Life annuity with guaranteed payments（保证支付的终身年金） 向年金受益人支付终其一生的年金，且这种支付是有一定保证的。

Life income option（终身年金选择权） 人寿保险给付选择权，在受益人生存期间向其支付保单收益，也可能进行特定数额的支付。

Life insurance planning（人寿保险规划） 确定被保险人财务目标的系统方法，这些目标被转化为特定的人寿保险，然后定期检查以适应变化的需要。

Limited-payment policy（限期缴费保单） 终身人寿保险的一种类型，在有限的期限内收取相对较高的保费，为保险人提供终身保障。

Liquor liability law（酒类责任法） 见"酒店法令"（Dram shop law）。

Loading（附加保费） 由于费用、利润和应对意外事件所需支出而附加于纯保费之上的额外费用。

Longevity insurance（长寿保险） 趸缴保费递延年金的一种，只有被保险人达到一个比较高的年龄时，如85岁，才开始支付。

Long-term-care insurance（长期护理保险） 健康保险的一种，每天支付在疗养机构或者医院接受医疗或护理所产生的费用。

Loss exposure（损失风险） 可能发生损失的任何环境或情况，而不论损失是否实际发生。

Loss frequency（损失频率） 在特定时期内损失可能发生的次数。

Loss ratio（损失率） 发生的损失和损失理赔费用与收取的保费的比例。

Loss ratio method of rating（损失率费率厘定方法） 财产和意外保险中的费率厘定方法。通过该方法将实际损失率和预期损失率进行对比，并对费率做出相应的调整。

Loss reserve（损失准备金） 财产和意外保险公司为以下几种索赔状态提取的一定数额的资金，包括已报告并经过核算但尚未赔付的索赔、已报告并申请赔偿但尚未调查的索赔和已发生索赔但没有向保险公司报告的索赔。

Loss severity（损失程度） 发生损失的可能的规模。

McCarran-Ferguson Act（《麦卡伦-福古森法案》） 1945年通过的联邦法案，规定各州对保险公司的持续监管要符合公众利益；只有当州法律没有特殊规定时，联邦反垄断法才适用于保险业。

Major medical insurance（重大疾病医疗保险） 为重大疾病或严重伤残支付大部分医疗费用的健康保险。

Malpractice liability insurance（医生失职责任保险） 为医生失职对病人造成的伤害承保的责任保险。

Managed care（管理式医疗） 一种医疗支付计划的一般性称谓，以有效率的成本支出为成员提供承保服务。

Manual rating（手册费率法） 见"分类费率法"（Class rating）。

Manuscript policy（手稿保单） 为满足公司的特定需要和要求设计的保单。

Mass merchandising（团体销售） 以较低保费的单一保险计划为团体中的个人（例如企业的雇员或工会的成员）提供保险。财产和意外保险以团体保险销售的方式出售给单个成员。

Master contract（总保单） 保险公司和团体保险投保人之间签订的合同，为单个成员承保。

Maximum possible loss（最大可能损失） 公司存在期间可能发生的最严重损失。

Mean reserve（平均准备金） 在人寿保险中，期初和期末准备金的平均值。

Medical expense insurance（医疗费用保险） 支付保障范围内的因疾病或受伤而产生的治疗费用的个人或团体保险计划。这些费用包括诊疗和手术费用，住院费用，开药、门诊检查和其他很多种类的附加费用。

Medical payments coverage（医疗费用保障） 个人汽车保险保单的一部分。自事故发生之日起3年内，被保险人可以获得所有合理的医疗或丧葬费用。

Medical payments to others（第三方医疗费用支付） 屋主保险保单中对第三方医疗费用的支付。在事故中，第三方（非被保险人）在建筑物内遭受到意外伤害，或者由于被保险人、居住该处的雇员、被保险人所有或照料的动物导致的伤害。

Medicare（联邦老年健康保险） 社会保障计划的一部分，为大部分65岁或65岁以上人士以及65岁以下残疾人士提供医疗费用保障。

Medicare Advantage plans（联邦老年健康保险优势计划） 是联邦医疗保险的一部分，允许受益人选择可替代原有联邦健康保险计划的一种私人健康保险计划，例如联邦健康保险保健计划（HMO）、联邦健康保险优先提供者计划（PPO）、联邦健康保险特别需要计划和联邦健康保险私人付费计划。

Medicare Part B（联邦老年健康保险B部分） 联邦老年健康保险B部分为医生收费和其他医疗服务费用承保。大多数符合资格要求的联邦老年健康保险的参与者自动纳入该计划，除非他们自愿放弃这一权利。

Medicare prescription drug plans（联邦老年健康保险处方药计划） 为联邦老年健康保险内的处方药提供保障的保险计划，受益人具有保险计划的选择权。

Merit rating（实绩费率法） 费率厘定方法，按照该方法，分类费率在个人损失记录的基础上向上或向下调整。

MIB Group, Inc.（Medical Information Bureau）（医疗信息局） 该局主要向其会员公司提供人寿保险核保信息，该机构可以向保险公司提供关于投保人健康缺陷的资料。

Minimum coverage requirement（最低覆盖率条件） 阻止雇主建立仅仅覆盖高收入雇员的合格退休金计划的测试标准。参见"比率测试"（Ratio percentage test）。

Minimum distribution requirements（最低领取条件） 这是所得税条例中的一个条款，要求合格的退休计划开始支付的日期不得晚于人们达到70.5岁的下一个自然年度的4月1日。

Misstatement of age or sex clause（年龄或性别误告条款） 人寿保险保单中的合同条款，规定如果被保险人的年龄或性别被误报，支付的保险费数额是以正确的年龄购买保费的数量。

Mobilehome insurance（移动房屋保险） 为移动房屋所有者提供财产保险和个人责任保险的一揽子保单，是附加于HO—2或HO—3的特殊保单。

Modified life policy（修正的人寿保单） 最初3~5年保费下降，之后上升的终身人寿保险。

Modified no-fault plan（修正的无过失保险） 只有身体伤害索赔超过最初的约定数额，受害人才有权起诉有过失的司机。

Modified prior-approval law（修正费率预通过法案） 费率厘定法案。根据该法案，费率的变化仅仅基于过往的损失情况。费率必须向保险管理机构备案，才能够使用。不过，如果费率变化基于费率的分类或关联费用，就必须预先通过该费率法案。

Monetary threshold（货币界限） 受伤的驾驶员不会被允许起诉，只能从自己的保险公司获得赔偿，除非索赔额超过了规定的金额。

Moral hazard（道德风险） 个人不诚实或品质修养上的缺陷导致损失增加。

Morale hazard（心理危险因素） 由于保险的存在而对发生的损失不重视或漠不关心。

Multicar discount（多车辆折扣） 拥有两辆及以上汽车的被保险人在汽车保险费方面享受的折扣。该折扣基于如下假设，拥有两辆汽车的人不会像仅有一辆汽车的人那样频繁地驾驶一辆车。

Multiple distribution systems（多渠道销售体系） 一家保险公司使用多种销售渠道的保险市场营销方法。例如，一个财产和意外保险公司可能使用独立代理人和直销渠道销售保险。

Multiple line exclusive agency system（复合产品排他性代理人体制） 在这种营销体制下，主要销售财产保险的代理人也可以销售个人人寿和健康保险产品。代理人只能代表一家保险公司或者一家在财务上有关联或存在统一所有权的保险公司集团。这种代理人也被称作专属代理人。

Multiple-line insurance（复合保险） 将多种保险产品纳入同一份合同的保险，例如财产保险和意外保险。

Mutual insurer（相互保险公司） 保单持有人所有的保险公司，并有权选举董事会成员。董事会任命行政管理人员，公司给被保险人派发红利或预先减少费率。

NAIC（美国保险监督官协会） 见"美国保险监督官协会"（National Association of Insurance Commissioners）。

NALP 见"净年平准保费"(Net annual level premium)。

Named insured(指定被保险人) 在保单声明部分注明的人,或可能从该保单受益但却没有作为被保险人提及的个人。

Named-perils policy(指定险保单) 保险合同承保的,承诺只为保单中列明的特定风险事故导致的损失承保。

National Association of Insurance Commissioners (NAIC)(美国保险监督官协会) 1871年成立的团体,定期举行会议讨论保险业内的问题,起草一系列法律规范并提请国家立法机构通过。

Needs approach(需求法) 通过分析一旦家庭主要成员死亡后必须满足的家庭需求,计算家庭人寿保险应投保数额的方法,从而能够把这些损失转化为一定数额的人寿保险。金融资产的数量在决定需要的人寿保险的数量时也是重要的参考。

Negligence(疏忽) 由于没有达到法律要求的谨慎标准,以致不能保护他人免受伤害的风险。

Net amount at risk(风险净额) 与平准保费人寿保险保单相关的概念,是保单面额与其法定准备金的差额。

Net annual level premium(NALP)(净年平准保费) 没有附加保费的人寿保险保单的年平准保费,在数学计算上等于趸缴纯保费。

Net payment cost index(净支付成本指数) 一种衡量被保险人在特定时期期末死亡时的保险成本的方法。货币的时间价值被考虑进来。

Net present value(净现值) 资本预算中使用的概念,等于未来现金流之和减项成本。正净现值表明公司价值增加。

Net retention(净自留额) 见"自留限额"(Retention limit)。

Net single premium(NSP)(趸缴纯保费) 人寿保险保单中,未来死亡赔付的现值。

No-fault insurance(无过失保险) 一项关于民事侵权的保险,被保险人从自己的保险公司处得到支付,而不必起诉因疏忽造成事故而需承担法律责任的第三人。

No-filing law(非报备规则) 费率厘定规则,保险公司不必按照国家(州)保险部门的规定报备费率,但是需要向国家(州)官方机构提供费率计划和支持数据,也被称为"公开竞争规则"。

Noncancellable(不可撤销) 健康保险保单中提供延续性的条款,规定保单不能被撤销,在一定阶段保证续保,保险费率不得增加。

Noncontributory plan(无须摊付计划) 雇主支付团体保险或私人退休金计划的全部成本。所有具有资格的雇员都将包括在内。

Nondiversifiable risk(不可分散风险) 是指影响整个经济体或经济体内大量人或团体的风险。这种风险无法通过分散而降低或消除。也被称为系统性风险或基础风险。

Nonforfeiture law(最低偿付法) 要求保险公司向放弃其人寿保险保单现金价值的保单持有人提供最低赔付的州法律。

Noninsurance transfers(非保险转移) 除了保险以外的其他向第三方转移纯粹风险及其可能的财务影响的不同方法,例如,合同、租赁和责任免除协议。

Nonoccupational disability(非职业性残疾) 工作之外发生的事故或疾病。

Nonparticipating policy(非分红保单) 用于描述不支付红利的保险保单的术语。

Objective risk(客观风险) 实际损失与预期损失的相对变化,与观察到的案例数量的平方根反向变化。

Obligee(权利人) 履约保证的一方,如果担保当事人的不作为造成了损害,权利人可以得到损害赔偿。

Occurrence(事故) 意外事故,包括连续地或重复地暴露在非常类似的有害环境中,在保单有效期内导致身体伤害或财产损失。参见"意外事故"(Accident)。

Occurrence policy(事故发生型保单) 为保单有效期内发生的事故承保的责任保险保单,而不论何时进行索赔。参见"索赔发生型保单"(Claim-made policy)。

Ocean marine insurance(海洋运输保险) 为各种类型从事海洋运输的船只及货物提供保障,同时为船主和船员的法律责任承保的保险。

Open-competition law(公开竞争规则) 对保险费率进行管制的规则,保险公司根本不需要在州保险部门报备费率,但是可能需要向州管理机构提供费率计划和支持数据。

Open perils policy（开放式风险保单） 一种承诺为除保单内特别注明属于除外责任的其他所有损失提供保障的保险合同。也可参考见"'一切险'保单"（"All-risks" policy）。

Ordinary life insurance（普通人寿保险） 为被保险人整个生存期间提供保障的终身人寿保险，保费在被保险人的整个生存期间支付。

Original Medicare Plan（原有联邦老年健康保险） 联邦政府为受益人提供的传统保险计划。该计划提供住院保险（联邦老年健康保险A部分）保费和医疗保险（联邦老年健康保险B部分）保费。

Other insureds（其他被保险人） 属于记名被保险人保单保障范围内的其他人或当事方，即使这些人没有在保单中特别注明。

Other-insurance provisions（其他险条款） 以防止从保险中获利和违反损失赔偿原则为目的的条款。

Other-than-collision loss（碰撞除外损失） 在D部分可以得到的保障，在个人汽车保险中，为私人汽车承保，包括投保汽车所遭受的除了碰撞损失和除外损失以外的物理损失。

Out-of-pocket limit（自付限额） 医疗费用保单中的条款。根据该条款，被保险人产生的医疗费用达到了保户自付费用额度之后，超过免赔额部分的保障范围内的医疗费用应得到100%的赔付。

Out-of-pocket Maximum（最高自付额度） 参见"自付限额"（Out-of-pocket limit）。

Ownership clause（所有权条款） 人寿保险保单中的条款。该条款中，当被保险人活着时，保单持有者拥有保单中所有的合同权利。在行使这些权利时，一般不需要征得受益人的同意。

P&I Insurance（保护和赔偿保险） 见"保赔保险"（Protection and indemnity insurance）。

Package policy（一揽子保单） 在一张保单中包括了两个或两个以上独立的保险合同，例如屋主保险。

Partial disability（部分残疾） 被保险人没有能力履行其工作中的一项或多项重要职责。

Participating policy（分红保单） 向保单持有人支付红利的人寿保险保单。

Particular average（单独海损） 只对特定利益体造成损害的海损，与给航行中各方利益体都造成损失的共同海损相对。

Particular risk（特定风险） 仅仅影响个体而不是整个社会的风险。

Past-service credits（过往服务年资） 基于退休计划开始前雇员为雇主提供服务的退休金给付。

***Paul v. Virginia*（保罗诉弗吉尼亚案）** 1869年对该案的判决具有里程碑意义，它确认了美国各州政府而不是联邦政府对保险的监管权。保险不是跨州的商业活动。

Peak season endorsement（旺季背书） 在企业业务收入保单中的背书。那些存货量具有季节波动特征的商业企业，通过背书，可以在特定时期内有效调整保额，以反映较高的存货价值。

Pension accrual benefit（退休金增长支付） 投入残疾雇员退休金计划的残疾收入给付，使残疾雇员的退休金数额不会减少。

Pension Benefit Guaranty Corporation（PBGC）（养老金支付保证公司） 一家联邦公司。它保证在商业固定保费养老金计划终止时，将按照某一限额支付既定的或最低偿付保费。

Peril（风险事故） 损失的原因或来源。

Personal injury（人身伤害） 产生法律责任的伤害（例如非法逮捕、拘留或关押、恶意起诉、侮辱、诽谤、诬蔑人格、侵犯私人权利、非法进入或驱逐），并可能通过在屋主保单附加批单而得以承保。

Personal liability insurance（个人责任保险） 在保单限额以下，为被保险人由于其疏忽导致的身体伤害或财产损失而受到的索赔或起诉给予保障的责任保险。这些保障由屋主保险的第Ⅱ部分提供。

Personal lines（个人保险） 为住房或个人和家庭的私人财产承保的财产和责任保险，也为承担的法律责任提供保障。

Personal-producing general agent（个人业务总代理） 用于专指业绩非常突出的优秀销售人员，这些人主要被雇用来销售人寿保险。他们签订的合同中提出了直接的、最重要的任务。

Preferred provider organization（PPO）（优先提供者组织） 一种管理式医疗健康计划，通过与医疗健康服务供应商签订合同，以折扣价格向计划参与者提供某些诊疗服务。

Personal selling distribution system（个人销售分配

体制）　委托代理人精英在该体制下可以向潜在被保险人销售寿险产品。

Personal umbrella policy liability（个人伞式保险）　为重大诉讼案件或裁决提供保障的保单，承保范围通常覆盖从100万美元到1 000万美元的案件以及涉及整个家庭的案件。该保单对超过基本保险范围的责任提供保障。

Physical hazard（物质风险因素）　提高损失概率的物质条件。

PIA（基本保额）　见"基本保额"（Primary insurance amount）。

Point-of-service plan（POS）（服务点计划）　建立优先提供者网络的保险计划。如果病人到优先提供者（医院）就诊，只需支付很少的费用或不需要支付费用。外部供应商（医院）的诊疗服务也包括在内，但是免赔额和共同保险费率较高。

Policy loan（保单贷款）　保单持有人可以按照人寿保险保单的现金价值借款，而不必解除保单。

Policyholders' surplus（保单持有人盈余）　保险公司资产和负债之间的差额。

Pooling（分摊）　把少数人的损失在整个团体中进行分摊，在这一过程中，平均损失取代了实际损失。

Preexisting condition（既存状况）　先于保险单存在的被保险人的身体或精神状况。

Preexisting-conditions clause（既存状况条款）　健康保险保单中的合同条款，规定不承保既存状况或仅承保特定时点以后开始生效的保单。

Preferred risk（优良标准体）　预期死亡率低于平均水平的个体。

Primary and excess insurance（第一和超额保险）　其他险条款的一种类型，要求第一保险人在损失发生时首先赔付，当赔付超过保单限额时，超额保险人进行赔付。

Primary beneficiary（第一顺位受益人）　在人寿保险保单中，当被保险人死亡时，第一个获得保单收益的受益人。

Primary insurance amount（PIA）（基本保额）　在老年、遗属和残疾保险计划中，每月支付给达到退休年龄的退休员工或者符合支付条件的残疾员工的现金数额。

Principal（义务人）　在履约保证中，同意做出某种行为或履行某些义务的担保方。

Principle of indemnity（损失赔偿原则）　规定保险人赔偿不超过实际损失额。被保险人不应从承保损失中盈利，但是应当恢复被保险人损失发生之前的财务状况。

Prior-approval law（预核准法）　监管保险费率的法律，规定保险费率的使用必须首先向州保险部门申报，并得到其批准。

Pro rata liability（比例责任条款）　财产保险保单中的条款。按照每个保险公司承保的保险占财产保险总额的比例，对同一个财产的同一权利承保。

Probable maximum loss（最大预期损失）　在企业存续期间可能发生的最为严重的损失。

Probationary period（试用期）　雇员被允许参加团体险计划之前的1～6个月的等待期。

Products-completed operations hazard（产品完工操作风险）　在被保险人已经放弃对产品的所有权后或工作完成以后由该产品或工作引起的责任损失风险。

Products liability（产品责任）　制造商、批发商和零售商对受到身体伤害或因其劣质产品遭受财产损失所应承担的法律责任。

Prospective reserve（前瞻性准备金）　在人寿保险中，未来支付的现值和未来净保费现值的差额。

Protection and indemnity insurance（P&I）（保赔保险）　可附加于海洋运输保险保单的保险，为财产损失和对第三方造成的身体伤害提供保障。

Proximate cause（直接原因条款）　导致财产发生损失的原因，该损失是由于被保险人面临的危险和损失或财产的损毁等一连串事故引发的。

Public adjustor（公估人）　代表被保险人而不是保险公司的理赔员，根据索赔金额收取费用。当被保险人和保险人在就一项索赔存在争议时，或者被保险人在一项复杂的损失案件中需要技术支持时可能雇用公估人。

Public official bond（公务员保证保险）　履约保证的一种，保证公务员诚实地履行其职责并保护公众利益。

Punitive damages（惩罚性赔偿金）　用于惩罚个人和组织损失的罚金，使其他个人和组织不做出相同的行为。惩罚性赔偿金通常是损失补偿金额的数倍。

Pure no-fault plan（纯粹无过失保险）　受害人根本无法提起诉讼，不管索赔额有多高，都不会对其所受伤害和痛苦进行赔付。

Pure premium（纯保费） 保费中需要支付损失和损失调整费用的一部分。

Pure premium method of rating（纯粹保费费率厘定法） 财产和意外保险的一种费率厘定方法。纯保费等于发生的损失和损失调整费用除以风险单位的数量。

Pure risk（纯粹风险） 仅存在发生损失或没有损失两种可能性的情况。

Rate（费率） 单位保险的价格。

Rate making（费率厘定） 保险公司确定保险定价或保费费率的过程。

Ratio percentage test（比率测试） 合格退休金计划必须通过该测试才能享受税收优惠。退休金计划必须使一定百分比的雇员受益，至少70%的高收入雇员被包括在内。

Readjustment period（再调整期） 为家庭提供经济来源的人死亡之后的1~2年中，家庭的收入大致等于其死亡前的收入。

Reasonable and customary charges（合理合规收费） 向医生支付的标准费用。如果这些费用是合理并符合惯例的，例如不超过该地区类似服务80%或90%的收费。

Rebating（折扣） 基本上在各州都不合法的行为，指为个人减少保费或提供其他经济上的好处来诱使其购买保单。

Reciprocal exchange（相互交换保险） 未组建公司的相互保险组织，由委任代理人管理，组织成员之间进行交换，相互提供保险。

Regression analysis（回归分析） 研究两个或多个变量之间关系的方法，然后将其中发现的特点用于指标预测。

Reinstatement clause（复效条款） 人寿保险保单中的合同条款，允许持有人在满足一定条件的情况下在3~5年内恢复失效保单，例如，提供可保证明和缴纳拖欠保费。

Reinstatement provision（复效规定） 健康保险保单中的条款，允许被保险人在提交或没有申请的情况下只要支付保费就可以恢复失效保单。

Reinsurance（再保险） 通过该协议，最初签订合同的原保险人向另一保险人（称为再保险人）转移部分或全部与该保险相关的潜在损失。

Reinsurance facility（再保险便捷计划） 将高风险司机汇聚起来，然后安排保险人接受所有投保人，承保的损失由州内所有汽车保险公司分担。

Replacement cost insurance（重置成本保险） 该种财产保险对被保险人的财产损坏和损毁按不扣除折旧的重置成本进行赔偿。

Reporting form（价值报告保单） 要求被保险人每月或每季度报告其投保存货的价值，按照报告的准确的存货数量自动调整保险额度，并为其承保的商业财产提供保障。

Representations（说明） 投保人所作的声明。例如，在人寿保险中对投保人的职业、健康状况和家族历史的说明。

Residual disability（遗留残疾保险） 遗留残疾保险是指，为因事故或疾病导致收入减少的被保险人提供残疾收入给付。

Residual market（剩余市场） 剩余市场计划是指，汽车保险人参加的、为在一般市场上买不到保险的高风险汽车驾驶人提供保险的计划。剩余市场计划的例子有汽车保险计划、联合承保人协会和再保险便捷计划，又称为"分享市场"。

Res ipsa loquitur（事实自证） 字面上的意思是，事实自己说话。在这一原则下，事故发生这一事实就证明了被告存在疏忽的假设是成立的。

Retained limit（自留限额） 伞式保单中的术语，是指（1）被保险人可以投保的基本保险或其他任何保险的总额限制，或者（2）如果伞式保单承保其损失，但是任何基本保险或其他保险（无论申请了哪一个）并没有承保，则为该保单声明中规定的减免额。

Retention（自留额） 一种风险管理技术，公司保留部分或全部由于特定风险而产生的损失。当没有其他可使用的方法，可能发生的最严重的损失也并不严重，损失是可以明确预期的时候才采用的方法。

Retention limit（自留限额） 分保公司在再保险业务中为自己的账户所保留的保险额度。

Retirement test（退休调查） 见"收入测试"（Earnings test）。

Retrocession（转再保险） 再保险公司从另一家保险公司获得再保险业务的过程。

Retrospective rating（追溯费率法） 实绩费率法的一种类型，被保险人在当前保单期限内的损失情况决定了该时期支付的实际保费。

Retrospective reserve（追溯准备金） 在人寿保险

中，保险公司为某一批保单收取的净保费，加上按假定利率计算的利息收入，减去死亡赔偿得出。

Revocable beneficiary（可撤销受益人） 保单持有人指定的受益人，并有权改变受益人，而不需要取得受益人同意。

Rider（特约附加） 保险合同中用于描述修改或改变初始保单的术语。参见"批单"（Endorsement）。

Risk（风险） 与损失发生有关的不确定性。

Risk-based capital（RBC）（风险资本） 根据美国保险监督官协会（NAIC）制定的标准，保险公司需要拥有一定数量的资本，资本数额取决于它们的投资和业务的风险情况。

Risk control（风险控制） 降低损失发生的频率和严重程度的风险管理技术，例如风险规避、防损以及自动喷洒系统。

Risk financing（风险融资） 一种风险管理技术，为应对发生的损失进行融资，例如风险自留、非保险转移、商业保险。

Risk management（风险管理） 识别和评估组织和个人面临的风险并选择和运用适当的技术应对这些风险的系统过程。

Risk management information system（风险管理信息系统） 允许风险管理师储存和分析风险管理数据，并运用这些数据预测未来损失水平的计算机数据库。

Risk map（风险图） 风险管理中使用的图表，以图表的形式详细描述组织面临的潜在风险的频率和严重程度。

Robbery（抢劫） 从别人那里取得财产的人，他们（1）给别人造成了身体伤害或者威胁给别人造成身体伤害，或者（2）实施了被别人看到的明显违法的行为。

Roth IRA（罗斯个人退休账户） 一种个人退休账户。投入该账户的退休金不能享受个人所得税减免，但是当条件符合时，获得的赔偿免税。

Roth 401(k) plan（罗斯401(k)计划） 一种合格的退休金计划。在计划中，以税后收入缴纳费用，退休时有资格参与分配的人所获得的收入免征个人所得税，投资收益的累积也是免税的。

Safe driver plan（安全司机计划） 基于被保险人的驾驶记录和与被保险人共同生活的人的记录支付汽车保费的计划。

Savings bank life insurance（储蓄银行人寿保险） 最初由曼彻斯特、纽约和康涅狄格互助储蓄银行销售的人寿保险。现在在其他各州也有销售。

Scheduled personal property endorsement（预定个人财产批单） 根据被保险人的要求特别附加到屋主保单上为特别指定的财产投保。被用来为有价值的财产，如珠宝、裘皮和名画投保。

Schedule rating（表定费率） 实绩费率法的一种类型。该方法单独评估每个风险单位，在给定的费率基础上根据标的的优良或不良的物理特性调整费率。

Section 401(k) plan（401(k)计划） 有条件的利益共享或节俭计划，计划参与者可以选择把钱投入计划或者取回现金。雇员可以自由选择其每年薪水减少的最大限额，把减少的数额投入401(k)计划。

Section 403(B) plan（403(B)计划） 为公共教育系统和免税组织（例如医院、非营利组织和教堂）的员工设计的退休保险计划，也被称为"税收减免年金"（tax-sheltered annuities）。

Securitization of risk（风险证券化） 用于描述通过创造金融工具，例如巨灾债券、期货合同、期权合同，或其他金融工具，将投保风险转移到资本市场上的术语。

Self-insurance（自保） 雇主自己筹资或者支付部分或全部损失的自留计划。

Self-insured retention（自保额） 见"自留限额"（Retained limit）。

SEP（简易员工退休金） 见"简易员工退休金"（Simplified Employee Pension）。

Separate investment account（分离投资账户） 在团体退休金计划中使用，计划管理者可以选择投资于保险人提供的独立账户，例如股票基金、债券基金和类似的投资。这些资产与保险人的一般投资账户相分离，不需要服从保险公司债权人的要求。

Service benefits（医疗给付） 健康保险给付，用于直接支付给医院或者医疗服务提供者的被保险人的医院收费或护理费用。该计划为被保险人提供服务而不是现金支付。

Settlement Options（给付方式选择权） 除了一次性给付之外的其他人寿保险保单收益给付方式，包括利息、定期、定额和终身收入的选择。

SEUA case（东南保险商协会案件） 见"东南保险商协会案件"（South-Eastern Underwriters Association（SEUA）case）。

Shared market（分享市场） 见"剩余市场"（Residual market）。

SIMPLE retirement plan（雇员储蓄激励匹配计划） 为那些被排除在非歧视性行政法规外的小企业主提供的有限制的退休计划。雇员可以选择每年缴费的上限。

Simplified Employee Pension（SEP）（简易员工退休金） 达到一定要求的，由雇主设立的个人退休金账户。为那些希望在一份退休金计划中包括所有雇员的雇主减少文书工作。

Single limit（单一限额） 适用于整个事故，而不区分每个人的限额的责任保险总额。保险总额适用于身体伤害责任和财产损毁责任。

Single-premium deferred annuity（趸缴保费递延年金） 以趸缴保费购买的退休年金，其支付从未来的某一天开始。

Single-premium whole life insurance（趸缴保费终身人寿保险） 一次缴清保费，提供终身保障的终身人寿保险保单。

Social insurance（社会保险） 具有某些特点的政府保险计划，这些特点将其与其他政府保险计划区分开来。该计划通常是强制性的；以专用的税款建立基金；支付主要有利于低收入群体；为了实现某些社会目标而设计。

Soft insurance market（软保险市场） 处于核保标准宽松、保费相对较低时期的保险市场。参见"硬保险市场"（Hard insurance marke）和"核保周期"（Underwriting cycle）。

South-Eastern Underwriters Association（SEUA）case（东南保险商协会案件） 发生于1944年，是美国法律史上的里程碑式事件。它否决了保罗诉弗吉尼亚案的判决，认定当保险行为跨州开展时，保险是州际商业活动，因此要受到联邦监管。

Special coverage policy（特别保单） 见"开放式风险保单"（Open perils policy）。

Special damages（特定赔偿） 对可以确认并进行登记的损毁的赔偿，例如医疗费用、损失的收入，或财产损毁。

Specified (dread) disease policy（特定（重大）疾病保险） 一种限制性保险，仅为保单中列明的某些种类的疾病提供保障，例如癌症、多发性硬化症，或肌肉萎缩。也被称为重大疾病保险。

Speculative risk（投机风险） 获益和损失都明显可能存在的情况。

Split limits（分离限额） 对身体伤害责任和财产损毁保险数额分别进行规定。

Stop-loss limit（止损限额） 对重大疾病保险共保条款的修订，对个人必须支付的额度设定最大限额。

Straight deductible（绝对免赔额） 保险合同中的免赔额。被保险人在保险公司需要进行偿付之前必须自付一定的损失金额。

Strict liability（严格赔偿责任） 即使无法证明存在过失或疏忽，也必须对损毁承担责任，例如，在工人补偿法案下雇员遭受职业伤害的情况。也称为"绝对责任"（Absolute liability）。

Subjective risk（主观风险） 基于个人精神状态和思想状态的不确定性。

Subrogation（代位求偿） 保险公司取代被保险人就保险保障的损失对疏忽的第三方进行追偿。

Suicide clause（自杀条款） 人寿保险保单中的合同条款，规定如果被保险人在保单签订后的两年内自杀，保险人不支付保险金额，仅退还保费。

Surety（保证人） 在购买债券时，同意承担别人的债务、违约责任或义务的一方。

Surety bond（履约保证） 如果被保证的一方没有做出某种行为，该保险提供货币补偿。

Surplus line broker（非常规保险经纪人） 被批准与未被认可的保险人（在该州没有获得许可营业资格的保险公司）进行业务往来的专业保险经纪人。

Surrender-cost index（解约成本指数） 该方法用于衡量被保险人在某段时间结束后解除保单的成本。这种方法考虑了货币的时间价值。

Systemic risk（系统性风险） 是指整个金融体系或金融市场发生崩溃的风险，即其中一个企业或企业集团的破产导致的整个金融体系的崩溃。

Term insurance（定期保险） 在特定的几年中提供临时保障的人寿保险，通常可以续保和进行保单转换。

Terminal reserve（期末准备金） 人寿保险中任何保单年度结束时的准备金。

Theft（盗窃） 通过非法手段获取，而导致被保险人金钱、证券或其他财产的损失，包括入室盗窃、抢劫。参见"入室盗窃"（Burglary）和"抢劫"（Robbery）。

Time limit on certain defenses provision（特定保护时间限制） 个人健康保险保单中的条款。阻止公司在保单生效2～3年后以即存状况或误告为借口解除合同或者拒绝赔付，除非误告是欺诈性的。

Total disability（完全残疾） 各家保险公司和不同类型保单对它的定义都有所不同。在个人残疾收入保单中，完全残疾被定义为：（1）没有能力履行被保险人正常职业领域中的实质性的和重要的职责；或者（2）没有能力履行根据被保险人教育背景、接受的培训和经历应当能够履行的任何职业的职责；或者（3）无法履行任何可以带来收益的职业中所应履行的职责；或者（4）无法通过收入损失测试。在很多人寿保险的免缴保费条款中，完全残疾意味着，由于疾病或身体伤害，被保险人无法承担其工作中的任何重要职责或者因接受教育、培训或经历而适合从事的工作。

Traditional IRA（传统个人退休账户） 如果应税数额在某一数额以下，该个人退休账户允许减少部分或全部应缴费用。从该账户得到的支付按照一般收入纳税。

Traditional net cost method（传统净成本法） 确定人寿保险保单中被保险人成本的传统方法，等于某时期支付的总保费扣除该期期末收到的红利和现金价值。

Treaty reinsurance（合约再保险） 再保险的一种，原保险公司必须放弃保险并交给再保险公司，而再保险公司必须接受。根据再保险合同的条款，分出公司自动获得再保险。

Trespasser（非法侵入者） 未经所有人的同意，进入或停留在其房产中的人。

Trust（信托） 财产向信托人合法转移的协议。信托人为指定受益人管理这些财产，确保其安全，并保证有能力管理不动产。

Trust-fund plan（信托基金计划） 退休金计划的一种。在该计划中，所有退休金缴费交给信托人，而后者根据雇主和信托人之间的协议对这些资金进行投资。所有的给付都从信托基金中直接支付。

Twisting（诱导转保） 通过误导或不完全信息，引诱保单持有人放弃一家公司的现有保单选择另一家公司的保单的非法行为。

Ultimate net loss（最终净损失） 在伞式商业保险保单中保险人依法承担的赔付总额。

Underinsured motorists coverage（未足额投保机动车驾驶员保险） 可附加于个人汽车保险保单的承保内容。对被保险人的身体伤害赔付的保障，这种伤害是由于另一个驾驶员所有或驾驶的投保不充分的机动车辆造成的。疏忽的驾驶员可能拥有符合州财务责任或强制保险法规要求的保险，但是保险金额不足以弥补被保险人承受的损失。

Underwriting（核保） 按照与公司目标一致的、明确规定的公司政策对投保人进行分类和挑选。

Underwriting cycle（核保周期） 一个用以描述核保标准、保费水平和盈利能力的循环模式的术语。参见"硬保险市场"（Hard insurance market）和"软保险市场"（Soft insurance market）。

Unearned premium reserve（未到期保险准备金） 在价值评估时，保险公司所有签出保单总保费中未到期保单的责任准备金。

Unified tax credit（统一税收抵免额） 用于降低联邦遗产税或赠与税的税收抵免额。

Unilateral contract（单务合同） 只有一方当事人承诺履行合法义务的合同。

Uninsured motorists coverage（未投保机动车驾驶员保障） 个人汽车保单中的一部分，设计用来承保由未投保机动车驾驶员、肇事逃逸驾驶员，或公司破产的驾驶员所造成的身体伤害。

Unisex rating（通用费率） 一种费率厘定方法，将不同性别人群的损失情况进行汇总，并据此确定收取费率。

Unit-owners form（业主险） 见"屋主保险6"（Homeowners 6 policy）。

Universal life insurance（万能人寿保险） 在一份分离了保障和储蓄功能的合同中提供终身保障的弹性缴费终身保单。这种合同是利率敏感型产品，分离了保障、储蓄和费用等要素。

Unsatisfied judgment fund（未满足补偿基金） 部分州建立的基金，当事故受害者倾其所有都无法提供足够补偿时，该基金提供补偿。

Use-and-file law（使用报备法） 一种费率厘定方法，是报备使用法的变形。保险公司可以在费率发生变化时立刻应用，但是适用费率必须在第一次使用的特定时期内向监管当局报备。

Utmost good faith（最大诚信原则） 要求当事人双方在保险合同中的诚信度比其他合同的当事人各方诚信度更高。

Value at risk（VAR）（风险价值） 在处于某种诚信水平上的有序市场中，特定时期可能发生的最大损失的价值。

Valued policy（定值保单） 如果发生全损，无论实际现金价值如何，保险公司都依据保单面额全数赔付。

Valued policy laws（定值保单法） 如果由法律中列明的风险事故导致实际财产发生全损，则要求对被保险人按照保单面额赔付，即使保单规定仅偿付实际现金价值。

Variable annuity（变额年金） 长期来看，生活成本和普通股票价格相关。基于该假设，根据普通股票价格（或其他投资）水平改变定期支付的年金。其目的是规避通货膨胀。

Variable life insurance（变额人寿保险） 一种人寿保险保单。该保单的死亡收益和解约现金价值根据保险人持有的独立账户的投资情况变化。

Variable universal life insurance（变额万能寿险） 除了某些例外之外，与万能寿险类似。其现金价值可以投资于很宽泛的投资领域；没有最低利率保障；保单持有人承担所有投资风险。

Verbal threshold（口头界限） 仅仅在重大案件中（例如存在死亡或残肢的案件）允许使用的赔偿诉讼。

Vesting（既得收益权） 如果雇佣关系在退休之前结束，保证雇员对雇主缴纳的部分或全部退休金享有权利。

Vicarious liability（替代责任） 汽车驾驶员造成的损失归咎于机动车辆所有人的责任。

Waiver（弃权） 自愿放弃已知的法律权利。

Waiver-of-premium provision（免缴保费条款） 可以附加于人寿保险保单的支付，规定在被保险人全残的时期内免缴未缴纳的保费。

War clause（战争条款） 人寿保险保单中的限制条款。当被保险人死亡是战争的直接结果时，则免于赔偿。

Warranty（保证） 被保险人对情况的真实性做出的声明或承诺，是保险合同的一部分。如果保险公司根据该合同承担义务，则其内容必须真实。

Weather option（气候期权） 如果某种气候状况偶然出现（例如，气温高于或低于正常水平）则提供偿付。

Workers compensation insurance（工人补偿保险） 覆盖了所有工人补偿和其他支付的保险，雇主必须根据法律的规定为因工致残的雇员提供这一保险。

经济科学译丛

序号	书名	作者	Author	单价	出版年份	ISBN
1	经济数学(第三版)	迈克尔·霍伊等	Michael Hoy	88.00	2015	978-7-300-21674-4
2	发展经济学(第九版)	A. P. 瑟尔沃	A. P. Thirlwall	69.80	2015	978-7-300-21193-0
3	宏观经济学(第五版)	斯蒂芬·D·威廉森	Stephen D. Williamson	69.00	2015	978-7-300-21169-5
4	资源经济学(第三版)	约翰·C·伯格斯特罗姆等	John C. Bergstrom	58.00	2015	978-7-300-20742-1
5	应用中级宏观经济学	凯文·D·胡佛	Kevin D. Hoover	78.00	2015	978-7-300-21000-1
6	计量经济学导论:现代观点(第五版)	杰弗里·M·伍德里奇	Jeffrey M. Wooldridge	99.00	2015	978-7-300-20815-2
7	现代时间序列分析导论(第二版)	约根·沃特斯等	Jürgen Wolters	39.80	2015	978-7-300-20625-7
8	空间计量经济学——从横截面数据到空间面板	J·保罗·埃尔霍斯特	J. Paul Elhorst	32.00	2015	978-7-300-21024-7
9	国际经济学原理	肯尼思·A·赖纳特	Kenneth A. Reinert	58.00	2015	978-7-300-20830-5
10	经济写作(第二版)	迪尔德丽·N·麦克洛斯基	Deirdre N. McCloskey	39.80	2015	978-7-300-20914-2
11	计量经济学方法与应用(第五版)	巴蒂·H·巴尔塔基	Badi H·Baltagi	58.00	2015	978-7-300-20584-7
12	战略经济学(第五版)	戴维·贝赞可等	David Besanko	78.00	2015	978-7-300-20679-0
13	博弈论导论	史蒂文·泰迪里斯	Steven Tadelis	58.00	2015	978-7-300-19993-1
14	社会问题经济学(第二十版)	安塞尔·M·夏普等	Ansel M. Sharp	49.00	2015	978-7-300-20279-2
15	博弈论:矛盾冲突分析	罗杰·B·迈尔森	Roger B. Myerson	58.00	2015	978-7-300-20212-9
16	时间序列分析	詹姆斯·D·汉密尔顿	James D. Hamilton	118.00	2015	978-7-300-20213-6
17	经济问题与政策(第五版)	杰奎琳·默里·布鲁克斯	Jacqueline Murray Brux	58.00	2014	978-7-300-17799-1
18	微观经济理论	安德鲁·马斯-克莱尔等	Andreu Mas-Collel	148.00	2014	978-7-300-19986-3
19	产业组织:理论与实践(第四版)	唐·E·瓦尔德曼等	Don E. Waldman	75.00	2014	978-7-300-19722-7
20	公司金融理论	让·梯若尔	Jean Tirole	128.00	2014	978-7-300-20178-8
21	经济学精要(第三版)	R·格伦·哈伯德等	R. Glenn Hubbard	85.00	2014	978-7-300-19362-5
22	公共部门经济学	理查德·W·特里西	Richard W. Tresch	49.00	2014	978-7-300-18442-5
23	计量经济学原理(第六版)	彼得·肯尼迪	Peter Kennedy	69.80	2014	978-7-300-19342-7
24	统计学:在经济中的应用	玛格丽特·刘易斯	Margaret Lewis	45.00	2014	978-7-300-19082-2
25	产业组织:现代理论与实践(第四版)	林恩·佩波尔等	Lynne Pepall	88.00	2014	978-7-300-19166-9
26	计量经济学导论(第三版)	詹姆斯·H·斯托克等	James H. Stock	69.00	2014	978-7-300-18467-8
27	发展经济学导论(第四版)	秋山裕	秋山裕	39.80	2014	978-7-300-19127-0
28	中级微观经济学(第六版)	杰弗里·M·佩罗夫	Jeffrey M. Perloff	89.00	2014	978-7-300-18441-8
29	平狄克《微观经济学》(第八版)学习指导	乔纳森·汉密尔顿等	Jonathan Hamilton	32.00	2014	978-7-300-18970-3
30	微观银行经济学(第二版)	哈维尔·弗雷克斯等	Xavier Freixas	48.00	2014	978-7-300-18940-6
31	施米托夫论出口贸易——国际贸易法律与实务(第11版)	克利夫·M·施米托夫等	Clive M. Schmitthoff	168.00	2014	978-7-300-18425-8
32	曼昆版《宏观经济学》习题集	南希·A·加纳科波罗斯等	Nancy A. Jianakoplos	32.00	2013	978-7-300-18245-2
33	微观经济学思维	玛莎·L·奥尔尼	Martha L. Olney	29.80	2013	978-7-300-17280-4
34	宏观经济学思维	玛莎·L·奥尔尼	Martha L. Olney	39.80	2013	978-7-300-17279-8
35	计量经济学原理与实践	达摩达尔·N·古扎拉蒂	Damodar N. Gujarati	49.80	2013	978-7-300-18169-1
36	现代战略分析案例集	罗伯特·M·格兰特	Robert M. Grant	48.00	2013	978-7-300-16038-2
37	高级国际贸易:理论与实证	罗伯特·C·芬斯特拉	Robert C. Feenstra	59.00	2013	978-7-300-17157-9
38	经济学简史——处理沉闷科学的巧妙方法(第二版)	E·雷·坎特伯里	E. Ray Canterbery	58.00	2013	978-7-300-17571-3
39	微观经济学(第八版)	罗伯特·S·平狄克等	Robert S. Pindyck	79.00	2013	978-7-300-17133-3
40	克鲁格曼《微观经济学(第二版)》学习手册	伊丽莎白·索耶·凯利	Elizabeth Sawyer Kelly	58.00	2013	978-7-300-17002-2
41	克鲁格曼《宏观经济学(第二版)》学习手册	伊丽莎白·索耶·凯利	Elizabeth Sawyer Kelly	36.00	2013	978-7-300-17024-4
42	管理经济学(第四版)	方博亮等	Ivan Png	80.00	2013	978-7-300-17000-8
43	微观经济学原理(第五版)	巴德、帕金	Bade,Parkin	65.00	2013	978-7-300-16930-9
44	宏观经济学原理(第五版)	巴德、帕金	Bade,Parkin	63.00	2013	978-7-300-16929-3

经济科学译丛

序号	书名	作者	Author	单价	出版年份	ISBN
45	环境经济学	彼得·伯克等	Peter Berck	55.00	2013	978-7-300-16538-7
46	高级微观经济理论	杰弗里·杰里	Geoffrey A. Jehle	69.00	2012	978-7-300-16613-1
47	多恩布什《宏观经济学(第十版)》学习指导	鲁迪格·多恩布什等	Rudiger Dornbusch	29.00	2012	978-7-300-16030-6
48	高级宏观经济学导论:增长与经济周期(第二版)	彼得·伯奇·索伦森等	Peter Birch Sørensen	95.00	2012	978-7-300-15871-6
49	宏观经济学:政策与实践	弗雷德里克·S·米什金	Frederic S. Mishkin	69.00	2012	978-7-300-16443-4
50	宏观经济学(第二版)	保罗·克鲁格曼	Paul Krugman	45.00	2012	978-7-300-15029-1
51	微观经济学(第二版)	保罗·克鲁格曼	Paul Krugman	69.80	2012	978-7-300-14835-9
52	微观经济学(第十一版)	埃德温·曼斯费尔德	Edwin Mansfield	88.00	2012	978-7-300-15050-5
53	《计量经济学基础》(第五版)学生习题解答手册	达摩达尔·N·古扎拉蒂等	Damodar N. Gujarati	23.00	2012	978-7-300-15091-8
54	国际宏观经济学	罗伯特·C·芬斯特拉等	Feenstra, Taylor	64.00	2011	978-7-300-14795-6
55	卫生经济学(第六版)	舍曼·富兰德等	Sherman Folland	79.00	2011	978-7-300-14645-4
56	宏观经济学(第七版)	安德鲁·B·亚伯等	Andrew B. Abel	78.00	2011	978-7-300-14223-4
57	现代劳动经济学:理论与公共政策(第十版)	罗纳德·G·伊兰伯格等	Ronald G. Ehrenberg	69.00	2011	978-7-300-14482-5
58	宏观经济学(第七版)	N·格里高利·曼昆	N. Gregory Mankiw	65.00	2011	978-7-300-14018-6
59	环境与自然资源经济学(第八版)	汤姆·蒂坦伯格等	Tom Tietenberg	69.00	2011	978-7-300-14810-0
60	宏观经济学:理论与政策(第九版)	理查德·T·弗罗恩	Richard T. Froyen	55.00	2011	978-7-300-14108-4
61	经济学原理(第四版)	威廉·博伊斯等	William Boyes	59.00	2011	978-7-300-13518-2
62	计量经济学基础(第五版)(上下册)	达摩达尔·N·古扎拉蒂	Damodar N. Gujarati	99.00	2011	978-7-300-13693-6
63	计量经济分析(第六版)(上下册)	威廉·H·格林	William H. Greene	128.00	2011	978-7-300-12779-8
64	国际经济学:理论与政策(第八版)(上册 国际贸易部分)	保罗·R·克鲁格曼等	Paul R. Krugman	36.00	2011	978-7-300-13102-3
65	国际经济学:理论与政策(第八版)(下册 国际金融部分)	保罗·R·克鲁格曼等	Paul R. Krugman	49.00	2011	978-7-300-13101-6
66	国际贸易	罗伯特·C·芬斯特拉等	Robert C. Feenstra	49.00	2011	978-7-300-13704-9
67	经济增长(第二版)	戴维·N·韦尔	David N. Weil	63.00	2011	978-7-300-12778-1
68	投资科学	戴维·G·卢恩伯格	David G. Luenberger	58.00	2011	978-7-300-14747-5
69	宏观经济学(第十版)	鲁迪格·多恩布什等	Rudiger Dornbusch	60.00	2010	978-7-300-11528-3
70	宏观经济学(第三版)	斯蒂芬·D·威廉森	Stephen D. Williamson	65.00	2010	978-7-300-11133-9
71	计量经济学导论(第四版)	杰弗里·M·伍德里奇	Jeffrey M. Wooldridge	95.00	2010	978-7-300-12319-6
72	货币金融学(第九版)	弗雷德里克·S·米什金等	Frederic S. Mishkin	79.00	2010	978-7-300-12926-6
73	金融学(第二版)	兹维·博迪等	Zvi Bodie	59.00	2010	978-7-300-11134-6
74	国际经济学(第三版)	W·查尔斯·索耶等	W. Charles Sawyer	58.00	2010	978-7-300-12150-5
75	博弈论	朱·弗登博格等	Drew Fudenberg	68.00	2010	978-7-300-11785-0
76	投资学精要(第七版)(上下册)	兹维·博迪等	Zvi Bodie	99.00	2010	978-7-300-12417-9
77	财政学(第八版)	哈维·S·罗森等	Harvey S. Rosen	63.00	2009	978-7-300-11092-9

经济科学译库

序号	书名	作者	Author	单价	出版年份	ISBN
1	克鲁格曼经济学原理(第二版)	保罗·克鲁格曼等	Paul Krugman	65.00	2013	978-7-300-17409-9
2	国际经济学(第13版)	罗比特·J·凯伯等	Robert J. Carbaugh	68.00	2013	978-7-300-16931-6
3	货币政策:目标、机构、策略和工具	彼得·博芬格	Peter Bofinger	55.00	2013	978-7-300-17166-1
4	MBA微观经济学(第二版)	理查·B·麦肯齐等	Richard B. McKenzie	55.00	2013	978-7-300-17003-9
5	激励理论:动机与信息经济学	唐纳德·E·坎贝尔	Donald E. Campbell	69.80	2013	978-7-300-17025-1
6	微观经济学:价格理论观点(第八版)	斯蒂文·E·兰德斯博格	Steven E. Landsburg	78.00	2013	978-7-300-15885-3
7	经济数学与金融数学	迈克尔·哈里森等	Michael Harrison	65.00	2012	978-7-300-16689-6
8	策略博弈(第三版)	阿维纳什·迪克西特等	Avinash Dixit	72.00	2012	978-7-300-16033-7
9	高级宏观经济学基础	本·J·海德拉等	Ben J. Heijdra	78.00	2012	978-7-300-14836-6

经济科学译库

序号	书名	作者	Author	单价	出版年份	ISBN
10	行为经济学	尼克·威尔金森	Nick Wilkinson	58.00	2012	978-7-300-16150-1
11	金融风险管理师考试手册(第六版)	菲利普·乔瑞	Philippe Jorion	168.00	2012	978-7-300-14837-3
12	服务经济学	简·欧文·詹森	Jan Owen Jansson	42.00	2012	978-7-300-15886-0
13	统计学:在经济和管理中的应用(第八版)	杰拉德·凯勒	Gerald Keller	98.00	2012	978-7-300-16609-4
14	面板数据分析(第二版)	萧政	Cheng Hsiao	45.00	2012	978-7-300-16708-4
15	中级微观经济学:理论与应用(第10版)	沃尔特·尼科尔森等	Walter Nicholson	85.00	2012	978-7-300-16400-7
16	经济学中的数学	卡尔·P·西蒙等	Carl P. Simon	65.00	2012	978-7-300-16449-6
17	社会网络分析:方法与应用	斯坦利·沃瑟曼等	Stanley Wasserman	78.00	2012	978-7-300-15030-7
18	用Stata学计量经济学	克里斯托弗·F·鲍姆	Christopher F. Baum	65.00	2012	978-7-300-16293-5
19	美国经济史(第10版)	加里·沃尔顿等	Gary M. Walton	78.00	2011	978-7-300-14529-7
20	增长经济学	菲利普·阿格因	Philippe Aghion	58.00	2011	978-7-300-14208-1
21	经济地理学:区域和国家一体化	皮埃尔-菲利普·库姆斯等	Pierre-Philippe Combes	42.00	2011	978-7-300-13702-5
22	社会与经济网络	马修·O·杰克逊	Matthew O. Jackson	58.00	2011	978-7-300-13707-0
23	环境经济学	查尔斯·D·科尔斯塔德	Charles D. Kolstad	53.00	2011	978-7-300-13173-3
24	空间经济学——城市、区域与国际贸易	保罗·克鲁格曼等	Paul Krugman	42.00	2011	978-7-300-13037-8
25	国际贸易理论:对偶和一般均衡方法	阿维纳什·迪克西特等	Avinash Dixit	45.00	2011	978-7-300-13098-9
26	契约经济学:理论和应用	埃里克·布鲁索等	Eric Brousseau	68.00	2011	978-7-300-13223-5
27	反垄断与管制经济学(第四版)	W·基普·维斯库斯等	W. Kip Viscusi	89.00	2010	978-7-300-12615-9
28	拍卖理论	维佳·克里斯纳等	Vijay Krishna	42.00	2010	978-7-300-12664-7
29	计量经济学指南(第五版)	皮特·肯尼迪	Peter Kennedy	65.00	2010	978-7-300-12333-2
30	管理者宏观经济学	迈克尔·K·伊万斯等	Michael K. Evans	68.00	2010	978-7-300-12262-5
31	利息与价格——货币政策理论基础	迈克尔·伍德福德	Michael Woodford	68.00	2010	978-7-300-11661-7
32	理解资本主义:竞争,统制与变革(第三版)	塞缪尔·鲍尔斯等	Samuel Bowles	66.00	2010	978-7-300-11596-2
33	递归宏观经济理论(第二版)	萨金特等	Thomas J. Sargent	79.00	2010	978-7-300-11595-5
34	剑桥美国经济史(第一卷):殖民地时期	斯坦利·L·恩格尔曼等	Stanley L. Engerman	48.00	2008	978-7-300-08254-7
35	剑桥美国经济史(第二卷):漫长的19世纪	斯坦利·L·恩格尔曼等	Stanley L. Engerman	88.00	2008	978-7-300-09394-9
36	剑桥美国经济史(第三卷):20世纪	斯坦利·L·恩格尔曼等	Stanley L. Engerman	98.00	2008	978-7-300-09395-6
37	横截面与面板数据的经济计量分析	J.M.伍德里奇	Jeffrey M. Wooldridge	68.00	2007	978-7-300-08090-1

金融学译丛

序号	书名	作者	Author	单价	出版年份	ISBN
1	风险管理与保险原理(第十二版)	乔治·E·瑞达等	George E. Rejda	95.00	2015	978-7-300-21486-3
2	个人理财(第五版)	杰夫·马杜拉	Jeff Madura	69.00	2015	978-7-300-20583-0
3	企业价值评估	罗伯特·A·G·蒙克斯等	Robert A. G. Monks	58.00	2015	978-7-300-20582-3
4	基于Excel的金融学原理(第二版)	西蒙·本尼卡	Simon Benninga	79.00	2014	978-7-300-18899-7
5	金融工程学原理(第二版)	萨利赫·N·内夫特奇	Salih N. Neftci	88.00	2014	978-7-300-19348-9
6	投资学导论(第十版)	赫伯特·B·梅奥	Herbert B. Mayo	69.00	2014	978-7-300-18971-0
7	国际金融市场导论(第六版)	斯蒂芬·瓦尔德斯等	Stephen Valdez	59.80	2014	978-7-300-18896-6
8	金融数学:金融工程引论(第二版)	马雷克·凯宾斯基等	Marek Capinski	42.00	2014	978-7-300-17650-5
9	财务管理(第二版)	雷蒙德·布鲁克斯	Raymond Brooks	69.00	2014	978-7-300-19085-3
10	期货与期权市场导论(第七版)	约翰·C·赫尔	John C. Hull	69.00	2014	978-7-300-18994-2
11	固定收益证券手册(第七版)	弗兰克·J·法博齐	Frank J. Fabozzi	188.00	2014	978-7-300-17001-5

金融学译丛						
序号	书名	作者	Author	单价	出版年份	ISBN
12	国际金融:理论与实务	皮特·塞尔居	Piet Sercu	88.00	2014	978-7-300-18413-5
13	金融市场与金融机构(第7版)	弗雷德里克·S·米什金 斯坦利·G·埃金斯	Frederic S. Mishkin Stanley G. Eakins	79.00	2013	978-7-300-18129-5
14	货币、银行和金融体系	R·格伦·哈伯德等	R. Glenn Hubbard	75.00	2013	978-7-300-17856-1
15	并购创造价值(第二版)	萨德·苏达斯纳	Sudi Sudarsanam	89.00	2013	978-7-300-17473-0
16	个人理财——理财技能培养方法(第三版)	杰克·R·卡普尔等	Jack R. Kapoor	66.00	2013	978-7-300-16687-2
17	国际财务管理	吉尔特·贝克特	Geert Bekaert	95.00	2012	978-7-300-16031-3
18	金融理论与公司政策(第四版)	托马斯·科普兰等	Thomas Copeland	69.00	2012	978-7-300-15822-8
19	应用公司财务(第三版)	阿斯沃思·达摩达兰	Aswath Damodaran	88.00	2012	978-7-300-16034-4
20	资本市场:机构与工具(第四版)	弗兰克·J·法博齐	Frank J. Fabozzi	85.00	2011	978-7-300-13828-2
21	衍生品市场(第二版)	罗伯特·L·麦克唐纳	Robert L. McDonald	98.00	2011	978-7-300-13130-6
22	债券市场:分析与策略(第七版)	弗兰克·J·法博齐	Frank J. Fabozzi	89.00	2011	978-7-300-13081-1
23	跨国金融原理(第三版)	迈克尔·H·莫菲特等	Michael H. Moffett	78.00	2011	978-7-300-12781-1
24	风险管理与保险原理(第十版)	乔治·E·瑞达	George E. Rejda	95.00	2010	978-7-300-12739-2
25	兼并、收购和公司重组(第四版)	帕特里克·A·高根	Patrick A. Gaughan	69.00	2010	978-7-300-12465-0
26	个人理财(第四版)	阿瑟·J·基翁	Athur J. Keown	79.00	2010	978-7-300-11787-4
27	统计与金融	戴维·鲁珀特	David Ruppert	48.00	2010	978-7-300-11547-4
28	国际投资(第六版)	布鲁诺·索尔尼克等	Bruno Solnik	62.00	2010	978-7-300-11289-3
29	财务报表分析(第三版)	马丁·弗里德森	Martin Fridson	35.00	2010	978-7-300-11290-9

Authorized translation from the English language edition, entitled Principles of Risk Management and Insurance, 12e, 9780132992916 by George E. Rejda, Michael J. McNamara, published by Pearson Education, Inc., Copyright © 2014, 2011, 2008 by Pearson Education, Inc.

All rights reserved. No part of this book may be reproduced or transmitted in any form or by any means, electronic or mechanical, including photocopying, recording or by any information storage retrieval system, without permission from Pearson Education, Inc.

CHINESE SIMPLIFIED language edition published by CHINA RENMIN UNIVERSITY PRESS CO., LTD. Copyright © 2019.

本书中文简体字版由培生教育出版公司授权中国人民大学出版社出版，未经出版者书面许可，不得以任何形式复制或抄袭本书的任何部分。

本书封面贴有Pearson Education（培生教育出版集团）激光防伪标签。无标签者不得销售。

图书在版编目（CIP）数据

风险管理与保险原理：第 12 版/（美）瑞达，（美）麦克纳马拉著；刘春江译. —北京：中国人民大学出版社，2015.8
（金融学译丛）
ISBN 978-7-300-21486-3

Ⅰ.①风… Ⅱ.①瑞… ②麦… ③刘… Ⅲ.①保险-风险管理 Ⅳ.①F840.32

中国版本图书馆 CIP 数据核字（2015）第 132902 号

金融学译丛
风险管理与保险原理（第十二版）
乔治·E·瑞达　迈克尔·J·麦克纳马拉　著
刘春江　译
Fengxian Guanli yu Baoxian Yuanli

出版发行	中国人民大学出版社			
社　址	北京中关村大街 31 号		邮政编码	100080
电　话	010-62511242（总编室）		010-62511770（质管部）	
	010-82501766（邮购部）		010-62514148（门市部）	
	010-62515195（发行公司）		010-62515275（盗版举报）	
网　址	http://www.crup.com.cn			
经　销	新华书店			
印　刷	涿州市星河印刷有限公司			
规　格	185 mm×260 mm　16 开本		版　次	2015 年 8 月第 1 版
印　张	44.25 插页 1		印　次	2021 年 1 月第 6 次印刷
字　数	1 150 000		定　价	95.00 元

版权所有　侵权必究　印装差错　负责调换

Pearson

尊敬的老师：

您好！

为了确保您及时有效地获得培生整体教学资源，请您务必完整填写如下表格，加盖学院的公章后以电子扫描件等形式发给我们，我们将会在 2~3 个工作日内为您处理。

请填写所需教辅的信息：

采用教材				☐ 中文版 ☐ 英文版 ☐ 双语版		
作 者			出版社			
版 次			ISBN			
课程时间	始于 年 月 日			学生人数		
	止于 年 月 日			学生年级	☐ 专科 ☐ 本科 1/2 年级 ☐ 研究生 ☐ 本科 3/4 年级	

请填写您的个人信息：

学 校	
院系/专业	
姓 名		职 称	☐ 助教 ☐ 讲师 ☐ 副教授 ☐ 教授
通信地址/邮编	
手 机		电 话	
传 真	
official email（必填）(eg：×××@ruc.edu.cn)		email (eg：×××@163.com)	
是否愿意接受我们定期的新书讯息通知： ☐ 是 ☐ 否	

系/院主任：_____（签字）

（系 / 院办公室章）

___年___月___日

资源介绍：

——教材、常规教辅资源（PPT、教师手册、题库等）：请访问 www.pearson.com/us/higher-education。 （免费）

——MyLabs/Mastering 系列在线平台：适合老师和学生共同使用；访问需要 Access Code。 （付费）

地址：北京市东城区北三环东路 36 号环球贸易中心 D 座 1208 室（100013）

Please send this form to：copub.hed@pearson.com

Website：www.pearson.com